Landmann / Rohmer

Umweltrecht

Kommentar

96. Ergänzungslieferung Stand September 2021

(Anschluss an die 95. Ergänzungslieferung Mai 2021)

Rund 610 Seiten auf Dünndruckpapier € 67,–

Die Lieferung enthält u.a. Erläuterungen zu
§§ 19–23 UVPG (*Hofmann*), §§ 19, 22–26 a KrWG (*Beckmann*),
§§ 7 a, 10–12 BattG (*Schleifenbaum*),
§§ 9–11, 15, 22–25, 30, 30 a, 44, 64 BNatSchG (*Gellermann*)
und §§ 44–47 BImSchG (*Röckinghausen*).

C.H.BECK

Post darf öffnen
ISBN 978-3-406-77984-8
9 783406 779848 € 67,–

LANDMANN/ROHMER, UMWELTRECHT

Anweisung zum Einordnen der 96. Ergänzungslieferung (Stand: September 2021)

Herauszunehmen:	Zahl der Blätter	Einzufügen:	Zahl der Blätter
		Band I	
Titelblatt (Band I)–**Geleitwort** …	2	**Titelblatt** (Band I)–**Geleitwort** …	2
Inhalt 1/1a	1	**Inhalt** 1/1a	1
Bearbeiter 1–4	2	**Bearbeiter** 1–4	2
UVPG 1 § 19 1–**§ 23** 2	6	**UVPG 1 § 19** 1–**§ 23** 8	18
		Band II	
Titelblatt (Band II)	1	**Titelblatt** (Band II)	1
Inhalt 3–8	3	**Inhalt** 3–8	3
Bearbeiter 1–4	2	**Bearbeiter** 1–4	2
KrWG 6 § 19 1–10	5	**KrWG 6 § 19** 1–14	7
§ 22 1–**§ 26** 14	35	**§ 22** 1–**§ 26a** 8	65
		BattG 6.42 *nach* ***§ 7*** *10 einfügen:*	
		§ 7a 1–4	2
		nach ***§ 9*** *6 einfügen:*	
		§ 10 1–**§ 12** 6	8
BNatSchG 11 Vor §§ 8–12 1–6	3	**BNatSchG 11 Vor §§ 8–12** 1–8	4
§ 9 1–**§ 11** 8	13	**§ 9** 1–**§ 11** 10	16
§ 15 9/10	1	**§ 15** 9/10	1
§ 22 1–**§ 25** 6	19	**§ 22** 1–**§ 25** 8	25
§ 30 1–14	7	**§ 30** 1–**§ 30a** 8	14
§ 44 11/12	1	**§ 44** 11–12a	2
23/24	1	23–24a	2
§ 64 5/6	1	**§ 64** 5/6	1
13/14	1	13/14	1
		Band III	
Titelblatt (Band III)	1	**Titelblatt** (Band III)	1
Inhalt 1–4	2	**Inhalt** 1–4	2
Bearbeiter 1–4	2	**Bearbeiter** 1–4	2
BImSchG 1 Text 1/2	1	**BImSchG 1 Text** 1/2	1
7/8	1	7/8	1
Übertrag:	111	Übertrag:	184

Herauszunehmen:	Zahl der Blätter	**Einzufügen:**	Zahl der Blätter
Übertrag:	111	Übertrag:	184
BImSchG 1 Text 10/10a	1	**BImSchG 1 Text** 10–10c	2
13/13a	1	13–13c	2
15b–15e	2	15b–15g	3
16/16a	1	16/16a	1
31/32	1	31/32	1
35/36	1	35/36	1
§ 7 1/2	1	**§ 7** 1/2	1
5/6	1	5/6	1
§ 10 1/2	1	**§ 10** 1–2a	2
5/6	1	5–6a	2
		*nach **§ 16a** 14 einfügen:*	
		§ 16b 1/2	1
§ 23b 1/2	1	**§ 23b** 1–2a	2
§ 29a 1/2	1	**§ 29a** 1–2a	2
Vor § 44 1–**§ 47** 22	26	**Vor § 44** 1–**§ 47** 32	31
§ 51a 1/2	1	**§ 51a** 1–2a	2
§ 52b 1–4	2	**§ 52b** 1–4a	3
§ 58e 7/8	1	**§ 58e** 7/8	1

Band IV

Titelblatt (Band IV)	1	**Titelblatt** (Band IV)	1
Inhalt 1/2	1	**Inhalt** 1/2	1
Bearbeiter 1–4	2	**Bearbeiter** 1–4	2
13. BImSchV 2.13 1/2	1	**13. BImSchV 2.13** 1/2	1
17. BImSchV 2.17 1/2	1	**17. BImSchV 2.17** 1/2	1
11/12	1	11/12	1
21–24	2	21–24a	3
27/28	1	27/28	1
31/32	1	31/32	1
35–42	4	35–42a	5
45/46	1	45/46	1
49–60	6	49–60a	7
67–84	9	67–82	8
20. BImSchV 2.20 1–3c	3	**20. BImSchV 2.20** 1–3c	3
17/18	1	17/18	1
21. BImSchV 2.21 1–4	2	**21. BImSchV 2.21** 1–4a	3
7–10	2	7–10a	3
28. BImSchV 2.28 1/2	1	**28. BImSchV 2.28** 1/2	1
31. BImSchV 2.31 1/2	1	**31. BImSchV 2.31** 1/2	1
5/6	1	5/6	1
32. BImSchV 2.32 1/2	1	**32. BImSchV 2.32** 1/2	1
9/10	1	9/10	1
13/14	1	13/14	1
34. BImSchV 2.34 1–10	5	**34. BImSchV 2.34** 1–10a	6
Übertrag:	204	Übertrag:	297

Herausnehmen:	Zahl der Blätter
Übertrag:	204
37. BImSchV 2.37 1–6	3
9/10	1
13/14	1
41. BImSchV 2.41 1/2	1
5/6	1
44. BImSchV 2.44 Vorb. 1/2	1
§ 1 1/2	1
TEHG 5.1 Vorb. 1/2	1
§ 3 1/2	1
Insgesamt herauszunehmen:	215

Einzufügen:	Zahl der Blätter
Übertrag:	297
37. BImSchV 2.37 1–6	3
9/10	1
13/14	1
41. BImSchV 2.41 1/2	1
5/6	1
44. BImSchV 2.44 Vorb. 1/2	1
§ 1 1/2	1
TEHG 5.1 Vorb. 1/2	1
§ 3 1/2	1
Insgesamt einzufügen:	308

LANDMANN/ROHMER

UMWELTRECHT

BAND I

KOMMENTAR

Herausgegeben von

Prof. Dr. Martin Beckmann
Rechtsanwalt und Fachanwalt für Verwaltungsrecht,
Honorarprofessor der Universität Münster

Prof. Dr. Dr. Wolfgang Durner LL. M.
Rheinische Friedrich-Wilhelms-Universität Bonn und Direktor des Instituts für das Recht der Wasser- und Entsorgungswirtschaft

Prof. Dr. Thomas Mann
Direktor des Instituts für Öffentliches Recht,
Lehrstuhl für Verwaltungsrecht der Georg-August-Universität Göttingen

Prof. Dr. Marc Röckinghausen
Hochschule für Polizei und öffentliche Verwaltung NRW, Abteilung Gelsenkirchen, Fachbereich Allgemeine Verwaltung/Rentenversicherung

Stand: 1. September 2021
(96. Ergänzungslieferung)

(Zum Bearbeitungsstand im Einzelnen siehe die Datumszeile am unteren Ende jeder Seite)

C.H.BECK

Dieses Titelblatt entstammt der 96. Ergänzungslieferung September 2021

(Anschluss an die 95. Ergänzungslieferung Mai 2021)

ISBN 978 3 406 77984 8

Der Kommentar wurde von der 1. bis zur 50. Ergänzungslieferung von Prof. Dr. Klaus Hansmann und von der 51. bis zur 58. Ergänzungslieferung von Prof. Dr. Martin Beckmann herausgegeben.

Zitiervorschläge:

Beckmann in Landmann/Rohmer UmweltR KrWG § 17 Rn. 1
Landmann/Rohmer UmweltR/*Beckmann* KrWG § 17 Rn. 1

www.beck.de

Grundwerk ISBN 978 3 406 34327 8 ergänzt bis ISBN 978 3 406 77984 8

Wilhelmstraße 9, 80801 München
Satz und Druck: Druckerei C. H. Beck Nördlingen
(Adresse wie Verlag)

CO_2 neutral
chbeck.de/nachhaltig

Gedruckt auf säurefreiem, alterungsbeständigem Papier
(hergestellt aus chlorfrei gebleichtem Zellstoff)

Geleitwort zur 96. Ergänzungslieferung

Die 96. Ergänzungslieferung des *Landmann/Rohmer* bringt unseren Großkommentar auf den Stand vom September 2021. Zu einem Zeitpunkt, in dem der Klimaschutz immer mehr in das Zentrum aller umweltpolitischen Debatten zu rücken scheint, bildet diese Lieferung einen repräsentativen Querschnitt durch das Umweltrecht in seiner Gesamtheit und unterstreicht so die Vielgestaltigkeit der ökologischen Herausforderungen unserer Zeit.

Im allgemeinen Umweltrecht liefert *Hofmann* Kommentierungen zu den zentralen Bestimmungen der §§ 19–23 UVPG. Für das Kreislaufwirtschaftsrecht hat der Herausgeber Beckmann seine Kommentierungen der §§ 19, 22–26 KrWG überarbeitet und zugleich den neuen § 26a KrWG erstmals kommentiert. Bearbeitungen der §§ 7a, 10–12 BattG steuert *Schleifenbaum* bei. Einen besonders gewichtigen Pfeiler der Ergänzungslieferung bildet dann das Naturschutzrecht, für das *Gellermann* Vorbemerkungen zu den §§ 8–12 sowie einen Katalog neuer Kommentierungen zu den §§ 9–11, 15, 22–25, 30, 30a, 44, 64 BNatSchG vorlegt. Abgerundet wird dieses Paket schließlich durch *Röckinghausen,* der im Immissionsschutzrecht neue Erläuterungen und Aktualisierungen zu den zu §§ 44–47 BImSchG erstellt hat.

Allen Autoren gilt wie stets der herzliche Dank der Herausgeber und des Verlags.

Bonn im Oktober 2021

Prof. Dr. Dr. Wolfgang Durner
für die Herausgeber

Inhaltsverzeichnis (Band I)

Bearbeiterverzeichnis (Band I–IV)

Prof. Dr. Martin Beckmann Rechtsanwalt in Münster	Vorb. Abfallrecht, §§ 1–57, 62–68, 70–72 KrWG § 15 UVPG, Umweltschadensgesetz (mit Wittmann)
Dr. Christian-Dietrich Bracher Rechtsanwalt in Bonn	§§ 41 bis 43 BImSchG, 16. und 24. BImSchV
Prof. Dr. Peter Bruckmann Landesamt für Natur, Umwelt und Verbraucherschutz Nordrhein-Westfalen, Essen	39. BImSchV (mit Strecker und Vogt), 43. BImSchV (mit van Endern und Vogt)
Prof. Dr. Pascale Cancik O. Professorin an der Universität Osnabrück	Vorb. §§ 47a ff. BImSchG, §§ 47a–47f BImSchG (§§ 47a–47c, 47e und 47f mit Hansmann)
Prof. Dr. Johannes Dietlein O. Professor an der Universität Düsseldorf	§§ 1, 2, Vorb. §§ 4–21, 4 bis 8, 9 bis 11, 16a, 19, 23a–23c und 25a BImSchG, 9. BImSchV
Dr. Robert Dix Syndikusrechtsanwalt der EWE AG, Oldenburg	§§ 29–32 UVPG
Prof. Dr. Matthias Dombert Rechtsanwalt in Potsdam	§§ 4–6, 8, 13, 14, 20, 24, 25 BBodSchG
Rolf-Dieter Dörr Ministerialrat a. D.	OberflächengewässerV (mit Walter)
Prof. Dr. Dr. Wolfgang Durner LL. M. O. Professor an der Universität Bonn	Umweltvölkerrecht, Vorb. §§ 27 ff. WHG, §§ 27–31, 34, 35, 82–85 WHG
Benedikt van Endern Ministerium für Umwelt, Landwirtschaft, Natur- und Verbraucherschutz des Landes Nordrhein-Westfalen	43. BImSchV (mit Bruckmann und Vogt)
Prof. Dr. Astrid Epiney LL. M. O. Professorin an der Université de Fribourg	Art. 191–193 AEUV
Prof. Dr. Wolfgang Ewer Rechtsanwalt in Kiel	Vorb. BBodSchG, §§ 9, 15, 16 BBodSchG
Prof. Dr. Kurt Faßbender O. Professor an der Universität Leipzig	§§ 1–5, 33, 36–38 WHG
Dr. Frank Fellenberg LL. M. Rechtsanwalt in Berlin	Fluglärmgesetz (mit Reidt und Schiller), Umweltrechtsbehelfsgesetz (mit Schiller)
Dr. Henrik Flatter Bundesamt für Naturschutz, Bonn	§§ 69–74 BNatSchG

Bearbeiter

Dr. Matthias Ganske Rechtsanwalt in Bonn	§§ 25, 26, 54–61 WHG
Prof. Dr. Klaus Ferdinand Gärditz O. Professor an der Universität Bonn	Art. 20a GG
Prof. Dr. Martin Gellermann Rechtsanwalt, apl. Professor an der Universität Osnabrück	§§ 4, 7–51, §§ 52–56, §§ 57–68 BNatSchG (§§ 41–43 mit Sanden)
Nela Gies Richterin am Verwaltungsgericht Gelsenkirchen	§§ 41, 42 WHG
Prof. Dr. Christoph Görisch Hochschule für Polizei und öffentliche Verwaltung NRW, Abteilung Münster	§§ 4–14 UAG
Dipl.-Met. Arno Graff Umweltbundesamt, Dessau	Nr. 5.5 TA Luft (mit Hansmann), Vorb. zu Anhang 3 der TA Luft
Moritz Grunow Rechtsanwalt in Düsseldorf	Vorb. AwSV, § 1 AwSV
Prof. Dr. Günter Hager † O. Professor an der Universität Freiburg	§§ 6, 7 UmweltHG (mit Rehbinder)
Prof. Dr. Klaus Hansmann Leitender Ministerialrat a. D.	§§ 17, 18, 20, 21, 26–37, 38–40, 47a–47c, 47e, 47f, 52, 52b–58d, 59, 60, 62–72, 74 BImSchG (§§ 17, 18 mit Ohms, Vor § 26, §§ 26–31 mit Pabst, Vor § 38, §§ 38–40 mit Hofmann, §§ 20, 21, Vor 32, §§ 32–37, 52, 52b, 62, 66 und 67 mit Röckinghausen, §§ 47a–47c, 47e und 47f mit Cancik), Vor § 53, §§ 53–58d mit Maciejewski, 14., 32. und 34. BImSchV, TA Lärm, TA Luft (ohne Vorb. zu Anhang 3), 4., 11., 20., 21., 25., 27., 28., 30., 34. und 35. BImSchV (mit Röckinghausen), 2. BImSchV (mit Mahrwald und Röckinghausen), 5. BImSchV mit Maciejewski, 12. BImSchV (mit König), BzBlG, 1. DVO BzBlG
Dr. Felix Hardach Bundesministerium für Umwelt, Naturschutz und nukleare Sicherheit	§§ 1, 8, 11–13, 17, 20, 22, 23, 26 31, 32, 35 TEHG
Prof. Dr. Torsten Heilshorn Rechtsanwalt in Freiburg	Vor § 22 BImSchG, §§ 22–25 BImSchG (mit Sparwasser)
Dr. Franziska Heß Rechtsanwältin in Leipzig	§§ 1–3 BNatSchG (mit Wulff)

Bearbeiter

Michael Heugel Bundesministerium für Umwelt, Naturschutz und nukleare Sicherheit	§§ 5, 6 BNatSchG
Prof. Dr. Ekkehard Hofmann O. Professor an der Universität Trier	Vorb. § 38, §§ 38–40 BImSchG, §§ 16–23 UVPG
Dr. Frank Hofmann Bundesministerium für Umwelt, Naturschutz und nukleare Sicherheit	§ 23 WHG
Dr. Georg Hünnekens Rechtsanwalt in Münster	§§ 50–53 WHG, Vorb. §§ 64–66, §§ 64–66 WHG, Vorb. §§ 72–81 WHG, §§ 72–81 WHG
Georg Kahl † Ministerialrat a. D.	7. BImSchV
Lutz Keppner Bundesministerium für Umwelt, Naturschutz und nukleare Sicherheit	Grundwasserverordnung
Dr. Andreas Kersting Rechtsanwalt in Münster	§§ 58–61 KrWG
Dr. Heike Kieserling Deutsche Bahn AG	§§ 13, 14, 25–38 AwSV
Dr. Jens Martin König Hessisches Ministerium für Umwelt, Klimaschutz, Landwirtschaft und Verbraucherschutz	12. BImSchV (mit Hansmann)
Dr. Olaf Konzak Rechtsanwalt in Köln	§§ 2, 3 und 7 VerpackG (mit Körner)
Dr. Michael Körner, LL.M. Rechtsanwalt in Köln	§§ 2, 3 und 7 VerpackG (mit Konzak)
Dr. Philip Kubitza Richter auf Probe, Rheinland-Pfalz	§§ 100–102 WHG
Prof. Dr. Silke Ruth Laskowski O. Professorin an der Universität Kassel	§ 24 WHG, § 58e BImSchG mit der EMASPrivilegV
Prof. Dr. Joachim Lege O. Professor an der Universität Greifswald	§§ 96–99 WHG
Dr. Rasso Ludwig LL. M. Richter am Verwaltungsgericht München	§§ 19, 21–23, 26 BBodSchG
Prof. Dr. Karim Maciejewski Hochschule des Bundes für öffentliche Verwaltung	Vor § 53 BImSchG, §§ 53–58d BImSchG (mit Hansmann), 5. BImSchV (mit Hansmann)
Birgit Mahrwald Bundesministerium für Umwelt, Naturschutz und nukleare Sicherheit	2. BImSchV (mit Hansmann und Röckinghausen)

Bearbeiter

Prof. Dr. Thomas Mann O. Professor an der Universität Göttingen	§§ 8a, 12 BImSchG, Vorb. ElektroG, §§ 1, 2 ElektroG, §§ 1–14, 24–28, 30–46, 48–74 UVPG
Dr. Cedric Christian Meyer Rechtsanwalt in Köln	§§ 46–49, 62–63 WHG
Dr. Uwe Neuser Bundesministerium für Umwelt, Naturschutz und nukleare Sicherheit	§§ 2, 27, 33, 34 TEHG
Volkmar Nies Landwirtschaftsdirektor bei der Landwirtschaftskammer Rheinland	§§ 1, 2, 7, 17, 18 BBodSchG
Dr. Martin Ohms Rechtsanwalt in Berlin	§§ 17, 18 BImSchG (mit Hansmann), 13. BImSchV, 17. BImSchV (z. T. mit Sahm)
Prof. Dr. Heinz-Joachim Pabst Hochschule des Bundes für öffentliche Verwaltung	Vor § 26, §§ 26–31 BImSchG (mit Hansmann), § 61 BImSchG, 41. BImSchV
Dr. Kay Artur Pape Rechtsanwalt in Bonn	Vorb. WHG, §§ 6–22 WHG
Dr. Malte Petersen LL. M. Ministerium für Umwelt, Landwirtschaft, Natur- und Verbraucherschutz des Landes Nordrhein-Westfalen	§§ 89–95 WHG
Prof. Dr. Alexander Proelß O. Professor an der Universität Trier	§§ 43–45l WHG
Prof. Dr. Eckard Rehbinder Em. Professor an der Universität Frankfurt/Main	§ 14 BImSchG UmweltHG (§§ 6, 7 mit Hager)
Prof. Dr. Olaf Reidt Rechtsanwalt in Berlin	§ 16 BImSchG (mit Schiller), 18. BImSchV (mit Schiller), Fluglärmgesetz (mit Fellenberg und Schiller), Umweltinformationsgesetz (mit Schiller)
Dr. Christoph Riese Rechtsanwalt in Berlin	§§ 67–71, 86 WHG
Prof. Dr. Marc Röckinghausen Hochschule für Polizei und öffentliche Verwaltung NRW, Abteilung Gelsenkirchen	§§ 20, 21, Vor § 32, §§ 32–37, §§ 52, 52b, 62, 66, 67 BImSchG (mit Hansmann), §§ 37a bis 37f, Vor §§ 44–47, 52a, 73 BImSchG, 1., 10., 26., 36., 37., 38., 42. BImSchV, 4., 11., 20., 21., 25., 27., 28., 30., 34. und 35. BImSchV (mit Hansmann), 2. BImSchV (mit Hansmann und Mahrwald), Schadstofffreisetzungs- und Verbringungsregistergesetz
Christoph Sahm LL. M. E.ON Kernkraft GmbH	§§ 23–25, 27 der 17. BImSchV (mit Ohms)

§ 19 Unterrichtung der Öffentlichkeit

(1) **Bei der Bekanntmachung zu Beginn des Beteiligungsverfahrens unterrichtet die zuständige Behörde die Öffentlichkeit**

1. **über den Antrag auf Zulassungsentscheidung oder über eine sonstige Handlung des Vorhabenträgers zur Einleitung eines Verfahrens, in dem die Umweltverträglichkeit geprüft wird,**
2. **über die Feststellung der UVP-Pflicht des Vorhabens nach § 5 sowie, falls erforderlich, über die Durchführung einer grenzüberschreitenden Beteiligung nach den §§ 54 bis 56,**
3. **über die für das Verfahren und für die Zulassungsentscheidung jeweils zuständigen Behörden, bei denen weitere relevante Informationen erhältlich sind und bei denen Äußerungen oder Fragen eingereicht werden können, sowie über die festgelegten Fristen zur Übermittlung dieser Äußerungen oder Fragen,**
4. **über die Art einer möglichen Zulassungsentscheidung,**
5. **darüber, dass ein UVP-Bericht vorgelegt wurde,**
6. **über die Bezeichnung der das Vorhaben betreffenden entscheidungserheblichen Berichte und Empfehlungen, die der zuständigen Behörde zum Zeitpunkt des Beginns des Beteiligungsverfahrens vorliegen,**
7. **darüber, wo und in welchem Zeitraum die Unterlagen nach den Nummern 5 und 6 zur Einsicht ausgelegt werden sowie**
8. **über weitere Einzelheiten des Verfahrens der Beteiligung der Öffentlichkeit.**

(2) [1] **Im Rahmen des Beteiligungsverfahrens legt die zuständige Behörde zumindest folgende Unterlagen zur Einsicht für die Öffentlichkeit aus:**

1. **den UVP-Bericht,**
2. **die das Vorhaben betreffenden entscheidungserheblichen Berichte und Empfehlungen, die der zuständigen Behörde zum Zeitpunkt des Beginns des Beteiligungsverfahrens vorgelegen haben.**

[2] **In Verfahren nach § 18 Absatz 2 und § 1 der Atomrechtlichen Verfahrensverordnung können die Unterlagen abweichend von § 18 Absatz 1 Satz 4 bei der Genehmigungsbehörde oder bei einer geeigneten Stelle in der Nähe des Standorts des Vorhabens ausgelegt werden.**

(3) **Weitere Informationen, die für die Zulassungsentscheidung von Bedeutung sein können und die der zuständigen Behörde erst nach Beginn des Beteiligungsverfahrens vorliegen, sind der Öffentlichkeit nach den Bestimmungen des Bundes und der Länder über den Zugang zu Umweltinformationen zugänglich zu machen.**

Schrifttum: *Hoppe/Beckmann/Kment,* UVPG, Kommentar, 5. Aufl. 2018; *Jarass,* BimSchG, Kommentar, 13. Auflage 2020; *Peters/Balla/Hesselbarth,* UVPG, Kommentar, 4. Aufl. 2019; *Schink/Reidt/Mitschang,* UVPG/UmwRG, Kommentar, 2018; *Sodan/Ziekow,* VwGO, Kommentar, 5. Aufl. 2018.

Übersicht

I. Allgemeines

1 **1. Bedeutung der Vorschrift.** Die Vorschriften des § 19 regeln Einzelheiten bezüglich des Beginns des Beteiligungsverfahrens. Absatz 1 schreibt vor, dass die zuständige Behörde die Öffentlichkeit zunächst über den Verfahrensstand und die zu diesem Zeitpunkt vorliegenden Dokumente und Weiteres unterrichten muss. Absatz 2 bestimmt weiter, dass der UVP-Bericht sowie die das Vorhaben betreffenden entscheidungserheblichen Berichte und Empfehlungen, die der zuständigen Behörde zum Zeitpunkt des Beginns des Beteiligungsverfahrens vorgelegen haben, für die Öffentlichkeit zur Einsichtnahme ausgelegt werden müssen. Absatz 3 betrifft darüber hinausgehende Informationen über das Vorhaben, die für eine Zulassungsentscheidung von Bedeutung sein können. Diese sind nach Absatz 3 auf der Grundlage der Bestimmungen des Bundes und der Länder über den Zugang zu Umweltinformationen zugänglich zu machen.

2 Der Anwendungsbereich entspricht dem des § 18 (→ § 18 Rn. 5). Selbst in bergrechtlichen Verfahren findet § 19 Anwendung (§ 57a Abs. 1 S. 4 BBergG). Das Bauplanungsrecht regelt die Öffentlichkeitsbeteiligung in §§ 3, 4a BauGB. Für das BImSchG (§§ 9 bis 10a 9. BImSchV) und das Atomrecht (§§ 5 und 6 AtVfV) gelten weitere Spezialregelungen.

3 **2. Gesetzgebungsgeschichte. a) Begründung der Bundesregierung (BT Drs. 18/11499, 91).** In der Gesetzesbegründung des Regierungsentwurfes (BT-Drs. 18/11499, 91) heißt es zu § 19 UVPG:

4 „Absatz 1 regelt den Inhalt der Bekanntmachung und entspricht damit dem bisherigen § 9 Absatz 1a. Hierzu wird auf die Begründung der Bundesregierung im Entwurf eines Gesetzes über die Öffentlichkeitsbeteiligung in Umweltangelegenheiten nach der Richtlinie 2003/35/EG, BT-Drs. 16/2494, S. 22f. Bezug genommen. Neu eingefügt wird die Nummer 6, nach der in der Bekanntmachung auch mitzuteilen ist, welche weiteren für das Vorhaben entscheidungserheblichen Berichte und Empfehlungen betreffend das Vorhaben der Genehmigungsbehörde vorliegen. Damit wird der Regelung in Absatz 2 Nummer 2 sowie den Anforderungen gemäß Artikel 6 Absatz 2 Buchstabe d Nummer vi des Übereinkommens vom 25. Juni 1998 über den Zugang zu Informationen, die Öffentlichkeitsbeteiligung an Entscheidungsverfahren und den Zugang zu Gerichten in Umweltangelegenheiten (Aarhus-Übereinkommen), (BGBl. II 2006, S. 1251) Rechnung getragen. Nach Nummer 7 ist in der Bekanntmachung anzugeben, wo und in welchem Zeitraum die Unterlagen nach Nummer 5 und 6 zur Einsicht ausgelegt werden. Für die Auslegung weiterer Unterlagen gelten die fachrechtlichen Bestimmungen.

Absatz 2 entspricht dem bisherigen § 9 Absatz 1b (vgl. hierzu die o. g. Begründung der Bundesregierung im Entwurf eines Gesetzes zur Umsetzung der Richtlinie des Rates vom 27. Juni 1985 über die Umweltverträglichkeitsprüfung bei bestimmten öffentlichen und privaten Projekten (85/337/EWG), BT-Drs. 11/3919, S. 25)." **5**

b) Beschlussempfehlung und Bericht des Umweltausschusses (BT-Drs. 18/12994, 3). § 19 Abs. 2 S. 2 war im Regierungsentwurf noch nicht vorgesehen, sondern wurde erstmals in der Beschlussempfehlung des Umweltausschusses formuliert. Die Begründung für diese Ergänzung im Bericht des Umweltausschusses lautet (BT-Drs. 18/12994, 3): **6**

„Die Änderung greift den Vorschlag des Bundesrates nach Nummer 13 der BR-Drucksache 164/17 – Beschluss auf, soweit dieser darauf gerichtet ist, dass in vorgelagerten Verfahren die Unterlagen nach § 19 Abs. 1 Nr. 1 und 2 nicht in jeder Gemeinde ausgelegt zu werden brauchen, und trägt ihm in modifizierter Form Rechnung, wie von der Bundesregierung in ihrer Gegenäußerung vorgeschlagen. Die Regelung wird aus Klarstellungsgründen auch auf Verfahren nach der Atomrechtlichen Verfahrensverordnung (AtVfV) erstreckt und entspricht insoweit der bestehenden Rechtslage nach § 6 Abs. 1 AtVfV." **7**

II. Unterrichtung der Öffentlichkeit durch Bekanntmachung (Abs. 1)

Absatz 1 ist eine Weiterentwicklung des früheren § 9 Abs. 1a UVPG a. F. (*Peters/Balla/Hesselbarth* Rn. 1) und ist stark an die Öffentlichkeitsbeteiligungs-Richtlinie bzw. Art. 6 Abs. 2 UVP-Richtlinie idF der Richtlinie 2011/92/EU angelehnt. **Zuständig** ist die Behörde, die für den Verfahrensabschnitt der Öffentlichkeitsbeteiligung zuständig ist, das kann die Zulassungsbehörde sein, aber auch im Falle des Auseinanderfallens von Zulassungs- und Anhörungsbehörde wie im Planfeststellungsrecht die Anhörungsbehörde (*Hagmann* in Hoppe/Beckmann/Kment Rn. 9). Die Bekanntmachung, die in den Gemeinden, in denen sich das Vorhaben voraussichtlich auswirken wird (BVerwG, Urt. v. 31.7.2012 – 4 A 7001.11, Rn. 32; *Hagmann* in Hoppe/Beckmann/Kment § 19 Rn. 10) in **ortsüblicher** Art und Weise vorgenommen werden muss (§ 18 Abs. 1 S. 4, § 73 Abs. 5 VwVfG; *Hagmann* in Hoppe/Beckmann/Kment § 19 Rn. 11) markiert den Beginn des Beteiligungsverfahrens und soll die Öffentlichkeit über verschiedene wesentliche Vorgänge informieren. Abs. 1 geht über die Bestimmungen des § 73 Abs. 5 VwVfG hinaus, indem die spezifischen, auf die UVP bezogenen Unterlagen zum Gegenstand der Bekanntmachung gemacht werden. Gemeint ist mit der Bekanntmachung die Unterrichtung über den Umstand, dass ein solches Dokument existiert, nicht hingegen eine Information über dessen Inhalt. Den Inhalt betrifft Absatz 2, der Mindestanforderungen in dieser Hinsicht benennt. **8**

Zu den nach Absatz 1 zu nennenden Dokumenten zählt zunächst der Antrag auf Zulassung, der eingereichte Plan oder eine sonstige Handlung des Trägers des Vorhabens zur Einleitung eines Verfahrens, in dem die Umweltverträglichkeit geprüft wird **(Nr. 1).** Da es sich noch nicht um die Auslegung selbst, sondern nur um die Unterrichtung über das beginnende Beteiligungsverfahren handelt, ist eine auch Anlagen zu dem Antrag umfassende Unterrichtung idR nicht notwendig (anders dann bei der Auslegung selbst, *Peters/Balla/Hesselbarth* Rn. 7). Die Behörden sind aber gut beraten, nicht schon an dieser Stelle den Eindruck zu erwecken, für die Öffentlichkeit wichtige Informationen zurückzuhalten. **9**

Die Bekanntmachung der Auslegung erfolgt nach Abschluss der Entscheidung über die UVP-Pflichtigkeit des Vorhabens, so dass nach **Nr. 2** auch diese Entscheidung nach **10**

§ 5 mitzuteilen ist. Aus deren Gründen lässt sich für die Öffentlichkeit ersehen, in welcher Hinsicht und in welchem Ausmaß nach Auffassung der Behörde Umweltauswirkungen zu besorgen sind. Entscheidet die Behörde, dass das Vorhaben keiner UVP-Pflicht unterliegt, muss das nicht als solches der Öffentlichkeit bekannt gemacht werden (EuGH Urt. v. 30.4.2009 – C-75/08, Rn. 61). Die Vorschrift setzt Art. 6 Abs. 2 lit. b UVP-RL um. Nr. 2 verlangt des Weiteren eine Information über die Durchführung einer grenzüberschreitenden UVP iSd §§ 54 bis 56, wenn diese erforderlich ist.

11 Des Weiteren muss die Unterrichtung nach **Nr. 3** darüber informieren, welche Behörden für das Verfahren und für die Entscheidung über die Zulässigkeit des Vorhabens jeweils zuständig sind, wo weitere relevante Informationen erhältlich sind und wo Äußerungen oder Fragen eingereicht werden können, sowie die festgelegten Fristen für deren Übermittlung. Angesichts für Außenstehende schwer durchschaubarer Zuständigkeiten dient Nr. 3 in wesentlicher Art und Weise der Orientierung über die Ansprechpartner auf der Seite der Behörden. Die Vorschrift setzt Art. 6 Abs. 2 lit. c UVP-RL um.

12 Nach **Nr. 4** muss auch die Art einer möglichen Entscheidung über die Zulässigkeit des Vorhabens mitgeteilt werden. Die Vorschrift setzt Art. 6 Abs. 2 lit. d UVP-RL um. Diese Unterrichtung hat nur dann einen hilfreichen Sinn, wenn nicht nur pauschal beschrieben wird, welche Endentscheidung gesetzlich möglich ist, sondern welche Gegenstände genau von einer Genehmigung oder einer anderen Zulassungsentscheidung umfasst würden. Auch im engen Zusammenhang stehende weitere Zulassungsentscheidungen wie eine Baugenehmigung oder eine etwa von der Konzentrationswirkung des § 13 BImSchG nicht erfasste wasserrechtliche Erlaubnis müssen aufgeführt werden (*Peters/Balla/Hesselbarth* Rn. 3), auch weil damit die eigene Betroffenheit und das Bestehen späterer Beteiligungsmöglichkeiten hinsichtlich der übrigen Genehmigungsgegenstände abgeschätzt werden können. Erkennbar werden muss zumindest, welchen Stellenwert das Verfahren im Planungsgefüge hat (*Hagmann* in Hoppe/Beckmann/Kment Rn. 16). Das ist der Fall, wenn die Begriffe „Planfeststellungsverfahren" oder „Planfeststellung" verwendet werden (BVerwG Urt. v. 28.4.2016 – 9 A 9.15, Rn. 18).

13 **Nr. 5** verlangt den Hinweis darüber, dass der Vorhabenträger einen UVP-Bericht (zu dessen Auslegung im Beteiligungsverfahren → Rn. 17 ff.) und damit einen für die Beurteilung der Umweltauswirkungen des Vorhabens zentrale Unterlage vorgelegt hat.

14 **Nr. 6** verlangt die Unterrichtung der Öffentlichkeit über die Bezeichnung der das Vorhaben betreffenden entscheidungserheblichen Berichte und Empfehlungen, die der zuständigen Behörde zum Zeitpunkt des Beginns des Beteiligungsverfahrens vorliegen (s. a. → Rn. 17 ff.). Eine pauschale Unterrichtung alleine über die Existenz weiterer entscheidungserheblicher Unterlagen dürfte Nr. 6 nicht Genüge tun (ebenso *Hagmann* in Hoppe/Beckmann/Kment Rn. 19). Die Rechtsprechung, die zur früheren Regelung ergangen war und fortgeführt worden ist, lässt einen aussagekräftigen Überblick genügen (BVerwG NVwZ 2021, 487 (489), mwN; BVerwG Urt. v. 28.4.2016 – 9 A 9.15, Rn. 20; OVG Bremen Beschl. v. 3.4.2017 – 1 B 126/16, Rn. 54; s. a. *Hagmann* in Hoppe/Beckmann/Kment Rn. 19; *Peters/Balla/Hesselbarth* Rn. 3). Die Angabe, es lägen „Unterlagen zu den Umweltauswirkungen" vor, genügt jedenfalls nicht (OVG Hamburg Urt. v. 12.5.2021 – 1 Bf 492/19 –, juris Rn. 64). Derartige Fehler können aber unbeachtlich sein (→ Rn. 18, 27 f.).

15 Wer sich an dem Verfahren im Rahmen der Öffentlichkeitsbeteiligung beteiligen will, muss wissen, wo und wann die Auslegung stattfinden wird. Daher ist nach **Nr. 7** auch die Angabe erforderlich, wo und in welchem Zeitraum die Unterlagen nach § 16 zur Einsicht ausgelegt werden.

Schließlich sind weitere Einzelheiten des Verfahrens der Beteiligung der Öffentlichkeit bekanntzumachen **(Nr. 8)**. Über die Nr. 1 bis 7 hinausgehende Einzelheiten können etwa in dem beabsichtigten oder bereits geplanten Erörterungstermin bestehen. **16**

III. Auslegung (Abs. 2)

1. Mindestanforderungen (Abs. 2 S. 1). Während die Bekanntmachung der Auslegung nach Absatz 1 insbesondere nur darüber informiert, dass ein Vorhaben beantragt worden ist, welche Unterlagen hierfür eingereicht worden sind und welche weiteren Verfahrensschritte bevorstehen, ist mit der Auslegung selbst der UVP-Bericht nach § 16 der Öffentlichkeit zur Verfügung zu stellen (**Nr. 1**). Nach **Nr. 2** sind auch die entscheidungserheblichen Berichte und Empfehlungen betreffend das Vorhaben auszulegen, die der zuständigen Behörde zum Zeitpunkt des Beginns des Beteiligungsverfahrens vorgelegen haben. Das Fachrecht kann weitergehende Regelungen treffen, so etwa § 10 Abs. 3 S. 2 BImSchG. Im Planfeststellungsverfahren muss der Plan ausgelegt werden (§ 73 Abs. 3 VwVfG), im Atomrecht nach § 6 Abs. 1 AtVfV die Auslegung des Antrags, des Sicherheitsberichts und eine Kurzbeschreibung. **17**

a) Ziel der Auslegung. Ziel der Auslegung ist die **umfassende** Information der Öffentlichkeit. Einschränkungen können sich aus Gründen des Geheimnisschutzes ergeben (vgl. § 29 Abs. 2 VwVfG; → § 23 Rn. 1 ff.; *Hagmann* in Hoppe/Beckmann/Kment Rn. 27). Soweit die Pflicht zur Geheimhaltung greift, schließt das eine Auslegung aus (*Hagmann* in Hoppe/Beckmann/Kment Rn. 27). **18**

b) Modalitäten der Auslegung. Modalitäten der Auslegung regeln die § 18 Abs. 1 S. 4 iVm § 73 Abs. 3 S. 1 VwVfG, sofern das Fachrecht keine darüber hinausgehenden Bestimmungen enthält (*Hagmann* in Hoppe/Beckmann/Kment Rn. 22). Die **Dauer** der Auslegung beträgt nach den genannten Vorschriften einen Monat. **19**

c) Die einzelnen Gegenstände der Auslegung. Zunächst ist der **UVP-Bericht** vollumfänglich auszulegen (Nr. 1; ebenso *Dippel* in Schink/Reidt/Mitschang Rn. 22). Eine Kurzbeschreibung genügt nicht. **20**

Entscheidungserheblich (Nr. 2; zur Entstehungsgeschichte des Begriffs *Hagmann* in Hoppe/Beckmann/Kment Rn. 26) sind nach der Rechtsprechung zur früheren Regelung nur die Unterlagen, die eine **Anstoßwirkung** haben können (BVerwG Urt. v. 10.11.2016 – 9 A 18.15, Rn. 21; BVerwG Urt. v. 3.11.2020 – 9 A 12/19, Rn. 86; OVG Hamburg Urt. v. 12.5.2021 – 1 Bf 492/19, Rn. 79; OVG Münster Urt. v. 5.2.2021 – 11 D 13/18.AK, Rn. 92; OVG Lüneburg Urt. v. 4.7.2017 – 7 KS 12/15, Rn. 43; OVG Greifswald Urt. v. 14.12.2015 – 5 M 303/15, Rn. 93). Darin liegt eine gewisse Relativierung des Umfangs der auszulegenden Unterlagen, die sich aber ihrerseits nur in geringem Umfang auswirkt, da nach der jetzt geltenden Regelung der UVP-Bericht ausgelegt werden muss (*Hagmann* in Hoppe/Beckmann/Kment Rn. 29). Um nicht dem Eindruck Vorschub zu leisten, die Behörde wolle der Öffentlichkeit wichtige Dokumente vorenthalten, dürfte es sich ohnehin empfehlen, grundsätzlich alle auf die Umwelt bezogenen und zum Zeitpunkt der Auslegung bereits vorhandenen Fachgutachten (*Hagmann* in Hoppe/Beckmann/Kment Rn. 26) einzuschließen. Diese zeichnet auch den teilweise in der Literatur geforderten Bezug zu den Schutzgütern des UVPG aus (*Hagmann* in Hoppe/Beckmann/Kment Rn. 28). Es ist nicht Aufgabe der UVPG, eine Untersuchung ohne Bindung an die Zwecke des UVPG zu verlangen oder auch nur zu ermöglichen. Soweit diese Voraussetzung erfüllt ist, dürfen auch weitere Unterlagen ausgelegt werden **21**

(„zumindest"), was immerhin gewährleistet, dass die Auslegung darüber hinausgehender Dokumente nicht zu einem Verfahrensfehler führt (zur Entstehungsgeschichte *Peters/Balla/Hesselbarth* § 20 Rn. 5).

22 **2. Regelungen für besondere Verfahren (Abs. 2 S. 2).** In einigen Verfahren kann auf einen Erörterungstermin verzichtet werden (→ § 18 Rn. 39). Für die dort genannten Verfahren (vorgelagerte Verfahren und Planfeststellungsverfahren über einen Wege- und Gewässerplan mit landschaftspflegerischem Begleitplan nach § 41 FlurbG) und in den Verfahren nach § 1 AtVfV kann die Auslegung bei der Genehmigungsbehörde oder bei einer geeigneten Stelle in der Nähe des Standorts des Vorhabens ausgelegt werden. Das soll abhängig von den Umständen des Einzelfalls eine größere Ortsnähe der Auslegung ermöglichen.

23 **3. Weitere Informationen über die Ansprüche insbesondere aus dem UIG nach Beginn des Beteiligungsverfahrens (§ 19 Abs. 3).** Auch nach Beginn der Auslegung können die Behörden Informationen erhalten, die auslegungspflichtig wären, aber zum Zeitpunkt der Auslegung noch nicht verfügbar waren. Wie mit diesen umzugehen ist, richtet sich nach ihrem Charakter bezüglich ihres Einflusses auf das laufende Beteiligungsverfahren. Kommt § 19 Abs. 3 zur Anwendung und nicht eine fachgesetzliche Spezialvorschrift, ist jedenfalls ein auf die Zugänglichmachung der Information gerichteter **Antrag** erforderlich, soweit nicht die Pflicht zur aktiven Unterrichtung nach § 10 UIG greift (*Peters/Balla/Hesselbarth* Rn. 12). Die Literatur hält es für zumutbar, die Informationen von einem Antrag abhängig zu machen, da § 19 gerade nicht von einer aktiven Pflicht zur Unterrichtung spricht und der Antrag ja nicht „ins Blaue hinein" erfolgen muss (*Dippel* in Schink/Reidt/Mitschang Rn. 25; zur ähnlichen Problematik nach § 10 Abs. 3 S. 3 BImSchG *Jarass* BImSchG § 10 Rn. 82). Stets ist die Veröffentlichung durch **Geheimhaltungsvorschriften** begrenzt.

24 **a) Änderung des Vorhabens.** Liegt in den neuen Informationen der Sache nach eine Änderung des beantragten Vorhabens, so richten sich ihre Auswirkungen nach den Vorschriften über die Änderung des Verfahrens etwa nach § 73 Abs. 8 VwVfG oder § 8 Abs. 2 9. BImSchV. Deren Konsequenzen reichen dann von einer beschränkten Beteiligung betroffener Dritter über eine neue Auslegung bis hin zu einem neuen Anhörungsverfahren mitsamt einer erneuten Auslegung. Eine Änderung des Vorhabens führt in der Regel auch zu einer Änderung der auszulegenden Unterlagen nach Absatz 2, weshalb für solche Fälle § 22 greift, der die regelmäßig erforderliche erneute Beteiligung der Öffentlichkeit nur dann für entbehrlich erklärt, wenn zusätzliche erhebliche oder andere erhebliche Umweltauswirkungen nicht zu besorgen sind (→ § 22 Rn. 14; *Hagmann* in Hoppe/Beckmann/Kment Rn. 36).

25 **b) Informationen ohne Änderung des Vorhabens.** Selbst wenn die nachträglichen Informationen nicht zu einer Änderung des Vorhabens führen, können sie Auswirkungen auf die nach § 19 Abs. 2 auszulegenden Unterlagen haben. Das gilt vor allem für Gutachten, die die Umweltauswirkungen des Vorhabens betreffen und möglicherweise anders bewerten als die bereits vorliegenden. Resultierte daraus eine Verfehlung der Anstoßwirkung (→ Rn. 21) des Beteiligungsverfahrens, so stellt die Ergänzung von Unterlagen eine Unterlagenänderung dar, die nach § 22 zu beurteilen ist (*Hagmann* in Hoppe/Beckmann/Kment Rn. 40). Das ist nach der Rechtsprechung der Fall, wenn eine nach Gegenstand, Systematik und Ermittlungstiefe neue oder über die bisherigen Untersuchungen wesentlich hinausgehende Prüfung der Umweltbetroffenheiten vorgenommen wird, die für die Beurteilung der Rechtmäßigkeit des Vorhabens insgesamt erforder-

lich ist und ihren Niederschlag in einer neuen entscheidungserheblichen Unterlage über die Umweltauswirkungen des Vorhabens findet (BVerwG Urt. v. 9.2.2017 – 7 A 2.15, Rn. 28; BVerwG Urt. v. 10.11.2016 – 9 A 18.15, Rn. 25; BVerwG Urt. v. 28.4.2016 – 9 A 9.15, Rn. 34).

Trifft das nicht zu und eine Pflicht zur erneuten Beteiligung nach § 22 ist durch die neuen Unterlagen nicht entstanden, so gilt wieder § 19 Abs. 3 (*Hagmann* in Hoppe/Beckmann/Kment Rn. 40). Damit ist der **Anwendungsbereich** des Absatz 3 eingeschränkt auf Fälle, in denen die weiteren Informationen nicht eine Änderung des Vorhabens bewirken, keine Änderungen der nach § 19 Abs. 2 auszulegenden Unterlagen verlangen oder eine erneute Auslegung nicht vorgenommen werden muss, weil zusätzliche erhebliche oder andere erhebliche Umweltauswirkungen nicht zu besorgen sind (*Hagmann* in Hoppe/Beckmann/Kment Rn. 41). **26**

IV. Rechtsschutz

Wird gegen die in § 19 geregelten Beteiligungsvorschriften verstoßen, so stellt das zumeist einen Verfahrensfehler dar, der nur zusammen mit der Zulassungsentscheidung gerügt werden kann (§ 44a VwGO). Die Ansprüche nach § 19 Abs. 3 sind dagegen separat justiziabel (*Ziekow* in Sodan/Ziekow VwGO § 44a Rn. 48; *Dippel* in Schink/Reidt/Mitschang Rn. 26). Der Kontrollmaßstab der Gerichte richtet sich wie stets danach, ob eine vollumfängliche Prüfung hinsichtlich des Tatbestands durchgeführt wird, bei der die Gerichte die Befugnis haben, die Rechtsauffassung der Behörde durch ihre eigene zu ersetzen, oder aber eine Ermessenskontrolle stattfindet (§ 114 S. 2 VwGO). **27**

Fehler bei der Anwendung der Beteiligungsvorschriften stellen nur höchst selten einen absoluten Verfahrensfehler im Sinne von § 4 Abs. 1 UmwRG dar. In Betracht zu ziehen wäre vor allem § 4 Abs. 1 Nr. 3 UmwRG, der gerichtlich gerügt werden kann, wenn der Fehler einer unterbliebenen Öffentlichkeitsbeteiligung oder UVP oder UVP-Vorprüfung gleichkommt. Soweit nur einzelne Unterlagen nicht ausgelegt worden sind, obwohl das erforderlich war, dürfte dies regelmäßig als relativer Verfahrensfehler zu bewerten sein (§ 4 Abs. 1a UmwRG; so zuletzt BVerwG Urt. v. 30.11.2020 – 9 A 5/20, Rn. 25). Dieser führt jedoch wegen der Inbezugnahme von § 46 VwVfG nach § 4 Abs. 1a S. 1 UmwRG nur dann zur formellen Rechtswidrigkeit des angegriffenen Bescheids, wenn eine Beeinflussung der Sachentscheidung nicht ausgeschlossen werden kann. Das hat die Rechtsprechung jedoch vielfach nicht erkennen können (BVerwG Urt. v. 21.1.2016 – 4 A 5.14, Rn. 37 ff.; OVG Hamburg Urt. v. 12.5.2021 – 1 Bf 492/19, Rn. 67 ff.; OVG Bremen Beschl. v. 3.4.2017 – 1 B 126/17, Rn. 56 ff.; VGH Mannheim Beschl. v. 14.2.2017 – 5 S 2122/16, Rn. 25). Selbst im Falle einer Rechtswidrigkeit des Verwaltungsakts bewirken Fehler dieser Art aber nur dann dessen Aufhebung, wenn sich der Fehler nicht durch Entscheidungsergänzung oder ein ergänzendes Verfahren beheben lässt, wie es § 4 Abs. 1b S. 1 UmwRG vorsieht (*Hagmann* in Hoppe/Beckmann/Kment Rn. 43). Das ist aber vielfach der Fall (zuletzt BVerwG Urt. v. 30.11.2020 – 9 A 5/20, Rn. 48; OVG Magdeburg Urt. v. 24.3.2021 – 2 L 79/17, Rn. 220). **28**

§ 20 Zentrale Internetportale; Verordnungsermächtigung

(1) [1] **Für die Zugänglichmachung des Inhalts der Bekanntmachung nach § 19 Absatz 1 und der nach § 19 Absatz 2 auszulegenden Unterlagen im Internet richten Bund und Länder zentrale Internetportale ein. [2] Die Zugänglichmachung erfolgt im zentralen Internetportal des Bundes, wenn die Zulassungsbehörde eine Bundesbehörde ist. 3 Für den Aufbau und Betrieb des zentralen Internetportals des Bundes ist das Umweltbundesamt zuständig.**

(2) [1] **Die zuständige Behörde macht den Inhalt der Bekanntmachung nach § 19 Absatz 1 und die in § 19 Absatz 2 Satz 1 Nummer 1 und 2 genannten Unterlagen über das einschlägige zentrale Internetportal zugänglich. [2] Maßgeblich ist der Inhalt der ausgelegten Unterlagen.**

(3) **Der Inhalt der zentralen Internetportale kann auch für die Zwecke der Berichterstattung nach § 73 verwendet werden.**

(4) **Die Bundesregierung wird ermächtigt, durch Rechtsverordnung mit Zustimmung des Bundesrates Folgendes zu regeln:**

1. die Art und Weise der Zugänglichmachung nach den Absätzen 1 und 2 sowie

2. die Dauer der Speicherung der Unterlagen.

(5) **Alle in das zentrale Internetportal einzustellenden Unterlagen sind elektronisch vorzulegen.**

Schrifttum: *Hoppe/Beckmann/Kment,* UVPG, Kommentar, 5. Aufl. 2018; *Kopp/Ramsauer,* VwVfG, Kommentar, 22. Aufl. 2021; *Peters/Balla/Hesselbarth,* UVPG, Kommentar, 4. Aufl. 2019; *Stelkens/Bonk/Sachs,* VwVfG, Kommentar, 9. Aufl. 2018.

Übersicht

I. Allgemeines

1. Bedeutung der Vorschrift. § 20 setzt Art. 6 Abs. 5 S. 2 UVP-RL um und ergänzt die konventionellen Verfahren zur Information der Öffentlichkeit um eine Internet-Option, deren Schaffung verbindlich vorgeschrieben ist (zu weiteren europarechtli- 1 chen Bezügen *Hagmann* in Hoppe/Beckmann/Kment Rn. 4). Die Veröffentlichung im Internet über die obligatorisch einzurichtenden Internetportale **ersetzt nicht** die herkömmlichen Wege der Bekanntmachung und Auslegung. Neben dem Internetportal des Bundes für die Vorhaben, in denen eine Bundesbehörde die Zulassungsbehörde ist, existiert ein Internetportal der Bundesländer Baden-Württemberg, Bayern, Brandenburg, Berlin, Bremen, Hessen, Hamburg, Mecklenburg-Vorpommern, Nordrhein-Westfalen, Rheinland-Pfalz, Schleswig-Holstein, Saarland, Sachsen-Anhalt, Sachsen und Thüringen (https://uvp-verbund.de, Stand: 3.8.2021). Niedersachsen hat sein eigenes Internetportal (https://uvp.niedersachsen.de, Stand: 3.8.2021). Die Vorschriften von § 20 werden ergänzt durch eine Verordnung über zentrale Internetportale des Bundes und der Länder im Rahmen der Umweltverträglichkeitsprüfung (Verordnung über zentrale Internetportale des Bundes und der Länder im Rahmen der Umweltverträglichkeitsprüfung, zur Änderung der Verordnung über das Genehmigungsverfahren und zur Änderung der Atomrechtlichen Verfahrensordnung, **„UVP-Portale-Verordnung – UVPPortV"** v. 11.11.2020, BGBl. I Nr. 53, 2428). Es liegt auch eine **Allgemeine Verwaltungsvorschrift** über das zentrale Internetportal des Bundes nach § 20 des Gesetzes über die Umweltverträglichkeitsprüfung vom gleichen Tag vor (BAnz AT 23.11.2020 B5).

2 **2. Rechtsentwicklung. a) Begründung der Bundesregierung (BT-Drs. 18/11499, S. 59, 91).** Zur allgemeinen Ziel- und Zweckrichtung des § 20 finden sich in der Gesetzesbegründung (BT-Drs. 18/11499, 59) folgende Angaben:

3 „Nach § 20 sind die Bekanntmachung des Vorhabens sowie der UVP-Bericht und die zum Zeitpunkt des Beginns der Öffentlichkeitsbeteiligung entscheidungserheblichen Berichte und Empfehlungen, die der zuständigen Behörde zum Zeitpunkt des Beginns des Beteiligungsverfahrens vorgelegen haben, im Internet zu veröffentlichen. Zu diesem Zweck richten Bund und Länder zentrale Internetportale ein. Die Möglichkeit der Bürger, sich über das Vorhaben und seine Umweltauswirkungen zu informieren, wird damit erheblich erleichtert. Zusammen mit der neuen Regelung des § 27 tragen diese Anforderungen erheblich zu einer verbesserten Transparenz der UVP und des Zulassungsverfahrens insgesamt bei."

4 Im Einzelnen heißt es im Regierungsentwurf (BT-Drs. 18/11499, 91) zu der Norm:

5 „Nach Absatz 1 Satz 1 richten Bund und Länder zentrale Internetportale ein, auf denen die Bekanntmachung und die nach § 19 Abs. 2 auszulegenden Unterlagen zugänglich zu machen sind. Über die nach Absatz 1 Satz 1 einzurichtenden zentralen Internetportale der Länder sollen auch die künftig nach dem Baugesetzbuch in das Internet einzustellenden Informationen und Unterlagen zugänglich gemacht werden. Das Baugesetzbuch wird in einem parallelen Rechtsetzungsverfahren geändert. Nach Satz 2 erfolgt die Zugänglichmachung bei Vorhaben, die von einer Behörde des Bundes zugelassen werden, im Zentralportal des Bundes. Ist eine Behörde eines Landes zuständig, erfolgt dementsprechend die Zugänglichmachung im Zentralportal des Landes. Für den Aufbau und Betrieb des zentralen Internetportals des Bundes ist nach Satz 3 das Umweltbundesamt zuständig. Das Umweltbundesamt ist aufgrund seiner Fachkunde im Bereich der Umweltverträglichkeitsprüfung für die Wahrnehmung dieser Aufgabe besonders qualifiziert. Zu berücksichtigen ist dabei auch, dass die in dem UVP-Portal enthaltenen Informationen nach Absatz 3 zugleich zur Vorbereitung der Berichterstattung nach § 73 genutzt werden können (siehe auch die Begründung zu § 73). Die in Satz 3 geregelte Aufgabe ist von der Aufgabe der zuständigen Behörde nach den §§ 18 und 19 zu unterscheiden. Durch seine Zuständigkeit für den Aufbau und Betrieb des zentralen Internetportals werden dem Umweltbundesamt nicht zugleich die Aufgaben einer Anhörungsbehörde nach § 73 Abs. 4 VwVfG oder entsprechenden fachrechtlichen Vorschrif-

ten zugewiesen; Einwendungen sind daher nicht bei ihm zu erheben, sondern bei der jeweils zuständigen Zulassungs- oder Anhörungsbehörde.

Absatz 4 ermächtigt die Bundesregierung zum Erlass einer Rechtsverordnung, mit der Näheres über die Zugänglichmachung in den Internetportalen des Bundes und der Länder geregelt werden kann. Hierzu gehört die Art und Weise der Zugänglichmachung und die Dauer der Speicherung." **6**

b) Stellungnahme des Bunderates (BR-Drs. 164/17, 16, Nr. 17). Absatz 5 wurde auf Vorschlag des Bundesrates eingefügt (vgl. BT-Drs. 18/12994, 18). Dieser begründet diese Änderung in seiner Stellungnahme (BR-Drs. 164/17, 16, Nr. 17) wie folgt: **7**

„Der Gesetzentwurf sieht bislang nur vor, dass der Umweltbericht elektronisch vorzulegen ist (§ 16 Abs. 9 UVPG-E). **8**

Nach dem Willen des Gesetzgebers sollen jedoch in das Zentrale Internetportal auch Berichte und Empfehlungen, die der zuständigen Behörde zum Zeitpunkt des Beginns des Beteiligungsverfahrens vorliegen, eingestellt werden (§ 20 Abs. 1 iVm § 19 Abs. 2 Nr. 2 UVPG-E). Daher ist es erforderlich, auch für eine entsprechende elektronische Vorlage dieser Unterlagen zu sorgen." **9**

c) Gegenäußerung der Bundesregierung (BT-Drs. 18/11948, 24). Die Bundesregierung stimmte dem Vorschlag des Bundesrats zu. **10**

d) Beschlussempfehlung und Bericht des Umweltausschusses (BT-Drs. 18/12994, 18). Absatz 2 wurde, um Missverständnissen vorzubeugen, nicht in den Formulierungen nach dem Regierungsentwurf übernommen, (welcher noch einen Verweis auf § 27a VwVfG enthielt, vgl. BT-Drs. 18/11499, 22 und 91 f.). Dazu heißt es im Ausschussbericht (BT-Drs. 18/12994, 18): **11**

„Satz 1 greift ein Anliegen des Bundesrates (Nummer 15 der BR-Drucksache 164/17 – Beschluss) auf und trägt ihm durch eine Änderung von § 20 Abs. 2 Rechnung, wie von der Bundesregierung in ihrer Gegenäußerung vorgeschlagen. Durch die Streichung des Verweises auf § 27a VwVfG werden mögliche Missverständnisse über den Umfang der in den zentralen UVP-Portalen zu veröffentlichenden Unterlagen vermieden. Die Anwendung von § 27a VwVfG sowie der entsprechenden landesrechtlichen Vorschriften ist ausgeschlossen, soweit die Beteiligung der Öffentlichkeit abschließend im Fachrecht geregelt ist. Für das immissionsschutzrechtliche Genehmigungsverfahren enthält die auf dem Bundes-Immissionsschutzgesetz basierende 9. BImSchV eine abschließende Regelung zur Veröffentlichung von Antragsunterlagen im Internet (vgl. *Ramsauer/Tegethoff* in Kopp/Ramsauer VwVfG § 27a Rn. 2). Dementsprechend ist auch die im Entwurf einer ersten Verordnung zur Änderung der Verordnung über das Genehmigungsverfahren – 9. BImSchV – vorgesehene Regelung zur Zugänglichmachung von UVP-Unterlagen im zentralen Internetportal abschließend, vgl. BR-Drucksache 268/17, Artikel 1 Nr. 9 Buchst. a) (§ 8 Abs. 1 S. 3 9. BImSchV) iVm Nr. 11 Buchst. b) Doppelbuchst. bb) (§ 10 Abs. 1 S. 7 und 8 9. BImSchV). Danach ist nur die Veröffentlichung des Inhalts der Bekanntmachung, des UVP-Berichts und der entscheidungserheblichen Berichte und Empfehlungen im Internetportal erforderlich. Auch nach § 73 BImSchG kann von den abschließenden Regelungen der 9. BImSchV über die Veröffentlichung von Antragsunterlagen im Internet nicht abgewichen werden. **12**

Die ausdrückliche Erwähnung des Inhalts der Bekanntmachung nach § 19 Abs. 1 UVPG und der in § 19 Abs. 2 Nr. 1 und 2 UVPG genannten Unterlagen entspricht dem mit der bisherigen Formulierung Gemeinten (vgl. Begründung BT-Drucksache 18/11499 zu § 20 Abs. 2). Satz 2 ist eine dem § 27a Abs. 1 S. 3 VwVfG entsprechende Regelung, die nach der oben genannten Streichung des Verweises erforderlich ist." **13**

14 **3. Anwendungsbereich und Verhältnis zu konkurrierenden Vorschriften.** § 20 ist nicht so umfassend angelegt wie § 27a VwVfG, der sich auf alle zur Einsicht auszulegenden Unterlagen bezieht, während § 20 nur die UVP-bezogenen und abschließend aufgeführten Dokumente erfasst. Allerdings ist § 27a VwVfG als Soll-Vorschrift ausgestaltet, wohingegen § 20 eine verbindliche Pflicht zur Internetveröffentlichung enthält. Schließlich ist die Art und Weise der Veröffentlichung bei § 20 anders als im Rahmen von § 27a VwVfG auf die Internetportale des Bundes und der Länder festgelegt.

15 Die Frage des Verhältnisses von § 20 und fachgesetzlichen Ermächtigungen weist gewisse Parallelen zum Verhältnis des § 27a VwVfG und § 10 Abs. 3 BImSchG auf. Während *Ramsauer* § 10 Abs. 3 BImSchG gegenüber § 27a VwVfG für abschließend hält (*Ramsauer/Tegethoff* in Kopp/Ramsauer VwVfG § 27a Rn. 2), will *Stelkens* die beiden Vorschriften nebeneinander anwenden (*Stelkens* in Stelkens/Bonk/Sachs VwVfG § 27a Rn. 21a). Eine überzeugende Analyse muss im Einzelfall ermitteln, ob der Gesetzgeber eine abschließende und damit § 20 verdrängende Regelung treffen wollte (*Hagmann* in Hoppe/Beckmann/Kment Rn. 11). Gegenüber § 27a VwVfG dürfte § 20 **keine** abschließende und die allgemeinere Vorschrift des § 27a VwVfG verdrängende Bestimmung darstellen (*Hagmann* in Hoppe/Beckmann/Kment Rn. 12). Im Ergebnis heißt das, dass Informationen auf der Grundlage beider Vorschriften veröffentlicht werden können oder müssen (dafür sprechen die Entstehungsgeschichte der Norm und ihr Transparenzzweck, s. *Hagmann* in Hoppe/Beckmann/Kment Rn. 12 mwN).

16 **Fachrechtliche Spezialregelungen** können § 20 ohnehin nur insoweit verdrängen, als sie sich als hinreichende Umsetzung der UVP-Richtlinie darstellen. Das ist der Fall, wenn sie den Anforderungen des Unionsrechts genügen oder darüber hinausgehen. Vorschriften, die diesem Ansatz folgen, sind insbesondere § 4a BauGB, § 2a AtG und § 6 Abs. 5 AtVfV, sowie §§ 8 Abs. 1, 10 Abs. 1 S. 7 und 8 9. BImSchV.

II. Einzelfragen

17 **1. Verhältnis von Auslegung und Internetveröffentlichung (Abs. 1, 2).** § 20 gilt sowohl für die Bekanntmachung nach § 19 Abs. 1 als auch für die Zugänglichmachung der Unterlagen im Zuge der Auslegung im Rahmen von § 19 Abs. 2. Die Veröffentlichung im Internet tritt neben die **eigentliche Auslegung,** die im Falle einer Diskrepanz zwischen den herkömmlich ausgelegten und den im Internet veröffentlichten Unterlagen vorgeht (*Hagmann* in Hoppe/Beckmann/Kment Rn. 21). Das ergibt sich aus der Formulierung in § 20 Abs. 2 S. 2, wonach der Inhalt der **ausgelegten** Unterlagen maßgeblich ist. Dem entspricht auch das Konzept in § 27a Abs. 1 S. 1 VwVfG, der ausdrücklich bestimmt, dass die Internetveröffentlichung **zusätzlich** zur öffentlichen Bekanntmachung erfolgt. Allerdings müssen die Betroffenen auf die Richtigkeit und Vollständigkeit der im Internet zugänglich gemachten Unterlagen vertrauen können (so schon die Anforderungen aus dem UIG; § 10 Abs. 2 S. 3 UIG; § 10 Abs. 6 iVm § 7 Abs. 3 UIG; dazu *Peters/Balla/Hesselbarth* Rn. 6; zum Vertrauen *Hagmann* in Hoppe/Beckmann/Kment Rn. 26), weshalb ein Verfahrensfehler vorliegt, wird dies missachtet (→ Rn. 28).

18 **2. Zuständige Behörde für die Internetveröffentlichung (Abs. 1, 2). Portalbetreibende Behörde** ist für die Länder die Behörde, die dafür zuständig ist, das zentrale Internetportal des Landes aufzubauen und zu betreiben (§ 2 Abs. 2 UVPPortV). Für den Bund ist für den Aufbau und Betrieb des zentralen Internetportals das Umweltbundesamt zuständig (§ 20 Abs. 1 S. 3). Nach Absatz 2 Satz 1 erfolgt die Zugänglichma-

chung der Bekanntmachung wie der Auslegung sowie der mit ihnen verbundenen Inhalte durch die „zuständige Behörde". Das ist in der Regel die Zulassungsbehörde, weil sich schon Absatz 1 auf die Zulassungsbehörde bezieht. Für die Länder ist die Ermittlung selbst im Falle von Planfeststellungsverfahren einfach, wenn Anhörungs- und Planfeststellungsbehörde identisch sind (*Hagmann* in Hoppe/Beckmann/Kment Rn. 17). Fallen beide Behörden auseinander, liegt die Zuständigkeit bei der Planfeststellungsbehörde, da diese für die Bekanntmachung und die Auslegung nach § 19 Abs. 1 und 2 zuständig ist. In der Literatur wird die Auffassung vertreten, unter dem Begriff der Zulassungsbehörde in § 20 Abs. 1 dürfe nicht die Zuständigkeit für die Zulassung verstanden werden, sondern nur die Zuständigkeit für den jeweils einschlägigen Teil des Verfahrens. Soweit das Anhörungsverfahren nach § 73 VwVfG angesprochen sei, sei daher die Anhörungsbehörde die zuständige Behörde im Sinne von § 20 Abs. 2 (→ § 15 Rn. 13; *Hagmann* in Hoppe/Beckmann/Kment Rn. 18; vgl. ferner Nr. 0.1.3 S. 1 UVPVwV). Ein nachvollziehbarer Grund für die genannte Auslegung des Begriffs der Zulassungsbehörde ist nicht wirklich ersichtlich. Sollten praktische Erwägungen der Verfahrensvereinfachung für eine solche Lösung sprechen, sollte der Gesetzgeber eine entsprechende Klarstellung vornehmen. Spezialregelungen können an die Stelle der allgemeineren Zuweisung treten und diese verdrängen (*Peters/Balla/Hesselbarth* Rn. 4).

Sind mehrere Landesbehörden zuständig, ist die zuständige Behörde im Sinne des § 20 **19**
Abs. 2 die anhand von § 31 zu bestimmende federführende Behörde.

3. Dauer der Internetveröffentlichung. Wie lang die Zugänglichmachung erfol- **20**
gen muss, ist § 20 nicht unmittelbar zu entnehmen. Hinsichtlich der Internetveröffentlichung der Bekanntmachung nach § 19 Abs. 1 hat die Bekanntmachung eine „Einladungsfunktion" für Äußerungen und Einwendungen der Öffentlichkeit iSv § 21. Daher muss die Internetveröffentlichung mindestens die Dauer der Äußerungsfrist des § 21 aufweisen (*Hagmann* in Hoppe/Beckmann/Kment Rn. 24). So ist es auch durch die UVPPortV geregelt worden, was sich aber nicht auf den ersten Blick erschließt. Zur **Dauer der Internetveröffentlichung** enthält § 5 UVPPortV zwei Absätze, die unterschiedliche Bündel von Daten betreffen. Die Dauer der Zugänglichmachung der Bekanntmachung des Vorhabens bezieht sich nach **§ 5 Abs. 1 UVPPortV** auf
- den **Inhalt der Bekanntmachung** zu Beginn des Beteiligungsverfahrens im Sinne von § 19 Abs. 1 UVPG (§ 2 Abs. 1 Nr. 1 Buchst. a UVPPortV),
- bei **ausländischen Vorhaben** die **öffentliche Bekanntmachung** nach § 59 Abs. 1 und 2 iVm Abs. 4 UVPG (§ 2 Abs. 1 Nr. 1 Buchst. c UVPPortV),
- den **UVP-Bericht** nach § 16 UVPG (§ 2 Abs. 1 Nr. 2 UVPPortV),
- die das Vorhaben betreffenden **entscheidungserheblichen Berichte und Empfehlungen** nach § 19 Abs. 2 S. 1 Nr. 2 UVPG (§ 2 Abs. 1 Nr. 3 UVPPortV) sowie
- die **übermittelten Unterlagen** nach § 59 Abs. 3 iVm Abs. 1 und 4 UVPG (§ 2 Abs. 1 Nr. 4 UVPPortV),

die **bis zum Ende der Auslegungsfrist** gemäß § 18 Abs. 1 S. 4 UVPG iVm § 73 Abs. 3 S. 1 VwVfG zugänglich zu halten sind.

§ 5 Abs. 2 UVPPortV betrifft die Situation der bereits erlassenen Genehmigungsent- **21**
scheidung und verlangt die Zugänglichmachung bis zum Ablauf der jeweiligen Rechtsbehelfsfrist nach § 70 oder 74 Abs. 1 S. 2 und Abs. 2 VwGO folgender Daten:
- den **Inhalt der Bekanntmachung der Entscheidung zur Zulassung oder Ablehnung** des Vorhabens nach § 27 S. 1 UVPG (§ 2 Abs. 1 Nr. 1 Buchst. b UVPPortV),
- die Entscheidung der **ausländischen Behörde** nach § 59 Abs. 5 iVm § 27 UVPG, soweit Rechtsvorschriften des Bundes oder der Länder für die Form der Bekanntmachung nicht etwas Abweichendes regeln (§ 2 Abs. 1 Buchst. d UVPPortV),

– den **Bescheid a) zur Zulassung oder Ablehnung des Vorhabens** nach § 27 UVPG und **b) der ausländischen Behörde,** der nach § 59 Abs. 5 iVm § 27 UVPG auszulegen ist, soweit Rechtsvorschriften des Bundes oder der Länder für die Form der Zugänglichmachung des Bescheids nicht etwas Abweichendes regeln (§ 2 Abs. 1 Nr. 5 UVPPortV).

22 Möglicherweise ließe sich diese komplizierte Struktur bei der Überarbeitung der Verordnung mit Blick auf den Transparenzzweck der Internetportale noch etwas nachvollziehbarer gestalten.

23 **§ 5 Abs. 3 UVPPortV** regelt, dass die Daten nicht über den Tag der Erledigung eines Vorhabens etwa durch Rücknahme des Genehmigungsantrags durch den Vorhabenträger hinaus zugänglich gemacht werden dürfen.

24 **4. Technische Umsetzung.** Die Allgemeine Verwaltungsvorschrift über das zentrale Internetportal des Bundes sieht vor, dass das zentrale Internetportal des Bundes die Zugänglichmachung der Informationen neben der eigenständigen Eingabe in das Portal auch durch direkte Verlinkung auf einer anderen Internetseite erfolgen kann (§ 2 Abs. 1 Bundes-UVP-Portal-VwV). Sichergestellt muss dann allerdings sein, dass die Verlinkung unmittelbar zu dem dokumentierten Vorhaben führt und nicht bloß zu einer Übersichtsseite (so auch die Erläuterung des Referentenentwurfs für die Allgemeine Verwaltungsvorschrift über das zentrale Internetportal des Bundes, S. 8).

25 **5. Berichterstattung nach § 73 (Abs. 3).** Nach Absatz 3 kann der Inhalt der zentralen Internetportale auch für die Zwecke der Berichterstattung nach § 73 verwendet werden. Die Regelung hat klarstellenden Charakter (*Hagmann* in Hoppe/Beckmann/Kment Rn. 31). Sie soll sicherstellen, dass die Bundesregierung ihrer Berichterstattungspflicht nach Art. 12 Abs. 2 UVP-RL auch auf diesem Wege nachkommen kann, wonach die Bundesrepublik ab dem 16. Mai 2017 alle sechs Jahre über die durchgeführten Umweltverträglichkeitsprüfungen berichten muss. Die erste Meldung erfolgt am 31. März 2023 und muss Angaben über die Anzahl der Vorhaben, für die eine UVP oder eine UVP-Vorprüfung durchgeführt wurde, die durchschnittliche Verfahrensdauer sowie eine Abschätzung der durchschnittlichen unmittelbaren Kosten enthalten. Diese Angaben stellen die Umweltministerien des Bundes und der Länder zusammen.

26 **6. Verordnungsermächtigung (Abs. 4).** Absatz 4 ermächtigt die Bundesregierung, mit Zustimmung des Bundesrats die Art und Weise der Zugänglichmachung nach den Absätzen 1 und 2 **(Nr. 1)** sowie die Dauer der Speicherung der Unterlagen **(Nr. 2)** in einer Rechtsverordnung zu regeln. Das ist mit der Verordnung über zentrale Internetportale des Bundes und der Länder im Rahmen der Umweltverträglichkeitsprüfung (UVP-Portale-Verordnung – UVPPortV v. 11.11.2020, BGBl. I Nr. 53, 2428, Inkrafttreten am 1.11.2021) geschehen. Die Verordnung enthält Bestimmungen zu beiden in Absatz 4 genannten Elementen. Die Art und Weise der Zugänglichmachung betreffen die Vorschriften über die Bestimmung der portalbetreibenden Behörden (§ 2 Abs. 2 UVPPortV) und die Norm des § 3 UVPPortV, der die Anforderungen an die Ausführung der Internetportale näher bezeichnet und insbesondere verlangt, dass die Portale einen kostenfreien Zugang ermöglichen müssen. Die Seiten müssen darüber hinaus eine interaktive Kartenansicht und eine Vorhaben-Detailseite enthalten.

III. Pflicht zur elektronischen Vorlage (Abs. 5)

27 Nach Absatz 5 sind alle in das zentrale Internetportal einzustellenden Unterlagen elektronisch vorzulegen. Das schließt die Stellungnahmen der Behörden nach § 17 ein

(*Peters/Balla/Hesselbarth* Rn. 9). In welcher Form die Vorlage zu geschehen hat, lässt das Gesetz offen. Um dem Transparenzgedanken ausreichend Rechnung zu tragen, sollte in der Regel die Veröffentlichung in einem üblichen und mit geringen Kosten verbundenen oder kostenfrei zur Verfügung stehenden Format erfolgen, etwa als PDF-Datei (*Hagmann* in Hoppe/Beckmann/Kment Rn. 34). Soweit andere Formate gewählt werden sollen, soweit dies die Darstellung erfordert, darf sich dies nicht als prohibitive Hürde für den Zugang erweisen.

IV. Rechtsschutz

Fehler bei der Zugänglichmachung der Daten im Internet können von Versäumnissen **28** hinsichtlich der Vollständigkeit der Unterlagen über Diskrepanzen zwischen den Auslegungsunterlagen und den im Internet zugänglich gemachten Unterlagen bis zur Nichtbeachtung der Fristen reichen. Diese Versäumnisse stellen in aller Regel Verfahrensfehler dar, die wegen der UVP-Pflicht der in Rede stehenden Vorhaben dem Umweltrechtsbehelfsgesetz unterfallen. Eine Verletzung von § 20 Abs. 2 dürfte als absoluter Verfahrensfehler im Sinne von § 4 Abs. 1 UmwRG nicht in Betracht kommen, wenn nicht zugleich die UVP oder die UVP-Vorprüfung und die damit verbundene Öffentlichkeitsbeteiligung unterblieben sind. Vielfach wird eine Missachtung von § 20 Abs. 2 ein relativer Verfahrensfehler im Sinne von § 4 Abs. 1a UmwRG zu würdigen sein (ebenso *Hagmann* in Hoppe/Beckmann/Kment Rn. 30). Dann aber ist der Fehler für die Rechtswidrigkeit der Genehmigung nur von Bedeutung, wenn er das Ergebnis in der Sache beeinflusst haben könnte (§ 4 Abs. 1a UmwRG). Das wird nach dem EuGH Urt. v. 7.11.2013 – C-72/12 – Altrip schon dann vermutet, wenn das Gericht diesen Zusammenhang nicht aufklären kann (nachfolgend BVerwG Urt. v. 21.1.2016 – 4 A 5.14, Rn. 38 ff.). Für den Fall der unvollständigen Zugänglichmachung von Unterlagen wird man eine Ergebnisrelevanz jedenfalls nicht pauschal ausschließen können (ebenso *Hagmann* in Hoppe/Beckmann/Kment Rn. 30). Doch selbst das führt nicht zwangsläufig zur Aufhebung der Genehmigungsentscheidung, da nach § 4 Abs. 1b UmwRG zunächst versucht werden muss, die Verletzung des Verfahrensfehlers über eine Entscheidungsergänzung oder eines ergänzenden Verfahrens (etwa § 75 Abs. 1a VwVfG) zu beheben.

[illegible]

IV. Rechtsschutz

[illegible]

§ 21 Äußerungen und Einwendungen der Öffentlichkeit

(1) **Die betroffene Öffentlichkeit kann sich im Rahmen der Beteiligung schriftlich oder zur Niederschrift bei der zuständigen Behörde äußern.**

(2) **Die Äußerungsfrist endet einen Monat nach Ablauf der Frist für die Auslegung der Unterlagen.**

(3) [1]**Bei Vorhaben, für die Unterlagen in erheblichem Umfang eingereicht worden sind, kann die zuständige Behörde eine längere Äußerungsfrist festlegen.** [2]**Die Äußerungsfrist darf die nach § 73 Absatz 3a Satz 1 des Verwaltungsverfahrensgesetzes zu setzende Frist nicht überschreiten.**

(4) [1]**Mit Ablauf der Äußerungsfrist sind für das Verfahren über die Zulässigkeit des Vorhabens alle Äußerungen, die nicht auf besonderen privatrechtlichen Titeln beruhen, ausgeschlossen.** [2]**Hierauf weist die zuständige Behörde in der Bekanntmachung der Auslegung oder bei der Bekanntgabe der Äußerungsfrist hin.**

(5) **Die Äußerungsfrist gilt auch für solche Einwendungen, die sich nicht auf die Umweltauswirkungen des Vorhabens beziehen.**

Schrifttum: *Feldhaus,* Bundesimmissionsschutzrecht, Teil I, Stand Dezember 2020; *Hofmann,* Der Abschied von der (ohnehin meist falsch verstandenen) Verfahrensautonomie der Mitgliedstaaten? Zugleich Anmerkung zu EuGH v. 15.10.2015, Rs. C-137/14, EuR 2016, 188 ff.; *Hoppe/Beckmann/Kment,* UVPG, Kommentar, 5. Aufl. 2018; *Kment/Lorenz,* Eckpfeiler des deutschen Verwaltungsrechts auf europäischem Prüfstand, EurUP 2016, 47 ff.; *Jarass,* BImSchG, Kommentar, 13. Aufl. 2020; *Kopp/Ramsauer,* VwVfG, Kommentar, 22. Aufl. 2021; *Mann/Sennekmap/Uechtritz,* VwVfG, Großkommentar, 2. Aufl. 2019; *Peters/Balla/Hesselbarth,* UVPG, Kommentar, 4. Aufl. 2019; *Schink/Reidt/Mitschang,* UVPG/UmwRG, Kommentar, 2018; *Skouris,* Auswirkungen der Rechtsprechung des Europäischen Gerichtshofs auf die Funktion der deutschen Verwaltungsgerichtsbarkeit – Zur Reichweite des Urteils des EuGH vom 15.10.2015 in der Rechtssache C-137/14, DVBl. 2016, 937 ff.; *Stelkens/Bonk/Sachs,* VwVfG, Kommentar, 9. Aufl. 2018.

Übersicht

I. Allgemeines

1. Bedeutung der Vorschrift. § 21 setzt in Fortführung der früheren Regelungen 1
des § 9 Abs. 1c bis 1e UVPG aF ein zentrales Instrument der UVP-Richtlinie (vgl. Art. 6 Abs. 4 UVP-RL) um, indem er in Absatz 1 (→ Rn. 7 ff.) eine Öffentlichkeitsbeteiligungsflicht für die Verfahren schafft, die im Anwendungsbereich der UVP-Richtlinie liegen. Die Möglichkeit der Beteiligung wird für die betroffene Öffentlichkeit eröffnet, also für alle, deren Rechte und Interessen von dem Vorhaben berührt werden. Absatz 2 (→ Rn. 13) legt die Äußerungsfrist auf regelmäßig einen Monat fest; die Frist kann nach Absatz 3 (→ Rn. 14 ff.) auch verlängert werden. Allerdings darf sie die Äußerungsfrist nach § 73 Abs. 3a S. 1 VwVfG nicht überschreiten (Abs. 3 S. 2). Die aus europarechtli-

cher Sicht vielleicht wichtigste Vorschrift enthält Absatz 4 (→ Rn. 20ff.), der eine formelle Präklusion vorsieht, die dem Urteil des EuGH vom 15.10.2015 in der Rechtssache C-137/14 im Geltungsbereich der EU-Richtlinienrechts Rechnung tragen soll. Es verbleiben wenige Fälle, in denen eine materielle Präklusion zur Geltung kommt. Absatz 5 (→ Rn. 25) soll klarstellen, dass Einwendungen, die sich nicht auf Umweltauswirkungen des Vorhabens beziehen, ebenfalls der Äußerungsfrist aus Absatz 2 unterliegen.

2 Die vorgetragenen Äußerungen haben dann weitere Bedeutung für die zusammenfassende Darstellung nach § 25 Abs. 1, die dann die Basis bildet für die Bewertung der Umweltauswirkungen, die anschließend in der Zulassungsentscheidung nach den Vorgaben des § 26 Abs. 1 Nr. 3d zu berücksichtigen ist. Der Zulassungsbescheid muss danach darlegen, wie den Äußerungen zumindest Rechnung getragen wurde.

3 Der **Anwendungsbereich** der Bestimmung entspricht weitestgehend dem des § 18 (→ § 18 Rn. 5; näheres auch bei *Peters/Balla/Hesselbarth* Rn. 3, 14f.).

4 **2. Rechtsentwicklung.** Zu § 21 heißt es in der Gesetzesbegründung (BT-Drs. 18/11499, 92):

5 „Die Vorschrift (Absatze 1 bis 5) entspricht dem § 9 Absatz 1c bis 1e in der Fassung des Gesetzes zur Anpassung des Umwelt-Rechtsbehelfsgesetzes und anderer Vorschriften an europa- und völkerrechtliche Vorgaben (vgl. die Begründung der Bundesregierung zum Entwurf des vorgenannten Gesetzes BT-Drs. 18/9526, 47f.).

6 Unter „sonstigen Einwendungen" im Sinne des bisherigen § 9 Absatz 1e sind solche Einwendungen zu verstehen, die sich nicht auf die Umweltauswirkungen des Vorhabens beziehen. Dies wird mit der Formulierung in Absatz 5 klargestellt."

II. Öffentlichkeitsbeteiligungspflicht (Abs. 1)

7 Nach Absatz 1 muss der **betroffenen Öffentlichkeit** nach § 2 Abs. 9 die Möglichkeit zur Äußerung in schriftlicher Form oder in Form der Niederschrift gegeben werden. Betroffen ist jeder, der in seinen Rechten oder anerkennenswerten Interessen berührt ist. Das schließt neben Gemeinden und (inländischen) Umweltverbänden auch ausländische natürliche wie juristische Personen im Sinne des § 2 Abs. 8 ein (§ 56 Abs. 1; *Peters/Balla/Hesselbarth* Rn. 4). Nicht erforderlich ist eine Rechtsverletzung im Sinne von § 42 Abs. 1 VwGO oder anderen ähnlichen Vorschriften der VwGO. Zum Zeitpunkt der Äußerung ist in vielen Fällen auch nicht abschließend zu beurteilen, ob sich ein Einwand gegen das Vorhaben bei näherer Prüfung als Rechtsverletzung darstellen würde. Auch entspricht es dem Grundansatz der UVP-Richtlinie, den Kreis der Beteiligten und den der berücksichtigungswürdigen Einwendungen eher weit zu ziehen. Dem muss auch der Zeitpunkt der Äußerungsgelegenheit entsprechen, zu dem Art. 6 Abs. 4 UVP-RL bestimmt, dass die Stellungnahme oder Meinung in das Verfahren eingebracht werden können muss, wenn alle Optionen noch offen stehen und bevor die Entscheidung über den Genehmigungsantrag getroffen wird.

8 Im Verhältnis zu anderen Beteiligungsvorschriften ist zu beachten, dass § 21 zu konkurrierenden Bestimmungen vorgeht, wenn diese trotz Spezialität gegenüber § 21 hinter den Anforderungen der UVP-Richtlinie zurückbleiben. § 21 sichert in diesem Sinne den europarechtlichen Mindeststandard (*Hagmann* in Hoppe/Beckmann/Kment Rn. 6).

9 Die für die Schaffung der Möglichkeit zur Erhebung von Äußerungen und Einwendungen **zuständige** Behörde ist die Behörde, die das Zulassungsverfahren nach den jeweils einschlägigen fachgesetzlichen Bestimmungen durchführt. Da die Äußerungsmöglichkeit Teil eines Anhörungsverfahrens ist, ist die zuständige Behörde die Anhörungsbehörde, wenn Anhörungs- und Genehmigungsbehörde auseinanderfallen, wie es im Fachplanungsrecht

der Fall sein kann (*Hagmann* in Hoppe/Beckmann/Kment Rn. 13). Die Länder haben nach § 31 das Recht, im Falle der Zuständigkeit mehrerer Behörden für die Zulassung eine federführende Behörde zu bestimmen, die dann auch das Beteiligungsverfahren durchführt, wenn das Landesrecht dies nach § 31 Abs. 2 S. 2 (→ § 31 Rn. 34 ff.) vorsieht.

§ 21 lässt die Äußerung nur gegenüber der zuständigen Behörde zu. Das ist enger als manche fachgesetzlichen Regelungen, die zum Teil auch eine Äußerung gegenüber „der Gemeinde" vorsehen (§ 73 Abs. 4 S. 1 VwVfG). Dann kommt die weitere Vorschrift zur Anwendung (§ 1 Abs. 4 S. 2). **10**

Zwischen Äußerungen und Einwendungen, wie die amtliche Überschrift es formuliert, besteht kein sachlicher Unterschied (ebenso *Hagmann* in Hoppe/Beckmann/Kment Rn. 15; anders *Dippel* in Schink/Reidt/Mitschang Rn. 7, der in dem Begriff der Äußerungen solche Hinweise sieht, die sich nicht auf die Verhinderung oder Modifikation des Vorhabens richten). **11**

Die Schriftlichkeit wird durch Einreichung eines Schriftstücks auf Papier oder durch Telefax gewahrt (für das VwVfG in diesem Sinne *Neumann/Külpmann* in Stelkens/Bonk/Sachs VwVfG § 73 Rn. 76; *Lieber* in Mann/Sennekamp/Uechtritz VwVfG § 73 Rn. 229). Eine (bloße) E-Mail genügt nicht (so auch *Hagmann* in Hoppe/Beckmann/Kment Rn. 16). Eine E-Mail mit qualifizierter elektronischer Signatur genügt hingegen (ebenso *Peters/Balla/Hesselbarth* Rn. 5). Das Fachrecht sieht zum Teil weitere Übertragungswege, wozu § 3a Abs. 2 S. 1 VwVfG ermächtigt (etwa § 10 Abs. 3 S. 4 BImSchG). Diese sind jedoch regelmäßig mit weiteren Hürden für die Behörden wie vor allem für die betroffene Öffentlichkeit verbunden. **Sammeleinwendungen** mehrerer Unterzeichner sind grundsätzlich zulässig (*Dippel* in Schink/Reidt/Mitschang Rn. 10; *Wysk* in Kopp/Ramsauer VwVfG § 73 Rn. 66). **12**

III. Äußerungsfrist (Abs. 2)

Die Äußerungsfrist **endet** nach Absatz 2 einen Monat nach Ablauf der Auslegung, kann aber nach Maßgabe von Absatz 3 verlängert werden. Sie **beginnt** mit dem Beginn der Auslegung (*Hagmann* in Hoppe/Beckmann/Kment Rn. 18), was typischerweise zu einer Gesamtäußerungsfrist von zwei Monaten führt, da die Auslegung in der Regel einen Monat dauert (§ 18 Abs. 1 S. 4 iVm § 73 Abs. 3 S. 1 VwVfG). Erreicht die Behörde eine Äußerung vor der Auslegung, so stellt diese Äußerung keine Einwendung dar, die unter § 19 Abs. 2 (→ § 19 Rn. 17 ff.) fällt und die daher auch nicht im Erörterungstermin zu besprechen ist (*Hagmann* in Hoppe/Beckmann/Kment Rn. 18). Dies dient der genauen Bestimmung des Verfahrensstoffes. Eine Wiederholung auch unter konkreter Bezugnahme auf eine bereits (zu früh) eingereichte Äußerung ist aber grundsätzlich unschädlich (etwas enger *Hagmann* in Hoppe/Beckmann/Kment Rn. 18, der die Bezugnahme nur dann ausreichen lässt, wenn sich daraus das Schriftstück eindeutig identifizieren lässt, das zum Verfahrensgegenstand gemacht werden soll). Da die Behörde eine Pflicht zur Sachverhaltsaufklärung hat, wird sie sich bei eventuell bestehenden Unklarheiten nicht ohne weiteres von einer Pflicht zur Bestimmung des Einwendungsgegenstandes freimachen können. **13**

IV. Verlängerungsoption der Äußerungsfrist (Abs. 3)

Soweit für das Vorhaben Unterlagen **von erheblichem Umfang** eingereicht worden sind, kann die Auslegungsfrist nach Abs. 3 verlängert werden. Der Zweck der Vorschrift liegt in der Sicherung einer hinreichend sachgerechten Prüfung der Frage durch die betroffene Öffentlichkeit, ob Äußerungen eingereicht werden sollen. Sie dient damit auch **14** der Verfahrenseffizienz, da pauschale oder unzutreffende Äußerungen zu Verzögerungen im Verfahren führen können.

15 Die Verlängerung der Frist hängt von der Voraussetzung der **in erheblichem Umfang eingereichten Unterlagen** ab, was semantisch vage ist und daher Rechtsunsicherheit schaffen kann. Sie steht darüber hinaus im **Ermessen** der zuständigen Behörde, die sich trotz des Vorliegens umfangreicher Unterlagen bei entsprechend tragfähiger Begründung dafür entscheiden kann, die Äußerungsfrist nicht zu verlängern, soll diese Wahl ermessensfehlerfrei erfolgen (*Hagmann* in Hoppe/Beckmann/Kment Rn. 21). Soll eine Verlängerung erfolgen, darf sie nicht über die den Behörden zur Verfügung stehende Zeit für die Einreichung ihrer Stellungnahmen von 3 Monaten hinausgehen (§ 17 Abs. 2 iVm § 73 Abs. 3a VwVfG; *Hagmann* in Hoppe/Beckmann/Kment Rn. 21). Fachgesetze wie etwa § 15 Abs. 4 S. 1 ROG sehen für bestimmte Vorhaben eine verbindliche Gesamtdauer des Verfahrens vor, was die Möglichkeit zur Verlängerung der Auslegung begrenzen kann (s. a. Ministerium für Ernährung, Landwirtschaft und Verbraucherschutz Niedersachsen, Verwaltungsvorschriften zum ROG und NROG für Raumordnungsverfahren und für landesplanerische Stellungnahmen zur Raumverträglichkeit von Vorhaben, Nds. MBl. 2019, 1162, Nr. 5.3.3 UA 2).

16 **Wann** die Entscheidung über eine Verlängerung der Äußerungsfrist getroffen werden muss, regelt § 21 Abs. 3 nicht. Soll die Verlängerung ihrem Zweck entsprechen und eine entsprechend sorgfältige Prüfung der Unterlagen durch die betroffene Öffentlichkeit erlauben und fördern, sollte die Verlängerung bereits vor der öffentlichen Bekanntmachung beschlossen werden (in diesem Sinne auch BT-Drs. 18/9526, 48; BR-Drs. 422/1/16, 20). Für das regelmäßige Verfahren nach § 18 Abs. 1 S. 4 iVm § 73 Abs. 5 Nr. 2 VwVfG wäre das jedenfalls das einfachste. Treten jedoch innerhalb einer zunächst nicht verlängerten Auslegungsfrist erkennbar Umstände zu Tage, die eine Verlängerung erforderlich machen, so ist auch dies zulässig, zumal darin eine allenfalls geringe Belastung der Einwender und Einwenderinnen liegt, die zunächst von einer kürzeren Auslegungsfrist ausgegangen waren (enger *Hagmann* in Hoppe/Beckmann/Kment Rn. 22, der dann eine erneute Auslegung für nötig erachtet).

17 Die Verlängerung unterliegt einer **Rechtskontrolle,** die jedoch mit verschiedenen Einschränkungen verbunden ist. Als Verfahrensvorschrift kann ein Verstoß nur zusammen mit einer Klage gegen die Hauptentscheidung eingereicht werden (§ 44a VwGO). Einen Anspruch auf Verlängerung der Äußerungsfrist gibt es nur im Falle einer Ermessensreduktion auf Null und damit nur im Ausnahmefall.

18 Für Verbände richten sich die Klagemöglichkeiten nach dem UmwRG. Danach ist zwischen absoluten und relativen Verfahrensfehlern zu unterscheiden. Eine Verletzung von § 21 Abs. 3 dürfte in aller Regel **keinen absoluten Verfahrensfehler** nach § 4 Abs. 1 UmwRG darstellen, weil der Fehler dem Unterbleiben einer UVP oder UVP-Vorprüfung nicht vergleichbar sein dürfte, sondern einen **relativen** im Sinne des § 4 Abs. 1a UmwRG. Sollte die Entscheidung der Behörde, die Frist nicht zu verlängern, ermessensfehlerhaft erfolgt sein, so spielt das nur dann eine entscheidende Rolle für die Aufhebung der Zulassungsentscheidung in der Hauptsache, wenn sich der Fehler auf das Ergebnis hat auswirken können (§ 46 VwVfG, § 4 Abs. 1a UmwRG). Im Falle eines non liquet geht es zu Lasten der Behörde, wenn sich die Frage der Beeinflussung durch das Gericht nicht aufklären lässt (§ 4 Abs. 1a S. 2 UmwRG).

19 Für **Einwendungen ohne Umweltbezug** gilt dasselbe auch mit Blick auf § 21 Abs. 3 (Absatz 5; → Rn. 25), so dass eine Verlängerung alle Einwendungen erfasst, was auch überzeugt, da ansonsten die schwierige Unterscheidung zwischen solchen mit Umweltbezug und solchen ohne Umweltbezug das Verfahren belasten würde (im Ergebnis ebenso *Hagmann* in Hoppe/Beckmann/Kment Rn. 27).

V. Formelle Präklusion (Abs. 4)

20 Die Regelung des Absatzes 4 Satz 1 bestimmt, dass für das Verfahren über die Zulässigkeit des Vorhabens alle Äußerungen mit Ablauf der Äußerungsfrist ausgeschlossen sind, die nicht auf besonderen privatrechtlichen Titeln beruhen. Diese als formelle Präklusion bezeichnete Wirkung der Vorschrift bezieht sich auf die Berücksichtigung von Einwendungen im Verwaltungsverfahren und schließt alle Einwendungen aus, die nicht oder nicht hinreichend substantiiert innerhalb der Äußerungsfrist vorgetragen wurden, obwohl die Betroffenheit aus den ausgelegten Unterlagen im konkreten Fall erkennbar gewesen war (*Dippel* in Schink/Reidt/Mitschang Rn. 17; *Peters/Balla/Hesselbarth* Rn. 12; für das BVerwG geht nur dann die erforderliche Anstoßwirkungen von den Unterlagen aus, BVerwG NVwZ-RR 2017, 685 (688)).

21 Für ein gegebenenfalls anschließendes gerichtliches Verfahren gilt sie nicht, nachdem der EuGH in den Vorschriften des UmwRG und des VwVfG einen Verstoß gegen die UVP-Richtlinie (insbes. Art. 11 UVP-RL) erkannt hatte, die eine so genannte materielle Präklusion enthielten (EuGH Urt. v. 15.10.2015 – Rs. C-137/14, passim, insbes. Rn. 78; 69; *Hofmann* EuR 2016, 188 ff.; *Skouris* DVBl. 2016, 937 ff.; *Kment/Lorenz* EurUP 2016, 47 ff.; *Stüer/Buchsteiner* DVBl. 2015, 1518 ff.). § 21 Abs. 4 stellt die Antwort des deutschen Gesetzgebers auf das genannte Urteil dar. Der Anwendungsbereich der materiellen Präklusion in § 73 Abs. 4 VwVfG beschränkt sich nun auf die Vorhaben, auf die das UVP-Recht keine Anwendung findet (*Wysk* in Kopp/Ramsauer § 73 VwVfG Rn. 89). Das BVerwG ist dem EuGH gefolgt (BVerwG NVwZ 2017, 627 (628); NVwZ 2016, 308 (309 f.)).

22 Der formelle Ausschluss infolge von Absatz 4 bedeutet jedoch nicht, dass die ausgeschlossenen Einwendungen sachlich (materiellrechtlich) schon wegen der Präklusion ihre Bedeutung verlören (zu Recht daher *Hagmann* in Hoppe/Beckmann/Kment Rn. 36). Bereits aus Gründen des Untersuchungsgrundsatzes nach § 24 VwVfG hat die Behörde zumindest die Aufgabe, jede ihr bekannte relevante Information zu verarbeiten (*Peters/Balla/Hesselbarth* Rn. 12; *Dippel* in Schink/Reidt/Mitschang Rn. 16; *Ramsauer* in Kopp/Ramsauer § 24 VwVfG Rn. 12). Wenn eine solche unter die Regelung des Absatzes 4 fällt, hat die Behörde das Recht, sie von einer Erörterung im Erörterungstermin auszuschließen, nicht aber, sie in der Begründung der Entscheidung zu ignorieren. Im gerichtlichen Verfahren hat die formelle Präklusion dann gar keine Bedeutung mehr, so dass die Auswirkungen von Absatz 4 auf das Gesamtverfahren **eher gering** sein dürften (*Hagmann* in Hoppe/Beckmann/Kment Rn. 38).

23 Einwendungen, die aus dem **Privatrecht** abgeleitet werden und nicht bloß allgemeiner Natur sind wie Abwehransprüche nachbarschaftsrechtlicher oder besitzrechtlicher Art, sind von der Präklusion ausgeschlossen (→ BImSchG § 10 Rn. 131 f.; *Czajka* in Feldhaus § 10 BImSchG Rn. 74; *Jarass* in Jarass § 14 BImSchG Rn. 10; *Hagmann* in Hoppe/Beckmann/Kment Rn. 33; *Neumann/Külpmann* in Stelkens/Bonk/Sachs § 73 VwVfG Rn. 99–102). Mit anderen Worten werden Ansprüche aus besonderen privatrechtlichen Titeln nicht von der Präklusion erfasst (*Peters/Balla/Hesselbarth* Rn. 12). Wegen des Vorrangs der Fachgesetze können allgemeine zivilrechtliche Ansprüche spezialgesetzlich angeordnete Konsequenzen nach sich ziehen (vgl. etwa den Anspruch nach § 14 BImSchG auf das Treffen von Vorkehrungen, die die benachteiligenden Wirkungen ausschließen, nicht aber die Einstellung des Betriebs einer Anlage).

24 **Absatz 4 Satz 2** bestimmt, dass auf den **Ausschluss aller Einwendungen einschließlich der auf die Geltendmachung allgemeiner zivilrechtlicher Ansprüche** zielenden nach Satz 1 in der Bekanntmachung der Auslegung oder bei der Bekanntgabe

der Äußerungsfrist hingewiesen werden muss. Es genügt die Verwendung des Wortlauts von Satz 1 (*Hagmann* in Hoppe/Beckmann/Kment Rn. 39). Unterbleibt der Hinweis oder bleibt er hinter der Regelung von Satz 1 zurück, tritt die Präklusionswirkung nicht ein (*Hagmann* in Hoppe/Beckmann/Kment Rn. 39). Die in Satz 2 genannten zwei Optionen scheinen von § 73 Abs. 4 VwVfG inspiriert zu sein, der verlangt, dass auf den Anspruchsausschluss in der Bekanntmachung der Auslegung **oder** bei der Bekanntgabe der **Einwendungsfrist** hinzuweisen ist. Die Bestimmung hat dann ihren Sinn, wenn es nach dem jeweils anzuwendenden Fachgesetz möglich ist, auf die öffentliche Auslegung zu verzichten. Dann tritt an ihre Stelle die Benachrichtigung der Betroffenen und der Vereinigungen, die in diesem Fall **mit der Bekanntgabe der Einwendungsfrist** auch über die Ausschlüsse privatrechtlicher Ansprüche informiert werden müssen. Im Anwendungsbereich des UVP ergibt die Vorschrift in ihrer Alternativität dagegen keinen Sinn, da im Rahmen des UVPG ein Verzicht auf eine Auslegung nicht statthaft ist (s. § 19 Abs. 2) und es dabei bleibt, dass die Bekanntmachung der Auslegung auch über die privatrechtlichen Folgen informieren muss (so auch *Hagmann* in Hoppe/Beckmann/Kment Rn. 40).

VI. Einwendungen ohne Umweltbezug (Abs. 5)

25 Absatz 5 bewirkt eine Gleichbehandlung aller Einwendungen unabhängig von deren jeweiligem Umweltbezug. Damit geht er über die reine Umsetzung der UVP-Richtlinie hinaus. Die Regelung entspricht dem praktischen Bedürfnis, nicht zwischen verschiedenen Einwendungen im Verwaltungsverfahren auf unsicherer Tatsachen- wie Rechtsgrundlage differenzieren zu müssen und dadurch Verzögerungen zu bewirken (zur Entstehungsgeschichte BT-Drs. 18/9526, 48). Das ist mit gutem Grund als „in gewisser Weise systemfremd" bewertet worden, dient aber den Bedürfnissen der Praxis (*Hagmann* in Hoppe/Beckmann/Kment Rn. 6). Absatz 5 erstreckt auch die Verlängerungsmöglichkeit nach Absatz 3 auf alle Einwendungen und geht damit über das Fachrecht zum Teil hinaus (etwa im BImSchG, das keine Verlängerungsoption enthält, s. *Peters/Balla/Hesselbarth* Rn. 14).

§ 22 Erneute Beteiligung der Öffentlichkeit bei Änderungen im Laufe des Verfahrens

(1) [1] **Ändert der Vorhabenträger im Laufe des Verfahrens die Unterlagen, die nach § 19 Absatz 2 auszulegen sind, so ist eine erneute Beteiligung der Öffentlichkeit erforderlich.** [2] **Sie ist jedoch auf die Änderungen zu beschränken.** [3] **Hierauf weist die zuständige Behörde in der Bekanntmachung hin.**

(2) [1] **Die zuständige Behörde soll von einer erneuten Beteiligung der Öffentlichkeit absehen, wenn zusätzliche erhebliche oder andere erhebliche Umweltauswirkungen nicht zu besorgen sind.** [2] **Dies ist insbesondere dann der Fall, wenn solche Umweltauswirkungen durch die vom Vorhabenträger vorgesehenen Vorkehrungen ausgeschlossen werden.**

Schrifttum: *Hoppe/Beckmann/Kment,* UVPG, Kommentar, 5. Aufl. 2018; *Peters/Balla/Hesselbarth,* UVPG, Kommentar, 4. Aufl. 2019; *Schink/Reidt/Mitschang,* UVPG/UmwRG, Kommentar, 2018; *Kment* (Hrsg.), EnWG, 2. Aufl. 2019; *Storm/Bunge,* Handbuch der Umweltverträglichkeitsprüfung (HdUVP), Stand Dezember 2019.

Übersicht

I. Allgemeines

1. Bedeutung der Vorschrift. Die beiden Absätze von § 22 führen die vor 2017 geltenden Regelungen im UVPG (§ 9 Abs. 1 S. 4 UVPG aF) fort, indem nun zwischen der Notwendigkeit, die Öffentlichkeit erneut zu beteiligen, wenn der Vorhabenträger die Unterlagen im Sinne des § 19 Abs. 2 UVPG ändert (Abs. 1; → Rn. 9 ff.), und der Möglichkeit, von einem solchen Schritt abzusehen (Abs. 2; → Rn. 14 ff.), deutlich unterschieden wird. § 9 Abs. 1 S. 4 UVPG aF sah lediglich vor, dass eine erneute Beteiligung unterbleiben konnte, soweit zusätzliche oder andere erhebliche Umweltauswirkungen nicht zu besorgen waren. § 22 Abs. 1 stellt klar, dass die erneute Beteiligung zwingend erforderlich ist, wenn die in Absatz 2 enthaltene Bedingung nicht erfüllt ist. § 22 setzt die UVP-RL um und geht mit dem Verweis auf eine erneute Öffentlichkeitsbeteiligung, die dann auch einen auf die Änderungen inhaltlich begrenzten Erörterungstermin verlangt, über die europarechtlichen Anforderungen insbesondere des Art. 6 Abs. 3 UVP-RL hinaus (*Dippel* in Schink/Reidt/Mitschang Rn. 2). 1

§ 22 verdrängt die Regelung des § 19 Abs. 3 als weitergehende Beteiligungsvorschrift (ebenso *Hagmann* in Hoppe/Beckmann/Kment Rn. 6). Derartige Bestimmungen können sich im Übrigen auch im Fachrecht finden (§ 73 Abs. 8 VwVfG, § 8 Abs. 2 der 9. BImSchV oder § 4a Abs. 2a BauGB). § 19 Abs. 3 unterwirft den Zugang zu Informationen, die der Behörde nach Beginn des Auslegungsverfahrens bekannt werden, den Bestimmungen des Bundes und der Länder über den Zugang zu Umweltinformationen und damit einem Antragserfordernis (→ § 19 Rn. 23). § 22 enthält dagegen eine Verpflichtung der Zulassungsbehörde, selbst tätig zu werden und die Öffentlichkeit zu informie- 2 ren. Für das Verhältnis zu § 73 Abs. 8 VwVfG gilt ebenfalls, dass § 22 eine weitergehende Beteiligungsvorschrift darstellt und daher besondere Bedeutung für Planfeststellungsverfahren entfaltet (*Hagmann* in Hoppe/Beckmann/Kment Rn. 9).

3 **2. Rechtsentwicklung. a) Begründung der Bundesregierung (BT-Drs. 18/11499, 92):** Im Entwurf der Bundesregierung (BT-Drs. 18/11499, 92) wird zu § 22 ausgeführt:

4 „Die Vorschrift regelt, unter welchen Voraussetzungen es einer erneuten Öffentlichkeitsbeteiligung bei Änderungen der Antragsunterlagen bedarf.

5 Nach Absatz 1 Satz 1 ist im Falle der Änderung von Unterlagen, die nach § 19 Abs. 2 auszulegen sind, die Öffentlichkeit grundsätzlich erneut zu beteiligen. Eine Änderung des Vorhabens ist keine Voraussetzung für die Pflicht zur erneuten Öffentlichkeitsbeteiligung. Ausreichend ist vielmehr, dass die zuvor ausgelegten Unterlagen einen wesentlichen Fehler oder erhebliche Lücken bei Darstellung der Umweltauswirkungen aufweisen und daher in einem wesentlichen Teil ergänzt oder korrigiert werden müssen. Dies ist zB der Fall, wenn eine nach Gegenstand, Systematik und Ermittlungstiefe neue oder über die bisherigen Untersuchungen wesentlich hinausgehende Prüfung der Umweltbetroffenheiten stattfindet, die ihren Niederschlag in einer neuen entscheidungserheblichen Unterlage über die Umweltauswirkungen des Vorhabens findet (BVerwG Urt. v. 28.4.2016 – 9 A 9.15, Leitsatz 1 und Rn. 32ff.). Nach Absatz 1 Satz 2 beschränkt sich der Gegenstand der erneuten Öffentlichkeitsbeteiligung auf die vorgesehenen Änderungen. Für die von der Änderung nicht berührten Teile des Vorhabens eröffnet die Vorschrift daher keine erneute Möglichkeit zur Erhebung von Einwendungen.

6 Nach Absatz 2 kann von einer weiteren Öffentlichkeitsbeteiligung abgesehen werden, wenn aufgrund der Änderung keine zusätzlichen oder anderen erheblichen Umweltauswirkungen zu besorgen sind. Die Regelung entspricht dem bisherigen § 9 Abs. 1 S. 4 UVPG und § 8 Abs. 2 S. 3 der 9. BImSchV. Fachrechtliche Regelungen, wonach eine erneute Öffentlichkeitsbeteiligung auch dann erforderlich ist, wenn durch die Änderung nachteilige Auswirkungen auf Dritte zu erwarten sind (vgl. zB § 8 Abs. 2 S. 1 der 9. BImSchV), bleiben unberührt. Nach Absatz 2 Satz 2 ist eine weitere Öffentlichkeitsbeteiligung insbesondere dann nicht zwingend geboten, wenn der Vorhabenträger Vorkehrungen getroffen oder vorgesehen hat, durch die zusätzliche oder andere erhebliche Umweltauswirkungen ausgeschlossen werden."

7 **b) Beschlussempfehlung und Bericht des Umweltausschusses (BT-Drs. 18/12994, 18).** Absatz 2 wurde im Laufe des Gesetzgebungsverfahrens zu einer „Soll-Vorschrift" geändert (vgl. BT-Drs. 18/12994), zur Umgestaltung heißt es im Ausschussbericht (BT-Drs. 18/12994, 18):

8 „Die Änderung bringt durch die Ausgestaltung des § 22 Abs. 2 S. 1 als „Soll-Bestimmung" zum Ausdruck, dass von einer erneuten Beteiligung der Öffentlichkeit regelmäßig abgesehen werden kann, wenn zusätzliche oder andere erhebliche Umweltauswirkungen nicht zu besorgen sind."

II. Erforderlichkeit einer erneuten Öffentlichkeitsbeteiligung (Abs. 1)

9 Absatz 1 verlangt eine erneute Öffentlichkeitsbeteiligung, wenn der Vorhabenträger die verbindlich auszulegenden Unterlagen im Laufe des Verfahrens, also zwischen Bekanntmachung und Zulassungsentscheidung (*Dippel* in Schink/Reidt/Mitschang Rn. 5), ändert. Eine **Änderung** in diesem Sinne liegt nach der Rechtsprechung des BVerwG vor, wenn eine nach Gegenstand, Systematik und Ermittlungstiefe neue oder über die bisherigen Untersuchungen wesentlich hinausgehende Prüfung der Umweltbetroffenheiten stattfindet, die ihren Niederschlag in einer neuen entscheidungserheblichen Unterla-

ge über die Umweltauswirkungen des Vorhabens findet (BVerwG Urt. v. 27.11.2018 – 9 A 8.17, Rn. 54; so auch schon das in der Begründung des Gesetzentwurfs herangezogene Urteil des BVerwG v. 28.4.2016 – 9 A 9.15, Leitsatz 1 und Rn. 32ff.).

Unschädlich ist die Änderung anderer Unterlagen als derjenigen, die zwingend auszu- **10**
legen sind (*Hagmann* in Hoppe/Beckmann/Kment Rn. 7) Auch in anderen Verfahrensabschnitten und –arten „soll" (§ 29 Abs. 2, → § 29 Rn. 48ff.; § 50 Abs. 3) oder „kann" (§ 47 Abs. 3, → § 47 Rn. 46ff.; § 49 Abs. 2) die Prüfung der Umweltverträglichkeit auf zusätzliche oder andere erhebliche Umweltauswirkungen des Vorhabens beschränkt werden. Vorbehaltlich des Eingreifens der Voraussetzungen nach Absatz 2 zwingt dies die Behörde jedenfalls im Falle der Änderung des Vorhabens oder des Plans, eine erneute Öffentlichkeitsbeteiligung durchzuführen. Aber auch dann, wenn sich nur die Unterlagen, nicht aber das Vorhaben oder der Plan selbst ändern, zwingt Absatz 1 zur erneuten Beteiligung der Öffentlichkeit. Das trifft dann insbesondere auf die Gutachten über die Umweltauswirkungen oder andere Fragen im Zusammenhang mit der Vorhabengenehmigung zu (*Hagmann* in Hoppe/Beckmann/Kment Rn. 10). Unter Umständen genügt schon eine Ergänzung der Unterlagen, um die Pflicht zur erneuten Beteiligung der Öffentlichkeit auszulösen. Die Rechtsprechung verlangt insoweit lediglich die **Entscheidungserheblichkeit** der neuen Informationen (BVerwG Urt. v. 10.11.2016 – 9 A 18.15, Rn. 25, 27; Urt. v. 9.2.2017 – 7 A 2.15, Rn. 28, 30; Urt. v. 28.4.2016 – 9 A 9.15, Rn. 34). Eine punktuelle Konkretisierung genügt dem BVerwG hingegen nicht (BVerwG Urt. v. 9.2.2017 – 7 A 2.15, Rn. 28).

Der Verweis in § 22 Abs. 1 auf eine erneute Beteiligung der Öffentlichkeit ist auf die **11**
§§ 18ff. in Gänze gerichtet. Eine Einschränkung erfolgt nur durch Satz 2, wonach sich die Öffentlichkeitsbeteiligung dann (zwingend, ebenso *Hagmann* in Hoppe/Beckmann/Kment Rn. 17) auf die Änderungen gegenüber der ursprünglichen Beteiligung beschränkt, worauf die Bekanntmachung hinweisen muss (Satz 3). Eine Beschränkung auf die noch nicht untersuchten Umweltauswirkungen scheidet allerdings dann aus, wenn die Erforderlichkeit einer Neubewertung der bereits gewürdigten Auswirkungen hinreichend wahrscheinlich ist, etwa wegen Wechselwirkungen zwischen den bereits bekannten und den durch die Planänderung hinzugetretenen Umweltfolgen (so zur früheren Regelung *Wagner* in Hoppe/Beckmann, UVPG, 4. Aufl. 2012, § 9 Rn. 33; zu § 22 *Peters/Balla/Hesselbarth* Rn. 11).

Weitere Vorbehalte oder Einschränkungen sieht Absatz 1 nicht vor. Auch gelten die- **12**
selben **Fristen** wie in der ursprünglichen Beteiligung (*Hagmann* in Hoppe/Beckmann/Kment Rn. 15).

Ungeklärt ist jedoch, ob im Rahmen der erneuten Beteiligung auch ein Erörterungs- **13**
termin erforderlich ist. Da ein solcher schon bei der erstmaligen Öffentlichkeitsbeteiligung weder durch nationales noch durch Europarecht zwingend vorgeschrieben ist (vgl. BVerwG Urt. v. 16.6.2016 – 9 A 4.15, Rn. 17; Urt. v. 25.3.2015 – 9 A 1.14, Rn. 18), kann nichts Anderes für die erneute Öffentlichkeitsbeteiligung gelten (vgl. BVerwG Beschl. v. 28.3.2020 – 4 VR 5/19, Rn. 18). Europarechtlich ist nur eine hinreichende Anstoßwirkung der behördlichen Handlungen erforderlich, dem bereits die Auslegung Rechnung trägt, nicht dagegen ein Anhörungstermin noch im Verwaltungsverfahren. Ein Verzicht auf einen Erörterungstermin fände jedoch im Wortsinn des Verweises keine Stütze (*Hagmann* in Hoppe/Beckmann/Kment Rn. 16). Der in verschiedenen Fachgesetzen als Option vorgesehene Verzicht auf den Erörterungstermin (insbes. § 17a Nr. 2 FStrG, § 18a Nr. 2 AEG, § 43a Nr. 3 EnWG, § 10 Abs. 2 S. 1 Nr. 3 LuftVG, § 14a Nr. 2 WaStrG) ließe sich auch nur schwer erklären, wäre im Rahmen von § 22 Abs. 1 gar kein Erörterungstermin vorgesehen. Denn es erschiene nicht stimmig, soweit diese Verzichtsregelungen auf § 73 Abs. 6 VwVfG und § 18 Abs. 1 S. 4 verweisen, einerseits

von einem Erörterungstermin fachgesetzlich zu suspendieren, andererseits ihn ohnehin nicht als „Normalprogramm" der erneuten Öffentlichkeitsbeteiligung nach § 22 zu verstehen. Wenn neue Erkenntnisse den Vorhabenträger nötigen, die Plankonzeption zu überdenken, ist allerdings nach Ansicht des BVerwG auch ein neuer Erörterungstermin notwendig (BVerwG Urt. v. 4.4.2012 – 4 C 8/09 u.a., Rn. 21).

III. Nicht erhebliche Änderungen (Abs. 2)

14 Absatz 2 gebietet den Behörden unter Heranziehung einer Soll-Formulierung, trotz Änderung der ursprünglich nach § 19 Abs. 2 vorzulegenden Unterlagen (also den UVP-Bericht und die das Vorhaben betreffenden entscheidungserheblichen Berichte und Empfehlungen, die der zuständigen Behörde zum Zeitpunkt des Beginns des Beteiligungsverfahrens vorgelegen haben) im laufenden Verfahren **auf eine weitere Anhörung zu verzichten.** Die Verwendung der Soll-Formulierung wie vorliegend meint wie stets (*Hagmann* in Hoppe/Beckmann/Kment Rn. 23), dass eine Abweichung von dem Gebot nur in atypischen Fällen erfolgen darf und sie daher begründungsbedürftig ist. Der Tatbestand ist erfüllt, wenn **keine zusätzlichen oder andere erhebliche Umweltauswirkungen** zu besorgen sind. Darin liegen semantisch vage Begriffe, die von Gerichten voll kontrolliert werden. Anhaltspunkte für einen **Beurteilungsspielraum** der Behörden sind **nicht** zu erkennen (anders unter Berufung auf den Prognosecharakter der Begriffe *Hagmann* in Hoppe/Beckmann/Kment Rn. 21; wie hier *Dippel* in Schink/Reidt/Mitschang Rn. 10).

15 Die Norm ähnelt § 4 Abs. 2 AtVfV und ergänzt § 73 Abs. 8 VwVfG. **§ 76 VwVfG** betrifft dagegen einen **anderen** Fall, nämlich den der Planänderung nach Abschluss des Planfeststellungsverfahrens, aber vor Fertigstellung des Vorhabens; für die **Fortschreibung** von **Netzentwicklungsplänen** kann die Öffentlichkeitsbeteiligung auf Änderungen gegenüber dem Vorjahr beschränkt werden (§ 12c Abs. 6 S. 1 EnWG; die Norm könnte trotz ihrer Formulierung („kann") eine Pflicht zur Beschränkung auf die Änderungen meinen, s. *Posser* in Kment EnWG § 12c Rn. 45c). Nach § 10 Abs. 2 S. 1 Nr. 2 LuftVG kann bei der Änderung eines Flughafens **von einer förmlichen Erörterung** im Sinne des § 73 Abs. 6 VwVfG und des § 18 Abs. 1 S. 2 UVPG **abgesehen** werden. Die Vorgängervorschrift des § 9 Abs. 1 S. 2 UVPG aF war nach der Rechtsprechung des BVerwG auf den Fall einer auf bestimmte Themen beschränkten nachträglichen Änderung im laufenden Verfahren analog anzuwenden (BVerwG Urt. v. 16.3.2006 – 4 A 1075.04, E 125, 116 Rn. 52; s. a. Urt. v. 4.4.2012 – 4 C 8.09, Rn. 21).

16 **Umweltauswirkungen** sind nach **§ 2 Abs. 2 S. 1** unmittelbare und mittelbare Auswirkungen eines Vorhabens oder der Durchführung eines Plans oder Programms auf die in § 2 Abs. 1 genannten Schutzgüter. Das schließt nach § 2 Abs. 2 S. 2 auch solche Auswirkungen des Vorhabens ein, die aufgrund von dessen Anfälligkeit für schwere Unfälle oder Katastrophen zu erwarten sind, soweit diese schweren Unfälle oder Katastrophen für das Vorhaben relevant sind.

17 **Zusätzliche Umweltauswirkungen** liegen jedenfalls dann vor, wenn bereits bekannte Umweltauswirkungen verschärft werden. Für die Umwelt **günstige** Änderungen führen dann zur Pflicht einer erneuten Anhörung, wenn sie für die zusammenfassende Darstellung nach § 24 und die Bewertung nach § 25 Abs. 1 von Bedeutung sind, weil das von Einfluss auf die Zulassungsentscheidung sein kann (*Peters/Balla/Hesselbarth* Rn. 5). **Andere erhebliche Umweltauswirkungen** liegen vor, wenn Umweltauswirkungen neu hinzutreten (so zur früheren Regelung *Bunge* in Storm/Bunge § 9 aF Rn. 89), die für die Schutzgüter des § 2 Abs. 1 von Bedeutung sind. Der Erheblichkeitsbegriff kann unter Rückgriff auf polizeirechtliche Grundsätze als Produkt aus der Bedeu-

tung des jeweils betroffenen Schutzguts und der (hinreichenden) Wahrscheinlichkeit seiner Betroffenheit und der (nicht nur unerheblichen) Intensität der zu befürchtenden Auswirkungen verstanden werden (wie hier *Peters/Balla/Hesselbarth* Rn. 5). Ändert sich der Plan, ohne dass sich daraus neue oder andere erhebliche Umweltauswirkungen ergeben, braucht nicht erneut angehört zu werden. Bei der Auslegung beider Voraussetzungen sind der **Besorgnisgrundsatz** und das **gesetzliche Ziel** der **umfassenden** Ermittlung der Auswirkungen von Vorhaben auf die Umwelt zu berücksichtigen (§ 3 UVPG).

§ 23 Geheimhaltung und Datenschutz sowie Schutz der Rechte am geistigen Eigentum

(1) [1] **Die Rechtsvorschriften über Geheimhaltung und Datenschutz sowie über die Rechte am geistigen Eigentum bleiben unberührt.** [2] **Insbesondere sind Urkunden, Akten und elektronische Dokumente geheim zu halten, wenn das Bekanntwerden ihres Inhalts dem Wohl des Bundes oder eines Landes Nachteile bereiten würde oder wenn die Vorgänge nach einem Gesetz oder ihrem Wesen nach geheim gehalten werden müssen.**

(2) [1] **Soweit die nach § 19 Absatz 2 zur Einsicht für die Öffentlichkeit auszulegenden Unterlagen Informationen der in Absatz 1 genannten Art enthalten, kennzeichnet der Vorhabenträger diese Informationen und legt zusätzlich eine Darstellung vor, die den Inhalt der Unterlagen ohne Preisgabe des Geheimnisses beschreibt.** [2] **Die Inhaltsdarstellung muss so ausführlich sein, dass Dritten die Beurteilung ermöglicht wird, ob und in welchem Umfang sie von den Umweltauswirkungen des Vorhabens betroffen sein können.**

(3) **Geheimhaltungsbedürftige Unterlagen sind bei der Auslegung durch die Inhaltsdarstellung zu ersetzen.**

Schrifttum: *Bader/Ronellenfitsch,* Beck'scher Onlinekommentar VwVfG, 52. Edition 2021; *Feldhaus,* Bundesimmissionsschutzrecht, Kommentar, 217. Aktualisierung 2021; *Giesberts/Reinhardt,* Beck'scher Onlinekommentar UmweltR, 59. Edition 2021; *Greve,* Das neue Bundesdatenschutzgesetz, NVwZ 2017, 737 ff.; *Hoppe/Beckmann/Kment,* UVPG, Kommentar, 5. Aufl. 2018; *Jarass,* BImSchG, Kommentar, 13. Aufl. 2020; *Kopp/Ramsauer,* VwVfG, Kommentar, 22. Aufl. 2021; *Landmann/Rohmer,* Umweltrecht, BImSchG, 95. EL 2021; *Mann/Sennekamp/Uechtritz,* VwVfG, Kommentar, 2. Aufl. 2019; *Peters/Balla/Hesselbarth,* UVPG, Kommentar, 4. Aufl. 2019; *Schink/Reidt/Mitschang,* UVPG, Kommentar, 2018; *Schoch/Schneider,* VwVfG, Kommentar, Werkstand Juli 2020; *Stelkens/Bonk/Sachs,* VwVfG, Kommentar, 9. Aufl. 2018; *Storm/Bunge,* Handbuch der Umweltverträglichkeitsprüfung (HdUVP), Stand Dezember 2019.

Übersicht

I. Allgemeines

1 **1. Bedeutung der Vorschrift. a) Grundsätze und europarechtliche Bezüge.** Die bereits mit dem UVPG 1990 eingeführte und lange Zeit unveränderte Regelung des § 23 (zur Entstehungsgeschichte des früheren § 10 UVPG aF s. *Storm/Bunge,* § 10 UVPG aF, Rn. 1) lässt die Rechtsvorschriften über **Geheimhaltung** und **Datenschutz** bei der Anwendung des UVPG unberührt und folgt damit dem Konzept des Art. 10 UVP-RL. Informationen in den vorhabenbezogenen Unterlagen sind danach insbesondere dann von einer Veröffentlichung in der Bekanntmachung und der Auslegung **ausgeschlossen,** wenn sie einen Umweltbezug aufweisen, der Geheimhaltung unterliegen und ihre Veröffentlichung nach dem jeweils heranzuziehenden Gesetz unzulässig ist (zu § 30 VwVfG → Rn. 21). Soweit ein Rechtfertigungstatbestand ihre Veröffentlichung zulässt, ist diese nach den Grundsätzen des UVPG in dessen Rahmen auch geboten (*Hagmann* in Hoppe/Beckmann/Kment Rn. 28).

2 Art. 10 S. 1 UVP-RL geht zum Teil weiter als § 23. Art. 10 S. 1 UVP-RL lässt nicht nur Rechtsvorschriften im Sinne außenverbindlichen Rechts unberührt, sondern erstreckt sich auch auf Verwaltungsvorschriften und die Rechtspraxis. Das kann in Deutschland wegen des Vorrangs des Gesetzes nicht ohne weiteres gelten, zieht aber wegen des ausdifferenzierten von § 23 unberührt gelassenen *gesetzlichen* Geheimnisschutzes keine durchgreifenden Folgen nach sich. Dem Grundansatz des Art. 10 S. 1 UVP-RL, wonach die Bestimmungen unberührt bleiben, die der Wahrung der gewerblichen und handelsbezogenen Geheimnisse einschließlich des geistigen Eigentums und des öffentlichen Interesses dienen, folgt § 23. Der **Schutz personenbezogener Daten** wird dagegen – anders als es § 23 tut („Datenschutz") – nicht erfasst. Neben die UVP-RL ist allerdings mittlerweile die Europäische Datenschutzgrundverordnung (Verordnung (EU) 2016/679, DS-GVO) getreten, die europarechtlich abschließend bestimmt, was in ihrem Anwendungsbereich unter „Datenschutz" nach § 23 Abs. 1 fällt. Die DS-GVO verdrängt wegen des Vorrangs des Unionsrechts insoweit das UVPG (*Hagmann* in Hoppe/Beckmann/Kment Rn. 25). Auch das Bundesdatenschutzgesetz (BDSG) und die Landesdatenschutzgesetze finden nur noch ergänzende Anwendung (*Hagmann* in Hoppe/Beckmann/Kment Rn. 25) und beziehen sich auf unterschiedliche Anwendungsbereiche (näher *Greve* NVwZ 2017, 737).

3 Art. 10 S. 2 UVP-RL geht allerdings in seinem Regelungsgehalt noch weiter und bestimmt, dass in Fällen **grenzüberschreitender Umweltauswirkungen** die Übermittlung von Angaben an einen anderen Mitgliedstaat und der Empfang von Angaben eines anderen Mitgliedstaats den Beschränkungen unterliegen, die in dem Mitgliedstaat gelten, in dem das Projekt durchgeführt werden soll. §§ 54 bis 59 setzen Art. 10 S. 2 UVP-RL quasi stillschweigend dadurch um, dass das UVPG nur Vorschriften über das deutsche UVP-Verfahren enthält und sich § 23 auf alle Informationsübermittlungsvorgänge einschließlich derjenigen in den grenzüberschreitenden Fällen erstreckt. Für das Schutzniveau beim grenzüberschreitenden Transfer personenbezogener Daten ins Ausland sowie an über- oder zwischenstaatliche Stellen gilt § 78 BDSG. § 23 gilt nicht nur für die hauptsächlich diskutierte **Öffentlichkeitsbeteiligung,** sondern auch für die Datenübermittlung bei der **Behördenbeteiligung** nach § 17 (*Hagmann* in Hoppe/Beckmann/Kment Rn. 26).

4 § 23 enthält, wie vorstehend umrissen, **keine eigene Regelung für den Geheimnis- und Datenschutz,** sondern verweist auf die einschlägigen Vorschriften des im Übrigen geltenden Rechts. Diese „schlanke" Lösung hat den Vorteil, das UVPG auf die Durchführung der UVP zu konzentrieren und es nicht mit Einzelheiten zu belasten, die

zu komplizierten Abgrenzungsfragen führen könnten. Sie hat allerdings auch den Nachteil, durch den Verzicht auf eine eigenständige Regelung dem anzuwendenden Fachrecht zu überlassen, welche Vorschriften über den Geheimnis- und Datenschutz herangezogen werden sollen. Das kann besonders im Falle mehrerer, **gleichzeitig durchzuführender** Verfahren (§§ 10 bis 13) zu Rechtsunsicherheiten führen (zur früheren Regelung *Gassner,* UVPG, Kommentar, 2006, § 10 Rn. 5).

§ 23 unterscheidet sich von der Vorgängerregelung des § 10 UVPG aF dadurch, dass nunmehr § 23 Abs. 1 S. 2 den Geheimhaltungstatbestand des § 99 Abs. 1 S. 2 VwGO wiederholt und § 23 Abs. 2 und 3 ein Verfahren vorsehen, wie mit Informationen von Seiten des Vorhabenträgers und der zuständigen Behörden umzugehen ist, die als geheimhaltungspflichtig erachtet werden. **5**

b) Anwendungsbereich. § 23 findet Anwendung auf die nach dem UVPG notwendigen Verfahrensschritte (§ 15 Unterrichtung über den Untersuchungsrahmen, § 16 Vorlage des UVP-Berichts, § 17 Behördenbeteiligung, §§ 18 bis 22 Öffentlichkeitsbeteiligung). Andere Verfahrenselemente – etwa die Gewährung von Akteneinsicht nach § 29 VwVfG – richten sich nicht nach § 23, sondern unmittelbar nach den dann einschlägigen Gesetzen. § 23 gilt prima facie auch nicht für die **Strategische Umweltprüfung,** da es bei den Vorschriften über die SUP keine entsprechende Bestimmung gibt. Das würde aber die dann vom UVPG nicht beantwortete Frage aufwerfen, in welchem Verhältnis das UVPG zu Geheimhaltungsvorschriften hinsichtlich der SUP stehen sollte. Daher geht die Literatur, soweit ersichtlich unwidersprochen, davon aus, dass § 23 auch für die SUP heranzuziehen ist (*Hagmann* in Hoppe/Beckmann/Kment Rn. 5). **6**

Eine ähnliche Überlegung ist hinsichtlich der grenzüberschreitenden Umweltprüfung anzustellen (§§ 54 bis 59 UVPG), für die § 23 ebenfalls zumindest entsprechend heranzuziehen ist (*Hagmann* in Hoppe/Beckmann/Kment Rn. 6). Insoweit stellen die §§ 54 bis 59 UVPG die Umsetzung von Art. 10 S. 2 UVP-RL dar, wonach das für das jeweilige Vorhaben maßgebliche innerstaatliche Recht auch über die heranzuziehenden Beschränkungen entscheidet (*Hagmann* in Hoppe/Beckmann/Kment Rn. 6). **7**

c) Die unberührt bleibenden Gesetze. § 23 wird von Spezialregelungen im Fachrecht **verdrängt,** so etwa von § 10 Abs. 2 BImSchG und § 10 Abs. 3 der 9. BImSchV (ausführlicher *Peters/Balla/Hesselbarth* Rn. 9), und im Atomrecht von § 6a AtVfV. **Hauptsächlich** lässt § 23 jedoch **§ 30 VwVfG** unberührt (dazu sogleich unter II.), der jedenfalls grundsätzlich für alle Planfeststellungsverfahren gilt (§ 72 Abs. 1 S. 1 VwVfG; *Peters/Balla/Hesselbarth* Rn. 4 mwN). Daneben kann § 23 insbesondere durch § 5 IFG, §§ 8, 9 UIG und § 99 Abs. 1 VwGO noch verdrängt werden. **8**

Auch die DS-GVO, das bereits genannte **Bundesdatenschutzgesetz** und die **Landesdatenschutzgesetze** hinsichtlich des Schutzes personenbezogener Daten sowie das **Umweltinformationsgesetz (insbesondere §§ 8 und 9 UIG) regeln in ihrem jeweiligen Anwendungsbereich,** wie mit geheimhaltungsbedürftigen Informationen umzugehen ist. **9**

Im Bereich des **geistigen Eigentums** geht es um den Schutz immaterieller Rechte wie schon bei § 9 UIG, der der Regelung offenbar Pate gestanden hat. Die entsprechenden Schutzgesetze sind insbesondere das Urheberrecht, das Markenrecht, das Geschmacksmusterrecht sowie das Patentrecht. Nur zum Teil stellt aber die reine Übermittlung an Behörden oder die Öffentlichkeit bereits als solche eine Verletzung der genannten Schutzkonzepte dar. So ist zum Beispiel eine Veröffentlichung an sich keine Benutzung im Sinne des § 139 PatentG (zu Recht *Hagmann* in Hoppe/Beckmann/Kment Rn. 28). Der Schwerpunkt der Problematik liegt eindeutig bei der **Offenbarung** **10**

schutzwürdiger Betriebs- und Geschäftsgeheimnisse, wo insbesondere bezüglich § 30 VwVfG eine reichhaltige Literatur und Rechtsprechung existiert.

11 **2. Rechtsentwicklung. a) Begründung der Bundesregierung (BT-Drs. 18/ 11499, 92).** Zu § 23 heißt es in der Begründung des Gesetzentwurfs der Bundesregierung (BT-Drs. 18/11499, 92):

12 „Die Vorschrift dient der Umsetzung von Artikel 10 der geänderten UVP-RL. Auf die Begründung der Bundesregierung im Entwurf eines Gesetzes zur Umsetzung der Richtlinie des Rates vom 27.6.1985 über die Umweltverträglichkeitsprüfung bei bestimmten öffentlichen und privaten Projekten (85/337/EWG), BT-Drs. 11/3919, 26 wird Bezug genommen.

13 Mit dem neuen Absatz 1 Satz 2 wird klargestellt, dass insbesondere Urkunden, Akten und elektronische Dokumente geheim zu halten sind, für die § 99 Absatz 1 Satz 2 der Verwaltungsgerichtsordnung eine Geheimhaltung im gerichtlichen Verfahren ermöglicht.

14 Neu sind die Regelungen in den Absätzen 2 und 3. Sie dienen einerseits dem Schutz von Geschäfts- und Betriebsgeheimnissen sowie sonstiger geheimhaltungsbedürftiger Informationen nach Absatz 1, stellen aber zugleich sicher, dass dem Informationsinteresse der Öffentlichkeit im Rahmen der Öffentlichkeitsbeteiligung im gebotenen Umfang Rechnung getragen wird. Die Regelungen orientieren sich am bisherigen § 3 Abs. 3 S. 2 und 3 der Atomrechtlichen Verfahrensverordnung. Zum Schutz von geheimhaltungsbedürftigen Angaben im Zulassungsbescheid wird auf § 27 S. 3 Bezug genommen."

15 **b) Stellungnahme des Bundesrates (BR-Drs. 164/17, 17 (Nr. 18)).** Der Bundesrat unterbreitet in seiner Stellungnahme (BR-Drs. 164/17, 17 (Nr. 18)) folgenden Änderungsvorschlag zur Änderung der Überschrift sowie zu Absatz 1 Satz 1:

16 „a) In der Überschrift sind die Wörter „des Urheberrechts" durch die Wörter „der Rechte am geistigen Eigentum" zu ersetzen.

17 b) In Absatz 1 Satz 1 sind die Wörter „das Urheberrecht" durch die Wörter „die Rechte am geistigen Eigentum" zu ersetzen.

18 Begründung:

Die neuen Vorschriften zu Geheimhaltung und Datenschutz regeln in ihrem jeweiligen Absatz 1, dass die Rechtsvorschriften über Geheimhaltung und Datenschutz sowie das Urheberrecht unberührt bleiben. Es ist nicht ersichtlich, warum der Entwurf allein auf das Urheberrecht abstellt und nicht auch sonstige Rechte am geistigen Eigentum berücksichtigt; zB das Leistungsschutzrecht des Lichtbildners an Fotografien kann bei den betreffenden Genehmigungsunterlagen ebenso relevant werden wie das Urheberrecht. Es ist daher zweckmäßig, in der Überschrift sowie im Satz 1 des § 23 Absatz 1 UVPG anstelle des Begriffs des Urheberrechts den weitergehenden Begriff der Rechte am geistigen Eigentum zu verwenden. Diese Formulierung findet sich etwa auch im § 9 Absatz 1 Nummer 2 des Umweltinformationsgesetzes (UIG) des Bundes."

19 **c) Gegenäußerung der Bundesregierung (BT-Drs. 18/11948, 24).** Die Bundesregierung hat dem Vorschlag des Bundesrates in ihrer Gegenäußerung zugestimmt (BT Drs. 18/12948, 24).

20 **d) Beschlussempfehlung (BT-Drs. 18/12994, 18).** Auch die Beschlussempfehlung des Umweltausschusses hat die Änderungswünsche des Bundesrates berücksichtigt.

II. Geheimnisschutz im Anwendungsbereich von § 30 VwVfG

21 Nach § 30 VwVfG haben die Beteiligten einen **Anspruch** darauf, dass ihre Geheimnisse, insbesondere die zum persönlichen Lebensbereich gehörenden Geheimnisse sowie

die Betriebs- und Geschäftsgeheimnisse, von der Behörde **nicht unbefugt offenbart** werden. § 30 VwVfG begründet damit ein Regel-Ausnahme-Verhältnis dergestalt, dass Geheimnisse nur in begründeten Ausnahmefällen offenbart werden dürfen.

1. Geheimnisbegriff. Die zum **persönlichen Lebensbereich gehörenden Geheimnisse** umfassen jedenfalls alle Tatsachen, die in den verfassungsrechtlich geschützten unantastbaren Bereich privater Lebensgestaltung fallen (BVerfG Beschl. v. 14.9.1989 – 2 BvR 1062/87, E 80, 367 (369); BVerwG Urt. v. 27.2.1967 – VII C 44.74, E 50, 255 (264)). Darüber hinaus reicht es der hM, wenn die in Rede stehenden Tatsachen in einem engen Zusammenhang zum Geheimnisträger stehen und das Rechtssubjekt an deren Nichtverbreitung deshalb ein berechtigtes Interesse hat (*Ramsauer* in Kopp/Ramsauer VwVfG § 30 Rn. 8; *Kallerhoff/Mayen* in Stelkens/Bonk/Sachs VwVfG § 30 Rn. 7, jeweils mwN). Darunter fallen alle persönlichen, familiären, gesundheitlichen und wirtschaftlichen Verhältnisse (*Hagmann* in Hoppe/Beckmann/Kment Rn. 14; *Ramsauer* in Kopp/Ramsauer VwVfG § 30 Rn. 9; iErg auch *Schneider* in Schoch/Schneider VwVfG § 30 Rn. 30). Soweit es um personenbezogene Daten geht, richtet sich deren Schutz maßgeblich nach den Datenschutzgesetzen und damit in erster Linie nach der DS-GVO (*Schneider* in Schoch/Schneider VwVfG § 30 Rn. 20). Nach Art. 4 Nr. 1 DS-GVO (vgl. auch § 27 Abs. 3 S. 2 BDSG) sind personenbezogene Daten Einzelangaben über persönliche oder sachliche Verhältnisse einer bestimmten oder bestimmbaren natürlichen Person. 22

Betriebs- oder Geschäftsgeheimnisse haben keinen personenbezogenen, sondern einen wirtschaftlichen Kern. Regelungen dieser Art finden sich auch in anderen wirtschaftsverwaltungsrechtlichen Gesetzen (etwa § 10 Abs. 2 BImSchG, § 10 Abs. 3 der 9. BImSchV, § 30a Abs. 1 NABEG; vgl. auch Richtlinie (EU) 2016/943 umgesetzt durch G v. 18.4.2019, BGBl. I Nr. 13, 466 ff.). In Ermangelung einer weitergehenden spezifischen Definition dieser Art von Geheimnissen in § 23 darf an das im Wettbewerbsrecht herrschende Verständnis angeknüpft werden, wonach insbesondere Dokumente über Ertragslagen, Geschäftsbücher, Kundenlisten, Bezugsquellen, Marktstrategien, Unterlagen zur Kreditwürdigkeit, Kalkulationsunterlagen, Patentanmeldungen und sonstige Entwicklungs- und Forschungsprojekte und andere darunter fallen (*Kallerhoff/Mayen* in Stelkens/Bonk/Sachs VwVfG § 30 Rn. 13; *Schneider* in Schoch/Schneider VwVfG § 30 Rn. 31, jeweils mwN). **Begrifflich** umfasst sind mithin Tatsachen, die im Zusammenhang mit einem Geschäftsbetrieb stehen, nur einem eng begrenzten Personenkreis bekannt, also nicht offenkundig sind und nach dem bekundeten Willen des Betriebsinhabers geheimgehalten werden sollen (→ BImSchG § 10 Rn. 60; vgl. auch stRspr BVerfG Beschl. v. 14.3.2006 – 1 BvR 2087/03 ua, E 115, 205 Rn. 87; zuletzt Beschl. v. 27.4.2021 – 2 BvR 206/14, NVwZ 2021, 1211 (1214)). 23

2. Befugnis zur Offenbarung. Nach dem Grundsatz der Begründungslast im Falle der Offenbarung eines Geheimnisses kommt es entscheidend auf die gesetzlich vorgesehenen Gründe an, die die Offenbarung rechtfertigen können (*Kallerhoff/Mayen* in Stelkens/Bonk/Sachs VwVfG § 30 Rn. 15 ff.; *Herrmann* in Bader/Ronellenfitsch BeckOK VwVfG § 30 Rn. 14 ff.; *Ramsauer* in Kopp/Ramsauer VwVfG § 30 Rn. 12 ff.). Zu den wichtigsten Rechtfertigungsgründen zählen das Einverständnis des Geheimnisträgers (vgl. Art. 6 Abs. 1 UAbs. 1 lit. a und Art. 7 DS-GVO), die Erforderlichkeit der Information für behördliche Zwecke (vgl. Art. 6 Abs. 1 UAbs. 1 lit. e DS-GVO) – etwa für eine Stellungnahme im Rahmen der UVP nach § 18 –, oder die Erforderlichkeit zur Wahrung höherrangiger Rechtsgüter der Allgemeinheit oder Einzelner nach Interessenabwägung (vgl. Art. 6 Abs. 1 UAbs. 1 lit. d und lit. f DS-GVO; BVerwG DVBl. 1992, 298 (300); BFH Urt. v. 30.7.2003 – VII R 45/02, Rn. 17 f.; VGH Mannheim DVBl. 1992, 1309 (1310)). 24

III. Kennzeichnung durch den Vorhabenträger und Vorlage einer Inhaltsdarstellung (Abs. 2)

25 Absatz 2 bestimmt zweierlei. Zunächst hat der Vorhabenträger in den nach § 19 Abs. 2 (→ § 19 Rn. 20f.) auslegungspflichtigen Unterlagen die Inhalte zu kennzeichnen, die aus seiner Sicht der Geheimhaltung bedürfen (Abs. 2 S. 1 Hs. 1). Um die Ersetzung der geheimhaltungsbedürftigen Inhalte vorzubereiten, muss er gleichzeitig eine Inhaltsdarstellung vorlegen, die das Geheimnis wahrt (Abs. 2 S. 1 Hs. 2). Diese Inhaltsdarstellung muss Dritten die Beurteilung ermöglichen, ob und in welchem Umfang sie von den Umweltauswirkungen des Vorhabens betroffen sein können (Abs. 2 S. 2). Diese von der Behörde anhand der genannten Bedingung geprüfte Inhaltsdarstellung ersetzt die geheimhaltungsbedürftigen Inhalte in der Auslegung (Absatz 3 → Rn. 27ff.).

26 Bei genauerer Betrachtung bezieht sich Absatz 2 **jedenfalls regelmäßig** nur auf Vorschriften über die **Geheimhaltung von Betriebs- oder Geschäftsgeheimnissen,** nicht auf den Datenschutz oder das geistige Eigentum. Das ergibt sich zum einen bereits aus Abs. 2 S. 1 Hs. 2, der sich nur auf **„Geheimnisse"** bezieht, zum anderen auch daraus, dass datenschutzrelevante Informationen nur im Ausnahmefall einen hinreichenden Bezug zu den Umweltauswirkungen des Vorhabens aufweisen dürften (so auch *Hagmann* in Hoppe/Beckmann/Kment Rn. 19). Gleiches gilt wohl auch für Bestimmungen bezüglich der Rechte des geistigen Eigentums.

IV. Ersetzung durch Inhaltsdarstellung (Abs. 3)

27 **1. Grundsatz.** Absatz 3 verpflichtet die Behörde, die zunächst gekennzeichneten und dann von ihr allein geprüften (*Hagmann* in Hoppe/Beckmann/Kment Rn. 22) und als schutzwürdig erachteten Inhalte durch die Inhaltsdarstellung des Vorhabenträgers in der Auslegung zu ersetzen. Die Vorschrift bereitet die Unkenntlichmachung geheimnisschutzbedürftiger Unterlagen im Zulassungsbescheid nach § 27 Abs. 1 S. 3 vor.

28 **2. Abwendung einer drohenden Offenbarung.** Im Falle einer Kennzeichnung durch den Vorhabenträger als Geheimnis, die von der Behörde nicht geteilt wird, muss die Behörde zunächst den Vorhabenträger anhören (§ 28 Abs. 1 VwVfG, § 10 Abs. 3 S. 2 der 9. BImSchV analog) und dann eine Entscheidung über die Auslegung treffen. Das kann dann im Ergebnis zu einer Auslegung führen, die das (aus Sicht des Vorhabenträgers) schutzwürdige Geheimnis offenbart (*Hagmann* in Hoppe/Beckmann/Kment Rn. 22; zu § 10 Abs. 2 BImSchG *Jarass* BImSchG § 10 Rn. 40; *Czajka* in Feldhaus BImSchG § 10 Rn. 30; *Schack* in Giesberts/Reinhardt BeckOK UmwR BImSchG § 10 Rn. 12). Mehr Rücksicht auf die Belange des Vorhabenträgers nimmt *Dietlein* → BImSchG § 10 Rn. 63f., der im Falle eines Dissenses von der Behörde verlangt, den Antrag als unzulässig abzuweisen, gegen den dann der Vorhabenträger gerichtlich durch Verpflichtungsklage vorgehen könne. Nach der wohl überwiegenden Auffassung kann der Vorhabenträger eine Auslegung einer Unterlage, die er für geheimhaltungsbedürftig einschätzt, durch Rücknahme des Antrags verhindern (*Hagmann* in Hoppe/Beckmann/Kment Rn. 22). Auch **isolierter gerichtlicher Rechtsschutz** sei mit § 44a VwGO möglich, da es sich bei der Auslegung um eine Verfahrenshandlung halte, die separat vollstreckt werden könne (§ 44a S. 2 VwGO; *Hagmann* in Hoppe/Beckmann/Kment Rn. 22; *Dippel* in Schink/Reidt/Mitschang Rn. 6; in diesem Sinne auch *Engel/Pfau* in Mann/Sennekamp/Uechtritz VwVfG § 30 Rn. 46).

Angesichts des Umstands, dass einmal verbreitete Informationen nicht mehr „zurückgeholt“ werden können (zur Irreversibilität auch *Dippel* in Schink/Reidt/Mitschang Rn. 6), spricht viel für die Ansicht von *Dietlein* (→ BImSchG § 10 Rn. 63 f.), die zudem in Rechnung stellt, dass das Vorhaben im Interesse des Vorhabenträgers durchgeführt wird und daher eine Veröffentlichung gegen seinen Willen dem Antragsprinzip widerspräche. Die Frage ist von weitreichender Bedeutung, da eine Information, die keinen Geheimhaltungsschutz beanspruchen kann, aber fälschlicherweise nicht zum Bestandteil der Auslegung gemacht wird, zu einer fehlerhaften Auslegung führt und damit die Zulassungsentscheidung rechtswidrig machen kann (zu Recht *Hagmann* in Hoppe/Beckmann/Kment Rn. 23), was der gerichtlichen Kontrolle (→ Rn. 30 f.) unterliegt. 29

3. Rechtsschutz im Falle unzulässiger Offenbarung von Geheimnissen. Im umgekehrt gelagerten Fall können unbefugt offenbarte Geheimnisse zur Geltendmachung **von Widerrufs-, Folgenbeseitigungs- oder Schadensersatzansprüchen** Anlass geben (*Kallerhoff/Mayen* in Stelkens/Bonk/Sachs VwVfG § 30 Rn. 28). Für **personenbezogene** Daten ist ein Schadensersatzanspruch nach § 83 BDSG fachgesetzlich vorgesehen. 30

Wird das Geheimnis ohne Befugnis offenbart, so kann das außerdem unter der Voraussetzung eines Ursachenzusammenhangs **Folgen für die Rechtmäßigkeit der Zulassungsentscheidung** haben (§§ 44 ff. VwVfG). Das Fehlen einer Rechtfertigung für die Offenbarung kann nach weit verbreiteter Ansicht nur zusammen mit der Sachentscheidung gerügt werden (§ 44a VwGO; *Kallerhoff/Mayen* in Stelkens/Bonk/Sachs VwVfG § 30 Rn. 27; aA *Ramsauer* in Kopp/Ramsauer VwVfG § 30 Rn. 19). Erfolgt die Offenbarung allerdings im Wege der Auslegung, ist § 44a S. 2 VwGO mit der Folge heranzuziehen, dass eine isolierte gerichtliche Klärung zulässig ist (→ Rn. 28). Das Fehlen einer Befugnis zur Offenbarung kann auch **strafrechtliche** Sanktionen nach sich ziehen (§ 203 Abs. 2 StGB) und **Amtshaftungsansprüche** auslösen (*Kallerhoff/Mayen* in Stelkens/Bonk/Sachs VwVfG § 30 Rn. 29). 31

LANDMANN/ROHMER

UMWELTRECHT

BAND II

KOMMENTAR

Herausgegeben von

Prof. Dr. Martin Beckmann
Rechtsanwalt und Fachanwalt für Verwaltungsrecht,
Honorarprofessor der Universität Münster

Prof. Dr. Dr. Wolfgang Durner LL. M.
Rheinische Friedrich-Wilhelms-Universität Bonn und Direktor des Instituts für das Recht der Wasser- und Entsorgungswirtschaft

Prof. Dr. Thomas Mann
Direktor des Instituts für Öffentliches Recht,
Lehrstuhl für Verwaltungsrecht der Georg-August-Universität Göttingen

Prof. Dr. Marc Röckinghausen
Hochschule für Polizei und öffentliche Verwaltung NRW, Abteilung Gelsenkirchen,
Fachbereich Allgemeine Verwaltung/Rentenversicherung

Stand: 1. September 2021
(96. Ergänzungslieferung)

(Zum Bearbeitungsstand im Einzelnen siehe die Datumszeile am unteren Ende jeder Seite)

C.H.BECK

Dieses Titelblatt entstammt der 96. Ergänzungslieferung September 2021

(Anschluss an die 95. Ergänzungslieferung Mai 2021)

ISBN 978 3 406 77984 8

Der Kommentar wurde von der 1. bis zur 50. Ergänzungslieferung
von Prof. Dr. Klaus Hansmann und von der 51. bis zur 58. Ergänzungslieferung von
Prof. Dr. Martin Beckmann herausgegeben.

Zitiervorschläge:

Beckmann in Landmann/Rohmer UmweltR KrWG § 17 Rn. 1
Landmann/Rohmer UmweltR/*Beckmann* KrWG § 17 Rn. 1

www.beck.de

Grundwerk ISBN 978 3 406 34327 8 ergänzt bis ISBN 978 3 406 77984 8

Wilhelmstraße 9, 80801 München
Satz und Druck: Druckerei C. H. Beck Nördlingen
(Adresse wie Verlag)

CO2 neutral
chbeck.de/nachhaltig

Gedruckt auf säurefreiem, alterungsbeständigem Papier
(hergestellt aus chlorfrei gebleichtem Zellstoff)

Dritter Teil. Produktverantwortung

Vierter Teil. Planungsverantwortung

1. Abschnitt. Ordnung und Durchführung der Abfallbeseitigung

2. Abschnitt. Abfallwirtschaftspläne und Abfallvermeidungsprogramme

3. Abschnitt. Zulassung von Anlagen, in denen Abfälle entsorgt werden

Fünfter Teil. Absatzförderung und Abfallberatung

Sechster Teil. Überwachung

Siebenter Teil. Entsorgungsfachbetriebe

Achter Teil. Betriebsorganisation, Betriebsbeauftragter für Abfall und Erleichterungen für auditierte Unternehmensstandorte

Neunter Teil. Schlußbestimmungen

7. und 8. *(zur Zeit unbesetzt)*

9. Bodenschutzrecht (BBodSchG mit Verordnung)

9.1 Bundes-Bodenschutzgesetz (BBodSchG)

Kommentierung

Erster Teil. Allgemeine Vorschriften

Zweiter Teil. Grundsätze und Pflichten

Dritter Teil. Ergänzende Vorschriften für Altlasten

Vierter Teil. Landwirtschaftliche Bodennutzung

Fünfter Teil. Schlußvorschriften

10. *(zur Zeit unbesetzt)*

11. Bundesnaturschutzgesetz (BNatSchG)

Kommentierung

Kapitel 1. Allgemeine Vorschriften

Kapitel 2. Landschaftsplanung

Kapitel 3. Allgemeiner Schutz von Natur und Landschaft

Kapitel 4. Schutz bestimmter Teile von Natur und Landschaft

Abschnitt 1. Biotopverbund und Biotopvernetzung; geschützte Teile von Natur und Landschaft

Abschnitt 5. Auskunfts- und Zutrittsrecht; Gebühren und Auslagen

Abschnitt 6. Ermächtigungen

Kapitel 6. Meeresnaturschutz

Kapitel 7. Erholung in Natur und Landschaft

Kapitel 8. Mitwirkung von anerkannten Naturschutzvereinigungen

Kapitel 9. Eigentumsbindung, Befreiungen

Bearbeiterverzeichnis (Band I–IV)

Prof. Dr. Martin Beckmann Rechtsanwalt in Münster	Vorb. Abfallrecht, §§ 1–57, 62–68, 70–72 KrWG § 15 UVPG, Umweltschadensgesetz (mit Wittmann)
Dr. Christian-Dietrich Bracher Rechtsanwalt in Bonn	§§ 41 bis 43 BImSchG, 16. und 24. BImSchV
Prof. Dr. Peter Bruckmann Landesamt für Natur, Umwelt und Verbraucherschutz Nordrhein-Westfalen, Essen	39. BImSchV (mit Strecker und Vogt), 43. BImSchV (mit van Endern und Vogt)
Prof. Dr. Pascale Cancik O. Professorin an der Universität Osnabrück	Vorb. §§ 47a ff. BImSchG, §§ 47a–47f BImSchG (§§ 47a–47c, 47e und 47f mit Hansmann)
Prof. Dr. Johannes Dietlein O. Professor an der Universität Düsseldorf	§§ 1, 2, Vorb. §§ 4–21, 4 bis 8, 9 bis 11, 16a, 19, 23a–23c und 25a BImSchG, 9. BImSchV
Dr. Robert Dix Syndikusrechtsanwalt der EWE AG, Oldenburg	§§ 29–32 UVPG
Prof. Dr. Matthias Dombert Rechtsanwalt in Potsdam	§§ 4–6, 8, 13, 14, 20, 24, 25 BBodSchG
Rolf-Dieter Dörr Ministerialrat a. D.	OberflächengewässerV (mit Walter)
Prof. Dr. Dr. Wolfgang Durner LL. M. O. Professor an der Universität Bonn	Umweltvölkerrecht, Vorb. §§ 27 ff. WHG, §§ 27–31, 34, 35, 82–85 WHG
Benedikt van Endern Ministerium für Umwelt, Landwirtschaft, Natur- und Verbraucherschutz des Landes Nordrhein-Westfalen	43. BImSchV (mit Bruckmann und Vogt)
Prof. Dr. Astrid Epiney LL. M. O. Professorin an der Université de Fribourg	Art. 191–193 AEUV
Prof. Dr. Wolfgang Ewer Rechtsanwalt in Kiel	Vorb. BBodSchG, §§ 9, 15, 16 BBodSchG
Prof. Dr. Kurt Faßbender O. Professor an der Universität Leipzig	§§ 1–5, 33, 36–38 WHG
Dr. Frank Fellenberg LL. M. Rechtsanwalt in Berlin	Fluglärmgesetz (mit Reidt und Schiller), Umweltrechtsbehelfsgesetz (mit Schiller)
Dr. Henrik Flatter Bundesamt für Naturschutz, Bonn	§§ 69–74 BNatSchG

Bearbeiter

Dr. Matthias Ganske Rechtsanwalt in Bonn	§§ 25, 26, 54–61 WHG
Prof. Dr. Klaus Ferdinand Gärditz O. Professor an der Universität Bonn	Art. 20a GG
Prof. Dr. Martin Gellermann Rechtsanwalt, apl. Professor an der Universität Osnabrück	§§ 4, 7–51, §§ 52–56, §§ 57–68 BNatSchG (§§ 41–43 mit Sanden)
Nela Gies Richterin am Verwaltungsgericht Gelsenkirchen	§§ 41, 42 WHG
Prof. Dr. Christoph Görisch Hochschule für Polizei und öffentliche Verwaltung NRW, Abteilung Münster	§§ 4–14 UAG
Dipl.-Met. Arno Graff Umweltbundesamt, Dessau	Nr. 5.5 TA Luft (mit Hansmann), Vorb. zu Anhang 3 der TA Luft
Moritz Grunow Rechtsanwalt in Düsseldorf	Vorb. AwSV, § 1 AwSV
Prof. Dr. Günter Hager † O. Professor an der Universität Freiburg	§§ 6, 7 UmweltHG (mit Rehbinder)
Prof. Dr. Klaus Hansmann Leitender Ministerialrat a. D.	§§ 17, 18, 20, 21, 26–37, 38–40, 47a–47c, 47e, 47f, 52, 52b–58d, 59, 60, 62–72, 74 BImSchG (§§ 17, 18 mit Ohms, Vor § 26, §§ 26–31 mit Pabst, Vor § 38, §§ 38–40 mit Hofmann, §§ 20, 21, Vor 32, §§ 32–37, 52, 52b, 62, 66 und 67 mit Röckinghausen, §§ 47a–47c, 47e und 47f mit Cancik), Vor § 53, §§ 53–58d mit Maciejewski, 14., 32. und 34. BImSchV, TA Lärm, TA Luft (ohne Vorb. zu Anhang 3), 4., 11., 20., 21., 25., 27., 28., 30., 34. und 35. BImSchV (mit Röckinghausen), 2. BImSchV (mit Mahrwald und Röckinghausen), 5. BImSchV mit Maciejewski, 12. BImSchV (mit König), BzBlG, 1. DVO BzBlG
Dr. Felix Hardach Bundesministerium für Umwelt, Naturschutz und nukleare Sicherheit	§§ 1, 8, 11–13, 17, 20, 22, 23, 26 31, 32, 35 TEHG
Prof. Dr. Torsten Heilshorn Rechtsanwalt in Freiburg	Vor § 22 BImSchG, §§ 22–25 BImSchG (mit Sparwasser)
Dr. Franziska Heß Rechtsanwältin in Leipzig	§§ 1–3 BNatSchG (mit Wulff)

Michael Heugel Bundesministerium für Umwelt, Naturschutz und nukleare Sicherheit	§§ 5, 6 BNatSchG
Prof. Dr. Ekkehard Hofmann O. Professor an der Universität Trier	Vorb. § 38, §§ 38–40 BImSchG, §§ 16–23 UVPG
Dr. Frank Hofmann Bundesministerium für Umwelt, Naturschutz und nukleare Sicherheit	§ 23 WHG
Dr. Georg Hünnekens Rechtsanwalt in Münster	§§ 50–53 WHG, Vorb. §§ 64–66, §§ 64–66 WHG, Vorb. §§ 72–81 WHG, §§ 72–81 WHG
Georg Kahl † Ministerialrat a. D.	7. BImSchV
Lutz Keppner Bundesministerium für Umwelt, Naturschutz und nukleare Sicherheit	Grundwasserverordnung
Dr. Andreas Kersting Rechtsanwalt in Münster	§§ 58–61 KrWG
Dr. Heike Kieserling Deutsche Bahn AG	§§ 13, 14, 25–38 AwSV
Dr. Jens Martin König Hessisches Ministerium für Umwelt, Klimaschutz, Landwirtschaft und Verbraucherschutz	12. BImSchV (mit Hansmann)
Dr. Olaf Konzak Rechtsanwalt in Köln	§§ 2, 3 und 7 VerpackG (mit Körner)
Dr. Michael Körner, LL.M. Rechtsanwalt in Köln	§§ 2, 3 und 7 VerpackG (mit Konzak)
Dr. Philip Kubitza Richter auf Probe, Rheinland-Pfalz	§§ 100–102 WHG
Prof. Dr. Silke Ruth Laskowski O. Professorin an der Universität Kassel	§ 24 WHG, § 58e BImSchG mit der EMASPrivilegV
Prof. Dr. Joachim Lege O. Professor an der Universität Greifswald	§§ 96–99 WHG
Dr. Rasso Ludwig LL. M. Richter am Verwaltungsgericht München	§§ 19, 21–23, 26 BBodSchG
Prof. Dr. Karim Maciejewski Hochschule des Bundes für öffentliche Verwaltung	Vor § 53 BImSchG, §§ 53–58d BImSchG (mit Hansmann), 5. BImSchV (mit Hansmann)
Birgit Mahrwald Bundesministerium für Umwelt, Naturschutz und nukleare Sicherheit	2. BImSchV (mit Hansmann und Röckinghausen)

Bearbeiter

Prof. Dr. Thomas Mann O. Professor an der Universität Göttingen	§§ 8a, 12 BImSchG, Vorb. ElektroG, §§ 1, 2 ElektroG, §§ 1–14, 24–28, 30–46, 48–74 UVPG
Dr. Cedric Christian Meyer Rechtsanwalt in Köln	§§ 46–49, 62–63 WHG
Dr. Uwe Neuser Bundesministerium für Umwelt, Naturschutz und nukleare Sicherheit	§§ 2, 27, 33, 34 TEHG
Volkmar Nies Landwirtschaftsdirektor bei der Landwirtschaftskammer Rheinland	§§ 1, 2, 7, 17, 18 BBodSchG
Dr. Martin Ohms Rechtsanwalt in Berlin	§§ 17, 18 BImSchG (mit Hansmann), 13. BImSchV, 17. BImSchV (z. T. mit Sahm)
Prof. Dr. Heinz-Joachim Pabst Hochschule des Bundes für öffentliche Verwaltung	Vor § 26, §§ 26–31 BImSchG (mit Hansmann), § 61 BImSchG, 41. BImSchV
Dr. Kay Artur Pape Rechtsanwalt in Bonn	Vorb. WHG, §§ 6–22 WHG
Dr. Malte Petersen LL. M. Ministerium für Umwelt, Landwirtschaft, Natur- und Verbraucherschutz des Landes Nordrhein-Westfalen	§§ 89–95 WHG
Prof. Dr. Alexander Proelß O. Professor an der Universität Trier	§§ 43–45l WHG
Prof. Dr. Eckard Rehbinder Em. Professor an der Universität Frankfurt/Main	§ 14 BImSchG UmweltHG (§§ 6, 7 mit Hager)
Prof. Dr. Olaf Reidt Rechtsanwalt in Berlin	§ 16 BImSchG (mit Schiller), 18. BImSchV (mit Schiller), Fluglärmgesetz (mit Fellenberg und Schiller), Umweltinformationsgesetz (mit Schiller)
Dr. Christoph Riese Rechtsanwalt in Berlin	§§ 67–71, 86 WHG
Prof. Dr. Marc Röckinghausen Hochschule für Polizei und öffentliche Verwaltung NRW, Abteilung Gelsenkirchen	§§ 20, 21, Vor § 32, §§ 32–37, §§ 52, 52b, 62, 66, 67 BImSchG (mit Hansmann), §§ 37a bis 37f, Vor §§ 44–47, 52a, 73 BImSchG, 1., 10., 26., 36., 37., 38., 42. BImSchV, 4., 11., 20., 21., 25., 27., 28., 30., 34. und 35. BImSchV (mit Hansmann), 2. BImSchV (mit Hansmann und Mahrwald), Schadstofffreisetzungs- und Verbringungsregistergesetz
Christoph Sahm LL. M. E.ON Kernkraft GmbH	§§ 23–25, 27 der 17. BImSchV (mit Ohms)

§ 19 Duldungspflichten bei Grundstücken

(1) [1]Die Eigentümer und Besitzer von Grundstücken, auf denen überlassungspflichtige Abfälle anfallen, sind verpflichtet, das Aufstellen von zur Erfassung notwendigen Behältnissen sowie das Betreten des Grundstücks zum Zweck des Einsammelns und zur Überwachung des Getrennthaltens und der Verwertung von Abfällen zu dulden. [2]Die Bediensteten und Beauftragten der zuständigen Behörde dürfen Geschäfts- und Betriebsgrundstücke und Geschäfts- und Betriebsräume außerhalb der üblichen Geschäftszeiten sowie Wohnräume ohne Einverständnis des Inhabers nur zur Verhütung dringender Gefahren für die öffentliche Sicherheit und Ordnung betreten. [3]Das Grundrecht auf Unverletzlichkeit der Wohnung (Artikel 13 Absatz 1 des Grundgesetzes) wird insoweit eingeschränkt.

(2) **Absatz 1 gilt entsprechend für Rücknahme- und Sammelsysteme, die zur Durchführung von Rücknahmepflichten auf Grund einer Rechtsverordnung nach § 25 erforderlich sind.**

Schrifttum: *Horst,* Das „Messie-Syndrom" im Immobilienrecht, NJW 2010, 827; *Kunig,* Anmerkung zu VGH Mannheim, Beschluss v. 15.12.1992. NuR 1993, 280 ff.; *Lübbe-Wolff,* Satzungsrechtliche Betretungsrechte und Art. 13 GG, DVBl. 1993, 762 ff.; *Queitsch,* Straßenrechtliche Gesichtspunkte bei Abfallsammlungen, AbfallR 2016, 142; *Scholl,* Behördliche Prüfungsbefugnisse im Recht der Wirtschaftsüberwachung, 1989; *Thärichen,* Die Durchsetzung der „Pflichtrestmülltonne" nach der novellierten Gewerbe-Abfallverordnung, AbfallR 2017, 231; *Voßkuhle,* Behördliche Betretungs- und Nachschaurechte, DVBl. 1994, 611 ff.

Übersicht

A. Überblick

I. Zweck der Vorschrift

Zweck der Vorschrift ist es, die Einhaltung der in § 17 geregelten Überlassungspflichten der Erzeuger und Besitzer von Abfällen und damit auch die Erfüllung der Entsorgungspflichten des öffentlich-rechtlichen Entsorgungsträgers sicherzustellen (*Jacobi* in Versteyl/Mann/Schomerus, KrWG, 2019, § 19 Rn. 5; *Schink* in Schink/Versteyl, KrWG 2016, § 19 Rn. 9). Es soll insbesondere gesichert werden, dass der öffentlich-rechtliche 1

Entsorgungsträger die ihm zu überlassenden Abfälle auch dann einsammeln kann, wenn die Abfälle nach der Abfallsatzung des öffentlich-rechtlichen Entsorgungsträgers nicht im öffentlichen Straßenraum, sondern auf den privaten Grundstücken bereitgestellt werden (*Jacobi* in Versteyl/Mann/Schomerus, KrWG, 2019, § 19 Rn. 5). Außerdem soll die zuständige Überwachungsbehörde in die Lage versetzt werden, die Pflichten der Erzeuger oder Besitzer zur Getrennthaltung und zur Verwertung von Abfällen auch auf privaten Grundstücken zu überwachen. Soweit dafür private Grundstücke betreten werden müssen, schafft § 19 dazu die Ermächtigungsgrundlage.

1a § 19 Abs. S. 1 räumt den öffentlich-rechtlichen Entsorgungsträgern Aufstellungs- und Betretungsrechte ein und erlegt den Grundstückseigentümern und -besitzern als Ergänzung zu den Überlassungspflichten des § 17 entsprechende **Duldungspflichten** auf. Ergänzend dazu sind nach § 19 Abs. 1 S. 2 Bedienstete und Beauftragte der zuständigen Behörde berechtigt, Geschäfts- und Betriebsgrundstücke und Geschäfts- und Betriebsräume sowie Wohnräume zu Überwachungszwecken zu betreten. Das ist aber außerhalb der üblichen Geschäftszeiten bei Geschäfts- und Betriebsimmobilien und bei Wohnungen ohne Einverständnis des Inhabers nur zur Verhütung dringender Gefahren für die öffentliche Sicherheit und Ordnung zulässig.

1b Die Duldungspflicht der Grundstückseigentümer und -besitzer nach § 19 Abs. S. 1 gilt unmittelbar kraft Gesetzes. Verweigert der Grundstückseigentümer oder -besitzer den Zutritt zu seinem Grundstück und die Aufstellung der Abfallbehälter, kann die Duldungspflicht über eine **Ordnungsverfügung** durch die zuständige Abfallbehörde, gestützt auf § 62, nötigenfalls auch mit Mitteln des **Verwaltungszwangs** durchgesetzt werden. Den öffentlich-rechtlichen Entsorgungsträgern soll mit diesen Hilfsbefugnissen die Erfassung und Einsammlung der ihnen zu überlassenden Abfälle sowie eine effektive Überwachung der Getrenntsammlung und der Verwertung von Abfällen ermöglicht werden. Allgemeine **Getrenntsammlungsgebote** sind in den §§ 9 Abs. 1, 15 Abs. 3 geregelt.

1c § 19 entspricht im Wesentlichen der Vorgängerregelung des § 14 KrW-/AbfG. Wegen des weiten Schutzbereichs von Art. 13 Abs. 1 GG wird in § 19 Abs. 1 Satz 2 über die Vorgängerregelung hinaus ausdrücklich klargestellt, dass die Bediensteten und Beauftragten der zuständigen Behörde Geschäfts- und Betriebsgrundstücke und Geschäfts- und Betriebsräume außerhalb der üblichen Geschäftszeiten sowie Wohnräume ohne Einverständnis des Inhabers nur zur Verhütung dringender Gefahren für die öffentliche Sicherheit und Ordnung betreten dürfen. Das Grundrecht auf Unverletzlichkeit der Wohnung wird insoweit eingeschränkt (§ 19 Abs. 1 Satz 3). Dieser Hinweis dient der Umsetzung des Zitiergebots des Grundgesetzes (vgl. BT-Drs. 17/6052, S. 89).

2 Der Sache nach handelt es sich bei der in § 19 geregelten Duldungspflicht um einen bundesrechtlichen **Anschlusszwang,** nach dem die Eigentümer und Besitzer von Grundstücken, auf denen überlassungspflichtige Abfälle anfallen, verpflichtet sind, das Aufstellen von Behältnissen zur Erfassung der Abfälle, das Betreten des Grundstücks zum Zwecke des Einsammelns und zur Überwachung der Getrennthaltung und Verwertung von Abfällen zu dulden (*Giesberts* in BeckOK Umweltrecht, 2021, 19 KrWG Vorbem.; *Schink* in Schink/Versteyl, KrWG, 2016, § 19 Rn. 10; *Karpenstein* in Jarass/Petersen, KrWG, 2014, § 19 Rn. 1; *VGH Kassel* Urt. v. 5.4.2011 – 2 C 3138/09.N, Rn. 24f.; *BVerwG* Beschl. v. 20.12.2011 – 7 BN 5/11, juris Rn. 9).

2a Grundsätzlich steht allerdings schon aus Gründen der **Verhältnismäßigkeit** das Recht, auf dem privaten Grundstück den Aufstellungsort für die Abfallbehälter zu bestimmen, dem Grundstückseigentümer und nicht dem öffentlich-rechtlichen Entsorgungsträger zu. Dieser kann allerdings in seiner **Abfallsatzung** Anforderungen an den Aufstellungsort, dessen Befestigung und an die Zuwegung zu diesem Aufstellungsort formulieren. Erst wenn der Grundstückseigentümer oder -besitzer nicht bereit oder in der Lage ist, einen geeigneten Aufstellungsort für die Abfallbehältnisse auf seinem Grundstück zu benennen, ist der öffentlich-rechtliche Entsorgungsträger berechtigt, den Aufstellungsort festzulegen.

Mit § 19 erhalten die öffentlich-rechtlichen Entsorgungsträger Befugnisse, die ihnen eine Erfüllung ihrer Übernahme-, Verwertungs- und Beseitigungspflichten ermöglichen sollen. § 19 Abs. 1 ergänzt insoweit § 20 (*Schink* in Schink/Versteyl, KrWG, 2016, § 19 Rn. 6). Außerdem ergänzt § 19 die Betretungs- und Überwachungsrechte des § 47 Abs. 3 Satz 1 Nr. 1, Satz 2 der zuständigen Abfallbehörden. Im Unterschied zu § 19 knüpft § 47 Abs. 3 Satz 1 Nr. 1, Satz 2 an die Verpflichtungen nach § 7 und § 15 an. Diese Verpflichtungen enden allerdings mit der Überlassung der Abfälle, sodass die Befugnisse nach § 47 insoweit nicht zum Tragen kommen bzw. nicht mit den Duldungspflichten nach § 19 konkurrieren. 3

II. Entstehungsgeschichte

Das Betretungsrecht der öffentlich-rechtlichen Entsorgungsträger und das Recht, die für die Einsammlung notwendigen Behältnisse aufstellen zu dürfen, greift in das **Grundrecht auf Unverletzlichkeit der Wohnung** (Art. 13 GG) ein. Deshalb hatte der *VGH Mannheim* (Beschl. v. 15.12.1992, DVBl. 1993, 778 ff. m. Anm. *Kunig;* dazu auch *Lübbe-Wolff,* DVBl. 1993, 762 ff.) entschieden, dass das Betretungsrecht nicht allein auf das allgemeine **Satzungsrecht** der öffentlich-rechtlichen Entsorgungsträger gestützt werden kann, sondern einer ausdrücklichen gesetzlichen Ermächtigungsgrundlage bedarf. Eine solche Ermächtigungsgrundlage stellt § 19 dar. 4

Eine dem § 19 (§ 14 KrW-/AbfG) entsprechende Ermächtigungsgrundlage enthielt das frühere Recht nicht. Die in § 11 Abs. 4 AbfG eingeräumten Überwachungsbefugnisse berechtigten den Beauftragten der Überwachungsbehörde lediglich zum Betreten der Grundstücke, Geschäfts- und Betriebsräume, zur Einsichtnahme in Unterlagen und zu technischen Ermittlungen und Prüfungen. Dadurch wurden – im Unterschied zu § 14 KrW-/AbfG – jedoch keine besonderen Befugnisse zum Aufstellen von Erfassungsbehältnissen oder zur Überwachung der Getrennthaltung und Verwertung von Abfällen begründet. Regelungen in **Abfallsatzungen,** die Betretungsrechte von Grundstücken zum Zweck der Überprüfung der Art und Weise der Überlassung und zur Getrennthaltung von Abfällen sowie zur Überprüfung des Anschluss- und Benutzungszwanges enthielten, wurden deshalb wegen fehlender Ermächtigungsgrundlage im Abfallgesetz für nichtig erklärt (*BVerwG* Beschl. v. 29.12.1993, DVBl. 1994, 761; *OVG Koblenz* Urt. v. 8.3.1994, UPR 1994, 398 f.; *VGH Mannheim* Beschl. v. 15.12.1992, NVwZ 1993, 388). Ergänzt wurden die Betretungsrechte durch § 99 AO, wonach Grundstücke und Räume betreten werden dürfen, soweit dies erforderlich ist, um im Interesse der Abgabenerhebung Feststellungen zu treffen. Für die **Abgabenerhebung** nach dem Kommunalabgabenrecht ist in den Landesgesetzen eine entsprechende Anwendung der Bestimmung vorgesehen. § 99 AO wird auch durch § 19 nicht verdrängt. 5

In der ursprünglich vorgeschlagenen Fassung der Vorschrift (damals § 10, vgl. BT-Drs. 12/5672, S. 11) war der Halbsatz „zur Überwachung der Getrennthaltung und Verwertung von Abfällen" noch nicht enthalten. Die Vorschrift wurde um diesen Teil auf Vorschlag des Bundesrats (vgl. BR-Stellungnahme, BT-Drs. 12/5672, S. 79) ergänzt. Die Ergänzung ist rechtspolitisch von wesentlicher Bedeutung. Dem **Getrennthaltungsgebot** kam nämlich zunehmende Bedeutung wegen des unterschiedlichen Umfangs der Überlassungspflichten von Abfällen zur Verwertung und solchen zur Beseitigung zu (vgl. § 17 Abs. 1). Handelt es sich bei Stoffgemischen aus Abfällen zur Verwertung und solchen zur Beseitigung insgesamt wegen des verwertbaren Anteils um Abfälle zur Verwertung, 6 die nicht überlassungspflichtig sind, dann kann mit Hilfe des Getrenntsammlungsgebots – soweit es sich materiell-rechtlich begründen lässt (vgl. § 9 Abs. 1), auch der Umfang der Überlassungspflichten beeinflusst werden. Die Effektivität des Betretungsrechtes als Instrument der Überwachung der Beachtung der Verwertungspflicht wird allerdings dadurch beeinträchtigt, dass das **Betretungsrecht** nur besteht, wenn überlassungspflichtige Abfälle anfallen. Werden die Abfälle vom Abfallbesitzer selbst oder in seinem Auftrage verwertet, besteht das Betretungsrecht nicht. Allerdings ist das Vorhandensein von überlassungspflichtigen Abfällen für den Regelfall sowohl auf gewerblich genutzten Grundstücken als auch für private Haushaltungen genutzte Grundstücke zu vermuten.

B. Verfassungsmäßigkeit

7 Die Ergänzungen des Abs. 1 Satz 2 und 3 sollen den verfassungsrechtlichen Bedenken an der Vorgängerbestimmung des § 14 KrW-/AbfG Rechnung tragen. Durch die Regelung des Abs. 1 Satz 2 wird ausdrücklich die Befugnis eingeräumt, in den Schutzbereich des Art. 13 GG, dem Grundrecht der Unverletzlichkeit der Wohnung, einzugreifen. In der Gesetzesbegründung heißt es dazu, vor dem Hintergrund des weiten Schutzbereichs von Art. 13 Abs. 1 GG werde nunmehr ausdrücklich klargestellt, dass die Bediensteten und Beauftragten der zuständigen Behörde Geschäfts- und Betriebsgrundstücke sowie Geschäfts- und Betriebsräume außerhalb der üblichen Geschäftszeiten sowie Wohnräume ohne Einverständnis des Inhabers nur zur Verhütung dringender Gefahren für die öffentliche Sicherheit und Ordnung betreten dürften. Ganz überwiegend wird angenommen, dass mit dieser Regelung die verfassungsrechtlichen Bedenken ausgeräumt worden sind (*Jacobi* in Versteyl/Mann/Schomerus, KrWG, 2019, § 19 Rn. 3; *Queitsch* in Schmehl/Klement, KrWG, 2019, § 19 Rn. 2; *Schink* in Schink/Versteyl, KrWG, 2016, § 19 Rn. 2).

7a Ganz unzweifelhaft ist das aber nicht. Das Betretungsrecht des § 19 Satz 1 soll, auch wenn diese nicht ausdrücklich erwähnt werden, wohl Mitarbeiter bzw. Beauftragte desjenigen öffentlich-rechtlichen Entsorgungsträgers berechtigen, der zur Einsammlung der Abfälle berechtigt und verpflichtet ist. Das Betretungsrecht des § 19 Abs. 1 Satz 2 ist allerdings den Bediensteten und Beauftragten der **zuständigen Behörde** eingeräumt. Als zuständige Behörde bezeichnet der Gesetzgeber die nach Landesrecht für die Abfallüberwachung zuständige Behörde. Das ist nicht der öffentlich-rechtliche Entsorgungsträger. Dementsprechend können sich Mitarbeiter und Beauftragte des öffentlich-rechtlichen Entsorgungsträgers nicht auf § 19 Abs. 1 Satz 2 berufen. Umgekehrt gelten die Beschränkungen des § 19 Abs. 1 Satz 2 zum Schutz des Grundrechts aus Art. 13 Abs. 1 GG nicht unmittelbar für die öffentlich-rechtlichen Entsorgungsträger. Da diese Einschränkungen jedoch verfassungsrechtlich geboten sind, sind sie in jedem Fall, wenn man überhaupt ein Betretungsrecht von Mitarbeitern und Beauftragten des öffentlich-rechtlichen Entsorgungsträgers annimmt (bejaht von *Schink,* in Schink/Versteyl, KrWG, 2016, § 19 Rn. 19; *Ernst* in Kopp-Assenmacher, KrWG, 2015, § 19 Rn. 7), von diesen entsprechend zu beachten.

8 Nicht jeder mögliche Verstoß gegen Getrenntsammlungs- und Verwertungsgebote des Abfallrechts ist eine **dringende öffentliche Gefahr** im Sinne von § 19 Abs. 1 S. 2. Im Gegenteil wird man für den Regelfall einer Abweichung von den Vorschriften über die Getrennthaltung und die Verwertung von Abfällen davon ausgehen müssen, dass eine dringende öffentliche Gefahr nicht vorliegt. Eine dringende Gefahr kann nur dann angenommen werden, wenn eine Sachlage oder ein Verhalten bei ungehindertem Ablauf des zu erwartenden Geschehens mit hinreichender Wahrscheinlichkeit zu einem Schaden für

ein hochrangiges Rechtsgut führen wird, wobei an den Grad der Wahrscheinlichkeit umso geringere Anforderungen zu stellen sind, je höherwertiger das betroffene Rechtsgut ist (*BVerwG* Urt. v. 6.9.74, BVerwGE 47, 31, 37; *OVG Koblenz* Urt. v. 15.2.2006, BRS 70 Nr. 184; *VGH Kassel* Beschl. v. 26.10.1990, NVwZ-RR 1991, 526; *VG Braunschweig* Beschl. v. 22.6.2009 – 2 B 113/09, juris Rnr. 11). Von einer dringenden Gefahr kann ausgegangen werden, wenn durch eine Fehlbefüllung von Behältern Gesundheitsgefahren drohen, nicht aber, wenn lediglich eine Verletzung der Überlassungspflicht in Rede steht (*Jacobi* in Versteyl/Mann/Jacobi, KrWG, 2019, § 19 Rn. 19; *Karpenstein/Dingemann* in Jarass/Petersen, KrWG, 2014, Rn. 31).

C. Regelungsgehalt des § 19 Abs. 1

I. Adressaten

1. Grundstückseigentümer und -besitzer als Verpflichtete. Zur Duldung sind nach § 19 Abs. 1 nicht die Abfallbesitzer und -erzeuger, sondern Grundstückseigentümer und -besitzer verpflichtet. Der Begriff des Grundstückseigentums bestimmt sich ebenso nach dem Zivilrecht wie der des Grundstücksbesitzes (*Giesberts* in BeckOK Umweltrecht, 2021, § 19 KrWG Rn. 3; *Karpenstein* in Jarass/Petersen, KrWG, 2014, § 19 Rn 5). Ob der Grundstückseigentümer sein Grundstück selber nutzt oder es verpachtet, spielt für die Duldungspflicht keine Rolle (*Ernst* in Kopp-Assenmacher, KrWG, 2015, § 19 Rn. 3). 9

Der Grundstücksbesitzer ist nicht notwendig identisch mit dem Abfallbesitzer. Denn der **Abfallbesitz** ist mit dem bürgerlich-rechtlichen Begriff des Besitzes nicht gleichzusetzen. Eigentümer und Besitzer von Grundstücken sind in gleicher Weise zur Duldung verpflichtet. Richtiger Adressat einer Ordnungsverfügung zur Durchsetzung der Duldungspflicht nach § 19 ist bei einem Auseinanderfallen von Eigentum und Besitz derjenige, dessen rechtliche Befugnisse mit dem Ziel der Aufstellung und Entleerung der Sammelgefäße bzw. der Überwachung eingeschränkt werden (*Schink* in Schink/Versteyl, KrWG 2016, § 19 Rn. 17; *Karpenstein* in Jarass/Petersen, KrWG 2014, § 19 Rn. 6). Die Verpflichteten sind nicht notwendig zugleich die Erzeuger und Besitzer der überlassungspflichtigen Abfälle.

Zu den Grundstücksbesitzern zählen neben den Mietern und Pächtern u.a. auch Nießbrauchberechtigte, Erbpachtberechtigte, Timesharer etc. Hierdurch wird sichergestellt, dass sich die Abfallerzeuger/-besitzer nicht auf etwaige Einwände der Grundstücksberechtigten berufen können. Abfallbesitzer i.S.d. KrWG ist nach § 3 Abs. 9 jede natürliche oder juristische Person, die die tatsächliche Sachherrschaft über Abfälle hat. § 19 verlangt, dass die Abfälle tatsächlich angefallen sind. Das Betretungsrecht und die Duldungspflichten sind ausgeschlossen, wenn keine überlassungspflichtigen Abfälle auf dem Grundstück vorhanden sind bzw. für deren Existenz keinerlei Anhaltspunkte vorliegen. Bei privaten Haushaltungen wird man dies nach der allgemeinen Lebenserfahrung und der einschränkenden Regelung, dass eine Verwertung nur auf im Rahmen der privaten Lebensführung genutzten Grundstücken zulässig ist, ausschließen können. 10

Hinsichtlich der Abfälle aus sonstigen Herkunftsbereichen ist in diesem Zusammenhang die **Pflichtrestmülltonne** des § 7 Abs. 2 GewAbfV zu berücksichtigen (dazu *Thärichen* AbfallR 2017, 231). Nach dieser Vorschrift haben Erzeuger und Besitzer von Abfällen Abfallbehälter des öffentlich-rechtlichen Entsorgungsträgers oder eines von ihm beauftragten Dritten in angemessenem Umfang nach den näheren Festlegungen des öffentlich-rechtlichen Entsorgungsträgers, mindestens aber einen Behälter zu nutzen. Das BVerwG hat dazu entschieden, dass zwar nur die Erzeuger und Besitzer von Abfällen, die 11 nicht verwertet, sondern beseitigt werden sollen, überlassungspflichtig sind. Der Verordnungsgeber sei jedoch zu Recht davon ausgegangen, dass bei jedem Erzeuger und Besitzer von gewerblichen Siedlungsabfällen noch Abfall zur Beseitigung anfalle. Demgemäß seien auch alle Besitzer und Erzeuger von Abfällen aus sonstigen Herkunftsbereichen Adressaten dieser Behälterbenutzungspflicht. Sie können jedoch nach der Rechtsprechung des *BVerwG* im Einzelfall den Nachweis führen, dass bei ihnen keine Beseitigungsabfälle anfallen und dass sie daher keiner Behälterbenutzungspflicht unterliegen (*BVerwG* Urt. v. 17.2.2005, DÖV 2005, 743; *BVerfG* Beschl. v. 19.6.2007 – 1 BvR 1290/05, juris, Rn. 26 ff.; *OVG BB* Beschl. v. 18.3.2015, juris Rn. 10). Selbst bei einem Einpersonenhaushalt, der seinen Abfall so sorgfältig wie möglich trennt, der alle Angebote zur Abfallverwertung wahrnimmt und der bei den Einkäufen auf Abfallvermeidung in Gestalt von der Kreislaufwirtschaft problemlos zuführbaren Verpackungen und Materialien achtet, kann nach Auffassung des OVG Saarland der Anfall von Restmüll nicht gänzlich vermieden werden (*OVG Saarland* Beschl. v. 7.4.2017, AbfallR 2017, 239). Dies rechtfertigt es grundsätzlich, durch eine entsprechende Satzungsregelung eine Gebührenpflicht für eine angemessene Zahl von Mindestentleerungen vorzusehen. Führt der Gewerbetreibende den Nachweis, dass bei ihm keine Abfälle zur Beseitigung anfallen, besteht dementsprechend auch keine Duldungspflicht nach § 19 Abs. 1 Satz 1 (*Schink* in Schink/Versteyl, KrWG 2016, § 19 Rn. 17). Mehrere Gewerbetreibenden sind allerdings nicht berechtigt, sich einen Restabfallbehälter zu teilen (*OVG BB* Beschl. v. 18.3.2015 – OVG 9 N 171.13, juris Rn. 10).

12 Der abfallrechtliche **Besitzerbegriff** setzt keinen Besitzbegründungswillen voraus, fordert andererseits aber ein Mindestmaß an tatsächlicher Sachherrschaft, über das nicht jeder an einem Grundstück Nutzungsberechtigte an jedem dort befindlichen Abfall ohne weiteres verfügen muss (vgl. dazu *OVG Bautzen* Urt. v. 27.2.2012 – 5 A 48/10, Rn. 17; *BVerwG* Urt. v. 11.2.1983, BVerwGE 67, 8, 12; *BVerwG* Urt. v. 19.1.1989, NuR 1989, 304; *VG Augsburg* Urt. v. 8.2.2021 – Au 9 K 20.1387, juris Rn. 32; *VG Gelsenkirchen* Urt. v. 14.1.2020 – 9 K 5432/16, juris Rn. 42). Grundsätzlich vermittelt zwar das Eigentum oder der Besitz an den Grundstücken nach der Verkehrsauffassung gleichzeitig die tatsächliche Gewalt über die darauf befindlichen Gegenstände (siehe z. B. zum Pächter eines landwirtschaftlich genutzten Grundstücks im Außenbereich als Besitzer der darauf abgelagerten Abfälle *OVG Sachsen-Anhalt* Beschl. v. 2.10.2019, NVwZ-RR 2020, 482); anders liegt es aber dann, wenn Dritte die tatsächliche Sachherrschaft über die auf einem Grundstück befindlichen Gegenstände haben, d. h. ungehindert auf den Abfall zugreifen können (*VG Gelsenkirchen* Urt. v. 14.1.2020 – 9 K 5432/16, juris Rn. 44).

13 Insbesondere bei **Mietverhältnissen** spielt die Frage nach dem **Mitbesitz** des Grundstücks-/Wohnungseigentümers eine Rolle. Hat der Vermieter dem Mieter die Stellplätze für die Abfallsammelbehälter mitvermietet, ist der Mieter alleiniger Besitzer und somit Adressat des § 19. Räumt er diesem das Recht ein, die Sammelbehälter außerhalb der Mieträume auf dem Grundstück aufzustellen, ist der Vermieter Mitbesitzer und gemeinsam mit dem Mieter möglicher Adressat einer Verfügung nach § 19 (*BGH* Urt. v. 14.3.1985, NVwZ 1985, 447). Anders verhält es sich, wenn diese Flächen nicht mitvermietet werden. Dann ist der Vermieter alleiniger Adressat des § 19 (*OVG Sachsen* Urt. v. 27.2.2012 – 5 A 48/10, juris Rn. 17; *OVG SH* Urt. v. 14.6.2006 – 2 KN 6/05, juris Rn. 66). Der Annahme von Abfallbesitz steht grundsätzlich nicht entgegen, dass Abfälle ohne oder sogar gegen den Willen des Grundstückseigentümers (-besitzers) auf das Grundstück gelangt sind (*OVG Sachsen* Urt. v. 27.2.2012 – 5 A 48/10, Rn. 18). Eigentümern und Besitzern von Grundstücken, auf denen überlassungspflichtige Abfälle anfallen, werden durch § 19 Duldungspflichten auferlegt. Weitergehende Pflichten haben Grundstückseigentümer – sofern sie nicht zugleich Erzeuger oder Besitzer von Abfällen sind – nach dem KrWG nicht (*OVG Schleswig* Urt. v. 14.6.2006 – 2 KN 6/05, juris Rn. 66, 68). Grundstückseigentümer können aber auch für durch Mieter auf ihrem Grundstück hinterlassene Abfälle verantwortlich sein. Grundstückseigentümer können insoweit wie Mieter, Pächter und ähnliche Nutzer zur Gruppe der Abfallbesitzer gehören (*VG Aachen* Beschl. v. 5.9.2019, 6 L 713/19, juris Rn. 35; *OVG Saarland* Urt. v. 26.2.2015 – 2 A 488/13, juris Rn. 27 m. w. N.).

Verpflichtet sind nur Eigentümer und Besitzer von Grundstücken, auf denen **überlassungspflichtige Abfälle** anfallen. Die Legaldefinition des Abfallbegriffs enthält § 3 Abs. 1. Wann Abfälle überlassungspflichtig sind, ergibt sich aus § 17. Bei der Beantwortung der Frage, ob Abfälle auf einem Grundstück „angefallen" sind, kommt es nicht darauf an, ob der Abfall auf dem Grundstück selbst oder auf einem anderen Grundstück entstanden ist und unberechtigter Weise auf das Grundstück des Verpflichteten verbracht worden ist (*Jacobi* in Versteyl/Mann/Schomerus, KrWG, 2019, § 19 Rn. 14). **14**

Angefallen sind Abfälle, wenn die Merkmale des Abfallbegriffs des § 3 Abs. 1 erstmalig erfüllt sind. Der Begriff des **Anfallens** von Abfällen wurde in Rechtsprechung und Literatur unterschiedlich verwendet. Unter der Geltung des KrWG ist wie bereits unter dem KrW-/AbfG darunter das Entstehen von Abfall im Rechtssinn zu verstehen (*BVerwG* Urt. v. 13.12.2007 – 7 C 42/07, juris Rn. 11). Das folgt nach Ansicht des BVerwG aus dem Zweck des Gesetzes und dem Zusammenhang, in dem der Begriff überwiegend gebraucht wird. Nach diesem Verständnis liegt der Zeitpunkt des Anfalls von Abfällen regelmäßig vor deren Überlassung, wenn beide Vorgänge nicht zusammentreffen; außerdem ist es ausgeschlossen, dass der Abfall überlassen wird, bevor er angefallen ist. **14a**

Da die Duldungspflicht nur besteht, wenn **überlassungspflichtige** Abfälle anfallen, entfällt die Pflicht, wenn auf dem Grundstück nur Abfälle anfallen, die der Abfallbesitzer verwertet oder verwerten lässt. Bei gewerblichen Abfällen besteht die Duldungspflicht auch beim Anfall von Abfällen zur Beseitigung nicht, wenn eine **Eigenbeseitigung** durchgeführt wird. **15**

2. Berechtigte. § 19 Abs. 1 S. 1 regelt eine Duldungspflicht ohne ausdrücklich klarzustellen, wem gegenüber die Duldungspflicht besteht. § 19 Abs. 1 S. 2 nennt hingegen ausdrücklich die Bediensteten und Beauftragten der zuständigen Behörde als Berechtigte. Insoweit ist hinsichtlich der Duldungspflichten der Grundstückseigentümer und Grundstücksbesitzer zu differenzieren; sie bestehen gegenüber den Mitarbeitern des öffentlich-rechtlichen Entsorgungsträgers, soweit diese zum Zwecke des Aufstellens von Abfallbehältern und des Einsammelns der überlassungspflichtigen Abfälle das Grundstück betreten müssen, und gegenüber den Bediensteten und Beauftragten der zuständigen Abfallbehörde, soweit diese das Grundstück zum Zweck der Überwachung des Getrennthaltens und der Verwertung von Abfällen betreten müssen (*Jacobi* in Versteyl/Mann/Schomerus, KrWG, 2019, § 19 Rn. 16; *Karpenstein/Dingemann* in Jarass/Petersen, KrWG 2014, § 19 Rn. 12 ff. a. A. *Queitsch* in Schmehl/Klement, KrWG 2019, § 19 Rn. 7, der annimmt, dass das Betretungsrecht zur Überwachung der Getrennthaltung und Verwertung auch den Bediensteten des öffentlich-rechtlichen Entsorgungsträgers zusteht). **16**

Zuständige Behörde ist nach dem Sprachgebrauch des Gesetzgebers die nach Landesrecht zuständige Landesbehörde, nicht aber der öffentlich-rechtliche Entsorgungsträger (*Schink* in Schink/Versteyl, KrWG 2016, § 19 Rn. 19; a. A. *Queitsch* in Schmehl/Klement, KrWG 2019, § 19 Rn. 7, der annimmt, dass mit dem Begriff „zuständige Behörde" auch der öffentlich-rechtliche Entsorgungsträger gemeint ist). Die Bediensteten und Beauftragten dieser zuständigen Landesbehörde, nicht aber die des öffentlich-rechtlichen Entsorgungsträgers, dürfen demnach unter den in § 19 Abs. 1 S. 2 genannten **16a**

Voraussetzungen zum Zwecke der Überwachung Geschäfts- und Betriebsgrundstücke, Geschäfts- und Betriebsräume sowie Wohnräume betreten.

Mitarbeiter und Beauftragte der öffentlich-rechtlichen Entsorgungsträger können sich dagegen nicht auf § 19 Abs. 1 Satz 2 berufen. Sie dürfen die Grundstücke nach § 19 Abs. 1 S. 1 nur betreten, soweit dies erforderlich ist, um die Behälter aufzustellen und im Rahmen der Einsammlung zu entleeren. Soweit die Abfallsatzung des öffentlich-rechtlichen Entsorgungsträgers bestimmt, dass die Abfallbehälter zur Abholung der überlassungspflichtigen Abfälle im öffentlichen Straßenraum bereitzustellen sind, ist ein Betreten des Grundstücks durch Mitarbeiter des öffentlich-rechtlichen Entsorgungsträgers nicht erforderlich und damit auch nicht zulässig. Soweit die Abfallbehälter von einem Standplatz auf dem Grundstück zur Entleerung an der Straße abgeholt und nach Entleerung zurückgestellt werden, dürfen die Grundstücke von Mitarbeitern des öffentlich-rechtlichen Entsorgungsträgers betreten werden. Eine darüberhinausgehende Berechtigung zum Betreten von Wohn- oder Geschäftsräumen ergibt sich, anders als für Bedienstete der zuständigen Behörde nach § 19 Abs. 1 S. 2, für die Mitarbeiter des öffentlich-rechtlichen Entsorgungsträgers aus § 19 S. 1 nicht. Sie sind insbesondere nicht berechtigt, private Grundstücke zum Zwecke der Überwachung des Getrennthaltens und der Verwertung von Abfällen zu betreten (*Karpenstein* in Jarass/Petersen, KrWG, 2014, § 19 Rn. 14; *Schink* in Schink/Versteyl, KrWG, 2016, § 19 Rn. 22). Würde man dies anders sehen, müssten für Mitarbeiter des öffentlich-rechtlichen Entsorgungsträgers die Anforderungen des § 19 Abs. 1 Satz 2 entsprechend gelten, weil diese ohnehin lediglich den verfassungsrechtlichen Mindeststandard beschreiben.

17 § 19 Abs. 1 S. 2 erstreckt das Betretungsrecht über die Bediensteten hinaus auch auf **Beauftragte** der zuständigen Behörde und damit auch auf von ihr beauftragte Gutachter, Überwachungsorganisationen etc. Dieses Betretungsrecht für Beauftragte des § 19 Abs. 1 S. 2 erstreckt sich allerdings nicht auf Beauftragte des öffentlich-rechtlichen Entsorgungsträgers. Gleichwohl mag man aus § 22 S. 1 den Schluss ziehen, dass sich die Berechtigung, Dritte mit der Erfüllung von Entsorgungspflichten beauftragen zu dürfen, im Falle eines **Erfüllungsgehilfen** eines öffentlich-rechtlichen Entsorgungsträgers darauf erstreckt, dass Mitarbeiter dieses Erfüllungsgehilfen Grundstücke, auf denen Überlassungspflicht der Abfälle anfallen, betreten dürfen, soweit dies für die Aufstellung von Abfallbehältern und die Einsammlung von überlassungspflichtigen Abfällen erforderlich ist (*VG Bremen* Urt. v. 8.9.2005 – 2 K 1174/03, AbfallR 2006, 145; *Karpenstein* in Jarass/Petersen, KrWG, 2014, § 19 Rn. 13).

II. Inhalt der Duldungspflichten

18 **1. Aufstellen von Sammelgefäßen.** Eigentümer und Besitzer von Grundstücken haben das Aufstellen von zur Erfassung der überlassungspflichtigen Abfälle notwendigen Behältnissen durch die öffentlich-rechtlichen Entsorgungsträger zu dulden. Diese Duldungspflicht erstreckt sich nach Abs. 2 auch auf Rücknahme- und Sammelsysteme, die zur Durchführung von **Rücknahmepflichten** aufgrund einer Rechtsverordnung nach § 25 erforderlich sind. Maßgebend für die Frage, welche Behältnisse zur Erfassung der anfallenden Abfälle notwendig sind, ist zunächst das Abfallwirtschaftskonzept des öffentlich-rechtlichen Entsorgungsträgers nach § 21 und das dort vorgesehene Sammelsystem, das durch die Abfallsatzung des öffentlich-rechtlichen Entsorgungsträgers konkretisiert wird.

Nicht dulden müssen Eigentümer und Besitzer von Grundstücken das Aufstellen von **Sammelgefäßen gemeinnütziger oder gewerblicher Sammlungen** i. S. d. § 3

Abs. 17 und 18. Die Träger solcher Sammlungen benötigen für den öffentlichen Straßenraum eine straßenrechtliche Sondernutzungserlaubnis und auf privaten Grundstücken ein Einverständnis des Grundstückseigentümers oder -besitzers, um ein Erfassungsbehältnis aufstellen zu können (*Karpenstein* in Jarass/Petersen, KrWG, 2014, § 19 Rn. 15; *Queitsch* UPR 2013, 222, 224).

Die Auslieferung neuer und die Einziehung alter Sammelbehälter stellen jeweils **Realakte** dar. Sofern der Grundstückseigentümer die Einziehung/den Umtausch der Abfallbehälter nicht beantragt, ist er vorher anzuhören (*VG Bremen* Urt. v. 8.9.2005 – 2 K 1174/03, AbfallR 2006, 145), da der Entscheidung über die Einziehung/dem Umtausch ein Verwaltungsakt vorgelagert ist.

Die Verpflichtung zur Duldung bestimmter Sammelgefäße wird durch den Grundsatz der **Verhältnismäßigkeit** begrenzt (*BVerwG* Beschl. v. 27.7.1995, DVBl. 1996, 44, 46; *Ernst* in Kopp-Assenmacher, KrWG, 2015, § 19 Rn. 19). Der Verhältnismäßigkeitsgrundsatz kann insbesondere der **Multifraktionierung** des Abfalls und der Aufstellung von Sammelgefäßen entgegenstehen, deren Volumen die Menge der auf dem Grundstück angefallenen und überlassenen Abfälle deutlich überschreitet (*Ernst* in Kopp-Assenmacher, KrWG, 2015, § 19 Rn. 21). Die Getrenntsammlung der Abfälle wird weitreichend aber bereits über die Getrenntsammlungsgebote (§§ 9, 9a, 15 Abs. 3, 3 GewAbfV etc.) vorgegeben (dazu *Petersen/Friedrich* NVwZ 2021, 1; *Queitsch* AbfallR 2021, 16; *VG Leipzig* Urt. v. 20.5.2020 – 1 K 359/19, juris Rn. 67). **20**

Die Tonnengröße steht grds. im Organisationsermessen des öffentlich-rechtlichen Entsorgungsträgers (*OVG NRW* Urt. v. 28.11.1994, NWVBl. 1995, 308, 309; *VG Schwerin* Urt. v. 11.3.2010 – 4 A 1240/09, juris Rn. 85; *Karpenstein* in Jarass/Petersen, KrWG, 2014, § 19 Rn. 18). Auch § 19 macht weder dem Landesgesetzgeber noch dem Ortsgesetzgeber Vorgaben für die Bestimmung der „notwendigen" Abfallbehälter und ihrer Größen oder des Behältervorhaltevolumens. Das auch aus Gründen der Verwaltungsvereinfachung und Praktikabilität bei der Regelung der Massenverwaltung im Bereich der öffentlichen Abfallbeseitigung erforderliche Recht des Ortsgesetzgebers, insoweit generalisierend-pauschal Behältergrößen und Abfallvolumen festzulegen, wird nicht beschnitten. Lediglich die allgemein für derartige Pauschalierungen geltenden Grenzen, wie vor allem das Willkürverbot und der Grundsatz der Verhältnismäßigkeit, sind zu wahren (*VG Schwerin* Urt. v. 11.3.2010 – 4 A 1240/09, juris Rn. 85; siehe auch *BVerwG* Beschl. v. 20.11.2011 – 7 BN 5/11, juris Rn. 22; *VGH Kassel* Urt. v. 5.4.2011 – 2 C 3138/09.N, juris Rn. 23). **20a**

Die Duldungspflicht erstreckt sich nur auf **Sammelgefäße,** die für die Einsammlung der auf dem jeweiligen Grundstück angefallenen Abfälle erforderlich sind. § 19 ist deshalb keine Ermächtigung zur Aufstellung von **Depotcontainern** (*Ernst* in Kopp-Assenmacher, KrWG, 2015, § 19 Rn. 7). Diese können nur aufgrund einer Vereinbarung mit dem jeweiligen Grundstückseigentümer aufgestellt werden (*Karpenstein* in Jarass/Petersen, KrWG, 2014, § 19 Rn. 17). **20b**

2. Betretung zur Einsammlung und zur Überwachung. Das Betretungsrecht zum Zwecke des Einsammelns bezieht sich nur auf den Grundstücksteil, auf dem die Abfallbehälter aufgestellt sind und die Zuwegung auf dem Grundstück dorthin. Ein Betreten des Grundstücks zur Abholung scheidet aus, wenn die Behälter von den Abfallbesitzern und Abfallerzeugern selbst, wie in den Abfallsatzungen häufig vorgeschrieben, an die Straße zur Abholung bereitgestellt werden. Insoweit ist ein Betretungsrecht nicht zwingend bei der Einsammlung im Wege eines Holsystems erforderlich (dazu *Ernst* in Kopp-Assenmacher, KrWG, 2015, § 19 Rn. 8). **21**

Ein Betreten des Grundstücks ist auch dann nicht zulässig, wenn die überlassungspflichtigen Abfälle in einem **Bringsystem** und nicht in einem Holsystem überlassen werden (*Jacobi* in Versteyl/Mann/Schomerus, KrWG, 2019, § 19 Rn. 7). Der Umfang des Betretungsrechts ist abhängig vom **Abfuhrrhythmus,** der wiederum in der Abfallsatzung des öffentlich-rechtlichen Entsorgungsträgers festgelegt wird. Einen Anspruch auf einen bestimmten Abfuhrrhythmus gibt es nicht. Anforderungen der Hygiene und die Gefahr von Geruchsbeeinträchtigungen können insbesondere bei der Restabfall- und Bioabfallentsorgung eine bestimmte Abfuhrhäufigkeit voraussetzen.

21a Das Betretungsrecht zum Zwecke der Einsammlung von überlassungspflichten Abfällen steht nur den Bediensteten oder Erfüllungsgehilfen des öffentlich-rechtlichen Entsorgungsträgers zu, der nach dem jeweiligen Landesrecht für die Einsammlung der Abfälle zuständig ist. Soweit die Zuständigkeit in Flächenländern zwischen den Kommunen aufgeteilt ist, mit der Konsequenz, dass die kreisangehörigen Gemeinden einsammeln und die Landkreise die eingesammelten Abfälle entsorgen, steht das Betretungsrecht nur den Mitarbeitern der kreisangehörigen Gemeinden zu.

22 Das **Betretungsrecht zur Überwachung** erstreckt sich nur auf die Verwertung der Abfälle und die Beachtung von Getrenntsammlungsgeboten, nicht jedoch auf andere Verpflichtungen des Abfallbesitzers, zu denen vor allem die ordnungsgemäße Bereitstellung und Erfassung des überlassungspflichtigen Abfalls zählen. Die Ermächtigungsgrundlage ist damit lückenhaft. Eine entsprechende Anwendung auf weitere Bereiche der abfallrechtlichen Überwachung ist nicht zulässig. Ob die Regelungslücke durch landesgesetzliche Regelungen ausgefüllt werden kann, ist zweifelhaft. Die konkreten Regelungen zur abfallrechtlichen Überwachung im KrWG und insbesondere die Aufzählung mehrerer Betretungszwecke in Abs. 1 sprechen für eine abschließende Regelung des Bundes.

22a Hinsichtlich des Betretungsrechts zur Überwachung der Verwertung ist zu bedenken, dass die Besitzer von Abfällen aus privaten Haushaltungen – mit der Ausnahme der Eigenkompostklärung – ihre Abfälle auf dem Grundstück nicht verwerten dürfen. Behauptet der Erzeuger oder Besitzer des Abfalls die Absicht und Möglichkeit einer Eigenverwertung durch Kompostierung im eigenen Garten, kann die zuständige Behörde, nicht der öffentlich-rechtliche Entsorgungsträger, bei entsprechendem Anlass überprüfen, ob es sich um einer Eigenverwertung zugängliche Abfälle handelt, und ob der Betreffende objektiv in der Lage und subjektiv willens ist, die Verwertung unter Einhaltung der Anforderungen der §§ 7 ff. vorzunehmen (*Jacobi* in Versteyl/Mann/Schomerus, KrWG, 2019, § 19 Rn. 10, der allerdings annimmt, dass dieses Überwachungsrecht dem öffentlich-rechtlichen Entsorgungsträger zusteht; siehe auch *VG Neustadt* Urt. v. 29.8.2016 – 4 K 12/16 – NW, juris Rn. 38). Bei der Verwertung auf eigenem Grundstück darf sich der Abfallbesitzer der Hilfe eines Dritten (z. B. eines Hauswirtschafters oder einer Gärtnerin) bedienen. Im Übrigen aber ist eine Drittbeauftragung zur Verwertung anderenorts nicht zulässig (*Petersen/Doumet/Stöhr* NVwZ 2012, 521, 525; *BVerwG* Urt. v. 18.6.2009 – 7 C 16.08, juris Rn. 18 ff.).

23 Das Betretungsrecht zur Überwachung erlaubt lediglich eine **Inaugenscheinnahme,** d. h. das Sammeln von Informationen durch sinnliche Wahrnehmung (*Jacobi* in Versteyl/Mann/Schomerus, KrWG, 2019, § 19 Rn. 11; *Voßkuhle* DVBl. 1994, 611, 615 ff. zur Abgrenzung des Betretens und Besichtigens von der Untersuchung). Weitergehende Maßnahmen, wie etwa die Einsichtnahme in **Unterlagen** oder die Durchführung technischer **Prüfungen,** dürfen auf der Grundlage des § 19 Abs. 1 nicht vorgenommen werden. Hierzu ist gemäß § 47 Abs. 1 Satz 1 nur die zuständige Behörde zu den in § 47 eingeräumten Zwecken befugt. Entgegen der in § 47 Abs. 3 und 4 geregelten Auskunfts- und Mitwirkungspflicht sind Grundstückseigentümer und -besitzer gemäß § 19 Abs. 1 auch nur zur passiven Duldung des Aufstellens von Erfassungsbehältnissen und Betretens der öffentlich-rechtlichen Entsorgungsträger und nicht auch zur Mitwirkung verpflichtet. Mitwirkungspflichten ergeben sich zumeist jedoch aus den Abfallsatzungen der öffentlich-rechtlichen Entsorgungsträger, aus denen sich insbesondere Anforderungen an das Bereitstellen der Abfallbehälter am Tage der Abholung ergeben.

Für die Grundstückseigentümer/-besitzer ergeben sich aus § 19 keine **Anzeige- oder Meldepflichten** (*OVG Schleswig* Urt. v. 14.6.2006 – 2 KN 6/05, Rn. 70). Aus der lediglich nachgeordneten Duldungspflicht ergibt sich ebenfalls, dass die Heranziehung von Grundstückseigentümern, die nicht auch Abfallerzeuger oder -besitzer sind, grundsätzlich nur subsidiär erfolgen kann (*VGH München* Urt. v. 22.4.1992, NJW 1993, 81; *VG Ansbach* Urt. v. 27.4.2005 – AN 11 K 05.00024 juris, Rn. 19; *VG Ansbach* Urt. v. 22.6.2006 – AN 11 K 05.01428 juris, Rn. 24). **23a**

Die Ausübung der Betretungsrechte muss dem **Grundsatz der Verhältnismäßigkeit** genügen. Grundsätzlich darf deshalb ohne konkreten Verdacht eines Verstoßes gegen Rechtspflichten ein Grundstück zur Überwachung der Getrennthaltung und Verwertung von Abfällen nicht betreten werden (*Jacobi* in Versteyl/Mann/Schomerus, KrWG, 2019, § 19 Rn. 18; *Karpenstein/Dingemann* in Jarass/Petersen, KrWG, 2014, § 19 Rn. 32).

3. Räumlicher Geltungsbereich der Duldungspflicht. Räumlich erstrecken sich die Duldungspflichten des § 19 Abs. 1 S. 1 lediglich auf das Grundstück und insoweit nur auf Grundstücksteile, auf denen überlassungspflichtige Abfälle aufbewahrt oder verwertet werden und die Zuwegungen von den Entsorgungsfahrzeugen dort hin. Ein generelles Grundstücksbetretungsrecht, das zu Ermittlungen „ins Blaue hinein" ermächtigen würde, wird nicht eingeräumt. **24**

Unter Grundstück im Sinne des § 19 Abs. 1 S. 1 sind die nicht bebauten Flächen (Höfe, Lagerplätze, Gärten, Einfahrten, etc.) zu verstehen, auf denen typischerweise Erfassungsbehältnisse aufgestellt werden (*Giesberts* in BeckOK Umweltrecht, 2021, § 19 KrWG Rn. 5; *Karpenstein* in Jarass/Petersen, KrWG, 2014, § 19 Rn. 21; *Ernst* in Kopp-Assenmacher, KrWG, 2015, § 19 Rn. 5). Aus § 19 Abs. 1 S. 2 ergibt sich, dass die Betretungsbefugnisse unter qualifizierten Voraussetzungen auch für Betriebs- und Geschäftsräume sowie für Wohnungen gelten. Dieses qualifizierte Betretungsrecht räumt § 19 Abs. 1 S. 2 aber nur den Bediensteten und Beauftragten der zuständigen Behörde, nicht jedoch denen des öffentlich-rechtlichen Entsorgungsträgers ein. **24a**

Aus dem Gebot des § 19 Abs. 1 Satz 2, Betriebs- und Geschäftsräume außerhalb der üblichen Geschäftszeiten sowie Wohnräume ohne Einverständnis des Inhabers nur zur Verhütung dringender Gefahren für die öffentliche Sicherheit und Ordnung zu betreten, folgt im Umkehrschluss, dass Betriebs- und Geschäftsräume von den Mitarbeitern der zuständigen Abfallbehörde während der Geschäftszeiten betreten werden dürfen. **24b**

Der Gesetzgeber hat in § 19 nicht bestimmt, welche Geschäftszeiten **„üblich"** sind. Gemeint sein sollen nicht die individuellen Geschäftszeiten des betroffenen Betriebs, sondern die in der betreffenden Branche überwiegend praktizierten Zeiten. Eine äußerste Grenze soll in jedem Fall die Nachtzeit (21 bis 6 Uhr) bilden. Als übliche Geschäftszeit soll regelmäßig die Zeit von 7 bis 18 Uhr oder bei gewerblicher Nutzung etwa 6 bis 20 Uhr gelten (dazu *Karpenstein* in Jarass/Petersen, KrWG, 2014, § 19 Rn. 28). **24c**

Dringend ist eine Gefahr, wenn der Eintritt des Schadens unmittelbar bevorsteht und einem besonders hochrangigen Rechtsgut, wie z.B. Leben und Gesundheit, ein Schaden droht. Aufgrund der Bezugnahme des Abs. 1 Satz 2 auf Satz 1 sind Gefahren für die öffentliche Sicherheit und Ordnung nur abfallspezifische Gefahren. Es muss die Gefahr bestehen, dass der Grundstückseigentümer oder -besitzer dem bestehenden Getrenntsammlungsgebot gem. § 9 Abs. 1, § 3 GewAbfV, etc. oder der Verwertungspflicht des § 7 **25**

Abs. 2 S. 1 nicht nachkommt. Nur insoweit ist die Einschränkung des Grundrechts auf Unverletzlichkeit der Wohnung gem. Art 13 GG gerechtfertigt.

26 Als **Wohnung** im Sinne des Art. 13 GG ist die gesamte räumliche Privatsphäre anzusehen. Neben den Hauptwohnräumen gehören zur Wohnung auch Nebenräume wie Flure, Treppen, Vorplätze, Abstellräume und Speicher sowie weiteres befriedetes Besitztum wie Höfe oder Gärten. Von dem Betretungsrecht ist aufgrund der damit verbundenen Eingriffe in die Privatsphäre restriktiv Gebrauch zu machen. Zu dem Betretungsrecht der Bediensteten und Beauftragten der zuständigen Behörde zählt auch die Überprüfung der ordnungsgemäßen Trennung, wobei die Inaugenscheinnahme nicht das Ausmaß einer Durchsuchung nehmen darf. Bei einer Weigerung des Grundstückseigentümers oder -besitzers das Betreten des Grundstücks zu dulden, ist ein konkretisierender Verwaltungsakt erforderlich. Die Wahrnehmung des Betretungsrechts nach § 19 Abs. 1 Satz 2 ist als schlichtes Verwaltungshandeln anzusehen (*VGH Mannheim* Urt. v. 28.11.2000, NJW 2001, 574).

III. Erfordernis vorheriger Anmeldung

27 Eine vorherige Anmeldung der Mitarbeiter des öffentlich-rechtlichen Entsorgungsträgers für das Betreten des Grundstücks im Rahmen der Einsammlung ist nicht erforderlich; der Abholtag ergibt sich aus der Abfallsatzung und dem Abfallkalender des öffentlich-rechtlichen Entsorgungsträgers. Eine genaue Uhrzeit des Betretens der Grundstücke zur Einsammlung der überlassungspflichtigen Abfälle muss nicht genannt werden. Das Einverständnis des Grundstückseigentümers kann ohne dessen Widerspruch für das Betreten des Grundstücks im Rahmen der üblichen Abholtätigkeit unterstellt werden.

27a Fraglich ist, ob und inwieweit ein Betreten von Grundstücken, Betriebs- und Geschäftsräumen zum Zwecke der Abfallüberwachung angekündigt werden muss oder ob eine Anmeldung beim Erscheinen ausreichen kann. Eine Anmeldung bei Erscheinen vor dem Grundstück reicht aus, wenn sich der Grundstückseigentümer mit dem Betreten einverstanden erklärt. Allerdings dürfte der Grundstückseigentümer häufig gar nicht anzutreffen sein. Das Einverständnis eines Wohnungsmieters mit dem Betreten des Grundstücks reicht jedoch nicht aus. Ohne Anmeldung ist ein eigenmächtiges Betreten zum Zwecke der Überwachung unzulässig. Dies gilt für Grundstücke im allgemeinen, insbesondere natürlich für Betriebs- und Anlagengrundstücke, die zumeist noch durch einen Anlagenzaun gegen unbefugtes Betreten gesichert sind.

27b Verweigert der (anwesende) Grundstückseigentümer den Zutritt zu seinem Grundstück, muss die Duldungspflicht durch eine Ordnungsverfügung umgesetzt werden. Dazu bedarf es in aller Regel einer vollziehbaren Ordnungsverfügung, vor deren Erlass der Grundstückseigentümer anzuhören ist. Nur in eng begrenzten Ausnahmefällen kann auf eine Ordnungsverfügung, auf eine Anhörung des Betroffenen dazu und auf ein gestrecktes Verfahren der Verwaltungsvollstreckung insgesamt verzichtet werden (siehe dazu *Schoch,* Polizei- und Ordnungsrecht, in Schoch Besonderes Verwaltungsrecht, 2018, Rn. 933 ff.). Ein Sofortvollzug der Ordnungsverfügung zur Durchsetzung der Duldungspflicht kommt nur dann in Betracht, wenn dies zur Abwehr einer gegenwärtigen bzw. drohenden Gefahr notwendig ist.

27c Der Erlass einer Anordnung, den Angehörigen der zuständigen Behörde und deren Beauftragten den Zutritt zu einem Grundstück zu gestatten, ist im Übrigen grundsätzlich nur dann verhältnismäßig, wenn die Anordnung eine dem Zutritt vorgeschaltete Ankündigung vorsieht. Etwas anderes gilt ausnahmsweise dann, wenn die Ankündigung dem

§ 22 Beauftragung Dritter

Die zur Verwertung und Beseitigung Verpflichteten können Dritte mit der Erfüllung ihrer Pflichten beauftragen. Ihre Verantwortlichkeit für die Erfüllung der Pflichten bleibt hiervon unberührt und so lange bestehen, bis die Entsorgung endgültig und ordnungsgemäß abgeschlossen ist. Die beauftragten Dritten müssen über die erforderliche Zuverlässigkeit verfügen.

Schrifttum: *Beckmann,* Rechtsfragen bei der Gründung einer Entsorgungs-GmbH – abfallrechtliche Aspekte, in: Bauer/Schink, Organisationsformen in der öffentlichen Abfallwirtschaft 1994, 38; *Beckmann,* Konkretisierung des Abfallbegriffs sowie der gesetzlichen Grundsätze und Pflichten der Kreislaufwirtschaft, NuR 1999, 24; *Beckmann/Wittmann,* Pflichten zu Drittbeauftragung und kommunale Selbstverwaltungsgarantie, AbfallR 2011, 55; *Beckmann/David,* Kommunale Abfallwirtschaft als unlauterer Wettbewerb, DVBl. 1998, 1041; *Byok/Bormann,* Aktuelle Rechtsfragen zu der öffentlichen Auftragsvergabe in der Entsorgungswirtschaft, NVwZ 2010, 1262; *Dieckmann,* Die wettbewerbliche Vergabe von Entsorgungsleistungen als Verbotsgrund für gewerbliche Sammlungen, AbfallR 2014, 210; *Dieckmann,* Vergabe von Entsorgungsleistungen nach der Novelle des Kartellvergaberechts, AbfallR 2016, 87; *Enders,* Die öffentlich-rechtliche und zivilrechtliche Verantwortlichkeit des Abfallerzeugers, NVwZ 2005, 381; *Frenz,* In-House-Geschäfte und interkommunale Zusammenarbeit nach der Vergaberechtsreform, DVBl. 2017, 740; *Gassner/Thärichen,* Zur fortdauernden Entsorgungsverantwortung des Abfallbesitzers, AbfallR 2007, 164; *Gruneberg/Pieck,* Vergaberechtliche Relevanz von Änderungen in Entsorgungsverträgen, AbfallR 2011, 254; *Hilf/Schleifenbaum,* Die Einschaltung Dritter in die Aufgabenerfüllung nach dem Arbeitsentwurf für das neue Kreislaufwirtschaftsgesetz, AbfallR 2010, 119; *Kropp,* Umfang und Dauer der abfallrechtlichen Verantwortung des Abfallerzeugers und -Besitzers, ZUR 2008, 401; *Lück/Radeloff,* Dienstleistungskonzessionen im Entsorgungsbereich, AbfallR 2012, 126; *Schrotz/Ahlhaus,* Unzulässigkeit abfallrechtlicher Dienstleistungskonzessionen – Abfallrecht als Maßstab vergaberechtlicher Nachprüfung?, AbfallR 2012, 230; *Schümer,* Die abfallrechtliche Zuverlässigkeit – Straf- und ordnungswidrigkeitenrechtliche Aspekte, AbfallR 2021 (Heft 5); *Versteyl,* Zur Verantwortlichkeit des Abfallerzeugers/-besitzers – Vorläufiges oder Endgültiges?, NVwZ 2007, 1150; *Versteyl/Grunow,* Öffentlich-rechtliche und zivilrechtliche Haftung bei der Entsorgung von bau- und Abbruchabfällen, AbfallR 2018, 71; *Weidemann,* Übergangsprobleme bei der Privatisierung des Abfallwesens, NJW 1996, 2757; *Winkelmann,* Private Abfallentsorgung in einer dualen Abfallwirtschaft, UPR 1991, 169.

Übersicht

A. Überblick

§ 22 bestätigt den Abfallerzeugern und -besitzern sowie den öffentlich-rechtlichen Entsorgungsträgern gem. § 17 Abs. 1 S. 1, dass sie zur Einschaltung von Dritten bei der Erfüllung ihrer Pflichten berechtigt sind. Eine höchstpersönliche Erfüllung von Entsorgungspflichten, die eine Drittbeauftragung ausschließen würde, sehen auch die §§ 7, 15, 1

20 nicht vor. Nach § 22 S. 1 können die zur Verwertung und Beseitigung Verpflichteten Dritte mit der Erfüllung ihrer Pflichten beauftragen. Die Regelung hat nur eine deklaratorische Funktion (*VGH Mannheim* Urt. v. 13.5.2016 – 10 S 1307/15, juris Rn. 40). Soweit § 22 S. 1 bestimmt, dass die Entsorgungspflichtigen Dritte mit der Erfüllung ihrer Pflichten beauftragen „können", ist dies kein Hinweis darauf, dass der Gesetzgeber insoweit ein Verwaltungsermessen einräumen wollte (so aber die *Dieckmann* in Jarass/Petersen, KrWG, 2014, § 22 Rn. 25). Die Annahme, dass der Gesetzgeber Ermessen einräumt, könnte dazu verleiten, die Entscheidung für oder gegen eine Drittbeauftragung auf Ermessensfehler überprüfen zu wollen. Es geht hier jedoch in erster Linie nicht um Verwaltungsermessen, sondern lediglich um das Recht, nicht die Pflicht der Entsorgungspflichtigen, im Rahmen ihrer Privatautonomie Dritte mit der Entsorgung der Abfälle zu beauftragen. Das gilt aber nur für die privaten Abfallbesitzer und Abfallerzeuger; öffentlich-rechtliche Entsorgungsträger entscheiden hingegen im Rahmen ihres **Organisationsermessens** über die Frage einer Drittbeauftragung.

1a S. 2 stellt klar, dass von einer solchen Drittbeauftragung die Verantwortlichkeit für die Erfüllung der Pflichten unberührt und so lange bestehen bleibt, bis die Entsorgung endgültig und ordnungsgemäß abgeschlossen ist. Damit bestätigt der Gesetzgeber die Rechtsprechung des BVerwG (Urt. v. 28.6.2007, BVerwGE 129, 93 ff.), die eine solche **fortdauernde Entsorgungsverantwortung** auch ohne ausdrückliche gesetzliche Regelung aus der Vorgängervorschrift des § 16 Abs. 1 KrW-/AbfG abgeleitet hatte. S. 3 schließlich setzt für die Drittbeauftragung eine hinreichende Zuverlässigkeit des beauftragten Dritten voraus.

2 Die praktische Bedeutung der Drittbeauftragung i.S.v § 22 ist groß, weil sowohl gewerbliche Abfallerzeuger und Abfallbesitzer als auch öffentlich-rechtliche Entsorgungsträger sich bei der Erfüllung ihrer Entsorgungspflichten in weitem Umfang der Hilfe Dritter bedienen (*Dippel* in Beck OK Umweltrecht, 2021, Vorbemerkung zu § 22). § 22 beruht auf der Vorgängervorschrift des § 16 Abs. 1 KrW-/AbfG, die wiederum dem früheren § 3 Abs. 2 S. 2 AbfG entsprach. Die durch § 16 Abs. 2 KrW-/AbfG erstmalig geschaffene Möglichkeit, die eigenen Entsorgungspflichten auf einen Dritten zu übertragen **(befreiende Pflichtübertragung),** wurde mit dem Inkrafttreten des KrWG im Jahre 2012 wieder gestrichen. Allerdings gelten gemäß § 72 Abs. 1 S. 1 KrWG Pflichtenübertragungen nach § 16 Abs. 2, § 17 Abs. 3 oder § 18 Abs. 2 KrW/AbfG fort. Die zuständige Behörde kann nach § 72 Abs. 1 S. 2 bestehende Pflichtenübertragungen nach Maßgabe des § 13 Abs. 2 und der §§ 16–18 KrW/AbfG sogar noch verlängern. Unberührt davon bleiben natürlich auch die Möglichkeiten der öffentlich-rechtlichen Entsorgungsträger, sich öffentlich-rechtlich in einem Zweckverband zusammenzuschließen und diesem Entsorgungsaufgaben (pflichtenbefreiend) zu übertragen, oder im Wege einer delegierenden öffentlich-rechtlichen Vereinbarung Entsorgungspflichten überzuleiten (*Schink* in Schink/Versteyl, KrWG, 2016, § 22 Rn. 5).

3 Mit dem Verzicht auf eine pflichtenbefreiende Aufgabenübertragung ist zugleich die Möglichkeit entfallen, eine **Dienstleistungskonzession** zur Wahrnehmung der Entsorgungsaufgaben einzuräumen, mit der im Ergebnis die Aufgaben, die Gegenstand der Konzession sind, von dem Konzessionsinhaber als eigene wahrgenommen werden. Das ist mit § 22 S. 2 unvereinbar (*Schink* in Schink/Versteyl, KrWG, 2016, § 22 Rn. 24; *Jahn* in Jahn/Deifuß-Kruse/Brandt, KrWG, 2014, § 22 Rn. 15). Dementsprechend hat auch das OLG Düsseldorf entschieden, dass im Abfallrecht die Vergabe einer Dienstleistungskonzession unzulässig ist, da dies zur Folge hätte, dass der mit der Erfüllung der Aufgaben der entsorgungspflichtigen Stelle beauftragte Dritte, Entgeltansprüche gegen den Nutzer geltend machen könnte (*OLG Düsseldorf* Beschl. v. 19.10.2011 – VII – Verg. 51/11; *Schrotz/Ahlhaus* AbfallR 2012, 32, 33).

B. Drittbeauftragung (S. 1)

I. Allgemeines

4 Gem. § 22 S. 1 können die zur Verwertung und Beseitigung Verpflichteten Dritte zur Erfüllung ihrer Pflichten beauftragen. Auch wenn der Wortlaut des § 22 S. 1 nur auf Verwertung und Beseitigung abstellt, sind damit gemeint und eingeschlossen auch sämtliche Vorbereitungshandlungen wie etwa das Einsammeln der Abfälle (*OVG NRW* Urt. v. 15.8.2013 – 20 A 2798/11, Beck RS 2013, 54286). Zulässig ist auch eine **Unterbeauftragung** der Aufgabenerfüllung durch den Drittbeauftragten; in dem Entsorgungsvertrag mit dem Drittbeauftragten kann jedoch eine solche Unterbeauftragung ausgeschlossen werden; möglich sind natürlich vertragliche Vorgaben für eine solche Unterbeauftragung (*Klement* in Schmehl/Klement, KrWG, 2019, § 22 Rn. 5).

5 Die Möglichkeit, Dritte mit der Erfüllung von Entsorgungspflichten zu beauftragen, ist mit **EU-Recht** vereinbar (*Dieckmann* in Jarass/Petersen, KrWG, 2014, § 22 Rn. 7). Art. 15 Abs. 1 AbfRRL verpflichtet die Mitgliedstaaten, sicherzustellen, dass Abfallersterzeuger oder sonstige Abfallbesitzer die Abfallbehandlung selbst durchführen oder sie durch einen Händler, Abfallsammler, eine Einrichtung oder ein Entsorgungsunternehmen im Einklang mit den maßgeblichen Vorschriften der Richtlinie durchführen lassen.

„Beauftragen" im Sinne von § 22 S. 1 bedeutet keine formalrechtliche Bezugnahme auf die Vorschriften über den (unentgeltlichen) Auftrag (§§ 662 ff. BGB), sondern meint ein wie auch immer ausgestaltetes (vertragliches) Abstimmungsverhältnis zwischen dem öffentlich-rechtlichen Entsorgungsträger und dem „Drittbeauftragten", das die Erfüllung wenigstens einer der dem öffentlich-rechtlichen Entsorgungsträger obliegenden Pflichten durch den „Drittbeauftragten" zum Gegenstand haben muss (*OVG NRW* Urt. v. 15.8.2013 – 20 A 2798/11, Beck RS 2013, 54286).

5a **Entsorgungspflichtige** im Sinne dieser Vorschrift sind gem. §§ 7 Abs. 2 S. 1, 15 Abs. 1 S. 1 in erster Linie **Abfallerzeuger und Abfallbesitzer,** soweit diese nicht zur Überlassung der Abfälle nach § 17 Abs. 1 verpflichtet sind. Erzeuger von Abfällen ist gem. § 3 Abs. 8 jede natürliche oder juristische Person, durch deren Tätigkeit Abfälle anfallen (Ersterzeuger) oder die Vorbehandlungen, Mischungen oder sonstige Behandlungen vornimmt, die eine Veränderung der Beschaffenheit oder der Zusammensetzung dieser Abfälle bewirken (Zweiterzeuger). Abfallbesitzer ist jede natürliche oder juristische Person, die die tatsächliche Sachherrschaft über Abfälle hat (§ 3 Abs. 9).

5b Die Möglichkeit für einen privaten Abfallbesitzer bzw. Abfallerzeuger, sich hinsichtlich der Erfüllung seiner Pflichten eines privaten Entsorgungsunternehmens bedienen zu dürfen, ist grundsätzlich eine Selbstverständlichkeit und bedarf keiner gesetzlichen oder behördlichen Erlaubnis. Da es sich bei der Erfüllung der Entsorgungspflicht nicht um eine höchstpersönliche Pflicht handelt, ist die Möglichkeit der Indienstnahme eines privaten Dienstleisters grundrechtlich durch Art. 2 Abs. 1, 12 und 14 GG geschützt. Dementsprechend können sich private Abfallbesitzer und Abfallerzeuger auch bei Verpflichtungen, Abfälle zu überlassen oder aufgrund landesrechtlicher Regelungen anzudienen, der Hilfe eines privaten Entsorgungsunternehmens bedienen, auch wenn es sich dabei nicht um Entsorgungspflichten im Sinne von § 22 S. 1 handelt. Die Unterstützung des Drittbeauftragten beschränkt sich in einem solchen Fall jedoch auf die Bereitstellung zur Überlassung oder die Erfüllung der Andienungspflicht, die mit der Übergabe des andienungspflichtigen Abfalls an einem von der Zentrale Stelle für die Andienung festgelegten Ort.

Voraussetzung für eine Drittbeauftragung mit der Entsorgung von Abfällen ist weitergehend, dass die Abfallerzeuger und Abfallbesitzer zur Entsorgung ihrer Abfälle auch verpflichtet sind. Soweit Abfallbesitzer und Abfallerzeuger auf der Grundlage des § 17 Abs. 1 ihre Abfälle dem öffentlich-rechtlichen Entsorgungsträger überlassen müssen, entfallen ihre Entsorgungspflichten und damit auch die Möglichkeit, sich zur Erfüllung dieser Pflicht eines Dritten zu bedienen. Dementsprechend ist insbesondere eine Drittbeauftragung für den Bereich der Abfälle aus Haushaltungen nur sehr eingeschränkt möglich. Denn nach § 17 Abs. 1 S. 1 müssen Abfälle aus Haushaltungen nahezu ausnahmslos überlassen werden. Lediglich Abfälle zur Verwertung, die auf Grundstücken verwertet werden, die von privaten Haushaltungen im Rahmen der privaten Lebensführung genutzt werden, müssen nicht überlassen werden. Private Entsorgungsunternehmen können deshalb in diesem Zusammenhang allenfalls damit betraut werden, die Abfälle tatsächlich auf diesen Grundstücken zu verwerten.

6 Zur Drittbeauftragung sind nach § 22 S. 1 außerdem auch die **öffentlich-rechtlichen Entsorgungsträger** berechtigt, die nach § 20 Abs. 1 S. 1 die in ihrem Gebiet angefallenen und überlassenen Abfälle aus privaten Haushaltungen und Abfälle zur Beseitigung aus anderen Herkunftsbereichen zu verwerten bzw. zu beseitigen haben. Dass auch sie sich der Hilfe eines Drittbeauftragten bei der Erfüllung ihrer Aufgaben bedienen dürfen, ergibt sich schon aus der durch das Selbstverwaltungsrecht im Sinne von Art. 28 Abs. 2 S. 1 GG geschützten **Organisationshoheit** der Gemeinden. Der eigentliche Gehalt des § 22 liegt insoweit nicht in der Einräumung eines Rechts, sich der Hilfe eines beauftragten Unternehmens zu bedienen, sondern in den Einschränkungen, die sich insoweit aus S. 2 und 3 dazu ergeben.

7 Auch die **Träger von gemeinnützigen und gewerblichen Sammlungen** im Sinne von § 18 Abs. 1 können sich bei der Entsorgung der von ihnen gesammelten Abfälle der Hilfe Dritter bedienen. Dies ergibt sich bereits daraus, dass die Träger solcher Sammlungen Abfallbesitzer der von ihnen eingesammelten Abfälle werden und insoweit auch entsorgungspflichtig sind. Darüber hinaus setzt § 3 Abs. 17 S. 2 für gemeinnützige Sammlungen die Zulässigkeit einer Beauftragung gewerblicher Sammler mit der Sammlung für die gemeinnützige Sammlung voraus. Bei Verträgen zwischen öffentlich-rechtlichen Entsorgungsträgern und Trägern gemeinnütziger oder gewerblicher Sammlungen ist allerdings zu prüfen, ob sich um eine Beauftragung im Sinne von § 22 S. 1. oder um eine Art von **Fördervertrag** handelt, mit dem insbesondere gemeinnützige Träger bei ihrer Sammlung unterstützt und gefördert werden sollen (*Klement* in Schmehl/ Klement, KrWG, 2019, § 22 Rn. 8).

7a Ein Auftragsverhältnis im Sinne von § 22 Satz 1 hinsichtlich des Sammelns von Abfällen schließt die Annahme einer gewerblichen Sammlung im Sinne der §§ 17,18 aus. Das ergibt sich nach Ansicht des OVG NRW zwar nicht schon aus der Definition der gewerblichen Sammlung in § 3 Abs. 18, weil der dort genannte Zweck der Einnahmeerzielung auch im Fall eines Auftrags im Sinne von § 22 Satz 1 vorliegen kann. Dass die Annahme einer gewerblichen Sammlung bei Bestehen eines das Sammeln betreffenden Auftragsverhältnisses im Sinne von § 22 Satz 1 ausgeschlossen ist, ergebe sich aber daraus, dass der Gesetzgeber mit § 17 Abs. 2 Satz 1 Nr. 4, Abs. 3 Satz 3 Nr. 1, § 18 Abs. 5 Satz 2 ein (mögliches) Konkurrenzverhältnis zwischen öffentlich-rechtlichen Entsorgungsträgern und gewerblichen Sammlungen (Sammlern) regeln wollte. Dabei habe er die Drittbeauftragten auf der Seite der öffentlich-rechtlichen Entsorgungsträger gesehen. Wer jedoch auf der Seite der öffentlich-rechtlichen Entsorgungsträger stehe, könne nicht zugleich im Sinne einer gewerblichen Sammlung eigenständig und eigenverantwortlich tätig sein. In einem solchen Fall fehle es an dem vom Gesetzgeber vorausgesetzten Konkurrenzverhältnis. Denn aufgrund des Auftrags des öffentlich-rechtlichen Entsorgungsträgers bestehe eine Verpflichtung zum Tätigwerden diesem gegenüber (*OVG NRW* Urt. v. 15.8.2013 – 20 A 2798/11, BeckRS 2013, 54286).

Der eingeschaltete Dritte ist, wenn er für einen öffentlich-rechtlichen Entsorgungsträger tätig wird, als **Erfüllungsgehilfe** einzustufen (*de Vivie* NuR 1997, 174; *Kloepfer* VerwArch 70 [1979] 195). Regelmäßig erbringt der Erfüllungsgehilfe seine Dienstleistungen im Auftrage des öffentlich-rechtlichen Entsorgungsträgers. Unmittelbare Rechtsbeziehungen zu den überlassungspflichtigen Abfallbesitzer und Abfallerzeugern ergeben sich aus einem solchen Drittauftrag nicht. Erfüllungsgehilfen können insoweit auch nicht im eigenen Namen nach außen in Erscheinung treten und dementsprechend für ihre Dienstleistung auch keine **Entsorgungsentgelte** privatrechtlicher Natur von den überlassungspflichtigen Abfallbesitzern und Abfallerzeugern erheben (*Klement* in Schmehl/Klement, KrWG 2019, § 22 Rn. 101; *Schink* in Schink/Versteyl, KrWG, 2016, § 22 Rn. 40; *Jahn* in Jahn/Deifuß-Kruse/Brandt, KrWG, 2014, § 22 Rn. 15; *OLG Düsseldorf* Beschl. v. 19.10.2011 – VII Verg 51/11, juris Rn. 36). Als Dienstleister können Drittenbeauftragte allerdings privatrechtliche Entsorgungsentgelte öffentlich-rechtlicher Entsorgungsträger bei den Entsorgungspflichtigen geltend machen, wenn und soweit sie dazu bevollmächtigt werden. 8

Ein Recht, **Abfallgebühren** zu erheben, haben Drittbeauftragte eines öffentlich-rechtlich Entsorgungsträger hingegen nicht. Für die Leistungen des beauftragten Dritten kann jedoch der öffentlich-rechtliche Entsorgungsträger Abfallgebühren erheben und dabei auch die nach dem öffentlichen Preisrecht zulässigen Gewinnzuschläge des Drittbeauftragten einkalkulieren (*Klement* in Schmehl/Klement, KrWG 2019, § 22 Rn. 101). Der Dritte muss, was die Gebührenfähigkeit seiner Leistungen angeht, nicht durch Ausschreibung ermittelt werden (*Grünewald* in Johlen/Oerder, Handbuch Verwaltungsrecht, 2017, § 4 Rn. 253; *OVG NRW* Urt. v. 15.12.1994, NWVBl 1995, 173). Der Dritte kann auf vertraglicher Basis Dienstleistungen für die Kalkulation der Gebühren und für den Gebühreneinzug erbringen. 8a

Wird der Dritte von einem privaten Abfallbesitzer oder Abfallerzeuger beauftragt, dann handelt es sich zivilrechtlich um einen Auftragnehmer des Entsorgungspflichtigen. 9

Als Verwaltungshelfer sind Drittbeauftragte des öffentlich-rechtlichen Entsorgungsträgers Beamte im staatshaftungsrechtlichen Sinne, für die der öffentlich-rechtliche Entsorgungsträger haftet, wenn diese bei der Erfüllung der Aufgaben ihre Pflichten verletzen. Wenn es sich bei den Drittbeauftragten um private Entsorgungsunternehmen handelt, kann sich der öffentlich-rechtliche Entsorgungsträger nicht auf die Haftungsbeschränkung des Art. 34 S. 2 GG auf Vorsatz und grobe Fahrlässigkeit berufen, weil diese nicht für als Verwaltungshelfer herangezogene selbstständige, private Unternehmen gilt (*BGH* Urt. v. 14.10.2004, NJW 2005, 286; *Schink* in Schink/Versteyl, KrWG, 2016, § 22 Rn. 31; a. A. *Klement* in Schmehl, KrWG, 2019, § 22 Rn. 89). 10

II. Dritter im Sinne des § 22 S. 1

Dritter und damit Beauftragter im Sinne des § 22 S. 1 kann jede rechtsfähige juristische Person privaten oder öffentlichen Rechts sein (*Beckmann* DVBl. 1993, 9, 11; *Jacobi* in Versteyl/Mann/Schomerus, KrWG, 2019, § 22 Rn. 4; *Klement* in Schmehl/Klement, KrWG, 2019, § 22 Rn. 9; *Jahn* in Jahn/Deifuß-Kruse/Brandt, KrWG, 2014, § 22 Rn. 5). Dritte im Sinne von § 22 S. 1 können auch **Personengesellschaften** sein, obwohl es sich bei ihnen nicht um natürliche oder juristische Personen handelt (siehe dazu *BVerwG* Urt. v. 1.10.2015, NVwZ 2016, 316; *Beckmann* AbfallR 2014, 151; *Petersen/Hermanns* AbfallR 2014, 620; *Dieckmann* in Jarass/Petersen, KrWG, 2014, § 22 Rn. 13). 11

Die Auffassung, **juristische Personen des öffentlichen Rechts** könnten nicht „Dritter" im Sinne dieser Vorschrift sein, überzeugt nicht (*Dippel* in Beck OK Umwelt- 12 recht, 2021, § 22 KrWG Rn. 2; *Dieckmann* in Jarass/Petersen, KrWG 2014, § 22 Rn. 14; *Schink* in Schink/Versteyl, KrWG, 2016, § 22 Rn. 16). Eine derartige Einschränkung sieht § 22 S. 1 nicht vor, so dass Dritte i. S. v. § 22 auch Kreise, Städte und Zweckverbände sein können (*Klement* in Schmehl/Klement, KrWG 2019, § 22 Rn. 11). Selbstverständlich können grundsätzlich auch gemischtwirtschaftliche Unternehmen, an denen öffentlich-rechtliche Entsorgungsträger beteiligt sind, als Drittbeauftragte tätig werden. Sie müssen allerdings kommunalverfassungsrechtliche Grenzen beachten. Zutreffend wird darauf hingewiesen, dass der Gesetzgeber, wenn er juristische Personen des öffentlichen Rechts vom Anwendungsbereich des § 22 hätte ausschließen wollen, dies wegen der großen praktischen Bedeutung eines solchen Ausschlusses bei der Kreislaufwirtschaftsrechtsnovelle 2012 oder bei der Novelle 2020 ausdrücklich hätte regeln können (*Dippel* in Beck OK Umweltrecht, 2021, § 22 KrWG Rn. 2).

13 Dass auch Gemeinden als Drittbeauftragte im Sinne von § 22 S. 1 tätig werden können, widerspricht nicht den Regelungen der Länder in den Landesgesetzen über **kommunale Gemeinschaftsarbeit,** die die Möglichkeit einer Gründung von Zweckverbänden oder Arbeitsgemeinschaften vorsehen. Die Kommunen sind nicht verpflichtet, eine der dort genannten öffentlich-rechtlichen Formen der Zusammenarbeit zu wählen. Daher ist grundsätzlich ein Zusammenwirken von Gemeinden und Gemeindeverbänden auch auf privatrechtlicher Grundlage möglich (*Held/Decker u. a.,* Kommunalverfassungsrecht, Loseblatt, Einführung zum GkG Anm. 6.2.). Anstelle der Gründung eines Zweckverbandes können Gemeinden und Gemeindeverbände z. B. eine privatrechtliche Gesellschaft gründen, wenn die weiteren Voraussetzungen der jeweiligen Gemeindeordnung dafür vorliegen. Grundsätzlich können sie untereinander auch privatrechtliche Verträge anstelle von öffentlich-rechtlichen Vereinbarungen abschließen. Inhalt dieser Verträge können nur keine Rechtsverhältnisse sein, welche die Landesgesetzgeber in ihren Gesetzen über die kommunale Zusammenarbeit abschließend regeln wollten. Das bedeutet, dass die öffentlich-rechtliche Vertragsregelung eines Rechtsverhältnisses mit dem Ziel, ein Ergebnis zu erhalten, das auch in der Form der kommunalen Arbeitsgemeinschaft, des Zweckverbandes oder der öffentlich-rechtlichen Vereinbarung erzielt werden kann, durch die abschließende Regelung der Typen der kommunalen Gemeinschaftsarbeit untersagt ist. Die Regelungen der Gesetze über kommunale Zusammenarbeit stellen regelmäßig eine abschließende Regelung für öffentlich-rechtliche Vereinbarungen mit dem Ziel der Aufgabenerfüllung oder Aufgabendurchführung durch die Gemeinden und Gemeindeverbände dar. Gemeinden und Gemeindeverbände können nur im Rahmen dieser Bestimmungen, das heißt insbesondere unter Beachtung der formellen Voraussetzungen (Schriftlichkeit, Genehmigung und öffentliche Bekanntmachung der Genehmigung) wirksam Aufgaben auf andere Gemeinden oder Gemeindeverbände zur Erfüllung oder Durchführung übertragen (*Wagener* Gemeindeverbandsrecht, Köln u. a. 1967, GkG NW, § 23 Rn. 2).

III. Grenzen der Drittbeauftragung von Kommunen

14 Grenzen einer Drittbeauftragung von juristischen Personen des öffentlichen Rechts ergeben sich aus dem Kommunalverfassungsrecht. Kommunen dürfen sich danach nur unter bestimmten Voraussetzungen wirtschaftlich betätigen. Sie sind außerdem an das **Örtlichkeits- oder Territorialprinzip** gebunden (*Röhl,* Kommunalrecht in Schoch, Besonderes Verwaltungsrecht, 2018, S. 399).

15 Ein Verstoß gegen kommunalverfassungsrechtliche Regelungen betreffend die **wirtschaftliche Betätigung** der öffentlichen Hand stellt zugleich einen Verstoß gegen die

guten Sitten i. S. v. § 1 UWG dar und hat regelmäßig die Nichtigkeit der Drittbeauftragung zur Folge. Diese kann im Wege einer zivilrechtlichen Unterlassungsklage geltend gemacht werden (vgl. *OLG Hamm* Urt. v. 23.9.1997, GewArch. 1998, 107; *OLG Düsseldorf* NJW-RR 1997. 1470; siehe aber auch *OVG NRW* Beschl. v. 1.4.2008, NVwZ 2008, 1031; *Faber* Aktuelle Entwicklungen des Drittschutzes gegen kommunale wirtschaftliche Betätigung, DVBl. 2003, 761, 767; *Heßhaus* Kommunale Wirtschaftsbetätigung und Lauterkeit des Wettbewerbs, NWVBl. 2003, 173, 175; *Schink* Wirtschaftliche Betätigung kommunaler Unternehmen, NVwZ 2002, 139).

Nach kommunalverfassungsrechtlichen Regelungen der Länder dürfen Kommunen **wirtschaftliche Unternehmen** zumeist nur errichten, erweitern oder übernehmen, wenn das Unternehmen durch einen öffentlichen Zweck gerechtfertigt bzw. erfordert wird und das Unternehmen nach Art und Umfang in einem angemessenen Verhältnis zur Leistungsfähigkeit der Kommune und zum voraussichtlichen Bedarf. Für die Rechtfertigung der wirtschaftlichen Betätigung der Kommune reicht allein die bessere Auslastung einer Anlage nicht aus (*OLG Hamm* Urt. v. 23.9.1997. GewArch. 1998, 197). Auch eine reine **Gewinnerzielungsabsicht** gibt keinen hinreichenden öffentlichen Zweck ab (*Röhl,* Kommunalrecht, in Schoch, Besonderes Verwaltungsrecht, 2018, 398). Allerdings gelten nach den Kommunalverfassungen der Länder Aufgaben, zu deren Erfüllung die Kommunen verpflichtet sind, regelmäßig nicht als wirtschaftliche Betätigung. Außerdem gilt nach den Kommunalverfassungen zumeist die Wahrnehmung von Aufgaben im Bereich des Umweltschutzes, insbesondere auch der Abfallwirtschaft, ebenfalls nicht als wirtschaftliche Betätigung. 16

Unabhängig davon können sich verfassungsrechtliche Grenzen aber auch aus dem **Örtlichkeitsprinzip** ergeben. Nach Art. 28 Abs. 2 GG muss den Gemeinden das Recht gewährleistet sein, alle Angelegenheiten der örtlichen Gemeinschaft im Rahmen der Gesetze in eigener Verantwortung zu regeln. Aus Art. 28 Abs. 2 GG ergibt sich nach allgemeiner Auffassung das Recht der Gemeinden, alle Angelegenheiten der örtlichen Gemeinschaft zu regeln. Nach überwiegender Meinung räumt Art. 28 Abs. 2 GG den Gemeinden aber nicht nur ein Recht auf Wahrnehmung der Aufgaben in den Angelegenheiten der örtlichen Gemeinschaft ein, sondern beschränkt die gemeindliche Tätigkeit im Grundsatz zugleich auf den örtlichen Wirkungskreis, d. h. grundsätzlich auf das Gebiet der Gemeinde (*Attendorn/Schweitzer* NWVBl 2013, 13). 17

Für die Zuordnung bestimmter Aufgaben zu den Angelegenheiten der örtlichen Gemeinschaft kommt es nicht entscheidend darauf an, wo sich die konkreten Anlagen und Einrichtungen befinden, mit denen die Aufgabe der Daseinsvorsorge wahrgenommen wird. Insbesondere ist nicht maßgeblich, ob sie sich auf dem Gebiet der jeweiligen Gemeinde befinden, wenn ansonsten ein ausreichender örtlicher Bezug besteht. Wesentlich ist, dass die damit verbundene Tätigkeit in Bedürfnissen und Interessen wurzelt, die den Gemeindeeinwohnern gerade als solchen gemeinsam sind. Das BVerwG hat jedoch für das Vorliegen einer „Angelegenheit der örtlichen Gemeinschaft" einen spezifischen Ortsbezug, eine „spezifisch örtliche Dimension" der Angelegenheit verlangt (*BVerwG* Urt.v. 14.12.1990, BVerwGE 87, 228, 232 f.). Maßgeblich für die danach erforderliche örtliche Radizierung ist eine funktions-, nicht aber eine anlagenbezogene Betrachtungsweise. Entscheidend ist, ob ein Bezug zur Gemeindebevölkerung oder zum Gemeindegebiet besteht, wem ihr also die im Rahmen der Daseinsvorsorge wahrgenommene Tätigkeit zugute kommt (*BVerwG* Urt. v. 20.1.2005 – 3 C 31.03, juris). 18

Bei dem Begriff der „Angelegenheiten der örtlichen Gemeinschaft" handelt es sich um einen unbestimmten Verfassungsbegriff, bei dessen Auslegung der Gemeinde eine – von der Kommunalaufsicht und der Rechtsprechung zu respektierende – Einschätzungsprärogative zuzubilligen ist. 19

20 Art. 28 Abs. 2 GG enthält kein generelles Verbot, außerhalb der eigenen Gemeindegrenzen tätig zu werden. So können Gemeinden durchaus auch außerhalb der eigenen Gemeindegrenzen angefallene und überlassene Abfälle aus privaten Haushaltungen und Abfälle zur Beseitigung aus anderen Herkunftsbereiche verwerten bzw. beseitigen (*Rehn/Cronauge* Kommentar zur Gemeindeordnung NRW, § 107 Anmerkung 3; *OLG Düsseldorf* Beschl. v. 12.1.2000, NVwZ 2000, 714; *OVG Koblenz* Urt. v. 21.3.2006, DÖV 2006, 613). Das OVG Koblenz hat ausdrücklich darauf hingewiesen, dass bei der Ermittlung des öffentlichen Zwecks auch wirtschaftliche Notwendigkeiten zu berücksichtigen seien. Hierzu gehöre auch, dass moderne technische Anlagen, die auf dem Gebiet des Umweltschutzes von einer Einrichtung betrieben würden, eine betriebswirtschaftlich sinnvolle Größe aufwiesen, um ihren öffentlichen Zweck dauerhaft und möglichst kostengünstig erfüllen zu können. Voraussetzung ist, dass sich für die extraterritoriale Tätigkeit gemeindespezifische Anknüpfungspunkte nennen lassen, etwa die Sinnhaftigkeit einer grenzüberschreitenden Zusammenarbeit (*Röhl* Kommunalrecht in Schoch, Besonderes Verwaltungsrecht, 2018, S. 400; *Schink* NVwZ 2002, 129, 135 f.).

21 Zulässig ist es auch, dass die Kommune mit einer Nebentätigkeit zu einer von einem öffentlichen Zweck getragenen Haupttätigkeit Gewinne erzielt, wenn sie dadurch vorhandene, sonst nicht genutzte Kapazitäten nutzt (*Ipsen* Niedersächsisches Kommunalverfassungsgesetz, Stuttgart 2011, § 136 Rn. 12; *Ipsen* Rechtsschutz gegen kommunale Wirtschaftstätigkeit, ZHR 170, 422, 446).

22 Betätigt sich die Kommune auf dem Gebiet der Abfallwirtschaft mit Hilfe einer kommunalen Eigengesellschaft oder einer gemischtwirtschaftlichen Gesellschaft, so ist auch dieses **Kommunalunternehmen** an das Gemeindewirtschaftsrecht gebunden. Die Kommune kann sich nicht den öffentlich-rechtlichen Bindungen durch die Wahl einer anderen Organisationsform entziehen. Das spricht gegen die Ansicht, dass bei gemischtwirtschaftlichen Unternehmen eine kommunalverfassungsrechtliche Begrenzung der wirtschaftlichen Betätigungsfreiheit zu verneinen sei, da der Private den Bindungen des Gemeindewirtschaftsrecht nicht unterliege (so *Schoch* DVBl. 1994, 1; *Ehlers* DVBl. 1997, 137). Konsequenz eines Unternehmens, welches die kommunalverfassungsrechtlichen Grenzen der Betätigung einer beteiligten Kommune überschreitet, kann nur eine Beachtung der kommunalverfassungsrechtlichen Grenzen oder aber das Ausscheiden des kommunalen Gesellschafters aus diesem Unternehmen sein.

IV. Rechtsnatur der Drittbeauftragung

23 Die Beauftragung eines privaten Entsorgungsunternehmens durch Abfallbesitzer und Abfallerzeuger ist ein **zivilrechtlicher Vertrag.** Auch das Rechtsverhältnis zwischen dem pflichtigen öffentlich-rechtlichen Entsorgungsträger und dem beauftragten Dritten ist i. d. R. zivilrechtlicher Natur (*Schink* in Schink/Versteyl, KrWG, 2016, § 22 Rn. 28). Der öffentlich-rechtliche Charakter der Entsorgungsaufgabe ändert nichts daran, dass der Erfüllungsgehilfe für den öffentlich-rechtlichen Entsorgungsträger auf zivilrechtlicher Basis tätig wird.

23a Der öffentlich-rechtliche Entsorgungsträger ist nicht berechtigt, den Auftrag, statt durch einen zivilrechtlichen Vertrag, durch einen **Verwaltungsakt** zu erteilen. Dem Abschluss eines Entsorgungsvertrags kann jedoch ein Verwaltungsakt vorangehen, mit dem der öffentlich-rechtliche Entsorgungsträger rechtlich verbindlich über das Ob der Auftragsvergabe und die ausgewählten Vertragspartner entscheidet (*Klement* in Schmehl/Klement, KrWG 2019, § 22 Rn. 95).

Eine Drittbeauftragung i. S. v § 22 S. 1 führt in aller Regel nicht zu einem Auftrag i. S. v. § 662 BGB, da dieser unentgeltlich erteilt wird. In Betracht käme insoweit allenfalls die Verleihung einer Dienstleistungskonzession, die jedoch deshalb ausscheidet, weil sie dazu führt, dass die Pflichten eigenverantwortlich wahrgenommen werden. **24**

Unter Beauftragung ist jedes Rechtsverhältnis zwischen dem öffentlich-rechtlichen Entsorgungsträger und dem Dritten zu verstehen, aufgrund dessen der Dritte an der Erfüllung der Pflichten des Auftraggebers mitwirkt. Die Art des Rechtsverhältnisses ist abhängig von dem vereinbarten Inhalt bzw. der durch den Dritten zu erfüllende Aufgabe. In der Regel ist davon auszugehen, dass zwischen den Parteien ein **Werkvertrag** i. S. v. § 631 BGB geschlossen wird (siehe zur Einordnung eines Müllabfuhrvertrags als Werkvertrag *BGH* Urt. v. 30.6.1977, ZfW 1978, 292; siehe auch *OVG NRW* Urt. v. 15.8.2013 – 20 A 2798/11, BeckRS 2013, 54286; OLG Düsseldorf Urt. v. 2.2.2018 – I-22 U 73/17 Beck RS 2018, 7536 Rn. 63; *OLG Oldenburg* Urt. v. 21.7.1998, NJW-RR 1999, 1575; *OLG Schleswig* Urt. v. 7.3.2000, NJW-RR 2000, 896; *Jahn* in Jahn/Deifuß-Kruse/Brandt, KrWG, 2014, § 22 Rn. 10), soweit sich der Drittbeauftragte verpflichtet, einen bestimmten Entsorgungserfolg sicherzustellen. Allerdings kann es sich auch um einen **Dienstvertrag,** möglicherweise mit werkvertraglichen Elementen, handeln, wenn nicht ein bestimmter Erfolg, sondern eine bestimmte Leistung im Vordergrund steht, etwa im Zusammenhang mit der Überwachung bestimmter Entsorgungsvorgänge. **25**

Ausnahmsweise kann die Drittbeauftragung auch **Gegenstand eines öffentlich-rechtlichen Vertrags** sein, wenn die geschuldete Leistung gerade eine öffentlich-rechtliche Verpflichtung darstellt (*Schink* in Schink/Versteyl, KrWG, 2016, § 22 Rn. 29). Dass die Abfallentsorgung eine von den öffentlich-rechtlichen Entsorgungsträgern nach § 20 Abs. 1 zu erfüllende öffentliche Aufgabe und damit Bestandteil der öffentlichen Daseinsvorsorge ist, bedeutet nicht, dass die Drittbeauftragung öffentlich-rechtlicher Natur ist. Die Verwaltung kann sich auch der Vertragsinstrumente des Zivilrechts bedienen (*Dippel* in Beck OK Umweltrecht, 2021, § 22 Rn. 4). **26**

Eine Drittbeauftragung im Sinne von § 22 S. 1 kann sich auf ganz unterschiedliche Entsorgungsdienstleistungen im Zusammenhang mit der Einsammlung, der Beförderung und der Entsorgung von Abfällen beziehen. Während private Abfallbesitzer und Abfallerzeuger ein Entsorgungsunternehmen zumeist mit der vollständigen Entsorgung der Abfälle beauftragen, kommt insbesondere bei einer Beauftragung durch öffentlich-rechtliche Entsorgungsträger eine Beschränkung auf bestimmte Teilleistungen und eine Aufteilung auf verschiedene Auftragnehmer in Betracht. **27**

Entsorgungsverträge, die sich auf die Verwertung oder Beseitigung der Abfälle beziehen, werden häufig als Kontingentverträge, Mindestlieferungsverträge oder als Verträge ohne Mindestlieferungsverpflichtung geschlossen. **28**

Bei **Kontingentverträgen** kann sich der Auftraggeber mit dem Entsorgungsvertrag das Recht sichern, dem Auftragnehmer bestimmte Abfälle bis zu einer festgelegten Menge zu liefern, ohne jedoch eine vertragliche Pflicht zu begründen, Abfälle liefern zu müssen. Gleichzeitig verpflichtet sich der Auftraggeber im Entsorgungsvertrag, für dieses Recht einen bestimmten Betrag als Entgelt an den Auftragnehmer zu zahlen. Es handelt sich in diesen Fällen um sogenannte „Kontingentverträge" bzw. „take-or-pay-Verträge". Ein Kontingentvertrag wird regelmäßig dann geschlossen, wenn der Entsorger eine bestimmte Entsorgungskapazität zur Verfügung stellen kann, auf Abfalllieferungen des Auftraggebers aber nicht angewiesen ist. Der Auftraggeber entrichtet das Entgelt somit in erster Linie für die Zurverfügungstellung eines bestimmten Kontingents der Anlage des Entsorgers. **29**

30 Der Auftraggeber wird unter anderem dann Interesse am Abschluss eines Kontingentvertrages haben, wenn er – etwa zum Nachweis der Entsorgungssicherheit – Anlagenkapazität braucht, auf die er gegebenenfalls zurückgreifen kann, eine Lieferverpflichtung jedoch gerade nicht begründen will. Für den Entsorger bietet ein Kontingentvertrag den Vorteil, dass er für den Fall der Nichtausnutzung des Kontingents durch den Auftraggeber nicht darlegen muss, wie hoch seine ersparten Aufwendungen sind bzw. ob der die Möglichkeit besessen hatte, im Zeitraum der Minderanlieferung seines Vertragspartners Abfälle von Dritten zum Zwecke der Schadensminderung zu akquirieren.

31 Häufig enthalten Entsorgungsverträge auch die Verpflichtung des Auftraggebers, dem Entsorger eine bestimmte Mindestmenge innerhalb eines bestimmten Zeitraumes tatsächlich zu liefern **(Mindestlieferverträge).** Es gibt allerdings auch Entsorgungsverträge ohne eine solche Mindestlieferpflicht. Hierbei handelt es sich um eine für den Auftraggeber günstige Regelung. Während der Entsorger verpflichtet ist, die ihm überlassenen vertragsgegenständlichen Abfälle ordnungsgemäß und schadlos zu entsorgen, muss der Auftraggeber keine bestimmte Menge überlassen; dem Entsorger steht grundsätzlich kein Rechtsanspruch auf Abfalllieferung zu. Die einseitige Bevorzugung des Auftraggebers kann indes durch ein **Staffelentgelt** ausgeglichen werden. Die Vergütung wird von der tatsächlich gelieferten Menge abhängig gemacht.

31a Das BVerwG hält es für naheliegend, unter Beauftragung im Sinne von § 22 nicht nur den schuldrechtlichen Abschluss eines Auftragsverhältnisses zu verstehen, sondern das Auftragsverhältnis insgesamt und damit auch die mit dem Auftrag regelmäßig verbundene (dingliche) **Besitzübertragung.** Die Besitzaufgabe solle damit nach dem Willen des Gesetzgebers, wie er im Wortlaut hinreichenden Ausdruck gefunden habe, die Pflicht der Besitzer von Abfällen, diese ordnungsgemäß zu verwerten oder zu beseitigen gerade nicht entfallen lassen. Demgemäß könne nur die Erfüllung der Entsorgungspflicht übertragen werden; zur Entsorgung verpflichtet bleibe – im Rahmen einer verschuldensunabhängigen Gefährdungshaftung – weiterhin auch der jeweilige Auftraggeber (*BVerwG* Urt. v. 28.6.2007, NVwZ 2007, 1185, 1186).

V. Vergaberechtliche Anforderungen

32 Dritte, die an einem Entsorgungsauftrag durch den öffentlich-rechtlichen Entsorgungsträger interessiert sind, haben keinen Anspruch auf eine solche Beauftragung. Grundsätzlich haben sie lediglich einen Anspruch auf ermessensfehlerfreie Entscheidung des öffentlich-rechtlichen Entsorgungsträgers, wenn dieser sich im Rahmen seines Ermessens dazu entschließt, einen Erfüllungsgehilfen zu beauftragen (*VGH BW* Urt. v. 13.5.2016 – 10 S 1307/15, juris Rn. 48). In Ausnahmefällen kann sich die Pflicht, ermessensfehlerfrei über eine Auftragsvergabe zu entscheiden, zu einer Pflicht zur Auftragsvergabe verdichten. Allerdings kann die Rechtsfigur eines Ermessensreduktion auf Null nicht dazu führen, Anforderungen an eine öffentliche Auftragsvergabe auszuhebeln. Öffentliche Auftraggeber im Sinne von § 98 GWB müssen bei der Auftragsvergabe die Anforderungen der §§ 97 ff. GWB beachten (dazu im Einzelnen *Dippel* in Beck OK Umweltrecht, 2021, § 22 KrWG Rn. 22; *Schink* in Schink/Versteyl, KrWG, 2016, § 22 Rn. 27; ausführlich dazu auch *Klement,* in: *Schmehl/Klement,* KrWG, 2019, § 22 Rn. 15 ff., 28 ff., dort auch zur Ablehnung eines subjektiven, auf Grundrechte gestützten, einklagbaren Rechts auf eine Auftragsvergabe).

32a Bei den öffentlich-rechtlichen Entsorgungsträgern handelt es sich nach dem jeweiligen Landesrecht zumeist um kommunale Gebietskörperschaften oder um einen kommunalen Zweckverband, so dass die öffentliche Auftraggebereigenschaft gem. § 99 Nr. 1 bzw.

§ 99 Nr. 3 GWB begründet ist. Als öffentliche Auftraggeber sind öffentlich-rechtliche Entsorgungsträger auch dann einzuordnen, wenn sie abfallwirtschaftliche Aufträge außerhalb ihrer öffentlich-rechtlichen Entsorgungszuständigkeit vergeben (*Dippel* in BeckOK Umweltrecht, 2021, § 22 Rn. 22 unter Verweis auf *EuGH* Urt. v. 18.11.2004, NVwZ 2005, 74). Auch kommunale Entsorgungsgesellschaften und kommunal beherrschte, gemischtwirtschaftliche Entsorgungsunternehmen sind nach § 99 Nr. 2 GWB öffentliche Auftraggeber.

Bei den Drittbeauftragungen öffentlich-rechtlicher Entsorgungsträger handelt es sich vergaberechtlich um **Dienstleistungsaufträge** (§ 103 Abs. Abs. 1. GWB, § 103 Abs. 4 GWB; siehe dazu auch *Dieckmann* AbfallR 2014, 130, 131; *Wollenschläger* EurUP 2016, 380). **32b**

Die Ausschreibungspflicht eines öffentlich-rechtlichen Entsorgungsträgers entfällt, wenn der Auftragnehmer der öffentlichen Hand zuzurechnen ist. Dazu gehört insbesondere auch, dass der Auftragnehmer ein auf Gesetz oder Verordnung beruhendes ausschließliches Recht zur Erbringung der Leistung hat, was bei Entsorgungsdienstleistungen zumeist und insbesondere auch dann nicht gegeben ist, wenn ein für verbindlich erklärter Abfallwirtschaftsplan „zur Sicherung der Beseitigung von Abfällen sowie der Verwertung von gemischten Abfällen aus privaten Haushaltungen" eine bestimmte Entsorgungsanlage vorschreibt (*Dippel* in Beck OK Umweltrecht, 2021, § 22 KrWG Rn. 25). **32c**

Auf die Wirksamkeit einer zivilrechtlichen Drittbeauftragung nach § 22 hat es keinen Einfluss, wenn der öffentlich-rechtliche Entsorgungsträger als Auftraggeber eine an sich gebotene Ausschreibung nach vergaberechtlichen Vorschriften unterlässt. Allerdings können sich aus einem solchen Versäumnis Auswirkungen auf die gebührenrechtliche Notwendigkeit der durch den Auftrag entstehenden Kosten ergeben (*Dippel* in Beck OK Umweltrecht, 2021, § 22 Rn 3.1). **32d**

C. Fortdauernde Verantwortlichkeit (S. 2)

Nach § 22 S. 2 bleibt bei einer Drittbeauftragung die Verantwortlichkeit für die Erfüllung der Pflichten unberührt und so lange bestehen, bis die Entsorgung endgültig und ordnungsgemäß abgeschlossen ist (siehe dazu *VG Frankfurt/Oder* Beschl. v. 9.1.2018 – VG 5 L 1475/17, BeckRS 2018,105). Rechtsfolge der Beauftragung ist insoweit nur, dass der Dritte im Verhältnis zum Auftraggeber die Erfüllung der Entsorgungspflichten übernimmt. Schon zu der Vorgängerregelung des § 16 Abs. 1 KrW-/AbfG hatte das BVerwG entschieden, dass ein Abfallbesitzer, der einen Dritten mit der Entsorgung der Abfälle beauftragt und diesem hierzu den Besitz daran überträgt, weiterhin für deren ordnungsgemäße Entsorgung verantwortlich bleibt. Werden Abfälle eines entsorgungspflichtigen Abfallbesitzers bei einem mit der Entsorgung beauftragten Dritten mit Abfällen gleicher Art anderer Entsorgungspflichtiger vermischt, bleibt nach Auffassung des BVerwG jeder Entsorgungspflichtige für einen Anteil an der Gesamtmenge des vermischten Abfalls verantwortlich, der mengenmäßig seinem Beitrag entspricht (*BVerwG* Urt. v. 28.6.2007, NVwZ 2007, 1185; Beschl. v. 14.4.2014 – 7 B 26.13, juris Rn. 10; *OVG BB* Beschl. v. 14.11.2019 – 11 S 11.18, juris Rn. 18). **33**

Auch wenn der Drittbeauftragte grundsätzlich nur vertraglich gegenüber seinem Auftraggeber zur Entsorgung entsprechend dem vertraglich zugesagten Umfang verpflichtet ist, kann sich für ihn eine öffentlich-rechtliche Entsorgungspflicht daraus ergeben, dass er im Zuge der Übernahme des Auftrags Abfallbesitzer wird und deshalb die Pflichten eines Abfallbesitzers nach den §§ 7, 15 zu erfüllen hat. Voraussetzung dafür ist aber, dass er die **33a** tatsächliche Sachherrschaft im Sinne von § 3 Abs. 9 übernimmt nicht nur als **Besitzdiener** des Pflichtigen tätig wird. Ob und inwieweit das der Fall ist, muss im Einzelfall ermittelt werden (*Klement* in Schmehl/Klement, KrWG, 2019, § 22 Rn. 99; *VG Düsseldorf* Beschl. v. 28.10.2010 – 17 L 1331/10, juris Rn. 26ff.; *OLG Celle* Beschl. v. 19.6.2014 – 13 Verg 5/14, juris Rn. 41).

33b Die Durchführung übernommener Entsorgungsaufgaben kann einen **Amtshaftungsanspruch** gegen das beauftragte Unternehmen auslösen, wenn bei der Aufgabenwahrnehmung Schäden verursacht werden (*Schink* in Schink/Versteyl, KrWG, 2016, § 22 Rn. 31; *Dippel* in Beck OK Umweltrecht, 2021, § 22 KrWG Rn. 13; *Jahn* in Jahn/Deifuß-Kruse/Brandt, KrWG, 2014, § 22 Rn. 18). Das setzt allerdings eine hoheitliche Tätigkeit voraus. Hat der öffentlich-rechtliche Entsorgungsträger seine Leistungsbeziehungen zu den entsorgungspflichtigen Abfallbesitzer privatrechtlich ausgestaltet, dann handelt auch das von ihm beauftragte Unternehmen nicht öffentlich-rechtlich, sondern privatrechtlich. Insoweit scheidet ein Amtshaftungsanspruch dann aus (*Klement* in Schmehl/Klement, KrWG, 2019, § 22 Rn. 104, der weitergehend annimmt, dass auch dann, wenn der öffentlich-rechtliche Entsorgungsträger die Leistungsbeziehungen zu den Überlassungspflichtigen öffentlich-rechtlich ausgestaltet, der Beauftragte privatrechtlich tätig sei).

34 Auch die Fortdauer der Entsorgungsverantwortung ist unionsrechtskonform, weil die AbfRRL den Mitgliedstaaten einen weiten Gestaltungsspielraum bei der normativen Verteilung der Verantwortlichkeiten zwischen dem Abfallerzeuger, dem Abfallbesitzer und den von ihnen beauftragten Dritten einräumt (näher dazu *Jacob* in Versteyl/Mann/Schomerus, KrWG, 2019, § 22 Rn. 8). Die andauernde Entsorgungsverantwortung des Entsorgungspflichtigen hat bei der Drittbeauftragung durch öffentlich-rechtliche Entsorgungsträger zur Konsequenz, dass die überlassungspflichtigen Abfallbesitzer und Abfallerzeuger trotz der Drittbeauftragung ihren Entsorgungsanspruch gegenüber dem öffentlich-rechtlichen Entsorgungsträger behalten, der mit der Überlassungspflicht korrespondiert (*VG Arnsberg* Urt. v. 3.4.2006 – 14 K 2327/05, juris Rn. 36). Die fortdauernde Verantwortung des öffentlich-rechtlichen Entsorgungsträgers führt auch dazu, dass er den Beauftragten bei der Durchführung der Tätigkeit überwachen muss, wenn er dem Vorwurf einer Verletzung von **Verkehrssicherungspflichten** entgehen will. Der öffentlich-rechtliche Entsorgungsträger muss sich insbesondere auch über die Zuverlässigkeit des von ihm beauftragten Erfüllungsgehilfen vergewissern (*OVG Magdeburg* Urt. v. 30.7.2020 – 2 L 108/17, BeckRS 2020, 21771), Dementsprechend behalten sich öffentlich-rechtliche Entsorgungsträger bei einer Drittbeauftragung regelmäßig **Kontroll- und Weisungsrechte** gegenüber dem Drittbeauftragten vor.

35 Wann die Entsorgung endgültig abgeschlossen ist und damit auch die Entsorgungsverantwortung entfällt, kann im Einzelfall schwierig zu bestimmen sein. Sicher endet die Entsorgungsverantwortung mit dem Ende der Abfalleigenschaft. Nach § 5 Abs. 1 endet die Abfalleigenschaft eines Stoffes oder Gegenstandes, wenn dieser ein Verwertungsverfahren durchlaufen hat und so beschaffen ist, dass er üblicherweise für bestimmte Zwecke verwendet wird, ein Markt für ihn oder eine Nachfrage nach ihm besteht, er alle für seine jeweilige Zweckbestimmung geltenden technischen Anforderungen sowie alle Rechtsvorschriften und anwendbaren Normen für Erzeugnisse erfüllt, sowie seine Verwendung insgesamt nicht zu schädlichen Auswirkungen auf Mensch und Umwelt führt. Unabhängig davon kann die Entsorgungsverantwortung auch dann enden, wenn der Abfall nach Durchlaufen des Verwertungsverfahrens untergeht, weil er entweder verbraucht worden ist (z. B. bei der energetischen Verwertung) oder weil er z. B. als Baustoff ordnungsgemäß in einem Bauwerk eingebaut worden ist.

36 Bei der **Abfallbeseitigung** kommt es grundsätzlich darauf an, ob der Abfall endgültig und ordnungsgemäß aus dem Wirtschaftskreislauf ausgeschieden ist. Mit der Ablagerung von Abfällen auf einer Deponie endet allerdings die Abfalleigenschaft der abgelagerten Abfälle und damit auch die Entsorgungsverantwortung der ehemaligen Abfallbesitzer noch nicht unbedingt. Denn wenn sich z.B. herausstellt, dass die Abfälle illegal auf der Deponie abgelagert worden sind und sie deshalb ausgebaut werden müssen, dann kommt grundsätzlich auch noch eine Inanspruchnahme der ehemaligen Abfallbesitzer in Betracht. Stellt jedoch die zuständige Behörde nach § 40 Abs. 5 für eine Deponie den Abschluss der Nachsorgephase fest, dürfte in aller Regel spätestens dann auch die Entsorgungsverantwortung der Abfallbesitzer und Abfallerzeuger enden. Nach § 11 Abs. 2 DepV kann die zuständige Behörde, wenn sie zu dem Ergebnis kommt, dass keine Beeinträchtigungen des Wohls der Allgemeinheit mehr zu erwarten sind, auf Antrag des Deponiebetreibers die Kontroll- und Überwachungsmaßnahmen nach § 12 DepV aufheben und nach § 40 Abs. 5 den Abschluss der Nachsorgephase feststellen. Es spricht vieles dafür, dass der Deponiebetreiber bei einer solchen behördlichen Feststellung davon ausgehen darf, dass er seine Entsorgungspflichten vollständig erfüllt hat. Da die Behörde ausdrücklich bestätigt, dass von der Deponie und damit auch von den dort abgelagerten Abfällen keine Beeinträchtigung des Wohls der Allgemeinheit zu erwarten ist, endet in der Zwischenzeit auch die Abfalleigenschaft der dort gelagerten Abfälle (zum Ende der Abfalleigenschaft siehe auch *Jarass* NVwZ 2019, 1545).

Möglicherweise endet die Entsorgungsverantwortung allerdings auch schon zu einem früheren Zeitpunkt, wenn bei verständiger Würdigung des Sachverhalts angenommen werden kann, dass der Abfall dauerhaft aus dem Wirtschaftskreislauf ausgeschieden ist.

37 Ein Untergang von Abfällen und damit auch ein Ende der Entsorgungsverantwortung für diese Abfälle können sich auch aus einer Veränderung von Natur und Zusammensetzung der Abfälle ergeben, weil nach § 3 Abs. 8 Nr. 2 aus einer solchen Veränderung die Entstehung neuer Abfälle folgen kann (*Jacob* in Versteyl/Mann/Schomerus, KrWG, 2019, § 22 Rn. 11). Die Entsorgungsverantwortung der Abfallbesitzer und Abfallerzeuger erstreckt sich nach Auffassung des BVerwG aber nur auf Abfälle der Art, die sie auf den Entsorgungsweg gegeben haben. Für die Entsorgung anderer Abfälle sind sie nicht verantwortlich (*BVerwG* Urt. v. 28.6.2007, NVwZ 2007, 1185, 1187; siehe dazu auch *Jacob* in Versteyl/Mann/Schomerus, KrWG, 2019, § 22 Rn. 11). Eine in diesem Sinne erhebliche Änderung kann etwa in Folge eines Brandes eintreten oder bei Umwandlung nicht gefährlicher Abfälle in gefährliche Abfälle. Da die Entsorgung gefährlicher Abfälle in der Regel strengeren Anforderungen unterliegt sowie mit einem finanziell und logistisch größeren Aufwand verbunden ist als die Entsorgung nicht gefährlicher Abfälle, kann einem Abfallerzeuger oder -besitzer letztlich nicht aufgebürdet werden, etwas zu entsorgen, was er so weder erzeugt noch besessen hat (*VG Cottbus* Beschl. v. 30.9.2019 – 3 L 304/19, juris Rn. 27).

38 **Ordnungsgemäß** ist die Entsorgung abgeschlossen, wenn die bei der Entsorgung zu beachtenden Rechtsvorschriften beachtet worden sind. Werden die Abfälle bei der Entsorgung verbraucht oder vernichtet, dann kommt es letztlich auf die Ordnungsgemäßheit der Entsorgung nicht mehr an. Denn wenn der Abfall nicht mehr vorhanden ist, kann eine Entsorgungsverantwortung auch dann nicht mehr bestehen, wenn die Entsorgung nicht ordnungsgemäß durchgeführt worden ist.

38a Findet eine Entsorgung in **mehreren Behandlungsschritten** mit mehreren Beteiligten statt, kann es erforderlich sein, auch Nachunternehmer des vom Abfallbesitzer beauftragten Entsorgungsunternehmens in die Zuverlässigkeitsprüfung einzubeziehen (*Dieckmann* in Jarass/Petersen, KrWG, 2014, § 22 Rn. 20).

38b Die Anforderungen an eine Überprüfung der Zuverlässigkeit mitwirkender Entsorgungsunternehmen in mehrstufigen Entsorgungsketten ist allerdings auch am **Grundsatz der Verhältnismäßigkeit** zu messen. Das BVerwG hat im Zusammenhangmit der Verpflichtung zur Darlegung von Entsorgungswegen des gewerblichen Sammlers erläutert, dass diese Mindestanforderungen aus § 18 Abs. 2 Nr. 4 dann erfüllt seien, wenn aufgezeigt wird, dass der gesamte Abfall – hinsichtlich Sammelmenge und -zeitraum – von einem oder mehreren Entsorgungsunternehmen abgenommen wird. Durchlaufe die Verwertung mehrere Stufen, müsse bei der Festlegung weiterer Darlegungsanforderungen insbesondere die Situation von Kleinsammlern Berücksichtigung finden. Dies gelte gerade bei einer Abfallfraktion wie dem Altmetall, für das eine hohe Recyclingquote zu verzeichnen sei, so dass alles dafür spreche, dass in diesem Marktsegment eine effektive Ressourcennutzung verwirklicht werde und die Verwertungswege funktionierten. In einem solchen Bereich werde der Sammler seine Anzeigepflicht regelmäßig dadurch erfüllen, dass er nachvollziehbar einen pauschalen Verwertungsweg schildere, das oder die Entsorgungsunternehmen, an die er die gesammelten Abfälle zu liefern beabsichtige, namentlich benenne und geeignet belege, dass diese willens und in der Lage seien, die Abfälle der Sammlung anzunehmen. Hierfür genüge eine schriftliche Erklärung des abnehmenden Unternehmens, aus der sich ergebe, dass die Annahme der Abfälle sowohl hinsichtlich ihres Umfangs als auch des Zeitraums der Sammlung gewährleistet sei. Eine detaillierte Beschreibung des weiteren Entsorgungswegs der gesammelten Abfälle bis zum finalen Bestimmungsort der Verwertung unter namentlicher Benennung aller beteiligten Unternehmen sei von einem Kleinsammler nicht zu verlangen, so dass es ausreiche, in dieser Situation zu § 18 Abs. 2 Nr. 5 nur pauschal unter Hinweis auf die allgemeinen Verhältnisse im betreffenden Marktsegment vorzutragen. Denn Ausführungen zu den konkreten Umständen der endgültigen Verwertung seien dem am Anfang der Entsorgungskette stehenden Kleinsammler – wenn überhaupt – nur sehr eingeschränkt möglich, weil er zum einen auf Angaben der Unternehmen in der Verwertungskette angewiesen sei und diese sich in ihrer Zusammensetzung zum anderen durch Marktentwicklungen ändern könne. Des Weiteren stelle sich das Problem, dass sich der Weg der Abfälle des jeweiligen Kleinsammlers jedenfalls nach Vermischung mit den Abfällen anderer Sammler auf den weiteren Verwertungsstufen nicht mehr nachvollziehen lasse. In dieser Situation erscheine es angezeigt, die gegebenenfalls gebotenen Überwachungsmaßnahmen auf den verschiedenen Stufen der Entsorgungskette vorzunehmen, so dass der Zweck der Darlegung nur beschränkte Angaben vom Sammler rechtfertige (*BVerwG* Urt. v. 30.6.2016 – 7 C 5/15, juris Rn. 28).

38c Diese Schlussfolgerungen des BVerwG zur Verpflichtung gewerblicher Sammlungen zur Darlegung der Verwertungswege lassen sich auch für die Zuverlässigkeitsprüfung im Sinne von § 22 S. 2 fruchtbar machen. Auch in diesem Zusammenhang kann es geboten sein, hinsichtlich der Anforderungen an eine solche Prüfung der Zuverlässigkeit zu differenzieren, insbesondere danach, ob und inwieweit es für die Entsorgung einen funktionierenden Entsorgungsmarkt gibt, ob und inwieweit von den zu entsorgenden Abfällen besondere Gefahren ausgehen, ob und inwieweit der Abfallbesitzer tatsächlich überhaupt die Möglichkeit hat, in einer mehrstufigen Entsorgungskette sämtliche Unternehmen, die an der Entsorgung beteiligt sind, zu überprüfen. Möglicherweise wird man in diesem Zusammenhang an öffentlich-rechtliche Entsorgungsträger, die Dritte beauftragen, oder an größere Industrieunternehmen strengere Anforderungen richten können, als an Kleinstunternehmer, die kleinere Mengen Gewerbeabfälle zu entsorgen haben.

38d Ob und welche Kontrollen erforderlich sind, hängt insoweit letztlich von den Umständen des Einzelfalls, insbesondere von der Schwierigkeit und Komplexität der übertragenen Entsorgungsaufgabe ab (*Dieckmann* in Jarass/Petersen, KrWG, 2014, § 22 Rn. 21).

In einfachen Fällen, bei geringer Menge und Gefährlichkeit der Abfälle sowie Beauftragung eines erfahrenen, für die Entsorgung zertifizierten Unternehmens, kann es ausreichen, gänzlich auf weitere Nachprüfungen zu verzichten. Bei Entsorgungsaufträgen kleinerer Art, die häufig in der Praxis nicht einmal schriftlich erteilt werden, dürfen die Anforderungen nicht überspannt werden (*Dieckmann* in Jarass/Petersen, KrWG, 2014, § 22 Rn. 21).

D. Zuverlässigkeit des Dritten (S. 3)

Nach § 22 S. 3 muss der Drittbeauftragte über die notwendige Zuverlässigkeit verfügen. Dies dient der Sicherung einer geordneten und am Ziel des KrWG orientierten Entsorgung durch Dritte. Der Entsorgungspflichtige, der einen Dritten beauftragt, hat in eigener Verantwortung zu prüfen, ob die erforderliche Zuverlässigkeit des von ihm Beauftragten vorliegt. Das setzt (natürlich) voraus, dass der Auftraggeber die Identität des von ihm beauftragten Dritten kennt (*OLG Karlsruhe* Beschl. v. 9.4.2019 – 2 Rb 8 Ss 58/19, BeckRS 2019, 7398). Dies gilt auch für öffentlich-rechtliche Entsorgungsträger, die sich zur Erfüllung ihrer Entsorgungspflichte der Hilfe eines von ihnen beauftragten Dritten bedienen (*OVG Magdeburg* Urt. v. 30.7.2020 – 2 L 108/17, Beck RS 2020, 21771; *Dippel* in Beck OK Umweltrecht, § 22 KrWG Rn. 15). 39

Die Pflicht des Auftraggebers, die Zuverlässigkeit des von ihm beauftragten Dritten zu überprüfen, besteht in einer **Auswahlpflicht** vor der erstmaligen Beauftragung und einer dauerhaften **Aufsichtspflicht** für den Zeitraum der Beauftragung (*Dippel* in Beck OK Umweltrecht, 2021, § 22 KrWG Rn. 19; *Kropp,* ZUR 2008, 401, 403). Eine Missachtung dieser Prüfungspflichten kann für den Auftraggeber zu öffentlich-rechtlichen, zivilrechtlichen wie auch zu strafrechtlichen Konsequenzen führen. 39a

Der Begriff der Zuverlässigkeit wird im Gesetz nicht näher definiert. Zuverlässigkeit wird allerdings als Voraussetzung für die Erteilung von Genehmigungen, Erlaubnissen und anderen Zulassungen in zahlreichen Gesetzen verlangt. Der Begriff der Zuverlässigkeit ist nach der Gesetzesbegründung der Vorgängerregelung des § 16 Abs. 1 S. 3 KrW-/AbfG so zu verstehen, dass die Dritten die erforderliche persönliche Eignung besitzen, den Auftrag entsprechend den Vorschriften des KrWG zu erfüllen. 40

Der Begriff der Zuverlässigkeit umfasst neben der **Sachkenntnis** und den finanziellen Voraussetzungen auch sonstige persönlichen Verhältnisse (BT-Drs.12/7284 S. 18). Der Begriff der Zuverlässigkeit ist damit in dem weiten Sinne des sonstigen Gewerberechts zu verstehen. Ausdrücklich wird in der Gesetzesbegründung zu der Vorgängerregelung auch auf die erforderliche Sachkenntnis abgestellt. Diese ist von der **Sach- und Fachkunde,** wie sie § 16 Abs. 2 S. 1 Nr. 1 KrW-/AbfG für die damals mögliche Pflichtenübertragung voraussetzte und wie sie für den Betriebsinhaber eines Entsorgungsfachbetriebs verlangt wird, zu unterscheiden. Sachkenntnis ist im Vergleich dazu geringer einzustufen, etwa in dem Sinne, dass elementare Kenntnisse und Fähigkeiten vorhanden sein müssen (*VG Düsseldorf* Urt. v. 25.6.2002 – 17 K 7157/99, juris Rn. 69). 40a

I. Persönliche Eignung

Die persönliche Eignung ist im konkreten Einzelfall zu bestimmen. Für den Nachweis der Zuverlässigkeit ist eine Zertifizierung als **Entsorgungsfachbetrieb** nicht zwingend erforderlich. Liegt eine solche vor, spricht dies zwar für die Zuverlässigkeit (*Dippel* in 41

Beck OK Umweltrecht, 2021, § 22 KrWG Rn. 15; *OVG Magdeburg* Urt. v. 30.7.2020 – 2 L 108/17, BeckRS 2020, 21771 Rn. 70). Umgekehrt können selbstverständlich auch nicht zertifizierte Unternehmen zuverlässige Auftragnehmer sein. Als Anhaltspunkt kann § 8 Abs. 2 EfbV dienen. Diese Vorschrift regelt die Zuverlässigkeitskriterien für den Betriebsinhaber eines Entsorgungsfachbetriebes. Nach § 8 Abs. 2 EfbV darf der Betriebsinhaber nicht wegen Verstoßes gegen die in § 8 Abs. 2 Nr. 1 EfbV genannten Vorschriften mit einer Geldbuße von mehr als 2.500 € oder zu einer Strafe verurteilt worden sein bzw. gem. Nr. 2 wiederholt oder grob pflichtwidrig gegen diese Vorschriften verstoßen haben.

42 Ein Nachweis dieser Zuverlässigkeit wird regelmäßig durch ein **polizeiliches Führungszeugnis** zu erbringen sein, dessen Vorlage aber nicht verlangt werden kann (*Schink* in Schink/Versteyl, KrWG, 2016, § 22 Rn. 18). Eine Frage nach einschlägigen **Vorstrafen** i. S. v. § 8 Abs. 2 EfbV ist jedoch zulässig. Die persönliche Eignung des Dritten kann auch durch seine finanziellen Verhältnisse eingeschränkt sein. Besteht die Gefahr einer Überschuldung bzw. Insolvenz des Dritten, so kann eine ordnungsgemäße Entsorgung, die in der Regel mit hohem finanziellem Aufwand verbunden ist, ggf. nicht sichergestellt sein. Es ist zulässig, sich nach den wirtschaftlichen Verhältnissen des zu Beauftragenden zu erkundigen (zum Wegfall früherer Zuverlässigkeitsbedenken BVerwG Urt. v. 8.7. 2020, NVwZ 2021, 1302; OVG NRW Urt. v. 7.2.2020, NWVBl 2020, 319).

II. Sachkenntnis

43 Die an den Dritten zu stellenden sachlichen Anforderungen hinsichtlich seiner Qualifikation sind von der zu übertragenden Aufgabe abhängig. Die Anforderungen, die nach den §§ 9, 11 EfbV an Betriebsleiter von Entsorgungsfachbetrieben hinsichtlich ihrer Aus- und Fortbildung gestellt werden, können nicht ohne weiteres zur Beurteilung der Zuverlässigkeit eines Auftragnehmers im Sinne von § 22 S. 1 herangezogen werden. Die Anforderungen bestimmen sich nach der **Art der zu übertragenden Tätigkeit.** Je anspruchsvoller und gefährlicher die auszuübende Tätigkeit sich gestaltet, desto höher müssen die Anforderungen an die sachliche Qualifikation des Beauftragten sein. Bei gefahrgeneigteren Tätigkeiten, wie z. B. der Entsorgung gefährlicher Abfälle, können die in §§ 9, 11 EfbV genannten Kriterien entsprechend herangezogen werden. In anderen Zusammenhängen können die Anforderungen jedoch geringer ausfallen. Die Anforderungen an die Zuverlässigkeit steigen somit tendenziell mit der Gefährlichkeit der Abfälle, den technischen Problemen der Entsorgungsweise und dem Umfang der übernommenen Tätigkeit.

III. Prüfungspflicht bei Auswahl

44 Bevor dem Dritten ein Auftrag i. S. v. § 22 S. 1 erteilt wird, besteht eine Verpflichtung des Auftraggebers, dessen Zuverlässigkeit zu prüfen **(Auswahlpflicht).** Der Dritte ist dementsprechend hinsichtlich seiner persönlichen Eignung, seiner finanziellen Situation, sonstigen persönlichen Verhältnissen und ggf. seiner sachlichen Qualifikation auf die Fähigkeit zu überprüfen, ob er in der Lage ist, entsprechend den Vorgaben und Zielen des KrWG die ordnungsgemäße Entsorgung zu gewährleisten. Diese Prüfung hat derjenige durchzuführen, dem die Entsorgungspflicht obliegt und der die Drittbeauftragung ausspricht (*Dieckmann* in Jarass/Petersen, KrWG, 2014, § 22 Rn. 16; *Jahn* in Jahn/Deifuß-Kruse/Brandt, KrWG, 2014, § 22 Rn. 8; a. A. *Klement* in Schmehl/Klement, KrWG 2019, § 22 Rn. 25, der lediglich von einer **Prüfobliegenheit** ausgeht, die im Unterschied zu einer Prüfpflicht ordnungsrechtlich nicht über § 62 durchgesetzt werden kann).

Führt der Auftraggeber diese Prüfung nicht durch, verletzt er seine Sorgfaltspflichten bei der Auswahl des zu Beauftragenden. Ihn kann eine öffentlich-rechtliche, eine zivilrechtliche als auch eine strafrechtliche Haftung treffen, wenn Abfälle durch den unzuverlässigen Beauftragten nicht ordnungsgemäß entsorgt werden. Der Abschluss eines Vertrags mit einem unzuverlässigen Drittbeauftragten führt nicht zur Nichtigkeit nach § 134 BGB (*Klement* in Schmehl/Klement, KrWG 2019, § 22 Rn. 25; *Jahn* in Jahn/Deifuß-Kruse/Brandt, KrWG, 2014, § 22 Rn. 16). Die Verpflichtung, sich über die erforderliche Zuverlässigkeit des Beauftragten Dritten zu vergewissern, stellt kein gesetzliches Verbot im Sinne von § 134 BGB dar. Ausnahmsweise, nämlich dann, wenn eine öffentlich-rechtliche Vereinbarung vorliegt, soll eine Nichtigkeit des Vertrags nach § 59 Abs. 2 VwVfG in Betracht kommen, wenn der beauftragte Dritte nicht über die erforderliche Zuverlässigkeit verfügt (*Jahn* in Jahn/Deifuß-Kruse/Brandt, KrWG, 2014, § 22 Rn. 16).

Öffentlich-rechtliche Entsorgungsträger sind zur Sicherstellung ihrer Pflichten aus § 20 verpflichtet, in den Vertrag mit dem Beauftragten Aufsichts- und Interventionsrechte aufzunehmen. Verbleibende Verkehrssicherungspflichten der Körperschaften könnten sonst zu Amtshaftungsansprüchen führen (näher dazu *Beckmann* in Bauer/Schink, Organisationsformen in der öffentlichen Abfallwirtschaft, 38 ff.). Diese Interventionsbefugnis des Auftraggebers wird auch für private Abfallbesitzer bzw. -erzeuger anzunehmen sein, wenn er sich entsprechende Rechte vertraglich ausbedungen hat, um sich auch strafrechtlich oder zivilrechtlich exkulpieren zu können. Missachtet der Auftraggeber seine Aufsichtspflichten, kann die zuständige Behörde ihn verpflichten, anderweitig für die Entsorgung der Abfälle zu sorgen. Das führt zwar nicht zur Unwirksamkeit des Vertrags mit dem Dritten, jedoch zu einer zivilrechtlich abzulösenden Vertragsstörung (*Jahn* in Jahn/Deifuß-Kruse/Brandt, KrWG, 2014, § 22 Rn. 18). 45

Für den Auftraggeber besteht die Gefahr einer **zivilrechtlichen Haftung** nach den §§ 823 ff. BGB, sofern Dritte durch eine Handlung des Beauftragten einen Schaden erleiden. Der Auftraggeber kann verpflichtet sein, die Arbeiten des beauftragten Unternehmens zu überwachen und notfalls selbst einzugreifen. Vor allem wird der Auftraggeber nicht entlastet, wenn er ein Unternehmen heranzieht, das keine Gewähr für die erforderlichen Sicherungsvorkehrungen bietet; denn dann rückt durch die Übertragung seiner Sicherungsaufgabe auf ein solches Unternehmen die Gefahr einer Schädigung Dritter nur noch in größere Nähe. In einem solchen Fall kann er sich nicht darauf berufen, dass ihm durch die Einschaltung eines selbständigen Unternehmens die Einflussmöglichkeit auf die Gefahrenquelle genommen worden sei. Ihm ist nämlich die Möglichkeit eröffnet gewesen, den Beauftragten sorgfältig auszuwählen (dazu *BGH* Urt. v. 7.10.1975, NJW 1976, 46 f.). Eine **Exkulpationsmöglichkeit** des Auftraggebers kommt insoweit nicht in Betracht. 46

Der **strafrechtlichen Verantwortlichkeit** bei der nicht sorgfältigen Auswahl des Dritten liegen die Falisan I und II Entscheidungen des BGH zugrunde (Urt. v. 7.10.1975, NJW 1976, 46 f.; *Heine* NJW 1998, 3665, 3670; *Wieberneit* BB 1997, 2333, 2334; siehe auch *OLG Karlsruhe* Beschl. v. 9.4.2019 – 2 Rb 8 Ss 58/19, BeckRS 2019, 7398) In diesen Fällen wurde zu entsorgende Saatgutbeize in ehemaligen Schweineställen im Rheinland, bzw. in Hühnerställen in Polen abgelagert. Eine strafrechtliche Verantwortung des Auftraggebers ergab sich aus der vernachlässigten Erkundungspflicht hinsichtlich der Abfallentsorgungsmöglichkeit und -befugnis des beauftragten Unternehmens. Nicht ausreichend für eine haftungsausschließende Wirkung des Auftraggebers waren das Wissen über die Mitgliedschaft des beauftragten Unternehmens im BDE, die Empfehlung eines chemischen Sachverständigen und fehlende Anhaltspunkte über eine nicht ordnungsgemäße Entsorgung. Vielmehr traf nach Ansicht des BGH den Auftraggeber die **Erkundungspflicht,** sich positiv Gewissheit darüber zu verschaffen, ob der Be- 47 auftragte Gewähr für eine ordnungsgemäße Entsorgung der Abfälle bietet. Es sollte im Entsorgungsvertrag dem Dritten auferlegt werden, die übertragenen Leistungen nach Maßgabe der gesetzlichen und sonstigen Rechtsvorschriften, insbesondere der zuvor benannten Rechtsgrundlagen auszuführen. Ferner ist vorzusehen, dass der Dritte die für seine Tätigkeit erforderlichen Genehmigungen, Erlaubnisse bzw. Zustimmungen rechtzeitig einzuholen und aufrecht zu erhalten hat.

48 Soll dem Auftragnehmer darüberhinausgehend das Recht zur **Unterbeauftragung** eingeräumt werden, so muss ihm auferlegt werden, sich vor Übertragung der Leistungen an Dritte rechtzeitig zu vergewissern, dass die hierfür erforderlichen Genehmigungen, Erlaubnisse und Zustimmungen vorliegen. Ratsam ist es, die Unterbeauftragung von der Zustimmung des Auftraggebers abhängig zu machen. Eine Ausnahme könnte nur für den Fall akzeptiert werden, dass die Unterbeauftragung an einen Entsorgungsfachbetrieb für die vertragsgegenständliche Entsorgung erfolgen soll.

49 Die Intensität und Genauigkeit der durchzuführenden Prüfung des zu Beauftragenden ist einzelfallabhängig, kann aber anhand bestimmter Kriterien konkretisiert werden. Insbesondere im Rahmen einer Erstbeauftragung ist eine intensive und sorgfältige Prüfung des zu beauftragenden Dritten erforderlich. Weiter hängt der Grad der Zuverlässigkeitsprüfung vom Gefährdungspotential des zu entsorgenden Abfalls ab. Mit dem Grad der Gefährlichkeit des Abfalls steigen die Prüfanforderungen. Auch Entsorgungsart und Entsorgungsort haben eine Indizwirkung für die erforderliche Zuverlässigkeitsprüfung. Darüber hinaus erscheint es geboten, bei unverhältnismäßig niedrigen Entsorgungsangeboten diese einer besonderen Zuverlässigkeitsüberprüfung zu unterziehen. Schließlich ist es sinnvoll, dass sich der Auftraggeber den Bestand gegebenenfalls erforderlicher **Genehmigungen** nachweisen sowie ein **Zutrittsrecht** zu den Anlagen seines Vertragspartners einräumen lässt. So kann sich der Auftraggeber versichern, dass sein Auftragnehmer die Abfälle ordnungsgemäß und schadlos entsorgt.

Teil 3. Produktverantwortung

§ 23 Produktverantwortung

(1) Wer Erzeugnisse entwickelt, herstellt, be- oder verarbeitet oder vertreibt, trägt zur Erfüllung der Ziele der Kreislaufwirtschaft die Produktverantwortung. Erzeugnisse sind möglichst so zu gestalten, dass bei ihrer Herstellung und ihrem Gebrauch das Entstehen von Abfällen vermindert wird und sichergestellt ist, dass die nach ihrem Gebrauch entstandenen Abfälle umweltverträglich verwertet oder beseitigt werden. Beim Vertrieb der Erzeugnisse ist dafür zu sorgen, dass deren Gebrauchstauglichkeit erhalten bleibt und diese nicht zu Abfall werden.

(2) Die Produktverantwortung umfasst insbesondere

1. die Entwicklung, die Herstellung und das Inverkehrbringen von Erzeugnissen, die ressourceneffizient, mehrfach verwendbar, technisch langlebig, reparierbar und nach Gebrauch zur ordnungsgemäßen, schadlosen und hochwertigen Verwertung sowie zur umweltverträglichen Beseitigung geeignet sind,
2. den vorrangigen Einsatz von verwertbaren Abfällen oder sekundären Rohstoffen bei der Herstellung von Erzeugnissen,
3. den sparsamen Einsatz von kritischen Rohstoffen und die Kennzeichnung der in den Erzeugnissen enthaltenen kritischen Rohstoffe, um zu verhindern, dass diese Erzeugnisse zu Abfall werden sowie sicherzustellen, dass die kritischen Rohstoffe aus den Erzeugnissen oder den nach Gebrauch der Erzeugnisse entstandenen Abfällen zurückgewonnen werden können,
4. die Stärkung der Wiederverwendung von Erzeugnissen, insbesondere die Unterstützung von Systemen zur Wiederverwendung und Reparatur,
5. die Senkung des Gehalts an gefährlichen Stoffen sowie die Kennzeichnung von schadstoffhaltigen Erzeugnissen, um sicherzustellen, dass die nach Gebrauch der Erzeugnisse entstandenen Abfälle umweltverträglich verwertet oder beseitigt werden,
6. den Hinweis auf Rückgabe-, Wiederverwendungs- und Verwertungs- und Beseitigungsmöglichkeiten oder -pflichten und Pfandregelungen durch Kennzeichnung der Erzeugnisse
7. die Rücknahme der Erzeugnisse und der nach Gebrauch der Erzeugnisse entstandenen Abfälle sowie deren nachfolgende umweltverträgliche Verwertung oder Beseitigung,
8. die Übernahme der finanziellen oder der finanziellen und organisatorischen Verantwortung für die Bewirtschaftung der nach Gebrauch der Erzeugnisse entstandenen Abfälle,
9. die Information und Beratung der Öffentlichkeit über Möglichkeiten der Vermeidung, Verwertung und Beseitigung von Abfällen, insbesondere über Anforderungen an die Getrenntsammlung sowie Maßnahmen zur Verhinderung der Vermüllung der Umwelt,
10. die Beteiligung an Kosten, die den öffentlich-rechtlichen Entsorgungsträgern und sonstigen juristischen Personen des öffentlichen Rechts für die Reinigung der Umwelt und die anschließende umweltverträgliche Verwertung und Beseitigung der nach Gebrauch der aus den von einem Hersteller oder Vertreiber in Verkehr gebrachten Erzeugnissen entstandenen Abfälle entstehen sowie

11. eine Obhutspflicht hinsichtlich der vertriebenen Erzeugnisse, insbesondere die Pflicht, beim Vertrieb der Erzeugnisse, auch im Zusammenhang mit deren Rücknahme oder Rückgabe, dafür zu sorgen, dass die Gebrauchstauglichkeit der Erzeugnisse erhalten bleibt und diese nicht zu Abfall werden.

(3) **Im Rahmen der Produktverantwortung nach den Absätzen 1 und 2 sind neben der Verhältnismäßigkeit der Anforderungen entsprechend § 7 Absatz 4 die sich aus anderen Rechtsvorschriften ergebenden Regelungen zur Produktverantwortung und zum Schutz von Mensch und Umwelt sowie die Festlegungen des Gemeinschaftsrechts über den freien Warenverkehr zu berücksichtigen.**

(4) **Die Bundesregierung bestimmt durch Rechtsverordnungen auf Grund der §§ 24 und 25, welche Verpflichteten die Produktverantwortung nach den Absätzen 1 und 2 wahrzunehmen haben. Sie legt zugleich fest, für welche Erzeugnisse und in welcher Art und Weise die Produktverantwortung wahrzunehmen ist.**

Schrifttum: *Baars,* Die Rechtmäßigkeit dualer System auf dem Prüfstand, NVwZ 2000, 42 ff.; *Baars/Rinne,* Verpackungsverordnung im Wettbewerb – ein politisches Ziel zwischen Anspruch und Wirklichkeit, AbfallR 2003, 167; *Baum,* Quo vadis-Verpackungsverordnung – Eine kritische Bestandsaufnahme, IR 2012, 286; *Bauernfeind,* Rücknahme- und Rückgabepflichten im Umweltrecht, 1999; *Beckmann,* Rechtsprobleme der Rücknahme- und Rückgabepflichten, DVBl. 1995, S. 313; *ders.,* Produktverantwortung – Grundsätze und zulässige Reichweite, UPR 1996, S. 41; *Berg/Hösch,* Die Produktverantwortung nach § 22 KrW-/AbfG, in: Marburger/Reinhardt/Schröder (Hrsg.), Jahrbuch des Umwelt- und Technikrechts 1997, S. 83; *Bratke/Ruhland,* Das neue Elektro- und Elektronikgerätegesetz, AbfallR 2005, 202; *Bruckschen,* Förderung des Einsatzes von Rezyklaten, AbfallR 2020, 142; *Di Fabio,* Die Verfassungskontrolle indirekter Umweltpolitik am Beispiel der VerpackungVO, NVwZ 1995, 1; *Dippel/Deifuß,* Zur Reichweite der Rücknahmepflichten des Herstellers und des Vertreibers von Verkaufsverpackungen für Getränke, AbfallR 2003, 239; *Ehrmann,* Aktuelle Probleme des ElektroG, AbfallR 2005, 242; *Enders,* Die öffentlich-rechtliche und zivilrechtliche Verantwortlichkeit des Abfallerzeugers, NVwZ 2005, 381; *Flanderka/Stroetmann,* Von der Verpackungsverordnung zum Wertstoffgesetz, AbfallR 2012, 2; *Florian,* Herstellerverantwortung für Elektro-Schrott, 2008; *Fluck,* Schützt die Verpackungsverordnung das Duale System vor Konkurrenz?, DÖV 2000, 105; *Frenz,* EU-geleitete Kreislaufwirtschaft, AbfallR 2021, 104; *Frenz,* Kostenpflicht der Hersteller für Zigarettenkippen und To-go-Verpackungen, AbfallR 2020, 72; *Friauf,* Abfallrechtliche Rücknahmepflichten, in: Festschrift für Börner, 1992, S. 701; *Gesmann-Nuissl/Wenzel,* Produzenten- und Produkthaftung infolge abfallrechtlicher Produktverantwortung, NJW 2004, 117; *Glaz,* Rezyklate in Kunststoffverpackungen – Der bestehende gesetzliche Rahmen ist nicht ausreichend , AbfallR 2019, 235; *Gruneberg,* Mitteilung der Kommission: Eine thematische Strategie für Abfallvermeidung und -recycling, AbfallR 2004, 14; *Habe,* Das Elektro- und Elektronikgerätegesetz – ElektroG, AbfallR 2005, 116; *Hamborg,* Zur Entstehung der Abfalleigenschaft von Elektro- und Elektronikgeräten, AbfallR 2014, 181; *Grunow,* Inverkehrbringen, Lieferketten und abfallrechtliche Produktverantwortung, AbfallR 2016, 192 *Hendler/Eske,* Produktverantwortung nach der Verpackungsverordnung – Entwicklung, Befund, Perspektive, UPR 2013, 84; *Hoffmann,* Abfallrechtliche Produktverantwortung nach §§ 22 ff. KrW-/AbfG, DVBl. 1996, S. 898; *ders.,* Verfassungsrechtliche Anforderungen an Rechtsverordnungen zur Produktverantwortung nach dem Kreislaufwirtschafts- und Abfallgesetz, DVBl. 1996, 347; *Jung,* Kreislaufwirtschaft als Wirtschaftsmodell, AbfallR 2020, 2; *Karpenstein/Jacobi,* Der Rechtsstreit um das Dosenpfand, AbfallR 2005, 194; *Hendler,* Zur Steuermethodik der Verpackungsverordnung, AbfallR 2005, 194; *Hoppe/Weidemann,* Verwaltungsrechtliche Grundlagen dualer Entsorgungssysteme, Köln u. a. 1999; *Karenfort/Schneider,* Das Dosenpfand – Verstoß gegen die Warenverkehrsfreiheit durch Unterlassen?, EuZW 2003, 578; *Karpenstein/Schink,* Europa- und verfassungsrechtliche Grundfragen der Einführung einer einheitlichen Wertstofftonne AbfallR 2011, 222; *Klinger,* Dosenpfand mit Grundgesetz und EG-Recht vereinbar, ZUR 2004, 160; *ders.,* Was ist das Pfand am Dosenpfand? – Zum schuld- und sachenrechtlichen Charakter des Pflichtpfandes auf Einweg- Getränkeverpackungen, AbfallR 2003, 244; *ders.,* Von Mythen und Legenden im Umgang mit den Dosenpfand-Entscheidungen des EuGH, AbfallR 2005, 19; *Koch/Reese,* Fehlt dem Dosenpfand die Ermächtigungsgrundlage?, NVwZ 2002, 1420; *Lässig,* Amtshaftung wegen Dosenpfands? AbfallR 2003, 158; *ders.,* Leergut im Rücklauf – Zu den Rechtsansprüchen des Getränke- und Flaschenhandels bei der Rückführung von Pfandflaschen, AbfallR 2004, 153; *Oexle/Lammers,* Freiwillige Produktverantwortung: Zur Rücknahme von Altkleidung durch den Einzelhandel, NVwZ 2015, 1490; *Oexle/Lammers,* Zur Reichweite von Rücknahmesystemen im Rahmen freiwilliger Produktverantwortung. Anmerkung zum Urteil des VGH Baden-Württemberg vom 14.5.2019 – 10 S 1990/18, AbfallR 2019, 223; *Pauly/Oexle,* Das neue Elektro- und Elektronikgerätegesetz, AbfallR 2005, 98; *Prelle,* Abfallrechtliche Produktverantwortung – rechtliche Zielsetzungen und Auswirkungen in der Praxis am Beispiel der AltfahrzeugV und des ElektroG, ZUR 2010, 512; Prelle, Umweltverträgliches Produktdesign aus der Perspektive des Abfallrechts, AbfallR 2018, 106; *Queitsch,* Elektro- und Elektronikgerätegesetz und kommunales Satzungsrecht, AbfallR 2005, 105; *Reinhardt,* Erweiterte Hersteller- und Produktverantwortung im Abwasserrecht, NuR 2021, 8; *Rummler,* Weiterentwicklung der abfallrechtlichen Produktverantwortung; ZUR 2001, 308; *Schäfer,* Droht die Pflicht zur kumulierten Rückstellungsbildung für die Entsorgung von Elektroaltgeräten, BB 2004, 2735; *Schmidt-Salzer,* Konkretisierungen der strafrechtlichen Produkt- und Umweltverantwortung, NJW 1996, 1; *Schrader,* Produktverantwortung, Ordnungsrecht, und Selbstverpflichtung am Beispiel der Altautoverordnung, NVwZ 1997, 943; *Seitel,* Die Fortentwicklung der haushaltsnahen Wertstofferfassung („Wertstofftonne"), AbfallR 2012, 111; *Smeddinck,* Zur Funktion normierter Prinzipien im Umweltrecht, untersucht am Beispiel der Produktverantwortung, NuR 2009, 304; *Smeddinck,* zur Entwicklung des Ressourcenschutzrechts, VerwArch 2012, 183; *Thärichen,* kommunale Eckpunkte für ein Wertstoffgesetz, AbfallR 2014, 168; *Thärichen/Prelle,* Die kommunale Eigenvermarktung von Elektro- und Elektronikaltgeräten nach dem ElektroG, AbfallR 2005, 108; *Thomsen,* Produktverantwortung, 1998; *von Lersner,* Die abfallrechtliche Produktverantwortung, ZUR 2000, 105; *Tobias/Lückefett,* Das ElektroG – Herstellerverantwortung, Altgerätemanagement und Verpflichtete, ZUR 2005, 231; *Webersinn,* Produktverantwortung – Eine ordnungspolitische Standortbestimmung anlässlich der Umsetzung der EU-Abfallrahmenrichtlinie in deutsches Recht, AbfallR 2010, 266; *Webersinn,* 5 Jahre Fünfte Novelle der VerpackV – eine Bestandsaufnahme, UPR 2014, 174; *Weidemann/Neun,* Umsetzung des Einwegpfandes – Stand und Perspektiven, AbfallR 2003, 163; *Weidemann,* Hat die öffentlich-rechtliche Regulierung der Verpackungsentsorgung „wettbewerbsbezogene Schutzfunktion"?, AbfallR 2003, 247; *Weidemann,* Nach den EuGH-Urteilen: Die Unanwendbarkeit der deutschen Pfandvorschrift und deren Folgen, AbfallR 2005, 11; *Weidemann/Freitag,* Stand der EU-Verfahren zur Verpackungsverordnung, AbfallR 2004, 120; *Wendenburg,* Der Beitrag der Kreislaufwirtschaft zu Klima- und Ressourcenschutz, AbfallR 2019, 230; *Wenzel,* Zur freiwilligen Rücknahme im Rahmen der abfallrechtlichen Produktverantwortung, AbfallR 2015, 187; *Wilden-Beck,* Novellierung des Verpackungsgesetzes, AbfallR 2021, 142; *Wolf,* Von der Müllabfuhr zum Ressourcenschutz – Entwicklungslinien des Abfallrechts, ZUR 2017, 579.

Übersicht

A. Allgemeines

I. Überblick

1 Der dritte Teil des Gesetzes (§§ 23–27) enthält grundlegende Bestimmungen zur Produktverantwortung, die im Wesentlichen den Vorgängervorschriften der §§ 22–26 KrW-/AbfG entsprechen, die wiederum auf der Vorgängerbestimmung des § 14 AbfG aufbauten und schon zu den ganz zentralen Anliegen des Gesetzgebers bei der Novellierung des Abfallrechts im Jahre 1994 zählten.

1a Die Produktverantwortung gilt als zentrales Instrument zur Abfallvermeidung (*Petersen/Friedrich* NVwZ 2021, 1, 3; *Rummler* ZUR 2001, 305; *v. Lersner* ZUR 2000, 105). Auch die EU verfolgt mit ihrem Modell einer erweiterten Herstellerverantwortung ein dem Vorbild der Produktverantwortung nachgebildetes Konzept (*Frenz* AbfallR 2021, 104, 107; *Webersinn* in Schink/Versteyl, KrWG, 2016, § 23 Rn. 46; *Petersen* ZUR 2007, 449). Die erweiterte Herstellerverantwortung ist eine Konkretisierung des Verursacherprinzips nach Art. 191 Abs. 2 AEUV (*Konzak* in Beck OK Umweltrecht, KrWG, 2019, § 23 Rn. 1.1; *Prelle* AbfallR 2018, 106, 107; zum Verursacherprinzip im Abfallrecht siehe *Frenz* AbfallR 2020, 72, 76ff.). Im Jahr 2015 legte die Europäische Kommission einen Vorschlag für das sogenannte Kreislaufwirtschaftspaket vor, der einen Aktionsplan für die Kreislaufwirtschaft sowie ein Legislativpaket mit 54 verschiedenen Maßnahmen in verschiedenen Lebenszyklusphasen unterschiedlicher Produkte enthielt. Insbesondere sollen danach die Bereiche Design und Produktion sowie Konsum mit der Abfallphase verbunden werden (siehe dazu das Umweltgutachten 2020 des Umweltrates, S. 127ff.). Die EU verfolgt eine Strategie für nachhaltige Produkte, die ein kreislauforientiertes Design unterstützt und neue Marktbedingungen für deren Nutzungsweg festlegen soll. Vorrangig sollen Maßnahmen für die Bereiche Textil, Bau, Elektronik und Kunststoff entwickelt werden. Zukünftig sollen Anforderungen gestellt werden, die die Wiederverwendbarkeit oder Recyclingfähigkeit aller Verpackungen in wirtschaftlich tragfähiger Weise sicherstellen. Außerdem wird die Europäische Kommission Maßnahmen zur Bekämpfung überflüssiger Verpackungen und Abfallerzeugung überprüfen. Unter anderem sollen zukünftig mehr Informationen zur Verfügung gestellt werden, die die Verbraucherinnen und Verbraucher in die Lage versetzen, bewusste Entscheidungen zu treffen. Ebenso wird ein „Recht auf Reparatur" erörtert (Umweltgutachten 2020 des Umweltrates, S. 131; dazu auch *Webersinn* in Schink/Versteyl, KrWG, 2016, § 23 Rn. 9).

1b § 23 ist die Grundnorm der Produktverantwortung, die unmittelbar nur im Anwendungsbereich des KrWG und für den Erlass von Rechtverordnungen, gestützt auf Ermächtigungsgrundlagen des KrWG gilt. Das in dieser Vorschrift beschriebene Konzept der Produktverantwortung beschreibt aber auch das Leitbild für die Bestimmung der Produktverantwortung durch Spezialgesetze, wie etwa dem VerpackG, dem ElektroG oder dem BattG.

§ 23 ist durch die **Gesetzesnovelle 2020** wesentlich geändert und ergänzt worden (siehe dazu *Petersen/Friedrich* NVwZ 2021, 1, 4). So sieht z.B. § 23 Abs. 2 Nr. 10 die Möglichkeit vor, Produktverantwortliche für die **Vermüllung der Umwelt** finanziell haften zu lassen. Eine Kostenbeteiligung wird jedoch entsprechend der unionsrechtlichen Vorgaben auf die von einem Hersteller oder Vertreiber in Verkehr gebrachten Einweg-Kunststoffprodukte gemäß Teil E des Anhangs der EWKRL beschränkt. Außerdem wurde mit der Gesetzesnovelle 2020 eine **Obhutspflicht** eingeführt. Nach § 23 Abs. 1 S. 2 besteht nunmehr die Pflicht, bei einem Vertrieb von Erzeugnissen dafür zu sorgen, dass deren Gebrauchstauglichkeit erhalten bleibt und diese nicht zu Abfall werden. § 23 Abs. 2 Nr. 11 ergänzt dazu, dass dies auch im Zusammenhang mit deren Rücknahme oder Rückgabe gilt. Der Gesetzgeber nimmt sich damit insbesondere dem Problem der **Retourenvernichtung** an. Allerdings geht die Obhutspflicht darüber hinaus (*Petersen/Friedrich* NVwZ 2021, 1, 4). **1c**

Mit der Zuweisung abfallrechtlicher Produktverantwortung sollen Hersteller und Vertreiber von Produkten veranlasst werden, die Möglichkeiten einer Vermeidung und Verwertung von Abfällen zu nutzen und bei der Entwicklung, Herstellung und dem Inverkehrbringen von Erzeugnissen darauf zu achten, dass diese Erzeugnisse ressourceneffizient, mehrfach verwendbar, technisch langlebig, reparierbar und nach Gebrauch zur ordnungsgemäßen, schadlosen und hochwertigen Verwertung sowie zur umweltverträglichen Beseitigung geeignet sind. **1d**

Mit der Produktverantwortung trägt der Gesetzgeber in spezifischer Weise dem umweltpolitischen **Vorsorgeprinzip** und dem **Verursacherprinzip** Rechnung. Nach dem Verursacherprinzip soll derjenige die Kosten für die Vermeidung oder Beseitigung einer Umweltbelastung übernehmen, der sie verursacht. Der Hersteller von Produkten soll diese Kosten durch eine entsprechende Preisgestaltung auf die Konsumenten umlegen, so dass über den Wettbewerb Druck auf die Vermeidung solcher Kosten entsteht. Die Hersteller sollen Verantwortung für die von ihnen produzierten Geräte übernehmen und dadurch gezwungen werden, den gesamten Lebenszyklus eines Produktes bereits vorab zu bedenken und in ihre Kalkulation einzubeziehen (BT-Drs. 15/3930 S. 16 und BR-Drs. 664/04 S. 28f.; siehe dazu auch *BVerwG* Urt. v. 26.11.2009, NVwZ 2010, 522). **1e**

Die Produktverantwortung dient auch dem **Schutz der natürlichen Lebensgrundlagen** im Sinne von Art. 20a GG (*BVerwG* Urt. v. 15.4.2010, NVwZ-RR 2010, 675; Urt. v. 26.11.2009, NVwZ 2010, 522 zum ElektroG), nicht zuletzt durch den mit der Produktverantwortung angestrebten Ressourcenschutz, der angesichts zunehmend knapper werdender Rohstoffe immer wichtiger wird (*Smeddinck* VerwArch 2012, 183). **2**

Der Gesetzgeber ordnet die Produktverantwortung in erster Linie der **Abfallvermeidung** zu (*Beckmann* UPR 1996, 41, 42; *Petersen/Friedrich* NVwZ 2021, 1, 5; *Tünnesen-Harmes* in Jarass/Petersen, KrWG, 2014, § 23 Rn. 1ff.). Nach § 3 Abs. 20 S. 1 ist Vermeidung im Sinne des KrWG jede Maßnahme, die ergriffen wird, bevor ein Stoff, Material oder Erzeugnis zu Abfall geworden ist, und die dazu dient, die Abfallmenge, die schädlichen Auswirkungen des Abfalls auf Mensch und Umwelt oder den Gehalt an schädlichen Stoffen in Materialien und Erzeugnissen zu verringern. Hierzu zählen nach § 3 Abs. 20 S. 2 insbesondere die anlageninterne Kreislaufführung von Stoffen, die abfallarme Produktgestaltung, die Wiederverwendung von Erzeugnissen oder die Verlängerung ihrer Lebensdauer sowie ein Konsumverhalten, das auf den Erwerb von abfall- und schadstoffarmen Produkten sowie die Nutzung von Mehrwegverpackungen gerichtet ist. **3**

Die Pflichten zur Abfallvermeidung richten sich nach § 7 Abs. 1 nach § 13 sowie den Rechtsverordnungen, die aufgrund der §§ 24, 25 zur Produktverantwortung erlassen worden sind.

3a Die Wahrnehmung der Produktverantwortung ist allerdings nicht nur eine Frage der Abfallvermeidung, sondern auch eine solche der **Abfallverwertung.** Das gilt insbesondere für Rücknahmepflichten und Rückgabepflichten, mit deren Hilfe in erster Linie Verwertungsquoten erhöht und lediglich mittelbar über den Kostendruck auch Vermeidungsanreize geschaffen werden sollen. Schließlich erstreckt sich die Produktverantwortung auch auf eine umweltverträgliche **Abfallbeseitigung.**

4 Die §§ 23 ff. ermöglichen die Einführung privatwirtschaftlich organisierter Rücknahmesysteme, die zur Ausschleusung zentraler Stoffströme aus der öffentlich-rechtlichen Entsorgung der Kommunen führen, und damit zu einer Verlagerung der Entsorgungsverantwortung von den Kommunen als den landesrechtlich zu öffentlich-rechtlichen Entsorgungsträgern bestimmten Körperschaften hin zu den privaten Herstellern und Vertreibern und den von ihnen beauftragten Entsorgungsunternehmen. Grundsätzlich besteht nach § 20 Abs. 1 für Abfälle aus Haushaltungen und für Abfälle zur Beseitigung aus anderen Herkunftsbereichen eine **Entsorgungspflicht** der öffentlich-rechtlichen Entsorgungsträger, denen diese Abfälle nach § 17 Abs. 1 zu überlassen sind. Die §§ 23 ff. ermöglichen eine Abfallentsorgung außerhalb dieses öffentlich-rechtlichen Systems. Gem. § 17 Abs. 2 Nr. 1 entfällt die **Überlassungspflicht** gegenüber den öffentlich-rechtlichen Entsorgungsträgern hinsichtlich der Abfälle, für die eine Rücknahme- oder Rückgabepflicht aufgrund einer Rechtsverordnung nach § 25 besteht, soweit nicht die öffentlich-rechtlichen Entsorgungsträger aufgrund einer Bestimmung nach § 20 Abs. 2 Nr. 4 an der Rücknahme mitwirken. Nach § 17 Abs. 2 S. 1 Nr. 2 besteht eine Überlassungspflicht auch nicht für Abfälle, die in Wahrnehmung der Produktverantwortung nach § 26 freiwillig zurückgenommen werden, soweit dem zurücknehmenden Hersteller oder Vertreiber ein Freistellungs- oder Feststellungsbescheid nach § 26 Abs. 3 oder § 26 a Abs. 1. S. 1 erteilt worden ist.

4a § 25 Abs. 2 Nr. 6 ermöglicht es dem Verordnungsgeber, eine Überlassungspflicht gegenüber Herstellern oder Vertreibern anzuordnen, so dass mit der Rücknahmepflicht eine Rückgabepflicht korrespondiert. Nach § 20 Abs. 3 S. 1 können die öffentlich-rechtlichen Entsorgungsträger mit Zustimmung der zuständigen Behörde Abfälle von der Entsorgung ausschließen, soweit diese der Rücknahmepflicht aufgrund einer nach § 25 erlassenen Rechtsverordnung unterliegen und entsprechende Rücknahmeeinrichtungen tatsächlich auch zur Verfügung stehen. In einem solchen Fall des **Ausschlusses aus der öffentlichen Entsorgung** entfällt das bei einer Rücknahmepflicht, die nicht mit einer Rückgabepflicht einhergeht, bestehende Wahlrecht des Abfallbesitzers, die Abfälle dem öffentlich-rechtlichen Entsorgungsträger oder aber dem Rücknahmepflichtigen zu überlassen.

5 Der dritte Teil des Gesetzes besteht aus lediglich sechs Bestimmungen, von denen § 23 die Grundsatznorm zur Produktverantwortung ist. § 24 enthält die Produktverantwortung konkretisierende Verordnungsermächtigungen für Verbote, Beschränkungen, Kennzeichnungen, Beratung, Information und für die Obhutspflicht. § 25 regelt weitere Verordnungsermächtigungen für die Einführung von Rücknahme- und Rückgabepflichten, die Wiederverwendung, die Verwertung und die Beseitigung der nach Gebrauch der Erzeugnisse entstandenen Abfälle, Kostenbeteiligungen für die Reinigung der Umwelt und die Obhutspflicht. § 26 ist durch die Gesetzesnovelle 2020 neu gefasst und durch § 26a ergänzt worden. § 26 Abs. 1 sieht vor, dass die Bundesregierung für die freiwillige Rücknahme von Abfällen **Zielfestlegungen** treffen kann, die innerhalb einer angemessenen Frist zu erreichen sind. Außerdem regelt § 26 Abs. 2 eine **Anzeigepflicht** für

Hersteller und Vertreiber, die Erzeugnisse und die nach ihrem Gebrauch entstandenen Abfälle zur Verwertung freiwillig zurücknehmen, § 26 Abs. 3 bestimmt, dass die zuständige Behörde auf Antrag des Herstellers oder Vertreibers feststellt, dass die angezeigte Rücknahme von Abfällen in Wahrnehmung der Produktverantwortung erfolgt. Privilegierungsmöglichkeiten für Betreiber freiwilliger Rücknahmesysteme. Unter näher bezeichneten Voraussetzungen wird nach § 26 Abs. 4 auf Antrag des Herstellers oder Vertreibers die Feststellung der Wahrnehmung der Produktverantwortung auch auf nicht gefährliche Abfälle von Erzeugnissen erstreckt, die nicht von dem Hersteller oder Vertreiber selbst hergestellt oder vertrieben wurden.

Die mit der Gesetzesnovelle 2020 eingeführte Vorschrift des § 26a regelt das Verfahren **5a** der Freistellung von Nachweis- und Erlaubnispflichten bei der Rücknahme von gefährlichen Abfällen. § 27 schließlich bestimmt, dass Hersteller und Vertreiber, die Abfälle aufgrund einer Rechtsverordnung nach § 25 oder freiwillig zurücknehmen, den Pflichten eines Besitzers von Abfällen unterliegen.

§ 23 Abs, 1 Satz 1 enthält eine grundlegende Zuweisung der Produktverantwortung. **6** Wer Erzeugnisse entwickelt, herstellt, be- oder verarbeitet oder vertreibt, trägt danach zur Erfüllung der Ziele der Kreislaufwirtschaft die Produktverantwortung. Eine erste Konkretisierung dieser sehr abstrakt formulierten Produktverantwortung ergibt sich aus Absatz 1 Satz 2. Danach sind zur Erfüllung der Produktverantwortung Erzeugnisse möglichst so zu gestalten, dass bei ihrer Herstellung und ihrem Gebrauch das Entstehen von Abfällen vermindert wird und sichergestellt ist, dass die nach ihrem Gebrauch entstandenen Abfälle umweltverträglich verwertet oder beseitigt werden.

§ 23 Abs. 1 Satz 3 bestimmt, dass bei einem Vertrieb der Erzeugnisse dafür zu sorgen **7** ist, dass deren **Gebrauchstauglichkeit** erhalten bleibt und diese nicht zu Abfall werden. Die Neuregelung aus dem Jahr 2020 stellt eine neue Ausprägung der Grundpflicht der Produktverantwortung dar, die allerdings bereits implizit in der allgemeinen Verpflichtung der Sätze 1 und 2 angelegt ist (BT-Drs. 19/19373, S. 57; *Petersen/Friedrich* NVwZ 2021, 1, 3).

Eine weitere Konkretisierung der Produktverantwortung enthält der beispielhafte **Katalog** des Absatzes 2. Dieser Katalog ist mit der Gesetzesnovelle 2020 wesentlich erweitert worden. **7a**

Danach umfasst die Produktverantwortung insbesondere 1. die Entwicklung, die Her- **7b** stellung und das Inverkehrbringen von Erzeugnissen, die ressourceneffizient, mehrfach verwendbar, technisch langlebig, reparierbar und nach Gebrauch zur ordnungsgemäßen, schadlosen und hochwertigen Verwertung sowie zur umweltverträglichen Beseitigung geeignet sind, 2. den vorrangigen Einsatz von verwertbaren Abfällen oder sekundären Rohstoffen, insbesondere Rezyklaten, bei der Herstellung von Erzeugnissen, 3. den sparsamen Einsatz von kritischen Rohstoffen und die Kennzeichnung der in den Erzeugnissen enthaltenen kritischen Rohstoffe, um zu verhindern, dass diese Erzeugnisse zu Abfall werden sowie sicherzustellen, dass die kritischen Rohstoffe aus den Erzeugnissen oder den nach Gebrauch der Erzeugnisse entstandenen Abfällen zurückgewonnen werden können, 4. die Stärkung der Wiederverwendung von Erzeugnissen, insbesondere die Unterstützung von Systemen zur Wiederverwendung und Reparatur, 5. die Senkung des Gehalts an gefährlichen Stoffen sowie die Kennzeichnung von schadstoffhaltigen Erzeugnissen, um sicherzustellen, dass die nach Gebrauch der Erzeugnisse entstandenen Abfälle umweltverträglich verwertet oder beseitigt werden, 6. den Hinweis auf Rückgabe-, Wiederverwendungs-, Verwertungs- und Beseitigungsmöglichkeiten oder -pflichten und Pfandregelungen durch Kennzeichnung der Erzeugnisse, 7. die Rücknahme der Erzeugnisse und der nach Gebrauch der Erzeugnisse entstandenen Abfälle sowie deren nachfolgende umweltverträgliche Verwertung oder Beseitigung, 8. die Übernahme der finanziellen oder der finanziellen und organisatorischen Verantwortung für die Bewirtschaftung der nach Gebrauch der Erzeugnisse entstandenen Abfälle, 9. die Information und Beratung der Öffentlichkeit über Möglichkeiten der Vermeidung, Verwertung und Beseitigung von Abfällen, insbesondere über Anforderungen an die Getrenntsammlung sowie Maßnahmen zur Verhinderung der Vermüllung der Umwelt, 10. die Beteiligung an Kosten, die den öffentlich-rechtlichen Entsorgungsträgern und sonstigen juristischen Personen des öffentlichen Rechts für die Reinigung der Umwelt und die anschließende umweltverträgliche Verwertung und Beseitigung der nach Gebrauch der aus den von einem Hersteller oder Vertreiber in Verkehr gebrachten Erzeugnissen entstandenen Abfälle entstehen sowie 11. eine Obhutspflicht hinsichtlich der vertriebenen Erzeugnisse, insbesondere die Pflicht, beim Vertrieb der Erzeugnisse, auch im Zusammenhang mit deren Rücknahme oder Rückgabe, dafür zu sorgen, dass die Gebrauchstauglichkeit der Erzeugnisse erhalten bleibt und diese nicht zu Abfall werden.

8 Absatz 3 benennt rechtliche **Grenzen der Produktverantwortung.** Neben der Verhältnismäßigkeit der Anforderungen entsprechend § 7 Abs. 4 sind nach Absatz 3 die sich aus anderen Rechtsvorschriften ergebenden Regelungen zur Produktverantwortung und zum Schutz der Umwelt sowie die Festlegungen des Gemeinschaftsrechts über den freien Warenverkehr zu berücksichtigen.

9 Absatz 4 schließlich stellt die Produktverantwortung unter einen **Verordnungsvorbehalt** der Bundesregierung, die nach Absatz 4 Satz 1 durch Rechtsverordnung aufgrund der §§ 24 und 25 bestimmt, welche Verpflichteten die Produktverantwortung nach den Absätzen 1 und 2 zu erfüllen haben. Die Bundesregierung legt nach Absatz 4 Satz 2 zugleich fest, für welche Erzeugnisse und in welcher Art und Weise die Produktverantwortung wahrzunehmen ist. Damit wird die Produktverantwortung letztlich erst auf der Verordnungsebene in einer vollzugsfähigen Weise konkretisiert, soweit nicht der Gesetzgeber selbst in spezielleren Gesetzen festlegt, für welche Erzeugnisse und in welcher Art und Weise die Produktverantwortung wahrzunehmen ist.

II. Entstehungsgeschichte

10 Die vermeidungsbezogenen Regelungsansätze der Produktverantwortung bauen auf Vorgängerbestimmungen der §§ 1a, 14 AbfG auf. Allerdings stellte § 1 Absatz 3 Nr. 7 AbfG die auf der Grundlage des § 14 AbfG betriebenen Wertstoffsammelsysteme ausdrücklich vom Anwendungsbereich des Abfallgesetzes frei. Mit den Regelungen zur Produktverantwortung geht der Gesetzgeber über den bis 1994 herkömmlichen Anwendungsbereich des Abfallrechts für die Entsorgung (Beseitigung und Verwertung) hinaus, indem er unter abfallrechtlichen Aspekten Anforderungen an Herstellung und Vertrieb von Produkten richtet bzw. den Verordnungsgeber ermächtigt, entsprechende Anforderungen zu stellen. Im Gesetzgebungsverfahren waren die Bestimmungen zur Produktverantwortung vor ihrer Einführung sehr umstritten. Erst im Vermittlungsausschuss konnte der 1994 Gesetz gewordene Kompromiss entwickelt und ausgehandelt werden. Die §§ 22 bis 26 KrW-/AbfG waren im Wesentlichen inhaltsgleich, wenngleich teilweise sprachlich oder auch nur redaktionell überarbeitet, in das neue KrWG übernommen worden (siehe dazu die Gesetzesbegründung, BT-Drs. 17/6052). Die Produktverantwortung ist durch zahlreiche Spezialgesetze (siehe z. B. das Elektro- und Elektronikgeräte-Gesetz, das Batteriegesetz und das VerpackG) sowie durch verschiedene Verordnungen (z. B. die Altölverordnung, die Altfahrzeug-Verordnung) konkretisiert worden, die anders als die Grundregelungen des Gesetzes zumeist auch bereits wiederholt geändert worden sind.

Im Zusammenhang mit der ursprünglich beabsichtigten Weiterentwicklung der Verpackungsverordnung zu einem **Wertstoffgesetz,** das die Grundlage für eine gemeinsame Erfassung von Verpackungsabfällen und stoffgleichen Nichtverpackungsabfällen bilden und damit die Ressourceneffizienz steigern sollte (*Hendler/Eske* UPR 2014, 84), wurde nicht nur erbittert über die Aufgabenverteilung zwischen Kommunen und Systembetreibern in diesem Zusammenhang gestritten, sondern auch über Grundsatzfragen diskutiert, etwa, ob die Produktverantwortung tatsächlich durch die Verpackungsverordnung erfolgreich konkretisiert und umgesetzt worden war und ob die erhofften Steuerungswirkungen tatsächlich eingetreten sind (dazu *Thärichen* AbfallR 2014, 168; *Webersinn* UPR 2014, 174). In dieser Debatte wurde unter anderem auf Zweifel an der Wirksamkeit der Verpackungsverordnung als Instrument zur Abfallvermeidung und für ein hochwertiges Recycling hingewiesen. Abfallvermeidende Wirkungen seien insbesondere bei Kunststoffverpackungen nicht festzustellen (*Thärichen* AbfallR 2014, 168, 170). Problematisiert wurde außerdem, dass die individuelle Wahrnehmung der abfallrechtlichen Produktverantwortung zunehmend durch Systembeteiligungspflichten verdrängt wird. 11

III. EU-rechtliche Grundlagen

Grundlage für die Idee einer europäischen Produktverantwortung ist die Abfallrahmenrichtlinie (2008/98/EG). Nach Nr. 27 der Erwägungsgründe ist die Einführung einer erweiterten Herstellerverantwortung mit der Abfallrahmenrichtlinie eines der Mittel, um die Gestaltung und Herstellung von Gütern zu fördern, die während ihres gesamten Lebenszyklus, einschließlich ihrer Reparatur, Wiederverwendung und Demontage sowie ihres Recyclings, eine effiziente Ressourcennutzung in vollem Umfang berücksichtigen und fördern, ohne dass der freie Warenverkehr im Binnenmarkt beeinträchtigt wird. Nach Art. 8 Abs. 1 AbfRRL können die Mitgliedstaaten zur Verbesserung der Wiederverwendung und der Vermeidung des Recyclings und der sonstigen Verwertung von Abfällen Maßnahmen mit und ohne Gesetzescharakter erlassen, um sicherzustellen, dass jede natürliche oder juristische Person, die gewerbsmäßig Erzeugnisse entwickelt, herstellt, verarbeitet, behandelt, verkauft oder einführt (Hersteller des Erzeugnisses), eine erweiterte Herstellerverantwortung trägt. Diese Maßnahmen können nach Art. 8 Abs. 1 S. 2 AbfRRL die Rücknahme zurückgegebener Erzeugnisse und von Abfällen, die nach der Verwendung des Erzeugnisses übrigbleiben, sowie die anschließende Bewirtschaftung der Abfälle und die finanzielle Verantwortung für diese Tätigkeiten umfassen. Die Maßnahmen können sich außerdem auf die Verpflichtung erstrecken, öffentlich zugängliche Informationen darüber zur Verfügung zu stellen, inwieweit das Produkt wieder verwendbar und recycelbar ist. Nach Art. 8 Abs. 1 S. 3 AbfRRL umfassen diese Maßnahmen auch die Einrichtung von Regimen der erweiterten Herstellerverantwortung, für die die allgemeinen Mindestanforderungen des Art. 8a AbfRRL gelten. 12

Die Mitgliedstaaten können nach Art. 8 Abs. 2 AbfRRL beschließen, dass Hersteller von Erzeugnissen, die in der Abfallphase des Produktlebenszyklus in Eigeninitiative die finanzielle Verantwortung oder die finanzielle und organisatorische Verantwortung für die Abfallbewirtschaftung übernehmen, einige oder alle der allgemeinen Mindestanforderungen nach Art. 8a AbfRRL anwenden sollten. Die Mitgliedstaaten können mit geeigneten Maßnahmen fördern, dass Produkte und Bestandteile von Produkten so gestaltet werden, dass bei deren Herstellung und anschließendem Gebrauch die Umweltfolgen und das Abfallaufkommen verringert werden, und um zu gewährleisten und dass die Verwertung und Beseitigung der Produkte, die zu Abfällen geworden sind, gemäß den Art. 4 und 13 AbfRRL stattfindet. Um die ordnungsgemäße Umsetzung der Abfallhie- 12a rarchie zu erleichtern, können diese Maßnahmen unter anderem die Entwicklung, die Herstellung und das Inverkehrbringen von Produkten und Bestandteilen von Produkten fördern, die mehrfach verwendbar sind, recycelte Materialien enthalten, technisch langlebig sowie leicht reparierbar und, nachdem sie zu Abfall geworden sind, zur Vorbereitung zur Wiederverwendung und zum Recycling geeignet sind. Bei diesen Maßnahmen sind die Auswirkungen von Produkten während ihres gesamten Lebenszyklus, die Abfallhierarchie sowie gegebenenfalls das Potenzial für mehrfaches Recycling zu berücksichtigen. Bei Anwendung der erweiterten Herstellerverantwortung berücksichtigen die Mitgliedstaaten die technische und wirtschaftliche Durchführbarkeit und die Gesamtauswirkungen auf die Umwelt und die menschliche Gesundheit sowie die sozialen Folgen, wobei sie darauf achten, dass das ordnungsgemäße Funktionieren des Binnenmarkts gewährleistet bleibt.

12b Die Produktverantwortung bzw. die erweiterte Herstellerverantwortung des Art. 8 AbfRRL ist durch das novellierte Unionsrecht deutlich konkretisiert worden. Art. 8a AbfRRL bestimmt dazu allgemeine **Mindestanforderungen** für die „Regime der erweiterten Herstellerverantwortung". Hersteller von Erzeugnissen müssen danach die finanzielle Verantwortung oder die finanzielle und organisatorische Verantwortung für die Abfallbewirtschaftung übernehmen.

12c Wenn gem. Art. 8 Abs. 1 AbfRRL oder nach anderen Gesetzgebungsakten der Union Regime der erweiterten Herstellerverantwortung eingerichtet werden, sind die Mitgliedstaaten nach Art. 8a Abs. 1 AbfRRL verpflichtet, **konkrete Regelungen** für die Verantwortlichkeiten der beteiligten Akteure, Organisationen, privaten und öffentlichen Abfallbewirtschaftungseinrichtungen, örtlichen Behörden und gegebenenfalls Einrichtungen für die Wiederverwendung und für die Vorbereitung zur Wiederverwendung sowie gemeinnützige Unternehmen vorzugeben.

12d Außerdem müssen nach Art. 8a AbfRRL messbare **Abfallbewirtschaftungsziele** im Einklang mit der Abfallhierarchie festgelegt werden, mit denen mindestens die für das Regime der erweiterten Herstellerverantwortung unionsrechtsrelevanten quantitativen Zielvorgaben erreicht werden sollen. Zudem sollen weitere quantitative Vorgaben und/oder qualitative Zielsetzungen von den Mitgliedstaaten bestimmt werden, die für das System der erweiterten Herstellerverantwortung als relevant angesehen werden.

12e Notwendig ist außerdem ein **Berichterstattungssystem** zur Erhebung von Daten über die Produkte, die von den unter die erweiterte Herstellerverantwortung fallenden Herstellern von Erzeugnissen in dem Mitgliedstaat in Verkehr gebracht werden, von Daten über die Sammlung und Behandlung von Abfällen, die durch diese Produkte entstehen, gegebenenfalls mit Angabe der Abfallmaterialströme, und von anderen Daten, die für die Zwecke der unter Buchstabe b genannten Verpflichtungen relevant sind. Nicht zuletzt schreibt Art. 8a AbfRRL vor, dass eine Gleichbehandlung von Herstellern von Erzeugnissen unabhängig von Herkunftsland und Größe und ohne übermäßigen Regulierungsaufwand für die Hersteller, einschließlich kleiner und mittlerer Unternehmen, die Produkte in geringen Mengen herstellen, gewährleistet wird.

12f Nach Art. 8a Abs. 2 AbfRRL treffen die Mitgliedstaaten die erforderlichen Maßnahmen, damit die unter die eingerichteten Regime der erweiterten Herstellerverantwortung fallenden Abfallbesitzer über Abfallvermeidungsmaßnahmen, Wiederverwendungszentren, Zentren für die Vorbereitung zur Wiederverwendung, Rücknahme- und Sammelsysteme und die Vermeidung von Vermüllung informiert werden. Außerdem haben die Mitgliedstaaten Maßnahmen zur Schaffung von Anreizen für die Abfallbesitzer zu treffen, damit diese ihrer Verantwortung nachkommen, ihre Abfälle den vorhandenen Systemen der getrennten Abfallsammlung zuzuführen, insbesondere – soweit angebracht – durch **wirtschaftliche Anreize** oder Regelungen.

Art. 8a Abs. 4 AbfRRL verpflichtet die Mitgliedstaaten, sicherzustellen, dass die von den Herstellern von Erzeugnissen geleisteten finanziellen Beiträge zur Einhaltung ihrer Verpflichtungen im Rahmen der erweiterten Herstellerverantwortung im Einzelnen in der AbfRRL aufgeführte Entsorgungskosten für die vom Hersteller in dem jeweiligen Mitgliedstaat in Verkehr gebrachten Produkte decken. **12g**

Nicht zuletzt verpflichtet Art. 8a Abs. 5 AbfRRL die Mitgliedstaaten dazu, mit einem geeigneten **Überwachungs- und Durchsetzungsrahmen** sicherzustellen, dass Hersteller von Erzeugnissen und Organisationen, die für diese Verpflichtungen der erweiterten Herstellerverantwortung wahrnehmen, ihren Verpflichtungen im Rahmen der erweiterten Herstellerverantwortung nachkommen, dass die finanziellen Mittel ordnungsgemäß verwendet werden und dass alle an der Umsetzung der Regime der erweiterten Herstellerverantwortung beteiligten Akteure verlässliche Daten übermitteln. **12h**

Gegenständlich wird die Produktverantwortung dadurch erweitert, dass die Mitgliedstaaten verpflichtet werden, die **Abfallvermeidung** nach Art. 9 AbfRRL zu fördern. Die von den Mitgliedstaaten zu treffenden Maßnahmen gehören zwar nicht unmittelbar zur „erweiterten Herstellerverantwortung" des Art. 8 AbfRRL, können aber oftmals nur von den Herstellern erfüllt werden und sind – unabhängig von ihrer Umsetzung in den Abfallvermeidungsprogrammen vor allem im Rahmen der Produktverantwortung umzusetzen (Gesetzesbegründung, BT-Drs. 19/19373, S. 56). Das betrifft z. B. die in Art. 9 AbfRRL genannte Förderung nachhaltiger Produktionsmodelle, das Design und die Herstellung ressourceneffizienter Produkte, die Identifizierung kritischer Rohstoffe in Produkten, die Wiederverwendung von Produkten und die Förderung von Aktivitäten zur Reparatur, die Verfügbarkeit von Ersatzteilen, die Senkung des Gehalts an Schadstoffen, die Verhinderung der Vermüllung der Umwelt durch Beschränkungen des Vertriebs von Produkten. Wichtiger Aspekt ist neben der Herstellung abfallarmer Erzeugnisse auch der schonende Umgang mit Erzeugnissen. Art. 9 Abs. 1 (g) AbfRRL zielt dazu auf die Verringerung der **Verschwendung von Lebensmitteln.** **12i**

Die erweiterte Herstellerverantwortung ist außerdem eine Basis für die Umsetzung von Pflichten der **Einweg-Kunststoff-Richtlinie** (Gesetzesbegründung, BT-Drs. 19/19373, S. 56). Dabei geht es um Verbote (Art. 5), Produktanforderungen (Art. 6), Kennzeichnungsvorschriften (Art. 7) und auf die Öffentlichkeit bezogene Sensibilisierungskampagnen (Art. 10) und um nachsorgende Maßnahmen, die sich auf die Beseitigung der Vermüllung der Umwelt beziehen, wie die Übernahme von Reinigungskosten (Art. 9). **12j**

Zur Umsetzung der Einweg-Kunststoffrichtlinie dient die Einwegkunststoffverbotsverordnung **(EWKVerbotsV).** Nach dieser Verordnung dürfen seit dem 3. Juli 2021 bestimmte Einwegkunststoffprodukte nicht mehr in den Verkehr gebracht werden (dazu *Franßen/Homann* AbfallR 2021, 98). Die EWKVerbotsV wird ergänzt durch die Einwegkunststoffkennzeichnungsverordnung **(EWKKennzV),** die insbesondere die Kennzeichnung von Hygieneartikeln, Tabakprodukten sowie Einweggetränkebechern aus Kunststoff vorsieht. Die Vorgaben gelten ebenfalls seit dem 3. Juli 2021. **12k**

Nach Art. 15 Abs. 3 AbfRRL können die Mitgliedstaaten die Bedingungen für die Verantwortung für die Abfallbewirtschaftung im Einzelnen festlegen und insbesondere auch beschließen, dass die Verantwortung für die Durchführung der Abfallbewirtschaftung teilweise oder vollständig beim Hersteller des Erzeugnisses, dem der Abfall entstammt, liegt, und dass Vertreiber eines derartigen Erzeugnisses diese Verantwortung teilen. **13**

Hinzu kommen weitere Richtlinien, die die Entwicklung einer europäischen Produktverantwortung unterstützen, so z. B. die Altölrichtlinie, die Verpackungsrichtlinie, die Richtlinie über die Entsorgung von Elektro- und Elektronik-Altgeräten, die Altfahr- **14** zeugrichtlinie und die Batterierichtlinie. Diese Richtlinien verfolgen insgesamt Ziele der Vermeidung von Abfällen und der Ausweitung des Recyclings und der Wiederverwertung von Abfällen. Dem Ziel einer nachhaltigen Ressourcenschonung dient auch die **Ökodesign-Richtlinie,** mit der das Ziel einer integrierten Produktpolitik verfolgt wird, wonach Umweltauswirkungen von der Herstellung über die Nutzung bis zur Entsorgung von Produkten, d. h. während des gesamten Lebenszyklus, mit dem Ziel ihrer Minimierung berücksichtigt werden sollen. Durch Umweltmanagementsysteme sollen produktbezogene, umweltrelevante Informationen über den Lebenszyklus eines Produkts schon bei der Produktion berücksichtigt werden (*Tünnesen-Harmes* in Jarass/Petersen, KrWG, 2014, § 23 Rn. 22).

B. Begriff und Adressat der Produktverantwortung (Absatz 1 Satz 1)

15 Wer Erzeugnisse entwickelt, herstellt, be- und verarbeitet oder vertreibt, trägt nach Absatz 1 Satz 1 zur Erfüllung der Ziele der Kreislaufwirtschaft die Produktverantwortung. Was genau unter Produktverantwortung zu verstehen ist, ergibt sich aus dem Gesetz unmittelbar nicht (*Beckmann* UPR 1996, 41, 43; *Mann* in Versteyl/Mann/Schomerus, KrWG, 2019, § 23 Rn. 5; *VGH BW* Urt. v. 14.5.2019, AbfallR 2019, 226). Denn der Gesetzgeber hat den Begriff der Produktverantwortung nicht definiert, sondern sich darauf beschränkt, einerseits bestimmte Anforderungen zur Erfüllung der Produktverantwortung zu stellen (Absatz 1 Satz 2) und andererseits beispielhaft aufzulisten, worauf sich die Produktverantwortung erstreckt (Absatz 2). Sicher ist jedenfalls, dass die abfallrechtliche Produktverantwortung nicht mit einer zivilrechtlichen Produktverantwortung, wie sie z. B. das Gewährleistungsrecht des Kaufrechts oder das Produkthaftungsrecht regelt, identisch ist (*Prelle* in Schmehl/Klement, KrWG, 2019, § 23 Rn. 12).

Produktverantwortung im Sinne des KrWG ist die Förderung der Vermeidung, der Verminderung, der umweltschonenden Verwertung und Beseitigung von Abfällen dadurch, dass alle an der Herstellung und dem Vertrieb von Waren Beteiligten Ressourcen schonen und dazu die Langlebigkeit und leichte Wiederverwendbarkeit von Erzeugnissen und Produkten sichern (siehe dazu *Konzak* in Beck OK Umweltrecht, KrWG, 2019, § 23 Rn. 3). Die Produktverantwortlichen sollen ihre Produkte so gestalten, dass bei Herstellung und Verwendung Abfälle möglichst vermieden oder vermindert und die umweltverträgliche Verwertung und Beseitigung der nach dem Gebrauch von Produkten daraus entstehenden Abfälle sichergestellt wird (*Tünnesen-Harmes* in Jarass/Petersen, KrWG, 2014, § 23 Rn. 2).

16 Absatz 1 Satz 1 bestimmt die **Adressaten** der Produktverantwortung. Produktverantwortliche sind danach diejenigen, die Erzeugnisse entwickeln, herstellen, be- und verarbeiten oder vertreiben (*Mann* in Versteyl/Mann/Schomerus, KrWG, 2019, § 23 Rn. 5). Grundsätzlich kommen auf der Grundlage des § 23 Abs. 1 S. 1 – anders als nach Art. 8 Abs. 1 AbfallRL als Produktverantwortliche nicht nur diejenigen in Betracht, die gewerbsmäßig Erzeugnisse entwickeln, herstellen, be- oder verarbeiten oder vertreiben. Der Erlass einer Rechtsverordnung, der nicht gewerblich Tätige als Produktverantwortliche in Anspruch nimmt, ist jedoch kaum zu erwarten (*Mann* in Versteyl/Mann/Schomerus, KrWG, 2019, § 23 Rn. 6).

Nicht zu den Adressaten der Produktverantwortung sollen **öffentlich-rechtliche Entsorgungsträger** und **Verbraucher** gehören (*Konzak* in Beck OK Umweltrecht, KrWG, 2019, § 23 Rn. 14). Allerdings können ihnen im Rahmen der Produktverantwortung Mitwirkungspflichten durch den Verordnungsgeber oder den Gesetzgeber auferlegt werden, etwa in Form von Rückgabepflichten für den Abfallbesitzer oder für die öffentlich-rechtlichen Entsorgungsträger im Zusammenhang mit der Einsammlung von rücknahmepflichtigen Abfällen.

Klärungsbedürftig ist für die Bestimmung der Produktverantwortlichen zunächst, was unter **Erzeugnissen** im Sinne des Absatz 1 Satz 1 zu verstehen ist. Im KrWG wird auch dieser Begriff nicht definiert. Da sich die Produktverantwortung auf Erzeugnisse beziehen soll, kann davon ausgegangen werden, dass der Gesetzgeber die Begriffe Erzeugnis und Produkt synonym verwendet (*Hoffmann* DVBl. 1996, 901; *Mann* in Versteyl/Mann/Schomerus, KrWG, 2019, § 23 Rn. 13; *Webersinn* in Schink/Versteyl, KrWG 2016, § 23 Rn. 56). Der Begriff des Erzeugnisses wird in § 3 Nr. 5 ChemG für den Bereich des Chemikalienrechts definiert. Diese Definition kann allerdings nur bedingt auf den Bereich des Abfallrechts angewendet werden. Nach § 3 Nr. 5 ChemG sind Erzeugnisse Gegenstände, die bei der Herstellung eine spezifische Gestalt, Oberfläche oder Form erhalten, die in größerem Maße als die chemische Zusammensetzung seine Funktion bestimmt. Im Chemikalienrecht wird zwischen den Begriffen Stoff, Zubereitung und Erzeugnis differenziert. So regelt das Chemikalienrecht u. a. für Vertreiber andere Pflichten für Erzeugnisse als für Stoffe oder Zubereitungen. Zur Bestimmung der Produktverantwortlichen taugt deshalb möglicherweise eher der Begriff des **Produkts** im Sinne des § 2 Satz 1 ProdHaftG (*Flanderka* in Jahn/Deifuß-Kruse/Brandt, KrWG, 2014, § 23 Rn. 10). Ein Produkt ist nach § 2 Satz 1 ProdHaftG jede bewegliche Sache, auch wenn sie einen Teil einer anderen beweglichen Sache oder einer unbeweglichen Sache bildet. Der Produktbegriff des Produkthaftungsrechts erstreckt sich anders als der des Erzeugnisses im Sinne des Chemikaliengesetzes auch auf Zwischenerzeugnisse. **17**

Die Ansicht, Nahrungs- und Genussmittel und andere Produkte, die ihrer Bestimmung nach zum physischen Verbrauch bestimmt seien, könnten keine Erzeugnisse im Sinne der Produktverantwortung sein (so *Mann* in Versteyl/Mann/Schomerus, KrWG, 2019, § 23 Rn. 13), ist nicht zutreffend. Insbesondere die in § 23 Abs. 1 S. 3 angesprochene Obhutspflicht bezieht sich gerade auch auf Lebensmittel. **17a**

Entwickler eines Erzeugnisses bzw. eines Produktes sind diejenigen, die Produkte bzw. Erzeugnisse konstruieren, entwerfen oder konzipieren. Sie tragen für das Erzeugnis bzw. Produkt Verantwortung, bevor es überhaupt hergestellt wird. **18**

Hersteller ist nach § 4 Abs. 1 Satz 1 ProdHaftG derjenige, der ein Endprodukt, einen Grundstoff oder ein Teilprodukt hergestellt hat. Als Hersteller gilt nach § 4 Abs. 1 Satz 2 ProdHaftG auch derjenige, der sich durch das Anbringen seines Namens, seiner Marke oder eines anderen unterscheidungskräftigen Kennzeichens als Hersteller ausgibt (Quasi-Hersteller). Fraglich könnte sein, ob Quasi-Hersteller in diesem Sinne des Produkthaftungsrechts auch Hersteller im Sinne der Produktverantwortung nach § 22 Abs. 1 Satz 1 sind. In aller Regel dürfte diese Frage allerdings akademischer Natur sein, weil Quasi-Hersteller sich regelmäßig nur deshalb als Hersteller ausgeben, weil sie die entsprechenden Produkte bzw. Erzeugnisse vertreiben wollen und insoweit als Vertreiber ohnehin produktverantwortlich sind. **19**

Be- und **Verarbeiter** eines Erzeugnisses sind diejenigen, die das Erzeugnis nach seiner Herstellung durch Bearbeitung verändern oder aber für eine andere Produktion oder Herstellung verarbeiten. Die Bearbeitung und Verarbeitung wird als Unterfälle der Herstellung angesehen (*Mann* in Versteyl/Mann/Schomerus, KrWG, 2019, § 23 Rn. 11; *Tünnesen-Harmes* in Jarass/Petersen, KrWG, 2014, § 23 Rn. 25; *Konzak* BeckOK UmweltR, § 23 KrWG Rn. 12). Der Unterschied zum Herstellen soll darin bestehen, dass eine Bearbeitung ein Material nur in der Struktur ändert, ohne einen anderen Gegenstand herzustellen. Bei der Verarbeitung bleibe das Material zwar auch erhalten, es wird aber ggf. unter Hinzunahme weiterer Grundstoffe zu einem neuen Produkt (*Mann* in Versteyl/Mann/Schomerus, KrWG, 2019, § 23 Rn. 11). **20**

21 Als **Vertreiber** eines Erzeugnisses sind alle Personen anzusehen, die das Erzeugnis in den Verkehr bringen (*VGH BW* Urt. v. 14.5.2019, AbfallR 2019, 226). Für den Geltungsbereich des BattG definiert z. B. § 2 Abs. 14 S. 1 BattG, dass Vertreiber derjenige ist, der, unabhängig von der Vertriebsmethode, im Geltungsbereich des BattG Batterien gewerbsmäßig für den Endnutzer anbietet. Anbieten von Batterien im Sinne des § 2 Abs. 14 S. 1 BattG ist nach § 2 Abs. 14 S. 2 BattG das auf den Abschluss eines Kaufvertrages gerichtete Präsentieren oder öffentliche Zugänglichmachen von Batterien; dies umfasst auch die Aufforderung, ein Angebot abzugeben. Nach § 3 Nr. 11 ElektroG ist Vertreiber jede natürliche oder juristische Person oder Personengesellschaft, die Elektro- oder Elektronikgeräte anbietet oder auf dem Markt bereitstellt. Die Absicht, ein Erzeugnis in den Verkehr zu bringen, soll noch nicht genügen, eine Produktverantwortung als Vertreiber auszulösen. Vielmehr müsse der Vertrieb zumindest begonnen haben. Entscheidend ist dabei der Besitzerwechsel.

22 Auch der Begriff des Herstellers wird in unterschiedlichen Spezialregelungen des Rechts der Produktverantwortung, so z. B. in § 3 Nr. 9 ElektroG, § 2 Nr. 15 BattG und in § 3 Abs. 14 VerpackG, für den jeweiligen Anwendungsbereich dieser Bestimmungen legaldefiniert.

23 Nicht zu dem Kreis der Produktverantwortlichen zählen **Verbraucher,** die ihr Erzeugnis zu Eigenzwecken nutzen. Allerdings können ihnen Mitwirkungspflichten durch Rechtsverordnungen nach § 25 Abs. 2 auferlegt werden. Der damit umschriebene weite Kreis von Produktverantwortlichen wird von der Bundesregierung nach Absatz 4 Satz 1 durch **Rechtsverordnung** näher eingegrenzt. Voraussetzung für eine Inpflichtnahme durch den Verordnungsgeber ist es, dass für den betroffenen Personenkreis jeweils tatsächlich die Möglichkeit einer Einflussnahme auf die Produktgestaltung bzw. den Umgang mit dem Produkt besteht (*Flanderka* in Jahn/Deifuß-Kruse/Brandt, KrWG, 2014, § 23 Rn. 12).

24 Die Produktverantwortung bezieht sich nach Absatz 1 Satz 1 auf die Erfüllung der **Ziele der Kreislaufwirtschaft.** Die Produktverantwortlichen sollen ihre Produktverantwortung zur Erfüllung der Ziele der Kreislaufwirtschaft wahrnehmen. Auch die Ziele der Kreislaufwirtschaft werden allerdings im KrWG nicht konkret benannt. Der Zweck des Gesetzes richtet sich nach § 1 auf die Förderung der Kreislaufwirtschaft zur Schonung der natürlichen Ressourcen und auf den Schutz von Mensch und Umwelt bei der Erzeugung und Bewirtschaftung von Abfällen. Kreislaufwirtschaft im Sinne des KrWG sind nach § 3 Abs. 9 die Vermeidung und Verwertung von Abfällen. Die Begriffe Vermeidung und Verwertung werden in § 3 Abs. 20 und 23 definiert. Die Beseitigung von Abfällen ist kein Teil der Kreislaufwirtschaft. Grundsätze der Abfallvermeidung und Abfallbewirtschaftung regelt Abschnitt 1 des 2. Teils des Gesetzes. Konkretisiert werden die Ziele der Kreislaufwirtschaft für die Produktverantwortung in Absatz 1 Satz 2.

25 Nach § 1 Abs. 2 soll mit dem KrWG außerdem das Erreichen der europarechtlichen Zielvorgaben der AbfRRL gefördert werden. Der Gesetzgeber bezieht sich damit insbesondere auf die in Art. 11 AbfRRL genannten Ziele für die Vorbereitung zur Wiederverwendung und das Recycling bestimmter Abfallarten. Nach Art 11 Abs. 1 S. 1 AbfRRL ergreifen die Mitgliedstaaten, soweit angemessen, Maßnahmen zur Förderung der Wiederverwendung von Produkten und der Vorbereitung zur Wiederverwendung, insbesondere durch Förderung der Errichtung und Unterstützung von Wiederverwendungs- und Reparaturnetzen sowie durch Einsatz von wirtschaftlichen Instrumenten, Beschaffungskriterien oder quantitativen Zielen oder durch andere Schritte. Außerdem ergreifen die Mitgliedstaaten nach Art 11 Abs. 1 S. 2 AbfRRL Maßnahmen zur Förderung eines qualitativ hochwertigen Recyclings; hierzu führen sie die getrennten Sammlungen von Abfällen ein, soweit sie technisch, ökologisch und ökonomisch durchführbar

und dazu geeignet ist, die für die jeweiligen Recycling-Sektoren erforderlichen Qualitätsniveaus zu erreichen.

Die Ziele der Kreislaufwirtschaft lassen sich nicht nur aus dem Gesetzeszweck des § 1, sondern zumindest mittelbar auch den Grundsätzen, speziell aus der Abfallhierarchie des § 6, den Grundpflichten der §§ 7 ff und den allgemeinen Anforderungen an die Kreislaufwirtschaft (§ 10) ableiten (*Mann* in Versteyl/Mann/Schomerus KrWG, 2019, § 23 Rn. 5). **25a**

Aus der abstrakten Zuweisung der Produktverantwortung an die genannten Adressaten der Produktverantwortung ergibt sich noch **keine unmittelbare Verpflichtung** (*Flanderka* in Jahn/Deifuß-Kruse/Brandt, KrWG, 2014, § 23 Rn. 1; *Scheier* in Kopp-Assenmacher, KrWG, 2015, § 23 Rn. 9; *Webersinn* in Schink/Versteyl, KrWG, 2016, § 23 Rn. 55; *Tünnesen-Harmes* in Jarass/Petersen, KrWG, 2014, § 23 Rn. 6; *Mann* in Versteyl/Mann/Schomerus, KrWG, 2019, § 23 Rn. 8; *Petersen/Rid* NJW 1995, 7, 10; *Hoffmann* DVBl 1996, 898, 901; *Prelle* in Schmehl/Klement, KrWG 2019, § 23 Rn. 12; *v. Lersner* ZUR 2000, 105, 106; *Kloepfer* Umweltrecht, 2016, § 23 Rn. 12; *Tünnesen/Harmes* in Jarass/Petersen, KrWG, 2014, § 23 Rn. 7; *Konzak* in BeckOK UmweltR, § 23 KrWG Rn. 7). Das erschließt sich schon aus Absatz 4, wonach die Bundesregierung erst durch Rechtsverordnung bestimmt, welche Verpflichteten konkret die Produktverantwortung nach Absatz 1 und Absatz 2 zu erfüllen haben. In diesen Verordnungen muss nach Absatz 4 Satz 2 zugleich festgelegt werden, für welche Erzeugnisse und in welcher Art und Weise die Produktverantwortung wahrzunehmen ist. Daraus folgt, dass ohne solche Verordnungsregelungen keine konkrete Pflicht der Produktverantwortlichen bestehen kann (*Mann* in Versteyl/Mann/Schomerus, KrWG, 2019, § 23 Rn. 8; *Prelle* in Schmehl/Klement, KrWG 2019, § 23 Rn. 12). **25b**

Dazu wird allerdings die Auffassung vertreten, § 23 regele eine **latente Grundpflicht** der Produktverantwortlichen, die zwar nicht unmittelbar verbindlich oder erzwingbar sei, die jedoch für den Erlass der konkretisierenden Rechtsverordnung und insbesondere für deren Verschärfung von besonderer Bedeutung sei (*Petersen/Friedrich* NVwZ 2021, 1, 3; *Mann* in Versteyl/Mann/Schomerus, KrWG, 2019, § 23 Rn. 8; *Petersen/Rid,* NJW 1995, 1, 10; *Tünnesen-Harmes* in Jarass/Petersen, KrWG, 2014, § 23 Rn. 7; *Schrader* NVwZ 1997, 943, 944; a. A. *Tettinger,* DVBl. 1995, 213, 215; *Beckmann* DVBl. 1995, 313, 315; *Weidemann* NVwZ 1995, 631, 634). Da die Produktverantwortlichen bereits gesetzlich gehalten seien, sich an der in § 22 Abs. 1 geregelten und in Absatz 2 konkretisierten Produktverantwortung zu orientieren und die Verordnung die damit bereits latente Pflicht lediglich konkretisiere, dürften hinsichtlich der Reichweite der zu erlassenen Rechtsverordnungen, insbesondere hinsichtlich der Verhältnismäßigkeit der zu regelnden Anforderungen und hinsichtlich einer Notwendigkeit von Übergangsregelungen erleichterte Voraussetzungen gelten. Zum Teil wird angenommen, auch wenn sich aus § 23 Abs. 1 keine unmittelbar durchsetzbare Pflicht ergebe, handele es sich bei § 23 Abs. 1 S. 1 gleichwohl um eine „verbindliche Gestaltungspflicht" und damit um mehr als nur um einen Appell oder um eine lediglich moralische Verantwortung (*Prelle* in Schmehl/Klment, KrWG, 2019, § 23 Rn. 12). Woraus sich allerdings ergeben soll, dass zwar keine unmittelbar durchsetzbare Pflicht besteht, jedoch zugleich eine verbindliche Gestaltungspflicht, erschließt sich nicht. **25c**

Die Auffassung ist auch im Übrigen unzutreffend, weil für die Produktverantwortlichen ohne eine Verordnungsregelung überhaupt nicht erkennbar ist, ob und in welchem zeitlichen Zusammenhang sie konkrete Produktpflichten treffen sollen und wie diese Verpflichtungen gegebenenfalls konkret aussehen könnten. Die möglichen Adressaten von spezifischen Produktpflichten können sich deshalb auf eine solche Verpflichtung nicht einstellen. Es bleibt deshalb dabei, dass es sich bei der Zuweisung der Produktver- **25d** antwortung auf der abstrakten gesetzlichen Ebene lediglich um einen **Programmsatz** oder eine **Appellregelung** handelt, die auch keine mittelbaren rechtlichen Folgen, etwa im Zusammenhang mit Ansprüchen aus § 823 Abs. 2 BGB i. V. mit der Produkthaftung nach § 3 Abs. 1 ProdHaftG, zeitigt (*Beckmann* UPR 1996, 41,45; siehe dazu aber auch *Gessmann-Nuissl/Wenzel* NJW 2004, 117, die aus der abfallrechtlichen Produktverantwortung eine Weiterentwicklung der unternehmerischen Verkehrssicherungspflichten ableiten wollen). Soweit nach § 1 Abs. 2 Nr. 4 ProdHaftG eine Ersatzpflicht des Herstellers ausgeschlossen ist, wenn der Fehler darauf beruht, dass das Produkt, als es in den Verkehr gebracht wurde, zwingenden Rechtsvorschriften entsprach, können sich solche zwingenden, die Produktgestaltung betreffende Rechtsvorschriften aus Rechtsverordnungen nach §§ 24, 25 ergeben, nicht jedoch aus der allgemeinen Regelung des § 23. Auch hinsichtlich der straf- oder ordnungswidrigkeitsrechtlichen Sorgfaltspflichten können aus der abstrakten Produktverantwortung des § 23 ohne verordnungsrechtliche Konkretisierung keine Entscheidungsmaßstäbe abgeleitet werden.

C. Produktgestaltung (Absatz 1 Satz 2)

26 Gemäß Absatz 1 Satz 2 sind zur Erfüllung der Produktverantwortung Erzeugnisse möglichst so zu gestalten, dass bei deren Herstellung und Gebrauch das Entstehen von Abfällen vermindert wird und die umweltverträgliche Verwertung und Beseitigung der nach deren Gebrauch entstandenen Abfälle sichergestellt ist (siehe dazu *Prelle* AbfallR 2018, 76 ff.). Mit dieser Grundanforderung an die Produktgestaltung wird die abstrakte Produktverantwortung in einem ersten Schritt durch den Gesetzgeber selbst konkretisiert. Produkte sollen so gestaltet werden, dass bei deren Herstellung und Gebrauch das Entstehen von Abfällen vermindert wird. Diese Forderung des Gesetzgebers bezieht sich in erster Linie auf die Verminderung der bei der Herstellung und dem Gebrauch entstehenden Abfallmengen. Allerdings sollen Erzeugnisse auch so gestaltet werden, dass die umweltverträgliche Verwertung und Beseitigung der nach dem Gebrauch entstandenen Abfälle sichergestellt ist. Die Anforderungen des Absatzes 1 Satz 2 richten sich unmittelbar an die Produktverantwortlichen. Daneben wird durch diese Regelung aber auch der Verordnungsgeber bei der weiteren Konkretisierung verpflichtet.

27 Die Verpflichtung zu einer der Produktverantwortung Rechnung tragenden Produktgestaltung wird durch die Verwendung des Begriffs „möglichst" relativiert. Die Verpflichtung zu einer bestimmten Produktgestaltung gilt insoweit nicht absolut, sondern nur im Rahmen der jeweiligen Möglichkeiten des Herstellers. Ob durch die Verwendung des Begriffs bereits Gesichtspunkte der Verhältnismäßigkeit einfließen sollen oder ob damit vom Gesetzgeber tatsächlich nur eine Beschränkung auf rechtlich und tatsächlich mögliche Produktgestaltungen gemeint ist, was an sich nicht erwähnenswert gewesen wäre, weil es grundsätzlich selbstverständlich ist, dass die Pflicht sich nur auf tatsächlich und rechtlich mögliche Gestaltungsalternativen beziehen kann, mag letztlich offen bleiben, weil der Verhältnismäßigkeitsgrundsatz verfassungsrechtlich unmittelbar und über Absatz 3 ohnehin zu berücksichtigen ist.

D. Obhutspflicht (Abs. 1 Satz 3)

28 Nach § 23 Abs. 1 S. 3 ist beim Vertrieb der Erzeugnisse dafür zu sorgen, dass deren Gebrauchstauglichkeit erhalten bleibt und diese nicht zu Abfall werden. Die damit vom Gesetzgeber eingeführte Obhutspflicht wird durch § 23 Abs. 2 Nr. 11 ergänzt, wonach

die Produktverantwortung insbesondere auch eine Obhutspflicht hinsichtlich der vertriebenen Erzeugnisse, insbesondere die Pflicht umfasst, beim Vertrieb der Erzeugnisse, auch im Zusammenhang mit deren Rücknahme oder Rückgabe, dafür zu sorgen, dass die Gebrauchstauglichkeit der Erzeugnisse erhalten bleibt und diese nicht zu Abfall werden. Weiter ergänzt werden diese Bestimmungen zur Obhutspflicht durch die Ermächtigung des § 24 Nr. 10, wonach zur Festlegung von Anforderungen nach § 23 die Bundesregierung ermächtigt wird, nach Anhörung der beteiligten Kreise (§ 68) durch Rechtsverordnung mit Zustimmung des Bundesrates zu bestimmen, dass beim Vertrieb bestimmter Erzeugnisse, auch im Zusammenhang mit deren Rücknahme oder Rückgabe, dafür zu sorgen ist, dass die Gebrauchstauglichkeit der Erzeugnisse erhalten bleibt und diese nicht zu Abfall werden.

Die Einführung einer Obhutspflicht hat der Gesetzgeber in der Gesetzesbegründung mit einer ausführlichen Erläuterung versehen (BT-Drs. 19/19373, S. 59). Die grundsätzliche Verpflichtung zur Gewährleistung einer weitreichenden, auch bei der Nutzung durch den Endverbraucher fortbestehenden Gebrauchstauglichkeit des „abfallarmen" Erzeugnisses schließe das Gebot ein, dass der zur Herstellung derartiger Erzeugnisse verpflichtete Produktverantwortliche das von ihm hergestellte und vertriebene Erzeugnis nicht ohne Notwendigkeit durch eigene Willensentscheidung zu Abfall machen dürfe. Dies werde durch den neuen Satz 3 klargestellt. Die Obhutspflicht ist eine Konkretisierung der **Abfallvermeidungspflicht.** **29**

I. Obhutspflicht und subjektiver Abfallbegriff

Fraglich ist, ob durch die Obhutspflicht der subjektive Abfallbegriff des § 3 Abs. 2 eingeschränkt wird. Denn danach wird ein Produkt zu Abfall, wenn sich der Besitzer des. seiner entledigen will. Nach § 3 Abs. 3 Satz 1 Nr. 2 ist ein Wille zur Entledigung im Sinne von § 3 Abs. 1 KrWG hinsichtlich solcher Stoffe oder Gegenstände anzunehmen, deren ursprüngliche Zweckbestimmung entfällt oder aufgegeben wird, ohne dass ein neuer Verwendungszweck unmittelbar an deren Stelle tritt. Für die Beurteilung der Zweckbestimmung ist nach § 3 Abs. 3 Satz 2 die Auffassung des Erzeugers oder Besitzers unter Berücksichtigung der Verkehrsanschauung zugrunde zu legen. Grundsätzlich steht es dem Besitzer eines Gegenstandes frei, sich seiner zu entledigen oder ihn der ursprünglichen Zweckbestimmung entsprechend weiter zu nutzen. Diese freie Entscheidung wird den Vertreibern von Produkten zwar noch nicht durch die gesetzlichen Regelungen zur Obhutspflicht, so doch bei Erlass einer entsprechenden Verordnung nach § 24 Nr. 11 genommen. **30**

Allerdings ist die Freiheit, sich für oder gegen eine Entledigung zu entscheiden, ohnehin gesetzlich eingeschränkt. Im Falle des sogenannten Zwangsabfalls muss sich der Besitzer des Stoffes oder Gegenstands entledigen. Das ist nach § 3 Abs. 4 S. 1 der Fall, wenn die Stoffe oder Gegenstände nicht mehr entsprechend ihrer ursprünglichen Zweckbestimmung verwendet werden, aufgrund ihres konkreten Zustands geeignet sind, gegenwärtig oder künftig das Wohl der Allgemeinheit, insbesondere die Umwelt, zu gefährden und deren Gefährdungspotenzial nur durch eine ordnungsgemäße und schadlose Verwertung oder gemeinwohlverträgliche Beseitigung ausgeschlossen werden kann. Eine weitere Einschränkung der Entscheidungsfreiheit ergibt sich daraus, dass für die Beurteilung der Zweckbestimmung, die zur Feststellung eines Entledigungswillen maßgeblich ist, nach § 3 Abs. 2 S. 2 zwar die Auffassung des Erzeugers oder Besitzers maßgeblich ist, dass jedoch dabei die Verkehrsanschauung berücksichtigt werden muss, sodass der subjektive Wille des Besitzers durch objektive Kriterien korrigiert werden kann mit der Folge, dass **31** eine Entledigungswille angenommen wird, auch wenn der Abfallbesitzer einen solchen Willen nicht äußert oder sogar bestreitet.

32 Die Obhutspflicht ändert insoweit nichts am subjektiven Abfallbegriff, schränkt ihn auch nicht ein. Sie soll den Obhutspflichtigen vielmehr einerseits davon abhalten, sich des Erzeugnisses zu entledigen, wenn es ihm zurückgegeben worden ist, und anderseits dafür sorgen, dass die Gebrauchstauglichkeit seines Erzeugnisses möglichst lange und möglichst umfassend erhalten bleibt. Missachtet der Abfallbesitzer eine durch Verordnung verbindliche Obhutspflicht und entledigt sich eines an ihn zurückgegebenen Produkts, dann wird das Produkt trotz Geltung dieser Obhutspflicht zu Abfall. Der Obhutspflichtige verhält sich dann allerdings nicht gesetzeskonform. Für den Besitzer eines Erzeugnisses, der nicht obhutspflichtiger Vertreiber ist, bleibt es ohnehin beim subjektiven Abfallbegriff. Eine verbindliche Obhutspflicht des Vertreibers ändert nichts an seinem Recht, sich eines erworbenen Produkts zu entledigen, es also zu Abfall werden zu lassen und es auch nicht als Retoure an den Vertreiber zurückzugeben. Eine Rückgabepflicht des Besitzers setzt eine entsprechende gesetzliche oder verordnungsrechtliche Verpflichtung voraus.

33 Zu Beispielen für eine Obhutspflicht verweist die Gesetzesbegründung auf das Unionsrecht für den Bereich der Lebensmittel (Gesetzesbegründung BT-Drs. 19/19373, S. 56). Nach Art. 9 Abs. 1g) AbfRRL hätten die Mitgliedstaaten Maßnahmen zu treffen, die „Verschwendung von Lebensmitteln in der Primärerzeugung, Verarbeitung und Herstellung, im Einzelhandel und anderen Formen des Vertriebs von Lebensmitteln, in Gaststätten zu verringern." Als mögliche Maßnahme der Abfallvermeidung nenne Art. 9 Abs. 1h) AbfRRL die Förderung von „Lebensmittelspenden und andere Formen der Umverteilung von Lebensmitteln für den menschlichen Verzehr, damit der Gebrauch durch den Menschen Vorrang gegenüber dem Einsatz als Tierfutter und der Verarbeitung zu Non-Food-Erzeugnissen habe."

Die Neuregelung im KrWG sei Grundlage für Verordnungen, die grundsätzlich alle Erzeugnisse, seien es Lebensmittel, Bekleidung oder Elektroartikel, umfassen könnten (Gesetzesbegründung BT-Drs. 19/19373, S. 58).

II. Adressaten der Obhutspflicht

34 § 23 Abs. 1 Satz 3 verpflichtet die Vertreiber von Erzeugnissen. Der Vertrieb ist nach der Gesetzesbegründung (BT-Drs. 19/19373, S. 58) in Anlehnung an § 3 Abs. 12 und 13 VerpackG zu verstehen als das gewerbsmäßige Inverkehrbringen von Erzeugnissen, unabhängig davon, auf welcher Handelsstufe und mit welcher Vertriebsmethode dies erfolgt.

Auch das erstmalige Bereitstellen eines Erzeugnisses im Geltungsbereich des KrWG soll nach der Gesetzesbegründung ein Inverkehrbringen und damit ein Vertreiben sein. Funktional soll nach der Gesetzesbegründung zur Vertriebsphase auch der zum Zwecke des Inverkehrbringens durchgeführte Transport und die Lagerhaltung der Erzeugnisse zählen.

35 Nicht erfasst sein soll nach der Gesetzesbegründung hingegen die vorgelagerte Phase der Herstellung eines Erzeugnisses, denn in der Produktionsphase könne aufgrund von technischen Herstellungsbedingungen der Anfall von Abfall nicht ausgeschlossen werden. Zudem enthalte bereits die Verpflichtung des Anlagenbetreibers nach § 5 Abs. 1 Nr. 3 BImSchG ein wirkungsvolles Instrument, um eine Abfallerzeugung in der Produktionsphase zu vermindern.

36 In der Gesetzesbegründung wird darauf hingewiesen, dass die Verpflichtung, für die Erhaltung der Gebrauchstauglichkeit eines Erzeugnisses Sorge tragen zu müssen, Paralle-

len im Zivilrecht habe (Gesetzesbegründung BT-Drs. 19/19373, S. 58 unter Verweis auf Pflichten des Nießbrauchers, für die Erhaltung einer Sache in ihrem wirtschaftlichen Bestand zu sorgen, § 1041 BGB, und auf Obhutspflichten des Lagerhalters nach § 475 HGB). Allerdings gehe es bei der Obhutspflicht des KrWG um Sachen, die sich im Eigentum oder in der Verfügungsbefugnis des Produktverantwortlichen befänden, deren ungerechtfertigte Zerstörung weder zivilrechtlich noch strafrechtlich sanktioniert werden könne.

Die Obhutspflicht bezieht sich nach der Gesetzesbegründung nicht nur auf das eigene Verhalten, sondern auch auf das Verhalten des vom Vertreiber mit den einzelnen Verrichtungen im Zusammenhang mit dem Vertrieb beauftragten Dritten, wie etwa weiterer Lagerhalter oder Personal der Verkaufsstelle. Aus den zivilrechtlichen Normen ließen sich auch Anhaltspunkte für die einzelnen Handlungspflichten und -maßstäbe entnehmen. 37

III. Pflichtenmaßstab

Die Gesetzesbegründung versichert, dass mit der Obhutspflicht keine Erfolgsgarantie verbunden ist; vielmehr handele es sich (nur) um dauerhafte Vorsorge- und Sorgfaltspflichten. Die Obhutspflicht des § 23 Abs. 1 Satz 3 sei– wie die anderen Regelungen der Produktverantwortung – eine latente Grundpflicht, aus der sich allein noch keine durchsetzbaren materiell-rechtlichen Pflichten des Produktverantwortlichen ergeben würden. Hierfür bedürfe es entweder spezifischer Rechtsverordnungen der Bundesregierung (siehe § 23 Abs. 4) oder spezieller Gesetze, wie des Verpackungsgesetzes, des Batteriegesetzes oder des Elektro- und Elektronikgerätegesetzes. Beim Kreislaufwirtschaftsgesetz bestimme der Verordnungsgeber, welche konkreten Erzeugnisse der Obhutspflicht unterliegen sollten und welche Maßnahmen zur Erhaltung der Gebrauchstauglichkeit (vom Schutz vor Zerstörung von Konsumgütern, über den vergünstigten Abverkauf von Lagerware bis hin zur Spende von Lebensmitteln an Tafeln) zu ergreifen seien. 38

IV. Grundsatz der Verhältnismäßigkeit

Verbindliche Obhutspflichten berühren die Berufsausübungsfreiheit des obhutspflichtigen Vertreibers (Art. 12 Abs. 1 GG), und die Verfügungsbefugnis des Eigentümers. Die Regelungen stellen ausweislich der Gesetzesbegründung (BT-Drs. 19/19373, S. 58) eine Bestimmung des Inhalts und der Schranken des Eigentums (Art. 14 Abs. 1 GG) dar; konkrete Eigentumspositionen würden jedoch nicht entzogen. Der Grad der Betroffenheit der grundrechtlich geschützten Rechtspositionen sei von der Intensität und dem Umfang der jeweiligen Maßnahme abhängig. Dabei stünden verordnungsrechtliche Konkretisierungen ausdrücklich unter dem Vorbehalt des Verhältnismäßigkeitsgrundsatzes (§ 23 Abs. 3), müssten daher geeignet, erforderlich und angemessen sein, um die mit der Pflicht verfolgten Zwecke der Abfallvermeidung und des Umwelt- und Ressourcenschutzes zu erfüllen. Soweit die Obhutspflicht zu einer Beschränkung der Berufsausübungsfreiheit nach Art. 12 Abs. 1 GG führe, müsse die Beschränkung im Interesse des Gemeinwohls und zur Lösung legitimer, mit der Werteordnung des Grundgesetzes vereinbarer, gesetzgeberischer Sachaufgaben erfolgen. Hierzu zähle auch der Umwelt- und Ressourcenschutz nach Artikel 20a GG, der durch die Normen des KrWG seine konkreten Ausprägungen fände (§§ 1, 6 Abs. 1, 23 Abs. 1). 39

Bei der Beurteilung der Verhältnismäßigkeit steht dem Gesetz- und Verordnungsgeber ein weiter Beurteilungs- und Gestaltungsspielraum zu. Mit Blick auf Art. 14 Abs. 1 GG sei der Verordnungsgeber verpflichtet, die schutzwürdigen Interessen des Eigentümers 40 und die Belange des Gemeinwohls, insbesondere die des Umwelt- und Ressourcenschutzes gem. Art. 20a GG und § 1, in ein gerechtes und ausgewogenes Verhältnis zu bringen. Zu beachten sei, dass Art. 14 Abs. 1 GG nicht die einträglichste Nutzung eines Eigentums schütze; andererseits dürfe die Privatnützigkeit des Eigentums als auch die grundsätzliche Verfügungsbefugnis nicht ausgehöhlt werden. Entsprechend der Vorgabe, die Ressourcen möglichst effizient zu nutzen, sei der Verantwortliche daher gehalten, bei der Organisation und Ausgestaltung des Vertriebs die Gebrauchstauglichkeit des Erzeugnisses im Rahmen der ursprünglichen Zweckbestimmung aufrecht zu erhalten. Sei dies nicht möglich, könnten auch andere Verwendungszwecke in Betracht kommen. Könne die ursprüngliche Zweckbestimmung nicht mehr aufrechterhalten werden und sei auch eine andere Zweckbestimmung mit zumutbaren Mitteln nicht möglich, könne eine Entledigung des Erzeugnisses als Abfall in Betracht kommen. Gleiches gelte, wenn aus objektiven Gründen, etwa bei Vorliegen von Gesundheits- oder Umweltrisiken, die Entledigung des Erzeugnisses geboten sei. Die Regelung überlasse es dem Produktverantwortlichen, in welcher Weise er die Gebrauchstauglichkeit erhalten könne. Hinweise ergäben sich dabei bereits aus dem Zivilrecht (Gesetzesbegründung BT-Drs. 19/19373, S. 58 f.).

E. Konkretisierungen der Produktverantwortung (Absatz 2)

41 Die in Absatz 1 Satz 1 abstrakt zugewiesene und in Absatz 1 Satz 2 hinsichtlich der Gestaltung von Erzeugnissen in einem ersten Schritt konkretisierte Produktverantwortung wird durch Absatz 2 näher und lediglich beispielhaft umschrieben. Auch aus Absatz 2 lassen sich jedoch keine unmittelbaren Pflichten ableiten. Die Bestimmungen des Absatzes 2 bedürfen nämlich zur Konkretisierung entsprechender untergesetzlicher Regelwerke (*Beckmann* UPR 1996, 41, 45; *v. Lersner* ZUR 2000, 105, 106; *Mann* in Versteyl/Mann/Schomerus, KrWG, 2019, § 23 Rn. 8).

I. Entwicklung, Herstellung und Inverkehrbringen (Nr. 1)

42 Die Produktverantwortung umfasst nach Absatz 2 Nr. 1 die Entwicklung, Herstellung und das Inverkehrbringen von Erzeugnissen, die ressourceneffizient, mehrfach verwendbar, technisch langlebig, reparierbar und nach Gebrauch zur ordnungsgemäßen und schadlosen Verwertung und umweltverträglichen Beseitigung geeignet sind. Die Regelung steht im Zusammenhang mit § 3 Abs. 20, wonach eine abfallarme Produktgestaltung als Maßnahme der Abfallvermeidung anzusehen ist. Hinsichtlich der Begriffe Entwicklung, Herstellung und Inverkehrbringen kann auf die entsprechenden Begriffe in Absatz 1 Satz 1 verwiesen werden. Dieser Aspekt der Produktverantwortung dient vorrangig der Abfallvermeidung (*Prelle* in Schmehl/Klement, KrWG, 2019, § 23 Rn. 23).

42a Die Reparaturfähigkeit eines Produkts spielt aber auch für eine Vorbereitung der Wiederverwendung, nachdem das Produkt bereits zu Abfall geworden ist, eine wesentliche Rolle. Zutreffend wird allerdings kommentiert, dass Anforderungen an die Produktbeschaffenheit auch das Risiko einer staatlichen Fehlsteuerung begründen (*Tünnesen-Harmes* in Jarass/Petersen, KrWG, 2014, § 23 Rn. 31). In der Praxis spielten die abfallrechtlichen Regelungen zur Produktgestaltung in der Vergangenheit noch keine bedeutende Rolle (*Prelle* AbfallR 2018, 106).

42b Nr. 1 wurde durch die Gesetzesnovelle 2020 dahin ergänzt, dass die Produktverantwortung für Erzeugnisse mit Blick auf deren Entwicklung, Herstellung und das Inverkehrbringen auch die **Ressourceneffizienz** umfasst. Außerdem sollen Erzeugnisse nicht mehr nur mehrfach verwendbar und technisch langlebig, sondern auch „reparierbar" sein. Die ausdrückliche Erwähnung der Ressourceneffizienz beruht auf Art. 9 Abs. 1b) AbfRRL. Ressourceneffizienz ist nach der Gesetzesbegründung (BT-Drs. 19/19373, S. 59) das Verhältnis eines bestimmten Nutzens oder Ergebnisses zum dafür nötigen Ressourceneinsatz. Eine inhaltliche Erweiterung für das KrWG soll sich daraus nach der Gesetzesbegründung nicht ergeben, weil die Schonung der natürlichen Ressourcen bereits von der Zweckbestimmung des § 1 umfasst sei.

Als Herstellung eines Produktes im Sinne von § 23 Abs. 2 Nr. 1 ist nicht nur die Herstellung des Endproduktes, sondern auch der selbständigen Segmente des Endproduktes zu verstehen (*Mann* in Versteyl/Mann/Schomerus, KrWG, 2019, § 23 Rn. 10; *Tünnesen-Harmes* in Jarass/Petersen, KrWG, 2014, § 23 Rn. 25). Be- und Verarbeiten sind Unterbegriffe des Herstellens. **43**

Erzeugnisse sollen nach Absatz 2 Nr. 1 möglichst **mehrfach verwendbar** sein. Verhindert werden soll, dass ein Erzeugnis bereits nach seiner einmaligen Verwendung zu Abfall wird. Es geht insoweit nicht darum, ein Produkt im Rahmen der Abfallverwertung zu recyceln (z. B. aus Kunststoffverpackungen ein Granulat herzustellen). Entscheidend ist vielmehr die Möglichkeit, das Erzeugnis in seiner Ursprungsfunktion möglichst wiederholt nutzen zu können (*Flanderka* in Jahn/Deifuß-Kruse/Brandt, KrWG, 2014, § 23 Rn. 16; *Prelle* in Schmehl/Klement, KrWG, 2019, § 23 Rn. 25). Das wendet sich grundsätzlich gegen Einwegverpackungen, Papp- und Kunststoffgeschirr, Einweg-Feuerzeuge, etc., die nach ihrem einmaligen Gebrauch nicht mehr für den ursprünglichen Verwendungszweck genutzt werden.

Technisch langlebig sind Erzeugnisse, bei deren Herstellung Materialien mit einer langen Lebensdauer verwendet und wenn die Erzeugnisse so verarbeitet wurden, dass die Funktionstauglichkeit des Geräts möglichst lange erhalten bleibt, so dass eine Entsorgung des Erzeugnisses als Abfall vermieden bzw. hinausgezögert werden kann. Die mehrfache Verwendbarkeit und die technische Langlebigkeit von Erzeugnissen werden auch dadurch gefördert, dass bei Erzeugnissen die Möglichkeit erhalten bleibt, diese zu reparieren, instand zu halten oder Einzelteile auszutauschen. Zutreffend wird aber darauf hingewiesen, dass eine sehr lange Lebensdauer insbesondere von Elektrogeräten oder Fahrzeuge auch nachteilig sein kann, wenn z. B. neue Geräte oder Fahrzeuge deutlich energieeffizienter sind (*Prelle* in Schmehl/Klement, KrWG, 2019, § 23 Rn. 26). **44**

Die Ergänzung „reparierbar" durch die Gesetzesnovelle 2020 geht vor allem auf Art. 9 Abs. 1b) AbfRRL und auf Art. 8 Abs. 2 AbfRRL zurück; sie zielt auf eine Verlängerung der Lebensdauer von Erzeugnissen. In der Gesetzesbegründung wird dazu erläutert, dass das Reparieren im Sinne der zweiten Stufe der Abfallhierarchie (Vorbereitung zur Wiederverwendung) solle (wieder) an die Stelle des Ersetzens (Neukauf eines Erzeugnisses) treten (Gesetzesbegründung BT-Drs. 19/19373, S. 59).Die **Reparierbarkeit** eines Produkts hat aber nicht nur Bedeutung für eine Vorbereitung zur Wiederverwendung. Denn bei der Reparatur eines Produkts handelt es sich im Regelfall nicht um eine Maßnahme der Vorbereitung der Wiederverwendung, weil dies voraussetzen würde, dass das Produkt zu Abfall geworden ist, dass dementsprechend ein Entledigungstatbestand des § 3 Abs. 1 vorliegt. Wer sein Auto, ein Elektrogerät oder seine Schuhe reparieren lässt, entledigt sich dieser Gegenstände nicht. Ganz im Gegenteil vermeidet er durch eine Reparatur einen Entledigungstatbestand. Im Vordergrund der Ergänzung des § 23 Abs. 2 Nr. 1 um die Reparierbarkeit dürfte entgegen der Gesetzesbegründung nicht die Vorbereitung der Wiederverwendung nach einem Entledigungstatbestand, sondern die Abfallvermeidung durch Weiterverwendung des Erzeugnisses stehen. **45**

Nach Gebrauch sollen die Erzeugnisse **ordnungsgemäß und schadlos verwertet bzw. umweltverträglich beseitigt** werden können. Der Gesetzgeber verweist insoweit auf die rechtlichen Anforderungen an die Verwertung im Sinne von §§ 7 Abs. 3 Satz 1 **46** sowie § 15 Abs. 2. Grundsätzlich dürften zwar alle derzeit hergestellten Erzeugnisse, soweit sie nach ihrem Gebrauch zu Abfall werden, gemessen an den gesetzlichen Anforderungen an die Abfallentsorgung umweltverträglich verwertet oder beseitigt werden können. Denn ansonsten wäre der gewählte Entsorgungsweg unzulässig. Erreicht werden soll jedoch, dass die Produktgestaltung im Sinne einer Optimierung der sich anschließenden Entsorgung eine Verringerung der anfallenden Abfallmengen und eine auch unterhalb der gesetzlichen Anforderungen möglichst umweltverträgliche Entsorgung befördert. Es handelt sich bei dieser Regelung auch insoweit nur um einen Appell des Gesetzgebers an die Hersteller, ihre Produkte unter Berücksichtigung der abfallrechtlichen Anforderungen und Ziele zu erzeugen.

II. Vorrangiger Einsatz von Abfällen oder sekundären Rohstoffen (Nr. 2)

47 Die Produktverantwortung umfasst nach Absatz 2 Nr. 2 des Weiteren den vorrangigen Einsatz von verwertbaren Abfällen oder sekundären Rohstoffen, insbesondere von **Rezyklaten,** bei der Herstellung von Erzeugnissen. Damit soll dem in § 1 Abs. 1 genannten Zweck der Schonung natürlicher Ressourcen Rechnung getragen werden.

In Nr. 2 wurde durch die Gesetzesnovelle 2020 der vorrangige Einsatz von Rezyklaten bei der Herstellung von Erzeugnissen vorgegeben. Der Begriff des Rezyklats wird mit der Gesetzesnovelle 2020 erstmals im KrWG legaldefiniert. Die Aufnahme einer Legaldefinition soll der Bedeutung des Rezyklateinsatzes für die Förderung der Kreislaufwirtschaft Rechnung tragen (Gesetzesbegründung BT-Drs. 19/19373, S. 46). Rezyklate im Sinne des KrWG sind gem. § 3 Abs. 7b sekundäre Rohstoffe, die durch die Verwertung von Abfällen gewonnen worden sind oder bei der Beseitigung von Abfällen anfallen und für die Herstellung von Erzeugnissen geeignet sind. Bei Rezyklaten kann es sich werkstofflich um Mahlgut, Regranulat oder um Regenerat handeln. Der Einsatz von Rezyklaten trägt zur Schonung von Primärrohstoffen bei und bildet einen wichtigen Schritt zur Verbesserung der Kreislaufwirtschaft (Gesetzesbegründung BT-Drs. 19/19373, S. 59). Die Verpflichtung von Herstellern, geeignete Rezyklate in der Produktion einzusetzen, wird als zentraler Hebel für die Förderung des Recyclings angesehen, da dadurch Absatzmärkte für solche Rezyklate initiiert werden können (*Petersen/Friedrich* NVwZ 2021, 1, 4). Die Gesetzesbegründung verweist dazu auf die EU-Kunststoffstrategie, welche die besondere Bedeutung der Erhöhung des Rezyklatanteils für das Kunststoffrecycling herausstellt und in der Festlegung eines Mindestrezyklatanteils einen wichtigen Treiber zur Steigerung der Nachfrage nach Sekundärrohstoffen sieht (zur Erhöhung des Mindestrezyklatanteils bei der Novelle des VerpackG siehe *Wilden-Beck* AbfallR 2021, 142, 143).

48 Es gibt verschiedene Beispiele, wo Rezyklate für die Herstellung neuer hochwertiger Produkte erfolgreich genutzt werden. Gleichwohl werden weiterhin zu viele recycelbare Abfälle energetisch verwertet und/oder nicht hochwertig genutzt. Die damit verbundene Verschwendung von Ressourcen wird nicht zuletzt wegen der negativen Klimafolgen eines unzureichenden Rezyklateinsatzes beanstandet (siehe dazu den Entschließungsantrag im Deutschen Bundestag, BT-Drs. 19/22612, S. 9; siehe auch *Buhck/Loschwitz* AbfallR 2021, 72, 79, die ebenfalls eine gesetzliche Verpflichtung zum Einsatz von Rezyklaten bzw. eine entsprechende Mindestquote vermissen; *Bruckschen* AbfallR 2020, 142, 145).

49 Art. 6 Abs. 5 EWKRL fordert einen Mindestrezyklateinsatz bei **Getränkeeinwegflaschen.** Art. 8 Abs. 2 AbfRRL sieht die Förderung von Produkten vor, die recycelte Materialien enthalten.

Für den Einsatz von Rezyklaten ist die Produktverantwortung nach den Erläuterungen der Gesetzesbegründung ein wichtiges Instrument Die Gesetzesbegründung weist u.a. auf den Einsatz von Rezyklaten bei der **öffentlichen Beschaffung** hin. § 45 Abs. 2 Nr. 2 verpflichtet die Behörden und Einrichtungen des Bundes, bei der Beschaffung insbesondere solche Erzeugnisse zu bevorzugen, die Rezyklate enthalten. 50

Verwertbare Abfälle im Sinne von § 23 Abs. 2 Nr. 2 sind grundsätzlich solche, die stofflich oder energetisch verwertet werden können. **Sekundäre Rohstoffe** sind Stoffe, die aus Abfällen gewonnen werden und primäre Rohstoffe substituieren. Der Begriff der sekundären Rohstoffe wurde noch in § 4 Abs. 3 KrW-/AbfG als „das Gewinnen von Stoffen aus Abfällen" definiert. Die Verwendung sekundärer statt primärer Rohstoffe soll nach dem Willen des Gesetzgebers unabhängig davon vorrangig sein, ob es sich bei diesen sekundären Rohstoffen noch um Abfall handelt oder nicht. 51

Die Vorschrift berücksichtigt den Vorrang des **Recyclings.** Recycling ist gemäß § 3 Abs. 25 jedes Verwertungsverfahren, durch das Abfälle zu Erzeugnissen, Materialien oder Stoffen entweder für den ursprünglichen Zweck oder für andere Zwecke aufbereitet werden. Das Recycling schließt die Aufbereitung organischer Materialien ein, nicht aber die energetische Verwertung und Aufbereitung zu Materialien, die für die Verwendung als Brennstoff oder zur Verfüllung bestimmt sind. Nach § 6 Abs. 1 Nr. 3 hat das Recycling Vorrang vor sonstigen Formen der Verwertung, insbesondere vor der energetischen Verwertung und der Verfüllung und natürlich auch vor der Beseitigung. Die grundsätzlich nur Abfallbesitzer und Abfallerzeuger unmittelbar treffenden Verwertungspflichten im Sinne eines Vorrangs der Verwertung werden wiederum appellartig auf Hersteller bezogen, die bei der Herstellung ihrer Produkte vorrangig verwertbare Abfälle oder sekundäre Rohstoffe einsetzen sollen. 52

Mit dem Vorrang des Einsatzes von verwertbaren Abfällen oder sekundären Rohstoffen ist gemeint, dass unter Beachtung der Abwägungskriterien aus den §§ 7, 8 Sekundärrohstoffen und verwertbaren Abfällen als Einsatzstoff für die Herstellung eines Produkts Vorrang vor der Verwendung von primären Rohstoffen eingeräumt werden soll. Dass dabei die Frage eines vorhandenen Marktes (§ 7 Abs. 4 S. 1) keine Rolle spielen soll, weil der vorrangige Einsatz von Sekundärrohstoffen oder der verwertbaren Abfälle diesen Markt erst schaffen oder erweitern soll (so *Mann* in Versteyl/Mann/Schomerus, KrWG, 2019, § 23 Rn. 17), leuchtet nicht ein. Denn wenn es für die mit Hilfe von sekundären Rohstoffen oder verwertbaren Abfällen erzeugten Produkten keine Nachfrage gibt, macht ihre Produktion ressourcenökologisch wenig Sinn. Dass durch eine solche Produktion ein entsprechender Markt geschaffen werden kann, mag im Einzelfall zutreffen, ist aber keineswegs durchgängig anzunehmen. 53

III. Sparsamer Einsatz von Rohstoffen und Kennzeichnung (Nr. 3)

Nach § 23 Abs. 2 Nr. 3 umfasst die Produktverantwortung auch den sparsamen Einsatz von kritischen Rohstoffen und die Kennzeichnung der in den Erzeugnissen enthaltenen kritischen Rohstoffe, um zu verhindern, dass diese Erzeugnisse zu Abfall werden sowie sicherzustellen, dass die kritischen Rohstoffe aus den Erzeugnissen oder den nach Gebrauch der Erzeugnisse entstandenen Abfällen zurückgewonnen werden können. 54

§ 23 Abs. 2 Nr. 3 ist durch die Gesetzesnovelle 2020 neu eingefügt worden, um Art. 9 Abs. 1c) AbfRRL umzusetzen. Die Gesetzesbegründung erläutert dazu, dass einzelne Rohstoffe für die europäische Wirtschaft große Bedeutung hätten; bei ihnen bestünde ein hohes Risiko von Versorgungsengpässen. Deshalb habe die EU-Kommission 2008 die Mitteilung zu einer „Rohstoffinitiative" (KOM, 2008, 699) vorgelegt, auf deren Grundlage die Mitgliedstaaten aufgefordert seien, Maßnahmen zu ergreifen, um die Wiederverwendung von Erzeugnissen zu fördern, die kritische Rohstoffe enthalten, und um zu verhindern, dass diese Erzeugnisse zu Abfall werden. Die Kommission hat eine Liste kritischer Rohstoffe (KOM, 2017, 490) vorgelegt, die regelmäßig überprüft wird (siehe dazu die Gesetzesbegründung, BT-Drs. 19/19373, S. 60).

55 Abfälle mit erheblichen Mengen kritischer Rohstoffe sollen ressourcenökonomisch bewirtschaften werden. Ein effizienter Einsatz kritischer Rohstoffe und die Kennzeichnung von Erzeugnissen, in denen kritische Rohstoffe enthalten sind, ermöglichen eine effizientere Kreislaufführung dieser Rohstoffe. § 23 Abs. 2 Nr. 3 schafft die Grundlage, Anforderungen an den sparsamen Einsatz kritischer Rohstoffe sowie die Kennzeichnung von in Erzeugnissen enthaltenen kritischen Rohstoffen zu richten, soweit für spezifische kritische Rohstoffe, wie z. B. Phosphorverbindungen, nicht bereits produktbezogene Normen (Düngemittelrecht) bestehen (Gesetzesbegründung BT-Drs. 19/19373, S. 60).

56 Zur Produktverantwortung nach Absatz 2 Nr. 3 gehört auch die **Kennzeichnung** der in den Erzeugnissen enthaltenen kritischen Rohstoffe, um die umweltverträgliche Verwertung oder Beseitigung der nach Gebrauch verbleibenden Abfälle sicherzustellen. Kennzeichnungspflichten dienen nach § 24 Nr. 5 dazu, über bestimmte Erzeugnisse in bestimmter Weise so auf dem Erzeugnis zu informieren, dass die Erfüllung der Grundpflichten nach § 7 Abs. 2 und 3, 8 Abs. 1 und § 9 im Anschluss an die Rücknahme zu sichern oder zu fördern. Eine Kennzeichnungspflicht mit Blick auf kritische Rohstoffe ergänzt eine Kennzeichnung nach § 23 Abs. 2 Nr. 5 mit Blick auf den Schadstoffgehalt von Erzeugnissen.

IV. Stärkung der Wiederverwendung von Erzeugnissen (Nr. 4)

57 Nach § 23 Abs. 2 Nr. 4 erstreckt sich die Produktverantwortung auch auf die Stärkung der Wiederverwendung von Erzeugnissen, insbesondere die Unterstützung von Systemen zur Wiederverwendung und Reparatur.

§ 23 Abs. 2 Nr. 4 wurde durch die Gesetzesnovelle 2020 neu eingefügt. Die Bestimmung setzt Art. 9 Abs. 1a) und d) AbfRRL um und soll ausweislich der Gesetzesbegründung (BT-Drs. 19/19373, S. 60) die Stärkung der Wiederverwendung von Erzeugnissen, insbesondere die Unterstützung von Systemen zur Wiederverwendung und Reparatur fördern. Erwägungsgrund 27 der Richtlinie 2018/851/EG benennt die erweiterte Herstellerverantwortung als ein Mittel, um die Herstellung von Gütern zu fördern, die im Sinne einer effizienten Ressourcennutzung die Wiederverwendung fördern. Ein darauf Rücksicht nehmendes Produktdesign sei eine entscheidende Voraussetzung für dessen Kreislauffähigkeit.

V. Senkung des Gehalts an gefährlichen Stoffen (Nr. 5)

58 Gem. § 23 Abs. 2 Nr. 5 gehört auch eine Senkung des Gehalts an gefährlichen Stoffen sowie die Kennzeichnung von schadstoffhaltigen Erzeugnissen, um sicherzustellen, dass die nach Gebrauch der Erzeugnisse entstandenen Abfälle umweltverträglich verwertet oder beseitigt werden, zur Produktverantwortung.

59 § 23 Abs. 2 Nr. 5 entspricht der bisherigen § 23 Abs. 2 Nr. 3. Die vorgenommene Ergänzung um den Halbsatz „die Senkung des Gehalts an gefährlichen Stoffen" dient der Umsetzung von Art. 9 Abs. 1i) AbfRRL. Die Vorschrift legt die Grundlage dafür, im Rahmen der Produktverantwortung Anforderungen an den Gehalt gefährlicher Stoffe in Materialien und Erzeugnissen zu stellen, die insgesamt auf eine Senkung des Gehalts dieser gefährlichen Stoffe in Materialien und Erzeugnissen abzielen (Gesetzesbegründung BT-Drs. 19/19373, S. 60).

Was **gefährliche Stoffe** im Sinne von § 23 Abs. 2 Nr. 5 sind, ergibt sich, wie auch für § 9 Abs. 2, weder konkret aus dieser Bestimmung noch aus einer Legaldefinition des KrWG. Denkbar ist es auch in diesem Zusammenhang, auf die Definition der AVV zurückzugreifen. Gefährliche Stoffe sind nach Nr. 1. der Einleitung zur Anlage 1 zu § 2 Abs. 1 AVV Stoffe, die als gefährlich eingestuft sind, die die Kriterien gemäß Anhang I Teil 2 bis 5 der Verordnung (EG) Nr. 1272/2008 des Europäischen Parlaments und des Rates vom 16. Dezember 2008 über die Einstufung, Kennzeichnung und Verpackung von Stoffen und Gemischen, zur Änderung und Aufhebung der Richtlinien 67/548/EWG und 1999/45/EG und zur Änderung der Verordnung (EG) Nr. 1907/2006 (ABl. L 353 vom 31.12.2008, S. 1) erfüllen. 60

Eine bestimmte **Form** der Kennzeichnung schreibt die Bestimmung nicht vor. Der Verordnungsgeber kann jedoch auf der Grundlage der Ermächtigungsgrundlage des § 24 Nr. 7 konkretisierende Anforderungen dazu stellen (*Mann* in Versteyl/Mann/Schomerus, KrWG, 2019, § 23 Rn. 20; *Konzak* in Beck OK Umweltrecht, KrWG, 2019, § 23 Rn. 24). 61

Von besonderer Bedeutung sind solche Kennzeichnungen, wenn der Gehalt an gefährlichen Stoffen der Erzeugnisse eine bestimmte Art und Weise der Abfallentsorgung unmöglich macht bzw. einen bestimmten Entsorgungsweg erforderlich werden lässt. Das kann etwa den Ausschluss einer Abfallverbrennung bedeuten, wenn die Rauchgasreinigung der Verbrennungsanlage keinen wirksamen Schadstoffentzug ermöglicht. Denkbar ist es aber auch, dass der Gehalt an gefährlichen Stoffen eine bestimmte Art der stofflichen Verwertung als ungeeignet erscheinen lässt. 62

Auf welche Art und Weise eine Kennzeichnung vorzunehmen ist, ergibt sich nicht aus Absatz 2 Nr. 3, sondern aus der konkreten Verordnung oder einem speziellen Gesetz zur Produktverantwortung. So schreibt z. B. § 17 Abs. 1 BattG vor, dass der Hersteller verpflichtet ist, Batterien vor dem erstmaligen Inverkehrbringen gemäß den Vorgaben des § 17 Abs. 4 und 5 BattG mit einem bestimmten Symbol nach der Anlage des Gesetzes zu kennzeichnen. Ohne eine konkretisierende Verordnung können aus der Kennzeichnungspflicht bzw. ihrer Nichtbefolgung allerdings keine zivilrechtlichen Haftungsansprüche folgen. 63

VI. Hinweise (Nr. 6)

Die Produktverantwortung umfasst nach Absatz 2 Nr. 6 auch den Hinweis auf Rückgabe-, Wiederverwendungs- und Verwertungsmöglichkeiten oder -pflichten und Pfandregelungen durch Kennzeichnung der Erzeugnisse. Solche Hinweise auf Rückgabe-, Wiederverwendungs- und Verwertungsmöglichkeiten oder -pflichten und Pfandregelungen sollen sicherstellen, dass die entsprechenden Rechte auch wahrgenommen werden können bzw. Pflichten auch beachtet werden und nicht in Unkenntnis unbeachtet bleiben. Die Vorschrift ist im Rahmen der Gesetzesnovelle 2020 von § 23 Abs. 2 Nr. 4 zu § 23 Abs. 2 Nr. 6 inhaltsgleich verrückt worden. 64

VII. Rücknahme und Entsorgung (Nr. 7)

Außerdem erstreckt sich nach § 22 Abs. 2 Nr. 7 (bis 2020 inhaltsgleich § 23 Abs. 2 Nr. 5) die Produktverantwortung auch auf die Rücknahme der Erzeugnisse und der nach 65

Gebrauch der Erzeugnisse verbleibenden Abfälle sowie deren nachfolgende Verwertung oder Beseitigung. Die Rücknahme der Erzeugnisse und der nach Gebrauch der Erzeugnisse verbleibenden Abfälle soll in besonders konsequenter Weise dem Gedanken der Kreislaufwirtschaft Rechnung tragen. Hersteller, Vertreiber, Be- und Verarbeiter sollen ihre Erzeugnisse und die nach dem Gebrauch ihrer Erzeugnisse verbleibenden Abfälle zurücknehmen, um selbst für die weitere Verwendung bzw. Entsorgung zu sorgen. Die Rücknahmeverpflichtung soll wegen ihrer Kostenintensität ein besonderer Anreiz sein, die Erzeugnisse so zu gestalten, dass der Rücklauf möglichst gering ist bzw. dass die Erzeugnisse bei einer Rücknahme entweder möglichst problemlos wiederverwendet oder entsorgt werden können.

66 Die Einführung von Rücknahmepflichten erweckt damit den Eindruck, als gehe es um eine **Kreislaufführung** im programmatischen Sinne der Kreislaufwirtschaft. Das ist jedoch tatsächlich nicht der Fall. Die Erzeugnisse sollen nämlich nicht zu ihren Herstellern zurückgeführt werden, die mit ihren Altprodukten zumeist nichts oder jedenfalls nur wenig anzufangen wüssten. Vielmehr soll das zurückgenommene Erzeugnis entweder einer erneuten Verwendung oder einer ordnungsgemäßen Entsorgung zugeführt werden. Insoweit ändert sich durch eine Rücknahmepflicht das Schicksal des zurückgenommenen Produkts nicht unbedingt im Vergleich zu der ansonsten erforderlichen öffentlich-rechtlichen Entsorgung. Entscheidender Gesichtspunkt ist deshalb nicht eine Kreislaufführung über die Einführung von Rücknahmepflichten, sondern die Zurechnung der Entsorgungsverantwortung und der Entsorgungskosten gegenüber Herstellern und Vertreibern, die diese Entsorgungskosten über den Produktpreis umlegen sollen. Eine Verpflichtung zur Rücknahme führt im Ergebnis zu einer Privatisierung der rücknahmepflichtigen, zu Abfall gewordenen Produkte (*Webersinn* in Schink/Versteyl, KLrWG, 2016, § 23 Rn. 37).

67 **1. Rücknahme von Erzeugnissen und Abfällen.** In Absatz 2 Nr. 5 wird unterschieden zwischen der Rücknahme von Erzeugnissen und von Abfällen aus Erzeugnissen. Erzeugnisse können zum Zweck der Abfallvermeidung an den Hersteller oder Vertreiber zurückgegeben werden, ohne dass sie ihre Erzeugniseigenschaft verlieren. Eine solche Rückgabe eines Erzeugnisses, das durch die Rückgabe nicht zu Abfall wird, kann bei Mehrwegprodukten, aber auch beispielsweise bei Altkleidern oder Gebrauchtwagen denkbar sein. Wenn der Endverbraucher eine Sache in ein Rücknahmesystem gibt (z. B. Altglas) ohne sich noch Gedanken über die weitere Verwendung zu machen, liegt regelmäßig Abfall im subjektiven Sinne vor (zur Abfalleigenschaft von Alttextilien, die in einen öffentlich aufgestellten Sammelcontainer eingeworfen werden, siehe *BVerwG* Urt. v. 11.7.2017 – 7 C 35/15, juris Rn. 20; *VGH BW* Urt. v. 19.6.2018 – 10 S 1449/17, juris Rn. 17; *OVG NRW* Beschl. v. 20.1.2014 – 20 B 331/13, juris Rn. 11; *VG Würzburg* Urt. v. 10.2.2015 – W 4k 13/1015, juris Rn. 49; *Gruneberg/Pieck* AbfallR 2013, 213, 216). Die faktische Entledigung indiziert in solchen Fällen nach Ansicht des BVerwG den Entledigungswillen.

68 Erzeugnisse können durch den Gebrauch verändert werden. Entscheidend ist diesbezüglich, wie lange noch von einer Rückgabe der ursprünglichen Sache gesprochen werden kann. Die Produktverantwortung umfasst die Rücknahme der Abfälle von Erzeugnissen nach ihrer bestimmungsgemäßen Verwendung, d. h. die Erzeugnisse können abgenutzt, beschädigt, unbrauchbar verunreinigt oder vermischt sein. Von einer bestimmungsgemäßen oder naheliegenden Verwendung eines Erzeugnisses kann nicht mehr ausgegangen werden, wenn seine Verwertung oder Beseitigung aufgrund von Verunreinigungen nur unter erhöhten Schwierigkeiten durchzuführen ist. Für eine solche Verän-

derung an dem Erzeugnis trägt dann nicht mehr der Hersteller oder Vertreiber die Verantwortung.

Grundsätzlich muss der Hersteller oder Vertreiber von Erzeugnissen im Rahmen des Absatzes 2 Nr. 5 nur die von ihm hergestellten Produkte zurücknehmen. Besondere Schwierigkeiten ergeben sich aber bei der Rückgabe von alltäglichen **Massenwaren,** wenn nicht nachzuweisen ist, von welchem Vertreiber oder Hersteller ein Erzeugnis stammt. Deshalb wird eine **Gattungsidentität,** die sich auf bestimmte Arten von Erzeugnissen bezieht, für ausreichend gehalten (*VGH BW* Urt. v. 14.5.2019, AbfallR 2019, 226; *Oexle/Lammers* NVwZ 2015, 1490, 1492; *Mann* in Versteyl/Mann/Schomerus, KrWG, 2019, § 23 Rn. 22; *Prelle* in Schmehl/Kment, KrWG, 2019, § 23 Rn. 34; *Konzak* in Beck OK Umweltrecht, KrWG, 2019, § 23 Rn. 27). Der Gesetzgeber darf bei der Ausübung seines Gestaltungsermessens praktischen Erfordernissen Rechnung tragen und berücksichtigen, dass eine Zusammenfassung ähnlicher Gerätetypen zu jeweils einer Sammelgruppe schon aus Platz- und Kostengründen sinnvoll ist. Ihm steht insoweit eine **Typisierungsbefugnis** zu (*BVerwG* Urt. v. 26.11.2009, NVwZ 2010, 522), die zu einem Gruppenlastprinzip führt, welches Hersteller und Vertreiber in eine Verantwortungsgemeinschaft bringt. 69

2. Verwertung und Beseitigung. Absatz 2 Nr. 5 sieht vor, dass die Produktverantwortung auch die nachfolgende Verwertung und Beseitigung der Erzeugnisse bzw. der verbleibenden Abfälle erfasst. Eine Konkretisierung dieser Anforderungen der Produktverantwortung durch Rechtsverordnungen gemäß §§ 24, 25 ist jedoch nicht möglich. Die Verwertung und Beseitigung richten sich vielmehr nach den allgemeinen Vorschriften des Gesetzes. Für Erzeugnisse, die mit der Rücknahme zu Abfall geworden sind, bedürfte es nicht zwingend einer Verpflichtung zur Entsorgung der Abfälle, weil sich eine solche Pflicht aus den allgemeinen Vorschriften für die Abfallbesitzer ergibt. Allerdings können Hersteller und Vertreiber auf der Grundlage entsprechender Verordnungen zu Adressaten der Entsorgungspflicht werden, ohne Abfallbesitzer zu sein. Erzeugnisse, die, ohne Abfall zu werden, zurückgenommen werden, müssen auch nicht auf der Grundlage der allgemeinen Pflichten entsorgt werden. 70

VIII. Übernahme der finanziellen und organisatorischen Verantwortung (Nr. 8)

Nach § 23 Abs. 2 Nr. 8 gehört zur Produktverantwortung auch die Übernahme der finanziellen oder der finanziellen und organisatorischen Verantwortung für die Bewirtschaftung der nach Gebrauch der Erzeugnisse entstandenen Abfälle. 71

§ 23 Abs. 2 Nr. 8 ist durch die **Gesetzesnovelle 2020** neu in die Vorschrift eingefügt worden; sie dient der Umsetzung von Art. 8 Abs. 1 Unterabs. 1 AbfRRL. 72

Nach der Definition des Art. 3 Nr. 21 AbfRRL handelt es sich bei der erweiterten Herstellerverantwortung um ein Bündel von Maßnahmen, um sicherzustellen, dass die Hersteller von Erzeugnissen die finanzielle und organisatorische Verantwortung für die Bewirtschaftung in der Abfallphase des Produktlebenszyklus übernehmen. § 23 Abs. 2 Nr. 8 steht in engem Zusammenhang mit § 23 Abs. 2 Nr. 7, soweit dort die organisatorische Verantwortung für die Rücknahme der Abfälle aus den Erzeugnissen sowie deren Verwertung und Beseitigung in die Produktverantwortung einbezogen wird. Die finanzielle Verantwortung soll diese organisatorische Verantwortung ergänzen. Hersteller können dazu z. B. verpflichtet werden, die Finanzierung ihrer Rücknahmeverpflichtungen durch insolvenzsichere Garantien sicherzustellen (Gesetzesbegründung BT-Drs. 19/19373, S. 60). 73

IX. Information und Beratung der Öffentlichkeit (Nr. 9)

74 Nach § 23 Abs. 2 Nr. 9 gehört zur Produktverantwortung auch die Information und Beratung der Öffentlichkeit über Möglichkeiten der Vermeidung, Verwertung und Beseitigung von Abfällen, insbesondere über Anforderungen an die Getrenntsammlung sowie Maßnahmen zur Verhinderung der Vermüllung der Umwelt.

Die im Rahmen der Gesetzesnovelle 2020 neu eingefügte Nr. 9 steht im Regelungszusammenhang mit der Kennzeichnung von Erzeugnissen nach § 23 Abs. 2 Nr. 6 und ergänzt eine umfassende Informations- und Beratungspflicht gegenüber der Öffentlichkeit. Die Vorschrift dient der Umsetzung von Art. 8a Abs. 2 und Art. 9 Abs. 1 m) AbfRRL. Über die bloße Kennzeichnung der Produkte zu den Verwertungsoptionen, soll die Öffentlichkeit auch über die Möglichkeiten der Vermeidung, Verwertung und Beseitigung von Abfällen, insbesondere über Anforderungen an die Getrenntsammlung sowie Maßnahmen zur Verhinderung der Vermüllung der Umwelt informiert und beraten werden. Neben den öffentlich-rechtlichen Entsorgungsträgern werden damit ausweislich der Gesetzesbegründung (BT-Drs. 19/19373, S. 61) auch Industrie- und Handelskammern, Handwerkskammern und Landwirtschaftskammern angesprochen, die auf Grundlage von § 46 zur Abfallberatung verpflichtet sind.

X. Beteiligung an Kosten öffentlich-rechtlicher Entsorger (Nr. 10)

75 § 23 Abs. 2 Nr. 10 zählt zur Produktverantwortung nunmehr auch die Beteiligung an Kosten, die den öffentlich-rechtlichen Entsorgungsträgern und sonstigen juristischen Personen des öffentlichen Rechts für die Reinigung der Umwelt und die anschließende umweltverträgliche Verwertung und Beseitigung der nach Gebrauch der aus den von einem Hersteller oder Vertreiber in Verkehr gebrachten Erzeugnissen entstandenen Abfälle entstehen.

76 Die im Rahmen der Gesetzesnovelle 2020 neu eingefügte Nr. 10 greift Erwägungsgrund 33 der Richtlinie 2018/851/EG sowie Art. 8 Abs. 2 und 3 der Einwegkunststoff-Richtlinie auf, nach denen Herstellern und Vertreibern die verursachergerechte Beteilung an den Kosten, die den öffentlich-rechtlichen Entsorgungsträgern und sonstigen öffentlich-rechtlich Verpflichteten für die Reinigung der Umwelt entstehen, auferlegt wird. Die Gesetzesbegründung erläutert, dass der neue Grundsatz für Verpackungen bereits in § 22 Abs. 9 VerpackG angelegt sei, nach dem sich Hersteller und Vertreiber an den Kosten, die dem öffentlich-rechtlichen Entsorgungsträger durch die Sauberhaltung von Flächen, auf denen genutzte Sammelgroßbehälter aufgestellt werden, beteiligen müssen. Mit der Regelung werde diese Vorschrift im Sinne der Einweg-Kunststoff-Richtlinie fortentwickelt (Gesetzesbegründung BT-Drs. 19/19373, S. 61).

77 Eine konkrete Umsetzung der Beteiligung von Herstellern und Vertreibern an den Kosten der öffentlich-rechtlichen Entsorger und weiterer juristischer Personen des öffentlichen Rechts der Beseitigung der Vermüllung der Umwelt kann durch eine Verordnung nach § 25 Abs. 1 Nr. 4 stattfinden. Diese Verordnungsermächtigung beschränkt eine Kostenbeteiligung entsprechend dem EU-Recht allerdings auf die von einem Hersteller oder Vertreiber in Verkehr gebrachten Einwegkunststoffprodukte gemäß Teil E des Anhangs der EWKRL. Da andere Produkte (etwa Kaugummis oder Pappbecher) ebenfalls zur Vermüllung der Umwelt beitragen, sah der Referentenentwurf des BMU eine Erstreckung auf weitere Produkte vor, fand dafür im Bundestag aber keine Mehrheit (dazu *Petersen/Friedrich* NVwZ 2021, 1, 4; siehe auch *Frenz* AbfallR 2020, 72).

XI. Obhutspflicht (Nr. 11)

§ 23 Abs. 2 Nr. 11 regelt, dass die Produktverantwortung auch eine Obhutspflicht hinsichtlich der vertriebenen Erzeugnisse umfasst, insbesondere die Pflicht, bei einem Vertrieb der Erzeugnisse – auch im Zusammenhang mit deren Rücknahme oder Rückgabe – dafür zu sorgen, dass die Gebrauchstauglichkeit der Erzeugnisse erhalten bleibt und diese nicht zu Abfall werden. Die Regelung soll nach der Gesetzesbegründung die in § 23 Abs. 1 Satz 3 bereits angelegte, vertriebsbezogene Obhutspflicht des Produktverantwortlichen dahingehend ergänzen oder konkretisieren, dass die Pflicht auch im Zusammenhang mit der Rücknahme und Rückgabe der Erzeugnisse gilt. **78**

Die Gesetzesbegründung weist darauf hin, dass die Regelung ohne Vorbild in den unionsrechtlichen und deutschen Bestimmungen zur Produktverantwortung sei. Angesprochen wird insbesondere das Problem der Retourenvernichtung, bei der retournierte Ware des Kunden vor allem im Versandhandel aus wirtschaftlichen Gründen vernichtet wird. In der Diskussion auf EU-Ebene ist in diesem Zusammenhang von einem „Warenvernichtungsverbot" die Rede (*Petersen/Friedrich* NVwZ 2021, 1, 5). **79**

F. Grenzen der Produktverantwortung (Absatz 3)

Absatz 3 stellt klar, welche Anforderungen und Regelungen im Rahmen der Produktverantwortung zu berücksichtigen sind. Neben der Verhältnismäßigkeit der Anforderungen gemäß § 7 Absatz 4 sind Regelungen aus anderen Rechtsvorschriften zur Produktverantwortung und zum Schutz von Mensch und Umwelt zu berücksichtigen, weil natürlich auch schon zuvor bei der Wahrnehmung der Produktverantwortung Rechtsvorschriften zum Schutz von Mensch und Umwelt beachtlich waren. Grenzen werden in § 23 Abs. 3 vor allem dem Verordnungsgeber aufgezeigt, der von den ihm zur Konkretisierung der Produktverantwortung eingeräumten Ermächtigungsgrundlagen nur unter Beachtung der sich aus § 23 Abs. 3 ergebenden Grenzen der Produktverantwortung Gebrauch machen darf. Allerdings hat § 23 Abs. 3 letztlich nur klarstellenden Charakter, weil die Geltung der dort genannten Grenzen nicht von § 23 Abs. 3 abhängt, sondern sich bereits aus anderen Vorschriften ergibt (*Flanderka* in Jahn/Deifuß-Kruse/Brandt, KrWG, 2014, § 23 Rn. 23; *Prelle* in Schmehl/Klement, KrWG, 2019, § 23 Rn. 35). **80**

I. Grundsatz der Verhältnismäßigkeit

Zu beachten ist insbesondere der Grundsatz der Verhältnismäßigkeit. Der Gesetzgeber verweist dazu auf § 7 Abs. 4, der zur Verwertung von Abfällen verpflichtet, soweit das technisch möglich und wirtschaftlich zumutbar ist. Der Verweis auf die Anforderungen des § 7 Abs. 4 entbindet den Gesetz- und Verordnungsgeber allerdings nicht von den allgemeinen Anforderungen des Verhältnismäßigkeitsgrundsatzes, die von Verfassungs wegen unmittelbar zu beachten sind (*Prelle* in Schmehl/Klement, KrWG, 2019, § 23 Rn. 36). Pflichten zur Wahrung der Produktverantwortung müssen insoweit gemessen an dem Regelungszweck geeignet, erforderlich und angemessen sein. Bei der erforderlichen Gesamtabwägung zwischen der Schwere des Eingriffs und dem Gewicht der den Eingriff tragenden Gründe steht dem Gesetz- und Verordnungsgeber sowohl hinsichtlich der Einschätzung der Rechtsgutgefährdung als auch der Eignung und Erforderlichkeit des gewählten Mittels ein weiter, an der Eigenart des jeweiligen Sachbereichs zu orientierender Gestaltungs-, Beurteilungs- und **Einschätzungsspielraum** zu (*OVG Berlin* Beschl. v. **81**

20.2.2002, DVBl. 2002, 631, 636). Eignung und Erforderlichkeit müssen an den gesetzgeberischen Zielen gemessen werden, die sich an dem Schutz der Umwelt, dem Gesundheitsschutz und nicht zuletzt an der Ressourcenschonung orientieren. Die Angemessenheitsprüfung kann auch eine **Ökobilanzierung** – etwa bei dem Vergleich von Mehrweg- mit Einwegbehältern – erfordern. Pflichten zur Produktverantwortung können insbesondere Grundrechte der Hersteller und Vertreiber aus Art. 12, 14 GG, daneben aber auch Grundrechte der Verbraucher – z. B. im Zusammenhang mit der Einführung von Rückgabepflichten – beeinträchtigen, die bei der Verhältnismäßigkeitsprüfung zu berücksichtigen sind (zur Beeinträchtigung der Berufsausübungsfreiheit durch die Pfandpflichten der VerpackV siehe *BVerfG* Beschl. v. 20.12.2002, NJW 2003, 418, 419; zur Verhältnismäßigkeit der Rücknahmepflichten nach dem ElektroG siehe BVerwG Urt. v. 26.11.2009, NVwZ 2010, 522; zur Beeinträchtigung des Eigentumsgrundrechts in seiner Ausprägung als Recht am eingerichteten und ausgeübten Gewerbebetrieb *Rindtdorff/Gabriel* AbfallR 2004, 79; *Beckmann* DVBl. 1995, 313, 317). Allerdings führt nicht jede mittelbar über Produktpflichten verursachte Preiserhöhung zu einer solchen Grundrechtsbeeinträchtigung. Als ein Allgemeinwohlbelang, der die Berufsausübungsfreiheit beeinträchtigende Regelungen zu rechtfertigen vermag, kommen grundsätzlich die durch Art. 20a GG in Verfassungsrang erhobenen Gründe des Umweltschutzes, konkretisiert durch die in den §§ 1, 22, 24 verfolgten spezifischen abfallwirtschaftlichen Zielsetzungen, in Betracht (*OVG Berlin* Beschl. v. 20.2.2002, DVBl. 2002, 631, 636).

82 Der Verhältnismäßigkeitsgrundsatz zwingt den Verordnungsgeber allerdings nicht, stets zunächst auf freiwillige Rücknahmen, verbunden mit **Zielfestlegungen** im Sinne von § 26 Abs. 1 zu setzen. Entscheidend für die Verhältnismäßigkeit der Anforderungen nach § 7 Abs. 4 ist danach zunächst das, was technisch möglich ist. Technisch unmöglich sind Maßnahmen, die nur theoretisch durchführbar oder wissenschaftlich entwickelt, aber technisch noch nicht realisiert sind. Die **technische Möglichkeit** besteht aber nicht erst dann, wenn das Verwertungsverfahren dem Stand der Technik entspricht, sondern es dürfte bereits ausreichend sein, dass ein Verwertungsverfahren (auch für den Verantwortlichen) zur Verfügung steht (*Beckmann* DVBl. 1995, 313, 321).

83 Daneben muss die Verwertung der Abfälle auch **wirtschaftlich zumutbar** sein. Die Verwertung ist nur dann wirtschaftlich zumutbar, wenn die mit ihr verbundenen Kosten nicht außer Verhältnis zu den Zielen der Verminderung von Abfällen oder der umweltverträglichen Entsorgung stehen. Eine wirtschaftliche Zumutbarkeit der Verwertung muss nicht zwingend daran scheitern, dass noch kein Markt für den verwerteten Abfall vorhanden ist; gegebenenfalls muss ein solcher noch geschaffen werden. Aber auch damit dürfen keine unverhältnismäßigen Kosten verbunden sein. Die Anforderungen des Übermaßverbotes sind nicht deshalb geringer, weil der Gesetzgeber eine Grundpflicht zur Produktverantwortung im Gesetz geregelt hat und den Herstellern und Vertreibern insoweit ein höheres Maß an Belastung zuzumuten wäre.

84 Die Rücknahme eines Erzeugnisses setzt grundsätzlich seine Identität mit dem ursprünglich hergestellten bzw. vertriebenen Erzeugnis voraus. Allerdings wäre eine solche, auf das Einzelerzeugnis bezogene Identität und Zuordnung zu einzelnen Herstellern und Vertreibern insbesondere bei Massenerzeugnissen im Rahmen von Rücknahmesystemen nur schwer zu organisieren. Deshalb wird – wie erwähnt – eine Gattungsidentität, die sich auf bestimmte Arten von Erzeugnissen bezieht, für ausreichend gehalten.

II. Andere Vorschriften zur Produktverantwortung

85 Neben der Verhältnismäßigkeit sind auch andere Rechtsvorschriften zur Produktverantwortung zu berücksichtigen. Diese werden nicht durch die Regelungen des KrWG verdrängt, sondern bleiben weiterhin gegebenenfalls neben den Regelungen zur Produktverantwortung aus § 23 anwendbar (*Berg/Hösch* in Marburger/Reinhardt/Schröder (Hrsg.), Jahrbuch des Umwelt- und Technikrechts 1997, S. 83, 105). Andere Rechtsvorschriften aus dem öffentlichen Recht zur Produktverantwortung sind insbesondere solche des Chemikaliengesetzes und des Gefahrstoffrechts, sowie Regelungen zum Arznei- und Lebensmittelrecht. Die Produktverantwortung ist so umzusetzen, dass es nicht zu Konflikten mit den anderen Rechtsvorschriften der Produktverantwortung kommt, anderenfalls muss die Produktverantwortung des KrWG zurückstehen. Neben dem öffentlichen Recht enthält auch das Zivilrecht Regelungen zur Produktverantwortung. Zu nennen wären insbesondere das Produkthaftungsgesetz und die Bestimmungen hinsichtlich des Gewährleistungsrechts beim Kauf.

III. Andere Rechtsvorschriften zum Schutz von Mensch und Umwelt

Absatz 3 macht deutlich, dass die Umweltziele des KrWG im Rahmen der Produkt- **86**
verantwortung neben anderen Rechtsvorschriften zum Umweltrecht stehen. Deshalb ist die Wechselwirkung mit anderen Umweltschutzzielen zu beachten. Denn Maßnahmen, die unter abfallrechtlichen Gesichtspunkten vorzugswürdig sind, können hinsichtlich anderer Umweltschutzbereiche (z. B. Luft- oder Wasserreinhaltung) nachteilig sein. Demnach bedarf es einer Überprüfung und Bewertung aller Umweltbeeinträchtigungen, die von einem Produkt ausgehen können, bei der nicht nur abfallrechtliche Aspekte zu berücksichtigen sind. Die Erwähnung des Schutzes von Menschen in der Neuregelung des Gesetzes stellt neben dem Umweltschutz auch den Verbraucherschutz in den Vordergrund. Zur Bewertung der von Produkten ausgehenden Belastungen für Mensch und Umwelt dienen Ökobilanzen, mit deren Hilfe die von einem Produkt ausgehenden Umweltbelastungen ermittelt und bewertet werden können (*Webersinn* in Schink/Versteyl, KrWG, 2016, § 23 Rn. 83).

IV. Freier Warenverkehr

Nach Absatz 3 sind auch die Festlegungen des Gemeinschaftsrechts über den freien **87**
Warenverkehr zu berücksichtigen. Nach Art. 34 AEUV sind mengenmäßige Einfuhrbeschränkungen und Maßnahmen gleicher Wirkung zwischen den Mitgliedstaaten verboten. Nach Art. 35 AEUV sind in gleicher Weise mengenmäßige Ausfuhrbeschränkungen und Maßnahmen gleicher Wirkung zwischen den Mitgliedstaaten verboten. Solche Beeinträchtigungen des freien Warenverkehrs können zulässig sein, wenn sie dem Gesundheitsschutz und dem Umweltschutz als einem der wesentlichen Ziele der Gemeinschaft dienen, den Verhältnismäßigkeitsgrundsatz und das Diskriminierungsverbot beachten. Nationale Vorschriften, mit denen ein Mitgliedstaat Umsetzungsverpflichtungen einer Richtlinie nachkommt, können nicht als Handelshemmnis qualifiziert werden (*EuGH* Urt. v. 14.12.2004, NVwZ 2005, 190 193). Ein- und Ausfuhrbeschränkungen werden durch abfallrechtliche Pflichten der Produktverantwortung wohl kaum geregelt werden. Sie sind jedoch als Maßnahmen gleicher Wirkung einzuordnen, wenn sie geeignet sind, den innergemeinschaftlichen Handel unmittelbar oder mittelbar, tatsächlich oder potentiell zu behindern. Nach ständiger Rechtsprechung des EuGH können nationale Maßnahmen, die geeignet sind, den Handel in der Gemeinschaft zu behindern, durch **zwingende Erfordernisse des Umweltschutzes** gerechtfertigt sein, sofern die fraglichen Maßnahmen in einem angemessenen Verhältnis zum angestrebten Ziel stehen (*EuGH*

Urt. v. 14.12.2004, NVwZ 2005, 190, 193 m.w.N.). Insbesondere Vorgaben über die Pflicht zur Rücknahme von Erzeugnissen und Pfandregelungen können zur Einschränkung des freien Warenverkehrs führen. Rücknahmepflichten lösen insbesondere für Importeure einen besonderen Kosten- und Verwaltungsaufwand aus. Ähnliches gilt für sonstige Verbote, Beschränkungen und Kennzeichnungspflichten.

88 Einschränkungen des freien Warenverkehrs können aber zulässig sein, wenn sie dem Umweltschutz und damit einem der wesentlichen Ziele der Europäischen Union dienen. Allerdings müssen durch die einschränkenden Maßnahmen tatsächlich Umweltschutzziele verfolgt werden und es darf nicht auf diesem Weg der Versuch unternommen werden, inländische Hersteller zu bevorzugen. Die Einschränkungen müssen außerdem in einem angemessenen Verhältnis zum verfolgten Zweck stehen. Besteht eine Wahlmöglichkeit zwischen mehreren geeigneten Mitteln, so ist dasjenige zu wählen, das den freien Warenverkehr am wenigsten beeinträchtigt. Die Mitgliedstaaten trifft unter Berücksichtigung eines ihnen eingeräumten begrenzten Beurteilungsspielraums eine **Darlegungs- und Beweislast** für die Erforderlichkeit und Angemessenheit der von ihnen vorgesehenen Maßnahmen der Produktverantwortung und für die von ihnen angenommenen Gefährdungen der Umwelt.

89 Der EuGH hat sich in zwei Urteilen vom 14.12.2004 mit der Gemeinschaftskonformität des Pfand- und Rücknahmesystems der VerpackV auseinandergesetzt (*EuGH* Urt. v. 14.12.2004, NVwZ 2005, 190; *EuGH* Urt. v. 14.12.200401, NVwZ 2005, 194; dazu auch *Weidemann* AbfallR 2005, 11; *OVG Berlin* Beschl. v. 15.4.2004, ZUR 2004, 335 ff.; *OVG Berlin* Beschl. v. 21.4.2005, ZUR 2005, 381; *OVG Berlin* Urt. v. 20.10.2005, ZUR 2005, 146; *Karpenstein/Jacobi* AbfallR 2005, 194). Der *EuGH* hat mit diesen Urteilen grundsätzlich die Vereinbarkeit einer **Pfandpflicht** auf Einwegverpackungen mit europäischem Recht bestätigt. Die Einführung eines Pfand- und Rücknahmesystems könne die Rücklaufquote der Leerverpackungen erhöhen und führe zu einer Sortenreinheit der Verpackungsabfälle, wodurch sie zur Verbesserung der Verpackungsabfallverwertung beitrage. Da die Erhebung eines Pfandes einen Anreiz für den Verbraucher darstelle, die Leerverpackungen zu den Verkaufsstellen zurückzubringen, leiste sie außerdem einen Beitrag zur Verringerung von Abfällen in der Natur. Soweit die Regelungen das Inkrafttreten eines neuen Systems der Bewirtschaftung von Verpackungsabfall von dem Anteil der Mehrwegverpackungen auf dem deutschen Markt abhängig machten, schafften sie darüber hinaus eine Situation, in der jeder Anstieg des Verkaufs von Getränken in Einwegverpackungen auf diesem Markt die Wahrscheinlichkeit der Änderung des Systems erhöhten. Da diese Regelung somit die betroffenen Hersteller und Vertreiber dazu anhalte, Mehrwegverpackungen zu benutzen, trage sie zur Verringerung der zu beseitigenden Abfälle bei, die eines der allgemeinen Ziele der Umweltschutzpolitik sei. Die Richtlinie 94/62/EG verpflichte die Mitgliedstaaten dazu, die erforderlichen Maßnahmen zur Einrichtung von Systemen für die Rücknahme und/oder Sammlung von gebrauchten Verpackungen und/oder Verpackungsabfällen und die Wiederverwendung oder Verwertung der gesammelten Verpackungen und/oder Verpackungsabfälle zu ergreifen. Weiterhin müssten nach Art. 7 Abs. 1 der genannten Richtlinie alle Marktteilnehmer der betreffenden Wirtschaftszweige und die zuständigen Behörden sich an diesen Systemen beteiligen können. Sie müssten für Importprodukte, die dabei keine Benachteiligung erführen, gelten und so beschaffen sein, dass gem. dem Vertrag keine Handelshemmnisse oder Wettbewerbsverzerrungen entstünden. Art. 7 der Richtlinie überlasse es den Mitgliedstaaten, im Hinblick auf Einwegverpackungen zwischen einem Pfand- und Rücknahmesystem und einem flächendeckenden System der Sammlung von Verpackung zu wählen oder sich für eine Kombination der beiden Systeme nach Art der Erzeugnisse zu entscheiden, vorausgesetzt, die gewählten Systeme bezweckten, die Verpackungen der bestmöglichen

Entsorgung zuzuführen, und seien Teil einer für alle Verpackungen und Verpackungsabfälle geltenden Politik. Die Richtlinie hindere einen Mitgliedstaat nicht daran, Änderungen der in seinem Hoheitsgebiet eingerichteten Systeme der Bewirtschaftung von Verpackungsabfall vorzusehen, damit die bestmögliche Entsorgung gewährleistet sei. Somit erlaube die Richtlinie 94/62/EG es einem Mitgliedstaat, je nach den Umständen ein System der Sammlung von Verpackungen in Wohnortnähe des Verbrauchers oder in der Nähe der Verkaufsstellen durch ein Pfand- und Rücknahmesystem zu ersetzen. Dennoch müsse dafür Sorge getragen werden, dass Rücknahme- und Pfandregelungen nicht dazu genutzt werden, den Grundsatz der Warenverkehrsfreiheit zu umgehen. Dazu seien bestimmte Voraussetzungen zu beachten. Unzulässig sei der Wechsel von einem flächendeckenden System der Sammlung von Verpackungsabfällen durch Pfand- und Rücknahmepflichten, wenn das neue System nicht ebenfalls geeignet sei, die Ziele der Verpackungsrichtlinie zu erreichen. Unzulässig sei der Systemwechsel auch, wenn der Übergang zu einem Bruch führe und die Möglichkeit der Marktteilnehmer der betreffenden Wirtschaftszweige gefährde, sich tatsächlich an dem neuen System ab dessen Inkrafttreten zu beteiligen (*EuGH* Urt. v. 14.12.2004 – C-309/02, Rn. 50).

Der EuGH sah im konkreten Fall einen Gemeinschaftsrechtsverstoß darin, dass die in § 9 Abs. 2 VerpackV vorgesehene Frist von sechs Monaten zwischen der Bekanntmachung und dem Inkrafttreten des Pfand- und Rücknahmesystems nicht ausreiche, den betroffenen Herstellern eine Anpassung ihrer Produktion an das neue System zu ermöglichen, da dieses System sofort einzuführen gewesen sei. Art. 28 EG stehe der Pfandregelung nach §§ 8 Abs. 1, 9 Abs. 2 VerpackV entgegen, wenn diese die Ersetzung eines flächendeckenden Systems der Sammlung von Verpackungsabfällen durch ein Pfand- und Rücknahmesystem vorsehe, ohne dass die betroffenen Hersteller und Vertreiber über eine angemessene **Übergangsfrist** verfügten, um sich darauf einzustellen, und ohne dass sichergestellt sei, dass sie sich im Zeitpunkt der Umstellung des Systems der Bewirtschaftung von Verpackungsabfall tatsächlich an einem arbeitsfähigen System beteiligen könnten. Umstritten ist, ob sich aus der Rechtsprechung des EuGH ergibt, dass unabhängig von tatsächlich gewährten längeren Übergangsfristen allein die vom Verordnungsgeber zu kurz bemessene Übergangsfrist dazu führt, dass die vom Verordnungsgeber angeordneten Pfand- und Rücknahmepflichten dauerhaft unanwendbar sind (*Weidemann* AbfallR 2005, 11, 14 ff.; a. A. *OVG Berlin* Urt. v. 20.10.2005, ZUR 2006, 146, 148). Nach Auffassung des OVG Berlin führt die mit der zu knapp bemessenen Übergangsfrist verbundene Vertragsverletzung nach Art. 228 Abs. 1 EG lediglich zu einer Verpflichtung des Mitgliedstaates, Maßnahmen zur Beseitigung der Vertragsverletzung zu ergreifen. Wirkt sich eine zu kurz bemessene Übergangsfrist nicht aus, weil bereits der Vollzug abweichend von der Regelung eine längere Übergangsfrist einräumt, dann bleiben die angeordneten Pfand- und Rücknahmepflichten trotz der unzureichenden Übergangsfrist der Verordnung anwendbar (*OVG Berlin* Urt. v. 20.10.2005, ZUR 2006, 146, 148). 90

Die Prüfung, ob ein nationales Abfallbewirtschaftungssystem die Anforderungen des europäischen Rechts an die Verhältnismäßigkeit erfüllt, fällt nach der Rechtsprechung des EuGH in die Kompetenz des nationalen Gerichts (*EuGH* Urt. v. 14.12.2004 – C-309/02, Rn. 82; *OVG Berlin* Urt. v. 20.10.2005, ZUR 2005, 146, 147). 91

V. Ungeschriebene Schranken der Produktverantwortung

Neben den in Absatz 3 genannten Grenzen der Produktverantwortung sind zusätzlich auch ungeschriebene Schranken zu berücksichtigen. Insbesondere können die Rechts- 92 verordnungen bezüglich der Produktverantwortung mit den Freiheitsrechten der Art. 12 Abs. 1, 14 und 2 Abs. 1 GG in Konflikt treten. Daneben ist ein Verstoß gegen den Gleichheitsgrundsatz des Art. 3 Abs. 1 denkbar. Zu beachten bleiben ferner das Rückwirkungsverbot, deutsches und europäisches Kartellrecht sowie sekundäres Gemeinschaftsrecht.

93 Hinsichtlich möglicher Rücknahmepflichten stellt sich im Zusammenhang mit dem verfassungsrechtlich abgeleiteten **Rückwirkungsverbot** regelmäßig die Frage, ob und inwieweit eine Rücknahmepflicht sich auch auf bereits in Verkehr gebrachte Erzeugnisse beziehen darf. Nach der Rechtsprechung des BVerfG sind Änderungen eines in der Vergangenheit begründeten und noch bestehenden Rechtsverhältnisses für die Zukunft zulässig, wenn die Interessen der Allgemeinheit, die mit der Regelung verfolgt werden, das Vertrauen des Einzelnen auf die Fortgeltung der Rechtslage überwiegen (BVerfG Entsch. v. 23.6.1993, BVerfGE 89, 48, 66). Teilweise wird unter Verweis auf das Rückwirkungsverbot eine Rücknahmepflicht für bereits in Verkehr gebrachte Produkte abgelehnt (*Beckmann* DVBl. 1995, 312, 317; *Weidemann* NVwZ 1995, 631, 634; *Fluck* DB 1992, 193, 194; siehe auch *Prelle* in Schmehl/Kment, KrWG, 2019, § 23 Rn. 10). Werden Rücknahmepflichten für noch nicht verkaufte Erzeugnisse angeordnet, dürfte es sich um einen noch nicht abgeschlossenen Sachverhalt handeln, der als Fall der **unechten Rückwirkung** angesehen wird, während eine Rücknahmepflicht für bereits in Verkehr gebrachte Produkte zu einer **echten Rückwirkung** führen kann, die in aller Regel nicht zulässig ist. Eine unechte Rückwirkung kann bei fehlendem Vertrauen in den Fortbestand der Rechtslage zulässig sein. Gleiches gilt, wenn Interessen der Allgemeinheit den Vertrauensschutz überwiegen. Das kann der Fall sein, wenn mit einer einschränkenden Regelung oder einer Rücknahmepflicht gerechnet werden musste, so dass das Vertrauen weniger schützenswert ist, oder wenn es um die Vermeidung erheblicher Gefahren, etwa von Gesundheitsgefahren, oder besonders schwerwiegender Nachteile für die Allgemeinheit geht, hinter denen die grundrechtlich geschützten Interessen der betroffenen Hersteller und Vertreiber zurückstehen müssen. Bei der insoweit erforderlichen Abwägung widerstreitender Interessen kann es geboten sein, zum Schutz der Verpflichteten zumindest angemessene **Übergangsfristen** vorzusehen (*BVerfG* Beschl. v. 10.4.1984, BVerfGE 67, 1, 15; *BVerfG* Beschl. v. 6.12.1988, BVerfGE 79, 212, 218; zur Zulässigkeit von Rücknahmepflichten des ElektroG unter dem Gesichtspunkt einer unechten Rückwirkung siehe *BVerwG* Urt. v. 26.11.2009 – 7 C 20.08, juris Rn. 23).

G. Rechtsverordnungsermächtigung

94 Aus Absatz 4 ergibt sich, dass die Bundesregierung durch Rechtverordnungen auf Grund der §§ 24, 25 bestimmt, welche Verpflichteten für welche Erzeugnisse in welcher Art und Weise die Produktverantwortung zu erfüllen haben. Erst durch diesen Absatz wird geklärt, wie aus den Produktverantwortlichen der Absätze 1–3 letztlich „Produktverpflichtete" werden sollen. Absatz 4 selbst enthält keine Ermächtigung zum Erlass von Rechtsverordnungen, vielmehr wird die Produktverantwortung unter einen Verordnungsvorbehalt gem. §§ 24, 25 gestellt. Absatz 4 regelt auch nicht, wer als Produktverantwortlicher heranzuziehen ist. Demnach kommt die Entscheidung, wer als Verantwortlicher in Anspruch genommen wird, dem Verordnungsgeber nach §§ 24, 25 zu. Es besteht die Möglichkeit der Inanspruchnahme ganzer Gruppen, wenn beispielsweise eine genaue Zuordnung der Erzeugnisse nicht möglich ist. Absatz 4 trifft auch keine Aussage, für welche Erzeugnisse die Produktverantwortung umgesetzt wird oder werden sollte. Auch diese Entscheidung bleibt dem Verordnungsgeber vorbehalten.

Aus Absatz 4 und den Verordnungsermächtigungen der §§ 24, 25 lässt sich ableiten, dass der Bundesgesetzgeber die Konkretisierung der Produktverantwortung dem Verordnungsgeber des Bundes abschließend überlassen wollte, so dass eine **Sperrwirkung** für die Bundesländer besteht, die nicht erst mit dem Erlass spezieller Verordnungen in bestimmten Produktbereichen einsetzt (*Beckmann* UPR 1996, 41, 42; *Ossenbühl* DVBl. 1996, 19, 21; *BVerwG* Urt. v. 23.4.1997, NuR 1998, 90; *Frelle* in Schmehl/Klement, KrWG, 2019, § 23 Rn. 43; a. A. *Tünnesen-Harmes* in Jarass/Petersen, KrWG, 2014, § 23 Rn. 82 ff.). 95

Die Delegation der Rechtsetzung zur Konkretisierung der Produktverantwortung auf den Verordnungsgeber soll dazu beitragen, dass die Verfahren zum Erlass solcher Regelungen beschleunigt und eine Überfrachtung förmlicher Gesetze angesichts der erforderlichen Detaillierung und Differenzierung für verschiedenste Produktbereiche vermieden werden. 96

Selbstverständlich kann aber auch der Gesetzgeber selbst anstelle des Verordnungsgebers die Produktverantwortung in bestimmten Bereichen durch die Einführung von Rücknahmepflichten regeln. So hat sich der Gesetzgeber für den Bereich der Elektrogeräte und der Elektronikgeräte für die Verabschiedung eines Gesetzes entschieden, weil es für die Beleihung einer privaten Stelle einer gesetzlichen Regelung bedurfte und der enge Sachzusammenhang mit den übrigen Regelungen auch im parlamentarischen Verfahren gewahrt werden sollte. 97

§ 24 Anforderungen an Verbote, Beschränkungen und Kennzeichnungen, Beratung, Information und Obhutspflicht

Zur Festlegung von Anforderungen nach § 23 wird die Bundesregierung ermächtigt, nach Anhörung der beteiligten Kreise (§ 68) durch Rechtsverordnung mit Zustimmung des Bundesrates zu bestimmen, dass

1. bestimmte Erzeugnisse nur ressourceneffizient, insbesondere in einer Form, die die mehrfache Verwendung, die technische Langlebigkeit und die Reparierbarkeit erleichtert, sowie in bestimmter, die Abfallbewirtschaftung spürbar entlastender Weise in Verkehr gebracht werden dürfen,
2. bestimmte Erzeugnisse nur in bestimmter Beschaffenheit oder Form oder für bestimmte Verwendungen in Verkehr gebracht werden dürfen, bei denen eine umweltverträgliche Verwertung oder Beseitigung der nach Gebrauch der Erzeugnisse entstandenen Abfälle gewährleistet werden kann,
3. bestimmte Erzeugnisse nur in bestimmter, die Abfallentsorgung spürbar entlastender Weise in Verkehr gebracht werden dürfen, insbesondere in einer Form, die die mehrfache Verwendung oder die Verwertung erleichtert,
4. bestimmte Erzeugnisse nicht in Verkehr gebracht werden dürfen, wenn
   a) bei der Verwertung oder Beseitigung der nach Gebrauch der Erzeugnisse entstehenden Abfälle die Freisetzung von Schadstoffen nicht oder nur mit unverhältnismäßig hohem Aufwand verhindert werden könnte und die umweltverträgliche Verwertung oder Beseitigung nicht auf andere Weise sichergestellt werden kann,
   b) ihre Verwendung in erheblichem Umfang zur Vermüllung der Umwelt beiträgt und dies nicht oder nur mit unverhältnismäßig hohem Aufwand verhindert werden kann,
5. bestimmte Erzeugnisse in bestimmter Weise zu kennzeichnen sind, um insbesondere die Erfüllung der Pflichten nach § 7 Absatz 2 und 3, § 8 Absatz 1 oder § 9 Absatz 1 und 3 im Anschluss an die Rücknahme zu sichern oder zu fördern,
6. bestimmte Erzeugnisse wegen der im Erzeugnis enthaltenen kritischen Rohstoffe, sonstiger Materialien oder des Schadstoffgehalts der nach Gebrauch der Erzeugnisse entstehenden Abfälle nur mit einer Kennzeichnung in Verkehr gebracht werden dürfen, die insbesondere auf die Notwendigkeit einer Rückgabe an die Hersteller, Vertreiber oder bestimmte Dritte hinweist,
7. für bestimmte Erzeugnisse an der Abgabestelle oder der Stelle des Inverkehrbringens Hinweise zu geben oder die Erzeugnisse zu kennzeichnen sind im Hinblick auf
   a) die Vermeidung der nach Gebrauch der Erzeugnisse entstandenen Abfälle und die Wiederverwendbarkeit der Erzeugnisse,
   b) die Vermeidung der Vermüllung der Umwelt durch die nach Gebrauch der Erzeugnisse entstandenen Abfälle,
   c) den Einsatz von sekundären Rohstoffen, insbesondere Rezyklaten, sowie die Recyclingfähigkeit der nach Gebrauch der Erzeugnisse entstandenen Abfälle,
   d) die umweltverträgliche Verwertung und Beseitigung der nach Gebrauch der Erzeugnisse entstandenen Abfälle und
   e) die Rückgabemöglichkeit im Falle einer verordneten Rücknahme- oder Rückgabepflicht nach § 25,
8. bestimmte Erzeugnisse, für die die Erhebung eines Pfandes nach § 25 verordnet wurde, entsprechend zu kennzeichnen sind, gegebenenfalls mit Angabe der Höhe des Pfandes,

9. für bestimmte Erzeugnisse, insbesondere solche, deren Verwendung in erheblichem Umfang zur Vermüllung der Umwelt beiträgt, die Öffentlichkeit über die Auswirkungen der Vermüllung der Umwelt, die Möglichkeiten der Vermeidung und der Bewirtschaftung der nach Gebrauch der Erzeugnisse entstehenden Abfälle zu beraten und zu informieren ist,

10. beim Vertrieb bestimmter Erzeugnisse, auch im Zusammenhang mit deren Rücknahme oder Rückgabe, dafür zu sorgen ist, dass die Gebrauchstauglichkeit der Erzeugnisse erhalten bleibt und diese nicht zu Abfall werden.

Schrifttum: Siehe das Schrifttumsverzeichnis zu § 23.

Übersicht

A. Allgemeines

1 § 24 steht in unmittelbarem Regelungszusammenhang zu § 23. Die Vorschrift befugt die Bundesregierung zur Regelung von Anforderungen zur Konkretisierung der Produktverantwortung. Sie enthält neben § 25 eine der beiden zentralen Verordnungsermächtigungen zur näheren Ausgestaltung der Produktverantwortung. Außerdem dient die Vorschrift der Durchsetzung des in § 6 Abs. 1 Nr. 1 vorgesehenen Vorrangs der Abfallvermeidung. Hersteller und Vertreiber sollen über konkrete Verbote, Beschränkungen und Kennzeichnungen zu Vermeidungsanstrengungen veranlasst werden (*Brinktrine* in Schmehl/Klement, KrWG, 2019, § 24 Rn. 3). Die Verordnungsermächtigungen der §§ 24, 25 ergänzen die Verordnungsermächtigung des § 10 Abs. 1 Nr. 1, die sich ausschließlich auf die Einbindung und den Verbleib bereits entstandener Abfälle in Erzeugnissen bezieht, während § 24 eine spezielle Regelung enthält, aufgrund derer Anforderungen an Erzeugnisse gestellt werden können (*Huschens* in BeckOK Umweltrecht, § 10 KrWG, Stand 1.10.2020, vor Rn. 1).

2 Durch die **Gesetzesnovelle 2020** ist die Verordnungsermächtigung in beachtlichem Umfang ergänzt worden. § 24 Nr. 1 knüpft an die Grundpflicht der Produktverantwortung in § 23 Abs. 2 Nr. 1 an. Die Ermächtigungsgrundlage wurde um Anforderungen zur „Ressourceneffizienz", zur „technischen Langlebigkeit" und zur „Reparierbarkeit" erweitert. Die ehemalige § 24 Nr. 3 ist in die neue Nr. 1 integriert worden. Die seit 2020 neue § 24 Nr. 2 verschafft dem Verordnungsgeber die Möglichkeit, Beschaffenheits- und Verwendungsvorgaben für alle Erzeugnisse festzulegen, bei denen eine um-

weltverträgliche Verwertung oder Beseitigung der nach Gebrauch entstandenen Abfälle gewährleistet werden kann. § 24 Nr. 3 entspricht der bisherigen Rechtslage. Die seit 2020 neue § 24 Nr. 4 enthält die zuvor bereits in § 24 Nr. 2 enthaltenen, aber um eine Alternative ergänzten Verbote des Inverkehrbringens. Solche Verbote sind künftig auch möglich, wenn ihre Verwendung in erheblichem Umfang zur Vermüllung der Umwelt beiträgt und dies nicht oder nur mit unverhältnismäßig hohem Aufwand verhindert werden kann. § 24 Nr. 5 entspricht der bisherigen § 24 Nr. 6 und die neue § 24 Nr. 6 entspricht weitestgehend der bisherigen § 24 Nr. 5, wird aber um die Vorgabe einer Kennzeichnung der in den Erzeugnissen enthaltenen kritischen Rohstoffe ergänzt. § 24 Nr. 7 beruht auf der bisherigen § 24 Nr. 6, wurde aber um verschiedene Aspekte ergänzt. Anforderungen für Kennzeichnungen können nunmehr auch vorgesehen werden im Hinblick auf die Wiederverwendung der Erzeugnisse und die Vermeidung von aus den Erzeugnissen entstehenden Abfällen, auf die Vermeidung der Vermüllung, den Einsatz von sekundären Rohstoffen, insbesondere Rezyklaten, sowie die Recyclingfähigkeit der Erzeugnisse und die umweltverträgliche Verwertung und Beseitigung der aus den Erzeugnissen stammenden Abfälle sowie die Rückgabemöglichkeit im Falle einer verordneten Rücknahme- oder Rückgabepflicht nach § 25. § 24 Nr. 8 ist bei der Gesetzesnovelle 2020 unverändert geblieben. § 24 Nr. 9 ist 2020 neu eingefügt worden und enthält ein Ermächtigungsgrundlage für die Anordnung einer umfassenden Information und Beratung der Öffentlichkeit über die Auswirkungen der Vermüllung der Umwelt, die Möglichkeiten der Vermeidung und der Bewirtschaftung der aus den Erzeugnissen entstehenden Abfällen. § 24 Nr. 10 enthält seit 2020 eine weitere Verordnungsermächtigung für die Bundesregierung zur Umsetzung der Obhutspflicht nach § 23 Abs. 1 Satz 3 i. V. m. § 23 Abs. 2 Nr. 11. Danach kann der Verordnungsgeber für bestimmte Erzeugnisse bestimmen, dass der Produktverantwortliche bei deren Vertrieb – auch im Zusammenhang mit deren Rücknahme oder Rückgabe – dafür zu sorgen hat, dass die Gebrauchstauglichkeit der Erzeugnisse erhalten bleibt und diese nicht zu Abfall werden.

Die Inanspruchnahme der Verordnungsermächtigungen des § 24 kann zu einer erheblichen Beeinträchtigung der **Unternehmens- und Wettbewerbsfreiheit** führen. Dazu wird angemerkt, dass § 24 eine Rechtsgrundlage für „kräftige Schnitte in das System einer bisher bestehenden liberalen Produktions-, Vertriebs- und Konsumgesellschaft biete" (*Mann* in Versteyl/Mann/Schomerus, KrWG, 2019, § 24 Rn. 1). Die Produktinnovation zählt allerdings in der Marktwirtschaft und für den Wettbewerb zu den besonders sensiblen Bereichen, in die ohne wirkliche Not durch den Staat nicht eingegriffen werden sollte, zumal der Staat auch bei Einsatz des Instruments der Verordnung wohl häufig Schwierigkeiten haben wird, der Dynamik und Komplexität der Produktinnovation genügend Rechnung zu tragen. Das dürfte auch der Grund dafür sein, dass das Instrumentarium vom Verordnungsgeber bislang nur zurückhaltend eingesetzt worden ist. Selbstverständlich dürfen die Verordnungsermächtigungen ohnehin nur zur Umsetzung abfallwirtschaftlicher Ziele, nicht jedoch zu sonstigen Eingriffen in die Produktgestaltung oder zur Beeinflussung des Verbraucherverhaltens aus anderen Gründen genutzt werden. Allerdings werden mit dem drohenden bzw. bereits eingetretenen Klimawandel und mit zunehmend knapper werden Rohstoffen und natürlichen Ressourcen auch Eingriffe in die Produktgestaltung, die der Abfallvermeidung und der Ressourcenschonung dienen, als verhältnismäßig anzusehen und nicht nur als ultima ratio zu erwägen sein (so aber *Mann* in Versteyl/Mann/Schomerus, KrWG, 2019, § 24 Rn. 1). 3

Der Bundesgesetzgeber bzw. der Verordnungsgeber hat bisher eher auf **Rücknahme- und Rückgabepflichten** gesetzt, die speziell in § 25 geregelt sind, wenn es nicht bei freiwilligen Lösungen überhaupt bleiben soll. Mit den Rücknahmepflichten sollen unmittelbare Eingriffe in den Produktionsprozess oder in die Produktgestaltung wegen des 4 damit verbundenen Eingriffs in die Hersteller- und Verbraucherfreiheit und des Risikos der staatlichen Fehlsteuerung vermieden werden. Nach § 23 Abs. 4 Satz 1 bestimmt die Bundesregierung durch Rechtsverordnung aufgrund der §§ 23, 24, welche Verpflichteten die Produktverantwortung nach § 23 Abs. 1 und Abs. 2 zu erfüllen haben. Gem. § 23 Abs. 4 Satz 2 legt sie zugleich fest, für welche Erzeugnisse und in welcher Art und Weise die Produktverantwortung wahrzunehmen ist. Bei § 23 Abs. 4 handelt es sich nicht um eine Verordnungsermächtigung. Die Bestimmung verweist hinsichtlich der Ermächtigungen vielmehr auf die §§ 24, 25. Während § 25 eine Ermächtigung an die Bundesregierung zum Erlass von Rechtsverordnungen über Rücknahme- und Rückgabepflichten enthält, ermöglicht § 24 den Erlass von Rechtsverordnungen, die Verbote, Beschränkungen und Kennzeichnungen für Erzeugnisse zum Gegenstand haben. § 24 ermöglicht einen sehr weitgehenden Eingriff in das Wirtschaftsgeschehen, weil auf § 24 Rechtsverordnungen gestützt werden können, die Anforderungen direkt an Erzeugnisse stellen. Auf der Grundlage des § 24 kann bestimmt werden, dass bestimmte Erzeugnisse nur in bestimmter Beschaffenheit oder für bestimmte Verwendungen in den Verkehr gebracht werden dürfen oder dass bestimmte Erzeugnisse sogar überhaupt nicht in den Verkehr gebracht werden dürfen.

5 Des Weiteren ermöglicht § 24 den Erlass von Rechtsverordnungen, die Kennzeichnungs- und Hinweispflichten vorschreiben. Mit Hilfe von Verordnungen nach § 24 sollen die Ziele der Kreislaufwirtschaft des § 1 KrWG durch Reduzierung der durch den Konsum entstehenden Abfallmengen und durch die Verminderung der Schadstoffhaltigkeit des Abfalls verfolgt werden.

6 Während § 24 mit seinen unterschiedlichen abfallrechtlichen Anforderungen an Erzeugnisse anknüpft, ermöglicht § 10 Abs. 1 Nr. 1 den Erlass von Rechtsverordnungen, die sich auf Gefahren beziehen, die durch eine nicht ordnungsgemäße Abfallverwertung entstehen können. Nach § 10 Abs. 1 Nr. 1 kann die Bundesregierung eine Rechtsverordnung erlassen, mit der sie die Einbindung oder das Verbleiben von bestimmten Abfällen in Erzeugnissen nach Art, Beschaffenheit und Inhaltsstoffen beschränken oder verbieten kann. Insoweit verfolgen die Verordnungsermächtigungen unterschiedliche Ansatzpunkte. Gleichwohl stehen diese Verordnungsermächtigungen in engem Zusammenhang. Deshalb kann der Verordnungsgeber seine Regelungen teilweise sowohl auf § 10 als auch auf §§ 24, 25 stützen. Zur Umsetzung von Rechtsakten der Europäischen Gemeinschaft kann die Bundesregierung gem. § 65 Abs. 1 S. 1 zu dem in § 1 genannten Zweck mit Zustimmung des Bundesrats Rechtsverordnungen zur Sicherstellung der umweltverträglichen Abfallvermeidung und Abfallbewirtschaftung, insbesondere zur ordnungsgemäßen und schadlosen Verwertung sowie zur umweltverträglichen Beseitigung von Abfällen erlassen. Soweit es bei der Umsetzung einer europäischen Richtlinie auch um die Wahrnehmung von Produktverantwortung geht, kann sich die Bundesregierung dementsprechend nicht nur auf die §§ 24, 25, sondern möglicherweise auch auf § 65 stützen.

7 Während in § 25 Abs. 1 Hersteller und Vertreiber als **Adressaten** von Rechtsverordnungen ausdrücklich erwähnt werden, bleibt nach dem Wortlaut des § 24 offen, wer Adressat von Rechtsverordnungen sein kann, die sich auf diese Ermächtigungsgrundlage stützen. Da sich die Verbote, Beschränkungen und Kennzeichnungspflichten auf Erzeugnisse beziehen, kommen als Adressaten ebenfalls Hersteller und Vertreiber in Betracht. Aus der Bezugnahme auf § 23 ergibt sich darüber hinaus, dass grundsätzlich auch Entwickler, Be- und Verarbeiter durch die Verordnungen verpflichtet werden können.

8 Gem. § 69 Abs. 1 Nr. 8 handelt ordnungswidrig, wer vorsätzlich oder fahrlässig einer Rechtsverordnung nach §§ 24, 25 oder einer vollziehbaren Anordnung aufgrund einer solchen Rechtsverordnung zuwiderhandelt, soweit die Rechtsverordnung für einen be-

stimmten Tatbestand auf die Bußgeldvorschrift des § 69 verweist. **Ordnungswidrigkeiten** nach § 69 Abs. 1 können mit einer Geldbuße bis zu 100 000 EUR geahndet werden (§ 69 Abs. 3).

Die Abfallvermeidung nach Maßgabe der aufgrund der §§ 24, 25 erlassenen Rechts- **9** verordnungen unterliegt nach § 47 Abs. 1 der **allgemeinen Überwachung** durch die zuständige Behörde. § 47 Abs. 2 ermächtigt die zuständige Behörde, im Rahmen der allgemeinen Überwachung Auskunft über Betrieb, Anlagen, Einrichtungen und sonstige, der Überwachung unterliegende Gegenstände zu verlangen. Gem. § 62 schließlich kann die zuständige Behörde im Einzelfall die erforderlichen Anforderungen zur Durchführung des KrWG und der aufgrund des Gesetzes erlassenen Rechtsverordnungen treffen. Entsprechend können auch Produktverantwortliche, die auf der Grundlage einer Rechtsverordnung nach § 24 verpflichtet sind, bestimmte Erzeugnisse nur in bestimmter Beschaffenheit oder für bestimmte Verwendungen in den Verkehr zu bringen oder aber das Inverkehrbringen bestimmter Erzeugnisse zu unterlassen, bestimmte Erzeugnisse zu kennzeichnen, etc. Adressat einer Anordnung nach § 62 sein.

Trotz einiger Zweifel an der hinreichenden Bestimmtheit geht die überwiegende Auf- **10** fassung von der **Verfassungsmäßigkeit** der Ermächtigungsgrundlage des § 24 aus (*OVG Berlin* Urt. v. 20.10.2005 - 12 B 3.05, ZUR 2006, 146, 148, zur Vorgängerregelung des § 23 KrW-/AbfG; *Konzak* in BeckOK Umweltrecht, Stand 1.4.2019, § 24 KrWG Rn. 5; *Mann* in Versteyl/Mann/Schomerus, KrWG, 2019, § 24 Rn. 15; *Tünnesen-Harmes* in Jarass/Petersen, KrWG, 2014, § 24 Rn. 18 ff). Nach Art. 80 Abs. 1 Satz 1 GG kann die Bundesregierung durch ein Gesetz ermächtigt werden, Rechtsverordnungen zu erlassen. Gem. Art. 80 Abs. 1 Satz 2 GG müssen dabei Inhalt, Zweck und Ausmaß der erteilten Ermächtigung im Gesetz bestimmt werden. Angesichts des beachtlichen Eingriffs in Grundrechte, in den Wettbewerb und in das Marktgeschehen, der mit Produktanforderungen verbunden ist, waren bereits gegenüber der Vorgängervorschrift des § 24 Abs. 2 AbfG Bedenken geäußert worden, ob der Anwendungsbereich der Vorschrift hinreichend klar erkennbar sei (*Friauf,* Abfallrechtliche Rücknahmepflichten, in: Festschrift für Bodo Börner, 1992, S. 701, 711). Der Rat von Sachverständigen für Umweltfragen hatte angesichts des erheblichen Eingriffscharakters der Verordnungsermächtigung in § 14 AbfG angeregt, das Ermessen der Bundesregierung beim Erlass derartiger Verordnungen bei einer Neuregelung des Abfallrechts einzuengen (Sondergutachten des Rates vom Sachverständigen für Umweltfragen zur Abfallwirtschaft, 1990, Kz. 71). Es ist zweifelhaft, ob dies im KrW-/AbfG und danach im KrWG gelungen ist (*Beckmann* DVBl. 1995, 313, 316). Dies gilt insbesondere angesichts der Vielzahl der in der Vorschrift enthaltenen Ermächtigungsgrundlagen. Auch das Zustimmungserfordernis des Bundesrates oder die Beteiligung des Bundestages an den Verordnungsgebungsverfahren nach § 67 ändert an den Bestimmtheitsanforderungen des Art. 80 Abs. 1 Satz 2 GG nichts, weil diese Zustimmungserfordernisse die erteilte Ermächtigung nicht inhaltlich begrenzen, sondern nur ihre Ausübung von weiteren verfahrensrechtlichen Anforderungen abhängig machen. Letztlich mag man die verfassungsrechtlichen Bedenken hinsichtlich der Bestimmtheitsanforderungen zurückstellen können. Immerhin lässt sich das gesetzgeberische Ziel der abfallrechtlichen Produktverantwortung durch die Berücksichtigung anderer Vorschriften des KrWG näher definieren. Aus § 23 Abs. 1 und 4 ergibt sich, dass die Rechtsverordnungen nach § 24 dazu dienen sollen, durch Maßnahmen der Produktverantwortung Abfälle in qualitativer und quantitativer Hinsicht zu vermeiden bzw. einer Verwertung zuzuführen. Hinzu kommt, dass Folgewirkungen von Produktverboten, Produktanforderungen und auch von Rücknahmepflichten im Sinne von § 25 für die einzelnen Produkte und Produktbereiche sehr konkret mit den erhofften abfallwirtschaftlichen und ökologischen Wirkungen abgewogen werden müssen. Der Gesetzgeber stellt daher letztlich wohl zu Recht mit den §§ 23ff. lediglich einen gesetzlichen Rahmen für mögliche Verordnungen zur Verfügung, um dem Verordnungsgeber eine solche konkrete Folgenbetrachtung unter Berücksichtigung des **Verhältnismäßigkeitsgrundsatzes** zu ermöglichen. Das bedingt naturgemäß ein gewisses Maß an Unbestimmtheit der Verordnungsermächtigung.

11 Die Verordnungsermächtigungen sind auch mit dem Unionsrecht vereinbar. Zwar können sich aus abfallrechtlich motivierten Produktverboten und Verkehrsbeschränkungen Beeinträchtigungen der in Art. 34, 35 AEUV gesicherten **Warenverkehrsfreiheit** ergeben. Allerdings stehen die Bestimmungen der Art. 34, 35 AEUV Einfuhr-, Ausfuhr- und Durchfuhrverboten oder -beschränkungen nicht entgegen, die aus Gründen der öffentlichen Sittlichkeit, Ordnung und Sicherheit, zum Schutze der Gesundheit und des Lebens von Menschen, Tieren oder Pflanzen, des nationalen Kulturguts von künstlerischem, geschichtlichem oder archäologischem Wert oder des gewerblichen und kommerziellen Eigentums gerechtfertigt sind. Diese Verbote oder Beschränkungen dürfen jedoch weder ein Mittel zur willkürlichen Diskriminierung noch eine verschleierte Beschränkung des Handels zwischen den Mitgliedstaaten darstellen. Zum Schutz der Umwelt lassen sich insoweit auch Anforderungen an die Produktgestaltung und an das Inverkehrbringen von Produkten rechtfertigen (*Brinktrine* in Schmehl/Klement, KrWG, 2019, § 24 Rn. 9).

12 Hinzu kommt, dass Art. 8 AbfRRL eine erweiterte Herstellerhaftung vorsieht. Art. 8 Abs. 1 S. 1 AbfRRL hält die Mitgliedstaaten an, Maßnahmen zur Verbesserung der Wiederverwendung und Vermeidung, des Recyclings und der sonstigen Verwertung von Abfällen zu ergreifen, um sicherzustellen, dass Hersteller von Erzeugnissen ihrer erweiterten Herstellerverantwortung auch Rechnung tragen. Art. 8 Abs. 2 AbfRRL räumt den Mitgliedstaaten auch Befugnisse für Maßnahmen zur Produktgestaltung ein. Denn danach können die Mitgliedstaaten Maßnahmen ergreifen, damit Erzeugnisse so gestaltet werden, dass bei deren Herstellung und anschließendem Gebrauch die Umweltfolgen und die Entstehung von Abfällen verringert werden, und um zu gewährleisten, dass die Verwertung und Beseitigung der Erzeugnisse, die zu Abfällen geworden sind, gemäß den Art. 4 und 13 AbfRRL stattfinden.

13 Die Möglichkeit nach Art. 36 AEUV, Einschränkungen der Warenverkehrsfreiheit rechtfertigen zu können, und die Regelungen zu einer erweiterten Herstellerverantwortung in der AbfRRL bedeuten noch nicht, dass jede einzelne Verbotsregelung auf der Grundlage des § 24 unionsrechtskonform ist. Das kann nur mit Blick auf den jeweiligen Regelungsfall entschieden werden. Die Verordnungsermächtigungen jedenfalls sind unionsrechtlich nicht zu beanstanden (*Webersinn* in Schink/Versteyl, KrWG, 2016, § 24 Rn. 21; *Brinktrine* in Schmehl/Klement, KrWG, 2019, § 24 Rn. 12).

14 Bei Erlass von Rechtsverordnungen zur Konkretisierung der Produktverantwortung steht der Bundesregierung – wie ganz allgemein beim Erlass von Verordnungen – ein **weites Verordnungsermessen** hinsichtlich der Beurteilung der Erforderlichkeit einer Verordnung zu (*Beckmann* DVBl. 1995, 313, 315f.; *OVG Berlin* Beschl. v. 20.2.2002, DVBl. 2002, 631, 635; *OVG Berlin* Urt. v. 20.10.2005, ZUR 2006, 146, 151).

15 Die Verordnungsermächtigungen des § 24 entfalten für die Landesgesetzgeber eine **Sperrwirkung** (siehe für die VerpackV und die §§ 1a, 14 AbfG *BVerwG* Urt. v. 23.4.1997, NuR 1998, 90f.).

B. Formelle und materielle Anforderungen

16 Ermächtigt wird durch § 24 die Bundesregierung insgesamt und damit nicht das zuständige BMU. Der Erlass einer Rechtsverordnung nach § 24 setzt voraus, dass die Bundesregierung zunächst die beteiligten Kreise nach § 68 anhört und nach Maßgabe von § 67 den Bundestag beteiligt und die Zustimmung des Bundesrates einholt.

§ 24 bestimmt besondere **Anforderungen an das Verfahren** der Verordnungsgebung. Die Bundesregierung muss die nach § 68 zu beteiligenden Kreise anhören; Rechtsverordnungen nach § 24 bedürfen der Zustimmung des Bundesrates, der Bundestag ist nach Maßgabe des § 67 zu beteiligen. 16a

Materiell-rechtlich ist bei dem Erlass von Rechtsverordnungen im Sinne von § 24 der **Verhältnismäßigkeitsgrundsatz** zu berücksichtigen. Die mit einer solchen Verordnung erlassenen Produktverbote, Kennzeichnungs- und Hinweispflichten können Grundrechte der betroffenen Hersteller und Vertreiber beeinträchtigen. Es ist allerdings nicht ersichtlich, dass die weitreichenden Ermächtigungsgrundlagen für sich genommen bereits wegen einer Unvereinbarkeit mit den Grundrechten von Hersteller und Vertreibern verfassungswidrig sind (*Mann* in Versteyl/Mann/Schomerus, KrWG, 2019, § 24 Rn. 15). Sie müssen jedoch gemessen an dem mit der Verordnung verfolgten Zweck geeignet, erforderlich und angemessen sein. Für die Beurteilung der Eignung einer bestimmten Regelung kommt es auf die Einschätzung des Verordnungsgebers zum Zeitpunkt des Erlasses der jeweiligen Rechtsverordnung an. Dem Verordnungsgeber steht dabei ein **Prognosespielraum** zu. Zur Wahrung der Verhältnismäßigkeit ist weiter zu prüfen, ob dem Verordnungsgeber zur Erreichung des von ihm verfolgten Zwecks ein Mittel zur Verfügung steht, das die Belange der Betroffenen weniger beeinträchtigt als das gewählte Mittel, wobei allerdings das alternative Instrumentarium nicht weniger geeignet sein darf als das beabsichtigte. Für Rechtsverordnungen auf der Grundlage des § 24 ist insoweit insbesondere der Katalog der in § 24 genannten Möglichkeiten zu prüfen. Regelmäßig dürfte eine Kennzeichnungspflicht weniger beeinträchtigend sein als das Gebot, ein Erzeugnis nur bestimmter Beschaffenheit oder für bestimmte Verwendungen in den Verkehr zu bringen. Eine bestimmte Anforderung an die Beschaffenheit oder für die Verwendung eines Erzeugnisses ist im Zweifel weniger einschneidend als das Verbot, ein solches Erzeugnis überhaupt in den Verkehr zu bringen. 17

Der Verhältnismäßigkeitsgrundsatz und insbesondere die Erforderlichkeit der beabsichtigten Maßnahmen gebieten es regelmäßig allerdings nicht, dass der Verordnungsgeber vor dem Erlass einer entsprechenden Verordnung zunächst **Zielfestlegungen** im Sinne von § 26 Abs. 1 veröffentlicht. Ein Vorrang für Zielfestlegungen unter dem Gesichtspunkt der Erforderlichkeit könnte allenfalls dann bestehen, wenn solche Zielfestlegungen auch nach Einschätzung des Gesetzgebers grundsätzlich gleichermaßen wirksam wie eine entsprechende Verordnung wären. Da Zielfestlegungen gegenüber den Adressaten der Verordnung nicht verbindlich und auch nicht erzwingbar sind, sind sie regelmäßig kein gleich geeignetes Instrument. 18

Schließlich müssen die Auswirkungen der durch den Verordnungsgeber beabsichtigten Regelungen insbesondere mit Blick auf die zu wahrenden Grundrechte der Verordnungsadressaten angemessen sein. Sie dürfen nicht außer Verhältnis zu dem von der Rechtsverordnung angestrebten Ziel stehen. Zur Feststellung der **Angemessenheit** bedarf es einer Abwägung der unterschiedlichen öffentlichen und privaten Belange, die zu einer Veränderung oder sogar zu einem Unterlassen der Verordnung führen müssen, wenn die öffentlichen und privaten Interessen, die gegen eine solche Verordnungsregelung sprechen, das Allgemeininteresse an der Förderung der Kreislaufwirtschaft durch ein entsprechendes Instrumentarium überwiegen. In erster Linie sind insoweit Grundrechte der Hersteller und Vertreiber von Erzeugnissen zu berücksichtigen. In Betracht kommen die durch Art. 12 Abs. 1 GG geschützte Berufsfreiheit, die Eigentumsgarantie sowie die allgemeine Handlungsfreiheit. Das könnte insbesondere dann der Fall sein, wenn bestimmte Erzeugnisse und Produkte, die z.B. für eine gewerbliche Betätigung benötigt 19 werden, auf der Grundlage einer Verordnung nicht mehr in den Verkehr gebracht werden können. Grundsätzlich können daneben auch Grundrechte privater Verbraucher und Konsumenten eine Rolle spielen.

20 Zur Wahrung der Verhältnismäßigkeit einer Rechtsverordnung nach § 24 kann es geboten sein, mit angemessenen **Übergangsfristen** den von der Verordnung Betroffenen einen Zeitraum einzuräumen, innerhalb dessen sie sich auf die sich durch die Verordnung ändernden Umstände einzustellen haben (*Konzak* in BeckOK Umweltrecht, Stand 1.4.2019, § 24 KrWG Rn. 7). Zwar wird für die Verordnungsermächtigung nach §§ 24, 25 die Auffassung vertreten, wegen der sich aus § 23 Abs. 2 ergebenden latenten Grundpflicht der Produktverantwortlichen könnten die Anforderungen an den Verhältnismäßigkeitsgrundsatz abgesenkt werden (*Petersen/Rid* NJW 1995, 1, 10; *Versteyl/Wendenburg* NVwZ 1994, 833, 939). Ob sich aus § 23 Abs. 2 aber überhaupt eine **latente Grundpflicht** ergibt, ist jedoch zweifelhaft (ablehnend *Beckmann* UPR 1996, 41, 45). Im Übrigen könnte selbst eine solche latente Grundpflicht verfassungsrechtliche Vorgaben des Verhältnismäßigkeitsgrundsatzes nicht suspendieren. Dies gilt insbesondere auch insoweit, als die Produktverantwortlichen auf der Grundlage einer solcherart „latenten Grundpflicht" der abstrakten gesetzlichen Regelung sich nicht auf konkrete Pflichten einer späteren Verordnung einstellen können.

C. Einzelne Ermächtigungen

21 § 24 sieht einen Katalog von zehn Einzelermächtigungen vor, aus dem sich das Recht der Bundesregierung zum Erlass spezieller Verbote für Erzeugnisse, von Beschränkungen und Kennzeichnungen zur Konkretisierung der Produktverantwortung ergibt. Der Gesetzgeber unterscheidet bei verschiedenen Verordnungsermächtigungen zwischen Anforderungen, die Verordnungsgeber an Hersteller und Vertreiber für den Vertrieb stellen kann (Abs. 1 Nr. 1– 3) und Verbote des Inverkehrbringens von bestimmten Erzeugnissen, die bestimmten Anforderungen nicht genügen. (Abs. 1 Nr. 4). Rechtssystematisch ist diese Unterscheidung zwischen Verkehrsverboten und Vorgaben für die Verkehrsfähigkeit nicht wirklich entscheidend. Denn in beiden Varianten geht es darum, dass bestimmte Erzeugnisse nur dann in Verkehr gebracht werden dürfen, wenn sie die in einer entsprechenden Verordnung geregelten Anforderungen erfüllen. Es handelt sich dementsprechend bei diesen verschiedenen Alternativen um direkte oder jedenfalls indirekte Verkehrsverbote für Erzeugnisse, die den Anforderungen für ein Inverkehrbringen aus verschiedenen Gründen nicht genügen (*Mann* in Versteyl/Mann/Schomerus, KrWG, 2019, § 24 Rn. 7).

21a Die Verordnungsermächtigungen des § 24 sind ein zentrales Instrument zur Durchsetzung von Vermeidungspflichten. Die Hersteller und Vertreiber sollen zu Anstrengungen zur Abfallvermeidung veranlasst werden können (siehe dazu *Brinktrine* in Schmehl/Klement, KrWG, 2019, § 24 Rn. 3).

I. Beschränkungen des Inverkehrbringens (Nr. 1)

22 Gem. § 24 Nr. 1 kann die Bundesregierung durch Rechtsverordnung bestimmen, dass bestimmte Erzeugnisse nur ressourceneffizient, insbesondere in einer Form, die die mehrfache Verwendung, die technische Langlebigkeit und die Reparierbarkeit erleichtert, sowie in bestimmter, die Abfallbewirtschaftung spürbar entlastender Weise in Verkehr gebracht werden dürfen.

§ 24 Nr. 1 steht in unmittelbarem Zusammenhang zur Grundpflicht der Produktverantwortung nach § 23 Abs. 2 Nr. 1. Die Ermächtigungsgrundlage ist im Rahmen der **Gesetzesnovelle 2020** um Anforderungen zur „Ressourceneffizienz", „technischen Langlebigkeit" und „Reparierbarkeit" erweitert worden, um den Vorgaben des Art. 9 Abs. 1b) AbfRRL, die inhaltlich auf die Abfallvermeidung Bezug nehmen, umzusetzen. Sie gehören in den Rahmen der Produktverantwortung, weil sie nur von Herstellern erfüllt werden können (Gesetzesbegründung, BT-Drs. 19/19373, S. 61).

Die Ermächtigung bezieht sich auf **alle Erzeugnisse;** auf die in der Vorgängerbestimmung noch enthaltene, beispielhafte Erwähnung von Verpackungen und Behältnissen wurde verzichtet. Ziel einer solchen möglichen Beschränkung des Inverkehrbringens ist in erster Linie die Vermeidung von Abfällen, daneben auch eine Erleichterung der Vorbereitung einer Wiederverwendung und einer auch im Übrigen ordnungsgemäßen Verwertung oder Beseitigung der durch das Erzeugnis anfallenden Abfälle. 23

Als Adressat einer auf § 24 Nr. 1 gestützten Rechtsverordnung können insbesonderen Hersteller und Vertreiber von Erzeugnissen gelten.

1. Ressourceneffizienz. Die Erhöhung der Ressourceneffizienz gehört zu den Hauptzielen des 7. Umweltaktionsprogramms der EU. Ressourceneffizienz durch die Nutzung von Abfall- und Sekundärressourcen ist ein wesentlicher Bestandteil der sogenannten Strategie für die Kreislaufwirtschaft. In Deutschland ist der Ressourcen- und Rohstoffverbrauch seit Jahrzehnten sehr hoch. Der Rohstoffverbrauch war nach Angaben des SRU im Umweltgutachten 2020 im Jahr 2017 mit 22,8 t pro Einwohner fast doppelt so hoch wie der weltweite Durchschnitt von 12,2 t pro Einwohner und Jahr (SRU Umweltgutachten 2020, S. 116). Das Abfallvermeidungsprogramm des Bundes (S. 6) weist dazu einleitend darauf hin, dass die Entkopplung der Ressourcennutzung vom Wirtschaftswachstum zentrales umweltpolitisches Ziel sei. Da Abfälle stets aus ehemaligen Rohstoffen und Produkten entstünden, leiste die Abfallvermeidung einen wesentlichen Beitrag zur Verfolgung dieser Zielsetzung. 24

Ressourceneffizienz bedeutet einen schonenden und gleichzeitig effizienten Umgang mit natürlichen Ressourcen. Wirtschaftliches Wachstum und gesellschaftlicher Wohlstand sollen so weit wie möglich vom Einsatz natürlicher Ressourcen entkoppelt werden. Die Bundesregierung hat dazu bereits 2012 ein Konzept zur Steigerung der Ressourceneffizienz beschlossen. 25

In der Kreislaufwirtschaft soll Ressourceneffizienz insbesondere durch die **mehrfache Verwendung,** die **technische Langlebigkeit** und die **Reparierbarkeit** von Produkten befördert werden. Verhindert werden soll, dass ein Erzeugnis bereits nach seiner einmaligen Verwendung zu Abfall wird. Entscheidend ist die Möglichkeit, das Erzeugnis in seiner Ursprungsfunktion möglichst wiederholt nutzen zu können (*Flanderka* in Jahn/Deifuß-Kruse/Brandt, KrWG, 2014, § 23 Rn. 16; *Prelle* in Schmehl/Klement, KrWG, 2019, § 23 Rn. 25). 26

Technisch langlebig sind Erzeugnisse, bei deren Herstellung Materialien mit einer langen Lebensdauer verwendet und wenn die Erzeugnisse so verarbeitet wurden, dass die Funktionstauglichkeit des Geräts möglichst lange erhalten bleibt, so dass eine Entsorgung des Erzeugnisses als Abfall vermieden bzw. hinausgezögert werden kann. 27

Die mehrfache Verwendbarkeit und die technische Langlebigkeit von Erzeugnissen werden auch dadurch gefördert, dass bei Erzeugnissen die Möglichkeit erhalten bleibt, diese zu reparieren, instand zu halten oder Einzelteile auszutauschen. Die Zielsetzung eines möglichst hohen Maßes an **Reparierbarkeit** zielt auf eine Verlängerung der Lebensdauer von Erzeugnissen. In der Gesetzesbegründung wird dazu erläutert, dass das Reparieren im Sinne der zweiten Stufe der Abfallhierarchie (Vorbereitung zur Wieder- 27a verwendung) solle (wieder) an die Stelle des Ersetzens (Neukauf eines Erzeugnisses) treten (Gesetzesbegründung, BT-Drs. 19/19373, S. 59). Reparierbarkeit eines Produkts hat aber nicht nur Bedeutung für eine Vorbereitung zur Wiederverwendung. Denn bei der Reparatur eines Produkts handelt es sich im Regelfall nicht um eine Maßnahme der Vorbereitung der Wiederverwendung, weil dies voraussetzen würde, dass das Produkt zu Abfall geworden ist, dass dementsprechend ein Entledigungstatbestand des § 3 Abs. 1 vorliegt.

28 **2. Entlastung der Abfallbewirtschaftung.** Der frühere Verweis auf eine umweltverträgliche Verwertung oder Beseitigung ist zugunsten eines Bezugs zu einer „spürbaren Entlastung der Abfallbewirtschaftung" ersetzt worden. Der Verordnungsgeber kann bestimmen, dass bestimmte Erzeugnisse nur in einer die Abfallbewirtschaftung spürbar entlastenden Weise in Verkehr gebracht werden.

29 Abfallbewirtschaftung im Sinne des KrWG ist nach § 3 Abs. 14 S. 1 die Bereitstellung, die Überlassung, die Sammlung, die Beförderung sowie die Verwertung und die Beseitigung von Abfällen; die beiden letztgenannten Verfahren schließen die Sortierung der Abfälle ein. Zur Abfallbewirtschaftung zählen auch die Überwachung der Tätigkeiten und Verfahren im Sinne des Satzes 1, die Nachsorge von Beseitigungsanlagen und die Tätigkeiten, die von Händlern und Maklern durchgeführt werden.

30 Wesentliche inhaltliche Änderungen dürften sich aus der veränderten Wortwahl nicht ergeben. Im Kern dürfte es weiterhin darum gehen, den Verordnungsgeber zu ermächtigen, Anforderungen zu stellen, mit denen eine umweltverträgliche Entsorgung erleichtert wird; klargestellt wird durch die neue Begrifflichkeit jedoch, dass auch eine Erleichterung der Sortierung oder der Überwachung vom Verordnungsgeber anvisiert werden können.

31 Wann eine Entlastung der Abfallbewirtschaftung „spürbar" ist, definiert der Gesetzgeber nicht. Die Wortwahl ist eher ungewöhnlich. Gemeint sein dürfte eine gewisse Erheblichkeit der Entlastung und damit letztlich ein Kriterium der Verhältnismäßigkeit. Denn für eine Entlastung, die nicht einmal spürbar wird, dürfen keine Verkehrsbeschränkungen durch den Verordnungsgeber geregelt werden.

II. Beschaffenheits- und Verwendungsvorgaben (Nr. 2)

32 Gem. § 24 Nr. 2 kann die Bundesregierung durch eine Rechtsverordnung anordnen, dass bestimmte Erzeugnisse nur in bestimmter Beschaffenheit oder Form oder für bestimmte Verwendungen in Verkehr gebracht werden dürfen, bei denen eine umweltverträgliche Verwertung oder Beseitigung der nach Gebrauch der Erzeugnisse entstandenen Abfälle gewährleistet werden kann.

33 Der im Rahmen der **Gesetzesnovelle 2020** neu eingeführte § 24 Nr. 2 enthält eine Möglichkeit, Beschaffenheits- und Verwendungsvorgaben für alle Erzeugnisse festzulegen, bei denen eine umweltverträgliche Verwertung oder Beseitigung der nach Gebrauch entstandenen Abfälle gewährleistet werden kann. Die Verordnungsermächtigung schafft die Möglichkeit zur Regelung von Art. 6 Abs. 1 Einwegkunststoff-Richtlinie vergleichbaren Anforderungen an die Beschaffenheit von Erzeugnissen (Gesetzesbegründung, BT-Drs. 19/19373, S. 61). Nach Art. 6 Abs. 1 Einwegkunststoff-Richtlinie tragen die Mitgliedstaaten dafür Sorge, dass Einwegkunststoffartikel, die in Teil C des Anhangs der Richtlinie aufgeführt sind und deren Verschlüsse und Deckel aus Kunststoff bestehen, nur in Verkehr gebracht werden, wenn diese Verschlüsse und Deckel während der für das Produkt vorgesehenen Verwendungsdauer an den Behältern befestigt bleiben.

Angesichts der erheblichen Einschränkungen, die sich aus solchen Verkehrsverboten ergeben, dürften Verkehrsbeschränkungen im Sinne von § 24 Nr. 1 in aller Regel das mildere Mittel sein. Das kann allerdings auch anders zu sehen sein, wenn z.B. die Umstellung auf ein anderes Produkt mit einem nur geringen Aufwand verbunden ist. 34

III. Entlastung der Abfallentsorgung (Nr. 3)

Die Bundesregierung kann in einer Verordnung nach § 24 Nr. 3 bestimmen, dass bestimmte Erzeugnisse nur in bestimmter, die Abfallentsorgung spürbar entlastender Weise, insbesondere in einer die mehrfache Verwendung oder die Verwertung erleichternden Form in Verkehr gebracht werden dürfen. Vorrangiges Ziel dieser Ermächtigung ist es, durch Mehrfachverwendung von Erzeugnissen diese möglichst nicht, oder aber jedenfalls erst nach mehrfachem Gebrauch zu Abfall werden zu lassen. Der Erhalt der Gebrauchstauglichkeit und die Mehrfachverwendung sind zentrale Ziele der Produktverantwortung. Eine eigenständige Bedeutung dieser Verordnungsermächtigung neben der Ermächtigung des § 24 Nr. 1 dürfte allerdings kaum bestehen. 35

IV. Verbote des Inverkehrbringens (Nr. 4)

Nach § 24 Nr. 4 kann die Bundesregierung durch Rechtsverordnung bestimmen, dass bestimmte Erzeugnisse nicht in Verkehr gebracht werden dürfen, wenn a) bei der Verwertung oder Beseitigung der nach Gebrauch der Erzeugnisse entstehenden Abfälle die Freisetzung von Schadstoffen nicht oder nur mit unverhältnismäßig hohem Aufwand verhindert werden könnte und die umweltverträgliche Verwertung oder Beseitigung nicht auf andere Weise sichergestellt werden kann oder b) ihre Verwendung in erheblichem Umfang zur Vermüllung der Umwelt beiträgt und dies nicht oder nur mit unverhältnismäßig hohem Aufwand verhindert werden kann. 36

Der Begriff der **Schadstoffe** ist weit zu verstehen. Dazu zählen alle Arten von Stoffen oder Stoffverbindungen, die nachteilige human- oder ökotoxische Wirkungen erzeugen können (*Mann* in Versteyl/Mann/Schomerus, KrWG, 2019, § 24 Rn. 12). Mit **Freisetzung** während der Entsorgung ist der gesamte Prozess der Abfallverwertung oder Abfallbeseitigung gemeint. 37

Wann ein Aufwand zur Verhinderung der Freisetzung von Schadstoffen unverhältnismäßig hoch ist, kann nicht erst im Einzelfall auf Basis einer Abwägungsentscheidung anhand von wertenden Kriterien entschieden werden. Vielmehr muss der Verordnungsgeber generalisierend über den Einzelfall hinaus prognostisch bewerten, ob eine Freisetzung von Schadstoffen nicht oder nur mit **unverhältnismäßig hohem Aufwand** möglich ist. Dem Verordnungsgeber dürfte insoweit ein Beurteilungsspielraum zustehen. Bei seiner Entscheidung sind das Gefahrenpotential des in Rede stehenden Schadstoffs, die wirtschaftliche Bedeutung des jeweiligen Produktes, Art und Kosten der Entsorgung und die Möglichkeit, einen umweltfreundlicheren Ersatzstoff zu verwenden, in der Form einer Kosten-/Nutzen-/Risikoanalyse einzubeziehen (*Mann* in Versteyl/Mann/Schomerus, KrWG, 2019, § 24 Rn. 13; Tünnesen-Harmes in Jarass/Petersen, KrWG, 2014, § 24 Rn. 36). 38

Nicht zuletzt ist nach § 24 Nr. 4a) Voraussetzung für den Erlass einer Rechtsverordnung, dass die umweltverträgliche Verwertung oder Beseitigung nicht auf andere Weise sichergestellt werden kann. Damit spricht der Gesetzgeber ein Kriterium der Erforderlichkeit des ohnehin geltenden Verhältnismäßigkeitsgrundsatzes an. Allerdings ist dazu zu Recht kritisch angemerkt worden, dass nicht ersichtlich ist, wie die umweltverträgliche 39

Entsorgung „auf andere Weise“ sichergestellt werden soll, wenn zuvor bereits bejaht worden ist, dass „bei der Entsorgung die Freisetzung schädlicher Stoffe nicht … verhindert werden könnte“ (*Mann* in Versteyl/Mann/Schomerus, KrWG, 2019, § 24 Rn. 14; *Tünnesen-Harmes* in Jarass/Petersen, KrWG, 2014, § 24 Rn. 37).

40 Die neue Nr. 4 enthält die zuvor bereits in Nr. 2 enthaltenen Verbote des Inverkehrbringens, die um eine neue Variante ergänzt wurde. Solche Verbote des Inverkehrbringens sind jetzt auch möglich, wenn ihre Verwendung in erheblichem Umfang zur Vermüllung der Umwelt beiträgt und dies nicht oder nur mit unverhältnismäßig hohem Aufwand verhindert werden kann. Die Vermeidung der Vermüllung der Umwelt ist auch bereits nach Art. 9 Abs. 1k) AbfRRL ein wichtiges Ziel der Abfallvermeidung. Zudem ermöglicht die Regelung in Buchstabe b) die Umsetzung von Art. 5 Einwegkunststoff-Richtlinie (Verbot des Inverkehrbringens bestimmter Kunststoffeinwegprodukte aus oxo-abbaubarem Kunststoff) durch Rechtsverordnung.

V. Kennzeichnungspflichten zur Entsorgung (Nr. 5)

41 § 24 Nrn. 5–8 enthalten Verordnungsermächtigungen zu verschiedenen Kennzeichnungspflichten, die sich teilweise überschneiden und sich nicht trenbnscharf voneinander abgrenzen lassen.

41a Gem. § 24 Nr. 5 kann die Bundesregierung zur Festlegung von Anforderungen nach § 23 durch Rechtsverordnung mit Zustimmung des Bundesrates bestimmen, dass bestimmte Erzeugnisse in bestimmter Weise zu kennzeichnen sind, um insbesondere die Erfüllung der Pflichten nach § 7 Abs. 2 und 3, § 8 Abs. 1 oder § 9 Abs. 1 und 3 im Anschluss an die Rücknahme zu sichern oder zu fördern.

42 Die Kennzeichnung kann sich auf die Verwendung bestimmter Zeichen oder Symbole, aber auch auf einen bestimmten Kennzeichnungstext beziehen. Kennzeichnungen dienen der Information des Verwenders. Ihre Funktion für die Erfüllung der Grundpflichten nach den §§ 7–9 nach Rücknahme können sie dann erfüllen, wenn sie über die materielle Beschaffenheit des Produktes insoweit informieren, als diese Beschaffenheit für den Entsorgungsweg von Bedeutung sein kann. Das gilt etwa für bestimmte Materialkennzeichnungen bei Kunststoffen oder für Demontagehinweise bei Elektronikgeräten. § 24 Nr. 5 enthält eine allgemeine Kennzeichnungsregelung. Spezielle Kennzeichnungen ermöglichen § 24 Nr. 6–8.

43 Gem. § 24 Nr. 5 kann angeordnet werden, dass bestimmte Erzeugnisse wegen des Gehalts an gefährlichen Stoffen der nach bestimmungsgemäßem Gebrauch in der Regel verbleibenden Abfälle nur mit einer Kennzeichnung in den Verkehr gebracht werden dürfen, die insbesondere auf die Notwendigkeit einer Rückgabe an Hersteller, Vertreiber oder bestimmte Dritte hinweist. Die Kennzeichnungspflicht nach § 24 Nr. 5 setzt dementsprechend ein bestimmtes **Rücknahmesystem** außerhalb der öffentlichen Entsorgung voraus. Die Kennzeichnung soll es dem Nutzer oder Verbraucher ermöglichen, den anfallenden Abfall in das vorgesehene Entsorgungssystem zu geben. Soweit an die Notwendigkeit einer Rückgabe an Hersteller, Vertreiber oder bestimmte Dritte angeknüpft wird, ist Voraussetzung, dass eine entsprechende **Rückgabepflicht** aufgrund von § 25 oder durch eine Selbstbindung besteht.

VI. Kennzeichnungspflichten zu kritischen Rohstoffen (Nr. 6)

44 Gem. § 24 Nr. 6 kann die Bundesregierung in einer Rechtsverordnung bestimmen, dass bestimmte Erzeugnisse wegen der im Erzeugnis enthaltenen kritischen Rohstoffe, sonstiger Materialien oder des Schadstoffgehalts der nach Gebrauch der Erzeugnisse entstehenden Abfälle nur mit einer Kennzeichnung in Verkehr gebracht werden dürfen, die insbesondere auf die Notwendigkeit einer Rückgabe an die Hersteller, Vertreiber oder bestimmte Dritte hinweist.

Nr. 6 entspricht weitestgehend der Nr. 5 vor der Gesetzesnovelle 2020, wurde aber um die Vorgabe einer Kennzeichnung der in den Erzeugnissen enthaltenen kritischen Rohstoffe ergänzt. Mit der Erweiterung der Verordnungsermächtigung durch die Novelle 2020 wurde der neuen Grundpflicht in § 23 Abs. 2 Nr. 3, die auf Art. 9 Abs. 1c) AbfRRL zurückgeht, Rechnung getragen. Die Anpassung des Wortlauts von „verbleibenden" zu „entstandenen" Abfälle dient ausweislich der Gesetzesbegründung der Vereinheitlichung. Die Regelung ermöglicht zudem die Umsetzung von Art. 7 Abs. 1b Einwegkunststoff-Richtlinie (Kennzeichnung von bestimmten kunststoffhaltigen Einwegprodukten) durch Rechtsverordnung. **45**

Kritische Rohstoffe im Sinne dieser Verordnungsermächtigung sind knappe Rohstoffe. Die Gesetzesbegründung weist darauf hin, dass einzelne Rohstoffe für die Wirtschaft besonders große Bedeutung haben, weil bei ihnen **Versorgungsengpässe** drohen. Deshalb habe die EU-Kommission schon 2008 die Mitteilung zu einer „Rohstoffinitiative" (KOM, 2008, 699) vorgelegt, auf deren Grundlage die Mitgliedstaaten aufgefordert seien, Maßnahmen zu ergreifen, um die Wiederverwendung von Erzeugnissen zu fördern, die kritische Rohstoffe enthalten, und um zu verhindern, dass diese Erzeugnisse zu Abfall werden. Die Kommission hat eine Liste kritischer Rohstoffe (KOM, 2017, 490) vorgelegt, die regelmäßig überprüft wird (siehe dazu die Gesetzesbegründung, BT-Drs. 19/19373, S. 60). **46**

Abfälle mit erheblichen Mengen kritischer Rohstoffe sollen ressourcenökonomisch bewirtschaften werden. Ein effizienter Einsatz kritischer Rohstoffe und die Kennzeichnung von Erzeugnissen, in denen kritische Rohstoffe enthalten sind, ermöglichen eine effizientere Kreislaufführung dieser Rohstoffe. § 23 Abs. 2 Nr. 3 schafft die Grundlage, Anforderungen an den sparsamen Einsatz kritischer Rohstoffe sowie die Kennzeichnung von in Erzeugnissen enthaltenen kritischen Rohstoffen zu richten, soweit für spezifische kritische Rohstoffe, wie z.B. Phosphorverbindungen, nicht bereits produktbezogene Normen (Düngemittelrecht) bestehen (Gesetzesbegründung, BT-Drs. 19/19373, S. 60). § 24 Nr. 6 enthält dazu die erforderliche Verordnungsermächtigung. **47**

Auch der **Schadstoffgehalt** eines Erzeugnisses kann den Verordnungsgeber veranlassen, eine entsprechende Kennzeichnungspflicht vorzusehen. Damit kann insbesondere den Grundpflichten des § 7 Abs. 3 S. 1 Rechnung getragen werden, wonach die Verwertung von Abfällen schadlos sein muss. Eine Verwertung bleibt nach § 7 Abs. 3 S. 3 schadlos, wenn nach der Beschaffenheit der Abfälle, dem Ausmaß der Verunreinigungen und der Art der Verwertung Beeinträchtigungen des Wohls der Allgemeinheit zu erwarten sind, insbesondere keine Schadstoffanreicherung im Wertstoffkreislauf stattfindet. Um eine solche Schadstoffanreicherung im Wertstoffkreislauf zu verhindern, kann es hilfreich sein, durch eine Kennzeichnung über die Schadstoffgehalte eines Erzeugnisses zu informieren. Die Schadlosigkeit der Verwertung ist eine zusätzliche Anforderung, der neben der Voraussetzung der Ordnungsmäßigkeit der Verwertung eine Reservefunktion zukommt. Der Begriff der Schadlosigkeit ist nicht abschließend geklärt. Zum Teil wird eine Verwertung dann als schadlos angesehen, wenn sie im Hinblick auf das Allgemeinwohl unbedenklich ist (*Hansmann* NVwZ 1990, 409, 412). Der Gesetzgeber folgt im Rahmen des KrWG wohl dieser Ansicht. **48**

Was **„sonstige Materialen"** im Sinne dieser Ermächtigung sind, ergibt sich aus der Bestimmung unmittelbar nicht. Es muss sich um Materialien handeln, bei denen es sich nicht um kritische Rohstoffe und auch nicht um Schadstoffe handelt, die bereits geson- **49** dert erwähnt sind. Außerdem muss die Erkenntnis, dass diese Materialien in dem Erzeugnis vorhanden sind, für eine ordnungsgemäße und schadlose Verwertung bzw. für eine umweltverträgliche Beseitigung von Bedeutung sein. Das kann z. B. dann der Fall sein, wenn diese Materialien als Inhaltsstoffe eine bestimmte Art der Verwendung oder Wiederverwendung begünstigen, wenn die Materialien werthaltig sind und deshalb einen höheren Recyclingaufwand rechtfertigen, oder wenn ihre Verwendung Ressourcen schont, auch wenn es sich bei den Materialien nicht um kritische Rohstoffe handelt.

VII. Weitere Hinweis- und Kennzeichnungspflichten (Nr. 7)

50 Gem. § 24 Nr. 7 kann die Bundesregierung durch Rechtsverordnung bestimmen, dass für bestimmte Erzeugnisse an der Abgabestelle oder der Stelle des Inverkehrbringens Hinweise zu geben oder die Erzeugnisse zu kennzeichnen sind im Hinblick auf a) die Vermeidung der nach Gebrauch der Erzeugnisse entstandenen Abfälle und die Wiederverwendbarkeit der Erzeugnisse, b) die Vermeidung der Vermüllung der Umwelt durch die nach Gebrauch der Erzeugnisse entstandenen Abfälle, c) den Einsatz von sekundären Rohstoffen, insbesondere Rezyklaten, sowie die Recyclingfähigkeit der nach Gebrauch der Erzeugnisse entstandenen Abfälle, d) die umweltverträgliche Verwertung und Beseitigung der nach Gebrauch der Erzeugnisse entstandenen Abfälle und e) die Rückgabemöglichkeit im Falle einer verordneten Rücknahme- oder Rückgabepflicht nach § 25.

51 § 24 Nr. 7 basiert auf § 24 Nr. 6 in der bis zur Gesetzesnovelle 2020 geltenden Fassung, wurde aber um neue Aspekte ergänzt. So können seitdem Anforderungen für Kennzeichnungen auch vorgesehen werden im Hinblick auf die Wiederverwendung der Erzeugnisse und die Vermeidung von aus den Erzeugnissen entstehenden Abfällen, auf die Vermeidung der Vermüllung, den Einsatz von sekundären Rohstoffen, insbesondere Rezyklaten, sowie die Recyclingfähigkeit der Erzeugnisse und die umweltverträgliche Verwertung und Beseitigung der aus den Erzeugnissen stammenden Abfälle sowie die Rückgabemöglichkeit im Falle einer verordneten Rücknahme- oder Rückgabepflicht nach § 25. Die Vorschrift setzt daher auch die Grundpflichten in § 23 Abs. 2 Nr. 6, 7 und 10 um. Die Regelung ermöglicht zudem die Umsetzung von Art. 7 Abs. 1 Einwegkunststoff-Richtlinie (Kennzeichnung von bestimmten kunststoffhaltigen Einwegprodukten) durch Rechtsverordnung.

VIII. Kennzeichnung für Pfandpflicht (Nr. 8)

52 Gem. § 24 Nr. 8 kann die Bundesregierung in einer Rechtsverordnung bestimmen, dass bestimmte Erzeugnisse, für die die Erhebung eines Pfandes nach § 25 verordnet wurde, entsprechend zu kennzeichnen sind, gegebenenfalls mit Angabe der Höhe des Pfandes. Soweit Pfandpflichten durch spezielle Gesetze zur Produktverantwortung angeordnet werden, ergeben sich entsprechende Kennzeichnungspflichten aus diesen Spezialgesetzen. So sind nach § 31 Abs. 1 S. 2 VerpackG die Einweggetränkeverpackungen vor dem Inverkehrbringen dauerhaft, deutlich lesbar und an gut sichtbarer Stelle als pfandpflichtig zu kennzeichnen.

IX. Information und Beratung der Öffentlichkeit (Nr. 9)

53 Gem. § 24 Nr. 9 kann die Bundesregierung in einer Rechtsverordnung bestimmen, dass für bestimmte Erzeugnisse, insbesondere solche, deren Verwendung in erheblichem Umfang zur Vermüllung der Umwelt beiträgt, die Öffentlichkeit über die Auswirkungen der Vermüllung der Umwelt, die Möglichkeiten der Vermeidung und der Bewirtschaftung der nach Gebrauch der Erzeugnisse entstehenden Abfälle zu beraten und zu informieren ist.

Nummer 9 wurde mit der Gesetzesnovelle 2020 neu eingefügt und enthält die Ermächtigungsgrundlage für die Anordnung einer umfassenden Information und Beratung der Öffentlichkeit über die Auswirkungen der Vermüllung der Umwelt, die Möglichkeiten der Vermeidung und der Bewirtschaftung der aus den Erzeugnissen entstehenden Abfällen. Die Regelung entspricht damit insbesondere den Vorgaben von Art. 9 Abs. 1 Buchst. m AbfRRL. Darüber hinaus ermöglicht die Regelung die Umsetzung von Art. 10 Buchst. b Einwegkunststoff-Richtlinie (Sensibilisierungsmaßnahmen) durch Rechtsverordnung. **54**

X. Verordnung zur Obhutspflicht (Nr. 10)

Gem. § 24 Nr. 10 kann die Bundesregierung in einer Rechtsverordnung bestimmen, dass beim Vertrieb bestimmter Erzeugnisse, auch im Zusammenhang mit deren Rücknahme oder Rückgabe, dafür zu sorgen ist, dass die Gebrauchstauglichkeit der Erzeugnisse erhalten bleibt und diese nicht zu Abfall werden. **55**

§ 24 Nr. 10 führt eine weitere Verordnungsermächtigung für die Bundesregierung ein, durch die die Obhutspflicht nach § 23 Abs. 1 Satz 3 in Verbindung mit § 23 Abs. 2 Nr. 11 umgesetzt werden kann. Danach kann der Verordnungsgeber für bestimmte Erzeugnisse bestimmen, dass der Produktverantwortliche bei deren Vertrieb – auch im Zusammenhang mit deren Rücknahme oder Rückgabe – dafür zu sorgen hat, dass die Gebrauchstauglichkeit der Erzeugnisse erhalten bleibt und diese nicht zu Abfall werden. Die Verordnung kann gemäß der Vorgabe des § 23 Abs. 3 den konkret Verpflichteten und die konkreten Verhaltenspflichten bestimmen. **56**

§ 25 Anforderungen an Rücknahme- und Rückgabepflichten, die Wiederverwendung, die Verwertung und die Beseitigung der nach Gebrauch der Erzeugnisse entstandenen Abfälle, Kostenbeteiligungen für die Reinigung der Umwelt; Obhutspflicht

(1) Zur Festlegung von Anforderungen nach § 23 wird die Bundesregierung ermächtigt, nach Anhörung der beteiligten Kreise (§ 68) durch Rechtsverordnung mit Zustimmung des Bundesrates zu bestimmen, dass Hersteller oder Vertreiber

1. bestimmte Erzeugnisse nur bei Eröffnung einer für den jeweiligen Bereich flächendeckenden Rückgabemöglichkeit sowie Sicherstellung der umweltverträglichen Verwertung oder Beseitigung abgeben oder in Verkehr bringen dürfen,
2. bestimmte Erzeugnisse zurückzunehmen und die Rückgabe sowie die umweltverträgliche Verwertung und Beseitigung durch geeignete Maßnahmen sicherzustellen haben, insbesondere durch die Einrichtung von Rücknahmesystemen, die Beteiligung an Rücknahmesystemen, die Erhebung eines Pfandes oder die Gewährung anderer wirtschaftlicher Anreize,
3. bestimmte Erzeugnisse an der Abgabe- oder Anfallstelle oder einer anderen vorgeschriebenen Stelle zurückzunehmen haben,
4. sich an Kosten zu beteiligen haben, die den öffentlich-rechtlichen Entsorgungsträgern und sonstigen juristischen Personen des öffentlichen Rechts für die Reinigung der Umwelt und die anschließende umweltverträgliche Verwertung und Beseitigung der nach Gebrauch der von einem Hersteller oder Vertreiber in Verkehr gebrachten Erzeugnisse gemäß Teil E des Anhangs zu der Richtlinie (EU) 2019/904 des Europäischen Parlaments und des Rates vom 5. Juni 2019 über die Verringerung der Auswirkungen bestimmter Kunststoffprodukte auf die Umwelt (ABl. L 155 vom 12.6.2019, S. 1) entstehen,
5. bestimmte Erzeugnisse nur bei Bestellung eines Bevollmächtigten in Verkehr bringen dürfen, der im Geltungsbereich dieses Gesetzes niedergelassen ist und für die mit der Produktverantwortung verbundenen Pflichten verantwortlich ist, die sich aus den auf Grund der § 24 und § 25 erlassenen Rechtsverordnungen ergeben, wenn der Hersteller oder Vertreiber in einem anderen Mitgliedstaat niedergelassen ist,
6. bestimmter Erzeugnisse Systeme zur Förderung der Wiederverwendung und Reparatur zu unterstützen haben,
7. einen Nachweis zu führen haben
   a) über die in Verkehr gebrachten Erzeugnisse, deren Eigenschaften und Mengen,
   b) über die Rücknahme von Abfällen und die Beteiligung an Rücknahmesystemen sowie
   c) über Art, Menge und Bewirtschaftung der zurückgenommenen Erzeugnisse oder der nach Gebrauch der Erzeugnisse entstehenden Abfälle,
8. Belege nach Nummer 7 beizubringen, einzubehalten, aufzubewahren oder auf Verlangen vorzuzeigen haben sowie
9. zur Gewährleistung einer angemessenen Transparenz für bestimmte, unter die Obhutspflicht fallende Erzeugnisse einen Bericht zu erstellen haben, der die Verwendung der Erzeugnisse, insbesondere deren Art, Menge, Verbleib und Entsorgung, sowie die getroffenen und geplanten Maßnahmen zur Umsetzung der Obhutspflicht zum Inhalt hat; es kann auch bestimmt werden, ob und in welcher Weise der Bericht durch Dritte zu überprüfen, der zuständigen Behörde vorzu-

legen oder in geeigneter Weise zu veröffentlichen ist; die gültige Umwelterklärung einer in das EMAS-Register eingetragenen Organisation erfüllt die Anforderungen an den Bericht, soweit sie die erforderlichen Obhutspflichten adressiert.

(2) **Durch Rechtsverordnung nach Absatz 1 kann zur Festlegung von Anforderungen nach § 23 sowie zur ergänzenden Festlegung von Pflichten sowohl der Erzeuger und Besitzer von Abfällen als auch der öffentlich-rechtlichen Entsorgungsträger im Rahmen der Kreislaufwirtschaft weiter bestimmt werden,**

1. **wer die Kosten für die Sammlung, Rücknahme, Verwertung und Beseitigung, die Kennzeichnung, die Datenerhebung und -übermittlung sowie die Beratung und Information nach § 24 Nummer 9 zu tragen hat,**
2. **wie die Kosten festgelegt werden, insbesondere, dass bei der Festlegung der Kosten der Lebenszyklus der Erzeugnisse zu berücksichtigen ist,**
3. **dass derjenige, der die Kosten zu tragen hat, einen Nachweis darüber zu erbringen hat, dass er über die erforderlichen finanziellen oder finanziellen und organisatorischen Mittel verfügt, um den Verpflichtungen im Rahmen der Produktverantwortung nachzukommen, insbesondere durch Leisten einer Sicherheit oder Bilden betrieblicher Rücklagen,**
4. **dass derjenige, der die Kosten zu tragen hat, eine geeignete Eigenkontrolle einzurichten und durchzuführen hat zur Prüfung und Bewertung**
   a) seiner Finanzen, einschließlich der Kostenverteilung, und
   b) der Qualität der Daten, für die eine Nachweisführung nach Absatz 1 Nummer 7 verordnet wurde,
5. **dass derjenige, der die Kosten zu tragen hat, eine Prüfung der Eigenkontrolle nach Nummer 4 durch einen von der zuständigen Behörde bekannt gegebenen Sachverständigen, eine von dieser Behörde bekannt gegebene Stelle oder eine sonstige Person, die über die erforderliche Fach- und Sachkunde verfügt, durchführen zu lassen hat,**
6. **dass die Besitzer von Abfällen diese den nach Absatz 1 verpflichteten Herstellern, Vertreibern oder nach Absatz 1 Nummer 2 eingerichteten Rücknahmesystemen zu überlassen haben,**
7. **auf welche Art und Weise die Abfälle überlassen werden, einschließlich der Maßnahmen zum Bereitstellen, Sammeln und Befördern und des jeweils gebotenen Umfangs sowie der Bringpflichten der in Nummer 6 genannten Besitzer von Abfällen,**
8. **dass die öffentlich-rechtlichen Entsorgungsträger im Sinne des § 20 durch Erfassung der Abfälle als ihnen übertragene Aufgabe bei der Rücknahme mitzuwirken und die erfassten Abfälle den nach Absatz 1 Verpflichteten zu überlassen haben,**
9. **welche Form, welchen Inhalt und welches Verfahren die Bestellung eines Bevollmächtigten nach Absatz 1 Nummer 5 oder eines freiwillig Bevollmächtigten einzuhalten hat,**
10. **welche Anforderungen an die Verwertung eingehalten werden müssen, insbesondere durch Festlegen abfallwirtschaftlicher Ziele, und**
11. **dass Daten über die Einhaltung der abfallwirtschaftlichen Ziele nach Nummer 10 sowie weitere Daten über die Organisation und Struktur der Rücknahmesysteme zu erheben und in geeigneter Weise zu veröffentlichen sind.**

Schrifttum: Siehe Schrifttumsverzeichnis zu § 23.

Übersicht

A. Allgemeines

1 § 25 enthält die zuvor schon in § 24 KrW-/AbfG enthaltene Ermächtigung zum Erlass von Rechtsverordnungen zur Regelung von Rücknahme- und Rückgabepflichten. Die Vorschrift ist im Rahmen der **Gesetzesnovelle 2020** in erheblichen Umfang geändert und ergänzt worden. Mit den Änderungen dieser Gesetzesnovelle sollen insbesondere Art. 8a AbfRRL umgesetzt und Anforderungen an die Regime erweiterter Herstellerverantwortung normiert werden (Gesetzesbegründung BT-Drs. 19/19373, S. 63). Die Umsetzung in den Verordnungsermächtigungen des § 25 schafft nach der Gesetzesbegründung den notwendigen rechtlichen Rahmen zur Anpassung der hierauf gestützten Verordnungen, wie etwa der Altfahrzeugverordnung, sowie zur Umsetzung der Regelungen in künftigen Verordnungen. Neben der Umsetzung in den Verordnungsermächtigungen des KrWG ist ausweislich der Gesetzesbegründung auch eine Umsetzung der Anforderungen an die Regime erweiterter Herstellerverantwortung gemäß Art. 8a AbfRRL in weiteren Spezialgesetzen der Produktverantwortung, wie dem ElektroG, dem BattG und dem VerpackG erforderlich.

2 Gem. § 23 Abs. 2 Nr. 7 erstreckt sich die Produktverantwortung auch auf die Rücknahme der Erzeugnisse und der nach Gebrauch der Erzeugnisse verbleibenden Abfälle sowie deren nachfolgende Verwertung oder Beseitigung. Der Produktverantwortung können Hersteller und Vertreiber durch **freiwillige Rücknahmesysteme** im Sinne von

§ 26 Rechnung tragen. Der Verordnungsgeber ist darüber hinaus aber auch berechtigt, durch Rechtsverordnung aufgrund des § 25 zu bestimmen, welche Verpflichteten die Produktverantwortung durch Rücknahme der Erzeugnisse zu erfüllen haben.

I. Rücknahme und Rückgabe

3 Was als Rücknahme und als Rückgabe im Rahmen der Produktverantwortung anzusehen ist, ergibt sich aus dem Gesetz unmittelbar nicht. Der Katalog von Legaldefinitionen in § 3 enthält dazu keine Begriffsklärungen.

4 Die **Rücknahme** eines Erzeugnisses durch den Hersteller oder Vertreiber bedeutet, dass er das Erzeugnis nach dessen Nutzung durch den Verbraucher körperlich wieder entgegennimmt und die tatsächliche Sachherrschaft über das Erzeugnis wiedererlangt. Der Rücknahme eines Erzeugnisses steht es nicht entgegen, dass sich der Rücknahmepflichtige bei der Entgegennahme oder Abholung des Erzeugnisses eines Dritten auf der Grundlage des § 22 bedient. Es kommt daher nicht darauf an, ob der Rücknahmepflichtige selbst wieder Besitz an dem rücknahmepflichtigen Erzeugnis erlangt.

5 Die **Rückgabe** bedeutet, dass der Besitzer des Erzeugnisses dieses dem Hersteller oder Vertreiber, einem von diesem eingeschalteten Rücknahmesystem oder einem beauftragten Unternehmen nach Gebrauch wieder zur Verfügung stellt. § 25 Abs. 2 Nr. 7 sieht vor, dass der Verordnungsgeber regeln kann, auf welche Art und Weise die Besitzer von Abfällen diese den rücknahmepflichtigen Herstellern oder Vertreibern zu überlassen haben, einschließlich der Maßnahmen zum Bereitstellen, Sammeln und Befördern und des jeweils gebotenen Umfangs sowie der Bringpflichten der Besitzer von Abfällen. Bei der Rückgabepflicht handelt es sich insoweit um eine Überlassungspflicht gegenüber den rücknahmepflichtigen Produktverantwortlichen.

6 Rücknahme und Rückgabe sind insoweit der Überlassung der Abfälle an den öffentlich-rechtlichen Entsorgungsträger vergleichbar. Natürlich kann sich auch der Besitzer der Erzeugnisse bei seiner Rückgabepflicht der Hilfe eines Dritten bedienen, der z. B. das zurückzugebende Erzeugnis an den vorgesehenen Rückgabeort befördert und dort abgibt.

7 Nicht zu verwechseln sind Rückgabepflichten der zu Abfall gewordenen ehemaligen Erzeugnissen mit dem Umtausch gekaufter Waren und insbesondere den **Retouren** des Online-Handels. Nach § 23 Abs. 1 S. 3 ist beim Vertrieb der Erzeugnisse dafür zu sorgen, dass deren Gebrauchstauglichkeit erhalten bleibt und diese nicht zu Abfall werden. Rücknahmen und Rückgaben bei der Rückabwicklung von Kaufgeschäften beruhen auf zivilrechtlichen Bestimmungen des Kaufrechts und nicht auf Rücknahme- und Rückgabepflichten des Kreislaufwirtschaftsrechts. Gleichwohl ist die sog **Obhutspflicht** als Teil der Produktverantwortung in § 23 Abs. 1 S. 3, Abs. 2 Nr. 10 und § 24 Nr. 10 geregelt, in dem nämlich vom Verordnungsgeber bestimmt werden kann, dass beim Vertrieb der Erzeugnisse, auch im Zusammenhang mit deren Rücknahme oder Rückgabe, dafür zu sorgen ist, dass die Gebrauchstauglichkeit der Erzeugnisse erhalten bleibt und diese nicht zu Abfall werden. Dafür kommen betriebliche und organisatorische Vorkehrungen im Zusammenhang mit einem sorgsamen Umgang, dem Transport, der Aufbewahrung, dem Verkauf vor Ablauf der Haltbarkeit, einem ermäßigten Verkauf über andere Vertriebskanäle, einer Spende des Produkts in Betracht. Scheidet eine Verwendung im Sinne der ursprünglichen Zweckbestimmung des Erzeugnisses aus, können andere Verwendungszwecke in den Blick genommen werden. Wenn dies technisch oder rechtlich nicht mehr möglich oder wirtschaftlich nicht zumutbar ist, kommt eine Entledigung als Abfall und eine Verwertung gemäß der Abfallhierarchie in Betracht.

8 Die öffentlich-rechtlichen Entsorgungsträger können gemäß § 20 Abs. 3 Satz 1 mit Zustimmung der Behörde Abfälle von der Entsorgung ausschließen, soweit diese der Rücknahmepflicht aufgrund einer nach § 25 erlassenen Rechtsverordnung oder eines spezielleren Gesetzes unterliegen und entsprechende Rücknahmeeinrichtungen tatsächlich zur Verfügung stehen. Die für Abfälle nach § 17 Abs. 1 grundsätzlich bestehende **Überlassungspflicht** gegenüber den öffentlich-rechtlichen Entsorgungsträgern erstreckt sich nach § 17 Abs. 2 Satz 1 Nr. 1 nicht auf Abfälle, die einer Rücknahme- oder Rückgabepflicht aufgrund einer Rechtsverordnung nach § 25 unterliegen, soweit nicht die öffentlich-rechtlichen Entsorgungsträger aufgrund einer Bestimmung nach § 25 Abs. 2 Nr. 8 an der Rücknahme mitwirken. Hierfür kann insbesondere eine einheitliche **Wertstofftonne** oder eine einheitliche Wertstofferfassung in vergleichbarer Qualität vorgesehen werden, durch die werthaltige Abfälle aus privaten Haushaltungen in effizienter Weise erfasst und einer hochwertigen Verwertung zugeführt werden (§ 17 Abs. 2 S. 1 Nr. 1, 2. HS).

9 § 10 Abs. 1 Nr. 3 sieht eine Ermächtigungsgrundlage für die Einführung einer Wertstofftonne vor. Eine Wertstofftonne hat genau die Funktion, werthaltige Abfälle aus privaten Haushaltungen effizienter zu erfassen und hochwertig zu verwerten (BT-Drs. 17/6052, 86). Welche Abfälle in der einheitlichen Wertstofftonne erfasst werden sollen, ergibt sich aus dem KrWG nicht. Das kann vielmehr in Rechtsverordnungen oder ggf. auch in einem speziellen Wertstoffgesetz geregelt werden (BT-Drs. 17/6052, 86). Allerdings haben sich Hoffnungen auf den Erlass eines Wertstoffgesetzes nicht erfüllt; auch das Verpackungsgesetz hat auf die flächendeckende Einführung einer Wertstofftonne verzichtet (siehe dazu *Webersinn* UPR 2018, 96; *Bruckschen* AbfallR 2017, 44; *Koch/Meyer-Ziegenfuß* NuR 2019, 587). § 22 Abs. 5 S. 1 VerpackG sieht aber vor, dass öffentlich-rechtliche Entsorgungsträger mit den Systemen im Rahmen der Abstimmung vereinbaren können, dass Nichtverpackungsabfälle aus Kunststoffen oder Metallen, die bei privaten Endverbrauchern anfallen, gemeinsam mit den stoffgleichen Verpackungsabfällen durch eine einheitliche Wertstoffsammlung erfasst werden. Damit sind verschiedene, regional angepasste Organisationsmodelle, einschließlich der Einführung einer Wertstofftonne, möglich.

10 Die Ausnahme von der Überlassungspflicht nach § 17 Abs. 2 S. 1 Nr. 1 betrifft nur Rückgabepflichten auf Grund von Rechtsverordnungen. Gesetzliche Rückgabepflichten fallen nicht darunter (*Schomerus* in Versteyl/Schink/Schomerus, KrWG 2019, § 17 Rn. 13; *Gruneberg* in Jahn/Deifuß-Kruse/Brandt KrWG § 17 Rn. 19). Bei gesetzlich geregelten Rückgabepflichten folgt die Ausnahme von der Überlassungspflicht gegenüber öffentlich-rechtlichen Entsorgungsträgern nicht nach § 17 Abs. 2 S. 1 Nr. 1, sondern unmittelbar durch das jeweilige Gesetz als lex specialis (*Karpenstein/Dingemann* in Jarass/Petersen, KrWG, 2014, § 17 Rn. 128; *Schomerus* in Versteyl/Schink/Schomerus, KrWG 2019, § 17 Rn. 13).

11 Dass die Überlassungspflicht nach § 17 Abs. 2 Satz 1 Nr. 1 für diese Abfälle entfällt, bedeutet nicht, dass der Abfallbesitzer nicht berechtigt wäre, die Abfälle dem öffentlich-rechtlichen Entsorgungsträger zu überlassen. Das gilt jedenfalls, solange diese Abfälle nicht aus der öffentlich-rechtlichen Entsorgung nach § 20 Abs. 3 Satz 1 ausgeschlossen worden sind bzw. solange nicht eine Rückgabepflicht nach § 25 Abs. 2 Nr. 6 zur Rückgabe der Abfälle an Hersteller und Vertreiber verpflichtet. Nach § 17 Abs. 2 S. 1 Nr. 2 besteht eine Überlassungspflicht auch nicht für Abfälle, die in Wahrnehmung der Produktverantwortung nach § 26 freiwillig zurückgenommen werden, soweit dem zurücknehmenden Hersteller oder Vertreiber ein **Freistellungs- oder Feststellungsbescheid** nach § 26 Abs. 3 oder § 26a Abs. 1 S. 1 erteilt worden ist.

12 Da die Überlassungspflicht für Abfälle, die einer Rücknahme- oder Rückgabepflicht aufgrund einer Rechtsverordnung nach § 25 unterliegen, entfällt, soweit nicht die öffentlich-rechtlichen Entsorgungsträger aufgrund einer Bestimmung nach § 25 Abs. 2 Nr. 6 an der Rücknahme mitwirken (§ 17 Abs. 2 Satz 1 Nr. 1), eröffnet das Gesetz dem Verordnungsgeber die Möglichkeit, die Besitzer von Abfällen zu verpflichten, diese den zur Rücknahme verpflichteten Herstellern oder Vertreibern zu überlassen. Auch die Art und Weise der Überlassung, einschließlich der Maßnahmen zum Bereitstellen, Sammeln und Befördern sowie der Bringpflichten der unter § 25 Abs. 2 Nr. 6 genannten Besitzer, können in der Verordnung gemäß § 25 Abs. 2 Nr. 7 geregelt werden. Schließlich kann durch Rechtsverordnung bestimmt werden, dass die öffentlich-rechtlichen Entsorgungsträger im Sinne des § 20 durch Erfassung der Abfälle als ihnen übertragene Aufgabe bei der Rücknahme mitzuwirken und die erfassten Abfälle dem nach § 25 Abs. 1 Verpflichteten zu überlassen haben (§ 25 Abs. 2 Nr. 8).

13 Rücknahmepflichten und dementsprechend eingerichtete Rücknahmesysteme sind ein besonders effektives Instrument der Kreislaufwirtschaft sein (so schon *Birn* NVwZ 1992, 419). Idealtypisch gedacht sollen die von der produzierenden Wirtschaft hergestellten und durch den Handel vertriebenen Erzeugnisse nach ihrem Gebrauch durch den Verbraucher im Sinne eines Stoffkreislaufes zu den Vertreibern und Herstellern zurückkehren. Allerdings ist zu bedenken, dass es bei der Einführung solcher Rücknahmesysteme zumeist nicht um eine Kreislaufwirtschaft im Sinne einer Schließung von Stoffkreisläufen geht. Die Rücknahmepflichten führen nämlich grundsätzlich weder zu einer im Kreis geführten Mehrfachnutzung noch zu einer Rückführung der Abfälle zum Hersteller oder Vertreiber selbst. Denn die Hersteller und Vertreiber können regelmäßig zurückgenommene Erzeugnisse nicht erneut verwenden oder in den Handel geben. Vielmehr soll das zu Abfall gewordene Produkt in einem Entsorgungsbetrieb verwertet oder beseitigt werden (§§ 23 Abs. 2 Nr. 7, 25 Abs. 1 Nr. 2). Die Rücknahme von bestimmten Erzeugnissen macht auch ökologisch keinen Sinn, wenn im Ergebnis dadurch Abfälle befördert werden oder der Aufwand für die Rücknahme den Nutzen für die Umwelt möglicherweise bei weitem übersteigt (BReg, BT-Drs. 12/5672, S. 130).

14 Entscheidend ist bei der Einführung von Rücknahme- und Rückgabepflichten also nicht unbedingt eine Kreislaufführung, sondern dass Hersteller und Betreiber zu einer umweltverträglichen Entsorgung im Sinne der Produktverantwortung verpflichtet werden. Sie sollen die Entsorgung entweder selbst durchführen oder aber – was dem Regelfall entsprechen dürfte – Entsorgungsunternehmen mit der Entsorgung der zu Abfall gewordenen Erzeugnisse beauftragen. Die Rücknahmepflichten dienen insoweit der Zuweisung einer Entsorgungsverantwortung und der Zurechnung der dafür entstehenden Entsorgungskosten. Auch dass Hersteller und Vertreiber diese Kosten wiederum auf ihre Kunden bzw. auf die Verbraucher abwälzen müssen, ist offenkundig und vom Gesetz- und Verordnungsgeber auch durchaus so gewollt. Da der Hersteller mit seinen Produktionskosten im Wettbewerb bestehen muss, soll er sich über die Zuweisung der Entsorgungsverantwortung bereits bei der Produktherstellung bzw. bei dem Produktvertrieb darauf einstellen, dass die Entsorgungskosten eines Tages auf ihn zukommen werden. Das soll Hersteller und Vertreiber veranlassen, bereits bei der Herstellung die späteren Entsorgungskosten zu berücksichtigen bzw. in den Preis einzukalkulieren. Auch der für den Vertrieb verantwortliche Handel soll zu Verhaltensänderungen veranlasst werden.

15 Rücknahmepflichten und Rückgabepflichten, die dazu dienen, die zurückgegebenen, zu Abfall gewordenen Erzeugnisse ordnungsgemäß zu verwerten odergemeinwohlverträglich zu beseitigen, sind gegenüber Maßnahmen der Abfallvermeidung nach § 6 Abs. 1 Nr. 1, etwa im Rahmen der Obhutspflicht, nachrangig. Vorzugswürdig ist es, Erzeugnisse wiederzuverwenden, sie ggfls. zu reparieren und über den Gebrauchtwarenhandel erneut zu vermarkten. Die Einführung von Rücknahmepflichten kann allerdings mittelbar rücknahmepflichtige Hersteller und Vertreiber motivieren, durch die Produktgestaltung zur Verringerung von Abfallmengen und damit zur Abfallvermeidung beizutragen (*Webersinn* in Schink/Versteyl, KrWG, 2016, § 25 Rn. 9).

Für die Einführung von Rücknahmepflichten eignen sich nicht alle Erzeugnisse. Das gilt insbesondere für Erzeugnisse, die bei ihrer Nutzung verbraucht werden (z. B. Lebensmittel). Des Weiteren kommt die Einführung von Rücknahmesystemen unter Berücksichtigung des Verhältnismäßigkeitsgrundsatzes wohl nur für solche Erzeugnisse in Betracht, die in einer ausreichenden Menge anfallen und die aufgrund ihrer erreichbaren Eigenschaften (Inhaltsstoffe, Zusammensetzung, Gestalt, etc.) für einen einheitlichen Rücknahmeweg geeignet sind. In diesem Sinne sind bestimmte Produktbereiche für die Einführung von Rücknahmepflichten und Rücknahmesystemen besonders prädestiniert. Dazu zählen z. B. Batterien, Altöl, Altautos, Elektronikschrott und Altpapier. **16**

Verfahrensrechtlich setzt die Rechtmäßigkeit einer Verordnung nach § 25 Abs. 1 voraus, dass die Bundesregierung die beteiligten Kreise nach § 68 anhört. Soweit Ermächtigungen zum Erlass von Rechtsverordnungen und allgemeinen Verwaltungsvorschriften die **Anhörung beteiligter Kreise** vorschreiben, ist gemäß § 68 ein jeweils auszuwählender Kreis von Vertretern der Wissenschaft, der Betroffenen, der beteiligten Wirtschaft, der für die Abfallwirtschaft zuständigen obersten Landesbehörden sowie der Gemeinden und Gemeindeverbände zu hören. **17**

Rechtsverordnungen nach § 25 sind außerdem nach § 67 Satz 1 dem **Bundestag** zuzuleiten, bevor sie danach dem **Bundesrat** zugeleitet werden. Die Rechtsverordnungen können gemäß § 67 Satz 2 durch Beschluss des Bundestages geändert oder abgelehnt werden. Der Beschluss des Bundestages wird gem. § 67 Satz 4 der **Bundesregierung** zugeleitet. Hat sich der Bundestag nach Ablauf von 3 Sitzungswochen seit Eingang der Rechtsverordnung nicht mit ihr befasst, so wird die unveränderte Rechtsverordnung dem Bundesrat zugeleitet. **18**

II. Differenziertes Ermächtigungssystem nach der Novelle 2020

§ 25 enthält ein ausdifferenziertes System von Ermächtigungen, mit denen die Bundesregierung im Wege von Rechtsverordnungen unterschiedliche Rücknahmemodelle umsetzen kann. Außerdem kann der Verordnungsgeber Anforderungen an die Wiederverwendung, die Verwertung und Beseitigung der nach Gebrauch der Erzeugnisse anfallenden Abfälle, Kostenbeteiligungen für die Reinigung der Umwelt und Obhutspflichten zu Vermeidung von Abfällen regeln. **19**

Ob und inwieweit der Verordnungsgeber von den ihm eingeräumten Ermächtigungen des § 25 Gebrauch macht, steht in seinem **Verordnungsermessen** (*Brinktrine* in Schmehl/Klement, KrWG, 2019, § 25 Rn. 11; *Mann* in Versteyl/Mann/Schomerus, KrWG, 2019, § 25 Rn. 5). Der Verordnungsgeber hat aber unter anderem den Grundsatz der Verhältnismäßigkeit, die Willkürfreiheit und den gesetzlichen Zweck der Verordnungsermächtigungen zu beachten. Die Verordnungen müssen dementsprechend dazu dienen, Anforderungen nach § 23 zur Produktverantwortung festzulegen. **20**

Auch **wettbewerbsbezogene Ermessenserwägungen** sind unzulässig. Im Zusammenhang mit der nachträglichen Anordnung von Sicherheitsleistungen für eine Abfallentsorgungsanlage auf der Grundlage des § 17 BImSchG führt der VGH Mannheim zutreffend aus, es sei nicht Aufgabe des Immissionsschutzrechts, Vorteile, über die ein Unternehmen im Wettbewerb mit anderen Unternehmen in tatsächlicher Hinsicht verfüge, auszugleichen. Das Immissionsschutzrecht sei vielmehr in wettbewerbsneutraler Weise anzuwenden, so dass es der Immissionsschutzbehörde nicht gestattet sei, Wettbewerbsvorteile, die sich aus der Einbettung in einen internationalen Großkonzern ergeben könn- **21** ten, zu nivellieren. Ein Ausschluss einer Konzernbürgschaft zum Schutz von Wettbewerbern lasse sich auch nicht durch den Gleichbehandlungsgrundsatz des Art. 3 Abs. 1 GG rechtfertigen, der lediglich eine gleichmäßige Ermessenspraxis, nicht jedoch identische Ergebnisse der Ermessenspraxis gebiete (*VGH Mannheim* Urt. v. 11.5.2021 – 10 S 709/19, juris Rn. 60). Nichts anderes gilt für das Kreislaufwirtschaftsrecht.

22 Abs. 1 Nr. 1 ermöglicht es der Bundesregierung, durch Verordnung anzuordnen, dass Hersteller oder Vertreiber bestimmte Erzeugnisse nur bei Eröffnung einer **flächendeckenden Rückgabemöglichkeit** sowie bei Sicherstellung der umweltverträglichen Verwertung oder Beseitigung abgeben oder in Verkehr bringen dürfen. Auf der Grundlage des § 25 Abs. 1 Nr. 2 kann die Bundesregierung vorschreiben, dass Hersteller oder Vertreiber bestimmte Erzeugnisse zurückzunehmen und die Rückgabe durch geeignete Maßnahmen, insbesondere durch die **Einrichtung von Rücknahmesystemen,** die **Erhebung eines Pfandes** oder die **Gewährung anderer wirtschaftlicher Anreize** sicherzustellen haben. § 25 Abs. 1 Nr. 3 ermöglicht eine Verpflichtung, bestimmte Erzeugnisse an der Abgabe- oder Anfallstelle zurückzunehmen. Nach dem im Jahre 2020 neu eingeführten § 25 Abs. 1 Nr. 4 kann die Bundesregierung bestimmen, dass Hersteller oder Vertreiber sich an **Kosten** zu beteiligen haben, die den öffentlich-rechtlichen Entsorgungsträgern und sonstigen juristischen Personen des öffentlichen Rechts für die Reinigung der Umwelt und die anschließende umweltverträgliche Verwertung und Beseitigung der nach Gebrauch der von einem Hersteller oder Vertreiber in Verkehr gebrachten Erzeugnisse gemäß Teil E des Anhangs zu der Richtlinie (EU) 2019/904 entstehen (siehe dazu *Frenz* AbfallR 2020, 72). Die neue Nr. 4 korrespondiert mit der in § 23 Abs. 2 Nr. 10 eingefügten Grundpflicht zur Kostenanlastung für die Reinigung der Umwelt und die umweltverträgliche Verwertung und Beseitigung.

23 Nach der ebenfalls im Jahre 2020 neu eingefügten Ermächtigung des § 25 Abs. 1 Nr. 5 kann der Verordnungsgeber bestimmen, dass Hersteller oder Vertreiber bestimmte Erzeugnisse nur bei **Bestellung eines Bevollmächtigten** in Verkehr bringen dürfen, der im Geltungsbereich dieses Gesetzes niedergelassen ist und für die mit der Produktverantwortung verbundenen Pflichten verantwortlich ist, die sich aus den aufgrund der § 24 und § 25 erlassenen Rechtsverordnungen ergeben, wenn der Hersteller oder Vertreiber in einem anderen Mitgliedstaat niedergelassen ist. Die ebenfalls 2020 neu eingeführte Nr. 5 setzt Art. 8a Abs. 5 Unterabs. 3 AbfRRL um. Hiernach sollen Hersteller, die keine Niederlassung im Geltungsbereich des KrWG haben, einen Bevollmächtigten bestellen, der die Pflichten des Herstellers wahrnimmt. Dadurch soll den Betroffenen eine einfache Möglichkeit des Marktzugangs eröffnet und ein effektiver behördlicher Vollzug der jeweils auf die Verordnungsermächtigung gestützten Verordnungen zur Wahrnehmung der Produktverantwortung gewährleistet werden.

24 Neu seit dem Jahre 2020 ist auch die Ermächtigung des § 25 Abs. 1 Nr. 6, wonach der Verordnungsgeber bestimmen kann, dass Hersteller oder Vertreiber bestimmter Erzeugnisse **Systeme zur Förderung der Wiederverwendung und Reparatur** zu unterstützen haben. Die neue Nr. 6 dient der Umsetzung von Art. 9 Abs. 1d) AbfRRL und knüpft an die neu eingefügte Grundpflicht der Produktverantwortung in § 23 Abs. 2 Nr. 4 an. Mit der Verordnungsermächtigung wird die Vorschrift in künftigen Verordnungen materiell-rechtlich durchsetzbar. Die Ermächtigung ermöglicht die Festlegung von Anforderungen im Hinblick auf die Förderung von Systemen zur Wiederverwendung und Reparatur.

25 Nach § 25 Abs. 1 Nr. 7 kann der Verordnungseber bestimmen, dass Hersteller oder Vertreiber einen **Nachweis** zu führen haben a) über die in Verkehr gebrachten Erzeugnisse, deren Eigenschaften und Mengen, b) über die Rücknahme von Abfällen und die Beteiligung an Rücknahmesystemen sowie c) über Art, Menge und Bewirtschaftung der zurückgenommenen Erzeugnisse oder der nach Gebrauch der Erzeugnisse entstehenden Abfälle. Die seit dem Jahre 2020 neue Nr. 7 entspricht inhaltlich dem früheren § 25 Abs. 1 Nr. 4; die Ermächtigung ist jedoch redaktionell vom Gesetzgeber überarbeitet worden.

Nach § 25 Abs. 1 Nr. 8 kann der Verordnungsgeber regeln, dass Hersteller und Vertreiber **Belege** nach § 25 Abs. 1 Nr. 7 beizubringen, einzubehalten, aufzubewahren oder auf Verlangen vorzuzeigen haben. Diese Ermächtigungsgrundlage ist bei der Novelle 2020 unverändert geblieben. **26**

Neu seit der Gesetzesnovelle 2020 ist hingegen wiederum die Ermächtigung des Verordnungsgebers in § 25 Abs. 1 Nr. 9. Danach kann der Verordnungsgeber bestimmen, dass Hersteller oder Vertreiber zur Gewährleistung einer angemessenen **Transparenz** für bestimmte, unter die Obhutspflicht fallende Erzeugnisse einen **Bericht** zu erstellen haben, der die Verwendung der Erzeugnisse, insbesondere deren Art, Menge, Verbleib und Entsorgung, sowie die getroffenen und geplanten Maßnahmen zur Umsetzung der Obhutspflicht zum Inhalt hat; es kann auch bestimmt werden, ob und in welcher Weise der Bericht durch Dritte zu überprüfen, der zuständigen Behörde vorzulegen oder in geeigneter Weise zu veröffentlichen ist. **27**

§ 25 Abs. 2 ermächtigt zum Erlass ergänzender, über § 25 Abs. 1 hinausgehender Regelungen. Auch in § 25 Abs. 2 hat der Gesetzgeber im Jahre 2020 einige Änderungen vorgenommen. Nach § 25 Abs. 2 Nr. 1 kann von der Bundesregierung durch Rechtsverordnung bestimmt werden, wer die **Kosten** für die Sammlung, Rücknahme, Verwertung und Beseitigung, die Kennzeichnung, die Datenerhebung und -übermittlung sowie die Beratung und Information nach § 24 Nr. 9 der zurückzunehmenden Erzeugnisse zu tragen hat. § 25 Abs. 2 Nr. 1 ist inhaltlich weitgehend unverändert geblieben. Die Kostentragungspflicht knüpft dabei inhaltlich an § 23 Abs. 2 Nr. 7 und 8 an. Die Ergänzung durch die Gesetzesnovelle 2020 hinsichtlich der Kosten für die Kennzeichnung, die Datenerhebung und -übermittlung sowie die Beratung und Information hat ausweislich der Gesetzesbegründung (BT-Drs. 19/19373, S. 64) klarstellenden Charakter. **28**

Nach § 25 Abs. 2 Nr. 2 kann der Verordnungsgeber bestimmen, wie die Kosten festgelegt werden, insbesondere, dass bei der **Festlegung der Kosten** der Lebenszyklus der Erzeugnisse zu berücksichtigen ist. Die durch die Gesetzesnovelle eingeführte Verordnungsermächtigung des § 25 Abs. 2 Nr. 2 knüpft an die ebenfalls neu eingefügte Grundpflicht der Produktverantwortung in § 23 Abs. 2 Nr. 7 und 8 an. Mit der Umsetzung in eine Verordnungsermächtigung soll die Vorschrift in künftigen Verordnungen materiell-rechtlich durchsetzbar werden. **29**

Neu seit der Gesetzesnovelle 2020 ist auch § 25 Abs. 2 Nr. 3. Danach kann der Verordnungsgeber bestimmen, dass derjenige, der die Kosten zu tragen hat, einen **Nachweis** darüber zu erbringen hat, dass er über die erforderlichen finanziellen oder finanziellen und organisatorischen Mittel verfügt, um den Verpflichtungen im Rahmen der Produktverantwortung nachzukommen, insbesondere durch das Leisten einer **Sicherheit** oder das Bilden betrieblicher **Rücklagen.** Die neue Nr. 3 knüpft ebenfalls an die im Jahr 2020 neu eingefügte Grundpflicht der Produktverantwortung in § 23 Abs. 2 Nr. 7 und 8 an, mit der Art. 8 Unterabs. 1 sowie Art. 8a Abs. 3c) AbfRRL umgesetzt worden ist. Mit der Umsetzung in eine Verordnungsermächtigung soll die Vorschrift in künftigen Verordnungen materiell-rechtlich durchsetzbar sein. **30**

Ebenfalls neu im Jahre 2020 wurde § 25 Abs. 2 Nr. 4 in das Gesetz eingefügt. Danach kann der Verordnungsgeber bestimmen, dass derjenige, der die Kosten zu tragen hat, eine geeignete **Eigenkontrolle** einzurichten und durchzuführen hat zur Prüfung und Bewertung a) seiner Finanzen, einschließlich der Kostenverteilung, und b) der Qualität der Daten, für die eine Nachweisführung nach § 25 Abs. 1 Nr. 7 verordnet wurde. Die neue **31**

Nr. 4 knüpft wiederum an die ebenfalls neue Grundpflicht der Produktverantwortung in § 23 Abs. 2 Nr. 7 und 8 an. Sie schafft die Grundlage für die Festlegung von Anforderungen für die Qualitätssicherung der Finanzen, wie sie für die Wahrnehmung der erweiterten Herstellerverantwortung in Art. 8a Abs. 3d) AbfRRL neu eingefügt wurde.

32 Auch § 25 Abs. 2 Nr. 5 wurde im Jahre 2020 neu eingefügt. Danach kann der Verordnungsgeber bestimmen, dass derjenige, der die Kosten zu tragen hat, eine **Prüfung der Eigenkontrolle** nach § 25 Abs. 2Nr. 4 durch einen von der zuständigen Behörde bekannt gegebenen **Sachverständigen,** eine von dieser Behörde bekannt gegebene Stelle oder eine sonstige Person, die über die erforderliche Fach- und Sachkunde verfügt, durchführen zu lassen hat. Die neue Nr. 5 knüpft auch an die neue Grundpflicht der Produktverantwortung in § 23 Abs. 2 Nr 7 und 8 an und sieht flankierend in Umsetzung des Art. 8a Abs. 3d) AbfRRL die Einführung eines **Eigenkontrollmechanismus** vor. Mit der gleichlautenden Umsetzung in eine Verordnungsermächtigung wird die Vorschrift in künftigen Verordnungen materiell-rechtlich durchsetzbar.

33 Die Verordnungsermächtigungen in § 25 Abs. 2 Nrn. 6, 7 und 8 sind bei der Gesetzesnovelle 2020 inhaltlich unverändert geblieben.

34 Neu wiederum ist seit der Gesetzesnovelle 2020 § 25 Abs. 2 Nr. 9. Danach kann der Verordnungsgeber bestimmen, welche Form, welchen Inhalt und welches Verfahren die **Bestellung eines Bevollmächtigten** nach § 25 Abs. 1 Nr. 5 oder eines freiwillig Bevollmächtigten einzuhalten hat. Die Verordnungsermächtigung in § 25 Abs. 2 Nr. 9 knüpft an die neue Nr. 5 in § 25 Abs. 1 an. Dadurch wird Art. 8a Abs. 5 AbfRRL umgesetzt. Auf dieser Grundlage können z.B. die erforderlichen Regelungen zu dem Beginn und zur Beendigung der Bestellung eines Bevollmächtigten sowie zu dem behördlichen Verfahren – auch soweit auf freiwilliger Grundlage ein Bevollmächtigter bestellt werden soll – geregelt werden (Gesetzesbegründung BT-Drs. 19/19373, S. 65).

35 Auch § 25 Abs. 2 Nr. 10 ist seit der Gesetzesnovelle 2020 neu. Danach kann der Verordnungsgeber bestimmen, welche **Anforderungen an die Verwertung** eingehalten werden müssen, insbesondere durch Festlegen abfallwirtschaftlicher Ziele. Die neue Nr. 10 dient der Umsetzung von Art. 8a Abs. 1b) AbfRRL und ermächtigt den Verordnungsgeber zur Festlegung von Anforderungen zur Verwertung, insbesondere zur Festlegung messbarer quantitativer und qualitativer abfallwirtschaftlicher Ziele.

36 Neu seit 2020 ist schließlich auch § 25 Abs. 2 Nr. 11. Danach kann der Verordnungsgeber bestimmen, dass **Daten** über die Einhaltung der abfallwirtschaftlichen Ziele nach Nr. 10 sowie weitere Daten über die Organisation und Struktur der Rück-nahmesysteme zu erheben und in geeigneter Weise zu veröffentlichen sind. Die neue Nr 11 dient der Umsetzung von Art. 8a Abs. 1c) AbfRRL. Dieser gibt vor, dass Mitgliedstaaten dafür sorgen, ein Berichterstattungssystem zur Erhebung von Daten vorzusehen, mittels dessen die entsprechend Nr. 10 gegebenenfalls vorgegebenen Ziele erhoben werden können.

III. Sperrwirkung der Verordnungsermächtigungen

37 Die Verordnungsermächtigungen des § 25 entfalten, auch soweit der Verordnungsgeber des Bundes von ihnen noch keinen Gebrauch gemacht hat, **Sperrwirkung** gegenüber dem Landesrecht. Auch die **Kommunen** haben insoweit grundsätzlich keine Regelungskompetenz. Sie können allerdings im Rahmen ihrer Satzungskompetenz die ihnen gegenüber bestehenden Überlassungspflichten einschließlich der Möglichkeiten zum Ausschluss der öffentlichen Entsorgung auf Rücknahme- oder Rückgabepflichten abstimmen.

IV. Überwachung

38 Die Einhaltung der durch Verordnungen auf der Grundlage des § 25 angeordneten Rücknahme- oder auch Rückgabepflichten kann von den zuständigen Behörden überwacht werden. Die Vermeidung nach Maßgabe einer aufgrund von § 25 erlassenen Rechtsverordnung unterliegt nach § 47 Abs. 1 der allgemeinen abfallrechtlichen Überwachung. Zur Überwachung kann die Verordnung gemäß § 25 Abs. 1 Nr. 7 vorschreiben, dass der **Nachweis** zu führen ist über die in Verkehr gebrachten Erzeugnisse, deren Eigenschaften und Mengen, über die Rücknahme von Abfällen, über die Beteiligung an Rücknahmesystemen und über Art, Menge und Bewirtschaftung der zurückgenommenen Erzeugbisse oder der nach Gebrauch der Erzeugnisse entstehenden Abfälle. Hinzu kommt, dass nach § 25 Abs. 1 Nr. 8 in einer Verordnung vorgeschrieben werden kann, dass **Belege** nach § 25 Abs. 1 Nr. 7 beizubringen, einzubehalten, aufzubewahren oder auf Verlangen vorzuzeigen sind. Nicht zuletzt kann nach § 25 Abs. 2 Nr. 4 vorgeschrieben werden, dass die Qualität der Daten für die eine Nachweispflicht besteht, durch eine geeignete **Eigenkontrolle** geprüft und bewertet wird.

39 Bei einem Verstoß gegen eine Rechtsverordnung nach § 25 kann eine **Ordnungswidrigkeit** vorliegen, die nach § 69 Abs. 1 Nr. 8 bußgeldpflichtig ist. Vorsätzliche oder fahrlässige Verstöße gegen diese Pflichten können mit einer Geldbuße von bis zu 100 000 € geahndet werden.

40 Im Einzelfall können auf der Grundlage der allgemeinen Ermächtigungsgrundlage des § 62 **Anordnungen** getroffen werden, um die Verpflichtungen aus der Verordnung durchzusetzen (siehe dazu *OVG NRW* Beschl. v. 9.12.2014 – 20 A 2234/12, juris Rn. 6). Eine Ordnungsverfügung kann insoweit auch an die Produktverantwortlichen gerichtet werden. Ein Anspruch auf ein ordnungsbehördliches Einschreiten bei Missachtung der Rücknahmepflicht durch den Hersteller oder Vertreiber besteht grundsätzlich nicht, weil die Rücknahmepflicht ausschließlich im öffentlichen Interesse und nicht im individuellen Interesse eines bestimmten Verbrauchers besteht.

V. Zivilrechtliche Ansprüche

41 Ob und inwieweit sich aus Rechtsverordnungen nach § 25 auch zivilrechtliche Ansprüche ergeben können, ist umstritten. Fraglich ist insoweit, ob Verbraucher oder Käufer von Erzeugnissen einen zivilrechtlichen Anspruch gegen den Händler bzw. den Hersteller auf Erfüllung der Rücknahmepflicht geltend machen können oder ob z. B. der Endverbraucher gegen den Vertreiber einen zivilrechtlichen Anspruch auf Pfanderstattung hat, wenn er diesem ein mit einem Pfand versehenes Erzeugnis zurückgibt. Teilweise wird die Auffassung vertreten, der Verbraucher habe einen vor den Zivilgerichten einklagbaren Anspruch auf die Rücknahme, der sich regelmäßig aus dem zugrunde liegenden Vertragsverhältnis ergebe. Die Gegenmeinung ist der Ansicht, die Rücknahmepflicht sei grundsätzlich öffentlich-rechtlicher Natur und damit nicht auf dem Zivilrechtsweg einklagbar. Deshalb könne der Verbraucher bzw. Käufer allenfalls einen Anspruch auf ordnungsbehördliches Einschreiten geltend machen, wenn die Rücknahmepflicht nicht beachtet werde. Allerdings stehe dem Verbraucher ein solcher Anspruch auf behördliches Einschreiten nicht zu, weil die Rücknahmepflicht allein im öffentlichen Interesse bestehe (*Fischer* in Fluck/Frenz, Kreislaufwirtschaftsrecht, § 25 Rn. 46). Unstreitig besteht ein zivilrechtlicher Anspruch, wenn dieser in dem jeweiligen Vertragsverhältnis zwischen den Beteiligten vereinbart worden ist.

B. Anforderungen und Pflichten nach § 25 Absatz 1

42 § 25 Abs. 1 eröffnet dem Verordnungsgeber die Möglichkeit, Rücknahmepflichten der Hersteller und Vertreiber und in diesem Zusammenhang auch Nachweispflichten für die Hersteller und Vertreiber sowie weitere Anforderungen zur Produktverantwortung zu regeln.

I. Eröffnung von Rückgabemöglichkeiten (Abs. 1 Nr. 1)

43 Nach § 25 Abs. 1 Nr. 1 kann der Verordnungsgeber bestimmen, dass Hersteller oder Vertreiber bestimmte Erzeugnisse nur bei Eröffnung einer Rückgabemöglichkeit abgeben oder in Verkehr bringen dürfen (zu den Begriffen des Herstellers und des Vertreibers siehe die Kommentierung zu § 23).

43a Was unter einer Rückgabemöglichkeit im Sinne des § 25 Abs. 1 Nr. 1 zu verstehen ist, definiert der Gesetzgeber nicht. Der Wortlaut der Bestimmung könnte es nahe legen, von der Möglichkeit auszugehen, das erworbene Erzeugnis an den konkreten Hersteller oder Vertreiber zurückgeben zu können. Vom Sinn und Zweck der Regelung dürfte dagegen ein weitergehendes Verständnis nahe liegen, wonach die Rückgabe eine Rückführung in den Verantwortungsbereich des Herstellers oder Vertreibers meint. Insoweit dürfte eine Rückgabemöglichkeit auch dann eröffnet sein, wenn der Verpflichtete das ehemalige Erzeugnis nicht selbst zurücknimmt, sondern wenn er eine zumutbare Rücknahme durch einen anderen, möglicherweise durch ein Duales System sicherstellt. Die Eröffnung einer Rückgabemöglichkeit setzt auf das **Wahlrecht** des Abfallbesitzers. Sie ist ihm gegenüber das im Vergleich zu einer Rückgabepflicht mildere Mittel.

44 Die konkrete Art und Weise der zu schaffenden Rückgabemöglichkeit regelt § 25 Abs. 1 Nr. 1 ebenfalls nicht. Dazu kann der Verordnungsgeber Einzelheiten regeln. Dabei ist allerdings zu berücksichtigen, dass die Rückgabemöglichkeit für den Besitzer zumutbar sein muss. Dabei sind die Anforderungen an die Verhältnismäßigkeit weniger streng als bei der Einführung einer Rückgabepflicht.

45 Der Gesetzgeber differenziert in § 25 Abs. 1 Nr. 1 zwischen der Zulässigkeit des **Inverkehrbringens** und der reglementierten **Abgabe von Erzeugnissen.** Der Sinn einer solchen Unterscheidung ist zweifelhaft. Fraglich ist insbesondere, ob die Abgabe als Alternative zum Inverkehrbringen einen eigenständigen Bedeutungsgehalt hat. Das ließe sich dann annehmen, wenn unter einer Abgabe eine Weitergabe von Produkten zu verstehen sein sollte, die noch nicht das Stadium des Inverkehrbringens erreicht hat, aber doch dazu führt, dass das Erzeugnis den unmittelbaren Zugriffsbereich des Abgebenden verlässt, so dass ein anderer die Sachherrschaft über das Erzeugnis erlangt. In diesem Sinne lässt sich die Abgabe des Erzeugnisses als Einbringung in den Distributionsprozess vor der Abgabe an den Verbraucher verstehen (so *Webersinn* in Schink/Versteyl, KrWG, 2016, § 25 Rn. 10). Einiges spricht dafür, dass der Begriff der Abgabe im Rahmen des § 25 Abs. 1 Nr. 1 nur der Verdeutlichung dient, dass bereits die Abgabe eines Erzeugnisses an einen Dritten unzulässig sein kann, wenn eine Rückgabemöglichkeit nicht eröffnet ist, unabhängig davon, ob eine solche Abgabe bereits den Tatbestand des Inverkehrbringens erfüllt.

46 Hersteller und Vertreiber müssen die Möglichkeit zur Rückgabe nicht in eigener Person eröffnen. Sie können sich auf der Grundlage des § 22 der Hilfe eines Dritten bedienen. Ein solcher Dritter kann auch eine für die Rücknahme eingerichtete Rücknahmeorganisation sein. Um sicherzustellen, dass die Rückgabemöglichkeiten auch genutzt werden können, kann der Verordnungsgeber, gestützt auf die Ermächtigung des § 24 Nr. 7, zusätzlich eine **Kennzeichnungspflicht** vorsehen.

II. Geeignete Maßnahmen zur Sicherstellung der Rückgabe (Abs. 1 Nr. 2)

47 Der Verordnungsgeber kann auch anordnen, dass bestimmte Erzeugnisse zurückzunehmen sind und die Rückgabe durch geeignete Maßnahmen, insbesondere durch **Rücknahmesysteme,** durch Erhebung eines **Pfandes** oder durch die Gewährung anderer **wirtschaftlicher Anreize** sicherzustellen ist (§ 25 Abs. 1 Nr. 2). Mit den Rücknahmepflichten soll dem Verursacherprinzip Rechnung getragen werden, in dem Hersteller und Vertreiber für die Entsorgung der zurückzunehmenden Erzeugnisse in die Verantwortung genommen werden (*Webersinn* in Schink/Versteyl, KrWG, 2016, § 25 Rn. 11). Die Vorschrift erlaubt nicht nur, Herstellern und Vertreibern von Verpackungen unmittelbar Pflichten aufzuerlegen. Auch für die Betreiber von Rücknahmesystemen, an denen sich Hersteller und Vertreiber bereits nach dem vom Gesetzgeber vorgefundenen Regelungssystem mit von ihren Pflichten befreiender Wirkung beteiligen konnten, können Pflichten adressiert werden. Jedenfalls mittelbar werden durch diese Pflichten die an dem Rücknahmesystem beteiligten Hersteller und Vertreiber belastet (*BVerwG* Urt. v. 26.3.2015 – 7 C 17/12, juris Rn. 25).

48 Nach Auffassung des BVerwG (zur Vorgängerbestimmung des § 24 Abs. 1 Nr. 2) enthält § 25 Abs. 1 Nr. 2 eine hinreichend bestimmte Ermächtigungsgrundlage, eine Pflicht zur **Mitbenutzung von Einrichtungen des öffentlich-rechtlichen Entsorgungsträgers** für den Träger eines Rücknahmesystems aufzunehmen (*BVerwG* Urt. v. 26.3.2015 – 7 C 17/12, juris Rn. 24). Bei der Ermittlung des dieser Verordnungsermächtigung zugrunde liegenden gesetzgeberischen Willens sei zu berücksichtigen, dass zum Zeitpunkt ihres Erlasses die Verordnung über die Vermeidung von Verpackungsabfällen (Verpackungsverordnung – VerpackV 1991) vom 12.6.1991 (BGBl. I S. 1234) bereits gegolten habe und mit ihrem § 6 Abs. 3 Satz 5 eine dem § 6 Abs. 4 Satz 5 VerpackV 2008 im Wesentlichen entsprechende Regelung enthielt. An diesen Umstand habe der Gesetzgeber angeknüpft. Er habe die aus seiner Sicht bewährten Regelungen der Rücknahmepflichten und die Erfahrungen in Verbindung mit der Verpackungsverordnung aufgreifen dürfen. Zusätzliche Regelungsmöglichkeiten sollten geschaffen und Regelungslücken geschlossen werden (vgl. BT-Drs. 12/5672 S. 47 f.). Hieraus werde das Ziel des Gesetzes deutlich, dem Verordnungsgeber die Möglichkeit zur Weiterentwicklung der vorhandenen Normen der Verpackungsverordnung zu eröffnen, die diesen zugrunde liegende Konzeption aber beizubehalten (*BVerwG* Urt. v. 26.3.2015 – 7 C 17/12, juris Rn. 24).

49 Der Rücknahmepflicht von Herstellern und Vertreibern entspricht ein **Rückgaberecht,** nicht jedoch eine Rückgabepflicht der Abfallbesitzer. Macht der Verordnungsgeber von dieser Ermächtigung Gebrauch, dann reicht die Einrichtung einer Rückgabemöglichkeit für Hersteller und Vertreiber nicht aus. Vielmehr kann auf der Grundlage des § 25 Abs. 1 Nr. 2 eine Rücknahmepflicht angeordnet und darüber hinaus noch verlangt werden, dass die Rücknahme durch geeignete Maßnahmen sichergestellt wird. Anders als § 25 Abs. 1 Satz 1 Nr. 1 handelt es sich nicht um eine Beschränkung des Inverkehrbringens oder der Abgabe von Erzeugnissen. Die Abgabe und das Inverkehrbringen sind bei Erlass einer auf § 25 Abs. 1 Satz 1 Nr. 2 gestützten Rechtsverordnung ohne weiteres zulässig. Der Verordnungsgeber sieht vielmehr unabhängig von der zulässigen Abgabe bzw. dem zulässigen Inverkehrbringen eine Rücknahmepflicht und möglicherweise weitergehend zusätzliche geeignete Maßnahmen verpflichtend vor. Die Ermächtigungsgrundlage des § 25 Abs. 1 Nr. 2 genügt den verfassungsrechtlichen Anforderungen an eine hinreichende Bestimmtheit gem. Art. 80 Abs. 1 S. 2 GG (*OVG Berlin* Urt. v. 20.10.2005, ZUR 2006, 146, 150).

50 Auch bei der bei Erlass einer solchen Regelung notwendigen **Verhältnismäßigkeitsprüfung** stellt sich regelmäßig die Frage, ob und inwieweit einerseits die Rücknahmepflicht und andererseits zusätzliche Maßnahmen gefordert werden können, die etwa auf die Einführung eines spezifischen Rücknahmesystems oder aber auf eine Pfanderhebung hinauslaufen.

51 Soweit ein **Rücknahmesystem** vom Verordnungsgeber gefordert wird, bestehen grundsätzlich verschiedene Möglichkeiten. So kann das Rücknahmesystem als **Holsystem** oder als **Bringsystem** organisiert werden. Gemeint ist allerdings nicht ein Hol- oder Bringsystem im Sinne von § 10 Abs. 1 Nr. 3, sondern eine Organisationseinheit, die sich solcher technisch/funktionaler Hol- oder Bringsysteme bedient, darüberhinausgehend jedoch die Rücknahme für eine Vielzahl von Verpflichteten in einem größeren Gebiet wahrnimmt. Der Verordnungsgeber kann dazu konkrete Regelungen vorsehen.

52 Geeignet ist ein solches Rücknahmesystem nur, wenn es dem Abfallbesitzer eine zumutbare Rückgabemöglichkeit eröffnet. Die vom Gesetzgeber geforderte Sicherstellung der Rückgabe ist nur dann gewährleistet, wenn die Rückgabe tatsächlich verbrauchernah, flächendeckend und im Regelfall jedenfalls auch unentgeltlich stattfindet (*Webersinn* in Schink/Versteyl, KrWG, 2016, § 25 Rn. 14). Sieht der Verordnungsgeber neben der Rücknahmepflicht eine Rückgabepflicht vor, kann gegebenenfalls auch auf die **Unentgeltlichkeit** der Rückgabe verzichtet werden. Eine Sicherstellung der Rückgabe ist unabhängig davon nur dann möglich, wenn ein **hinreichend dichtes Netz von Rücknahmestellen** oder aber ein Versandsystem eingerichtet wird. Für zulässig gehalten wird es auch, dass insbesondere bei Massenwaren des täglichen Lebens von Herstellern und Vertreibern eine Rücknahme nicht nur ihrer eigenen, sondern auch von Erzeugnissen anderer Hersteller oder anderer Vertriebswege verlangt wird. Denkbar ist insoweit eine Verpflichtung, Erzeugnisse bestimmter Marken oder sogar weitergehend alle Erzeugnisse einer bestimmten **Gattung** zurückzunehmen. Soweit sich die Rücknahmepflicht auch auf Fremdprodukte erstreckt, wird dem Verpflichteten Hersteller oder Vertreiber eine so genannte **Gruppenverantwortung** zugewiesen, die als verhältnismäßig und insbesondere als zumutbar angesehen werden kann (*Webersinn* in Schink/Versteyl, KrWG, 2016, § 25 Rn. 14; *VGH BW* Urt. v. 14.5.2019, GewArch 2019, 322).

53 Um die **Funktionsfähigkeit von Rücknahmesystemen** zu schützen, sieht § 19 Abs. 2 eine **Duldungspflicht** für Eigentümer und Besitzer von Grundstücken vor, auf denen überlassungspflichtige Abfälle anfallen. Sie müssen das Aufstellen von zur Erfassung notwendigen Behältnissen sowie das Betreten des Grundstücks zum Zweck des Einsammelns und zur Überwachung des Getrennthaltens zum Zweck der Verwertung von Abfällen auch gegenüber Rücknahmesystemen dulden. Zum Schutz der Funktionsfähigkeit von Rücknahmesystemen sieht außerdem § 17 Abs. 3 S. 1 vor, dass überwiegende öffentliche Interessen einer gewerblichen Sammlung entgegenstehen, wenn die Sammlung in ihrer konkreten Ausgestaltung, auch im Zusammenwirken mit anderen Sammlungen die Funktionsfähigkeit eines aufgrund einer Rechtsverordnung nach § 25 eingerichteten Rücknahmesystems gefährdet. Von einer Gefährdung der Funktionsfähigkeit eines solchen Systems ist auszugehen, wenn durch die gewerbliche Sammlung eine Erfüllung der dem System vorgegebenen Erfassungs- und Verwertungsquoten unmöglich gemacht oder zumindest wesentlich erschwert wird (*OVG NRW* Urt. v. 15.8.2013 – 20 A 3043/11, juris Rn. 126). Beeinträchtigungen eines solchen Systems unterhalb der Schwelle einer „Gefährdung" der Funktionsfähigkeit sind hingegen hinzunehmen (*VGH München* Beschl. v. 15.6.2020 – 12 B 17.1792, juris Rn. 55).

54 Als ein weiteres Instrument zur Sicherstellung einer Rückgabe kommt die Erhebung eines Pfandes in Betracht. Als **Pfand** im Sinne des § 25 Abs. 1 Satz 1 Nr. 2 wird die Verpflichtung definiert, zusätzlich zum Kaufpreis einen Geldbetrag zahlen zu müssen, der

bei Rückgabe der gekauften Sache oder des pfandpflichtigen Warenbestandteils zurückerstattet werden muss. Die Definition des Pfandes ergibt sich nicht aus § 1204 BGB, wonach ein Pfand ein der Sicherung einer Forderung dienendes dingliches Recht an einer fremden beweglichen Sache ist (*Webersinn* in Schink/Versteyl, KrWG, 2016, § 25 Rn. 18; *Tünnesen-Harmes* in Jarass/Petersen, KrWG, 2014, § 25 Rn. 26; zur schuld- und sachenrechtlichen Einordnung siehe *Klinger* AbfallR 2003, 244). Die Höhe des Pfandes kann ebenfalls durch den Verordnungsgeber festgesetzt werden. Sie dürfte sich danach richten, dass ein spürbarer Anreiz zur Rückgabe des pfandbelastenden Erzeugnisses besteht. Dazu muss allerdings wiederum das **Übermaßverbot** beachtet werden. Die Sanktionierung einer Vertriebsform mit einer Pfandpflicht stellt einen erheblichen Eingriff in die Berufsausübungsfreiheit dar (*VG Düsseldorf* Urt. v. 3.9.2002, NVwZ 2002, 1269, 1273; *Papier* VerwArch 84 (1993), 417, 436). Bei der Verhältnismäßigkeitsprüfung ist zu berücksichtigen, dass eine **Pfandregelung** ein durchaus ineffektives, partiell sogar kontraproduktives Instrument sein kann (dazu *Koch* NVwZ 2002, 1420, 1423; SRU Umweltgutachten 2000, Rn. 870 ff.; SRU Umweltgutachten 2002, Rn. 961). Aus einer Pfandpflicht ergibt sich nicht, dass der Verbraucher öffentlich-rechtlich zur Rückgabe des Erzeugnisses verpflichtet wäre. Durch die Pfandzahlung soll vielmehr lediglich ein wirtschaftlicher Anreiz gegeben werden, das Erzeugnis nach seinem Gebrauch zurückzugeben (*VG Düsseldorf* Urt. v. 3.9.2002, NVwZ 2002, 1269, 1272).

Über die konkrete Ausgestaltung eines Pfandsystems muss der Verordnungsgeber in **55**
der jeweiligen Verordnung entscheiden. Zu klären ist dabei z.B., ob dem Verbraucher das von ihm gezahlte Pfand nur von dem jeweiligen Verkäufer des Erzeugnisses zu erstatten ist oder ob das Pfand bei jedem Vertreiber eingelöst werden kann, der gleichartige Produkte in seinem Sortiment vertreibt. Eine solche Lösung erleichtert für den Verbraucher die Rückgabe des gebrauchten Erzeugnisses, sie macht jedoch einen Ausgleich zwischen den Vertreibern erforderlich, weil sie regelmäßig nicht dieselbe Anzahl von Erzeugnissen zurückbekommen, die von ihnen vertrieben worden ist. Das kann zu beachtlichen Verlusten bei der Erstattung des Pfandes führen. Insoweit bedarf es bei einer solchen Lösung einer Clearing-Stelle zum Ausgleich für die geleisteten Pfanderstattungen.

Klärungsbedürftig ist auch, wem das Pfand zusteht, wenn das Erzeugnis nicht zurück- **56**
gegeben und damit auch das Pfand nicht erstattet wird. Soweit dazu in der jeweiligen Verordnung keine konkrete Regelung vorhanden ist, dürfte das Pfand solange demjenigen zustehen, an den es zu zahlen war, solange das Erzeugnis nicht zurückgegeben wird. Ob § 25 Abs. 1 Nr. 2 zu einer Regelung des Verordnungsgebers ermächtigt, diese Pfandüberschüsse an den Staat abzuführen, ist zweifelhaft.

Umstritten war, ob § 25 Abs. 1 Nr. 2 auch zur Einführung einer Pfandpflicht für Ein- **57**
weggetränkeverpackungen zum Schutz bestehender Mehrwegsysteme berechtigt. Nach einer auf einer mit Blick auf die Bestimmtheitsanforderungen des Art. 80 Abs. 1 S. 2 GG engen Auslegung des § 25 Abs. 1 Nr. 2 gestützten Auffassung des VG Düsseldorf knüpft § 24 Abs. 1 Nr. 2 die Pfandpflicht an die Sicherung der Rückgabe der Verpackung (*VG Düsseldorf* Urt. v. 3.9.2002, NVwZ 2002, 1269). Nach ganz überwiegender Auffassung berechtigt § 25 Abs. 1 Nr. 2 den Verordnungsgeber jedoch auch, das Ziel einer Stabilisierung einer vorhandenen Mehrwegverpackungsquote zu verfolgen (*OVG Berlin* Beschl. v. 20.2.2002, DVBl. 2002, 631, 635; *OVG Berlin* Urt. v. 20.10.2005, ZUR 2006, 146, 149; *Koch* NVwZ 2002, 1420). Eine indirekt über Verhaltensanreize (Wegfall einer Befreiung von der Pfandpflicht bei Unterschreiten einer Mehrwegquote) wirkende Förderung der wegen ihrer abfallvermindernden Eigenschaften als ökologisch vorteilhaft angesehenen Mehrweg-Getränkeverpackung sei aufgrund der Verweisung des § 25 Abs. 1 Nr. 2 auf die in § 23 umschriebenen Ziele und allgemeinen Aufgaben der in erster Linie den Herstellern und Vertreibern übertragenen Produktverantwortung grundsätzlich gerechtfertigt

und durch den dem Verordnungsgeber eingeräumten weiten Gestaltungsspielraum gedeckt (*OVG Berlin* Beschl. v. 20.2.2002, DVBl. 2002, 631, 635). Durch die abfallwirtschaftlichen Ziele dieser Ermächtigungsgrundlage unter Berücksichtigung der nach §§ 1, 23 generell mit dem Gesetz verfolgten Zwecke würden zugleich die in einer umweltverträglichen Verwertung und Beseitigung von Abfällen bestehenden ökologischen Belange miterfasst, wozu neben einer Optimierung der Stoffkreisläufe auch die Verhinderung solcher Umweltbelastungen zählt, die infolge einer Verschmutzung der offenen Landschaft durch das Wegwerfen von Einweg-Getränkeverpackungen verursacht würden (*OVG Berlin* Beschl. v. 20.2.2002, DVBl. 2002, 631, 636; *OVG Berlin* Urt. v. 20.10.2005, ZUR 2006, 146, 150).

58 Im Zuge der Gesetzesnovelle 2020 ergänzte der Gesetzgeber den Hinweis auf die Möglichkeit einer Pfanderhebung durch den weiteren Hinweis auf die Möglichkeit der **Gewährung anderer wirtschaftlicher Anreize.** Welche wirtschaftlichen Anreize gemeint sind, ergibt sich aus der Bestimmung nicht. Denkbar ist z. B. ein Rabatt auf den Neukauf eines Erzeugnisses bei Rückgabe eines ausgedienten Produkts.

III. Rücknahme an der Abgabe- oder Anfallstelle (Abs. 1 Nr. 3)

59 Der Verordnungsgeber kann auch bestimmen, dass bestimmte Erzeugnisse an der Abgabe- oder Anfallstelle zurückzunehmen sind. **Abgabestelle** ist der Ort, an dem das Erzeugnis abgegeben oder in den Verkehr gebracht wird.

60 In § 25 Abs. 1 Nr. 3 differenziert der Gesetzgeber nicht zwischen dem Inverkehrbringen und der Abgabe. Gleichwohl kann wohl nicht davon ausgegangen werden, dass die Berechtigung des Verordnungsgebers, den Rücknahmeort zu bestimmen, sich nur auf die Abgabe- oder Anfallstelle beschränkt und sich nicht auf den Ort des Inverkehrbringens erstreckt. Eher wird man davon ausgehen können, dass die Differenzierung zwischen Abgabe und Inverkehrbringen lediglich erläuternd, nicht jedoch von rechtssystematisch verbindlicher Aussagekraft sein soll.

61 **Anfallstelle,** die ebenfalls als Rücknahmeort bestimmt werden darf, ist der Ort, an dem der Abfall anfällt. Es ist der Ort, an dem ein Entledigungstatbestand im Sinne des § 3 realisiert wird, so dass aus dem Erzeugnis Abfall entsteht.

IV. Beteiligung an Kosten öffentlich-rechtlicher Entsorgungsträger (Abs. 1 Nr. 4)

62 Gem. § 25 Abs. 1 Nr. 4 kann der Verordnungsgeber bestimmen, dass Hersteller und Vertreiber sich an Kosten zu beteiligen haben, die den öffentlich-rechtlichen Entsorgungsträgern und sonstigen juristischen Personen des öffentlichen Rechts für die Reinigung der Umwelt und die anschließende umweltverträgliche Verwertung und Beseitigung der nach Gebrauch der von einem Hersteller oder Vertreiber in Verkehr gebrachten Erzeugnisse gemäß Teil E des Anhangs zu der Richtlinie (EU) 2019/904 des Europäischen Parlaments und des Rates vom 5. Juni 2019 über die Verringerung der Auswirkungen bestimmter Kunststoffprodukte auf die Umwelt (ABl. L 155 vom 12.6.2019, S. 1-EWKRL) entstehen.

63 Die Möglichkeit, Produktverantwortliche für die Vermüllung der Umwelt mit ihren Produkten finanziell einstehen zu lassen, stellt eine wesentliche Erweiterung der Produktverantwortung dar, die durch die EWKRL der EU veranlasst wird (*Petersen/Friedrich* NVwZ 2021, 1, 4; *Frenz* AbfallR 2020, 72). Immerhin wenden die Städte und Gemein-

den jährlich rund 700 Millionen Euro auf, um Parks und Straßen von Zigarettenkippen, To-Go-Bechern und anderen Einwegplastik-Produkten zu reinigen sowie öffentliche Abfallbehälter zu leeren und die Abfälle zu entsorgen. Hersteller und Vertreiber sollen nicht nur für eine möglichst „abfallarme" Gestaltung ihrer Produkte für deren Rücknahme und Entsorgung verantwortlich sein, sondern sich an den Kosten beteiligen, die den öffentlich-rechtlichen Entsorgungsträgern und anderen juristischen Person des öffentlichen Rechts, die für die Reinigung der Umwelt, etwa für die Reinigung von Straßen und Wege, Parkanlagen und Uferbereiche, verantwortlich sind, entstehen, wenn solche Produkte achtlos oder sogar verbotswidrig weggeworfen werden. Da bei den „littering-affinen" Produkten keine Rückgabe bzw. Rücknahme stattfindet, ist die Kostenbeteiligung die verbleibende Möglichkeit, Hersteller und Vertreiber verursachergerecht mit in die Verantwortung für die Vermittlung zu nehmen (*Frenz* AbfallR 2020, 72, 73). In Erwägungsgrund 21 der Kunststoffrichtlinie heißt es dazu, für Einwegkunststoffartikel, für die es derzeit keine leicht verfügbaren geeigneten und nachhaltigeren Alternativen gebe, sollten die Mitgliedstaaten entsprechend dem Verursacherprinzip auch Regime der erweiterten Herstellerverantwortung einführen, um die notwendigen Kosten der Abfallbewirtschaftung und von Reinigungsaktionen sowie die Kosten der Maßnahmen zu decken, mit denen für die Vermeidung und Verminderung dieser Art der Vermüllung sensibilisiert werden solle. Diese Kosten sollten die Kosten, die für die kosteneffiziente Bereitstellung dieser Dienste erforderlich seien, nicht übersteigen und zwischen den betroffenen Akteuren auf transparente Weise festgelegt werden.

Die Kostenbeteiligung muss auf die von einem Hersteller oder Vertreiber in Verkehr **64**
gebrachten Einweg-Kunststoffprodukte gemäß Teil E des Anhangs der EWKRL beschränkt werden. Für andere Produkte, die in Teil E des Anhangs nicht aufgeführt sind, dazu gehören z. B. Kaugummi und Pappbecher, die ebenfalls erhebliche Umweltprobleme verursachen, besteht die Möglichkeit einer Kostenbeteiligung nicht (siehe dazu *Petersen/Friedrich* NVwZ 2021, 1, 4).

Zur Abschätzung der Kosten, die durch die Vermüllung der Umwelt entstehen, liegen **65**
Gutachten vor; Konzepte zur Gestaltung des finanziellen Mechanismus und für die Organisation der Kostentragung sind in Arbeit (*Petersen/Friedrich* NVwZ 2021, 1, 5). Im Auftrag des Verbandes Kommunaler Unternehmen (VKU) hat das Institut für Abfall, Abwasser und Infrastruktur-Management GmbH-INFA GmbH, Ahlen bereits 2019 Mengenanteile und Kosten für die Sammlung und Entsorgung von Einwegkunststoffprodukten im öffentlichen Raum ermittelt, um Grundlagendaten und Kostenansätze zu generieren. Die INFA GmbH kam zu dem Ergebnis, dass die in der EWKRL definierten Einwegkunststoffe gemäß Art. 5 und 8 einen signifikanten Anteil an der Gesamtabfallmenge im innerörtlichen öffentlichen Raum ausmachen. Im bundesweiten Mittel erreichen diese Kunststoffe nach Einschätzung der INFA GmbH einen Gewichtsanteil von 5,7% und einen Volumenanteil von 22,0%. Von durchschnittlich ca. 33,6 €/(E*a) Stadtreinigungskosten entfallen nach einer ersten orientierenden Kostenberechnung bundesweit etwa 9,1 €/(E*a) auf diese Einwegkunststoffe. Hierbei stellen die sog. Take-Away-Verpackungen, To-Go-Becher etc. mit ca. 5,5 €/(E*a) sowie die Tabakprodukte mit Filter mit 2,7 €/(E*a) die größten Anteile dar. Für die Anwendung der erweiterten Herstellerverantwortung gemäß Art. 8 EKRL ermittelt die INFA GmbH insgesamt ein Wert von ca. 8,3 €/(E*a). In der Untersuchung wird darauf hingewiesen, dass neben den in der Richtlinie betrachteten Einwegkunststoffen weitere Abfälle zum Gesamt-Litteringaufkommen beitragen. So betrage der gesamte Verpackungsanteil (bestehend aus Einwegkunststoffen der EWKRL und weiteren Verpackungen aus Kunststoff, Metall, Glas, PPK etc.) etwa 18,8 Gew.-% bzw. 35,4 Vol.-%. Die daraus resultierenden Kosten betrügen 11,4 €/(E*a). Zudem wird die gesamte Litteringmenge (d. h ohne natürliche Einträ-

ge und ohne korrekt entsorgte Abfälle in Papierkörben) mit 3,21 kg/(E*a) bzw. 15,5 €/(E*a) errechnet (INFA GmbH, Gutachten, 2020).

66 Nach Art. 8 Abs. 1 EWKRL tragen die Mitgliedstaaten dafür Sorge, dass für alle in Teil E des Anhangs aufgeführten und in dem jeweiligen Mitgliedstaat in Verkehr gebrachten Einwegkunststoffartikel Regime der erweiterten Hersteller Verantwortung gemäß Art. 8, 8a AbfRRL eingeführt werden. Die Mitgliedstaaten haben nach Art. 8 Abs. 2 EWKRL dafür zu sorgen, dass die Hersteller der im Anhang Teil E Abschnitt I dieser Richtlinie aufgeführten Einwegkunststoffartikel die Kosten tragen, die sich aus den Bestimmungen über die erweiterte Herstellerverantwortung der AbfRRL und der VerpackRL ergeben, sowie, sofern sie noch nicht darin enthalten sind, folgende Kosten: a) die Kosten der in Art. 10 EWKRL genannten Sensibilisierungsmaßnahmen für diese Artikel; b) die Kosten der Sammlung der in öffentlichen Sammelsystemen entsorgten Abfällen dieser Artikel, einschließlich der Infrastruktur und ihres Betriebs, sowie die Kosten der anschließenden Beförderung und Behandlung dieser Abfälle; c) die Kosten von Reinigungsaktionen im Zusammenhang mit Abfällen dieser Artikel und der anschließenden Beförderung und Behandlung dieser Abfälle.

67 Nach Art. 8 Abs. 3 EWKRL stellen die Mitgliedstaaten sicher, dass die Hersteller der im Anhang Teil E Abschnitte II und III genannten Einwegkunststoffartikel mindestens die folgenden Kosten tragen: a) die Kosten der in Art. 10 EWKRL genannten Sensibilisierungsmaßnahmen für diese Artikel; b) die Kosten von Reinigungsaktionen im Zusammenhang mit Abfällen dieser Artikel und der anschließenden Beförderung und Behandlung dieser Abfälle; c) die Kosten der Erhebung und Übermittlung der Daten gemäß Art. 8a Abs. 1c) der Richtlinie 2008/98/EG.

68 Für die im Anhang Teil E Abschnitt III EWKRL aufgeführten Einwegkunststoffartikel sorgen die Mitgliedstaaten dafür, dass die Hersteller darüber hinaus die Kosten der Sammlung der in öffentlichen Sammelsystemen entsorgten Abfälle dieser Artikel tragen, einschließlich der Infrastruktur und ihres Betriebs, sowie die Kosten der anschließenden Beförderung und Behandlung dieser Abfälle. Die Kosten können die Errichtung spezifischer Infrastrukturen für die Sammlung von Abfällen dieser Artikel umfassen, wie z. B. geeigneter Abfallbehälter an allgemein zugänglichen Orten mit starker Vermüllung.

69 Einwegkunststoffartikel im Sinne des Art. 8 Abs. 2 EWKRL (Erweiterte Herstellerverantwortung) sind: 1. Lebensmittelverpackungen, d. h. Behältnisse wie Boxen (mit oder ohne Deckel) für Lebensmittel, die a) dazu bestimmt sind, unmittelbar vor Ort verzehrt oder als Take-away-Gericht mitgenommen zu werden, b) in der Regel aus der Verpackung heraus verzehrt werden, und c) ohne weitere Zubereitung wie Kochen, Sieden oder Erhitzen verzehrt werden können, einschließlich Verpackungen für Fast Food oder andere Speisen zum unmittelbaren Verzehr, ausgenommen Getränkebehälter, Teller sowie Tüten und Folienverpackungen (Wrappers) mit Lebensmittelinhalt; 2. aus flexiblem Material hergestellte Tüten und Folienverpackungen (Wrappers)mit Lebensmittelinhalt, der dazu bestimmt ist, unmittelbar aus der Tüte oder der Folienpackung heraus verzehrt zu werden, und der keiner weiteren Zubereitung bedarf; 3. Getränkebehälter mit einem Fassungsvermögen von bis zu drei Litern, d. h. Behältnisse, die zur Aufnahme von Flüssigkeiten verwendet werden, wie Getränkeflaschen, einschließlich ihrer Verschlüsse und Deckel und Verbundgetränkeverpackungen einschließlich ihrer Verschlüsse und Deckel, aber nicht Getränkebehälter aus Glas oder Metall mit Verschlüssen oder Deckeln aus Kunststoff; 4. Getränkebecher, einschließlich ihrer Verschlüsse und Deckel; 5. leichte Kunststofftragetaschen im Sinne des Art. 3 Nr. 1c VerpackRL.

70 Einwegkunststoffartikel im Sinne des Art. 8 Abs. 3 EWKRL sind 1. Feuchttücher, d. h. getränkte Tücher für Körper- und Haushaltspflege; 2. Luftballons, ausgenommen Ballons

für industrielle oder sonstige gewerbliche Verwendungszwecke und Anwendungen, die nicht an Verbraucher abgegeben werden.

Sonstige Einwegkunststoffartikel im Sinne des Art. 8 Abs. 3 EWKRL sind Tabakprodukte mit Filter sowie Filter, die zur Verwendung in Kombination mit Tabakprodukten vertrieben werden. **71**

Nach Art. 8 Abs. 4 EWKRL dürfen die nach Art. 8 Abs. 2 3 zu tragenden Kosten die Kosten, die für die kosteneffiziente Bereitstellung der darin genannten Dienste erforderlich sind, nicht übersteigen und sind zwischen den betroffenen Akteuren auf transparente Weise festzulegen (siehe dazu *Frenz* AbfallR 2020, 129, 135). Die Kosten von Reinigungsaktionen im Zusammenhang mit Abfällen beschränken sich nach Art. 8 Abs. 4 S. 2 EWKRL auf Aktivitäten, die von Behörden oder im Auftrag von Behörden durchgeführt werden. Die Berechnungsmethode ist nach Art 8 Abs. 4 S. 3 so auszugestalten, dass die Kosten im Zusammenhang mit der Entsorgung von Abfällen in einer verhältnismäßigen Art und Weise bestimmt werden. Um die Verwaltungskosten so niedrig wie möglich zu halten, können die Mitgliedstaaten die finanziellen Beiträge zu den Kosten für Reinigungsaktionen bestimmen, indem sie angemessene mehrjährige feste Beträge festlegen. Den Mitgliedstaaten wird insoweit ein Pauschalierung Spielraum eingeräumt (*Frenz* AbfallR 2020, 139). Frenz nimmt an, dass zur Gewährleistung einer Verhaltensänderung entsprechend dem Verursacherprinzip ein Lenkungszuschlag zulässig ist, der die Kosten für die effiziente Reinigung übersteigt. Die Grenze des Art. 8 Abs. 4 S. 1 EWKRL müsse insoweit teleologisch reduziert werden. Gegebenenfalls könne ein solcher Lenkung zu auch zur Erreichung einer verstärkten Schutzwirkung nach Art. 193 AEUV von den Mitgliedstaaten eingeführt werden. Ein solcher Lenkungszuschlag sei eine verstärkte Schutzmaßnahme, weil er durch eine höhere Belastung der Hersteller einen zusätzlichen Anreiz bilde, Produkte umweltgerechter zu gestalten und so Einwegverpackungen zu verringern bzw. mit besser abbaubaren Materialien zu produzieren (*Frenz* AbfallR 2020, 140). **72**

V. Bestellung eines Bevollmächtigten (Abs. 1 Nr. 5)

Nach § 25 Abs. 1 Nr. 5 kann der Verordnungsgeber auch bestimmen, dass Hersteller und Vertreiber bestimmte Erzeugnisse nur bei Bestellung eines Bevollmächtigten in Verkehr bringen dürfen, der im Geltungsbereich des KrWG niedergelassen ist und für die mit der Produktverantwortung verbundenen Pflichten verantwortlich ist, die sich aus den auf Grund der § 24 und § 25 erlassenen Rechtsverordnungen ergeben, wenn der Hersteller oder Vertreiber in einem anderen Mitgliedstaat niedergelassen ist. **73**

Die neu eingeführte Nr. 5 setzt Art. 8a Abs. 5 Unterabs. 3 AbfRRL um. Hiernach sollen Hersteller, die keine Niederlassung im Geltungsbereich des KrWG haben, einen Bevollmächtigten bestellen, der die Pflichten des Herstellers wahrnimmt. Dadurch soll den Betroffenen ein einfacher Marktzugang eröffnet und ein effektiver behördlicher Vollzug der jeweils auf die Verordnungsermächtigung gestützten Verordnungen zur Wahrnehmung der Produktverantwortung gewährleistet werden (Gesetzesbegründung BT-Drs. 19/19373, S. 63). Die Bestellung eines Bevollmächtigten, der bei ausländischen Herstellern oder Vertreibern in Deutschland für die Wahrnehmung der Produktverantwortung und die damit verbundenen Pflichten verantwortlich ist, stellt sicher, dass die zuständigen Behörden eventuell erforderlich werdende behördliche Anordnungen adressieren und vollziehen können. Durch die Rechtsfigur des Bevollmächtigten wird insoweit die grenzüberschreitende Durchsetzung der Herstellerpflichten vereinfacht (*Hilf/Schleifenbaum* in Giesberts/Hilf, ElektroG, 3. Aufl. 2018, § 8 Rn. 8; *Grunow/Seitel* AbfallR 2014, 115, 121; *Odendahl* AbfallR 2014, 176, 179; *Jacobj* AbfallR 2015, 14, 19). **74**

75 Außerdem können Bevollmächtigte bei einem Verstoß gegen Pflichten, die sich aus einer Rechtsverordnung nach § 24, § 25 Abs. 1 Nr. 1–3 oder 5 oder Abs. 2 Nr. 5–7 oder 10 ergeben, eine **Ordnungswidrigkeit** nach § 69 Abs. 1 Nr. 8 begehen. Bestimmungen zur Bevollmächtigung enthalten auch die speziellen Gesetze zur Produktverantwortung. Hersteller, die keine Niederlassung in Deutschland haben, können z. B. nach § 26 Abs. 2 S. 1 BattG einen Bevollmächtigten mit der Wahrnehmung ihrer Verpflichtungen nach den §§ 4, 5, 7 Abs. 1 Satz 1, § 8 sowie § 15 Abs. 3 Satz 3 und 4 BattG beauftragen. Die Aufgabenerfüllung durch den Bevollmächtigten erfolgt nach § 26 Abs. 2 S. 2 BattG im eigenen Namen (siehe auch § 8 Abs. 1 ElektroG).

76 Maßgeblich ist im Sinne dieser Verordnungsermächtigung, ob der der Hersteller oder Vertreiber in einem anderen Mitgliedstaat der EU niedergelassen ist und ob der von diesen Bevollmächtigte in Deutschland niedergelassen ist. Nach § 4 Abs. 3 GewO besteht eine **Niederlassung,** wenn eine selbstständige gewerbsmäßige Tätigkeit auf unbestimmte Zeit und mittels einer festen Einrichtung von dieser aus tatsächlich ausgeübt wird. Unter den Begriff der „festen Einrichtung" im Sinne des § 4 Abs. 3 GewO fallen vor allem bauliche Einrichtungen. Fehlt es an einer solchen, kann nicht vom Vorhandensein einer Niederlassung ausgegangen werden (*Hilf/Schleifenbaum* in Giesberts/Hilf, ElektroG, 2018, § 8 Rn. 12). Auch bei Vorhandensein einer baulichen Infrastruktur kann es an einer festen Einrichtung und damit an einer Niederlassung fehlen, so z. B. wenn die Räumlichkeit keine geschäftsspezifische Infrastruktur beinhaltet (*VG München* Urt. v. 14.3.2011 – M 16 K 11.875).

77 Eine Niederlassung des Bevollmächtigten in Deutschland kann vom Sinn und Zweck der Regelung her nur dann angenommen werden, wenn diese zur Erfüllung der sich aus der Produktverantwortung ergebenden Pflichten herangezogen werden kann. Voraussetzung ist dafür unter anderem, dass eine Zustellungsmöglichkeit besteht. Für eine wirksame Zustellung ist insoweit zumindest ein Geschäftsraum erforderlich, an dem eine Zustellung an den Hersteller bewirkt werden kann (*OVG Berlin-Brandenburg* Beschl. v. 23.12.2011 – 1 N 2/10, juris Rn. 10; *BVerwG* Beschl. v. 12.5.2005, NVwZ 2005, 1331; *Hilf/Schleifenbaum* in Giesberts/Hilf, ElektroG, 2018, § 8 Rn. 13).

78 Wer abgesehen von der Frage der Niederlassung bevollmächtigt werden kann, darf der Verordnungsgeber nach § 25 Abs. 2 Nr. 9 entscheiden. Nach § 3 Nr. 10 ElektroG ist Bevollmächtigter im Sinne des ElektroG jede in Deutschland niedergelassene natürliche oder juristische Person oder Personengesellschaft, die ein Hersteller ohne Niederlassung im Geltungsbereich des ElektroG beauftragt hat, in eigenem Namen sämtliche Aufgaben wahrzunehmen, um die Herstellerpflichten nach dem ElektroG zu erfüllen. Als Bevollmächtigter kommt auch ein anderer Hersteller oder Vertreiber in Betracht.

VI. Förderung der Wiederverwendung und Reparatur (Abs. 1 Nr. 6)

79 Nach § 25 Abs. 1 Nr. 6 kann der Verordnungsgeber bestimmen, dass Hersteller und Vertreiber bestimmter Erzeugnisse Systeme zur Förderung der Wiederverwendung und Reparatur zu unterstützen haben. Die im Jahre 2020 neu eingeführte Nr. 6 dient der Umsetzung von Art. 9 Abs. 1d) AbfRRL und steht in unmittelbarem Zusammenhang zu der ebenfalls in 2020 neu eingefügten Grundpflicht der Produktverantwortung in § 23 Abs. 2 Nr. 4 an. Mit der Umsetzung in eine Verordnungsermächtigung soll die Grundpflicht in künftigen Verordnungen materiell rechtlich durchsetzbar. Die Ermächtigung ermöglicht die Festlegung von Anforderungen im Hinblick auf die Förderung von Systemen zur Wiederverwendung und Reparatur (Gesetzesbegründung BT-Drs. 19/19373, S. 63).

VII. Nachweispflichten (Abs. 1 Nr. 7)

80 Nach § 25 Abs. 1 Nr. 7 kann der Verordnungsgeber bestimmen, dass Hersteller und Vertreiber einen Nachweis zu führen haben a) über die in Verkehr gebrachten Erzeugnisse, deren Eigenschaften und Mengen, b) über die Rücknahme von Abfällen und die Beteiligung an Rücknahmesystemen sowie c) über Art, Menge und Bewirtschaftung der zurückgenommenen Erzeugnisse oder der nach Gebrauch der Erzeugnisse entstehenden Abfälle. § 25 Abs. 1 Nr. 7 entspricht inhaltlich dem früheren § 25 Abs. 1 Nr. 4, wurde im Jahre 2020 aber vom Gesetzgeber redaktionell klarer gefasst und gegliedert.

81 Die Nachweispflichten beziehen sich nicht nur auf Art und Menge der zurückgenommenen Abfälle, sondern insbesondere auch auf die Verwertung und Beseitigung dieser zurückgenommenen Abfälle. Damit wird eine Überwachung der sich an die Rücknahme anschließenden Entsorgungspflichten ermöglicht. § 27 sieht insoweit vor, dass Hersteller und Vertreiber, die Abfälle aufgrund einer Rechtsverordnung nach § 25 oder freiwillig zurücknehmen, den Pflichten eines Besitzers von Abfällen unterliegen. In welcher Form die Nachweise zu führen sind, ergibt sich aus dem Gesetz nicht. Insoweit kann der Verordnungsgeber die Art und Weise konkret regeln. Die Nachweisführung nach § 25 Abs. 1 Nr. 7 ist unabhängig von der Nachweisführung des § 50. Allerdings ist bei der konkreten Ausgestaltung einer Nachweispflicht durch den Verordnungsgeber Rücksicht darauf zu nehmen, welche Nachweise bereits auf der Grundlage des allgemeinen Nachweisverfahrens zu führen sind.

VIII. Belegpflichten (Abs. 1 Nr. 8)

82 Nach § 25 Abs. 1 Nr. 8 kann die Bundesregierung durch Rechtsverordnung mit Zustimmung des Bundesrats bestimmen, dass Hersteller oder Vertreiber Belege nach § 25 Abs. 1 Nr. 7 beizubringen, einzubehalten, aufzubewahren oder auf Verlangen vorzuzeigen haben. § 25 Abs. 1 Nr. 8 entspricht der früheren Regelung des § 25 Abs. 1 Nr. 5. Die Belegpflichten ergänzen die Nachweispflichten des § 25 Abs. 1 Nr. 7 und dienen der Erleichterung der behördlichen Überwachung.

83 Die Entscheidung, in welcher Art und Weise die Nachweise bzw. Belege zu führen sind, bleibt dem Verordnungsgeber vorbehalten. Es muss lediglich eine hinreichende Überprüfbarkeit gesichert werden.

84 § 25 Abs. 1 Nr. 5 sah in der bis Ende 2020 geltenden Fassung vor, dass der Verordnungsgeber nicht nur eine Aufbewahrung der Belege, sondern auch eine Hinterlegung bei einer Behörde, einem öffentlich-rechtlichen Entsorgungsträger, einer Industrie- und Handelskammer oder deren Zusammenschluss anordnen konnte. Eine solche Hinterlegungspflicht bei den genannten Institutionen sieht § 25 Abs. 1 Nr. 8 nicht vor.

85 Wer eine Vorlage der Belege verlangen kann, ergibt sich aus § 25 Abs. 1 Nr. 8 nicht. Die Entscheidung darüber liegt dementsprechend ebenfalls beim Verordnungsgeber. Da durch die Belegpflicht die behördliche Überwachung erleichtert werden soll, *dürften* es *in* erster Linie die für die Überwachung zuständigen Landesbehörden sein, die insoweit ermächtigt werden können. Ob darüber hinaus auch öffentlich-rechtliche Entsorgungsträger vom Verordnungsgeber berechtigt werden können, eine Vorlage von Belegen zu verlangen, ist zweifelhaft und eher zu verneinen, da ihnen keine behördlichen Überwachungsrechte im Zusammenhang mit zurückzunehmenden Erzeugnissen zustehen.

IX. Transparenzbericht (Abs. 1 Nr. 9)

86 Nach § 25 Abs. 1 Nr. 9 kann der Verordnungsgeber bestimmen, dass Hersteller oder Vertreiber zur Gewährleistung einer angemessenen Transparenz für bestimmte, unter die Obhutspflicht fallende Erzeugnisse einen Bericht zu erstellen haben, der die Verwendung der Erzeugnisse, insbesondere deren Art, Menge, Verbleib und Entsorgung, sowie die getroffenen und geplanten Maßnahmen zur Umsetzung der Obhutspflicht zum Inhalt hat; es kann auch bestimmt werden, ob und in welcher Weise der Bericht durch Dritte zu überprüfen, der zuständigen Behörde vorzulegen oder in geeigneter Weise zu veröffentlichen ist; die gültige Umwelterklärung einer in das EMAS-Register eingetragenen Organisation erfüllt die Anforderungen an den Bericht, soweit sie die erforderlichen Obhutspflichten adressiert.

87 Die seit der Gesetzesnovelle 2020 neue Nr. 9 enthält eine Verordnungsermächtigung, mit der für bestimmte, unter die Obhutspflicht des § 23 Abs. 1 S. 3 fallende Erzeugnisse vom Verordnungsgeber die Erstellung eines Berichts angeordnet werden kann, der die Verwendung der Erzeugnisse, insbesondere deren Art, Menge, Verbleib und Entsorgung sowie die getroffenen und geplanten Maßnahmen zur Umsetzung der Obhutspflicht zum Inhalt hat (Transparenzbericht). Die Berichterstattung zur Bestandsaufnahme der Situation und zu den ergriffenen oder geplanten Maßnahmen zur Erfüllung der Obhutspflicht knüpft an die im KrWG bereits bekannten Konzepte und Bilanzen an (Gesetzesbegründung BT-Drs. 19/19373, S. 63 unter Verweis auf für öffentlich-rechtliche Entsorgungsträger bereits nach § 21 vorgesehenen Abfallwirtschaftskonzepte und Abfallbilanzen). Dabei beschränkt sich die Berichterstattung der Obhutspflicht nicht auf die Betrachtung der Abfälle, sondern bezieht sich auf das Erzeugnis, und zwar grundsätzlich in allen Phasen seines Lebenszyklus. Die Gesetzesbegründung weist darauf hin, dass die Bestandsaufnahme die Art, Menge und den Verbleib der unter die Obhutspflicht fallenden Erzeugnisse im Falle ihrer weiteren Verwendung, in dem noch kein Abfall angefallen ist, und andererseits auch im Falle ihrer nachrangigen Entsorgung als Abfall. Außerdem muss über die getroffenen und geplanten Maßnahmen zur Erhaltung der Gebrauchstauglichkeit der Erzeugnisse, ihrer weiteren Verwendung sowie ihrer nachrangigen Entsorgung als Abfall berichtet werden.

88 Der Bericht dient nach der Gesetzesbegründung als internes Planungsinstrument. Mit seiner Hilfe sollen die betroffenen Pflichtigen die notwendige Transparenz über die Verwendung der Erzeugnisse, insbesondere über deren Verkauf, Versendung und Rücknahme als Retoure, entstehende Warenüberhänge sowie die weitere Verwendung von Retouren und Überhängen und nachrangige Entsorgung der Waren als Abfall schaffen. Zudem kann durch Rechtsverordnung festgelegt werden, ob und in welcher Weise der Bericht extern zu überprüfen, der zuständigen Behörde vorzulegen oder in geeigneter Weise zu veröffentlichen ist.

89 In der Rechtsverordnung müssen ggfls. auch die wesentlichen Inhalte des Transparenzberichts festgelegt werden. Dazu muss bestimmt werden, wer, d. h. insbesondere welcher Hersteller und Vertreiber, den Bericht zu erstellen hat, welche Erzeugnisse und Abfälle zu erfassen sind, welcher Inhalt, welche Form und welcher Umfang einzuhalten ist, für welchen Zeitraum und zu welchem Zeitpunkt der Bericht zu erstellen, auszuwerten und bei Bedarf fortzuentwickeln ist. Die Gesetzesbegründung mahnt in diesem Zusammenhang, darauf zu achten, dass für die betroffenen Unternehmen keine unzumutbaren bürokratischen Belastungen entstehen und dass Unternehmen mit unerheblichen Retouren oder Überhängen von der Transparenzpflicht aus-genommen werden.

90 Die Obhutspflicht und die Transparenz können auch in das System von EMAS integriert werden. Die gültige Umwelterklärung einer in das EMAS-Register eingetragenen

Organisation erfüllt die Anforderungen an den Bericht, soweit sie die erforderlichen Obhutspflichten adressiert (Gesetzesbegründung, BT-Drs. 19/19373, S. 64).

C. Weitere Pflichten nach § 25 Absatz 2

Weitere Pflichten der Hersteller und Vertreiber sowie Rückgabe- und Mitwirkungspflichten anderer Beteiligter sind in § 25 Abs. 2 geregelt. 91

I. Kostentragung (Abs. 2 Nr. 1)

In einer Rechtsverordnung nach § 25 Abs. 1 kann zur Festlegung von Anforderungen nach § 23 sowie zur ergänzenden Festlegung von Pflichten der Erzeuger und Besitzer von Abfällen und der Entsorgungsträger im Rahmen der Kreislaufwirtschaft weiter bestimmt werden, wer die Kosten für die Rücknahme, Verwertung und Beseitigung der zurückzunehmenden Erzeugnisse zu tragen hat. 92

Grundsätzlich ist derjenige, der durch den Verordnungsgeber verpflichtet wird, Erzeugnisse nach ihrem Gebrauch zurückzunehmen, auch verpflichtet, die Kosten für diese Rücknahme und die anschließende Verwertung oder Beseitigung zu übernehmen. Das gilt jedenfalls dann, wenn der Verordnungsgeber keine ergänzende Regelung zur Kostenverteilung bei der Rücknahmepflicht trifft. In einem solchen Fall wird der Verordnungsgeber aber zumindest die Art und Weise der Rücknahme und den Rücknahmeort bestimmen müssen, um den genauen Umfang der Rücknahmepflicht und auch um feststellen zu können, für welche Kosten der Rücknahmepflichtige in diesem Zusammenhang einstehen muss. 93

Art. 8a Abs. 1 AbfRRL verlangt, dass wenn gem. Art. 8 Abs. 1 AbfRRL sowie nach anderen Gesetzgebungsakten der Union Regime der erweiterten Herstellerverantwortung eingerichtet werden, die Mitgliedstaaten dafür sorgen, dass die Rollen und Verantwortlichkeiten aller einschlägigen beteiligten Akteure, einschließlich Hersteller von Erzeugnissen, die Produkte in dem Mitgliedstaat in Verkehr bringen, Organisationen, die für diese Hersteller eine erweiterte Herstellerverantwortung wahrnehmen, private und öffentliche Abfallbewirtschaftungseinrichtungen, örtliche Behörden und gegebenenfalls Einrichtungen für die Wiederverwendung und für die Vorbereitung zur Wiederverwendung sowie gemeinnützige Unternehmen konkret bestimmt werden. 94

Ohne ausdrückliche Regelung dazu hat der Rücknahmepflichtige die Kosten für die Annahme der Abfälle sowie für deren Entsorgung zu tragen. Im Übrigen ermächtigt § 25 Abs. 2 Nr. 1 nur zur Regelung der Kosten der Rücknahme, nicht jedoch zur Bestimmung der Kosten der Rückgabe. Soweit etwa der Rücknahmeort in der Verordnung an der Abgabestelle definiert wird, müssen die Kosten, die für eine Rückgabe an die Abgabestelle anfallen, von demjenigen getragen werden, der den Abfall an diesem Rückgabeort zurückgibt oder zurückgeben muss. Das betrifft insbesondere die Beförderungskosten, soweit solche anfallen, kann aber weitere Kosten betreffen, die anfallen können, wenn der Verordnungsgeber weitere Vorgaben an die Art und Weise der Rückgabe richtet (z. B. mit Blick auf eine Getrennthaltung einzelner Bestandteile eines Erzeugnisses). 95

Der Verordnungsgeber kann die Kosten für die Rücknahme, Verwertung und Beseitigung der zurückzunehmenden Erzeugnisse nicht nur den Herstellern oder Vertreibern, sondern auch ganz oder teilweise den Abfallbesitzern und -erzeugern sowie den öffentlich-rechtlichen Entsorgungsträgern auferlegen. 96

97 Eine Kostentragungspflicht des Abfallbesitzers würde wohl regelmäßig dessen Bereitschaft, die Abfälle zurückzugeben, verringern. Dies gilt jedenfalls solange, wie eine alternative Entsorgungsmöglichkeit kostengünstiger ist. Deshalb ist eine Kostentragungspflicht für den Abfallbesitzer bei kostengünstigeren Entsorgungsalternativen allenfalls dann sinnvoll, wenn dieser auch nach § 25 Abs. 2 Nr. 2 zur Rückgabe verpflichtet ist.

98 Eine Kostenzurechnung für die Abfallbesitzer anstelle einer Kostentragung durch Hersteller und Vertreiber verringert die Produktverantwortung der Hersteller und Vertreiber. Gleichwohl kann auch eine Kostentragungspflicht für die Abfallbesitzer gerechtfertigt, weil verursachergerecht sein. Dies gilt z. B. besonders dann, wenn Betreiber genehmigungspflichtiger Anlagen nach der Stilllegung ihrer Anlage Anlagenteile an einen rücknahmepflichtigen Hersteller oder Vertreiber zurückgeben, weil sie für die betriebliche Nachsorge der von ihnen stillgelegten Anlage eine Verursacherverantwortung trifft.

99 Soweit Hersteller und Vertreiber die Kosten übernehmen, werden diese versuchen, diese Kosten über die Produktpreise auf den Verbraucher abzuwälzen. Gerade bei langlebigen Erzeugnissen ist allerdings eine Prognose auf die später anfallenden Entsorgungskosten schwierig. Ähnliches geschieht bei der Kostentragung durch ein Rücknahmesystem, soweit die Beteiligten an dem System die Kosten durch Lizenzentgelte, Beiträge oder andere Geldzahlungen übernehmen und sie dann ihrerseits wiederum in die Produktpreise einkalkulieren.

II. Festlegung der Kosten (Abs. 2 Nr. 2)

100 In einer Rechtsverordnung nach § 25 Abs. 1 kann zur Festlegung von Anforderungen nach § 23 sowie zur ergänzenden Festlegung von Pflichten der Erzeuger und Besitzer von Abfällen und der Entsorgungsträger im Rahmen der Kreislaufwirtschaft weiter bestimmt werden, wie die Kosten festgelegt werden, insbesondere, dass bei der Festlegung der Kosten der Lebenszyklus der Erzeugnisse zu berücksichtigen ist.

101 Die im Jahre 2020 eingefügte Nr. 2 des § 25 Abs. 2 knüpft an die ebenfalls zu diesem Zeitpunkt neu eingefügte Grundpflicht der Produktverantwortung in § 23 Abs. 2 Nr. 7 und 8 an. Mit der Umsetzung in eine Verordnungsermächtigung soll die Vorschrift durch den Verordnungsgeber materiell-rechtlich durchsetzbar werden.

102 Nach Art. 8a Abs. 4a) AbfRRL haben die Mitgliedstaaten die erforderlichen Maßnahmen zu treffen, um sicherzustellen, dass die von den Herstellern von Erzeugnissen geleisteten finanziellen Beiträge zur Einhaltung ihrer Verpflichtungen im Rahmen der erweiterten Herstellerverantwortung bestimmte Kosten für die vom Hersteller in dem jeweiligen Mitgliedstaat in Verkehr gebrachten Produkte decken. Dazu gehören Kosten der getrennten Sammlung von Abfällen und des anschließenden Transports sowie der Behandlung der Abfälle, einschließlich derjenigen Behandlung, die erforderlich ist, um die Abfallbewirtschaftungsziele der Union zu erreichen, sowie Kosten, die mit der Verwirklichung der anderen Vorgaben und Zielsetzungen gem. Art. 8a Abs. 1b) AbfRRL verbunden sind, wobei die Einnahmen aus der Wiederverwendung, dem Verkauf von aus ihren Produkten gewonnenen Sekundärrohstoffen und nicht ausgezahlten Pfandgebühren zu berücksichtigen sind. Hinzu gerechnet werden müssen außerdem Kosten der Bereitstellung geeigneter Informationen für die Abfallbesitzer gemäß Art. 8a Abs. 2 AbfRRL und Kosten der Erhebung und Übermittlung von Daten gemäß Art. 8a Abs. 1c AbfRRL.

103 Diese Kostenzurechnungsregelungen der AbfRRL sollen jedoch nicht gelten für Regime der erweiterten Herstellerverantwortung, die nach den Richtlinien 2000/53/EG (Altfahrzeug-Richtlinie), 2006/66/EG (Batterie-Richtlinie) oder 2012/19/EU (Elektro- und Elektronik-Altgeräte-Richtlinie) eingerichtet wurden.

III. Nachweispflicht (Abs. 2 Nr. 3)

Nach § 25 Abs. 2 Nr. 3 kann der Verordnungsgeber auch anordnen, dass derjenige, der die Kosten zu tragen hat, einen Nachweis darüber zu erbringen hat, dass er über die erforderlichen finanziellen oder finanziellen und organisatorischen Mittel verfügt, um den Verpflichtungen im Rahmen der Produktverantwortung nachzukommen, insbesondere durch Leisten einer Sicherheit oder durch die Bildung betrieblicher Rücklagen. **104**

Die ebenfalls durch die Gesetzesnovelle 2020 eingefügte Ermächtigung knüpft an die zeitgleich in das KrWG aufgenommene Grundpflicht der Produktverantwortung in § 23 Abs. 2 Nr. 7 und 8 an, mit der Art. 8 Unterabs. 1 sowie Art. 8a Abs. 3c) AbfRRL umgesetzt wird. Mit der Umsetzung in eine Verordnungsermächtigung soll ausweislich der Gesetzesbegründung (BT-Drs. 19/19373, S. 64) die Grundpflicht in künftigen Verordnungen materiell rechtlich durchsetzbar sein. Die Ermächtigung ermöglicht die Festlegung von Anforderungen im Hinblick auf den Nachweis der erforderlichen finanziellen und organisatorischen Mittel. Damit soll – so die Gesetzesbegründung – die Finanzierung der Rücknahme und späteren Entsorgung von Erzeugnissen, beispielsweise durch das Stellen einer „insolvenzsicheren Garantie", sichergestellt werden. **105**

Der Gesetzgeber geht davon aus, dass der Nachweis über die erforderlichen finanziellen Mittel durch die Stellung einer Sicherheitsleistung oder durch die Bildung betrieblicher Rücklagen erbracht werden kann. Als mögliche Nachweise über die geforderte finanzielle Leistungsfähigkeit werden Sicherheiten und bilanzielle Rücklagen lediglich beispielhaft („insbesondere") aufgeführt. Danach ist es nicht auszuschließen, dass die finanzielle Leistungsfähigkeit auch ohne eine solche Sicherheit bzw. ohne eine spezielle bilanzielle Rücklage auf der Grundlage anderer betrieblicher Kenndaten nachgewiesen werden kann. **106**

Welche Sicherheiten für den Nachweis der finanziellen Leistungsfähigkeit infrage kommen, schreibt der Gesetzgeber für den Erlass einer Rechtsverordnung nach § 25 Abs. 2 Nr. 3 nicht vor. Es dürften deshalb grundsätzlich alle handelsrechtlich üblichen Sicherheiten in Betracht zu ziehen sein. Das BVerwG hat zur Sicherheitsleistung für Abfalldeponien darauf hingewiesen, dass Voraussetzung zur Erreichung des Sicherungszwecks die **Insolvenzfestigkeit** des Sicherungsmittels sei. Die in § 232 Abs. 1 BGB genannten Sicherheiten seien hiervon bestimmt. Die selbstschuldnerische Bürgschaft, dingliche Sicherheiten, die Hinterlegung von Geld sowie die Konzernbürgschaft sind nach der Rechtsprechung insolvenzfeste Sicherungsmittel (*VGH Mannheim* Urt. v. 11.5.2021 – 10 S 709/19, juris Rn. 47; *VGH München* Urt. v. 19.3.2021, juris Rn. 35; *BVerwG* Urt. v. 26.6.2008, BVerwGE 131, 251 Rn. 15 ff. **107**

Der Gesetzgeber schließt aber weitergehend auch einen Nachweis der finanziellen Leistungsfähigkeit durch das **Bilden einer betrieblichen Rücklage** nicht aus. Ganz im Gegenteil wird ein solcher Nachweis vom Gesetzgeber ausdrücklich aufgeführt. Bilanzielle Rücklagen sind genauso wie bilanzielle Rückstellungen nicht insolvenzsicher. Zu bilanziellen **Rückstellungen** führt das BVerwG aus, während bei dinglichen Sicherheiten oder bei einer Hinterlegung von Geld mit dem daraus resultierenden Pfandrecht (§ 233 BGB) der begünstigte Gläubiger im Insolvenzverfahren absonderungsberechtigt und die geleistete Sicherheit somit insolvenzfest sei (§§ 49 ff. InsO), behalte der Schuldner bei Bildung einer betrieblichen Rückstellung den grundsätzlich freien Zugriff auf diese Vermögensmasse. Mit der Bildung einer betrieblichen Rückstellung widme der Schuldner die betreffenden Mittel lediglich dem Sicherungszweck, es bestünden aber keinerlei nach außen wirkende, im Insolvenzverfahren wirksam geschützte Rechte der Behörde an der Rückstellung, sondern lediglich die schuldrechtliche Verpflichtung des **108**

Anlagenbetreibers zur zweckentsprechenden Verwendung der Mittel. Eine Rückstellung führe somit grundsätzlich nicht zu einer in irgendwelcher Weise vorrangigen Befriedigung desjenigen, zu dessen Gunsten sie gebildet sei. Auf diese könne folglich von der Behörde nicht vorrangig zur Befriedigung verauslagter Kosten bzw. zur Durchführung von Stilllegungs- und Nachsorgemaßnahmen zugegriffen werden. Im Regelfall seien diese Mittel bei Insolvenz des Anlagenbetreibers bereits für andere Zwecke verwendet bzw. Drittgläubigern zugeflossen (*BVerwG* Urt. v. 26.6.2008 – 7 C 50/07, juris Rn. 18).

109 Rückstellungen sind nach § 249 Abs. 1 HGB für ungewisse Verbindlichkeiten und für drohende Verluste aus schwebenden Geschäften zu bilden. **Rücklagen** erfüllen eine ähnliche Funktion wie Rückstellungen, sind jedoch nicht dasselbe. Rücklagen zählen zum Eigenkapital eines Betriebs und dienen als finanzielle Reserve eines Unternehmens und auch dazu, das Kapital der Anteilseigner zu schützen. Rücklagen werden aus Gewinnen gebildet. Rücklagen sind aber genauso wie Rückstellungen nicht insolvenzsicher. Indem der Gesetzgeber auch die Bildung von Rücklagen für geeignet erklärt, den Nachweis einer hinreichenden finanziellen Leistungsfähigkeit zu erbringen, kommt es ihm offenbar nicht auf eine Insolvenzfestigkeit des Nachweises an.

110 Fraglich ist, ob der Verordnungsgeber berechtigt ist, die vom Gesetzgeber genannten Formen des Nachweises einer hinreichenden finanziellen Leistungsfähigkeit einzuschränken, etwa Konzernbürgschaften oder bilanzielle Rücklagen oder Rückstellungen auszuschließen und nur alle oder einzelne insolvenzfeste Sicherheiten zur Nachweisführung zuzulassen. Dafür spricht der Sicherungszweck der Verordnungsermächtigung. Sie soll nach der bereits zitierten Gesetzesbegründung dem Verordnungsgeber die Möglichkeit geben, zu bestimmen, dass die Finanzierung der Rücknahme und späteren Entsorgung von Erzeugnissen, beispielsweise durch das Stellen einer „insolvenzsicheren Garantie", sichergestellt werden. Eine Sicherstellung der Finanzierung ist aber nur durch eine insolvenzsichere Sicherheit möglich. Allerdings hält der Gesetzgeber die Stellung einer Sicherheit nicht für zwingend erforderlich. Denn ansonsten hätte er eine solche Verpflichtung im Gesetz selbst geregelt. Stattdessen hat er die Verpflichtung zur Erbringung eines Nachweises einer hinreichenden finanziellen Leistungsfähigkeit in das Ermessen des Verordnungsgebers gestellt und ihm zugleich mit auf dem Weg gegeben, dass für den Nachweis auch eine bilanzielle Rückstellung, d. h. eine nicht insolvenzfeste Sicherheit geeignet ist. Das spricht eher dafür, dass der Verordnungsgeber eine solche Nachweisführung auch nicht ausschließen kann.

111 Der Verordnungsgeber kann die behördliche Verpflichtung eines Herstellers oder Vertreibers, die finanzielle Leistungsfähigkeit nachzuweisen und dazu eine Sicherheit zu leisten, zwingend vorschreiben oder in das Ermessen der Behörde stellen. Das der zuständigen Behörde eingeräumte Ermessen kann sich auf die Höhe der Sicherheitsleistung und auf die Art der Sicherheitsleistung beziehen. Räumt der Verordnungsgeber der zuständigen Behörde Ermessen ein, dann muss dieses Ermessen auch tatsächlich ausgeübt werden. Dabei sind insbesondere der Grundsatz der Gleichbehandlung und der Verhältnismäßigkeitsgrundsatz zu beachten (zur Ermessensausübung bei der Festsetzung einer Sicherheitsleistung nach § 6 Abs. 5 S. 3 VerpackV gegenüber einem Betreiber eines Dualen Systems siehe *VG Stuttgart* Urt. v. 14.12.2017 – 14 K 2847/15, juris Rn. 77; zur Ausübung des Auswahlermessens bei der Festsetzung eines Sicherungsmittels für Abfallentsorgungsanlagen nach § 17 BImSchG siehe *VGH BW* Urt. v. 11.5.2021 – 10 S 709/19, *Beckmann* UPR 2020, 121; siehe auch *OVG NRW* Beschl. v. 4.6.2021 – 20 B 928/20, juris; *VGH München* Beschl. v. 28.8.2020 – 12CS20.1750, juris). Geht man davon aus, dass verschiedene Arten von Sicherheiten geeignet sind, den Nachweis hinreichender finanzieller Leistungsfähigkeit zu erbringen, dann spricht mit dem Blick auf den Verhältnismäßigkeitsgrundsatz viel dafür, dem Nachweispflichtigen die Auswahl des Sicherungsmittels zu treffen.

IV. Eigenkontrolle (Abs. 2 Nr. 4)

§ 25 Abs. 2 Nr. 4 ermächtigt die Bundesregierung durch eine Verordnung zu bestimmen, dass derjenige, der die Kosten zu tragen hat, eine geeignete Eigenkontrolle einzurichten und durchzuführen hat zur Prüfung und Bewertung a) seiner Finanzen, einschließlich der Kostenverteilung, und b) der Qualität der Daten, für die eine Nachweisführung nach § 25 Abs. 1 Nr. 7 verordnet wurde. **112**

§ 25 Abs. 2 Nr. 4 knüpft ebenfalls an die neu eingefügte Grundpflicht der Produktverantwortung in § 23 Abs. 2 Nr. 7 und 8 an. Die Bestimmung schafft eine Rechtsgrundlage für die Festlegung von Anforderungen zur Qualitätssicherung der Finanzen, wie sie für die Wahrnehmung der erweiterten Herstellerverantwortung in Art. 8a Abs. 3d) AbfRRL im Jahr 2020 neu eingefügt wurde. **113**

§ 25 Abs. 2 Nr. 4 steht in untrennbarem Zusammenhang zu § 25 Abs. 2 Nr. 5, der die Möglichkeit einer **behördlichen Überprüfung** der Eigenkontrolle eröffnet. Die Prüfung und Bewertung der Finanzen, der Kostenverteilung und der Qualität der Daten, für die eine Nachweisführung nach § 25 Abs. 1 Nr. 7 verordnet wurde, kann sehr kompliziert sein und einen besonderen, der Aufsichtsbehörde nicht zwingend selbst zur Verfügung stehenden Sachverstand bedürfen. Es ist deshalb sinnvoll, den Produktverantwortlichen zu einer dahingehenden Eigenprüfung zu verpflichten, eine behördliche Überprüfung dieser Eigenprüfung in Aussicht zu stellen und der Behörde die Möglichkeit einzuräumen, sich zu der behördlichen Überwachung externer Sachverständiger zu bedienen. **114**

V. Prüfung der Eigenkontrolle (Abs. 2 Nr. 5)

Nach § 25 Abs. 2 Nr. 5 darf die Bundesregierung in einer Verordnung bestimmen, dass derjenige, der die Kosten zu tragen hat, eine Prüfung der Eigenkontrolle nach § 25 Abs. 2 Nr. 4 durch einen von der zuständigen Behörde bekannt gegebenen Sachverständigen, eine von dieser Behörde bekannt gegebene Stelle oder eine sonstige Person, die über die erforderliche Fach- und Sachkunde verfügt, durchführen zu lassen hat. **115**

Der seit 2020 neue § 25 Abs. 2 Nr. 5 knüpft an die ebenfalls 2020 neu eingefügte Grundpflicht der Produktverantwortung in § 23 Abs. 2 Nr. 7 und 8 an und sieht flankierend in Umsetzung des Artikels 8a Abs. 3d) AbfRRL die Einführung eines Eigenkontrollmechanismus vor. **116**

Mit der gleichlautenden Umsetzung in eine Verordnungsermächtigung wird die Vorschrift in künftigen Verordnungen materiell-rechtlich durchsetzbar. **116a**

VI. Rückgabepflicht (Abs. 2 Nr. 6)

§ 25 Abs. 2 Nr 6 ermächtigt den Verordnungsgeber zu bestimmen, dass die Besitzer von Abfällen diese den nach § 25 Abs. 1 verpflichteten Herstellern, Vertreibern oder nach § 25 Abs. 1 Nr. 2 eingerichteten Rücknahmesystemen zu überlassen haben. **117**

Die Art und Weise der Überlassung, einschließlich der Maßnahmen zum Bereitstellen, Sammeln und Befördern sowie Bringpflichten der unter § 25 Abs. 1 Nr. 1 genannten Besitzer können auf der Grundlage des § 25 Abs. 2 Nr. 6 geregelt werden. Soweit der Gesetzgeber an dieser Stelle von einer Pflicht zur Überlassung spricht, handelt es sich der Sache nach um nichts anderes als um eine Rückgabepflicht im Sinne von § 23 Abs. 2 Nr. 6. **118**

119 Für den Bereich der Rücknahmepflichten können die korrespondierenden Pflichten der Abfallbesitzer damit ganz unterschiedlich geregelt werden. Nach § 17 Abs. 2 Satz 1 Nr. 1 besteht die Überlassungspflicht nicht für Abfälle, die einer Rücknahme- oder Rückgabepflicht aufgrund einer Rechtsverordnung nach § 25 unterliegen. Dies gilt allerdings nur, soweit nicht die öffentlich-rechtlichen Entsorgungsträger aufgrund einer Bestimmung nach § 25 Abs. 2 Nr. 8 an der Rücknahme mitwirken. Im Falle einer solchen Mitwirkung der öffentlich-rechtlichen Entsorgungsträger bleibt es konsequenterweise bei der ihnen gegenüber nach § 17 Abs. 1 bestehenden Überlassungspflicht. Entfällt die Überlassungspflicht angesichts einer Rücknahmepflicht, dann kommt es darauf an, ob dem Abfallbesitzer zugleich eine Rückgabepflicht gegenüber dem Rücknahmepflichtigen auferlegt worden ist. In diesem Fall wechselt die Überlassungspflicht von den öffentlich-rechtlichen Entsorgungsträgern zu dem Rücknahmepflichtigen. Wird eine solche Rückgabepflicht nicht angeordnet, dann hat der Abfallbesitzer grundsätzlich ein **Wahlrecht.** Er kann angesichts einer bestehenden Rücknahmepflicht die Abfälle dem Rücknahmepflichtigen überlassen. Er ist jedoch dazu nicht verpflichtet. Vielmehr kann er grundsätzlich auch – ohne dazu verpflichtet zu sein – die Abfälle dem öffentlich-rechtlichen Entsorgungsträger überlassen (*Dippel* in Schink/Versteyl, KrWG, 2016, § 17 Rn. 36; a. A. *Tünnesen-Harmes,* in: Jarass/Petersen, KrWG, 2014, § 25 Rn. 4, der annimmt, dass sich aus dem Erlass einer Verordnung, die Rücknahmepflichten begründet, gleichzeitig ergibt, dass die entsprechenden Abfälle nicht mehr dem öffentlich-rechtlichen Entsorgungsträger überlassen werden dürfen). Da eine Überlassungspflicht gegenüber den öffentlich-rechtlichen Entsorgungsträgern nicht besteht, kann er auch seine eigene Entsorgungsverantwortung wahrnehmen und die Abfälle andernorts verwerten oder beseitigen lassen. Schließlich besteht für die öffentlich-rechtlichen Entsorgungsträger die Möglichkeit, aufgrund des § 20 Abs. 3 Satz 1 mit Zustimmung der zuständigen Behörde Abfälle von der Entsorgung auszuschließen, soweit diese der Rücknahmepflicht aufgrund einer nach § 25 erlassenen Rechtsverordnung unterliegen und entsprechende Rücknahmeeinrichtungen tatsächlich zur Verfügung stehen. Im Falle eines solchen Ausschlusses aus der öffentlich-rechtlichen Entsorgung verbleibt dem Abfallbesitzer die Möglichkeit, entweder die Abfälle in eigener Verantwortung zu entsorgen oder entsorgen zu lassen oder aber sie dem Rücknahmepflichtigen zu übergeben.

VII. Art und Weise der Überlassung (Abs. 2 Nr. 7)

120 § 25 Abs. 2 Nr. 7 berechtigt zum Erlass einer Verordnung, in der bestimmt wird, auf welche Art und Weise die Abfälle überlassen werden, einschließlich der Maßnahmen zum Bereitstellen, Sammeln und Befördern und des jeweils gebotenen Umfangs sowie der Bringpflichten der in § 25 Abs. 2 Nr. 6 genannten Besitzer von Abfällen.

120a Die zuletzt genannten Bringpflichten machen nicht nur im Fall einer angeordneten Rückgabepflicht Sinn. Vielmehr können solche Bringpflichten auch für den Fall, dass lediglich eine Rücknahmepflicht angenommen wird, sinnvoll sein, weil damit geklärt wird, dass der Rücknahmepflichtige die Abfälle nicht an einem bestimmten Punkt abzuholen hat, sondern dass er lediglich Rücknahmeeinrichtungen bereitstellen muss, an denen die Abfallbesitzer ihre Abfälle abgeben können. Der Abfallbesitzer muss, dann, wenn er von seinem Rückgaberecht Gebrauch machen will, das ausrangierte Erzeugnis an den vorgesehenen Ort der Rücknahmepflicht zurückbringen.

121 Nach § 25 Abs. 2 Nr. 3 a. F. konnte für die Tätigkeiten des Bereitstellens, Sammelns und Beförderns sowie der Bringpflichten der Besitzer von Abfällen auch eine einheitliche Wertstofftonne oder eine **einheitliche Wertstofferfassung** in vergleichbarer Qualität

gesehen werden. Dieser Verweis auf eine einheitliche Wertstofftonnen ist bei der Gesetzesnovelle 2020 gestrichen worden. Auch das zum 01.01.2019 in Kraft getretene Verpackungsgesetz verzichtet auf die ursprünglich vorgesehene Erweiterung der Produktverantwortung auf stoffgleiche Nichtverpackungen. Eine flächendeckende gemeinsame Erfassung von Verpackungsabfällen und stoffgleichen Nichtverpackungen wurde nicht vorgeschrieben. Stattdessen sollen die Gemeinden zusammen mit den dualen Systemen entscheiden können, ob sie auf ihrem Gebiet eine einheitliche Wertstoffsammlung durchführen wollen. Dazu wird die Zusammenarbeit zwischen den Gemeinden und den dualen Systemen durch das VerpackG erleichtert. § 10 Abs. 1 Nr. 3 sieht weiterhin eine Ermächtigungsgrundlage für die Einführung einer Wertstofftonne vor.

VIII. Mitwirkungspflichten der Entsorgungsträger (Abs. 2 Nr. 8)

§ 25 Abs. 2 Nr. 8 ermöglicht dem Verordnungsgeber eine Regelung, mit der bestimmt wird, dass die öffentlich-rechtlichen Entsorgungsträger im Sinne des § 20 durch Erfassung der Abfälle als ihnen übertragene Aufgabe bei der Rücknahme mitzuwirken und die erfassten Abfälle den nach § 25 Abs. 1 Verpflichteten zu überlassen haben. **122**

Die Vorschrift ermöglicht eine Integration der öffentlich-rechtlichen Entsorgungsträger in das ansonsten private Rücknahmesystem. Auch wenn es sich um die Möglichkeit handelt, öffentlich-rechtliche Entsorgungsträger zur Mitwirkung zu verpflichten, ist nicht zu verkennen, dass diese durchaus ein großes Eigeninteresse daran haben können, sich an einem solchen System durch die Erfassung der Abfälle zu beteiligen. **123**

Den Begriff der **Erfassung** verwendet der Gesetzgeber im KrWG ansonsten nicht. Gemeint sind damit die Einsammlung der Abfälle durch Hol- oder Bringsysteme sowie die Beförderung dieser Abfälle zu den Übergabestellen der Rücknahmepflichtigen. Auch eine vorübergehende Lagerung zwischen der Einsammlung und der Überlassung kann dazu gehören. Die Verwertung der zurückgenommenen Erzeugnisse kann den öffentlich-rechtlichen Entsorgungsträger auf der Grundlage des § 20 Abs. 2 Nr. 4 nicht zugeordnet werden. Allerdings können die Kommunen, soweit die kommunalverfassungsrechtlichen Vorschriften dies zulassen, als Dritte nach § 22 tätig werden. **124**

Das Zusammenwirken zwischen öffentlich-rechtlichen Entsorgungsträgern und Rücknahmesystemen kann in den einzelnen Gesetzen zur Produktverantwortung speziell geregelt werden. So sieht z.B. § 22 Abs. 1 S. 1 VerpackG vor, dass die Sammlung nach § 14 Abs. 1 VerpackG auf die vorhandenen Sammelstrukturen der öffentlich-rechtlichen Entsorgungsträger, in deren Gebiet sie eingerichtet wird, abzustimmen ist. Die Abstimmung hat gem. § 22 Abs. 1 S. 2 VerpackG durch schriftliche Vereinbarung der Systeme mit dem jeweils zuständigen öffentlich-rechtlichen Entsorgungsträger zu erfolgen (Abstimmungsvereinbarung). Die Belange des öffentlich-rechtlichen Entsorgungsträgers sind dabei besonders zu berücksichtigen. Rahmenvorgaben sind zwingend zu beachten (§ 22 Abs. 1 S. 3 VerpackG). Ein öffentlich-rechtlicher Entsorgungsträger kann nach § 22 Abs. 4 S. 1 VerpackG im Rahmen der Abstimmung von den Systemen die Mitbenutzung seiner Sammelstruktur, die für die getrennte Erfassung von Papier, Pappe und Karton eingerichtet ist, gegen ein angemessenes Entgelt verlangen. Die Systeme können im Rahmen der Abstimmung von einem öffentlich-rechtlichen Entsorgungsträger nach § 24 Abs. 4 S. 2 VerpackG umgekehrt verlangen, ihnen die Mitbenutzung dieser Sammelstruktur gegen ein angemessenes Entgelt zu gestatten. **125**

Nach § 13 Abs. 1 S. 1 ElektroG richten die öffentlich-rechtlichen Entsorgungsträger im Rahmen ihrer Pflichten nach § 20 Sammelstellen ein, an denen Altgeräte aus privaten Haushalten ihres Gebietes angeliefert werden können (Bringsystem). Die öffentlich- **126** rechtlichen Entsorgungsträger stellen nach § 14 Abs. 1 S. 1 ElektroG die von den Herstellern abzuholenden Altgeräte an von ihnen eingerichteten Übergabestellen in geeigneten Behältnissen unentgeltlich bereit.

127 Nach § 13 Abs. 1 S. 1 BattG sind die öffentlich-rechtlichen Entsorgungsträger verpflichtet, Geräte-Altbatterien, die gemäß § 10 Abs. 1 Satz 2 ElektroG durch den Endnutzer vom Elektro- oder Elektronikgerät zu trennen sind, unentgeltlich zurückzunehmen. Diese Geräte-Altbatterien sind gem. § 13 Abs. 1 S. 2 BattG einem Rücknahmesystem nach § 7 Abs. 1 S. 1 BattG zu überlassen. Das gilt auch, sofern sich öffentlich-rechtliche Entsorgungsträger freiwillig an der Rücknahme sonstiger Geräte-Altbatterien beteiligen (§ 13 Abs. 1 S. 3 BattG).

IX. Form, Inhalt und Verfahren der Bevollmächtigung (Abs. 2 Nr. 9)

128 Nach § 25 Abs. 2 Nr. 9 kann der Verordnungsgeber bestimmen, welche Form, welchen Inhalt und welches Verfahren die Bestellung eines Bevollmächtigten nach § 25 Abs. 1 Nr. 5 oder eines freiwillig Bevollmächtigten einzuhalten hat.

129 § 25 Abs. 2 Nr. 9 knüpft an § 25 Abs. 1 Nr. 5 an. Insbesondere können auf dieser Grundlage die erforderlichen Regelungen zu dem Beginn und der Beendigung der Bestellung eines Bevollmächtigten sowie zu dem behördlichen Verfahren – auch soweit auf freiwilliger Grundlage ein Bevollmächtigter bestellt werden soll – geregelt werden.

130 Es bietet sich an, dass der Verordnungsgeber für die Bevollmächtigung die **Schriftform** und die Verwendung der **deutschen Sprache** verlangt (siehe § 8 Abs. 1 S. 3 ElektroG). Auch bestimmte Angaben, z. B. Beginn und Ende der Bevollmächtigung, Anzeigepflichten in diesem Zusammenhang, Vorlage einer Einverständniserklärung des Bevollmächtigten oder eines entsprechenden Vertrags, konkreter Umfang der Bevollmächtigung, kann der Verordnungsgeber regeln.

131 Entscheiden kann der Verordnungsgeber auch, ob mehrere oder nur ein Bevollmächtigter bestellt werden darf. Nach § 8 Abs. 1 S. 2 ElektroG darf z. B. jeder Hersteller nur einen Bevollmächtigten beauftragen. Das soll einer eindeutigen Pflichtenzuweisung dienen, da der Bevollmächtigte nach § 3 Nr. 10 ElektroG die Aufgabe zur Erfüllung der Herstellerpflichten in eigenem Namen wahrnehmen soll (*Hilf/Schleifenbaum* in Giesberts/Hilf, Elektro- und Elektronikgerätegesetz, 2018, § 8 Rn. 18). Würde der Verordnungsgeber die Bevollmächtigung nicht auf eine Person beschränken, müsste in der Tat festgelegt werden, welcher Bevollmächtigte konkret welche Pflichten der Produktverantwortung zu erfüllen hat. Der Verordnungsgeber kann vorsehen, dass die beauftragte Person Bevollmächtigter verschiedener Hersteller sein darf.

X. Anforderungen an die Verwertung (Abs. 2 Nr. 10)

132 Gem. § 25 Abs. 2 Nr. 10 kann der Verordnungsgeber bestimmen, welche Anforderungen an die Verwertung eingehalten werden müssen, insbesondere durch Festlegen abfallwirtschaftlicher Ziele.

133 § 25 Abs. 2 Nr. 10 dient der Umsetzung von Art. 8a Abs. 1b) AbfRRL und ermächtigt den Verordnungsgeber zur Festlegung von Anforderungen zur Verwertung, insbesondere zur Festlegung messbarer quantitativer und qualitativer abfallwirtschaftlicher Ziele. Diese abfallwirtschaftlichen Ziele können abstrakt formuliert werden. So bestimmt der Gesetzgeber in § 1 ElektroG als abfallwirtschaftliche Ziele lediglich Folgendes fest: Das ElektroG legt Anforderungen an die Produktverantwortung nach § 23 KrWG für Elektro- und Elektronikgeräte fest. Es bezweckt vorrangig die Vermeidung von Abfällen von Elektro- und Elektronikgeräten und darüber hinaus die Vorbereitung zur Wiederverwendung, das Recycling und andere Formen der Verwertung solcher Abfälle, um die zu beseitigende Abfallmenge zu reduzieren und dadurch die Effizienz der Ressourcennutzung zu verbessern. Um diese abfallwirtschaftlichen Ziele zu erreichen, soll das Gesetz das Marktverhalten der Verpflichteten regeln. Allerdings können diese abstrakten Ziele durch den Verordnungsgeber wiederum konkretisiert werden (vgl. § 11 ElektroG). Konkreter regelt § 14 BattG z.B., dass alle gesammelten und identifizierbaren Altbatterien nach dem Stand der Technik zu behandeln und stofflich zu verwerten sind, wobei die Behandlung mindestens die Entfernung aller Flüssigkeiten und Säuren umfassen und bestimmte, im Einzelnen aufgelistete Recyclingeffizienzen zu erreichen sind. Ähnlich kann der Verordnungsgeber auch auf der Grundlage des § 25 Abs. 2 Nr. 10 konkrete Ziele und Anforderungen an die Verwertung und Beseitigung richten.

XI. Erhebung und Veröffentlichung von Daten (Abs. 2 Nr. 11)

§ 25 Abs. 2 Nr. 11 berechtigt den Verordnungsgeber zum Erlass einer Bestimmung, **134** dass Daten über die Einhaltung der abfallwirtschaftlichen Ziele nach § 25 Abs. 2 Nr. 10 sowie weitere Daten über die Organisation und Struktur der Rücknahmesysteme zu erheben und in geeigneter Weise zu veröffentlichen sind.

Die seit 2020 neue Ermächtigung dient der Umsetzung von Art. 8a Abs. 1c) **135** AbfRRL. Dieser bestimmt, dass die Mitgliedstaaten dafür zu sorgen haben, dass ein Berichterstattungssystem zur Erhebung von Daten eingerichtet wird, mittels dessen die nach § 25 Abs. 2 Nr. 10 gegebenenfalls vorgegebenen Ziele erhoben werden können.

§ 26 Freiwillige Rücknahme

(1) **Das Bundesministerium für Umwelt, Naturschutz, und nukleare Sicherheit wird ermächtigt, nach Anhörung der beteiligten Kreise (§ 68) durch Rechtsverordnung ohne Zustimmung des Bundesrates Ziele für die freiwillige Rücknahme von Erzeugnissen und den nach Gebrauch der Erzeugnisse entstandenen Abfällen festzulegen, die innerhalb einer angemessenen Frist zu erreichen sind.**

(2) **Hersteller und Vertreiber, die Erzeugnisse und die nach Gebrauch der Erzeugnisse entstandenen Abfälle in eigenen Anlagen oder Einrichtungen oder in Anlagen oder Einrichtungen der von ihnen beauftragten Dritten freiwillig zurücknehmen, haben dies der zuständigen Behörde vor Beginn der Rücknahme anzuzeigen, soweit die Rücknahme gefährliche Abfälle umfasst.**

(3) **Die im Sinne von Absatz 2 zuständige Behörde stellt auf Antrag des Herstellers oder Vertreibers fest, dass die angezeigte Rücknahme von Abfällen in Wahrnehmung der Produktverantwortung nach § 23 erfolgt, wenn**

1. **die Abfälle, die vom Hersteller oder Vertreiber zurückgenommen werden, von Erzeugnissen stammen, die vom Hersteller oder Vertreiber selbst hergestellt oder vertrieben wurden,**
2. **durch die freiwillige Rücknahme die Ziele der Produktverantwortung nach § 23 umgesetzt werden,**
3. **die umweltverträgliche Verwertung oder Beseitigung der Abfälle gewährleistet bleibt und**
4. **durch die Rücknahme die Kreislaufwirtschaft gefördert wird.**

Eine Förderung der Kreislaufwirtschaft ist anzunehmen, wenn die geplante Rücknahme und Verwertung der Abfälle insgesamt mindestens so hochwertig erfolgen wie die Rücknahme und Verwertung, die von dem zuständigen öffentlich-rechtlichen Entsorgungsträger, den von ihm beauftragten Dritten oder einer gemeinnützigen oder gewerblichen Sammlung im Entsorgungsgebiet angeboten wird. § 26a Absatz 3 gilt entsprechend.

(4) **Auf Antrag des Herstellers oder Vertreibers wird die Feststellung der Wahrnehmung der Produktverantwortung auch auf nicht gefährliche Abfälle von Erzeugnissen erstreckt, die nicht von dem Hersteller oder Vertreiber selbst hergestellt oder vertrieben wurden, wenn**

1. **die Voraussetzungen des Absatzes 3 Satz 1 Nummer 2 bis 4 erfüllt sind,**
2. **die Erzeugnisse derselben Gattung oder Produktart angehören wie die vom Hersteller oder Vertreiber selbst hergestellten oder vertriebenen Erzeugnisse,**
3. **die Rücknahme in einem engen Zusammenhang mit der wirtschaftlichen Tätigkeit des Herstellers oder Vertreibers steht,**
4. **die Menge der zurückgenommenen Abfälle in einem angemessenen Verhältnis zur Menge der vom Hersteller oder Vertreiber hergestellten und vertriebenen Erzeugnisse steht und**
5. **sichergestellt ist, dass die Rücknahme und die Verwertung mindestens für einen Zeitraum von drei Jahren durchgeführt werden. Die Freistellung nach Absatz 3 gilt für die Bundesrepublik Deutschland, soweit keine beschränkte Geltung beantragt oder angeordnet wird. Die für die Freistellung zuständige Behörde übersendet je eine Kopie des Freistellungsbescheides an die zuständigen Behörden der Länder, in denen die Abfälle zurückgenommen werden.**

Schrifttum: Siehe Schrifttumsverzeichnis zu § 23; *Oexle/Lammers,* Zur Reichweite von Rücknahmesystemen im Rahmen freiwilliger Produktverantwortung, AbfallR 2019, 223; *Oexle/Lammers,* Freiwillige Produktverantwortung: Zur Rücknahme von Altkleidung durch den Einzelhandel, NVwZ 2015, 1490; *Petersen/Friedrich,* Die Novellierung des Kreislaufwirtschaftsgesetzes 2020, NVwZ 2021, 1; *Wenzel,* Zur freiwilligen Rücknahme im Rahmen der abfallrechtlichen Produktverantwortung, AbfallR 2015, 187.

Übersicht

A. Allgemeines

1 Gegenstand des § 26 ist die freiwillige Rücknahme von Abfällen durch Hersteller und Vertreiber, um diesen Gelegenheit zu geben, Ziele der Produktverantwortung unabhängig von einer öffentlich-rechtlichen Verpflichtung umzusetzen. Für die private Entsorgungswirtschaft eröffnen sich damit neben den Möglichkeiten einer gewerblichen Sammlung im Sinne von § 17 Abs. 1 S. 1 Nr. 4 weitere Chancen zur Entsorgung von Abfällen außerhalb des öffentlich-rechtlichen Entsorgungsregimes (*Flanderka* in Jahn/Deifuß-Kruse/Brandt, KrWG, 2014, § 26 Rn. 1).

2 Freiwillige Rücknahmen schaffen Raum für private Entsorgungsverantwortung. Das dient dem Verursacherprinzip, aber auch dem Kooperationsprinzip, weil der Gesetzgeber insoweit nicht auf das Ordnungsrecht, auf Zwang, sondern auf Freiwilligkeit und private Initiative setzt. § 26 bietet Chancen einer häufig geforderten, kaum jedoch tatsächlich auch umgesetzten Deregulierung im Umweltrecht (*Mann* in Versteyl/Mann/Schomerus, KrWG, 2019, § 26 Rn. 1). Umweltpolitische Instrumente, die auf Freiwilligkeit setzen, funktionieren allerdings nur dann, wenn sie keine überzogenen Anforderungen an die private Initiative stellen (*Oexle/Lammers* NVwZ 2015, 1490, 1495). Bei der Feststellung nach § 26 Abs. 4 für die Wahrnehmung von Produktverantwortung für nicht gefährliche Abfälle von Erzeugnissen, die nicht von dem Hersteller oder Vertreiber selbst hergestellt oder vertrieben wurden, sind die gesetzlichen Voraussetzungen durchaus geeignet, die Möglichkeiten freiwilliger Produktverantwortung erheblich einzuschränken.

3 § 26 beruht mit einigen, nicht unwesentlichen Änderungen auf der Vorgängervorschrift des § 25 KrW-/AbfG. Die Vorschrift ist außerdem im Rahmen der **Gesetzesnovelle 2020** erneut wesentlich geändert und durch § 26a ergänzt worden. Mit den Änderungen und Ergänzungen der Gesetzesnovelle 2020 sollte insbesondere der Sorge öffentlich-rechtlicher Entsorgungsträger Rechnung getragen werden, dass ihnen durch freiwillige Rücknahmen über die engeren Grenzen des § 17 Abs. 2 S. 1 Nr. 3, Abs. 3 hinaus „lukrative" Abfälle entzogen werden könnten (siehe dazu *Petersen/Friedrich* NVwZ

2021, 1, 9). Die Berechtigung dieser Sorge ist allerdings zweifelhaft. Einen subjektivrechtlichen Anspruch auf Überlassung bestimmter Abfallmengen bzw. auf Gewinnchancen durch die Entsorgung lukrativer Abfälle haben öffentlich-rechtliche Entsorgungsträger nicht (zur Rechtsstellung öffentlich-rechtlicher Entsorgungsträger siehe *Beckmann* AbfallR 2021, 126).

Anders als gewerbliche Sammlungen, die nach § 18 Abs. 1 lediglich angezeigt werden 4
müssen, setzt die Ausnahme von der Überlassungspflicht für freiwillige Rücknahmen mit der zu beantragenden Feststellung der zuständigen Behörde der Sache nach eine Erlaubnis voraus. Allerdings gilt der Feststellungsbescheid genauso wie der Freistellungsbescheid nach § 26a Abs. 1, Abs. 2 gemäß § 26a Abs. 3 S. 1 grundsätzlich für das gesamte Gebiet der Bundesrepublik Deutschland, während gewerbliche Sammlungen im Gebiet jedes einzelnen Betroffenen öffentlich-rechtlichen Entsorgungsträgers anzuzeigen sind (siehe dazu *Oexle/Lammers* AbfallR 2019, 223; *Oexle/Lammers* NVwZ 2015, 1490, 1491). Unterschiedlich waren in der Vergangenheit auch die materiellen-rechtlichen Voraussetzungen für eine gewerbliche Sammlung und für eine freiwillige Rücknahme. Auf die Frage, ob die freiwillige Rücknahme Belange der betroffenen öffentlich-rechtlichen Entsorgungsträger beeinträchtigt, kam es für die Zulässigkeit einer freiwilligen Rücknahme nicht an (*Oexle/Lammers* AbfallR 2019, 223).

Die freiwillige Rücknahme zur Wahrnehmung von Produktverantwortung spielte in 5
der Vergangenheit gleichwohl keine bedeutende Rolle (*Ellinghaus* in Schmehl/Klement, KrWG, 2019, § 26 Rn. 1). Erst nachdem von der Rechtsprechung geklärt worden war, dass Hersteller und Vertreiber nicht nur Abfälle von eigenen, sondern auch von fremden Erzeugnissen zurücknehmen dürfen (*VGH Mannheim* Urt. v. 14.5.2019 – 10 S 1990/18, BeckRS 2019, 11319; *Oexle/Lammers* AbfallR 2019, 223), stieg die Bereitschaft zur freiwilligen Rücknahme (*Petersen/Friedrich* NVwZ 2021, 1, 9). Dies gilt jedenfalls für Abfälle mit einem positiven Marktwert, wie z. B. Alttextilien. Bemängelt wurde dazu von kommunaler Seite, im Wege der freiwilligen Rücknahme würden den Kommunen gut recycelbare, werthaltige Abfälle, wie etwa Textilien, entzogen; sie blieben hingegen auf den lediglich schwer verwertbaren Restabfällen hängen. Der Gesetzgeber hat dieser Kritik im Rahmen der Gesetzesnovelle 2020 Rechnung getragen. Grundsätzlich hat der Gesetzgeber die Rechtsprechung zwar bestätigt, wonach auch die Abfälle von fremden Erzeugnissen zurückgenommen werden dürfen. Dafür bedarf es jedoch eines gesonderten Antrags, dem nur unter bestimmten zusätzlichen Voraussetzungen durch eine entsprechende Feststellung stattgegeben werden kann (siehe dazu ausführlicher *Petersen/Friedrich* NVwZ 2021, 1, 9). Die Voraussetzungen sind so weit und auch unbestimmt formuliert, dass Zweifel berechtigt sind, ob angesichts dieser in § 26 Abs. 4 geregelten Restriktionen freiwillige Rücknahmen fremder Erzeugnisse noch die notwendigen Feststellungen erhalten (siehe z. B. die berechtigte Kritik an einem Hochwertigkeitsgebot in diesem Zusammenhang von *Oexle/Lammers* AbfallR 2019, 223, 226).

Freiwillig ist eine Rücknahme nur dann, wenn sie nicht der Erfüllung einer Ver- 6
pflichtung zur Rücknahme dient (*Konzak* in Beck OK Umweltrecht, Stand: 1.4.2019, § 26 KrWG Rn. 1). Entscheidend ist insoweit, ob Hersteller oder Vertreiber berechtigt sind, von einer Rücknahme der Abfälle abzusehen. Umstritten ist, ob von einer freiwilligen Rücknahme nur dann gesprochen werden kann, wenn weder eine öffentlich-rechtliche noch eine zivilrechtliche Verpflichtung zur Rücknahme besteht. Zutreffend dürfte nur auf eine öffentlich-rechtliche Verpflichtung abzustellen sein (*Flanderka* in Jahn/Deifuß-Kruse/Brandt, KrWG, 2014, § 26 Rn. 2; *Mann* in Versteyl/Mann/Schomerus, KrWG, 2019, § 26 Rn. 6). Eine zivilrechtliche Verpflichtung zur Rücknahme steht der Freiwilligkeit nicht entgegen. Freiwillige Rücknahmesysteme setzen regelmäßig zivilrechtliche Vereinbarungen voraus, mit der sich die Hersteller und Ver-

treiber gegenseitig zu einer bestimmten Mitwirkung an der freiwilligen Rücknahme verpflichten. Gehen die Hersteller und Vertreiber eine solche Verpflichtung freiwillig ein, indem sie etwa einem **Branchenabkommen** beitreten, dann handelt es sich gleichwohl um ein System der freiwilligen Rücknahme (*Flanderka* in Jahn/Deifuß-Kruse/Brandt, KrWG, 2014, § 26 Rn. 2; Mann in Versteyl/Mann/Schomerus, KrWG, 2019, § 26 Rn. 6).

7 Eine freiwillige Rücknahme von Abfällen kann sinnvoll sein, wenn die Verwertung der zurückgenommenen Abfälle wirtschaftlich attraktiv ist, weil sich für die zurückgenommenen Abfälle Erlöse erzielen lassen. Das trifft z. B. für Altpapier, Altglas, Altmetalle und Alttextilien zu. Regelmäßig dürfte allerdings eine freiwillige Rücknahme staatlich veranlasst sein. Insbesondere die Inaussichtstellung einer verpflichtenden Rücknahmeverordnung kann die beteiligten Wirtschaftskreise motivieren, zur Vermeidung einer solchen Verordnung ein freiwilliges Rücknahmesystem zu installieren. Eine solche staatliche Veranlassung des Rücknahmesystems ändert aber ebenfalls nichts daran, dass die Rücknahme freiwillig bleibt. Denn die beteiligten Hersteller und Vertreiber könnten von einem freiwilligen Rücknahmesystem Abstand nehmen, wenn auch unter Inkaufnahme des Risikos einer entsprechenden Rechtsverordnung.

8 Freiwillige Rücknahmen sind von **gewerblichen Sammlungen** zu unterscheiden. Damit eine „freiwillige Rücknahme" nicht in eine „gewerbliche Sammlung" umschlägt, müssen bestimmte Voraussetzungen eingehalten werden (*VGH Mannheim* Urt. v. 14.5.2019 – 10 S 1990/18, juris Rn. 35 ff.). Aus § 17 Abs. 2 Satz 1 ergibt sich, dass die freiwillige Rücknahme (Nr. 2) gegenüber der gewerblichen Sammlung (Nr. 4) ein aliud ist. Die Gesetzesbegründung erläutert dazu, bei § 17 Abs. 2 Satz 1 Nr. 2 handele es sich um eine eigenständige spezielle Regelung zur Förderung der Produktverantwortung, so dass in diesem Zusammenhang die Ausnahme für gewerbliche Sammlungen nach § 17 Abs. 2 Satz 1 Nr. 4 nicht anwendbar sei (BT-Drs. 17/6052, S. 91). Für die Gesetzesanwendung folgt daraus, dass § 17 Abs. 2 Satz 1 Nr. 4 nicht anwendbar ist, wenn eine Rücknahme von Abfällen den Privilegierungstatbestand des § 17 Abs. 2 Satz 1 Nr. 2 erfüllt. Die gesetzeskonforme Rücknahme von Abfällen durch den Einzelhandel ist im Rechtssinne keine gewerbliche Sammlung (*Oexle/Lammers* NVwZ 2015, 1490, 1491).

9 § 26 ist im Rahmen der **Gesetzesnovelle 2020** weitgehend neugefasst und durch § 26a ergänzt worden, einer Vorschrift, mit der das Verfahren der Freistellung von Nachweis- und Erlaubnispflichten bei der **Rücknahme von gefährlichen Abfällen** geregelt wird. Die Änderungen der Gesetzesnovelle 2020 dienen ausweislich der Gesetzesbegründung (BT-Drs. 19/19373, S. 65) einer ökologischen Fortentwicklung des Instruments der freiwilligen Rücknahme und der Klarstellung gesetzlicher Anforderungen, um für die Betroffenen eine höhere Rechtssicherheit zu schaffen. Der Wirtschaft soll eine verlässliche Leitlinie gegeben werden, damit sie ihre Produktverantwortung, insbesondere ihre Verantwortung für die Gestaltung, Herstellung und den Vertrieb abfallarmer Produkte, besser umsetzen kann.

10 Der Gesetzgeber betont nach wie vor den hohen umweltpolitischen Stellenwert einer freiwilligen Rücknahme und privilegiert diese eigeninitiative Form der Verantwortungsübernahme, wenn sie in Wahrnehmung der Produktverantwortung erfolgt und die Kreislaufwirtschaft fördert. So soll die zuständige Behörde nach § 26a Abs. 1 S. 1 bei der freiwilligen **Rücknahme gefährlicher Abfälle** auf Antrag von den Pflichten zur Nachweisführung freistellen. **Nicht gefährliche Abfälle** sind nach einer behördlichen Freistellung oder Feststellung gem. § 17 Abs. 2 S. 1 Nr. 2 von der kommunalen Überlassungspflicht ausgenommen. Allerdings werden freiwillige Rücknahmen insbesondere für fremde Erzeugnisse durch die Gesetzesnovelle 2020 trotz des Bekenntnisses zur umweltpolitischen Bedeutung solcher Rücknahmen erheblich erschwert, um wirtschaftliche Interessen der Kommunen zu befördern.

Die der freiwilligen Rücknahme vom Gesetzgeber eingeräumten **Privilegierungen** **11** müssen im konkreten Fall gerechtfertigt sein. Dazu gestaltet der Gesetzgeber die gesetzlichen Voraussetzungen einer freiwilligen Rücknahme weiter aus, um den Betroffenen eine höhere Rechts- und Vollzugssicherheit zu geben (Gesetzesbegründung, BT-Drs. 19/19373, S. 66). Die Neuregelung des Jahres 2020 berücksichtigt dazu ergangene Rechtsprechung (*VGH Mannheim* Urt. v. 14.5.2019, GewArch 2019, 322; *VG Würzburg* Urt. v. 10.2.2015 – W 4 K 13.1015, juris; *VG Stuttgart* Urt. v. 28.6.2018 – 14 K 2931/17, BeckRS 2018, 22009; *VG Hamburg* Urt v. 19.9.2018 – 13 K 3752/15, BeckRS 2018, 54618), lässt dementsprechend auch die freiwillige Rücknahme von nicht gefährlichen Abfällen, die nicht von eigenen Erzeugnissen stammen, weiterhin zu, stellt daran jedoch zusätzliche Anforderungen (§ 26 Abs. 4).

§ 26 Abs. 1 entspricht der bis 2020 geltenden Vorgängerregelung und enthält die Er- **12** mächtigung des zuständigen Ministeriums, nach Anhörung der beteiligten Kreise (§ 68) durch Rechtsverordnung ohne Zustimmung des Bundesrates Ziele für die freiwillige Rücknahme von Abfällen festzulegen, die innerhalb einer angemessenen Frist zu erreichen sind. § 26 Abs. 2 entspricht der bis 2020 geltenden Regelung und regelt eine **Anzeigepflicht** für Hersteller und Vertreiber, die Erzeugnisse und die nach Gebrauch der Erzeugnisse verbleibenden Abfälle in eigenen Anlagen oder Einrichtungen oder in Anlagen oder Einrichtungen der von ihnen beauftragten Dritten freiwillig zurücknehmen. § 26 Abs. 3 regelt die auf Antrag des Herstellers oder Vertreibers von der Behörde zu treffende Feststellung, dass eine angezeigte Rücknahme von Abfällen in Wahrnehmung der Produktverantwortung nach § 23 erfolgt. Diese Feststellung ist wegen der gegenüber öffentlich-rechtlichen Entsorgungsträgern grundsätzlich bestehenden Überlassungspflicht wichtig, da die von der Feststellung erfassten Abfälle nach § 17 Abs. 2 S. 1 Nr. 2 von der dieser Überlassungspflicht ausgenommen sind. § 26 Abs. 4 enthält zusätzliche Voraussetzungen für die Feststellung der Wahrnehmung der Produktverantwortung für nicht gefährliche Abfälle von Erzeugnissen, die nicht von dem Hersteller oder Vertreiber selbst hergestellt oder vertrieben wurden.

Die freiwillige Rücknahme ist ein Instrument des umweltrechtlichen Kooperations- **13** prinzips. Der Staat kann auf die Einführung einer Rücknahmepflicht zugunsten eines freiwilligen Systems der Rücknahme verzichten und stattdessen lediglich Ziele festlegen, die innerhalb einer angemessenen Frist durch freiwillige Rücknahmen zu erreichen sind. Mit den Zielfestlegungen werden die zu erreichenden Ziele, nicht jedoch der Weg, auf dem diese Ziele erreicht werden sollen, vorgegeben. Der Gesetzgeber trägt damit nicht zuletzt den Anforderungen des Verhältnismäßigkeitsgrundsatzes Rechnung. Denn die Einführung einer Rücknahmepflicht ist entbehrlich, wenn die vom Verordnungsgeber genannten Ziele auch freiwillig von Herstellern und Vertreibern erreicht werden können. Das bedeutet allerdings nicht, dass der Verordnungsgeber stets verpflichtet wäre, zur Wahrung der Verhältnismäßigkeit vor Einführung von Rücknahmepflichten zunächst Zielfestlegungen bekannt zu geben und abzuwarten, ob diese Zielfestlegungen innerhalb der gesetzten Frist freiwillig erreicht werden oder nicht.

Da die freiwilligen Rücknahmesysteme regelmäßig auf einem **Branchenabkommen** **14** von Herstellern und Vertreibern beruhen, stellen sich zumeist auch wettbewerbsrechtliche Fragen nach der Zulässigkeit einer solchen Kooperation (*Mann* in Versteyl/Mann/Schomerus, KrWG, 2019, § 26 Rn. 2; *Webersinn* in Schink/Versteyl, KrWG, 2016, § 26 Rn. 9). Das gilt gerade bei freiwilligen Rücknahmen, weil diese – anders als die Rücknahmepflichten auf der Grundlage einer entsprechenden Rechtsverordnung – nicht der Erfüllung einer den Unternehmen gesetzlich auferlegten Pflicht dienen, sondern letztlich auf einer Absprache zwischen den Unternehmen beruhen. Ob und inwieweit es sich bei einer solchen Absprache um eine **wettbewerbsbeschränkende Vereinbarung** im Sinne des § 1 Abs. 1 GWB handelt, ist im Einzelfall zu prüfen. Wettbewerbsbeschränkend sind Vereinbarungen, die geeignet sind, die Marktverhältnisse für den Verkehr mit Waren spürbar zu beeinflussen. Solche Vereinbarungen können auch zu erheblichen wirtschaftlichen Nachteilen einzelner Unternehmen führen. Zu prüfen ist deshalb im konkreten Fall, ob derartige Kooperationen gegen Kartellverbote des § 1 GWB verstoßen bzw. ob für eine solche wettbewerbsbeschränkende Absprache Rechtfertigungsgründe vorliegen (*Paschke,* Umweltschutz und Wettbewerb aus kartellrechtlicher Sicht, in: Marburger/Reinhardt/Schröder, Umweltschutz und Wettbewerb, UTR Bd. 38, 35 (499); *Faber* UPR 1997, 431 ff.; *Kopp* NJW 1997, 3292). Solche Rechtfertigungsgründe können sich aus Erwägungen des Umweltschutzes ergeben, die auf der Ebene des europäischen und des deutschen Kartellrechts eine Ausnahme vom Kartellverbot ermöglichen können.

B. Festlegung von Zielen (Absatz 1)

15 Nach § 26 Abs. 1 kann das Bundesministerium für Umwelt, Naturschutz und nukleare Sicherheit Ziele für die freiwillige Rücknahme von Abfällen festlegen. Die Ermächtigung zu solchen Zielfestlegungen richtet sich an das zuständige Ministerium und nicht – wie zuvor auf der Grundlage der Vorgängervorschrift – an die Bundesregierung.

16 Die Verfehlung solcher Ziele kann eine Rechtsverordnung des Ministeriums veranlassen, mit der die von ihm bestimmten Ziele, die durch eine freiwillige Rücknahme nicht erreicht werden, umgesetzt werden können. Zwingend ist eine solche Rechtsfolge der Verfehlung einer Zielfestlegung allerdings nicht. Umgekehrt ist eine Zielfestlegung bzw. das Verfehlen der zuvor festgelegten Ziele auch nicht Voraussetzung für den Erlass einer Rechtsverordnung, die Rücknahmepflichten anordnet (*Mann* in Versteyl/Mann/Schomerus, KrWG, 2019, § 26 Rn. 3). Vielmehr ermächtigt § 26 Abs. 1 das zuständige Ministerium zum Erlass solcher Zielfestlegungen, ohne es auch entsprechend zu verpflichten. Zielfestlegungen können sich inhaltlich z. B. auf Erfassungsquoten für zurückzunehmende Abfälle, auf Verwertungsquoten und Verwertungsanforderungen beziehen. In der Zielfestlegung kann bereits angekündigt werden, welche Konsequenzen der Verordnungsgeber bei einer Verfehlung der Ziele ziehen wird.

17 Bei den Zielfestlegungen des früheren Rechts handelte es sich weder um rechtlich verbindliche, abstrakt/generelle Regelungen im Sinne einer Rechtsnorm, noch um Verwaltungsakte bzw. Allgemeinverfügungen im Sinne von § 35 VwVfG, sondern lediglich um politische Zielvorgaben in der Form eines Beschlusses der Bundesregierung. Sie waren für die Adressaten unverbindlich, die Erreichung konnte auch nicht ordnungsrechtlich erzwungen werden. Umgekehrt ergab sich aus einer Zielfestlegung grundsätzlich auch keine Selbstbindung der Bundesregierung; sie konnte dementsprechend auch einmal veröffentlichte Zielfestlegungen wieder ändern. Aus der Bekanntmachung von Zielfestlegungen konnte sich allerdings ein begrenzter Vertrauensschutz dahingehend ergeben, diese nicht ohne Änderung der Sach- und Rechtslage, ohne Einräumung eines angemessenen Übergangszeitraums bzw. zur Unzeit wieder zu ändern, weil sie Grundlage freiwilliger Rücknahmesysteme sein sollen. Als schlicht hoheitliches Verwaltungshandeln waren Zielfestlegungen in der Vergangenheit auch nicht mit rechtlich verbindlichen Verwertungsquoten zu verwechseln, wie sie etwa in § 16 VerpackG und in § 6 Abs. 5 S. 1 GewAbfV vorgesehen sind.

18 § 26 Abs. 1 enthält allerdings die Ermächtigung zum Erlass einer Rechtsverordnung. Das führt zu einer erhöhten Verbindlichkeit der Zielfestlegungen. Damit soll der Druck auf die potentiell Verpflichteten, ein freiwilliges Rücknahmesystem einzuführen, erhöht werden (*Scheier* in Kopp-Assenmacher, KrWG, 2015, § 26 Rn. 7). Die Festlegung von Zielen im Wege einer Rechtsverordnung ändert allerdings nichts daran, dass für die Erreichung der vorgegebenen Ziele einzelne Hersteller oder Vertreiber nicht verantwortlich gemacht werden können (*Ellinghaus* in Schmehl/Klement, KrWG, 2019, § 26 Rn. 10). Immerhin ergeben sich aus solchen Zielfestlegungen Ansagen an Hersteller und Vertreiber, freiwillige Rücknahmen zu organisieren, wenn sie denn entsprechende Verordnungen, die sie zur Rücknahme verpflichten, vermeiden wollen.

Der Inhalt von Zielfestlegungen kann sich auf das Erreichen bestimmter Sammel- bzw. **19** Rücknahmequoten oder aber auf eine bestimmte Verwertungsquote der zurückgenommenen Abfälle beziehen. Eine veröffentlichte Zielfestlegung kann bei der für eine Feststellung nach Absatz 3 S. 1 zu prüfenden Frage nach der Förderung der Ziele der Kreislaufwirtschaft zu berücksichtigen sein.

Die Rechtmäßigkeit einer Zielfestlegung hängt von der Beachtung verschiedener ver- **20** fahrensrechtlicher und materiell-rechtlicher Voraussetzungen ab. Zuständig für den Erlass von Zielfestlegungen ist nach § 26 Abs. 1 das Bundesministerium für Umwelt, Naturschutz und nukleare Sicherheit und nicht die Bundesregierung. Es hat vor ihrem Erlass die beteiligten Kreise nach § 68 anzuhören. Einer Zustimmung des Bundesrates bedarf es nicht.

Materiell-rechtlich müssen Zielfestlegungen vor allem dem **Übermaßverbot** genü- **21** gen. Wenn sie auch nicht gegenüber den Adressaten verbindlich oder erzwingbar sind, beeinflussen sie doch in erheblicher Weise ihr Verhalten, da für den Fall der Verfehlung einer solchen Zielfestlegung mit einer staatlich auferlegten Rücknahmepflicht gerechnet werden muss. Zielfestlegungen veranlassen deshalb freiwillige Anstrengungen zu ihrer Erreichung. Sie sind insoweit grundrechtsbeeinträchtigend und müssen deshalb auch dem Verhältnismäßigkeitsgrundsatz Rechnung tragen.

Auch die in § 26 Abs. 1 vorgesehene, **angemessene Frist,** innerhalb derer die Ziel- **21a** festlegung zu erreichen ist, dient der Wahrung des Verhältnismäßigkeitsgrundsatzes. Schließlich müssen Zielfestlegungen hinreichend bestimmt sein, damit sie für freiwillige Anstrengungen zur Rücknahme von Abfällen eine verlässliche Basis bieten können. Ob das Bundesministerium Ziele für die freiwillige Rücknahme festlegt, steht in seinem **Ermessen.**

C. Anzeigepflicht (Absatz 2)

Nach § 26 Abs. 2 sind Hersteller und Vertreiber, die Erzeugnisse und die nach Ge- **22** brauch der Erzeugnisse verbleibenden Abfälle in eigenen Anlagen oder Einrichtungen oder in Anlagen oder Einrichtungen der von ihnen beauftragten Dritten freiwillig zurücknehmen, verpflichtet, dies der zuständigen Behörde vor Beginn der Rücknahme anzuzeigen. Die Anzeigepflicht des § 26 Abs. 2 bezieht sich – anders als die Vorgängerbestimmung – nicht nur auf gefährliche Abfälle, sondern auch auf nicht gefährliche Abfälle. Sie bezieht sich im Übrigen – wiederum anders als die Feststellungsanträge nach § 26 Abs. 3 und § 26 Abs. 4 – nicht nur auf Abfälle, sondern auch auf Erzeugnisse, die zurückgenommen werden sollen, aber noch nicht zu Abfall geworden sind.

Die bis Ende 2020 geltende Anzeigepflicht bezog sich nur auf die freiwillige Rück- **23** nahme **gefährlicher Abfälle.** Mit der Beschränkung der Anzeigepflicht auf die Rücknahme gefährlicher Abfälle, sollte – wie sich aus der Gesetzesbegründung ergab (BT-Drs. 17/6052, S. 91) – eine Entbürokratisierung ermöglicht werden. Die freiwillige Rücknahme von Abfällen, die nicht gefährlich sind, bedurfte keiner Anzeige mehr.

24 Umstritten war zur Vorgängerbestimmung, ob sich die Anzeigepflicht auch auf Erzeugnisse bezieht, die noch kein Abfall sind (bejahend *Scheier* in Kopp-Assenmacher, KrWG, 2016, § 26 Rn. 12; a. A. *Tünnesen-Harmes* in Jarass/Petersen, KrWG, 2014, § 26 Rn. 18). Dagegen sprach, dass schon nach dem Wortlaut des § 26 Abs. 2 die Anzeigepflicht nur bestand, wenn sich die Rücknahme auf gefährliche Abfälle erstreckte. Erzeugnisse, die keine Abfälle waren, waren natürlich auch keine gefährlichen Abfälle. Für ihre Rücknahme bedurfte es deshalb keiner Anzeige. Auch aus der bereits erwähnten Gesetzesbegründung (BT-Drs. 17/6052, S. 91) ergab sich, dass sich die Anzeigepflicht nur auf die Rücknahme gefährlicher Abfälle und damit nicht auch auf Erzeugnisse erstreckte, die noch keine gefährlichen Abfälle waren. Durch die Gesetzesnovelle 2020 hat sich dies geändert. Nunmehr sind sowohl die Rücknahme von Erzeugnissen nach ihrem Gebrauch, die aber noch kein Abfall geworden sind, als auch die Rücknahme von Abfällen anzeigepflichtig.

Die Anzeigepflicht bezieht sich nur auf Erzeugnisse nach ihrem Gebrauch, nicht jedoch auf freiwillige Rücknahmen im Rahmen der Rückabwicklung eines Verkaufs, d. h. vor dem Gebrauch der Erzeugnisse, z. B. auf die zahlreichen **Retouren** des Online-Handels, auf die sich die Obhutspflicht des § 23 Abs. 1 S. 3 erstreckt. Nach § 23 Abs. 1 S. 3 ist beim Vertrieb der Erzeugnisse dafür zu sorgen, dass deren Gebrauchstauglichkeit erhalten bleibt und diese nicht zu Abfall werden. Für diese Retouren kann der Verordnungsgeber nach § 25 Abs. 1 Nr. 7 eine Nachweispflicht vorsehen.

25 Örtlich zuständige Behörde ist nach § 3 Abs. 1 Nr. 3 der insoweit übereinstimmenden Verwaltungsverfahrensgesetze der Länder die Behörde, in deren Bezirk eine zurücknehmende natürliche Person ihren gewöhnlichen Aufenthalt oder eine juristische Person oder Vereinigung ihren Sitz hat. Welche Behörde sachlich zuständig ist, ergibt sich aus dem Landesrecht.

26 Die Anzeigepflicht soll es der zuständigen Behörde ermöglichen, die Ordnungsgemäßheit der beabsichtigten Rücknahme und der sich daran möglicherweise anschließenden Abfallentsorgung zu überprüfen (*Mann* in Versteyl/Mann/Schomerus, KrWG, 2019, § 26 Rn. 11; *Konzak* in Beck OK Umweltrecht, Stand: 1.4.2019, § 26 KrWG Rn. 7). Einzelheiten dieser Anzeigepflicht regelt der Gesetzgeber nicht. Lediglich der Zeitpunkt des Einsetzens der Anzeigepflicht wird vom Gesetzgeber bestimmt. Die Anzeigepflicht gilt unabhängig davon, ob die Hersteller und Vertreiber von administrativen Pflichten nach § 26a freigestellt werden (*Konzak* in Beck OK Umweltrecht, Stand: 1.4.2019, § 26 KrWG Rn. 7). Ob eine Anzeige nach § 26 Abs. 2 tatsächlich neben den ohnehin notwendigen Feststellungsanträgen erforderlich ist, wird bezweifelt. Die Streichung der Anzeigepflicht würde ein Beitrag zur Deregulierung und Entbürokratisierung sein. Ein Anreiz für freiwillige Rücknahmesysteme werde durch die sachlich nicht zu rechtfertigende Beibehaltung der Anzeigepflicht nicht geschaffen (*Konzak* in Beck OK Umweltrecht, Stand 1.4.2019, § 26 Rn. 10).

27 Erforderlich ist eine Anzeige vor **Beginn der Rücknahme.** Der in § 26 Abs. 2 genannte Zeitpunkt des Beginns der Rücknahme dürfte sich auf den Beginn der Umsetzung eines bestimmten Rücknahmekonzepts und nicht auf die Rücknahme einzelner Erzeugnisse oder einzelner verbliebener Abfälle beziehen. Dass für den Beginn der Rücknahme nicht auf die Rücknahme einzelner Abfälle abgestellt werden kann, ergibt sich aus Sinn und Zweck der notwendigen Anzeige. Das ändert allerdings nichts daran, dass die Anzeige der zuständigen Behörde vor Beginn der tatsächlichen Durchführung der ersten Rücknahme zugegangen sein muss.

28 Die Anzeige soll es der zuständigen Behörde ermöglichen, die Ordnungsgemäßheit der beabsichtigten Rücknahme und anschließenden Entsorgung zu prüfen. Die Anzeigepflicht bezieht sich insoweit offensichtlich nicht auf die Rücknahme eines einzelnen Erzeugnisses, sondern auf die Absicht eines Herstellers oder Vertreibers, bestimmte Erzeug-

nisse zukünftig regelmäßig an bestimmten Übergabestellen zurückzunehmen und danach in einer bestimmten Weise wiederzuverwenden oder zu entsorgen. Es bedarf insoweit auch nur einer einzigen Anzeige vor Beginn der ersten Rücknahme und selbstverständlich nicht einer Anzeige vor jedem einzelnen Rücknahmevorgang.

Eine bestimmte **Frist** vor Beginn der Rücknahme ist nach dem Gesetz nicht einzuhalten. Rücknahmewillige Hersteller und Vertreiber könnten allerdings ein Interesse daran haben, die beabsichtigte Rücknahme so rechtzeitig anzuzeigen, dass eventuelle Bedenken der zuständigen Behörde hinsichtlich der beabsichtigten Rücknahme und Entsorgung noch bei der Planung berücksichtigt werden können. **29**

Die Anzeige nach § 26 Abs. 2 kann mit einem Antrag auf Feststellung im Sinne von § 26 Abs. 3 S. 1, dass die angezeigte Rücknahme von Abfällen in Wahrnehmung der Produktverantwortung nach § 23 erfolgt, und ggfls. auch mit einem weiteren Antrag nach § 26 Abs. 6 verbunden werden, wenn auch fremde Erzeugnisse zurückgenommen werden sollen. **30**

Auch eine bestimmte **Form** für die Anzeige verlangt der Gesetzgeber nicht. Dementsprechend kann die Anzeige grundsätzlich formlos, allerdings nach § 23 VwVfG in deutscher Sprache, abgegeben werden. Sie muss nicht einmal schriftlich vorgelegt werden, wenngleich sich die Schriftform selbstverständlich empfehlen dürfte. **31**

Der Gesetzgeber schreibt auch den konkreten **Inhalt** der Anzeige nicht vor. Wird die Anzeige mit dem erwähnten Antrag nach § 26 Abs. 3 S. 1 verbunden, dann müssen zumindest die Angaben gemacht werden, die eine entsprechende Prüfung der Voraussetzungen des § 26 Abs. 3 S. 1 und 2 ermöglichen. Unabhängig davon sieht § 26 Abs. 2 jedoch keinen konkreten Anzeigeinhalt vor (siehe dazu *Konzak* in BeckOK Umweltrecht, Stand: 1.4.2019, § 26 KrWG Rn. 9). **32**

Zu berücksichtigen ist auch, dass die Beachtung von Besitzerpflichten nach § 27, denen Hersteller und Vertreiber auch dann unterliegen, wenn sie Erzeugnisse freiwillig zurücknehmen, der allgemeinen abfallrechtlichen Überwachung unterliegt. Nach § 47 Abs. 2 S. 1 sind unter anderem Erzeuger und Besitzer von Abfällen, aber auch sonstige Entsorgungspflichtige zur Auskunft über Betrieb, Anlagen, Einrichtungen und sonstige der Überwachung unterliegende Gegenstände verpflichtet. Es bietet sich zur Vermeidung weiterer Nachfragen im Rahmen der allgemeinen Überwachung daher an, die erwähnten Angaben der Anzeige beizufügen. **33**

Versäumen die Hersteller und Vertreiber die nach dem Gesetz erforderliche Anzeige, müssen sie nach § 69 Abs. 2 Nr. 1 mit einem **Bußgeld** rechnen. **34**

D. Feststellung der Wahrnehmung von Produktverantwortung (Absatz 3)

Die im Sinne von § 26 Abs. 2 zuständige Behörde stellt auf Antrag des Herstellers oder Vertreibers fest, dass die angezeigte Rücknahme von Abfällen in Wahrnehmung der Produktverantwortung nach § 23 erfolgt. **35**

I. Wegfall der Überlassungspflicht

Der Feststellungsbescheid nach § 26 Abs. 3 ist Voraussetzung dafür, dass freiwillig zurückgenommene Abfälle nicht der Überlassungspflicht gegenüber den öffentlich-rechtlichen Entsorgungsträgern unterfallen (§ 17 Abs. 2 S. 1 Nr. 2). **36**

36a Die Ausnahme von der Überlassungspflicht gemäß § 17 Abs. 2 S. 1 Nr. 2 greift ein, wenn ein **wirksamer Feststellungsbescheid** der zuständigen Behörde gemäß § 26 Abs. 3 erteilt worden ist. Das Entfallen der Überlassungspflicht gem. § 17 Abs. 2 S. 1 Nr. 2 hängt weder davon ab, ob der erteilte Feststellungsbescheid rechtmäßig ist (*Wenzel* AbfallR 2015, 187, 188; *Klement* in Schmehl/Klement, KrWG, 2019, § 17 Rn. 177; *Karpenstein/Dingemann* in Jarass/Petersen, KrWG, 2014, § 17 Rn. 131), noch davon, ob dieser bestandskräftig geworden ist. Entscheidend ist allein die Existenz eines wirksamen Feststellungsbescheides. Auf die Rechtmäßigkeit bzw. eine etwaige Rechtswidrigkeit des Bescheides kommt es nicht an. Unerheblich ist folglich auch, ob die ausstellende Behörde die Vorschrift des § 26 Abs. 6 in direkter oder analoger Anwendung herangezogen hat (*VG Düsseldorf* Urt. v. 7.5.2015 – 17 K 8650/13, juris Rn. 55). Die Überlassungspflicht entfällt umgekehrt nicht schon dann, wenn die zuständige Behörde die beantragte Feststellung zu Unrecht, d. h. rechtswidrig versagt hat.

37 § 26 Abs. 3 trifft verfahrensrechtliche und materiell-rechtliche Regelungen (siehe dazu *VGH Mannheim* Urt. v. 14.5.2019 – 10 S 1990/18, juris Rn. 25). Verwaltungsverfahrensrechtlich wird ein Antragsverfahren statuiert; in materieller Hinsicht werden die Voraussetzungen für den Erlass eines Feststellungsbescheids bestimmt. Rechtliche Folge eines wirksamen Feststellungsbescheids ist der Wegfall der nach § 17 Abs. 1 bestehenden Überlassungspflicht auf Grund des Ausnahmetatbestands gemäß § 17 Abs. 2 Satz 1 Nr. 2 (*VGH Mannheim* Urt. v. 14.5.2019 – 10 S 1990/18, juris Rn. 25; *Flanderka* in Jahn/Deifuß-Kruse/Brandt, KrWG, 2014, § 26 Rn. 16; *Ellinghaus* in Schmehl/Klement, KrWG, 2019, § 26 Rn. 4). Dem Abfallerzeuger oder Abfallbesitzer steht es frei, ob er Abfälle an den Hersteller oder Vertreiber zurückgibt oder aber die Abfälle dem öffentlich-rechtlichen Entsorgungsträger überlässt (*Tünnesen-Harmes* in Jarass/Petersen, KrWG, 2014, § 26 Rn. 44).

II. Subjektiv-öffentliches Recht

38 § 26 Abs. 3 räumt Herstellern und Vertreibern ein subjektives öffentliches Recht ein. Sie haben einen Anspruch darauf, dass ihrem Feststellungsantrag stattgegeben wird, wenn die in § 26 Abs. 3 S. 1, 2 genannten Voraussetzungen vorliegen (*VGH Mannheim* Urt. v. 14.5.2019 – 10 S 1990/18, juris Rn. 26; *VG Düsseldorf* Beschl. v. 26.8.2016 – 17 K 5099/15, juris Rn. 36). Öffentlich-rechtliche Entsorgungsträger, die befürchten, dass ihnen durch eine freiwillige Rücknahme „lukrative" Abfälle entzogen werden, haben hingegen keinen Anspruch darauf, dass der Feststellungsbescheid rechtmäßig ist. § 26 Abs. 3 S. 1 räumt ihnen kein dahingehendes subjektives Recht ein (siehe zur Rechtsstellung der öffentlich-rechtlichen Entsorgungsträger *Beckmann* AbfallR 2021, 126). Ein gesondertes Beteiligungsverfahren für öffentlich-rechtliche Entsorgungsträger in einem Feststellungsverfahren ist insoweit auch nicht vorgesehen (*Petersen/Friedrich* NVwZ 2021, 1, 10).

III. Geltungsbereich der Feststellung

39 Die Feststellung der zuständigen Behörde nach § 26 Abs. 3 kann sich nicht auf Erzeugnisse beziehen, deren freiwillige Rücknahme nach Gebrauch von Herstellern oder Vertreibern angezeigt worden ist, die aber nicht zu Abfall geworden sind. Die Feststellung nach § 26 Abs. 3 hat ausschließlich Abfälle zum Gegenstand.

40 Sie kann sich auf gefährliche und nicht gefährliche Abfälle beziehen, die von Erzeugnissen stammen, die von dem Hersteller oder Vertreiber hergestellt oder vertrieben werden. Auf gesondertem Antrag nach § 26 Abs. 4 kann sich die Feststellung aber auch auf

nicht gefährliche Abfälle erstrecken, die von fremden Erzeugnissen stammen. Von der Feststellung, dass die angezeigte freiwillige Rücknahme in Wahrnehmung der Produktverantwortung stattfindet, ist die **Freistellung** von Nachweispflichten bei freiwilliger Rücknahme gefährlicher Abfälle zu unterscheiden, die seit dem Jahre 2020 in § 26a geregelt ist.

Nach § 26 Abs. 3 S. 3 gilt § 26a Abs. 3 entsprechend. Daraus folgt, dass die Feststellung räumlich für das **gesamte Bundesgebiet** gilt und dass die jeweils für die Freistellung oder Feststellung zuständige Behörde je eine Kopie des Freistellungs- und des Feststellungsbescheides an die zuständigen Behörden der Länder übersendet, in denen die Abfälle zurückgenommen werden. Die bundesweite Geltung des Feststellungsbescheids steht einer Behandlung der freiwilligen Rücknahmeaktion als gewerbliche Sammlung durch andere Behörden entgegen (*Oexle/Lammers* NVwZ 2015, 1490, 1491; *VG Düsseldorf* Urt. 7.5.2015 – 17 K 8650/13, BeckRS 2015, 46444). Deshalb ist auch kein Anzeigeverfahren nach § 18 Abs. 1 erforderlich. 41

IV. Voraussetzungen der Feststellung

Nach § 26 Abs. 3 S. 1 Nr. 1 setzt die Feststellung, dass die freiwillige Rücknahme in Wahrnehmung der Produktverantwortung stattfindet, voraus, dass die Abfälle, die vom Hersteller oder Vertreiber zurückgenommen werden, von Erzeugnissen stammen, die vom Hersteller oder Vertreiber selbst hergestellt oder vertrieben wurden. Ist dies nicht der Fall, sollen also auch fremde Erzeugnisse zurückgenommen werden, kann der Hersteller oder Vertreiber zusätzlich einen Antrag nach § 23 Abs. 4 stellen. 42

Während die Frage, ob ein Erzeugnis von einem bestimmten Hersteller hergestellt worden ist, sich regelmäßig noch einigermaßen zuverlässig beantworten lassen dürfte, weil und soweit der Hersteller des insoweit unverwechselbaren Erzeugnisses jedenfalls zumeist identifiziert werden kann, stellt sich für den Vertreiber um so mehr die Frage, wann angenommen werden kann, dass ein bestimmtes Erzeugnis von ihm vertrieben worden ist. Vertreiber ist jeder, der Erzeugnisse in den Verkehr bringt, unabhängig von der Handelsstufe, d. h. ungeachtet der Kategorien „Großhandel" oder „Einzelhandel" (*VGH Mannheim* Urt. v. 14.5.2019, juris Rn. 43). Erforderlich für die Rechtsstellung als „Vertreiber" ist nur die Abgabe des Erzeugnisses an einen Dritten, so dass ein Besitzwechsel stattfindet. 43

Werden Erzeugnisse eines bestimmten Herstellers in den Verkehr gebracht, lässt sich bei einer freiwilligen Rücknahme nach dem Gebrauch zumeist oder zumindest häufig nicht mehr feststellen, von welchem Vertreiber das Erzeugnis in Verkehr gebracht worden ist, da Erzeugnisse eines bestimmten Herstellers im Groß- und Einzelhandel zu einer Vielzahl von Vertreibern gelangen. Man wird insoweit nicht verlangen können, dass sich der Vertreiber bei einer freiwilligen Rücknahme auf die tatsächlich konkret von ihm vertriebenen Erzeugnisse beschränkt, sondern den Eigenvertrieb auf alle Erzeugnisse der Marken erstrecken können, deren Hersteller der Vertreiber in seinem (genehmigten) Vertriebssortiment hat. 44

Weitere Voraussetzung ist nach § 26 Abs. 3 S. 1 Nr. 2 für die Feststellung, dass die freiwillige Rücknahme in **Wahrnehmung der Produktverantwortung** stattfindet, ist, dass durch die freiwillige Rücknahme die Ziele der Produktverantwortung nach § 23 umgesetzt werden. Mit der so formulierten Voraussetzung der Feststellung umschifft der Gesetzgeber das Problem, das eine freiwillige Rücknahme in Wahrnehmung der Produktverantwortung angesichts ihrer Freiwilligkeit kaum dazu dienen kann, **Grundpflichten** der Produktverantwortung zu erfüllen (so aber *Mann* in Versteyl/Mann/ 45

Schomerus, KrWG, 2019, § 26 Rn. 23 zu § 26 Abs. a. F.). Wann mit einer freiwilligen Rücknahme aber die Ziele der Produktverantwortung umgesetzt werden, erschließt sich aus dem Gesetz unmittelbar nicht.

46 Die Gesetzesbegründung erläutert dazu, diese Voraussetzung baue auf der geltenden Rechtslage auf („Wahrnehmung der Produktverantwortung“); sie nehme aber stärker die Einzelziele und Einzelregelungen der Produktverantwortung in den Fokus und fordere die Darlegung objektiv nachprüfbarer Fakten. Eine bloße „innere Motivation“ des Rücknehmers genüge hierfür nicht. Eine Umsetzung der Ziele der Produktverantwortung sei mit Blick auf § 23 Abs. 1 Satz 2 sowie Abs. 2 Nr. 1 insbesondere dann gegeben, wenn durch die Rücknahme der zu Abfall gewordenen eigenen Produkte Innovationsprozesse bei den Herstellern gefördert würden, die über ein optimiertes Design oder bessere Qualität bei der Herstellung zu ökologisch besseren, insbesondere abfallärmeren Erzeugnissen führten.

47 Eine Umsetzung der Ziele der Produktverantwortung sei aber auch dann gegeben, wenn die zurückgenommenen Abfälle für die Herstellung der eigenen Erzeugnisse eingesetzt würden, oder wenn die Rücknahme jedenfalls signifikant dazu diene, die Vermüllung der Umwelt – insbesondere durch die eigenen Erzeugnisse – zu vermeiden (Gesetzesbegründung, BT-Drs. 19/19373, S. 66). Wann allerdings jenseits dieser in der Gesetzesbegründung genannten Beispiele eine freiwillige Rücknahme die Ziele der Produktverantwortung umsetzt, bleibt unklar. Man könnte annehmen, dass die freiwillige Rücknahme allein mit dem Ziel, die Erzeugnisse umweltverträglich zu entsorgen, nicht ausreicht, um eine Umsetzung der Ziele der Produktverantwortung anzunehmen. Das wäre aber nicht überzeugend, weil eine umweltverträgliche Verwertung oder Beseitigung nach § 23 Abs. 1 S. 2 durchaus zu den Zielen der Produktverantwortung zählt. Nach § 23 Abs. 2 umfasst die Produktverantwortung unter anderem den vorrangigen Einsatz von verwertbaren Abfällen oder sekundären Rohstoffen, insbesondere Rezyklaten, bei der Herstellung von Erzeugnissen (§ 23 Abs. 2 Nr. 2), die Stärkung der Wiederverwendung von Erzeugnissen, insbesondere die Unterstützung von Systemen zur Wiederverwendung und Reparatur (§ 23 Abs. 2 Nr. 4), die Rücknahme der Erzeugnisse und der nach Gebrauch der Erzeugnisse entstandenen Abfälle sowie deren nachfolgende umweltverträgliche Verwertung oder Beseitigung (§ 23 Abs. 2 Nr. 7) und die Übernahme der finanziellen oder der finanziellen und organisatorischen Verantwortung für die Bewirtschaftung der nach Gebrauch der Erzeugnisse entstandenen Abfälle (§ 23 Abs. 2 Nr. 8).

48 Immer dann, wenn die freiwillige Rücknahme auch diese Entsorgungsziele befördert, ist auch die zweite Voraussetzung für die Feststellung nach § 26 Abs. 3 S. 1 Nr. 2 erfüllt, wobei es im Sinne der erwähnten Gesetzesbegründung nicht ausreichend wäre, eine „innere Motivation“ zu einer entsprechenden Entsorgung der zurückgenommenen Erzeugnisse zu behaupten; vielmehr ist es notwendig, entsprechende Vorkehrungen dafür nachweisbar oder zumindest plausibel zu machen.

49 Außerdem setzt die begehrte Feststellung nach § 26 Abs. 3 S. 1 Nr. 3 voraus, dass die **umweltverträgliche Verwertung oder Beseitigung** der Abfälle gewährleistet bleibt. Ausweislich der Gesetzesbegründung beschreibt diese Voraussetzung lediglich klarstellend die ohnehin geltende Rechtslage. Denn eine Entsorgung der freiwillig zurückgenommenen Abfälle, die nicht umweltverträglich ist, ist ohnehin nicht rechtmäßig. Eine nicht umweltverträgliche Entsorgung kann auch nicht als Umsetzung von Zielen der Produktverantwortung angesehen werden, weil Produktverantwortung mit umweltunverträglicher Entsorgung unvereinbar ist. Produktverantwortung dient insoweit auch als Mittel zur Förderung einer umweltverträglichen Entsorgung (siehe dazu auch *Oexle/Lammers* NVwZ 2015, 1490, 1494). Es handelt sich insoweit letztlich um eine überflüssige zusätz-

liche Voraussetzung, die bei der Prüfung der Feststellungsvoraussetzungen kaum Eigengewicht gewinnen kann.

Schließlich kann die beantragte Feststellung nach § 26 Abs. 3 S. 1 Nr. 4 nur erteilt **50** werden, wenn durch die freiwillige Rücknahme die Kreislaufwirtschaft gefördert wird. Auch bei dieser vierten Voraussetzung für die Feststellung nach § 26 Abs. 3 stellt sich die Frage nach ihrem Sinn und Zweck. Die Gesetzesbegründung erläutert dazu, eine **Förderung der Kreislaufwirtschaft** setze nach geltender Rechtslage voraus, dass von der Rücknahme „signifikante Impulse in Bezug auf die Vermeidung und Verwertung der Abfälle" ausgingen. Hierfür sei darauf abzustellen, wie sich die Situation der Abfallentstehung und Abfallverwertung ohne die freiwillige Rücknahme nach den allgemeinen Regeln des KrWG darstellen würde (Gesetzesbegründung, BT-Drs. 19/19373, S. 66). Was mit solchen „signifikanten Impulsen" gemeint sein könnte, bleibt unerfindlich.

Eine Förderung der Kreislaufwirtschaft ist nach § 26 Abs. 3 S. 2 anzunehmen, wenn **51** die geplante Rücknahme und Verwertung der Abfälle insgesamt mindestens so hochwertig erfolgen wie die Rücknahme und Verwertung, die von dem zuständigen öffentlich-rechtlichen Entsorgungsträger, den von ihm beauftragten Dritten oder einer gemeinnützigen oder gewerblichen Sammlung im Entsorgungsgebiet angeboten wird. Die Gesetzesbegründung führt dazu aus, Satz 2 knüpfe an die bestehende Rechtslage an und nehme eine Förderung der Kreislaufwirtschaft im Wege der widerleglichen Vermutung an, wenn die geplante Rücknahme und Verwertung der Abfälle gegenüber der Rücknahme und Verwertung der zuständigen öffentlich-rechtlichen Entsorgungsträger, den von ihm beauftragten Dritten oder einer gemeinnützigen oder gewerblichen Sammlung im Entsorgungsgebiet mindestens gleichwertig sei. Dabei seien insbesondere die Servicegerechtigkeit der Rücknahmeeinrichtungen und die vorgesehenen Verwertungswege zu berücksichtigen. Die Hochwertigkeit stütze sich einerseits auf die Verwertungswege und -verfahren, deren Hochwertigkeit anhand der Vorgabe der Abfallhierarchie bestimmt werden könne. Von Bedeutung sei andererseits aber auch die Art und Weise der Rücknahme der Abfälle. Bereits durch eine qualitätssichernde Erfassungsstruktur, Organisation und Logistik könne eine hohe Sortenreinheit der zurückgenommenen Abfälle und damit auch deren hochwertige Verwertung sichergestellt werden. Bei der Erfassung könne aber auch der Gesichtspunkt der Kundenorientierung eine Rolle spielen, indem durch das Angebot der freiwilligen Rücknahme Zielgruppen aktiviert werden, die von den herkömmlichen Erfassungssystemen bislang nicht erreicht worden seien. Die Vermutung sei nicht abschließend, eine Förderung der Kreislaufwirtschaft könne auch durch andere Sachverhalte dargelegt werden. Referenz des Vergleichs sei nicht nur das Angebot des öffentlich-rechtlichen Entsorgungsträgers oder eines beauftragten Dritten, sondern auch das Angebot einer gemeinnützigen oder gewerblichen Sammlung im Entsorgungsgebiet. Mit Blick auf die Privilegien, die der freiwilligen Rücknahme gegenüber einer gewerblichen und gemeinnützigen Sammlung eingeräumt würden, müsse die durch die freiwillige Rücknahme organisierte Rücknahme und Verwertung gegenüber den Referenzsammlungen mindestens gleichwertig sein (Gesetzesbegründung, BT-Drs. 19/19373, S. 66 f.).

Der in § 26 Abs. 3 S. 2 geforderte Systemvergleich erinnert an den Leistungsvergleich **52** des § 17 Abs. 3 S. 4. Die zahlreichen, in der Gesetzesbegründung dazu genannten Kriterien verdeutlichen die erheblichen Schwierigkeiten, die sich aus dieser gesetzlichen Anforderung in der Praxis ergeben können. Der Begriff der Hochwertigkeit bleibt auch in diesem Zusammenhang eher diffus. Was genau unter Hochwertigkeit zu verstehen ist, ergibt sich aus dem KrWG, insbesondere aus § 8 Abs. 1 S. 3 nicht. Eine Legaldefinition fehlt. Die Hochwertigkeit der Verwertung hängt jedenfalls nicht davon ab, dass sie Mensch und Umwelt am besten schützt. Denn die Gewährleistung eines möglichst hohen Schutzes von Mensch und Umwelt ist bereits Gegenstand des zweiten bei der Ausgestaltung der Verwertungsmaßnahmen nach § 8 Abs. 1 S. 3 anzustrebenden Ziels. Das Hochwertigkeitsgebot dient in erster Linie der Förderung der Kreislaufwirtschaft zur Schonung der natürlichen Ressourcen im Sinne von § 1. Möglichst vermieden werden soll eine Verschlechterung der Stoffqualität, damit die Abfälle weiterhin anstelle von Primärrohstoffen eingesetzt werden können. Wenn schon nicht immer ein echter Stoffkreislauf gelingt, soll doch einer fortschreitenden Verschlechterung der Verwertungsprodukte bei wiederholtem Recycling möglichst entgegengewirkt werden.

53 Dass das Hochwertigkeitskriterium in diesem Zusammenhang als Feststellungsvoraussetzung nach § 23 Abs. 3 S. 1 Nr. 4, S. 2 auftaucht, erklärt sich eigentlich nur aus kommunalen Abwehr- und Verhinderungsbemühungen, die darauf gerichtet sind, private Entsorgungsverantwortung dort, wo auch Erlöse erzielbar sind, zu verhindern, um eigene Erlösabsichten zu realisieren. Dass sich die kommunalen Entsorgungsinfrastrukturen ansonsten in besonderer Weise um das Hochwertigkeitsgebot verdient machen, ist nicht erkennbar. Der geforderte Vergleich zwischen öffentlich-rechtlicher Entsorgung und freiwilliger Rücknahme unter Hochwertigkeitsgesichtspunkten befördert keineswegs die Kreislaufwirtschaft, sondern ist allenfalls geeignet, Bemühungen um eine Wahrnehmung von Produktverantwortung durch freiwillige Rücknahmen zu behindern oder gar zu verhindern. Dabei geht es – wie bei den Bestimmungen zu den gewerblichen Sammlungen der §§ 17, 18 – nicht um eine Förderung der Kreislaufwirtschaft, sondern ausschließlich um wirtschaftliche Interessen.

54 Immerhin wird den privaten Rücknahmestellen nicht abverlangt, dass die von ihnen vorgesehene Entsorgung hochwertiger ist als die des ansonsten zuständigen öffentlich-rechtlichen Entsorgungsträgers. Die im Entsorgungsmarkt vorhandenen, auch von öffentlich-rechtlichen Entsorgungsträgern im Rahmen der Drittbeauftragung genutzten Entsorgungswege unterscheiden sich zumeist nicht wesentlich voneinander. Es wäre deshalb verfehlt, den freiwilligen Rücknahmesystem eine hochwertigere Entsorgung abzuverlangen. Eine hochwertigere Verwertung würde z. B. dann anzunehmen sein, wenn die erzielten Verwertungsquoten höher wären oder wenn die innerhalb der Abfallhierarchie vorzugswürdigere Verwertungsarten einen höheren Anteil erhielten.

E. Feststellung nach § 26 Abs. 4

55 Auf Antrag des Herstellers oder Vertreibers wird die Feststellung der Wahrnehmung der Produktverantwortung auch auf nicht gefährliche Abfälle von Erzeugnissen erstreckt, die nicht von dem Hersteller oder Vertreiber selbst hergestellt oder vertrieben wurden. Für diese Feststellung müssen allerdings über die Voraussetzungen des § 26 Abs. 3 S. 1 hinaus weitere Voraussetzungen erfüllt werden, deren Auslegung wiederum einige Fragen aufwirft.

56 Unproblematisch ist allerdings, dass die Feststellung nach § 26 Abs. 4 sich nur auf **nicht gefährliche Abfälle** beziehen kann. Gefährlich sind nach § 3 Abs. 5 die Abfälle, die durch Rechtsverordnung nach § 48 Satz 2 oder auf Grund einer solchen Rechtsverordnung bestimmt worden sind. Nicht gefährlich im Sinne des KrWG sind alle übrigen Abfälle. Gefährliche Abfälle von Erzeugnissen, die nicht von den Herstellern selbst hergestellt bzw. von den Vertreibern selbst vertrieben worden sind, können demnach nicht freiwillig zurückgenommen werden. § 26 Abs. 4 ermöglicht keine entsprechende Feststellung. Die Freistellung von Nachweispflichten bei freiwilliger Rücknahme gefährlicher Abfälle nach § 26a bezieht sich ausschließlich auf gefährliche Abfälle, die nach dem Gebrauch „ihrer“ Erzeugnisse, d.h. nach Gebrauch der Erzeugnisse der Hersteller und Vertreiber, entstanden sind.

Die Gesetzesbegründung erläutert im Übrigen zu § 26 Abs. 4, die Vorschrift stelle erstmalig klar, dass die Feststellung der Wahrnehmung der Produktverantwortung unter den Voraussetzungen der Nrn. 1 bis 4 auch auf nicht gefährliche Abfälle von Erzeugnissen, die von dem Hersteller und Vertreiber nicht selbst hergestellt oder vertrieben werden, zu erstrecken sei (Gesetzesbegründung, BT-Drs. 19/19373, S. 66f.). Einer solchen Klarstellung bedurfte es allerdings nicht unbedingt, weil die dazu ergangene Rechtsprechung daran ohnehin keinen Zweifel hatte. Es gab allerdings dazu noch keine höchstrichterliche Klärung durch das BVerwG. Der Antrag auf diese Feststellung nach § 23 Abs. 4 kann vom Hersteller und Vertreiber mit dem Antrag auf Feststellung nach § 23 Abs. 3 verbunden werden. Es handelt sich bei der „fremdnützigen“ Produktverantwortung jedoch um einen Ausnahmefall, bei dem die Wahrnehmung der Produktverantwortung, insbesondere der funktionale Zusammenhang zwischen der Rücknahme fremder Erzeugnisse und der optimierten Gestaltung und Herstellung der eigenen Erzeugnisse, besonderer Prüfung bedarf (BT-Drs. 19/19373, S. 66f.). 57

Darüber hinaus stelle sich – so die Gesetzesbegründung – in diesen Fällen jedoch stets die Frage der Abgrenzung zu gewerblichen Sammlungen. Daher würden in diesen Fällen qualifizierte Voraussetzungen gelten, die über die in § 26 Abs. 3 Satz 1 Nr. 2 bis 4 normierten Grundanforderungen hinausgingen. Dazu müssten die Erzeugnisse derselben Gattung oder Produktart angehören, wie die vom Hersteller und Vertreiber selbst hergestellten oder vertriebenen Erzeugnisse (Nr. 2), die Rücknahme in einem engen Zusammenhang mit der wirtschaftlichen Tätigkeit des Herstellers oder Vertreibers stehen (Nr. 3) und die Menge der zurückgenommenen Abfälle in einem angemessenen Verhältnis zur Menge der vom Hersteller oder Vertreiber hergestellten und vertriebenen Erzeugnisse stehen (Nr. 4). 58

I. Dieselbe Gattung und Produktart

Nach § 26 Abs. 4 Nr. 2 müssen die Erzeugnisse derselben Gattung oder Produktart angehören wie die vom Hersteller oder Vertreiber selbst hergestellten oder vertriebenen Erzeugnisse. Fraglich ist, was Gattungen und Produktarten im Sinne dieser Bestimmung sind. Eine Legaldefinition für diese beiden Begriffe enthält das KrWG nicht. Es ist zweifelhaft, ob es tatsächlich einen feststehenden Begriff der „Gattung“ und der „Produktart“ gibt und ob es überhaupt im Sinne dieser Vorschrift einen Unterschied zwischen einer solchen Gattung und einer Produktart gibt. 59

Sinn und Zweck freiwilliger Rücknahmen als Wahrnehmung von Produktverantwortung sprechen jedenfalls dafür, die Zugehörigkeit zur selben Gattung oder Produktart großzügig zuzugestehen. Denn Rücknahmesysteme sind nur funktionstauglich, wenn das Prinzip der Produktverantwortung nicht auf die Rücknahme eigener Produkte beschränkt wird. Davon gehen auch die speziell vom Gesetzgeber z.B. für Elektrogeräte und Batterien vorgesehenen Rücknahmesysteme aus (siehe dazu *Oexle/Lammers* NVwZ 2015, 1490, 1493). So sind z.B. Vertreiber mit einer Verkaufsfläche für Elektro- und Elektronikgeräte von mindestens 400 Quadratmetern nach § 17 Abs. 1 S. 1 ElektroG verpflichtet, bei der Abgabe eines neuen Gerätes an einen Endbenutzer ein Altgerät des Endnutzers dergleichen Geräteart, das im Wesentlichen die gleichen Funktionen wie das neue Gerät erfüllt, am Ort der Abgabe oder in unmittelbarer Nähe hierzu unentgeltlich zurückzunehmen. Elektroaltgeräte, die in keiner äußeren Abmessung größer als 25 cm sind, müssen sogar unabhängig vom Kauf eines neuen Geräts zurückgenommen werden. 60

Diese beispielhaft erwähnten Rücknahmepflichten bestehen unabhängig davon, wo und bei wem das Gerät ursprünglich erworben worden ist. Auch Systeme freiwilliger Rücknahmen funktionieren nur, wenn fremde Erzeugnisse ebenfalls zurückgenommen werden dürfen.

61 Unstreitig dürfte sein, dass Alttextilien und Altschuhe jeweils zu einer Gattung oder Produktart im Sinne der Vorschrift gehören. Der Schuheinzelhandel kann bei entsprechender Anzeige und Feststellung Altschuhe freiwillig zurücknehmen, auch wenn die einzelnen Exemplare nicht von dem zurücknehmenden Einzelhändler vertrieben worden sind. Nicht entscheidend ist, dass es sich bei den freiwillig zurückgenommenen Altschuhen durch den Schuheinzelhandel um Marken handelt, die von dem Einzelhändler auch vertrieben werden. Denn nichts deutet darauf hin, dass der Gesetzgeber mit den Begriffen Gattung und Produktart bestimmte Marken von bestimmten Herstellern gemeint haben könnte. Der Kunde, der ein ausgedientes Erzeugnis, etwa Altkleider oder Altschuhe, in einem Geschäft abgibt, muss nach längerem Gebrauch auch nicht mehr wissen, wo er das Erzeugnis erworben hat. Dies gilt insbesondere auch dann, wenn der Kunde nach Erwerb einer Massenware, etwa bei Billigtextilien, entsprechende Etiketten entfernt hat (*Oexle/Lammers* NVwZ 2015, 1490, 1491).

62 Nicht entscheidend dürfte außerdem die konkrete Funktion sein, die Erzeugnissen zugewiesen wird. Um im Beispiel der Altschuhe zu bleiben: Ob es sich bei den Schuhen, die freiwillig zurückgenommen werden sollen, um Freizeitschuhe, um Sportschuhe, Wanderschuhe, Tanzschuhe, etc. handelt, ist für die Feststellung nach § 23 Abs. 4 nicht entscheidend. Mit solchen Funktionsbezeichnungen werden keine Produktarten oder Produktgattungen beschrieben. Der Schuhfachhandel kann dementsprechend sämtliche Altschuhe zurücknehmen, selbst wenn er bestimmte Schuhkategorien, etwa Tanzschuhe oder Bergwanderschuhe, gar nicht vertreibt.

63 Umgekehrt ist genauso einsichtig, dass der Schuhfachhandel nach § 26 Abs. 4 Nr. 2 keine Alttextilien zurücknehmen kann, wenn er keine Textilien, sondern lediglich Schuhe im genehmigten Sortiment hat. Schuhe und Bekleidung dürften in diesem Sinne unterschiedlichen Produktgattungen bzw. Produktarten zuzurechnen sein. Viel hängt insoweit vom Verkaufssortiment des Vertreibers ab. Ein Sportgeschäft, das sowohl Sportzeug, d. h. Sportbekleidung, als auch Sportschuhe vertreibt, kann insoweit sowohl Alttextilien als auch Altschuhe freiwillig zurücknehmen. Dass in diesem Sinne z. B. Arbeitsbekleidung einschließlich der Arbeitsschuhe einer anderen Gattung oder Produktionsart zuzurechnen sind, ist nicht ersichtlich. Würde man insoweit differenzieren wollen, würde sich die Frage nach der hinreichenden Bestimmtheit der Regelung stellen.

II. Enger Zusammenhang mit der wirtschaftlichen Tätigkeit

64 Weitere Voraussetzung für die freiwillige Rücknahme von fremden Erzeugnissen ist, dass die Rücknahme in einem engen Zusammenhang mit der wirtschaftlichen Tätigkeit des Herstellers oder Vertreibers steht. Diese Voraussetzung stellt ergänzend sicher, dass die freiwillige Rücknahme in Wahrnehmung der Produktverantwortung stattfindet.

65 Ein enger Zusammenhang mit der wirtschaftlichen Tätigkeit von Herstellern und Vertreibern ist der Garant dafür, dass die Rücknahmen der Wahrnehmung von Produktverantwortung dienen. Würde ein enger Zusammenhang mit der Hersteller- oder Vertriebstätigkeit nicht bestehen, wäre zweifelhaft, was die Rücknahmen mit der Produktverantwortung von Herstellern und Vertreibern zu tun haben soll. Ein solcher Zusammenhang dürfte aber stets dann, wenn sich die Rücknahmen auf selbst hergestellte oder vertriebene Erzeugnisse oder auf produktartgleiche oder gattungsgleiche Erzeugnisse bezie-

hen, nahe liegen. Natürlich ergeben sich auch aus dieser gesetzlichen Voraussetzung für die Feststellung Unschärfen, z. B. hinsichtlich der Frage, wann der Zusammenhang mit der wirtschaftlichen Tätigkeit hinreichend „eng" ist. Eine konkrete Messlatte zur Bestimmung der hinreichenden Enge nennt der Gesetzgeber nicht. Möglicherweise kann der enge Zusammenhang dann zweifelhaft werden, wenn die Herstellung und der Vertrieb auf ein sehr spezielles Sortiment beschränkt sind und deshalb auch bei noch unterstellter Produktartgleichheit, ein enger Zusammenhang zu Herstellung und Vertrieb nicht mehr zu erkennen ist.

III. Angemessenes Verhältnis zu eigenen Erzeugnissen

66 § 26 Abs. 4 setzt für die Feststellung außerdem voraus, dass die Menge der zurückgenommenen Abfälle in einem angemessenen Verhältnis zur Menge der vom Hersteller oder Vertreiber hergestellten und vertriebenen Erzeugnisse steht. Auch diese Feststellungsvoraussetzung weckt Zweifel an ihrer hinreichenden Bestimmtheit. Welches Verhältnis ist schon angemessen? Die Regelung knüpft an die zu der Vorgängerbestimmung des § 26 Abs. 6 ergangenen Rechtsprechung insbesondere des VGH Mannheim an. Der VGH Mannheim hat dazu in seinem Urteil vom 14.5.2019 ausgeführt, während die gewerbliche Sammlung losgelöst von einer wirtschaftlichen Haupttätigkeit stattfinde, soweit der Zweck der Sammlung in der Einnahmeerzielung als solcher liege (§ 3 Abs. 18 Satz 1), sei die freiwillige Rücknahme von Abfällen in die Produktverantwortung eingebettet und auf Hersteller sowie Vertreiber von Erzeugnissen begrenzt. Damit gestalte das Gesetz die Rücknahme von Abfällen als bloße Annextätigkeit zur wirtschaftlichen Haupttätigkeit des Herstellers oder Vertreibers aus. Folglich müsse qualitativ ein hinreichender Bezug zur eigentlichen Tätigkeit des Herstellers oder Vertreibers bestehen, um die Rücknahme von Abfällen in den Kontext der Produktverantwortung stellen zu können (*VGH Mannheim* Urt. v. 14.5.2019 – 10 S 1990/18, juris Rn. 62 unter Verweis auf *Oexle/Lammers* NVwZ 2015, 1490, 1496). In quantitativer Hinsicht müsse eine Balance zwischen der wirtschaftlichen Haupttätigkeit des Herstellers oder Vertreibers und der Annextätigkeit der Rücknahme von Abfällen gewahrt bleiben. Das sei der Fall, wenn die freiwillige Rücknahme von Abfällen im Vergleich mit der eigentlichen Tätigkeit anhand objektiver Indikatoren als untergeordnete Tätigkeit eingeordnet werden könne. Als Kriterien würden insoweit die räumliche Ausdehnung der Rücknahmeaktion und die Menge der erfassten Abfälle – jeweils im Vergleich zum Umfang der Haupttätigkeit – in Frage kommen (*VGH Mannheim* Urt. v. 14.5.2019 – 10 S 1990/18, juris Rn. 62; *Oexle/Lammers* NVwZ 2015, 1490, 1496).

67 In dem vom VGH Mannheim entschiedenen Fall machte die freiwillige Rücknahme etwa 22% der Haupttätigkeit, bezogen auf Alttextilien und Altschuhe, aus. Soweit der VGH Mannheim damit angedeutet haben könnte, dass ein Anteil der freiwilligen Rücknahme an der Geschäftstätigkeit von deutlich mehr als 22% dazu führen könnte, eine Einordnung als freiwillige Rücknahme abzulehnen, ist das Urteil auf Kritik gestoßen (*Oexle/Lammers* AbfallR 2019, 223, 225). Es bestehe kein Anlass für die Annahme, dass die Rücknahmemenge deutlich hinter der Vertriebsmenge zurückbleiben müsse. Diese Kritik ist berechtigt; ihre Berechtigung ergibt sich schon daraus, dass kein Zweifel daran bestehen dürfte, dass Hersteller und Vertreiber befugt sind, ihre gesamte eigene Vertriebsmenge auch freiwillig zurückzunehmen. Das Verhältnis von Rücknahmemenge und Vertriebsmenge kann dementsprechend durchaus gleichgewichtig sein. Nimmt man hinzu, dass Hersteller und Vertreiber auch art- oder gattungsgleiche Fremdmengen freiwillig zurücknehmen können sollen, dann kann ein angemessenes Verhältnis zwischen der

Menge der vom Hersteller oder Vertreiber hergestellten und vertriebenen Erzeugnisse und den Rücknahmemengen durchaus auch dann noch bestehen, wenn die Rücknahmemengen die Vertriebsmengen überwiegen.

68 § 26 Abs. 4 Nr. 4 spricht von einem angemessenen Verhältnis, nicht davon, dass die Menge der zurückgenommenen Erzeugnisse deutlich hinter der Vertriebsmenge zurückzubleiben hätte. In Abgrenzung zur gewerblichen Sammlung muss die freiwillige Rücknahme allerdings eine **Nebentätigkeit** von Herstellern und Vertreibern bleiben. Das kann aber auch bei einem gleichgewichtigen Mengenverhältnis schon der Fall sein, wenn und soweit Hersteller und Vertreiber den Hauptumsatz oder Gewinn mit Vertrieb und Herstellung und nicht mit freiwilliger Rücknahme erzielen. Die Kunden erhalten bei der freiwilligen Rücknahme nicht nur ein zumeist eher geringeres Entgelt. Auch die Erlöse der Hersteller und Vertreiber im Rahmen der freiwilligen Rücknahme sind im Vergleich zu denn bei Herstellung und Vertrieb eher untergeordnet.

IV. Mindestzeitraum von drei Jahren

69 Schließlich verlangt der Gesetzgeber nach § 26 Abs. 4 Nr. 5 für eine Feststellung der Wahrnehmung der Produktverantwortung für gefährliche Abfälle von Erzeugnissen, die nicht von dem Hersteller und Vertreiber hergestellt oder vertrieben werden, dass sichergestellt ist, dass die Rücknahme und die Verwertung mindestens für einen Zeitraum von drei Jahren durchgeführt werden. Der Mindestzeitraum dient einer Gewährleistung der Nachhaltigkeit und Verlässlichkeit des Systems der freiwilligen Rücknahem sowie der Planungssicherheit der öffentlich-rechtlichen Entsorgungsträger (*Petersen/Friedrich* NVwZ 2021, 1, 10). Vorbild dafür war § 18 Abs. 6 S. 1.

70 Warum allerdings die Planungssicherheit der öffentlich-rechtlichen Entsorgungsträger für freiwillige Rücknahmen schon von Gesetzes wegen der genannte Mindestzeitraum der Rücknahme von drei Jahren erforderlich ist, während für gewerbliche Sammlungen nach § 18 Abs. 6 S. 1 die Festlegung eines solchen Mindestzeitraums in das Ermessen der zuständigen Behörde gestellt und für gemeinnützige Sammlungen eine solcher Mindestzeitraum überhaupt nicht vorgesehen ist, erschließt sich nicht. Dass freiwillige Rücknahmen insoweit für die Belange der öffentlich-rechtlichen Entsorgungsträger größere Gefahren bewirken als gewerbliche Sammlungen ist nicht ersichtlich. Im Gegenteil: Gefahren für die Planungssicherheit ergeben sich für öffentlich-rechtliche Entsorgungsträger vor allem aus der Volatilität der Wertstoffpreise, die dazu führen kann, dass gewerbliche Sammler bei fallenden Preisen kurzfristig die einer oder andere Sammlung im Gebiet eines öffentlich-rechtlichen Entsorgungsträgers einstellen. Bei Systemen freiwilliger Rücknahmen, deren Feststellung und ggfls. auch Freistellung sich auf das gesamte Bundesgebiet bezieht, bedar es eines deutlich größeren Aufwands der Einführung und Installation eines solchen Rücknahmesystems, so dass die Gefahr kurzfristiger Einstellungen oder Unterbrechungen eher geringer ist. Anders als § 26 Abs. 4Nr. 5 sieht § 18 Abs. 6 S. 1 im Übrigen vor, dass die Behörde einen Mindestzeitraum anordnen darf; dieser behördlich verfügte Mindestzeitraum darf aber den Zeitraum von drei Jahren im Sinne einer Höchstgrenze nicht überschreiten.

71 Fraglich ist, ob sich der Mindestzeitraum allein auf die Zeit für die Rücknahme oder auch auf die Zeit für die sich n die Rücknahme anschließenden Entsorgung der zurückgenommenen Erzeugnisse erstreckt. Da es sich um einen Mindestzeitraum handelt, dürften sich entsprechende Rechtsunsicherheiten am einfachsten dadurch vermeiden lassen, dass bei den Angaben der Anzeige nach § 26 Abs. 2 und bei den Angaben zum Feststellungsantrag nach § 26 Abs. 4 schon der Zeitraum der Rücknahme auf mindestens drei

Jahre erstreckt und eine sich daran noch anschließende Entsorgung nicht eingerechnet wird.

Der Mindestzeitraum dürfte durch Zeiten einer Betriebsschließung, etwa in Urlaubszeiten oder Krankheitsfällen, nicht unterschritten werden, so dass innerhalb des Mindestzeitraums die (Netto-) Zeiten für die freiwillige Rücknahme verkürzt sein können. **72**

Fraglich ist, zu welchem Zeitpunkt der Mindestzeitraum beginnt. Entscheidend ist insoweit nicht der Zugang des Feststellungsbescheids, sondern der von dem Hersteller und Vertreiber in seiner Anzeige genannte Zeitpunkt des Beginns, zu dem dann allerdings auch der Feststellungsbescheid wirksam sein muss, um als Ausnahme zur Überlassungspflicht eine freiwillige Rücknahme zu ermöglichen. Geht der Feststellungsbescheid trotz rechtzeitigem Zugang der Anzeige nach § 26 Abs. 2 und des Feststellungsantrags nicht zeitgerecht bei dem Hersteller und Vertreiber ein, muss der Mindestzeitraum, wenn nur ein solcher angezeigt worden ist, entsprechend verlängert werden. **72a**

Eine Pflicht, eine angezeigte freiwillige Rücknahme zu beginnen, ergibt sich aus der Mindestzeitregelung nicht (so auch *Karpenstein/Dingemann* in Jarass/Petersen, KrWG, 2014, § 18 Rn. 88 zu § 18 Abs. 6 S. 1). **73**

§ 26a Freistellung von Nachweispflichten bei freiwilliger Rücknahme gefährlicher Abfälle

(1) **Soweit vom Hersteller oder Vertreiber in Wahrnehmung der Produktverantwortung die nach Gebrauch ihrer Erzeugnisse verbleibenden gefährlichen Abfälle in eigenen Anlagen oder Einrichtungen oder in Anlagen oder Einrichtungen der von ihnen beauftragten Dritten freiwillig zurückgenommen werden, soll die zuständige Behörde den Hersteller oder Vertreiber auf Antrag von der Nachweispflicht nach § 50 bis zum Abschluss der Rücknahme der Abfälle freistellen. Als abgeschlossen gilt die Rücknahme mit der Annahme der Abfälle an einer Anlage zur weiteren Entsorgung, ausgenommen Anlagen zur Zwischenlagerung der Abfälle, wenn im Freistellungsbescheid kein früherer Zeitpunkt bestimmt wird.**

(2) **Für die Freistellung nach Absatz 1 gelten die in § 26 Absatz 3 Satz 1 Nummer 1 bis 4 festgelegten Voraussetzungen entsprechend. Die Anträge auf Feststellung der Wahrnehmung der Produktverantwortung nach § 26 Absatz 3 und 4 und der Antrag nach Absatz 1 können mit der Anzeige nach § 26 Absatz 2 verbunden werden.**

(3) **Die Freistellung nach den Absätzen 1 und 2 und die Feststellung der Wahrnehmung der Produktverantwortung nach § 26 Absatz 3 und 4 gelten für die Bundesrepublik Deutschland, soweit keine beschränkte Geltung beantragt oder angeordnet wird. Die jeweils für die Freistellung oder Feststellung zuständige Behörde übersendet je eine Kopie des Freistellungs- und des Feststellungsbescheides an die zuständigen Behörden der Länder, in denen die Abfälle zurückgenommen werden.**

(4) **Erzeuger, Besitzer, Beförderer oder Entsorger gefährlicher Abfälle, die diese Abfälle an einen Hersteller oder Vertreiber zurückgeben oder in dessen Auftrag entsorgen, sind bis zum Abschluss der Rücknahme von der Nachweispflicht nach § 50 für diese Abfälle befreit, soweit der Hersteller oder Vertreiber von der Pflicht zur Nachweisführung für solche Abfälle freigestellt ist. Die zuständige Behörde kann die Rückgabe oder Entsorgung von Bedingungen abhängig machen, sie zeitlich befristen oder Auflagen für sie vorsehen, soweit dies erforderlich ist, um die umweltverträgliche Verwertung und Beseitigung sicherzustellen.**

Schrifttum: Siehe das Verzeichnis zu § 23; *Oexle/Lammers,* Zur Reichweite von Rücknahmesystemen im Rahmen freiwilliger Produktverantwortung, AbfallR 2019, 223; *Oexle/Lammers,* Freiwillige Produktverantwortung: Zur Rücknahme von Altkleidung durch den Einzelhandel, NVwZ 2015, 1490; *Petersen/Friedrich,* Die Novellierung des Kreislaufwirtschaftsgesetzes 2020, NVwZ 2021, 1; *Wenzel,* Zur freiwilligen Rücknahme im Rahmen der abfallrechtlichen Produktverantwortung, AbfallR 2015, 187.

Übersicht

A. Allgemeines

1 § 26a ist im Rahmen der Gesetzesnovelle 2020 ergänzend zu § 26 in das Gesetz aufgenommen worden. Die Vorschrift dient ausweislich der Gesetzesbegründung einer besseren Übersichtlichkeit der Regelungen zur freiwilligen Rücknahme (Gesetzesbegründung, BT-Drs. 19/19373, S. 67). § 26 regelt eine Verordnungsermächtigung zur Festlegung von Zielen für die freiwillige Rücknahme, eine Anzeigepflicht für die freiwillige Rücknahmen und die verfahrensrechtlichen und materiell-rechtlichen Voraussetzungen für die Feststellung, dass eine angezeigte Rücknahme von Abfällen in Wahrnehmung der Produktverantwortung stattfindet, die Voraussetzung für die notwendige Ausnahme von der Überlassungspflicht im Sinne von § 17 Abs. 2 S. 1 Nr. 2 ist. § 26a bestimmt ergänzend dazu die verfahrensrechtlichen und materiell-rechtlichen Anforderungen an eine Freistellung bzw. Befreiung von Nachweispflichten bei freiwilliger Rücknahme von gefährlichen Abfällen.

2 § 26a steht außerdem in einem engen inhaltlichen Zusammenhang zu § 50, der die Nachweispflichten für gefährliche Abfälle regelt, und zu § 12 Abs. 1 Nr. 2 AbfAEV. Nach dieser Vorschrift sind Sammler, Beförderer, Händler und Makler von gefährlichen Abfällen, die solche Abfälle sammeln, befördern, mit diesen handeln oder diese makeln, die von einem Hersteller oder Vertreiber freiwillig oder auf Grund einer Rechtsverordnung zurückgenommen werden, von der Erlaubnispflicht nach § 54 ausgenommen. § 54 bestimmt, dass Sammler, Beförderer, Händler und Makler von gefährlichen Abfällen grundsätzlich einer Erlaubnis bedürfen. Die zuständige Behörde hat die Erlaubnis zu erteilen, wenn keine Tatsachen bekannt sind, aus denen sich Bedenken gegen die Zuverlässigkeit des Inhabers oder der für die Leitung und Beaufsichtigung des Betriebes verantwortlichen Personen ergeben, sowie der Inhaber, soweit er für die Leitung des Betriebes verantwortlich ist, die für die Leitung und Beaufsichtigung des Betriebes verantwortlichen Personen und das sonstige Personal über die für ihre Tätigkeit notwendige Fach- und Sachkunde verfügen.

3 § 26a Abs. 1 eröffnet Herstellern und Vertreibern die Möglichkeit einer behördlichen Freistellung von Nachweispflichten. Soweit Hersteller oder Vertreiber in Wahrnehmung der Produktverantwortung die nach Gebrauch ihrer Erzeugnisse verbleibenden gefährlichen Abfälle in eigenen Anlagen oder Einrichtungen oder in Anlagen oder Einrichtungen der von ihnen beauftragten Dritten zurücknehmen, soll die zuständige Behörde den Hersteller oder Vertreiber auf Antrag von der Nachweispflicht nach § 50 bis zum Abschluss der Rücknahme freistellen. Einer eigenständigen Freistellung von der Erlaubnispflicht nach § 54 bedarf es nicht, da § 12 Abs. 1 Nr. 2 AbfAEV bereits eine entsprechende verordnungsrechtliche Befreiung vorsieht.

4 § 26a Abs. 2 stellt klar, dass für die Freistellung nach § 26a Abs. 1 in Bezug auf das Tatbestandsmerkmal „in Wahrnehmung der Produktverantwortung" die in § 26 Abs. 3 Nrn. 1 bis 4 festgelegten Voraussetzungen entsprechend gelten. Außerdem wird es in Anlehnung an § 26 Abs. 3 S. 3 aus verfahrensökonomischen Gründen ermöglicht, dass die Anträge auf Feststellung der Wahrnehmung der Produktverantwortung nach § 26 Abs. 3 und Abs. 4 und der Antrag auf Freistellung von den Nachweispflichten nach § 26a Abs. 1 mit der Anzeige nach § 26 Abs. 2 verbunden werden können.

5 § 26a Abs. 3 bestimmt, dass die Freistellung nach § 26a Abs. 1 und 2 und die Feststellung der Wahrnehmung der Produktverantwortung nach § 26 Absatz 3 und 4 für die Bundesrepublik Deutschland gelten, soweit keine beschränkte Geltung beantragt oder angeordnet wird. Außerdem bestimmt der Gesetzgeber, dass die jeweils für die Freistellung oder Feststellung zuständige Behörde je eine Kopie des Freistellungs- und des Fest-

stellungsbescheids an die zuständigen Behörden der Länder sendet, in denen die Abfälle zurückgenommen werden.

Nach § 26a Abs. 4 sind Erzeuger, Besitzer, Beförderer oder Entsorger von gefährlichen Abfällen, die diese Abfälle an Hersteller oder Vertreiber zurückgeben oder in deren Auftrag entsorgen, bis zum Abschluss der Rücknahme von den Nachweispflichten nach § 50 für diese Abfälle befreit, soweit der Hersteller oder Vertreiber von der Pflicht zur Nachweisführung für solche Abfälle freigestellt ist. Die zuständige Behörde kann die Rückgabe oder Entsorgung von Bedingungen abhängig machen, sie zeitlich befristen oder Auflagen für sie vorsehen, soweit dies erforderlich ist, um die umweltverträgliche Verwertung und Beseitigung sicherzustellen. **6**

B. Freistellung von Nachweispflichten (Abs. 1)

Soweit vom Hersteller oder Vertreiber in Wahrnehmung der Produktverantwortung die nach Gebrauch ihrer Erzeugnisse verbleibenden gefährlichen Abfälle in eigenen Anlagen oder Einrichtungen oder in Anlagen oder Einrichtungen der von ihnen beauftragten Dritten freiwillig zurückgenommen werden, soll die zuständige Behörde nach § 26a Abs. 1 S. 1 den Hersteller oder Vertreiber auf Antrag von der Nachweispflicht nach § 50 bis zum Abschluss der Rücknahme der Abfälle freistellen. Als abgeschlossen gilt die Rücknahme nach § 26a Abs. 1 S. 2 mit der Annahme der Abfälle an einer Anlage zur weiteren Entsorgung, ausgenommen Anlagen zur Zwischenlagerung der Abfälle, wenn im Freistellungsbescheid kein früherer Zeitpunkt bestimmt wird. **7**

Die Freistellung von Nachweispflichten ist eine Privilegierung von Herstellern und Vertreibern, die durch eine Entlastung bei der Nachweispflicht zur freiwilligen Rücknahme auch von gefährlichen Abfällen motivieren soll, die nach dem Gebrauch von Erzeugnissen anfallen, die von ihnen hergestellt bzw. vertrieben worden sind (*Konzak* in Beck OK Umweltrecht, Stand: 1.4.2019, § 26 KrWG Rn. 11; *Mann* in Versteyl/Mann/Schomerus, KrWG, 2019, § 26 Rn. 14: „Belohnung“ für die freiwillige Rücknahme). **8**

I. Antragserfordernis

Voraussetzung für eine Freistellung ist ein entsprechender Antrag des Herstellers oder Vertreibers, den dieser nach § 26a Abs. 2 S. 2 mit der Anzeige nach § 26 Abs. 2 und den Anträgen nach § 26 Abs. 3 und 4 verbinden kann. Zuständig für die Entscheidung über den Freistellungsantrag ist die Behörde, die die Anzeige nach § 26 Abs. 2 entgegennimmt. Eine besondere Form sieht das Gesetz nicht vor. Dem Antrag sind die Unterlagen, Angaben und Informationen beizufügen, die von der zuständigen Behörde benötigt werden, um die Freistellungs- und Feststellungsvoraussetzungen prüfen zu können. **9**

Aus der „Soll“-Regelung des § 26a Abs. 1 S. 1 ergibt sich, dass bei Vorliegen der im Gesetz genannten Voraussetzungen regelmäßig dem Antrag auf Freistellung von den genannten Pflichten stattzugeben ist. Lediglich in Ausnahmefällen darf die zuständige Behörde den Antrag ablehnen (*Flanderka* in Jahn/Deifuß-Kruse/Brandt, KrWG, 2015, § 26 Rn. 10). Ein Anspruch auf die Freistellung besteht im Einzelfall, wenn das Ermessen auf Null reduziert ist. Das ist der Fall, wenn die Behörde keine Gründe dafür hat, den Antrag abzulehnen. Sie muss dementsprechend plausibel machen, warum im konkreten Fall auf eine Nachweispflicht abweichend vom Regelfall nicht verzichtet werden kann. Nach § 50 Abs. 1 S. 2 wird der Nachweis einer ordnungsgemäßen Ent- **10** sorgung gefährlicher Abfälle vor Beginn der Entsorgung in Form einer Erklärung des Erzeugers, Besitzers, Sammlers oder Beförderers von Abfällen zur vorgesehenen Entsorgung, einer Annahmeerklärung des Abfallentsorgers sowie der Bestätigung der Zulässigkeit der vorgesehenen Entsorgung durch die zuständige Behörde geführt und außerdem über die durchgeführte Entsorgung oder Teilabschnitte der Entsorgung in Form von Erklärungen über den Verbleib der entsorgten Abfälle. Hinsichtlich der Verzichtbarkeit des Nachweises vor Beginn der Entsorgung ist zu bedenken, dass für eine Feststellung und Freistellung die Voraussetzungen des § 26 Abs. 3 nachzuweisen sind, so dass wesentliche Informationen, die der Behörde im Nachweisverfahren vorzulegen sind, ohnehin von ihr zur Kenntnis genommen werden.

11 Neben einer Freistellung auf Antrag durch **Verwaltungsakt** kommt auch der Abschluss einer **öffentlich-rechtlichen Vereinbarung** nach § 54 Abs. 2 VwVfG in Betracht (*Mann* in Versteyl/Mann/Schomerus, KrWG, 2019, § 26 Rn. 17).

II. Eigene Anlagen und Einrichtungen und Anlagen und Einrichtungen beauftragter Dritter

12 Freigestellt werden sollen nach § 26a Abs. 1 Satz 1 Hersteller oder Vertreiber, die nach dem Gebrauch ihrer Erzeugnisse verbleibende gefährliche Abfälle in eigenen Anlagen oder Einrichtungen oder in Anlagen oder Einrichtungen von ihnen beauftragter Dritter freiwillig zurücknehmen wollen. Eine Freistellungsentscheidung kommt nur dann in Betracht, wenn der Hersteller/Vertreiber die Verantwortung für die Entsorgung der gefährlichen Abfälle übernehmen, sei es weil sie sie in eigenen Anlagen oder Einrichtungen zurücknehmen, sei es, dass sie Dritte mit der Entsorgung ganz oder teilweise beauftragen. Auch bei einer Drittbeauftragung bleiben sie nach § 22 Abs. 1 S. 2 für die Erfüllung ihrer Entsorgungspflichten verantwortlich (*Konzak* in BeckOK Umweltrecht, Stand: 1.4.2019, § 26 KrWG Rn. 12).

13 Die Freistellung beschränkt sich auf **gefährliche Abfälle.** Das ist konsequent, weil sich auch die Nachweispflicht des § 50, von der freigestellt werden soll, auf gefährliche Abfälle bezieht. Gefährlich sind die Abfälle, die durch Rechtsverordnung nach § 48 S. 2 oder aufgrund einer solchen Rechtsverordnung bestimmt worden sind. Nicht gefährlich im Sinne des Gesetzes sind alle übrigen Abfälle. Maßgeblich ist insoweit die Kennzeichnung der Abfälle als gefährlich in der AVV.

14 Eine Freistellung von der Nachweispflicht kommt in Betracht, wenn die gefährlichen Abfälle in eigenen Anlagen oder Einrichtungen zurückgenommen werden sollen. Fraglich ist, was Anlagen und Einrichtungen im Sinne dieser Vorschrift sind. Genehmigungspflichtig sind nach § 35 Abs. 1 Anlagen, in denen eine Entsorgung von Abfällen durchgeführt wird. Allerdings bezieht sich die Genehmigungspflicht in § 4 Abs. 1 Satz 1 BImSchG auf ortsfeste Abfallentsorgungsanlagen zur Lagerung oder Behandlung von Abfällen. Genehmigungsrechtlich ist für die meisten Abfallentsorgungsanlagen der immissionsschutzrechtliche Anlagenbegriff maßgeblich. Im immissionsschutzrechtlichen Sinne sind Anlagen Betriebsstätten und sonstige ortsfeste Einrichtungen, Maschinen, Geräte und sonstige ortsveränderliche technische Einrichtungen sowie Fahrzeuge, soweit sie nicht der Vorschrift des § 38 BImSchG unterliegen und Grundstücke, auf denen Stoffe gelagert oder abgelagert oder Arbeiten durchgeführt werden, die Emissionen verursachen können, ausgenommen öffentliche Verkehrswege (§ 3 Abs. 5 BImSchG). Ein Grundstück ist eine Abfallentsorgungsanlage, wenn die Behandlung, Lagerung oder Ablagerung von Abfällen als typisches, wenngleich nicht einziges Nutzungsmerkmal für den Durchschnittsbetrachter erkennbar ist (*OLG Düsseldorf* Urt. v. 25.5.1994, NVwZ-RR 1995,

78; siehe auch *OVG Greifswald* Urt. v. 19.6.1997, NVwZ 1997, 1027). In dem so verstandenen Sinne erstreckt sich der Anlagenbegriff auch auf ortsfeste oder ortsveränderliche Einrichtungen. Angesichts der Weite des Anlagenbegriffs dürfte der zusätzliche Begriff der Einrichtungen für § 26a Abs. 1 keine große Praxisrelevanz haben.

Auch auf die weitere Frage, wann von einer „eigenen" Anlage oder Einrichtung zu sprechen ist, dürfte es in aller Regel nicht ankommen; entscheidender ist vielmehr, ob es sich um Anlagen oder Einrichtungen handelt, bei denen die in Rede stehenden Abfälle im Zusammenhang mit der freiwilligen Rücknahme für die Hersteller oder Vertreiber angenommen werden, seien es eigene Anlagen oder solche, die im Auftrage der Hersteller oder Vertreiber tätig werden. Für die Frage, was als eigene Anlage oder Einrichtung anzusehen ist, kann auf die Kommentierung zu § 17 Abs. 1 S. 2 verwiesen werden. Überwiegend wird angenommen, dass das Eigentum an der Anlage diese zur eigenen Anlage im Sinne dieser Bestimmung macht (*Dippel* in Schink/Versteyl, KrWG, 2016, § 17 Rn. 28; a. A. *Klement* in Schmehl/Klement, KrWG, 2019, § 17 Rn. 103, wonach die zivilrechtliche Einordnung nicht oder jedenfalls nicht unmittelbar maßgeblich ist). Entscheidend dürfte jedenfalls nicht auf das Alleineigentum abzustellen sein. Ausreichend ist vielmehr ein Miteigentum, das dem Miteigentümer das Recht einräumt, die Anlage auch zu eigenen Zwecken zu nutzen. Selbstverständlich kann auch ein Erbbaurecht oder ein Pachtvertrag oder auch eine gesellschaftsrechtliche Beteiligung in einer Personengesellschaft ausreichend sein, das dem Abfallerzeuger/-besitzer ein Weisungsrecht einräumt. Von einer eigenen Anlage kann im Übrigen auch ausgegangen werden, wenn der Abfallbesitzer die öffentlich-rechtliche Zulassung für die Anlage besitzt (*Jungnickel/Bree* UPR 1996, 297; *Versteyl/Wendenburg* NVwZ 1996, 937, 43; *Schink* NVwZ 1997, 435, 440; a. A. *Klement* in Schmehl/Klement, KrWG, 2019, § 17 Rn. 104). Inhaber der öffentlich-rechtlichen Zulassung ist der Betreiber der Anlage. Das ist nach der Rechtsprechung grundsätzlich derjenige, der die Anlage eigenverantwortlich und für eigene Rechnung betreibt (*BVerwG* Beschl. v. 22.7.2010, NVwZ-RR 2010, 759, Rn. 14; *OVG NRW* Urt. v. 1.12.2011 – 8 D 58/08, juris Rn. 327; VGH Mannheim Urt. v. 15.12.1987, NVwZ 1988, 562; *VG Düsseldorf* Urt. v. 3.12.2019 -28 K 984/17, juris). 15

III. Abschluss der Rücknahme

Die Freistellung von Pflichten der Nachweisführung nach § 50 gilt nur bis zum Abschluss der Rücknahme der Abfälle. Für die Abfallentsorgung nach dem Abschluss der Rücknahme sind Nachweispflichten nach § 50 demnach auch bei einer Freistellung weiterhin zu beachten (*Mann* in Versteyl/Mann/Schomerus, KrWG, 2019, § 26 Rn. 18). Als abgeschlossen gilt die Rücknahme nach § 26a Abs. 1 S. 2 mit der Annahme der Abfälle an einer Anlage zur weiteren Entsorgung, ausgenommen Anlagen zur Zwischenlagerung der Abfälle. Bei einer Zwischenlagerung ist die Entsorgung erst mit der Anlieferung bei der nachfolgenden Entsorgungsanlage, soweit dort auch eine Behandlung stattfindet, abgeschlossen. Die Zwischenlagerung wird dementsprechend noch von der Privilegierung erfasst und ist somit ohne Nachweispflicht zulässig (*Mann* in Versteyl/Mann/Schomerus, KrWG, 2019, § 26 Rn. 18). 16

Nach § 26a Abs. 1 S. 2 kann in der Freistellung für den Abschluss der Entsorgung ein früherer Zeitpunkt bestimmt werden. Wird ein solcher Zeitpunkt in der Freistellung nicht bestimmt, dann ist der gesetzlich fingierte Zeitpunkt maßgeblich. Der zuständigen Behörde steht hinsichtlich der Frage, ob für den Abschluss der Rücknahme ein früherer Zeitpunkt bestimmt werden soll, Ermessen zu. Sie muss ggfls. die Gründe ermessensfeh- 17 lerfrei darlegen können, warum der vom Gesetzgeber bestimmte Zeitraum im konkreten Fall aus Gründen einer hinreichenden Überwachung verkürzt werden muss (*Konzak* in BeckOK Umweltrecht, Stand: 1.4.2019, § 26 KrWG Rn. 14).

C. Freistellungsvoraussetzungen (Abs. 2 S. 1)

18 Die Freistellung von Pflichten zur Nachweisführung nach § 50 Abs. 1 ist nach § 26a Abs. 2 S. 1 nur zulässig, wenn die Voraussetzungen des § 26 Abs. 3 S. 1 Nr. 1–4 vorliegen. Auf die Kommentierung dazu wird verwiesen. Der Hinweis in § 26a Abs. 2 S. 2, dass nämlich die Anträge auf Feststellung der Wahrnehmung der Produktverantwortung nach § 26 Abs. 3 und 4 und der Antrag nach § 26a Abs. 1 auf Freistellung von der Nachweispflicht mit der Anzeige nach § 26 Abs. 2 verbunden werden können, dient der Verfahrenserleichterung. Hersteller und Vertreiber können ihre Anzeige nach § 26 Abs. 2 mit den Anträgen auf Feststellung und Freistellung verbinden. Es bedarf insbesondere nicht zunächst einer behördlichen Feststellung, dass die angezeigte Rücknahme in Wahrnehmung der Produktverantwortung stattfindet, bevor über den Antrag auf Freistellung von der Nachweispflicht entschieden werden kann.

D. Geltungsbereich (Abs. 3)

19 Die Freistellung nach § 26a Abs. 1 und 2 und die Feststellung der Wahrnehmung der Produktverantwortung nach § 26 Abs. 3 und 4 gelten nach § 26a Abs. 4 S. 1 für das Gebiet der Bundesrepublik Deutschland, soweit keine beschränkte Geltung beantragt oder angeordnet wird. Eine beschränkte räumliche Geltung kann sowohl von dem Hersteller/Vertreiber beantragt als auch von der zuständigen Behörde ohne einen solchen Antrag angeordnet werden. Das kann insbesondere dann sinnvoll sein, wenn sich die Freistellungs- und Feststellungsvoraussetzungen nicht für das gesamte Bundesgebiet, sondern nur für einzelne Regionen nachweisen lassen. Es kann deshalb sogar aus Gründen der Verhältnismäßigkeit geboten sein, den Geltungsbereich zur Vermeidung einer (vollständigen) Ablehnung der beantragten Feststellung und Freistellung, zu beschränken. Im Regelfall ist allerdings eine Freistellung für das gesamte Bundesgebiet erforderlich, weil nur so eine effektive Wahrnehmung der Produktverantwortung, die sich an bundesweiten Marktstrukturen und Distributionsmöglichkeiten orientieren muss, organisiert werden kann (*Flanderka* in Jahn/Deifuß-Kruse/Brandt, KrWG, 2014, § 26 Rn. 14).

20 Für den grenzüberschreitenden Verkehr mit Abfällen gilt die Freistellungsmöglichkeit nicht. Der Geltungsbereich der Freistellung ist insoweit zu beschränken, weil gem. § 1 Abs. 4 NachwV die Nachweisverordnung nicht für die grenzüberschreitende Verbringung von Abfällen gilt. Für eine grenzüberschreitende Verbringung von gefährlichen Abfällen sind dementsprechend Notifizierungsverfahren nach der EU-AbfVerbrV durchzuführen.

21 Die jeweils für die Freistellung oder Feststellung zuständige Behörde übersendet je eine Kopie des Freistellungs- und des Feststellungsbescheides an die zuständigen Behörden der Länder, in denen die Abfälle zurückgenommen werden. Da die freiwillige Rücknahme länderübergreifend organisiert werden kann und da für die Entgegennahme der Anzeige und die Erteilung von Freistellungen örtlich zuständig die Behörde ist, in deren Bezirk eine zurücknehmende natürliche Person ihren gewöhnlichen Aufenthalt oder eine juristische Person oder Vereinigung ihren Sitz hat, besteht ein Informationsbedürfnis für die zuständigen Behörden der Länder, in denen Abfälle zurückgenommen werden.

E. Befreiung (Abs. 4 S. 1)

Erzeuger, Besitzer, Beförderer oder Entsorger gefährlicher Abfälle, die diese Abfälle an einen Hersteller oder Vertreiber zurückgeben oder in dessen Auftrag entsorgen, sind bis zum Abschluss der Rücknahme von der Nachweispflicht nach § 50 für diese Abfälle befreit, soweit der Hersteller oder Vertreiber von der Pflicht zur Nachweisführung für solche Abfälle freigestellt ist. Die Befreiung von den Nachweispflichten des § 50 nach § 26a Abs. 4 S. 1 erfolgt unmittelbar kraft Gesetzes; sie bedarf keines Antrages und auch keiner behördlichen Entscheidung in Form einer Freistellungs- oder Befreiungsentscheidung (*Mann* in Versteyl/Mann/Schomerus, KrWG, 2019, § 26 Rn. 21). Daraus folgt, dass sobald ein Hersteller/Vertreiber nach § 26a Abs. 1 freigestellt worden ist, akzessorisch die Befreiung weiterer Beteiligter nach § 26a Abs. 4 nachfolgt. Umgekehrt entfällt die Befreiung unmittelbar bei Wegfall der Freistellung, unabhängig davon, ob sie nach den §§ 48, 49 VwVfG aufgehoben wird oder im Falle einer auflösenden Befristung bzw. nach Fristablauf erlischt. Die Befreiung kann sich selbstredend nur auf Abfälle beziehen, für die nach § 26a Abs. 1 von den Nachweispflichten freigestellt werden kann. 22

Die Nachweispflichten nach § 50 Abs. 1 treffen Erzeuger, Besitzer, Einsammler und Entsorger gefährlicher Abfälle. Soweit Hersteller und Vertreiber, die gefährliche Abfälle freiwillig zurücknehmen, Besitzer, Einsammler oder Entsorger dieser Abfälle sind, können sie sich nach § 26a Abs. 1 von der Nachweispflicht auf Antrag freistellen lassen. Ihre Freistellung würde allerdings ohne eine entsprechende gesetzliche Regelung nichts daran ändern, dass auch die rückgabebereiten Abfallbesitzer ihrerseits Nachweispflichten nach § 50 zu beachten haben. Das Nachweisverfahren ist dazu im Regelfall mit einer verantwortlichen Erklärung des Abfallbesitzers einzuleiten. Der Gesetzgeber sieht dazu und zur Vermeidung von Doppelprüfungen in § 26a Abs. 4 S. 1 vor, dass Erzeuger, Besitzer, Beförderer oder Entsorger gefährlicher Abfälle bis zum Abschluss der Rücknahme von der Nachweispflicht nach § 26a Abs. 1 auch ohne eigenen Antrag von Nachweispflichten befreit sind, soweit sie die Abfälle an einen Hersteller oder Vertreiber zurückgeben oder in dessen Auftrag entsorgen, der für solche Abfälle nach § 26a Abs. 1 von Nachweispflichten freigestellt ist. Maßgeblich ist insoweit, dass der Hersteller oder Vertreiber, für den die genannten Personen entweder tätig werden oder dem sie die Abfälle zurückgeben, von den Nachweispflichten freigestellt ist. Die Freistellung dieser Beteiligten erfolgt nicht durch einen Freistellungsbescheid im Sinne von § 26a Abs. 1; sie gilt vielmehr bereits von Gesetzes wegen, wenn und soweit der jeweilige Hersteller oder Vertreiber freigestellt worden ist (Gesetzesbegründung, BT-Drs. 17/6052 S. 91). 23

Zu Recht wird darauf hingewiesen, dass die in § 26 Abs. 5 S. 2 vorgesehenen Bedingungen, Befristungen und Auflagen keine echten Nebenbestimmungen im Sinne von § 36 Abs. 2 Nrn. 1, 2 und 4 VwVfG, sondern **eigenständige Verwaltungsakte** sind, die gerichtlich angefochten werden können (*Flanderka* in Jahn/Deifuß-Kruse/Brandt, KrWG, 2014, § 26 Rn. 15). Das ergibt sich zwanglos daraus, dass die Befreiung unmittelbar kraft Gesetzes gilt und es insoweit an einem Verwaltungsakt mangelt, dem eine Bedingung, Befristung oder Auflage hinzugefügt werden könnte (*Mann* in Versteyl/Mann/Schomerus, KrWG, 2019, § 26 Rn. 22; *Tünnesen-Harmes* in Jarass/Petersen, KrWG, 2014, § 26 Rn. 39; *Ellinghaus* in Schmehl/Klement, KrWG, 2019, § 26 Rn. 16 unter Verweis auf die Gesetzesbegründung BT-Drs. 17/6052, S. 91). 24

Die zusätzliche Befreiung der an der Rücknahme beteiligten Erzeuger, Besitzer, Beförderer oder Entsorger ist erforderlich, weil sich die Produktverantwortlichen bei der Umsetzung ihrer Rücknahmekonzepte in aller Regel der Hilfe Dritter bedienen, sich 25 insbesondere von Entsorgungsfachbetrieben unterstützen lassen. Diese Beteiligten sollen materiell von der Freistellung der Produktverantwortlichen profitieren können.

26 Nach § 12 Abs. 1 Nr. 2 AbfAEV sind Sammler, Beförderer, Händler und Makler von gefährlichen Abfällen, die solche Abfälle sammeln, befördern, mit diesen handeln oder diese makeln, die von einem Hersteller oder Vertreiber freiwillig oder auf Grund einer Rechtsverordnung zurückgenommen werden, von der Erlaubnispflicht nach § 54 ausgenommen.

§ 7a Ökologische Gestaltung der Beiträge

[1] Die Rücknahmesysteme sind verpflichtet, im Rahmen der Bemessung der Beiträge der Hersteller oder der Bevollmächtigten Anreize dafür zu schaffen, dass bei der Herstellung von Gerätebatterien die Verwendung von gefährlichen Stoffen minimiert wird. [2] Bei der Bemessung der Beiträge sind auch die Langlebigkeit, die Wiederverwendbarkeit und die Recyclingfähigkeit der Gerätebatterien zu berücksichtigen. [3] Der jeweilige Beitrag hat sich dabei an den einzelnen chemischen Systemen der Gerätebatterien zu orientieren.

Übersicht

A. Allgemeines

I. Bedeutung der Vorschrift

1 Die Vorschrift enthält Vorgaben für die Lastenverteilung der in einem Rücknahmesystem zusammenwirkenden Hersteller oder Bevollmächtigten untereinander. Die Vorschrift konkretisiert damit für den praktischen Regelfall einer kollektiven Wahrnehmung der Produktverantwortung durch Zusammenwirken mehrerer Hersteller und deren Bevollmächtigten bei Einrichtung und Betrieb eines Rücknahmesystems (§ 7 Abs. 3 S. 1) das Verursacherprinzip.

2 Dem Wortlaut nach enthält die Vorschrift eine echte Verpflichtung. Diese Verpflichtung ist jedoch mehr programmatisch (Schaffung von Anreizen, Berücksichtigungs- und Orientierungsgebot) als vollziehbar ausgestaltet und zieht unmittelbar lediglich eine Berichtspflicht (→ § 15 Abs. 2) nach sich. Sie findet zudem erst ab dem 1.1.2023 Anwendung (→ § 31 Abs. 4).

II. Rechtsentwicklung

3 § 7a wurde durch das Erste Gesetz zur Änderung des Batteriegesetzes vom 3.11.2020 (BGBl. I 2280) eingefügt. Der Umstellungsaufwand für die Wirtschaft wurde dabei von der Bundesregierung mit rd. 6,7 Mio. Euro beziffert (BT-Drs. 19/19930, 28).

4 Vorgaben zur Lastenverteilung innerhalb eines Herstellerkollektivs enthielt bereits § 6 Abs. 3 Nr. 7 aF für das vormalige Gemeinsame Rücknahmesystem. Demnach hatte das Gemeinsame Rücknahmesystem seine Finanzierung dadurch sicherzustellen, dass die nach Rücknahme, Verwertung und Beseitigung verbleibenden Kosten einschließlich Umsatzsteuer und notwendiger Gemeinkosten im Verhältnis ihres Anteils am jeweiligen

Jahresabsatz, gemessen an der Masse der Batterien und untergliedert nach chemischen Systemen und Typengruppen, auf die einzelnen Hersteller aufgeteilt und von den einzelnen Herstellern entsprechende Beiträge eingezogen werden. Die Unterscheidung nach den einzelnen chemischen Systemen der Gerätebatterien findet sich im Orientierungsgebot des S. 3 wieder.

III. Abgrenzung zu anderen Vorschriften

5 Die Vorschrift betrifft nur Rücknahmesysteme für Gerätealtbatterien (Eigenrücknahmesysteme nach § 7 Abs. 1), nicht jedoch die Rücknahme von Fahrzeug- oder Industrie-Altbatterien.

6 Anforderungen an Eigenrücknahmesysteme für Gerätealtbatterien regeln neben § 7a im Wesentlichen §§ 7, 15 und 16 (iVm § 31 Abs. 6 und 7) und § 18 Abs. 3. Während §§ 7, 15 und 16 (iVm § 31 Abs. 6 und 7) im Wesentlichen den Pflichtenkatalog der rücknahmesystembetreibenden Hersteller und Bevollmächtigten im Außenverhältnis zu Vertreibern, öffentlich-rechtlichen Entsorgungsträgern, Behandlungsanlagen und freiwilligen Rücknahmestellen enthalten und § 18 Abs. 2 S. 6 das Verhältnis zwischen verschiedenen Eigenrücknahmesystemen betrifft (Inter-Systempflichten), regelt § 7a das Verhältnis innerhalb der (ggf. durch Beauftragung eines Dritten) zusammenwirkenden Hersteller (Intra-Systempflichten).

7 Weitere Vorgaben für die innere Verfasstheit eines Eigenrücknahmesystems enthält auch § 7 Abs. 3 S. 4 für den (Regel-)Fall des Zusammenwirkens durch Beauftragung eines gemeinsamen Dritten. Anders als die Geheimhaltungspflichten aus § 7 Abs. 3 S. 4 sind die Verpflichtungen aus § 7a nicht nur an den Dritten, sondern an das Rücknahmesystem insgesamt adressiert. Die Intra-Systempflichten aus § 7a sind jedoch nicht als Genehmigungsvoraussetzung für den Systembetrieb ausgestaltet (→ § 7 Abs. 1 S. 2 und 3, Abs. 2 und 3).

8 Eine vergleichbare Vorschrift enthält § 21 VerpackG. Anders als § 21 VerpackG enthält § 7a jedoch keine weiteren Verfahrensanforderungen hinsichtlich der Prüfung und Veröffentlichung der Berichte. Die Befugnis zur Entwicklung von Prüfleitlinien (→ § 15 Abs. 4 S. 2) erstreckt sich, anders als mögliche Empfehlungen für das Format und den Aufbau der Dokumentation (→ § 15 Abs. 4 S. 1), nicht auf die Berichtspflicht zur Umsetzung der Vorgaben aus § 7a (→ § 15 Abs. 2).

IV. EU-Recht

9 Der neue § 7a setzt Art. 8a Abs. 4 lit. b der geänderten RL 2008/98/EG um (BT-Drs. 19/19930, 44). Die Vorschrift verankert das Konzept der ökologischen Gestaltung („Öko-Modulation") der Herstellerbeiträge in den allgemeinen Mindestanforderungen an Regime der erweiterten Herstellerverantwortung.

10 Demnach haben die Mitgliedstaaten die erforderlichen Maßnahmen zu treffen, um sicherzustellen, dass die von den Herstellern von Erzeugnissen geleisteten finanziellen Beiträge zur Einhaltung ihrer Verpflichtungen im Rahmen der erweiterten Herstellerverantwortung bei gemeinsamer Wahrnehmung der Verpflichtungen im Rahmen der erweiterten Herstellerverantwortung nach Möglichkeit für einzelne Produkte oder Gruppen vergleichbarer Produkte festgesetzt werden, wobei insbesondere deren Langlebigkeit, Reparierbarkeit, Wiederverwendbarkeit und Recycelbarkeit sowie das Vorhandensein gefährlicher Stoffe zu berücksichtigen sind, also ein vom Lebenszyklus ausgehender Ansatz verfolgt wird, der auf die in den einschlägigen Unionsrechtsvorschriften festgelegten

Anforderungen abgestimmt ist, und der gegebenenfalls auf harmonisierten Kriterien beruht, damit dafür gesorgt ist, dass der Binnenmarkt reibungslos funktioniert.

B. Anreiz zur Minimierung gefährlicher Stoffe

11 S. 1 verpflichtet die Rücknahmesysteme im Rahmen der Bemessung der Beiträge zur Schaffung von Anreizen, dass bei der Herstellung von Gerätebatterien die Verwendung von gefährlichen Stoffen minimiert wird. Bereits § 3 Abs. 1 und 2 enthalten Verkehrsverbote für Batterien, die bestimmte Anteile an Quecksilber oder Cadmium enthalten. Die Vorschrift des § 7a S. 1 geht darüber hinaus, indem sie allgemein auf die Minimierung der Verwendung von gefährlichen Stoffen bei der Herstellung von Gerätebatterien abzielt. Wie diese Anreize geschaffen werden sollen, lässt die Vorschrift offen und überlässt die Ausgestaltung, von den Berücksichtigungs- und Orientierungspflichten in S. 2 und 3 abgesehen, dem Rücknahmesystem. Detaillierte Vorgaben oder gar eine Regulierung der Beiträge, wie etwa im Fall der Entgelte für den Zugang zu den Energieversorgungsnetzen nach der Anreizregulierungsverordnung (ARegV), enthält die Vorschrift nicht. Die konkrete Ausgestaltung bleibt also zunächst den Marktteilnehmern überlassen.

C. Berücksichtigung der Abfallhierarchie

12 Bei der Bemessung der Beiträge sind nach S. 2 auch die Langlebigkeit, Reparierbarkeit, Wiederverwendbarkeit und Recyclingfähigkeit zu berücksichtigen. Der Wortlaut „auch" hinsichtlich der Kriterien Langlebigkeit, Reparierbarkeit, Wiederverwendbarkeit und Recyclingfähigkeit spricht dafür, dass die Pflicht zur Berücksichtigung dieser Kriterien bei der Bemessung der Beiträge neben den Minimierungsanreiz hinsichtlich gefährlicher Stoffe aus S. 1 tritt.

13 Jedoch sollen nach der Begründung der Bundesregierung die Rücknahmesysteme durch die Berücksichtigung „insbesondere" der Kriterien Langlebigkeit, Reparierbarkeit, Wiederverwendbarkeit und Recyclingfähigkeit Anreize schaffen, um die Verwendung von gefährlichen Stoffen einzuschränken (BT-Drs. 19/19930, 44). Dies spricht dafür, dass eine Berücksichtigung der Kriterien Langlebigkeit, Reparierbarkeit, Wiederverwendbarkeit und Recyclingfähigkeit den nach S. 1 zu schaffenden Minimierungsanreiz zumindest bereits indiziert.

D. Orientierung an chemischen Systemen

14 Schließlich sind nach S. 3 bei der Gestaltung der Beiträge auch noch die jeweiligen chemischen Systeme der Gerätebatterien zu berücksichtigen. Nach der Begründung der Bundesregierung ist dies bereits gelebte Praxis (BT-Drs. 19/19930, 44). Vor dem Hintergrund kann man an der Erforderlichkeit dieser gesetzlichen Regelung zweifeln.

15 Tieferer Grund für die Normierung bereits gelebter Praxis und im Übrigen eher vage Ausgestaltung der Öko-Modulation dürften die in der Begründung der Bundesregierung (BT-Drs. 19/19930, 44) bereits angeführten Arbeiten an einem Leitfaden auf europäischer Ebene sein, dem nicht vorgegriffen werden sollte, vgl. zu den Vorarbeiten *Hogg* et al. Study to Support Preparation of the Commission's Guidance for Extended Producer Responsibility Schemes vom 27.4.2020, Eunomia Research & Consulting, abrufbar unter https://op.europa.eu/de/publication-detail/-/publication/ecb86ea2-932e-11ea-aac4-01aa75ed71a1, zuletzt aufgerufen 25.8.2021).

E. Ausblick

16 Der Vorschlag der Kommission für eine neue Batterie-Verordnung vom 10.12.2020 (COM(2020) 798 final) sieht vor, dass Art. 8 und 8a der Abfallrahmenrichtlinie nicht für Batterien gelten. Vielmehr enthält Art. 47 Abs. 4 und 5 des Vorschlags eigenständige Vorgaben zu den finanziellen Beiträgen der Hersteller. Allerdings hat dieser Vorschlag und die Harmonisierung auch des End-of-Life-Managements von Batterien insgesamt durch eine Verordnung erhebliche Kritik erfahren; deren weitere Verwirklichung bleibt daher abzuwarten (vgl. Fortschrittsbericht des Rats „Umwelt" vom 10.6.2021, ST 9052 2021 REV 1, S. 14, 21).

§ 10 Pfandpflicht für Fahrzeugbatterien

(1) [1] **Vertreiber, die Fahrzeugbatterien an Endnutzer abgeben, sind verpflichtet, je Fahrzeugbatterie ein Pfand in Höhe von 7,50 Euro einschließlich Umsatzsteuer zu erheben, wenn der Endnutzer zum Zeitpunkt des Kaufs einer neuen Fahrzeugbatterie keine Fahrzeug-Altbatterie zurückgibt.** [2] **Der Vertreiber, der das Pfand erhoben hat, ist bei Rückgabe einer Fahrzeug-Altbatterie zur Erstattung des Pfandes verpflichtet.** [3] **Der Vertreiber kann bei der Pfanderhebung eine Pfandmarke ausgeben und die Pfanderstattung von der Rückgabe der Pfandmarke abhängig machen.** [4] **Wird die Fahrzeug-Altbatterie nicht dem Pfand erhebenden Vertreiber zurückgegeben, ist derjenige Erfassungsberechtigte nach § 11 Absatz 3, der die Fahrzeug-Altbatterie zurücknimmt, verpflichtet, auf Verlangen des Endnutzers schriftlich oder elektronisch zu bestätigen, dass eine Rücknahme ohne Pfanderstattung erfolgt ist.** [5] **Ein Vertreiber, der Fahrzeugbatterien unter Verwendung von Fernkommunikationsmitteln anbietet, ist abweichend von Satz 2 zur Erstattung des Pfandes auch bei Vorlage eines schriftlichen oder elektronischen Rückgabenachweises nach Satz 4, der zum Zeitpunkt der Vorlage nicht älter als zwei Wochen ist, verpflichtet.**

(2) **Werden in Fahrzeuge eingebaute Fahrzeugbatterien an den Endnutzer ab- oder weitergegeben, so entfällt die Pfandpflicht.**

Übersicht

A. Allgemeines

I. Bedeutung der Vorschrift

1 Die Vorschrift enthält die zentralen Bestimmungen für die Pfandpflicht auf Fahrzeugbatterien und ergänzt damit die Rücknahmepflichten der Vertreiber aus § 9 speziell für diese Batterieart.

II. Rechtsentwicklung

2 Bereits die Batterieverordnung vom 27.3.1998 (BGBl. I 658) enthielt in ihrem § 6 eine Pfandregelung für seinerzeit sogenannte Starterbatterien. Die Regelung wurde zunächst inhaltlich unverändert in die Erstfassung des Gesetzes übernommen, vgl. BT-Drs. 16/12227, 29.

3 Mit dem wurden Abs. 1 S. 2 zur Klarstellung der von der Erstattungspflicht adressierten Vertreiber neugefasst und Abs. 1 S. 4 und 5 angefügt. Vertreibern, die unter Verwendung von Fernkommunikationsmitteln Fahrzeugbatterien anbieten, sollte nach dem Entwurf der Bundesregierung ermöglicht werden, die Erstattung des Pfandes anstelle

einer Rückgabe der Batterie von der Vorlage eines Rückgabenachweises abhängig zu machen. Dies entsprach nach den Angaben der Bundesregierung im Jahr 2009 bereits zum Teil der Praxis.

4 Dementsprechend wurden durch Abs. 1 S. 4 alle Erfassungsberechtigten nach § 11 Abs. 3 verpflichtet, einen entsprechenden schriftlichen oder elektronischen Nachweis auszustellen, wenn sie Fahrzeug-Altbatterien ohne Pfanderstattung zurücknehmen und der Endnutzer einen entsprechenden Nachweis verlangt (BT-Drs. 18/5759, 11). Mit dem Ersten Gesetz zur Änderung des Batteriegesetzes vom 3.11.2020 (BGBl. I 2280) wurde Abs. 1 S. 4 neu gefasst und klargestellt, dass die Bestätigung sowohl die Rücknahme als auch die fehlende Pfanderstattung umfassen muss, vgl. BT-Drs. 19/19930 S. 45.

5 Abs. 1 S. 5 erhielt seine heutige Gestalt indes erst im parlamentarischen Verfahren zum Ersten Gesetz zur Änderung des Batteriegesetzes und des Kreislaufwirtschaftsgesetzes vom 20.11.2015 (BGBl. I S. 2071). Nach dem Entwurf der Bundesregierung hätte es noch heißen sollen: „Ein Vertreiber, der Fahrzeugbatterien unter Verwendung von Fernkommunikationsmitteln anbietet, kann abweichend von Satz 2 die Erstattung des Pfandes von der Vorlage eines schriftlichen oder elektronischen Rückgabenachweises nach Satz 4, der zum Zeitpunkt der Vorlage nicht älter als zwei Wochen ist, abhängig machen.“ Mit der Formulierung „kann“ hätte die Erstattung als alternative Möglichkeit aufgefasst werden können, auch wenn seitens der Bundesregierung eine Verpflichtung intendiert gewesen sein dürfte (BT-Drs. 18/5759, 11: „Legt der Endnutzer den entsprechenden Beleg beim Vertreiber vor, ist dieser verpflichtet, den Pfandbetrag zu erstatten, sofern der Nachweis nicht älter als zwei Wochen ist.“). Durch die Formulierung gemäß der Ausschussempfehlung wurde die verpflichtende Ausgestaltung für den Rechtsanwender und den Vollzug das Gewollte klargestellt. Im Hinblick auf die Bewehrung eines Zuwiderhandelns als Ordnungswidrigkeit (§ 29 Abs. 1 Nr. 1) sollten auch Vollzugsprobleme vermieden werden (BT-Drs. 18/6233, 5).

III. Abgrenzung zu anderen Vorschriften

6 Die Pfandpflicht betrifft nur Fahrzeugbatterien (→ § 2 Abs. 4). Vergleichbare Pfandregelungen für Industrie- oder Gerätebatterien (→ § 2 Abs. 5 und 6) bestehen nicht.

IV. EU-Recht

7 Die Vorschrift soll der Umsetzung von Erwägungsgrund 13 S. 1, Erwägungsgrund 21, Art. 9 der RL 2006/66/EG dienen (BT-Drs. 16/12227, 29). Eine unionsrechtliche Pflicht zur Einführung eines Pfandsystems auf Fahrzeugbatterien besteht zwar nicht. Nach Art. 9 der RL 2006/66/EG können aber die Mitgliedstaaten wirtschaftliche Instrumente einsetzen, um die Sammlung von Altbatterien und -akkumulatoren oder den Einsatz von Batterien und Akkumulatoren, die weniger umweltschädliche Stoffe enthalten, zu fördern. Art. 9 S. 1 der RL 2006/66/EG erwähnt als Beispiel gestaffelte Steuersätze. Zu den wirtschaftlichen Instrumenten zählen aber nach Art. 4 Abs. 3 iVm Anhang IVa Nr. 5 der RL 2008/98/EG in der durch die RL (EU) 2018/851 geänderten Fassung (Abfallrahmenrichtlinie) ausdrücklich auch Pfandsysteme.

B. Pfanderhebungspflicht der Vertreiber

8 Abs. 1 beinhaltet die Grundnorm der Pfanderhebungspflicht und regelt die Höhe des Pfandes. Maßgeblich für die Pfanderhebungspflicht ist zunächst die Einordnung als Fahr-

zeugbatterie. Die Abgrenzung hat nach der Definition für Fahrzeugbatterien gemäß § 2 Abs. 4 zu erfolgen. Fahrzeugbatterien sind demnach Batterien, die für den Anlasser, die Beleuchtung oder für die Zündung von Fahrzeugen bestimmt sind. Fahrzeuge sind dabei Landfahrzeuge, die durch Maschinenkraft bewegt werden, ohne an Bahngleise gebunden zu sein. Nicht von der Pfandpflicht umfasst sind damit Traktionsbatterien oder andere nach dem chemischen System zwar vergleichbare Batterien, die jedoch nicht für den Anlasser, die Beleuchtung oder für die Zündung von Fahrzeugen bestimmt sind. Batterien, die nur für den Anlasser, die Beleuchtung oder für die Zündung von bahngleisgebundenen Fahrzeugen bestimmt sind, sind ebenfalls nicht von der Pfandpflicht umfasst.

Nach S. 1 beträgt das Pfand 7,50 Euro einschließlich Umsatzsteuer. Die frühere Übergangsvorschrift für vor der Euroeinführung erhobene Pfandbeträge in § 23 Abs. 2 aF ist mit dem Ersten Gesetz zur Änderung des Batteriegesetzes vom 3.11.2020 (BGBl. I 2280) entfallen. Das Pfand ist nur zu erheben, wenn der Endnutzer zum Zeitpunkt des Kaufs einer neuen Fahrzeugbatterie keine Fahrzeug-Altbatterie zurückgibt. Die Pflicht zur Pfanderhebung besteht damit nur auf der letzten Vertriebsstufe bei der Abgabe an Endnutzer. Darin unterscheidet sich die Pfandregelung für Fahrzeugbatterien wesentlich von der auf allen Handelsstufen bis zur Abgabe an den Endverbraucher greifenden Pfandpflicht auf Einweggetränkeverpackungen nach § 31 Abs. 1 S. 1 und 2 VerpackG. **9**

S. 2 regelt, dass nur derjenige Vertreiber zur Erstattung eines Pfandes verpflichtet ist, der auch zuvor das Pfand beim Endnutzer erhoben hat. Damit wird sichergestellt, dass Endnutzer nur dann von dem konkreten Vertreiber eine Erstattung verlangen können, wenn sie das Pfand auch bei diesem Vertreiber entrichtet haben. Eine Pflicht zur Errichtung eines vertreiberübergreifenden Pfandsystems besteht nicht (BT-Drs. 18/5759, 11). Auch insofern unterscheidet sich die Pfandregelung für Fahrzeugbatterien von den Regelungen zum Pfand auf Einweggetränkeverpackungen und der dortigen Pflicht zur Beteiligung an einem bundesweit tätigen, einheitlichen Pfandsystem nach § 31 Abs. 1 S. 4 VerpackG. **10**

S. 3 berechtigt die Vertreiber, die Erstattung des Pfandes von der Rückgabe einer ausgegebenen Pfandmarke abhängig zu machen. Damit ist der Grundfall abgebildet, dass die Fahrzeug-Altbatterie beim Pfand erhebenden Vertreiber zurückgegeben wird, von dem der Endnutzer das Pfand auch zurückerhält. **11**

Die Vorschrift enthält jedoch auch Regelungen für den in Zeiten des Onlinehandels häufigeren Fall, dass die Altbatterie bei einem anderen Erfassungsberechtigten nach § 11 Abs. 3 als dem pfanderhebenden Vertreiber zurückgegeben wird. **12**

S. 4 und 5 regeln dazu, dass der zurücknehmende Erfassungsberechtigte auf Verlangen des Endnutzers eine Bestätigung über die Rücknahme ohne Pfanderstattung auszustellen hat. Mit dieser Bestätigung kann dann der Endnutzer zB vom Onlinehändler eine Pfanderstattung verlangen. Die Bestätigung muss daher sowohl die Rücknahme als auch die fehlende Pfanderstattung umfassen (BT-Drs. 19/19930, 45). Die Pfandrückerstattung ist bei Vorlage eines entsprechenden schriftlichen oder elektronischen Rückgabenachweises, der zum Zeitpunkt der Vorlage nicht älter als zwei Wochen ist, verpflichtend (→ oben Rn. 5). **13**

Die Vorschrift ist bußgeldbewehrt (→ § 29 Abs. 1 Nr. 12). Demnach handelt ordnungswidrig, wer vorsätzlich oder fahrlässig entgegen § 10 Abs. 1 S. 1, 2 oder S. 5 ein Pfand nicht erhebt oder nicht erstattet. **14**

C. Entfallen der Pfanderhebungspflicht

Abs. 2 regelt eine Ausnahme von der Pfanderhebungspflicht für Fahrzeugbatterien, die eingebaut in Fahrzeugen an den Endnutzer ab- oder weitergegeben werden. Damit greift **15** die Pfandregelung nur für die Austauschfahrzeugbatterien und nicht jedoch für den Fahrzeughandel, der mit einer Ab- oder Weitergabe einer Fahrzeugbatterie einhergeht. Die Ausnahme war bereits Teil der ursprünglichen Pfandregelung nach der Batterieverordnung vom 27.3.1998 (BGBl. I 658).

D. Ausblick

16 Der Vorschlag der Kommission für eine neue Batterie-Verordnung vom 10.12.2020 (COM(2020) 798 final) sieht keine vergleichbare Pfandpflicht vor. Die in Art. 2 Nr. 10 des Vorschlags als Starterbatterien definierte Batterieart enthält zudem keine Rückausnahme für an Bahngleise gebundene Fahrzeuge. Die weitere Verwirklichung des Verordnungsvorschlags und eventuelle Harmonisierung auch des End-of-Life-Managements von Batterien (→ § 7a Rn. 16) ist daher auch für das Fortbestehen der Pfandpflicht nach diesem § 10 und deren eventueller Verdrängung durch den unionsrechtlichen Rahmen bedeutsam.

§ 11 Pflichten des Endnutzers

(1) [1] **Besitzer von Altbatterien haben diese einer vom unsortierten Siedlungsabfall getrennten Erfassung zuzuführen.** [2] **Satz 1 gilt nicht für Altbatterien, die in andere Produkte eingebaut sind; das Elektro- und Elektronikgerätegesetz und die Altfahrzeug-Verordnung bleiben unberührt.**

(2) **Geräte-Altbatterien werden ausschließlich über Rücknahmestellen, die den Rücknahmesystemen nach § 7 Absatz 1 Satz 1 angeschlossen sind, erfasst.**

(3) [1] **Fahrzeug-Altbatterien werden ausschließlich über die Vertreiber, die öffentlich-rechtlichen Entsorgungsträger und über die Behandlungseinrichtungen nach § 12 Absatz 2 erfasst.** [2] **Abweichend von Satz 1 können Endnutzer, die gewerbliche oder sonstige wirtschaftliche Unternehmen oder öffentliche Einrichtungen sind, die bei ihnen anfallenden Fahrzeug-Altbatterien unmittelbar den Herstellern oder gewerblichen Altbatterieentsorgern überlassen.**

(4) **Industrie-Altbatterien werden ausschließlich über die Vertreiber, die Behandlungseinrichtungen nach § 12 Absatz 2 und über gewerbliche Altbatterieentsorger erfasst, soweit nicht abweichende Vereinbarungen nach § 8 Absatz 2 getroffen worden sind; die Erfüllung der Anforderungen aus § 14 ist sicherzustellen.**

Übersicht

A. Allgemeines

I. Bedeutung der Vorschrift

Die Vorschrift regelt die Endnutzerpflichten und bestimmt, differenziert nach Batteriearten, abschließend die Erfassungsberechtigten für die jeweiligen Altbatterien. 1

II. Rechtsentwicklung

Abs. 1 und die Zuführungspflicht zu einer vom unsortierten Siedlungsabfall getrennten Erfassung entspricht der Erstfassung des Gesetzes. Eine solche Pflicht war auch in ähnlicher Form bereits in § 7 der Batterieverordnung vom 27.3.1998 (BGBl. I 658) enthalten. Die vom Bundesrat als sprachliche Optimierung vorgeschlagene Umformulierung (vgl. BT-Drs. 16/12227, 39) lehnte die Bundesregierung mit der Begründung ab, dass der Vorschlag zu einer unnötigen sprachlichen Differenzierung zwischen dem Batteriegesetz und § 9 Abs. 1 ElektroG aF (nun § 10 Abs. 1 ElektroG) führen würde (BT-Drs. 2

16/12301, 3). Der Vorschlag des Bundesrates wurde im parlamentarischen Verfahren dann auch nicht weiter aufgegriffen.

3 Die Erstfassung des Gesetzes enthielt auch bereits die nach den Batteriearten ausdifferenzierte Regelung der ausschließlich Erfassungsberechtigten in Abs. 2 bis 4. Die Regelung der Erfassungsberechtigten für Geräte-Altbatterien in Abs. 2 S. 1 wurde durch das Erste Gesetz zur Änderung des Batteriegesetzes vom 3.11.2020 (BGBl. I 2280) im Zuge des Wegfalls des Gemeinsamen Rücknahmesystems nach § 6 aF angepasst. Die Rücknahme erfolgt nun allein über angeschlossene Rücknahmestellen der einzelnen Rücknahmesysteme nach § 7.

4 Abs. 2 S. 2 aF regelte vormals in Ausnahme zu Abs. 2 S. 1, dass nicht private Endnutzer für die bei ihnen anfallenden Geräte-Altbatterien mit dem Gemeinsamen Rücknahmesystem oder einem herstellereigenen Rücknahmesystem abweichende Vereinbarungen über die Art und den Ort der Rücknahme treffen können; in Betracht kam hier beispielsweise eine Abholung der Geräte-Altbatterien (= Art der Rücknahme) unmittelbar beim Besitzer (= Ort der Rücknahme) oder die Verbringung durch den Besitzer unmittelbar zu einer Verwertungseinrichtung (BT-Drs. 16/12227, 29). Diese Öffnung für abweichende Vereinbarungen über die Art und den Ort der Rückgabe ist im Hinblick auf die neue Regelung zur Mitwirkung von freiwilligen Rücknahmestellen (→ § 13a) entfallen (BT-Drs. 19/19930, 45).

5 Die geltenden Regelungen der Erfassungsberechtigten für Fahrzeug-Altbatterien und Industrie-Altbatterien in Abs. 3 und 4 entsprechen dem Entwurf der Bundesregierung zur Erstfassung des Gesetzes. Der Bundesrat hatte in seiner Stellungnahme zum Entwurf der Bundesregierung vorgeschlagen, in den Kreis der Erfassungsberechtigten für Fahrzeug-Altbatterien auch gewerbliche Altbatterieentsorger einzubeziehen, vgl. BT-Drs. 16/12227, 39.

6 Die Bundesregierung lehnte diesen Vorschlag in ihrer Gegenäußerung jedoch mit der Begründung ab, dass dadurch die gewerbliche Sammlung bestimmter gefährlicher Abfälle (hier Altbatterien) unmittelbar bei privaten Haushaltungen ermöglicht würde. Diese Ausnahme zu § 13 Abs. 1 S. 1 KrW-/AbfG aF (nun § 17 Abs. 1 S. 1 KrWG) sei aus Sicht der Bundesregierung nicht erforderlich und unter dem Gesichtspunkt der konsequenten Überwachung gefährlicher Abfälle nicht zielführend, vgl. BT-Drs. 16/12301, 3.

III. Abgrenzung zu anderen Vorschriften

7 § 10 Abs. 1 enthält spezielle Pflichten der Besitzer von Abfällen für den Fall der Altbatterien. Als *lex specialis* verdrängen sie damit unmittelbar die Überlassungspflichten nach § 17 Abs. 1 KrWG, ohne dass es der Anwendung des § 17 Abs. 2 S. 1 Nr. 1 KrWG bedarf.

8 Eine vergleichbare Regelung zur getrennten Erfassung von Altgeräten ist in § 10 Abs. 1 ElektroG enthalten. Die Abgrenzung zwischen beiden Vorschriften regelt jeweils S. 2 der Vorschrift. So nimmt Abs. 1 S. 2 Altbatterien, die in andere Produkte eingebaut sind, von der Pflicht nach S. 1 aus und stellt gleichzeitig klar, dass das ElektroG und damit dessen § 10 Abs. 1 unberührt bleiben. § 10 Abs. 1 S. 2 ElektroG bestimmt wiederum, dass Altbatterien und Altakkumulatoren, die nicht vom Altgerät umschlossen sind, vor der Abgabe an einer Erfassungsstelle von dem Altgerät zu trennen sind.

9 Damit greift für fest eingebaute Altbatterien und Altakkumulatoren die Pflicht zur Zuführung des Altgerätes einschließlich der Altbatterien und Altakkumulatoren zu einer getrennten Sammlung aus § 10 Abs. 1 S. 1 ElektroG.

10 Für nicht fest eingebaute Altbatterien und Altakkumulatoren greift hingegen zunächst die Pflicht aus § 10 Abs. 1 S. 2 ElektroG, die Altbatterien und Altakkumulatoren von dem Altgerät zu trennen. Für die dann getrennten Altbatterien und Altakkumulatoren greift die Ausnahme aus Abs. 1 S. 2 nicht, es verbleibt dann vielmehr bei der Pflicht zur Zuführung zu einer getrennten Sammlung aus Abs. 1 S. 1.

11 Im Ergebnis gilt auch für Fahrzeug-Altbatterien nichts anderes. Die Überlassungspflicht hinsichtlich eines Altfahrzeug regelt § 4 AltfahrzeugV. Bis zur Überlassung des Fahrzeugs an die anerkannte Annahmestelle, anerkannte Rücknahmestelle oder den anerkannten Demontagebetrieb handelt es sich bei der im Fahrzeug befindlichen Fahrzeugbatterie regelmäßig noch um keine Altbatterie, so dass Abs. 1 S. 1 nicht eingreift, wohl aber für das Fahrzeug insgesamt einschließlich der Fahrzeugbatterie die Überlassungspflicht aus § 4 Abs. 1 der AltfahrzeugV.

12 Die in Abs. 2 bis 4 jeweils ausschließlich bestimmten Erfassungsberechtigten sind nach den verschiedenen Batteriearten (→ § 2 Abs. 4 bis 6) abzugrenzen.

13 Die Regelung der Erfassungsberechtigten für Geräte-Altbatterie in Abs. 2 hat eine gewisse Entsprechung im ElektroG, dort in § 12 für Altgeräte aus privaten Haushalten. Die Regelungen der Erfassungsberechtigten für Fahrzeug- und Industrie-Altbatterien in Abs. 3 und 4 haben ihre Entsprechung in § 19 ElektroG, jedoch jeweils mit wesentlichen Unterschieden in der Ausgestaltung.

IV. EU-Recht

14 Die Regelungen zur getrennten Sammlung in Abs. 1 dient der Umsetzung von Erwägungsgrund 13, Erwägungsgrund 14 S. 1, Art. 7 der RL 2006/66/EG (BT-Drs. 16/12227, 29).

15 Die weiteren Regelungen zu den Erfassungsberechtigten sollen im Fall der Geräte-Altbatterien (Abs. 2) der Umsetzung von Erwägungsgrund 13, Erwägungsgrund 17 S. 1, Erwägungsgrund 19 S. 2, Artikel 12 Abs. 1 S. 1 lit. b, Art. 19 der RL 2006/66/EG dienen. Im Fall der Fahrzeug- und Industrie-Altbatterien (Abs. 3 und 4) soll die Vorschrift jeweils der Umsetzung von Erwägungsgrund 13 S. 1 und 4, Erwägungsgrund 16 S. 1, Erwägungsgrund 17 S. 1, Art. 12 Abs. 1 S. 1 lit. b und Art. 19 der RL 2006/66/EG dienen, zusätzlich im Fall der Fahrzeug-Altbatterien (Abs. 3) auch der Umsetzung von Art. 8 Abs. 4 und im Fall der Industrie-Altbatterien (Abs. 4) auch der Umsetzung von Art. 8 Abs. 3 S. 2 und Art. 16 Abs. 5 (BT-Drs. 16/12227, 29).

B. Getrennte Sammlung

16 Abs. 1 S. 1 verpflichtet die Besitzer von Altbatterien (Abfallbesitzer), diese einer vom unsortierten Siedlungsabfall (Restmüll) getrennten Erfassung zuzuführen (BT-Drs. 16/12227, 29). Der Begriff des „Besitzers" ist im BattG – wie auch im ElektroG – nicht eigenständig definiert. Auch im BattG kommt daher über § 1 Abs. 3 S. 1 die Definition des Besitzers von Abfällen aus § 3 Abs. 9 KrWG zur Anwendung (so auch für § 10 Abs. 1 ElektroG *Giesberts* in Giesberts/Hilf, ElektroG, 3. Aufl. 2018, § 10 Rn. 12). Besitzer von Abfällen ist demnach jede natürliche oder juristische Person, die die tatsächliche Sachherrschaft über Abfälle hat. Ein Besitzbegründungswille ist jedoch anders als im Zivilrecht nicht erforderlich (→ KrWG, § 3 Rn. 131).

17 Abs. 1 S. 2 nimmt Altbatterien, die in andere Produkte eingebaut sind, von der Pflicht nach S. 1 aus und stellt zugleich klar, dass die Regelungen des ElektroG für Elektro- und Elektronik-Altgeräte sowie der AltfahrzeugV für Altfahrzeuge (einschließlich der jeweils

eingebauten Batterien) unberührt bleiben. Hierdurch soll vermieden werden, dass Produkte mit eingebauten Batterien den hierfür ungeeigneten Rücknahmewegen für Altbatterien angedient werden (BT-Drs. 16/12227, 29).

18 Ergänzt wird diese Regelung durch § 10 Abs. 1 S. 2 ElektroG, wonach Altbatterien und Altakkumulatoren, die nicht vom Altgerät umschlossen sind, von dem Altgerät vor dessen Abgabe an einer Erfassungsstelle zu trennen sind. Aus dem Zusammenspiel der beiden Regelungen ergibt sich, dass – soweit möglich und zumutbar – eventuell vormals in Altgeräten enthaltene Altbatterien gesondert der getrennten Sammlung für Altbatterien zugeführt und die Altgeräte ohne die vormals enthaltenen Altbatterien erfasst werden. Die Erfassung von Altgeräten, die enthaltene Altbatterien fest umschließen, und mithin auch der enthaltenen umschlossenen Altbatterien erfolgt hingegen vollständig über den Erfassungsweg der Altgeräte. Damit soll auch den gefahrguttransportrechtlichen Anforderungen Rechnung getragen werden (vgl. *Hilf/Schleifenbaum* in Giesberts/Hilf, ElektroG, 3. Aufl. 2018, § 2 Rn. 69).

C. Erfassungsberechtigte für Geräte-Altbatterien

19 Abs. 2 regelt, wem Endnutzer Geräte-Altbatterien zu überlassen haben. Die Rücknahme erfolgt allein über angeschlossene Rücknahmestellen der einzelnen Rücknahmesysteme nach § 7 Absatz 1 Satz 1 (BT-Drs. 19/19930, 45).

20 Damit erfolgt bereits bei der Rücknahme eine eindeutige Zuordnung der weiteren Entsorgungsverantwortlichkeit zum jeweils zurücknehmenden Hersteller oder dessen Bevollmächtigten bzw. den beim Betrieb dieses Rücknahmesystems zusammenwirkenden Herstellern oder Bevollmächtigten. Denn die jeweils eindeutige Zuordnung der jeweiligen Rücknahmestelle zu einem der Rücknahmesysteme ergibt sich für Vertreiber aus § 9 Abs. 2, für die Betreiber von Behandlungseinrichtungen für Altgeräte bzw. Altfahrzeuge aus § 12 Abs. 1 und 2, für öffentlich-rechtliche Entsorgungsträger aus § 13 Abs. 1 S. 2 und für freiwillige Rücknahmestellen aus § 13a S. 1.

D. Erfassungsberechtigte für Fahrzeug-Altbatterien

21 Abs. 3 regelt, wem Endnutzer Fahrzeug-Altbatterien zu überlassen haben. Zur Erfassung von Fahrzeug-Altbatterien sind nach Abs. 3 S. 1 grundsätzlich die gemäß § 9 Abs. 1 zur Rücknahme verpflichteten Vertreiber, die öffentlich-rechtlichen Entsorgungsträger und die Behandlungsanlagen für Altfahrzeuge berechtigt. Allerdings können nach Abs. 3 S. 2 nicht-private Endnutzer die bei ihnen anfallenden Fahrzeug-Altbatterien auch unmittelbar den Herstellern oder gewerblichen Altbatterieentsorgern (→ § 2 Abs. 17) überlassen (BT-Drs. 16/12227, 29). Die Möglichkeit einer gewerblichen Sammlung von Fahrzeug-Altbatterien unmittelbar bei privaten Haushaltungen besteht jedoch nicht (→ Rn. 6).

22 Wird die Fahrzeug-Altbatterie nicht dem Pfand erhebenden Vertreiber zurückgegeben, greift für diesen Erfassungsberechtigten die Pflicht zur Ausstellung eines Rückgabenachweises (→ § 10 Abs. 1 S. 4).

E. Erfassungsberechtigte für Industrie-Altbatterien

23 Abs. 4 regelt schließlich, wem Endnutzer Industrie-Altbatterien zu überlassen haben. Der Kreis der Erfassungsberechtigten umfasst nach Abs. 4 S. 1 Hs. 1 zunächst nur die

gemäß § 9 Abs. 1 zur Rücknahme verpflichteten Vertreiber sowie gewerbliche Altbatterieentsorger (→ § 2 Abs. 17). Abs. 4 S. 1 Hs. 2 öffnet den Kreis der Erfassungsberechtigten jedoch durch einen Vorbehalt für abweichende Vereinbarungen nach § 8 Abs. 2, mithin abweichende Vereinbarungen zwischen den jeweils betroffenen Herstellern, Vertreibern, Behandlungseinrichtungen und Endnutzern. Aufgrund solcher Vereinbarungen können damit auch Hersteller unmittelbar Industrie-Altbatterien erfassen (→ § 8 Rn. 15). Eine Öffnung für die Erfassung durch öffentlich-rechtliche Entsorgungsträger ist allerdings nicht enthalten (→ § 8 Rn. 17).

§ 12 Überlassungs- und Verwertungspflichten Dritter

(1) **Die Betreiber von Behandlungseinrichtungen für Altgeräte nach dem Elektro- und Elektronikgerätegesetz sind verpflichtet, bei der Behandlung anfallende Geräte-Altbatterien einem Rücknahmesystem nach § 7 Absatz 1 Satz 1 zu überlassen.**

(2) **Die Betreiber von Behandlungseinrichtungen für Altfahrzeuge nach der Altfahrzeug-Verordnung sind verpflichtet, bei der Behandlung anfallende Geräte-Altbatterien einem Rücknahmesystem nach § 7 Absatz 1 Satz 1 zu überlassen.**

(3) **[1] Die Bindung an ein Rücknahmesystem erfolgt für mindestens zwölf Monate. [2] Eine Kündigung ist nur zulässig bis drei Monate vor Ablauf der vereinbarten Laufzeit oder, falls keine Laufzeit vereinbart ist, bis drei Monate vor Ablauf der zwölf Monate. [3] Wird die Kündigungsfrist nicht eingehalten oder keine Kündigung erklärt, verlängert sich die Laufzeit um mindestens zwölf weitere Monate. [4] Die Sätze 1 und 2 gelten nicht, sofern die Genehmigung des Rücknahmesystems während der Laufzeit entfällt.**

(4) **Für die bei der Behandlung nach den Absätzen 1 und 2 anfallenden Fahrzeug- und Industrie-Altbatterien ist § 9 Absatz 3 entsprechend anzuwenden.**

Übersicht

A. Allgemeines

I. Bedeutung der Vorschrift

Die Vorschrift regelt die Pflichten der Betreiber von Erstbehandlungsanlagen i. S. d. § 21 Abs. 1 ElektroG und der Betreiber von Demontagebetrieben i. S. d. § 2 Abs. 1 Nr. 16 Altfahrzeug-Verordnung differenziert nach Batteriearten. Die besondere Ausgestaltung der Pflichten dieser Dritten knüpft an der Ausnahme in § 11 Abs. 1 S. 2 an, wonach die Pflicht der Besitzer von Altbatterien, diese einer getrennten Erfassung zuzuführen, nicht für Altbatterien gilt, die in andere Produkte eingebaut sind. 1

Für Geräte-Altbatterien, die demgemäß die erste Meile des Erfassungswegs in einer Art Schicksalsgemeinschaft mit dem Elektro- und Elektronik-Altgerät oder Altfahrzeug teilen, bildet die Vorschrift den Einstieg in die Erfassung durch die Rücknahmesysteme für Geräte-Altbatterien nach § 7 (Abs. 1 bis 3). Im Hinblick auf Fahrzeug- und Industriebatterien greifen für die Betreiber von Erstbehandlungsanlagen und Demontagebetrieben die Optionen und Pflichten der Vertreiber entsprechend (Abs. 4). 2

II. Rechtsentwicklung

3 Die Regelungen in Abs. 1 bis 3 entsprechen in ihren Grundzügen der Erstfassung des Gesetzes. Allerdings bestand nach den ursprünglichen Regelungen in Abs. 1 und 2 die Überlassungspflicht für Geräte-Altbatterien grundsätzlich gegenüber dem Gemeinsamen Rücknahmesystem i. S. d. § 6 aF. Abs. 3 regelte dazu die Möglichkeit, auf die verbindliche Abholung durch das Gemeinsame Rücknahmesystem i. S. d. § 6 aF zu verzichten und die Geräte-Altbatterien einem oder mehreren herstellereigenen Rücknahmesystemen (§ 7 aF) zu überlassen.

4 Diese Regelungen wurden infolge des Wegfalls der Regelungen zum Gemeinsamen Rücknahmesystem i. S. d. § 6 aF durch das Erste Gesetz zur Änderung des Batteriegesetzes vom 3.11.2020 (BGBl. I 2280) angepasst. Nunmehr sind die Geräte-Altbatterien nach Abs. 1 und 2 stets einem einzigen Eigenrücknahmesystem nach § 7 zu überlassen. Die Bindungsfristen in Abs. 3 für die Zuordnung zu einem Eigenrücknahmesystem nach § 7 wurden daher ebenfalls mit dem Ersten Gesetz zur Änderung des Batteriegesetzes vom 3.11.2020 (BGBl. I 2280) neu geregelt.

5 Der Verweis in Abs. 4 auf die Optionen und Pflichten der Vertreiber entsprechend § 9 Abs. 3 im Hinblick auf die bei der Behandlung nach den Absätzen 1 und 2 anfallenden Fahrzeug- und Industrie-Altbatterien gilt seit der Erstfassung des Gesetzes unverändert. Allerdings wurde seinerseits § 9 Abs. 3 im Zuge des Ersten Gesetzes zur Änderung des Batteriegesetzes vom 3.11.2020 (BGBl. I 2280) neugefasst (→ § 9 Rn. 4).

III. Abgrenzung zu anderen Vorschriften

6 Die Vorschrift gilt für die Betreiber von Behandlungseinrichtungen für Altgeräte nach dem ElektroG bzw. für die Betreiber von Behandlungseinrichtungen für Altfahrzeuge nach der Altfahrzeug-Verordnung nur für die bei der Behandlung anfallenden Geräte-, Fahrzeug- und Industriebatterien. Diese Betreiber sind selbst nicht zur Rücknahme von Geräte-Altbatterien vom Endnutzer verpflichtet und können daher auch als Freiwillige Rücknahmestellen i. S. d. § § Abs. 16a an der Rücknahme von Geräte-Altbatterien mitwirken. Die Überlassungspflicht an das Eigenrücknahmesystem nach § 7 ergibt sich für diese bereits vom Produkt getrennten, freiwillig zurückgenommenen Geräte-Altbatterien aus § 13a.

IV. EU-Recht

7 § 12 soll der Umsetzung von Erwägungsgrund 13, Erwägungsgrund 14 S. 1, Erwägungsgrund 16 S. 1, Erwägungsgrund 17 S. 1, Erwägungsgrund 18, Erwägungsgrund 19 S. 2, Erwägungsgrund 28 S. 2, Art. 8 Abs. 1 S. 1 lit. d, Art. 8 Abs. 3 S. 2, Art. 8 Abs. 4 S. 1, Art. 12 Abs. 1 S. 1 lit. b, Art. 16 Abs. 2 der RL 2006/66/EG dienen (BT-Drs. 16/12227, 30).

B. Überlassungspflichten für bei der Behandlung anfallende Geräte-Altbatterien

8 Abs. 1 und 2 verpflichten die Betreiber der Behandlungseinrichtungen nach dem ElektroG bzw. der AltfahrzeugV, die bei der jeweiligen Behandlung anfallende Geräte-

Altbatterien einem Rücknahmesystem nach § 7 Abs. 1 S. 1 zu überlassen. Verstöße gegen die Überlassungspflicht sind bußgeldbewehrt (→ § 29 Abs. 1 Nr. 10). Eine Bereitstellungs- oder Überlassungspflicht für Fahrzeug- oder Industrie-Altbatterien besteht hingegen nicht (→ Rn. 17.

I. Adressaten der Überlassungspflicht

9 Primär adressiert als Behandlungseinrichtungen i. S. d. Abs. 1 sind damit die zertifizierten Erstbehandlungsanlagen i. S. d. § 20 Abs. 1 ElektroG. Bereits im Rahmen der Erstbehandlung von Elektro- und Elektronik-Altgeräten sind nach § 20 Abs. 2 ElektroG i. V. m. Anlage 4 Nr. 1 S. 1 lit. b ElektroG Batterien und Akkumulatoren zu entfernen. Eine pflichtwidrig fehlende Zertifizierung der Erstbehandlungsanlage lässt indes die Überlassungspflicht aus Abs. 1 nicht entfallen. Die Pflicht aus Abs. 1 knüpft an den rein faktischen Betrieb einer Behandlungsanlage an. Entsprechendes gilt für Geräte-Altbatterien, die entgegen § 20 Abs. 2 ElektroG i. V. m. Anlage 4 Nr. 1 S. 1 lit. b ElektroG nicht bereits im Rahmen der Erstbehandlung, sondern evtl. in späteren Behandlungsschritten anfallen.

10 Für Geräte-Altbatterien aus Altfahrzeugen sind in ähnlicher Weise primär die Demontagebetriebe i. S. d. § Abs. 1 Nr. 16 AltfahrzeugV adressiert. Die Betreiber von Demontagebetrieben haben nach der Anlieferung bei jedem Altfahrzeug unverzüglich die Batterien zu entnehmen, vgl. Ziff. 3.2.2.1 des Anhangs der AltfahrzeugV. An den Annahme- bzw. Rücknahmestellen i. S. d. § 2 Abs. 1 Nr. 14 bzw. Nr. 15 AltfahrzeugV findet hingegen nach der Legaldefinition keine Behandlung statt, vgl. auch Ziff. 2.1.2 (i. V. m. Ziff. 2.4) des Anhangs zur AltfahrzeugV.

II. Inhalt und Reichweite der Überlassungspflicht

11 Nach der Begründung der Bundesregierung sollen die Behandlungsanlagen die zurückgenommenen Geräte-Altbatterien dem Rücknahmesystem, mit dem zusammengearbeitet wird, unabhängig von Hersteller und Marke übergeben können. Das Rücknahmesystem soll die Annahme nicht ablehnen können, nur weil ein Hersteller einer zurückgenommenen Gerätebatterie nicht bei ihm verbunden ist (BT-Drs. 19/19930, 45).

12 Die Überlassungspflicht besteht damit ohne weitere Einschränkung für alle bei der Behandlung anfallenden Geräte-Altbatterien und ist auch unabhängig von der konkreten Beschaffenheit der Geräte-Altbatterien. Zwar umfassen die Vorschriften des ElektroG in § 20 Abs. 2 ElektroG i. V. m. Anlage 4 Nr. 1 S. 4 ElektroG die Vorgabe, dass Batterien und Akkumulatoren im Rahmen der Erstbehandlung so zu entfernen sind, dass sie nicht beschädigt werden und nach der Entfernung identifizierbar sind. Die Überlassungspflicht der Betreiber in Abs. 1 ist jedoch nicht weiter qualifiziert und damit von der konkreten Beschaffenheit der bei der Behandlung angefallenen Geräte-Altbatterie unabhängig. Spiegelbildlich greift die Abholpflicht der Hersteller aus § 7 Abs. 2 S. 2 Nr. 4 daher auch ausdrücklich für alle bereitgestellten Geräte-Altbatterien „unabhängig von ihrer Beschaffenheit, Art, Marke oder Herkunft" und ergänzt die bereits aus § 6 Abs. 3 Nr. 4 aF bekannten Kriterien ausdrücklich um die Beschaffenheit. Bei der Behandlung angefallene Geräte-Altbatterien sind daher zu überlassen und unentgeltlich von den Herstellern abzuholen, selbst wenn es sich um beschädigte oder auch schlicht nicht-identifizierbare Geräte-Altbatterien handelt. Lediglich im Rahmen der Vorgaben des § 14 besteht die Erleichterung, dass nicht-identifizierbare Altbatterien nicht verwertet werden müssen, sondern gemeinwohlverträglich beseitigt werden dürfen (→ § 14 Abs. 1 S. 7). Für eine

Überlassungspflicht aus Abs. 1 oder Abs. 2 dürfte aber dann kein Raum mehr sein, wenn infolge – ggf. auch nicht ordnungsgemäßer – mechanischer Behandlung die vormaligen Geräte-Altbatterien dergestalt zerstört sind, dass jegliche Erkennbarkeit als Altbatterie und damit ihre Existenz als eine solche iSd § 2 Abs. 9 ausscheidet.

13 Die Überlassungspflicht besteht jeweils gegenüber genau einem Rücknahmesystem nach § 7 Abs. 1 S. 1. Dies zeigt der Vergleich mit Abs. 3 aF und entspricht der Regelung in § 9 Abs. 3 (→ § 9 Rn. 3 und 12). Anders als im Fall des Verzichts auf die Abholung durch das Gemeinsame Rücknahmesystem i. S. d. § 6 aF nach § 12 Abs. 3 aF besteht damit nun keine Möglichkeit mehr, die bei der Behandlung anfallenden Geräte-Altbatterien auf mehrere Rücknahmesysteme nach § 7 Abs. 1 S. 1 aufzuteilen. Die jeweils eindeutige Zuordnung der angeschlossenen Rücknahmestelle dient der Transparenz der Mengenströme und auch der Zuordnung der abfallrechtlichen Verantwortlichkeit der rücknehmenden Hersteller nach § 1 Abs. 3 i. V. m. § 27 KrWG.

14 Anders als nach § 12 aF sind die Geräte-Altbatterien nicht dem Rücknahmesystem bereitzustellen, sondern lediglich zu überlassen. Weitergehende Verpflichtungen, etwa zum Bündeln von Mengen an einem bestimmten Ort („Mengenverdichtung") bestehen für die Betreiber der Behandlungsanlagen angesichts der bloßen Überlassungspflicht und der Vorgaben für die rücknehmenden Hersteller aus § 7 Abs. 2 S. 2 Nr. 3 und 4 nicht.

III. Bindungsdauer

15 Die Regelung zur eindeutigen Bindung eines Betreibers an ein Rücknahmesystem in Abs. 3 entspricht den Regelungen für die Vertreiberzuordnung (→ § 9 Rn. 14).

16 Die eindeutige Bindung an ein Rücknahmesystem beträgt mindestens 12 Monate bei einer dreimonatigen Kündigungsfrist. Sofern keine Kündigung erfolgt oder die Kündigungsfrist nicht eingehalten wird, verlängert sich die Laufzeit um mindestens weitere 12 Monate.

17 Die Regelungen gelten hingegen nicht, wenn das Rücknahmesystem während der Laufzeit die Genehmigung verliert. In diesen Fällen muss sichergestellt sein, dass trotz bestehender Vereinbarung ein Wechsel zu einem anderen Rücknahmesystem möglich ist (BT-Drs. 19/19930, 45). Den Bezug zu dem konkreten Rücknahmesystem, dessen Genehmigung widerrufen wurde, stellt der bestimmte Artikel in S. 4 („Genehmigung des Rücknahmesystems") klar. Der im Entwurf der Bundesregierung noch enthaltene unbestimmte Artikel wurde im parlamentarischen Verfahren durch einen bestimmten Artikel ersetzt (BT-Drs. 19/22607, 12).

C. Überlassung oder Verwertung bei Fahrzeug- und Industrie-Altbatterien

18 Abs. 4 regelt die Pflichten der Behandlungseinrichtungen für Elektro- und Elektronik-Altgeräte und für Altfahrzeuge im Hinblick auf Fahrzeug- und Industrie-Altbatterien. Insofern gelten die Regelungen für Vertreiber (→ § 9 Rn. 15) aus § 9 Abs. 3 entsprechend.

19 Soweit bei der Behandlung dort Fahrzeug- oder Industrie-Altbatterien anfallen und die Betreiber vom Rücknahmeangebot der Hersteller nach § 8 Abs. 1 keinen Gebrauch machen, müssen sie für diese Altbatterien die Erfüllung der Anforderungen des § 14 an die Verwertung selbst sicherstellen. Sie können sich zur Erfüllung ihrer Pflichten der

Dienste Dritter bedienen (→ § 26 Abs. 1). Handelt es sich bei dem Dritten um einen gewerblichen Altbatterieentsorger (→ § 2 Abs. 17) oder – im Fall von Fahrzeug-Altbatterien – um einen öffentlich-rechtlichen Entsorgungsträger, so gelten die Anforderungen des § 14 zu Gunsten der Behandlungseinrichtung (nicht zu Gunsten des gewerblichen Altbatterieentsorgers bzw. des öffentlich-rechtlichen Entsorgungsträgers) als erfüllt (BT-Drs. 16/12227, 30).

Kapitel 2. Landschaftsplanung

Vorbemerkung vor §§ 8–12

Schrifttum: *Appel,* Die Befugnis zur einfachgesetzlichen Ausgestaltung der allgemeinen Grundsätze des Naturschutzes i. S. d. Art. 72 Abs. 3 Satz 1 Nr. 2 GG, NuR 2010, 171 ff.; *Berg,* Zur Kooperation der Landschaftsplanung mit der Landesplanung: Das länderübergreifende Biotopverbundsystem, in: Czybulka (Hrsg.), Wege zu einem wirksamen Naturschutz: Das neue BNatSchG – Analyse und Kritik, 2004, S. 117 ff.; *Bierhals,* Ökologische Raumgliederung für die Landschaftsplanung, in: Buchwald/Engelhardt (Hrsg.), Handbuch für Planung, Gestaltung und Schutz der Umwelt, 1980, S. 80 ff.; *Bönsel/Winkler,* Gesellschaftliche Erwartungen an kommunale Landschaftspläne im 21. Jahrhundert, Landschaftsplanung.NET, Ausgabe 2007, 1 ff.; *Bundesamt für Naturschutz* (BfN), Landschaftsplanung. Grundlage nachhaltiger Landschaftsentwicklung, 2012; *Ebersbach,* Rechtliche Aspekte des Landverbrauchs am ökologisch falschen Platz, 1985; *Gassner,* Landschaftsschutzrecht, 2012, S. 99 ff.; *ders.,* Implizite Vorgaben des Art. 20a GG für den Bund, DVBl. 2017, 942 ff.; *Gruehn,* Analyse und Bewertung der Landschaftsplanung in Thüringen, LLP-report 027, 2012; *Herbert,* Landschaftsplanung im Kontext des novellierten Bundesnaturschutzgesetzes, in: Oldiges (Hrsg.), Perspektiven des Naturschutzes, 2003, S. 111 ff.; *Hyckel,* Die materiell-rechtliche Transformation des Umweltschutzes in der Bauleitplanung, ZfBR 2016, 335 ff.; *Lange,* Die Neuregelung der Landschaftsplanung im Bundesnaturschutzgesetz, UVP-report 2002, 16 ff.; *Maaß/Schütte,* Naturschutzrecht, in: Koch/Hofmann/Reese (Hrsg.), Umweltrecht, 5. Aufl. 2018, § 7 Rn. 66 ff.; *Mitschang,* Die Bedeutung der Landschaftsplanung für die Landes-, Regional- und Bauleitplanung, UPR 1994, 366 ff.; *Ramsauer,* Strukturprobleme der Landschaftsplanung, NuR 1993, 108 ff.; *Schink,* Die Bedeutung umweltschützender Belange für die Flächennutzungsplanung, ZfBR 2000, 154 ff.; *Schütze,* Aufgaben und rechtliche Stellung der Landschaftsplanung im räumlichen Planungssystem, 1994; *Siegel,* Rechtliche Rahmenbedingungen und Gestaltungsspielräume bei der Aufstellung von Landschaftsplänen, NuR 2003, 325 ff.; *Stein/Wende/Walz,* Stand der örtlichen Landschaftsplanung in Deutschland, Naturschutz und Landschaftsplanung 46 (2014), 233 ff.; *Thiel,* Zur Verträglichkeit von Landschaftsplanung und Städtebaurecht im „Wachstum-Zeitalter“: Kollision und Integration, UPR 2018, 339 ff.; *v. Haaren/Galler,* Landschaftsplanung. Grundlage nachhaltiger Landschaftsentwicklung, 2012.

Übersicht

A. Allgemeines

Die im zweiten Kapitel geregelte Landschaftsplanung ist die Fachplanung für den Bereich des Naturschutzes, der Landschaftspflege und der Erholungsvorsorge. Es handelt sich um das zentrale Planungsinstrument eines **vorsorgeorientierten** Naturschutzes, das die Ziele des § 1 BNatSchG auf überörtlicher und örtlicher Ebene konkretisiert und die Erfordernisse und Maßnahmen des Naturschutzes zur Verwirklichung dieser Ziele darstellt. Ihrer Funktion nach ist die Landschaftsplanung sektorale Fachplanung des Natur- 1 schutzes, erbringt in ihrer querschnittsartigen Dimension aber zugleich wichtige Beiträge für die räumliche Gesamtplanung und eingriffsbezogene fachliche Planungen (anschaulich *Heugel* in Schlacke Vorbem. zu §§ 8–12 Rn. 20).

I. Entstehungsgeschichtlicher Hintergrund

2 Während das Reichsnaturschutzgesetz noch keine planerischen Instrumente kannte, wurden im Jahre 1976 mit dem Bundesnaturschutzgesetz erstmals bundesweit geltende **Rahmenvorschriften über die Landschaftsplanung** erlassen. Mit der Einführung dieses Planungsinstruments verfolgte der Gesetzgeber das Ziel, den Natur- und Landschaftsschutz über den überkommenen Schutz- und Sicherungsgedanken hinaus verstärkt auf eine aktiv gestaltende Landespflege auszurichten, die sich – neben den Aspekten der Erhaltung und Bewahrung – auch und gerade den Zielen einer Verbesserung, Entwicklung und Wiederherstellung von Natur und Landschaft verpflichtet weiß (*Schütze* Landschaftsplanung S. 1 f.). Die sich innerhalb des durch die §§ 5 ff. BNatSchG a. F. umschriebenen Rahmens vollziehenden landschaftsplanerischen Aktivitäten vermochten allerdings die in sie gesetzten Erwartungen nicht zu erfüllen und so sah sich der Rat von Sachverständigen für Umweltfragen (SRU) 1987 zu der Aussage veranlasst: „Die Bilanz der bisherigen Aktivitäten in der Landschaftsplanung ist trotz der … aufwendigen Bestimmungen insgesamt enttäuschend" (*SRU* Umweltgutachten 1987 BT-Drs. 11/1568 Tz. 410; zur oftmals ungünstigen Beurteilung der Landschaftsplanung *Hahn* Landschaftsplanung S. 199 ff. m. w. N.; die Kritik relativierend *Herbert* in Oldiges S. 112). Durch derart ungewöhnlich deutliche Worte aufgerüttelt, bemühte sich die Fachöffentlichkeit in der Folgezeit nicht nur um eine **Schwachstellenanalyse,** sondern unterbreitete überdies zahlreiche Verbesserungsvorschläge, die der Landschaftsplanung zu größerer Effektivität verhelfen sollten (vgl. nur *Gassner* UPR 1988, 321; *Pfeifer/Wagner* DVBl. 1989, 789 ff.). Ins Blickfeld geriet dabei nicht zuletzt die instrumentelle Schwäche der Landschaftsplanung, die sich der als zu gering empfundenen bundesrechtlichen Durchformung und der sich hiermit verbindenden fehlenden Harmonisierung der Landschaftsplanung in den Ländern verdankte (*Ramsauer* NuR 1993, 108 (117)).

3 Der Forderung nach einer stärkeren Vereinheitlichung suchte der Gesetzgeber im Jahre 2002 im Zuge der **Novelle des Bundesnaturschutzgesetzes** Rechnung zu tragen. Mit dem Ziel „die Einflussmöglichkeiten und die Effektivität der Landschaftsplanung durch gesetzliche Maßnahmen zu verbessern" (BT-Drs. 14/6378, 44) wurde dem Instrument der Landschaftsplanung in den §§ 13–17 BNatSchG 2002 ein rechtlicher Rahmen gesetzt, der zumindest in quantitativer Hinsicht deutlich über die eher rudimentär ausgestalteten Vorschriften der §§ 5–7 BNatSchG a. F. hinausreicht. Neben einer die Planungsstufen übergreifenden Regelung zu den Aufgaben (§ 13 BNatSchG 2002) und den erweiterten Inhalten der Landschaftsplanung (§ 14 BNatSchG 2002) zählte vor allem das in §§ 15, 16 BNatSchG 2002 verankerte Flächendeckungsprinzip sowie die Pflicht zur Fortschreibung der Landschaftspläne zu den wesentlichen Neuerungen (*Kolodziejcok* in Kolodziejcok/Endres/Krohn/Markus Kennz. 1139 Rn. 2; *Gellermann* NVwZ 2002, 1025 (1029)).

II. Änderungen im Überblick

4 Mit der auf der Grundlage der **konkurrierenden Gesetzgebungskompetenz** (Art. 74 Abs. 1 Nr. 29 GG) erfolgten Neuregelung des Bundesnaturschutzgesetzes des Jahres 2010 vollzog sich im Felde der Landschaftsplanung insoweit ein Wandel, als die

vormaligen Rahmenregelungen durch unmittelbar geltende Bestimmungen des Bundesrechts ersetzt wurden. Dennoch bleibt die nähere Ausgestaltung auch weiterhin in wesentlichen Teilen den Ländern vorbehalten, zumal das Bundesrecht offen lässt, ob die Landschaftspläne von Naturschutzbehörden oder anderen Stellen erarbeitet werden, in welchen Verfahren dies geschieht und ob sie als eigenständige Pläne aufgestellt oder unmittelbar in die räumliche Gesamtplanung integriert werden (§§ 10 Abs. 4, 11 Abs. 5 BNatSchG). Von einer in die Einzelheiten gehenden Vollregelung des Bundes kann daher kaum gesprochen werden (*Gellermann* NVwZ 2010, 73 (76)).

Eingeleitet wird das 2. Kapitel durch einen allgemeinen Grundsatz (§ 8 BNatSchG), der den Ländern jenseits der ihnen ohnehin belassenen Regelungsmöglichkeiten die Grenzen ihrer Abweichungsbefugnis (Art. 72 Abs. 3 Nr. 2 GG) aufzeigen soll. § 9 BNatSchG umschreibt die Aufgaben der Landschaftsplanung und enthält einen gegenüber § 14 Abs. 1 Nr. 4 BNatSchG 2002 geringfügig erweiterten Katalog der Angaben, die Landschaftspläne aller Ebenen enthalten sollen. Mit dem **Gesetz zum Schutz der Insektenvielfalt** und zur Änderung weiterer Vorschriften vom 24.6.2021 (BGBl. I 3908) hat dieser Katalog vor dem Hintergrund des Insektensterbens und der fortschreitenden Biodiversitätsverluste eine Ergänzung erfahren, die auf die Sicherung der biologischen Vielfalt verweist (BT-Drs. 19/30713, 19). Das mit der Novelle 2002 eingeführte Flächendeckungsprinzip wird in modifizierter Weise aufrechterhalten (*Hünnekens* in Hoppe/Beckmann/Kment UVPG/UmwRG, 5. Aufl. 2018 § 52 UVPG Rn. 12); während es auf der Ebene der Landschaftsrahmenplanung weiterhin Geltung beansprucht (§ 10 Abs. 2 S. 2 BNatSchG), sind Landschaftspläne nur noch aufzustellen, soweit dies im Hinblick auf Erfordernisse und Maßnahmen zur Verwirklichung der Ziele des Naturschutzes und der Landschaftspflege erforderlich ist (§ 11 Abs. 2 BNatSchG). Die bislang nur für Landschaftspläne geregelte Fortschreibungspflicht (§ 16 Abs. 1 S. 2 BNatSchG 2002) wurde bereits mit der Novelle 2010 auf alle Ebenen der Landschaftsplanung ausgedehnt (§ 9 Abs. 4 BNatSchG); eine Neujustierung erfolgte mit dem Insektenschutzgesetz 2021 insoweit, als die Fortschreibungspflicht für Landschaftsrahmenpläne und ihnen gleichzuachtende Landschaftsprogramme künftig alle 10 Jahre zu erfüllen ist (§ 10 Abs. 4 BNatSchG), während es bei den kommunalen Landschaftsplänen damit sein Bewenden hat, dass deren Fortschreibungsbedürftigkeit alle 10 Jahre zu überprüfen ist (§ 11 Abs. 4 BNatSchG). Neu eingeführt wurde zugleich eine Verpflichtung zur eigenständigen Erarbeitung der landschaftsplanerischen Inhalte (§§ 10 Abs. 5, 11 Abs. 7 BNatSchG; hierzu *Jürging/Lütkes/Unkelbach* NuR 2021, 237 (239)). In Ansehung des im Zuge der Novelle 2010 auf der Bundesebene eingeführten Instruments der fakultativen Grünordnungsplanung verdeutlicht § 11 Abs. 6 S. 2 BNatSchG in beispielhafter Weise, in welchen Situationen ein solcher Plan sinnvoll eingesetzt werden kann (BT-Drs. 19/28182, 22). Während die Vorschriften des Gesetzes im Übrigen auch im Meeresbereich der deutschen ausschließlichen Wirtschaftszone Geltung beanspruchen können, stellt § 56 Abs. 1 BNatSchG klar, dass dies nicht für die in Kapitel 2 enthaltenen Vorschriften über die Landschaftsplanung gilt (*Czybulka* in Schumacher/Fischer-Hüftle § 56 Rn. 10). 5

B. Funktion und Erscheinungsformen der Landschaftsplanung

I. Landschaftsplanung als querschnittsorientierte Fachplanung

Schon die Aufgabenumschreibung des § 9 Abs. 1 BNatSchG lässt erkennen, dass der Landschaftsplanung eine doppelte Zielrichtung eignet (*Heugel* in Schlacke Vorbem. zu §§ 8–12 Rn. 20: „Bipolarität"), die in der gebräuchlichen Kennzeichnung als **quer-** 6

schnittsorientierte Fachplanung (*Ramsauer* NuR 1993, 108 (109); ebenso *Dreier* in Hoppenberg/de Witt HdbÖffBauR Kap. E Rn. 138) ihren sinnfälligen Ausdruck findet.

7 Da Natur und Landschaft den Hauptgegenstand des Planungsprozesses bilden, handelt es sich bei der Landschaftsplanung um eine **sektorale Fachplanung** (vgl. nur *Schütze* Landschaftsplanung S. 26; *Kloepfer* Umweltrecht, 4. Aufl. 2016 § 12 Rn. 165), die zwar gesamträumlich angelegt, im Unterschied zur räumlichen Gesamtplanung aber nicht fachübergreifend und integrierend, sondern verengt auf ökologische und landespflegerische Aspekte konzipiert ist. In erster Linie ist die Landschaftsplanung darauf gerichtet, die im jeweiligen Planungsraum bestehenden Ziele (§ 1 BNatSchG) unter Abwägung und Ausgleichung naturschutzinterner Zielkonflikte zu konkretisieren und die zur Erreichung dieser Zielvorgaben erforderlichen Schutz-, Pflege-, Entwicklungs- und Wiederherstellungsmaßnahmen zu programmieren. In ihrer sektoralen Ausrichtung erfüllt die Landschaftsplanung eine Vorlauffunktion für den Aufgabenbereich des Naturschutzes und der Landschaftsplanung, indem sie u.a. Maßnahmen des Flächen- und Objektschutzes (einschließlich Natura 2000), Konzepte für Biotopverbundsysteme und Maßnahmen zum Schutz oder zur Qualitätsverbesserung von Böden, Gewässern, Luft und Klima vorbereitet und entwirft. Die Landschaftsplanung fungiert daher als Instrument zur strategischen Ausrichtung der Naturschutzarbeit (*Heugel* in Schlacke Vorbem. zu §§ 8–12 Rn. 20).

8 Daneben hat die Landschaftsplanung ausweislich des § 9 Abs. 1 BNatSchG aber zugleich zur Verwirklichung der Ziele des Naturschutzes und der Landschaftspflege in anderen Planungen und Verwaltungsverfahren beizutragen. In dieser Funktion ist die Landschaftsplanung **querschnittsorientiert,** indem sie ökologische Beiträge namentlich für die räumliche Gesamtplanung und die Fachplanung sowie für sonstige Verwaltungsentscheidungen erbringt, die Einfluss auf Natur und Landschaft nehmen (*Appel* in Frenz/Müggenborg § 8 Rn. 9; *Dreier* in Hoppenberg/de Witt HdbÖffBauR Kap. E Rn. 138 ff.). Die Landschaftsplanung setzt sich mit den Auswirkungen geplanter Nutzungen mit dem Ziel auseinander, den Naturschutzanforderungen möglichst wirksam zur Durchsetzung zu verhelfen (BT-Drs. 14/6378, 44; *Schmidt-Räntsch* in Gassner/Bendomir-Kahlo/Schmidt-Räntsch § 13 Rn. 3 sprechen in diesem Kontext plastisch von einer „Einmischung" der Landschaftsplanung in andere Aufgabenbereiche). Vor allem aber bereitet die Landschaftsplanung die im jeweiligen Planungsraum maßgeblichen Interessen des Naturschutzes auf der Grundlage einer Beurteilung des vorhandenen und künftigen Zustandes von Natur und Landschaft nach Maßgabe der räumlich konkretisierten Ziele auf, stellt die aus naturschutzfachlicher Sicht zu erfüllenden Anforderungen eigenständig dar und bringt sie gegenüber der räumlichen Gesamtplanung sowie der Fachplanung zur Geltung. Indem die im Planungsraum bestehenden Interessen des Naturschutzes gesondert und in einer mit naturschutzexternen Belangen noch unabgestimmten Weise präsentiert werden (**Darstellungs- und Artikulationsprivileg,** vgl. *Heugel* in Schlacke Vorbem §§ 8–12 Rn. 20 unter Hinweis auf *Schmidt-Aßmann* DÖV 1990, 169 (177)), trägt die Landschaftsplanung dazu bei, dass die Naturschutzbelange in der gesamt- und fachplanerischen Abwägung mit dem ihnen zukommenden Gewicht berücksichtigt werden.

II. Modelle der Landschaftsplanung

9 Die **vierstufige Ausgestaltung** der Landschaftsplanung auf überörtlicher und örtlicher Ebene lässt die Orientierung an den Planungsstufen der räumlichen Gesamtplanung erkennen (*Schumacher/Schumacher* in Schumacher/Fischer-Hüftle § 9 Rn. 5). Landschaftsprogramme und Landschaftsrahmenpläne sind der hochstufigen Landesplanung

und der Regionalplanung zugeordnet, während die Landschaftspläne und die fakultativen Grünordnungspläne den Ebenen des Flächennutzungsplans und des Bebauungsplans korrespondieren. Da sich das Bundesrecht bisher nicht über die Verzahnung der Landschaftsplanung mit der räumlichen Gesamtplanung verhielt, haben die Länder **unterschiedliche Modelle** für die Integration der Inhalte der Landschaftsplanung in die räumliche Gesamtplanung entwickelt. Sieht man von dem namentlich in Nordrhein-Westfalen auf der örtlichen Ebene verwirklichten Modell des gesondert aufgestellten und mit eigener Rechtsverbindlichkeit begabten Landschaftsplans ab (§ 7 Abs. 1 S. 1 LNatSchG NRW), kann zwischen den Regelungsmodellen der Primär- und Sekundärintegration unterschieden werden (vgl. nur *Kloepfer* Umweltrecht, 4. Aufl. 2016 § 12 Rn. 182; *Maaß/Schütte* in Koch/Hofmann/Reese Umweltrecht § 7 Rn. 74f.). Der Landschaftsplanung wurde daher zu Recht attestiert, im Unterschied zu ihrem eigentlichen Gegenstand über eine erstaunliche **Artenvielfalt** zu verfügen (*Ramsauer* NuR 1993, 108 (110); ebenso *Appel* in Frenz/Müggenborg § 8 Rn. 11).

Während der Landschaftsplan beim Modell der **Primärintegration** als integraler Bestandteil der räumlichen Gesamtplanung erscheint, ist das Modell der **Sekundärintegration** dadurch gekennzeichnet, dass der Landschaftsplan als eigenständiges Planwerk erarbeitet und seine Inhalte erst im Anschluss daran unter Abwägung aller Anforderungen in den Raumordnungsplan aufgenommen werden (*Maaß/Schütte* in Koch/Hofmann/Reese Umweltrecht § 7 Rn. 74; *Jürging/Lütkes/Unkelbach* NuR 2021, 237 (240)). Das geltende Bundesrecht geht – wie sich bereits aus § 9 Abs. 3 S. 2, Abs. 5 S. 3 BNatSchG erschließt – vom Modell der Sekundärintegration aus, dem auch die Mehrheit der Länder folgt. Zwingend ist dies nicht, zumal es den Ländern vorbehalten bleibt, das Verhältnis der auf überörtlicher und örtlicher Ebene aufzustellenden Landschaftspläne zur räumlichen Gesamtplanung zu regeln (§§ 10 Abs. 4, 11 Abs. 5 BNatSchG). Es unterliegt daher keiner Beanstandung, wenn in Bayern (Art. 4 BayNatSchG) und Hessen (§ 6 HAGBNatSchG) am Modell der Primärintegration festgehalten wird, das sich in Nordrhein-Westfalen auf der Ebene der Regionalplanung verwirklicht findet (§ 5 LNatSchG NRW). 10

Die **Vorzüge und Nachteile** der verschiedenen Modelle haben im Schrifttum eine intensive Würdigung erfahren (vgl. nur *Pfeifer/Wagner* DVBl. 1989, 789 (790f.); *Ramsauer* NuR 2003, 108 (115); ferner die Darstellung bei *Erbguth/Schlacke* Umweltrecht, 4. Aufl. 2012 § 10 Rn. 25). Dabei wird als Nachteil der Primärintegration die Gefahr gewertet, dass die Inhalte der Landschaftsplanung im „Fegefeuer der allseitigen Abwägung" auf das gesamtplanerisch Machbare verkürzt und die Interessen des Naturschutzes nicht in ihrer gesamten Tragweite dargestellt werden. Abgesehen davon, dass auch das Modell der Sekundärintegration keineswegs zwangsläufig zu einer verbesserten Artikulation der Belange des Naturschutzes führen muss, darf allerdings nicht außer Acht gelassen werden, dass § 9 Abs. 5 S. 3 BNatSchG eine Begründungspflicht vorsieht, soweit den Inhalten der Landschaftsplanung bei deren Übernahme in die Gesamtplanung nicht Rechnung getragen wird. Schon um dem Begründungserfordernis zu genügen, kann daher auch bei einer Primärintegration auf einen **naturschutzbezogenen Fachbeitrag** nicht verzichtet werden, der die im Planungsraum bestehenden Naturschutzinteressen zusammenhängend darstellt (BT-Drs. 16/12274, 56; *Heugel* in Schlacke Vorbem. zu §§ 8–12 Rn. 28; *Mengel* in Lütkes/Ewer § 10 Rn. 13). Hiermit übereinstimmend begründen die mit dem Insektenschutzgesetz 2021 neu eingeführten Bestimmungen der §§ 10 Abs. 5, 11 Abs. 6 BNatSchG die Verpflichtung, die landschaftsplanerischen Inhalte eigenständig zu erarbeiten und darzustellen. Die Unterschiede zwischen den Integrationsmodellen sind daher geringer, als dies auf den ersten Blick den Anschein haben mag. Ohnedies ist die Durchsetzungsfähigkeit der Landschaftsplanung weniger von dem gewählten Integrationsmodell als vielmehr von der inhaltlichen Qualität der Landschaftspläne, der Gestaltung des Ver- 11 fahrens und vor allem davon abhängig, ob sie von der Fachverwaltung des Naturschutzes oder den Trägern der räumlichen Gesamtplanung aufgestellt werden (*Maaß/Schütte* in Koch/Hofmann/Reese Umweltrecht § 7 Rn. 76). Die insoweit maßgeblichen Entscheidungen bleiben den Ländern vorbehalten (§§ 10 Abs. 5 S. 2, 11 Abs. 7 S. 2 BNatSchG).

C. Strategische Umweltprüfung und Landschaftsplanung

12 In Umsetzung der Richtlinie über die Prüfung der Umweltauswirkungen bestimmter Pläne und Programme **(SUP-Richtlinie)** ordnete § 19a UVPG 2005 an, dass Landschaftspläne im Sinne der §§ 15, 16 BNatSchG 2002 einer Strategischen Umweltprüfung zu unterziehen sind. Hieran anknüpfend sah § 9 Abs. 6 des Gesetzentwurfs zur Neuregelung des Rechts des Naturschutzes und der Landschaftspflege vor, dass bei Landschaftsrahmenplänen und Landschaftsplänen, für deren Aufstellung oder Fortschreibung eine Verpflichtung besteht, eine Strategische Umweltprüfung durchzuführen ist. Auf Betreiben des Bundesrates (BR-Drs. 278/09, 4) wurde diese Regelung im Laufe des Gesetzgebungsverfahrens gestrichen und stattdessen in § 19a UVPG 2009 bestimmt, dass sich die Erforderlichkeit und Durchführung einer Strategischen Umweltprüfung bei der Landschaftsplanung nach Landesrecht bestimmt. Abgesehen von der Änderung der Paragrafenüberschrift wurde diese Regelung im Zuge der **UVPG-Novelle 2017** inhaltlich unverändert in § 52 UVPG übernommen (BT-Drs. 18/11499, 102). Da der Begriff der Landschaftsplanung im Sinne der Vorschrift in einem weiten Sinne zu verstehen ist, umfasst er sowohl Landschaftsprogramme und Landschaftsrahmenpläne als auch Landschafts- und Grünordnungspläne (*Hünnekens* in Hoppe/Beckmann/Kment UVPG/UmwRG, 5. Aufl. 2018 § 52 Rn. 11).

13 Ob die Länder im Interesse einer ordnungsgemäßen Umsetzung der SUP-Richtlinie gehalten sind, die Landschaftsplanung einer SUP-Pflicht zu unterwerfen, wird uneinheitlich bewertet. Die Annahme des Bundesrates, die Landschaftsplanung entfalte lediglich positive Umweltauswirkungen und unterläge daher keiner unionsrechtlichen Pflicht zur Umweltprüfung (ebenso *Louis* UPR 2006, 285 (287)), genügt jedenfalls nicht, um eine diesbezügliche Verpflichtung in Abrede zu stellen; abgesehen davon, dass der Begriff der erheblichen Umweltauswirkungen (Art. 1 SUP-Richtlinie) neben negativen auch positive Umweltauswirkungen umfasst, wurde zu Recht darauf aufmerksam gemacht, dass Landschaftspläne durchaus beeinträchtigende Nebenwirkungen hervorrufen können (*Hünnekens* in Hoppe/Beckmann/Kment UVPG/UmwRG, 5. Aufl. 2018 § 52 UVPG Rn. 5; *Hendler* NuR 2003, 2 (3f.); *Schink* NVwZ 2005, 615 (623)). Ebenso wenig lässt sich in Ansehung der in § 9 Abs. 5 S. 1 BNatSchG normierten Berücksichtigungspflicht der rahmensetzende Charakter der Landschaftsplanung (Art. 3 Abs. 2a bzw. Art. 3 Abs. 4 SUP-Richtlinie) in Abrede stellen (*Gassner/Heugel* Das neue Naturschutzrecht 2012 Rn. 212; *Sangenstedt* UVP-report 2005, 12 (17)). Zu erinnern ist aber daran, dass es nicht „die Landschaftsplanung", sondern unterschiedliche Modelle der Landschaftsplanung in den Bundesländern gibt. In den Bundesländern, in denen die Landschaftspläne als integrale Bestandteile räumlicher Gesamtpläne aufgestellt werden, erfolgt die Umweltprüfung ausschließlich im Rahmen der Raumordnung bzw. Bauleitplanung (ebenso *Heugel* in Schlacke Vorbem. zu §§ 8–12 Rn. 32; *Hünnekens* in Hoppe/Beckmann/Kment UVPG/UmwRG, 5. Aufl. 2018 § 52 UVPG Rn. 39; *Zeissler* in Schink/Reidt/Mitschang UVPG/UmwRG, 2018 § 52 Rn. 10); der Umstand, dass auch bei diesem Modell Fachbeiträge des Naturschutzes zu erstellen sind, rechtfertigt keine abweichende Beurteilung, weil es sich dabei um eine Zusammenstellung der für den jeweiligen Akt der gesamträumlichen Planung maßgeblichen naturschutzfachlichen Belange, mithin um Abwägungsmaterial für die Raumordnungs- bzw. Bauleitplanung handelt, nicht aber um einen eigenständigen Landschaftsplan. Anders stellt sich die Lage in den Bundesländern dar, die sich dem Modell der Sekundärintegration verpflichtet wissen oder – wie in Nordrhein-Westfalen auf örtlicher Ebene – eine vorlaufende Landschaftsplanung mit eigener Rechtsverbindlichkeit eingeführt haben. In diesen Fällen tritt die Landschaftsplanung als eigenständiges Planwerk in Erscheinung und unterliegt als solche der unionsrechtlich begründeten SUP-Pflicht. Hiermit übereinstimmend finden sich im Naturschutz- bzw. UVP-Recht der Länder verschiedentlich Vorschriften, vermöge derer bei der Aufstellung oder Änderung von Landschaftsplänen eine Strategische Umweltprüfung durchzuführen ist (z.B. § 6 BremNatG, § 9 LNatSchG NRW, § 15 Abs. 2 S. 2 SNG, § 3 Abs. 2a ThürNatG; § 2 Abs. 1 i.V.m. Anlage 2 Nr. 1 NUVPG; § 3 Abs. 2 S. 1 Nr. 1 i.V.m. Anlage 2 Nr. 1.1 LUVPG SH, § 1 Abs. 3 Nr. 2 i.V.m. Anlage 2 Nr. 1d SächsUVPG).

§ 9 Aufgaben und Inhalte der Landschaftsplanung; Ermächtigung zum Erlass von Rechtsverordnungen

(1) Die Landschaftsplanung hat die Aufgabe, die Ziele des Naturschutzes und der Landschaftspflege für den jeweiligen Planungsraum zu konkretisieren und die Erfordernisse und Maßnahmen zur Verwirklichung dieser Ziele auch für die Planungen und Verwaltungsverfahren aufzuzeigen, deren Entscheidungen sich auf Natur und Landschaft im Planungsraum auswirken können.

(2) [1] Inhalte der Landschaftsplanung sind die Darstellung und Begründung der konkretisierten Ziele des Naturschutzes und der Landschaftspflege und der ihrer Verwirklichung dienenden Erfordernisse und Maßnahmen. [2] Darstellung und Begründung erfolgen nach Maßgabe der §§ 10 und 11 in Landschaftsprogrammen, Landschaftsrahmenplänen, Landschaftsplänen sowie Grünordnungsplänen.

(3) [1] Die Pläne sollen Angaben enthalten über

1. den vorhandenen und den zu erwartenden Zustand von Natur und Landschaft,
2. die konkretisierten Ziele des Naturschutzes und der Landschaftspflege,
3. die Beurteilung des vorhandenen und zu erwartenden Zustandes von Natur und Landschaft nach Maßgabe dieser Ziele einschließlich der sich daraus ergebenden Konflikte,
4. die Erfordernisse und Maßnahmen zur Umsetzung der konkretisierten Ziele des Naturschutzes und der Landschaftspflege, insbesondere
   a) zur Vermeidung, Minderung oder Beseitigung von Beeinträchtigungen von Natur und Landschaft,
   b) zum Schutz bestimmter Teile von Natur und Landschaft im Sinne des Kapitels 4 sowie der Biotope, Lebensgemeinschaften und Lebensstätten der Tiere und Pflanzen wild lebender Arten,
   c) auf Flächen, die wegen ihres Zustandes, ihrer Lage oder ihrer natürlichen Entwicklungsmöglichkeiten für künftige Maßnahmen des Naturschutzes und der Landschaftspflege, insbesondere zur Kompensation von Eingriffen in Natur und Landschaft sowie zum Einsatz natur- und landschaftsbezogener Fördermittel besonders geeignet sind,
   d) zum Aufbau und Schutz eines Biotopverbundes, der Biotopvernetzung und des Netzes „Natura 2000“,
   e) zum Schutz, zur Qualitätsverbesserung und zur Regeneration von Böden, Gewässern, Luft und Klima,
   f) zur Erhaltung und Entwicklung von Vielfalt, Eigenart und Schönheit sowie des Erholungswertes von Natur und Landschaft,
   g) zur Erhaltung und Entwicklung von Freiräumen im besiedelten und unbesiedelten Bereich,
   h) zur Sicherung und Förderung der biologischen Vielfalt im Planungsraum einschließlich ihrer Bedeutung für das Naturerlebnis.

[2] Auf die Verwertbarkeit der Darstellungen der Landschaftsplanung für die Raumordnungspläne und Bauleitpläne ist Rücksicht zu nehmen. [3] Das Bundesministerium für Umwelt, Naturschutz und nukleare Sicherheit wird ermächtigt, durch Rechtsverordnung mit Zustimmung des Bundesrates die für die Darstellung der Inhalte zu verwendenden Planzeichen zu regeln.

(4) [1] Die Landschaftsplanung ist fortzuschreiben, sobald und soweit dies im Hinblick auf die Erfordernisse und Maßnahmen im Sinne des Absatzes 3 Satz 1 Nummer 4 erforderlich ist, insbesondere weil wesentliche Veränderungen von Natur und Landschaft im Planungsraum eintreten, vorgesehen oder zu erwarten sind.

[2] Die Fortschreibung kann als sachlicher oder räumlicher Teilplan erfolgen, sofern die Umstände, die die Fortschreibung begründen, sachlich und räumlich begrenzt sind.

(5) **[1] In Planungen und Verwaltungsverfahren sind die Inhalte der Landschaftsplanung zu berücksichtigen. [2] Insbesondere sind die Inhalte der Landschaftsplanung für die Beurteilung der Umweltverträglichkeit und der Verträglichkeit im Sinne des § 34 Absatz 1 dieses Gesetzes sowie bei der Aufstellung der Maßnahmenprogramme im Sinne der §§ 45h und 82 des Wasserhaushaltsgesetzes heranzuziehen. [3] Soweit den Inhalten der Landschaftsplanung in den Entscheidungen nicht Rechnung getragen werden kann, ist dies zu begründen.**

Schrifttum: Vgl. die Nachweise der Vorbemerkung vor §§ 8–12

Übersicht

A. Allgemeines

1 § 9 BNatSchG ist die **zentrale Vorschrift des 2. Kapitels** (*Appel* in Frenz/Müggenborg § 9 Rn. 1), die in den Absätzen 1 bis 3 die Aufgaben und Inhalte der Landschaftsplanung regelt. Die Vorschrift übernimmt die Inhalte der §§ 13, 14 BNatSchG 2002, erweiterte aber schon im Zuge der Novelle 2010 den Katalog der regelmäßigen Mindestangaben um den Aspekt der Erhaltung und Entwicklung von Freiräumen. Einer Empfehlung des Umweltausschusses des Bundestages (BT-Drs. 19/30713) folgend wurde dieser Katalog mit Blick auf die Ziele des Biodiversitätsschutzes (§ 1 Abs. 1 Nr. 1 BNatSchG) durch das Gesetz zum Schutz der Insektenvielfalt und zur Änderung anderer

Vorschriften vom 18.8.2021 (BGBl 2021 I 3908) nochmals insoweit ergänzt, als die Landschaftspläne nunmehr auch Angaben zur Sicherung und Förderung der **biologischen Vielfalt** enthalten sollen. Um der Vereinheitlichung der Planungssprache willen enthält § 9 Abs. 3 S. 3 BNatSchG eine Ermächtigung zum Erlass einer Planzeichenverordnung, von der allerdings noch kein Gebrauch gemacht worden ist. Während § 16 Abs. 2 S. 2 BNatSchG 2002 eine Fortschreibung lediglich für die Landschaftspläne auf örtlicher Ebene vorsah, begründet § 9 Abs. 4 BNatSchG eine allgemeine Fortschreibungspflicht für sämtliche Stufen der Landschaftsplanung. Im Anschluss an § 14 Abs. 2 BNatSchG 2002 regelt § 9 Abs. 5 BNatSchG die Verpflichtung, die Inhalte der Landschaftspläne in anderen Planungen und Verwaltungsverfahren zu berücksichtigen.

Die in § 9 Abs. 6 des Gesetzentwurfs zur Neuregelung des Rechts des Naturschutzes noch enthaltene Regelung über die Pflicht zur Strategischen Umweltprüfung (BT-Drs. 16/12274, 9 f.) wurde auf Betreiben des Bundesrates gestrichen (→ Vorbem. vor §§ 8–12 Rn. 12 f.). § 52 UVPG stellt klar, dass sich die Erforderlichkeit und Durchführung der **Strategischen Umweltprüfung** nach dem Landesrecht richtet. In den Bundesländern, die ihre Landschaftsplanung nach dem Modell der Sekundärintegration konzipiert haben, finden sich entsprechende Regelungen in den Landesnaturschutzgesetzen (z. B. § 6 BremNatG, § 9 LNatSchG NRW, § 3Abs. 2a ThürNatG) oder in den Landes-UVP-Gesetzen (z. B. § 2 Abs. 1 i. V. m. Anlage 2 Nr. 1 NUVPG; § 3 Abs. 2 S. 1 Nr. 1 i. V. m. Anlage 2 Nr. 1.1 LUVPG SH). In den Ländern, die dem Modell der Primärintegration folgen, sind spezielle Regelungen zur Strategischen Umweltprüfung entbehrlich, weil sich die Strategische Umweltprüfung, denen die Raumordnungs- bzw. Bauleitpläne unterliegen, auf die davon umfassten Landschaftspläne erstreckt (*Hünnekens* in Hoppe/Beckmann/Kment UVPG/UmwRG, 5. Aufl. 2018 § 52 UVPG Rn. 39). 2

B. Aufgaben, Inhalte und Stufen der Landschaftsplanung

I. Aufgabenfelder der Landschaftsplanung

Im Unterschied zu § 13 Abs. 1 BNatSchG 2002 bringt § 9 Abs. 1 BNatSchG deutlicher zum Ausdruck, dass die Aufgabe der Landschaftsplanung aller Ebenen gleichermaßen in einer Konkretisierung der im jeweiligen Planungsraum verfolgten Ziele und in einer Darstellung der Erfordernisse und Maßnahmen des Naturschutzes und der Landschaftspflege besteht (BT-Drs. 16/12274, 54). In Übereinstimmung mit § 13 Abs. 1 S. 2 BNatSchG 2002 betont § 9 Abs. 1 BNatSchG, dass die so umrissene Aufgabe „auch für Planungen und Verwaltungsverfahren" zu erfüllen ist, die sich auf Natur und Landschaft im jeweiligen Planungsraum auswirken. Darin findet die Funktion der Landschaftsplanung als einer **querschnittsorientierten Fachplanung** des Naturschutzes (→ vgl. Vor. §§ 8–12 Rn. 6 ff.) ihren sinnfälligen Niederschlag (*Heugel* in Schlacke § 9 Rn. 3; *Kleve* in BeckOK UmweltR § 9 Rn. 6; *Meßerschmidt* § 9 Rn. 13). 3

Die Aufgabe der **Zielkonkretisierung** (§ 9 Abs. 2 BNatSchG) besteht darin, auf der Grundlage der allgemein gehaltenen Zielvorgaben des § 1 Abs. 1 BNatSchG unter Einbezug der gesetzlichen Leitlinien des § 1 Abs. 2–4 BNatSchG ein auf die Gegebenheiten des jeweiligen Planungsraums abgestimmtes und in sich schlüssiges Zielkonzept zu entwickeln (*Appel* in Frenz/Müggenborg § 9 Rn. 24; *Mengel* in Lütkes/Ewer § 9 Rn. 9; *Schumacher/Schumacher* in Schumacher/Fischer-Hüftle § 9 Rn. 19). In den Blick zu nehmen sind dabei sämtliche Ziele, die in § 1 Abs. 1 Nr. 1–3 BNatSchG aufgeführt sind. Da es die bereichsspezifischen Ziele zu erarbeiten gilt, die aus Naturschutzsicht im jeweiligen Planungsraum verfolgt werden, sind etwaige Konflikte, wie sie beispielsweise zwischen 4 dem Ziel der dauerhaften Sicherung gefährdeter Tier- und Pflanzenarten und dem zumindest prinzipiell gleichwertigen Ziel der Erholungsvorsorge zu Tage treten können, im Wege der plangebietsbezogenen Prioritätensetzung unter Abwägung der konfligierenden Belange zu bewältigen (→ Vor §§ 8–12 Rn. 7; *Heugel* in Schlacke § 9 Rn. 4). Es handelt sich um eine **naturschutzinterne Zieloptimierung** (vgl. *Gassner* Landschaftsschutzrecht Rn. 203; *Heugel* in Schlacke Vorbem. zu §§ 8–12 Rn. 19), bei der die im Planungsgebiet verfolgten Zielsetzungen anderer Fachgebiete keine Rolle spielen. Da Natur und Landschaft im besiedelten und unbesiedelten Bereich zu schützen sind, darf eine die Ziele des § 1 Abs. 1 BNatSchG konkretisierende Landschaftsplanung nicht auf den Außenbereich im Sinne des § 35 BauGB beschränkt bleiben (*Dreier* in Hoppenberg/de Witt HdbÖffBauR Kap. E Rn. 150). Der Bezug auf den jeweiligen Planungsraum bringt es mit sich, dass das naturschutzbezogene Zielkonzept seinen höchsten Konkretisierungsgrad auf der niedrigsten Stufe der Landschaftsplanung erreicht (vgl. *Kleve* in BeckOK UmweltR § 9 Rn. 3).

5 Neben der Zielkonkretisierung hat die Landschaftsplanung die **Erfordernisse und Maßnahmen** aufzuzeigen, die zur Verwirklichung der im jeweiligen Plangebiet verfolgten und im Zielkonzept zum Ausdruck kommenden Zielsetzung dienen. In dieser Verpflichtung offenbart sich die Umsetzungsorientierung der von der Landschaftsplanung zu erfüllenden Aufgaben (*Heugel* in Schlacke § 9 Rn. 5). Was unter Erfordernissen und Maßnahmen zu verstehen ist, erfährt keine nähere gesetzliche Bestimmung, lässt sich aber aus dem Wesen der Landschaftsplanung als einer querschnittsorientierten Fachplanung ableiten. Soweit es die **Maßnahmen** anbelangt, ist die Landschaftsplanung in ihrer Funktion als **sektorale Fachplanung** angesprochen, die das Handeln der für den Naturschutz zuständigen Stellen programmiert. Dementsprechend sind unter Maßnahmen sämtliche auf den Schutz, die Pflege und Entwicklung von Natur und Landschaft gerichteten Aktivitäten zu verstehen, die im Aufgabenbereich der Naturschutzverwaltung anzusiedeln sind (*Gassner* in Gassner/Bendomir-Kahlo/Schmidt-Räntsch § 13 Rn. 8: Eigenbereich des Naturschutzes; dem folgend *Heugel* in Schlacke § 9 Rn. 5; *Mengel* in Lütkes/Ewer § 9 Rn. 11; *Meßerschmidt* § 9 Rn. 13). Dabei kann es sich um raumbezogene Aussagen etwa im Hinblick auf die Unterschutzstellung bestimmter Teile von Natur und Landschaft, aber auch um Maßnahmen des Biotop-, Arten- oder Biodiversitätsschutzes handeln (*Appel* in Frenz/Müggenborg § 9 Rn. 9). In ihrer Rolle als **Querschnittsplanung** kann die Landschaftsplanung dagegen nur **Erfordernisse** formulieren, unter denen – in Anlehnung an die Definition des § 3 Nr. 1 ROG – jene Anforderungen zu verstehen sind, die aus der Perspektive des Naturschutzes und der Landschaftspflege an andere Fachgebiete zu stellen sind, deren Planungen und Maßnahmen die Belange des Naturschutzes und der Landschaftspflege berühren können (*Gassner* in Gassner/Bendomir-Kahlo/Schmidt-Räntsch § 13 Rn. 9; ebenso *Appel* in Frenz/Müggenborg § 9 Rn. 31; *Kleve* in BeckOK UmweltR § 9 Rn. 5). Das gilt beispielsweise für die Identifikation von Flächen, die sich aus der Blickrichtung des Naturschutzes anbieten, um dort Maßnahmen durchzuführen, die dem Ausgleich oder Ersatz von Eingriffen in Natur und Landschaft dienen (§ 9 Abs. 3 Nr. 4 Buchst. c BNatSchG).

II. Darstellung und Begründung

6 Die Inhalte des Landschaftsplans bestehen ausweislich des § 9 Abs. 2 S. 1 BNatSchG aus den Darstellungen und Begründungen der konkretisierten Ziele und den ihrer Umsetzung dienenden Erfordernissen und Maßnahmen. Die **Darstellung** erfolgt in Form von Text und Karten, deren Maßstab sich an der jeweiligen Planungsebene orientiert

(*Appel* in Frenz/Müggenborg § 9 Rn. 14). Im Textteil sind die Ergebnisse der einzelnen Bestandteile der Landschaftsplanung zu dokumentieren (*Marzik/Wilrich* § 12 Rn. 10).

Die **Begründung** der konkretisierten Ziele sowie der zur ihrer Verwirklichung vorgesehenen Erfordernisse und Maßnahmen hat erläuternde Funktion. Aus ihr folgt, woraus sich die Erfordernisse ableiten lassen, warum die festgelegten Maßnahmen erforderlich sind und wie sie zur Erreichung der für den Planungsraum konkretisierten Ziele beitragen sollen. Bei der Planerstellung ist der Begründung besondere Sorgfalt zu widmen, weil die Landschaftsplanung in ihrer in § 9 BNatSchG zum Ausdruck kommenden Gestaltung nicht aus sich heraus, sondern erst durch Übernahme ihrer Inhalte in die räumliche Gesamtplanung rechtliche Verbindlichkeit gewinnt (→ Vor. §§ 8–12 Rn. 8). Es handelt sich um eine **persuasorische Planung** (vgl. *Schütze* Landschaftsplanung S. 19), deren Durchsetzungsfähigkeit in den Entscheidungsprozessen der Raumordnungs- und Bauleitplanung entscheidend von der Überzeugungskraft der naturschutzbezogenen Erwägungen abhängt, die in der Landschaftsplanung zum Ausdruck gebracht werden (vgl. nur *Appel* in Frenz/Müggenborg § 9 Rn. 15; *Mengel* in Lütkes/Ewer § 9 Rn. 22; *Meßerschmidt* § 9 Rn. 27). Eine sorgfältige und überzeugende Begründung trägt daher dazu bei, das Gewicht der im Landschaftsplan zum Ausdruck kommenden Belange des Naturschutzes und der Landschaftspflege zu verdeutlichen und auf diesem Wege die Chance zu erhöhen, dass die Inhalte des Landschaftsplans in die räumliche Gesamtplanung übernommen werden. **7**

III. Vierstufige Landschaftsplanung

§ 9 Abs. 2 S. 2 BNatSchG stellt klar, dass die Darstellungen und Begründungen nach den Maßgaben der nachfolgenden Bestimmungen in Landschaftsprogrammen, Landschaftsrahmenplänen, Landschaftsplänen sowie Grünordnungsplänen erfolgen. Darin kommt nicht bloß zum Ausdruck, dass Landschaftspläne aller Planungsstufen Darstellungen und Begründungen enthalten, sondern auch, dass die bundesrechtliche Regelung der Landschaftsplanung dem Grunde nach ein vierstufiges Planungssystem vorsieht (*Schrödter/Wahlhäuser* in Schrödter BauGB, 9. Aufl. 2019 § 1 Rn. 411). Diese Ausgestaltung, die sich an den Ebenen der gesamträumlichen Planung orientiert, bietet Gewähr dafür, dass die Inhalte der Landschaftsplanung Eingang in andere Planungen und Verwaltungsverfahren finden können (*Appel* in Frenz Müggenborg § 9 Rn. 17; *Schumacher/Schumacher* in Schumacher/Fischer-Hüftle § 9 Rn. 4). **8**

C. Katalog inhaltlicher Angaben

I. Mindestangaben der Landschaftspläne

§ 9 Abs. 3 S. 1 BNatSchG umschreibt unter weitgehender Übernahme des § 14 Abs. 1 S. 2 BNatSchG 2002 jene Angaben, die sich in den Landschaftsplänen aller Ebenen finden „sollen". Dass es sich dabei um **Mindestangaben** handelt, folgt aus der Qualität der Bestimmung als einer „Sollvorschrift", die es nur in besonders gelagerten Einzelfällen gestattet, von den inhaltlichen Vorgaben abzuweichen (*Appel* in Frenz/Müggenborg § 9 Rn. 20; *Mengel* in Lütkes/Ewer § 9 Rn. 24; *Schumacher/Schumacher* in Schumacher/Fischer-Hüftle § 9 Rn. 12). Solche Ausnahmen können namentlich im Hinblick auf die in § 9 Abs. 3 Nr. 4 BNatSchG bezeichneten Maßnahmen etwa dann zum Tragen kommen, wenn sich im jeweiligen Planungsraum angesichts seiner natürlichen Ausstattung keine Möglichkeit **9** bietet, Beiträge zur Sicherung der Kohärenz des Netzes Natura 2000 oder zum Aufbau eines Biotopverbundes zu erbringen oder Angaben zur Entwicklung von Erholungsräumen zu machen.

10 Auch wenn dies nicht zu den eigentlichen Regelungsgegenständen zählt, legt § 9 Abs. 3 BNatSchG in den Nr. 1 bis 4 doch fest, in welchen aufeinander aufbauenden Schritten sich die Erstellung eines Landschaftsplans vollzieht (*Heugel* in Schlacke § 9 Rn. 11; *Maaß/Schütte* in Koch/Hofman/Reese Umweltrecht § 7 Rn. 67; *Gassner* Landschaftsschutzrecht Rn. 208). Der als Grundlage einer jeden Planung fungierenden Bestandserfassung (Nr. 1) schließt sich eine mit Blick auf den Planungsraum vorzunehmende Zielkonkretisierung (Nr. 2) an, die der Zustandsbeurteilung (Nr. 3) als Maßstab dient und als Grundlage für die Bestimmung jener Erfordernisse und Maßnahmen (Nr. 4) fungiert, derer es zur Verwirklichung der konkretisierten Ziele bedarf (vgl. *Lange* UVP-report 2002, 16 (18)). Indem § 9 Abs. 3 BNatSchG nicht nur die eigentliche Planaussage, sondern gerade auch die zu ihr hinführenden Planungsschritte der Bestandsaufnahme, der Zielkonkretisierung und der Bewertung zum Planinhalt erhebt, kennzeichnet die Vorschrift die Landschaftsplanung in besonderer Weise als eine **informierende Planung** (*Marzik/Wilrich* § 14 Rn. 7 unter Hinweis auf *Schmidt-Aßmann* DÖV 1990, 171), die wesentliche Grundlagen für sämtliche raumbedeutsamen Planungen und Genehmigungsverfahren liefert (*Ramsauer* NuR 1993, 108 (111)).

II. Angaben zum Zustand von Natur und Landschaft

11 Jede Planung setzt zunächst einmal eine Bestandsaufnahme voraus, die sich nach § 9 Abs. 3 S. 1 Nr. 1 BNatSchG sowohl auf den vorhandenen als auch auf den zu erwartenden Zustand von Natur und Landschaft im jeweiligen Planungsraum bezieht (vgl. nur *Gassner* Landschaftsschutzrecht Rn. 209 f.). Da die Landschaftsplanung der Verwirklichung der Ziele des § 1 Abs. 1 BNatSchG zu dienen bestimmt ist, müssen alle hierfür relevanten Planungsdaten in einer der jeweiligen Planungsebene gemäßen Qualität und Quantität erhoben werden (OVG Koblenz BeckRS 2020, 6042 Rn. 32; *Mengel* in Lütkes/Ewer § 9 Rn. 26; *Schumacher/Schumacher* in Schumacher/Fischer-Hüftle § 9 Rn. 16 f.). Zu diesen Grunddaten zählen namentlich der Bestand und der Zustand der einzelnen Landschaftsfaktoren Boden, Wasser, Luft, Klima, Tier- und Pflanzenwelt sowie das zwischen ihnen bestehende Wirkungsgefüge. Hinzu kommt die Erfassung schutzwürdiger Flächen (z. B. Schutzgebiete, ökologisch wertvolle Biotopflächen, Flächen zur Vernetzung), der Flächennutzung sowie etwaiger Landschaftsschäden. Für die Bestandsaufnahme wird oftmals auf die bei den Naturschutzbehörden bereits vorhandenen Erkenntnisse zurückgegriffen werden können. Das gilt jedenfalls für die abiotischen Landschaftsfaktoren, während es in Ansehung der in stetem Wandel begriffenen Tier- und Pflanzenwelt konkreter Untersuchungen im Plangebiet bedarf, soweit sich Daten von hinreichender Aktualität nicht aus der Umweltbeobachtung (§ 6 BNatSchG), landesweiten Biotopkartierungen oder Berichten über die Betreuung von Schutzgebieten ergeben (vgl. *Dreier* in Hoppenberg/de Witt HdbÖffBauR Kap. E Rn. 208; *Meßerschmidt* § 9 Rn. 35; *Schumacher/Schumacher* in Schumacher/Fischer-Hüftle § 9 Rn. 17). Da der Plan nur dann sachgerechte, realitätsbezogene und zukunftsweisende Aussagen treffen kann, wenn er neben einer Analyse der Ausgangslage eine Prognose der weiteren Entwicklung umfasst, hat sich die Bestandsaufnahme auch auf zu erwartende Entwicklungen (z. B. absehbare Änderungen des Zustandes, die im Gefolge bereits in Planung befindlicher Vorhaben zu gewärtigen sind) zu erstrecken (BT-Drs. 14/6378, 45; *Kleve* in BeckOK UmweltR § 9 Rn. 14).

III. Konkretisierte Ziele

12 Die Zielkonkretisierung gehört zum Aufgabenspektrum der Landschaftsplanung (→ Rn. 3). Hiermit übereinstimmend betont § 9 Abs. 3 S. 1 Nr. 2 BNatSchG ausdrücklich, dass die Landschaftspläne aller Ebenen Angaben über die im jeweiligen Planungsraum konkret verfolgten Ziele des Naturschutzes enthalten müssen. Da die in § 1 Abs. 1 BNatSchG normierten Ziele des Naturschutzes und der Landschaftspflege zwangsläufig über ein hohes Abstraktionsniveau verfügen, muss Ihnen mit Blick auf den jeweiligen Planungsraum und die ihn prägenden Gegebenheiten eine konkrete Gestalt vermittelt werden, um als Maßstab für die Bewertung des Zustandes von Natur und Landschaft und als Grundlage für die Entwicklung der Erfordernisse und Maßnahmen fungieren zu können (*Lange* UVP-report 2002, 16 (18)). Insoweit besteht die Aufgabe der Landschaftsplanung darin, die abstrakten Aussagen des § 1 Abs. 1 BNatSchG im Angesicht der konkreten Planungssituation und unter Auflösung etwaiger naturschutzinterner Konflikte derart zu verdichten, dass für den Planungsraum **„maßgeschneiderte Ziele"** (*Gassner* in ders./Bendomir-Kahlo/Schmidt-Räntsch § 14 Rn. 10) verfügbar sind, die Auskunft über den im Geltungsbereich des jeweiligen Landschaftsplans angestrebten Zustand von Natur und Landschaft geben. Diese Ziele, die darüber informieren, welche Interessen der Naturschutz im Planungsraum vorrangig verfolgt, können auch in Form von ökologischen Eckwerten, Umweltqualitätszielen oder anderen Standards operationalisiert werden (*Appel* in Frenz/Müggenborg § 9 Rn. 25; *Lütkes* UVP-report 2002, 6 (9)).

IV. Zustandsbeurteilung

13 Die sich ausweislich des § 9 Abs. 3 S. 1 Nr. 3 BNatSchG anschließende Beurteilung des vorhandenen und zu erwartenden Zustandes vollzieht sich „nach Maßgabe" der konkretisierten Ziele. Der Sache nach geht es hierbei um einen Vergleich des bestehenden bzw. prognostizierten Zustandes mit dem ausweislich der **Zielkonkretisierung angestrebten Zustand,** der dazu dient, den Handlungsbedarf zu ermitteln, der um der Verwirklichung der planungsraumspezifischen Ziele willen zu befriedigen ist (*Schumacher/Schumacher* in Schumacher/Fischer-Hüftle § 9 Rn. 21). Soweit es in diesem Zusammenhang auch „die sich daraus ergebenden Konflikte" zu beurteilen gilt, können damit nur naturschutzexterne Konfliktlagen gemeint sein, zumal Konflikte naturschutzinterner Art (z. B. Artenschutz versus Erholung) bereits auf der vorgelagerten Stufe der Erstellung einer planungsraumbezogenen Zielkonzeption bewältigt worden sein müssen (a. A. *Appel* in Frenz/Müggenborg § 9 Rn. 28; *Schumacher/Schumacher* in Schumacher/Fischer-Hüftle § 9 Rn. 20).

V. Zielverwirklichende Erfordernisse und Maßnahmen

14 Der Katalog des § 9 Abs. 3 S. 1 Nr. 4 BNatSchG umschreibt Erfordernisse und Maßnahmen zur Verwirklichung der konkretisierten Ziele in einer nicht abschließenden Weise („insbesondere"). Mit diesen Mindestangaben programmiert die Landschaftsplanung das Handeln der Naturschutzbehörden (z. B. Einrichtung von Schutzgebieten), wendet sich aber zugleich an andere Fachgebiete und formuliert Anforderungen, die es namentlich bei der räumlichen Gesamtplanung, der Fachplanung und sonstigen Entscheidungen zu berücksichtigen gilt (z. B. Freihaltung bestimmter Flächen, Eingriffskompensation).

15 **1. Beeinträchtigung von Natur und Landschaft.** § 9 Abs. 3 S. 1 Nr. 4 lit. a BNatSchG gebietet es, die Erfordernisse und Maßnahmen in den Plan aufzunehmen, die zur Vermeidung, Minderung oder Beseitigung etwaiger Beeinträchtigungen von Natur und Landschaft notwendig sind. Dabei geht es einerseits um die **Behebung vorhandener Schäden,** die im Zuge der Bestandsaufnahme festgestellt wurden und die der Erreichung des im Planungsraum angestrebten Zielzustandes abträglich sind. Insoweit ist die Landschaftsplanung darauf verwiesen, Maßnahmen zu entwickeln, mit deren Hilfe vorhandene Beeinträchtigungen bewältigt oder in ihren Auswirkungen zumindest abgemildert werden können. Zu denken ist etwa an Maßnahmen der Entsiegelung, die Wiedervernässung vormaliger Feuchtgebiete, die Aushagerung überdüngten Grünlandes oder die Sanierung schadstoffbelasteter Böden. Andererseits hat sich die Landschaftsplanung aber auch mit der Vermeidung, Minderung und Bewältigung **künftig zu erwartender Schädigungen** planerisch auseinanderzusetzen, wie sie namentlich durch etwaige Eingriffsplanungen bzw. Eingriffsvorhaben hervorgerufen werden (z. B. Abbau von Bodenschätzen, Neubau von Straßen). Nicht zuletzt hierin findet die Vorsorgeorientierung der Landschaftsplanung ihren Niederschlag (*Kleve* in BeckOK UmweltR § 9 Rn. 20; *Schumacher/Schumacher* in Schumacher/Fischer-Hüftle § 14 Rn. 27), die mit Blick auf zu erwartende Eingriffe in Natur und Landschaft Vorschläge zu unterbreiten hat, in welcher Art und Weise hierdurch bedingte Beeinträchtigungen von Natur und Landschaft in Übereinstimmung mit den Anforderungen des § 15 BNatSchG vermieden oder minimiert bzw. welche Maßnahmen zu ihrer Kompensation ergriffen werden können. Indem sich die Landschaftsplanung mit zu erwartenden Veränderungen im Planungsraum und ihren Auswirkungen befasst, dient sie als wichtiges Instrument zur Vorbereitung und Erleichterung späterer Ausgleichs- und Ersatzmaßnahmen (zur „Planifizierung" der Eingriffsregelung *Appel* in Frenz/Müggenborg § 9 Rn. 32; *Wolf* NuR 2001, 481 (490)).

16 **2. Schutzgebiete, Biotope, Lebensgemeinschaften, Lebensstätten.** § 9 Abs. 3 S. 1 Nr. 4 lit. b BNatSchG stellt den Bezug zu den besonders geschützten Teilen von Natur und Landschaft im Sinne der §§ 20 ff. BNatSchG, den gesetzlich durch § 30 BNatSchG geschützten sowie sonstigen Biotopen und zu den Lebensgemeinschaften und Lebensstätten wild lebender Tiere und Pflanzen (§ 37 Abs. 1 Nr. 2 BNatSchG) her. Im Vordergrund steht hier die Aufgabe der Landschaftsplanung, **Maßnahmen zur Unterschutzstellung** sowie unterstützende Maßnahmen (z. B. Pflege und Optimierung der Schutzgebiete) darzustellen (*Marzik/Wilrich* § 14 Rn. 12; *Mengel* in Lütkes/Ewer § 9 Rn. 37). Einbezogen wird zugleich der Biotop- und Artenschutz. Insoweit hat sich die Landschaftsplanung auch mit Fragen des Schutzes, der Pflege und Entwicklung der im Planungsraum vorkommenden gesetzlich geschützten und sonstigen Biotope zu befassen und überdies Maßnahmenkonzepte zu entwickeln, die den Lebensstätten, Lebensräumen und Lebensgemeinschaften wild lebender Tier- und Pflanzenarten zugutekommen.

17 **3. Naturschutzflächen.** § 9 Abs. 3 S. 1 Nr. 4 lit. c BNatSchG betont die besondere Bedeutung der Landschaftsplanung für – jenseits des Gebietsschutzes angesiedelte – künftige Maßnahmen zur Flächenaufwertung zugunsten des Naturschutzes und der Landschaftspflege. Mit dem Hinweis auf die Flächenaufwertung findet sich der das moderne Naturschutzrecht prägende **Entwicklungsgedanke** betont (in dieser Hinsicht auch *Mengel* in Lütkes/Ewer § 9 Rn. 43: aktive Sicherung und Aufwertung) und zugleich hervorgehoben, dass die Ziele des Naturschutzes und der Landschaftspflege nicht allein durch den Gebiets- und Objektschutz erreichbar sind, sondern auch weitere Flächen in die Betrachtung einbezogen werden müssen, die wegen ihres aktuellen Zustandes und ihrer Ausstattung, ihrer räumlichen Lage oder ihrer Entwicklungspotenziale für künftige

Maßnahmen des Naturschutzes besonders geeignet sind. Dabei ist – wie der im Zuge der Neuregelung 2010 erfolgten Ergänzung zu entnehmen ist – insbesondere auch an Flächen zu denken, die für die Einrichtung von Kompensationsflächen (z. B. Flächen- und Maßnahmenpools) in Frage kommen oder die sich für den Einsatz öffentlicher Mittel etwa im Rahmen von Programmen zur ökologischen Aufwertung der Landschaft (z. B. Kulturlandschaftsprogramme) oder zum Schutz von Lebensgemeinschaften und wildlebenden Tier- und Pflanzenarten anbieten (vgl. *Heugel* in Schlacke § 9 Rn. 17). Solche Angaben des Landschaftsplans sind nicht bloß für die Naturschutzbehörden, sondern gleichermaßen auch für andere öffentliche Stellen von Belang, weil sie Auskunft darüber geben, welche Bedeutung und Wertigkeit entsprechenden Flächen aus Sicht des Naturschutzes und der Landschaftspflege zukommt.

4. Biotopverbund, Biotopvernetzung, Natura 2000. § 9 Abs. 3 S. 1 Nr. 4 lit. d BNatSchG stellt den Bezug der Landschaftsplanung zu der in § 21 BNatSchG geregelten Einrichtung eines Biotopverbundes und der Biotopvernetzung her und betont – im Anschluss an § 14 Abs. 1 S. 2 Nr. 4 lit. d BNatSchG 2002 – die Rolle der Landschaftsplanung im Hinblick auf die Einrichtung und den Schutz des europäischen ökologischen Netzes „Natura 2000". In diesem Zusammenhang mag die Landschaftsplanung Hinweise auf notwendige Korrekturen der Abgrenzung von Natura 2000-Gebieten geben und im Übrigen auch zu der unionsrechtlich aus Gründen des Art. 10 FFH-RL geschuldeten Verbesserung der ökologischen **Kohärenz von Natura 2000-Gebieten** durch die Förderung von Landschaftselementen beitragen können, die für die Wanderung, die geographische Verbreitung und den genetischen Austausch wild lebender Tiere und Pflanzen bedeutsam sind. Die in der Gesetzesbegründung zum Ausdruck kommende Vorstellung, die Landschaftsplanung erwiese sich als geeignetes Instrument zur Erfüllung der sich aus Art. 6 Abs. 1, 2 i. V. m. Art. 4 Abs. 5 und 7 FFH-RL ergebenden Pflichten (BT-Drs. 14/6378, 45), bedarf dagegen der Relativierung. Wohl kann die Landschaftsplanung im Hinblick auf bereits eingerichtete Schutzgebiete als Instrument des Reservatsmanagements im Sinne des Art. 6 Abs. 1 FFH-RL fungieren, indessen ist sie als regelmäßig nicht mit Außenverbindlichkeit begabte Planung nicht im Stande, den gemeinschaftsrechtlich aus Gründen des Art. 4 Abs. 5 i. V. m. Art. 6 Abs. 2–4 und Art. 7 FFH-RL gebotenen Mindestschutz der Gebiete sicherzustellen (zutreffend *Marzik/Wilrich* § 14 Rn. 14; ebenso *Mengel* in Lütkes/Ewer § 9 Rn. 56). 18

5. Boden, Gewässer, Luft, Klima. Die Landschaftsplanung gilt nicht bloß dem Arten- und Biotopschutz, sondern hat in Übereinstimmung mit § 1 Abs. 1 Nr. 2 BNatSchG Erfordernisse und Maßnahmen auch im Hinblick auf die Leistungs- und Funktionsfähigkeit sowie die Regenerationsfähigkeit und nachhaltige Nutzungsfähigkeit der sonstigen vom Begriff des **Naturhaushalts** (§ 7 Abs. 1 Nr. 2 BNatSchG) umfassten Umweltgüter darzustellen. Hieran anknüpfend stellt § 9 Abs. 3 S. 1 Nr. 4 lit. e BNatSchG klar, dass die Landschaftsplanung Aussagen zum Schutz und zur Verbesserung der Qualität und zur Regenerationsfähigkeit von Böden, Gewässern, Luft und Klima zu enthalten hat (eingehend *Appel* in Frenz/Müggenborg § 9 Rn. 53 ff.). Während in Ansehung des **Bodenschutzes** namentlich an Darstellungen zur Verhinderung der Bodenerosion durch Wasser und Wind, an die Entsiegelung von Böden oder an die Sanierung schadstoffbelasteter Böden zu denken ist, kommen im Bereich des **Gewässerschutzes** vor allem Erfordernisse und Maßnahmen in Betracht, die – wie die Wiederherstellung von Flussauen, der Rückbau von Querbauwerken oder der Anschluss von Altarmen – zur Verbesserung der Gewässergüte und -struktur beitragen (vgl. *Appel* in Frenz/Müggenborg § 9 Rn. 54 f.). Nicht zu unterschätzen ist auch der Beitrag, den die Landschafts- 19 planung für den **Klimaschutz** erbringen kann (*Meßerschmidt* § 9 Rn. 43; eingehend *Appel* in Frenz/Müggenborg § 9 Rn. 56), indem die Folgen des Klimwandels frühzeitig in den Blick genommen und Strategien entwickelt werden, um den durch klimatische Veränderung zu erwartenden Belastungen der Naturgüter zu begegnen. Mögen damit auch oftmals Erfordernisse angesprochen sein, die von den Fachbehörden für Boden-, Gewässer- und Immissionsschutz zu berücksichtigen sind (*Marzik/Wilrich* § 14 Rn. 15), können sich entsprechende Planaussagen doch auch an die Naturschutzbehörden richten, die ihrerseits die zum Schutz dieser Naturgüter erforderlichen Maßnahmen zu ergreifen haben. Zu denken ist etwa an Maßnahmen zum Schutz und zur Wiedervernässung von Moorböden, die nicht bloß zum Arten- und Biodiversitätsschutz beitragen, sondern zugleich zu den für den Klimaschutz besonders relevanten Maßnahmen zählen (BMU Klimaschutzprogramm 2030, Okt. 2019 S. 129).

20 **6. Vielfalt, Eigenheit, Schönheit, Erholungswert.** Da die dauerhafte Sicherung der Vielfalt, Eigenart und Schönheit sowie des Erholungswertes von Natur und Landschaft zu den Zielen des Naturschutzes und der Landschaftspflege zählt (§ 1 Abs. 1 Nr. 3 BNatSchG) liegt es auf der Hand, dass die Landschaftsplanung ihren Beitrag zur Verwirklichung auch dieser Zielvorgabe zu erbringen hat. Hiermit übereinstimmend zählt § 9 Abs. 3 S. 1 Nr. 4 lit. f. BNatSchG die diesbezüglichen Erfordernisse und Maßnahmen zu den Mindestinhalten der Landschaftsplanung, die zur Erhaltung und Entwicklung des Landschaftsbildes und der Erholungsfunktion der Landschaft erforderlich sind (*Meßerschmidt* § 9 Rn. 44).

21 **7. Freiräume.** § 9 Abs. 3 S. 1 Nr. 4 lit. g BNatSchG stellt den Bezug zu der in § 1 Abs. 6 BNatSchG getroffenen Regelung her, vermöge derer Freiräume im besiedelten und siedlungsnahen Bereich zu erhalten und gegebenenfalls neu zu schaffen sind (BT-Drs. 16/12274, 55). Die Landschaftsplanung hat allerdings neben dem besiedelten nicht bloß den „siedlungsnahen", sondern gerade auch den unbesiedelten Bereich in seiner Gesamtheit in den Blick zu nehmen (→ Rn. 3) und daher mit Bezug auf den gesamten Planungsraum Angaben über die Erhaltung und Entwicklung der Freiräume zu enthalten. Zutreffend wird daher im Schrifttum darauf hingewiesen, die Landschaftsplanung wäre dazu aufgerufen, „den generellen Freiraumschutz im Sinne raumbezogener Ziele zu operationalisieren" (*Mengel* in Lütkes/Ewer § 9 Rn. 72).

22 **8. Biologische Vielfalt.** Obwohl der Schutz der biologischen Vielfalt und deren dauerhafte Sicherung zu den Zielen des Naturschutzes und der Landschaftspflege gehört (§ 1 Abs. 1 Nr. 1, Abs. 2 BNatSchG), ließ der Katalog des § 9 Abs. 3 Nr. 4 BNatSchG bisher keinen spezifischen Bezug zu dieser Zieldimension erkennen. Mit dem Gesetz zum Schutz der Insektenvielfalt 2021 (BGBl. I 3908) erfuhr der Anforderungskatalog in dieser Hinsicht eine Erweiterung, die es mit sich bringt, dass die Landschaftspläne auch Angaben zur Sicherung und Förderung der **biologischen Vielfalt** im Planungsraum einschließlich ihrer Bedeutung für das **Naturerlebnis** enthalten sollen. Der dies zum Ausdruck bringende § 9 Abs. 3 Nr. 4 lit. h BNatSchG wurde auf Empfehlung des Umweltausschusses des Bundestages in das Gesetz übernommen, dem das Fehlen einer entsprechenden Bestimmung vor dem Hintergrund des fortschreitenden Biodiversitätsverlustes und des nach wie vor ungebremsten Arten- und Insektensterbens als Lücke des Gesetzes erschien (BT-Drs. 19/30713, 19). Ob sich damit angesichts des ohnehin schon umfassend angelegten Anforderungskatalogs ein substanzieller Fortschritt verbindet, erscheint eher zweifelhaft. Immerhin lenkt die neue Bestimmung den Blick darauf, dass sich die Landschaftsplanung auf allen Ebenen des Problemfeldes des Biodiversitätsverlustes

anzunehmen und vor dem Hintergrund einer Analyse der im jeweiligen Planungsraum maßgeblichen Verursachungsfaktoren (z. B. Zerstörung und Degradierung von Habitaten, Übernutzung von Böden, allgemeine Umweltverschmutzung, klimatische Veränderungen, invasive Arten) die Erfordernisse und Maßnahmen darzustellen hat, um der negativen Entwicklung Einhalt zu gebieten und die Vielfalt der Tier- und Pflanzenarten, ihrer Lebensgemeinschaften und Biotope im Innen- und Außenbereich auch mit Blick auf deren Bedeutung für das Naturerlebnis zu fördern.

VI. Verwertbarkeit, Planzeichenverordnung

§ 9 Abs. 3 S. 2 BNatSchG betont die Bedeutung der Landschaftsplanung als querschnittsorientierte Fachplanung, indem die Planungsträger verpflichtet werden, auf die **Verwertbarkeit** der landschaftsplanerischen Darstellungen für die Raumordnungspläne und Bauleitpläne Rücksicht zu nehmen. Die Vorschrift lässt erkennen, dass sich die bundesgesetzliche Regelung am Modell der **Sekundärintegration** orientiert (→ Vor. §§ 8–12 Rn. 10). Um die Anschlussfähigkeit der Landschaftsplanung an die räumliche Gesamtplanung zu verbessern, ist es ratsam, Text, Darstellungen und Planzeichen an den raumordnerischen bzw. bauleitplanerischen Vorgaben auszurichten (vgl. BT-Drs. 14/6378, 45; *Heugel* in Schlacke § 9 Rn. 18; *Mengel* in Lütkes/Ewer § 9 Rn. 76). **23**

Möglichkeiten zur Vereinheitlichung der **Planungssprache** bietet die Verordnungsermächtigung des § 9 Abs. 3 S. 3 BNatSchG, die § 9a Nr. 4 BauGB zum Vorbild hat (*Heugel* in Schlacke § 9 Rn. 19) und die es dem Bundesministerium für Umwelt, Naturschutz und nukleare Sicherheit erlaubt, mit Zustimmung des Bundesrates die für die Darstellung der Inhalte zu verwendenden Planzeichen zu regeln. Obwohl dies zur Verbesserung der Lesbarkeit der Landschaftspläne und zugleich dazu beitrüge, die Chancen einer Übernahme ihrer Inhalte in die räumliche Gesamtplanung zu erhöhen (eingehend zu Vorteilen und Grenzen einer Standardisierung von Planzeichen *Hachmann/Kleinschmit/Lipski/Thamm* Planzeichen für die Landschaftsplanung, BfN-Skripten 266/2010 S. 29 ff.), wurde von der Verordnungsermächtigung bislang kein Gebrauch gemacht. **24**

D. Fortschreibung der Landschaftsplanung

Die Landschaftsplanung kann ihre Funktion als wichtige Informationsgrundlage für Raumordnungs- und Bauleitpläne sowie für die Fachplanung und sonstige behördliche Entscheidungen am ehesten erfüllen, wenn sie möglichst aktuelle Erkenntnisse über den Zustand von Natur und Landschaft im Plangebiet vermittelt. In Anerkennung dessen begründet § 9 Abs. 4 S. 1 BNatSchG eine allgemeine Fortschreibungsverpflichtung, die sich allerdings einem anlassbezogenen **„Erforderlichkeitsvorbehalt"** unterstellt sieht (*Louis* NuR 2010, 77 (80)), der insbesondere dann zum Tragen kommen soll, wenn wesentliche Veränderungen von Natur und Landschaft im Planungsraum eintreten, vorgesehen oder zu erwarten sind. Solche Veränderungen können sich aus bereits erfolgten oder zu erwartenden Planungen oder Eingriffen in Natur und Landschaft ergeben, die sich auf die Planungsgrundlagen auswirken und schon aus Gründen der Aktualität ihrer Informationen eine Fortschreibung der Landschaftsplanung erfordern. Zutreffend wird allerdings darauf aufmerksam gemacht, dass auch die sich eher schleichend vollziehenden Veränderungen in der Landschaft, die auf einer Intensivierung der landwirtschaftlichen Bodennutzung oder auf Schad- und Nährstoffeinträgen beruhen, die Fortschreibungspflicht aktivieren können (*Mengel* in Lütkes/Ewer § 9 Rn. 81). Allerdings genügt auch in sol- **25** chen Fällen nicht jede Veränderung, sondern nur eine solche, die als wesentlich zu beurteilen ist. Hierzu bedarf es keiner Funktionslosigkeit der bisherigen Landschaftsplanung (tendenziell in dieser Hinsicht *Mühlbauer* in Lorz/Konrad/Mühlbauer/Müller-Walter/Stöckel § 9 Rn. 17); stattdessen genügt bereits, wenn sich die Veränderung auf die Planungsgrundlagen der Landschaftsplanung auswirkt und die Aktualität ihrer Aussagen in Frage stellt (wohl ebenso *Appel* in Frenz/Müggenborg § 9 Rn. 68). Das kann etwa dann der Fall sein, wenn sich die Ausstattung eines für die Erholung besonders geeigneten Teils des Planungsraums mit gliedernden und belebenden Elementen (z.B. Hecken, Baumreihen, Kleingewässer) unter dem Einfluss einer zu erwartenden Eingriffsplanung verändert oder neue Erkenntnisse über das Tier- und Pflanzenarteninventar zu Tage treten, die eine Neubeurteilung im Lichte der konkretisierten Ziele sowie eine Anpassung der bislang vorgesehenen Maßnahmen des Naturschutzes geboten erscheinen lässt. Um Gewähr dafür zu bieten, dass nicht jede wesentliche Veränderung zu einer vollständigen Neuaufstellung eines Landschaftsplans nötigt, eröffnet § 9 Abs. 4 S. 2 BNatSchG die Möglichkeit der **Teilfortschreibung** („sachliche oder räumliche Teilpläne"), dies allerdings nur, wenn die zur Fortschreibung veranlassenden Umstände in Gestalt wesentlicher Veränderungen sachlich oder räumlich begrenzt sind. Werden daher die Grundzüge der Gesamtplanung berührt, kommt eine Fortschreibung in Teilplänen nicht in Frage (*Heugel* in Schlacke § 9 Rn. 24; *Kleve* in BeckOK UmweltR § 9 Rn. 38).

26 Während sich § 9 Abs. 4 BNatSchG dem Grunde nach auf die Landschaftsplanung aller Ebenen bezieht, begründet § 10 Abs. 4 S. 1 BNatSchG für Landschaftsrahmenpläne und für Landschaftsprogramme, die ihrem Inhalt und ihrem Konkretisierungsgrad nach einem Landschaftsrahmenplan entsprechen, eine periodische Fortschreibungsverpflichtung, die alle zehn Jahre zu erfüllen ist (→ § 10 Rn. 8).

E. Berücksichtigung der Inhalte der Landschaftsplanung

27 Nicht anders als § 9 Abs. 2 S. 2 BNatSchG ist auch die Vorschrift des § 9 Abs. 5 BNatSchG von der Modellvorstellung der Sekundärintegration geprägt. Die Berücksichtigungspflicht besteht nicht bloß bei abwägenden Entscheidungen im Rahmen der räumlichen Gesamtplanungen, sondern bei sämtlichen Planungen und Verwaltungsverfahren, die sich auf den Schutz von Natur und Landschaft auswirken oder hierfür bedeutsam sind (*Kolodziejcok* in Kolodziejcok/Endres/Krohn/Markus Kennzahl 1142 Rn. 31).

I. Pflicht zur Berücksichtigung

28 Das **Berücksichtigungsgebot** des § 9 Abs. 5 S. 1 BNatSchG trägt Sorge dafür, dass die ökologischen Beiträge der Landschaftsplanung in den genannten Planungs- und Verwaltungsverfahren nicht außer Acht gelassen werden. Mögen deren Inhalte der Landschaftspläne auch keine strikte Beachtung beanspruchen können (vgl. OVG Schleswig BeckRS 2017, 103741 Rn. 24), müssen sie doch im Sinne einer Berücksichtigung in den jeweiligen Entscheidungsprozess einbezogen werden. Die Art und Weise der Berücksichtigung richtet sich nach dem jeweiligen Fachrecht. Im Rahmen der räumlichen Gesamtplanung und der Fachplanung sind die landschaftsplanerischen Inhalte in die zu treffenden Abwägungsentscheidungen einzustellen, können in diesem Rahmen aber aus hinreichend gewichtigen Gründen zurückgestellt werden (zur Bedeutung der Planinhalte als Abwägungsmaterial *Schütze* Landschaftsplanung S. 84f.; die von *Schmidt-Räntsch* in Gassner/Bendomir-Kahlo/Schmidt-Räntsch § 14 Rn. 15 vertretene These, erst das Berücksichtigungsgebot würde der Landschaftsplanung den notwendigen Biss verleihen, übersieht die Wirkungen des rechtsstaatlich fundierten Abwägungsgebots). Bei behördlichen Gestattungen oder Zulassungen bieten fachgesetzlich eingeräumte Ermessens- oder Beurteilungsspielräume die Möglichkeit, die Inhalte der Landschaftsplanung zu berücksichtigen (*Heugel* in Schlacke § 9 Rn. 25; *Kleve* in BeckOK UmweltR § 9 Rn. 41). Daneben sind die Inhalte der Landschaftspläne aber auch für gebundene Verwaltungsentscheidungen von Relevanz, wenn und soweit entsprechende Öffnungsklauseln (z. B. § 35 Abs. 3 S. 1 Nr. 2 BauGB) ihre Berücksichtigung gestatten (vgl. *Marzik/Wilrich* § 14 Rn. 21; *Mengel* in Lütkes/Ewer § 9 Rn. 85). Als Einfallstor kommen ggf. auch unbestimmte Rechtsbegriffe in Betracht, die unter Berücksichtigung der landschaftsplanerischen Inhalte auszulegen sind (*Meßerschmidt* § 9 Rn. 52).

II. Umweltprüfungen und Maßnahmenprogramme

Nach § 9 Abs. 5 S. 2 BNatSchG bilden die Inhalte der Landschaftspläne Maßstäbe für die Beurteilung der Umweltverträglichkeit von Projekten. Im Rahmen der explizit angesprochenen **Umweltverträglichkeitsprüfung** (UVP), der **FFH-Verträglichkeitsprüfung** (FFH-VP) und bei der Aufstellung von **Maßnahmenprogrammen** (§§ 45h, 82 WHG) ist die Landschaftsplanung als Entscheidungshilfe heranzuziehen, zumal sich aus ihr nicht nur wichtige Erkenntnisse über den Zustand des betroffenen Landschaftsraums, sondern gerade auch über die naturschutzfachliche Wertigkeit des in Rede stehenden Areals gewinnen lassen. Dem Grunde nach ist die Landschaftsplanung ein unverzichtbares Erkenntnismittel jedenfalls für eine sachgerechte UVP. Denn Landschaftspläne werden nicht unter dem für UVP-pflichtige Vorhaben typischen Zeitdruck aufgestellt und sind daher befähigt, auch solche Erkenntnisse zu vermitteln, die nur im Rahmen zeitaufwendigerer Untersuchungen zu generieren sind; im Übrigen betreffen sie den Gesamtzustand von Natur und Landschaft und leiden als solche nicht unter der Selektivität vorhabenbezogener Ermittlungen (*Ramsauer* NuR 1993, 108 (111)). Da § 9 Abs. 5 S. 2 BNatSchG die genannten Prüfungen nur exemplarisch anspricht („insbesondere"), ist die Landschaftsplanung auch für die im Gesetz nicht ausdrücklich genannten Strategischen Umweltprüfungen bedeutsam (*Heugel* in Schlacke § 9 Rn. 27; eingehend *SRU* Sondergutachten Naturschutz, 2002, Tz. 283 ff.). 29

III. Begründungspflicht

Wird von den Inhalten der Landschaftspläne abgewichen, aktiviert dies die in § 9 Abs. 5 S. 3 BNatSchG vorgesehene **Begründungspflicht.** Damit verbindet sich eine Stärkung der Durchsetzungskraft der Belange des Naturschutzes, weil die entscheidende Behörde gezwungen ist, die wesentlichen tatsächlichen und rechtlichen Gründe zu benennen, die sie zu ihrer abweichenden Entscheidung bewogen haben (*Appel* in Frenz/Müggenborg § 9 Rn. 103; *Kolodziejcok* in Kolodziejcok/Endres/Krohn/Markus Kennzahl 1142 Rn. 34; *Marzik/Wilrich* § 14 Rn. 26). Auch wenn dies nicht dazu führt, das Gewicht der in den Landschaftsplänen zum Ausdruck kommenden Belange des Naturschutzes zu verstärken (a. A. *Mengel* in Lütkes Ewer § 9 Rn. 91), ist die zur Entscheidung berufene Behörde doch genötigt, sich mit den diesbezüglichen Interessen offen und transparent auseinanderzusetzen. Der Effekt dieser Inpflichtnahme ist nicht zu unterschätzen, weil das Begründungserfordernis dafür Sorge trägt, dass die Belange des Naturschutzes und der Landschaftspflege nicht verdeckt, sondern nur aufgrund einer offenen und als solchen kontrollierbaren Entscheidung zurückgestellt werden können (eingehend 30

Schütze Landschaftsplanung, S. 86 f.). Fehlt die Begründung, leidet die Entscheidung an einem formellen Mangel, der allerdings nach Maßgabe des § 45 Abs. 1 Nr. 2, Abs. 2 VwVfG behoben werden kann (*Meßerschmidt* § 9 Rn. 56; *Schumacher/Schumacher* in Schumacher/Fischer-Hüftle § 9 Rn. 84).

§ 10 Landschaftsprogramme und Landschaftsrahmenpläne

(1) [1]**Die überörtlichen konkretisierten Ziele, Erfordernisse und Maßnahmen des Naturschutzes und der Landschaftspflege werden für den Bereich eines Landes im Landschaftsprogramm oder für Teile des Landes in Landschaftsrahmenplänen dargestellt.** [2]**Die Ziele der Raumordnung sind zu beachten; die Grundsätze und sonstigen Erfordernisse sind zu berücksichtigen.**

(2) [1]**Landschaftsprogramme können aufgestellt werden.** [2]**Landschaftsrahmenpläne sind für alle Teile des Landes aufzustellen, soweit nicht ein Landschaftsprogramm seinen Inhalten und seinem Konkretisierungsgrad nach einem Landschaftsrahmenplan entspricht.**

(3) **Die konkretisierten Ziele, Erfordernisse und Maßnahmen des Naturschutzes sind, soweit sie raumbedeutsam sind, in der Abwägung nach § 7 Absatz 2 des Raumordnungsgesetzes zu berücksichtigen.**

(4) [1]**Landschaftsrahmenpläne und Landschaftsprogramme im Sinne des Absatzes 2 Satz 2 sind mindestens alle zehn Jahre fortzuschreiben.** [2]**Mindestens alle zehn Jahre ist zu prüfen, ob und in welchem Umfang eine Aufstellung oder Fortschreibung sonstiger Landschaftsprogramme erforderlich ist.**

(5) [1]**Die landschaftsplanerischen Inhalte werden eigenständig erarbeitet und dargestellt.** [2]**Im Übrigen richten sich die Zuständigkeit, das Verfahren der Aufstellung und das Verhältnis von Landschaftsprogrammen und Landschaftsrahmenplänen zu Raumordnungsplänen nach § 13 des Raumordnungsgesetzes nach Landesrecht.**

Schrifttum: Vgl. die Nachweise der Vorbemerkung vor §§ 8–12

Übersicht

A. Allgemeines

§ 10 BNatSchG regelt die **überörtliche Landschaftsplanung,** deren Existenz als solche dem regelnden Zugriff der Länder entzogen ist (§ 8 BNatSchG). Im Anschluss an § 15 Abs. 1 BNatSchG 2002 bestimmt § 10 Abs. 1 BNatSchG, dass die auf der überörtlichen Ebene konkretisierten Ziele, Erfordernisse und Maßnahmen für den Bereich eines Landes im Landschaftsprogramm oder für Teile eines Landes in Landschaftsrahmenplänen dargestellt werden. Während § 10 Abs. 1 S. 2 BNatSchG die Raumordnungsklausel des bisherigen § 15 Abs. 1 S. 2 BNatSchG 2002 übernimmt, wird die Erforderlichkeit der 1

Aufstellung der überörtlichen Landschaftspläne in § 10 Abs. 2 BNatSchG abweichend vom bisherigen Recht geregelt (BT-Drs. 16/12274, 55); die Notwendigkeit einer flächendeckenden überörtlichen Landschaftsplanung bleibt davon allerdings unberührt. Über die Berücksichtigung der auf überörtlicher Ebene konkretisierten Ziele, Erfordernisse und Maßnahmen in der Raumordnung verhält sich § 10 Abs. 3 BNatSchG, während Absatz 4 in der ihm durch das Gesetz zum Schutz der Insektenvielfalt 2021 (BGBl. I 3908) vermittelten Gestalt die Fortschreibung der überörtlichen Landschaftspläne thematisiert. § 10 Abs. 5 S. 1 BNatSchG normiert die Pflicht, die landschaftsplanerischen Inhalte eigenständig zu erarbeiten und darzustellen. Die Öffnungsklausel des § 10 Abs. 5 S. 2 BNatSchG behält es den Ländern vor, die Zuständigkeit sowie das Verfahren der Aufstellung und das Verhältnis zur Raumordnungsplanung zu regeln.

B. Die überörtliche Landschaftsplanung

2 Die überörtlich konkretisierten Ziele, Erfordernisse und Maßnahmen des Naturschutzes und der Landschaftspflege werden nach § 10 Abs. 1 S. 1 BNatSchG für den Gesamtbereich eines Landes in einem **Landschaftsprogramm** oder für Teilräume eines Landes im **Landschaftsrahmenplan** dargestellt. Während sich Landschaftsprogramme und Landschaftsrahmenpläne durch ihren jeweiligen Planungsraum – die gesamte Fläche eines Bundeslandes bzw. räumlich abgrenzbare Teile desselben – unterscheiden, wird mit dem gemeinsamen Merkmal der **Überörtlichkeit** zum Ausdruck gebracht, dass die in den Landschaftsprogrammen und Landschaftsrahmenplänen enthaltenen Darstellungen der konkretisierten Ziele, Erfordernisse und Maßnahmen über die örtliche Ebene hinausgreifen (*Meßerschmidt* § 10 Rn. 14).

I. Planungsebenen

3 Das **Landschaftsprogramm** wird als ein einheitliches Planwerk für den **Gesamtbereich eines Landes** aufgestellt. Die Formulierung des § 10 Abs. 1 S. 1 BNatSchG („Bereich eines Landes") lässt keinen Zweifel daran, dass auf dieser Planungsebene das **Flächendeckungsprinzip** zum Tragen kommt (*Meßerschmidt* § 10 Rn. 15). Mit Blick auf diesen Planungsraum formuliert das Landschaftsprogramm in Konkretisierung des § 1 Abs. 1 BNatSchG die Ziele und Aufgaben des Naturschutzes einschließlich der zu ihrer Umsetzung notwendigen Maßnahmen. Über die Inhalte des Landschaftsprogramms informiert § 9 Abs. 3 BNatSchG, der die Mindestangaben für alle Ebenen der Landschaftsplanung vorgibt (→ § 9 Rn. 9). Der grobe **Planungsmaßstab des Landschaftsprogramms** (1 : 500 000 oder 1 : 200 000) bringt es mit sich, dass auf dieser Stufe lediglich Vorgaben großräumiger und grundsätzlicher Art erteilt werden (*Meßerschmidt* § 10 Rn. 16; *Schumacher/Schumacher* in Schumacher/Fischer-Hüftle § 10 Rn. 8). Zu denken ist dabei etwa an die Konzeption eines auf fortschreitende Verdichtung angelegten landesweiten Biotopverbundsystems (§ 20 BNatSchG), an die Vorgabe von Leitbildern für die naturschutzfachliche Entwicklung der Naturräume des Landes, an konzeptionelle Vorgaben für die Sicherung der biologischen Vielfalt einschließlich des Insektenschutzes in besiedelten und unbesiedelten Räumen des Landes oder an landesweite Vorgaben für die Pflege und Entwicklung der Kulturlandschaft (weitere Beispiele bei *Heugel* in Schlacke § 10 Rn. 4; *Mengel* in Lütkes/Ewer § 10 Rn. 3). Insoweit bilden Landschaftsprogramme **konzeptionelle Grundlagen** aus, die in Landschaftsrahmenplänen und nachfolgenden Landschaftsplänen für die jeweils engeren Planungsräume konkretisiert werden. Soweit ihre

Inhalte nach näherer Maßgabe des § 10 Abs. 3 BNatSchG in Raumordnungspläne übernommen werden, entfalten sie gegenüber den Trägern raumbedeutsamer Planungen und Maßnahmen die in § 4 ROG näher umschriebenen Bindungswirkungen.

Für **Teile eines Bundeslandes** werden die Erfordernisse und Maßnahmen in **Landschaftsrahmenplänen** dargestellt. Ausweislich des § 10 Abs. 2 S. 2 BNatSchG sind damit „alle Teile“ des jeweiligen Landes gemeint. In ihrer Gesamtheit müssen die Landschaftsrahmenpläne daher den Bereich eines Landes **lückenlos** abdecken (*Mühlbauer* in Lorz/Konrad/Mühlbauer/Müller-Walter/Stöckel § 10 Rn. 8). Da sich die Landschaftsplanung an der Stufung der räumlichen Gesamtplanung orientiert, sind die Landschaftsrahmenpläne der Ebene der Regionalplanung zuzuordnen. Mit Blick auf den Planungsraum der Region (§ 13 Abs. 1 Nr. 2 ROG) konkretisieren und ergänzen sie die konzeptionellen Vorgaben der Landschaftsprogramme, wobei den in § 9 Abs. 3 BNatSchG umschriebenen Mindestinhalten der Landschaftsplanung Rechnung zu tragen ist (dies übersieht *Mühlbauer* in Lorz/Konrad/Mühlbauer/Müller-Walter/Stöckel § 10 Rn. 3). Dabei müssen die entsprechenden Angaben des Landschaftsrahmenplans, der regelmäßig im **Maßstab** von 1:50000 bis 1:25000 erstellt wird (*Meßerschmidt* § 10 Rn. 20), dem spezifischen Planungsraum der Region angepasst sein. Der überörtlichen Sichtweise entsprechend bietet diese Ebene der Landschaftsplanung Gelegenheit zur Einbeziehung der über Gemeinde- bzw. Kreisgrenzen hinausgreifenden Zusammenhänge und ermöglicht eine angemessene Beurteilung der Wertigkeit regional bedeutsamer Flächen und Biotope (*Schumacher/Schumacher* in Schumacher/Fischer-Hüftle § 10 Rn. 14 unter Hinweis auf *OVG Münster* NWVBl. 1996, 17 (19)). Insoweit eignet sich der Landschaftsrahmenplan namentlich für die **Darstellung regional bedeutsamer Flächen und Biotope,** die konzeptionelle Entwicklung **regionaler Biotopverbundsysteme** sowie die ergänzende **räumliche Absicherung der in das Netz Natura 2000** einbezogenen Gebiete durch Darstellungen zum Umgebungsschutz und verbindender Elemente. Im Hinblick auf die Aufgabe, ökologische Beiträge auch für die Eingriffsplanung zu erbringen (§ 9 Abs. 3 Nr. 4 lit. c BNatSchG), kommt daneben der Identifizierung von Räumen besondere Bedeutung zu, die sich für die **Vornahme von Ausgleichs- und sonstigen Kompensationsmaßnahmen** eignen, zumal entsprechende Angaben bei der einzelfallbezogenen Festsetzung von Ausgleichs- und Ersatzmaßnahmen zu berücksichtigen sind (§ 15 Abs. 2 S. 5 BNatSchG, vgl. hierzu auch *Meßerschmidt* § 10 Rn. 20). 4

II. Raumordnungsklausel

Nach § 10 Abs. 1 S. 2 BNatSchG sind die Ziele der Raumordnung bei der Aufstellung der Landschaftsprogramme und Landschaftsrahmenpläne zu beachten und die Grundsätze und sonstigen Erfordernisse zu berücksichtigen. Nach der Auslegungsregelung des § 3 Abs. 2 ROG sind die genannten Begrifflichkeiten im Sinne jener Definitionen zu verstehen, die sich aus Absatz 1 dieser Vorschrift ergeben (eingehend *Runkel* in Spannowsky/Runkel/Goppel ROG, 2. Aufl. 2018 § 3 Rn. 134f.). Nach § 3 Abs. 1 Nr. 2 ROG sind **Ziele der Raumordnung** verbindliche Vorgaben in Form von räumlich und sachlich bestimmten oder bestimmbaren, vom Träger der Landes- oder Regionalplanung abschließend abgewogenen textlichen oder zeichnerischen Festlegungen in Raumordnungsplänen zur Entwicklung, Ordnung und Sicherung des Raumes; sie sind von den zur Aufstellung überörtlicher Landschaftspläne berufenen öffentlichen Stellen zu beachten, verlangen mithin – soweit ihr Aussagegehalt reicht – strikte Befolgung und sind einer abwägenden Überwindung unzugänglich. Die **Grundsätze der Raumordnung** (§ 3 Nr. 3 ROG), die sich in § 2 ROG und ergänzend im Landesrecht finden, sind dagegen ebenso 5 wie die sonstigen Erfordernisse in Gestalt der in Aufstellung befindlichen Ziele der Raumordnung und der Ergebnisse förmlicher landesplanerischer Verfahren (§ 3 Nr. 4 ROG) lediglich zu berücksichtigen; insoweit sind sie in den landschaftsplanerischen Entscheidungsprozess einzubeziehen, können aber im Wege der Abwägung überwunden werden.

6 Die **Raumordnungsklausel** des § 10 Abs. 1 S. 2 BNatSchG perpetuiert die bereits unter der Geltung des früheren Rechts (vgl. nur *Gassner* in Gassner/Bendomir-Kahlo/Schmidt-Räntsch BNatSchG 1996 § 5 Rn. 3) diskutierte **Problematik, dass die überörtliche Landschaftsplanung keine substantiell neuen Planungskonzeptionen entwickeln kann,** wenn sie an die zielförmigen Inhalte einer ihr vorausgehenden Raumordnungsplanung strikt gebunden ist (zustimmend *Mengel* in Lütkes/Ewer § 10 Rn. 7; eingehend hierzu *Hendler* NuR 1981, 41 (44); *Lange* UVP-report 2002, 16 (19); *Ramsauer* NuR 1993, 108 (110)). Der Hinweis auf die „Vagheit der Raumordnungsziele", die wesentlich zur Eigenständigkeit der Landschaftsplanung beitragen soll (*Meßerschmidt* § 10 Rn. 28 a. E.), lässt außer Acht, dass Ziele der Raumordnung verbindliche Vorgaben in Form von räumlich und sachlich bestimmten Festlegungen beinhalten können, die keineswegs besonders vage sind. Zu denken ist etwa an Konzentrationszonen für die Gewinnung bestimmter Bodenschätze oder Freihaltekorridore für Infrastrukturvorhaben (z. B. Verkehrsinfrastruktur). Im Angesicht entsprechender regionalplanerischer Vorgaben verbliebe einer an jedwedes Ziel der Raumordnung gebundenen Landschaftsrahmenplanung selbst dann keine Möglichkeit, in Ansehung der betroffenen Flächen naturschutzbezogene Ziele zu formulieren, wenn das Interesse an der Gewinnung des in Rede stehenden Bodenschatzes oder der Realisierung eines Verkehrsprojekts längst erloschen ist. Die daraus ersichtlichen Schwierigkeiten lassen sich allerdings bewältigen, wenn die **Aufgabenstellung** der Landschaftsplanung und die sich über ihre **Integration in Raumordnungspläne** verhaltenden Regelung des § 10 Abs. 3 BNatSchG bedacht werden. Hat die Landschaftsplanung ökologische Beiträge für die räumliche Gesamtplanung zu erbringen (→ Vorb. §§ 8–12 Rn. 8) und sind ihre raumbedeutsamen Inhalte „in der Abwägung nach § 7 Absatz 2 des Raumordnungsgesetzes zu berücksichtigen", liegt auf der Hand, dass sie der ihr zugedachten Vorlauffunktion nur gerecht werden kann, wenn sie den Zielen desjenigen Raumordnungsplans nicht verpflichtet ist, der auf der Basis der im Landschaftsplan niedergelegten naturschutzfachlichen Grundlagen und unter Einbezug der dort zum Ausdruck kommenden Belange des Naturschutzes fortgeschrieben werden soll. Insoweit spricht einiges dafür, die Vorschrift des § 10 Abs. 1 S. 2 BNatSchG dahin zu verstehen, dass dort nur die Bindung an die Ziele eines übergeordneten, nicht aber an jene des der Ebene des Landschaftsplans entsprechenden Raumordnungsplans angeordnet ist (*Appel* in Frenz/Müggenborg § 10 Rn. 21; *Louis/Engelke* § 5 Rn. 7; wohl ähnlich *Mengel* in Lütkes/Ewer § 10 Rn. 8; a. A. *Meßerschmidt* § 10 Rn. 28). In dieser Perspektive entfällt die Zielbindung bei der Aufstellung eines Landschaftsprogramms während Landschaftsrahmenpläne an die zielförmigen Vorgaben der Landesplanung, nicht aber an jene des Regionalplans gebunden sind.

III. Pflicht zur überörtlichen Landschaftsplanung

7 Nach § 10 Abs. 2 S. 1 BNatSchG können die Länder Landschaftsprogramme aufstellen. Zugleich bestimmt § 10 Abs. 2 S. 2 BNatSchG, dass Landschaftsrahmenpläne grundsätzlich für alle Teile des Landes aufzustellen sind, soweit nicht ein Landschaftsprogramm seinen Inhalten und seinem Konkretisierungsgrad nach einem Landschaftsrahmenplan entspricht. Die Vorschriften lassen zunächst erkennen, dass es einer Entscheidung der Länder vorbehalten bleibt, ob Landschaftsprogramme aufgestellt werden; **die Aufstellung eines Land-**

schaftsprogramms ist daher fakultativ (BT-Drs. 16/12274, 55). **Landschaftsrahmenpläne** sind dagegen kraft der Anordnung des § 10 Abs. 2 S. 2 BNatSchG grundsätzlich **obligatorisch** (*Appel* in Frenz/Müggenborg § 10 Rn. 14; *Meßerschmidt* § 10 Rn. 29; *Schumacher/Schumacher* in Schumacher/Fischer-Hüftle § 10 Rn. 17); etwas anderes gilt ausnahmsweise dann, wenn ein Landschaftsprogramm aufgestellt wird, das nach seinen Inhalten und seinem Konkretisierungsgrad einem Landschaftsrahmenplan entspricht und daher geeignet ist, denselben zu substituieren. Mit dieser **Einschränkung der Aufstellungsverpflichtung** soll der besonderen Situation der Stadtstaaten Rechnung getragen werden (*Heugel* in Schlacke § 10 Rn. 11). Auch wenn § 10 Abs. 2 BNatSchG den Ländern Entscheidungsfreiräume eröffnet, lässt die Vorschrift doch keinen Zweifel daran, dass sie – in voller Übereinstimmung mit dem in § 8 BNatSchG zum Ausdruck kommenden allgemeinen Grundsatz des Naturschutzes (Art. 72 Abs. 3 Nr. 2 GG) – eine Verpflichtung zur überörtlichen Landschaftsplanung begründet und auf dieser Planungsebene dem Flächendeckungsprinzip vollen Umfangs zu genügen ist.

IV. Fortschreibungs- und Prüfungspflicht

Um ihrer Funktion als wichtige Informationsgrundlage für Raumordnungs- und Bau- **8**
leitpläne sowie für die Fachplanung und sonstige behördliche Entscheidungen gerecht zu werden, muss die Landschaftsplanung möglichst aktuelle Erkenntnisse über den Zustand von Natur und Landschaft im Planungsraum und die dort konkret verfolgten Ziele des Naturschutzes einschließlich der sich daraus ergebenden Erfordernisse und Maßnahmen vermitteln. § 9 Abs. 4 BNatSchG trägt dem Rechnung, indem die Vorschrift eine Fortschreibungspflicht begründet, die allerdings nur aktiviert wird, wenn wesentliche Veränderungen von Natur und Landschaft im Planungsraum eintreten, vorgesehen oder zu erwarten sind (→ § 9 Rn. 25). Das gilt grundsätzliche für sämtliche Ebenen der Landschaftsplanung, bietet aber keine hinreichende Gewähr dafür, dass dieser anlassbezogenen Verpflichtung auch tatsächlich Folge geleistet wird. Um diesbezüglichen Versäumnissen entgegenzuwirken, wurde mit dem Insektenvielfaltsgesetz 2021 der § 10 Abs. 4 S. 1 BNatSchG eingeführt, der dazu verpflichtet, die **Landschaftsrahmenpläne** sowie substituierende Landschaftsprogramme (→ Rn. 7) **alle 10 Jahre fortzuschreiben** (vgl. *Jürging/Lütkes/Unkelbach* NuR 2021, 237 (240)). Für die sonstigen **Landschaftsprogramme,** deren Inhalt und Konkretisierungsgrad hinter der Landschaftsrahmenplanung zurückbleibt, sieht § 10 Abs. 4 S. 2 BNatSchG eine alle 10 Jahre zu erfüllende Prüfungspflicht im Hinblick darauf vor, ob und in welchem Umfang eine Aufstellung oder Fortschreibung erforderlich ist. Diese Prüfung bezieht sich mit Blick auf § 9 Abs. 4 S. 1 BNatSchG insbesondere darauf, ob wesentliche Veränderungen im Planungsraum zwischenzeitlich eingetreten, vorgesehen oder zu erwarten sind. Ob diese Regelung zu einer Stärkung der Landschaftsrahmenplanung führen wird, bleibt abzuwarten. Das Schicksal ähnlicher Prüfungspflichten im Bereich der Bauleitplanung (§ 5 Abs. 1 S. 3 BauGB 2004), die schon kurz nach ihrer Einführung wieder gestrichen wurden (vgl. *Söfker* in Ernst/Zinkahn/Bielenberg/Krautzberger BauGB, 140. Lfg. 2020 § 5 Rn. 4a und 4c) stimmt nicht eben hoffnungsfroh.

V. Eigenständige Erarbeitung landschaftsplanerischer Inhalte

§ 10 Abs. 5 S. 1 BNatSchG, der gleichfalls mit dem Insektenvielfaltsgesetz 2021 einge- **9**
führt wurde, stellt klar, dass die landschaftsplanerischen Inhalte auf der Ebene der Landschaftsprogramme und der Landschaftsrahmenpläne eigenständig erarbeitet und dargestellt

werden müssen (BT-Drs. 19/28182, 22). Die gesonderte und mit naturschutzexternen Belangen noch unabgestimmte Präsentation der landschaftsplanerischen Inhalte bietet Gewähr dafür, dass die im Planungsraum konkret verfolgten Ziele und Interessen des Naturschutzes mit dem ihnen zukommenden Gewicht im Rahmen nachfolgender Planungs- und Verwaltungsverfahren berücksichtigt werden (zum **Darstellungs- und Artikulationsprivileg** → Vorb. §§ 8–12 Rn. 8). Auch wenn die den Ländern vorbehaltene Wahl des Integrationsmodells von § 10 Abs. 5 S. 1 BNatSchG nicht berührt wird (→ Rn. 13; *Jürging/Lütkes/Unkelbach* NuR 2021, 237 (240)), ändert dies nichts daran, dass auch bei der Primärintegration ein eigenständiger Naturschutzbeitrag zu erstellen ist.

C. Aufnahme in Raumordnungspläne

10 § 10 Abs. 3 BNatSchG regelt die **Integration der Inhalte** der überörtlichen Landschaftsplanung in die ihnen entsprechenden Stufen der räumlichen Gesamtplanung und stellt klar, dass die konkretisierten Ziele, Erfordernisse und Maßnahmen des Naturschutzes und der Landschaftspflege in der Abwägung nach § 7 Abs. 2 S. 1 ROG zu berücksichtigen sind. Während § 15 Abs. 2 BNatSchG 2002 die Aufnahme der raumbedeutsamen Erfordernisse und Maßnahmen des Naturschutzes und der Landschaftspflege noch ausdrücklich thematisierte, begründet § 10 Abs. 3 BNatSchG lediglich ein die Inhalte der überörtlichen Landschaftsplanung betreffendes Berücksichtigungsgebot. Eine wesentliche Änderungen verbindet sich damit freilich nicht (*Mengel* in Lütkes/Ewer § 10 Rn. 9), weil die Inhalte der Landschaftsprogramme bzw. Landschaftsrahmenpläne in die Raumordnungsplanung ihrer Ebene aufgenommen werden, wenn sie sich im Rahmen der planerischen Abwägung gegenüber anderen öffentlichen und privaten Belangen durchsetzen.

I. Raumbedeutsame Ziele, Erfordernisse und Maßnahmen

11 Die in § 10 Abs. 3 BNatSchG normierte Berücksichtigungspflicht bezieht sich nur auf jene konkretisierten Ziele, Erfordernisse und Maßnahmen, die als **raumbedeutsam** zu bewerten sind. Ob dies der Fall ist, bemisst sich anhand der Definition des § 3 Abs. 1 Nr. 6 ROG, nach der als raumbedeutsam sämtliche Planungen, Vorhaben und sonstige Maßnahmen anzusehen sind, durch die Raum in Anspruch genommen oder die räumliche Funktion oder Entwicklung eines Gebietes beeinflusst wird, einschließlich des Einsatzes der hierfür vorgesehenen öffentlichen Finanzmittel (vgl. hierzu *Runkel* in Spannowsky/Runkel/Goppel ROG, 2. Aufl. 2018, § 3 Rn. 102 ff.). Mit Blick auf die in § 9 Abs. 3 BNatSchG bezeichneten Inhalte wird dies regelmäßig auf die Einrichtung international bedeutsamer oder in den europäischen Verbund Natura 2000 integrierter Gebiete, aber auch für die Unterschutzstellung landesweit oder regional bedeutsamer Schutzgebiete, die Darstellung von Gebieten mit besonderen Funktionen für den Biotop- und Artenschutz, Flächen für den Biotopverbund oder nutzungsorientierte Darstellungen zutreffen, die der Sicherung der Naturschutzfunktionen auf der gesamten Fläche oder der Bewältigung sich abzeichnender Nutzungskonflikte dienen (*Schumacher/Schumacher* in Schumacher/Fischer-Hüftle § 10 Rn. 24). Auch wenn den in § 9 Abs. 3 BNatSchG bezeichneten Angaben regelmäßig eine Raumbedeutsamkeit zu attestieren sein wird (*Heugel* in Schlacke § 10 Rn. 14), können Landschaftspläne der überörtlichen Ebene doch auch der Verwirklichung der konkretisierten Ziele dienende Maßnahmen umfassen, die keinen Raumbezug erkennen lassen und als solche einer Berücksichtigung im Rahmen

der raumplanerischen Abwägung unzugänglich sind (ebenso *Meßerschmidt* § 10 Rn. 36). Denkbar ist dies namentlich bei Artenschutz- oder Artenhilfsprogrammen (*Appel* in Frenz Müggenborg § 10 Rn 26; *Schumacher/Schumacher* in Schumacher/Fischer-Hüftle § 10 Rn. 25).

II. Abwägung

Die Integration der zur Übernahme in Raumordnungspläne geeigneten raumbedeutsamen Inhalte der überörtlichen Landschaftsplanung erfolgt nicht gleichsam automatisch. Als Ausdruck der im Planungsraum bestehenden Interessen des Naturschutzes und der Landschaftspflege sind sie in der **raumplanerischen Abwägung** zu berücksichtigen und finden nur dann Eingang in die Raumordnungspläne, wenn sie sich im Rahmen dieses Entscheidungsprozesses gegenüber anderen öffentlichen oder privaten Belangen behaupten können. An der Verbindlichkeit raumordnerischer Festlegungen haben daher nur jene naturschutzbezogenen Ziele, Erfordernisse und Maßnahmen Anteil, denen der Vorrang vor gegenläufigen Nutzungswünschen und Interessen gebührt und die sich im „Fegefeuer der allseitigen Abwägung" bewähren. Werden die Inhalte der überörtlichen Landschaftsplanung nicht in die Raumordnungspläne ihrer Ebene integriert, bedarf dies einer **gesonderten Begründung** (§ 9 Abs. 5 BNatSchG). 12

D. Zuständigkeit, Verfahren, Integrationsmodell

Nach § 10 Abs. 5 S. 2 BNatSchG richten sich die Zuständigkeit, das Verfahren und das Verhältnis von Landschaftsprogrammen und Landschaftsrahmenplänen zu Raumordnungsplänen nach Landesrecht. Mag sich die bundesrechtliche Regelung auch am **Modell der Sekundärintegration** orientieren, bleibt es den Ländern doch unbenommen, **andere Integrationsmodelle** beizubehalten oder einzuführen, ohne dass es hierzu einer Abweichung vom Bundesrecht bedarf. Soweit es das Verfahren der überörtlichen Landschaftsplanung anbelangt, ist an die Pflicht zur strategischen Umweltprüfung (→ Vorb. §§ 8–12 Rn. 12f.) und im Übrigen daran zu erinnern, dass **anerkannten Naturschutzvereinigungen** bei der Vorbereitung von Programmen und Plänen der überörtlichen Landschaftsplanung die Gelegenheit zur Stellungnahme zu geben ist (§ 63 Abs. 2 Nr. 2 BNatSchG; → § 63 Rn. 23). 13

§ 11 Landschaftspläne und Grünordnungspläne

(1) [1]Die für die örtliche Ebene konkretisierten Ziele, Erfordernisse und Maßnahmen des Naturschutzes und der Landschaftspflege werden auf der Grundlage der Landschaftsrahmenpläne für die Gebiete der Gemeinden in Landschaftsplänen, für Teile eines Gemeindegebietes in Grünordnungsplänen dargestellt. [2]Die Ziele der Raumordnung sind zu beachten; die Grundsätze und sonstigen Erfordernisse sind zu berücksichtigen. [3]Die Pläne sollen die in § 9 Absatz 3 genannten Angaben enthalten, soweit dies für die Darstellung der für die örtliche Ebene konkretisierten Ziele, Erfordernisse und Maßnahmen erforderlich ist. [4]Abweichende Vorschriften der Länder zum Inhalt von Landschafts- und Grünordnungsplänen sowie Vorschriften zu deren Rechtverbindlichkeit bleiben unberührt.

(2) Landschaftspläne sind aufzustellen, sobald und soweit dies im Hinblick auf Erfordernisse und Maßnahmen im Sinne des § 9 Absatz 3 Satz 1 Nummer 4 erforderlich ist, insbesondere weil wesentliche Veränderungen von Natur und Landschaft im Planungsraum eingetreten, vorgesehen oder zu erwarten sind.

(3) Die in den Landschaftsplänen für die örtliche Ebene konkretisierten Ziele, Erfordernisse und Maßnahmen des Naturschutzes und der Landschaftspflege sind in der Abwägung nach § 1 Absatz 7 des Baugesetzbuchs zu berücksichtigen und können als Darstellungen oder Festsetzungen nach den §§ 5 und 9 des Baugesetzbuchs in die Bauleitpläne aufgenommen werden.

(4) Landschaftspläne sind alle zehn Jahre daraufhin zu überprüfen, ob und in welchem Umfang mit Blick auf die in Absatz 2 Satz 1 genannten Kriterien eine Fortschreibung erforderlich ist.

(5) Werden in den Ländern Berlin, Bremen und Hamburg die örtlichen Erfordernisse und Maßnahmen des Naturschutzes und der Landschaftspflege in Landschaftsrahmenplänen oder Landschaftsprogrammen dargestellt, so ersetzen diese die Landschaftspläne.

(6) [1]Grünordnungspläne können aufgestellt werden. [2]Insbesondere können sie aufgestellt werden zur

1. Freiraumsicherung und -pflege einschließlich der Gestaltung des Ortsbilds sowie Entwicklung der grünen Infrastruktur in Wohn-, Gewerbe- und sonstigen baulich genutzten Gebieten,
2. Gestaltung, Pflege und Entwicklung von Parks und anderen Grünanlagen, Gewässern mit ihren Uferbereichen, urbanen Wäldern oder anderen größeren Freiräumen mit besonderer Bedeutung für die siedlungsbezogene Erholung sowie des unmittelbaren Stadt- und Ortsrandes,
3. Gestaltung, Pflege und Entwicklung von Teilräumen bestimmter Kulturlandschaften mit ihren jeweiligen Kulturlandschaftselementen sowie von Bereichen mit einer besonderen Bedeutung für die Erholung in der freien Landschaft.

[3]Besteht ein Landschaftsplan, so sind Grünordnungspläne aus diesem zu entwickeln.

(7) [1]Die Inhalte der Landschaftspläne und Grünordnungspläne werden eigenständig erarbeitet und dargestellt. [2]Im Übrigen richten sich die Zuständigkeit und das Verfahren zur Aufstellung und Durchführung nach Landesrecht.

Schrifttum: Vgl. die Nachweise der Vorbemerkung vor §§ 8–12

Übersicht

A. Allgemeines

1 Die sich zumeist auf gemeindlicher Ebene vollziehende örtliche Landschaftsplanung erfuhr erstmals in § 6 BNatSchG 1976 eine bundesrahmenrechtliche Regelung. Neben einigen redaktionellen Anpassungen wurden mit der Neuregelung des Jahres 2002 einige wesentliche Änderungen vorgenommen (hierzu *Meßerschmidt* § 11 Rn. 5; *Gellermann* NVwZ 2002, 1025 (1029)). Mit der Einführung einer Pflicht zur Aufstellung **flächendeckender Landschaftspläne** (§ 16 Abs. 1 S. 1 BNatSchG 2002) verfolgte der Gesetzgeber das Ziel der Vereinheitlichung des in dieser Hinsicht heterogenen Landesrechts. Aufgenommen wurde zudem die das Themenfeld der Qualitätssicherung betreffende **Fortschreibungspflicht** (§ 16 Abs. 1 S. 2 BNatSchG 2002), die der Erkenntnis Rechnung trägt, dass die Landschaftspläne ihrer Funktion nur gerecht werden können, wenn sie sich auf aktuellem Stande befinden und nicht bereits durch tatsächliche Entwicklungen überholt sind (*Stich* UPR 2002, 161 (165)).

2 Auch wenn im Zuge der Novelle 2010 eine Umstellung des Rahmenrechts auf unmittelbar geltende Vorschriften des Bundesrechts erfolgte, ist von einer **Vollregelung des Bundes** angesichts der den Ländern belassenen Ausgestaltungsspielräumen (§ 11 Abs. 1 S. 4, Abs. 5 BNatSchG 2010) wenig zu spüren (*Gellermann* NVwZ 2010, 73 (75)). Erhalten blieb immerhin die **Fortschreibungspflicht,** die auf die Landschaftsplanung aller Ebenen erstreckt wurde (§ 9 Abs. 4 BNatSchG 2010). Zugleich wurde der – allerdings fakultative – Grünordnungsplan eingeführt (§ 11 Abs. 1 S. 1 BNatSchG 2010). Von dem zuvor noch als wichtiges Element zur Stärkung der Landschaftsplanung gepriesenen **Flächendeckungsprinzip** (BT-Drs. 14/6378, 29) verabschiedete sich der Gesetzgeber dagegen. Landschaftspläne sind seither nicht mehr flächendeckend und anlassunabhängig, sondern nur dann noch aufzustellen, sobald und soweit dies im Hinblick auf Erfordernisse und Maßnahmen zur Umsetzung der konkretisierten Ziele des Naturschutzes und der Landschaftspflege erforderlich ist. Im Übrigen wurde der den Ländern durch § 16 Abs. 2 S. 1 BNatSchG 2002 erteilte Regelungsauftrag durch die bundesrechtliche Bestimmung des § 11 Abs. 3 BNatSchG ersetzt, die das Verhältnis der Landschaftsplanung zur kommunalen Bauleitplanung betrifft (BT-Drs. 16/12274, 56).

3 Um die Landschaftsplanung auf der örtlichen Ebene zu stärken, wurde § 11 BNatSchG durch das Gesetz zum Schutz der Insektenvielfalt 2021 (BGBl. 2021 I 3908) in einzelnen Beziehungen modifiziert. Auch wenn eine periodisch zu erfüllende Fortschreibungspflicht, wie sie mit § 10 Abs. 4 S. 1 BNatSchG für Landschaftsrahmenpläne

eingeführt wurde, für Landschaftspläne weiterhin nicht besteht, werden die Träger der Landschaftsplanung doch durch § 11 Abs. 4 BNatSchG angehalten, alle 10 Jahre zu prüfen, ob es einer Fortschreibung bedarf. Im Schwerpunkt betrifft die Änderung den weiterhin **fakultativen Grünordnungsplan.** Während § 11 Abs. 6 S. 2 BNatSchG einen Katalog möglicher Planinhalte formuliert, begründet Satz 3 das Gebot, Grünordnungspläne aus einem bestehenden Landschaftsplan zu entwickeln. In Parallele zu § 10 Abs. 5 S. 1 BNatSchG regelt § 11 Abs. 7 BNatSchG die Verpflichtung, die Inhalte der Landschafts- und Grünordnungspläne eigenständig zu erarbeiten und darzustellen (BT-Drs. 19/28182, 22; *Jürging/Lütkes/Unkelbach* NuR 2021, 237 (240)).

B. Die Landschaftsplanung auf örtlicher Ebene

Nach § 11 Abs. 1 BNatSchG werden die für die örtliche Ebene konkretisierten Ziele, Erfordernisse und Maßnahmen des Naturschutzes und der Landschaftspflege auf der Grundlage der Landschaftsrahmenpläne für die Gebiete der Gemeinden in Landschaftsplänen und für Teile des Gemeindegebietes in Grünordnungsplänen dargestellt. **4**

I. Zweiteilung der örtlichen Landschaftsplanung

Während § 16 Abs. 1 S. 1 BNatSchG 2002 lediglich zum Ausdruck brachte, dass Landschaftspläne auf der örtlichen Ebene aufzustellen sind, stellt § 11 Abs. 1 S. 1 BNatSchG den Bezug zum **Gemeindegebiet** bzw. zu Teilen desselben als dem maßgeblichen Planungsraum der sich auf örtlicher Ebene vollziehenden Landschaftsplanung her (vgl. *Appel* in Frenz/Müggenborg § 11 Rn. 5). Landesrechtlichen Vorbildern folgend nimmt § 11 Abs. 1 S. 1 BNatSchG eine **Zweiteilung der Landschaftsplanung** auf der örtlichen Ebene vor (*Meßerschmidt* § 11 Rn. 10) und unterscheidet zwischen dem sich grundsätzlich auf das gesamte Gemeindegebiet erstreckten **Landschaftsplan** und dem **Grünordnungsplan,** dessen Planungsraum sich auf Teile eines Gemeindegebietes beschränkt. Auch wenn das Bundesrecht dies nicht ausdrücklich regelt (kritisch insoweit *Louis* NuR 2010, 77 (81)), folgt doch aus der Bestimmung über die Verwertbarkeit der Landschaftspläne für die Bauleitplanung (§ 11 Abs. 3 BNatSchG) vergleichsweise zwanglos, dass der Landschaftsplan der Ebene des Flächennutzungsplans korrespondiert, während sich der Grünordnungsplan als Äquivalent zum Bebauungsplan darstellt (BT-Drs. 16/12274, 56; *Appel* in Frenz/Müggenborg § 11 Rn. 6; *Kleve* in BeckOK UmweltR § 11 Rn. 1, 7). Während Landschaftspläne zumeist im Maßstab 1 : 10 000 oder 1 : 5000 aufgestellt werden, sind bei den Grünordnungsplänen Maßstäbe von 1 : 2500 bis 1 : 1000 geläufig (vgl. *Heugel* in Schlacke § 11 Rn. 3). **5**

1. Landschaftsplan. Nach § 11 Abs. 1 S. 1 BNatSchG stellt der Landschaftsplan die auf örtlicher Ebene konkretisierten Ziele, Erfordernisse und Maßnahmen des Naturschutzes und der Landschaftspflege „für die Gebiete der Gemeinden" dar. Auch wenn damit das gesamte Gemeindegebiet als maßgeblicher Planungsraum bezeichnet wird, unterliegt es doch keinen Bedenken, wenn für diesen Raum mehrere **Teilpläne** aufgestellt werden (ebenso *Appel* in Frenz/Müggenborg § 11 Rn. 6; *Marzik/Wilrich* § 16 Rn. 5). Umgekehrt dürfte angesichts des Korrespondenzverhältnisses zwischen Landschafts- und Flächennutzungsplan mit Rücksicht auf § 204 Abs. 1 BauGB aus bundesrechtlicher Sicht nichts dagegen zu erinnern sein, wenn ein Landschaftsplan **gemeindeübergreifend** für das Gebiet mehrerer Gemeinden aufgestellt wird. **6**

7 Für Landschaftspläne besteht unter den in § 11 Abs. 2 BNatSchG genannten Voraussetzungen eine Aufstellungspflicht. Landschaftspläne sind daher obligatorisch, „sobald und soweit" dies im Hinblick auf Erfordernisse und Maßnahmen im Sinne des § 9 Abs. 3 S. 1 Nr. 4 BNatSchG erforderlich ist (*Heugel* in Schlacke § 11 Rn. 11). Unter Aufgabe des im Zuge der Novelle des Jahres 2002 eingeführten Flächendeckungsprinzips ist der Gesetzgeber damit zu der Rechtslage zurückgekehrt, die durch § 6 Abs. 1 BNatSchG 1976 begründet wurde. Da die Landschaftsplanung ihrem umfassenden Auftrag auf örtlicher Ebene an sich nur gerecht werden kann, wenn sie grundsätzlich den gesamten Planungsraum der Gemeinde und damit die von allen Teilräumen ausgehenden Wirkungszusammenhänge umfasst (BT-Drs. 14/6373, 46), verbindet sich mit der Wiedereinführung der **Erforderlichkeitsklausel** eine Schwächung des Planungsinstruments, deren Sinnhaftigkeit in der Begründung des Regierungsentwurfs keine Erläuterung erfährt (siehe BT-Drs. 16/12274, 56; kritisch hierzu auch *Appel* in Frenz/Müggenborg § 11 Rn. 13 ff.)). Denkbar ist allenfalls, dass der Gesetzgeber mit dieser „Rolle rückwärts" auf die Befürchtung reagiert, die Gemeinden könnten mit der Verpflichtung zur flächendeckenden Landschaftsplanung überfordert sein (in dieser Hinsicht *Meßerschmidt* § 11 Rn. 21).

8 Die Pflicht zur Aufstellung eines Landschaftsplans wird nach § 11 Abs. 2 BNatSchG aktiviert, sobald und soweit dies im Hinblick auf Erfordernisse und Maßnahmen im Sinne des § 9 Abs. 3 S. 1 Nr. 4 BNatSchG erforderlich ist, insbesondere weil wesentliche Veränderungen von Natur und Landschaft im Planungsraum eingetreten, vorgesehen oder zu erwarten sind. Da es sich um dieselben Bedingungen handelt, von deren Vorliegen § 9 Abs. 4 S. 1 BNatSchG die Fortschreibung der Landschaftspläne aller Ebenen abhängig macht, kann auf die dortige Kommentierung verwiesen werden (→ § 9 Rn. 25). Im Übrigen ist in diesem Zusammenhang zu bemerken, dass die wesentliche Veränderung von Natur und Landschaft ausdrücklich als **Regelbeispiel** („insbesondere") für die Aktivierung der Pflicht zur Aufstellung eines Landschaftsplans gekennzeichnet ist. Soweit in der Gesetzesbegründung der Fall der Aufstellung, Änderung oder Ergänzung eines Bauleitplans erwähnt wird (BT-Drs. 16/12274, 56), handelt es sich daher nur um einen, nicht aber um den einzigen Fall, der in Ansehung der Landschaftsplanung einen planerischen Handlungsbedarf auslösen kann (*Mengel* in Lütkes/Ewer § 11 Rn. 6). Als Grund für die Aufstellung eines Landschaftsplans kommt namentlich der **massive Rückgang von Vogelarten** der Agrarlandschaft (*BMU* Lage der Natur in Deutschland, 2020 S. 22 f.) oder des in seiner Dimension erst unlängst bewusst gewordenen **Insektensterbens** (hierzu *SRU* Für einen flächenwirksamen Insektenschutz, 2018 S. 8 ff.) in Betracht, das nicht nur den Gesetzgeber zum Erlass des Insektenvielfaltsgesetzes 2021 bewogen hat, sondern auch gegensteuernde Maßnahmen im Rahmen der Landschaftsplanung erfordert (*Jedicke* Naturschutz und Landschaftsplanung 2021, 26 (31)).

9 Bestehende Landschaftspläne sind unter den in § 9 Abs. 4 S. 1 BNatSchG genannten Bedingungen fortzuschreiben und zu aktualisieren. Um sicherzugehen, dass die Planungsträger diese Aufgabe nicht aus dem Blick verlieren, sieht § 11 Abs. 4 BNatSchG vor, dass Landschaftspläne mindestens alle 10 Jahre daraufhin zu überprüfen sind, ob eine Fortschreibung – gemessen am Maßstab der in § 11 Abs. 2 S. 1 BNatSchG genannten Kriterien – erforderlich ist. Angesichts des oftmals schon fortgeschrittenen Alters zahlreicher kommunaler Landschaftspläne dürfte diese Prüfung nicht zuletzt der dramatischen Biodiversitätsverluste wegen zumeist zu der Erkenntnis führen, dass eine Fortschreibung der Landschaftsplanung unausweichlich ist.

10 **2. Grünordnungsplan.** Der schon unter der Geltung des vormaligen Rechts sinngemäß zugelassene (*Meßerschmidt* § 11 Rn. 12) und im Rahmen der Novelle 2010 nor-

mativ in § 11 Abs. 1 S. 1 BNatSchG verankerte Grünordnungsplan bildet im System der Landschaftsplanung die **unterste Ebene,** die der kommunalen Bebauungsplanung korrespondiert (*Kleve* in BeckOK UmweltR § 11 Rn. 7). Nach § 11 Abs. 6 S. 1 BNatSchG, der inhaltlich mit § 11 Abs. 2 S. 2 BNatSchG 2010 übereinstimmt, „können" die Gemeinden Grünordnungspläne aufstellen. Ob sie von diesem Instrument Gebrauch machen, bleibt ihrer Entscheidung vorbehalten (*Meßerschmidt* § 11 Rn. 31), soweit das Landesrecht keine diesbezügliche Verpflichtung begründet (vgl. etwa Art. 4 Abs. 2 S. 2 BayNatSchG, § 5 Abs. 4 S. 1 ThürNatG). Mag ihre Funktion auch in erster Linie in der Bewältigung der Eingriffsfolgen aus Anlass der Aufstellung oder Änderung von Bebauungsplänen bestehen (*Heugel* in Schlacke § 11 Rn. 6), können Grünordnungspläne doch auch Beiträge zur Gestaltung des Ortsbildes sowie zur Sicherung und Entwicklung von Freiräumen im besiedelten Bereich erbringen (*Mengel* in Lütkes/Ewer § 11 Rn. 11). Dieser Erkenntnis trägt die mit dem Insektenvielfaltsgesetz 2021 eingeführte Vorschrift des § 11 Abs. 6 S. 2 BNatSchG Rechnung, mit der im Interesse einer Stärkung der Grünordnungsplanung ein Katalog möglicher **Planinhalte** in das Gesetz aufgenommen wurde. Grünordnungspläne können danach insbesondere zur Freiraumsicherung und -pflege einschließlich der Gestaltung des Ortsbildes und einer grünen Infrastruktur (Nr. 1), zur Gestaltung, Pflege und Entwicklung von Grünanlagen, Gewässern, urbanen Wäldern und anderen für die siedlungsnahe Erholung bedeutsamen Freiräumen (Nr. 2) sowie zur Gestaltung, Pflege und Entwicklung von Teilräumen bestimmter Kulturlandschaften und besonders bedeutsamen Erholungsbereichen in der freien Landschaft (Nr. 3) aufgestellt werden. Die Aufzählung hat beispielhaften Charakter („insbesondere") und beschreibt einzelne Situationen, in denen ein Grünordnungsplan besonders sinnvoll eingesetzt werden kann (BT-Drs. 19/28182, 22). Eine Pflicht zur Aufstellung von Grünordnungsplänen begründet das Bundesrecht nicht, sondern überantwortet die Entscheidung darüber dem **Ermessen der Kommunen** (*Meßerschmidt* § 11 Rn. 12).

II. Konkretisierung der Vorgaben der Landschaftsrahmenpläne

Die Landschaftsplanung konkretisiert die auf der Ebene der überörtlichen Landschaftsplanung dargestellten Ziele, Erfordernisse und Maßnahmen des Naturschutzes und der Landschaftspflege. Dies folgt bereits aus dem gestuften Aufbau der Landschaftsplanung, zugleich aber auch aus der Formulierung des § 11 Abs. 1 S. 1 BNatSchG, vermöge derer die auf der örtlichen Ebene konkretisierten Ziele, Erfordernisse und Maßnahmen „auf der **Grundlage der Landschaftsrahmenpläne**" in Landschafts- und Grünordnungsplänen dargestellt werden. Auf diesem Wege wird sichergestellt, dass die auf der überörtlichen Ebene entwickelten Vorgaben in die planerischen Überlegungen auf der örtlichen Ebene Eingang finden und dort in Ansehung der konkreten Lage und unter Berücksichtigung der sie prägenden Besonderheiten eine konkretisierende Ausgestaltung und flächenbezogene Umsetzung erfahren. Der Sache nach wird hierdurch ein dem § 8 Abs. 2 S. 1 BauGB vergleichbares **Entwicklungsgebot** begründet (ebenso *Appel* in Frenz/Müggenborg § 11 Rn. 7; *Heugel* in Schlacke § 11 Rn. 8; *Kleve* in BeckOK UmweltR § 11 Rn. 10). 11

Die Forderung des § 11 Abs. 1 S. 1 BNatSchG wäre allerdings missverstanden, wollte man daraus den Schluss ziehen, dass die Aufstellung der Landschaftspläne unter dem **Vorbehalt des Vorhandenseins eines Landschaftsrahmenplans** stünde. Damit ginge eine weitere Relativierung der durch § 11 Abs. 2 BNatSchG ohnehin schon modifizierten Aufstellungspflicht einher, die gänzlich unberechtigt wäre, weil die örtliche Landschaftsplanung auf überörtliche Vorgaben nicht zwingend angewiesen ist (vgl. *Marzik/* 12

Wilrich § 16 Rn. 7). Im Unterschied zu § 16 Abs. 1 S. 1 BNatSchG 2002 bezeichnet § 11 Abs. 1 S. 1 BNatSchG nur noch die Landschaftsrahmenpläne als Grundlage der örtlichen Landschaftsplanung. Dennoch darf dies nicht zu dem Schluss verleiten, dass den **Landschaftsprogrammen** auf der unteren Ebene der Landschaftsplanung keinerlei Bedeutung beizumessen wäre. Zu berücksichtigen ist insbesondere, dass Landschaftsrahmenpläne aus Gründen des § 10 Abs. 2 S. 2 BNatSchG entbehrlich sind, wenn ein Landschaftsprogramm seinen Inhalten und seinem Konkretisierungsgrad nach einem Landschaftsrahmenplan entspricht (→ § 10 Rn. 7). Tritt ein entsprechend konkretisiertes Landschaftsprogramm als Substitut an die Stelle eines Landschaftsrahmenplans, bildet es an seiner Statt die Grundlage, auf deren Basis sich die örtliche Landschaftsplanung zu vollziehen hat (*Appel* in Frenz/Müggenborg § 11 Rn. 14; *Kleve* in BeckOK UmweltR § 11 Rn. 11).

III. Raumordnungsklausel

13 Nach § 11 Abs. 1 S. 2 BNatSchG sind auch bei der Landschaftsplanung auf örtlicher Ebene die Ziele der Raumordnung zu beachten und die Grundsätze und sonstigen Erfordernisse zu berücksichtigen. Auch wenn es sich dabei um eine dem § 10 Abs. 3 BNatSchG vergleichbare **Raumordnungsklausel** handelt (*Heugel* in Schlacke § 11 Rn. 9), wird doch zu Recht darauf hingewiesen, dass sich die Frage der hiermit auf überörtlicher Ebene einhergehenden Beschränkung der Perspektivfunktion der Landschaftsplanung (→ § 10 Rn. 6) auf der nachgelagerten Ebene der örtlichen Landschaftsplanung nicht stellt (*Mengel* in Lütkes/Ewer § 11 Rn. 4).

IV. Inhaltliche Angaben

14 Die **inhaltlichen Mindestangaben,** die Landschaftspläne aller Ebenen enthalten sollen, werden in § 9 Abs. 3 BNatSchG umschrieben (→ § 9 Rn. 8). Während § 11 Abs. 1 S. 3 BNatSchG den dort geregelten Katalog modifiziert, stellt § 11 Abs. 1 S. 4 BNatSchG klar, dass abweichende Vorschriften des Landesrechts zum Inhalt der Landschafts- und Grünordnungspläne sowie Vorschriften zu deren Rechtsverbindlichkeit unberührt bleiben. Kraft dieser Unberührtheitsklausel (hierzu *Schütte/Kattau* ZUR 2010, 353 (356)) können diesbezügliche Bestimmungen selbst dann weiterhin Geltung beanspruchen, wenn sie vom Bundesrecht abweichen (zu einschlägigen Vorschriften des Landesrechts *Heugel* in Schlacke § 11 Rn. 25 f.).

15 Nach § 11 Abs. 1 S. 3 BNatSchG müssen Landschafts- und Grünordnungspläne die in § 9 Abs. 3 BNatSchG genannten Angaben enthalten, soweit dies für die Darstellung der auf der örtlichen Ebene konkretisierten Ziele, Erfordernisse und Maßnahmen **erforderlich** ist. Mit dieser Regelung soll eine Entlastung der Planungsträger einhergehen, die sicherlich sinnvoll ist, wenn bestimmte der im Katalog des § 9 Abs. 3 BNatSchG genannten Angaben in der gegebenen Planungssituation nicht von Belang sind. Das kann namentlich bei Grünordnungsplänen oder auch dann der Fall sein, wenn Landschaftspläne lediglich für Teile des Gemeindegebietes aufgestellt werden (→ Rn. 6; vgl. auch *Heugel* in Schlacke § 11 Rn. 10). Gibt es in einem räumlich begrenzten Plangebiet keine Strukturen, die zum Aufbau eines Biotopverbundsystems oder zur Verbesserung der Kohärenz des Netzes Natura 2000 beitragen könnten (§ 9 Abs. 3 S. 1 Nr. 4 lit. d BNatSchG), fehlt es an Flächen mit belasteten und einer Qualitätsverbesserung zugänglichen Böden (§ 9 Abs. 3 S. 1 Nr. 4 lit. e BNatSchG) oder gibt es keine Gewässer, die einer Verbesserung ihres ökologischen Zustandes bedürfen oder zugänglich sind (§ 9 Abs. 3 S. 1 Nr. 4 lit. e

BNatSchG), leuchtet in der Tat nicht ein, warum ein Landschaftsplan diesbezügliche Angaben enthalten sollte. Dagegen wird im Schrifttum zu Recht darauf aufmerksam gemacht, dass der Spielraum für eingeschränkte Darstellungen bei einem Landschaftsplan, der das gesamte Gemeindegebiet in Blick nimmt, eher gering sein dürfte (*Schumacher/Schumacher* in Schumacher/Fischer-Hüftle § 11 Rn. 18).

C. Landschaftsplanung und Bauleitplanung

Nach § 11 Abs. 3 BNatSchG sind die auf örtlicher Ebene in den Landschaftsplänen konkretisierten Ziele, Erfordernisse und Maßnahmen des Naturschutzes und der Landschaftspflege in der Abwägung nach § 1 Abs. 7 BauGB zu berücksichtigen und können als Darstellungen oder Festsetzungen nach §§ 5, 9 BauGB in die Bauleitpläne übernommen werden. 16

I. Berücksichtigung in der bauleitplanerischen Abwägung

Die Vorschrift verhält sich über die **Integration der Inhalte** der auf örtlicher Ebene erstellten Landschaftspläne in die kommunale Bauleitplanung. Da alle Landschaftspläne der örtlichen Ebene angesprochen werden, bezieht sich § 11 Abs. 3 BNatSchG ohne weiteres auch auf die Inhalte der Grünordnungsplanung (vgl. *Heugel* in Schlacke § 11 Rn. 13; *Schumacher/Schumacher* in Schumacher/Fischer-Hüftle § 11 Rn. 21). Nicht anders als § 10 Abs. 3 BNatSchG geht auch § 11 Abs. 3 BNatSchG vom **Modell der Sekundärintegration** aus. Die Landschafts- oder Grünordnungspläne werden danach als eigenständige Planwerke erarbeitet, deren Inhalte hernach unter Abwägung aller Anforderungen in den ihnen korrespondierenden Bauleitplan übernommen werden. § 11 Abs. 7 S. 1 BNatSchG stellt dies nunmehr ausdrücklich klar. Die Eigenständigkeit der Präsentation der landschaftsplanerischen Inhalte stimmt mit den bauplanungsrechtlichen Regelungen der §§ 1 Abs. 6 Nr. 7 lit. g, 2 Abs. 4 S. 6 BauGB überein, die ihrerseits zum Ausdruck bringen, dass die Darstellungen der Landschaftspläne im Rahmen der **bauleitplanerischen Abwägung** zu berücksichtigen sind (vgl. hierzu *Schrödter/Wahlhäuser* in Schrödter BauGB 9. Aufl. 2019 § 1 Rn. 412). In Konsequenz dessen hat sich die zur Aufstellung, Änderung, Ergänzung oder Aufhebung von Bauleitplänen entschlossene Gemeinde mit den in den Landschaftsplänen der örtlichen Ebene zum Ausdruck kommenden Interessen des Naturschutzes auseinanderzusetzen, ist zur Übernahme der inhaltlichen Angaben eines Landschafts- oder Grünordnungsplans aber nicht gezwungen, sondern kann sich darüber aus wichtigeren städtebaulichen Gründen abwägend hinwegsetzen (OVG Lüneburg Urt. v. 24.2.2021 – 1 KN 3/19, juris Rn. 59). Wird den Inhalten der Landschaftsplanung in der Bauleitplanung nicht Rechnung getragen, müssen die hierzu veranlassenden Erwägungen allerdings kraft der Anordnung des § 9 Abs. 5 S. 3 BNatSchG in der **Begründung des Bauleitplans** (§§ 5 Abs. 5, 9 Abs. 8 BauGB) zum Ausdruck gebracht werden (*Dreier* in Hoppenberg/de Witt HdbÖffBauR Kap. E Rn. 205). 17

Inhalte der Landschaftspläne, die sich im Rahmen der bauleitplanerischen Abwägung durchgesetzt haben, können nach § 11 Abs. 3 BauGB als **Darstellungen** im Sinne des § 5 BauGB in den Flächennutzungsplan oder als **Festsetzungen** nach § 9 BauGB in einen Bebauungsplan aufgenommen werden. Auf der Ebene des Flächennutzungsplans kommen dabei namentlich Darstellungen von Flächen für Maßnahmen zum Schutz, zur Pflege und zur Entwicklung von Boden, Natur und Landschaft und von Flächen zum 18

Ausgleich im Sinne des § 1a Abs. 3 BauGB in Betracht (§ 5 Abs. 2 Nr. 10 BauGB), während auf Ebene der Bebauungsplanung insbesondere an die Festsetzung von Grünflächen (§ 9 Abs. 1 Nr. 15 BauGB), von Wasser- oder Waldflächen (§ 9 Abs. 1 Nr. 16, 19 lit. b BauGB) und vor allem von Flächen oder Maßnahmen zum Schutz, zur Pflege und zur Entwicklung von Boden, Natur und Landschaft (§ 9 Abs. 1 Nr. 20 BauGB) zu denken ist (eingehend *Dreier* in Hoppenberg/de Witt HdbÖffBauR Kap. E Rn. 211 ff.). Während derartige Festsetzungen nach der Einleitung des § 9 Abs. 1 BauGB an sich einer **städtebaulichen Rechtfertigung** bedürfen, hat die normative Regelung des § 11 Abs. 3 BNatSchG zur Konsequenz, dass Festsetzungen zur Integration der Inhalte eines Landschaftsplans in einen Bebauungsplan nicht auf städtebaulichen Gründen beruhen müssen (*Bracher* in Bracher/Reidt/Schiller Bauplanungsrecht 8. Aufl. 2014 Rn. 349, 414).

II. Landschaftspläne als Rechtmäßigkeitsvoraussetzung der Bauleitplanung

19 Da Landschaftspläne nicht mehr anlassunabhängig, sondern nur dann noch aufzustellen bzw. fortzuschreiben sind, wenn wesentliche Veränderungen von Natur und Landschaft im Planungsraum eingetreten, vorgesehen oder zu erwarten sind (§§ 9 Abs. 4 S. 1, 11 Abs. 2 S. 1 BNatSchG), hat die längst erledigt geglaubte Diskussion um die Frage, ob **Landschaftspläne zu den Rechtmäßigkeitsvoraussetzungen der Bauleitplanung** zählen, neuen Auftrieb erhalten. In der Gesetzesbegründung findet sich der Hinweis, eine wesentliche Veränderung im Sinne des § 11 Abs. 2 S. 1 BNatSchG wäre insbesondere dann anzunehmen, wenn ein Bauleitplan in größerem Umfang neue Bauflächen im Außenbereich ausweist (BT-Drs. 16/12274, 56). Aktiviert ein entsprechender Bauleitplan demnach die gesetzliche Pflicht zur Aufstellung oder Fortschreibung eines Landschaftsplans, liegt die Annahme nicht fern, dass deren mangelnde oder unzureichende Erfüllung Anlass zur rechtlichen Beanstandung des Bauleitplans bieten kann. Solchen Überlegungen sucht die Gesetzesbegründung mit dem Hinweis zu begegnen, die Wirksamkeitsvoraussetzungen der Bauleitplanung wären im Baugesetzbuch abschließend geregelt. Das entbehrt aber schon deshalb der Überzeugungskraft, weil auch die Verletzung kommunalrechtlicher Vorschriften über das Zustandekommen von Satzungen die Ungültigkeit eines Bebauungsplans herbeiführen kann. Außerdem ändert es nichts daran, dass **Abwägungsdefizite** im Hinblick auf die Belange des Naturschutzes und der Landschaftspflege besonders naheliegen, wenn ein Bebauungsplan ohne einen vorherigen Landschaftsplan aufgestellt wird, obwohl gerade die bauleitplanerische Veränderung des Planungsraums die Pflicht zur Aufstellung des Landschaftsplans aktiviert (ebenso *Appel* in Frenz/Müggenborg § 11 Rn. 16; *Heugel* in Schlacke § 11 Rn. 21; *Kleve* in BeckOK UmweltR § 11 Rn. 21; *Mengel* in Lütkes/Ewer § 11 Rn. 14; *Meßerschmidt* § 11 Rn. 27; *Dreier* in Hoppenberg/de Witt HdbÖffBauR Kap. E Rn. 201 f.; *Gassner* NuR 1996, 380 (382); *Gellermann* NVwZ 2010, 73 (76); *Siegel* NuR 2003, 325 (329); a. A. *Scheidler/Wahlhäuser* in Schrödter BauGB 9. Aufl. 2019 § 1 Rn. 414).

D. Landesrechtliche Besonderheiten

I. Stadtstaatenklausel

20 Die bisher in § 16 Abs. 3 BNatSchG 2002 enthaltene **Stadtstaatenklausel** findet sich in weitgehend unveränderter Form in § 11 Abs. 5 BNatSchG verankert. Von der Aufstel-

lung von Landschaftsplänen kann daher in den Ländern Berlin, Bremen und Hamburg abgesehen werden, wenn die örtlichen Erfordernisse und Maßnahmen des Naturschutzes und der Landschaftspflege in Landschaftsrahmenplänen oder Landschaftsprogrammen dargestellt werden. Der Verzicht auf einen Landschaftsplan hat daher zur Voraussetzung, dass die **örtlichen Erfordernisse** bereits Eingang in die überörtliche Landschaftsplanung gefunden haben (*Mengel* in Lütkes/Ewer § 11 Rn. 18). Fehlt es daran, darf auch in den Stadtstaaten bei Vorliegen der in § 11 Abs. 2 S. 1 BNatSchG bezeichneten Voraussetzungen nicht auf die Aufstellung eines Landschaftsplans verzichtet werden.

II. Zuständigkeit, Verfahren, Durchführung

Nach § 11 Abs. 7 S. 2 BNatSchG richten sich die Zuständigkeit und das Verfahren zur **21** Aufstellung der Landschaftspläne und Grünordnungspläne sowie deren Durchführung nach dem Landesrecht. In verfahrensrechtlicher Hinsicht ist neben der Pflicht zur Strategischen Umweltprüfung (→ Vorb. §§ 8–12 Rn. 12f.) zu beachten, dass **anerkannten Naturschutzvereinigungen** aus Gründen des § 63 Abs. 2 Nr. 2 BNatSchG bei der Vorbereitung von Landschafts- und Grünordnungsplänen Gelegenheit zur Stellungnahme und zur Einsicht in einschlägige Sachverständigengutachten zu geben ist. Da sich die Durchführung der Landschafts- und Grünordnungspläne ebenfalls nach Landesrecht richtet, sind die Länder nicht zur Übernahme des dem Bundesrecht zugrundeliegenden Modells der Sekundärintegration verpflichtet. Insoweit unterliegt es keiner Beanstandung, wenn am Modell der Primärintegration (z. B. Bayern, Hessen) oder jenem der gesonderten Aufstellung von Landschaftsplänen mit eigener Rechtsverbindlichkeit festgehalten wird (Berlin, NRW).

Naturhaushalts gleichartig oder gleichwertig (wieder-)hergestellt (§ 15 Abs. 2 S. 2, 3 BNatSchG) und daher vollen Umfangs sowie in jeder Hinsicht durch Maßnahmen des Naturschutzes und der Landschaftspflege kompensiert werden (ebenso *Meßerschmidt* § 15 Rn. 60). Kommt die rechtlich an sich gebotene Vollkompensation aus tatsächlichen oder rechtlichen Gründen nicht in Betracht, entbindet dies den Eingriffsverursacher nicht von seiner Verpflichtung, zumindest die ihm möglichen und zumutbaren Ausgleichs- und Ersatzmaßnahmen zu ergreifen, um auf diesem Wege wenigstens eine physisch-reale Teilkompensation herbeizuführen. Die Zulässigkeit seines Eingriffsvorhabens hängt dann allerdings davon ab, ob das daran bestehende Interesse gewichtig genug ist, um sich im Rahmen der Abwägung (§ 15 Abs. 5 BNatSchG) gegenüber den unerfüllten Kompensationsinteressen des Naturschutzes durchsetzen zu können.

d) Zeitliche Aspekte der Kompensation. Auch wenn dies in den normativen Vorgaben nur unzureichend zum Ausdruck kommt, sind an die Ausgleichs- und Ersatzmaßnahmen doch auch in zeitlicher Hinsicht Anforderungen gestellt. Während § 15 Abs. 2 S. 2, 3 BNatSchG Auskunft darüber gibt, wann die Kompensation wirksam wird („sobald"), ergibt sich aus § 15 Abs. 5 BNatSchG, dass die Beeinträchtigung innerhalb einer **angemessenen Frist** auszugleichen oder zu ersetzen ist. Auch wenn die Kompensationsmaßnahmen dem Grunde nach zeitgleich mit dem jeweiligen Eingriff auszuführen sein mögen (*BVerwG* NVwZ 2016, 844 Rn. 159), ist doch zu berücksichtigen, dass § 15 Abs. 5 BNatSchG nicht auf den Akt der Ausführung der Ausgleichs- oder Ersatzmaßnahmen, sondern auf den Eintritt des angestrebten Kompensationserfolges abstellt (*Schrader* in BeckOK UmweltR § 15 Rn. 19), der innerhalb einer angemessenen Frist erreicht sein muss. Das Gesetz nimmt damit eine vorübergehende Verschlechterung des Zustandes von Natur und Landschaft in Kauf (*BVerwG* NuR 2014, 344 Rn. 19) und trägt auf diesem Wege dem Umstand Rechnung, dass Kompensationsflächen die gewünschte ökologische Wertigkeit zumeist erst mit mehr oder weniger großer zeitlicher Verzögerung erreichen **(„time lag"),** bringt aber zugleich mit hinreichender Deutlichkeit zum Ausdruck, dass der weniger wertvolle Zustand nur während einer Übergangsphase von angemessener Länge hinnehmbar ist. Zu deren Bemessung hat das Bundesverwaltungsgericht auf den Aspekt der Zweckverfehlung abgestellt. Je eher eine Ausgleichs- oder Ersatzmaßnahme aus naturschutzfachlicher Perspektive die ihr zugedachte Wirkung entfalten muss, um den mit ihr verfolgten Zweck erreichen zu können, umso begrenzter ist das als angemessen zu bewertende Zeitfenster (vgl. *BVerwG*, Beschl. v. 16.3.1999 – 4 BN 17/98, juris Rn. 4; zustimmend *Lau* NuR 2011, 762 (765)). Das kann durchaus zur Folge haben, dass Ausgleichs- und Ersatzmaßnahmen auch schon deutlich vor dem Eingriff ausgeführt werden müssen, wenn es aus naturschutzfachlicher Sicht zur Erreichung des Kompensationsziels unausweichlich ist, dass die Kompensationsflächen bereits im Zeitpunkt des Eingriffs funktionsbereit zur Verfügung stehen (*Fischer-Hüftle/Schumacher* in Schumacher/Fischer-Hüftle § 15 Rn. 78; *Guckelberger* in Frenz/Müggenborg § 15 Rn. 45; *Durner* NuR 2001, 601 (604). Da sich die Angemessenheit der Frist stets anhand der im jeweiligen Einzelfall maßgeblichen Umstände und naturschutzfachlichen Erfordernisse bemisst, wird im Schrifttum zu Recht darauf hingewiesen, dass eine von den jeweiligen Gegebenheiten losgelöste Fristbestimmung nicht möglich ist (*Krohn* in Kolodziejcok/Endres/Krohn/Markus Kennzahl 0595 Rn. 35). Dem Hinweis, es müsse sich insgesamt um einen „absehbaren" oder „überschaubaren" Zeitraum handeln (vgl. *Meßerschmidt* § 15 Rn. 49; *Schrader* in BeckOK UmweltR § 15 Rn. 19), kann daher allenfalls eine richtungsweisende Bedeutung zuerkannt werden. Gewichtiger erscheint dagegen der Umstand, dass eine gewisse fachliche Übereinstimmung insoweit zu bestehen scheint, als Beeinträchtigungen des Naturalhaushalts inner- 15 halb eines Zeitraums von maximal 25 Jahren ausgeglichen (bzw. ersetzt) sein müssen (*Fischer-Hüftle/Schumacher* in Schumacher/Fischer-Hüftle § 15 Rn. 81; anders *Gassner* Landschaftsschutzrecht Rn. 152), während bei nachteiligen Einwirkungen auf das Landschaftsbild ein Zeitraum von nur wenigen Jahren für angemessen erachtet wird (*VGH Mannheim* NuR 2001, 399 (402); *Guckelberger* in Frenz/Müggenborg § 15 Rn. 46; *Krohn* in Kolodziejcock/Endres/Krohn/Markus Kennzahl 0595 Rn. 35; *Michler/Möller* NuR 2011, 81 (84) m. w. N.).

16 **2. Kompensationsarten.** Die Kompensationsleistung hat der Verursacher nach § 15 Abs. 2 S. 2 BNatSchG durch **Ausgleichs- oder Ersatzmaßnahmen** zu erbringen. Beide Kompensationsarten stehen gleichberechtigt nebeneinander, indessen ändert dies nichts daran, dass sie sich inhaltlich in zum Teil grundlegender Weise unterscheiden. Unter welchen Voraussetzungen eine Beeinträchtigung ausgeglichen oder ersetzt ist, hat in § 15 Abs. 2 S. 2, 3 BNatSchG eine nähere Umschreibung erfahren.

17 **a) Ausgleich.** Der Ausgleich ist dadurch gekennzeichnet, dass nach Durchführung entsprechender Maßnahmen des Naturschutzes und der Landschaftspflege die beeinträchtigten Funktionen des Naturhaushalts in gleichartiger Weise wiederhergestellt und das Landschaftsbild in landschaftsgerechter Weise wiederhergestellt oder neu gestaltet ist (§ 15 Abs. 2 S. 2 BNatSchG).

18 Im Hinblick auf eingriffsbedingte Beeinträchtigungen des Naturhaushaltes belehrt schon der Normtext des § 15 Abs. 2 S. 2 BNatSchG darüber, dass nicht irgendwelche mehr oder weniger sinnvollen, sondern nur solche Maßnahmen als Ausgleich anzuerkennen sind, die eine Kompensation gerade jener ökologischen Funktionen des Naturhaushalts bewirken, die durch den jeweiligen Eingriff in Mitleidenschaft gezogen werden (vgl. *Kuschnerus* NVwZ 1996, 235 (239)). Diese **funktionale Identität** ist nur gewährleistet, wenn ein gleichartiger Zustand wiederhergestellt wird, während die Herstellung eines lediglich gleichwertigen Zustandes – wie sich mittlerweile auch aus § 15 Abs. 2 S. 3 BNatSchG erschließt – zum Ausgleich der Beeinträchtigung nicht genügt (*Berkemann* NuR 1993, 97 (102); *Schink* DVBl. 1992, 1398 f.). Ausgleichsmaßnahmen müssen daher so beschaffen sein, dass sie den Naturhaushalt in einen Zustand versetzen, der den früheren Zustand in der gleichen Art und mit der gleichen Wirkung fortführt (*BVerwG* NVwZ 1997, 486; NVwZ 1999, 532 (533); NVwZ 2001, 673 (681); *Meßerschmidt* § 15 Rn. 59; *Berchter* Eingriffsregelung, S. 99 m. w. N.). Die Versiegelung des Bodens infolge eines Straßenbauvorhabens kann daher wohl durch Entsiegelung an anderer Stelle, nicht aber durch Anpflanzung von Bäumen ausgeglichen werden. Ebenso wenig kann die Zerstörung eines Trockenrasens oder die Rodung eines Laubwaldes durch die Herstellung einer Feuchtwiese mit Teichen und Tümpeln in einer dem Ausgleichsgebot genügenden Weise kompensiert werden. Mögen solche Maßnahmen auch ökologisch wertvoll sein, sind sie dennoch zur Wiederherstellung gerade der eingriffsbedingt gestörten Funktionen des Naturhaushalts nicht im Stande (ebenso *Guckelberger* in Frenz/Müggenborg § 15 Rn. 44).

19 Ist der Ausgleich auf die Wiederherstellung des früheren Zustandes in der gleichen Art und mit gleicher Wirkung gerichtet, liegt zunächst die Annahme nahe, dass die Ausgleichsfläche in ihrer **Dimension** mindestens der Eingriffsfläche entsprechen muss. Das wird allerdings eher selten der Fall sein und ist rechtlich auch nicht zwingend. Nicht die Größe der Ausgleichsfläche ist entscheidend, sondern ihre Fähigkeit, die gestörten Funktionen des Naturhaushaltes wiederherzustellen. Zutreffend wird daher darauf aufmerksam gemacht, dass die Ausgleichsfläche im Verhältnis zur Eingriffsfläche umso kleiner sein kann, je mehr der ökologische Wert der Ausgleichsfläche den Wert der von dem Eingriff betroffenen Fläche übersteigt (*Schrader* in BeckOK UmweltR § 15 Rn. 18).

§ 22 Erklärung zum geschützten Teil von Natur und Landschaft; Ermächtigung zum Erlass von Rechtsverordnungen

(1) [1]**Die Unterschutzstellung von Teilen von Natur und Landschaft erfolgt durch Erklärung.** [2]**Die Erklärung bestimmt den Schutzgegenstand, den Schutzzweck, die zur Erreichung des Schutzzwecks notwendigen Gebote und Verbote, und, soweit erforderlich, die Pflege-, Entwicklungs- und Wiederherstellungsmaßnahmen oder enthält die erforderlichen Ermächtigungen hierzu.** [3]**Schutzgebiete können in Zonen mit einem entsprechend dem jeweiligen Schutzzweck abgestuften Schutz gegliedert werden; hierbei kann auch die für den Schutz notwendige Umgebung einbezogen werden.**

(2) [1]**Soweit in den Absätzen 2a und 2b nichts Näheres bestimmt ist, richten sich Form und Verfahren der Unterschutzstellung, die Beachtlichkeit von Form- und Verfahrensfehlern und die Möglichkeit ihrer Behebung sowie die Fortgeltung bestehender Erklärungen zum geschützten Teil von Natur und Landschaft nach Landesrecht.** [2]**Die Unterschutzstellung kann auch länderübergreifend erfolgen.**

(2a) **Erklärungen zur Unterschutzstellung nach Absatz 1, die**

1. **durch Gesetz, Rechtsverordnung oder Satzung erfolgt sind und**
2. **mit Vorgaben der Richtlinie 2001/42/EG des Europäischen Parlaments und des Rates vom 27. Juni 2001 über die Prüfung der Umweltauswirkungen bestimmter Pläne und Programme (ABl. L 197 vom 21.7.2001, S. 30) unvereinbar sind, weil eine danach erforderliche Strategische Umweltprüfung nicht durchgeführt wurde, gelten fort, wenn sich die Unvereinbarkeit mit diesen Vorgaben aus einer Entscheidung des Gerichtshofes der Europäischen Union ergibt und soweit und solange nach der Entscheidung eine Fortgeltung zulässig ist. Die zur Beseitigung der Unvereinbarkeit mit den Vorgaben der Richtlinie 2001/42/EG erforderlichen Handlungen müssen im Rahmen eines ergänzenden Verfahrens unverzüglich nachgeholt werden. Die Erklärung zur Unterschutzstellung muss, sofern sich infolge der nachgeholten Handlungen eine Erforderlichkeit dafür ergibt, angepasst werden. Für die Nachholung der erforderlichen Handlungen nach Satz 2 und Anpassungen nach Satz 3 gelten die Bestimmungen dieses Gesetzes sowie des Gesetzes über die Umweltverträglichkeitsprüfung oder entsprechender landesrechtlicher Vorschriften entsprechend. Der Zeitraum, innerhalb dessen die erforderlichen Handlungen nach Satz 2 und Anpassungen nach Satz 3 nachgeholt werden müssen, richtet sich nach der Entscheidung des Gerichtshofes der Europäischen Union und hat nur den Zeitraum zu umfassen, der zwingend notwendig ist, um Maßnahmen zu treffen, die die Beseitigung der Unvereinbarkeit mit den Vorgaben der Richtlinie 2001/42/EG ermöglichen. Sind die erforderlichen Handlungen nach Satz 2 und Anpassungen nach Satz 3 innerhalb der Frist nach Satz 5 nachgeholt, ist die Unvereinbarkeit mit den Vorgaben der Richtlinie 2001/42/EG geheilt. Sind die erforderlichen Handlungen nach Satz 2 und Anpassungen nach Satz 3 bei Ablauf der Frist nach Satz 5 nicht nachgeholt worden, tritt die Erklärung zur Unterschutzstellung außer Kraft.**

(2b) **Absatz 2a findet auch Anwendung auf Erklärungen zur Unterschutzstellung nach der rahmenrechtlichen Vorschrift des § 22 Absatz 1 und 2 des Bundesnaturschutzgesetzes in der bis zum 28. Februar 2010 geltenden Fassung sowie nach ausfüllendem Landesrecht. Pläne zur Durchführung von Pflege-, Entwicklungs- und Wiederherstellungsmaßnahmen im Sinne des Absatzes 1 Satz 2 bleiben gültig.**

(3) [1] **Teile von Natur und Landschaft, deren Schutz beabsichtigt ist, können für einen Zeitraum von bis zu zwei Jahren einstweilig sichergestellt werden, wenn zu befürchten ist, dass durch Veränderungen oder Störungen der beabsichtigte Schutzzweck gefährdet wird.** [2] **Die einstweilige Sicherstellung kann unter den Voraussetzungen des Satzes 1 einmalig bis zu weiteren zwei Jahren verlängert werden.** [3] **In dem einstweilig sichergestellten Teil von Natur und Landschaft sind Handlungen und Maßnahmen nach Maßgabe der Sicherstellungserklärung verboten, die geeignet sind, den Schutzgegenstand nachteilig zu verändern.** [4] **Die einstweilige Sicherstellung ist ganz oder teilweise aufzuheben, wenn ihre Voraussetzungen nicht mehr oder nicht mehr in vollem Umfang gegeben sind.** [5] **Absatz 2 gilt entsprechend.**

(4) [1] **Geschützte Teile von Natur und Landschaft sind zu registrieren und zu kennzeichnen.** [2] **Das Nähere richtet sich nach Landesrecht.**

(5) **Die Erklärung zum Nationalpark oder Nationalen Naturmonument einschließlich ihrer Änderung ergeht im Benehmen mit dem Bundesministerium für Umwelt, Naturschutz und Reaktorsicherheit und dem Bundesministerium für Verkehr, Bau und Stadtentwicklung.**

Schrifttum: *Agena/Louis,* Die Schutzerklärung für geschützte Teile von Natur und Landschaft, NuR 2014, 313 ff; *Carlsen/Fischer-Hüftle,* Rechtsfragen und Anwendungsmöglichkeiten des Landschaftsschutzes, NuR 1993, 311 ff.; *Fischer-Hüftle/Dalhoff,* Rechtmäßigkeit von Veränderungssperren bei Ausweisung naturschutzrechtlicher Schutzgebiete, LKV 1998, 4 ff.; *Kratsch,* Neuere Rechtsprechung zum Naturschutzrecht, Eingriffsregelung, Schutzgebiete, Biotopschutz, NuR 2009, 398 ff.; *Louis,* Wirksamkeitsvoraussetzungen und Regelungsinhalte naturschutzrechtlicher Verordnungen, DVBl. 1990, 800 ff.; *Meßerschmidt,* Das heranrückende Naturschutzgebiet – Rechtsprobleme naturschutzrechtlicher Entwicklungsaufträge und Vorfeldsicherung, JBUTR 1999, 81 ff.; *Polenz,* Die naturschutzrechtliche „Würdigung", VR 1994, 81 ff.; *Soell,* Schutzgebiete, NuR 1993, 301 ff.; *Dreier,* in: Hoppenberg/de Witt (Hrsg.), Handbuch des öffentlichen Baurechts, Stand: Juni 2020 Kap. E Rn. 227 ff.; *Wolff,* Die „Wiederherstellung" geschädigter Natur und Landschaft durch Landschaftsschutzgebiete, NuR 1998, 298 ff.

Übersicht

A. Allgemeines

§ 22 BNatSchG enthält grundlegende und gleichsam vor die Klammer der nachfolgenden Bestimmungen gezogene Aussagen, die sich auf die Unterschutzstellung bestimmter Teile von Natur und Landschaft beziehen. Während die hierfür in Frage kommenden Kategorien des Flächen- und Objektschutzes in § 20 Abs. 2 BNatSchG aufgeführt sind, behandelt § 22 Abs. 1 BNatSchG die **Mindestinhalte,** denen eine Erklärung zum besonders geschützten Teil von Natur und Landschaft genügen muss. § 22 Abs. 2 BNatSchG trifft Aussagen zu Form und Verfahren der Unterschutzstellung. Die mit Art. 10 **KitaFinHÄndG** (BGBl. 2021 I 2020) eingeführten Absätze 2a und 2b regeln die Aufrechterhaltung von Schutzgebietsausweisungen, die ohne eine ggf. erforderliche Strategische Umweltprüfung erlassen worden sind. Die einstweilige Sicherstellung von Gebieten und Objekten wird in Absatz 3 thematisiert. § 22 Abs. 4 BNatSchG betrifft die Registrierung und Kennzeichnung geschützter Teile von Natur und Landschaft, während Absatz 5 die Herstellung des Benehmens mit Bundesministerien bei der Erklärung von Gebieten zu Nationalparken oder Nationalen Naturmonumenten vorsieht. 1

B. Erklärung zum Schutzgebiet

Nach Maßgabe des § 22 Abs. 1 S. 1 BNatSchG erfolgt die Unterschutzstellung von Teilen von Natur und Landschaft durch eine Erklärung, die dem jeweiligen Schutzobjekt den Status eines Naturschutzgebietes, Nationalparks, Nationalen Naturmonuments, Biosphärenreservats, Landschaftsschutzgebiets, Naturparks, Naturdenkmals oder geschützten Landschaftsbestandteils vermittelt. 2

I. Schaffung notwendiger Rechtsgrundlagen

Mit der **Erklärung** meint § 22 Abs. 1 S. 1 BNatSchG eine Verlautbarung der jeweils zuständigen Stelle, bei der es sich um einen formellen, außenwirksamen und mit allgemeiner Verbindlichkeit begabten **Rechtsakt** handelt (BVerwG NVwZ 2007, 598 Rn. 9). Üblicherweise werden schutzwürdige Gebiete oder Objekte durch Rechtsverordnung oder Satzung zum besonders geschützten Teil von Natur und Landschaft erklärt (*Schumacher/Schumacher/Fischer-Hüftle* in Schumacher/Fischer-Hüftle § 22 Rn. 53). Nationalparke werden nicht selten in Gesetzesform eingerichtet, während für die Erklärung zum Biosphärenreservat und zum Naturpark mitunter die Rechtsform der Allgemeinverfügung vorgesehen ist (Art. 12 Abs. 2 BayNatSchG). 3

Die zur Unterschutzstellung erforderliche **Ermächtigungsgrundlage** hält das Bundesrecht nur für Zwecke der Einrichtung geschützter Meeresgebiete im Bereich der deutschen ausschließlichen Wirtschaftszone und des Festlandsockels bereit. Die einschlägige Bestimmung des § 57 Abs. 2 BNatSchG stellt zugleich klar, dass die Erklärung durch Rechtsverordnung des Bundesministeriums für Umwelt, Naturschutz und nukleare Sicherheit erfolgt. Im Übrigen behält § 22 Abs. 2 S. 1 BNatSchG die Entscheidung über die Form der Schutzerklärung den Ländern vor. Das Landesrecht bestimmt dabei nicht bloß über die jeweilige Rechtsform der Schutzerklärung, son- 4 dern beinhaltet zugleich die maßgeblichen Rechtsgrundlagen, auf deren Basis eine Unterschutzstellung vorgenommen wird.

II. Formell-rechtliche Anforderungen

5 Daneben bleiben – wie sich gleichfalls aus § 22 Abs. 2 S. 1 BNatSchG ergibt – auch die sonstigen formellen Anforderungen dem Grunde nach einer Regelung durch die Länder vorbehalten.

6 **1. Maßgeblichkeit des Landesrechts.** Die Verteilung der **Zuständigkeiten** zur Wahrnehmung der Unterschutzstellungsaufgaben, die dabei zu beachtenden **Verfahrensschritte,** die Art der **Verkündung** und das **Inkrafttreten** der Schutzerklärungen richten sich nach dem Landesrecht (eingehend hierzu *Dreier* in Hoppenberg/De Witt HdbÖffBauR Kap. E Rn. 258ff.). Auch wenn dies an sich keiner besonderen Erwähnung bedurft hätte, stellt § 22 Abs. 2 S. 1 BNatSchG zugleich klar, dass Entsprechendes zu gelten hat, soweit es Regelungen über die **Unbeachtlichkeit und Heilung** etwaiger Form- und Verfahrensfehler anbelangt. Im Hinblick auf die Einrichtung von Nationalparks oder Nationalen Naturmonumenten trifft § 22 Abs. 5 BNatSchG insoweit eine verfahrensbezogene Anordnung, als entsprechende Erklärungen im **Benehmen** mit dem Bundesministerium für Umwelt, Naturschutz und nukleare Sicherheit und dem Bundesministerium für Verkehr und digitale Infrastruktur ergehen (→ Rn. 41). Zu beachten ist überdies, dass es die nach § 3 UmwRG anerkannten **Naturschutzvereinigungen** bei der Vorbereitung von Verordnungen und anderen im Rang unter dem Gesetz stehenden Schutzvorschriften zu beteiligen gilt (§ 63 Abs. 1 Nr. 1, Abs. 2 Nr. 1 BNatSchG).

7 **2. Sonderfall: Strategische Umweltprüfung.** Ungeachtet des in verfahrensrechtlicher Hinsicht bestehenden Vorbehalts landesrechtlicher Regelung sah sich der Bundesgesetzgeber veranlasst, mit dem Kitafinanzierungshilfeänderungsgesetz (KitaFinHÄndG) vom 25.6.2021 (BGBl. I 2021, 2020) Sonderbestimmungen über die Fortgeltung von Schutzerklärungen und die Behebung unionsrechtlicher Mängel zu schaffen, die sich aus einer etwaigen Verfehlung unionsrechtlich begründeter Pflichten zur Durchführung einer Strategischen Umweltprüfung ergeben (BT-Drs. 19/30507, S. 9).

8 **a. Erfordernis einer Strategischen Umweltprüfung.** Die in § 22 Abs. 2a und 2b BNatSchG verankerten Vorschriften sind auf den ersten Blick irritierend, zumal hierzulande die Auffassung verbreitet ist, dass bei der Ausweisung von Schutzgebieten und -objekten keine Pflicht zur Durchführung einer Strategischen Umweltprüfung besteht (vgl. VGH München NuR 2018, 710 (711ff.); OVG Lüneburg BeckRS 2020, 22062 Rn. 5; OVG Bautzen BeckRS 2020, 29288 Rn. 33ff.; *Dreier* in Hoppenberg/De Witt HdbÖffBauR Kap. E Rn. 259). Auch wenn das nationale UVP-Recht des Bundes und der Länder keine entsprechende Verpflichtung begründet, ist bislang nicht abschließend geklärt, ob sich aus der Richtlinie 2001/42/EG (SUP-Richtlinie) nicht etwas anderes ergibt.

9 Schutzerklärungen des Naturschutzrechts können als **Pläne und Programme** im Sinne des Art. 2 lit. a SUP-Richtlinie einzustufen sein (BVerwG ZUR 2020, 494 Rn. 19; *GA Kokott* ECLI:EU:C:2019:56 Rn. 35; *Schink* in ders./Reidt/Schiller

UVPG/UmwRG § 35 Rn. 10; *Kümper* ZUR 2014, 74 (78f.)). Vor der erstmaligen Schutzausweisung oder der nachträglichen Änderung einer Schutzerklärung ist eine Umweltprüfung oder zumindest eine Entscheidung über die Durchführung einer solchen Prüfung allerdings nur unter den in Art. 3 Abs. 2 bzw. Abs. 4 SUP-Richtlinie genannten Voraussetzungen geboten. Während Art. 3 Abs. 2 lit. b SUP-Richtlinie bei der Ausweisung eines Natura 2000-Gebietes nicht zum Tragen kommt (EuGH BeckRS 2019, 10935 Rn. 49), ist dies schon in Ansehung des Art. 3 Abs. 2 lit. a SUP-Richtlinie weniger gewiss. Die Vorschrift betrifft Pläne und Programme, die in **bestimmten Bereichen** ausgearbeitet werden und durch die der **Rahmen** für die künftige Genehmigung der in den Anhängen I und II der UVP-Richtlinie genannten Projekte gesetzt wird. Auch wenn „Naturschutz und Landschaftspflege" dort keine ausdrückliche Erwähnung gefunden haben, könnten Schutzerklärungen doch dem Bereich der **„Bodennutzung"** zuzuordnen sein, zumal dieser Begriff ohnehin weit auszulegen ist (EuGH ECLI:EU:C:2016:816 Rn. 40; ECLI:EU:C:2018:401 Rn. 48f.). Zugleich begründen Schutzerklärungen typischerweise eine Reihe von Verbotstatbeständen und Erlaubnispflichten für eine Vielzahl von Nutzungen und Vorhaben, zu denen auch Projekte im Sinne der Anhänge I und II UVP-Richtlinie gehören. Sollte dies nicht genügen, um in Ansehung des Art. 3 Abs. 2 lit. a SUP-Richtlinie auf eine Pflicht zur Umweltprüfung zu erkennen, könnten Schutzerklärungen zumindest als Pläne oder Programme im Sinne des Art. 3 Abs. 4 SUP-Richtlinie zu werten sein, die den Rahmen für künftige Genehmigungen von Projekten setzen und einer Einzelfallprüfung nach Art. 3 Abs. 5 SUP-Richtlinie zu unterziehen sind.

Das **BVerwG** tendiert demgegenüber zu einem deutlich restriktiveren Verständnis **10**
und bekannte sich zu der Auffassung, dass Pläne und Programme einer Umweltprüfung bzw. einer Vorprüfung nur zu unterziehen sind, wenn sie eine konkrete Ausrichtung auf bzw. einen **spezifischen Bezug zu Projekten** erkennen lassen, wie dies namentlich bei Plänen über technische Normen, Betriebsmodalitäten oder Geräuschpegelnormen für bestimmte Projekte der Fall sei (BVerwG ZUR 2020, 494 Rn. 24, 31; zustimmend *LGA Sanchez-Bordona* ECLI:EU:C:2021:746 Rn. 93ff.). Allerdings ist dieses Verständnis nicht zwingend und so sah sich der 4. Senat des BVerwG dazu veranlasst, dem EuGH eine entsprechende Auslegungsfrage im Wege des Vorabentscheidungsverfahrens (Art. 267 AEUV) zu unterbreiten. Die Entscheidung des Gerichtshofs steht noch aus (Stand: Oktober 2021).

b. Bundesrechtliche Fehlerfolgenregelung. Die Bedeutung der aufgeworfenen **11**
Auslegungsfragen ist kaum zu unterschätzen, zumal die Praxis hierzulande bisher davon ausging, dass eine Strategische Umweltprüfung bzw. eine Vorprüfung vor dem Erlass einer Schutzerklärung nicht erforderlich ist. Sollte sich diese Beurteilung als fehlerhaft erweisen, wären zahlreiche Schutzgebietsausweisungen, die nach dem Ablauf der Frist zur Umsetzung der SUP-Richtlinie (21.7.2004) vorgenommen wurden, wegen der Verletzung höherrangigen Rechts unwirksam. Angesichts der denkbaren Tragweite der Entscheidung des EuGH wurde die Bundesregierung im Rahmen der **95. Umweltministerkonferenz** darum ersucht, auf bundesrechtlicher Ebene eine Regelung „zur Bewahrung und Herstellung der Rechtsklarheit und Rechtssicherheit für bestehende Schutzgebietsausweisungen herbeizuführen" (TOP 20 des Ergebnisprotokolls der 95. Umweltministerkonferenz am 13.11.2020, https://www.umweltministerkonferenz.de/documents/endgueltiges-ergebnisprotokoll_95_umk_2_1608714572.pdf) Dem Ersuchen ist der Bundesge-

setzgeber nachgekommen, indem er die Vorschrift des § 22 BNatSchG um die Absätze 2a und 2b ergänzte. Ob diese Vorschriften jemals praktische Relevanz gewinnen werden, wird entscheidend davon abhängen, wie der EuGH die im unterbreiteten Auslegungsfragen beantwortet.

12 § 22 Abs. 2a S. 1 BNatSchG ordnet an, dass Schutzerklärungen, die durch Gesetz, Rechtsverordnung oder Satzung erfolgt und wegen einer unterbliebenen Strategischen Umweltprüfung mit den Vorgaben der SUP-Richtlinie nicht vereinbar sind, **fortgelten,** wenn sich die Unvereinbarkeit aus einer Entscheidung des EuGH ergibt und soweit und solange nach dieser Entscheidung eine Fortgeltung zulässig ist. Die Orientierung an den genannten Rechtsformen der Schutzerklärung bringt es zunächst mit sich, dass Erklärungen zum Biosphärenreservat und zum Naturpark in Bayern, die durch eine **Allgemeinverfügung** ausgewiesen werden (Art. 12 Abs. 2 BayNatSchG), von der Fortgeltungsanordnung nicht profitieren. Aber auch, soweit es Schutzerklärungen in anderer Rechtsform anbelangt, bezieht sich § 22 Abs. 2a S. 1 BNatSchG ausschließlich auf Situationen, in denen eine an sich erforderliche Strategische Umweltprüfung unterblieben ist. Sollten Schutzerklärungen des Naturschutzes nicht von Art. 3 Abs. 2 lit. a SUP-Richtlinie erfasst sein, wohl aber dem Absatz 4 der Vorschrift unterfallen, kann sich die Unvereinbarkeit mit den Vorgaben der Richtlinie auch aus einer unterbliebenen **Einzelfallprüfung** ergeben. Diesen Fall betrifft § 22 Abs. 2a S. 1 BNatSchG nicht, zumal sich die Vorschrift ihrem Wortlaut nach ausschließlich auf das richtlinienwidrige Unterlassen einer Strategischen Umweltprüfung bezieht. Weitere Beschränkungen des Anwendungsbereichs des § 22 Abs. 2a S. 1 BNatSchG ergeben sich daraus, dass sich der Verstoß gegen Vorgaben der SUP-Richtlinie aus einer **Entscheidung des EuGH** ergeben muss; entsprechende Feststellungen eines nationalen Verwaltungsgerichts reichen daher zur Aktivierung der Fortgeltungsanordnung nicht aus, die im Übrigen nur gilt, „soweit und solange" sie nach der Entscheidung des EuGH zulässig ist, aus der sich die Unvereinbarkeit mit den Vorgaben der SUP-Richtlinie ergibt. Das trägt dem Umstand Rechnung, dass grundsätzlich nur der Gerichtshof die sich dem unionsrechtlichen Anwendungsvorrang verdankende Verdrängungswirkung im Ausnahmefall aus zwingenden Gründen etwa des Umweltschutzes aussetzen kann (EuGH ECLI:EU:C:2019:622 Rn. 177).

13 Die Verfehlung der sich aus der SUP-Richtlinie ergebenden Anforderungen darf nicht folgenlos bleiben, zumal der **Grundsatz der loyalen Zusammenarbeit** (Art. 4 Abs. 3 EUV) es gebietet, dass die Folgen eines Verstoßes gegen das Unionsrecht behoben werden (vgl. nur EuGH ECLI:EU:C:2017:589 Rn. 35 m. w. N.) Die zeitlich begrenzte Fortgeltung der Schutzerklärungen muss daher kraft der Anordnung des § 22 Abs. 2a S. 2 BNatSchG genutzt werden, um die zur Bewältigung des Verstoßes erforderlichen Handlungen unverzüglich, d. h. ohne schuldhaftes Zögern, nachzuholen (BT-Drs. 19/30507, 10). Die vor dem Erlass oder einer nachträglichen Änderung der Schutzerklärung unterbliebene Umweltprüfung ist daher nachzuholen und die Erklärung in Abhängigkeit von dem Ergebnis der Prüfung ggf. anzupassen (§ 22 Abs. 2a S. 3 BNatSchG). Hierfür gelten die Vorschriften des UVP-Rechts und des Bundes- und Landesnaturschutzrechts entsprechend (§ 22 Abs. 2a S. 4 BNatSchG). Der Verstoß ist geheilt, sofern die erforderlichen Handlungen innerhalb des in § 22 Abs. 2a S. 5 BNatSchG bezeichneten Zeitraums nachgeholt und etwaige Anpassungen vorgenommen wurden (§ 22 Abs. 2a S. 6 BNatSchG). Wird das nach der Entscheidung des EuGH zur Verfügung stehende und im Übrigen auf das unbedingt notwendige beschränkte Zeitfenster nicht genutzt, tritt die Schutzerklärung außer Kraft (§ 22 Abs. 2a S. 7 BNatSchG).

§ 22 Abs. 2b S. 1 BNatSchG schließt Schutzerklärungen in den Anwendungsbereich des Absatzes 2a ein, die auf der Grundlage jener landesrechtlichen Regelungen erfolgten, die zur Ausfüllung des bis zum 28.2.2010 geltenden Rahmenrechts geschaffen wurden (BT-Drs. 19/30507, 10). Dasselbe gilt für Pläne zur Durchführung von Pflege-, Entwicklungs- und Wiederherstellungsmaßnahmen, die nach Satz 2 der Bestimmung gültig bleiben. 14

III. Materiell-rechtliche Anforderungen

In materiell-rechtlicher Hinsicht existieren ungeachtet aller Unterschiede, die sich aus den im Rahmen der §§ 23–29 BNatSchG erlassenen Vorschriften ergeben, einige wesentliche **Gemeinsamkeiten** für sämtliche Akte der Unterschutzstellung (*Maaß/Schütte* in Koch/Hofmann/Reese Umweltrecht 5. Aufl. 2018 § 7 Rn. 118ff.). Grundsätzlich kommt eine Unterschutzstellung nur in Betracht, wenn dies zur Erfüllung der in den §§ 23–29 BNatSchG jeweils näher umschriebenen Schutzzwecke erforderlich ist. Ist diese Vorbedingung erfüllt und stehen sonstige Hinderungsgründe einer Unterschutzstellung nicht entgegen, eröffnet sich der zuständigen Behörde ausweislich des § 22 Abs. 1 BNatSchG ein Handlungsspielraum (vgl. nur BVerwG NVwZ 2004, 729 (730); NVwZ 2007, 589 Rn. 15; OVG Lüneburg BeckRS 2021, 5777 Rn. 52; *Louis/Engelke,* § 12 Rn. 59). Entschließt sie sich in diesem Rahmen zur Ausweisung eines Schutzgebietes oder -objektes, hat sie sich bei der Ausgestaltung der Schutzanordnung jenen rechtlichen Anforderungen zu fügen, die sich aus dem in § 2 Abs. 3 BNatSchG positivierten Abwägungsgebot ergeben (vgl. BVerwG NVwZ 2007, 589 Rn. 15; OVG Frankfurt (Oder) NuR 2005, 45 (47); OVG Magdeburg NuR 2007, 45 (46); OVG Lüneburg BeckRS 2021, 5777 Rn. 52). 15

1. Erforderlichkeit des Schutzes. Auch wenn dies in § 22 BNatSchG keinen Ausdruck gefunden hat, ergibt sich doch aus §§ 23 Abs. 1, 26 Abs. 1, 28 Abs. 1, 29 Abs. 1 BNatSchG und im Übrigen aus dem allseits beachtlichen Übermaßverbot, dass Teile von Natur und Landschaft nur dann unter besonderen Schutz gestellt werden können, wenn die Unterschutzstellung erforderlich ist. Dies setzt die **Schutzwürdigkeit und Schutzbedürftigkeit** der zu schützenden Flächen oder Einzelobjekte voraus (vgl. BVerwG NVwZ 2009, 719 Rn. 30; *VGH München* NVwZ-RR 2008, 452 (453); *Appel* in Frenz/Müggenborg § 22 Rn. 13; *Agena/Louis* NuR 2014, 313 (317f.)). 16

a. Schutzwürdigkeit. Die Schutzwürdigkeit eines Gebietes oder eines Objekts bemisst sich anhand der **Schutzzwecke,** die in den §§ 23–29 BNatSchG festgelegt sind. Eine Unterschutzstellung setzt voraus, dass der jeweilige Schutzgegenstand die in der Schutzzweckbestimmung bezeichneten Merkmale erfüllt. Dabei genügt es bereits, wenn einer der in diesen Bestimmungen aufgeführten Schutzgründe verwirklicht ist (vgl. BVerwG NVwZ 2019, 1047 Rn. 13; OVG Bautzen BeckRS 2019, 36033 Rn. 20; *Hendrischke* in Schlacke § 26 Rn. 15; *Schink,* Naturschutzrecht, Rn. 629). Dementsprechend kann – um es am Beispiel zu illustrieren – ein bestimmtes Gebiet aus ökologischen Gründen um der Erhaltung dort noch vorkommender Tierarten zum Naturschutzgebiet (vgl. § 22 Abs. 1 Nr. 1 BNatSchG) oder eine Fels- 17 formation als Einzelschöpfung der Natur wegen ihrer besonderen Schönheit oder Eigenart zum Naturdenkmal erklärt werden (vgl. § 28 Abs. 1 Nr. 2 BNatSchG). Maßgeblich ist, ob die in Rede stehenden Teile von Natur und Landschaft auf Grund ihrer tatsächlichen Gegebenheiten – sei es nun die Anwesenheit bestimmter Tier- und Pflanzenarten oder das Vorhandensein eigenartiger oder schöner Einzelschöpfungen der Natur – über einen besonderen Wert für die Verwirklichung der Schutzzwecke verfügen. Diese Feststellung lässt sich nur auf der Basis tatsächlicher Ermittlungen treffen, die – je nach verfolgtem Schutzzweck – von einer bloßen Augenscheinseinnahme bei einer Unterschutzstellung aus ästhetischen Gründen bis hin zu wissenschaftlichen Untersuchungen (z. B. vegetationskundliche oder zoologische Erfassungen) reichen können, wenn die Inschutznahme aus Gründen der Erhaltung bestimmter Tier- und Pflanzenarten erfolgt (vgl. *Appel* in Frenz/Müggenborg § 22 Rn. 14; *Meßerschmidt* § 22 Rn. 9; *Schumacher/Schumacher/Fischer-Hüftle* in Schumacher/Fischer-Hüftle § 22 Rn. 12).

18 Für die Schutzwürdigkeit kommt es – zumal bei größeren Schutzgebieten – nicht darauf an, dass jedes in der Gebietskulisse gelegene Grundstück die entsprechenden Merkmale erfüllt. Auch einzelne für sich betrachtet nicht schutzwürdige Flächen können in den Schutz einbezogen werden, wenn nur das Gebiet **im Ganzen schutzwürdig** ist (vgl. BVerwG NVwZ 2019, 1047 Rn. 14; OVG Koblenz UPR 2021, 310 Rn. 78; VGH Kassel NuR 1996, 621; OVG Münster NuR 2001, 348; OVG Frankfurt (Oder) NuR 2005, 45 (46); VGH München BeckRS 2016, 129636 Rn. 38, 46). Nicht schutzwürdige Bereiche von untergeordneter Bedeutung, wie Gehöfte oder Streusiedlungen, Verkehrswege, Steinbrüche oder Kläranlagen, die als unbeachtliche Fremdkörper und nicht als Unterbrechung der schutzwürdigen Umgebung erscheinen, können daher in die Gebietskulisse einbezogen werden (vgl. *Blum/Agena/Franke,* Vorbem. zu §§ 24–34 Rn. 13). Überdies ist in der Rechtsprechung seit langer Zeit anerkannt, dass für an sich nicht schutzwürdige Flächen im Randbereich eines solchen Gebietes Entsprechendes gilt, wenn sie **Pufferfunktionen** für angrenzende schutzwürdige Areale erfüllen, indem sie schädliche Einwirkungen auf diese Bereiche vermeiden (BVerwG NuR 1996, 600; NVwZ 2009, 719 Rn. 31; OVG Schleswig NuR 1996, 633; OVG Lüneburg NVwZ-RR 2008, 602 (604); VGH Kassel NVwZ-RR 2005, 800 (801); OVG Bautzen BeckRS 2020, 29288 Rn. 43). Verantwortlich zeichnet hierfür die Erwägung, dass der gebietsbezogen verfolgte Schutzzweck die Einbeziehung von Rand- bzw. Pufferzonen um der Gewährleistung einer räumlichen Absicherung der schutzwürdigen Bereiche gegen äußere Einflüsse willen erfordern kann. Diesen Gedanken hat der Bundesgesetzgeber aufgegriffen und in § 22 Abs. 1 S. 2 Hs. 2 BNatSchG die Möglichkeit einer Einbeziehung der für den Schutz notwendigen Umgebung ausdrücklich normiert.

19 Die Schutzwürdigkeit eines Gebietes oder Objekts wird nicht dadurch in Frage gestellt, dass deren ökologische Wertigkeit durch eine **naturschutzvertraglich** vereinbarte extensive Nutzung herbeigeführt wurde. Es gibt keinen Rechtssatz, der eine Unterschutzstellung untersagt, wenn die Schutzwürdigkeit von Flächen oder Objekten auf eine Extensivierung der Bodennutzung aufgrund naturschutzvertraglicher Vereinbarungen oder der Teilnahme an einem öffentlichen Programm zurückzuführen ist (OVG Lüneburg NuR 2020, 720 (724)). Der neu in das Gesetz aufgenommene § 2 Abs. 7 S. 2 BNatSchG ändert daran nichts. Die dem Gedanken der **Natur auf Zeit** verpflichtete Regelung besagt lediglich, dass Verbesserungen des Zustandes von Biotopen oder Arten aufgrund freiwilliger Maßnahmen bei behördlichen Entscheidungen im Zusammenhang mit der Wiederaufnahme einer Nutzung oder einer sonstigen Änderung begünstigend zu berücksichtigen sind. Da die Unterschutzstellung den erforderlichen Zusammenhang mit einer Wiederaufnahme einer vormaligen Nutzung vermissen lässt, spielt die Vorschrift nicht schon bei der Ausweisung von Schutzgebieten oder -objekten, sondern allenfalls bei der Erteilung von Ausnahmen oder Befreiungen von Verboten eine Rolle, die durch die Schutzerklärung begründet werden.

Während sich auf Grundlage des bisherigen Rechts zumindest die Möglichkeit eröffnete, Gebiete unter Schutz zu stellen, in denen Teilbereiche einer Entwicklung im Sinne einer weiteren Verbesserung der naturschutzwürdigen Gegebenheiten bedurften (vgl. nur *Louis/Engelke,* § 12 Rn. 68 m. w. N.), hat die im Zuge der Novelle des BNatSchG (2002) vorgenommene Stärkung des in den §§ 23 ff. BNatSchG beinahe durchgängig verankerten **Entwicklungsprinzips** den Eindruck aufkommen lassen, aktuell nicht schutzwürdige Gebiete oder Flächen könnten allein im Interesse der Entwicklung oder Wiederherstellung schutzwürdiger Bestände zum Schutzgebiet erklärt werden (*Meßerschmidt,* UTR 1999, 81 ff.). Die sich hieran knüpfende Befürchtung, es drohe die „Voraussetzungslosigkeit der Unterschutzstellung" (*Meßerschmidt,* ZUR 2001, 245 (245)), erscheint indes unbegründet, soweit sich hiermit die Vorstellung verbindet, es könnten auch völlig wertlose Areale zu Schutzgebieten erklärt werden. Zwar trifft es zu, dass namentlich Naturschutzgebiete, Nationalparks oder Biosphärenreservate im Interesse der Entwicklung oder sogar Wiederherstellung ihrer Schutzgüter eingerichtet werden können (*Louis,* NuR 2002, 385 (388)), indessen ändert dies nichts daran, dass hierfür nicht irgendwelche, sondern nur solche Gebiete in Frage kommen, die sich für die angestrebte Entwicklung oder Wiederherstellung konkret eignen (BVerwG NuR 2018, 776 Rn. 11; OVG Lüneburg BeckRS 2019, 12445 Rn. 41; *Wolff,* NuR 1998, 298). Erst diese Eignung, die sich aus einem reaktivierbaren Entwicklungs- oder Wiederherstellungspotenzial (z. B. Eignung eines vormaligen Moorgebietes zur Wiedervernässung aus Gründen der Bodenbeschaffenheit) oder aus der räumlichen Lage eines Gebietes im Verhältnis zu anderen schutzwürdigen Flächen (Stichwort: Biotopverbund, § 21 BNatSchG) ergeben mag, begründet die für eine Unterschutzstellung erforderliche Schutzwürdigkeit. Eine grundlose Inschutznahme irgendwelcher Flächen, die im Übrigen mit der verfassungsrechtlichen Eigentumsgarantie nicht vereinbar wäre, kommt daher ungeachtet der deutlichen Akzentuierung des Entwicklungsprinzips nicht in Frage (*Gellermann,* NVwZ 2002, 1025 (1031)). 20

b. Schutzbedürftigkeit. Die Schutzwürdigkeit eines Gebiets oder Objekts vermag für sich gesehen eine Unterschutzstellung noch nicht zu rechtfertigen. Hinzutreten muss vielmehr seine Schutzbedürftigkeit, die das Ergreifen von Schutzmaßnahmen notwendig bzw. – im Sinne der im Rahmen der §§ 23 ff. BNatSchG erlassenen Vorschriften – erforderlich erscheinen lässt. Dies ist nicht erst dann der Fall, wenn die Schutzerklärung einem zwingenden und gar unabweislichen Bedürfnis entspricht, sondern es genügt vollauf, wenn der angestrebte **Schutz vernünftigerweise geboten** ist (vgl. nur BVerwG NVwZ 2009, 719 Rn. 30; VGH München, NVwZ-RR 2008, 452 (453); OVG Greifswald BeckRS 2009, 32507; OVG Koblenz, UPR 2021, 310 Rn. 84 *Schumacher/Schumacher/Fischer-Hüftle in Schumacher/Fischer-Hüftle* § 22 Rn. 13). Gefordert ist insoweit eine besondere Gefährdungslage, indessen muss der Nachweis einer konkreten oder gar akuten Gefahrensituation 21 nicht geführt werden. Stattdessen reicht es aus, wenn Anhaltspunkte dafür vorhanden sind, dass sich die Schutzgüter ohne die Schutzmaßnahme einer **abstrakten Gefährdung** ausgesetzt sehen (vgl. nur BVerwG NuR 1998, 37 (38); NVwZ 2009, 719 Rn. 30; OVG Schleswig NuR 2003, 380 (382); OVG Lüneburg BeckRS 2021, 5777 Rn. 52; *Schumacher/Schumacher/Fischer-Hüftle* in Schumacher/Fischer-Hüftle § 22 Rn. 13). Schon das Vorkommen eines seltenen Biotoptyps oder stark gefährdeter Tier- und Pflanzenarten, ein hoher Erholungs- oder Besiedlungsdruck oder die Existenz abbauwürdiger Bodenschätze begründet eine abstrakte Gefährdungslage (*Louis/Engelke,* § 12 Rn. 71 mit weiteren Beispielen), die zur Unterschutzstellung Anlass bietet.

22 Die Bereitschaft betroffener Grundeigentümer zum Abschluss naturschutzvertraglicher Vereinbarungen (§ 3 Abs. 3 BNatSchG) stellt die Schutzbedürftigkeit einer Fläche oder eines Objekts regelmäßig nicht in Frage. Auch wenn der Bereitschaft von Privatpersonen, Unternehmen und Einrichtungen, Beiträge zur Verwirklichung der Ziele des Naturschutzes und der Landschaftspflege zu erbringen, eine nicht zu unterschätzende Bedeutung zukommt (§ 2 Abs. 7 S. 1 BNatSchG), ändert dies nichts daran, dass solche Verträge zumeist einen nur unzureichenden Schutz bieten, weil sie lediglich den Vertragspartner, nicht aber Dritte zu binden vermögen (BVerwG NuR 1998, 37 (38 f.); *Dreier* in Hoppenberg/de Witt HdbÖffBauR Kap. E Rn. 275; *Gellermann/Middeke,* NuR 1991, 457 ff.). Ebenso stehen vorhandene Schutzanordnungen nach anderen Rechtsvorschriften dem Erlass zusätzlicher Regelungen des Naturschutzrechts nicht entgegen. Namentlich entfällt die Schutzbedürftigkeit eines Naturschutzgebietes nicht deshalb, weil es Flächen umfasst, die zu einem FFH-Gebiet gehören (OVG Bautzen BeckRS 2019, 36033 Rn. 22), bereits durch Regelungen des gesetzlichen Biotopschutzes gesichert sind (vgl. OVG Lüneburg NuR 2002, 99) oder sich in einem Wasserschutzgebiet befinden (*Agena/Louis* NuR 2014, 313 (318); *Louis,* DVBl. 1990, 800 (801)).

23 **2. Hinderungsgründe.** Sind die Voraussetzungen der Schutzwürdigkeit und -bedürftigkeit erfüllt, kommt eine Unterschutzstellung dennoch nur in Frage, wenn ihr keine rechtlichen Hinderungsgründe entgegenstehen. Weniger die objektbezogenen, wohl aber die flächenhaften Ausweisungen von Schutzgebieten stellen sich regelmäßig als raumbedeutsame Maßnahmen dar, die sich den in Plänen der **Raumordnung** aufgestellten **Zielen** zu fügen und die **Grundsätze** der Raumordnung zu berücksichtigen haben (§ 4 Abs. 1 S. 1 ROG; vgl. *Durner* in Kment ROG 7. Aufl., 2018, § 4 Rn. 16). Gerade die Zielbindung kann sich als Hindernis für die Unterschutzstellung erweisen, wenn und soweit im Raumordnungsplan eine hiermit unvereinbare anderweitige räumliche Nutzung vorgesehen ist (VGH München BayVBl. 1999, 691 (692) mit Anm. *Goppel*). Stehen Darstellungen eines gemeindlichen Flächennutzungsplans der Schutzgebietsausweisung entgegen, ist § 7 BauGB zu beachten (vgl. VGH München BayVBl. 1999, 691 (692); eingehend *Dreier* in Hoppenberg/de Witt HdbÖffBauR Kap. E Rn. 288; *Louis/Engelke,* § 12 Rn. 21 ff.).

24 **3. Normsetzungsermessen und Abwägung.** Sind die tatbestandlichen Voraussetzungen erfüllt, eröffnet sich der zuständigen Stelle ein Handlungsspielraum in Form eines weit gefassten **Normsetzungsermessens** (BVerwG NVwZ 2007, 589 Rn. 15; OVG Münster BeckRS 2018, 38665 Rn. 14; VGH Mannheim NuR 2021, 208 (210); *Appel* in Frenz/Müggenborg § 22 Rn. 25). Der sich damit verbindende Entscheidungsspielraum bezieht sich auf das „Ob" der Unterschutzstellung, die räumliche Abgrenzung des Schutzgegenstandes sowie die konkrete Ausgestaltung der zu seinem Schutz bestimmten Ge- und Verbote.

Eine Pflicht, bestimmte Teile von Natur und Landschaft unter besonderen Schutz zu stellen, besteht grundsätzlich nicht (BVerwG NuR 1998, 131 f.). Allerdings kann sich der Entscheidungsspielraum im Einzelfall und namentlich dann „auf Null reduzieren", wenn schutzwürdige Bereiche von überragender Bedeutung mit hoher Wahrscheinlichkeit erheblich beeinträchtigt oder vernichtet würden (grundlegend *Soell,* NuR 1993, (301) 307; *Louis,* DVBl. 1990, 800 (801)). Davon abgesehen besteht im Kontext der Einrichtung des Netzes „Natura 2000" von vornherein kein Entscheidungsspielraum hinsichtlich des „Ob" der Unterschutzstellung. Ausweislich des § 32 Abs. 2 BNatSchG sind die in die **Gemeinschaftsliste** aufgenommenen Gebiete sowie die nach Maßgabe des Art. 4 VRL ausgewählten Vogelschutzgebiete zu besonders geschützten Teilen von Natur und Landschaft im Sinne des § 20 Abs. 2 BNatSchG zu erklären. Während die Auswahl der Schutzkategorie der behördlichen Entscheidung überantwortet bleiben kann, entspricht die Unterschutzstellung als solche – vorbehaltlich einer Ausnahme nach § 32 Abs. 4 BNatSchG – einem zwingenden rechtlichen Gebot (OVG Bautzen NuR 2008, 118 (119); OVG Lüneburg BeckRS 2020, 30945 Rn. 41; BeckRS 2021, 5777 Rn. 54). **25**

Für die räumliche Abgrenzung des Schutzgegenstandes und die Ausgestaltung der Schutzanordnung ist das in § 2 Abs. 3 BNatSchG geregelte naturschutzrechtliche **Abwägungsgebot** von zentraler Bedeutung (vgl BVerwG BayVBl. 2001, 440 (442); OVG Frankfurt (Oder) NuR 2005, 45 (46 f.); OVG Lüneburg NVwZ-RR 2008, 602 (604); *Meßerschmidt* § 22 Rn. 22 f.). Dieses Gebot verlangt, dass die sich aus den Zielen des Naturschutzes ergebenden Anforderungen untereinander sowie gegen die sonstigen Anforderungen der Allgemeinheit an Natur und Landschaft und – so ist zu ergänzen – die tangierten privaten Belange abzuwägen sind (hierzu *Louis,* DVBl. 1990, 800 (801)). Auch wenn der Terminus dies nahe legen mag, ist diese Abwägung nicht mit der für fachplanerische Entscheidungen typischen Einzelabwägung aller konkret betroffenen Belange identisch (BVerwG NVwZ 1988, 1020 f.; BeckRS 2017, 139241 Rn. 9; OVG Münster NVwZ 2000, 581; OVG Magdeburg NuR 2007, 45 (46); OVG Lüneburg NVwZ-RR 2008, 602 (604); BeckRS 2021, 5777 Rn. 56). Der Grundsatz der Verhältnismäßigkeit verlangt zwar auch hier nach einer Würdigung der einander widerstreitenden Schutz- und Nutzungsinteressen (BVerwG NVwZ 2007, 589 (590); NVwZ 2009, 719 Rn. 30), im Unterschied zu fachplanerischen Entscheidungen sind bei dem Erlass der abstrakt-generellen Regelung einer Schutzerklärung aber nicht bereits sämtliche tatsächlichen oder mutmaßlichen Nutzungsinteressen abwägend in den Blick zu nehmen. Stattdessen ist den Anforderungen genügt, wenn etwaigen Einzelinteressen durch ein System von Ausnahme- und Befreiungsregelungen Rechnung getragen und auf diesem Wege eine Würdigung konkreter Situationen im Rahmen einer Einzelfallbeurteilung ermöglicht wird (OVG Münster NVwZ 2000, 581; insoweit zustimmend *Hünnekens,* NVwZ 2000, 527 f.). Kann es die zur Unterschutzstellung berufene Stelle daher unter dieser Vorbedingung mit einer eher generellen Abwägung sein Bewenden haben lassen, unterliegt die von ihr erlassene Schutzerklärung keiner rechtlichen Beanstandung, wenn im Erlassverfahren von einer Ermittlung und Zusammenstellung aller konkret bestehenden Einzelinteressen Abstand genommen wurde (OVG Magdeburg BeckRS 2008, 32685; OVG Lüneburg NVwZ-RR 2008, 602 (604); BeckRS 2021, 5777 **26**

Rn. 56; *Meßerschmidt* § 22 Rn. 22; abweichend *Dreier* in Hoppenberg/de Witt HdbÖffBauR Kap. E Rn. 277).

27 Neben den öffentlichen Interessen des Natur- und Landschaftsschutzes zählen in erster Linie die mit ihnen regelmäßig in Konflikt geratenden und verfassungsrechtlich durch **Art. 14 Abs. 1 GG** geschützten Nutzungsinteressen der betroffenen Grundeigentümer zu den im Rahmen der Abwägung zu berücksichtigenden Belangen. Dabei sind Regelungen in einer Schutzausweisung des Naturschutzrechts regelmäßig als Inhalts- und Schrankenbestimmungen i. S. d. Art. 14 Abs. 1 S. 2, Abs. 2 GG zu begreifen, die als Ausdruck der sozialen Bindungen des Eigentums grundsätzlich hinzunehmen sind (vgl. BVerwG BayVBl. 2001, 440 (441); OVG Berlin NuR 2009, 864 (868); VGH München NuR 2020, 136 (139); VGH Mannheim NuR 2021, 208 (210 f.); OVG Lüneburg ZUR 2019, 540 (544); BeckRS 2021, 5777 Rn. 74; *Louis/Engelke,* § 12 Rn. 88; allgemein zum Themenfeld Eigentum und Naturschutz *Axer,* DVBl. 1999, 1533 ff.; *Breuer,* NuR 1996, 537 ff.; *Kimminich,* NuR 1994, 261 ff.). Als unzumutbare Beschränkungen der Befugnisse des Eigentümers erweisen sie sich erst dann, wenn sie einem privatnützigen Gebrauch des Eigentums und der grundsätzlichen Verfügungsbefugnis des Eigentümers keinen Raum mehr belassen oder bereits ausgeübte oder sich nach Lage der Dinge objektiv anbietende Nutzungen ohne jedweden Ausgleich (zu den hieran zu stellenden verfassungsrechtlichen Anforderungen BVerfG BVerfGE 100, 226, 244 ff.; BVerwG BayVBl. 2001, 440 (441 f.) unterbinden (BVerwG NuR 1998, 37; OVG Lüneburg NuR 2020, 720 (725); BeckRS 2021, 5777 Rn. 74; eingehend *Jarass* Grundgesetz, 15. Aufl. 2018 Art. 14 Rn. 53 f.).

C. Inhalt der Schutzerklärung

28 § 22 Abs. 1 BNatSchG umschreibt Mindestinhalte der Schutzerklärung und verweist auf die Möglichkeiten der Gebietszonierung und des Umgebungsschutzes.

I. Zwingende Mindestinhalte

29 Zu den zwingenden Inhalten einer Schutzerklärung zählt die Bestimmung des Schutzgegenstandes, des mit der Unterschutzstellung verfolgten Zwecks sowie der zur Verwirklichung des Schutzzwecks notwendigen Ge- und Verbote.

30 Die Schutzerklärung muss den **Schutzgegenstand** und damit das Gebiet oder Objekt hinreichend genau bezeichnen, das zum geschützten Teil von Natur und Landschaft bestimmt wird. Diesen Anforderungen vermögen allgemeine Beschreibungen zumeist nicht zu genügen, erforderlich ist vielmehr, dass die Grenzen des geschützten Gegenstandes konkret und nachvollziehbar festgelegt werden (hierzu OVG Lüneburg BeckRS 2021, 5777 Rn. 55 ff.; *Dreier* in Hoppenberg/de Witt HdbÖffBauR Kap. E Rn. 260; *Carlsen/Fischer-Hüftle,* NuR 1993, 311 (314)). Sofern das Landesrecht keine anderen Vorgaben macht, kann dies durch textliche Umschreibungen (z. B. Katasterangaben) oder kartographische Darstellung geschehen (*Albrecht* in BeckOK UmweltR § 22 Rn. 7; *Heugel* in Lütkes/Ewer § 22 Rn. 7). Daneben genügt es auch, wenn eine grobe Umschreibung im Text der Erklärung mit einer Verweisung auf eine bei der zu benennenden Amtsstelle niedergelegten und dort für je-

dermann einsehbaren Karte verbunden wird (BVerwG BayVBl. 2001, 440 (441)). Entbehrt die Erklärung einer hinreichend genauen Bestimmung ihres Gegenstandes, ist sie in ihrem Unschärfebereich unwirksam (OVG Münster NuR 1998, 329 (331)), bleibt aber im Übrigen gültig (VGH München NuR 1997, 291 (292); *Louis/Engelke,* § 12 Rn. 65).

31 Die Bestimmung des **Schutzzwecks** gehört zu den Mindestinhalten einer Schutzerklärung, dennoch muss seine Festlegung nicht in einer eigenständigen Vorschrift erfolgen, die womöglich gar die Überschrift „Schutzzweck" trägt (BVerwG NVwZ 2007, 589 Rn. 13). Erforderlich ist aber jedenfalls, dass sich dem Akt der Unterschutzstellung mit hinreichender Deutlichkeit und ausreichender Bestimmtheit entnehmen lässt, was konkret mit der Unterschutzstellung beabsichtigt ist bzw. angestrebt wird (*OVG Greifswald* BeckRS 2009, 32507). Der Angabe des Schutzzwecks müssen Anhaltspunkte für die sachliche Rechtfertigung und die Auslegung der Verordnung zu entnehmen sein, wobei es mit einer stichwortartigen Beschreibung grundsätzlich sein Bewenden haben kann (VGH Kassel NuR 2019, 397 (398)). Dennoch empfiehlt sich eine am Einzelfall orientierte, ausführlichere Beschreibung der verfolgten Schutzzwecke (*Carlsen/Fischer-Hüftle,* NuR 1993, 311, 315f.), weil allzu allgemein gehaltene Angaben die Gefahr in sich bergen, dass Maßnahmen, die eigentlich verboten werden sollten, nicht untersagt werden können (*Gassner/Bendomir-Kahlo/Schmidt-Räntsch* § 22 Rn. 23 m. w. N.). Soweit es Gebiete von gemeinschaftlicher Bedeutung und Europäische Vogelschutzgebiete anbelangt, ist die Genauigkeit der aus Gründen des § 32 Abs. 3 BNatSchG erforderlichen Angabe des Schutzzwecks vor allem auch deshalb von erheblicher Bedeutung, weil sie den Maßstab für eine gegebenenfalls aus Gründen der §§ 34 Abs. 1, 36 BNatSchG erforderliche Verträglichkeitsprüfung bildet (*Storost* DVBl. 2009, 673 (675)). Wird von der nunmehr bundesrechtlich eröffneten Möglichkeit einer **Gebietszonierung** Gebrauch gemacht, ist überdies eine differenzierte Beschreibung des Schutzzwecks geboten. Dies folgt zwanglos aus der Formulierung des § 22 Abs. 1 S. 2 BNatSchG, die von dem „jeweiligen Schutzzweck" spricht. Überzogene Anforderungen sind freilich nicht gestellt. Der Schutzzweck muss ausreichend bestimmt sein, aber keineswegs sämtliche Informationen über das jeweilige Gebiet oder Objekt enthalten oder alle schutzwürdigen Belange im Einzelnen aufführen (OVG Lüneburg NuR 2002, 99f.; VGH Kassel NuR 2019, 397 (398); *Louis/Engelke,* § 12 Rn. 76). Entscheidend sind die Gegebenheiten des Einzelfalles, und so kann eine allgemeine Beschreibung des Schutzzwecks genügen, wenn das Gebiet bzw. Objekt überschaubar ist und sich das Gewollte mit hinreichender Deutlichkeit erschließt (BVerwG NuR 1998, 179; ähnlich NVwZ 2007, 589 Rn. 13; ferner *Schumacher/Schumacher/Fischer-Hüftle* in Schumacher/Fischer-Hüftle § 22 Rn. 18).

32 Den eigentlichen Kern einer jeden Schutzerklärung bilden die zur Erreichung des Schutzzwecks **notwendigen Ge- und Verbote,** die mit der notwendigen Klarheit und Bestimmtheit (hierzu *Appel* in Frenz/Müggenborg § 22 Rn. 50; *Hendrischke* in Schlacke § 22 Rn. 14) zum Ausdruck bringen müssen, welche Handlungen zur Verwirklichung des Schutzzwecks vorzunehmen und welche zu unterlassen sind. Indem § 22 Abs. 1 S. 1 BNatSchG von den „notwendigen" Ge- und Verboten spricht, bringt die Vorschrift zum Ausdruck, dass sämtliche Anordnungen zu treffen sind, derer es zur Verwirklichung der mit der Unterschutzstellung verfolgten Zwecke bedarf. Da sich § 22 Abs. 1 S. 1 BNatSchG auf die Regelung der zwingenden Mindestinhalte beschränkt, birgt die Vorschrift einen Regelungsauftrag des Inhalts in

sich, dass die zur Zweckerreichung erforderlichen Ge- und Verbote auch tatsächlich in die Schutzerklärung aufgenommen werden (vgl. *Gellermann/Middeke,* NuR 1991, 457 (462)).

II. Pflege-, Entwicklungs- und Wiederherstellungsmaßnahmen

33 Mit Ge- und Verbotsregelungen allein lassen sich die Schutzzwecke oftmals nicht erreichen. In Anerkennung dessen stellt § 22 Abs. 1 S. 2 BNatSchG klar, dass auch Pflege-, Entwicklungs- und Wiederherstellungsmaßnahmen in die Schutzerklärung aufgenommen werden können. Zu den in jedem Falle zwingenden Mindestinhalten der Schutzerklärung gehören diese Maßnahmen oder die ihnen gleichgestellten Ermächtigungen freilich nicht, zumal sie nur dann in die Schutzerklärung zu integrieren sind, wenn dies zur Verwirklichung des Schutzzwecks erforderlich ist. Ist der Schutzgegenstand von der Art, dass die Abwehr negativer Einwirkungen zur Erreichung des Schutzziels genügt – wie dies bei selbst tragenden Ökosystemen (z. B. reife Waldstadien) oder in Fällen eines Prozessschutzes (§ 24 Abs. 2 S. 1 BNatSchG) der Fall ist – bedarf es solcher Maßnahmen nicht. Anders gestaltet sich die Lage, soweit Gebiete und Objekte gesichert werden sollen, deren Erhaltung nach pflegenden Aktivitäten verlangt (z. B. einschürige Mahd in Feuchtwiesen) oder die im Interesse der Verwirklichung des Schutzziels sogar verbessert oder wiederhergestellt werden müssen (z. B. Umbau eines Fichtenforstes in Laubwald; Wiedervernässung eines Moorkörpers). Unter solchen Bedingungen hat die Schutzerklärung zumindest die von § 22 Abs. 1 S. 2 BNatSchG geforderte Ermächtigung zu enthalten.

III. Gebietszonierung und Umgebungsschutz

34 § 22 Abs. 1 S. 3 BNatSchG betont die Möglichkeit, bei Ausweisung der in § 20 Abs. 2 BNatSchG bezeichneten Gebiete eine Aufteilung der einbezogenen Flächen in **Zonen** abgestuften Schutzes vorzunehmen (exemplarisch OVG Münster BeckRS 2018, 38665 Rn. 43; OVG Saarlouis BeckRS 2020, 2854 Rn. 33 f.). Der Gesetzgeber knüpft damit an eine ohnehin bereits bei der Einrichtung von Nationalparks, Biosphärenreservaten und Naturparken bestehende Praxis an (BT-Drs. 14/6378, 51). Die im zweiten Halbsatz getroffene Regelung, vermöge derer die für den Schutz notwendige Umgebung im Interesse der Absicherung schutzwürdiger Bereiche vor äußeren Einflüssen in die Gebietskulisse einbezogen werden kann, versteht sich gleichfalls als bloße Klarstellung einer in der Rechtsprechung bereits anerkannten Möglichkeit. Allerdings ist die Formulierung etwas unglücklich, zumal der Zusammenhang mit dem ersten Halbsatz des § 22 Abs. 2 S. 3 BNatSchG leicht den Eindruck vermitteln kann, als käme ein Umgebungsschutz nur bei den Schutzgebieten, nicht aber auch bei den Schutzobjekten in Frage (in dieser Hinsicht *Hönes,* ZUR 2006, 304 (307)). Die Gesetzbegründung lässt freilich erkennen, dass der Gesetzgeber eine generelle Regelung des Umgebungsschutzes schaffen wollte, die auch und gerade bei den in der Begründung ausdrücklich erwähnten Kategorien des Objektschutzes (Naturdenkmal, geschützter Landschaftsbestandteil) ein legitimes Einsatzfeld findet (BT-Drs. 14/6378, 51; ferner *Marzik/Wilrich,* BNatSchG, § 22 Rn. 42).

D. Einstweilige Sicherstellung

35 § 22 Abs. 3 BNatSchG knüpft an den in § 22 Abs. 3 Nr. 1 BNatSchG 2002 enthaltenen Regelungsauftrag an und formt die bisherige rahmenrechtliche Bestimmung über die einstweilige Sicherstellung der zu schützenden Teile von Natur und Landschaft zu einer Vollregelung aus, die allerdings landesrechtlicher Ergänzung bedarf. Die Vorschrift trägt der Erkenntnis Rechnung, dass die Unterschutzstellung wertvoller Teile von Natur und Landschaft einige Zeit in Anspruch nimmt und daher die **Gefahr** besteht, dass der Schutzgegenstand bereits vor Abschluss des Verfahrens zur endgültigen Ausweisung beeinträchtigt oder gar vernichtet werden kann. Exemplarisch darf auf Berichte aus der Praxis verwiesen werden, nach denen Landwirte in „Nacht und Nebel-Aktionen" schutzwürdiges Feuchtgrünland kurzerhand umbrachen, nachdem bekannt wurde, dass sich die zuständige Behörde zur Unterschutzstellung der Feuchtwiesen entschlossen hatte. Um in solchen Fällen ein Schutzinstrument verfügbar zu haben, mit dem Zerstörungen oder Beeinträchtigungen schutzwürdiger Bereiche oder Objekte verhindert werden können, stellt § 22 Abs. 3 S. 1 BNatSchG klar, dass Teile von Natur und Landschaft, deren Schutz beabsichtigt ist, für einen Zeitraum von bis zu zwei Jahren einstweilig sichergestellt werden können. Da § 22 Abs. 3 S. 4 BNatSchG den zweiten Absatz der Vorschrift für entsprechend anwendbar erklärt, bestimmen sich Form und Verfahren der einstweiligen Sicherstellung einschließlich der hierfür erforderlichen Ermächtigungsgrundlage auch weiterhin nach dem Landesrecht.

36 Eine einstweilige Sicherstellung kann im Hinblick auf eine **in Aussicht stehende Unterschutzstellung** vorgenommen werden, wenn zu befürchten ist, dass durch Veränderungen oder Störungen der beabsichtigte Schutzzweck gefährdet wird (OVG Schleswig BeckRS 2017, 147443 Rn. 90). Da die Sicherstellung nur verhindern will, dass die Erreichung des Schutzzwecks unmöglich gemacht oder derart beeinträchtigt wird, dass seine Durchsetzung nicht mehr sinnvoll ist, kann sie schon dann angeordnet werden, wenn der in Rede stehende Schutzgegenstand bei überschlägiger fachlicher Einschätzung für eine endgültige Unterschutzstellung in Betracht kommt (vgl. OVG Greifswald LKV 2002, 190 (192); OVG Koblenz NuR 2000, 290; VGH Kassel NVwZ-RR 1997, 19 (20); *Dreier* in Hoppenberg/de Witt HdbÖffBauR Kap. E Rn. 271). Einer abschließenden Prüfung der Schutzwürdigkeit oder einer umfassenden Abwägung der involvierten Belange bedarf es nicht. Die einstweilige Sicherstellung kommt aber nicht in Betracht, wenn das in Aussicht genommene Gebiet bzw. Objekt für den beabsichtigten Schutzzweck ungeeignet ist (OVG Schleswig BeckRS 2017, 147443 Rn. 96; *Meßerschmidt* § 33 Rn. 93). Im Übrigen muss die Gefahr bestehen, dass der mit der endgültigen Unterschutzstellung verfolgte Schutzzweck durch zwischenzeitliche Veränderungen oder Störungen gefährdet wird. Entsprechend der Rechtslage bei der endgültigen Unterschutzstellung genügt insoweit bereits eine abstrakte Gefährdung (*Dreier* in Hoppenberg/de Witt HdbÖffBauR Kap. E Rn. 271; *Louis/Engelke,* § 12 Rn. 160; *Meßerschmidt* § 22 Rn. 92).

37 Der Schutz, den eine einstweilige Sicherstellung verbürgt, ist **zeitlich begrenzt.** In Orientierung an landesrechtlichen Vorbildern stellt § 22 Abs. 3 S. 1 BNatSchG klar, dass die Sicherstellung für einen Zeitraum von bis zu zwei Jahren angeordnet werden kann. § 22 Abs. 3 S. 2 BNatSchG ermöglicht eine einmalige Verlängerung um bis zu weitere zwei Jahre, sofern die Voraussetzungen des Satzes 1 noch immer

erfüllt sind. Damit hat der Gesetzgeber zum Ausdruck gebracht, dass eine bis zu vier Jahren währende Sicherstellung noch als zumutbare Inhalts- und Schrankenbestimmung des Eigentums (Art. 14 Abs. 1 S. 2 GG) zu bewerten ist.

38 Nach § 22 Abs. 3 S. 3 BNatSchG sind in einem sichergestellten Teil von Natur und Landschaft alle Handlungen und Maßnahmen nach Maßgabe der Sicherstellungserklärung verboten, die geeignet sind, den Schutzgegenstand nachteilig zu verändern. Die Vorschrift bezieht sich von vornherein nur auf Handlungen innerhalb des jeweils sichergestellten Teils von Natur und Landschaft, sieht dagegen keinen Umgebungsschutz vor. Die Verbote gelten überdies nicht kraft Gesetzes, sondern **„nach Maßgabe der Sicherstellungserklärung"**, die dementsprechend die Handlungen und Aktivitäten zu benennen hat, die zur Herbeiführung nachteiliger Veränderungen des Schutzgegenstandes geeignet sind. Da die Sicherstellung darauf gerichtet ist, Gefährdungen des beabsichtigten Schutzzwecks zu verhindern, sind als nachteilig sämtliche Maßnahmen zu erachten, die den Schutzgegenstand in einer für die Verwirklichung des beabsichtigten Schutzzwecks relevanten Weise verändern. Ob eine Handlung den so umrissenen unerwünschten Erfolg tatsächlich herbeiführt, ist nicht von Belang, zumal § 22 Abs. 3 S. 3 BNatSchG die entsprechende Eignung zur nachteiligen Veränderung genügen lässt.

39 § 22 Abs. 3 S. 4 BNatSchG begründet die Verpflichtung, eine einstweilige Sicherstellung ganz oder teilweise aufzuheben, wenn ihre Voraussetzungen nicht mehr oder nicht mehr in vollem Umfang gegeben sind. Die Regelung trägt dem Grundsatz der Verhältnismäßigkeit Rechnung (*Appel* in Frenz/Müggenborg § 22 Rn. 75) und stellt – namentlich in Ansehung des verfassungsrechtlichen Schutzes des Eigentums (Art. 14 Abs. 1 GG) – sicher, dass die sich mit einer einstweiligen Sicherstellung verbindenden Belastungen nur aufrechterhalten werden, solange es dessen mit Blick auf eine beabsichtigte Unterschutzstellung bedarf. Fasst die zuständige Behörde den Entschluss, von einer zunächst beabsichtigten Unterschutzstellung eines Gebietes ganz oder teilweise abzusehen, hat sie die einstweilige Sicherstellung vollständig bzw. in Ansehung derjenigen Teilbereiche aufzuheben, von deren dauerhafter Unterschutzstellung abgesehen werden soll (vgl. *Hendrischke* in Schlacke § 22 Rn. 55). Dasselbe gilt, wenn das einstweilig gesicherte Gebiet oder Objekt seine Schutzwürdigkeit endgültig verliert. Zu denken ist etwa an eine einstweilig sichergestellte tausendjährige Eiche, die noch vor ihrer Erklärung zum Naturdenkmal (§ 28 BNatSchG) vom Blitz getroffen wird oder eines natürlichen Todes stirbt. Im Übrigen kann auch die Schutzbedürftigkeit entfallen. Gelingt es einer anerkannten Naturschutzvereinigung, das Eigentum an einer ökologisch wertvollen Tongrube nach deren einstweiliger Sicherstellung für die satzungsgemäß verfolgten Naturschutzzwecke zu erwerben, besteht kein Anlass zur Aufrechterhaltung der Sicherstellungsanordnung.

E. Registrierung und Kennzeichnung

40 Nach § 22 Abs. 4 S. 1 BNatSchG sind die geschützten Teile von Natur und Landschaft zu registrieren und zu kennzeichnen (hierzu *Appel* in Frenz/Müggenborg § 22 Rn. 77 ff.). Über die Art und Weise der **Registrierung** und **Kennzeichnung** verhält sich das Bundesrecht nicht. Die diesbezüglichen Regelungen bleiben nach § 22 Abs. 4 S. 2 BNatSchG dem Landesrecht vorbehalten.

F. Herstellung des Benehmens

§ 22 Abs. 5 BNatSchG bezieht sich auf die Erklärung zum Nationalpark und zum Nationalen Naturmonument und bestimmt, dass für die Einrichtung dieser Schutzgebiete die Herstellung des Benehmens mit dem Bundesministerium für Umwelt, Naturschutz und nukleare Sicherheit und dem Bundesministerium für Verkehr und digitale Infrastruktur erforderlich ist. Entsprechendes gilt für jeden Fall einer Änderung entsprechender Schutzerklärungen. Das **Benehmenserfordernis** dient dazu, die bei der Unterschutzstellung von Nationalparks und nationalen Naturmonumenten berührten gesamtstaatlichen Naturschutzinteressen zu wahren und die Beachtung der internationalen Kriterien des IUCN sicherzustellen (*Appel* in Frenz/Müggenborg § 22 Rn. 82). Diesem Beteiligungserfordernis ist genügt, wenn die landesrechtlich zur Entscheidung berufene Stelle eine Abstimmung mit den entsprechenden Stellen des Bundes versucht. Zu diesem Zweck müssen die genannten Bundesministerien informiert und ihnen Gelegenheit zur Stellungnahme gegeben werden. Kann das Benehmen nicht hergestellt werden, ist die entscheidende Stelle des Landes nicht an die Auffassung der Bundesministerien gebunden, weil ihnen durch § 22 Abs. 5 BNatSchG keine Mitentscheidungsbefugnis gewährt wird (*Meßerschmidt* § 22 Rn. 107). **41**

§ 23 Naturschutzgebiete

(1) **Naturschutzgebiete sind rechtsverbindlich festgesetzte Gebiete, in denen ein besonderer Schutz von Natur und Landschaft in ihrer Ganzheit oder in einzelnen Teilen erforderlich ist**

1. zur Erhaltung, Entwicklung oder Wiederherstellung von Lebensstätten, Biotopen oder Lebensgemeinschaften bestimmter wild lebender Tier- und Pflanzenarten,

2. aus wissenschaftlichen, naturgeschichtlichen oder landeskundlichen Gründen oder

3. wegen ihrer Seltenheit, besonderen Eigenart oder hervorragenden Schönheit.

(2) [1] **Alle Handlungen, die zu einer Zerstörung, Beschädigung oder Veränderung des Naturschutzgebiets oder seiner Bestandteile oder zu einer nachhaltigen Störung führen können, sind nach Maßgabe näherer Bestimmungen verboten.** [2] **Soweit es der Schutzzweck erlaubt, können Naturschutzgebiete der Allgemeinheit zugänglich gemacht werden.**

(3) **In Naturschutzgebieten ist die Errichtung von Anlagen zur Durchführung von Gewässerbenutzungen im Sinne des § 9 Absatz 2 Nummer 3 und 4 des Wasserhaushaltsgesetzes verboten.**

(4) [1] **In Naturschutzgebieten ist im Außenbereich nach § 35 des Baugesetzbuchs die Neuerrichtung von Beleuchtungen an Straßen und Wegen sowie von beleuchteten oder lichtemittierenden Werbeanlagen verboten.** [2] **Von dem Verbot des Satzes 1 kann auf Antrag eine Ausnahme zugelassen werden, soweit**

1. die Schutzzwecke des Gebietes nicht beeinträchtigt werden können oder

2. dies aus Gründen der Verkehrssicherheit oder anderer Interessen der öffentlichen Sicherheit erforderlich ist.

[3] **Weitergehende Schutzvorschriften, insbesondere solche des § 41a und einer auf Grund von § 54 Absatz 4d erlassenen Rechtsverordnung, sowie solche des Landesrechts bleiben unberührt.**

Schrifttum: vgl. die Nachweise zu § 22.

Übersicht

A. Allgemeines

1 Nach § 23 BNatSchG sind Naturschutzgebiete rechtsverbindlich festgesetzte Gebiete, in denen ein besonderer Schutz von Natur und Landschaft in ihrer Ganzheit oder in einzelnen Teilen aus den in Absatz 1 näher bezeichneten Gründen erforderlich ist. Sieht man von Nationalparks und den zwischenzeitlich in das Gesetz aufgenommenen Nationalen Naturmonumenten (§ 24 BNatSchG) ab, begründet diese Flächenschutzkategorie angesichts des sich mit ihr verbindenden absoluten Veränderungsverbots den intensivsten Schutz von Natur und Landschaft (*Dreier* in Hoppenberg/de Witt HdbÖffBauR Kap. E Rn. 289). Obwohl das Institut des Naturschutzgebietes hierzulande auf eine lange Tradition zurückblicken kann, beläuft sich die **Gesamtfläche eingerichteter Naturschutzgebiete** (Stand: 12/2017) unter Einschluss der deutschen ausschließlichen Wirtschaftszone nach den Angaben des Bundesamtes für Naturschutz (BfN) auf nur etwa 6,3%. Mag sich die durchschnittliche Größe eines Naturschutzgebietes mittlerweile auch auf 297 Hektar belaufen, umfassen mehr als 60% der Gebiete eine Fläche von weniger als 50 Hektar. Gegenüber äußeren Einflüssen, die sich nachteilig auf die Verwirklichung des Schutzzwecks auswirken (z. B. Eutrophierung, Entwässerung, Verlärmung), sind sie daher zumeist nur unzureichend abgepuffert. Erschwerend kommt hinzu, dass zahlreiche Naturschutzgebiete durch Nutzungen (z. B. Land- und Forstwirtschaft, Erholung, Verkehr) beeinträchtigt werden, denen die Regelungen der Schutzerklärung nicht mit hinreichender Wirksamkeit begegnen (*Bundesamt für Naturschutz,* Naturschutzgebiete, https://www.bfn.de/themen/gebietsschutz-grossschutzgebiete/naturschutzgebiete.html). Dem normative Anspruch des § 23 BNatSchG wird die Praxis der Einrichtung von Naturschutzgebieten daher oftmals nicht gerecht (*Schumacher/Schumacher/Fischer-Hüftle* in Schumacher/Fischer-Hüftle § 23 Rn. 4).

2 Im Zuge der **Gesetzesnovelle 2010** wurde § 23 BNatSchG 2002 weitgehend unverändert übernommen. Die Vorschrift erfuhr eine marginale Modifikation insoweit, als in Absatz 1 Nr. 1 nunmehr betont wird, dass Naturschutzgebiete auch mit dem Ziel des Schutzes von Lebensstätten (§ 7 Abs. 2 Nr. 5 BNatSchG) eingerichtet werden können. Eine Erweiterung des Einsatzfeldes der Schutzkategorie geht damit freilich nicht einher, zumal die Erhaltung, Entwicklung oder Wiederherstellung von Lebensstätten als Teilen des Biotops wild lebender Tier- oder Pflanzenarten auch schon nach dem vormals geltenden Recht zur Einrichtung eines Naturschutzgebietes veranlassen konnte. Mit Gesetz vom 4.8.2016 (BGBl. I 1972) wurde § 23 BNatSchG um einen dritten Absatz ergänzt, der das **Verbot von Fracking-Anlagen** begründet (BT-Drs. 18/4713, 30). Das mit dem Gesetz vom 18.8.2021 (BGBl. I 3908) in § 23 Abs. 4 BNatSchG aufgenommene Verbot der Neuerrichtung von Beleuchtungen verdankt sich dem Bemühen des Gesetzgebers um eine Verbesserung des Schutzes von Insekten, deren Rückgang nicht zuletzt auf die zunehmende **Lichtverschmutzung** zurückgeführt wird (*Sachverständigenrat für Umweltfragen* Für einen flächenwirksamen Insektenschutz 2018, S. 23).

B. Einrichtung eines Naturschutzgebietes

3 Naturschutzgebiete sind rechtsverbindlich festgesetzte Gebiete. Der insoweit erforderliche Akt der verbindlichen Festsetzung, der üblicherweise in Gestalt der Rechtsverord-

nung oder Satzung ergeht, unterscheidet Naturschutzgebiete von den gesetzlich geschützten Biotopen i. S. d. § 30 Abs. 2 BNatSchG, die unmittelbar kraft Gesetzes unter Schutz gestellt sind und als solche keiner zusätzlichen Schutzausweisung bedürfen (→ § 30 Rn. 12; *Albrecht* in BeckOK UmweltR § 30 Rn. 21). Schwierigkeiten bereitet die **Abgrenzung gegenüber anderen Schutzkategorien.** Das gilt zunächst für die Kategorie des Naturdenkmals (§ 28 BNatSchG), die nicht bloß zur Sicherung von Einzelschöpfungen der Natur, sondern auch zum Schutz von Flächen bis zu fünf Hektar eingesetzt werden kann. Hilfreich mag der Gedanke sein, dass es sich bei der Ausweisung eines „Flächennaturdenkmals" der Sache nach nicht um einen Flächen-, sondern um einen Objektschutz handelt. Auch wenn die Kategorie danach nur zum Einsatz gelangen kann, wenn die in Rede stehende Fläche durch eine gewisse Singularität gegenüber der umgebenden Landschaft und eine denkmaltypische Bildhaftigkeit verfügt (VGH Mannheim NVwZ-RR 2000, 275 (276)), ist doch nicht zu übersehen, dass die Abgrenzung zum Naturschutzgebiet fließend ist (*Appel* in Frenz/Müggenborg § 23 Rn. 2; *Hendrischke* in Schlacke § 23 Rn. 6). Nichts anderes gilt für die Unterscheidung zwischen den Kategorien des Naturschutzgebietes und des geschützten Landschaftsbestandteils (§ 29 BNatSchG; hierzu BVerwG ZUR 2018, 358 Rn. 23), der gleichfalls über eine flächenhafte Ausprägung verfügen kann (→ § 29 Rn. 6). Abgrenzungsprobleme bestehen daneben zwischen den Kategorien des Naturschutzgebietes und des Landschaftsschutzgebietes (§ 26 BNatSchG). Selbst wenn Naturschutzgebiete eher dem unmittelbaren Schutz von Natur und Landschaft dienen, während der Landschaftsschutz mehr auf die Sicherung bestimmter Funktionen und Eigenschaften gerichtet sein mag (*Dreier* in Hoppenberg/de Witt HdbÖffBauR Kap. E Rn. 290), ist doch nicht zu übersehen, dass die Unterschiede zunehmend eingeebnet werden. § 26 Abs. 1 Nr. 1 BNatSchG stellt sogar ausdrücklich klar, dass Landschaftsschutzgebiete auch zum Schutz von Lebensstätten und Lebensräumen bestimmter wild lebender Tier- und Pflanzenarten eingerichtet werden können (BT-Drs. 16/12274, 62). Da der Begriff des Schutzes die Pflege-, Entwicklung und Wiederherstellung umfasst (§ 1 Abs. 1, Hs. 2 BNatSchG) und sich der Terminus des Lebensraums allenfalls geringfügig von jenem des Biotops wild lebender Arten unterscheidet, verfügen die Kategorien des Naturschutz- und des Landschaftsschutzgebietes über einen beachtlichen Überschneidungsbereich, der sie gerade in Ansehung des Schutzes wild lebender Tier- und Pflanzenarten wechselseitig austauschbar erscheinen lässt. Relevante Unterschiede ergeben sich insoweit erst mit Blick auf die differenziert ausgestalteten Schutzwirkungen (vgl. OVG Lüneburg NuR 2020, 720 (725); *Kerkmann* in ders. Naturschutzrecht, 2. Aufl. 2010 § 5 Rn. 40).

I. Schutzgegenstand

Den Gegenstand eines Naturschutzgebietes bilden Natur und Landschaft eines bestimmten Gebietes. Gemeint ist hiermit eine abgegrenzte Fläche, die aus einem oder mehreren Grundstücken bestehen kann. Naturschutzgebiete befinden sich zumeist im **Außenbereich** (§ 35 BauGB), können aber auch in unmittelbarer **Nähe zur Wohnbebauung** (VGH Mannheim NuR 2004, 674; *Dreier* in Hoppenberg/de Witt HdbÖffBauR Kap. E Rn. 289) oder innerhalb **geschlossener Ortschaften** etwa zum Schutz alter Parks eingerichtet werden (*Mühlbauer* in Lorz/Konrad/Mühlbauer/Müller-Walter/Stöckel § 23 Rn. 3). Hinsichtlich der flächenhaften Ausdehnung erteilt § 23 Abs. 1 BNatSchG keine Vorgaben. Naturschutzgebiete können daher weiträumig sein, müssen es aber nicht. Auch kleine Flächen können unter Zuhilfenahme dieser Schutzkategorie gesichert werden, sofern sie die hierfür maßgeblichen Voraussetzungen erfüllen 4

(*Appel* in Frenz/Müggenborg § 22 Rn. 8). Allerdings birgt eine zu kleinflächige Abgrenzung stets die Gefahr in sich, dass ein Gebiet die ihm zugedachten Funktionen auf Dauer nicht erfüllen kann (zur Kritik an den oftmals zu kleinflächigen Naturschutzgebieten *Sachverständigenrat für Umweltfragen* Umweltgutachten 1998 Rn. 108). Dem lässt sich am ehesten begegnen, indem von der in § 22 Abs. 1 S. 3, Hs. 2 BNatSchG ausdrücklich anerkannten Möglichkeit einer Einbeziehung der für den Schutz notwendigen Umgebungsflächen Gebrauch gemacht wird (BVerwG NuR 2009, 346 Rn. 31; OVG Schleswig NuR 1996, 633; OVG Lüneburg NVwZ-RR 2008, 602 (604); VGH Kassel NVwZ-RR 2005, 800 (801); OVG Bautzen BeckRS 2020, 29288 Rn. 43).

5 Im Idealfall mag sich ein Naturschutzgebiet auf ein Stück unberührter oder nur wenig berührter Natur und Landschaft beziehen, indessen zählt dies nicht zu den Voraussetzungen der Unterschutzstellung. Vielmehr können Teile der gesamten Landschaft in ihrem realen Zustand der Gegenwart, der von einem natürlichen über einen naturnahen, aber schon vom Menschen geprägten bis hin zu einem künstlichen Zustand reichen kann, zum Naturschutzgebiet erklärt werden (*Dreier* in Hoppenberg/de Witt HdböffBauR Kap. E Rn. 289). Das **Spektrum möglicher Schutzgegenstände** ist breit und reicht von natürlichen Hochmoorresten und Urwaldrelikten über naturnahe Fließgewässer und extensiv genutztes Grünland bis hin zu aufgelassenen Steinbrüchen (VGH Kassel NVwZ-RR 2005, 800 (801); NuR 2019, 397), Mergelgruben (OVG Lüneburg BeckRS 2020, 30945 Rn. 36) und nicht mehr genutzten Baggerseen (VGH München, NuR 2020, 136 (137)). Aber selbst intensiv durch Land- oder Forstwirtschaft genutzte Flächen kommen für eine Unterschutzstellung durchaus in Betracht, soweit sie sich zur Entwicklung oder Wiederherstellung (§ 23 Abs. 1 Nr. 1 BNatSchG) schutzwürdiger Bestände eignen (vgl. OVG Lüneburg NVwZ-RR 2002, 423 (424)). Das gilt auch für intensiv genutzte Ackerflächen, die über einen hoch anstehenden Grundwasserstand verfügen und sich zur Entwicklung von Feuchtgrünland eignen (restriktiver OVG Lüneburg NuR 2017, 183 (187)).

6 Da die Gebiete „in ihrer Ganzheit oder in einzelnen Teilen" geschützt werden, können im Rahmen des § 23 Abs. 1 BNatSchG sowohl **„Vollnaturschutzgebiete"** als auch **„Teilnaturschutzgebiete"** eingerichtet werden (vgl. hierzu *Mühlbauer* in Lorz/Konrad/Mühlbauer/Müller-Walter/Stöckel § 23 Rn. 3; *Kloepfer* Umweltrecht 4. Aufl. 2016 § 12 Rn. 281; *Schink* Naturschutzrecht Rn. 592). Während Vollnaturschutzgebiete der Sicherung der Gesamtheit von Natur und Landschaft in all ihren Bestandteilen gelten, geht es bei Teilnaturschutzgebieten darum, bestimmte Bestandteile eines Gebietes oder bestimmte von ihm erfüllte Funktionen unter besonderen Schutz zu stellen (*Meßerschmidt* § 23 Rn. 26).

II. Schutzzwecke

7 Nach § 23 Abs. 1 BNatSchG können Naturschutzgebiete um der Verwirklichung der dort bezeichneten ökologischen (Nr. 1), wissenschaftlichen, naturgeschichtlichen oder landeskundlichen (Nr. 2) und ästhetischen Zwecksetzungen (Nr. 3) willen ausgewiesen werden. Dabei genügt es bereits, wenn einer dieser Schutzgründe erfüllt ist; eine Kumulierung ist möglich, aber nicht erforderlich (vgl. BVerwG NVwZ 2019, 1047 Rn. 13; OVG Bautzen BeckRS 2019, 36033 Rn. 20). Der Katalog der Schutzzwecke ist abschließend und einer Erweiterung unzugänglich (*Hendrischke* in Schlacke § 23 Rn. 22; *Meßerschmidt* § 23 Rn. 41)

8 **1. Lebensstätten, Biotope und Lebensgemeinschaften.** § 23 Abs. 1 Nr. 1 BNatSchG gilt der im Interesse der Erhaltung, Entwicklung oder Wiederherstellung von

Lebensstätten, Biotopen oder Lebensgemeinschaften bestimmter wild lebender Tier- und Pflanzenarten erfolgenden Unterschutzstellung. Die Vorschrift stellt den **Gebietsschutz in den Dienst des Artenschutzes** (ebenso *Meßerschmidt* § 23 Rn. 42) und trägt der Erkenntnis Rechnung, dass eine dauerhafte Sicherung der Tier- und Pflanzenarten von einem wirksamen Schutz ihrer Lebensgemeinschaften und Biotope abhängt.

§ 23 Abs. 1 Nr. 1 BNatSchG stellt auf Lebensstätten, Biotope oder Lebensgemeinschaften **„bestimmter" Tier- und Pflanzenarten** ab und bringt damit zum Ausdruck, dass sich Naturschutzgebiete nicht auf sämtliche dort vorkommende Arten beziehen (*Hendrischke* in Schlacke § 23 Rn. 13). Zudem muss es sich um Tiere und Pflanzen bestimmter **wild lebender Arten** handeln, die in Freiheit vorkommen und deren Exemplare nicht ausschließlich vom Menschen gezüchtet oder angebaut werden (*Appel* in Frenz/Müggenborg § 23 Rn. 19; *Meßerschmidt* § 23 Rn. 46). Geschützt werden können **Lebensstätten,** bei denen es sich um regelmäßige Aufenthaltsorte wild lebender Individuen einer Art handelt (§ 7 Abs. 2 Nr. 5 BNatSchG); der Begriff umfasst namentlich die durch § 44 Abs. 1 Nr. 3, 4 BNatSchG geschützten Fortpflanzungs- und Ruhestätten, daneben aber auch Wuchsorte von Pflanzen. Jenseits dieser tendenziell eher kleinräumigen Lokalitäten (→ § 7 Rn. 21) können auch **Biotope** den Schutzgegenstand bilden, bei denen es sich um den Lebensraum einer Lebensgemeinschaft wild lebender Arten einschließlich aller hiervon umfassten Teilhabitate handelt (§ 7 Abs. 2 Nr. 4 BNatSchG). Mit dem gesetzlich nicht definierten Begriff der **Lebensgemeinschaft** ist die Gemeinschaft von Organismen verschiedener Tier- und Pflanzenarten in einem abgrenzbaren Lebensraum gemeint, die untereinander in einer Wechselbeziehung stehen (*Appel* in Frenz/Müggenborg § 23 Rn. 17; *Louis/Engelke,* § 2 Rn. 25) und als Biozönose bezeichnet zu werden pflegt (BT-Drs. 16/12274, 53). Im Vordergrund steht hier die Sicherung des komplexen Wirkungsgefüges, auf dessen Existenz und Funktionsfähigkeit die geschützten Arten angewiesen sind (vgl. *Schink* Naturschutzrecht Rn. 582). **9**

Auch wenn die Einrichtung von Naturschutzgebieten in der Praxis vorwiegend im Interesse des Schutzes bedrohter oder zumindest gefährdeter Arten erfolgt, ist dies keine Vorbedingung für die entsprechende Schutzerklärung. § 23 Abs. 1 Nr. 1 BNatSchG bezieht sich auf die Lebensstätten, Biotope oder Lebensgemeinschaften bestimmter wild lebender Tier- und Pflanzenarten. Insoweit kann der Zweck eines Naturschutzgebietes auch darin bestehen, bislang noch ungefährdete oder in ihrem Bestand **nicht bedrohte Arten** zu sichern (*Louis/Engelke* § 13 Rn. 6). Es muss nur eben sichergestellt sein, dass sich der Schutz auf bestimmte wild lebende Arten bezieht (→ Rn. 9). Insoweit bedarf es einer Konkretisierung, die in der Bestimmung des Schutzzwecks (§ 22 Abs. 1 BNatSchG) ihren Niederschlag zu finden hat (*Hendrischke* in Schlacke § 23 Rn. 12). Das nötigt nicht zu einer detaillierten Auflistung der zu schützenden Arten, wohl aber zu einer mindestens stichwortartigen Umschreibung (VGH Kassel NuR 2019, 397 (398); → § 22 Rn. 31). **10**

Die Erklärung zum Naturschutzgebiet kann zunächst erfolgen, wenn dies zur Erhaltung der Lebensgemeinschaften und Biotope bestimmter Arten erforderlich ist. Die **Erhaltung** zielt auf die Bewahrung und Sicherung eines schutzwürdigen gegenwärtigen Zustandes der Lebensgemeinschaft und ihrer Biotope ab. Die konservierende Sicherung des Status quo dient der Abwehr nachteiliger Einwirkungen, umfasst aber zugleich auch die Pflege, die in § 23 Abs. 1 S. 1 BNatSchG keine gesonderte Erwähnung gefunden hat. Naturschutzgebiete haben nicht bloß die Aufgabe bestehende Zustände zu konservieren, sondern können in Anknüpfung an einen vorhandenen Bestand auch seiner **Entwicklung** dienen (*BVerwG* NVwZ-RR 1997, 92; NuR 1998, 37 (38); *Hendrischke* in Schlacke § 23 Rn. 13). Gemeint ist damit die Verbesserung der Lebensbedingungen der Tier- und Pflanzenarten, die qualitativ durch Maßnahmen der Optimierung oder quantitativ **11** durch Ausdehnung geeigneter Flächen erfolgen kann (*Albrecht* in BeckOK UmweltR § 23 Rn. 15; *Mühlbauer* in Lorz/Konrad/Mühlbauer/Müller-Walter/Stöckel § 23 Rn. 7). Bei der von der Entwicklung schwer unterscheidbaren **Wiederherstellung** geht es um die erneute Erreichung eines in der Vergangenheit vorhandenen Zustandes (*Hendrischke* in Schlacke § 23 Rn. 13). Da § 23 Abs. 1 Nr. 1 BNatSchG mit der Entwicklung und Wiederherstellung den „kreativen Naturschutz" betont, können Gebiete namentlich dann zum Naturschutzgebiet erklärt werden, wenn sie sich ihrer räumlichen Lage wegen für den Aufbau eines Biotopverbundes (§ 21 BNatSchG) anbieten oder sich aus Gründen ihres noch vorhandenen Potenzials zur Entwicklung oder Wiederherstellung von Lebensstätten, Biotopen oder Lebensgemeinschaften in besonderem Maße eignen (eingehend *Schumacher/Schumacher/Fischer-Hüftle* in Schumacher/Fischer-Hüftle § 23 Rn. 26 ff.).

12 **2. Wissenschaft, Naturgeschichte und Landeskunde.** Die Ausweisung eines Naturschutzgebietes ist überdies zu wissenschaftlichen, naturgeschichtlichen oder landeskundlichen Zwecken möglich (§ 23 Abs. 1 Nr. 2 BNatSchG). Aus **wissenschaftlichen Gründen** kommt die Einrichtung eines Naturschutzgebietes in Betracht, um wissenschaftliche Erkenntnisse namentlich im Bereich der Geologie, Zoologie oder Botanik zu ermöglichen oder zu fördern (*Hendrischke* in: Schlacke § 23 Rn. 15; *Schumacher/Schumacher/Fischer-Hüftle* in Schumacher/Fischer-Hüftle § 23 Rn. 32). **Naturgeschichtliche Gründe** können zum Tragen kommen, wenn in einem Gebiet geologische Aufschlüsse oder Gesteinsformationen existieren, die Entwicklungen der Erdgeschichte erkennbar werden lassen (*Meßerschmidt* § 23 Rn. 52; *Schink* Naturschutzrecht Rn. 585). Dagegen liegen **landeskundliche Gründe** vor, wenn ein Gebiet Zeugnis über die geschichtliche oder geographische Entwicklung eines Landes oder Landesteils ablegt (*Louis/Engelke* § 13 Rn. 8). Daran ist insbesondere bei historischen Kulturlandschaften (z. B. Heidelandschaften, Weinbergterrassen) zu denken (*Appel* in Frenz/Müggenborg § 23 Rn. 28; *Heugel* in Lütkes/Ewer § 23 Rn. 9).

13 **3. Seltenheit, Eigenart und Schönheit.** Schließlich zählt § 23 Abs. 1 Nr. 3 BNatSchG die Seltenheit, besondere Eigenart oder hervorragende Schönheit zu den mit den Mittel der Gebietsausweisung verfolgbaren Schutzzwecken und bringt damit – in voller Übereinstimmung mit § 1 Nr. 3 BNatSchG – nachdrücklich zum Ausdruck, dass Naturschutzgebiete gerade auch um der Sicherung des Eigenwertes von Natur und Landschaft willen eingerichtet werden können (ebenso *Appel* in Frenz/Müggenborg § 23 Rn. 28). **Seltenheit** im Sinne dieser Vorschrift meint zwar keine Einzigartigkeit, erfordert aber zumindest, dass das jeweilige Gebiet als solches oder einzelne seiner Teile in Deutschland oder im jeweiligen Bundesland kaum vorkommt (*Albrecht* in BeckOK UmweltR § 23 Rn. 21; *Heugel* in Lütkes/Ewer § 23 Rn. 10). Der Schutzgrund der **besonderen Eigenart** ist erfüllt, wenn ein Gebiet im Verhältnis zu anderen Bereichen über Besonderheiten verfügt, die es als eigentümlich ausgeprägt erscheinen lassen (*Schumacher/Schumacher/Fischer-Hüftle* in Schumacher/Fischer-Hüftle § 23 Rn. 38). Dieser Aspekt kann, muss sich aber nicht mit jenem der **hervorragenden Schönheit** decken, der die ästhetische Komponente des Naturschutzes besonders betont. Die Schönheit von Natur und Landschaft, die nicht anhand wissenschaftlicher Kriterien zu bemessen, sondern mit Blick auf das Schönheitsempfinden eines aufgeschlossenen Durchschnittsbetrachters zu beurteilen ist (*Albrecht* in BeckOK UmweltR § 23 Rn. 23; *Meßerschmidt* § 23 Rn. 57), genügt für sich gesehen nicht, um ein Gebiet zum Naturschutzgebiet zu erklären. Hierzu bedarf es vielmehr einer „hervorragenden" Schönheit, die erst dann anzunehmen ist, wenn sich ein Gebiet von anderen „schönen" Bereichen deutlich abhebt (*Heugel* in Lütkes/Ewer § 23 Rn. 10).

III. Erforderlichkeit

Erforderlich zur Verwirklichung der vorbezeichneten Schutzzwecke ist die Festsetzung als Naturschutzgebiet dann, wenn sich der Schutzgegenstand als schutzwürdig und zugleich als schutzbedürftig erweist. Insoweit kann auf die Erläuterungen zu § 22 Rn. 16ff. verwiesen werden. 14

C. Schutzwirkungen

I. Verbote nach Maßgabe der Schutzerklärung

§ 23 Abs. 2 BNatSchG umschreibt die Schutzwirkungen eines Naturschutzgebietes und regelt zugleich seine Zugänglichkeit für die Allgemeinheit. Allerdings beschränkt sich die Vorschrift darauf, Vorgaben für das zum Schutz eines Naturschutzgebietes maßgebliche Verbotsregime zu erteilen. 15

1. „Absolutes Veränderungsverbot". Nach § 23 Abs. 2 S. 1 BNatSchG sind alle Handlungen, die zu einer Zerstörung, Beschädigung oder Veränderung des Naturschutzgebiets oder seiner Bestandteile oder zu nachhaltigen Störungen führen können, nach Maßgabe näherer Bestimmungen verboten. Die Vorschrift begründet diese Verbote nicht aus sich heraus (*Appel* in Frenz/Müggenborg § 23 Rn. 42; *Heugel* in Lütkes/Ewer § 23 Rn. 13; *Meßerschmidt,* BNatSchG, § 23 Rn. 89), verdeutlicht aber doch die Strenge des den Naturschutzgebieten zukommenden Schutzes, indem sie dazu verpflichtet, im Rahmen der Unterschutzstellung ein Verbotsregime zu etablieren, das grundsätzlich jede Veränderung des Gebietes oder seiner Teile unterbindet. In diesem generellen und nicht auf den konkret verfolgten Schutzzweck bezogenen Veränderungsverbot (*Heugel* in Lütkes/Ewer § 23 Rn. 13; eingehend *Meßerschmidt* § 23 Rn. 89) liegt der maßgebliche Unterschied zum Landschaftsschutzgebiet geborgen, zu dessen Gunsten von vornherein nur jene Verbote begründet werden dürfen, die durch den mit der Einrichtung verfolgten Schutzzweck gerechtfertigt sind (§ 26 Abs. 2 BNatSchG). Im Verhältnis zu diesem „relativen Verbot" erhebt das in § 23 Abs. 2 S. 1 BNatSchG geregelte Verbot einen Absolutheitsanspruch. Das bedeutet nicht, dass den Naturschutzgebieten deshalb eine „rechtliche Käseglocke" übergestülpt wäre, erklärt aber die verbreitete Rede von dem für Naturschutzgebiete maßgeblichen **absoluten Veränderungsverbot** (OVG Münster NVwZ 2001, 1179 (1180); OVG Weimar ZUR 2004, 240 (242); OVG Berlin-Bbg BeckRS 2019, 18436 Rn. 89; VGH Mannheim BeckRS 2020, 30767 Rn. 95; OVG Lüneburg NuR 2020 275 (279); *Albrecht* BeckOK UmweltR § 23 Rn. 25; *Appel* in Frenz/Müggenborg § 23 Rn. 35; *Hendrischke* in Schlacke § 23 Rn. 27; *Heugel* in Lütkes/Ewer § 23 Rn. 11). 16

2. Relevante Handlungen. Das in § 23 Abs. 2 S. 1 BNatSchG umschriebene generelle Verbot bezieht sich in erster Linie auf Handlungen, die eine Zerstörung, Beschädigung oder Veränderung des Naturschutzgebietes oder seiner Bestandteile hervorrufen können. Unter einer **Handlung** ist ein aktives Tun zu verstehen, während ein schlichtes Unterlassen nicht genügt (*Appel* in Frenz/Müggenborg § 23 Rn. 36; *Hendrischke* in Schlacke § 23 Rn. 29; *Meßerschmidt* § 23 Rn. 82; a. A. *Heugel* in Lütkes/Ewer § 23 Rn. 11). Ob eine Handlung tatsächlich zu einer Beeinträchtigung des Gebietes führt, ist nicht von Belang (*Albrecht* in BeckOK UmweltR § 23 Rn. 30 m. w. N.). 17

18 Mit der **Zerstörung** ist die vollständige oder teilweise Vernichtung gemeint (*Albrecht* in BeckOK UmweltR § 23 Rn. 26; *Appel* in Frenz/Müggenborg § 23 Rn. 38), die beispielsweise dann anzunehmen ist, wenn Moore entwässert oder zur Torfgewinnung abgebaut, Wald gerodet oder Feuchtwiesen aufgeforstet werden. Von einer **Beschädigung** kann demgegenüber in Fällen weniger schwerwiegender Beeinträchtigungen gesprochen werden, die nicht zum völligen oder teilweisen Verlust, wohl aber zu einer Verminderung der Qualität eines Naturschutzgebietes oder seiner Bestandteile führt (*Meßerschmidt,* § 23 Rn. 85 m. w. N.) Zu denken ist namentlich an die Errichtung baulicher Anlagen, den Umbruch von Wiesen und Weiden oder das Abpflücken und Ausreißen von Pflanzen. Der Begriff der **Veränderung** versteht sich als Auffangkategorie (OVG Lüneburg NuR 2009, 130 (131)), die auch dann zum Tragen kommt, wenn eine Substanzverletzung unterbleibt. Erfasst werden sämtliche Handlungen, die auf den bisherigen Zustand einwirken und ihn in einen anders gearteten Zustand überführen. Mit diesem schlichten „Vorher-Nachher-Vergleich" kann es sein Bewenden freilich noch nicht haben. Wollte man es dabei belassen und allenfalls Bagatelleinwirkungen ausnehmen (in dieser Hinsicht *Mühlbauer* in Lorz/Konrad/Mühlbauer/Müller-Walter/Stöckel § 23 Rn. 11; *Schumacher/Schumacher/Fischer-Hüftle* in Schumacher/Fischer-Hüftle § 23 Rn. 45), wären bei den Naturschutzgebieten, die aus Gründen einer beabsichtigten Entwicklung oder Wiederherstellung eingerichtet werden, die zur Herstellung des angestrebten Zustandes erforderlichen Maßnahmen grundsätzlich zu untersagen. Dabei bliebe unberücksichtigt, dass § 23 Abs. 2 S. 1 BNatSchG ein absolutes Veränderungsverbot im Interesse eines wirksamen Gebietsschutzes vorsieht, sein Zweck aber nicht darin gesehen werden kann, notwendige **Optimierungs- oder Renaturierungsmaßnahmen** zu unterbinden. Wird überdies bedacht, dass die Vorschrift den Begriff der Veränderung in einen Zusammenhang mit Zerstörungen und Beschädigungen stellt, spricht Einiges für die Annahme, dass es hiernach nur solche Veränderungen zu unterbinden gilt, die geeignet sind, Natur und Landschaft zu beeinträchtigen. Handlungen, die in Übereinstimmung mit dem jeweiligen Schutzzweck auf eine ökologische Verbesserung gerichtet sind, der Bewahrung des bisherigen Zustandes dienen oder sich schlicht als neutral darstellen, werden daher vom Veränderungsverbot nicht erfasst (VG Lüneburg BeckRS 2017, 102530 Rn. 26; *Appel* in Frenz/Müggenborg § 23 Rn. 35; *Hendrischke* in Schlacke § 23 Rn. 33; *Schumacher/Schumacher/Fischer-Hüftle* in Schumacher-Fischer/Hüftle § 23 Rn. 53 wohl auch OVG Lüneburg NuR 2009, 130 (131); *Marzik/Wilrich* § 23 Rn. 21).

19 Neben den vorbezeichneten Veränderungen will § 23 Abs. 2 S. 1 BNatSchG zugleich **Störungen** unterbunden wissen, die sich als nachhaltig erweisen. Dabei bemisst sich die Nachhaltigkeit anhand der Dauer oder Intensität der störenden Einwirkung (*Louis/Engelke,* § 13 Rn. 13) und bringt es mit sich, dass namentlich dauerhafte Verlärmungen durch Freizeitveranstaltungen oder hohen Besucherdruck zu untersagen sind.

20 Ob eine Handlung tatsächlich zu einer Zerstörung, Beschädigung, nachteiligen Veränderung oder nachhaltigen Störung führt, ist im Kontext des § 23 Abs. 2 Nr. 1 BNatSchG nicht von Belang. Die Formulierung der Vorschrift **(„führen können")** lässt keinen Zweifel daran, dass schon die Möglichkeit des Eintritts entsprechender Folgen genügt, um das Veränderungsverbot zu aktivieren (*Albrecht* in BeckOK UmweltR § 23 Rn. 30; *Appel* in Frenz/Müggenborg § 23 Rn. 37; *Hendrischke* in Schlacke § 23 Rn. 31; *Meßerschmidt* § 23 Rn. 88). Im Übrigen spielt keine Rolle, ob die zu einer relevanten Veränderung oder Störung führende Handlung innerhalb des Schutzgebietes oder in seinem räumlichen Umfeld vorgenommen wird (VGH München NVwZ-RR 1995, 648 f.; VG Köln BeckRS 2012, 55780; *Hendrischke* in Schlacke § 23 Rn. 30; *Heugel* in Lütkes/Ewer § 23 Rn. 11; *Meßerschmidt* § 23 Rn. 82; *Kloepfer* Umweltrecht, 4. Aufl. 2016 § 12 Rn. 281). § 23 Abs. 2 Nr. 1 BNatSchG orientiert sich an dem aus Naturschutzsicht unerwünschten Ergebnis, das es auch dann zu unterbinden gilt, wenn es durch **Aktivitäten außerhalb der Kulisse** des Schutzgebietes hervorgerufen wird (OVG Lüneburg NuR 2020, 631 (635)).

3. Maßgabe näherer Bestimmung. Da die in § 23 Abs. 2 S. 1 BNatSchG angesprochenen Handlungen „nach Maßgabe näherer Bestimmungen" untersagt sind, bedarf es – wie bereits bemerkt – im Rahmen der Unterschutzstellung einer Konkretisierung der Verbote, die mit Blick auf das jeweilige Schutzgebiet vorgenommen werden muss (*Appel* in Frenz/Müggenborg § 23 Rn. 42; *Hendrischke* in Schlacke § 23 Rn. 27; *Kolodziejcok* in ders./Endres/Krohn/Markus Kennzahl 1171 Rn. 37; *Meßerschmidt* § 23 Rn. 89; a.A. *Kerkmann* in ders. Naturschutzrecht, 2. Aufl. 2010 § 5 Rn. 53). Die **konkretisierende Ausgestaltung** hat im Lichte der in § 23 Abs. 2 S. 1 BNatSchG zum Ausdruck kommenden gesetzgeberischen Wertungen zu erfolgen, vermöge derer ein generelles Veränderungsverbot zur Erreichung des mit der Einrichtung eines Naturschutzgebietes verfolgten Ziels grundsätzlich geeignet, regelmäßig erforderlich und im Normalfall auch verhältnismäßig ist. Die gesetzliche Vorentscheidung hindert schon aus Gründen des **verfassungsrechtlichen Übermaßverbotes** nicht daran, in die Erklärung zum Schutzgebiet näher bestimmte Ausnahmevorschriften aufzunehmen, bringt es aber doch mit sich, dass derartige Abweichungen vom gesetzlich vorgesehenen Veränderungsverbot einer besonderen Rechtfertigung bedürfen. Ausnahmeregelung kommen daher namentlich dann in Frage, wenn von vornherein erkennbar ist, dass der konkret verfolgte Schutzzweck das Verbot bestimmter Handlungen nicht erfordert oder überwiegende andere Belange eine Einschränkung einzelner Verbote gebieten (ebenso *Appel* in Frenz/Müggenborg § 23 Rn. 44). Insoweit unterliegt nicht die Umsetzung des normativ vorgeprägten Veränderungsverbots, sondern die Freistellung bestimmter Tätigkeiten einem **Rechtfertigungszwang.** Lässt sich eine Ausnahme nicht legitimieren, kann überschießenden Tendenzen der Verbote im Wege der Befreiung (§ 67 Abs. 1 BNatSchG) begegnet werden. 21

Die Aufnahme einer **Generalklausel** in die Erklärung zum Schutzgebiet, die sich in einer Wiederholung des § 23 Abs. 2 S. 1 BNatSchG erschöpft, wird der im Rahmen der Unterschutzstellung gebotenen Konkretisierung des Verbotsregimes im Regelfall nicht gerecht (*Kolodziejcok* in ders./Endres/Krohn/Markus Kennzahl 1171 Rn. 37). Sieht man vom Ausnahmefall eines „Totalreservats" ab, müssen in Ergänzung einer solchen Generalklausel zumindest beispielhaft die konkret untersagten Handlungen benannt werden, damit die Betroffenen in den Stand versetzt werden, ihr Verhalten danach auszurichten. Aus diesem Grunde sind zugleich auch die Ausnahmen festzulegen. Im Übrigen ist zu beachten, dass es keineswegs nur eine Frage der Zweckmäßigkeit ist, ob im Rahmen der Konkretisierung des Verbotsregimes repressive oder präventive Verbote zum Einsatz gelangen (in dieser Hinsicht aber *Kolodziejcok* in ders./Endres/Krohn/Markus Kennzahl 1171 Rn. 39). Der vom Gesetzgeber für Naturschutzgebiete vorgesehene weitreichende Schutz wird regelmäßig den Erlass **repressiver Verbote** erfordern (*Heugel* in Lütkes/Ewer § 23 Rn. 13). Das schließt den Einsatz präventiver Verbote mit Erlaubnisvorbehalt nicht aus, indessen wird es der in § 23 Abs. 2 S. 1 BNatSchG zum Ausdruck kommenden gesetzlichen Wertung nicht gerecht, wenn der zur Unterschutzstellung berufenen Stelle in dieser Hinsicht ein Wahlrecht konzediert wird, dessen Betätigung sich ausschließlich an Opportunitätserwägungen orientiert. 22

II. Gebote sowie Pflege-, Entwicklungs- und Wiederherstellungsmaßnahmen

§ 23 Abs. 2 S. 1 BNatSchG thematisiert lediglich die zum Schutz eines Naturschutzgebietes erforderlichen Verbote, trifft aber keine Aussage über etwaige **Gebote** (z. B. We- 23 gegebote, Anleinpflicht für Hunde) oder zur Verwirklichung des Schutzzwecks im Einzelfall erforderlich werdende Pflege-, Entwicklungs- oder Wiederherstellungsmaßnahmen. Das bedeutet freilich nicht, dass diesbezügliche Regelungen nicht getroffen werden dürften. Vielmehr kommt in dieser Hinsicht die normative Anordnung des § 22 Abs. 1 S. 1 BNatSchG zum Tragen, die sich Geltung für sämtliche Akte der Unterschutzstellung bestimmter Teile von Natur und Landschaft beimisst und daher auch bei der Einrichtung eines Naturschutzgebietes beachtlich ist.

III. Zugänglichkeit für die Allgemeinheit

24 Nach § 23 Abs. 2 S. 2 BNatSchG kann ein Naturschutzgebiet der **Allgemeinheit** zugänglich gemacht werden, soweit dies mit dem Schutzzweck vereinbar ist. Naturschutzgebiete stehen damit für die Erholung grundsätzlich nicht zur Verfügung, es sei denn, eine solche Nutzung läuft dem gebietsbezogen verfolgten Schutzzielen nicht zuwider. In der Abwägung zwischen den **Erholungsinteressen** der Bevölkerung und dem Schutz der Gebiete hat der Gesetzgeber dem letztgenannten Aspekt einen klaren Vorrang eingeräumt. Naturschutzgebiete dürfen daher nur und insoweit der Allgemeinheit zugänglich gemacht werden, als hiermit keine Beeinträchtigungen oder relevante Störungen der geschützten Teile von Natur und Landschaft einhergehen. Auf der anderen Seite sollte von dieser Möglichkeit aber auch Gebrauch gemacht werden, um die **Akzeptanz des Naturschutzes** zu befördern und Verständnis für seine Maßnahmen zu wecken.

IV. Unmittelbar kraft Gesetzes geltende Verbote

25 Das konkretisierungsbedürftige allgemeine Verbot des § 23 Abs. 2 BNatSchG wurde zwischenzeitlich um die Verbote der Errichtung von Anlagen zur Durchführung des **Frackings** und zur Neuerrichtung von **Beleuchtungen** ergänzt (§ 23 Abs. 3, 4 BNatSchG), die im Unterschied zu dem „absoluten Veränderungsverbot" unmittelbar kraft Gesetzes gelten (BT-Drs. 18/4713, 30 und BT-Drs. 19/28182, 22; hierzu *Jürging/Lütkes/Unkelbach* NuR 2021, 237 (245)).

26 **1. Verbot von Fracking-Anlagen.** Absatz 3 des § 23 BNatSchG, der mit dem Gesetz zur Änderung wasser- und naturschutzrechtlicher Vorschriften zur Untersagung und zur Risikominimierung bei den Verfahren der Fracking-Technologie vom 4.8.2016 (BGBl. I 1972) geschaffen wurde, untersagt es, in den Naturschutzgebieten Anlagen zur Durchführung von Gewässerbenutzungen im Sinne des § 9 Abs. 2 Nr. 3 und 4 WHG zu errichten. Die Vorschrift bezieht sich auf **Benutzungshandlungen** in Gestalt des „Aufbrechens von Gesteinen unter hydraulischem Druck zur Aufsuchung oder Gewinnung von Erdgas, Erdöl oder Erdwärme, einschließlich der zugehörigen Tiefbohrungen" (Nr. 3) und der „untertägigen Ablagerung von Lagerstättenwasser, das bei Maßnahmen nach Nr. 3 oder anderen Maßnahmen zur Aufsuchung oder Gewinnung von Erdgas oder Erdöl anfällt" (Nr. 4). Beide Arten der Gewässerbenutzung gelangen bei der als „Fracking" bezeichneten Technologie zum Einsatz, bei der Gesteinsschichten unter hohem hydraulischen Druck aufgebrochen werden, um Erdgas, Erdwärme oder Erdöl zu fördern (zur Funktionsweise vgl. *Giesberts/Kastelec* NVwZ 2017, 360 f.). Während die zugleich eingeführte Verbotsbestimmung des § 33 Abs. 1a BNatSchG in den Natura 2000-Gebieten nur das so genannte **„unkonventionelle Fracking"** zur Aufsuchung und Gewinnung von Erdgas in den im Einzelnen genannten Gesteinsvorkommen untersagt (*Heugel* in Lütkes/Ewer § 33 Rn. 7a; *Giesberts/Kastelec* NVwZ 2017, 360 (364)), geht das

Verbot des § 23 Abs. 3 BNatSchG darüber hinaus, indem dort umfassend und ohne Einschränkung auf bestimmte Gesteinsschichten **sämtliche Fracking-Vorhaben** verboten werden, die der Gewinnung von Erdgas, aber auch von Erdöl oder Erdwärme dienen (vgl. nur *Lüttgau/Kockler* in BeckOK UmweltR § 33 Rn. 7a). Die Annahme, dass auch im Kontext des § 23 Abs. 3 BNatSchG nur das unkonventionelle Fracking untersagt wäre (*Meßerschmidt* § 23 Rn. 103a und § 33 Rn. 24e), findet im Wortlaut und in den Gesetzesmaterialien (BT-Drs. 18/4377, 29f.) keine Stütze. In den Genuss dieses erweiterten Schutzes gelangen Natura 2000-Gebiete aber jedenfalls dann, wenn sie im Rahmen der Erfüllung der sich aus § 32 Abs. 2 BNatSchG ergebenden Verpflichtung zum Naturschutzgebiet erklärt werden.

2. Verbot der Neuerrichtung von Beleuchtungen. Der mit dem **Insektenvielfaltsgesetz** (2021) in den § 23 BNatSchG aufgenommene Absatz 4 will im Interesse der Erhaltung der Insekten dazu beitragen, in den Naturschutzgebieten eine Lichtverschmutzung durch Beleuchtungseinrichtungen zu verhindern. Künstliche Beleuchtungen können ihrer Anlockwirkung wegen ua zur Verletzung, Tötung und zum Energieverlust von Insekten und zu einer Veränderung der Artengemeinschaft führen (*Jedicke* Naturschutz und Landschaftsplanung 53 (2021), 26 (28)). Die Vorschrift steht im Zusammenhang mit der neu ins Gesetz aufgenommenen Regelung des § 41a BNatSchG, die im Unterschied zu § 23 Abs. 4 BNatSchG allerdings nicht aus sich heraus, sondern nur nach Maßgabe einer auf der Grundlage des § 54 Abs. 4d BNatSchG zu erlassenden Rechtverordnung gilt. § 69 BNatSchG wurde um einen Bußgeldtatbestand erweitert, der dem Verbot des § 23 Abs. 4 S. 1 BNatSchG die nötige Durchsetzungskraft vermitteln will (*Jürging/Lütkes/Unkelbach* NuR 2021, 237 (241)). **27**

Das durch § 23 Abs. 4 S. 1 BNatSchG begründete Verbot gilt nur in Naturschutzgebieten im **Außenbereich** im Sinne des § 35 BauGB, ist daher in entsprechenden Schutzgebieten, die innerhalb von geschlossener Ortslagen eingerichtet wurden (→ Rn. 4), nicht beachtlich. Das Verbot bezieht sich auf die **Neuerrichtung** von Beleuchtungen an Straßen und Wegen sowie auf **lichtemittierende Werbeanlagen.** Zu den Werbeanlagen gehört jede Form der Außenwerbung, die durch den Einsatz von Licht die Aufmerksamkeit des Publikums auf sich lenken soll. Hierzu gehören Leuchtreklamen, beleuchtete Schaukästen und Firmenschilder sowie die Beleuchtung von Schildern. Soweit es den Begriff der **„Straßen und Wege"** anbelangt, soll nach der Gesetzesbegründung auf das Straßen- und Wegerecht abzustellen sein (BT-Drs. 19/28182, 22), das nach den einschlägigen Landesgesetzen die Rechtsverhältnisse an öffentlichen Straßen regelt (z. B. Art. 1 S. 1 BayStrWG, § 1 NStrG, § 1 StrG NRW, § 1 SächsStrG). Eine derartige Einschränkung, die es mit sich brächte, dass die Neuerrichtung von Beleuchtungseinrichtungen an **Privatstraßen oder Privatwegen** von § 23 Abs. 4 S. 1 BNatSchG nicht erfasst wäre, findet schon im Gesetzeswortlaut keine Stütze. Der Vergleich mit der allgemeinen Vorschrift des § 41a Abs. 1 BNatSchG erhärtet diesen Befund, zumal sich Satz 1 generell auf Beleuchtungen an Straßen bezieht, während sich der Umgang mit Beleuchtungen an öffentlichen Straßen und Wegen in Satz 3 der Vorschrift gesondert geregelt findet. Im Übrigen wäre es mit dem Ziel der Vermeidung von Lichtverschmutzungen in den Naturschutzgebieten nicht vereinbar, wenn sich das Verbot des § 23 Abs. 4 S. 1 BNatSchG nicht auch auf Beleuchtungen an privaten Straßen und Wegen bezöge. Während § 41a BNatSchG auch Außenbeleuchtungen baulicher Anlagen und Grundstücke betrifft, enthält sich § 23 Abs. 4 BNatSchG diesbezüglich jeder Aussage. **Außenbeleuchtungen** können in einem Naturschutzgebiet aber dennoch nach Maßgabe der jeweiligen Schutzerklärung untersagt sein (vgl. § 23 Abs. 4 S. 3 BNatSchG), die dem allgemeinen Verbot des § 23 Abs. 2 BNatSchG konkreten Ausdruck verleiht. § 23 Abs. 4 **28**

BNatSchG untersagt mit der „Neuerrichtung" straßen- und wegebegleitender Beleuchtungseinrichtungen die **erstmalige Errichtung** entsprechender Anlagen, daneben aber auch den vollständige Austausch bereits vorhandener Straßenlaternen oder anderer Beleuchtungseinrichtungen. Die **Umrüstung** vorhandener Beleuchtungseinrichtungen auf eine insektenfreundliche Technik wird von der Verbotsnorm nicht erfasst. Ob eine entsprechende Umrüstungspflicht besteht, regelt § 41a Abs. 1 S. 3 BNatSchG i. V. m. mit einer sich auf § 54 Abs. 4d Nr. 3 BNatSchG gründenden Rechtsverordnung.

29 Von dem gesetzlichen Verbot des Satzes 1 kann auf der Grundlage des § 23 Abs. 4 S. 2 BNatSchG auf Antrag eine **Ausnahme** zugelassen werden, soweit die Schutzzwecke des jeweiligen Gebietes nicht beeinträchtigt werden können (Nr. 1) oder dies aus Gründen der Verkehrssicherheit oder anderer Interessen der öffentlichen Sicherheit erforderlich ist. Deren Erteilung ist dem behördlichen Ermessen überantwortet, das bei Vorliegen der gesetzlichen Voraussetzungen in pflichtgemäßer Weise zu betätigen ist (§ 40 VwVfG).

30 Die sich auf die in der jeweiligen Schutzerklärung zum Ausdruck kommenden Schutzzwecke beziehende Ausnahmemöglichkeit wird zumindest bei den Naturschutzgebieten, die im Interesse der Erhaltung wild lebender Tiere und Pflanzen unter Schutz gestellt wurden, kaum ein praktisch relevantes Anwendungsfeld finden können. Der in Nummer 1 geregelte Ausnahmegrund kommt nur zum Tragen, soweit die Schutzzwecke nicht beeinträchtigt werden „können". Nicht anders als im Kontext des Absatzes 2 (→ Rn. 20) genügt schon die **Möglichkeit negativer Folgen** für den gebietsbezogen verfolgten Schutzzweck, um den Rückgriff auf § 23 Abs. 4 S. 2 Nr. 1 BNatSchG zu sperren. Diese Möglichkeit lässt sich bei Naturschutzgebieten, die des Vorkommens von Tier- und Pflanzenarten wegen unter besonderen Schutz gestellt wurden, im Regelfall nicht ausschließen, zumal die unter den Auswirkungen von Lichtverschmutzungen leidenden Insekten als Nahrungsgrundlage für insektivore Tiere (z. B. Vögel, Fledermäuse) und als Bestäuber von Pflanzen fungieren. Ihre Beeinträchtigung kann daher die Lebensbedingungen der eigentlichen Schutzgüter des Gebietes verschlechtern. Nummer 2 des § 23 Abs. 4 S. 2 BNatSchG gestattet die Zulassung einer Ausnahme daneben aber auch aus Gründen der **Verkehrssicherheit** oder anderer Interessen der **öffentlichen Sicherheit.** Der letztgenannte Begriff ist im polizeirechtlichen Sinne zu verstehen und umfasst die Unverletztlichkeit der objektiven Rechtsordnung, die subjektiven Rechte und Rechtsgüter des Einzelnen sowie die Einrichtungen und Veranstaltungen des Staates (vgl. *Götz/Geis* Allgemeines Polizei- und Ordnungsrecht, 16. Aufl. 2017 § 4 Rn. 3). Eine sich auf § 23 Abs. 4 S. 2 Nr. 2 BNatSchG stützende Ausnahme kommt in Betracht, soweit deren Zulassung aus Gründen der Verkehrssicherheit oder anderer Interessen der öffentlichen Sicherheit **erforderlich** ist. Kann den genannten Erfordernissen daher auf anderem Wege genügt werden, schließt dies die Zulassung einer Verbotsausnahme aus. Genügt es etwa zur Herstellung der Verkehrssicherheit, wenn eine alternative Wegeverbindung zur Nachtzeit beleuchtet wird, ist die Errichtung einer Beleuchtungseinrichtung innerhalb der Kulisse eines Naturschutzgebietes entbehrlich. Die erforderliche **Alternativenprüfung** hat sich im Übrigen auch auf die beantragte Beleuchtungstechnik zu beziehen, zumal öffentlichen Interessen zumeist durch eine insektenfreundliche Beleuchtung entsprochen werden kann.

31 Das Verhältnis der Ausnahmeregelung zur Befreiungsermächtigung (§ 67 Abs. 1 BNatSchG) ist differenziert zu bestimmen. In Ansehung der öffentlichen Interessen ist § 23 Abs. 4 S. 2 Nr. 2 BNatSchG als **lex specialis** zu bewerten, die in ihrem Anwendungsbereich den Rückgriff auf die Befreiungsermächtigung des § 67 Abs. 1 Nr. 1 BNatSchG sperrt (BT-Drs. 19/28182, 22). Die Möglichkeit, eine Befreiung von dem Verbot der Neuerrichtung von Beleuchtungsanlagen aus Gründen einer unzumutbaren Belastung (→ § 67 Rn. 14) zuzulassen (§ 67 Abs. 1 Nr. 2 BNatSchG), bleibt davon unberührt.

§ 23 Abs. 4 S. 3 BNatSchG stellt klar, dass weiter gehende Schutzvorschriften, die sich insbesondere aus § 41a sowie einer auf Grund von § 54 Abs. 4d BNatSchG erlassenen Rechtsverordnung sowie aus Vorschriften des Landesrechts ergeben, unberührt bleiben. Das gilt zunächst für die dem Themenfeld der Lichtverschmutzung gewidmeten bundesrechtlichen Vorschriften, daneben aber auch für das Landesrecht unter Einschluss der jeweiligen Schutzerklärung, die im Falle der Naturschutzgebiete zumeist in der Rechtsform der Rechtsverordnung oder Satzung unter besonderen Schutz gestellt werden. **32**

§ 24 Nationalparke, Nationale Naturmonumente

(1) Nationalparke sind rechtsverbindlich festgesetzte einheitlich zu schützende Gebiete, die

1. großräumig, weitgehend unzerschnitten und von besonderer Eigenart sind,

2. in einem überwiegenden Teil ihres Gebietes die Voraussetzungen eines Naturschutzgebiets erfüllen und

3. sich in einem überwiegenden Teil ihres Gebietes in einem vom Menschen nicht oder wenig beeinflussten Zustand befinden oder geeignet sind, sich in einen Zustand zu entwickeln oder in einen Zustand entwickelt zu werden, der einen möglichst ungestörten Ablauf der Naturvorgänge in ihrer natürlichen Dynamik gewährleistet.

(2) Nationalparke haben zum Ziel, in einem überwiegenden Teil ihres Gebietes den möglichst ungestörten Ablauf der Naturvorgänge in ihrer natürlichen Dynamik zu gewährleisten. Soweit es der Schutzzweck erlaubt, sollen Nationalparke auch der wissenschaftlichen Umweltbeobachtung, der naturkundlichen Bildung und dem Naturerlebnis der Bevölkerung dienen.

(3) Nationalparke sind unter Berücksichtigung ihres besonderen Schutzzwecks sowie der durch die Großräumigkeit und Besiedlung gebotenen Ausnahmen wie Naturschutzgebiete zu schützen. § 23 Absatz 3 und 4 gilt in Nationalparken entsprechend.

(4) Nationale Naturmonumente sind rechtsverbindlich festgesetzte Gebiete, die

1. aus wissenschaftlichen, naturgeschichtlichen, kulturhistorischen oder landeskundlichen Gründen und

2. wegen ihrer Seltenheit, Eigenart oder Schönheit

von herausragender Bedeutung sind. Nationale Naturmonumente sind wie Naturschutzgebiete zu schützen.

Schrifttum: *Biebelriether et.al.*, Studie über bestehende und potentielle Nationalparke in Deutschland, in: BfN (Hrsg.), Angewandte Landschaftsökologie, 10 (1997); *Czybulka*, Rechtliche Möglichkeiten der Mitwirkung des Bundes bei Ausweisung, Entwicklung und Management von Nationalparken in der Bundesrepublik Deutschland, NuR 1996, 565 ff.; *Fisahn*, Urteilsanmerkung, ZUR 1999, 158 ff.; *Fuchs*, Naturschutz im Abseits, NuR 1999, 446 ff.; *Kolodziejcok*, Nationalparke am Wendepunkt?, NuR 2000, 251 ff.; *Kuhn*, Artenschutz versus Prozessschutz im Nationalpark, NuL 2007, 56 ff.; *Scharinger*, Rechtsgrundlagen für die Errichtung von Nationalparken in Deutschland, Österreich, der Schweiz und Italien, 1999; *Peine*, Das Recht des Nationalparks: Errichtung, Bestandsschutz, Nutzung, LKV 2002, 441 ff.; *Schumacher/Schumacher/Wattendorf/Konold*, Nationale Naturmonumente, 2014; *Schlumprecht/Knuff/Scherfose*, Vorschläge zur Gliederung und zu Inhalten von Nationalpark-Plänen, BfN-Skripten 425/2015; *Spreen*, Zuständigkeit des Bundes für ein gesamtstaatliches Nationalparkprogramm?, ZUR 2005, 130 ff.; *Stock*, Nationalparke in Deutschland: Den Entwicklungsgedanken gesetzlich absichern und konkretisieren!, ZUR 2000, 198 ff.

Übersicht

A. Allgemeines

1 Neben den Naturschutzgebieten zählen die Nationalparks zu jenen Teilen von Natur und Landschaft, die einen besonders strengen Schutz erfahren. Ungeachtet aller Widerstände, die sich nicht selten gegen die Einrichtung von Großschutzgebieten formieren (vgl. nur *Fritsch,* DNR Rundbrief 3/97, S. 15; *Griesel,* Greenpeace Magazin 6/97, S. 34), konnten in der Bundesrepublik Deutschland bislang **16 Nationalparks** mit einer Gesamtfläche von 1 050 442 Hektar eingerichtet werden (Übersicht bei *Bundesamt für Naturschutz,* Nationalparke, https://www.bfn.de/themen/gebietsschutz-grossschutzgebiete/nationalparke.html). Das ist alles andere als selbstverständlich, stand doch im Gefolge einschlägiger verwaltungsgerichtlicher Judikate (OVG Lüneburg ZUR 1999, 156 ff.; BVerwG NVwZ 2000, 198 ff.) zu besorgen, dass der Nationalparkidee ein Schlag versetzt worden sei, von dem sie sich nicht wieder erholen kann. Der Gesetzgeber hat darauf allerdings zügig reagiert und bereits im Rahmen der Novelle 2002 mit § 24 BNatSchG eine bundesrechtliche Regelung geschaffen, die sich restriktiven Deutungsversuchen von vornherein widersetzt. Die Vorschrift stellte ausdrücklich klar, dass die Kategorie des Nationalparks auch dann zum Einsatz gelangen kann, wenn von Menschenhand beeinflusste Großräume mit dem Ziel gesichert werden, die anthropogene Prägung in absehbarer Zeit zurückzudrängen (zur Idee des **Entwicklungsnationalparks** *Stock,* ZUR 2000, 200 ff.). Zugleich erfuhr das Schutzziel insoweit eine Änderung, als Nationalparks nicht mehr dem Interesse an der Erhaltung möglichst artenreicher Tier- und Pflanzenbestände (§ 14 Abs. 1 Nr. 4 BNatSchG 1998) dienen, sondern in erster Linie darauf gerichtet sind, einen möglichst ungestörten Ablauf der natürlichen Vorgänge zu gewährleisten (BT-Drs. 14/6378, 52). Der vormals vorrangige Dienst am Artenschutz tritt seither hinter den Prozessschutz zurück.

2 Der an diese Rechtslage anknüpfende Versuch der Bundesregierung, die an einen Nationalpark zu stellenden Anforderungen in räumlicher und zeitlicher Hinsicht stärker als bisher an Empfehlungen der **Internationalen Naturschutzorganisation** (IUCN) auszurichten (BT-Drs. 16/12274, 62), hat sich im Gesetzgebungsverfahren nicht durchsetzen können. Ersichtlich beeindruckt von der Befürchtung des Bundesrates, dass die gesetzliche Normierung eines Flächenanteils von 75% nicht oder wenig vom Menschen beeinflusster Flächen bei betroffenen Grundeigentümern sowie der örtlichen Bevölkerung auf Akzeptanzprobleme stößt (BR-Drs. 278/09, 14 f.), entschloss sich der Gesetzgeber dazu, die bisherige Nationalparkregelung weitgehend unverändert beizubehalten. Neu eingeführt wurde der Schutzgebietstyp des **Nationalen Naturmonuments,** der die Kategorie III der IUCN-Schutzgebietskategorien zum Vorbild hat und die Möglichkeit bietet, eher kleinräumige Naturschöpfungen von nationaler Bedeutung einem herausgehobenen Schutz zu unterwerfen.

3 Mit dem Gesetz zur Änderung wasser- und naturschutzrechtlicher Vorschriften zur Untersagung und zur Risikominimierung bei den Verfahren der Fracking-Technologie

(BGBl. 2016 I 1972) wurde zum Schutz der Nationalparks das Verbot der Errichtung von Anlagen zur Durchführung von Gewässerbenutzungen im Sinne des § 9 Absatz 2 Nr. 3 und 4 WHG eingeführt. Durch das Gesetz zum Schutz der Insektenvielfalt (BGBl. 2021 I 3908) wurde § 24 Abs. 3 S. 2 BNatSchG durch die Anordnung der entsprechenden Geltung des § 23 Abs. 3 und 4 BNatSchG ersetzt.

B. Nationalpark

Die den Nationalpark betreffenden Regelungen finden sich in § 24 Abs. 1–3 BNatSchG. Während Absatz 1 die Voraussetzungen für die Unterschutzstellung eines Gebietes als Nationalpark benennt, erfahren die Schutzziele in Absatz 2 der Vorschrift eine nähere Bestimmung. § 24 Abs. 3 BNatSchG normiert das für Nationalparks maßgebliche Schutzregime. 4

I. Voraussetzungen

§ 24 Abs. 1 BNatSchG definiert die Kategorie des Nationalparks als rechtsverbindlich festgesetztes einheitlich zu schützendes Gebiet, das über die in den Nr. 1–3 näher bezeichneten Qualitäten verfügt. Von der **kumulativen Erfüllung** dieser Voraussetzungen hängt ab, ob ein Gebiet zum Nationalpark erklärt werden kann (*Schumacher/Schumacher* in Schumacher/Fischer-Hüftle, § 24 Rn. 12). 5

1. Großräumigkeit, Unzerschnittenheit und besondere Eigenart. Nationalparks müssen ausweislich des § 24 Abs. 1 Nr. 1 BNatSchG großräumig, weitgehend unzerschnitten und von besonderer Eigenart sein. Mit dem Merkmal der Großräumigkeit ist der Flächenbezug hergestellt und zum Ausdruck gebracht, dass Nationalparks eine Kategorie des Flächen- und nicht des Objektschutzes darstellen (*Schmidt-Räntsch* in Gassner/Bendomir-Kahlo/Schmidt-Räntsch, § 24 Rn. 5). Sie müssen verhältnismäßig groß sein, was nach geläufiger Auffassung in der Regel ab einer Fläche von **10 000 Hektar** anzunehmen ist (*Marzik/Wilrich* § 24 Rn. 7; *Meßerschmidt* § 24 Rn. 38; *Peine* LKV 2002, 441; *Spreen* ZUR 2005 130 (131)). Da § 24 Abs. 1 BNatSchG keine diesbezügliche Festlegung trifft und die einschlägigen Leitlinien des IUCN das Erfordernis der Großflächigkeit betonen, sich aber jeder Mindestflächenangabe enthalten (*Kolodziejcok* in Kolodziejcok/Endres/Krohn/Markus Kennzahl 1174 Rn. 14), kann es sich dabei allenfalls um eine **Orientierungsgröße** handeln, die angemessen sein mag, es indessen nicht ausschließt, auch kleinere Flächen zum Nationalpark zu erklären, soweit sie die sonstigen Voraussetzungen erfüllen (*Appel* in Frenz/Müggenborg § 24 Rn. 13). Schematische Betrachtungen müssen sich daher von vornherein verbieten. Das gilt freilich auch insoweit, als nicht jedes Gebiet, das eine Fläche von 10 000 Hektar umfasst, zwangsläufig das Merkmal der Großräumigkeit erfüllt. Der Begriff beinhaltet ein Element der **Weitläufigkeit,** dessen Erfüllung sich bei einem Gebiet wie der Elbtalaue (82 km Länge, aber einer Breite von nur 0,2–5,5 km) jedenfalls dann berechtigten Zweifeln ausgesetzt sieht (OVG Lüneburg ZUR 1999, 156 (158)), wenn sich dieser enge Zuschnitt nicht den natürlichen Gegebenheiten des Stromtales verdankt. 6

Die **weitgehende Unzerschnittenheit** ist eine Grundbedingung dafür, dass sich die Naturvorgänge in einem Landschaftsraum möglichst ungestört vollziehen können. Wird ein Gebiet namentlich durch Infrastrukturvorhaben (z. B. Straßen- und Schienenwege) durchschnitten, ermangelt es oftmals der für das Überleben seiner tierischen und pflanzli- 7 chen Bewohner erforderlichen Durchgängigkeit. Es kann zu einer „Verinselung" der Landschaft, einer Isolierung der (Teil-)Populationen von Arten und zu deren langfristigem Aussterben kommen. Da sich die in § 24 Abs. 2 BNatSchG thematisierte Dynamik der Naturvorgänge unter solchen Vorzeichen nicht oder nur in eingeschränktem Umfang entfalten kann, erklärt § 24 Abs. 1 Nr. 1 BNatSchG die weitgehende Unzerschnittenheit zu den Voraussetzungen, von deren Vorliegen es abhängt, ob ein Gebiet zum Nationalpark erklärt werden kann. Dabei lässt die Formulierung keinen Zweifel daran, dass nicht jede Zerschneidung eines Landschaftsraums die Unterschutzstellung hindert. Entscheidend ist die weitgehende Unzerschnittenheit, von der stets dann auszugehen ist, wenn aus naturschutzfachlicher Sicht die Erwartung berechtigt ist, dass die in § 24 Abs. 2 BNatSchG beschriebenen Schutzziele in einem Gebiet trotz vorhandener Störfaktoren (z. B. Straßen, Brückenbauwerke, Dämme) verwirklicht werden können (*Appel* in Frenz/Müggenborg § 24 Rn. 15; ähnlich *Hendrischke* in Schlacke § 24 Rn. 17).

8 Obwohl das Merkmal der **besonderen Eigenart** jenem des § 23 Abs. 1 Nr. 3 BNatSchG zu entsprechen scheint, kann im Kontext der Nationalparkregelung des § 24 BNatSchG dennoch nicht ohne weiteres ein gleichsinniger Inhalt (hierzu § 23 Rn. 13) unterstellt werden. Da es sich bei Nationalparks um Großschutzgebiete von nationaler Bedeutung handelt, geht es hier nicht einfach nur um eigentümliche Ausprägungen von Natur und Landschaft, sondern um besondere Eigenheiten, die sich im nationalen Rahmen als repräsentativ für das Natur- und Kulturerbe der Bundesrepublik Deutschland darstellen (*Meßerschmidt* § 24 Rn. 44; *Schmidt-Räntsch* in Gassner/Bendomir-Kahlo/Schmidt-Räntsch, § 24 Rn. 7). Gerade das Wattenmeer, zusammenhängende Buchenwälder oder großräumige Heidelandschaften bilden typische Beispiele.

9 **2. Qualität eines Naturschutzgebietes.** Nach § 24 Abs. 1 Nr. 2 BNatSchG muss ein Gebiet in einem überwiegenden Teil seiner Fläche über die Qualitäten eines Naturschutzgebietes verfügen, um als Nationalpark ausgewiesen werden zu können. Dabei genügt es, wenn die in Bezug genommenen Voraussetzungen des § 23 Abs. 1 Nr. 1–3 BNatSchG erfüllt sind, während es keiner sich hierauf gründenden Unterschutzstellung bedarf. Auch muss nicht das gesamte für die Einrichtung eines Nationalparks vorgesehene Areal, sondern nur sein überwiegender Teil über diese Qualitäten verfügen. Das ist jedenfalls anzunehmen, wenn dies auf **mehr als 50 % der Fläche** zutrifft (vgl. nur *Gassner* Recht der Landschaft S. 215; *Hendrischke* in Schlacke § 24 Rn. 22; *Louis/Engelke,* § 14 Rn. 7; *Schumacher/Schumacher* in Schumacher/Fischer-Hüftle, § 24 Rn. 33). Mochte nach bisherigem Recht durchaus fraglich sein, ob in die erforderliche Flächenermittlung auch solche Bereiche einbezogen werden können, die „erst in absehbarer Zeit die Voraussetzungen eines Naturschutzgebietes erfüllen werden" (vgl. BayVerfGH BayVBl. 1985, 523 (526)), kann dies nach der Neufassung des § 23 Abs. 1 Nr. 1 BNatSchG keinem Zweifel mehr unterliegen. Denn die deutliche Akzentuierung des **Entwicklungsaspekts** bringt es mit sich, dass auch Flächen mit hinreichendem Entwicklungs- oder Wiederherstellungspotenzial zum Naturschutzgebiet erklärt werden können (→ § 23 Rn. 11).

10 **3. Unberührte Natur – Entwicklungsnationalpark.** § 24 Abs. 1 Nr. 3 BNatSchG versteht sich als Reaktion des Gesetzgebers auf die restriktive Ausdeutung des § 14 Abs. 1 Nr. 3 BNatSchG 1998 durch die verwaltungsgerichtliche Judikatur (OVG Lüneburg ZUR 1999, 156 ff.; BVerwG NVwZ 2000, 198 ff.). Bedurfte es zuvor eines „von Menschen nicht oder wenig beeinflussten Zustandes" des Gebietes, nimmt § 24 Abs. 1 Nr. 3 BNatSchG diese Bedingung zwar noch in sich auf, lässt es aber genügen, wenn diese Bedingung im „überwiegenden Teil des Gebietes" erfüllt ist. Da es danach ausreicht, wenn sich **wenigstens 51 %** der Fläche in diesem Zustand befinden (*Appel* in Frenz/

Müggenborg § 24 Rn. 20; *Kolodziejcok* in Kolodziejcok/Endres/Krohn/Markus Kennzahl 1174 Rn. 23), bleibt das nationale Recht insoweit hinter den Empfehlungen der IUCN zurück, das Schutzziel auf mindestens ¾ der Fläche zu verwirklichen (*Biebelriether* Nationalparke in Deutschland S. 18). Unterliegt ein Gebiet mehr als nur unbedeutenden anthropogenen Einflüssen, kommt seine Erklärung zum Nationalpark dennoch in Frage, wenn es in seinem überwiegenden Teil geeignet ist, sich in einen Zustand zu entwickeln oder entwickelt zu werden, der einen möglichst ungestörten Ablauf der Naturvorgänge in ihrer natürlichen Dynamik gewährleistet. Auf diesem Wege hat der **Entwicklungsnationalpark** Eingang in das bundesdeutsche Recht gefunden (zur Erweiterung der „Naturzone" eines Nationalparks BayVerfGH BeckRS 2009, 32526).

Soweit es die Alternative des „vom Menschen nicht oder wenig beeinflussten Zustandes" anbelangt, darf als gesichert gelten, dass sie jedenfalls von solchen Gebieten erfüllt wird, in denen die Natur noch gänzlich unberührt ist oder in denen die menschlichen Einflüsse kaum spürbar sind (*Albrecht* in BeckOK UmweltR § 24 Rn. 16). Dabei kommt es wesentlich darauf an, ob das jeweilige Ökosystem oder die in einem Gebiet vorkommenden Ökosysteme noch in ihrer Substanz erhalten sind (*Kolodziejcok* in ders./Endres/Krohn/Markus Kennzahl 1174 Rn. 24). Als Gradmesser für das Maß des menschlichen Einflusses kann die **Natürlichkeit der Vegetation** fungieren (*Louis/Engelke* § 14 Rn. 8). Nun existieren in der Bundesrepublik kaum noch Räume, die als Naturlandschaften oder jedenfalls als noch weitestgehend naturnah gelten können. Selbst das als Beispiel gern bemühte Wattenmeer ist mittlerweile weit davon entfernt, vom Menschen nur wenig beeinflusst zu sein (nachdrücklich *Fisahn* ZUR 1999, 158 (159)). Unter der Geltung des § 14 BNatSchG 1998 hat dies zu der Frage geführt, ob das Merkmal des „vom Menschen nur wenig beeinflussten Zustandes" nicht um der Vermeidung eines Leerlaufs dieser Vorschrift willen in einem erweiterten Sinne verstanden werden muss. Im Schrifttum wurde zunächst die Vorstellung entwickelt, auch vom Menschen bereits in vortechnischer Zeit geformte Gebiete (z. B. Heidelandschaften, Almen, Niederwälder) könnten zum Nationalpark erklärt werden (*Blum/Agena/Franke* NNatSchG § 25 Rn. 7). Damit nicht genug soll sogar ein noch im Zeitpunkt der Unterschutzstellung stark vom Menschen geprägtes Gebiet zum Nationalpark erklärt werden können, wenn das Ziel der Unterschutzstellung darin besteht, diese Prägung rückgängig zu machen (*Schmidt-Räntsch* in Gassner/Bendomir-Kahlo/Schmidt-Räntsch § 24 Rn. 10). Solchen Tendenzen hat das OVG Lüneburg im Rahmen seiner Rechtsprechung zu dem mit § 14 Abs. 1 Nr. 3 BNatSchG 1998 wörtlich übereinstimmenden § 25 Abs. 1 Nr. 3 NNatSchG nachdrücklich widersprochen (OVG Lüneburg ZUR 1999, 156 ff.; bestätigt durch BVerwG NVwZ 2000, 198 ff.). Unter Hinweis auf den für eindeutig befundenen Wortlaut und Wortsinn hat es darauf erkannt, dass ein Gebiet nur dann die Voraussetzungen des § 25 Abs. 1 Nr. 3 NNatSchG erfüllt, wenn es sich noch in seinem ursprünglichen Zustand befindet oder dieser vom Menschen lediglich wenig verändert worden ist. Ob dieses restriktive Verständnis zuträglich ist, darf schon deshalb bezweifelt werden, weil es noch nicht einmal im Wortlaut eine wirklich tragfähige Stütze findet (vgl. *Kolodziejcok* NuR 2000, 251 (252 f.); *Louis/Engelke* § 14 Rn. 8). Das mag freilich dahinstehen, weil es auf die Reichweite des Merkmals „nicht oder wenig vom Menschen beeinflusst" nicht mehr entscheidend ankommt. Selbst wenn es in dem vom OVG Lüneburg präferierten Sinne zu verstehen sein sollte, bietet § 24 Abs. 1 BNatSchG jedenfalls genügend Raum, um selbst solche Gebiete zum Nationalpark zu erklären, die im Laufe ihrer Entwicklung bis zum Zeitpunkt ihrer Unterschutzstellung eine anthropogene Prägung erfahren haben (*Heugel* in Lütkes/Ewer § 24 Rn. 10). **11**

Verantwortlich zeichnet dafür die zweite Alternative des § 24 Abs. 1 Nr. 3 BNatSchG, die es für die Ausweisung eines Nationalparks genügen lässt, wenn die hierfür in Betracht **12** gezogenen Gebiete „geeignet sind, sich in einen Zustand zu entwickeln oder in einen Zustand entwickelt zu werden, der einen möglichst ungestörten Ablauf der Naturvorgänge in ihrer natürlichen Dynamik gewährleistet". Der Bundesgesetzgeber ist damit der im Schrifttum erhobenen Forderung nachgekommen (*Stock,* ZUR 2000, 200 ff.), Möglichkeiten zur Einrichtung von **Entwicklungsnationalparken** zu eröffnen (*Albrecht* in BeckOK UmweltR § 24 Rn. 17; *Hendrischke* in Schlacke § 24 Rn. 26). Entscheidend ist nicht mehr, ob sich ein Gebiet in einem mehr oder weniger naturnahen Zustand befindet, sondern nur noch, ob es ohne weiteres Zutun oder im Anschluss an die Vornahme etwaiger Entwicklungsmaßnahmen geeignet ist, in Übereinstimmung mit der gesetzlichen Zielfestlegung einen möglichst ungestörten Ablauf der natürlichen Prozesse zu gewährleisten (BT-Drs. 14/6378, 51).

13 Unter welchen Bedingungen von dieser grundlegenden Voraussetzung der Gebietseignung auszugehen ist, hat keine nähere normative Bestimmung erfahren. Zumindest aber wird zu fordern sein, dass die Gebiete über ein gewisses **Entwicklungspotenzial** verfügen, das sich bei Aufhebung bisheriger menschlicher Einwirkungen entweder aus sich heraus oder nach Vornahme gewisser Entwicklungsmaßnahmen entfalten kann (vgl. *Kolodziejcok* in Kolodziejcok/Endres/Krohn/Markus Kennzahl 1174 Rn. 33). Zu denken ist etwa an Flussauen, die nach Rücknahme etwaiger Eindeichungen der natürlichen Dynamik des Fließgewässers Raum geben oder an bewirtschaftete Buchenwälder, die nach Aufhebung der Bewirtschaftung der natürlichen Waldentwicklung überlassen werden. Nun kann dem Grunde nach auf jeder Fläche der natürlichen Sukzession Entfaltungsraum gegeben und in diesem Sinne ein ungestörter Ablauf der Naturvorgänge in ihrer natürlichen Dynamik eröffnet werden. Dies wirft die Frage nach einer Eingrenzung dieser Alternative des § 24 Abs. 1 Nr. 3 BNatSchG auf, die sich dem Grunde nach nur aus der allgemeinen Zielrichtung der Nationalparke erschließen lässt. Ihre Aufgabe besteht nicht darin, „irgendwelche" großräumigen Flächen der Naturentwicklung zu überantworten, sondern sie repräsentieren in besonderer Weise das **nationale Naturerbe.** Insoweit wird die Eignung eines Gebietes auch daran zu bemessen sein, ob dort im Gefolge der gegebenenfalls durch Entwicklungsmaßnahmen angestoßenen natürlichen Entwicklung ein für die Bundesrepublik typischer natürlicher Lebensraum entstehen kann (ebenso *Heugel* in Lütkes/Ewer § 24 Rn. 10; *Meßerschmidt* § 24 Rn. 57).

14 Hinsichtlich des **Zeitrahmens,** innerhalb dessen sich die Entwicklung hin zu dem angestrebten Zustand vollziehen können muss, trifft das Gesetz keine Aussagen. Der Versuch der Bundesregierung, den Zeithorizont von 30 Jahren normativ festzulegen (BT-Drs. 16/12274, 62), ist im Gesetzgebungsverfahren gescheitert. Das kann nun aber nicht bedeuten, dass einem Gebiet die Entwicklungseignung bereits dann zu attestieren ist, wenn es „irgendwann in ferner Zukunft" den Zielzustand erreichen kann. Vielmehr muss die Prognose gestellt werden können, dass die Rückführung in einen naturnahen Zustand binnen einer angemessenen Frist erfolgen kann. Dabei mag ein **30 Jahre** umfassender Zeitraum als **Anhaltspunkt** für die Bemessung der Angemessenheit des zeitlichen Rahmens dienen können (*Appel* in Frenz/Müggenborg § 24 Rn. 26; *Hendrischke* in Schlacke § 24 Rn. 28), indessen ist im Schrifttum zu Recht darauf hingewiesen worden, dass insoweit die unterschiedlichen Entwicklungen und Reifezeiten von Ökosystemen zu berücksichtigen sind (*Schumacher/Schumacher* in Schumacher/Fischer-Hüftle § 24 Rn. 51).

II. Schutzziel

15 Das Schutzziel eines Nationalparks hat in § 24 Abs. 2 S. 1 BNatSchG eine nähere Bestimmung erfahren. Die Vorschrift stellt klar, dass die in ihr beschriebenen Ziele nicht im

Gesamtgebiet, sondern nur in seinem überwiegenden Teil zu verfolgen sind. Da dieses Merkmal hier nicht anders als im Kontext des § 24 Abs. 1 Nr. 2, 3 BNatSchG zu verstehen ist, genügt es, wenn das Schutzziel auf mindestens 51% der Fläche verfolgt wird.

1. Prozessschutz. Standen Nationalparks vormals in erster Linie im Dienste des Artenschutzes (§ 14 Abs. 1 Nr. 4 BNatSchG 1998), besteht ihr Zweck nun vornehmlich darin, einen möglichst **ungestörten Ablauf der Naturvorgänge** in ihrer natürlichen Dynamik zu gewährleisten (exemplarisch zu daraus resultierenden Konflikten mit dem Artenschutz *Kuhn* NuL 2007, 56ff.). Naturvorgänge sind alle natürlichen Abläufe, die sich ohne menschliches Zutun im Zusammenhang mit den Bestandteilen des Naturhaushaltes (§ 7 Abs. 1 Nr. 2 BNatSchG) sowie im Rahmen des zwischen ihnen bestehenden Wirkungsgefüges entfalten. Indem der Gesetzgeber die Gewährleistung dieser Vorgänge zum Ziel des Nationalparks erklärt, trägt er der Erkenntnis Rechnung, dass die Natur und der Naturhaushalt keine statischen Erscheinungen sind, sondern als dynamisches System begriffen und als solches geschützt werden sollen. Insoweit hat der Gedanke des **Prozessschutzes** in § 24 Abs. 2 S. 1 BNatSchG seinen deutlichen Niederschlag gefunden (BT-Drs. 14/6378, 52; *Albrecht* in BeckOK UmweltR § 24 Rn. 20; *Appel* in Frenz/Müggenborg § 24 Rn. 29). 16

2. Umweltbeobachtung, naturkundliche Bildung, Naturerlebnis. Soweit es die bislang nur ansatzweise in § 14 Abs. 2 S. 2 BNatSchG 1998 angesprochenen und nunmehr in § 24 Abs. 2 S. 2 BNatSchG näher konkretisierten Ziele der Ermöglichung der **wissenschaftlichen Umweltbeobachtung** (§ 6 BNatSchG), der **naturkundlichen Bildung** (§ 2 Abs. 6 BNatSchG) und des **Naturerlebnisses** der Bevölkerung anbelangt, stellt das Gesetz die Verknüpfung zu anderen Vorschriften und namentlich zu einzelnen Zielen des Naturschutzes und der Landschaftspflege her denen im Rahmen der Einrichtung von Nationalparken Rechnung getragen werden soll. Allerdings kommt dies stets nur dann in Frage, wenn der in § 24 Abs. 2 S. 1 BNatSchG bezeichnete Schutzzweck dies erlaubt. Insoweit sind die in Satz 2 dieser Bestimmung bezeichneten Ziele gegenüber jenem des Prozessschutzes **nachrangig** (BT-Drs. 14/6378, 52). 17

III. Gebietsschutz

In welchen Bahnen sich der Gebietsschutz vollzieht, bleibt weitgehend den Regelungen des Landesrechts vorbehalten. Bundesrechtlich sind lediglich einzelne Aspekte angesprochen. Jenseits der sich aus § 22 Abs. 5 BNatSchG ergebenden Notwendigkeit einer Beteiligung der dort genannten Bundesministerien betrifft dies die Rechtsverbindlichkeit der Festsetzung, die Einheitlichkeit des Schutzes und die an das Schutzregime zu stellenden Anforderungen. 18

1. Rechtverbindliche Festsetzung. § 24 Abs. 1 BNatSchG verlangt eine rechtverbindliche Festsetzung, ohne eine bestimmte Rechtsform vorzugeben. Während zeitweilig die Unterschutzstellung durch Rechtsverordnung zu dominieren schien (*Louis/Engelke*, § 14 Rn. 2), sind die Länder zunehmend dazu übergegangen, Nationalparks durch entsprechende Gesetze einzurichten (§ 23 Abs. 1 NatSchG BW, § 8 Abs. 1 S. 1 BbgNatSchG, § 15 Abs. 1 BremNatG, § 14 Abs. 1 NatSchAG MV, § 17 Abs. 1 NAGBNatSchG, § 12 Abs. 1 S. 2 LNatSchG RP, § 15 Abs. 1 Nr. 1 lit a NatSchG LSA, § 9 Abs. 1 Nr. 1 ThürNatG). Durch Rechtsverordnung werden Nationalparks in Bayern (Art. 12 Abs. 1 S. 1 BayNatSchG), Hessen (§ 12 Abs. 1 S. 1 HAGBNatSchG), Nord- 19 rhein-Westfalen (§ 36 Abs. 1 S. 1 LNatSchG NRW), Sachsen (§ 13 Abs. 1 SächsNatSchG) und dem Saarland (§ 17 Abs. 1 SNG) festgesetzt.

20 **2. Einheitlichkeit des Schutzes.** Ausweislich des § 24 Abs. 1 BNatSchG muss der Schutz überdies einheitlich erfolgen. Das schließt weder die in § 22 Abs. 1 S. 2 BNatSchG ausdrücklich für sämtliche Schutzkategorien ermöglichte Gebietszonierung noch die Einbindung etwaiger Pufferzonen aus (vgl. nur *Schumacher/Schumacher* in Schumacher/Fischer-Hüftle, § 24 Rn. 20). Stattdessen verbindet sich mit diesem nur bei Großschutzgebieten anzutreffenden Merkmal (§§ 24 Abs. 1, 25 Abs. 1, 27 Abs. 1 BNatSchG) lediglich die Forderung, dass die Schutzwirkungen gebietsübergreifend sind und die Durchsetzung eines widerspruchsfreien Schutzkonzepts gewährleisten (*Marzik/Wilrich* § 24 Rn. 6). Hierzu bedarf es eines **einheitlichen Gebietsmanagements.**

21 **3. Schutzregime.** Da ein Gebiet nur dann zum Nationalpark erklärt werden kann, wenn es im überwiegenden Teil die Voraussetzungen eines Naturschutzgebietes erfüllt (§ 24 Abs. 1 Nr. 2 BNatSchG), handelt es sich der Sache nach um eine Art **großes Naturschutzgebiet** (*Mühlbauer* in Lorz/Konrad/Mühlbauer/Müller-Walter/Stöckel § 24 Rn. 2), das eines entsprechend strengen Schutzes bedarf. § 24 Abs. 3 S. 1 BNatSchG zieht hieraus die Konsequenzen und stellt klar, dass Nationalparks wie Naturschutzgebiete zu schützen sind (hierzu BVerwG NVwZ 2003, 1518 (1519)). Ebenso wie diese unterliegen auch Nationalparks daher einem **absoluten Veränderungsverbot** (→ § 23 Rn. 16 ff.), das allerdings aus Gründen der Großräumigkeit dieser Gebiete und ihrer Besiedlung gewissen Ausnahmen zugänglich ist, die es gestatten, den Wirtschafts-, Verkehrs- und Versorgungsbedürfnissen der dort ansässigen Bevölkerung Rechnung zu tragen (*Appel* in Frenz/Müggenborg § 24 Rn. 40; *Louis/Engelke* § 14 Rn. 10). Welche **Ausnahmen** im Einzelnen geboten sind, bemisst sich namentlich anhand einer Abwägung zwischen den Belangen des Naturschutzes und der Landschaftspflege auf der einen und den gegenläufigen Interessen der Eigentümer auf der anderen Seite (BVerwG NVwZ 2003, 1518 (1519)).

22 Ausweislich des § 24 Abs. 3 S. 2 BNatSchG gilt § 23 Abs. 3 und 4 BNatSchG in den Nationalparks entsprechend. Nicht anders als in einem Naturschutzgebiet sind daher auch in einem Nationalpark **Fracking-Vorhaben** generell untersagt (→ § 23 Rn. 26). Zugleich gilt auch dort das Verbot der Neuerrichtung von **Beleuchtungsanlagen,** vom dem allerdings auf einen entsprechenden Antrag hin Ausnahmen zugelassen werden können (→ § 23 Rn. 27 ff.).

C. Nationales Naturmonument

23 Mit § 24 Abs. 4 BNatSchG wurde die Schutzgebietskategorie des Nationalen Naturmonuments in das Gesetz eingefügt. Die Funktion dieser sich am Vorbild des Schutzgebietstyps III der IUCN orientierenden Kategorie besteht darin, den in nationalem Kontext herausragenden natürlichen oder gemischt natürlich-kulturellen Erscheinungen einen herausgehobenen Schutz zu vermitteln, die in Ermangelung einer entsprechenden Großräumigkeit nicht zum Nationalpark erklärt werden können (BT-Drs. 16/13430, S. 46). Zwischenzeitlich wurden mit den Ivenacker Eichen (Mecklenburg-Vorpommern), den Bruchhauser Steinen (Nordrhein-Westfalen), dem Kluterthöhlensystem (Nordrhein-Westfalen), der Weltenburger Enge (Bayern) und dem Grünen Band Thüringen und Sachsen Anhalt (kritisch hierzu *Füßer/Nowak* ThürVBl. 2018, 49 ff.) sechs Nationale Naturmonumente ausgewiesen (Bundesamt für Naturschutz Nationa-

le Naturmonumente https://www.bfn.de/themen/gebietsschutz-grossschutzgebiete/nationale-naturmonumente.html). Mag es sich dabei ausweislich der Eingangsformulierung des § 24 Abs. 4 BNatSchG („rechtverbindlich festgesetzte Gebiete") auch um eine dem **Gebietsschutz** zugehörende Kategorie handeln (BVerwG ZUR 2018, 358 Rn. 21; *Appel* in Frenz/Müggenborg § 24 Rn. 45), belehrt diese funktionale Ausrichtung, die systematische Stellung im Gefüge des § 24 BNatSchG sowie die Bezeichnung als Monument doch darüber, dass diese Schutzkategorie nicht anstelle derjenigen des Nationalparks, sondern vornehmlich dann einsetzbar ist, wenn sich eine in den Bahnen des § 24 Abs. 1–3 BNatSchG vollziehende Unterschutzstellung aus Gründen verbietet, die mit dem **eher denkmalartigen Charakter** des in Rede stehenden Schutzgegenstandes in Zusammenhang stehen. Die Vorstellung, nationalparkwürdige Gebiete könnten allein deshalb zum Nationalen Naturmonument erklärt werden, weil dies bei der Bevölkerung eher auf Akzeptanz stößt, misst der neuen Kategorie ein Einsatzfeld zu, das ihr von Rechts wegen schwerlich zukommen dürfte.

I. Voraussetzungen

Die Voraussetzungen der Erklärung zum Nationalen Naturmonument sind in § 24 Abs. 4 Nr. 1, 2 BNatSchG aufgeführt. Hinsichtlich der in Nr. 1 thematisierten wissenschaftlichen, naturgeschichtlichen und landeskundlichen Gründe sowie der in Nr. 2 angesprochenen Aspekte der Seltenheit, Eigenart und Schönheit darf auf die Kommentierung des § 23 Abs. 1 (Rn. 12f.) verwiesen werden. Die kulturhistorischen Gründe sind in § 26 (Rn. 11) erläutert. Bei den in Nr. 1 und 2 genannten Anforderungen handelt es sich um **kumulativ zu erfüllende Voraussetzungen** (*Albrecht* in BeckOK UmweltR § 24 Rn. 30). Die Besonderheit der neuen Schutzkategorie besteht darin, dass einem Gebiet unter den genannten Aspekten in nationalem Zusammenhang eine **herausragende Bedeutung** zu attestieren sein muss, um ihm den Status eines Nationalen Naturmonuments zuerkennen zu können (*Hendrischke* in Schlacke § 24 Rn. 53). Das ergibt sich aus der Bezeichnung als „Nationales" Naturmonument, daneben aber auch aus dem systematischen Zusammenhang mit dem Nationalpark. Dabei kann es sich um **gesamtsstatlich repräsentative Gebiete** handeln, die ein oder mehrere außerordentliche oder gar einzigartige Schöpfungen der Natur (z.B. Dünen, Wasserfälle, Tropfsteinhöhlen), Fossilienfundstellen (z.B. Grube Messel) oder kulturell und archäologisch besonders wichtige Stellen (z.B. Kultstätte Nebra) umfassen. 24

II. Schutzregime

Nationale Naturmonumente sind nach § 24 Abs. 4 S. 2 BNatSchG wie Naturschutzgebiete zu schützen. Dementsprechend unterliegen Nationale Naturmonumente nach Maßgabe näherer Bestimmungen einem **absoluten Veränderungsverbot** (→ § 23 Rn. 16ff.) Da die Monumente oftmals einem hohen Besucherdruck unterliegen, können sie der Allgemeinheit zugänglich gemacht werden (§ 23 Abs. 2 S. 2 BNatSchG), dies freilich nur, wenn und soweit der gebietsbezogen verfolgte Schutzzweck dies erlaubt. 25

§ 25 Biosphärenreservate

(1) Biosphärenreservate sind einheitlich zu schützende und zu entwickelnde Gebiete, die

1. großräumig und für bestimmte Landschaftstypen charakteristisch sind,

2. in wesentlichen Teilen ihres Gebiets die Voraussetzungen eines Naturschutzgebiets, im Übrigen überwiegend eines Landschaftsschutzgebiets erfüllen,

3. vornehmlich der Erhaltung, Entwicklung oder Wiederherstellung einer durch hergebrachte vielfältige Nutzung geprägten Landschaft und der darin historisch gewachsenen Arten- und Biotopvielfalt, einschließlich Wild- und früherer Kulturformen wirtschaftlich genutzter oder nutzbarer Tier- und Pflanzenarten, dienen und

4. beispielhaft der Entwicklung und Erprobung von die Naturgüter besonders schonenden Wirtschaftsweisen dienen.

(2) **Biosphärenreservate dienen, soweit es der Schutzzweck erlaubt, auch der Forschung und der Beobachtung von Natur und Landschaft sowie der Bildung für nachhaltige Entwicklung.**

(3) **Biosphärenreservate sind unter Berücksichtigung der durch die Großräumigkeit und Besiedlung gebotenen Ausnahme über Kernzonen, Pflegezonen und Entwicklungszonen zu entwickeln und wie Naturschutzgebiete oder Landschaftsschutzgebiete zu schützen. § 23 Absatz 4 gilt in Kern- und Pflegezonen von Biosphärenreservaten entsprechend.**

(4) **Biosphärenreservate können auch als Biosphärengebiete oder Biosphärenregionen bezeichnet werden.**

Schrifttum: Bundesministerium für Umwelt, Naturschutz und nukleare Sicherheit (BMU), Der Mensch und die Biosphäre (MAB). Umsetzung des UNECO-Programms in Deutschland, 2018; *Falter/Küstner/Niclas/Scherfose,* Vorschläge zur Gliederung und zu Inhalten von Rahmenkonzepten für Biosphärenreservate in Deutschland, 2018; *Succow,* Der Weg der Großschutzgebiete in den neuen Bundesländern, NuL 2000, 63 ff.; *Wattendorf/Konold/Hertz-Kleptow/Schumacher/Bihlmaier,* Untersuchung zur Umsetzung des Kernzonenkonzepts in deutschen Biosphärenreservaten und deren Inwertsetzung, BfN-Skripten 464/2017.

Übersicht

A. Allgemeines

Die internationale Schutzkategorie des Biosphärenreservats, die als Instrument zur **1**
Umsetzung des bereits 1970 ins Leben gerufenen und seither verschiedentlich fort-

entwickelten **UNESCO-Programms Man and Biosphere** (MAB) fungiert (*Wolf* ZUR 2017, 3 (9f.)), war dem Bundesnaturschutzrecht lange Zeit unbekannt. Erst als die Landesnaturschutzgesetze der neuen Bundesländer sowie neuere Gesetze alter Bundesländer die Kategorie einführten, sah sich der Bundesgesetzgeber veranlasst, mit dem Dritten Gesetz zur Änderung des Bundesnaturschutzgesetzes (BGBl. I 2481) eine den **Biosphärenreservaten** geltende Rahmenregelung zu schaffen. Die in das Bundesrecht aufgenommene Bestimmung des § 14a BNatSchG 1998 wurde im Zuge der Novelle 2002 in den § 25 BNatSchG übernommen und insoweit ergänzt, als der über Kern-, Pflege- und Entwicklungszonen zu bewirkende Schutz eine deutliche Betonung erfuhr, um den Bezug zu den internationalen Leitlinien für das Weltnetz der Biosphärenreservate herauszustellen. § 25 BNatSchG entspricht im Wesentlichen dem bisherigen Recht, verzichtet aber auf das Merkmal der rechtsverbindlichen Festsetzung, gestattet es zugleich, Biosphärenreservate als **Biosphärengebiet** oder **Biosphärenregion** zu bezeichnen und hält mit dem neuen Absatz 2 eine Regelung bereit, die den Forschungs- und Bildungszweck der Biosphärenreservate in Übereinstimmung mit den UNESCO-Kriterien hervorhebt (BT-Drs. 16/12274, 62).

2 Obwohl die flächenbezogene Schutzkategorie des Biosphärenreservats Verbindungslinien zu den Kategorien des Naturschutz- und des Landschaftsschutzgebietes erkennen lässt, zielt sie doch nicht in erster Linie auf den **Schutz natürlicher oder naturnaher Landschaften** ab. Zwar kann der Aspekt der Erhaltung namentlich mit Blick auf die Kernzonen eines solchen Reservats durchaus eine gewichtige Rolle spielen (vgl. hierzu OVG Weimar NuR 1998, 46ff.; VG Dessau NuR 2002, 108 (111f.)), im Vordergrund aber steht – wie sich nicht zuletzt aus § 25 Abs. 1 Nr. 3, 4 BNatSchG erschließt – das Ziel der Gewährleistung eines **harmonischen Miteinanders von Mensch und Natur** im Sinne eines ganzheitlichen, die ökologischen, ökonomischen und sozialen Aspekte gleichermaßen berücksichtigenden Ansatzes. Zutreffend werden Biosphärenreservate als abgestufte Systeme charakterisiert, die von anthropogen nicht oder wenig beeinflussten Kernzonen bis hin zu einer Vielzahl landwirtschaftlicher Tätigkeiten, siedlungsbaulicher und anderer Nutzungen reichen (*Mühlbauer* in Lorz/Konrad/Mühlbauer/Müller-Walter/Stöckel § 25 Rn. 2) und in denen alle Komponenten einer nachhaltigen Entwicklung nicht nur beobachtet, entwickelt und erforscht, sondern beispielhaft gelebt werden.

3 Die Gesamtfläche der in der Bundesrepublik Deutschland eingerichteten **18 Biosphärenreservate** umfasst insgesamt 2025972 Hektar (Stand: 2021). Abzüglich der marinen Bereiche entspricht dies 3,9% der terrestrischen Gesamtfläche Deutschlands (Bundesamt für Naturschutz, Biosphärenreservate, https://www.bfn.de/themen/gebietsschutz-grossschutzgebiete/biosphaerenreservate. html). Von diesen 18 Gebieten haben 16 Biosphärenreservate auf der Grundlage des **Statutory Framework of the World Network of Biosphere Reserves** internationale Anerkennung gefunden (Anerkennungskriterien abgedruckt bei *Meßerschmidt* § 25 Rn. 107).

B. Voraussetzungen der Einrichtung eines Biosphärenreservats

4 Auch wenn § 25 Abs. 1 BNatSchG die Biosphärenreservate nicht mehr als rechtsverbindlich festgesetzte Gebiete definiert (OVG Magdeburg NuR 2018, 574 (577)), bleibt es den Ländern dennoch unbenommen, die Unterschutzstellung im Wege eines mit allgemeiner Verbindlichkeit begabten Rechtsakts vorzunehmen. Verbreitet ist die Rechtsform der **Rechtsverordnung** (§ 23 Abs. 2 NatSchG BW, § 37 Abs. 1 LNatSchG NRW, § 12 Abs. 1 LNatSchG RP, § 10 Abs. 1 SNG, § 13 Abs. 1 SächsNatSchG, § 15

Abs. 2 lit. c NatSchG LSA, § 9 Abs. 1 Nr. 2 ThürNatG) , daneben ist aber auch die Ausweisung durch **Landesgesetz** (§ 16 BremNatG, § 10 Abs. 1 S. 2 HmbBNatSchAG, § 14 Abs. 1 NatSchAG MV, § 18 NAGBNatSchG) oder durch **Allgemeinverfügung** (Art. 12 Abs. 2 BayNatSchG) vorgesehen. Der Verzicht auf das Merkmal der Rechtsverbindlichkeit erklärt sich daraus, dass einige Länder unter Ausnutzung der bislang in § 22 Abs. 4 S. 1 BNatSchG 2002 enthaltenen Öffnungsklausel davon abgesehen haben, Biosphärenreservate als solche rechtsverbindlich festzusetzen; diese Möglichkeit sollte erhalten bleiben (BT-Drs. 16/12274, 62). Das besagt freilich nur, dass hierfür in Frage kommende Landschaftsräume nicht zum Biosphärenreservat erklärt werden müssen, ändert aber nichts daran, dass sie wie Natur- oder Landschaftsschutzgebiete zu schützen sind (§ 25 Abs. 3 BNatSchG). Die Ausweisung eines Biosphärenreservats durch Bestimmung der zuständigen Ministerin bzw. des Ministers (z.B. § 12 Abs. 6 S. 1 HAGBNatSchG) oder durch naturschutzbehördliche Bekanntmachung (§ 8 Abs. 1 S. 1 BbgNatSchAG) kommt daher nur in Frage, wenn die entsprechenden Landschaftsräume bereits über eine **hoheitliche Grundsicherung** verfügen (vgl. *Appel* in Frenz/Müggenborg § 25 Rn. 7; *Hendrischke* in Schlacke § 25 Rn. 11; *Meßerschmidt* § 22 Rn 69).

§ 25 Abs. 1 BNatSchG hält daran fest, dass Biosphärenreservate einheitlich zu schützende und zu entwickelnde Gebiete sind. Die gebotene **Einheitlichkeit** des Schutzes und der Entwicklung kann schon aus Gründen des § 25 Abs. 3 BNatSchG keine Gleichförmigkeit meinen. Stattdessen findet sich hier die Notwendigkeit einer die Gesamtheit des jeweiligen Gebietes ins Auge fassenden Schutz- und Entwicklungskonzeption betont, die sich als ein Gefüge unterschiedlicher, aber in räumlicher und sachlicher Hinsicht aufeinander abgestimmter Schutz- und Entwicklungsbemühungen darzustellen hat (vgl. *Louis/Engelke* § 14 Rn. 3). Neben diesen grundlegenden Aussagen beinhaltet § 25 Abs. 1 Nr. 1–4 BNatSchG die **Kriterien,** von deren kumulativer Erfüllung es abhängt, ob ein bestimmter Landschaftsraum zum Biosphärenreservat erklärt werden kann. **5**

I. Großräumigkeit, charakteristischer Landschaftstyp

Zum Biosphärenreservat kann ein Gebiet nur erklärt werden, wenn es großräumig und für bestimmte Landschaftstypen charakteristisch ist (§ 25 Abs. 1 Nr. 1 BNatSchG). Hinsichtlich der flächenhaften Ausdehnung enthält das Gesetz keine die Mindestgröße betreffenden Angaben. Eine **Mindestgröße** von 30.000 Hektar, wie sie in den vom MAB-Nationalkomitee aufgestellten „Kriterien für die Anerkennung und Überprüfung von Biosphärenreservaten der UNESCO in Deutschland" vorgesehen ist (*BMU* Mensch und Biosphäre S. 14), mag wünschenswert sein, kann aber keine rechtliche Bindungswirkung beanspruchen (*Schumacher/Schumacher* in Schumacher/Fischer-Hüftle § 25 Rn. 13). Vielmehr dürfte es sich schon aus Gründen der insoweit übereinstimmenden Begrifflichkeit des § 24 Abs. 1 Nr. 1 BNatSchG anbieten, die für Nationalparks relevante Flächenangabe von etwa 10 000 Hektar als **Orientierungsgröße** auch für Biosphärenreservate heranzuziehen (*Schmidt-Räntsch* in Gassner/Bendomir-Kahlo/Schmidt-Räntsch § 25 Rn. 7; *Kerkmann* in ders. Naturschutzrecht in der Praxis, 2. Aufl. 2010 § 5 Rn. 83). Ob Biosphärenreservate eher größer sein „sollten" (*Louis/Engelke* § 14a Rn. 5), mag dahinstehen; selbst wenn sie in Maßen hinter der Orientierungsgröße für Nationalparks zurückbleiben, folgt hieraus noch kein Rechtsverstoß, solange im Einzelfall noch von einer hinreichenden Großräumigkeit gesprochen werden kann (*Appel* in Frenz/Müggenborg § 25 Rn. 11). **6**

Daneben muss es sich um Gebiete handeln, die **für bestimmte Landschaftstypen charakteristisch** sind. Gemeint sind Gebiete, die sich kraft ihrer Eigenheiten und cha- **7** rakteristischen Eigenschaften derart von anderen Gebieten unterscheiden, dass sie mit diesen nicht verglichen werden können (*Mühlbauer* in Lorz/Konrad/Mühlbauer/Müller-Walter/Stöckel § 25 Rn. 4). Zu solcherart modellhaften Landschaftsräumen gehören namentlich moorreiche Kulturlandschaften, Wein- oder Obstbaulandschaften, gewässerreiche Waldlandschaften, grünland- oder ackergeprägte offene Kulturlandschaften (vgl. *Hendrischke* in Schlacke § 25 Rn. 16).

II. Besondere Qualitäten

8 Um als Biosphärenreservat ausgewiesen werden zu können, muss ein Landschaftsraum nach § 25 Abs. 1 Nr. 2 BNatSchG in wesentlichen Teilen seines Gebietes die **Voraussetzungen eines Naturschutzgebiets** und im Übrigen überwiegend jene eines Landschaftsschutzgebietes erfüllen. In dieser Inbezugnahme der in den §§ 23 Abs. 1, 26 Abs. 1 BNatSchG bezeichneten Voraussetzungen kommt zum Ausdruck, dass das Biosphärenreservat ebenso wie der Nationalpark keine originäre, sondern eine **abgeleitete Schutzkategorie** ist (*Schmidt-Räntsch* in Gassner/Bendomir-Kahlo/Schmidt-Räntsch § 25 Rn. 8). Vom Nationalpark unterscheidet sich diese Kategorie allerdings dadurch, dass die besonderen Qualitäten eines Naturschutzgebietes nicht im überwiegenden, sondern nur in einem **wesentlichen Teil** seiner Fläche gegeben sein müssen. Es genügt daher, wenn ein erheblicher und sich auf das Gesamtgebiet prägend auswirkender Flächenanteil die Voraussetzungen des § 23 Abs. 1 BNatSchG erfüllt. Der erforderliche Anteil der Naturschutzgebietsqualität entzieht sich einer pauschalen Quantifizierung (*Meßerschmidt* § 25 Rn. Rn. 46). Im Schrifttum werden Anteile von ca. 20–30% genannt (*Louis/Engelke* § 14a Rn. 8), daneben mit Blick auf UNESCO-Kriterien aber auch ein Anteil von 3–20% für ausreichend erachtet (*Kolodziejcok* in Kolodziejcok/Endres/Krohn/Markus Kennzahl 1177 Rn. 16). Letztlich wird sich der „wesentliche Teil" wohl immer nur in Ansehung der Gegebenheiten des einzelnen Gebietes festlegen lassen (*Albrecht* in BeckOK UmweltR § 25 Rn. 13; *Schumacher/Schumacher* in Schumacher/Fischer-Hüftle § 25 Rn. 16). Nicht ausreichend ist aber jedenfalls, wenn nur einzelne Teilflächen von untergeordneter Bedeutung zum Naturschutzgebiet bestimmt werden können (BayVerfGH NuR 1986, 167 (168): 1,43% der Gesamtfläche).

9 Im Übrigen muss das Gebiet überwiegend die **Voraussetzungen eines Landschaftsschutzgebietes** erfüllen. Von den restlichen Flächen, die nicht über die Qualitäten eines Naturschutzgebietes verfügen, müssen daher mindestens 51% die Voraussetzungen des § 26 Abs. 1 BNatSchG erfüllen (*Heugel* in Lütkes/Ewer § 25 Rn. 8; *Kolodziejcok* in Kolodziejcok/Endres/Krohn/Markus Kennzahl 1177 Rn. 18; *Kerkmann* in ders. Naturschutzrecht in der Praxis, 2. Aufl. 2010 § 5 Rn. 87). Der eher kulturlandschaftlich geprägte Charakter des Biosphärenreservats findet hierin seinen sinnfälligen Ausdruck (*Mühlbauer* in Lorz/Konrad/Mühlbauer/Müller-Walter/Stöckel § 25 Rn. 5). Die ansonsten noch verbleibenden Flächen des Reservats müssen weder die Voraussetzungen eines Naturschutz-, noch jene eines Landschaftsschutzgebietes erfüllen. Dennoch können auch sie keineswegs gleichsam voraussetzungslos in die Reservatskulisse einbezogen werden. Denn sie müssen jedenfalls den in § 25 Abs. 1 Nr. 3, 4 BNatSchG bezeichneten Anforderungen genügen.

III. Kulturlandschaften, Arten- und Biotopvielfalt

10 Die für die Einrichtung eines Biosphärenreservates maßgeblichen Schutzzwecke erfahren in § 25 Abs. 1 Nr. 3, 4 BNatSchG eine nähere Bestimmung (*Schmidt-Räntsch* in

Gassner/Bendomir-Kahlo/Schmidt-Räntsch § 25 Rn. 13: „doppelter Zweck"). Ausweislich der Nr. 3 haben Biosphärenreservate zunächst die **Erhaltung, Entwicklung oder Wiederherstellung** einer durch hergebrachte vielfältige Nutzungen geprägten Landschaft und der darin historisch gewachsenen Arten- und Biotopvielfalt zum Ziel. Es geht ihnen nicht um die Bewahrung möglichst unberührter oder durch besondere Schönheit ausgezeichneter Teile von Natur und Landschaft, sondern darum, von Menschenhand geformte und geprägte Landschaften einschließlich ihres allmählich entstandenen Biotop- und Arteninventars dauerhaft zu sichern. Der Hinweis auf die hergebrachte Nutzung und ihre Vielfalt, aber auch die Rede von der in solcher Landschaft gewachsenen Biotop- und Artenvielfalt verdeutlicht, dass Biosphärenreservate auf die **Bewahrung von Kulturlandschaften** gerichtet sind, die ihre Entstehung und ihr besonderes Gepräge einer nicht selten über Jahrhunderte betriebenen naturnahen und nachhaltigen Nutzung vielfältiger Art (Land- und Forstwirtschaft, Jagd, gewerbliche Nutzung etc.) verdanken und einem nutzungsbedingt allmählich gewachsenen reichhaltigen Biotop- und Artenspektrum Raum bieten (vgl. *Albrecht* in BeckOK UmweltR § 25 Rn. 15; *Hendrischke* in Schlacke § 25 Rn. 21). Solche Landschaften zeugen exemplarisch von den Möglichkeiten eines **harmonischen Miteinanders** von Mensch und Natur, spiegeln häufig Jahrhunderte menschlichen Erfahrungswissens wieder und können im Hinblick auf die Entwicklung moderner Landnutzungs- und Bewirtschaftungspraktiken wertvolle Informationen liefern (*Mühlbauer* in Lorz/Konrad/Mühlbauer/Müller-Walter/Stöckel § 25 Rn. 6). Mit dem ihnen eigenen Biotop- und Arteninventar, das neben den wild lebenden Tier- und Pflanzenarten auch Wildformen und frühere Kulturformen wirtschaftlich genutzter und nutzbarer Tier- und Pflanzenarten umfasst, bilden sie den eigentlichen Schutzgegenstand der Biosphärenreservate (eingehend *Kolodziejcok* in Kolodziejcok/Endres/Krohn/Markus Kennzahl 1177 Rn. 20 ff.).

Ziel des Einsatzes dieser Schutzkategorie kann zunächst die **Erhaltung** im Sinne der Bewahrung eines vorhandenen Bestandes sein. Daneben kommt aber in gleicher Weise auch der Schutzzweck der **Entwicklung** mit dem Ziel in Betracht, ein Gebiet so zu verändern, dass es unter Schutz gestellt werden könnte (*Schmidt-Räntsch* in Gassner/Bendomir-Kahlo/Schmidt-Räntsch § 25 Rn. 13; *Hendrischke* in Schlacke § 25 Rn. 21). Schließlich bildet sogar die **Wiederherstellung** im Sinne der Wiederbegründung eines vormals vorhandenen und gebietsprägenden Zustandes ein legitimes Ziel des Einsatzes der Schutzkategorie des Biosphärenreservates. Dabei genügt es bereits, wenn eines dieser Ziele mit der Unterschutzstellung verfolgt wird, indessen dürfte sich zumeist eine Kombination anbieten (*Louis/Engelke* § 14a Rn. 10). 11

IV. Entwicklung und Erprobung

§ 25 Abs. 1 Nr 4 BNatSchG stellt klar, dass Biosphärenreservate zugleich der Entwicklung und Erprobung solcher Arten und Formen der Bewirtschaftung zu dienen bestimmt sind, die einen besonders schonenden Umgang mit den Naturgütern Boden, Wasser, Luft, Klima, Tier- und Pflanzenwelt erlauben. Mit der **Entwicklung** ist die Ausarbeitung neuer Wirtschaftsformen gemeint, die – etwa im Bereich der Land- und Forstwirtschaft, aber auch auf anderen Feldern wirtschaftlicher Betätigung – einen rücksichtsvollen Umgang mit den Naturgütern gestatten. Die **Erprobung** zielt auf den praktischen Einsatz solcher Wirtschaftsweisen ab. Hier zeigt sich, dass Biosphärenreservate auch Gebiete sind, in denen anknüpfend an traditionelle Nutzungsformen neue Wege des schonenden Umgangs mit der Natur erarbeitet und auf ihre praktische Tauglichkeit hin erprobt werden sollen. 12

C. Forschungs- und Bildungszweck

13 Nach den UNESCO-Kriterien soll ein Biosphärenreservat die Möglichkeiten bieten, Ansätze zur **nachhaltigen Entwicklung** auf regionaler Ebene zu erforschen und zu demonstrieren. Hieran anknüpfend betont der in das Gefüge des § 25 BNatSchG eingebundene Absatz 2, dass Biosphärenreservate auch Forschungs- und Bildungszwecken sowie der Beobachtung von Natur und Landschaft (§ 6 BNatSchG) dienen, stellt aber zugleich klar, dass diese Funktion nur zum Tragen kommen kann, soweit der Schutzzweck darunter nicht leidet.

D. Schutzregime

14 § 25 Abs. 3 BNatSchG stellt klar, dass sich die Entwicklung der Biosphärenreservate über Kernzonen, Pflegezonen und Entwicklungszonen vollziehen und ihr Schutz nach Maßgabe der für Naturschutzgebiete oder Landschaftsschutzgebiete geltenden Regelungen zu bewirken ist.

15 Während bei anderen Schutzkategorien eine Zonierung zulässig ist (→ § 22 Rn. 34), sind Biosphärenreservate zwingend über Kernzonen, Pflegezonen und Entwicklungszonen zu entwickeln und zu schützen (*Kerkmann* in ders. Naturschutzrecht in der Praxis, 2. Aufl. 2010 § 5 Rn. 101). In der **Kernzone,** die sich vom Menschen unbeeinflusst entwickeln soll, ist eine wirtschaftliche Nutzung auszuschließen (*Appel* in Frenz/Müggenborg § 25 Rn. 35: „Totalreservat"). Die **Pflegezone** dient der Erhaltung und Pflege von Lebensräumen und Lebensgemeinschaften, die ihre Entstehung dem Wirken des Menschen verdanken (*Hendrischke* in Schlacke § 25 Rn. 34); in dieser Zone gilt es, die historisch gewachsene Kulturlandschaft mit ihrem daran angepassten, vielfältigen Arteninventar zu erhalten (*Meßerschmidt* § 25 Rn. 81). Die **Entwicklungszone** schließt sich an die Pflegezone an und erfüllt Pufferfunktionen (*Hendrischke* in Schlacke § 25 Rn. 35), ist darauf aber nicht beschränkt, sondern dient der Entwicklung einer dauerhaft umweltgerechten Landnutzungsweise, die den Bedürfnissen von Mensch und Natur gleichermaßen Rechnung trägt (*Appel* in Frenz/Müggenborg § 25 Rn. 37; *Meßerschmidt* § 25 Rn. 82). Nach den Kriterien des MAB-Nationalkomitees soll diese Zone mindestens 50% der Gesamtfläche des Biosphärenreservats einnehmen (vgl. *BMU* Mensch und Biosphäre S. 14).

16 Soweit der Schutz des in die genannten Zonen untergliederten Biosphärenreservats nach Maßgabe der für Naturschutzgebiete oder Landschaftsschutzgebiete geltenden Regelungen zu bewirken ist, kommen alle Maßnahmen des Schutzes, der Pflege und Entwicklung in Frage, die auch hinsichtlich der in Bezug genommenen Schutzkategorien Anwendung finden können; allerdings sind – nicht anders als bei den Nationalparken – aus Gründen der Großräumigkeit der Biosphärenreservate und der Einbeziehung besiedelter Gebiete mehr oder weniger weit reichende **Ausnahmen** erforderlich. Auch wenn die Formulierung des § 25 Abs. 3 BNatSchG nicht ganz eindeutig ist („wie Naturschutzgebiete oder Landschaftsschutzgebiete zu schützen"), kann es sein Bewenden doch nicht damit haben, wenn dem jeweiligen Gebiet in seiner Gesamtheit ein Schutz vermittelt wird, der dem eines Landschaftsschutzgebietes entspricht (so aber *Louis/Engelke* § 14a Rn. 12). Zieht man die Aussagen der Norm im Hinblick auf die Zonierung des Reservats ins Kalkül, ist stattdessen davon auszugehen, dass für einen **abgestuften Schutz** Sorge zu tragen ist (*Appel* in Frenz/Müggenborg § 25 Rn. 39; *Heugel* in Lütkes/Ewer § 25 Rn. 12; *Hendrischke* in Schlacke § 25 Rn. 30; *Meßerschmidt* § 25 Rn. 74). Während

den besonders wertvollen **Kernzonen** der Status eines **Naturschutzgebietes** zuzuweisen ist, soll dies nach verbreiteter Auffassung in der Regel auch für die **Pflegezonen** gelten (*Heugel* in Lütkes/Ewer § 25 Rn. 12; *Hendrischke* in Schlacke § 25 Rn. 34; *Schumacher/Schumacher* in Schumacher/Fischer-Hüftle § 25 Rn. 31). Das entspricht den Kriterien des MAB-Nationalkommitees und findet in dem neu in das Gesetz aufgenommenen § 25 Abs. 3 S. 2 BNatSchG insoweit einen Rückhalt, als dort die entsprechende Geltung der naturschutzgebietsbezogenen Vorschrift des § 23 Abs. 4 BNatSchG nicht bloß in den Kern-, sondern auch in den Pflegezonen von Biosphärenreservaten angeordnet wird. Das spricht dafür, auch die letztgenannten Zonen wie ein Naturschutzgebiet zu schützen.

Mit dem **Insektenvielfaltsgesetz 2021** wurde § 25 Abs. 3 BNatSchG um einen **17** zweiten Satz ergänzt, mit dem zum Ausdruck gebracht wird, dass § 23 Abs. 4 BNatSchG in den Kern- und Pflegezonen von Biosphärenreservaten entsprechend gilt. Die auf eine Beschlussempfehlung des Ausschusses für Umwelt, Naturschutz und nukleare Sicherheit (BT-Drs. 19/30713, 6) zurückgehende Vorschrift bringt es mit sich, dass das Verbot der Neuerrichtung von Beleuchtungen an Straßen und Wegen und von lichtemittierenden Werbeanlagen auch in den Kern- und Pflegezonen eines Biosphärenreservats zu beachten ist (§ 23 Rn. 27 ff.).

E. Bezeichnung

Nach § 25 Abs. 4 BNatSchG können Biosphärenreservate von den Ländern auch als **18** **Biosphärengebiete** oder **Biosphärenregionen** bezeichnet werden. Die Vorschrift steht im Zusammenhang mit der vormals in § 22 Abs. 4 S. 1 BNatSchG 2002 enthaltenen Öffnungsklausel, auf deren Grundlage einige Länder schon bisher eine vom Bundesrecht abweichende Bezeichnung vorgesehen hatten. Ihnen wird durch § 25 Abs. 4 BNatSchG die Möglichkeit eröffnet, ihre bereits bestehenden abweichenden Bezeichnungen fortzuführen bzw. solche Regelungen zu erlassen (*Appel* in Frenz/Müggenborg § 25 Rn. 40).

§ 30 Gesetzlich geschützte Biotope

(1) **Bestimmte Teile von Natur und Landschaft, die eine besondere Bedeutung als Biotope haben, werden gesetzlich geschützt (allgemeiner Grundsatz).**

(2) **Handlungen, die zu einer Zerstörung oder einer sonstigen erheblichen Beeinträchtigung folgender Biotope führen können, sind verboten:**

1. **natürliche oder naturnahe Bereiche fließender und stehender Binnengewässer einschließlich ihrer Ufer und der dazugehörigen uferbegleitenden natürlichen oder naturnahen Vegetation sowie ihrer natürlichen oder naturnahen Verlandungsbereiche, Altarme und regelmäßig überschwemmten Bereich**
2. **Moore, Sümpfe, Röhrichte, Großseggenrieder, seggen- und binsenreiche Nasswiesen, Quellbereiche, Binnenlandsalzstellen,**
3. **offene Binnendünen, offene natürliche Block-, Schutt- und Geröllhalden, Lehm- und Lösswände, Zwergstrauch-, Ginster- und Wacholderheiden, Borstgrasrasen, Trockenrasen, Schwermetallrasen, Wälder und Gebüsche trockenwarmer Standorte,**
4. **Bruch-, Sumpf- und Auenwälder, Schlucht-, Blockhalden- und Hangschuttwälder, subalpine Lärchen- und Lärchen-Arvenwälder,**
5. **offene Felsbildungen, Höhlen sowie naturnahe Stollen, alpine Rasen sowie Schneetälchen und Krummholzgebüsche,**
6. **Fels- und Steilküsten, Küstendünen und Strandwälle, Strandseen, Boddengewässer mit Verlandungsbereichen, Salzwiesen und Wattflächen im Küstenbereich, Seegraswiesen und sonstige marine Makrophytenbestände, Riffe, sublitorale Sandbänke Schlickgründe mit bohrender Megafauna sowie artenreiche Kies-, Grobsand- und Schillgründe im Meeres- und Küstenbereich.**
7. **magere Flachland-Mähwiesen und Berg-Mähwiesen nach Anhang I der Richtlinie 92/43/EWG, Streuobstwiesen, Steinriegel und Trockenmauern.**

Die Verbote des Satzes 1 gelten auch für weitere von den Ländern gesetzlich geschützte Biotope. Satz 1 Nummer 5 gilt nicht für genutzte Höhlen- und Stollenbereiche sowie für Maßnahmen zur Verkehrssicherung von Höhlen und naturnahen Stollen. Satz 1 Nummer 7 gilt nicht für die Unterhaltung von Funktionsgrünland auf Flugbetriebsflächen.

(3) **Von den Verboten des Absatzes 2 kann auf Antrag eine Ausnahme zugelassen werden, wenn die Beeinträchtigungen ausgeglichen werden können.**

(4) [1] **Sind auf Grund der Aufstellung, Änderung oder Ergänzung von Bebauungsplänen Handlungen im Sinne des Absatzes 2 zu erwarten, kann auf Antrag der Gemeinde über eine erforderliche Ausnahme oder Befreiung von den Verboten des Absatzes 2 vor der Aufstellung des Bebauungsplans entschieden werden.** [2] **Ist eine Ausnahme zugelassen oder eine Befreiung gewährt worden, bedarf es für die Durchführung eines im Übrigen zulässigen Vorhabens keiner weiteren Ausnahme oder Befreiung, wenn mit der Durchführung des Vorhabens innerhalb von sieben Jahren nach Inkrafttreten des Bebauungsplans begonnen wird.**

(5) **Bei gesetzlich geschützten Biotopen, die während der Laufzeit einer vertraglichen Vereinbarung oder der Teilnahme an öffentlichen Programmen zur Bewirtschaftungsbeschränkung entstanden sind, gilt Absatz 2 nicht für die Wiederaufnahme einer zulässigen land-, forst- oder fischereiwirtschaftlichen Nutzung innerhalb von zehn Jahren nach Beendigung der betreffenden vertraglichen Vereinbarung oder der Teilnahme an den betreffenden öffentlichen Programmen.**

(6) **Bei gesetzlich geschützten Biotopen, die auf Flächen entstanden sind, bei denen eine zulässige Gewinnung von Bodenschätzen eingeschränkt oder unterbrochen wurde, gilt Absatz 2 nicht für die Wiederaufnahme der Gewinnung innerhalb von fünf Jahren nach der Einschränkung oder Unterbrechung.**

(7) **[1] Die gesetzlich geschützten Biotope werden registriert und die Registrierung wird in geeigneter Weise öffentlich zugänglich gemacht. [2] Die Registrierung und deren Zugänglichkeit richten sich nach Landesrecht.**

(8) **Weiter gehende Schutzvorschriften einschließlich der Bestimmungen über Ausnahmen und Befreiungen sowie bestehende landesrechtliche Regelungen, die die in Absatz 2 Satz 1 Nummer 7 genannten Biotope betreffen, bleiben unberührt.**

Schrifttum: *Bundesministerium für Umwelt, Naturschutz und nukleare Sicherheit* (BMU), Aktionsprogramm Insektenschutz. Gemeinsam wirksam gegen das Insektensterben, September 2019; *Finck/Heinze/Raths/Riecken/Ssymank,* Rote Liste der gefährdeten Biotoptypen Deutschland, 2017; *dies.,* Analyse der Gefährdungsursachen von Biotoptypen in Deutschland, NuL 94 (2019), 453 ff.; *Fischer,* Biotop- und Artenschutz in der Bauleitplanung, NuR 2007, 307 ff.; *Fischer-Hüftle,* Der Gebietsschutz im Umweltgesetzbuch III, NuR 2008, 213 ff.; *Gellermann,* Verfassungswidrigkeit des gesetzlichen Biotopschutzes in Nordrhein-Westfalen? Anmerkungen zum Beschluss des OVG Münster vom 15.8.1994, NuR 1995, 227 ff.; *Gellermann/Schreiber,* Schutz wildlebender Tiere und Pflanzen in staatlichen Planungs- und Zulassungsverfahren, 2007, S. 89 ff.; *Kautz/Bergt,* Gesetzlicher Biotopschutz und Wiederaufnahme der Rohstoffgewinnung – Natur auf Zeit gemäß § 30 Abs. 6 BNatSchG, ZUR 2019, 464 ff.; *Kerkmann,* Der gesetzliche Biotopschutz, in: ders., Naturschutzrecht in der Praxis, 2. Aufl. 2010, § 6; *Kopf,* Naturschutzrecht im Spannungsfeld von Bauplanungsrecht und Raumordnungsrecht, NuR 2008, 396 ff.; *Kratsch,* Neuere Rechtsprechung zum Naturschutzrecht – Eingriffsregelung, Schutzgebiete, Biotopschutz, NuR 2009, 398 ff.; *Müller-Mitschke,* Der rechtliche Schutz von Streuobstbeständen in Deutschland, ZUR 2021, 269 ff.; *Rieken,* Novellierung des Bundesnaturschutzgesetzes: Gesetzlich geschützte Biotope nach § 30 BNatSchG, NuR 2002, 397 ff.; *Schrödter,* Städtebaurecht und das Recht des gesetzlichen Biotop- und Artenschutzes – dargestellt auf der Grundlage des neuen Bundesnaturschutzgesetzes, NdsVBl. 2003, 33 ff.

Übersicht

A. Allgemeines

Während im vierten Kapitel des Gesetzes vornehmlich Kategorien des Flächen- und Objektschutzes umschrieben werden, die ihre rechtlichen Wirkungen erst infolge einer besonderen Schutzerklärung entfalten, bezeichnet § 30 Abs. 2 BNatSchG bestimmte Biotope bzw. Biotoptypen, die ohne das Dazwischentreten eines weiteren Aktes unmittelbar kraft Gesetzes einen besonderen Schutz erfahren (vgl. hierzu *Endres* in Frenz/Müggenborg § 30 Rn. 1: *Krohn* in Kolodziejcok/Endres/Krohn/Markus Kennzahl 0675 Rn. 1). 1

I. Entstehung und heutiger Bestand

Seine Einführung verdankt der gesetzliche Biotopschutz der Erkenntnis, dass dem fortschreitenden Verlust besonders wertvoller und für die Bewahrung zahlreicher Tier- und Pflanzenarten wichtiger Biotope (§ 7 Abs. 2 Nr. 4 BNatSchG) mit den herkömmlichen Instrumentarien des Naturschutzrechts (Landschaftsplanung, Schutzgebiete, Eingriffsregelung) allein nicht beizukommen ist. Um Abhilfe zu schaffen, fügte der Bundesgesetzgeber bereits im Jahre 1986 die Bestimmung des § 20c BNatSchG in den dem **Artenschutz** geltenden fünften Abschnitt des Gesetzes ein. Die Novelle 2002 behielt die Grundkonzeption einer bundesrahmenrechtlichen Vorgabe zum unmittelbar kraft Gesetzes bewirkten Schutzes bei (*Rieken,* NuL 2002, 397 f.), indessen wurde der in § 30 BNatSchG 2002 geregelte Biotopschutz in den Abschnitt über den **Flächen- und Objektschutz** integriert, der Kreis der Schutzobjekte um einzelne Biotoptypen erweitert, die Notwendigkeit einer Erhaltung der ökologischen Beschaffenheit und räumlichen Ausdehnung der Biotope betont (§ 30 Abs. 1 S. 3 BNatSchG 2002) und dem Gedanken des **Naturschutzes auf Zeit** in § 30 Abs. 2 S. 2 BNatSchG 2002) erstmals normativ Ausdruck verliehen. 2

Unter Beibehaltung des Regelungsstandortes hat der Gesetzgeber den § 30 BNatSchG in Orientierung an seinen rahmenrechtlichen Vorläufern zur **Vollregelung** ausgebaut, die nicht mehr nur im Hoheitsgebiet, sondern kraft der Erstreckungsklausel des § 56 Abs. 1 BNatSchG auch in den Meeresbereichen der Ausschließlichen Wirtschaftszone und des Festlandsockels Geltung beansprucht, soweit dies mit dem Seerechtsübereinkommen der Vereinten Nationen vereinbar ist. Während Absatz 1 mit Blick auf Art. 72 Abs. 3 S. 1 Nr. 2 GG den allgemeinen Grundsatz des gesetzlichen Biotopschutzes zu konturieren sucht, begründet Absatz 2 ein Zerstörungs- und Beeinträchtigungsverbot für die im Einzelnen aufgeführten Biotoptypen, von dem auf der Grundlage der zu Ausnahmen ermächtigenden Vorschrift des § 30 Abs. 3 BNatSchG abgewichen werden kann. § 30 Abs. 4 BNatSchG thematisiert das Verhältnis des gesetzlichen Biotopschutzes zur kommunalen Bauleitplanung, die Absätze 5 und 6 widmen sich der Ausformung des Gedankens des „Naturschutzes auf Zeit", Absatz 7 betrifft die Registrierung der Biotope und Absatz 8 regelt ausdrücklich das Verhältnis zu weiter gehenden Schutzvorschriften. Ausweislich des § 30 Abs. 2 S. 2 BNatSchG bleibt es den Ländern unbenommen, weitere Biotope unter den durch § 30 Abs. 2 BNatSchG bewirkten Schutz zu stellen. 3

Nachfolgende Änderungen der Vorschrift sind insgesamt überschaubar. So wurde der Katalog der gesetzlich geschützten Biotope mit dem **Gesetz zur Änderung des Bundesnaturschutzgesetzes** vom 15.9.2017 (BGBl. I 3434) um Höhlen sowie naturnahe Stollen erweitert (§ 30 Abs. 2 S. 1 Nr. 5 BNatSchG), dabei aber zugleich klargestellt, dass das gesetzliche Verbot nicht für genutzte Höhlen- und Stollenbereiche sowie für Maßnahmen zur Verkehrssicherung von Höhlen und naturnahen Stollen gilt (BT-Drs. 4

18/11939, 16). Mit dem Gesetz zum **Schutz der Insektenvielfalt** (BGBl. 2021 I 3908) wurden zudem die FFH-Lebensraumtypen der Mageren Flachlandmähwiesen und der Berg-Mähwiesen sowie Streuobstwiesen, Steinriegel und Trockenmauern als Nummer 7 in den Katalog des § 30 Abs. 2 S. 1 BNatSchG aufgenommen. Zugleich griff der Gesetzgeber den vom **Umweltausschuss des Bundestages** unterbreiteten Vorschlag zur Änderung des § 30 Abs. 8 BNatSchG auf und erstreckte die dort normierte Unberührtheitsklausel auf die neu hinzugekommenen Biotope im Sinne des § 30 Abs. 2 S. 1 Nr. 7 BNatSchG (vgl. BT-Drs. 19/30713, 20).

II. Gesetzlicher Biotopschutz in verfassungsrechtlicher Perspektive

5 **1. Verfassungskonformität des § 30 BNatSchG.** Die Normierung eines gesetzlichen Biotopschutzes, der an vorhandene und besonders schutzwürdige Biotoptypen anknüpfend ein Verbot der Zerstörung oder der erheblichen Beeinträchtigung etabliert, bietet aus verfassungsrechtlicher Sicht keinen Anlass zur Beanstandung (vgl. VerfG Brandenburg NuR 2001, 146 ff.; OVG Lüneburg NuR 1995, 470 ff.; OVG Schleswig NuR 1997, 256 f.; VGH Kassel NuR 2019, 124; *Dreier* in Hoppenberg/deWitt HdbÖffBauR Kap. E Rn. 511; *Gellermann* NuR 1995, 227 ff.; *Louis/Kortebein* NuR 1997, 216 ff.; kritisch *Krämer/Meyer* LKV 1998, 8 ff.). Die von Seiten des OVG Münster zunächst geäußerten Bedenken, die sich auf die Annahme einer Verletzung des rechtsstaatlichen **Bestimmtheitsgebots** (Art. 20 Abs. 3 GG) sowie der Eigentumsgarantie (Art. 14 Abs. 1 GG) gründeten (OVG Münster NuR 1995, 301 ff. im Hinblick auf § 62 LG NRW), haben sich als nicht durchgreifend erwiesen (vgl. auch BVerfG NuR 1999, 99 ff.; NuR 2002, 27 ff.). Mag die Bezeichnung einzelner Biotoptypen den jeweiligen Schutzgegenstand auch nicht immer in einer für den Laien ohne weiteres erkennbaren Weise ansprechen, kann von einer mangelnden Bestimmtheit dennoch nicht gesprochen werden, weil dem rechtsstaatlichen Bestimmtheitsgebot bereits dann genügt ist, wenn sich der Norminhalt unter Anwendung gängiger Auslegungsmethoden ergründen lässt (vgl. nur BVerfG BVerfGE 65, 1 (54); BVerfGE 86, 288 (311); hierzu *v. Mutius,* Jura 1987, 92 (95)). Das aber ließ sich schon mit Blick auf die bereits im Katalog des § 20c BNatSchG 1985 enthaltenen Biotope nicht ernstlich bestreiten (*Dreier* in Hoppenberg/de Witt HdbÖffBauR Kap. E Rn. 512 m. w. N.); auch hinsichtlich der bereits im Jahre 2002 sowie im Zuge der Novelle 2010 ergänzend in den Katalog aufgenommenen Biotoptypen ist eine abweichende Beurteilung nicht angezeigt. Manche gesetzliche Umschreibung (z. B. Altarme und regelmäßig überschwemmte Bereiche, offene natürliche Schutthalden, Lehm- und Lößwände) lässt von vornherein keinen Zweifel an dem eigentlichen Gegenstand des gesetzlichen Schutzes aufkommen. In anderen Fällen (z. B. Großseggenriede, Borstgrasrasen, subalpine Lärchenwälder) halten die einschlägigen Gesetzesbegründungen detaillierte Definitionen der nunmehr in § 30 Abs. 2 S. 1 BNatSchG enthaltenen Biotoptypen bereit (BT-Drs. 14/6378, 66 ff.; BT-Drs. 16/12274, 63), die herangezogen werden können, wenn es den Inhalt der gesetzlichen Begriffe im Wege juristischer Interpretation zu ergründen gilt (OVG Lüneburg BeckRS 2016, 111741 Rn. 35; NuR 2020, 413 f.; *Krohn* in Kolodziejcok/Endres/Krohn/Markus Kennzahl 0675 Rn. 17). Für die nachträglich aufgenommenen Biotope gilt nichts anderes (BT-Drs. 18/11939, 16; BT-Drs. 19/30713, 20).

6 Ebenso wenig ist aus Sicht des grundrechtlich durch Art. 14 Abs. 1 GG gewährleisteten Eigentums gegen einen unmittelbar kraft Gesetzes bewirkten Schutz besonders seltener, bedrohter oder für zahlreiche Tier- und Pflanzenarten unentbehrlicher Biotope etwas zu erinnern (*Hendrischke/Kieß* in Schlacke § 30 Rn. 6; *Dreier* in Hoppenberg/de Witt HdbÖffBauR Kap. E Rn. 514). Die Verbote des § 30 Abs. 2 BNatSchG sind als

Inhalts- und Schrankenbestimmungen des Grundeigentums (Art. 14 Abs. 1 S. 2 GG) zu werten, die in Anknüpfung an besondere Eigenschaften, Gegebenheiten und ökologische Wertigkeiten im Regelfall den sozialen Bindungen des Eigentums (Art. 14 Abs. 2 GG) Ausdruck verleihen und als solche grundsätzlich ohne Ausgleichsleistungen zulässig sind (vgl. VerfG Brandenburg NuR 2001, 146 (148); OVG Lüneburg NuR 1995, 470 (471 f.)). Allerdings sind Konstellationen zu gewärtigen, in denen die Anwendung der Biotopschutzregelung im Einzelfall zu einer Beschränkung eigentumsgeschützter Nutzungen bzw. Nutzungsmöglichkeiten (hierzu *Gellermann* Grundrechte in einfachgesetzlichem Gewande, 2000 S. 432 f. m. w. N.) führt, die ohne einen Ausgleich, der die sich hiermit verbindende Belastung abmildert, unverhältnismäßig wäre. Das Verdikt der Verfassungswidrigkeit der den Biotopschutz betreffenden Regelungen lässt sich darauf aber nicht gründen, weil unzumutbaren Belastungen durch Ausnahmen (§ 30 Abs. 3 BNatSchG), Befreiungen (§ 67 Abs. 1 BNatSchG) oder – subsidiär – durch die Gewährung einer Entschädigung in Geld (§ 68 Abs. 1 BNatSchG) abgeholfen werden kann (vgl. nur BVerfG NJW 1999, 2877 (2879)).

2. Allgemeiner Grundsatz und Abweichungsbefugnis der Länder. Unter ver- 7
fassungsrechtlichen Aspekten ist die Bestimmung des § 30 Abs. 1 BNatSchG von Interesse, die sich als Versuch des Gesetzgebers versteht, den **abweichungsfesten Kern** des gesetzlichen Biotopschutzes zu verdeutlichen, der dem regelnden Zugriff der Länder entzogen ist. Als allgemeiner Grundsatz im Sinne des Art. 72 Abs. 3 S. 1 Nr. 2 GG hat nach dieser einfachgesetzlichen Regelung zu gelten, dass bestimmte Teile von Natur und Landschaft, die eine besondere Bedeutung als Biotope haben, einen gesetzlichen Schutz erfahren. Der Vorschrift ist weder zu entnehmen, welche Biotope besonders bedeutsam noch in welcher Weise sie konkret zu schützen sind. In Ausnutzung ihrer Abweichungsbefugnis (Art. 73 Abs. 3 S. 1 GG) bliebe es den Ländern danach unbenommen, den Katalog des § 30 Abs. 2 BNatSchG restriktiver zu fassen, das Beeinträchtigungsverbot in seiner Reichweite zu beschränken oder weitere Ausnahmemöglichkeiten zu eröffnen, solange sie dem Instrument eines unmittelbar kraft Gesetzes erfolgenden Schutzes besonders bedeutender Biotoptypen noch einen substantiellen Anwendungsbereich belassen und keine Regelungen erlassen, die seine Wirksamkeit in Frage stellen. Das Bundesrecht signalisiert den Ländern an dieser Stelle eine Abweichungsbefugnis, deren Existenz sich durchaus bestreiten lässt. Namentlich besteht Grund zu der Annahme, dass der gesetzliche Biotopschutz nicht dem der Abweichung zugänglichen Gebietsschutz, sondern – ungeachtet seines Regelungsstandortes im vierten Kapitel – dem **Recht des Artenschutzes** zugehört, von dem die Länder aus Gründen des Art. 72 Abs. 3 S. 1 Nr. 2 GG nicht abweichen dürfen (vgl. auch *Endres* in Frenz/Müggenborg § 30 Rn. 3; *Fischer-Hüftle,* NuR 2007, 78 (84); a. A. *Meßerschmidt* § 30 Rn. 7). Dann aber verfiele jede landesrechtliche Regelung, die hinter dem bundesrechtlichen Standard zurückbleibt, dem Verdikt der Verfassungswidrigkeit.

B. Gesetzlicher Biotopschutz

I. Schutzgüter

Die gesetzlich geschützten Biotoptypen sind in § 30 Abs. 2 S. 1 BNatSchG im Einzel- 8
nen aufgeführt, indessen ist dieser Katalog nicht abschließend. Wie sich aus § 30 Abs. 2 S. 2 BNatSchG erschließt, können die Länder weitere Biotope bestimmen, die den Schutz des § 30 Abs. 2 S. 1 BNatSchG erfahren.

9 **1. Katalog des § 30 Abs. 2 S. 1 BNatSchG.** § 30 Abs. 2 S. 1 BNatSchG enthält einen Katalog von Biotoptypen, die unter ökologischen Aspekten besonders wertvoll, selten oder gefährdet sind und als solche des gesetzlichen Schutzes teilhaftig werden. Indem § 7 Abs. 2 Nr. 4 BNatSchG den **Begriff des Biotops** als „Lebensraum einer Lebensgemeinschaft wild lebender Tiere und Pflanzen" definiert, wird nicht bloß der Bezug zur Thematik des Artenschutzes offenbart, sondern zugleich verdeutlicht, dass der Sinn der Regelung in der Sicherung besonders bedeutender Biotope einschließlich des für sie typischen Arteninventars besteht (*Mühlbauer* in Lorz/Konrad/Mühlbauer/Müller-Walter/Stöckel § 30 Rn. 2; *Dreier* in Hoppenberg/de Witt HdbÖffBauR Kap. E Rn. 503). Anhand des Katalogs des § 30 Abs. 2 S. 1 BNatSchG können die Biotoptypen folgenden **Obergruppen** zugeordnet werden:

- Binnengewässerbiotope (Nr. 1): Naturnahe und unverbaute Bach- und Flussabschnitte, naturnahe Ufer und Verlandungsbereiche stehender Gewässer, Altarme und Überschwemmungsflächen
- Feuchtbiotope (Nr. 2): Moore, Sümpfe, Röhrichte, Großseggenrieder, seggen- und binsenreiche Nasswiesen, Quellbereiche, Binnensalzstellen
- Trockenbiotope (Nr. 3): offene Binnendünen, offene natürliche Block-, Schutt- und Geröllhalden, Lehm- und Lößwände, Zwergstrauch-, Ginster- und Wacholderheiden, Borstgras-, Trocken- und Schwermetallrasen, Wälder und Gebüsche trockenwarmer Standorte
- Waldbiotope (Nr. 4): Bruch-, Sumpf- und Auwälder, Schlucht-, Blockhalden- und Hangschuttwälder, subalpine Lärchen- und Lärchenarvenwälder
- Gebirgsbiotope (Nr. 5): offene Felsbildungen, Höhlen sowie naturnahe Stollen, alpine Rasen, Schneetälchen und Krummholzgebüsche
- Küsten- und Meeresbiotope (Nr. 6): Fels- und Steilküsten, Strandwälle, Dünen, Boddengewässer und Verlandungsbereiche, Salzwiesen und Wattflächen im Küstenbereich, Seegraswiesen, Riffe, sublitorale Sandbänke sowie artenreiche Kies-, Grobsand- und Schillbereiche
- Kulturbiotope (Nr. 7): Magere Flachland- und Berg-Mähwiesen, Streuobstwiesen, Steinriegel und Trockenmauern.

10 Der schon in § 30 Abs. 2 BNatSchG 2002 enthaltene Katalog der gesetzlich geschützten Biotope wurde im Zuge der **Novelle 2010** um die Großseggenriede, subalpine Lärchen- und Lärchen-Arvenwälder sowie Schlickgründe mit bohrender Megafauna ergänzt. Im Unterschied zur vormaligen Rechtslage sind Sandbänke des Sublitorals nicht mehr nur in der Ostsee, sondern auch in der Nordsee geschützt; davon können beispielsweise die in der deutschen Ausschließlichen Wirtschaftszone gelegenen Teile der Doggerbank profitieren. Zu der längst überfälligen Einbeziehung naturnaher Buchenwälder (hierzu *Gellermann* NVwZ 2002, 1025 (1031)), für deren dauerhafte Sicherung die Bundesrepublik Deutschland eine besondere Verantwortung trägt, konnte sich der Gesetzgeber dagegen nicht entschließen. Höhlen und naturnahe Stollen fanden dagegen bereits mit dem **Änderungsgesetz 2017** (BGBl. I 3434) Aufnahme in den Katalog der geschützten Biotope, um auf diesem Wege den Schutz heimischer Fledermausarten sowie weiterer spezialisierter Tierarten zu verbessern, zu denen namentlich verschiedene Schmetterlings-, Köcherfliegen- und Mückenarten sowie Springschanz- und Spinnenarten gehören (BT-Drs. 18/11939, 16). In ihrem Aktionsprogramm Insektenschutz 2019 machte die Bundesregierung darauf aufmerksam, dass die Liste der gesetzlich geschützten Biotope im Interesse eines verbesserten Insektenschutzes nochmals um wichtige Lebensräume erweitert werden müsste (BMU Aktionsprogramm Insektenschutz S. 33). Mit dem **Insektenschutzgesetz** (BGBl. 2021 I 3908) reagierte der Gesetzgeber darauf und ergänzte den Katalog des § 30 Abs. 2 BNatSchG um die neue Nummer 7, die den

FFH-Lebensraumtypen der Mageren Flachland-Mähwiesen (LRT 6510) und der Berg-Mähwiesen (LRT 6520) sowie Streuobstwiesen, Steinriegeln und Trockenmauern den gesetzlichen Schutz vermittelt.

11 Ob eine Fläche die Eigenschaften eines der im Katalog des § 30 Abs. 2 S. 1 BNatSchG aufgeführten Biotope erfüllt, beurteilt sich anhand der **tatsächlichen Verhältnisse** (*Kerkmann* § 6 Rn. 8). Sind die für den jeweiligen Biotoptyp charakteristischen Merkmale im Einzelfall erfüllt, spielt keine Rolle, ob das jeweilige Biotop **natürlichen Ursprungs** ist oder **künstlich geschaffen** wurde (*Krohn* in Kolodziejcok/Endres/Krohn/Markus Kennzahl 0675 Rn. 5). Dafür bieten naturnahe Stollen, Steinriegel und Trockenmauern anschaulichen Beleg, die ihre Entstehung dem Wirken des Menschen verdanken. Daneben ist an aufgelassene Kies- und Sandgruben oder (noch) nicht wiedernutzbar gemachte Braunkohletagebaue zu erinnern, die als Sekundärbiotope über einen hohen ökologischen Wert verfügen können und den gesetzlichen Schutz namentlich dann genießen, wenn sich dort nach Einstellung der Abgrabungstätigkeit naturnahe Binnengewässer (§ 30 Abs. 2 S. 1 Nr. 1 BNatSchG), Röhrichtbestände (§ 30 Abs. 2 S. 1 Nr. 2 BNatSchG), Bruch- und Auwälder (§ 30 Abs. 2 S. 1 Nr. 4 BNatSchG) oder andere Biotoptypen ausgebildet haben (vgl. nur OVG Lüneburg ZUR 2007, 43 (44); OVG Münster NVwZ-RR 2001, 662 (663)). Der Ausnahmevorschrift des § 30 Abs. 6 BNatSchG bedürfte es nicht, wenn die vormals zur Gewinnung von Bodenschätzen genutzten Flächen von § 30 Abs. 2 S. 1 BNatSchG nicht erfasst wären (VG Cottbus NuR 2015, 66 (67)). Der gesetzliche Schutz kommt im Übrigen unabhängig davon zum Tragen, ob sich ein Biotop im **Außenbereich** oder innerhalb der im Zusammenhang bebauten **Ortslagen** befindet (*Krohn* in Kolodziejcok/Endres/Krohn/Markus Kennzahl 0675 Rn. 7). Auch hängt der Schutz nicht von einem mehr oder weniger günstigen Erhaltungszustand des Biotops ab, solange es den an die **Mindestausstattung** des charakteristischen Arteninventars zu stellenden Anforderungen (noch) entspricht. § 30 Abs. 2 S. 1 BNatSchG enthält zudem keine Angaben über **Mindestflächengrößen,** von deren Überschreitung der gesetzliche Schutz abhinge. Der auf den „Lebensraum" einer Lebensgemeinschaft verweisenden Definition des § 7 Abs. 2 Nr. 4 BNatSchG ist allenfalls zu entnehmen, dass Kleinst- bzw. Bagatellflächen von § 30 Abs. 2 S. 1 BNatSchG nicht erfasst sind. Insoweit dürfte es unbedenklich sein, wenn in den Registrierungsvorgaben der Länder naturschutzfachlich begründete Mindestgrößen bzw. Mindestflächen genannt werden (*Kratsch/Czybulka/Schumacher* in Schumacher/Fischer-Hüftle § 30 Rn. 14).

12 Für Zwecke der Identifikation der in § 30 Abs. 2 S. 1 BNatSchG mitunter nur stichpunktartig angesprochenen Biotope bzw. Biotoptypen kann auf die in der Gesetzesbegründung enthaltenen **Definitionen und Erläuterungen** zurückgegriffen werden (BT-Drs. 14/6378, 66ff.; BT-Drs. 16/12274, 63). Die dortige Umschreibung der Biotope, welche die für den jeweiligen Typ prägenden morphologischen Kriterien sowie für ihn charakteristische Pflanzengesellschaften und/oder -arten benennt, ist zwar keine authentische Interpretation der gesetzlichen Merkmale, zeugt als Teil der Gesetzesbegründungen aber doch von den Vorstellungen, die der Gesetzgeber bei Schaffung des Katalogs der Schutzgüter hatte (vgl. OVG Lüneburg BeckRS 2005, 27610; BeckRS 2016, 111741 Rn. 35; NuR 2020, 413f.; *Kratsch/Czybulka/Schumacher* in Schumacher/Fischer-Hüftle § 30 Rn. 13). Dementsprechend sind zumindest die Lebensräume, die den in den Erläuterungen enthaltenen Merkmalen entsprechen, von den Begrifflichkeiten des § 30 Abs. 2 S. 1 Nr. 1–7 BNatSchG umfasst. Ergänzend kann – jedenfalls mit Blick auf jene Biotope, die zum Kreis der in Anhang I FFH-RL bezeichneten Lebensraumtypen zählen (z.B. Riffe, Sandbänke, Schwermetallrasen, Auwälder, Magere Flachlandmähwiesen, Berg-Mähwiesen) – auf entsprechende Erläuterungen im **Interpretationshandbuch der Lebensräume der Europäischen Union** (European Commission DG Environment, In-

terpretation Manual of European Union Habitats, EUR 28, April 2013) Rückgriff genommen werden. Mag die in § 30 Abs. 2 S. 3 BNatSchG 2002 enthaltene Inbezugnahme des § 34 BNatSchG auch entfallen sein, ändert dies doch nichts daran, dass mit den im Katalog enthaltenen Begriffen jedenfalls auch die entsprechenden Lebensräume des Anhangs I FFH-RL erfasst werden sollten (vgl. BT-Drs. 14/6378, 52).

13 **2. Begrenzungen des gesetzlichen Schutzes bestimmter Biotoptypen.** In Ansehung einzelner der im Katalog des § 30 Abs. 2 S. 1 BNatSchG genannten Biotope wird der gesetzliche Schutz in seiner Reichweite ein Stück weit begrenzt. Nach § 30 Abs. 2 Satz 3 BNatSchG gilt Satz 1 Nummer 5 von vornherein nicht für genutzte Bereiche von **Höhlen und naturnahen Stollen.** Zu denken ist dabei namentlich an bergbaulich genutzte Stollen und touristisch erschlossene Teile natürlicher Höhlen, daneben aber auch an Besucherbergwerke oder an Eiskeller, die sich in Höhlen oder Stollen befinden und zur Lagerung von Lebensmitteln genutzt werden. Für sämtliche Höhlen und naturnahe Stollen gilt im Übrigen, dass die ihrem Schutz dienenden Verbote nicht für Maßnahmen der Verkehrssicherung gelten. Nach der Gesetzesbegründung gehören dazu Verkehrssicherungsmaßnahmen innerhalb der Höhlen bzw. Stollen, aber auch außerhalb derselben an der Geländeoberfläche; § 30 Abs. 2 S. 3 BNatSchG soll sich insbesondere auf Maßnahmen zur Vermeidung von Bergsenkungen beziehen, die erhebliche Auswirkungen auf die Verkehrsinfrastruktur wie Bundeswasserstraßen (Schleusen, Kanäle, Dämme) und die Vorflutverhältnisse betroffener Bereiche haben können (BT-Drs. 18/11939, 16). In einer dem Satz 3 vergleichbaren Weise stellt § 30 Abs. 2 S. 4 BNatSchG klar, dass Satz 1 Nummer 7 nicht für die Unterhaltung von **Funktionsgrünland auf Flugbetriebsflächen** gilt. Auf diesen Flächen hat sich infolge einer oftmals eher extensiven Bewirtschaftung, die auf den Einsatz von Düngemitteln und Pestiziden verzichtet, mehr oder minder artenreiches mesophiles Grünland entwickeln können, das die Merkmale des FFH-Lebensraumtyps der Mageren Flachlandmähwiesen (LRT 6510) erfüllt. Um sicherzustellen, dass es Flughafenunternehmen auch weiterhin möglich bleibt, ihre Flughäfen in betriebssicherem Zustand zu halten und ordnungsgemäß zu betreiben (§ 45 Abs. 1 LuftVZO), werden Maßnahmen zur **Unterhaltung** und Pflege des Funktionsgrünlandes von der Beachtung der Verbote entbunden (BT-Drs. 19/28182, 24).

14 **3. Landesrechtliche Erweiterungen.** Der bundesrechtliche Katalog ist nicht abschließend, sondern einer Ergänzung durch landesrechtliche Bestimmungen zugänglich. § 30 Abs. 2 S. 2 BNatSchG stellt klar, dass die Verbote des Satzes 1 auch für weitere **von den Ländern gesetzlich geschützte Biotope** gelten. Die Länder haben von der ihnen schon bislang zu Gebote stehenden Möglichkeit, weitere und aus ihrer Sicht besonders schützenswerte Biotoptypen in den gesetzlichen Schutz einzubeziehen, in unterschiedlichem Maße Gebrauch gemacht. Dies gilt beispielsweise für Feldhecken und Feldgehölze, Streuwiesen, Staudensäume trockenwarmer Standorte, Alleen, Sölle, Dolinen und Erdfälle, aufgelassene Steinbrüche, Kopfbaumgruppen und Obstbaumwiesen und -weiden (Übersicht bei *Kratsch/Czybulka/Schumacher* in Schumacher/Fischer-Hüftle § 30 Rn. 17). Bei solchen **Erweiterungen des gesetzlichen Schutzes** muss allerdings stets den verfassungsrechtlichen Begrenzungen Rechnung getragen werden. Namentlich dürfen sich die einschlägigen Regelungen nicht als unverhältnismäßige Bestimmungen des Inhalts und der Schranken des Eigentums (Art. 14 Abs. 1 S. 2, Abs. 2 GG) erweisen. Der gesetzliche Biotopschutz darf daher nur um der Sicherung solcher Biotope willen eingesetzt werden, an deren Erhaltung aus Gründen ihrer Seltenheit, Bedrohung, ökologischen Wertigkeit etc. ein Interesse der Allgemeinheit besteht, dem regelmäßig der Vorrang vor den Eigentumsbelangen gebührt (in dieser Hinsicht auch *Krohn* in Kolodziecok/End-

res/Krohn/Markus Kennzahl 0675 Rn. 6; *Meßerschmidt* § 30 Rn. 42). Mit Rücksicht darauf, dass die nunmehr in § 30 Abs. 2 S. 1 Nr. 7 BNatSchG genannten Grünlandbiotope erst kürzlich in mehreren Ländern vor dem Hintergrund von Volksbegehren dem gesetzlichen Biotopschutz unterstellt wurden, betont § 30 Abs. 8 BNatSchG ausdrücklich, dass die diesbezüglichen landesrechtlichen Regelungen unberührt bleiben (BT-Drs. 19/28182, 24).

II. Inhalt und Reichweite des gesetzlichen Schutzes

§ 30 Abs. 2 S. 1 BNatSchG untersagt alle Handlungen, die zu einer Zerstörung oder einer sonstigen erheblichen Beeinträchtigung der dem gesetzlichen Schutz unterfallenden Biotope führen können. Der Regelungsinhalt des § 30 Abs. 1 BNatSchG 2002 wird damit im Wesentlichen übernommen, indessen bewirkt die auf der Grundlage der konkurrierenden Gesetzgebungskompetenz für das Naturschutzrecht erlassene bundesrechtliche Vorschrift den Schutz der genannten Biotope nunmehr aus sich heraus. Die Biotope werden unmittelbar kraft Gesetzes geschützt; der Biotopschutz ist daher weder von einer gesonderten Schutzerklärung durch Verordnung oder Einzelakt noch von einer behördlichen Registrierung abhängig (vgl. nur *Albrecht* in BeckOK UmweltR § 30 Rn. 21; *Hendrischke/Kieß* in Schlacke § 30 Rn. 13; *Meßerschmidt* § 30 Rn. 3). **15**

1. Beginn und Ende des Schutzes. Der Konzeption des Instruments entsprechend wird der Schutzmechanismus aktiviert, wenn und sobald eine Fläche die charakteristischen Merkmale eines gesetzlich geschützten Biotoptyps erfüllt. Der in § 30 Abs. 7 BNatSchG thematisierten **Registrierung,** die sich nach Landesrecht richtet und zumeist in Biotopkartierungen, Listen oder Biotopverzeichnissen ihren Niederschlag findet, kommt daher eine lediglich **deklaratorische Bedeutung** zu (BVerfG NuR 2002, 27 (37); *Schmidt-Räntsch* in Gassner/Bendomir-Kahlo/Schmidt-Räntsch § 30 Rn. 3). Verliert eine Fläche die Eigenschaften eines gesetzlich geschützten Biotops (z. B. Änderung der Standortverhältnisse durch Pestizid- oder Stickstoffeintrag), entfällt zugleich der ihr zuvor gebührende gesetzliche Schutz selbst dann, wenn sie noch registriert ist. **16**

2. Zerstörungs- und Beeinträchtigungsverbot. Seinem Inhalt nach ist der gesetzliche Schutz ausweislich des § 30 Abs. 1 BNatSchG darauf gerichtet, Handlungen zu unterbinden, die zu einer Zerstörung oder sonstigen erheblichen oder nachhaltigen Beeinträchtigung der kraft Gesetzes unter Schutz gestellten Biotope führen können. Der **Begriff der Handlung** umfasst aktive Verhaltensweisen, während ein schlichtes Unterlassen (z. B. Zulassung der sukzessionsbedingten Beeinträchtigung einer Flachland-Mähwiese) nicht genügt (*Kerkmann* § 6 Rn. 9). Relevante Handlungen werden oftmals zugleich die Merkmale eines Eingriffs in Natur und Landschaft (§ 14 Abs. 1 BNatSchG) erfüllen, indessen untersagt § 30 Abs. 2 S. 1 BNatSchG auch solche Aktivitäten, die vom Eingriffsbegriff nicht erfasst werden (*Meßerschmidt* § 30 Rn. 55). Ob eine Handlung unmittelbar auf der von einem Biotoptyp eingenommenen Fläche oder außerhalb derselben **im räumlichen Umfeld** vorgenommen wird, ist nicht von Belang (*Krohn* in Kolodziejcok/Endres/Krohn/Markus Kennzahl 0675 Rn. 7). Stoffliche Einwirkungen auf dem Luftpfad, die maßgebliche Beeinträchtigungen eines Biotops herbeiführen, erfüllen den Tatbestand der Verbotsnorm daher selbst dann, wenn sie den von § 14 Abs. 1 BNatSchG vorausgesetzten Grundflächenbezug (→ § 14 Rn. 4 ff.) vermissen lassen (z. B. Steigerung der Kapazität einer Verbrennungsanlage, die zu einer Erhöhung der Stickstoffbelastung eines benachbarten Biotops mit nährstoffempfindlichen Pflanzengesellschaften führt). **17**

18 Die Verbotswirkung des § 30 Abs. 2 S. 1 BNatSchG hängt nicht davon ab, ob es tatsächlich zu einer Zerstörung oder erheblichen Beeinträchtigung eines Biotops kommt. Stattdessen wird die Verbotsfolge aktiviert, wenn die in Rede stehenden Handlungen die genannten negativen Folgen auslösen „können". Eine Handlung muss daher potenziell zur Herbeiführung der unerwünschten negativen Folgen geeignet sein, wobei eine **hinreichende Wahrscheinlichkeit des Erfolgseintritts** genügt, um die Verbotsfolge auszulösen (OVG Magdeburg BeckRS 2018, 16009 Rn. 198; OVG Lüneburg BeckRS 2020, 23149 Rn. 128; VG Münster BeckRS 2018, 8220 Rn. 104; *Albrecht* in BeckOK UmweltR § 30 Rn. 22; *Hendrischke/Kieß* in Schlacke § 30 Rn. 15; *Heugel* in Lütkes/Ewer § 30 Rn. 8 f.). Nach teilweise vertretener Auffassung soll dagegen schon die Möglichkeit im Sinne einer abstrakten Gefahr zur Aktivierung des Verbots ausreichen (*Endres* in Frenz/Müggenborg § 30 Rn. 10; *Meßerschmidt* § 30 Rn. 62; unklar *Kratsch/Czybulka/Schumacher* in Schumacher/Fischer-Hüftle, die eine hinreichende Wahrscheinlichkeit mit einer abstrakten Gefahr gleichsetzen).

19 **a) Zerstörung.** Der Begriff der Zerstörung meint die **physische Beseitigung** eines Biotops der gesetzlich geschützten Art, erfasst aber auch jede Handlung, die es mit sich bringt, dass die für den Biotoptyp **charakteristischen Eigenschaften entfallen** (*Hendrischke/Kieß* in Schlacke § 30 Rn. 15; *Krohn* in Kolodziejcok/Endres/Krohn/Markus Kennzahl 0675 Rn. 7). Typische Beispiele sind die Verfüllung naturnaher Kleingewässer (VGH München NuR 1995, 285 f.), die Auffüllung einer seggen- und binsenreichen Feuchtwiese (VG Augsburg NuR 2019, 429 f.), die Rodung einer Obstwiese (OVG Bautzen BeckRS 2001, 30473539) oder eines Birkenbruchwaldes (OVG Lüneburg NuR 2016, 139 (140 f.)), die Bebauung einer Zwergstrauch- und Wacholderheide (OVG Lüneburg NuR 1995, 470) oder die Abgrabung eines Trockenrasens (VGH Kassel NVwZ-RR 1993, 348 (349)), daneben aber auch das Aufdüngen einer Mageren Flachlandmähwiese durch die Ausbringung von Gülle im Rahmen der landwirtschaftlichen Bodennutzung, die zu einer Verdrängung der für diesen FFH-Lebensraumtyp charakteristischen Pflanzengesellschaft führt. Da sich das Verbot auf einzelne geschützte Biotopflächen (BVerwG BeckRS 2021, 9695 Rn. 28) und – im Unterschied zu § 23 Abs. 2 BNatSchG – nicht zugleich auch auf einzelne ihrer Bestandteile bezieht, kann von einer Zerstörung nur gesprochen werden, wenn das gesamte Biotop der Vernichtung anheimfällt, während die vollständige **Beseitigung einer Teilfläche** nicht als Zerstörung anzusehen ist (*Endres* in Frenz/Müggenborg § 30 Rn. 7; a. A. VG Münster BeckRS 2018, 8220 Rn. 104); an der Tatbestandlichkeit einer derartigen Handlung ändert dies freilich nichts, zumal es sich bei der Beseitigung einer nicht völlig unbedeutenden Teilfläche jedenfalls um eine erhebliche Beeinträchtigung des betreffenden Biotops handelt.

20 **b) Erhebliche Beeinträchtigung.** Unter einer erheblichen Beeinträchtigung sind negative Einwirkungen auf ein Biotop zu verstehen, die sich weniger drastisch als eine vollständige Zerstörung auswirken. Ausreichend ist hierfür eine **Verschlechterung des vorhandenen Zustandes,** die nach Art, Umfang oder Schwere nicht nur als unbedeutend zu bewerten ist oder zwar die Schwelle der Erheblichkeit nicht erreicht, aber dauerhaft wirkt und in absehbaren Zeiträumen nicht „von selbst heilt" (ebenso BVerwG BeckRS 2020, 47446 Rn. 636; VG Augsburg BeckRS 2020, 29762 Rn. 27; *Meßerschmidt* § 30 Rn. 61). Da es den im Rahmen des § 30 BNatSchG geschaffenen Verboten um die Bewahrung des Status quo der ihnen unterfallenden Biotoptypen geht, unterbinden sie sämtliche Handlungen, die den Bestand eines Biotops in Frage stellen, seinen Charakter grundlegend verändern oder seinen Wert und seine Eignung als Lebensraum für die ihm zugehörige Lebensgemeinschaft oder auf ihn angewiesenen Tier- und Pflanzenarten mindern. In erster Linie ist dabei an Maßnahmen zu denken, die mit einer flächenmäßigen

Inanspruchnahme des Biotops oder einem direkten Zugriff auf seine charakteristischen Merkmale einhergehen (z. B. VGH Mannheim NuR 1998, 146 f. – Straßenbau durch ein Großseggenried; OVG Lüneburg NuR 2007, 37 ff. – Anlage eines Gewässers in einem Feuchtbiotop; BVerwG NVwZ-RR 1999, 239 – Verbauung einer Steilküste mit einem Schutzwall; weitere Beispiele bei *Dreier* in Hoppenberg/de Witt HdbÖffBauR Kap. E Rn. 517).

Daneben werden aber auch mittelbare Einwirkungen vom Verbot erfasst, die sich negativ auf das für das jeweilige Biotop typische Arteninventar auswirken (*Marzik/Wilrich* § 30 Rn. 9). Das ist etwa der Fall, wenn es durch eine Nassabgrabung oder eine Grundwasserentnahme zu einer Absenkung des Grundwasserspiegels kommt, die sich beeinträchtigend auf eine seggen- und binsenreiche Nasswiese auswirkt. Daneben ist an den Eintrag von **Pflanzenschutzmitteln** zu denken, die auf Teilflächen eines Biotops zu einer Ausdünnung und Verarmung des Pflanzenarteninventars führen. Ins Blickfeld ist gerade in jüngerer Zeit auch die **Stickstoffbelastung** der Landschaft getreten (vgl. OVG Magdeburg BeckRS 2018, 16009 Rn. 199 ff.; OVG Berlin-Bbg ZUR 2020, 90 Rn. 48 ff.; OVG Lüneburg BeckRS 2020, 23149 Rn. 122 ff.). Der Eintrag von reaktiven Stickstoffverbindungen aus der Landwirtschaft (z. B. Düngung, Betrieb von Tierhaltungsanlagen) und durch Verbrennungsprozesse in Verkehr und Industrie zählt zu den wesentlichen Ursachen für die Beeinträchtigung und Gefährdung von Biotoptypen in Deutschland (vgl. *Finck/Heinze/Raths/Riecken/Ssymank* Rote Liste S. 70 ff.). Dessen ungeachtet hält das Bundesverwaltungsgericht unverbrüchlich an dem im Habitatschutzrecht akzeptierten (BVerwG ZUR 2019, 687 Rn. 30; kritisch *Gellermann* NuR 2019, 747 ff.) und auch im Felde des Biotopschutzes bemühten **Abschneidewert** von 0,3 kg N/(ha*a) fest (BVerwG BeckRS 2021, 9695 Rn. 29). Zum Ausdruck gebracht wurde aber immerhin, dass eine zusätzliche Belastung von 5 kg N(ha*a) den Bereich des Bagatellhaften bei Weitem überschreitet und auch Einträge in einer Größenordnung von 10% des biotopspezifischen Critical Load nicht als zu vernachlässigende Bagatelle eingestuft werden können (BVerwG BeckRS 2021, 9695 Rn. 29). Mag das Schutzniveau des gesetzlichen Biotopschutzes auch hinter jenem des unionsbasierten Habitatschutzrechts (§ 34 Abs. 1, 2 BNatSchG) zurückbleiben (BVerwG BeckRS 2021, 9695 Rn. 28; OVG Magdeburg BeckRS 2018, 16009 Rn. 199; OVG Lüneburg BeckRS 2020, 23149 Rn. 1292), ist damit jedenfalls geklärt, dass das **Critical-Load-Konzept** mit seinen naturwissenschaftlich begründeten Belastungsgrenzen für Vegetationstypen und andere Schutzgüter zur Beurteilung der Erheblichkeit von Stickstoffeinträgen herangezogen werden kann. Dabei belässt das unterschiedliche Schutzniveau nach den Erkenntnissen des Bundesverwaltungsgerichts Raum für Differenzierungen bei der Höhe der Critical Loads, die sich aber an den unterschiedlichen Maßstäben der Überzeugungsbildung im Hinblick auf die drohenden Beeinträchtigungen zu orientieren haben (BVerwG BeckRS 2021, 9695 Rn. 28). **21**

Auch wenn die genannten Beispiele dies nahe legen könnten, kommt es für die Erfüllung des Verbotstatbestandes nicht darauf an, dass gerade die typusbestimmenden und in den einschlägigen Definitionen und Erläuterungen aufgeführten Pflanzengesellschaften oder ihnen zugehörenden Pflanzenarten betroffen sind. Stattdessen genügt bereits, wenn **Tierarten** in Mitleidenschaft gezogen werden, die sich typischerweise in dem jeweiligen Biotop aufhalten, dort ihren Lebensraum oder ihre Lebensstätte haben oder einen Teil der Lebensgemeinschaft bilden, die das jeweilige Biotop nutzt (VGH Mannheim NVwZ 2004, 119 (120); VG Lüneburg, Beschl. v. 24.4.2003 – 2 B 14/03 – n.V.; *Albrecht* in BeckOK UmweltR § 30 Rn. 27; *Heugel* in Lütkes/Ewer § 30 Rn. 8). Die Gegenauffassung, die Tiere nicht zu den maßgeblichen Schutzobjekten rechnen möchte (*Marzik/Wilrich* § 30 Rn. 10), übersieht, dass eine solche Eingrenzung dem Zweck des **22** gesetzlichen Biotopschutzes zuwiderläuft, ist § 30 BNatSchG doch darauf gerichtet, einen wirksamen Beitrag zur Erhaltung der Artenvielfalt zu erbringen. Das schließt die im jeweiligen Biotop typischerweise anzutreffenden Tierarten notwendig ein. Dementsprechend läuft es dem Beeinträchtigungsverbot zuwider, wenn die Bekassine infolge der durch den Bau eines Verkehrsweges verursachten Störungen dauerhaft aus der seggen- und binsenreichen Nasswiese vertrieben wird oder der Kammmolch infolge straßenbaubedingter Zerschneidungen der Landschaft das naturnahe Kleingewässer nicht mehr erreichen kann, in dem er alljährlich das Laichgeschäft verrichtet.

23 **3. Legalausnahmen.** Während das Verbot des § 30 Abs. 2 S. 1 BNatSchG an sich alle Handlungen erfasst, die zu einer Zerstörung oder Beeinträchtigung gesetzlich geschützter Biotope führen können, hat der Gesetzgeber in § 30 Abs. 5, 6 BNatSchG bestimmte Handlungen im Wege der **Legalausnahme** von der Beachtung der Verbote freigestellt.

24 **a) Wiederaufnahme der land-, forst- und fischereiwirtschaftlichen Bodennutzung.** Anknüpfend an § 30 Abs. 2 S. 2 BNatSchG 2002 stellt § 30 Abs. 5 BNatSchG zunächst klar, dass bei Biotopen, die während der Laufzeit einer vertraglichen Vereinbarung oder der Teilnahme an einem öffentlichen Programm zur Bewirtschaftungsbeschränkung entstanden sind, die gesetzlichen Verbote des Absatzes 2 bei der Wiederaufnahme einer zulässigen land-, forst- oder fischereiwirtschaftlichen Bodennutzung nicht gelten, die innerhalb von 10 Jahren nach Beendigung des Vertrages oder der Teilnahme an dem in Rede stehenden Programm erfolgt. Die Vorschrift trägt dem Umstand Rechnung, dass der Biotopschutz zu beachten ist, wenn und sobald eine Fläche die charakteristischen Merkmale eines der im Katalog des § 30 Abs. 2 S. 1 BNatSchG genannten Biotope erfüllt. Da es auf den **Entstehungsgrund** nicht ankommt, genießen an sich auch solche Flächen den gesetzlichen Schutz, auf denen sich während der Laufzeit einer naturschutzvertraglichen Vereinbarung oder der Teilnahme an einem öffentlichen Programm geschützte Biotoptypen ausbilden (BVerwG BeckRS 2021, 3312 Rn. 5) und die betreffenden Flächen gleichsam in den Biotopschutz hineinwachsen. Eine **Wiederaufnahme** der ursprünglichen Nutzungsart bzw. -intensität, die zur Zerstörung des Biotops führt, wäre dann untersagt und könnte allenfalls unter Inanspruchnahme einer einzelfallbezogenen Ausnahme oder Befreiung zugelassen werden. Solche Konsequenzen können dazu führen, dass die Grundeigentümer bzw. Nutzer der Flächen nicht bereit sind, entsprechende Verträge abzuschließen oder an Programmen zur Bewirtschaftungsbeschränkung teilzunehmen. Um diesen Tendenzen zu begegnen, stellt § 30 Abs. 5 BNatSchG die innerhalb des Zeitraums von 10 Jahren erfolgende Wiederaufnahme einer zulässigen Bodennutzung von den Bindungen des gesetzlichen Biotopschutzes frei. Nicht anders als bei § 14 Abs. 3 S. 1 BNatSchG verbirgt sich dahinter der Gedanke, dass **Naturschutz auf Zeit** in jedem Falle besser als das vollständige Absehen von Maßnahmen des Naturschutzes ist (vgl. hierzu OVG Lüneburg BeckRS 2020, 16513 Rn. 48; *Albrecht* in BeckOK UmweltR § 30 Rn. 37 f.; *Kautz/Bergt* ZUR 2019, 464 (470)).

25 Als Ausnahme von dem gesetzlichen Verbot bedarf die Vorschrift freilich restriktiver Handhabung. In erster Linie muss die bisherige Nutzung aufgrund einer **naturschutzvertraglichen Vereinbarung** oder der Teilnahme an einem **öffentlichen Programm** zur Bewirtschaftungsbeschränkung eingeschränkt worden sein. Nicht anders als im Kontext des § 14 Abs. 3 Nr. 1 BNatSchG genügt nicht die Teilnahme an jedwedem öffentlichen Programm zur Bewirtschaftungseinschränkung; vielmehr muss es sich um ein Programm handeln, das vorrangig den Zielen des Naturschutzes und der Landschaftspflege dient (vgl. BVerwG NVwZ-RR 2019, 896; *Kratsch/Czybulka/Schumacher* in Schumacher/Fischer-Hüftle § 30 Rn. 69). Ist diese Bedingung erfüllt, kommt die Legalausnah-

me dennoch nur zum Tragen, wenn das geschützte Biotop **innerhalb des Zeitraums** der auf freiwilliger Basis erfolgten Nutzungseinschränkung entstanden ist, während § 30 Abs. 5 BNatSchG den hiervon zu unterscheidenden Fall nicht erfasst, in dem ein Biotoptyp bereits vor der Nutzungseinschränkung in womöglich schlechter Ausprägung vorhanden war und sich sein Zustand während der Vertrags- oder Programmlaufzeit stabilisiert hat. Die im Rahmen der Teilnahme an einem Kulturlandschaftsprogramm auf einer vormaligen Ackerfläche entstandene seggen- und binsenreiche Nasswiese unterfällt daher dem § 30 Abs. 5 BNatSchG, nicht aber die Magere Flachlandmähwiese (LRT 6510), deren Zustand sich während der Laufzeit eines zur Extensivierung der Grünlandnutzung verpflichtenden Naturschutzvertrages verbessert hat. Im Übrigen werden nur Handlungen privilegiert, die sich als **Akt der Bodennutzung** erweisen. Das folgt zwar nicht aus dem Wortlaut, ergibt sich aber aus dem systematischen Zusammenhang mit § 14 Abs. 3 S. 1 BNatSchG, der auf demselben Regelungsgedanken beruht. Ein Landwirt, der sich vertraglich zur extensiven Nutzung seines Intensivgrünlandes verpflichtet hat, kann daher nach Beendigung der Vertragslaufzeit die vormals intensive Grünlandbewirtschaftung wieder aufnehmen, ohne durch Verbote des gesetzlichen Biotopschutzes daran gehindert zu sein. Bedarf es dagegen zur Wiederaufnahme der vormaligen Nutzung **vorbereitender Maßnahmen** (z. B. Wiederherstellung von Entwässerungseinrichtungen), haben solche Handlungen keinen Anteil an der Privilegierung des § 30 Abs. 5 BNatSchG, weil es sich dabei nicht um Akte der Bodennutzung handelt. Schließlich bedarf der Erwähnung, dass die Vorschrift des § 30 Abs. 5 BNatSchG nur **zulässige Bodennutzungen** erfasst. Ist die in Rede stehende Nutzung mit anderen Normen des Naturschutzrechts (z. B. Arten- oder Habitatschutz) oder des Fachrechts (z. B. Umwandlungsverbot für Grünland) unvereinbar, kommt § 30 Abs. 5 BNatSchG gleichfalls nicht zum Tragen.

b) Wiederaufnahme der Gewinnung von Bodenschätzen. Der § 30 Abs. 6 BNatSchG ist das Ergebnis eines im Verlauf des Gesetzgebungsverfahrens erzielten Kompromisses. Während sich der Bundesrat für eine Freistellung der Gewinnung von Bodenschätzen von den Bindungen an den gesetzlichen Biotopschutz aussprach, der stets dann zum Tragen kommen sollte, wenn auf der Fläche eines bergrechtlichen Betriebsplans (§§ 52 ff. BBergG) nach dessen Genehmigung ein gesetzlich geschützter Biotoptyp entsteht (BR-Drs. 16/13298, 7), machte sich der Gesetzgeber den weniger weitgehenden Vorschlag der Regierungsfraktionen zu Eigen (BT-Drs. 16/13430, 51). § 30 Abs. 6 BNatSchG kommt daher nur zum Tragen, wenn ein gesetzlich geschütztes Biotop durch die abbaubedingte Veränderung von Natur und Landschaft infolge einer eingeschränkten oder unterbrochenen Gewinnung von Bodenschätzen entsteht. **26**

Die Vorschrift gilt für die Gewinnung von Bodenschätzen unabhängig davon, ob sie auf berg-, wasser-, immissionsschutz- oder abgrabungsrechtlichen Zulassungen beruht (*Kautz/Bergt* ZUR 2019, 464 (468)). Das Gesetz erläutert nicht, was unter einer Gewinnung von Bodenschätzen zu verstehen ist, indessen liegt es nahe, insoweit auf die **Definition des § 4 Abs. 2 BBergG** abzustellen (in dieser Hinsicht *Pins* in Pins/Schulte/Graf Vitzthum BBergG, 3. Aufl. 2020 § 56 Anhang Rn. 392; offen gelassen von VG Cottbus NuR 2015, 66 (67 f.)). § 30 Abs. 6 BNatSchG bezieht sich daher auf das Lösen und Freisetzen von Bodenschätzen einschließlich der damit zusammenhängenden vorbereitenden, begleitenden und nachfolgenden Tätigkeiten (hierzu *Blatt* in Frenz BBergG 2019 § 4 Rn. 9 ff.). Die Vorschrift betrifft ausschließlich die Beseitigung von Biotopen, die im Zuge einer zulässigen Gewinnung von Bodenschätzen auf den jeweiligen Abgrabungsflächen infolge einer Einschränkung oder Unterbrechung der Gewinnungstätigkeit entstanden sind. Die Gewinnung des Bodenschatzes muss **ursächlich** für die Entstehung des Biotops gewesen sein (*Meßerschmidt* § 30 Rn. 104; *Pins* in Pins/Schulte/Graf Vitzthum **27**

BBergG, 3. Aufl. 2020 § 56 Anhang Rn. 392). Bei der behördlichen Entscheidung über die Zulassung der Gewinnungstätigkeit entbindet § 30 Abs. 6 BNatSchG daher nicht von der Beachtung der Verbote des § 30 Abs. 2 S. 1 BNatSchG (*von Mäßenhausen* in Bold/Weller/Kühne/von Mäßenhausen BBergG, 2. Aufl. 2016 Anh. § 48 Rn. 102 Fn. 316). Im Hinblick auf Biotope, die auf Abgrabungsflächen während einer **Unterbrechung der Gewinnungstätigkeit** entstanden sind, stellt § 30 Abs. 6 BNatSchG die Wiederaufnahme der Gewinnung eines Bodenschatzes von der Beachtung der Verbote des gesetzlichen Biotopschutzes frei, sofern dies innerhalb des zeitlichen Rahmens von 5 Jahren erfolgt. Schon daraus folgt, dass Gewinnungstätigkeiten, die im konkreten Fall von der behördlichen Zulassung nicht gedeckt sind, von § 30 Abs. 6 BNatSchG nicht erfasst werden (so aber *Kautz/Bergt* ZUR 2019, 464 (470); zweifelnd *Meßerschmidt* § 30 Rn. 105). Die Vorschrift privilegiert die Wiederaufnahme einer zeitweilig unterbrochenen **zulässigen Gewinnung,** setzt daher gerade voraus, dass diese Handlung behördlich gestattet ist, weil sie andernfalls illegal wäre. Die Annahme, dass § 30 Abs. 6 BNatSchG in Ansehung einer von der behördlichen Zulassung gedeckten Wiederaufnahme der Gewinnung entbehrlich wäre (*Kautz/Bergt* ZUR 2019, 464 (469)), überschätzt die Reichweite der **Legalisierungswirkung** einschlägiger Zulassungsakte. Auch wenn es zutrifft, dass einschlägige Gestattungen die Feststellung beinhalten, dass ein Abgrabungsvorhaben mit (allen) öffentlich-rechtlichen Vorschriften vereinbar ist, gilt dies doch nur in Ansehung des im Zeitpunkt der behördlichen Entscheidung mindestens erkennbaren und von der Behörde geprüften Sachverhalts (vgl. BVerwG BeckRS 2021, 23360 Rn. 33). Nachträgliche Sachverhaltsänderungen, wie die Unterbrechung der Gewinnungstätigkeit und die hierdurch bedingte Entstehung von Biotopen, mögen theoretisch immer denkbar sein, sind aber im Genehmigungszeitpunkt nicht konkret vorhersehbar und werden von der Feststellungswirkung der behördlichen Gestattung nicht umfasst. Gerade weil eine sich den behördlichen Feststellungen verdankende Legalisierungswirkung gegenüber den zum Zeitpunkt der Genehmigungsentscheidung nicht erkennbaren Risikolagen nicht greift (*Kloepfer* Umweltrecht, 4. Aufl. 2016, § 13 Rn. 263), kann sie nachfolgenden Änderungen der maßgeblichen Umstände nicht entgegengehalten werden (vgl. BVerfG NVwZ 2010, 771 Rn. 38; BVerwG NVwZ 2009, 650 Rn. 27; ferner *Keienburg* in Bold/Weller/Kühne/von Mäßenhausen BBergG, 2016 § 69 Rn. 28; *Seibert* BImSchG § 13 Rn. 123). Die Existenz des § 30 Abs. 6 BNatSchG bestätigt diesen Befund und bietet Gewähr dafür, dass die innerhalb eines zeitlichen Rahmens von 5 Jahren erfolgende Wiederaufnahme einer behördlich zugelassenen Gewinnung von Bodenschätzen durch den gesetzlichen Biotopschutz weder verhindert noch erschwert wird. Zu denken ist dabei etwa an die abbaubedingte Entstehung naturnaher und von gefährdeten Amphibien (z. B. Gelbbauchunke, Geburtshelferkröte) während der Unterbrechungsphase besiedelten Kleingewässern in einem Steinbruch. In solchen Fällen wird die Wiederaufnahme der Gewinnungstätigkeit ermöglicht, ohne dass zuvor eine Ausnahme oder Befreiung vom gesetzlichen Biotopschutz erwirkt werden müsste. Erfolgt die Wiederaufnahme dagegen erst nach einer länger als 5 Jahre währenden Unterbrechung, können die entsprechenden Handlungen ohne Verstoß gegen § 30 Abs. 2 S. 1 BNatSchG nur auf der Grundlage einer einzelfallorientierten Ausnahme oder einer Befreiungsentscheidung vorgenommen werden.

III. Einzelfallorientierte Abweichungen

28 **1. Ausnahmen und Befreiungen.** Jenseits der genannten Legalausnahmen ermächtigt § 30 Abs. 3 BNatSchG auf einen entsprechenden **Antrag** hin zur Erteilung **einzelfallbezogener Ausnahmen** vom gesetzlichen Biotopschutz. Während § 30 Abs. 2 S. 1 BNatSchG 2002 noch vorsah, dass solche Ausnahmen aus überwiegenden Gründen des

Gemeinwohls zugelassen werden können (hierzu BVerwG NuR 2003, 351 (352)), darf eine sich auf § 30 Abs. 3 BNatSchG gründende Ausnahme zugelassen werden, wenn die Beeinträchtigungen des betroffenen Biotops ausgeglichen werden können. Da der **Begriff des Ausgleichs** im Sinne des § 15 Abs. 2 S. 2 BNatSchG zu verstehen ist (BT-Drs. 16/122274, 63; OVG Lüneburg Urt. v. 4.7.2017 – 7 KS 7/15, juris Rn. 153), entfalten Ersatzmaßnahmen von vornherein keine rechtfertigende Kraft (OVG Hamburg BeckRS 2020, 11814 Rn. 63). Erforderlich ist vielmehr die Herstellung eines gleichartigen Biotops, das in den standörtlichen Gegebenheiten und seinen Dimensionen mit dem beeinträchtigten Biotop weitgehend übereinstimmt (*Hendrischke/Kieß* in Schlacke § 30 Rn. 19). Handelt es sich bei dem betroffenen Biotoptyp um einen solchen, der über sehr **lange Entwicklungszeiträume** verfügt, kommt eine Ausgleichbarkeit von vornherein nicht in Frage (*Kratsch/Czybulka/Schumacher* in Schumacher/Fischer-Hüftle § 30 Rn. 53); das gilt etwa für intakte Hochmoore, offene Felsbildungen oder natürliche Höhlen. Aber auch im Übrigen ist zu berücksichtigen, dass die Fachwissenschaft knapp die Hälfte aller in Deutschland vorkommenden Biotoptypen für in planbaren Zeiträumen (bis 15 Jahren) nicht wiederherstellbar bewertet (*Finck/Heinze/Raths/Riecken/Ssymank* Rote Liste S. 96 f.). Die Aussage bezieht sich nicht speziell auf die gesetzlich geschützten Biotope, lässt aber erahnen, dass auch von deren Ausgleichbarkeit oftmals nicht wird ausgegangen werden können, zumal ein Ausgleich stets innerhalb eines angemessenen Zeitraums zu erfolgen hat (§ 15 Abs. 5 BNatSchG; → § 15 Rn. 15). Im Übrigen ist daran zu erinnern, dass ein **räumlicher Zusammenhang** zwischen dem geschädigten Biotop und der zum Ausgleich vorgesehenen Fläche erforderlich ist, der Gewähr dafür bietet, dass die eingriffsbedingten funktionalen Verflechtungen wiederhergestellt werden (OVG Hamburg BeckRS 2020, 11814 Rn. 68; → § 15 Rn. 20); lässt sich ein gleichartiger Biotoptyp nur in einer Entfernung wiederherstellen, die eine Rückwirkung der Maßnahme auf die geschädigten oder zerstörten Biotopflächen nicht erwarten lässt, handelt es sich allenfalls um eine **Ersatzmaßnahme,** die eine sich auf § 30 Abs. 3 BNatSchG gründende Ausnahme nicht rechtfertigt. Die Zerstörung eines Wildbienenbiotops kann daher sicherlich nicht unter Hinweis darauf zugelassen werden, in einer 13 km entfernten Sandgrube würden Maßnahmen zugunsten der betreffenden Lebensgemeinschaft ergriffen (unklar BVerwG BeckRS 2016, 42166 Rn. 11).

Kann im Einzelfall auf eine Ausgleichbarkeit des betroffenen Biotops erkannt werden, **29** steht die Erteilung der Ausnahme im Ermessen der zuständigen Behörde (VGH München BeckRS 2012, 56489 Rn 10; OVG Bautzen BeckRS 2015, 51826 Rn. 34; *Hendrischke/Kieß* in Schlacke § 30 Rn. 19). Die Annahme, dass für eine Ermessensbetätigung ein allenfalls geringer Spielraum verbliebe, weil der Erteilung einer Ausnahme ggf. entgegenstehende öffentliche Belange bereits bei der Prüfung der tatbestandlichen Voraussetzungen des § 30 Abs. 3 BNatSchG geprüft werden müssten (*Endres* in Frenz/Müggenborg § 30 Rn. 24; *Krohn* in Kolodziejcok/Endres/Krohn/Markus Kennzahl 0675 Rn. 28), lässt sich nicht mehr aufrecht erhalten, nachdem die vormals durch § 30 Abs. 2 S. 1 BNatSchG 2002 eröffnete Option der Ausnahmeerteilung aus überwiegenden Gründen des Gemeinwohls entfallen ist (*Meßerschmidt* § 30 Rn. 73).

Kann die Beeinträchtigung eines geschützten Biotops nicht bzw. nicht in der von **30** Rechts wegen gebotenen Weise ausgeglichen werden, ist die Hürde des gesetzlichen Biotopschutzes nur noch im Wege der Erteilung einer Befreiung überwindbar. § 67 Abs. 1 BNatSchG ermächtigt unter den dort bezeichneten Bedingungen zur Erteilung eines Dispenses von den Ge- und Verboten dieses Gesetzes und bildet daher zugleich die Rechtsgrundlage, um aus überwiegenden Gründen des öffentlichen Interesses von den Verboten des gesetzlichen Biotopschutzes abzuweichen (→ § 67 Rn. 11).

31 **2. Biotopschutz, Bauleitplanung und plankonforme Vorhaben.** Auch wenn die kommunale Bauleitplanung Beeinträchtigungen geschützter Biotope nicht aus sich heraus bewirkt, sondern sich im Regelfall auf die planerische Vorbereitung einer für den Biotopschutz bedeutsamen Bodennutzung beschränkt, kann sich die zur Überplanung gesetzlich gesicherter Biotope entschlossene Gemeinde nicht einfach abwägend über die diesbezüglichen Integritätsinteressen hinwegsetzen. Mögen die Verbote des § 30 Abs. 2 BNatSchG auch an sich nur tatsächliche Einwirkungen negativer Art, nicht aber deren **planerische Vorbereitung** betreffen (vgl. hierzu nur BVerwG NVwZ-RR 1998, 162 (163); OVG Koblenz NVwZ-RR 2008, 455; OVG Hamburg BeckRS 2020, 11814 Rn. 62; eingehend *Schrödter/Gellermann* in Schrödter BauGB, 9. Aufl. 2019 § 1a Rn. 248; *Lau* Der Naturschutz in der Bauleitplanung, 2012 Rn. 129 ff.; *Fischer* NuR 2007, 307 (309)) können sie sich für die Bauleitplanung dennoch als **wirksames Hindernis** erweisen. Verantwortlich zeichnet dafür die Bestimmung des § 1 Abs. 3 BauGB, nach der die Gemeinden Bauleitpläne aufzustellen haben, sobald und soweit dies für die städtebauliche Entwicklung und Ordnung erforderlich ist. Erforderlich im Sinne dieser Vorschrift ist ein Bauleitplan aber stets nur dann, wenn er seinem städtebaulichen Gestaltungsauftrag auch gerecht werden kann. Ist dagegen bereits im Zeitpunkt seiner Aufstellung erkennbar, dass er wegen bestehender dauerhafter rechtlicher Hinderungsgründe nicht verwirklicht werden kann, verfehlt er seinen städtebaulichen Entwicklungs- und Ordnungsauftrag, ist als solcher nicht erforderlich und verfällt aus Gründen einer Verletzung des § 1 Abs. 3 BauGB dem Verdikt der Ungültigkeit. An genau dieser Stelle, die zumeist unter dem Stichwort der **mangelnden Vollzugsfähigkeit** erörtert wird, setzen die Verbote des gesetzlichen Biotopschutzes an. Erweist sich nämlich, dass die Darstellungen bzw. Festsetzungen eines Bauleitplans nur unter Verletzung einschlägiger Verbote umgesetzt werden können, entspricht der Plan nicht den Anforderungen des § 1 Abs. 3 BauGB (vgl. nur *Fischer* NuR 2007, 309 f.; *Schiller* in Bracher/Reidt/Schiller Bauplanungsrecht, 8. Aufl. 2014 Rn. 97 *Vogt* ZUR 2006, 21 (26)). Die Gemeinde muss daher bereits im Aufstellungsverfahren prognostisch beurteilen, ob die Realisierung der in Vorbereitung befindlichen Bodennutzung Konflikte mit dem Verbot des § 30 Abs. 2 BNatSchG hervorruft und ob ein entsprechender Konflikt im Vollzug des Bauleitplans durch Erteilung einer Ausnahme oder Befreiung bewältigt werden kann. Erweist sich der gesetzliche Biotopschutz für die Umsetzung der Planung als durch Ausnahmen oder Befreiungen unüberwindliches Hindernis, muss sich die Gemeinde von ihren planerischen Vorstellungen verabschieden. Ist dagegen absehbar, dass die zur Umsetzung der Bauleitplanung erforderlichen Maßnahmen in den Genuss einer entsprechenden Ausnahme oder Befreiung gelangen wird, kann die Gemeinde in die **Ausnahme- bzw. Befreiungslage** hineinplanen (eingehend zum Vorstehenden *Gellermann/Schreiber* Schutz wildlebender Tiere und Pflanzen, 2007 S. 105 ff.). Dem Grunde nach ändert das aber nichts daran, dass die zur Umsetzung der Planung bestimmten Maßnahmen nur durchgeführt werden dürfen, wenn dem jeweiligen Vorhaben zuvor tatsächlich eine Ausnahme oder Befreiung erteilt wurde.

32 An diese Rechtslage anknüpfend hat der Gesetzgeber mit § 30 Abs. 4 BNatSchG den Versuch unternommen, das Verhältnis zwischen dem gesetzlichen Biotopschutz, der Bauleitplanung und einer nachfolgenden Zulassung plankonformer Vorhaben zu vereinfachen. Obwohl Bebauungspläne aus sich heraus den Verbotstatbestand des § 30 Abs. 2 BNatSchG nicht erfüllen, können die Gemeinden nach § 30 Abs. 4 S. 1 BNatSchG bei der Aufstellung, Änderung oder Ergänzung eines Bebauungsplans – gleichsam im **Vorgriff auf die Phase der Planverwirklichung** – auf die Erteilung einer Ausnahme vom gesetzlichen Biotopschutz oder einer sich auf § 67 Abs. 1 BNatSchG gründenden Befreiung antragen. Mit dieser gesetzgeberischen Entscheidung ist der Rechtsprechung,

vermöge derer die einer planenden Gemeinde erteilte Ausnahme bzw. Befreiung „ins Leere geht" (VGH München DÖV 2003, 638 (639); bestätigt durch BVerwG NVwZ 2004, 1242 (1243); ferner *Fischer* NuR 2007, 307 (314); *Kube* NVwZ 2005, 515 (518)), die Grundlage entzogen (*Albrecht* in BeckOK UmweltR § 30 Rn. 35). Wird dem Antrag der Gemeinde entsprochen, steht fest, dass die Verwirklichung des Bebauungsplans nicht an den Hürden des gesetzlichen Biotopschutzes scheitert. Zugleich verbindet sich hiermit für den Träger eines der Planung entsprechenden Vorhabens insoweit eine Erleichterung, als er aus Gründen des § 30 Abs. 4 S. 2 BNatSchG der Notwendigkeit enthoben ist, weitere Ausnahmen oder Befreiungen vom gesetzlichen Biotopschutz zu beantragen, wenn er mit der Durchführung seines Vorhabens innerhalb von sieben Jahren nach Inkrafttreten des Bebauungsplans beginnt. Das Risiko, dass die Realisierung eines **plankonformen Vorhabens** nach Ablauf dieser Frist an den Anforderungen des gesetzlichen Biotopschutzes scheitert, weil eine Ausnahme oder Befreiung in Ansehung der Gegebenheiten des Einzelfalles nicht erteilt wird, trägt der jeweilige Grundeigentümer (*Kuschnerus* Der sachgerechte Bebauungsplan, 4. Aufl. 2010 Rn. 670). Im Übrigen erfasst die (zeitweilige) Freistellung vom Recht des Biotopschutzes im Geltungsbereich eines nach § 30 Abs. 4 S. 1 BNatSchG aufgestellten Bebauungsplans lediglich jene Biotope, auf die sich die Erteilung einer Ausnahme oder Befreiung bezogen hat. Die zu diesem Zeitpunkt nicht identifizierten oder erst nach Aufstellung eines Bebauungsplans entstandenen Biotope werden von § 30 Abs. 4 S. 2 BNatSchG nicht erfasst (*Schrödter/Gellermann* in Schrödter BauGB, 9. Aufl. 2019 § 1a Rn. 274).

Der Regelung ist fraglos zu konzedieren, dass sie den Umgang mit dem gesetzlichen Biotopschutz bei der Aufstellung eines Bebauungsplans und seiner nachfolgenden Verwirklichung erleichtert (*Fischer-Hüftle* NuR 2008, 213 (217)). Dennoch ist der Gesetzgeber auf „halbem Wege stehen geblieben". Anstatt den Vorhabenträger (zeitweilig) von der Einholung einer Ausnahme bzw. Befreiung zu entbinden, wenn die Gemeinde im Aufstellungsverfahren eine naturschutzrechtliche Gestattung erhalten hat, die sie für die Planerstellung nicht benötigt, hätte es sich angeboten, den Vorbildern des Habitatschutzes und der Eingriffsregelung (§ 1a Abs. 3, 4 BauGB) folgend den gesetzlichen Biotopschutz auf die Ebene der Bauleitplanung **heraufzuzonen** und die ihr nachgelagerte Ebene der Planverwirklichung von den Bindungen an den gesetzlichen Biotopschutz zu befreien. Dann wären jedenfalls die schon absehbaren Diskussionen über den Regelungsinhalt einer der Gemeinde erteilten Ausnahme bzw. Befreiung vom gesetzlichen Biotopschutz vermieden worden. 33

C. Registrierung gesetzlich geschützter Biotope

Obwohl die im Katalog des § 30 Abs. 2 S. 1 BNatSchG genannten Biotope unmittelbar kraft Gesetzes geschützt sind, sieht § 30 Abs. 7 BNatSchG ihre **Registrierung** sowie deren „in geeigneter Weise" erfolgende **Veröffentlichung** vor. Diese Registrierung hat nur deklaratorischen Charakter (BVerfG NuR 2002, 27 (37); VGH Kassel NuR 2019 214 (125); *Endres* in Frenz/Müggenborg § 30 Rn. 29), trägt aber doch insoweit zur Verbesserung der Wirksamkeit des gesetzlichen Schutzes bei, als die betroffenen Personenkreise (z. B. Land-, Forst-, Fischereiwirte) oftmals erst durch die Erfassung und Veröffentlichung der Biotope von deren Existenz Kenntnis erhalten werden. Nur wer über entsprechende Informationen verfügt, kann sein Verhalten an den Verboten des § 30 Abs. 2 S. 1 BNatSchG ausrichten. Die Einzelheiten der Registrierung und Veröffentlichung hat allerdings keine bundesrechtliche Regelung erfahren. Wie dies zu erfolgen hat, beurteilt sich daher auch weiterhin anhand des jeweiligen Landesrechts. 34

D. Verhältnis zu weitergehenden Schutzvorschriften

35 Nach § 30 Abs. 8 BNatSchG lassen die den gesetzlichen Biotopschutz betreffenden Bestimmungen weiter gehende Schutzvorschriften einschließlich der Bestimmungen über Ausnahmen oder Befreiungen unberührt. Das gilt in erster Linie dann, wenn gesetzlich geschützte Biotope in Schutzgebieten liegen (BT-Drs. 16/12274, 64; hierzu *Hendrischke/Kieß* in Schlacke § 30 Rn. 33; *Krohn* in Kolodziejcok/Endres/Krohn/Markus Kennzahl 0675 Rn. 37). Ursächlich für solche räumlichen Überlagerungen kann zum einen die Optimierung der in einem Schutzgebiet gelegenen Flächen sein, die es mit sich bringt, dass ihnen die Qualität eines gesetzlich geschützten Biotops und damit zugleich der ihnen gebührende Schutz zuwächst (OVG Schleswig NuR 1998, 666 (667)). Umgekehrt können bereits existierende Biotope, die sich nicht selten inmitten schutzwürdiger und schutzbedürftiger Landschaftsräume finden, in den räumlichen Umgriff eines Schutzgebietes einbezogen werden. Kommt es zu derartigen **Überlagerungen,** stellt § 30 Abs. 8 BNatSchG ausdrücklich klar, dass die Anwendung der Vorschriften über den gesetzlichen Biotopschutz nicht von der Beachtung des womöglich strengeren Schutzregimes entbindet, das durch die Erklärung des Gebietes zum geschützten Teil von Natur und Landschaft begründet wurde (*Endres* in Frenz/Müggenborg § 30 Rn. 30). Strengere Schutzvorschriften können sich daneben aus einschlägigen Vorschriften des Artenschutzrechts ergeben. Soll ein naturnahes Kleingewässer (§ 30 Abs. 2 S. 1 Nr. 1 BNatSchG), das einer Population des Kammmolches als Laichgewässer dient, verfüllt werden, mag hierfür im Falle der Ausgleichbarkeit eine sich auf § 30 Abs. 3 BNatSchG gründende Ausnahme erteilt werden können. Die Schutzbestimmungen der §§ 44 ff. BNatSchG bleiben daneben aber vollen Umfangs beachtlich und können die Realisierung der Maßnahmen durchaus verhindern.

36 Mit dem Insektenvielfaltsgesetz (BGBl. 2021 I 3908) wurde die Unberührtheitsklausel zugleich auf bestehende landesrechtliche Regelungen erstreckt, die die in § 30 Abs. 2 S. 1 Nr. 7 BNatSchG genannten Biotope betreffen. Unberührt bleiben daher landesrechtliche Bestimmungen, die sich auf Flachland- und Berg-Mähwiesen, Streuobstbestände sowie Steinriegel und Trockenmauern beziehen, die neu in den bundesrechtlichen Katalog der gesetzlich geschützten Biotope aufgenommen wurden. Die Regelung erklärt sich daraus, dass einige Bundesländer erst kurz zuvor vor dem Hintergrund entsprechender Volksbegehren spezielle Regelungen zum Schutz dieser Biotoptypen in das Landesrecht aufgenommen hatten. Exemplarisch sei auf die Bestimmung des § 24 Abs. 2 NAGBNatSchG verwiesen, die in Umsetzung des **Niedersächsischen Weges** erlassen wurde und neben dem „mesophilen Grünland" zugleich auch „Streuobstbestände" ab einer bestimmten Größenordnung dem gesetzlichen Biotopschutz unterstellt (hierzu *Gellermann* in FS Louis 2021, 141 (147 f.)). Mit Rücksicht auf die in derartigen landesrechtlichen Vorschriften zum Ausdruck kommenden spezifisch regionalen Kompromisse, sah sich der Bundesgesetzgeber genötigt, deren Aufrechterhaltung durch die Ergänzung des § 30 Abs. 8 BNatSchG zu ermöglichen (BT-Drs. 19/28182, 24).

E. Landesrecht im Überblick

37 Von der durch § 30 Abs. 2 BNatSchG eröffneten Option, weitere Biotoptypen dem gesetzlichen Schutz zu unterstellen, haben die Bundesländer in unterschiedlichem Maße Gebrauch gemacht (→ Rn. 14), sind dabei aber nicht stehengeblieben. Abgesehen von den kraft der Anordnung des § 30 Abs. 8 BNatSchG unberührt bleibenden landesrechtlichen Bestimmungen (z. B. § 24 Abs. 2 NAGBNatSchG, § 42 Abs. 1 Nr. 2, 3 und 5 LNatSchG

NRW, § 15 Abs. 1 Nr. 3 LNatSchG RP, § 21 Abs. 1 Nr. 1 und 4 SächsNatSchG), enthält das Landesnaturschutzrecht in vielfacher Hinsicht vom Bundesrecht **abweichende Rechtsvorschriften.** Abweichungen beziehen sich zum Teil auf die Flächengröße der Biotope oder erstrecken das Verbot auf eine Veränderung des charakteristischen Zustandes (*Hendrischke/Kieß* in Schlacke § 30 Rn. 35). Daneben werden über das Bundesrecht hinausgehende Freistellungen namentlich für bauliche Vorhaben in Gebieten mit Bebauungsplänen (z. B. § 20 Abs. 3 S. 2 NatSchAG MV, § 24 Abs. 1 Nr. 2 NAGBNatSchG, § 15 Abs. 5 ThürNatG) oder Betriebspläne des Bergrechts geregelt (z. B. § 33 Abs. 5 NatSchG BW, § 24 Abs. 1 Nr. 1 NAGBNatSchG, § 21 SächsNatSchG) oder die Wiederaufnahme einer land- oder forstwirtschaftlichen Nutzung nach dem Auslaufen einer naturschutzvertraglichen Vereinbarung oder Teilnahme an einem Extensivierungsprogramm von der Beachtung des Biotopschutzes entbunden (z. B. § 21 Abs. 6 LNatSchG SH, § 22 Abs. 2 Nr. 2 SNG). Weitere Freistellungen betreffen Maßnahmen des Naturschutzes, die in einem Pflege- und Entwicklungsplan, einem Managementplan oder in einem Arten- und Biotopschutzprogramm dargestellt sind (§ 33 Abs. 4 NatSchG BW), das Felsklettern in bestimmten Gebirgen Sachsens (§ 21 Abs. 2 S. 1 SächsNatSchG) sowie Maßnahmen zur Aufrechterhaltung der Funktionsfähigkeit von Deichen und Dämmen (§ 22 Abs. 2 NatSchG LSA). Die bunte Vielfalt der landesrechtlichen Regelungen ist wohl nicht zuletzt darauf zurückzuführen, dass der Bundesgesetzgeber in § 30 Abs. 1 BNatSchG einen allgemeinen Grundsatz formuliert hat, der den Ländern das Bestehen einer Abweichungsbefugnis signalisiert. Nach hier vertretener Auffassung sind Abweichungen vom Bundesrecht dagegen aus verfassungsrechtlichen Gründen nicht zulässig (→ Rn. 7).

§ 30a Ausbringung von Biozidprodukten

(1) [1] Außerhalb geschlossener Räume ist in Naturschutzgebieten, Nationalparken, Nationalen Naturmonumenten, Kern- und Pflegezonen von Biosphärenreservaten, Naturdenkmälern sowie in gesetzlich geschützten Biotopen verboten:

1. der flächige Einsatz von Biozidprodukten der Produktart 18 (Insektizide, Akarizide und Produkte gegen andere Arthropoden) des Anhangs V der Verordnung (EU) Nr. 528/2012 des Europäischen Parlaments und des Rates vom 22. Mai 2012 über die Bereitstellung auf dem Markt und die Verwendung von Biozidprodukten (ABl. L 167 vom 27.6.2012, S. 1; L 303 vom 20.11.2015, S. 109; L 280 vom 28.10.2017, S. 57), die zuletzt durch die Delegierte Verordnung (EU) 2019/1825 (ABl. L 279 vom 31.10.2019, S. 19) geändert worden ist

2. das Auftragen von Biozidprodukten der Produktart 8 (Holzschutzmittel) des Anhangs V der Verordnung (EU) Nr. 528/2012 durch Spritzen oder Sprühen.

[2] Die für Naturschutz und Landespflege zuständige Behörde kann im Einzelfall auf Antrag Ausnahmen von dem Verbot des Satzes 1 Nummer 1 zulassen, soweit dies zum Schutz der Gesundheit von Mensch und Tier erforderlich ist. [3] Die Länder können unter den Voraussetzungen nach Satz 2 Ausnahmen für bestimmte Fallgruppen auch in der Erklärung im Sinne von § 22 Absatz 1 zulassen. § 34 und weitergehende Schutzvorschriften des Landesrechts sowie Maßnahmen zur Bekämpfung von Gesundheitsschädlingen nach den Vorschriften des Infektionsschutzgesetzes vom 20. Juli 2000 (BGBl. I S. 1045), das zuletzt durch Artikel 4a des Gesetzes vom 21. Dezember 2020 (BGBl. I S. 3136) geändert worden ist, in der jeweils geltenden Fassung oder nach den auf der Grundlage des Infektionsschutzgesetzes erlassenen Verordnungen der Länder bleiben unberührt.

Schrifttum: *Bundesministerium für Umwelt, Naturschutz und nukleare Sicherheit* (BMU), Aktionsprogramm Insektenschutz. Gemeinsam wirksam gegen das Insektensterben, September 2019; *Fartmann/Poniatowski/Stuhldreher/Streitberger,* Insektenrückgang und –schutz in den fragmentierten Landschaften Mitteleuropas, NuL 94 (2019), 261 ff.; *Hallmann et al.,* More than 75 percent decline over 27 yers in total flying insect biomass in protected areas, PLOS one 12 (10): e0185809, https://doi.org/10.1371/journal.pone.0185809; *Jedicke,* Ein Fahrplan zum Insektenschutz in Mitteleuropa, Naturschutz und Landschaftsplanung 53 (2021), 26 ff.; *Jürging/Lütkes/Unkelbach,* Rechtliche Fortschritte bei der Umsetzung des Aktionsprogramms Insektenschutz, NuR 2021, 237 ff.; *Mühlenberg/Möckel/Sattler,* Regelungen zur Anwendung von Pestiziden in Schutzgebieten, UBA-Texte 49/2021; *Sachverständigenrat für Umweltfragen* (SRU), Für einen flächenwirksamen Insektenschutz, Stellungnahme, Oktober 2018; *Schumacher/Schumacher,* Was bringen die neuen Regelungen zum Insektenschutz?, Naturschutz und Landschaftsplanung 53 (2021), 38 f.; *Sorg/Ssymank/Hörren,* Bestandsrückgänge von Insekten in Schutzgebieten – bisherige Erkenntnisse aus einem laufenden Forschungsprogramm, NuL 94 (2019), 255 ff.

Übersicht

A. Allgemeines

1 Mit den zu besonders geschützten Teilen von Natur und Landschaft erklärten Schutzgebieten und -objekten verbindet sich die Erwartung, dass dort den Integritätsinteressen des Naturschutzes und der Landschaftspflege in wirksamer Weise entsprochen und zugleich Beiträge zur **Bewahrung der Insektenvielfalt** erbracht werden. Die Realität sieht freilich anders aus. Langjährige Untersuchungen des Entomologischen Vereins Krefeld, die seit 1985 überwiegend in Schutzgebieten in standardisierter Form durchgeführt wurden, erbrachten klare Belege dafür, dass die Insektenbiomasse im Zeitraum von nur 27 Jahren auch in Kernflächen des Naturschutzes um 76% abgenommen hatte (*Hallmann* et al. PLOS one 12 (10); *Sorg/Ssymank/Hörren* NuL 94 (2019), 255). Die hierfür maßgeblichen Verursachungsfaktoren sind vielfältig, indessen gilt der Einsatz von Pestiziden in der Land- und Forstwirtschaft als einer der wichtigsten Einflussfaktoren (*SRU* Insektenschutz 2018, 21 f.; *Jedicke* Naturschutz und Landschaftsplanung 53 (2021), 26 (27); zum Stand der Forschung *Mühlenberg/Möckel/Sattler* UBA-Texte 49/2021, 139 ff.). In Anerkennung dessen kündigte die Bundesregierung in ihrem **Aktionsprogramm Insektenschutz** an: „Der Bund wird ab 2021 die Anwendung von Pflanzenschutzmitteln und Bioziden mit besonderer Relevanz für Insekten in ökologisch besonders schutzbedürftigen Bereichen verbieten" (BMU 2019, 36).

2 Zu den für Insekten problematischen **Pestiziden** gehören sowohl die **Pflanzenschutzmittel** im Sinne der VO (EG) Nr. 1107/2009 als auch die **Biozid-Produkte** im Sinne der VO (EU) 528/2012 (Art. 3 Nr. 10 RL 2009/128/EG). Der mit dem Gesetz zum Schutz der Insektenvielfalt (BGBl. 2021 I 3908) eingeführte § 30a BNatSchG beschränkt sich darauf, den Umgang mit bestimmten Biozidprodukten in Schutzgebieten und gesetzlich geschützten Biotopen zu regeln. Ergänzend tritt die Fünfte Verordnung zur **Änderung der Pflanzenschutz-Anwendungsverordnung** (BGBl. I 62, 4111) hinzu, in deren Rahmen § 4 PflSchAnwV neu gefasst wird. Nach dieser Bestimmung war die Anwendung von Pflanzenschutzmitteln, die aus einem der in Anlage 2 oder 3 aufgeführten Stoff bestehen oder einen solchen Stoff enthalten (z. B. Glyphosat), schon bisher in Naturschutzgebieten, Nationalparken, Nationalen Naturmonumenten, Naturdenkmälern und gesetzlich geschützten Biotopen grundsätzlich untersagt. Dieses Anwendungsverbot gilt künftig auch für Herbizide sowie bienengefährliche (B1 bis B3) und bestäubergefährliche Insektizide (NN 410) und wurde zugleich auf **FFH-Gebiete** mit Ausnahme von Flächen für Sonderkulturen (z. B. Gartenbau, Obst- und Weinbau), zur Vermehrung von Saatgut und Pflanzgut und Ackerflächen erstreckt, die nicht als Naturschutzgebiet, Nationalpark, Nationales Naturmonument oder Naturdenkmal ausgewiesen sind (vgl. BR-Drs. 305/21, 18); das Verbot gilt daher in FFH-Gebieten, die nicht über einen entsprechenden Schutzstatus des nationalen Rechts verfügen, faktisch nur auf Grünlandflächen (Schumacher/Schumacher Naturschutz und Landschaftsplanung 53 (2021), 38 (39)). Für die in solchen FFH-Gebieten befindlichen Ackerflächen sieht § 4 Abs. 3 PflSchAnwV vor, dass deren ohne die in Absatz 1 genannten Pflanzenschutzmittel erfolgende Bewirtschaftung bis zum 30.6.2024 durch freiwillige Vereinbarungen und Maßnahmen erreicht werden soll. Das Bundeslandwirtschaftsministerium hat die entsprechende Entwicklung zu untersuchen, der Bundesregierung zu berichten und ggf. Vorschläge zur Anpassung der Regelung des Absatzes 1 zu unterbreiten (§ 4 Abs. 4 PflSchAnwV). Der **Sonderweg für FFH-Gebiete** (*Jürging/Lütkes/Unkelbach* NuR 2021, 237 (244)) erweist sich erkennbar als das Produkt eines mühsam ausgehandelten Kompromisses, der sich verfassungsrechtlichen Bedenken ausgesetzt sieht. Während Landwirte, die in einem zum Naturschutzgebiet erklärten FFH-Gebiet Ackerbau betreiben, das Anwendungsverbot des § 4 Abs. 1

PflSchAnwV beachten müssen, bleiben ihre Berufskollegen davon unberührt, deren Ackerflächen sich in einem zum Landschaftsschutzgebiet oder zum Biosphärenreservat erklärten FFH-Gebiet befinden. Ob deren Privilegierung einer Überprüfung am Maßstab des Art. 3 Abs. 1 GG standhalten kann, erscheint eher zweifelhaft, zumal die einem FFH-Gebiet zugewiesene Schutzkategorie des nationalen Rechts weder Ausdruck einer unterschiedlichen Schutzwürdigkeit noch das Ergebnis einer unterschiedlichen Empfindlichkeit gegenüber dem Eintrag von Pflanzenschutzmitteln ist. Im Übrigen ist anzumerken, dass der Einsatz von Pflanzenschutzmitteln in **Europäischen Vogelschutzgebieten,** die gemeinsam mit den FFH-Gebieten das Netz Natura 2000 bilden, von § 4 PflSchAnwV nicht erfasst wird. Gründe für diese Enthaltsamkeit werden nicht genannt, aber immerhin darauf verwiesen, dass die diesbezüglichen Regelungsmöglichkeiten der Länder (§ 22 Abs. 1 Nr. 1 PflSchG) unberührt bleiben (BR-Drs. 305/21, 19).

B. Ausbringungsverbot für Biozide

Auch wenn es derzeit schwierig sein mag, die Auswirkungen von Biozid-Produkten auf die Insektenfauna abzuschätzen (*SRU* Insektenschutz 2018, 21), hat sich der Gesetzgeber dazu entschlossen, mit § 30a BNatSchG eine Regelung zu erlassen, die sich dem Themenfeld des Biozideinsatzes in bestimmten Schutzgebieten widmet. Die Vorschrift trägt dem Umstand Rechnung, dass der Einsatz von Pestiziden einschließlich der hiervon umfassten Biozide hierzulande selbst durch die Schutzerklärung hochrangiger Schutzgebiete eher selten reglementiert wird (eingehend *Mühlenberg/Möckel/Sattler* UBA-Texte 49/2021, S. 119 ff.). Die Bestimmung des § 30a Abs. 1 BNatSchG erbringt daher einen Beitrag zur Verbesserung des Schutzes ökologisch besonders wertvoller und für den Insektenschutz bedeutsamer Schutzgebiete. 3

I. Räumlicher Geltungsbereich

Nach § 30a S. 1 BNatSchG ist es untersagt, die in Nr. 1 und 2 genannten Handlungen außerhalb geschlossener Räume in **Naturschutzgebieten, Nationalparken, Nationalen Naturmonumenten, Kern- und Pflegezonen von Biosphärenreservaten, Naturdenkmälern** sowie in **gesetzlich geschützten Biotopen** vorzunehmen. Während im Gesetzentwurf der Bundesregierung die Kern- und Pflegezonen von Biosphärenreservaten noch nicht genannt waren (BT-Drs. 19/28182, 7 und 24), folgte der Gesetzgeber der Empfehlung des Umweltausschusses, der darauf aufmerksam machte, dass Kern- und Pflegezonen der Biosphärenreservate wie Naturschutzgebiete zu schützen sind und es daher sachgerecht wäre, die Regelung des § 30a BNatSchG auch auf diese Gebiete zu erstrecken (BT-Drs. 19/30713, 20). Der räumliche Anwendungsbereich des § 30a S. 1 BNatSchG reicht daher in Ansehung der Biosphärenreservate über jenen des § 4 PflSchAnV hinaus, bleibt dahinter aber insoweit zurück, als sich das naturschutzrechtliche Anwendungsverbot keinerlei Geltung in FFH-Gebieten beilegt. Die Parallelität beider Regelungen, die in ihrem Zusammenwirken darauf gerichtet sind, die negativen Auswirkungen des Pestizideinsatzes auf die Insektenfauna in ökologisch besonders wertvollen Schutzgebieten zu begrenzen, hätte an sich eine einheitliche Bestimmung des räumlichen Anwendungsbereichs nahelegen müssen. Übereinstimmung besteht jedenfalls insoweit, als sich die Verbote Geltung weder in **Landschaftsschutzgebieten** noch in **Europäischen Vogelschutzgebieten** beilegen. Gerade Letzteres ist aus der Perspektive des Naturschutzes nachteilig, zumal die Erreichung der Schutz- und Erhaltungsziele in den Vo- 4 gelschutzgebieten, die um der Erhaltung insektivorer Vogelarten willen ausgewiesen wurden, davon abhängt, dass die Arten in diesen Gebieten über eine ausreichende Nahrungsgrundlage verfügen.

5 Das Verbot des § 30a S. 1 BNatSchG gilt auch in den genannten Schutzgebieten und gesetzlich geschützten Biotopen nur **außerhalb geschlossener Räume.** Auch auf Hof- und Gartenflächen eines bebauten Grundstücks innerhalb eines der in Satz 1 genannten Schutzgebiete ist der Einsatz der in Rede stehenden Biozidprodukte nicht gestattet. Das gilt ua auch dann, wenn der Gartenzaun, Türen oder Tore oder Bänke im Freien in der von § 30a S. 1 Nr. 2 BNatSchG untersagten Weise mit Holzschutzmitteln behandelt werden. Erfolgt die Behandlung dagegen innerhalb geschlossener Räume, die hernach durch das Öffnen von Türen und Fenstern gelüftet werden, wird das Verbot nicht aktiviert.

II. Verbotene Handlungen

6 § 30a S. 1 BNatSchG bezieht sich nicht schlechthin auf den Einsatz von Bioziden, sondern untersagt in Nr. 1 den flächigen Einsatz von Biozidprodukten der Produktart 18 und in Nr. 2 das Spritzen und Sprühen von Biozidprodukten der Produktart 8 der VO (EU) Nr. 528/2012, die zuletzt durch die Delegierte VO (EU 2019/1825) geändert worden ist. Die **Produktart 18** (Insektizide, Akarizide) umfasst Produkte zur Bekämpfung von Arthropoden (z. B. Insekten, Spinnentiere, Tausendfüßler) durch andere Mittel außer Köderung oder Fernhaltung. Die dem persönlichen Schutz dienende unmittelbare Anwendung von arthropoden-abwehrenden Biozidprodukten ist von dieser Produktart daher nicht umfasst (BT-Drs. 19/28182, 24). Eine **flächige Ausbringung** erfolgt beispielsweise bei der großflächigen Bekämpfung des Eichenprozessionsspinners oder von Mückenlarven mittels Sprühkanonen oder vom Hubschrauber aus (*Jürging/Lütkes/Unkelbach* NuR 2021, 237 (241)). Innerhalb des räumlichen Geltungsbereichs des § 30a S. 1 BNatSchG ist dies nun grundsätzlich untersagt und nur noch im Ausnahmefall möglich (Rn. 7). Dasselbe gilt für das Auftragen von Biozidprodukten der **Produktart 8,** sofern die Stoffe durch Spritzen und Sprühen aufgebracht werden. Dieser Produktart unterfallen Holzschutzmittel, wie sie zum Schutz vor holzzerstörenden oder -verfärbenden Pilzen, zum Schutz vor Käfern und Termiten oder zur Bekämpfung holzschädigender Insekten eingesetzt werden. Nicht der Einsatz dieser Mittel im Freien, sondern nur das **Sprühen und Spritzen** ist in den Schutzgebieten außerhalb geschlossener Räume untersagt. Das Verbot des § 30a Abs. 1 S. 1 Nr. 2 BNatSchG bezieht sich daher – nicht anders als jenes der Nr. 1 – auf Formen der Ausbringung, bei denen es in vergleichbarer Weise zu einer Belastung durch Umweltexpositionen kommen kann, wie bei der Anwendung von Pflanzenschutzmitteln im Freiland (BT-Drs. 19/28182, 24).

III. Ausnahmen

7 Die Verbote des § 30a S. 1 Nr. 1 und 2 BNatSchG legen sich keine absolute Geltung bei. Nach § 30a S. 2 BNatSchG können die zuständigen Naturschutzbehörden im Einzelfall auf Antrag eine Ausnahme zulassen, soweit dies zum Schutz der Gesundheit von Mensch und Tier erforderlich ist. Daran ist etwa zu denken, wenn sich Gespinstnester des Eichenprozessionsspinners in Bereichen eines Schutzgebietes befinden, die von Menschen häufig aufgesucht werden. Die Erteilung einer Ausnahme für den Einsatz von Bioziden kommt allerdings nur in Betracht, wenn ein entsprechender **Antrag an die Naturschutzbehörde** gerichtet wird und die Abweichung von dem Verbot in Ansehung der Gegebenheiten des Einzelfalles erforderlich ist. An der **Erforderlichkeit** fehlt es, wenn es mit Warnhinweisen oder Wegesperrungen sein Bewenden haben kann oder andere zumutbare Bekämpfungsmöglichkeiten existieren. Beim Auftreten des Eichenprozessionsspinners ist etwa an das Absaugen oder Abbrennen der Gespinstnester zu denken. Im Übrigen ist die Entscheidung über eine Verbotsausnahme dem pflichtgemäß zu betätigenden **Ermessen** der Naturschutzbehörde überantwortet, die namentlich zu berücksichtigen hat, dass sich der Einsatz von Insektiziden durch flächige Ausbringung nicht auf die eigentliche Zielart beschränken lässt, sondern auch zur Schädigung anderer Insektenarten beiträgt.

Unter den in Satz 2 genannten Voraussetzungen können die Länder nach § 30a S. 3 **8** BNatSchG Ausnahmen für bestimmte Fallgruppen auch in der jeweiligen Schutzerklärung zulassen. Welche Fallgruppen damit gemeint sein könnten, lässt sich der Gesetzesbegründung nicht entnehmen. Hingewiesen wird dort lediglich darauf, dass eine ausnahmsweise Ausbringungsmöglichkeit aus Gründen der Erforderlichkeit zeitlich begrenzt sein muss (BT-Drs. 19/28182, 24).

C. Unberührtheitsklausel

Nach § 30a S. 4 BNatSchG bleiben die habitatschutzrechtlichen Regelungen des § 34 **9** BNatSchG, weitergehende Schutzvorschriften des Landesrechts und Maßnahmen zur Bekämpfung von Gesundheitsschädlingen **unberührt.** Die Anwendbarkeit und Beachtlichkeit der genannten Vorschriften wird daher durch § 30a BNatSchG nicht in Frage gestellt.

I. Gebiete des Netzes Natura 2000

§ 30a BNatSchG gilt in Gebieten des **Netzes Natura 2000** jedenfalls dann, wenn sie **10** in Erfüllung der durch § 32 Abs. 2 BNatSchG begründeten Pflicht zum Naturschutzgebiet, Nationalpark, Nationalen Naturmonument, Biosphärenreservat (Kern- oder Pflegezone) oder Naturdenkmal erklärt wurden oder die Merkmale eines gesetzlich geschützten Biotops aufweisen. Da der flächige Einsatz bzw. das Sprühen und Spritzen der in § 30a S. 1 BNatSchG genannten Biozidprodukte innerhalb dieser Natura 2000-Gebiete regelmäßig die Merkmale des weit gefassten Projektbegriffs des europäischen Habitatschutzrechts erfüllt (vgl. nur EuGH ECLI:EU:C:2018:882 Rn. 72 ff.; eingehend *Mühlenberg/Möckel/Sattler* UBA-Texte 49/2021, S. 93 f.), darf eine sich auf § 30a S. 2 BNatSchG gründende Ausnahme schon aus unionsrechtlichen Gründen grundsätzlich nur zugelassen werden, wenn im Rahmen einer Vorprüfung erhebliche Beeinträchtigungen des Gebietes mit der erforderlichen Sicherheit ausgeschlossen werden können, diese Gewissheit im Rahmen einer FFH-Verträglichkeitsprüfung gewonnen wird oder – im Falle der Unverträglichkeit – die Voraussetzungen für die Erteilung einer habitatschutzrechtlichen Ausnahme erfüllt sind (Art. 6 Abs. 3, 4 (i. V. m. Art. 7) FFH-RL). Indem § 30a S. 4 BNatSchG anordnet, dass die zur Umsetzung der unionsrechtlichen Vorgaben dienende Vorschrift des § 34 BNatSchG unberührt bleibt, wird klargestellt, dass eine einzelfallbezogene Ausnahme von den Verboten des § 30a S. 1 BNatSchG in den zum Naturschutzgebiet etc. erklärten Natura 2000-Gebieten allenfalls in Frage kommt, wenn dies mit den unionsbasierten Anforderungen des Habitatschutzrechts vereinbar ist.

Nichts anderes gilt im Ergebnis für die in § 30a S. 3 BNatSchG angesprochenen **Ausnahmen für bestimmte Fallgruppen,** die in der Schutzerklärung nach § 22 Abs. 1 **11**

BNatSchG zugelassen werden können. Nach § 32 Abs. 3 S. 3 BNatSchG muss die Schutzerklärung sicherstellen, dass den Anforderungen des Art. 6 FFH-RL entsprochen wird. Aus unionsrechtlichen Gründen ist es untersagt, bestimmte Kategorien von Projekten von der Notwendigkeit einer Verträglichkeitsprüfung anhand von Kriterien zu entbinden, die nicht sicherstellen, dass die Möglichkeit einer erheblichen Gebietsbeeinträchtigung ausgeschlossen ist (EuGH ECLI:EU:C:2006:3 Rn. 39ff.; ECLI:EU:C:2011:349 Rn. 41). Die Länder dürfen daher allenfalls solche Fallgruppen der Ausbringung von Bioziden von der Beachtung der Verbote des § 30a S. 1 BNatSchG entbinden, bei denen von vornherein die Gewissheit besteht, dass die freigestellten Handlungen in keinem Fall zu einer nachteiligen Berührung der Schutz- und Erhaltungsziele eines Natura 2000-Gebietes führen können. Schon um der Vermeidung unionsrechtlicher Beanstandung willen empfiehlt es sich nicht, von der Ermächtigung des § 30a S. 3 BNatSchG Gebrauch zu machen.

12 Angesichts des begrenzten Anwendungsbereichs des § 30a S. 1 BNatSchG werden namentlich jene Natura 2000-Gebiete nicht vor dem Einsatz von Insektiziden und Holzschutzmitteln gesichert, denen lediglich der Status eines **Landschaftsschutzgebietes** oder eines **geschützten Landschaftsbestandteils** zugewiesen wurde. Das bedeutet allerdings nicht, dass die Ausbringung von Bioziden in diesen Gebieten ohne weiteres zulässig wäre. Da die flächenhafte Ausbringung von Biozidprodukten regelmäßig den weit gefassten Projektbegriff erfüllt (→ Rn. 10), müssen sich derartige Handlungen den Anforderungen des § 34 BNatSchG fügen. Sie unterliegen der durch § 34 Abs. 6 BNatSchG begründeten Anzeigepflicht und sind von der zuständigen Naturschutzbehörde zu unterbinden, wenn sie unverträglich und die Ausnahmevoraussetzungen (§ 34 Abs. 3–5 BNatSchG) nicht erfüllt sind (→ § 34 Rn. 53f.).

II. Weitergehende Schutzvorschriften des Landesrechts

13 Neben § 34 BNatSchG bleiben zudem weitergehende Schutzvorschriften des Landesrechts unberührt. Die Bestimmung trägt dem Umstand Rechnung, dass verschiedene Bundesländer **Regelungen zum Umgang mit Pestiziden** in bestimmten Schutzgebieten erlassen haben, die zugleich auch die Anwendung von Biozid-Produkten im Sinne des Art. 3 Nr. 10 der RL 2009/128/EG betreffen (§ 34 Abs. 1 NatSchG BW, Art. 23a BayNatSchG, § 17 Abs. 2 ThürNatG). Unberührt bleiben diese Vorschriften allerdings nur, wenn sie sich im Verhältnis zum Bundesrecht als **„weitergehend"** erweisen und einen strengeren Schutz verbürgen. Das gilt jedenfalls, soweit sie sich auf Biozid-Produkte beziehen, die nicht zu den Produktarten im Sinne des § 30a S. 1 BNatSchG gehören. Davon abgesehen sind die landesgesetzlichen Regelungen auch insoweit weitergehend, als sie jede Anwendung der von ihnen erfassten Biozidprodukte und nicht bloß den flächigen Einsatz bzw. das Spritzen und Sprühen untersagen. Über das Bundesrecht hinausgehend wird der Einsatz mitunter auch auf Flächen in gesetzlich geschützten Landschaftsbestandteilen unterbunden (Art. 23a BayNatSchG, § 17 Abs. 2 S. 1 ThürNatG). Dagegen bleiben die landesgesetzlichen Vorschriften hinter dem Bundesrecht zurück, soweit die Anwendungsverbote selbst in Naturschutzgebieten nur außerhalb intensiv genutzter land- und forstwirtschaftlicher (§ 17 Abs. 2 S. 1 ThürNatG) bzw. land- und fischereiwirtschaftlicher Flächen (§ 34 Abs. 1 Nr. 1 NatSchG BW, Art. 23a BayNatSchG) zum Tragen kommen. Welche Vorschriften des Landesrechts im Sinne des § 30a S. 4 BNatSchG weitergehend sind, wird sich angesichts der uneinheitlichen Gestaltung nur in Ansehung der Gegebenheiten des Einzelfalles feststellen lassen. Im Übrigen zählen zu den ggf. weitergehenden Schutzvorschriften des Landesrechts auch solche Bestimmun-

gen, die sich aus der jeweiligen **Schutzerklärung** ergeben. Die praktische Relevanz dürfte allerdings begrenzt sein, zumal der Einsatz von Pestiziden nach den Ergebnissen einer jüngeren Untersuchung auch in hochrangigen Schutzgebieten eher selten reglementiert ist (vgl. *Mühlenberg/Möckel/Sattler* UBA-Texte 49/2021, S. 119ff.).

III. Infektionsschutz

Unberührt von § 30a BNatSchG bleiben schließlich Maßnahmen zur Bekämpfung von Gesundheitsschädlingen nach den Vorschriften des **Infektionsschutzgesetzes** oder nach den auf dessen Grundlage erlassenen Verordnungen der Länder. Besteht die Gefahr, dass durch Gesundheitsschädlinge Krankheitserreger verbreitet werden, hindert § 30a S. 1 BNatSchG einen zur Bekämpfung der Schädlinge ggf. erforderlichen Biozid-Einsatz nicht. Die zuständige Behörde kann diesbezügliche Maßnahmen anordnen, ohne dass es zuvor einer naturschutzbehördlichen Ausnahmeentscheidung auf Grundlage des § 30a S. 2 BNatSchG bedarf (*Jürging/Lütkes/Unkelbach* NuR 2021, 237 (241)). 14

Verdrängung einzelner Tiere aus ihren bislang genutzten Bereichen nicht populationsrelevant, solange sie in für sie nutzbare störungsarme Räume ausweichen können; auf entsprechende **Ausweichmöglichkeiten** darf indes nicht ohne weiteres, sondern nur dann erkannt werden, wenn die in Betracht kommenden Ausweichräume zuvor daraufhin untersucht worden sind, ob sie nicht schon durch Individuen der betroffenen Art besetzt sind (BVerwG NuR 2014, 638 Rn. 61; siehe auch BVerwG UPR 2014, 141 Rn. 36). Stehen entsprechende Ausweichräume nicht zur Verfügung, sucht die Praxis populationsrelevante Wirkungen durch Kompensationsleistungen zu verhindern, die Gewähr dafür bieten sollen, dass es trotz einer – für sich betrachtet – erheblichen Störung nicht zu einer Verschlechterung des Erhaltungszustandes der lokalen Population kommt. Die verwaltungsgerichtliche Judikatur akzeptiert diese Vorgehensweise (vgl. nur BVerwG NuR 2008, 633 Rn. 259; NVwZ 2010, 44 Rn. 86; OVG Lüneburg Urt. v. 22.4.2016 – 7 KS 27/15, juris Rn. 374), sofern den Maßnahmen eine hinreichende Wirksamkeit attestiert werden kann (exemplarisch OVG Münster Beschl. v. 22.5.2017 – 8 B 927/16, juris Rn. 33 ff.). Die daran in der Vorauflage (Vorkommentierung zu § 44 Rn. 12, Stand EL 63, Dezember 2011) unter Hinweis auf die Entstehungsgeschichte des § 44 Abs. 5 S. 3 BNatSchG aF geübte Kritik wird nicht aufrechterhalten.

Die mit der Übernahme populationsbezogener Ansätze einhergehende Relativierung des Störungsverbots ist mit Art. 5 lit. d VRL noch vereinbar, unterliegt – entgegen der überwiegend vertretenen Auffassung (BVerwG NuR 2008, 633 Rn. 237; NuR 2009, 112 Rn. 104; NVwZ 2010, 123 Rn. 41; ebenso *Gläß* in BeckOK UmweltR Rn. 21; *Heugel* in Lütkes/Ewer Rn. 13; *Lau* in Frenz/Müggenborg Rn. 17; *Meßerschmidt* Rn. 54; *Korbmacher* in Mitschang, Bauen und Naturschutz, S. 111; *Thyssen,* NuR 2010, 12) – aber dennoch **unionsrechtlichen Bedenken,** weil sie in Art. 12 Abs. 1 lit. b FFH-RL keinen Rückhalt findet (vgl. *Sobotta* NuR 2007, 642 (644); *Niederstadt/Krüsemann* ZUR 2007, 347 (348); ebenfalls zweifelnd *Schütte/Gerbig* in Schlacke Rn. 28). Auch wenn es zutrifft, dass diese Bestimmung ihrem Wortlaut nach nicht die „Störung von Exemplaren“, sondern die „Störung von Arten“ thematisiert, stellte der Gerichtshof der Europäischen Union doch zwischenzeitlich klar, dass der Wortlaut des Art. 12 Abs. 1 lit. b FFH-RL es nicht ausschließt, dass von diesem Verbot auch Maßnahmen umfasst sind, die nicht das Risiko negativer Auswirkungen auf den Erhaltungszustand der betroffenen Art in sich bergen. „Die Durchführung der in Art. 12 Abs. 1 Buchst. a bis c der Habitatrichtlinie vorgesehenen Schutzregelung“ – und damit auch jene des Störungsverbots – hängt aus seiner Sicht „nicht davon (ab), dass eine bestimmte Maßnahme mit dem Risiko verbunden ist, dass sie sich negativ auf den Erhaltungszustand der betroffenen Tierart auswirkt“ (EuGH ECLI:EU:C:2021:166 Rn. 57; hierzu *Berkemann* DVBl. 2021, 1045 ff.). Dieses Auslegungsergebnis überzeugt, zumal ohnehin kaum Handlungen vorstellbar sind, die geeignet wären, die vom Begriff der Art umfasste Gesamtheit der ihr zugehörenden Individuen zu stören (*Gellermann/Schumacher* NuR 2021, 182 (184)). Davon abgesehen kann es mit Hinweisen auf den Wortlaut des Art. 12 Abs. 1 lit. b FFH-RL sein Bewenden nicht haben, weil die Richtlinie auch in anderen Zusammenhängen nicht sauber zwischen der Beeinträchtigung von Individuen und Arten differenziert. Erinnert sei nur an Art. 15 FFH-RL, der „den Fang und das Töten der in Anhang V genannten wildlebenden Tierarten“ thematisiert, obwohl auch hier naturgemäß nur der Zugriff auf Exemplare der Arten gemeint sein kann. Zieht man überdies in Betracht, dass populationsbezogene Relativierungen des Störungsverbots die Gefahr des Unterlaufens der restriktiv zu handhabenden Ausnahmevoraussetzungen des Art. 16 Abs. 1 FFH-RL in sich bergen, spricht auch dies dafür, dass Art. 12 Abs. 1 lit. b FFH-RL die Individuen der Arten des Anhangs IV FFH-RL vor Störungen bewahrt wissen will. Dennoch wird § 44 Abs. 1 Nr. 2 Hs. 2 BNatSchG im Schrifttum unter Hinweis darauf für unionsrechtlich unbe- 14 denklich erachtet, dass die Vorschrift nicht auf den „Erhaltungszustand der Art" im Sinne des Art. 16 Abs. 1 FFH-RL, sondern auf die **niedrigere Bezugsebene der lokalen Population** abstellt (*Fellenberg* NVwZ 2021, 182 (184); *Lau* NuR 2021, 462 (463)). Übersehen wird dabei bereits, dass es im Kontext des Art. 16 Abs. 1 FFH-RL nicht auf die jeweilige Tierart, sondern auf die Wahrung des günstigen Erhaltungszustandes der **„Populationen der betroffenen Art in ihrem natürlichen Verbreitungsgebiet"** ankommt. Erst im Rahmen der Prüfung dieser Voraussetzung spielt eine Rolle, ob sich der Erhaltungszustand einer lokalen Population im Falle der Erteilung einer Ausnahme nachteilig verändert (EuGH ECLI:EUC:2019:851 Rn. 59; vgl. auch *Lau* in Frenz/Müggenborg § 45 Rn. 38). Davon kann dann aber nicht schon die Aktivierung der Verbotsfolge des Art. 12 Abs. 1 lit. b FFH-RL abhängen, ohne die es einer Prüfung der Ausnahmevoraussetzungen des Art. 16 Abs. 1 FFH-RL nicht bedarf. Insoweit hat es sein Bewenden damit, dass Art. 12 Abs. 1 Buchst. b FFH-RL den Schutz der Individuen gewährleistet wissen will. Um einer Verfehlung dieser Anforderungen zu begegnen muss § 44 Abs. 1 Nr. 2 BNatSchG richtlinienkonform in der Weise interpretiert werden, dass die Störung von Individuen der Anhang IV-Arten während ihrer sensiblen Lebensphasen stets als erhebliche Störung zu bewerten und entsprechend zu behandeln sind.

15 **3. Fortpflanzungs- und Ruhestätten.** Dem Schutz der Lebensstätten wild lebender Tiere der besonders geschützten Arten ist die Vorschrift des § 44 Abs. 1 Nr. 3 BNatSchG gewidmet, die es untersagt, die Fortpflanzungs- und Ruhestätten dieser Arten der Natur zu entnehmen, zu beschädigen oder zu zerstören. **Nahrungshabitate** und Jagdgebiete zählen als solche nicht zu den maßgeblichen Schutzgütern (*Kratsch* in Schumacher/Fischer-Hüftle Rn. 36; *Meßerschmidt* Rn. 63; *Louis* NuR 2009, 94); dasselbe gilt für **Wanderkorridore,** die als Verbindungswege zwischen Fortpflanzungs- und Ruhestätten fungieren (BVerwG NVwZ 2007, 708 Rn. 8). Allerdings ändert dies nichts daran, dass auch solche Teillebensräume im Einzelfall von den Sicherungen des § 44 Abs. 1 Nr. 3 BNatSchG profitieren können. Ist die ökologische Funktionalität einer Fortpflanzungsstätte von der Existenz eines bestimmten Nahrungshabitats oder Wanderkorridors abhängig, ist deren Zerstörung von artenschutzrechtlicher Relevanz, wenn sie zur Folge hat, dass die Fortpflanzungsstätte von den geschützten Tieren nicht mehr zur Reproduktion genutzt werden kann. Nahrungsflächen und Wanderkorridore unterfallen auch in einer derartige Lage nicht dem Begriff der Fortpflanzungsstätte (aA *Schütte/Gerbig* in Schlacke Rn. 30), werden aber mittelbar durch § 44 Abs. 1 Nr. 3 BNatSchG geschützt, wenn ihre Vernichtung zugleich zu einer Schädigung der rechtlich gesicherten Fortpflanzungsstätte führt. Verschwindet der einzige Wanderkorridor zwischen den Landlebensräumen und dem Laichgewässer des Kammmolchs unter dem Asphalt einer neuen Straße und können die Amphibien deshalb ihr Fortpflanzungsgewässer nicht mehr erreichen, wird dessen ökologische Funktionalität in einer die Verbotsfolge des § 44 Abs. 1 Nr. 3 BNatSchG aktivierenden Weise beschädigt (→ Rn. 21; ebenso *Lau* in Frenz/Müggenborg Rn. 22).

16 **a) Schutzobjekte**. Unter Übernahme der Begrifflichkeiten des Art. 12 Abs. 1 lit. d FFH-RL sichert die Vorschrift die Fortpflanzungs- und Ruhestätten von Tieren der besonders geschützten Arten. Zu den **Fortpflanzungsstätten** gehören zunächst sämtliche Lokalitäten, die von den Tieren zur Reproduktion genutzt werden. Das gilt beispielsweise für den Wohnbau des Feldhamsters, die Brutsteilwand des Eisvogels, die Wochenstube der Bechsteinfeldermaus oder das Laichgewässer des Kammmolchs. Nichts anderes gilt für die vom Steinkauz genutzten Niströhren, Nistkästen für Schleiereulen, Turmfalken oder Singvögel sowie Horstplattformen für den Weißstorch, zumal § 44 Abs. 1 Nr. 3 BNatSchG seinen Schutz nicht auf natürlich entstandene Lebensstätten beschränkt (*Meßerschmidt* Rn. 62; *Schütte/Gerbig* in Schlacke Rn. 30). Daneben erfahren aber auch

räumlich umfangreicherere **Nist- und Brutbereiche** den gesetzlichen Schutz, wie sie namentlich bei Koloniebrütern anzutreffen sind (zB Uferschwalbe, Graureiher, Saatkrähe, vgl. OVG Lüneburg ZUR 2016, 227 (230); *Kratsch* in Schumacher/Fischer-Hüftle Rn. 33; *Müller-Walter* in Lorz/Konrad/Mühlbauer/Müller-Walter/Stöckel Rn. 19). Ausnahmsweise sind sogar **ganze Brutgebiete** als geschützte Reproduktionsstätte zu bewerten (zB Altschilfbestand vgl. OVG Lüneburg NuR 1996, 95; Beschl. v. 30.3.2011, 4 LA 24/10, BeckRS 2011, 49387). Letzteres darf freilich nicht als Verzicht auf die Unterscheidung zwischen einer Fortpflanzungsstätte und einem Brutgebiet missverstanden werden, sondern verdankt sich allein dem Umstand, dass die Niststätten in einer Brutkolonie oder in bestimmten Habitaten (zB Altschilf) derart nah beieinander liegen, dass ungeschützte Zwischenräume nicht darstellbar sind (*Louis* in Dolde Umweltrecht im Wandel S. 521). Im Übrigen zählen Brutreviere europäischer Vogelarten als solche nicht zu den geschützten Lebensstätten, indessen erfüllt die vollständige **Beseitigung eines Brutreviers** den Tatbestand des § 44 Abs. 1 Nr. 3 BNatSchG, weil auf diesem Wege zugleich alle darin befindlichen Brutplätze vernichtet werden (BVerwG NVwZ 2010, 44 Rn. 75; NuR 2013, 565 Rn. 118). Ob sich der Terminus der Fortpflanzungsstätte darin bereits erschöpft, ist nicht gesichert. Wird dieser Begriff mit Blick auf den Gesamtvorgang der Reproduktion interpretiert, bezieht er Lokalitäten ein, die der Verpaarung dienen (in dieser Hinsicht *Kautz* in Kolodziejcok/Endres/Krohn/Markus Kennzahl 0760 Rn. 126; *Meßerschmidt* Rn. 64; *Schütte/Gerbig* in Schlacke Rn. 30). Bei einem solchen Verständnis, das durch einschlägige Verlautbarungen der Europäischen Kommission zu

(Fortsetzung nächstes Blatt)

329 Rn. 16ff.), ändert dies nichts daran, dass die landwirtschaftliche Bodennutzung durch § 44 Abs. 4 Satz 1 BNatSchG allenfalls dann von der Beachtung artenschutzrechtlicher Zugriffsverbote entbunden wird, wenn sie den Vorgaben des § 5 Abs. 2 BNatSchG vollauf entspricht. Mit diesen Anforderungen hat der Gesetzgeber die Ansprüche formuliert, von deren Erfüllung die Ökologieverträglichkeit der Landwirtschaft aus Sicht des Naturschutzes abhängt. Indem § 44 Abs. 4 Satz 1 BNatSchG diese Anforderungen in Bezug nimmt, bringt die Vorschrift zum Ausdruck, dass eine landwirtschaftliche Bodennutzung von der strikten Beachtung der artenschutzrechtlichen Zugriffsverbote nur entbunden ist, wenn sie den in § 5 Abs. 2 BNatSchG artikulierten Erwartungen tatsächlich gerecht wird. Ein Landwirt, der eine Wiese im Überschwemmungsgebiet mit dem Ziel der Neueinsaat leistungsstärkerer Grassorten umbricht und dabei Gelege der Uferschnepfe, des Großen Brachvogels oder des Wiesenpiepers zerstört, profitiert nicht von der Legalausnahme des § 44 Abs. 4 Satz 1 BNatSchG. Wird den Anforderungen der guten fachlichen Praxis dagegen vollen Umfangs genügt, verstößt ein Land-, Forst- oder Fischereiwirt grundsätzlich selbst dann nicht gegen die Zugriffs-, Besitz- und Vermarktungsverbote des § 44 Abs. 1, 2 BNatSchG, wenn er im Rahmen der Flächenbewirtschaftung geschützte Tiere tötet, ihre Fortpflanzungs- oder Ruhestätten vernichtet oder Pflanzen der geschützten Arten schädigt.

3. Legalausnahme bei europäischen Arten und Verantwortungsarten. Uneingeschränkt gilt dies freilich nur, soweit hiervon Tier- und Pflanzenarten betroffen sind, die ihren besonderen oder strengen Schutz ausschließlich dem nationalen Artenschutzrecht verdanken und keine Verantwortungsarten im Sinne des § 54 Abs. 1 Nr. 2 BNatSchG sind. Werden dagegen **Tiere der in Anhang IV FFH-RL** genannten Arten, **europäische Vögel** oder die in einer Rechtsverordnung nach § 54 Abs. 1 Nr. 2 BNatSchG aufgeführten nationalen Arten durch die Flächenbewirtschaftung in Mitleidenschaft gezogen, kommen die in § 44 Abs. 4 S. 2, 3 BNatSchG enthaltenen Anordnungen zum Tragen. Während Satz 2 zum Ausdruck bringt, dass die Legalausnahme des § 44 Abs. 4 S. 1 BNatSchG unter solchen Vorzeichen nur gilt, „soweit sich der Erhaltungszustand der lokalen Population einer Art durch die Bewirtschaftung nicht verschlechtert", erteilt Satz 3 der zuständigen Behörde den Auftrag, die erforderlichen Bewirtschaftungsvorgaben anzuordnen, soweit Verschlechterungen der Erhaltungssituation der lokalen Population nicht durch anderweitige Schutzmaßnahmen verhindert werden. 38

Das Verständnis dieser Vorschriften bereitet **Schwierigkeiten,** erweckt der auf eine Begrenzung der Reichweite der Legalausnahme hindeutende Wortlaut des § 44 Abs. 4 S. 2 BNatSchG doch den Eindruck, als kämen die artenschutzrechtlichen Zugriffsverbote unmittelbar und automatisch zum Tragen, sobald sich eine der guten fachlichen Praxis entsprechende land-, forst- oder fischereiwirtschaftliche Bodennutzung verschlechternd auf die Erhaltungssituation der lokalen Population auswirkt. Eine derartige Auslegung, die es mit sich brächte, dass sich die Bodenbewirtschaftung den Zugriffsverboten unter den genannten Bedingungen zu fügen hätte, sähe sich allerdings erheblichen Bedenken ausgesetzt, weil der einzelne Land-, Forst- oder Fischereiwirt schwerlich erkennen kann, ob sich der Erhaltungszustand der lokalen Population verschlechtert und ob er hierfür verantwortlich zeichnet oder ob die Art seiner Bewirtschaftung hierzu beiträgt. Ist die Reichweite der ihn privilegierenden Legalausnahme aber nicht abschätzbar, ist für ihn auch nicht ersichtlich, ob sein Verhalten von den Verboten des § 44 Abs. 1, 2 BNatSchG erfasst wird oder nicht. Da diese Schutzvorschrift bußgeldbewehrt ist (§ 69 Abs. 2 BNatSchG) sähe sich das eingangs genannte Verständnis unter dem Aspekt der Bestimmtheit (Art. 103 Abs. 2 GG) ernstlichen **verfassungsrechtlichen Zweifeln** ausgesetzt (hierzu *Gellermann* NuR 2009, 738 (787); ebenso *Lau* in Frenz/Müggenborg Rn. 38). 39

40 Das Problem lässt sich bewältigen, indem § 44 Abs. 4 S. 2 BNatSchG nicht isoliert, sondern im Zusammenwirken mit Satz 3 dieser Bestimmung gelesen wird. Die Vorschrift verpflichtet die zuständigen Behörden, **Bewirtschaftungsvorgaben** zu erteilen, soweit Verschlechterungen des Erhaltungszustandes lokaler Populationen nicht schon durch anderweitige Schutzmaßnahmen verhindert werden. Mit ihren diesbezüglichen Anordnungen vervollständigen die Behörden in Ansehung der europäischen Arten und der Verantwortungsarten sowie mit Blick auf den Erhaltungszustand ihrer lokalen Populationen den ohnehin in § 5 Abs. 2 BNatSchG nicht abschließend geregelten Katalog der Grundsätze einer guten fachlichen Praxis. Auf diesem Wege verleihen sie dem sich aus § 44 Abs. 4 S. 1, 2 BNatSchG ergebenden Privileg **klare Konturen,** indem sie verdeutlichen, in welchen Bahnen sich die land-, forst- und fischereiwirtschaftliche Bodennutzung zu vollziehen hat, um die Aktivierung der Zugriffsverbote zu vermeiden. Erst die behördlichen Vorgaben vermitteln den Bewirtschaftern die Erkenntnis, welche ihrer Handlungen artenschutzrechtliche Konflikte auslösen können und daher von ihnen zu unterlassen sind. Solange es an der behördlichen Konkretisierungsleistung fehlt, hat es mit der durch § 44 Abs. 4 S. 1 BNatSchG begründeten Legalausnahme sein Bewenden, deren in Satz 2 vorgesehene Einschränkung erst durch eine sich auf Satz 3 stützende behördliche Bewirtschaftungsanordnung aktiviert wird. Eine land-, forst- oder fischereiwirtschaftliche Bodennutzung, in deren Rahmen Tiere der europäischen Arten getötet oder gestört werden oder die eine Zerstörung geschützter Lebensstätten zur Folge hat, verstößt daher erst und nur dann gegen die Zugriffsverbote des § 44 Abs. 1 BNatSchG, wenn sie mit behördlichen Bewirtschaftungsvorgaben nicht vereinbar ist (VG Schleswig Urt. v. 30.1.2013 – 1 A 17/12, juris Rn. 79; *Meßerschmidt* Rn. 123). Diese Auslegung ist verfassungsrechtlich unbedenklich und findet in der Entstehungsgeschichte des Gesetzes ihre Bestätigung (BT-Drs. 16/5100, 12; eingehend *Gellermann/Fischer-Hüftle* NuR 2019, 234 (237)). Einer Überprüfung am Maßstab des Unionsrechts hält die Vorschrift dagegen nicht stand. In seinem Urteil vom 4.3.2021 stellte der Gerichtshof der Europäischen Union klar, dass Art. 12 Abs. 1 lit. a bis c FFH-RL den Schutz von Exemplaren der in Anhang IV FFH-RL aufgeführten Tierarten gewährleistet wissen will (EuGH ECLI:EU:C:2021:166 Rn. 57). Populationsbezogene Relativierungen der von § 44 Abs. 5 S. 2 BNatSchG vorgesehenen Art ist damit eine Absage erteilt (*Gellermann/Schumacher* NuR 2021, 182 (185); *Lau* NuR 2021, 462 (464)). Der Bundesgesetzgeber ist nun aufgefordert, die mit dem Unionsrecht unvereinbare Privilegierung der land-, forst- und fischereiwirtschaftlichen Bodennutzung aufzuheben und Sorge dafür zu tragen, dass den an ein „strenges Schutzsystem" zu stellenden unionsrechtlichen Anforderungen (EuGH ECLI:EU:C:2018:255 Rn. 230f.) auch im Bereich der Land-, Forst- und Fischereiwirtschaft entsprochen wird.

41 **4. Behördliche Bewirtschaftungsvorgaben.** § 44 Abs. 4 S. 3 BNatSchG nimmt die zuständigen Behörden in die Pflicht, den verursachenden Land-, Forst- oder Fischwirten Bewirtschaftungsvorgaben zu erteilen, wenn das Ausbleiben einer bewirtschaftungsbedingten Verschlechterung des Erhaltungszustandes der lokalen Population (zum Begriff → Rn. 12) nicht durch anderweitige Schutzmaßnahmen sichergestellt ist.

42 Das behördliche Handeln hängt in erster Linie von der Beurteilung ab, ob sich die Erhaltungssituation einer lokalen Population unter dem Einfluss der Bodennutzung in eine negative Richtung entwickelt. Diesbezügliche tatsächliche Feststellungen zu treffen und die zur Beurteilung erforderlichen Sachinformationen zu beschaffen, ist alleinige **Aufgabe der Behörden.** Unmögliches wird ihnen damit nicht abverlangt. Namentlich sind sie nicht genötigt, mehrjährige Forschungsprojekte durchzuführen, um nachteilige Veränderungen der Bestandssituation durch konkrete Datenreihen dokumentieren und die Verantwortlichkeit der land-, forst- oder fischereiwirtschaftlichen Bodennutzungspraktiken

zweifelsfrei belegen zu können. § 44 Abs. 4 S. 2 BNatSchG bringt zum Ausdruck, dass die Bodennutzung nur privilegiert ist, soweit sie sich auf den Erhaltungszustand der lokalen Population nicht verschlechternd auswirkt. Wie sich aus § 44 Abs. 4 S. 3 BNatSchG ergibt, muss das Ausbleiben der Verschlechterung „sichergestellt" sein. Ist dies nicht der

(Fortsetzung nächstes Blatt)

auch für jene Vereine gilt, die auf der Grundlage des § 29 BNatSchG in der bis zum 3.4.2002 geltenden Fassung oder nach § 59 BNatSchG bzw. im Rahmen des § 60 Abs. 1, 3 BNatSchG in der bis zum 1.3.2010 geltenden Fassung vom Bund oder den Ländern anerkannt worden sind.

II. Vereins-Rechtsbehelfe

§ 64 Abs. 1 BNatSchG gewährt anerkannten Vereinigungen eine Rechtsbehelfsbefugnis, besagt aus sich heraus dem Grunde nach aber nicht, welche Rechtsbehelfe ein solcher Verein einzulegen berechtigt ist. Die Vorschrift verweist auf die **„Maßgaben der Verwaltungsgerichtsordnung“,** und dies bringt es mit sich, dass prinzipiell sämtliche dort geregelten Klagen, Rechtsmittel und sonstigen Rechtsbehelfe in Betracht kommen (eingehend *Heselhaus* in Frenz/Müggenborg Rn. 9f.; *Schlacke* in Schlacke Rn. 49). Da zu den rechtsbehelfsfähigen Entscheidungen nunmehr auch Rechtsverordnungen gehören, mit denen artenschutzrechtliche Ausnahmen zugelassen werden (§ 64 Abs. 1 iVm § 63 Abs. 2 Nr. 4b BNatSchG), kommen **Normenkontrollanträge** nach § 47 VwGO in Frage, sofern das Landesrecht dies zulässt. Fehlt es daran (wie in Berlin, Hamburg und Nordrhein-Westfalen), kann um Rechtsschutz im Wege der verwaltungsgerichtlichen **Feststellungsklage** (§ 43 Abs. 1 VwGO) mit dem Ziel nachgesucht werden, im Hinblick auf einen konkreten Fall das Nichtbestehen der sich aus der Verordnung ergebenden Berechtigung zum direkten Zugriff auf Tiere der durch § 44 Abs. 1 BNatSchG geschützten Arten feststellen zu lassen (vgl. hierzu *Wysk* in Wysk VwGO, 2. Aufl. 2016, § 43 Rn. 31). Bei den sonstigen Gegenständen eines Vereinsrechtsbehelfs handelt es sich zumeist um Verwaltungsakte. Da § 64 Abs. 1 BNatSchG „Rechtsbehelfe gegen“ die dort bezeichneten Verwaltungsakte zulässt, bieten sich – neben dem **Widerspruch** im Sinne des § 68 Abs. 1 VwGO – in erster Linie die auf Aufhebung gerichtete **Anfechtungsklage** (§ 42 Abs. 1 VwGO) sowie – in Verfahren des vorläufigen Rechtsschutzes – Anträge nach §§ 80a Abs. 3, 80 Abs. 5 VwGO an. Daneben vermittelt § 64 Abs. 1 BNatSchG eine Rechtsbehelfsbefugnis aber auch für solche Rechtsbehelfe, die auf Feststellung der Rechtswidrigkeit oder Nichtvollziehbarkeit sowie auf Ergänzung um zusätzliche Kompensationsmaßnahmen oder eine Erhöhung festgesetzter Ersatzgelder gerichtet sind (BVerwG NVwZ 2004, 1486 (1496); VGH Mannheim Urt. v. 2.11.2006, 8 S 1269/04, juris Rn. 29). Begrenzend wirkt sich lediglich aus, dass § 64 Abs. 1 BNatSchG den anerkannten Naturschutzvereinigungen ausweislich seines insoweit eindeutigen Wortlauts eine prozessuale Rechtsposition lediglich für solche Rechtsbehelfe verschafft, die auf eine Überprüfung der vereinsklagefähigen Verwaltungsakte vor Eintritt ihrer Bestandskraft gerichtet sind; Rechtsbehelfe, die auf Rücknahme oder Widerruf bestandskräftiger Verwaltungsakte gerichtet sind oder die Geltendmachung von Vollziehungshindernissen betreffen, finden dagegen in § 64 Abs. 1 BNatSchG keine Grundlage (vgl. BVerwG ZUR 2006, 588 (589) mit zustimmender Anmerkung *Louis* ZUR 2006, 590; aA *Leppin* in Lütkes/Ewer Rn. 8). 5

III. Rechtsbehelfsfähige Entscheidungen

Den Gegenstand eines sich auf § 64 Abs. 1 BNatSchG stützenden Vereinsrechtsbehelfs können ausschließlich jene Entscheidungen bilden, an deren Zustandekommen anerkannte Naturschutzvereine nach Maßgabe des § 63 Abs. 1 Nr. 2–4 und Abs. 2 Nr. 4a–7 BNatSchG zu beteiligen sind. Der **Anwendungsbereich** des § 64 Abs. 1 BNatSchG deckt nicht das gesamte Spektrum der Entscheidungen ab, an deren Zustandekommen eine anerkannte Naturschutzvereinigung mitzuwirken berechtigt ist. Namentlich bezieht 6 sich die hierdurch begründete Rechtsbehelfsbefugnis nicht auf den Erlass, die Änderung oder Aufhebung von naturschutzbezogenen **Verordnungen** des Bundes und der Länder (§ 63 Abs. 1 Nr. 1, Abs. 2 Nr. 1 BNatSchG, hierzu VGH München NuR 2016, 790 (791)), **Landschaftsprogramme und -pläne** im Sinne der §§ 10, 11 BNatSchG (§ 63 Abs. 2 Nr. 2 BNatSchG) sowie **habitatschutzrechtlich bedeutsame Pläne** im Sinne des § 36 S. 2 Nr. 1 BNatSchG (§ 63 Abs. 2 Nr. 3 BNatSchG). Eine anerkannte Naturschutzvereinigung kann sich daher gegen die Aufhebung oder Änderung einer Schutzverordnung im Sinne des § 20 Abs. 2 BNatSchG oder die Aufstellung eines Bebauungsplans innerhalb der Kulisse eines solchen Gebietes (vgl. OVG Greifswald NVwZ-RR 2016, 94 (95); *Schlacke* in Schlacke Rn. 40) nicht zur Wehr setzen.

7 **1. Artenschutzrechtliche Gestattungen.** Indem § 64 Abs. 1 BNatSchG auf Entscheidungen im Sinne des § 63 Abs. 2 Nr. 4a und b BNatSchG verweist, eröffnet sich den anerkannten Naturschutzvereinigungen erstmals die Möglichkeit, artenschutzrechtliche Gestattungen zur gerichtlichen Kontrolle zu stellen. Dies betrifft zunächst Genehmigungen für die Errichtung, Erweiterung, wesentliche Änderung und den **Betrieb eines Zoos** (§ 42 Abs. 2 BNatSchG). Daneben können artenschutzrechtliche **Ausnahmen** nach § 45 Abs. 7 BNatSchG gerichtlich angegriffen werden, dies allerdings nur, wenn sie durch eine Rechtsverordnung oder eine Allgemeinverfügung zugelassen werden. Rechtsverordnungen, die – gestützt auf § 45 Abs. 7 S. 4 BNatSchG – von den Landesregierungen erlassen werden und den Abschuss oder die Vergrämung von Kormoranen (hierzu OVG Magdeburg NuR 2019, 45 ff.) oder Rabenkrähen gestatten, können ebenso den Gegenstand einer naturschutzrechtlichen Vereinsklage bilden wie eine Allgemeinverfügung, die den Fang und die Tötung von Bibern an bestimmten Gewässerabschnitten erlaubt (VG Augsburg NuR 2013, 284 ff.). Artenschutzrechtliche Ausnahmen, die gesondert aus Anlass eines **Einzelfalles** erteilt werden (zB Entnahme eines Wolfes; hierzu VG Oldenburg NuR 2019, 287) oder von einem Planfeststellungsbeschluss für ein Straßenbauvorhaben (vgl. BVerwG NVwZ 2014, 714 Rn. 124 ff.) oder einer Genehmigung für eine Windenergieanlage umfasst sind (vgl. OVG Lüneburg Beschl. v. 28.5.2018 – 12 ME 25/18, juris Rn. 29), kommen dagegen nicht als Gegenstand einer naturschutzrechtlichen Vereinsklage in Betracht (VGH München NVwZ-RR 2017, 554 Rn. 22; *Lau* in Hoppenberg/de Witt HdbÖffBauR Kap. K VIII Rn. 84).

8 **2. Abweichung von Schutzgebietsregelungen.** Die in § 64 Abs. 1 iVm § 63 Abs. 1 Nr. 2, Abs. 2 Nr. 5 BNatSchG in erster Linie thematisierten **Befreiungen** betreffen den durch einschlägige naturschutzrechtliche Vorschriften verbürgten **Schutz bestimmter Teile von Natur und Landschaft.** Befreiungen von den Verboten des besonderen Artenschutzrechts (§ 67 Abs. 2 BNatSchG) können auf Grundlage des § 64 Abs. 1 BNatSchG nicht zur gerichtlichen Überprüfung gestellt werden (VGH München NuR 2008, 668 f.). Dagegen sind Befreiungen von gebietsbezogenen Ge- oder Verboten einer naturschutzrechtlichen Vereinsklage unabhängig davon zugänglich, ob sie gesondert erteilt oder durch eine andere Entscheidung eingeschlossen oder ersetzt werden. Das gilt namentlich für Genehmigungen des Immissionsschutzrechts, denen kraft der normativen Anordnung des § 13 BImSchG eine **Konzentrationswirkung** eignet (*Seibert* → BImSchG § 13 Rn. 89b), daneben aber auch für Gestattungen des Atom- und Gentechnikrechts (§ 8 Abs. 2 AtG, § 22 Abs. 1 GentG). Wird eine Befreiung nicht durch Verwaltungsakt erteilt, sondern durch einen verwaltungsrechtlichen Vertrag gewährt, ist § 64 Abs. 1 BNatSchG entsprechend anwendbar.

9 Auf dem Sektor des Gebietsschutzes können zunächst die in § 63 Abs. 1 Nr. 2 BNatSchG genannten Befreiungen von den Ge- und Verboten zum Schutz der auf

wurde (*Bunge* UmwRG § 1 Rn. 184). Wird die Behörde dagegen lediglich zur **Neubescheidung** verpflichtet oder belässt das Gericht es bei der **Feststellung der Rechtswidrigkeit und Nichtvollziehbarkeit** eines angefochtenen Verwaltungsaktes, verfügt die Behörde bei einer erneuten Entscheidung über mehr oder weniger weitreichende Spielräume. Soweit eine neue behördliche Entscheidung diese Spielräume unter Beachtung der Rechtsauffassung des Gerichts sowie des sich daraus ergebenden rechtlichen Rahmens ausfüllt, handelt es sich um einen **neuen Verwaltungsakt,** der an Mängeln leiden kann, mit denen sich das Gericht im vorherigen Verfahren nicht befasst hat. Da von einer Doppelbefassung in solchen Fällen mit Rücksicht darauf nicht gesprochen werden kann, dass es sich um einen anderen Streitgegenstand handelt, schließt § 64 Abs. 2 iVm § 1 Abs. 1 S. 4 UmwRG den sich gegen diese behördliche Entscheidung richtenden Rechtsbehelf nicht aus (vgl. BVerwG NuR 2008, 633 Rn. 24; VGH Kassel NVwZ-RR 2018, 301 Rn. 16).

3. Fristen. Rechtsbehelfe anerkannter Naturschutzvereinigungen, die auf die Aufhebung eines behördlichen Verwaltungsakts abzielen, sind grundsätzlich innerhalb der dafür vorgesehenen Monatsfrist zu erheben (§§ 70, 74 VwGO). Allerdings sind Situationen zu gewärtigen, in denen rechtsbehelfsfähige Akte im Sinne des § 63 Abs. 1 Nr. 2 bis 4, Abs. 2 Nr. 4a bis 7 BNatSchG einer Vereinigung mit der Folge nicht bekannt gegeben werden, dass die an sich für Widerspruch und Klage vorgesehenen Fristenregelungen nicht greifen. Der gegen einen solchen Akt selbst nach geraumer Zeit eingelegte Rechtsbehelf bliebe zulässig, solange nicht die richterrechtlich entwickelten Grenzen der **Verwirkung** zum Tragen kommen (vgl. hierzu *Meissner/Schenk* in Schoch/Schneider/Bier VwGO § 74 Rn. 43; *Wysk* in Wysk VwGO Vor § 40 Rn. 45). Diesen Aspekt aufgreifend stellt die aus Gründen des § 64 Abs. 2 BNatSchG entsprechend geltende Bestimmung des § 2 Abs. 3 S. 1 URG ausdrücklich klar, dass Widerspruch und Klage binnen Jahresfrist erhoben werden müssen, nachdem der Verein von dem angreifbaren Akt Kenntnis erlangt hat oder hätte erlangen können. Von einem **„Kennenkönnen"** im Sinne dieser Vorschrift ist nur auszugehen, wenn sich der Vereinigung das Bestehen einer rechtsbehelfsfähigen behördlichen Entscheidung aufdrängen musste (vgl. OVG Münster Beschl. v. 25.9.2015 – 8 A 970/15, juris Rn. 20; *Schlacke* in Schlacke Rn. 66). Abzustellen ist dabei grundsätzlich auf die **Kenntnisse des Vereinsvorstandes,** die insoweit besonders beauftragten Mitglieder der Vereinigung und ggf. die hauptamtlichen Angestellten (*Konrad* in Lorz/Konrad/Mühlbauer/Müller-Walter Rn. 18), während bei großen Vereinigungen eine Pflicht zur Organisation eines **Informationsaustausches** zwischen einzelnen Ortsgruppen und dem Zentralverein in Erwägung gezogen wird (OVG Münster Beschl. v. 24.9.2009 – 8 B 1342/09.AK, juris Rn. 42). Da sich § 64 Abs. 2 BNatSchG darauf beschränkt, die entsprechende Geltung des § 2 Abs. 3 S. 1 UmwRG anzuordnen, kommt die in Satz 2 dieser Bestimmung normierte Zweijahresfrist bei der naturschutzrechtlichen Vereinsklage nicht zum Tragen (*Bunge* UmwRG, 2. Aufl. 2019 § 2 Rn. 110). **26**

Bei Klagen anerkannter Umweltvereinigungen müssen innerhalb von zehn Wochen nach Klageerhebung die zur Begründung der Klage dienenden Tatsachen und Beweismittel angegeben werden. Da die hierzu nötigende Vorschrift des § 6 UmwRG in § 64 Abs. 2 BNatSchG nicht in Bezug genommen wird, ist eine **Klagebegründungsfrist** bei naturschutzrechtlichen Vereinsklagen nur zu wahren, soweit dies sondergesetzlich vorgesehen ist. Das gilt namentlich bei gerichtlichen Angriffen gegen Plangenehmigungen im Sinne des § 63 Abs. 1 Nr. 4, Abs. 2 Nr. 7 BNatSchG (§ 17e Abs. 5 FStrG, § 14e Abs. 5 WaStrG; § 18e Abs. 5 AEG). **27**

4. Missbräuchliches Verhalten. Nach § 64 Abs. 2 BNatSchG iVm § 5 UmwRG bleiben die von einer anerkannten Naturschutzvereinigung erstmals in einem Rechtsbe- **28**

helfsverfahren erhobenen Einwendungen unberücksichtigt, wenn deren erstmalige Geltendmachung in diesem Verfahren **missbräuchlich** oder **unredlich** ist. Hierzu genügt nicht, dass die Vereinigung in einem Verwaltungsverfahren einen Einwand nicht erhoben oder auf eine behördliche Anfrage nicht reagiert hat (OVG Hamburg ZUR 2019, 37 (39); OVG Münster Beschl. v. 15.3.2018 – 8 B 736/17, juris Rn. 7; *Brigola/Heß* NuR 2017, 729 (732)). Stattdessen kann von einem missbräuchlichen und unredlichen Verhalten allenfalls gesprochen werden, wenn die Naturschutzvereinigung im Verwaltungsverfahren in Kenntnis aller Umstände ausdrücklich erklärt oder sonstwie deutlich gemacht hat, dass Einwendungen nicht bestehen, solche dann aber – ohne zwischenzeitlich klüger geworden zu sein – in einem Klageverfahren vorträgt (BT-Drs. 18/9526, 41; OVG Hamburg ZUR 2019, 37 (39)). Erforderlich ist ein **widersprüchliches Verhalten,** während lediglich „unvernünftig" erscheinende Verhaltensweisen den Vorwurf des Missbrauchs oder der Unredlichkeit nicht rechtfertigen können (vgl. *Franzius* in Schink/Reidt/Mitschang UmwRG § 5 Rn. 6).

VI. Beiladung anerkannter Naturschutzvereinigungen

29 Ob eine anerkannte Naturschutzvereinigung, die über ein Mitwirkungsrecht verfügt, einem gerichtlichen Verfahren nach Maßgabe des § 65 VwGO beizuladen ist, wird uneinheitlich beurteilt (Überblick bei *Leppin* in Lütkes/Ewer Rn. 34). Während eine **(einfache) Beiladung** im Schrifttum unter Hinweis auf die hiermit verfolgten Ziele der Prozessökonomie und Rechtssicherheit befürwortet wird (vgl. nur *Fischer-Hüftle* in Schumacher/Fischer-Hüftle Rn. 21; *Schlacke* in Schlacke Rn. 68; zustimmend *Heselhaus* in Frenz/Müggenborg Rn. 38), bietet die Rechtsprechung **kein einheitliches Bild.** Das OVG Hamburg sprach sich für eine einfache Beiladung in einem Fall aus, in dem sich die Klage gegen die sich mit einer wasserrechtlichen Erlaubnis verbundenen Einschränkungen und Nebenbestimmungen richtete (OVG Hamburg Beschl. v. 9.2.2009 – 5 E 4/08, BeckRS 2009, 3231). Dagegen erkannte das OVG Münster für Recht, dass die Beiladung einer anerkannten Naturschutzvereinigung in einem verwaltungsgerichtlichen Verfahren betreffend einen Planfeststellungsbeschluss über ein Vorhaben, das mit Eingriffen in Natur und Landschaft verbunden ist, weder bei der Anfechtungsklage eines Dritten noch im Falle der Verpflichtungsklage des Vorhabenträgers auf Erlass eines abgelehnten Planfeststellungsbeschlusses gerechtfertigt sei (OVG Münster ZUR 2010, 315 f.). In ähnlicher Weise äußerte sich der VGH Kassel in einem Fall, in dem der Träger eines Vorhabens die Verpflichtung der Behörde zur Erteilung einer Genehmigung und hilfsweise eine Neubescheidung erstrebte (VGH Kassel NVwZ-RR 2018, 301 ff.). Auch wenn dies im Ergebnis zutreffend sein mag, erscheint doch der Hinweis angebracht, dass sich eine Naturschutzvereinigung bei der Verpflichtungsklage eines Dritten, die auf die Erteilung einer mitwirkungspflichtigen Gestattung gerichtet ist, in einer Situation befindet, die derjenigen eines **Nachbarn** nicht unähnlich ist, dessen subjektive Rechte durch die beanspruchte Genehmigung verletzt werden können. Dieser Umstand soll aus Sicht der Rechtsprechung nicht zur Beiladung des Nachbarn nötigen, weil er sich einer später erteilten Genehmigung im Wege der Anfechtungsklage erwehren kann (vgl. die Darstellung bei *Bier* in Schoch/Schneider/Bier VwGO § 65 Rn. 24). Genau diese Möglichkeit steht einer anerkannten Naturschutzvereinigung nicht zu Gebote, wenn § 64 Abs. 2 BNatSchG iVm § 1 Abs. 1 S. 4 UmwRG es ihr versagt, gerichtlichen Rechtsschutz gegen eine an sich rechtsbehelfsfähige Gestattung in Anspruch zu nehmen. Das spricht dafür, auf eine notwendige Beiladung der Vereinigung jedenfalls dann zu erkennen, wenn sie durch das **Zweitklageverbot** daran gehindert wird, die gerichtliche Überprüfung einer rechtsbehelfsfähigen Entscheidung zu erwirken.

LANDMANN/ROHMER

UMWELTRECHT

BAND III

KOMMENTAR

Herausgegeben von

Prof. Dr. Martin Beckmann
Rechtsanwalt und Fachanwalt für Verwaltungsrecht, Honorarprofessor der Universität Münster

Prof. Dr. Dr. Wolfgang Durner LL. M.
Rheinische Friedrich-Wilhelms-Universität Bonn und Direktor des Instituts für das Recht der Wasser- und Entsorgungswirtschaft

Prof. Dr. Thomas Mann
Direktor des Instituts für Öffentliches Recht, Lehrstuhl für Verwaltungsrecht der Georg-August-Universität Göttingen

Prof. Dr. Marc Röckinghausen
Hochschule für Polizei und öffentliche Verwaltung NRW, Abteilung Gelsenkirchen, Fachbereich Allgemeine Verwaltung/ Rentenversicherung

Stand: 1. September 2021
(96. Ergänzungslieferung)

(Zum Bearbeitungsstand im Einzelnen siehe die Datumszeile am unteren Ende jeder Seite)

C.H.BECK

Dieses Titelblatt entstammt der 96. Ergänzungslieferung September 2021
(Anschluss an die 95. Ergänzungslieferung Mai 2021)
ISBN 978 3 406 77984 8

Der Kommentar wurde von der 1. bis zur 50. Ergänzungslieferung von Prof. Dr. Klaus Hansmann und von der 51. bis zur 58. Ergänzungslieferung von Prof. Dr. Martin Beckmann herausgegeben.

Zitiervorschläge:

Beckmann in Landmann/Rohmer UmweltR KrWG § 17 Rn. 1
Landmann/Rohmer UmweltR/*Beckmann* KrWG § 17 Rn. 1

www.beck.de

Grundwerk ISBN 978 3 406 34327 8 ergänzt bis ISBN 978 3 406 77984 8

Wilhelmstraße 9, 80801 München
Satz und Druck: Druckerei C. H. Beck Nördlingen
(Adresse wie Verlag)

CO2 neutral
chbeck.de/nachhaltig

Gedruckt auf säurefreiem, alterungsbeständigem Papier
(hergestellt aus chlorfrei gebleichtem Zellstoff)

Inhaltsverzeichnis (Band III)

D. Umweltrecht Besonderer Teil

1. Bundes-Immissionsschutzgesetz (BImSchG)

Kommentierung

Erster Teil. Allgemeine Vorschriften

Zweiter Teil. Errichtung und Betrieb von Anlagen

Erster Abschnitt. Genehmigungsbedürftige Anlagen

Zweiter Abschnitt. Nicht genehmigungsbedürftige Anlagen

Dritter Abschnitt. Ermittlung von Emissionen und Immissionen, sicherheitstechnische Prüfungen

Dritter Teil. Beschaffenheit von Anlagen, Stoffen, Erzeugnissen, Brennstoffen, Treibstoffen und Schmierstoffen; Treibhausgasminderung bei Kraftstoffen

Erster Abschnitt. Beschaffenheit von Anlagen, Stoffen, Erzeugnissen, Brennstoffen, Treibstoffen und Schmierstoffen

Zweiter Abschnitt. Treibhausgasminderung bei Kraftstoffen

Vierter Teil. Beschaffenheit und Betrieb von Fahrzeugen, Bau und Änderung von Straßen und Schienenwegen

Fünfter Teil. Überwachung und Verbesserung der Luftqualität, Luftreinhalteplanung

Sechster Teil. Lärmminderungsplanung

Siebenter Teil. Gemeinsame Vorschriften

Achter Teil. Schlussvorschriften

Bearbeiterverzeichnis (Band I–IV)

Prof. Dr. Martin Beckmann Rechtsanwalt in Münster	Vorb. Abfallrecht, §§ 1–57, 62–68, 70–72 KrWG § 15 UVPG, Umweltschadensgesetz (mit Wittmann)
Dr. Christian-Dietrich Bracher Rechtsanwalt in Bonn	§§ 41 bis 43 BImSchG, 16. und 24. BImSchV
Prof. Dr. Peter Bruckmann Landesamt für Natur, Umwelt und Verbraucherschutz Nordrhein-Westfalen, Essen	39. BImSchV (mit Strecker und Vogt), 43. BImSchV (mit van Endern und Vogt)
Prof. Dr. Pascale Cancik O. Professorin an der Universität Osnabrück	Vorb. §§ 47a ff. BImSchG, §§ 47a–47f BImSchG (§§ 47a–47c, 47e und 47f mit Hansmann)
Prof. Dr. Johannes Dietlein O. Professor an der Universität Düsseldorf	§§ 1, 2, Vorb. §§ 4–21, 4 bis 8, 9 bis 11, 16a, 19, 23a–23c und 25a BImSchG, 9. BImSchV
Dr. Robert Dix Syndikusrechtsanwalt der EWE AG, Oldenburg	§§ 29–32 UVPG
Prof. Dr. Matthias Dombert Rechtsanwalt in Potsdam	§§ 4–6, 8, 13, 14, 20, 24, 25 BBodSchG
Rolf-Dieter Dörr Ministerialrat a. D.	OberflächengewässerV (mit Walter)
Prof. Dr. Dr. Wolfgang Durner LL. M. O. Professor an der Universität Bonn	Umweltvölkerrecht, Vorb. §§ 27 ff. WHG, §§ 27–31, 34, 35, 82–85 WHG
Benedikt van Endern Ministerium für Umwelt, Landwirtschaft, Natur- und Verbraucherschutz des Landes Nordrhein-Westfalen	43. BImSchV (mit Bruckmann und Vogt)
Prof. Dr. Astrid Epiney LL. M. O. Professorin an der Université de Fribourg	Art. 191–193 AEUV
Prof. Dr. Wolfgang Ewer Rechtsanwalt in Kiel	Vorb. BBodSchG, §§ 9, 15, 16 BBodSchG
Prof. Dr. Kurt Faßbender O. Professor an der Universität Leipzig	§§ 1–5, 33, 36–38 WHG
Dr. Frank Fellenberg LL. M. Rechtsanwalt in Berlin	Fluglärmgesetz (mit Reidt und Schiller), Umweltrechtsbehelfsgesetz (mit Schiller)
Dr. Henrik Flatter Bundesamt für Naturschutz, Bonn	§§ 69–74 BNatSchG

Bearbeiter

Dr. Matthias Ganske Rechtsanwalt in Bonn	§§ 25, 26, 54–61 WHG
Prof. Dr. Klaus Ferdinand Gärditz O. Professor an der Universität Bonn	Art. 20a GG
Prof. Dr. Martin Gellermann Rechtsanwalt, apl. Professor an der Universität Osnabrück	§§ 4, 7–51, §§ 52–56, §§ 57–68 BNatSchG (§§ 41–43 mit Sanden)
Nela Gies Richterin am Verwaltungsgericht Gelsenkirchen	§§ 41, 42 WHG
Prof. Dr. Christoph Görisch Hochschule für Polizei und öffentliche Verwaltung NRW, Abteilung Münster	§§ 4–14 UAG
Dipl.-Met. Arno Graff Umweltbundesamt, Dessau	Nr. 5.5 TA Luft (mit Hansmann), Vorb. zu Anhang 3 der TA Luft
Moritz Grunow Rechtsanwalt in Düsseldorf	Vorb. AwSV, § 1 AwSV
Prof. Dr. Günter Hager † O. Professor an der Universität Freiburg	§§ 6, 7 UmweltHG (mit Rehbinder)
Prof. Dr. Klaus Hansmann Leitender Ministerialrat a. D.	§§ 17, 18, 20, 21, 26–37, 38–40, 47a–47c, 47e, 47f, 52, 52b–58d, 59, 60, 62–72, 74 BImSchG (§§ 17, 18 mit Ohms, Vor § 26, §§ 26–31 mit Pabst, Vor § 38, §§ 38–40 mit Hofmann, §§ 20, 21, Vor 32, §§ 32–37, 52, 52b, 62, 66 und 67 mit Röckinghausen, §§ 47a–47c, 47e und 47f mit Cancik), Vor § 53, §§ 53–58d mit Maciejewski, 14., 32. und 34. BImSchV, TA Lärm, TA Luft (ohne Vorb. zu Anhang 3), 4., 11., 20., 21., 25., 27., 28., 30., 34. und 35. BImSchV (mit Röckinghausen), 2. BImSchV (mit Mahrwald und Röckinghausen), 5. BImSchV mit Maciejewski, 12. BImSchV (mit König), BzBlG, 1. DVO BzBlG
Dr. Felix Hardach Bundesministerium für Umwelt, Naturschutz und nukleare Sicherheit	§§ 1, 8, 11–13, 17, 20, 22, 23, 26 31, 32, 35 TEHG
Prof. Dr. Torsten Heilshorn Rechtsanwalt in Freiburg	Vor § 22 BImSchG, §§ 22–25 BImSchG (mit Sparwasser)
Dr. Franziska Heß Rechtsanwältin in Leipzig	§§ 1–3 BNatSchG (mit Wulff)

Michael Heugel Bundesministerium für Umwelt, Naturschutz und nukleare Sicherheit	§§ 5, 6 BNatSchG
Prof. Dr. Ekkehard Hofmann O. Professor an der Universität Trier	Vorb. § 38, §§ 38–40 BImSchG, §§ 16–23 UVPG
Dr. Frank Hofmann Bundesministerium für Umwelt, Naturschutz und nukleare Sicherheit	§ 23 WHG
Dr. Georg Hünnekens Rechtsanwalt in Münster	§§ 50–53 WHG, Vorb. §§ 64–66, §§ 64–66 WHG, Vorb. §§ 72–81 WHG, §§ 72–81 WHG
Georg Kahl † Ministerialrat a. D.	7. BImSchV
Lutz Keppner Bundesministerium für Umwelt, Naturschutz und nukleare Sicherheit	Grundwasserverordnung
Dr. Andreas Kersting Rechtsanwalt in Münster	§§ 58–61 KrWG
Dr. Heike Kieserling Deutsche Bahn AG	§§ 13, 14, 25–38 AwSV
Dr. Jens Martin König Hessisches Ministerium für Umwelt, Klimaschutz, Landwirtschaft und Verbraucherschutz	12. BImSchV (mit Hansmann)
Dr. Olaf Konzak Rechtsanwalt in Köln	§§ 2, 3 und 7 VerpackG (mit Körner)
Dr. Michael Körner, LL.M. Rechtsanwalt in Köln	§§ 2, 3 und 7 VerpackG (mit Konzak)
Dr. Philip Kubitza Richter auf Probe, Rheinland-Pfalz	§§ 100–102 WHG
Prof. Dr. Silke Ruth Laskowski O. Professorin an der Universität Kassel	§ 24 WHG, § 58e BImSchG mit der EMASPrivilegV
Prof. Dr. Joachim Lege O. Professor an der Universität Greifswald	§§ 96–99 WHG
Dr. Rasso Ludwig LL. M. Richter am Verwaltungsgericht München	§§ 19, 21–23, 26 BBodSchG
Prof. Dr. Karim Maciejewski Hochschule des Bundes für öffentliche Verwaltung	Vor § 53 BImSchG, §§ 53–58d BImSchG (mit Hansmann), 5. BImSchV (mit Hansmann)
Birgit Mahrwald Bundesministerium für Umwelt, Naturschutz und nukleare Sicherheit	2. BImSchV (mit Hansmann und Röckinghausen)

Bearbeiter

Prof. Dr. Thomas Mann O. Professor an der Universität Göttingen	§§ 8a, 12 BImSchG, Vorb. ElektroG, §§ 1, 2 ElektroG, §§ 1–14, 24–28, 30–46, 48–74 UVPG
Dr. Cedric Christian Meyer Rechtsanwalt in Köln	§§ 46–49, 62–63 WHG
Dr. Uwe Neuser Bundesministerium für Umwelt, Naturschutz und nukleare Sicherheit	§§ 2, 27, 33, 34 TEHG
Volkmar Nies Landwirtschaftsdirektor bei der Landwirtschaftskammer Rheinland	§§ 1, 2, 7, 17, 18 BBodSchG
Dr. Martin Ohms Rechtsanwalt in Berlin	§§ 17, 18 BImSchG (mit Hansmann), 13. BImSchV, 17. BImSchV (z. T. mit Sahm)
Prof. Dr. Heinz-Joachim Pabst Hochschule des Bundes für öffentliche Verwaltung	Vor § 26, §§ 26–31 BImSchG (mit Hansmann), § 61 BImSchG, 41. BImSchV
Dr. Kay Artur Pape Rechtsanwalt in Bonn	Vorb. WHG, §§ 6–22 WHG
Dr. Malte Petersen LL. M. Ministerium für Umwelt, Landwirtschaft, Natur- und Verbraucherschutz des Landes Nordrhein-Westfalen	§§ 89–95 WHG
Prof. Dr. Alexander Proelß O. Professor an der Universität Trier	§§ 43–45l WHG
Prof. Dr. Eckard Rehbinder Em. Professor an der Universität Frankfurt/Main	§ 14 BImSchG UmweltHG (§§ 6, 7 mit Hager)
Prof. Dr. Olaf Reidt Rechtsanwalt in Berlin	§ 16 BImSchG (mit Schiller), 18. BImSchV (mit Schiller), Fluglärmgesetz (mit Fellenberg und Schiller), Umweltinformationsgesetz (mit Schiller)
Dr. Christoph Riese Rechtsanwalt in Berlin	§§ 67–71, 86 WHG
Prof. Dr. Marc Röckinghausen Hochschule für Polizei und öffentliche Verwaltung NRW, Abteilung Gelsenkirchen	§§ 20, 21, Vor § 32, §§ 32–37, §§ 52, 52b, 62, 66, 67 BImSchG (mit Hansmann), §§ 37a bis 37f, Vor §§ 44–47, 52a, 73 BImSchG, 1., 10., 26., 36., 37., 38., 42. BImSchV, 4., 11., 20., 21., 25., 27., 28., 30., 34. und 35. BImSchV (mit Hansmann), 2. BImSchV (mit Hansmann und Mahrwald), Schadstofffreisetzungs- und Verbringungsregistergesetz
Christoph Sahm LL. M. E.ON Kernkraft GmbH	§§ 23–25, 27 der 17. BImSchV (mit Ohms)

1. Gesetz zum Schutz vor schädlichen Umwelteinwirkungen durch Luftverunreinigungen, Geräusche, Erschütterungen und ähnliche Vorgänge (Bundes-Immissionsschutzgesetz – BImSchG)

In der Fassung der Bekanntmachung vom 17. Mai 2013

(BGBl. I S.1274; 2021 I S. 123, geändert durch Art. 1 d. 11. BImSchG-ÄnderungsG v. 2.7.2013, BGBl. I S. 1943, berichtigt am 7.10.2013, BGBl. I S. 3753, geändert durch Art. 1 d. 12. BImSchG-ÄnderungsG v. 20.11.2014, BGBl. I S. 1740, durch Art. 76 d. 10. ZuständigkeitsanpassungsV v. 31.8.2015, BGBl. I S. 1474, durch Art. 3 d. G. v. 26.7.2016, BGBl. I S. 1839, durch Art. 1 d. G v. 30.11.2016, BGBl. I S. 2749, durch Art. 55 d. G. v. 29.3.2017, BGBl. I S. 626, durch Art. 3 d. G. v. 29.5.2017, BGBl. I S. 1298, durch Art. 3 d. G. v. 18.7.2017, BGBl. I S. 2771, durch Art. 1 d. 13. BImSchG-ÄnderungsG v. 8.4.2019, BGBl. I S. 432, durch Art. 103 d. 11. Zuständigkeitsanpassungsv v. 19.6.2020, BGBl. I S. 1328, durch Art. 3 d. InvestitionsbeschleunigungsG v. 3.12.2020, BGBl. I S. 2694, durch Art. 2 d. G. v. 9.12.2020, BGBl. I S. 2873, durch Art. 10 d. G. v. 27.7.2021, BGBl. I S. 3146, durch Art. 14 d. MoPeG v. 10.8.2021, BGBl. I S. 3436, und durch Art. 1 d. G. v. 18.8.2021, BGBl. I S. 3901)

Inhaltsübersicht

von Emissionen von Treibhausgasen nur zulässig, um zur Erfüllung der Pflichten nach Absatz 1 Nummer 1 sicherzustellen, dass im Einwirkungsbereich der Anlage keine schädlichen Umwelteinwirkungen entstehen; dies gilt nur für Treibhausgase, die für die betreffende Tätigkeit nach Anhang 1 des Treibhausgas-Emissionshandelsgesetzes umfasst sind. [2] Bei diesen Anlagen dürfen zur Erfüllung der Pflicht zur effizienten Verwendung von Energie in Bezug auf die Emissionen von Kohlendioxid, die auf Verbrennungs- oder anderen Prozessen der Anlage beruhen, keine Anforderungen gestellt werden, die über die Pflichten hinausgehen, welche das Treibhausgas-Emissionshandelsgesetz begründet.

(3) Genehmigungsbedürftige Anlagen sind so einzurichten, zu betreiben und stillzulegen, daß auch nach einer Betriebseinstellung

1. von der Anlage oder dem Anlagengrundstück keine schädlichen Umwelteinwirkungen und sonstige Gefahren, erhebliche Nachteile und erhebliche Belästigungen für die Allgemeinheit und die Nachbarschaft hervorgerufen werden können,
2. vorhandene Abfälle ordnungsgemäß und schadlos verwertet oder ohne Beeinträchtigung des Wohls der Allgemeinheit beseitigt werden und
3. die Wiederherstellung eines ordnungsgemäßen Zustandes des Anlagengrundstücks gewährleistet ist.

(4) [1] Wurden nach dem 7. Januar 2013 auf Grund des Betriebs einer Anlage nach der Industrieemissions-Richtlinie erhebliche Bodenverschmutzungen oder erhebliche Grundwasserverschmutzungen durch relevante gefährliche Stoffe im Vergleich zu dem im Bericht über den Ausgangszustand angegebenen Zustand verursacht, so ist der Betreiber nach Einstellung des Betriebs der Anlage verpflichtet, soweit dies verhältnismäßig ist, Maßnahmen zur Beseitigung dieser Verschmutzung zu ergreifen, um das Anlagengrundstück in jenen Ausgangszustand zurückzuführen. [2] Die zuständige Behörde hat der Öffentlichkeit relevante Informationen zu diesen vom Betreiber getroffenen Maßnahmen zugänglich zu machen, und zwar auch über das Internet. [3] Soweit Informationen Geschäfts- oder Betriebsgeheimnisse enthalten, gilt § 10 Absatz 2 entsprechend.

§ 6 Genehmigungsvoraussetzungen. (1) Die Genehmigung ist zu erteilen, wenn

1. sichergestellt ist, daß die sich aus § 5 und einer auf Grund des § 7 erlassenen Rechtsverordnung ergebenden Pflichten erfüllt werden, und
2. andere öffentlich-rechtliche Vorschriften und Belange des Arbeitsschutzes der Errichtung und dem Betrieb der Anlage nicht entgegenstehen.

(2) Bei Anlagen, die unterschiedlichen Betriebsweisen dienen oder in denen unterschiedliche Stoffe eingesetzt werden (Mehrzweck- oder Vielstoffanlagen), ist die Genehmigung auf Antrag auf die unterschiedlichen Betriebsweisen und Stoffe zu erstrecken, wenn die Voraussetzungen nach Absatz 1 für alle erfaßten Betriebsweisen und Stoffe erfüllt sind.

(3) Eine beantragte Änderungsgenehmigung darf auch dann nicht versagt werden, wenn zwar nach ihrer Durchführung nicht alle Immissionswerte einer Verwaltungsvorschrift nach § 48 oder einer Rechtsverordnung nach § 48a eingehalten werden, wenn aber

1. der Immissionsbeitrag der Anlage unter Beachtung des § 17 Absatz 3a Satz 3 durch das Vorhaben deutlich und über das durch nachträgliche Anordnungen nach § 17 Absatz 1 durchsetzbare Maß reduziert wird,
2. weitere Maßnahmen zur Luftreinhaltung, insbesondere Maßnahmen, die über den Stand der Technik bei neu zu errichtenden Anlagen hinausgehen, durchgeführt werden,

3. der Antragsteller darüber hinaus einen Immissionsmanagementplan zur Verringerung seines Verursacheranteils vorlegt, um eine spätere Einhaltung der Anforderungen nach § 5 Absatz 1 Nummer 1 zu erreichen, und
4. die konkreten Umstände einen Widerruf der Genehmigung nicht erfordern.

§ 7 Rechtsverordnungen über Anforderungen an genehmigungsbedürftige Anlagen. (1) [1]Die Bundesregierung wird ermächtigt, nach Anhörung der beteiligten Kreise (§ 51) durch Rechtsverordnung mit Zustimmung des Bundesrates vorzuschreiben, dass die Errichtung, die Beschaffenheit, der Betrieb, der Zustand nach Betriebseinstellung und die betreibereigene Überwachung genehmigungsbedürftiger Anlagen zur Erfüllung der sich aus § 5 ergebenden Pflichten bestimmten Anforderungen genügen müssen, insbesondere, dass

1. die Anlagen bestimmten technischen Anforderungen entsprechen müssen,
2. die von Anlagen ausgehenden Emissionen bestimmte Grenzwerte nicht überschreiten dürfen oder Anlagen äquivalenten Parametern oder äquivalenten technischen Maßnahmen entsprechen müssen,

2a. der Einsatz von Energie bestimmten Anforderungen entsprechen muss,

3. die Betreiber von Anlagen Messungen von Emissionen und Immissionen nach in der Rechtsverordnung näher zu bestimmenden Verfahren vorzunehmen haben oder vornehmen lassen müssen,
4. die Betreiber von Anlagen bestimmte sicherheitstechnische Prüfungen sowie bestimmte Prüfungen von sicherheitstechnischen Unterlagen nach in der Rechtsverordnung näher zu bestimmenden Verfahren
   a) während der Errichtung oder sonst vor der Inbetriebnahme der Anlage,
   b) nach deren Inbetriebnahme oder einer Änderung im Sinne des § 15 oder des § 16,
   c) in regelmäßigen Abständen oder
   d) bei oder nach einer Betriebseinstellung

   durch einen Sachverständigen nach § 29a vornehmen lassen müssen, soweit solche Prüfungen nicht gemäß § 7 Absatz 1 in Verbindung mit einer Rechtsverordnung gemäß § 31 Satz 2 Nummer 4 des Gesetzes über überwachungsbedürftige Anlagen vorgeschrieben sind, und
5. die Rückführung in den Ausgangszustand nach § 5 Absatz 4 bestimmten Anforderungen entsprechen muss, insbesondere in Bezug auf den Ausgangszustandsbericht und die Feststellung der Erheblichkeit von Boden- und Grundwasserverschmutzungen.

[2]Bei der Festlegung der Anforderungen nach Satz 1 sind insbesondere mögliche Verlagerungen von nachteiligen Auswirkungen von einem Schutzgut auf ein anderes zu berücksichtigen; ein hohes Schutzniveau für die Umwelt insgesamt ist zu gewährleisten.

(1a) [1]Nach jeder Veröffentlichung einer BVT-Schlussfolgerung ist unverzüglich zu gewährleisten, dass für Anlagen nach der Industrieemissions-Richtlinie bei der Festlegung von Emissionsgrenzwerten nach Absatz 1 Satz 1 Nummer 2 die Emissionen unter normalen Betriebsbedingungen die in den BVT-Schlussfolgerungen genannten Emissionsbandbreiten nicht überschreiten. [2]Im Hinblick auf bestehende Anlagen ist

1. innerhalb eines Jahres nach Veröffentlichung von BVT-Schlussfolgerungen zur Haupttätigkeit eine Überprüfung und gegebenenfalls Anpassung der Rechtsverordnung vorzunehmen und

(Fortsetzung nächste Seite)

3. der Antragsteller sich verpflichtet, alle bis zur Entscheidung durch die Errichtung der Anlage verursachten Schäden zu ersetzen und, wenn das Vorhaben nicht genehmigt wird, den früheren Zustand wiederherzustellen.

(2) [1]Die Zulassung kann jederzeit widerrufen werden. [2]Sie kann mit Auflagen verbunden oder unter dem Vorbehalt nachträglicher Auflagen erteilt werden. [3]Die zuständige Behörde kann die Leistung einer Sicherheit verlangen, soweit dies erforderlich ist, um die Erfüllung der Pflichten des Antragstellers zu sichern.

(3) In einem Verfahren zur Erteilung einer Genehmigung nach § 16 Abs. 1 kann die Genehmigungsbehörde unter den in Absatz 1 genannten Voraussetzungen auch den Betrieb der Anlage vorläufig zulassen, wenn die Änderung der Erfüllung einer sich aus diesem Gesetz oder einer auf Grund dieses Gesetzes erlassenen Rechtsverordnung ergebenden Pflicht dient.

§ 9 Vorbescheid. (1) Auf Antrag soll durch Vorbescheid über einzelne Genehmigungsvoraussetzungen sowie über den Standort der Anlage entschieden werden, sofern die Auswirkungen der geplanten Anlage ausreichend beurteilt werden können und ein berechtigtes Interesse an der Erteilung eines Vorbescheides besteht.

(2) Der Vorbescheid wird unwirksam, wenn der Antragsteller nicht innerhalb von zwei Jahren nach Eintritt der Unanfechtbarkeit die Genehmigung beantragt; die Frist kann auf Antrag bis auf vier Jahre verlängert werden.

(3) Die Vorschriften der §§ 6 und 21 gelten sinngemäß.

§ 10 Genehmigungsverfahren. (1) [1]Das Genehmigungsverfahren setzt einen schriftlichen oder elektronischen Antrag voraus. [2]Dem Antrag sind die zur Prüfung nach § 6 erforderlichen Zeichnungen, Erläuterungen und sonstigen Unterlagen beizufügen. [3]Reichen die Unterlagen für die Prüfung nicht aus, so hat sie der Antragsteller auf Verlangen der zuständigen Behörde innerhalb einer angemessenen Frist zu ergänzen. [4]Erfolgt die Antragstellung elektronisch, kann die zuständige Behörde Mehrfertigungen sowie die Übermittlung der dem Antrag beizufügenden Unterlagen auch in schriftlicher Form verlangen.

(1a) [1]Der Antragsteller, der beabsichtigt, eine Anlage nach der Industrieemissions-Richtlinie zu betreiben, in der relevante gefährliche Stoffe verwendet, erzeugt oder freigesetzt werden, hat mit den Unterlagen nach Absatz 1 einen Bericht über den Ausgangszustand vorzulegen, wenn und soweit eine Verschmutzung des Bodens oder des Grundwassers auf dem Anlagengrundstück durch die relevanten gefährlichen Stoffe möglich ist. [2]Die Möglichkeit einer Verschmutzung des Bodens oder des Grundwassers besteht nicht, wenn auf Grund der tatsächlichen Umstände ein Eintrag ausgeschlossen werden kann.

(2) [1]Soweit Unterlagen Geschäfts- oder Betriebsgeheimnisse enthalten, sind die Unterlagen zu kennzeichnen und getrennt vorzulegen. [2]Ihr Inhalt muss, soweit es ohne Preisgabe des Geheimnisses geschehen kann, so ausführlich dargestellt sein, dass es Dritten möglich ist, zu beurteilen, ob und in welchem Umfang sie von den Auswirkungen der Anlage betroffen werden können.

(3) [1]Sind die Unterlagen vollständig, so hat die zuständige Behörde das Vorhaben in ihrem amtlichen Veröffentlichungsblatt und außerdem entweder im Internet oder in örtlichen Tageszeitungen, die im Bereich des Standortes der Anlage verbreitet sind, öffentlich bekannt zu machen. [2]Der Antrag und die vom Antragsteller vorgelegten Unterlagen, mit Ausnahme der Unterlagen nach Absatz 2 Satz 1, sowie die entscheidungserheblichen Berichte und Empfehlungen, die der Behörde im Zeitpunkt der Bekanntmachung vor-

liegen, sind nach der Bekanntmachung einen Monat zur Einsicht auszulegen. [3]Weitere Informationen, die für die Entscheidung über die Zulässigkeit des Vorhabens von Bedeutung sein können und die der zuständigen Behörde erst nach Beginn der Auslegung vorliegen, sind der Öffentlichkeit nach den Bestimmungen über den Zugang zu Umweltinformationen zugänglich zu machen. [4]Bis zwei Wochen nach Ablauf der Auslegungsfrist kann die Öffentlichkeit gegenüber der zuständigen Behörde schriftlich oder elektronisch Einwendungen erheben; bei Anlagen nach der Industrieemissions-Richtlinie gilt eine Frist von einem Monat. [5]Mit Ablauf der Einwendungsfrist sind für das Genehmigungsverfahren alle Einwendungen ausgeschlossen, die nicht auf besonderen privatrechtlichen Titeln beruhen. [6]Einwendungen, die auf besonderen privatrechtlichen Titeln beruhen, sind auf den Rechtsweg vor den ordentlichen Gerichten zu verweisen.

(3a) Nach dem Umwelt-Rechtsbehelfsgesetz anerkannte Vereinigungen sollen die zuständige Behörde in einer dem Umweltschutz dienenden Weise unterstützen.

(4) In der Bekanntmachung nach Absatz 3 Satz 1 ist

1. darauf hinzuweisen, wo und wann der Antrag auf Erteilung der Genehmigung und die Unterlagen zur Einsicht ausgelegt sind;
2. dazu aufzufordern, etwaige Einwendungen bei einer in der Bekanntmachung zu bezeichnenden Stelle innerhalb der Einwendungsfrist vorzubringen; dabei ist auf die Rechtsfolgen nach Absatz 3 Satz 5 hinzuweisen;
3. ein Erörterungstermin zu bestimmen und darauf hinzuweisen, dass er auf Grund einer Ermessensentscheidung der Genehmigungsbehörde nach Absatz 6 durchgeführt wird und dass dann die formgerecht erhobenen Einwendungen auch bei Ausbleiben des Antragstellers oder von Personen, die Einwendungen erhoben haben, erörtert werden;
4. darauf hinzuweisen, dass die Zustellung der Entscheidung über die Einwendungen durch öffentliche Bekanntmachung ersetzt werden kann.

(5) [1]Die für die Erteilung der Genehmigung zuständige Behörde (Genehmigungsbehörde) holt die Stellungnahmen der Behörden ein, deren Aufgabenbereich durch das Vorhaben berührt wird. [2]Hat eine zu beteiligende Behörde bei einem Verfahren zur Genehmigung einer Anlage zur Nutzung erneuerbarer Energien innerhalb einer Frist von einem Monat keine Stellungnahme abgegeben, so ist davon auszugehen, dass die beteiligte Behörde sich nicht äußern will. [3]Die zuständige Behörde hat die Entscheidung in diesem Fall auf Antrag auf der Grundlage der geltenden Sach- und Rechtslage zum Zeitpunkt des Ablaufs der Monatsfrist zu treffen. [4]Soweit für das Vorhaben selbst oder für weitere damit unmittelbar in einem räumlichen oder betrieblichen Zusammenhang stehende Vorhaben, die Auswirkungen auf die Umwelt haben können und die für die Genehmigung Bedeutung haben, eine Zulassung nach anderen Gesetzen vorgeschrieben ist, hat die Genehmigungsbehörde eine vollständige Koordinierung der Zulassungsverfahren sowie der Inhalts- und Nebenbestimmungen sicherzustellen.

(5a) Betrifft das Vorhaben eine Anlage, die in den Anwendungsbereich der Richtlinie (EU) 2018/2001 des Europäischen Parlaments und des Rates vom 11. Dezember 2018 zur Förderung der Nutzung von Energie aus erneuerbaren Quellen (Neufassung) (ABl. L 328 vom 21.12.2018, S. 82) fällt, gilt ergänzend Folgendes:

1. Auf Antrag des Trägers des Vorhabens wird das Genehmigungsverfahren sowie alle sonstigen Zulassungsverfahren, die für die Durchführung des Vorhabens nach Bundes- oder Landesrecht erforderlich sind, über eine einheitliche Stelle abgewickelt.
2. [1]Die einheitliche Stelle nach Nummer 1 stellt ein Verfahrenshandbuch für Träger von Vorhaben bereit und macht diese Informationen auch im Internet zugänglich. [2]Dabei geht sie gesondert auch auf kleinere Vorhaben und Vorhaben zur Eigenversorgung mit

Elektrizität ein, soweit sich das Genehmigungserfordernis nach § 1 Absatz 2 der Verordnung über genehmigungsbedürftige Anlagen darauf erstreckt. [3]In den im Internet veröffentlichten Informationen weist die einheitliche Stelle auch darauf hin, für welche Vorhaben sie zuständig ist und welche weiteren einheitlichen Stellen im jeweiligen Land für Vorhaben nach Satz 1 zuständig sind.

3. [1]Die zuständige und die zu beteiligenden Behörden sollen die zur Prüfung des Antrags zusätzlich erforderlichen Unterlagen in einer einmaligen Mitteilung an den Antragsteller zusammenfassen. [2]Nach Eingang der vollständigen Antragsunterlagen erstellt die Genehmigungsbehörde einen Zeitplan für das weitere Verfahren und teilt diesen Zeitplan in den Fällen der Nummer 1 der einheitlichen Stelle, andernfalls dem Antragsteller mit.

(6) Nach Ablauf der Einwendungsfrist kann die Genehmigungsbehörde die rechtzeitig gegen das Vorhaben erhobenen Einwendungen mit dem Antragsteller und denjenigen, die Einwendungen erhoben haben, erörtern.

(6a) [1]Über den Genehmigungsantrag ist nach Eingang des Antrags und der nach Absatz 1 Satz 2 einzureichenden Unterlagen innerhalb einer Frist von sieben Monaten, in vereinfachten Verfahren innerhalb einer Frist von drei Monaten, zu entscheiden. [2]Die zuständige Behörde kann die Frist um jeweils drei Monate verlängern, wenn dies wegen der Schwierigkeit der Prüfung oder aus Gründen, die dem Antragsteller zuzurechnen sind, erforderlich ist. [3]Die Fristverlängerung soll gegenüber dem Antragsteller begründet werden.

(Fortsetzung nächstes Blatt)

§ 16b Repowering von Anlagen zur Erzeugung von Strom aus erneuerbaren Energien. (1) Wird eine Anlage zur Erzeugung von Strom aus erneuerbaren Energien modernisiert (Repowering), müssen auf Antrag des Vorhabenträgers im Rahmen des Änderungsgenehmigungsverfahrens nur Anforderungen geprüft werden, soweit durch das Repowering im Verhältnis zum gegenwärtigen Zustand unter Berücksichtigung der auszutauschenden Anlage nachteilige Auswirkungen hervorgerufen werden und diese für die Prüfung nach § 6 erheblich sein können.

(2) [1] Die Modernisierung umfasst den vollständigen oder teilweisen Austausch von Anlagen oder Betriebssystemen und -geräten zum Austausch von Kapazität oder zur Steigerung der Effizienz oder der Kapazität der Anlage. [2] Bei einem vollständigen Austausch der Anlage sind zusätzlich folgende Anforderungen einzuhalten:

1. Die neue Anlage wird innerhalb von 24 Monaten nach dem Rückbau der Bestandsanlage errichtet und
2. der Abstand zwischen der Bestandsanlage und der neuen Anlage beträgt höchstens das Zweifache der Gesamthöhe der neuen Anlage.

(3) Die Genehmigung einer Windenergieanlage im Rahmen einer Modernisierung nach Absatz 2 darf nicht versagt werden, wenn nach der Modernisierung nicht alle Immissionsrichtwerte der technischen Anleitung zum Schutz gegen Lärm eingehalten werden, wenn aber

1. der Immissionsbeitrag der Windenergieanlage nach der Modernisierung niedriger ist als der Immissionsbeitrag der durch sie ersetzten Windenergieanlagen und
2. die Windenergieanlage dem Stand der Technik entspricht.

(4) [1] Der Umfang der artenschutzrechtlichen Prüfung wird durch das Änderungsgenehmigungsverfahren nach Absatz 1 nicht berührt. [2] Die Auswirkungen der zu ersetzenden Bestandsanlage müssen bei der artenschutzrechtlichen Prüfung als Vorbelastung berücksichtigt werden. [3] Bei der Festsetzung einer Kompensation aufgrund einer Beeinträchtigung des Landschaftsbildes ist die für die zu ersetzende Bestandsanlage bereits geleistete Kompensation abzuziehen.

(5) Die Prüfung anderer öffentlich-rechtlicher Vorschriften, insbesondere des Raumordnungs-, Bauplanungs- und Bauordnungsrechts, und der Belange des Arbeitsschutzes nach § 6 Absatz 1 Nummer 2 bleibt unberührt.

(6) Auf einen Erörterungstermin soll verzichtet werden, wenn nicht der Antragsteller diesen beantragt.

(7) [1] § 19 findet auf Genehmigungsverfahren im Sinne von Absatz 1 für das Repowering von bis zu 19 Windenergieanlagen Anwendung. [2] § 2 Absatz 1 Satz 1 Nummer 1 Buchstabe c der Verordnung über genehmigungsbedürftige Anlagen bleibt unberührt. [3] Im vereinfachten Verfahren ist die Genehmigung auf Antrag des Trägers des Vorhabens öffentlich bekannt zu machen. [4] In diesem Fall gilt § 10 Absatz 8 Satz 2 bis 6 entsprechend.

§ 17 Nachträgliche Anordnungen. (1) [1] Zur Erfüllung der sich aus diesem Gesetz und der auf Grund dieses Gesetzes erlassenen Rechtsverordnungen ergebenden Pflichten können nach Erteilung der Genehmigung sowie nach einer nach § 15 Absatz 1 angezeigten Änderung Anordnungen getroffen werden. [2] Wird nach Erteilung der Genehmigung sowie nach einer nach § 15 Absatz 1 angezeigten Änderung festgestellt, dass die Allgemeinheit oder die Nachbarschaft nicht ausreichend vor schädlichen Umwelteinwirkungen oder sonstigen Gefahren, erheblichen Nachteilen oder erheblichen Belästigungen geschützt ist, soll die zuständige Behörde nachträgliche Anordnungen treffen.

(1a) [1]Bei Anlagen nach der Industrieemissions-Richtlinie ist vor dem Erlass einer nachträglichen Anordnung nach Absatz 1 Satz 2, durch welche Emissionsbegrenzungen neu festgelegt werden sollen, der Entwurf der Anordnung öffentlich bekannt zu machen. [2]§ 10 Absatz 3 und 4 Nummer 1 und 2 gilt für die Bekanntmachung entsprechend. [3]Einwendungsbefugt sind Personen, deren Belange durch die nachträgliche Anordnung berührt werden, sowie Vereinigungen, welche die Anforderungen von § 3 Absatz 1 oder § 2 Absatz 2 des Umwelt-Rechtsbehelfsgesetzes erfüllen. [4]Für die Entscheidung über den Erlass der nachträglichen Anordnung gilt § 10 Absatz 7 bis 8a entsprechend.

(1b) Absatz 1a gilt für den Erlass einer nachträglichen Anordnung entsprechend, bei der von der Behörde auf Grundlage einer Verordnung nach § 7 Absatz 1b oder einer Verwaltungsvorschrift nach § 48 Absatz 1b weniger strenge Emissionsbegrenzungen festgelegt werden sollen.

(2) [1]Die zuständige Behörde darf eine nachträgliche Anordnung nicht treffen, wenn sie unverhältnismäßig ist, vor allem wenn der mit der Erfüllung der Anordnung verbundene Aufwand außer Verhältnis zu dem mit der Anordnung angestrebten Erfolg steht; dabei sind insbesondere Art, Menge und Gefährlichkeit der von der Anlage ausgehenden Emissionen und der von ihr verursachten Immissionen sowie die Nutzungsdauer und technische Besonderheiten der Anlage zu berücksichtigen. [2]Darf eine nachträgliche Anordnung wegen Unverhältnismäßigkeit nicht getroffen werden, soll die zuständige Behörde die Genehmigung unter den Voraussetzungen des § 21 Absatz 1 Nummer 3 bis 5 ganz oder teilweise widerrufen; § 21 Absatz 3 bis 6 sind anzuwenden.

(2a) § 12 Absatz 1a gilt für Anlagen nach der Industrieemissions-Richtlinie entsprechend.

(2b) [1]Abweichend von Absatz 2a kann die zuständige Behörde weniger strenge Emissionsbegrenzungen festlegen, wenn

1. wegen technischer Merkmale der Anlage die Anwendung der in den BVT-Schlussfolgerungen genannten Emissionsbandbreiten unverhältnismäßig wäre und die Behörde dies begründet oder
2. in Anlagen Zukunftstechniken für einen Gesamtzeitraum von höchstens neun Monaten erprobt oder angewendet werden sollen, sofern nach dem festgelegten Zeitraum die Anwendung der betreffenden Technik beendet wird oder in der Anlage mindestens die mit den besten verfügbaren Techniken assoziierten Emissionsbandbreiten erreicht werden.

[2]§ 12 Absatz 1b Satz 2 und 3 gilt entsprechend. [3]Absatz 1a gilt entsprechend.

(3) Soweit durch Rechtsverordnung die Anforderungen nach § 5 Absatz 1 Nummer 2 abschließend festgelegt sind, dürfen durch nachträgliche Anordnungen weitergehende Anforderungen zur Vorsorge gegen schädliche Umwelteinwirkungen nicht gestellt werden.

(3a) [1]Die zuständige Behörde soll von nachträglichen Anordnungen absehen, soweit in einem vom Betreiber vorgelegten Plan technische Maßnahmen an dessen Anlagen oder an Anlagen Dritter vorgesehen sind, die zu einer weitergehenden Verringerung der Emissionsfrachten führen als die Summe der Minderungen, die durch den Erlass nachträglicher Anordnungen zur Erfüllung der sich aus diesem Gesetz oder den auf Grund dieses Gesetzes erlassenen Rechtsverordnungen ergebenden Pflichten bei den beteiligten Anlagen erreichbar wäre und hierdurch der in § 1 genannte Zweck gefördert wird. [2]Dies gilt nicht, soweit der Betreiber bereits zur Emissionsminderung auf Grund einer nachträglichen Anordnung nach Absatz 1 oder einer Auflage nach § 12 Absatz 1 verpflichtet ist oder eine nachträgliche Anordnung nach Absatz 1 Satz 2 getroffen werden soll. [3]Der

Ausgleich ist nur zwischen denselben oder in der Wirkung auf die Umwelt vergleichbaren Stoffen zulässig. [4] Die Sätze 1 bis 3 gelten auch für nicht betriebsbereite Anlagen, für die die Genehmigung zur Errichtung und zum Betrieb erteilt ist oder für die in einem Vorbescheid oder einer Teilgenehmigung Anforderungen nach § 5 Absatz 1 Nummer 2 festgelegt sind. [5] Die Durchführung der Maßnahmen des Plans ist durch Anordnung sicherzustellen.

(4) [1] Ist es zur Erfüllung der Anordnung erforderlich, die Lage, die Beschaffenheit oder den Betrieb der Anlage wesentlich zu ändern und ist in der Anordnung nicht abschließend bestimmt, in welcher Weise sie zu erfüllen ist, so bedarf die Änderung der Genehmigung nach § 16. [2] Ist zur Erfüllung der Anordnung die störfallrelevante Änderung einer Anlage erforderlich, die Betriebsbereich oder Bestandteil eines Betriebsbereichs ist, und wird durch diese Änderung der angemessene Sicherheitsabstand erstmalig unterschritten, wird der bereits unterschrittene Sicherheitsabstand räumlich noch weiter unterschritten oder wird eine erhebliche Gefahrenerhöhung ausgelöst, so bedarf die Änderung einer Genehmigung nach § 16 oder § 16a, wenn in der Anordnung nicht abschließend bestimmt ist, in welcher Weise sie zu erfüllen ist.

(4a) [1] Zur Erfüllung der Pflichten nach § 5 Absatz 3 soll bei Abfallentsorgungsanlagen im Sinne des § 4 Absatz 1 Satz 1 auch eine Sicherheitsleistung angeordnet werden. [2] Nach der Einstellung des gesamten Betriebes können Anordnungen zur Erfüllung der sich aus § 5 Absatz 3 ergebenden Pflichten nur noch während eines Zeitraumes von einem Jahr getroffen werden.

(4b) Anforderungen im Sinne des § 12 Absatz 2c können auch nachträglich angeordnet werden.

(5) Die Absätze 1 bis 4b gelten entsprechend für Anlagen, die nach § 67 Absatz 2 anzuzeigen sind oder vor Inkrafttreten dieses Gesetzes nach § 16 Absatz 4 der Gewerbeordnung anzuzeigen waren.

§ 18 Erlöschen der Genehmigung. (1) Die Genehmigung erlischt, wenn

1. innerhalb einer von der Genehmigungsbehörde gesetzten angemessenen Frist nicht mit der Errichtung oder dem Betrieb der Anlage begonnen oder
2. eine Anlage während eines Zeitraums von mehr als drei Jahren nicht mehr betrieben

worden ist.

(2) Die Genehmigung erlischt ferner, soweit das Genehmigungserfordernis aufgehoben wird.

(3) Die Genehmigungsbehörde kann auf Antrag die Fristen nach Absatz 1 aus wichtigem Grunde verlängern, wenn hierdurch der Zweck des Gesetzes nicht gefährdet wird.

§ 19 Vereinfachtes Verfahren. (1) [1] Durch Rechtsverordnung nach § 4 Absatz 1 Satz 3 kann vorgeschrieben werden, dass die Genehmigung von Anlagen bestimmter Art oder bestimmten Umfangs in einem vereinfachten Verfahren erteilt wird, sofern dies

(Fortsetzung nächstes Blatt)

des Standortes des Betriebsbereichs verbreitet sind, öffentlich bekannt. [4]Der Träger des Vorhabens darf die Errichtung und den Betrieb oder die Änderung vornehmen, sobald die zuständige Behörde ihm mitteilt, dass sein Vorhaben keiner Genehmigung bedarf.

(3) Auf Antrag des Trägers des Vorhabens führt die zuständige Behörde das Genehmigungsverfahren nach § 23b auch ohne die Feststellung nach Absatz 2 Satz 1 durch.

§ 23b Störfallrechtliches Genehmigungsverfahren. (1) [1]Ergibt die Feststellung nach § 23a Absatz 2 Satz 1, dass der angemessene Sicherheitsabstand erstmalig unterschritten wird, räumlich noch weiter unterschritten wird oder eine erhebliche Gefahrenerhöhung ausgelöst wird, bedarf die störfallrelevante Errichtung und der Betrieb oder die störfallrelevante Änderung einer nicht genehmigungsbedürftigen Anlage, die Betriebsbereich oder Bestandteil eines Betriebsbereichs ist, einer störfallrechtlichen Genehmigung. [2]Dies gilt nicht, soweit dem Gebot, den angemessenen Sicherheitsabstand zu wahren, bereits auf Ebene einer raumbedeutsamen Planung oder Maßnahme durch verbindliche Vorgaben Rechnung getragen worden ist. [3]Die Genehmigung setzt einen schriftlichen Antrag voraus. [4]§ 10 Absatz 2 gilt entsprechend. [5]Die Genehmigung ist zu erteilen, wenn sichergestellt ist, dass die Anforderungen des § 22 und der auf Grundlage des § 23 erlassenen Rechtsverordnungen eingehalten werden und andere öffentlich-rechtliche Vorschriften und Belage des Arbeitsschutzes nicht entgegenstehen. [6]Die Genehmigung kann unter Bedingungen erteilt und mit Auflagen verbunden werden, soweit dies erforderlich ist, um die Erfüllung der Genehmigungsvoraussetzungen sicherzustellen. [7]Die Genehmigung schließt andere die Anlage betreffende behördliche Entscheidungen ein mit Ausnahme von Planfeststellungen, Zulassungen bergrechtlicher Betriebspläne, behördlichen Entscheidungen auf Grund atomrechtlicher Vorschriften und wasserrechtlichen Erlaubnissen und Bewilligungen nach § 8 in Verbindung mit § 10 des Wasserhaushaltsgesetzes. [8]Die §§ 8, 8a, 9 und 18 gelten entsprechend.

(2) [1]Im Genehmigungsverfahren ist die Öffentlichkeit zu beteiligen. [2]Dazu macht die zuständige Behörde das Vorhaben öffentlich bekannt und legt den Antrag, die vom Antragsteller vorgelegten Unterlagen mit Ausnahme der Unterlagen nach Absatz 1 Satz 4 sowie die entscheidungserheblichen Berichte und Empfehlungen, die der Behörde im Zeitpunkt der Bekanntmachung vorliegen, einen Monat zur Einsicht aus. [3]Personen, deren Belange durch das Vorhaben berührt werden sowie Vereinigungen, welche die Anforderungen von § 3 Absatz 1 oder § 2 Absatz 2 des Umwelt-Rechtsbehelfsgesetzes erfüllen, können innerhalb der in § 10 Absatz 3 Satz 4 erster Halbsatz genannten Frist gegenüber der zuständigen Behörde schriftlich Einwendungen erheben. [4]§ 10 Absatz 3 Satz 5 und Absatz 3a gilt entsprechend. [5]Einwendungen, die auf besonderen privatrechtlichen Titeln beruhen, sind auf den Rechtsweg vor den ordentlichen Gerichten zu verweisen.

(3) [1]Die Genehmigungsbehörde holt die Stellungnahmen der Behörden ein, deren Aufgabenbereich durch das Vorhaben berührt wird. [2]Soweit für das Vorhaben selbst oder für weitere damit unmittelbar in Zusammenhang stehende Vorhaben, die Auswirkungen auf die Umwelt haben können und die für die Genehmigung Bedeutung haben, eine Zulassung nach anderen Gesetzen vorgeschrieben ist, hat die Genehmigungsbehörde eine vollständige Koordinierung der Zulassungsverfahren sowie der Inhalts- und Nebenbestimmungen sicherzustellen.

(3a) Betrifft das Vorhaben eine Anlage, die in den Anwendungsbereich der Richtlinie (EU) 2018/2001 des Europäischen Parlaments und des Rates vom 11. Dezember 2018 zur Förderung der Nutzung von Energie aus erneuerbaren Quellen (Neufassung) (ABl. L 328 vom 21.12.2018, S. 82) fällt, gilt ergänzend Folgendes:

1. Auf Antrag des Trägers des Vorhabens wird das störfallrechtliche Genehmigungsverfahren sowie alle sonstigen Zulassungsverfahren, die für die Durchführung des Vorhabens nach Bundes- oder Landesrecht erforderlich sind, über eine einheitliche Stelle abgewickelt.
2. [1]Die einheitliche Stelle nach Nummer 1 stellt ein Verfahrenshandbuch für Träger von Vorhaben bereit und macht diese Informationen auch im Internet zugänglich. [2]In den im Internet veröffentlichten Informationen weist die einheitliche Stelle auch darauf hin, für welche Vorhaben sie zuständig ist und welche weiteren einheitlichen Stellen im jeweiligen Land für Vorhaben nach Satz 1 zuständig sind.
3. [1]Die zuständige und die zu beteiligenden Behörden sollen die zur Prüfung des Antrags zusätzlich erforderlichen Unterlagen in einer einmaligen Mitteilung an den Antragsteller zusammenfassen. [2]Nach Eingang der vollständigen Antragsunterlagen erstellt die zuständige Behörde einen Zeitplan für das weitere Verfahren und teilt diesen Zeitplan in den Fällen der Nummer 1 der einheitlichen Stelle, andernfalls dem Antragsteller mit.
4. § 16b ist entsprechend anzuwenden.

(4) [1]Über den Antrag auf störfallrelevante Errichtung und Betrieb einer Anlage hat die zuständige Behörde innerhalb einer Frist von sieben Monaten nach Eingang des Antrags und der erforderlichen Unterlagen zu entscheiden. [2]Über den Antrag auf störfallrelevante Änderung einer Anlage ist innerhalb einer Frist von sechs Monaten nach Eingang des Antrags und der erforderlichen Unterlagen zu entscheiden. [3]Die zuständige Behörde kann die jeweilige Frist um drei Monate verlängern, wenn dies wegen der Schwierigkeit der Prüfung oder aus Gründen, die dem Antragsteller zuzurechnen sind, erforderlich ist. [4]Die Fristverlängerung soll gegenüber dem Antragsteller begründet werden. [5]§ 10 Absatz 7 Satz 1 gilt entsprechend.

(5) Die Bundesregierung wird ermächtigt, durch Rechtsverordnung mit Zustimmung des Bundesrates weitere Einzelheiten des Verfahrens nach den Absätzen 1 bis 4 zu regeln, insbesondere
1. Form und Inhalt des Antrags,
2. Verfahren und Inhalt der Bekanntmachung und Auslegung des Vorhabens durch die zuständige Behörde sowie
3. Inhalt und Bekanntmachung des Genehmigungsbescheids.

§ 23c Betriebsplanzulassung nach dem Bundesberggesetz. [1]Die §§ 23a und 23b Absatz 1, 3 und 4 gelten nicht für die störfallrelevante Errichtung und den Betrieb oder die störfallrelevante Änderung einer nicht genehmigungsbedürftigen Anlage, die Betriebsbereich oder Bestandteil eines Betriebsbereichs ist, wenn für die Errichtung und den Betrieb oder die Änderung eine Betriebsplanzulassung nach dem Bundesberggesetz erforderlich ist. [2]§ 23b Absatz 2 ist für die in Satz 1 genannten Vorhaben unter den in § 57d des Bundesberggesetzes genannten Bedingungen entsprechend anzuwenden. [3]Die Regelungen, die auf Grundlage des § 23b Absatz 5 durch Rechtsverordnung getroffen werden, gelten für die in Satz 1 genannten Vorhaben, soweit § 57d des Bundesberggesetzes dies anordnet.

§ 24 Anordnungen im Einzelfall. [1]Die zuständige Behörde kann im Einzelfall die zur Durchführung des § 22 und der auf dieses Gesetz gestützten Rechtsverordnungen erforderlichen Anordnungen treffen. [2]Kann das Ziel der Anordnung auch durch eine Maßnahme zum Zwecke des Arbeitsschutzes erreicht werden, soll diese angeordnet werden.

§ 25 Untersagung. (1) Kommt der Betreiber einer Anlage einer vollziehbaren behördlichen Anordnung nach § 24 Satz 1 nicht nach, so kann die zuständige Behörde den Betrieb der Anlage ganz oder teilweise bis zur Erfüllung der Anordnung untersagen.

(1a) [1]Die zuständige Behörde hat die Inbetriebnahme oder Weiterführung einer nicht genehmigungsbedürftigen Anlage, die Betriebsbereich oder Bestandteil eines Betriebsbereichs ist und gewerblichen Zwecken dient oder im Rahmen wirtschaftlicher Unternehmungen Verwendung findet, ganz oder teilweise zu untersagen, solange und soweit die von dem Betreiber getroffenen Maßnahmen zur Verhütung schwerer Unfälle im Sinne des Artikel 3 Nummer 13 der Richtlinie 2012/18/EU oder zur Begrenzung der Auswirkungen derartiger Unfälle eindeutig unzureichend sind. [2]Bei der Entscheidung über eine Untersagung berücksichtigt die zuständige Behörde auch schwerwiegende Unterlassungen in Bezug auf erforderliche Folgemaßnahmen, die in einem Überwachungsbericht nach § 16 Absatz 2 Nummer 1 der Störfall-Verordnung festgelegt worden sind. [3]Die zuständige Behörde kann die Inbetriebnahme oder die Weiterführung einer Anlage im Sinne des Satzes 1 außerdem ganz oder teilweise untersagen, wenn der Betreiber

1. die in einer zur Umsetzung der Richtlinie 2012/18/EU erlassenen Rechtsverordnung vorgeschriebenen Mitteilungen, Berichte oder sonstige Informationen nicht fristgerecht übermittelt oder

(Fortsetzung nächstes Blatt)

2. eine nach § 23a erforderliche Anzeige nicht macht oder die Anlage ohne die nach § 23b erforderliche Genehmigung störfallrelevant errichtet, betreibt oder störfallrelevant ändert.

(2) Wenn die von einer Anlage hervorgerufenen schädlichen Umwelteinwirkungen das Leben oder die Gesundheit von Menschen oder bedeutende Sachwerte gefährden, soll die zuständige Behörde die Errichtung oder den Betrieb der Anlage ganz oder teilweise untersagen, soweit die Allgemeinheit oder die Nachbarschaft nicht auf andere Weise ausreichend geschützt werden kann.

§ 25a Stilllegung und Beseitigung nicht genehmigungsbedürftiger Anlagen, die Betriebsbereich oder Bestandteil eines Betriebsbereichs sind. [1] Die zuständige Behörde kann anordnen, dass eine Anlage, die Betriebsbereich oder Bestandteil eines Betriebsbereichs ist und ohne die erforderliche Genehmigung nach § 23b störfallrelevant errichtet oder geändert wird, ganz oder teilweise stillzulegen oder zu beseitigen ist. [2] Sie soll die Beseitigung anordnen, wenn die Allgemeinheit oder die Nachbarschaft nicht auf andere Weise ausreichend geschützt werden kann.

(Fortsetzung nächstes Blatt)

Dritter Abschnitt. Ermittlung von Emissionen und Immissionen, sicherheitstechnische Prüfungen

§ 26 Messungen aus besonderem Anlass. [1]Die zuständige Behörde kann anordnen, dass der Betreiber einer genehmigungsbedürftigen Anlage oder, soweit § 22 Anwendung findet, einer nicht genehmigungsbedürftigen Anlage Art und Ausmaß der von der Anlage ausgehenden Emissionen sowie die Immissionen im Einwirkungsbereich der Anlage durch eine der von der zuständigen Behörde eines Landes bekannt gegebenen Stellen ermitteln lässt, wenn zu befürchten ist, dass durch die Anlage schädliche Umwelteinwirkungen hervorgerufen werden. [2]Die zuständige Behörde ist befugt, Einzelheiten über Art und Umfang der Ermittlungen sowie über die Vorlage des Ermittlungsergebnisses vorzuschreiben.

§ 27 Emissionserklärung. (1) [1]Der Betreiber einer genehmigungsbedürftigen Anlage ist verpflichtet, der zuständigen Behörde innerhalb einer von ihr zu setzenden Frist oder zu dem in der Rechtsverordnung nach Absatz 4 festgesetzten Zeitpunkt Angaben zu machen über Art, Menge, räumliche und zeitliche Verteilung der Luftverunreinigungen, die von der Anlage in einem bestimmten Zeitraum ausgegangen sind, sowie über die Austrittsbedingungen (Emissionserklärung); er hat die Emissionserklärung nach Maßgabe der Rechtsverordnung nach Absatz 4 entsprechend dem neuesten Stand zu ergänzen. [2]§ 52 Abs. 5 gilt sinngemäß. [3]Satz 1 gilt nicht für Betreiber von Anlagen, von denen nur in geringem Umfang Luftverunreinigungen ausgehen können.

(2) [1]Auf die nach Absatz 1 erlangten Kenntnisse und Unterlagen sind die §§ 93, 97, 105 Abs. 1, § 111 Abs. 5 in Verbindung mit § 105 Abs. 1 sowie § 116 Abs. 1 der Abgabenordnung nicht anzuwenden. [2]Dies gilt nicht, soweit die Finanzbehörden die Kenntnisse für die Durchführung eines Verfahrens wegen einer Steuerstraftat sowie eines damit zusammenhängenden Besteuerungsverfahrens benötigen, an deren Verfolgung ein zwingendes öffentliches Interesse besteht, oder soweit es sich um vorsätzlich falsche Angaben des Auskunftspflichtigen oder der für ihn tätigen Personen handelt.

(3) [1]Der Inhalt der Emissionserklärung ist Dritten auf Antrag bekannt zu geben. [2]Einzelangaben der Emissionserklärung dürfen nicht veröffentlicht oder Dritten bekannt gegeben werden, wenn aus diesen Rückschlüsse auf Betriebs- oder Geschäftsgeheimnisse gezogen werden können. [3]Bei Abgabe der Emissionserklärung hat der Betreiber der zuständigen Behörde mitzuteilen und zu begründen, welche Einzelangaben der Emissionserklärung Rückschlüsse auf Betriebs- oder Geschäftsgeheimnisse erlauben.

(4) [1]Die Bundesregierung wird ermächtigt, durch Rechtsverordnung mit Zustimmung des Bundesrates Inhalt, Umfang, Form und Zeitpunkt der Abgabe der Emissionserklärung, das bei der Ermittlung der Emissionen einzuhaltende Verfahren und den Zeitraum, innerhalb dessen die Emissionserklärung zu ergänzen ist, zu regeln. [2]In der Rechtsverordnung wird auch bestimmt, welche Betreiber genehmigungsbedürftiger Anlagen nach Absatz 1 Satz 3 von der Pflicht zur Abgabe einer Emissionserklärung befreit sind. [3]Darüber hinaus kann zur Erfüllung der Pflichten aus bindenden Rechtsakten der Europäischen Gemeinschaften oder der Europäischen Union in der Rechtsverordnung vorgeschrieben werden, dass die zuständigen Behörden über die nach Landesrecht zuständige Behörde dem Bundesministerium für Umwelt, Naturschutz und nukleare Sicherheit zu einem festgelegten Zeitpunkt Emissionsdaten zur Verfügung stellen, die den Emissionserklärungen zu entnehmen sind.

§ 28 Erstmalige und wiederkehrende Messungen bei genehmigungsbedürftigen Anlagen. [1] Die zuständige Behörde kann bei genehmigungsbedürftigen Anlagen

1. nach der Inbetriebnahme oder einer Änderung im Sinne des § 15 oder des § 16 und sodann
2. nach Ablauf eines Zeitraums von jeweils drei Jahren

Anordnungen nach § 26 auch ohne die dort genannten Voraussetzungen treffen. [2] Hält die Behörde wegen Art, Menge und Gefährlichkeit der von der Anlage ausgehenden Emissionen Ermittlungen auch während des in Nummer 2 genannten Zeitaums für erforderlich, so soll sie auf Antrag des Betreibers zulassen, dass diese Ermittlungen durch den Immissionsschutzbeauftragten durchgeführt werden, wenn dieser hierfür die erforderliche Fachkunde, Zuverlässigkeit und gerätetechnische Ausstattung besitzt.

§ 29 Kontinuierliche Messungen. (1) [1] Die zuständige Behörde kann bei genehmigungsbedürftigen Anlagen anordnen, dass statt durch Einzelmessungen nach § 26 oder § 28 oder neben solchen Messungen bestimmte Emissionen oder Immissionen unter Verwendung aufzeichnender Messgeräte fortlaufend ermittelt werden. [2] Bei Anlagen mit erheblichen Emissionsmassenströmen luftverunreinigender Stoffe sollen unter Berücksichtigung von Art und Gefährlichkeit dieser Stoffe Anordnungen nach Satz 1 getroffen werden, soweit eine Überschreitung der in Rechtsvorschriften, Auflagen oder Anordnungen festgelegten Emissionsbegrenzungen nach der Art der Anlage nicht ausgeschlossen werden kann.

(2) Die zuständige Behörde kann bei nicht genehmigungsbedürftigen Anlagen, soweit § 22 anzuwenden ist, anordnen, dass statt durch Einzelmessungen nach § 26 oder neben solchen Messungen bestimmte Emissionen oder Immissionen unter Verwendung aufzeichnender Messgeräte fortlaufend ermittelt werden, wenn dies zur Feststellung erforderlich ist, ob durch die Anlage schädliche Umwelteinwirkungen hervorgerufen werden.

§ 29a Anordnung sicherheitstechnischer Prüfungen. (1) [1] Die zuständige Behörde kann anordnen, dass der Betreiber einer genehmigungsbedürftigen Anlage oder einer Anlage innerhalb eines Betriebsbereichs nach § 3 Absatz 5a einen der von der zuständigen Behörde eines Landes bekannt gegebenen Sachverständigen mit der Durchführung bestimmter sicherheitstechnischer Prüfungen sowie Prüfungen von sicherheitstechnischen Unterlagen beauftragt. [2] In der Anordnung kann die Durchführung der Prüfungen durch den Störfallbeauftragten (§ 58a), eine zugelassene Überwachungsstelle nach § 2 Nummer 4 des Gesetzes über überwachungsbedürftige Anlagen oder einen in einer für Anlagen nach § 2 Nummer 1 des Gesetzes über überwachungsbedürftige Anlagen erlassenen Rechtsverordnung genannten Sachverständigen gestattet werden, wenn diese die Anforderungen nach § 29b Absatz 2 Satz 2 und 3 erfüllen; das Gleiche gilt für einen nach § 36 Absatz 1 der Gewerbeordnung bestellten Sachverständigen oder für Sachverständige, die im Rahmen von § 13a der Gewerbeordnung ihre gewerbliche Tätig-

(Fortsetzung nächste Seite)

§ 51a Kommission für Anlagensicherheit. (1) Beim Bundesministerium für Umwelt, Naturschutz und nukleare Sicherheit wird zur Beratung der Bundesregierung oder des zuständigen Bundesministeriums eine Kommission für Anlagensicherheit gebildet.

(2) [1] Die Kommission für Anlagensicherheit soll gutachtlich in regelmäßigen Zeitabständen sowie aus besonderem Anlass Möglichkeiten zur Verbesserung der Anlagensicherheit aufzeigen. [2] Sie schlägt darüber hinaus dem Stand der Sicherheitstechnik entsprechende Regeln (sicherheitstechnische Regeln) unter Berücksichtigung der für andere Schutzziele vorhandenen Regeln vor. [3] Nach Anhörung der für die Anlagensicherheit zuständigen obersten Landesbehörden kann das Bundesministerium für Umwelt, Naturschutz und nukleare Sicherheit diese Regeln im Bundesanzeiger veröffentlichen. [4] Die Kommission für Anlagensicherheit überprüft innerhalb angemessener Zeitabstände, spätestens nach jeweils fünf Jahren, ob die veröffentlichten sicherheitstechnischen Regeln weiterhin dem Stand der Sicherheitstechnik entsprechen.

(3) In die Kommission für Anlagensicherheit sind im Einvernehmen mit dem Bundesministerium für Arbeit und Soziales neben Vertreterinnen oder Vertretern der beteiligten Bundesbehörden sowie der für den Immissions- und Arbeitsschutz zuständigen Landesbehörden insbesondere Vertreterinnen oder Vertreter der Wissenschaft, der Umweltverbände, der Gewerkschaften, der Sachverständigen nach § 29a und der zugelassenen Überwachungsstellen nach § 2 Nummer 4 des Gesetzes über überwachungsbedürftige Anlagen der Berufsgenossenschaften, der beteiligten Wirtschaft sowie Vertreterinnen oder Vertreter der nach § 24 der Betriebssicherheitsverordnung und § 21 der Gefahrstoffverordnung eingesetzten Ausschüsse zu berufen.

(4) [1] Die Kommission für Anlagensicherheit wählt aus ihrer Mitte eine Vorsitzende oder einen Vorsitzenden und gibt sich eine Geschäftsordnung. [2] Die Wahl der oder des Vorsitzenden und die Geschäftsordnung bedürfen der im Einvernehmen mit dem Bundesministerium für Arbeit und Soziales zu erteilenden Zustimmung des Bundesministeriums für Umwelt, Naturschutz und nukleare Sicherheit.

§ 51b Sicherstellung der Zustellungsmöglichkeit. [1] Der Betreiber einer genehmigungsbedürftigen Anlage hat sicherzustellen, dass für ihn bestimmte Schriftstücke im Geltungsbereich dieses Gesetzes zugestellt werden können. [2] Kann die Zustellung nur dadurch sichergestellt werden, dass ein Bevollmächtigter bestellt wird, so hat der Betreiber den Bevollmächtigten der zuständigen Behörde zu benennen.

§ 52 Überwachung. (1) [1] Die zuständigen Behörden haben die Durchführung dieses Gesetzes und der auf dieses Gesetz gestützten Rechtsverordnungen zu überwachen. [2] Sie können die dafür erforderlichen Maßnahmen treffen und bei der Durchführung dieser Maßnahmen Beauftragte einsetzen. [3] Sie haben Genehmigungen im Sinne des § 4 regelmäßig zu überprüfen und soweit erforderlich durch nachträgliche Anordnungen nach § 17 auf den neuesten Stand zu bringen. [3] Eine Überprüfung im Sinne von Satz 2 wird in jedem Fall vorgenommen, wenn

1. Anhaltspunkte dafür bestehen, dass der Schutz der Nachbarschaft und der Allgemeinheit nicht ausreichend ist und deshalb die in der Genehmigung festgelegten Begrenzungen der Emissionen überprüft oder neu festgesetzt werden müssen,
2. wesentliche Veränderungen des Standes der Technik eine erhebliche Verminderung der Emissionen ermöglichen,
3. eine Verbesserung der Betriebssicherheit erforderlich ist, insbesondere durch die Anwendung anderer Techniken, oder
4. neue umweltrechtliche Vorschriften dies fordern.

[5] Bei Anlagen nach der Industrieemissions-Richtlinie ist innerhalb von vier Jahren nach der Veröffentlichung von BVT-Schlussfolgerungen zur Haupttätigkeit

1. eine Überprüfung und gegebenenfalls Aktualisierung der Genehmigung im Sinne von Satz 3 vorzunehmen und
2. sicherzustellen, dass die betreffende Anlage die Genehmigungsanforderungen nach § 6 Absatz 1 Nummer 1 und der Nebenbestimmungen nach § 12 einhält.

[6] Satz 5 gilt auch für Genehmigungen, die nach Veröffentlichung von BVT-Schlussfolgerungen auf der Grundlage der bislang geltenden Rechts- und Verwaltungsvorschriften erteilt worden sind. [7] Wird festgestellt, dass eine Einhaltung der nachträglichen Anordnung nach § 17 oder der Genehmigung innerhalb der in Satz 5 bestimmten Frist wegen technischer Merkmale der betroffenen Anlage unverhältnismäßig wäre, kann die zuständige Behörde einen längeren Zeitraum festlegen. [8] Als Teil jeder Überprüfung der Genehmigung hat die zuständige Behörde die Festlegung weniger strenger Emissionsbegrenzungen nach § 7 Absatz 1b Satz 1 Nummer 2 Buchstabe a, § 12 Absatz 1b Satz 1 Nummer 1, § 17 Absatz 2b Satz 1 Nummer 1 und § 48 Absatz 1b Satz 1 Nummer 2 Buchstabe a erneut zu bewerten.

(1a) Im Falle des § 31 Absatz 1 Satz 3 hat die zuständige Behörde mindestens jährlich die Ergebnisse der Emissionsüberwachung zu bewerten, um sicherzustellen, dass die Emissionen unter normalen Betriebsbedingungen die in den BVT-Schlussfolgerungen festgelegten Emissionsbandbreiten nicht überschreiten.

(1b) [1] Zur Durchführung von Absatz 1 Satz 1 stellen die zuständigen Behörden zur regelmäßigen Überwachung von Anlagen nach der Industrieemissions-Richtlinie in ihrem Zuständigkeitsbereich Überwachungspläne und Überwachungsprogramme gemäß § 52a auf. [2] Zur Überwachung nach Satz 1 gehören insbesondere Vor-Ort-Besichtigungen, Überwachung der Emissionen und Überprüfung interner Berichte und Folgedokumente, Überprüfung der Eigenkontrolle, Prüfung der angewandten Techniken und der Eignung des Umweltmanagements der Anlage zur Sicherstellung der Anforderungen nach § 6 Absatz 1 Nummer 1.

(2) [1] Eigentümer und Betreiber von Anlagen sowie Eigentümer und Besitzer von Grundstücken, auf denen Anlagen betrieben werden, sind verpflichtet, den Angehörigen der zuständigen Behörde und deren Beauftragten den Zutritt zu den Grundstücken und zur Verhütung dringender Gefahren für die öffentliche Sicherheit oder Ordnung auch zu Wohnräumen und die Vornahme von Prüfungen einschließlich der Ermittlung von Emissionen und Immissionen zu gestatten sowie die Auskünfte zu erteilen und die Unterlagen vorzulegen, die zur Erfüllung ihrer Aufgaben erforderlich sind. [2] Das Grundrecht der Unverletzlichkeit der Wohnung (Artikel 13 des Grundgesetzes) wird insoweit eingeschränkt. [3] Betreiber von Anlagen, für die ein Immissionsschutzbeauftragter oder ein Störfallbeauftragter bestellt ist, haben diesen auf Verlangen der zuständigen Behörde zu Überwachungsmaßnahmen nach Satz 1 hinzuzuziehen. [4] Im Rahmen der Pflichten nach Satz 1 haben die Eigentümer und Betreiber der Anlagen Arbeitskräfte sowie Hilfsmittel, insbesondere Treibstoffe und Antriebsaggregate, bereitzustellen.

(Fortsetzung nächste Seite)

(5) [1] Nach jeder Vor-Ort-Besichtigung einer Anlage erstellt die zuständige Behörde einen Bericht mit den relevanten Feststellungen über die Einhaltung der Genehmigungsanforderungen nach § 6 Absatz 1 Nummer 1 und der Nebenbestimmungen nach § 12 sowie mit Schlussfolgerungen, ob weitere Maßnahmen notwendig sind. [2] Der Bericht ist dem Betreiber innerhalb von zwei Monaten nach der Vor-Ort-Besichtigung durch die zuständige Behörde zu übermitteln. [3] Der Bericht ist der Öffentlichkeit nach den Vorschriften über den Zugang zu Umweltinformationen innerhalb von vier Monaten nach der Vor-Ort-Besichtigung zugänglich zu machen.

§ 52b Mitteilungspflichten zur Betriebsorganisation. (1) [1] Besteht bei Kapitalgesellschaften das vertretungsberechtigte Organ aus mehreren Mitgliedern oder sind bei rechtsfähigen Personengesellschaften mehrere vertretungsberechtigte Gesellschafter vorhanden, so ist der zuständigen Behörde anzuzeigen, wer von ihnen nach den Bestimmungen über die Geschäftsführungsbefugnis für die Gesellschaft die Pflichten des Betreibers der genehmigungsbedürftigen Anlage wahrnimmt, die ihm nach diesem Gesetz und nach den auf Grund dieses Gesetzes erlassenen Rechtsverordnungen und allgemeinen Verwaltungsvorschriften obliegen. [2] Die Gesamtverantwortung aller Organmitglieder oder Gesellschafter bleibt hiervon unberührt.

(2) Der Betreiber der genehmigungsbedürftigen Anlage oder im Rahmen ihrer Geschäftsführungsbefugnis die nach Absatz 1 Satz 1 anzuzeigende Person hat der zuständigen Behörde mitzuteilen, auf welche Weise sichergestellt ist, daß die dem Schutz vor schädlichen Umwelteinwirkungen und vor sonstigen Gefahren, erheblichen Nachteilen und erheblichen Belästigungen dienenden Vorschriften und Anordnungen beim Betrieb beachtet werden.

§ 53 Bestellung eines Betriebsbeauftragten für Immissionsschutz. (1) [1] Betreiber genehmigungsbedürftiger Anlagen haben einen oder mehrere Betriebsbeauftragte für Immissionsschutz (Immissionsschutzbeauftragten) zu bestellen, sofern dies im Hinblick auf die Art oder die Größe der Anlagen wegen der

1. von den Anlagen ausgehenden Emissionen,
2. technischen Problemen der Emissionsbegrenzung oder
3. Eignung der Erzeugnisse, bei bestimmungsgemäßer Verwendung schädliche Umwelteinwirkungen durch Luftverunreinigungen, Geräusche oder Erschütterungen hervorzurufen,

erforderlich ist. [2] Das Bundesministerium für Umwelt, Naturschutz und nukleare Sicherheit bestimmt nach Anhörung der beteiligten Kreise (§ 51) durch Rechtsverordnung mit Zustimmung des Bundesrates die genehmigungsbedürftigen Anlagen, deren Betreiber Immissionsschutzbeauftragte zu bestellen haben.

(2) Die zuständige Behörde kann anordnen, daß Betreiber genehmigungsbedürftiger Anlagen, für die die Bestellung eines Immissionsschutzbeauftragten nicht durch Rechtsverordnung vorgeschrieben ist, sowie Betreiber nicht genehmigungsbedürftiger Anlagen einen oder mehrere Immissionsschutzbeauftragte zu bestellen haben, soweit sich im Einzelfall die Notwendigkeit der Bestellung aus den in Absatz 1 Satz 1 genannten Gesichtspunkten ergibt.

§ 54 Aufgaben. (1) [1] Der Immissionsschutzbeauftragte berät den Betreiber und die Betriebsangehörigen in Angelegenheiten, die für den Immissionsschutz bedeutsam sein können. [2] Er ist berechtigt und verpflichtet,

1. auf die Entwicklung und Einführung
   a) umweltfreundlicher Verfahren, einschließlich Verfahren zur Vermeidung oder ordnungsgemäßen und schadlosen Verwertung der beim Betrieb entstehenden Abfälle oder deren Beseitigung als Abfall sowie zur Nutzung von entstehender Wärme,
   b) umweltfreundlicher Erzeugnisse, einschließlich Verfahren zur Wiedergewinnung und Wiederverwendung,

hinzuwirken,

2. bei der Entwicklung und Einführung umweltfreundlicher Verfahren und Erzeugnisse mitzuwirken, insbesondere durch Begutachtung der Verfahren und Erzeugnisse unter dem Gesichtspunkt der Umweltfreundlichkeit,
3. soweit dies nicht Aufgabe des Störfallbeauftragten nach § 58b Abs. 1 Satz 2 Nr. 3 ist, die Einhaltung der Vorschriften dieses Gesetzes und der auf Grund dieses Gesetzes erlassenen Rechtsverordnungen und die Erfüllung erteilter Bedingungen und Auflagen zu überwachen, insbesondere durch Kontrolle der Betriebsstätte in regelmäßigen Abständen, Messungen von Emissionen und Immissionen, Mitteilung festgestellter Mängel und Vorschläge über Maßnahmen zur Beseitigung dieser Mängel,
4. die Betriebsangehörigen über die von der Anlage verursachten schädlichen Umwelteinwirkungen aufzuklären sowie über die Einrichtungen und Maßnahmen zu ihrer Verhinderung unter Berücksichtigung der sich aus diesem Gesetz oder Rechtsverordnungen auf Grund dieses Gesetzes ergebenden Pflichten.

(2) Der Immissionsschutzbeauftragte erstattet dem Betreiber jährlich einen Bericht über die nach Absatz 1 Satz 2 Nr. 1 bis 4 getroffenen und beabsichtigten Maßnahmen.

§ 55 Pflichten des Betreibers. (1) [1]Der Betreiber hat den Immissionsschutzbeauftragten schriftlich zu bestellen und die ihm obliegenden Aufgaben genau zu bezeichnen. [2]Der Betreiber hat die Bestellung des Immissionsschutzbeauftragten und die Bezeichnung seiner Aufgaben sowie Veränderungen in seinem Aufgabenbereich und dessen Abberufung der zuständigen Behörde unverzüglich anzuzeigen. [3]Dem Immissionsschutzbeauftragten ist eine Abschrift der Anzeige auszuhändigen.

(1a) [1]Der Betreiber hat den Betriebs- oder Personalrat vor der Bestellung des Immissionsschutzbeauftragten unter Bezeichnung der ihm obliegenden Aufgaben zu unterrichten. [2]Entsprechendes gilt bei Veränderungen im Aufgabenbereich des Immissionsschutzbeauftragten und bei dessen Abberufung.

(2) [1]Der Betreiber darf zum Immissionsschutzbeauftragten nur bestellen, wer die zur Erfüllung seiner Aufgaben erforderliche Fachkunde und Zuverlässigkeit besitzt. [2]Werden der zuständigen Behörde Tatsachen bekannt, aus denen sich ergibt, daß der Immissionsschutzbeauftragte nicht die zur Erfüllung seiner Aufgaben erforderliche Fachkunde oder Zuverlässigkeit besitzt, kann sie verlangen, daß der Betreiber einen anderen Immissionsschutzbeauftragten bestellt. [3]Das Bundesministerium für Umwelt, Naturschutz und nukleare Sicherheit wird ermächtigt, nach Anhörung der beteiligten Kreise (§ 51) durch Rechtsverordnung mit Zustimmung des Bundesrates vorzu-

(Fortsetzung nächste Seite)

§ 7 Rechtsverordnungen über Anforderungen an genehmigungsbedürftige Anlagen

(1) **Die Bundesregierung wird ermächtigt, nach Anhörung der beteiligten Kreise (§ 51) durch Rechtsverordnung mit Zustimmung des Bundesrates vorzuschreiben, dass die Errichtung, die Beschaffenheit, der Betrieb, der Zustand nach Betriebseinstellung und die betreibereigene Überwachung genehmigungsbedürftiger Anlagen zur Erfüllung der sich aus § 5 ergebenden Pflichten bestimmten Anforderungen genügen müssen, insbesondere, dass**

1. **die Anlagen bestimmten technischen Anforderungen entsprechen müssen,**
2. **die von Anlagen ausgehenden Emissionen bestimmte Grenzwerte nicht überschreiten dürfen oder Anlagen äquivalenten Parametern oder äquivalenten technischen Maßnahmen entsprechen müssen,**

2a. **der Einsatz von Energie bestimmten Anforderungen entsprechen muss,**

3. **die Betreiber von Anlagen Messungen von Emissionen und Immissionen nach in der Rechtsverordnung näher zu bestimmenden Verfahren vorzunehmen haben oder vornehmen lassen müssen,**
4. **die Betreiber von Anlagen bestimmte sicherheitstechnische Prüfungen sowie bestimmte Prüfungen von sicherheitstechnischen Unterlagen nach in der Rechtsverordnung näher zu bestimmenden Verfahren**
   a) **während der Errichtung oder sonst vor der Inbetriebnahme der Anlage,**
   b) **nach deren Inbetriebnahme oder einer Änderung im Sinne des § 15 oder des § 16,**
   c) **in regelmäßigen Abständen oder**
   d) **bei oder nach einer Betriebseinstellung**

   durch einen Sachverständigen nach § 29a vornehmen lassen müssen, soweit solche Prüfungen nicht gemäß § 7 Absatz 1 in Verbindung mit einer Rechtsverordnung gemäß § 31 Satz 2 Nummer 4 des Gesetzes über überwachungsbedürftige Anlagen vorgeschrieben sind, und
5. **die Rückführung in den Ausgangszustand nach § 5 Absatz 4 bestimmten Anforderungen entsprechen muss, insbesondere in Bezug auf den Ausgangszustandsbericht und die Feststellung der Erheblichkeit von Boden- und Grundwasserverschmutzungen.**

Bei der Festlegung der Anforderungen nach Satz 1 sind insbesondere mögliche Verlagerungen von nachteiligen Auswirkungen von einem Schutzgut auf ein anderes zu berücksichtigen; ein hohes Schutzniveau für die Umwelt insgesamt ist zu gewährleisten.

(1a) **Nach jeder Veröffentlichung einer BVT-Schlussfolgerung ist unverzüglich zu gewährleisten, dass für Anlagen nach der Industrieemissons-Richtlinie bei der Festlegung von Emissionsgrenzwerten nach Absatz 1 Satz 1 Nummer 2 die Emissionen unter normalen Betriebsbedingungen die in den BVT-Schlussfolgerungen genannten Emissionsbandbreiten nicht überschreiten. Im Hinblick auf bestehende Anlagen ist**

1. **innerhalb eines Jahres nach Veröffentlichung von BVT-Schlussfolgerungen zur Haupttätigkeit eine Überprüfung und gegebenenfalls Anpassung der Rechtsverordnung vorzunehmen und**
2. **innerhalb von vier Jahren nach Veröffentlichung von BVT-Schlussfolgerungen zur Haupttätigkeit sicherzustellen, dass die betreffenden Anlagen die Emissionsgrenzwerte der Rechtsverordnung einhalten.**

(1b) **Abweichend von Absatz 1a**

1. **können in der Rechtsverordnung weniger strenge Emissionsgrenzwerte und Fristen festgelegt werden, wenn**

a) wegen technischer Merkmale der betroffenen Anlagenart die Anwendung der in den BVT-Schlussfolgerungen genannten Emissionsbrandbreiten unverhältnismäßig wäre und dies begründet wird oder

b) in Anlagen Zukunftstechniken für einen Gesamtzeitraum von höchstens neun Monaten erprobt oder angewendet werden sollen, sofern nach dem festgelegten Zeitraum die Anwendung der betreffenden Technik beendet wird oder in der Anlage mindestens die mit den besten verfügbaren Techniken assoziierten Emissionsbandbreiten erreicht werden, oder

2. kann in der Rechtsverordnung bestimmt werden, dass die zuständige Behörde weniger strenge Emissionsbegrenzungen und Fristen festlegen kann, wenn

a) wegen technischer Merkmale der betroffenen Anlagen die Anwendung der in den BVT-Schlussfolgerungen genannten Emissionsbandreiten unverhältnismäßig wäre oder

b) in Anlagen Zukunftstechniken für einen Gesamtzeitraum von höchstens neun Monaten erprobt oder angewendet werden sollen, sofern nach dem festgelegten Zeitraum die Anwendung der betreffenden Technik beendet wird oder in der Anlage mindestens die mit den besten verfügbaren Techniken assoziierten Emissionsbandbreiten erreicht werden.

Absatz 1 Satz 2 bleibt unberührt. Emissionsgrenzwerte und Emissionsbegrenzungen nach Satz 1 dürfen die in den Anhängen der Richtlinie 2010/75/EU festgelegten Emissionsgrenzwerte nicht überschreiten und keine schädlichen Umwelteinwirkungen hervorrufen.

(2) In der Rechtsverordnung kann bestimmt werden, inwieweit die nach Absatz 1 zur Vorsorge gegen schädliche Umwelteinwirkungen festgelegten Anforderungen nach Ablauf bestimmter Übergangsfristen erfüllt werden müssen, soweit zum Zeitpunkt des Inkrafttretens der Rechtsverordnung in einem Vorbescheid oder einer Genehmigung geringere Anforderungen gestellt worden sind. Bei der Bestimmung der Dauer der Übergangsfristen und der einzuhaltenden Anforderungen sind insbesondere Art, Menge und Gefährlichkeit der von den Anlagen ausgehenden Emissionen sowie die Nutzungsdauer und technische Besonderheiten der Anlagen zu berücksichtigen. Die Sätze 1 und 2 gelten entsprechend für Anlagen, die nach § 67 Abs. 2 oder § 67a Abs. 1 anzuzeigen sind oder vor Inkrafttreten dieses Gesetzes nach § 16 Abs. 4 der Gewerbeordnung anzuzeigen waren.

(3) Soweit die Rechtsverordnung Anforderungen nach § 5 Abs. 1 Nr. 2 festgelegt hat, kann in ihr bestimmt werden, dass bei in Absatz 2 genannten Anlagen von den auf Grund der Absätze 1 und 2 festgelegten Anforderungen zur Vorsorge gegen schädliche Umwelteinwirkungen abgewichen werden darf. Dies gilt nur, wenn durch technische Maßnahmen an Anlagen des Betreibers oder Dritter insgesamt eine weitergehende Minderung von Emissionen derselben oder in ihrer Wirkung auf die Umwelt vergleichbaren Stoffen erreicht wird als bei Beachtung der auf Grund der Absätze 1 und 2 festgelegten Anforderungen und hierdurch der in § 1 genannte Zweck gefördert wird. In der Rechtsverordnung kann weiterhin bestimmt werden, inwieweit zur Erfüllung von zwischenstaatlichen Vereinbarungen mit Nachbarstaaten der Bundesrepublik Deutschland Satz 2 auch für die Durchführung technischer Maßnahmen an Anlagen gilt, die in den Nachbarstaaten gelegen sind.

(4) Zur Erfüllung von bindenden Rechtsakten der Europäischen Gemeinschaften oder der Europäischen Union kann die Bundesregierung zu dem in § 1 genannten Zweck mit Zustimmung des Bundesrates durch Rechtsverordnung Anforderungen an die Errichtung, die Beschaffenheit und den Betrieb, die Betriebseinstellung und betreibereigene Überwachung genehmigungsbedürftiger Anlagen vorschreiben. Für genehmigungsbedürftige Anlagen, die vom Anwendungsbereich der Richtlinie

A. Einleitung*

I. Bedeutung der Vorschrift

§ 7 ermächtigt die Bundesregierung, **Anforderungen an genehmigungsbedürftige** 1 **Anlagen** iSd §§ 4ff. BImSchG unter den in der Vorschrift genannten Voraussetzungen (auch) **durch Rechtsverordnungen** zu normieren. Die Regelung sollte ursprünglich gemeinsam mit den in § 5 geregelten Betreibergrundpflichten dazu dienen, die Genehmigungsvoraussetzungen zu verschärfen (Begr. des BT-Innenausschusses, BT-Drs. 7/1513, 13; vgl. auch *Kotulla* in Kotulla Rn 1; *Gusy* in Zwanzig Jahre Immissionsschutzgesetz 185, 190). Sie ermöglicht dem Verordnungsgeber, in Ausfüllung des vergleichsweise offenen Wortlauts des § 5 bestimmte Mindeststandards für die Errichtung, die Beschaffen-

* Die Kommentierung greift inhaltlich teilweise auf die Vorkommentierung von Prof. E. Kutscheidt zurück. Die Neubearbeitung entstand unter Mitarbeit von Herrn Prof. Dr Dr. Markus Thiel, DHPol. Die Änderung durch Art. 10 des Gesetzes zur Anpassung des Produktsicherheitsgesetzes und zur Neuordnung des Rechts der überwachungsbedürftigen Anlagen vom 27. Juli 2021 (BGBl. I S. 3146) sind in der Kommentierung noch nicht berücksichtigt. Eine Anpassung erfolgt mit einer der nächsten Ergänzungslieferungen.

heit, den Betrieb, den Zustand nach der Betriebseinstellung und die betreibereigene Überwachung aufzustellen. § 7 bietet mit seinen Verordnungsermächtigungen das Instrument, der „Dynamik“ der Grundpflichten nach § 5 (→ § 5 Rn. 6) durch die entsprechende Anpassung der jeweiligen Anforderungen an genehmigungsbedürftige Anlagen an veränderte Sachgegebenheiten und neue wissenschaftliche Erkenntnisse gerecht zu werden. Das Spannungsverhältnis zwischen der – mit Ausnahme entsprechender Vorbehalte und Nebenbestimmungen – eher statischen Genehmigung einerseits und den „dynamischen“ Grundpflichten des Betreibers andererseits, die – um im Hinblick auf den in § 1 normierten Gesetzeszweck ihre Funktion erfüllen zu können – einer ständigen Revision bedürfen, wird durch die durch die Grundpflichten begründete „Verpflichtbarkeit“ entschärft. Darunter ist die der Exekutive eingeräumte Möglichkeit zu verstehen, die ursprünglich mit der Genehmigung festgesetzten Anforderungen an die Anlage durch nachträgliche Anordnungen nach § 17 und durch nachträgliche Rechtsverordnungen nach § 7 an die sich fortentwickelnden Grundpflichten des § 5 anzupassen (s. dazu *Sendler* UPR 1983, 33 [43f.]; *Kutscheidt* NVwZ 1984, 409 [413]).

2 Solcher Konkretisierungen bedürfen die Grundpflichten selbst dann, wenn man ihnen unmittelbare Wirkung beimessen will (so etwa *Roßnagel* in GK-BImSchG Rn. 2; vgl. zu dieser noch nicht abschließend geklärten Frage eingehend → § 5 Rn. 8ff.), da sie ansonsten nicht durchsetzbar wären (*Petersen* Schutz und Vorsorge 31; *Jarass* § 5 Rn. 1). Rechtsverordnungen ermöglichen damit einerseits eine flexible und einheitliche, **standardisierte Gestaltung** der Pflichtenstellung des Betreibers und beschränken insoweit den Bestandsschutz der immissionsschutzrechtlichen Genehmigung, verschaffen dem Betreiber jedoch andererseits auch eine Rechtssicherheit für den Vollzug immissionsschutzrechtlicher Anforderungen (*Ohms* Praxishandbuch Immissionsschutzrecht Rn. 153).

3 Die von der Bundesregierung erlassenen Rechtsverordnungen bedürfen gemäß Absatz 1 Satz 1 der Zustimmung des Bundesrates (zum Änderungsvorbehalt des Bundestags hinsichtlich bestimmter Verordnungen → Rn. 16f. sowie die Erläuterungen zu → § 48 b). Die Absätze 1a, 1b, 2, 3 und 4 ergänzen die allgemeine Verordnungsermächtigung in **Absatz 1. Absatz 2** verdeutlicht, dass in Rechtsverordnungen auch (neue) Vorsorgeanforderungen an bereits genehmigte Anlagen gestellt werden können. Die Absätze 1a und 1b tragen der nunmehr größeren Verbindlichkeit von europäischen BVT-Schlussfolgerungen Rechnung. Sie verpflichten den Verordnungsgeber einerseits zur Anpassung seiner Emissionsgrenzwertfestlegungen für IED-pflichtige Anlagen an die BVT-Schlussfolgerungen, erlauben ihm aber andererseits in bestimmten Fällen auch Abweichungen.

Absatz 3 regelt die Möglichkeit sog. Kompensationsregelungen, mit denen dem Betreiber ein gewisser Freiraum hinsichtlich der Erfüllung seiner Vorsorgepflichten eingeräumt werden kann. Von besonderer Bedeutung ist angesichts der fortschreitenden Harmonisierung des Immissionsschutzrechts durch die Normsetzung der Europäischen Gemeinschaften die Bestimmung in **Absatz 4:** Die Norm enthält eine Sonderregelung für die Umsetzung von (immissionsschutzrechtlichen) Pflichten, die sich aus bindenden Rechtsakten der Europäischen Gemeinschaften oder der Europäischen Union ergeben. **Absatz 5** enthält im Gegensatz zu den vorigen Absätzen keine Verordnungsermächtigung, sondern trifft eine Verfahrensregelung hinsichtlich der Verweisung auf jedermann zugängliche Bekanntmachungen sachverständiger Stellen, namentlich auf private technische Regelwerke, durch die Verordnung. Diese Möglichkeit dient dazu, die Lesbarkeit und Verständlichkeit des Verordnungstextes zu optimieren.

4 **Verfassungsrechtliche Bedenken** gegenüber § 7 bestehen nicht. Inhalt, Zweck und Ausmaß der Ermächtigung sind, insbesondere durch den Verweis auf § 5, hinreichend bestimmt, so dass die Verordnungsermächtigung insoweit den verfassungsrechtlichen Anforderungen des Art. 80 Abs. 1 Satz 2 GG genügt (s. auch *Kotulla* in Kotulla Rn. 19, 22).

§ 10 Genehmigungsverfahren

(1) Das Genehmigungsverfahren setzt einen schriftlichen oder elektronischen Antrag voraus. Dem Antrag sind die zur Prüfung nach § 6 erforderlichen Zeichnungen, Erläuterungen und sonstigen Unterlagen beizufügen. Reichen die Unterlagen für die Prüfung nicht aus, so hat sie der Antragsteller auf Verlangen der zuständigen Behörde innerhalb einer angemessenen Frist zu ergänzen. Erfolgt die Antragstellung elektronisch, kann die zuständige Behörde Mehrfertigungen sowie die Übermittlung der dem Antrag beizufügenden Unterlagen auch in schriftlicher Form verlangen.

(1a) Der Antragsteller, der beabsichtigt, eine Anlage nach der Industrieemissions-Richtlinie zu betreiben, in der relevante gefährliche Stoffe verwendet, erzeugt oder freigesetzt werden, hat mit den Unterlagen nach Absatz 1 einen Bericht über den Ausgangszustand vorzulegen, wenn und soweit eine Verschmutzung des Bodens oder des Grundwassers auf dem Anlagengrundstück durch die relevanten gefährlichen Stoffe möglich ist.
Die Möglichkeit einer Verschmutzung des Bodens oder des Grundwassers besteht nicht, wenn auf Grund der tatsächlichen Umstände ein Eintrag ausgeschlossen werden kann.

(2) Soweit Unterlagen Geschäfts- oder Betriebsgeheimnisse enthalten, sind die Unterlagen zu kennzeichnen und getrennt vorzulegen. Ihr Inhalt muss, soweit es ohne Preisgabe des Geheimnisses geschehen kann, so ausführlich dargestellt sein, dass es Dritten möglich ist, zu beurteilen, ob und in welchem Umfang sie von den Auswirkungen der Anlage betroffen werden können.

(3) Sind die Unterlagen vollständig, so hat die zuständige Behörde das Vorhaben in ihrem amtlichen Veröffentlichungsblatt und außerdem entweder im Internet oder in örtlichen Tageszeitungen, die im Bereich des Standortes der Anlage verbreitet sind, öffentlich bekannt zu machen. Der Antrag und die vom Antragsteller vorgelegten Unterlagen, mit Ausnahme der Unterlagen nach Absatz 2 Satz 1, sowie die entscheidungserheblichen Berichte und Empfehlungen, die der Behörde im Zeitpunkt der Bekanntmachung vorliegen, sind nach der Bekanntmachung einen Monat zur Einsicht auszulegen. Weitere Informationen, die für die Entscheidung über die Zulässigkeit des Vorhabens von Bedeutung sein können und die der zuständigen Behörde erst nach Beginn der Auslegung vorliegen, sind der Öffentlichkeit nach den Bestimmungen über den Zugang zu Umweltinformationen zugänglich zu machen. Bis zwei Wochen nach Ablauf der Auslegungsfrist kann die Öffentlichkeit gegenüber der zuständigen Behörde schriftlich oder elektronisch Einwendungen erheben; bei Anlagen nach der Industrie-Emissionsrichtlinie gilt eine Frist von einem Monat Mit Ablauf der Einwendungsfrist sind für das Genehmigungsverfahren alle Einwendungen ausgeschlossen, die nicht auf besonderen privatrechtlichen Titeln beruhen. Einwendungen, die auf besonderen privatrechtlichen Titeln beruhen, sind auf den Rechtsweg vor den ordentlichen Gerichten zu verweisen.

(3a) Nach dem Umweltrechtsbehelfsgesetz anerkannte Vereinigungen sollen die zuständige Behörde in einer dem Umweltschutz dienenden Weise unterstützen.

(4) In der Bekanntmachung nach Absatz 3 Satz 1 ist

1. darauf hinzuweisen, wo und wann der Antrag auf Erteilung der Genehmigung und die Unterlagen zur Einsicht ausgelegt sind;
2. dazu aufzufordern, etwaige Einwendungen bei einer in der Bekanntmachung zu bezeichnenden Stelle innerhalb der Einwendungsfrist vorzubringen; dabei ist auf die Rechtsfolgen nach Absatz 3 Satz 5 hinzuweisen;

3. **ein Erörterungstermin zu bestimmen und darauf hinzuweisen, dass er auf Grund einer Ermessensentscheidung der Genehmigungsbehörde nach Absatz 6 durchgeführt wird und dass dann die formgerecht erhobenen Einwendungen auch bei Ausbleiben des Antragstellers oder von Personen, die Einwendungen erhoben haben, erörtert werden;**
4. **darauf hinzuweisen, dass die Zustellung der Entscheidung über die Einwendungen durch öffentliche Bekanntmachung ersetzt werden kann.**
5. **(weggefallen)**

(5) **Die für die Erteilung der Genehmigung zuständige Behörde (Genehmigungsbehörde) holt die Stellungnahme der Behörden ein, deren Aufgabenbereich durch das Vorhaben berührt wird. Hat eine zu beteiligende Behörde bei einem Verfahren zur Genehmigung einer Anlage zur Nutzung erneuerbarer Energien innerhalb einer Frist von einem Monat keine Stellungnahme abgegeben, so ist davon auszugehen, dass die beteiligte Behörde sich nicht äußern will. Die zuständige Behörde hat die Entscheidung in diesem Fall auf Antrag auf der Grundlage der geltenden Sach- und Rechtslage zum Zeitpunkt des Ablaufs der Monatsfrist zu treffen. Soweit für das Vorhaben selbst oder für weitere damit unmittelbar in einem räumlichen oder betrieblichen Zusammenhang stehende Vorhaben, die Auswirkungen auf die Umwelt haben können und die für die Genehmigung Bedeutung haben, eine Zulassung nach anderen Gesetzen vorgeschrieben ist, hat die Genehmigungsbehörde eine vollständige Koordinierung der Zulassungsverfahren sowie der Inhalts- und Nebenbestimmungen sicherzustellen.**

(5a) **Betrifft das Vorhaben eine Anlage, die in den Anwendungsbereich der Richtlinie (EU) 2018/2001 des Europäischen Parlaments und des Rates vom 11. Dezember 2018 zur Förderung der Nutzung von Energie aus erneuerbaren Quellen (Neufassung) (ABl. L 328 vom 21.12.2018, S. 82) fällt, gilt ergänzend Folgendes:**

1. **Auf Antrag des Trägers des Vorhabens wird das Genehmigungsverfahren sowie alle sonstigen Zulassungsverfahren, die für die Durchführung des Vorhabens nach Bundes- oder Landesrecht erforderlich sind, über eine einheitliche Stelle abgewickelt.**
2. **Die einheitliche Stelle nach Nummer 1 stellt ein Verfahrenshandbuch für Träger von Vorhaben bereit und macht diese Informationen auch im Internet zugänglich. Dabei geht sie gesondert auch auf kleinere Vorhaben und Vorhaben zur Eigenversorgung mit Elektrizität ein, soweit sich das Genehmigungserfordernis nach § 1 Absatz 2 der Verordnung über genehmigungsbedürftige Anlagen darauf erstreckt. In den im Internet veröffentlichten Informationen weist die einheitliche Stelle auch darauf hin, für welche Vorhaben sie zuständig ist und welche weiteren einheitlichen Stellen im jeweiligen Land für Vorhaben nach Satz 1 zuständig sind.**
3. **Die zuständige und die zu beteiligenden Behörden sollen die zur Prüfung des Antrags zusätzlich erforderlichen Unterlagen in einer einmaligen Mitteilung an den Antragsteller zusammenfassen. Nach Eingang der vollständigen Antragsunterlagen erstellt die Genehmigungsbehörde einen Zeitplan für das weitere Verfahren und teilt diesen Zeitplan in den Fällen der Nummer 1 der einheitlichen Stelle, andernfalls dem Antragsteller mit.**

(6) **Nach Ablauf der Einwendungsfrist kann die Genehmigungsbehörde die rechtzeitig gegen das Vorhaben erhobenen Einwendungen mit dem Antragsteller und denjenigen, die Einwendungen erhoben haben, erörtern.**

(6a) **Über den Genehmigungsantrag ist nach Eingang des Antrags und der nach Absatz 1 Satz 2 einzureichenden Unterlagen innerhalb einer Frist von sieben Monaten, in vereinfachten Verfahren innerhalb einer Frist von drei Monaten, zu ent-**

scheiden. Die zuständige Behörde kann die Frist um jeweils drei Monate verlängern, wenn dies wegen der Schwierigkeit der Prüfung oder aus Gründen, die dem Antragsteller zuzurechnen sind, erforderlich ist. Die Fristverlängerung soll gegenüber dem Antragsteller begründet werden.

(7) **Der Genehmigungsbescheid ist schriftlich zu erlassen, schriftlich zu begründen und dem Antragsteller und den Personen, die Einwendungen erhoben haben, zuzustellen. Er ist, soweit die Zustellung nicht nach Absatz 8 erfolgt, öffentlich bekannt zu machen. Die öffentliche Bekanntmachung erfolgt nach Maßgabe des Absatzes 8.**

(8) **Die Zustellung des Genehmigungsbescheids an die Personen, die Einwendungen erhoben haben, kann durch öffentliche Bekanntmachung ersetzt werden. Die öffentliche Bekanntmachung wird dadurch bewirkt, dass der verfügende Teil des Bescheides und die Rechtsbehelfsbelehrung in entsprechender Anwendung des Absatzes 3 Satz 1 bekannt gemacht werden; auf Auflagen ist hinzuweisen. In diesem Fall ist eine Ausfertigung des gesamten Bescheides vom Tage nach der Bekanntmachung an zwei Wochen zur Einsicht auszulegen. In der öffentlichen Bekanntmachung ist anzugeben, wo und wann der Bescheid und seine Begründung eingesehen und nach Satz 6 angefordert werden können. Mit dem Ende der Auslegungsfrist gilt der Bescheid auch gegenüber Dritten, die keine Einwendung erhoben haben, als zugestellt; darauf ist in der Bekanntmachung hinzuweisen. Nach der öffentlichen Bekanntmachung können der Bescheid und seine Begründung bis zum Ablauf der Widerspruchsfrist von den Personen, die Einwendungen erhoben haben, schriftlich oder elektronisch angefordert werden.**

(8a) **Unbeschadet der Absätze 7 und 8 sind die Anlagen nach der Industrieemissions-Richtlinie folgende Unterlagen im Internet öffentlich bekannt zu machen:**

1. **der Genehmigungsbescheid mit Ausnahme in Bezug genommener Antragsunterlagen und des Berichts über den Ausgangszustand sowie**
2. **die Bezeichnung des für die betreffende Anlage maßgeblichen BVT-Merkblatts.**

(Fortsetzung nächstes Blatt)

gesetz, NJW 1975, 801; *Sellner,* Kontrolle immissionsschutzrechtlicher und atomrechtlicher Entscheidungen im Verwaltungsgerichtsprozess, BauR 1980, 391; *Sendler,* Verwaltungsverfahrensgesetz und Umweltgesetzbuch, NVwZ 1999, 132; *Staupe,* Die vollständige Koordination des Behördenhandelns gemäß IVU-Richtlinie, ZUR 2000, 368; *Steinbeiß-Winkelmann,* Verfassungsrechtliche Vorgaben und Grenzen der Verfahrensbeschleunigung, DVBl. 1998, 809; *Stober,* Zur Bedeutung des Einwendungsausschlusses im atom- und immissionsschutzrechtlichen Genehmigungsverfahren, AöR Bd. 106 (1981), 41; *Streinz,* Materielle Präklusions und Verfahrensbeteiligung im Verwaltungsrecht, VerwArch Bd. 79 (1988), 272; *Thiel,* Zur verfassungsrechtlichen Zulässigkeit der (materiellen) Präklusion im Fachplanungsrecht, DÖV 2001, 814; *Ule,* Die Bedeutung des Verwaltungsverfahrensgesetzes für das Bundes-Immissionsschutzgesetz, DVBl. 1976, 729; *Ule,* Zur rechtlichen Bedeutung von Ausschlußfristen im Verwaltungsverfahren für den Verwaltungsprozeß, BB 1979, 1009; *Vallendar,* Bewertung von Umweltauswirkungen, UPR 1993, 417; *Wahl* Materiell-integrative Anforderungen an die Vorhabenzulassung – Anwendung und Umsetzung der IVU-Richtlinie, NVwZ 2000, 502; *Weber,* Beteiligung und Rechtsschutz ausländischer Nachbarn im atomrechtlichen Genehmigungsverfahren, DVBl. 1980, 330; *Werres,* Information und Partizipation der Öffentlichkeit in Umweltangelegenheiten nach den Richtlinien 2003/4/EG und 2003/35/EG, DVBl. 2005, 611; *Wolf,* Die Umsetzung der UVP-Richtlinie 2014 in der Verordnung über das immissionsschutzrechtliche Genehmigungsverfahren, ZUR 2018, 457; *Wolfrum,* Der Ausschluß von Einwendungen im Anhörungsverfahren und sein Einfluß auf den Verwaltungsrechtsschutz, DÖV 1979, 497; *Wolfrum,* Die grenzüberschreitende Luftverschmutzung im Schnittpunkt von nationalem Recht und Völkerrecht, DVBl. 1984, 493; *Zuck,* Unwirksamkeit der gewerberechtlichen Ausschlußfrist für Einwendungen gegen „genehmigungspflichtige“ Anlagen, BB 1963, 671.

Übersicht*

* Die Änderung durch Art. 1 des Gesetzes zur Umsetzung von Vorgaben der Richtlinie (EU) 2018/2001 vom 18. August 2021 (BGBl. I S. 3901) sind in der Kommentierung noch nicht berücksichtigt. Eine Anpassung erfolgt mit einer der nächsten Ergänzungslieferungen.

(Fortsetzung nächstes Blatt)

§ 16b Repowering von Anlagen zur Erzeugung von Strom aus erneuerbaren Energien

(1) **Wird eine Anlage zur Erzeugung von Strom aus erneuerbaren Energien modernisiert (Repowering), müssen auf Antrag des Vorhabenträgers im Rahmen des Änderungsgenehmigungsverfahrens nur Anforderungen geprüft werden, soweit durch das Repowering im Verhältnis zum gegenwärtigen Zustand unter Berücksichtigung der auszutauschenden Anlage nachteilige Auswirkungen hervorgerufen werden und diese für die Prüfung nach § 6 erheblich sein können.**

(2) **Die Modernisierung umfasst den vollständigen oder teilweisen Austausch von Anlagen oder Betriebssystemen und -geräten zum Austausch von Kapazität oder zur Steigerung der Effizienz oder der Kapazität der Anlage. Bei einem vollständigen Austausch der Anlage sind zusätzlich folgende Anforderungen einzuhalten:**

3. Die neue Anlage wird innerhalb von 24 Monaten nach dem Rückbau der Bestandsanlage errichtet und

4. der Abstand zwischen der Bestandsanlage und der neuen Anlage beträgt höchstens das Zweifache der Gesamthöhe der neuen Anlage.

(3) **Die Genehmigung einer Windenergieanlage im Rahmen einer Modernisierung nach Absatz 2 darf nicht versagt werden, wenn nach der Modernisierung nicht alle Immissionsrichtwerte der technischen Anleitung zum Schutz gegen Lärm eingehalten werden, wenn aber**

3. der Immissionsbeitrag der Windenergieanlage nach der Modernisierung niedriger ist als der Immissionsbeitrag der durch sie ersetzten Windenergieanlagen und

4. die Windenergieanlage dem Stand der Technik entspricht.

(4) **Der Umfang der artenschutzrechtlichen Prüfung wird durch das Änderungsgenehmigungsverfahren nach Absatz 1 nicht berührt. Die Auswirkungen der zu ersetzenden Bestandsanlage müssen bei der artenschutzrechtlichen Prüfung als Vorbelastung berücksichtigt werden. Bei der Festsetzung einer Kompensation aufgrund einer Beeinträchtigung des Landschaftsbildes ist die für die zu ersetzende Bestandsanlage bereits geleistete Kompensation abzuziehen.**

(5) **Die Prüfung anderer öffentlich-rechtlicher Vorschriften, insbesondere des Raumordnungs-, Bauplanungs- und Bauordnungsrechts, und der Belange des Arbeitsschutzes nach § 6 Absatz 1 Nummer 2 bleibt unberührt.**

(6) **Auf einen Erörterungstermin soll verzichtet werden, wenn nicht der Antragsteller diesen beantragt.**

(7) **§ 19 findet auf Genehmigungsverfahren im Sinne von Absatz 1 für das Repowering von bis zu 19 Windenergieanlagen Anwendung. § 2 Absatz 1 Satz 1 Nummer 1 Buchstabe c der Verordnung über genehmigungsbedürftige Anlagen bleibt unberührt. Im vereinfachten Verfahren ist die Genehmigung auf Antrag des Trägers des Vorhabens öffentlich bekannt zu machen. In diesem Fall gilt § 10 Absatz 8 Satz 2 bis 6 entsprechend.**

(Kommentierung folgt)

§ 23b Störfallrechtliches Genehmigungsverfahren

(1) **Ergibt die Feststellung nach § 23a Absatz 2 Satz 1, dass der angemessene Sicherheitsabstand erstmalig unterschritten wird, räumlich noch weiter unterschritten wird oder eine erhebliche Gefahrenerhöhung ausgelöst wird, bedarf die störfallrelevante Errichtung und der Betrieb oder die störfallrelevante Änderung einer nicht genehmigungsbedürftigen Anlage, die Betriebsbereich oder Bestandteil eines Betriebsbereichs ist, einer störfallrechtlichen Genehmigung. Dies gilt nicht, soweit dem Gebot, den angemessenen Sicherheitsabstand zu wahren, bereits auf Ebene einer raumbedeutsamen Planung oder Maßnahme durch verbindliche Vorgaben Rechnung getragen worden ist. Die Genehmigung setzt einen schriftlichen oder elektronischen Antrag voraus. § 10 Absatz 1 Satz 4 und Absatz 2 gilt entsprechend. Die Genehmigung ist zu erteilen, wenn sichergestellt ist, dass die Anforderungen des § 22 und der auf Grundlage des § 23 erlassenen Rechtsverordnungen eingehalten werden und andere öffentlich-rechtliche Vorschriften und Belange des Arbeitsschutzes nicht entgegenstehen. Die Genehmigung kann unter Bedingungen erteilt und mit Auflagen verbunden werden, soweit dies erforderlich ist, um die Erfüllung der Genehmigungsvoraussetzungen sicherzustellen. Die Genehmigung schließt andere die Anlage betreffende behördliche Entscheidungen ein mit Ausnahme von Planfeststellungen, Zulassungen bergrechtlicher Betriebspläne, behördlichen Entscheidungen auf Grund atomrechtlicher Vorschriften und wasserrechtlichen Erlaubnissen und Bewilligungen nach § 8 in Verbindung mit § 10 des Wasserhaushaltsgesetzes. Die §§ 8, 8a, 9 und 18 gelten entsprechend.**

(2) **Im Genehmigungsverfahren ist die Öffentlichkeit zu beteiligen. Dazu macht die zuständige Behörde das Vorhaben öffentlich bekannt und legt den Antrag, die vom Antragsteller vorgelegten Unterlagen mit Ausnahme der Unterlagen nach Absatz 1 Satz 4 sowie die entscheidungserheblichen Berichte und Empfehlungen, die der Behörde im Zeitpunkt der Bekanntmachung vorliegen, einen Monat zur Einsicht aus. Personen, deren Belange durch das Vorhaben berührt werden sowie Vereinigungen, welche die Anforderungen von § 3 Absatz 1 oder § 2 Absatz 2 des Umwelt-Rechtsbehelfsgesetzes erfüllen, können innerhalb der in § 10 Absatz 3 Satz 4 erster Halbsatz genannten Frist gegenüber der zuständigen Behörde schriftlich oder elektronisch Einwendungen erheben. § 10 Absatz 3 Satz 5 und Absatz 3a gilt entsprechend. Einwendungen, die auf besonderen privatrechtlichen Titeln beruhen, sind auf den Rechtsweg vor den ordentlichen Gerichten zu verweisen.**

(3) **Die Genehmigungsbehörde holt die Stellungnahmen der Behörden ein, deren Aufgabenbereich durch das Vorhaben berührt wird. Soweit für das Vorhaben selbst oder für weitere damit unmittelbar in Zusammenhang stehende Vorhaben, die Auswirkungen auf die Umwelt haben können und die für die Genehmigung Bedeutung haben, eine Zulassung nach anderen Gesetzen vorgeschrieben ist, hat die Genehmigungsbehörde eine vollständige Koordinierung der Zulassungsverfahren sowie der Inhalts- und Nebenbestimmungen sicherzustellen.**

(3a) **Betrifft das Vorhaben eine Anlage, die in den Anwendungsbereich der Richtlinie (EU) 2018/2001 des Europäischen Parlaments und des Rates vom 11. Dezember 2018 zur Förderung der Nutzung von Energie aus erneuerbaren Quellen (Neufassung) (ABl. L 328 vom 21.12.2018, S. 82) fällt, gilt ergänzend Folgendes:**

1. **Auf Antrag des Trägers des Vorhabens wird das störfallrechtliche Genehmigungsverfahren sowie alle sonstigen Zulassungsverfahren, die für die Durchführung des Vorhabens nach Bundes- oder Landesrecht erforderlich sind, über eine einheitliche Stelle abgewickelt.**

2. Die einheitliche Stelle nach Nummer 1 stellt ein Verfahrenshandbuch für Träger von Vorhaben bereit und macht diese Informationen auch im Internet zugänglich. In den im Internet veröffentlichten Informationen weist die einheitliche Stelle auch darauf hin, für welche Vorhaben sie zuständig ist und welche weiteren einheitlichen Stellen im jeweiligen Land für Vorhaben nach Satz 1 zuständig sind.

3. Die zuständige und die zu beteiligenden Behörden sollen die zur Prüfung des Antrags zusätzlich erforderlichen Unterlagen in einer einmaligen Mitteilung an den Antragsteller zusammenfassen. Nach Eingang der vollständigen Antragsunterlagen erstellt die zuständige Behörde einen Zeitplan für das weitere Verfahren und teilt diesen Zeitplan in den Fällen der Nummer 1 der einheitlichen Stelle, andernfalls dem Antragsteller mit.

4. § 16b ist entsprechend anzuwenden.

(4) **Über den Antrag auf störfallrelevante Errichtung und Betrieb einer Anlage hat die zuständige Behörde innerhalb einer Frist von sieben Monaten nach Eingang des Antrags und der erforderlichen Unterlagen zu entscheiden. Über den Antrag auf störfallrelevante Änderung einer Anlage ist innerhalb einer Frist von sechs Monaten nach Eingang des Antrags und der erforderlichen Unterlagen zu entscheiden. Die zuständige Behörde kann die jeweilige Frist um drei Monate verlängern, wenn dies wegen der Schwierigkeit der Prüfung oder aus Gründen, die dem Antragsteller zuzurechnen sind, erforderlich ist. Die Fristverlängerung soll gegenüber dem Antragsteller begründet werden. § 10 Absatz 7 Satz 1 gilt entsprechend.**

(5) **Die Bundesregierung wird ermächtigt, durch Rechtsverordnung mit Zustimmung des Bundesrates weitere Einzelheiten des Verfahrens nach den Absätzen 1 bis 4 zu regeln, insbesondere**

1. Form und Inhalt des Antrags,

2. Verfahren und Inhalt der Bekanntmachung und Auslegung des Vorhabens durch die zuständige Behörde sowie

3. Inhalt und Bekanntmachung des Genehmigungsbescheids.

Schrifttum (Auswahl)/s. weiter bei § 23a:

A. Erläuterungswerke und sonstige Schriften: *Bracher/Reidt/Schiller,* Bauplanungsrecht, 8. Aufl. 2014; *Erbguth/Schlacke,* Umweltrecht, 6. Aufl. 2016; *Giesberts/Reinhardt,* Beck'scher Onlinekommentar Umweltrecht, 44. Edition Stand 1.8.2017; *Jarass,* Bundes-Immissionsschutzgesetz, 12. Aufl. 2017; *Joecks/Miebach,* Münchener Kommentar zum StGB, Band 5, 2. Aufl. 2014; *Johlen/Oerder,* Müchener Anwalts Handbuch Verwaltungsrecht, 4. Aufl. 2017; *Kloepfer,* Umweltrecht, 4. Aufl. 2016; *Koch/Pache/Scheuing* Gemeinschaftskommentar zum Bundes-Immissionsschutzgesetz Loseblatt 36. Ergänzungslieferung (Juni 2014); *Schmidt/Kahl/Gärditz,* Umweltrecht, 10. Aufl. 2017

B. Aufsätze: *Farsbotter/Weise,* Der angemessene Sicherheitsabstand im Störfallrecht, I+E 2017, 50; *Hahn/Kraus,* Die Anwendung der Seveso-III-Richtlinie im Bauordnungsrecht, KommunalPraxis BY 2016, 294; *Hellriegel/Farsbotter,* Abstand ist nicht alles!, NVwZ 2013, 1117; *Hilbert,* Das Verhältnis von Immissionsschutzrecht und Baurecht, JuS 2014, 983; *Müggenborg,* Die Umsetzung der Seveso-III-Richtlinie in Deutschland, NuR 2015, 470; *Otting/Olgemöller,* Nochmals: Abstand ist nicht alles!, NVwZ 2013, 1396; *Schmidt-Becker,* Nationale Umsetzung der Seveso-III-Richtlinie, Immissionsschutz 2016, 61; *Schoppen,* Die Umsetzung der Seveso-III-Richtlinie in deutsches Recht, NVwZ 2017, 1561; *Uechtritz,* Angemessener Abstand zwischen Störfall-Betrieben und öffentlich genutzten Gebäuden, NVwZ 2013, 719; *Uechtritz,* Zur Umsetzung der Seveso-III-Richtlinie, DVBl. 2017, 659; *Wasielewski,* Stand der Umsetzung der Seveso-III-RL in deutsches Recht, UPR 2017, 1.

Übersicht*

(Fortsetzung nächstes Blatt)

* Die Änderung durch Art. 1 des Gesetzes zur Umsetzung von Vorgaben der Richtlinie (EU) 2018/2001 vom 18. August 2021 (BGBl. I S. 3901) sind in der Kommentierung noch nicht berücksichtigt. Eine Anpassung erfolgt mit einer der nächsten Ergänzungslieferungen.

§ 29a Anordnung sicherheitstechnischer Prüfungen

(1) Die zuständige Behörde kann anordnen, dass der Betreiber einer genehmigungsbedürftigen Anlage oder einer Anlage innerhalb eines Betriebsbereichs nach § 3 Absatz 5a einen der von der zuständigen Behörde eines Landes bekannt gegebenen Sachverständigen mit der Durchführung bestimmter sicherheitstechnischer Prüfungen sowie Prüfungen von sicherheitstechnischen Unterlagen beauftragt. In der Anordnung kann die Durchführung der Prüfungen durch den Störfallbeauftragten (§ 58a), eine zugelassene Überwachungsstelle nach § 2 Nummer 4 des Gesetzes über überwachungsbedürftige Anlagen oder einen in einer für Anlagen nach § 2 Nummer 1 des Gesetzes über überwachungsbedürftige Anlagen erlassenen Rechtsverordnung genannten Sachverständigen gestattet werden, wenn diese die Anforderungen nach § 29b Absatz 2 Satz 2 und 3 erfüllen; das Gleiche gilt für einen nach § 36 Absatz 1 der Gewerbeordnung bestellten Sachverständigen oder für Sachverständige, die im Rahmen von § 13a der Gewerbeordnung ihre gewerbliche Tätigkeit nur vorübergehend und gelegentlich im Inland ausüben wollen, soweit eine besondere Sachkunde im Bereich sicherheitstechnischer Prüfungen nachgewiesen wird. Die zuständige Behörde ist befugt, Einzelheiten über Art und Umfang der sicherheitstechnischen Prüfungen sowie über die Vorlage des Prüfungsergebnisses vorzuschreiben.

(2) Prüfungen können angeordnet werden

1. für einen Zeitpunkt während der Errichtung oder sonst vor der Inbetriebnahme der Anlage,

2. für einen Zeitpunkt nach deren Inbetriebnahme,

3. in regelmäßigen Abständen,

4. im Falle einer Betriebseinstellung oder

5. wenn Anhaltspunkte dafür bestehen, dass bestimmte sicherheitstechnische Anforderungen nicht erfüllt werden.

Satz 1 gilt entsprechend bei einer Änderung im Sinne des § 15 oder des § 16.

(3) Der Betreiber hat die Ergebnisse der sicherheitstechnischen Prüfungen der zuständigen Behörde spätestens einen Monat nach Durchführung der Prüfungen vorzulegen; er hat diese Ergebnisse unverzüglich vorzulegen, sofern dies zur Abwehr gegenwärtiger Gefahren erforderlich ist.

Schrifttum: Vgl. die Hinweise in der Vorbemerkung zu den §§ 26 bis 31a sowie *Rebentisch,* Änderungen des Bundes-Immissionsschutzgesetzes, NVwZ 91, 310 ff.; *Scheidler,* Die wichtigsten Änderungen im Immissionsschutzrecht nach Umsetzung der Industrieemissions-Richtlinie, UPR 2013, 121 ff.; *ders.,* Die Anordnung sicherheitstechnischer Prüfungen nach § 29a BImSchG, NdsVBl. 2011, 71; *ders.,* Die Anordnung sicherheitstechnischer Prüfungen, UPR 2009, 327.

Übersicht*

* Die Änderung durch Art. 10 des Gesetzes zur Anpassung des Produktsicherheitsgesetzes und zur Neuordnung des Rechts der überwachungsbedürftigen Anlagen vom 27. Juli 2021 (BGBl. I S. 3146) sind in der Kommentierung noch nicht berücksichtigt. Eine Anpassung erfolgt mit einer der nächsten Ergänzungslieferungen.

A. Allgemeines

I. Bedeutung der Vorschrift

Das Bundes-Immissionsschutzgesetz dient im Bereich der genehmigungsbedürftigen Anlagen nicht nur dem Schutz und der Vorsorge gegen schädliche Umwelteinwirkungen, sondern es soll allgemein die Anlagensicherheit gewährleisten (vgl. § 1 Rdnr. 36). Um dieses Ziel zu erreichen, genügt es nicht, mit der Genehmigung Anforderungen an die Beschaffenheit und die Betriebsweise der Anlagen zu stellen. Anlagen mit einem be- 1

(Fortsetzung nächstes Blatt)

Fünfter Teil. Überwachung und Verbesserung der Luftqualität, Luftreinhalteplanung

Vorbemerkung zu den §§ 44 bis 47

Schrifttum: *Assmann/Knierim/Friedrich,* Die Luftreinhalteplanung im Bundes-Immissionsschutzgesetz, NuR 2004, 695; *Assmann/Koch/Vollmer,* Pläne im Immissionsschutz: Luftreinhalte-, Maßnahmen- und Aktionspläne, Immissionsschutz 2000, 84; *Boisserée/Oels/Hansmann/Denkhaus,* Immissionsschutzrecht, Stand: Mai 2020; *Cancik,* Europäische Luftreinhalteplanung – zur zweiten Phase der Implementation, ZUR 2011, 283; *Ekardt/Beckmann,* Feinstaub zwischen nationalem und europäischem Recht, UPR 2008, 241; *Fonk,* Das subjektiv-öffentliche Recht auf ordnungsgemäße Luftreinhalteplanung, NVwZ 2009, 69; *Hansmann,* Die Luftqualitätsrahmenrichtlinie der EG und ihre Umsetzung in deutsches Recht, NuR 1999, 10; *Heitsch,* Erläuterungen zu §§ 44 bis 47 BImSchG, in: *Kotulla,* Bundes-Immissionsschutzgesetz, Stand: September 2017; *Jarass,* Bundes-Immissionsschutzgesetz, 13. Auflage 2020; *ders.,* Luftqualitätsrichtlinien der EU und die Novellierung des Immissionsschutzrechts, NVwZ 2003, 257; *ders.,* Die Vorgaben des neuen Luftqualitätsrechts, Immissionsschutz 2004, 4; *ders.,* Rechtsfragen des neuen Luftqualitätsrechts, VerwArch 2006, 429; *Kirchhof,* Der rechtliche Schutz vor Feinstaub – subjektive öffentliche Rechte zu Lasten Vierter?, AöR 135 (2010), 29; *Klinger/Löwenberg,* Rechtsanspruch auf saubere Luft?, ZUR 2005, 169; *Klinger,* Die neue Luftqualitätsrichtlinie der EU und ihre Umsetzung in deutsches Recht, ZUR 2009, 16; *Köck/Lehmann,* Die Entwicklung des Luftqualitätsrechts, ZUR 2013, 67; *Malchin,* Durchführung und Durchsetzung von Immissionsgrenzwerten im Luftqualitätsrecht, 2009; *Rehbinder,* Zur Entwicklung des Luftqualitätsrechts, NuR 2005, 493; *Röckinghausen,* Luftqualitätsplanung: Stand, Erfahrungen, Probleme, I+E 2012, 191; *Scheidler,* Strategische Umweltprüfung für Luftreinhaltepläne, ZUR 2006, 239; *ders.,* Verkehrsbeschränkungen aus Gründen der Luftreinhaltung – Ein Beitrag zur aktuellen Feinstaubdiskussion, NVwZ 2007, 144; *ders.,* Der Feinstaub vor dem Bundesverwaltungsgericht, LKV 2008, 55; *ders.,* Der Feinstaub vor dem Europäischen Gerichtshof, NVwZ 2008, 1083; *ders.,* Neue Rechtsgrundlagen zur Bekämpfung von Feinstaub, UPR 2010, 365; *ders.,* Verkehrsbeschränkungen aus Gründen der Luftreinhaltung, UPR 2018, 241; *Schink/Dingemann,* Positionierung von Probenahmestellen für Messungen von Stickstoffdioxid in der Luft nach der Luftqualitätsrichtlinie 2008/50/EG, UPR 2019, 241 und 285; *Schulze-Fielitz,* Rechtsfragen der Durchsetzung von Luftreinhalte- und Lärmminderungsplänen, UPR 1992, 41; *Sparwasser,* Luftqualitätsplanung zur Einhaltung der EU-Grenzwerte – Vollzugsdefizite und ihre Rechtsfolgen, NVwZ 2006, 369; *Streppel,* Subjektive Rechte im Luftqualitätsrecht – Grundsatzentscheidungen des BVerwG, ZUR 2008, 23; *ders.,* Das europarechtlich determinierte Recht auf ordnungsgemäße Luftreinhalteplanung, Immissionsschutz 2009, 12; *Stüer,* Luftqualität und Straßenplanung, EurUP 2004, 46; *Weiner,* Erläuterungen zu §§ 44 bis 47 BImSchG, in: Führ, GK-BImSchG, 2. Auflage 2019; *Weise,* Behördliche Handlungspflichten im quellenunabhängigen Luftqualitätsrecht, 2010; *Willand/Buchholz,* Feinstaub: Die ersten Gerichtsentscheidungen, NJW 2005, 2641; *Zeissler,* Quellenunabhängiges EU-Luftqualitätsrecht und die Genehmigung und Überwachung des Betriebs von Anlagen im Sinne des Bundes-Immissionsschutzgesetzes, 2014.

Übersicht

A. Bedeutung des Fünften Teils des Bundes-Immissionsschutzgesetzes

I. Planung als immissionsschutzrechtliches Handlungsinstrument

1 Zur Durchsetzung immissionsschutzrechtlicher Ziele (vgl. § 1) kennt das Bundes-Immissionsschutzgesetz drei Ansatzpunkte:
– **Anlagen,** von denen Emissionen ausgehen,
– **Stoffe,** deren Verwendung zu Immissionen führen kann, und
– **Gebiete,** in denen Immissionsbelastungen vermindert oder auf einem bestimmten Stand gehalten werden sollen.

Anforderungen an das von den genannten Ansatzpunkten unabhängige **Verhalten von Personen** hat das Bundes-Immissionsschutzgesetz dem **Landesrecht** überlassen (vgl. dazu → Vor § 22 Rn. 38 ff.).

2 Der Fünfte Teil des Bundes-Immissionsschutzgesetzes gehört zum **gebietsbezogenen** resp. **planerischen Immissionsschutz** (*Jarass* § 44 Rn. 1; *Weiner* in GK-BImSchG Vor § 44 Rn. 3 f.). Er enthält keine unmittelbaren Anforderungen an die Errichtung und den Betrieb von Anlagen oder an die Beschaffenheit von Stoffen, sondern legt behördliche Pflichten fest. Diese beziehen sich vorrangig auf die Ermittlung von Emissionen und Immissionen sowie auf die Aufstellung von Luftreinhalteplänen für bestimmte größere **Gebiete** oder auch für kleinräumige Bereiche. Mit Hilfe der Planung soll erreicht werden, dass bestimmte **Qualitätsziele** innerhalb einer bestimmten Frist flächendeckend erreicht werden. Keine Rolle spielt dabei die Quelle der Luftverunreinigung (daher wird auch die Bezeichnung *qualitätsbezogener/quellenunabhängiger Immissionsschutz* verwendet, vgl. *Schink* in Feldhaus BImSchR § 47 Rn. 22; *Jarass* § 44 Rn. 1; *Köck/Lehmann* ZUR 2013, 67 (68)). Der Fünfte Teil des Bundes-Immissionsschutzgesetzes ermöglicht auf diese Weise die Entwicklung und Umsetzung einer umfassenden räumlichen und zeitlichen Immissionsschutzstrategie.

II. Umsetzung unionsrechtlicher Anforderungen

3 Der Fünfte Teil des Bundes-Immissionsschutzgesetzes in seiner derzeitigen Form setzt das **unionsrechtliche Luftqualitätsrecht** um. Seit dem Erlass der Luftqualitäts-Rahmenrichtlinie (Richtlinie 96/62/EG) und den vier Tochter-Richtlinien (Richtlinien 1999/30/EG, 2000/69/EG, 2002/3/EG und 2004/107/EG) verfolgt die Europäische Gemeinschaft eine unabhängig von bestimmten Quellen auf die **flächendeckende Erreichung von Immissionsschutzzielen** angelegte Strategie. Den Mitgliedstaaten blieb und bleibt dabei die Festlegung überlassen, bei welchen Quellen die Immissionsbeiträge zu vermindern sind (vgl. *Assmann/Knierim/Friedrich* NuR 2004, 695 (698); *Jarass* NVwZ 2003, 257 (261); *Rehbinder* NuR 2005, 493 (495)). Als Instrumente zur Erreichung der Qualitätsziele nennen die Richtlinien die Aufstellung entsprechender Pläne (vgl. Art. 7 Abs. 3 und 8 Abs. 3 und 4 der Luftqualitäts-Rahmenrichtlinie). Für die Neufassung der §§ 44 bis 47 im Jahre 2002 (vgl. → Rn. 8) waren die EG-rechtlichen Vorgaben der Luftqualitäts-Rahmenrichtlinie der entscheidende Anlass (vgl. Teil A Nr. 1.1 der amtlichen Begründung zum **Siebten Gesetz zur Änderung des Bundes-Immissionsschutzgesetzes;** BT-Drs. 14/8450, S. 8 f.).

Weiterer Änderungsbedarf ergab sich aus dem Erlass der **Luftqualitätsrichtlinie 2008/50/EG** vom 21. Mai 2008 (ABl. EU Nr. L 152, S. 1), die die Regelungen der Luftqualitäts-Rahmenrichtlinie und der ersten drei Tochter-Richtlinien zusammenfasste und um weitere Regelungen ergänzte. Neben der Richtlinie 2008/50/EG blieb nur noch die Richtlinie 2004/107/EG über Arsen, Kadmium, Quecksilber, Nickel und polyzyklische aromatische Kohlenwasserstoffe in der Luft in Kraft. Die Luftqualitäts-Rahmenrichtlinie und die ersten drei Tochter-Richtlinien wurden mit Ablauf der Umsetzungsfrist am 11. Juni 2010 aufgehoben. Eine Novelle des europäischen Luftqualitätsrechts war aus der Sicht der Europäischen Kommission notwendig, weil mit dem vorhandenen Instrumentarium die Erreichung der Ziele nicht sichergestellt war (vgl. das Strategiepapier zur Luftreinhaltung vom 21.9.2005, KOM 2005 (446)). Insbesondere die Gefahren feiner Staubpartikel (PM2,5) wurden mit der Luftqualitätsrichtlinie erstmals erfasst (vgl. dazu die Erläuterungen von *Bruckmann/Strecker/Vogt* → Vorb. zur 39. BImSchV Rn. 48 ff., abgedruckt in Band IV unter 2.39). Die Umsetzung erfolgte mit dem Erlass des **Achten Gesetzes zur Änderung des Bundes-Immissionsschutzgesetzes** vom 31. Juli 2010 (BGBl. I S. 1059) und der **39. BImSchV** vom 2. August 2010 (BGBl. I S. 1065), die jeweils am 6. August 2010 in Kraft traten (vgl. dazu → Rn. 11 sowie *Scheidler* UPR 2010, 365 ff.; *Cancik* ZUR 2011, 283 f.). 4

B. Entstehungsgeschichte

I. Die Zeit vor dem Bundes-Immissionsschutzgesetz

Eine dem Fünften Teil des Bundes-Immissionsschutzgesetzes vergleichbare gesetzliche Regelung gab es bis zum Jahre 1965 nicht. Der Staat beschränkte sich bis zu diesem Zeitpunkt im Wesentlichen auf repressive Maßnahmen. In dem Gesetz über Vorsorgemaßnahmen zur Luftreinhaltung vom 17.5.1965 (BGBl. I S. 413) wurde erstmals das **Konzept für eine umfassende Luftreinhaltestrategie in bestimmten Gebieten** (Kontrollgebiete im Sinne des § 2 des Gesetzes) entwickelt. Das Vorsorgegesetz hat jedoch nie praktische Bedeutung erlangt. Da der zuständige Bundesminister weder eine Rechtsverordnung zur Bestimmung der Kontrollgebiete noch allgemeine Verwaltungsvorschriften über das Messprogramm und die Auswertung der Messergebnisse erlassen hat. Nach einer Vereinbarung der Bundesregierung mit den Landesregierungen sollten zunächst eine Messstation ohne finanzielle Belastung der Länder eingerichtet und die hierbei gewonnenen Erfahrungen erörtert werden (vgl. Protokoll der 281. Sitzung des Bundesrates vom 9.4.1965). 5

II. Die Fassung von 1974

Die Fassung der §§ 44 bis 47 in der ursprünglichen Gesetzesfassung von 1974 geht im Wesentlichen auf die §§ 36 bis 39 der Regierungsvorlage zurück (BT-Drs. 7/179). Anders als nach dem Gesetz über Vorsorgemaßnahmen zur Luftreinhaltung (vgl. → Rn. 5) wurde die Festsetzung der Belastungsgebiete von bestimmten Kriterien abhängig gemacht und den Ländern übertragen. Im Übrigen regelte das Gesetz 6

– in § 44 die Verpflichtung zu Feststellungen über Stand und Entwicklung der Luftverunreinigungen in Belastungsgebieten,
– in § 45 den Erlass von Verwaltungsvorschriften über die anzuwendenden Mess- und Auswerteverfahren,
– in § 46 die Aufstellung von Emissionskatastern und

– in § 47 die Aufstellung von Luftreinhalteplänen mit Angaben über die Emissionen und Immissionen, Feststellungen über die Ursachen und einem Maßnahmenkatalog zur Verminderung der Luftverunreinigungen und zur Vorsorge.

III. Änderungen im Fünften Teil

7 **1. Änderungen im Jahr 1990.** Durch das **Dritte Gesetz zur Änderung des Bundes-Immissionsschutzgesetzes** vom 11. Mai 1990 (BGBl. I S. 870) ist der Fünfte Teil des Gesetzes erheblich geändert worden. Die Änderungen waren im Wesentlichen bereits im Regierungsentwurf enthalten (BT-Drs. 11/4909, S. 9f.). Sie betrafen insbesondere folgende Punkte:
– Der Begriff der Belastungsgebiete entfiel. Stattdessen konnten Untersuchungsgebiete festgesetzt werden.
– Untersuchungen waren – unabhängig von einer Gebietsfestsetzung durch Rechtsverordnung – auch in Bereichen mit einer (ggf. zu erwartenden) Überschreitung von Immissionswerten oder Immissionsleitwerten der EG durchzuführen.
– Die Untersuchungen konnten zeitlich und räumlich beschränkt werden.
– Bei den Luftreinhalteplänen wurde zwischen Sanierungs- und Vorsorgeplänen unterschieden.
– Unter bestimmten Voraussetzungen *mussten* Sanierungspläne aufgestellt werden.
– Luftreinhaltepläne konnten auf bestimmte Stoffe, auf bestimmte Teile des Untersuchungsgebietes und auf bestimmte Emissionsquellen beschränkt werden.
– Die gebietsbezogene Untersuchung der Geräuschbelastung und die Aufstellung von Lärmminderungsplänen wurde unter bestimmten Voraussetzungen vorgeschrieben.

8 **2. Änderungen im Jahr 2002.** Durch das **Siebte Gesetz zur Änderung des Bundes-Immissionsschutzgesetzes** vom 11. September 2002 (BGBl. I S. 3622) sind mit Wirkung vom 18. September 2002 die §§ 44 bis 47 vollständig neu gefasst, § 46a eingefügt und § 47a geringfügig geändert worden. Anlass für das Änderungsgesetz war die gemeinschaftsrechtlich gebotene Umsetzung der Richtlinie 96/62/EG **(Luftqualitäts-Rahmenrichtlinie).** Dabei wurde die Umsetzung teilweise im Bundes-Immissionsschutzgesetz und teilweise in der mittlerweile durch die 39. BImSchV abgelösten 22. BImSchV vorgenommen. Die Umsetzung in den §§ 44–47 BImSchG bezogen sich auf
– Regelungen über Aktionspläne i. S. des Art. 7 Abs. 3 der Rahmenrichtlinie (§ 47 Abs. 2),
– die nach Art. 8 Abs. 3 der Rahmenrichtlinie geforderte Beteiligung der Öffentlichkeit bei der Aufstellung der Pläne (§ 47 Abs. 5),
– den Art. 9 der Rahmenrichtlinie zu entnehmenden Grundsatz der Erhaltung der bestmöglichen Luftqualität (§ 50 BImSchG) und
– die nach Art. 10 der Rahmenrichtlinie gebotene Unterrichtung der Öffentlichkeit bei Überschreitung von Alarmschwellen (§ 46a).

9 Die Formulierungen im Siebten Gesetz zur Änderung des Bundes-Immissionsschutzgesetzes beruhen im Wesentlichen auf der Vorlage der Bundesregierung (BT-Drs. 14/8450). Der Bundestag hat auf Anregung des Bundesrates und seines Ausschusses für Umwelt, Naturschutz und Reaktorsicherheit Änderungen in § 44 Abs. 1 und 2 und § 47 Abs. 7 Satz 1 sowie die Einfügung des § 47 Abs. 4 Satz 2 beschlossen (BT-Drs. 14/8895). Weitergehende Änderungswünsche des Bundesrates (vgl. BT-DrS. 14/8450, S. 17–19) wurden nicht berücksichtigt.

3. Umsetzung der Aarhus-Konvention. Mit dem **Gesetz über die Öffentlichkeitsbeteiligung in Umweltangelegenheiten** nach der EG-Richtlinie 2003/35/EG vom 9. Dezember 2006 (BGBl. I S. 2819) wurden die verfahrensrechtlichen Vorschriften in den einschlägigen Rechtssätzen an die Vorgaben der *Aarhus-Konvention* angepasst. Neben dem immissionsschutzrechtlichen Genehmigungsverfahren und anderen UVP-pflichtigen Vorhaben war davon auch das Verfahren zur Aufstellung eines Luftreinhalteplans nach § 47 BImSchG betroffen. Mit der Einfügung des § 47 Abs. 5a sowie des § 47 Abs. 5 Satz 4 (der mit dem 8. BImSchG-Änderungsgesetz wieder gestrichen wurde, vgl. → Rn. 11) wurde dieses Verfahren hinsichtlich der Öffentlichkeitsbeteiligung weitgehend dem förmlichen Genehmigungsverfahren nach § 10 BImSchG gleichgestellt (vgl. dazu auch → § 47 Rn. 29 ff.). Die Gesetz gewordene Fassung entspricht – soweit der Fünfte Teil betroffen ist – dem Entwurf der Bundesregierung (vgl. BT-Drs. 16/2494, S. 10). Änderungsvorschläge des Bundesrates aus dem ersten Durchlauf (vgl. BR-Drs. 551/06 (Beschluss), S. 9) konnten sich nicht durchsetzen (vgl. die Gegenäußerung der Bundesregierung, vgl. BT-Drs. 16/2933, S. 9 f.). 10

4. Änderungen im Jahr 2010. Mit dem **Achten Gesetz zur Änderung des Bundes-Immissionsschutzgesetzes** vom 31. Juli 2010 (BGBl. I S. 1059) wurden die Anforderungen der Luftqualitätsrichtlinie 2008/50/EG umgesetzt (vgl. → Rn. 4 sowie *Cancik* ZUR 2011, 283; *Klinger* ZUR 2009, 16; *Scheidler* UPR 2010, 365; *Zeissler* Quellenunabhängiges EU-Luftqualitätsrecht und die Genehmigung und Überwachung des Betriebs von Anlagen im Sinne des Bundes-Immissionsschutzgesetzes, 2014, S. 90 ff.). Während der Großteil der Umsetzungspflicht durch den Erlass der 39. BImSchV vom 2. August 2010 (BGBl. I S. 1065) bewältigt wurde (vgl. → Vorb. 39. BImSchV Rn. 21 ff.), sind im Fünften Teil Änderungen in § 46a und § 47 vorgenommen worden. Seit dem Inkrafttreten des Gesetzes am 6. August 2010 ist die Öffentlichkeit nach § 46a nicht nur bei der Überschreitung von Alarmschwellen, sondern bei Überschreiten der Informationsschwellen zu informieren (vgl. → § 46a Rn. 3 sowie *Zeissler* S. 92 f.). Der **Verbesserung der Information der Öffentlichkeit** dient auch der neue § 47 Abs. 5b BImSchG (vgl. → § 47 Rn. 33 sowie *Zeissler* S. 95 f.). Seitdem trägt der Aktionsplan die Bezeichnung **Plan für kurzfristig zu ergreifende Maßnahmen.** Neben dieser terminologischen Änderung erfuhr § 47 eine inhaltliche Erweiterung, da es nunmehr auch bei Überschreiten eines Zielwerts zur Aufstellung eines Luftreinhalteplan oder eines Plans für kurzfristig zu ergreifende Maßnahmen kommen kann (vgl. → § 47 Rn. 16 f.). 11

5. Abbau von Schriftformerfordernissen. Im Rahmen einer allgemeinen Änderung des Verwaltungsrechts des Bundes mit dem Ziel, überflüssige Schriftformerfordernisse zu streichen, wurden auch einige Rechtssätze des Immissionsschutzrechts geändert. Bewirkt wurden die Änderungen durch das **Gesetz zum Abbau verzichtbarer Anordnungen der Schriftform** im Verwaltungsrecht des Bundes vom 29. März 2017 (BGBl. I S. 626), welches am 5. April 2017 in Kraft trat. Im Bundes-Immissionsschutzgesetz waren von den Änderungen die §§ 10, 15, 23a, 23b, 47 und 58b betroffen. Die in § 47 Abs. 5a S. 3 eingeräumte Möglichkeit der Stellungnahme kann nunmehr auch elektronisch wahrgenommen werden, womit die Hürde des § 3a Abs. 2 VwVfG nicht mehr besteht und jede elektronische Form genügt (vgl. → § 47 Rn. 31 sowie → § 10 Rn. 53b). 12

6. Änderungen im Jahr 2019. Ausschließlich auf die Änderung des § 47 bezog sich das **Dreizehnte Gesetz zur Änderung des Bundes-Immissionsschutzgesetzes** vom 8. April 2019 (BGBl. I S. 432). Nach den beiden Grundsatzentscheidungen des 13

BVerwG zu Dieselfahrverboten vom 27. Februar 2018 (BVerwG 7 C 30.17, NVwZ 2018, 883 und 7 C 26.16, NVwZ 2018, 890) und einer Reihe von verwaltungsgerichtlichen Entscheidungen in der Folge hat der Bundesgesetzgeber eine Änderung in der Rechtsgrundlage des § 47 BImSchG vorgenommen, die die **Verhältnismäßigkeit von Dieselfahrverboten** zum Gegenstand hat (vgl. die Begründung des Regierungsentwurfs, BT-Drs. 19/6335, S. 9f.). Es wurde ein Absatz 4a eingefügt, nach dessen Satz 1 Verbote des Kraftfahrzeugverkehrs für Dieselfahrzeuge wegen einer Überschreitung des Immissionsgrenzwerts für Stickstoffdioxid in der Regel nur in Gebieten in Betracht kommen, in denen der Wert von 50 µg/m^3 überschritten wird. Satz 2 geht in seiner die Verhängung von Fahrverboten einschränkenden Wirkung noch über Satz 1 hinaus. Danach sind bestimmte Fahrzeuge auch dann von Fahrverboten ausgenommen, wenn der Wert von 50 µg/m^3 überschritten wird. Es handelt sich um Fahrzeuge, bei denen der Gesetzgeber davon ausgeht, dass sie nur geringe Stickstoffdioxidemissionen verursachen (vgl. dazu → § 47 Rn. 53ff.).

§ 44 Überwachung der Luftqualität

(1) **Zur Überwachung der Luftqualität führen die zuständigen Behörden regelmäßige Untersuchungen nach den Anforderungen der Rechtsverordnungen nach § 48a Abs. 1 oder 1a durch.**

(2) **Die Landesregierungen oder die von ihnen bestimmten Stellen werden ermächtigt, durch Rechtsverordnungen Untersuchungsgebiete festzulegen, in denen Art und Umfang bestimmter nicht von Absatz 1 erfasster Luftverunreinigungen in der Atmosphäre, die schädliche Umwelteinwirkungen hervorrufen können, in einem bestimmten Zeitraum oder fortlaufend festzustellen sowie die für die Entstehung der Luftverunreinigungen und ihrer Ausbreitung bedeutsamen Umstände zu untersuchen sind.**

Schrifttum: Vgl. die Hinweise in der Vorbemerkung zu §§ 44 bis 47.

Übersicht

A. Allgemeines

I. Zweck der Vorschrift

Die Erreichung bestimmter Umweltqualitätsziele (vgl. → Vor § 44 Rn. 2) setzt die Kenntnis und damit die Ermittlung der vorhandenen Immissionsbelastung voraus. § 44 schreibt deshalb allgemein die **Überwachung der Luftqualität** vor. Dabei geht es in **Absatz 1** um Schadstoffe, für die in Rechtsverordnungen nach § 48a Immissionswerte festgelegt worden sind. Dazu werden auch die näheren Anforderungen an die Überwachungsmaßnahmen in den Rechtsverordnungen geregelt. Damit soll u. a. sichergestellt **1** werden, dass den unionsrechtlichen Vorgaben an die Luftqualitätsüberwachung (vgl. → Vor § 44 Rn. 3f.) flexibel entsprochen werden kann. Bei **Absatz 2** geht es demgegenüber um Luftverunreinigungen, für die in Rechtsverordnungen nach § 48a keine regelmäßigen Untersuchungen vorgeschrieben sind. Damit soll erreicht werden, dass die Länder – wie bereits vor der Gesetzesänderung im Jahre 2002 (vgl. dazu → Vor § 44 Rn. 8 und 9) – umfassende Luftqualitätsstrategien verwirklichen können. Untersuchungen nach Absatz 2 setzen eine Rechtsverordnung der jeweiligen Landesregierung (vgl. → Rn. 11) voraus. Durch sie kann auch der Umfang der Ermittlungen (räumlich, zeitlich und gegenständlich) festgelegt werden. Insoweit wollte der Bundesgesetzgeber den Ländern einen weiten Handlungsspielraum eröffnen.

II. Entstehungsgeschichte

2 § 44 ist durch das **Siebte Gesetz zur Änderung des Bundes-Immissionsschutzgesetzes** neu gefasst worden (vgl. → Vor § 44 Rn. 8). Zur Begründung der Vorschrift hat die Bundesregierung Folgendes ausgeführt (BT-Drs. 14/8450, S. 12):

„Die Vorschrift regelt die Überwachung der Luftqualität neu.

Absatz 1 verpflichtet die zuständigen Behörden zur regelmäßigen Untersuchung der Luft hinsichtlich der durch Rechtsverordnungen des Bundes erfassten Schadstoffe. Soweit Absatz 1 auf Rechtsverordnungen nach § 48a Abs. 1 Bezug nimmt, dient die Vorschrift der Umsetzung der Artikel 5 und 6 der Rahmenrichtlinie und betrifft Schadstoffe, hinsichtlich derer die Tochterrichtlinien die einzuhaltende Luftqualität vorgeben. Soweit Absatz 1 dagegen auf Rechtsverordnungen nach § 48a Abs. 1a verweist, geht es um Immissionswerte für Schadstoffe, zu denen keine EG-rechtlichen Vorgaben bestehen. Die Art und Weise der Überwachung der Luftqualität ergibt sich aus den in Bezug genommenen Rechtsverordnungen. In Rechtsverordnungen nach § 48a Abs. 1 werden insbesondere die insoweit durch Artikel 6 der Rahmenrichtlinie vorgegebenen Anforderungen konkretisiert.

Absatz 2 des Entwurfs entspricht inhaltlich im Wesentlichen dem bisherigen § 44 Abs. 3. Die Vorschrift ermächtigt die Länder Untersuchungsgebiete für Schadstoffe festzulegen, die durch Rechtsverordnungen nach § 48a Abs. 1 oder Abs. 1a nicht geregelt werden. § 47 Abs. 3 Satz 1 ermöglicht insoweit auch die Aufstellung von Luftreinhalteplänen."

3 Die Fassung des Absatzes 1 geht auf eine Empfehlung des Bundesrates zurück (BR-Drs. 1073/01 – Beschluss, Nr. 5), die der Bundestags-Ausschuss für Umwelt, Naturschutz und Reaktorsicherheit aufgegriffen hat (BT-Drs. 14/8895). Zur Begründung wird in der Ausschussempfehlung auf Folgendes hingewiesen:

„Die Reichweite der den Behörden obliegenden Überwachungsaufgaben wird insoweit klargestellt, als sich die Überwachung der Luftqualität nicht nur auf – wie im Regierungsentwurf vorgesehen – die Überschreitung von Immissionswerten bezieht, sondern zum Beispiel auch auf die Beurteilung der Luftqualität."

In Absatz 2 wurde die Verordnungsermächtigung im Laufe des Gesetzgebungsverfahrens auf die von den Landesregierungen bestimmten Stellen ausgedehnt. Dadurch sollte eine Subdelegationsmöglichkeit zur Erleichterung des Vollzugs geschaffen werden (vgl. BR-Drs. 1073/01 – Beschluss, Nr. 6).

B. Überwachung der Luftqualität nach Absatz 1

I. Anwendungsbereich

4 Absatz 1 gilt nur für Luftschadstoffe, für die in einer Rechtsverordnung nach § 48a Abs. 1 oder Abs. 1a Immissionswerte festgelegt sind. Für andere Schadstoffe gilt Absatz 2.

Soweit Absatz 1 anwendbar ist, kann aus der Vorschrift nicht entnommen werden, dass dann *nur* Immissionsfeststellungen nach den Anforderungen der Rechtsverordnungen nach § 48a durchgeführt werden dürften. § 44 Abs. 1 ist nach seinem Sinn und Zweck keine Spezialregelung gegenüber § 52. Die zuständigen Bundes- und Landesstellen (z. B. das Umweltbundesamt oder entsprechende Landesoberbehörden) können auch unabhängig von Absatz 1 Immissionsermittlungen durchführen. Absatz 1 begründet eine *Pflicht* der zuständigen Behörde zu regelmäßigen Untersuchungen, schränkt deren Befugnisse aber nicht ein (so auch BeckOK UmweltR/*Köck* BImSchG § 44 Rn. 1; *Jarass* Rn. 2; *Weiner* in GK-BImSchG § 44 Rn. 9).

II. Regelmäßige Untersuchungen

Gegenstand der Regelung nach Absatz 1 sind regelmäßige Untersuchungen zur Überwachung der Luftqualität (bezogen auf die von Rechtsverordnungen nach § 48a erfassten Schadstoffe). Regelmäßig bedeutet, dass die Untersuchungen **fortlaufend oder in bestimmten Abständen wiederholend** durchgeführt werden müssen (so auch *Jarass* Rn. 3). Entscheidend ist, dass ein Bild von der Entwicklung der Luftbelastung entsteht. Einzelheiten können in den Rechtsverordnungen nach § 48a geregelt werden (vgl. §§ 11 ff. der 39. BImSchV, abgedruckt in Bd. IV unter Nr. 2.39). 5

III. Anforderungen der Rechtsverordnungen nach § 48a Abs. 1 oder 1a

Absatz 1 bestimmt ausdrücklich, dass die Luftqualitätsuntersuchungen „nach den Anforderungen der Rechtsverordnungen nach § 48a Abs. 1 oder 1 a" durchzuführen sind. Das erscheint auf den ersten Blick überflüssig, da die Verordnungen ohnehin für die in ihnen angesprochenen Behörden verbindlich sind. Die Bedeutung des Verweises liegt jedoch darin, dass Absatz 1 sich *nur* auf die in den Verordnungen geregelten Untersuchungen bezieht; andere Untersuchungen werden in der Vorschrift nicht gefordert. Erfasst werden zudem ausschließlich die Anforderungen der auf § 48a Abs. 1 oder 1a gestützten Rechtsverordnungen, die die Ermittlung der Luftqualität betreffen, nicht aber emissionsbezogene Anforderungen (vgl. → *Thiel* § 48a Rn. 12 ff., der einen Überblick über sämtliche auf § 48a gestützte Rechtsverordnungen gibt). Im geltenden Recht ergeben sich die Anforderungen zu regelmäßigen Untersuchungen der Luftqualität aus §§ 11 ff. der Verordnung über Luftqualitätsstandards und Emissionshöchstmengen – 39. BImSchV vom 2. August 2010 (BGBl. I S. 1065; vgl. die Erläuterungen zur Beurteilung der Luftqualität von → *Bruckmann/Strecker/Vogt* Vorb. 39. BImSchV Rn. 21 ff.; vgl. auch *Schink/Dingemann* UPR 2019, 241 ff. und 285 ff.). 6

IV. Zuständige Behörden

Welche Behörden für die in Absatz 1 geforderten regelmäßigen Untersuchungen zuständig sind, wird durch Landesrecht festgelegt. Dabei braucht es sich nicht um Stellen zu handeln, die Aufgaben der öffentlichen Verwaltung mit Außenwirkung wahrnehmen (zum Behördenbegriff vgl. § 1 Abs. 4 VwVfG). Auch **landeseigene Messinstitute,** denen sonst keine Aufgaben der öffentlichen Verwaltung übertragen worden sind, können für zuständig erklärt werden (vgl. BeckOK UmweltR/*Köck* BImSchG § 44 Rn. 3). Wird die Zuständigkeit einer Behörde übertragen, die nicht über geeignete eigene Messeinrichtungen verfügt, kann sie sich **sachverständiger Dritter** bedienen (so auch *Jarass* Rn. 4); die Verantwortung für die Durchführung der Untersuchungen kann dadurch aber nicht verlagert werden. 7

V. Rechtsschutz

8 Wenngleich Absatz 1 eine behördliche Pflicht enthält, korrespondiert damit nicht ohne Weiteres ein subjektives Recht auf Erfüllung dieser Pflicht. Die Ermittlung der Luftqualität erfolgt im öffentlichen Interesse, so dass eine Klagebefugnis Dritter grundsätzlich nicht besteht (so auch *Jarass* Rn. 4a; *Weiner* in GK-BImSchG § 44 Rn. 19; BeckOK UmweltR/*Köck* BImSchG § 44 Rn. 6; vgl. auch VG Frankfurt Urt. v. 16. Dezember 2009 - 8 K 300/09.F-, juris, das einen Anspruch auf Errichtung einer Messstelle für PM_{10} verneint). Anders ist dies jedoch zu bewerten, wenn die Ermittlung der Luftqualität in Erfüllung einer unionsrechtlichen Verpflichtung erfolgt (so auch *Weise,* Behördliche Handlungspflichten im quellenunabhängigen Luftqualitätsrecht, 2010, S. 206 ff.). Sofern die zu überwachenden Immissionsgrenzwerte dem Schutz der menschlichen Gesundheit dienen, vermittelt der unionsrechtliche Grundsatz der effektiven Wirksamkeit dem Betroffenen ein **subjektives Recht auf Einrichtung und Betrieb von Probenahmestellen** im Einklang mit den hinreichend klar und präzise formulierten Verpflichtungen des einschlägigen Sekundärrechtsakts (vgl. zur Luftqualitätsrichtlinie 2008/50/EG: EuGH Rs. C-723/17 Urt. vom 26. Juni 2019, DVBl. 2019, 1056 ff. mit Anmerkung von *Berkemann*). Das gilt sowohl für die *Orte,* an denen Probenahmestellen einzurichten sind, als auch für deren *Mindestzahl.* Nicht nur die Einhaltung unionsrechtlich verbindlicher Immissionsgrenzwerte zum Schutz der menschlichen Gesundheit ist damit einklagbar (so der EuGH schon in der Rs. C-237/07 – Janecek, NVwZ 2008, 984 ff.), sondern auch die Feststellung, ob ein solcher Grenzwert überschritten wird. Problematisch ist dabei die **gerichtliche Kontrolldichte** (vgl. auch *Berkemann* DVBl. 2019, 1061). Angesichts der hohen naturwissenschaftlichen Komplexität beim Betrieb der Messstellen muss sich die gerichtliche Kontrolle auf offensichtliche Fehler beschränken (so auch die Schlussanträge in der Rs. 723/17 vom 28. Februar 2019 Celex-Nr. 62017CC0723).

C. Festlegung von Untersuchungsgebieten (Absatz 2)

I. Bedeutung der Untersuchungsgebietsausweisung

9 Absatz 2 enthält eine Verordnungsermächtigung für die Länder, in ähnlicher Weise wie nach § 44 in der bis zum Jahre 2002 geltenden Fassung Untersuchungsgebiete festzulegen, in denen bestimmte Luftverunreinigungen und die für ihre Entstehung und Ausbreitung bedeutsamen Umstände systematisch untersucht werden sollen. Wird eine Verordnung erlassen, *müssen* die in ihr geforderten Untersuchungen durchgeführt werden. Aus Absatz 2 kann aber nicht gefolgert werden, dass Luftqualitätsuntersuchungen in den nicht von Absatz 1 erfassten Fällen stets den Erlass einer Untersuchungsgebietsverordnung voraussetzen. Die Rechtslage ist hier ähnlich wie bei Absatz 1 (vgl. → Rn. 4 sowie *Jarass* Rn. 5; *Heitsch* in Kotulla BImSchG § 44 Rn. 72).

II. Form der Festlegung

10 **1. Notwendigkeit einer Rechtsverordnung.** Untersuchungsgebiete im Sinne des § 44 Abs. 2 können nur durch Rechtsverordnung der Landesregierungen oder der von ihnen bestimmten Stellen festgesetzt werden, d. h. Untersuchungsgebiete entstehen erst mit dem Inkrafttreten entsprechender Verordnungen. Das gilt selbst dann, wenn bereits vorher die in Absatz 2 genannten Merkmale für ein Untersuchungsgebiet offensichtlich

gegeben waren. Das Erfordernis einer Rechtsverordnung dient der Rechtssicherheit, da in anderen Vorschriften oder in Einzelanordnungen an die Belegenheit einer Anlage innerhalb eines Untersuchungsgebietes angeknüpft sein kann und die Ausweisung insoweit unmittelbare Rechtsfolgen haben kann.

2. Ermächtigte Stellen. Die Verordnungsermächtigung des Absatzes 2 ist an die „Landesregierungen oder die von ihnen bestimmten Stellen" gerichtet. Das ist unproblematisch, soweit es um die Landesregierungen geht. Die in Absatz 2 seinem Wortlaut nach weiter enthaltene **Subdelegationsermächtigung** ist jedoch verfassungsrechtlich bedenklich (a. A. *Jarass* Rn. 9; *Heitsch* in Kotulla BImSchG § 44 Rn. 80). Nach Art. 80 Abs. 1 Satz 1 GG können durch ein Bundesgesetz neben der Bundesregierung und den Bundesministerien nur die Landesregierungen zum Erlass von Rechtsverordnungen ermächtigt werden (vgl. BVerfGE 11, 77, 85 ff.). Von einer solchen Ermächtigung darf auch ein Landesminister Gebrauch machen, wenn nach dem Landesverfassungsrecht unter Landesregierung auch der einzelne Minister verstanden werden kann (BVerfGE 11, 77, 86). Damit darf aber nicht jede von der Landesregierung bestimmte Stelle die Ermächtigung aus § 44 Abs. 2 nutzen. Eine Subdelegation setzt zum einen die Beachtung des Art. 80 Abs. 1 Satz 4 GG voraus, wonach die Übertragung der Verordnungsermächtigung den Erlass einer Rechtsverordnung voraussetzt. Durch Landesverfassungsrecht kann jedoch davon abweichend vorgeschrieben sein, dass für die Weiterübertragung ein Gesetz erforderlich ist (vgl. BVerfGE 38, 139, 148). Zum anderen kann nicht jede beliebige Stelle zum Erlass einer Rechtsverordnung ermächtigt werden. Hier kommt vor allem die für Umwelt zuständige oberste Landesbehörde in Betracht. 11

III. Voraussetzungen der Festlegung von Untersuchungsgebieten

1. Nicht von Absatz 1 erfasste Luftverunreinigungen. Eine Untersuchungsgebietsverordnung, die auf § 44 Abs. 2 gestützt wird, muss sich auf „bestimmte nicht von Absatz 1 erfasste Luftverunreinigungen" beziehen. Nach der Begründung der Bundesregierung (abgedruckt bei → Rn. 2) soll die Ermächtigung nur solche Schadstoffe betreffen, „die durch Rechtsverordnungen nach § 48a Abs. 1 oder 1a nicht geregelt werden". Danach könnte sogar die Einbeziehung von luftverunreinigenden Stoffen unzulässig sein, für die auf Grund unionsrechtlicher Vorgaben eine Verordnungsregelung nach § 48a Abs. 1 geboten und zu erwarten ist. Das ginge jedoch zu weit. Die Formulierung *„nicht von Absatz 1 erfasste Luftverunreinigungen"* kann auch einschränkend als *„soweit Luftverunreinigungen nicht von Absatz 1 erfasst sind"* interpretiert werden. Dann könnten in Rechtsverordnungen nach § 48a nicht vorgesehene Untersuchungen (z. B. eine Ursachenanalyse) in einem Untersuchungsgebiet stets vorgesehen werden (enger *Jarass* Rn. 6; *Heitsch* in Kotulla BImSchG § 44 Rn. 73). Selbst wenn man Absatz 2 im Sinne der amtlichen Begründung auslegt, sind in einem Untersuchungsgebiet weitergehende behördliche Immissionsfeststellungen im Rahmen der allgemeinen Wahrnehmung behördlicher Aufgaben zulässig (vgl. → Rn. 4); durch eine Weisung der vorgesetzten Stellen können sie auch vorgeschrieben werden. 12

2. Möglichkeit schädlicher Umwelteinwirkungen. Die Festlegung eines Untersuchungsgebietes nach Absatz 2 erfordert weiter, dass durch die zu untersuchenden Luftverunreinigungen schädliche Umwelteinwirkungen hervorgerufen werden können. Diese Voraussetzung ist gegeben, wenn Anhaltspunkte dafür bestehen, dass in dem betroffenen Gebiet derzeit oder in absehbarer Zukunft Immissionen auftreten, die geeignet sind, Gefahren, erhebliche Nachteile oder erhebliche Belästigungen für die Nachbarschaft oder die Allgemeinheit herbeizuführen (vgl. § 3 Abs. 1). Die Ausweisung von Untersu- 13 chungsgebieten *allein* aus Vorsorgegründen ist nicht (mehr) zulässig. Allerdings hat der Verordnungsgeber einen gewissen **Beurteilungs- und Entscheidungsspielraum,** der insbesondere im Übergangsbereich zwischen Vorsorge- und Schutzgründen Bedeutung erlangt (weiter *Jarass* Rn. 8, der von Ermessen ausgeht; vgl. auch *Heitsch* in Kotulla BImSchG § 44 Rn. 75). Eine Untersuchungspflicht besteht jedenfalls nicht.

14 Anders als § 44 Abs. 2 in der bis zum Jahre 2002 geltenden Fassung nennt die Vorschrift jetzt nicht mehr die Gründe, aus denen sich die Möglichkeit des Entstehens schädlicher Umwelteinwirkungen ergeben muss. Aus den früher aufgeführten Gründen:
– Häufigkeit und Dauer des Auftretens der Luftverunreinigungen,
– hohe Konzentrationen und
– Gefahr des Zusammenwirkens verschiedener Luftverunreinigungen

können jedoch weiterhin Anhaltspunkte für das Auftreten schädlicher Umwelteinwirkungen hergeleitet werden (vgl. *Heitsch* in Kotulla BImSchG § 44 Rn. 76). Die Beurteilung ist jedoch nicht auf diese Gründe beschränkt.

IV. Abgrenzung der Untersuchungsgebiete

15 Zur Festsetzung der Untersuchungsgebiete müssen deren Grenzen in der Rechtsverordnung nach Abs. 2 genau angegeben werden (*Jarass* Rn. 7; *Heitsch* in Kotulla BImSchG § 44 Rn. 77). Dabei kann auf die Verbindungslinien zwischen bestimmten Punkten im Gauß-Krüger-Koordinatensystem, auf die Grenzen von Gemeinden, Kreisen oder Verwaltungsbezirken, auf Flussläufe, Straßen, Eisenbahnlinien u. ä. oder auch auf Einzeichnungen in einer zur Verordnung gehörigen mitveröffentlichten Karte abgestellt werden.

V. Wirkungen der Untersuchungsgebietsausweisung

16 **1. Feststellungspflichten der zuständigen Behörden. a) Art und Umfang bestimmter Luftverunreinigungen.** Die Ausweisung eines Untersuchungsgebietes nach Absatz 2 löst in erster Linie die Verpflichtung der zuständigen Behörden aus, Art und Umfang der in der Rechtsverordnung bezeichneten Luftverunreinigungen innerhalb des dafür vorgesehenen Gebietes „in einem bestimmten Zeitraum oder fortlaufend festzustellen". Unter **Art** der Luftverunreinigungen sind ihre chemische Verbindung sowie ihre Form und ihr Aggregatzustand (z. B. Teilchengröße von Partikeln, Aerosole usw.) zu verstehen. Dabei ist nicht in jedem Fall eine genaue chemische Analyse erforderlich. Es genügt oft auch eine Kennzeichnung einer Luftverunreinigung durch Angabe der chemischen Stoffgruppe (z. B. Stickstoffoxide, Kohlenwasserstoffe); bei lungengängigen Stäuben braucht deren stoffliche Zusammensetzung nicht in allen Einzelheiten ermittelt zu werden, wenn die Teilchengrößenverteilung (Grobstaub, Feinstaub) bekannt ist.

17 Der **Umfang** der Luftverunreinigungen betrifft die Konzentration der einzelnen luftfremden Stoffe, das Auftreten mehrerer luftfremder Stoffe am selben Ort sowie die räumliche und zeitliche Verteilung der Stoffe. Im Gegensatz zur Art der Luftverunreinigung, bei der es um die qualitative (stoffliche) Zusammensetzung der Luft geht, handelt es sich bei dem Umfang der Luftverunreinigung um deren quantitative (mengenmäßige) Zusammensetzung.

18 In einem Untersuchungsgebiet sind **nicht alle Arten** von Luftverunreinigungen festzustellen, sondern nur die Immissionen, die durch in der Verordnung bezeichnete Schadstoffe verursacht werden. Dabei kann der Verordnungsgeber seiner Bestimmungspflicht

auch durch die Angabe von Schadstoffgruppen (z. B. polyzyklische aromatische Kohlenwasserstoffe) nachkommen und die weiteren Untersuchungen, insbesondere die Analyse der einzelnen Stoffe, den zuständigen Behörden überlassen.

Der Verordnungsgeber kann die Untersuchungspflicht für bestimmte luftverunreinigende Stoffe auch auf räumlich abgegrenzte Teile des Untersuchungsgebiets beschränken (*Jarass* Rn. 7). Das war in § 44 Abs. 3 Satz 2 in der bis zum Jahre 2002 geltenden Gesetzesfassung ausdrücklich vorgesehen. Wie sich aus der amtlichen Begründung des 7. Änderungsgesetzes (abgedruckt bei → Rn. 2) ergibt, sollte insoweit keine Änderung vorgenommen werden. **19**

b) Dauer der Feststellungen. Bei der Schaffung des Bundes-Immissionsschutzgesetzes im Jahre 1974 wollte der Gesetzgeber erreichen, dass in den Belastungsgebieten die Luftverunreinigungen *„ständig unter Beobachtung gehalten werden"* (vgl. BT-Drs. 7/179, S. 43 – zu § 36). Deshalb schrieb Absatz 1 in der ursprünglichen Fassung ausschließlich fortlaufende Feststellungen vor. Seit der Neufassung des § 44 im Jahre 1990 (vgl. → Vor § 44 Rn. 7) werden daneben auch Feststellungen beschränkt auf einen bestimmten Zeitraum zugelassen. Dabei ist insbesondere an **Zeiträume mit bestimmten meteorologischen Verhältnissen** (Zeiten mit häufigen Inversionen oder mit hoher Sonneneinstrahlung u. a.) gedacht (vgl. BT-Drs. 11/4909, S. 22). Im Vordergrund stehen jedoch nach wie vor fortlaufende Ermittlungen der Immissionen. Die Anforderungen an die fortlaufenden Feststellungen sind dabei nicht dieselben wie bei den nach § 29 angeordneten Ermittlungen. § 29 ermächtigt aus Überwachungsgründen zu anlagebezogenen Anordnungen (vgl. → § 29 Rn. 4); deshalb geht es dort um die Erfassung auch von sehr kleinen Zeiteinheiten (vgl. → § 29 Rn. 6). Durch § 44 sollen demgegenüber die Grundlagen für ein strategisches Konzept der Luftreinhaltung geschaffen werden (vgl. → Rn. 1). Um die Entwicklung der Luftverunreinigung zu erkennen, braucht nicht unbedingt ein Echtzeitmesssystem für die relevanten luftverunreinigenden Stoffe aufgebaut zu werden. Fortlaufende Feststellungen im Sinne des § 44 Abs. 2 liegen – anders als bei § 29 – auch dann vor, wenn in bestimmten zeitlichen Abständen Stichproben genommen und ausgewertet werden. Die Feststellungen müssen nur ein zeitlich lückenloses Bild der lufthygienischen Verhältnisse in dem zu untersuchenden Gebiet ergeben. **20**

2. Weitere Untersuchungspflichten der zuständigen Behörden. Neben den Feststellungen von Art und Umfang bestimmter Luftverunreinigungen haben die zuständigen Behörden in den Untersuchungsgebieten nach Absatz 2 auch „die für die Entstehung der Luftverunreinigungen und ihrer Ausbreitung bedeutsamen Umstände zu untersuchen". Hierbei geht es um eine **Ursachenanalyse** hinsichtlich der festgestellten Belastungen (so auch *Jarass* Rn. 12). Die Untersuchungen müssen insbesondere im Hinblick auf die in einem eventuellen Luftreinhalteplan vorzusehenden Maßnahmen (vgl. § 47 Abs. 4 Satz 1) Rückschlüsse von den Immissionsfeststellungen auf die Emissionsquellen zulassen. Dazu sind insbesondere die in den betroffenen Gebieten maßgebenden meteorologischen Einflussgrößen (Häufigkeitsverteilung von Windrichtung und Windgeschwindigkeit, Lufttemperatur, Niederschlagsmenge u. a.) zu ermitteln, da nur mit ihrer Hilfe eine Ausbreitungsrechnung und damit eine Verknüpfung der Immissionen und der Emissionen möglich ist. **21**

3. Zuständige Behörden. Welche Behörden zu den in Untersuchungsgebieten geforderten Feststellungen und Untersuchungen zuständig sind, wird durch das Landesrecht bestimmt. Die Ausführungen bei → Rn. 7 gelten auch für Luftüberwachungsmaßnahmen im Rahmen des Absatzes 2. Auf sie wird deshalb verwiesen. **22**

VI. Aufhebung von Untersuchungsgebietsausweisungen

23 **1. Aufhebung durch Rechtsverordnung.** Ist ein Gebiet durch Rechtsverordnung als Untersuchungsgebiet festgesetzt worden und fällt nachträglich eine der in Absatz 2 genannten Voraussetzungen fort, so entfallen damit nicht ohne weiteres die an die Untersuchungsgebietsausweisung geknüpften Folgen. Hierzu bedarf es vielmehr einer Aufhebung der entsprechenden Untersuchungsgebietsverordnung durch eine besondere Rechtsverordnung der Landesregierung (vgl. → Rn. 11; *Jarass* Rn. 10). Dabei kann sich die Landesregierung auch auf eine teilweise Aufhebung (Verkleinerung des Untersuchungsgebietes) beschränken. Die Ermächtigung zum vollständigen oder teilweisen Außerkraftsetzen einer Verordnung als actus contrarius zu ihrem Erlass folgt aus der Ermächtigung des Absatzes 2.

24 **2. Gründe für die Aufhebung.** Die Aufhebung einer Verordnung nach § 44 Abs. 2 kommt in Betracht, wenn der Zweck der Ausweisung eines Untersuchungsgebietes erreicht ist. Dabei steht dem Verordnungsgeber ein noch weiterer Entscheidungsspielraum zu als bei der Festsetzung von Untersuchungsgebieten (vgl. → Rn. 13). Ihm obliegt nämlich die Beurteilung, ob der Zweck der Ausweisung eines Untersuchungsgebietes erreicht ist. Insbesondere braucht ein Untersuchungsgebiet nicht schon dann aufgehoben zu werden, wenn die Kriterien für seine Festsetzung nur in Teilbereichen entfallen sind.

§ 45 Verbesserung der Luftqualität

(1) **Die zuständigen Behörden ergreifen die erforderlichen Maßnahmen, um die Einhaltung der durch eine Rechtsverordnung nach § 48a festgelegten Immissionswerte sicherzustellen. Hierzu gehören insbesondere Pläne nach § 47.**

(2) **Die Maßnahmen nach Absatz 1**

a) müssen einem integrierten Ansatz zum Schutz von Luft, Wasser und Boden Rechnung tragen;

b) dürfen nicht gegen die Vorschriften zum Schutz von Gesundheit und Sicherheit der Arbeitnehmer am Arbeitsplatz verstoßen;

c) dürfen keine erheblichen Beeinträchtigungen der Umwelt in anderen Mitgliedstaaten verursachen.

Schrifttum: Vgl. die Hinweise in der Vorbemerkung zu §§ 44 bis 47.

Übersicht

A. Allgemeines

I. Zweck der Vorschrift

1 Durch § 45 werden die zuständigen Behörden verpflichtet, für die Einhaltung der in Rechtsverordnungen nach § 48a festgelegten Immissionswerte zu sorgen. Soweit es dabei um Immissionswerte nach § 48a Abs. 1 BImSchG geht, dient die Vorschrift der Umsetzung der Verpflichtungen aus Art. 7 und 8 Abs. 3 der Richtlinie 96/62/EG über die Beurteilung und die Kontrolle der Luftqualität (weitgehend abgelöst durch Art. 13 ff. der Luftqualitätsrichtlinie 2008/50/EG, vgl. → Vor § 44 Rn. 4). Im Übrigen soll durch die Vorschrift allgemein die Effektivität der Immissionswertfestsetzung sichergestellt werden.

II. Entstehungsgeschichte

2 § 45 ist durch das Siebte Gesetz zur Änderung des Bundes-Immissionsschutzgesetzes mit Wirkung vom 18. September 2002 in das Gesetz eingefügt worden (vgl. → Vor § 44

Rn. 8f.). Die Vorgängervorschrift des § 45 a.F. betraf die Verfahren zur Messung von Luftverunreinigungen und die Auswertung der Messergebnisse. Im Hinblick auf diese Regelung hatte die Bundesregierung die Vierte Allgemeine Verwaltungsvorschrift zum Bundes-Immissionsschutzgesetz vom 26.11.1993 (GMBl. S. 827) erlassen. Anforderungen zur Beurteilung der Luftqualität wurden danach zunächst in §§ 8 und 10 der 22. BImSchV aufgenommen, so dass eine Bestimmung zu entsprechenden Regelungen in einer Verwaltungsvorschrift nicht mehr erforderlich war. Mittlerweile regeln die §§ 11ff. der 39. BImSchV die Beurteilung der Luftqualität.

3 Die Fassung des § 45 geht auf den Entwurf der Bundesregierung zurück. In der amtlichen Begründung wird zu der Vorschrift Folgendes ausgeführt (BT-Drs. 14/8450, S. 12f.):

Absatz 1 setzt, soweit die Vorschrift auf Rechtsverordnungen nach § 48a Abs. 1 verweist, Artikel 7 und Artikel 8 Abs. 3 der Rahmenrichtlinie um:

Artikel 7 Abs. 1 und 3 sowie Artikel 8 Abs. 3 Rahmenrichtlinie verpflichten die Mitgliedstaaten, die erforderlichen Maßnahmen zu ergreifen, um die Einhaltung der von den Tochterrichtlinien vorgegebenen Grenzwerte sicherzustellen. Artikel 8 Abs. 3 der Rahmenrichtlinie verlangt unter bestimmten Umständen Pläne oder Programme, um die Grenzwerte speziell zu den von den Tochterrichtlinien vorgegebenen Stichtagen einzuhalten („binnen der festgelegten Frist"). Artikel 7 Abs. 1 der Rahmenrichtlinie erfasst auch den danach liegenden Zeitraum, gibt allerdings nicht vor, auf welche Art und Weise die Einhaltung der Grenzwerte sicherzustellen ist. Schließlich verlangt Artikel 7 Abs. 3 der Rahmenrichtlinie die Aufstellung von Aktionsplänen mit kurzfristig zu ergreifenden Maßnahmen, wenn die Gefahr der Überschreitung von Grenzwerten oder Alarmschwellen besteht. Diese EG-rechtlichen Vorgaben werden wie folgt umgesetzt.

In § 45 Abs. 1 wird der Begriff „Immissionswerte" als Oberbegriff verwandt, der Grenzwerte und Alarmschwellen umfasst. Die auf § 48a Abs. 1 gestützte 22. BImSchV legt die Grenzwerte und Alarmschwellen der bislang in Kraft getretenen Tochterrichtlinien fest. Die speziellen Anforderungen des Artikels 8 Abs. 3 der Rahmenrichtlinie hinsichtlich der Aufstellung von Plänen regelt § 47 Abs. 1. Die nach Artikel 7 Abs. 3 der Rahmenrichtlinie notwendigen Aktionspläne regelt § 47 Abs. 2. Daher verweist § 45 Abs. 1 Satz 2 „insbesondere auf Pläne nach § 47".

Soweit Artikel 7 Abs. 1 der Rahmenrichtlinie den Zeitraum betrifft, der nach dem Eintritt der von den Tochterrichtlinien festgelegten Stichtage zur Einhaltung der Grenzwerte liegt, überlässt die Rahmenrichtlinie es den Mitgliedstaaten, die „erforderlichen Maßnahmen" zu bestimmen. Auch § 45 Abs. 1 gewährt den zuständigen Behörden insoweit Ermessen, als nicht ein Aktionsplan aufgrund von § 47 Abs. 2 aufzustellen ist. In Bezug auf die vom Bundes-Immissionsschutzgesetz erfassten Anlagen kommt etwa je nach den Umständen des Einzelfalls in Betracht, Maßnahmen mit Luftreinhalteplänen zu konzipieren, die außerhalb der Verpflichtung des § 47 erstellt werden, oder Maßnahmen „sofort" (ohne Plan) durch entsprechende Anforderungen bei der Genehmigung neuer Anlagen zu regeln oder bei vorhandenen Anlagen durch nachträgliche Anordnungen nach § 17 BImSchG anzuordnen.

Entsprechendes gilt nach § 45 Abs. 1 für den Zeitraum vor dem Eintritt der in den Tochterrichtlinien festgelegten Stichtage für Gebiete, in denen die Schadstoffbelastung der Luft zwar oberhalb der Immissionsgrenzwerte, aber unterhalb der Summe von Immissionsgrenzwert und Toleranzmarge liegt. Hier sind nach Artikel 8 Abs. 2 der Rahmenrichtlinie und dementsprechend auch nach § 47 Abs. 1 des Entwurfs keine Luftreinhaltepläne erforderlich. In diesen Gebieten müssen die zuständigen Behörden mit dem vorstehend dargestellten immissionsschutzrechtlichen Instrumentarium darauf hinwirken, dass die in der 22. BImSchV festgelegten Immissionsgrenzwerte mit Eintritt der Stichtage eingehalten werden.

Soweit Absatz 1 auf Rechtsverordnungen nach § 48a Abs. 1a verweist, geht es um die Einhaltung von Immissionswerten für Schadstoffe, zu denen keine EG-rechtlichen Vorgaben bestehen. Insoweit kommt etwa die Aufstellung von Luftreinhalteplänen nach § 47 Abs. 3 in Betracht.

Absatz 2 setzt Artikel 7 Abs. 2 der Rahmenrichtlinie um. Der integrierte Ansatz zur Erreichung der gebotenen Luftqualität geht auf das 5. Aktionsprogramm der Gemeinschaft für Umweltpolitik zurück. Hierdurch sollen getrennte Konzepte verhindert werden, die lediglich der isolierten Verminderung der Immissionen in Luft, Wasser und Boden dienen, und dabei die Verschmutzung von einem Umweltmedium auf ein anderes verlagern, anstatt die Umwelt insgesamt bestmöglich zu schützen.

III. Anwendungsbereich

Die Anwendung des § 45 setzt voraus, dass in einer Rechtsverordnung nach § 48a Abs. 1 oder 1a **Immissionswerte** für luftverunreinigende Stoffe festgelegt worden sind und dass die Überschreitung eines dieser Werte nicht ausgeschlossen werden kann. Dabei wird nicht zwischen Immissionswerten auf Grund unionsrechtlicher Vorgaben (§ 48a Abs. 1) und sonstigen Immissionswerten (§ 48a Abs. 1a) unterschieden, obwohl in § 47 Abs. 1 und 3 entsprechend differenziert wird und im ersten Fall ein Luftreinhalteplan aufgestellt werden *muss,* während im zweiten Fall ein Ermessensspielraum besteht. § 45 gilt für alle Arten von Immissionswerten in Rechtsverordnungen nach § 48a und reduziert damit das in § 47 Abs. 3 eingeräumte Ermessen (vgl. *Jarass* Rn. 11). 4

Neben **Immissionsgrenzwerten** und **Alarmschwellen** (§§ 2 bis 8 der 39. BImSchV) sind dabei auch **Zielwerte** und **langfristige Ziele** (§§ 9, 10 der 39. BImSchV) gemeint (vgl. auch: → § 48a Rn. 33; *Jarass* Rn. 5; *Heitsch* in Kotulla BImSchG § 45 Rn. 10). Nicht erfasst werden hingegen **Informationsschwellen** (§ 9 der 39. BImSchV) sowie **Emissionswerte,** wie sie in der 25. BImSchV und **Emissionsmengen,** wie sie in der 43. BImSchV enthalten sind (vgl. *Weise* Behördliche Handlungspflichten im quellenunabhängigen Luftqualitätsrecht 2010, S. 80 ff.; *Zeissler* Quellenunabhängiges EU-Luftqualitätsrecht 2014, S. 218). 5

IV. Verhältnis zu anderen Vorschriften

1. Verhältnis zu § 47 Abs. 6. Eine dem § 45 Abs. 1 Satz 1 entsprechende Verpflichtung zu Maßnahmen zur Verbesserung der Luftqualität enthält auch § 47 Abs. 6. Diese Vorschrift setzt jedoch voraus, dass die Maßnahmen in Plänen nach § 47 Abs. 1 bis 4 festgelegt sind. Bei § 45 gehört die Aufstellung des Planes selbst zu den möglichen Maßnahmen (Absatz 1 Satz 2). Das schließt nicht aus, dass die Behörde im Rahmen des § 45 Abs. 1 auch ohne Luftreinhalteplan Maßnahmen *(planunabhängige Maßnahmen)* ergreift, die zur Durchsetzung von Planzielen im Sinne des § 47 in Betracht kommen (vgl. → Rn. 13 sowie Absatz 4 der amtlichen Begründung → Rn. 3). Für die Behörden begründet § 45 Abs. 1 eine grundsätzliche Verpflichtung, während § 47 Abs. 6 eine ergänzende Regelung zur Durchsetzung von Luftreinhalteplänen enthält. 6

2. Verhältnis zur 39. BImSchV. Die Verordnung über Luftqualitätsstandards und Emissionshöchstmengen (39. BImSchV; abgedruckt in Band IV unter Nr. 2.39) enthält in § 27 eine Regelung über **Luftreinhaltepläne** und in § 28 eine Regelung über **Pläne für kurzfristige Maßnahmen.** In § 27 Abs. 3 i. V. m. Anlage 13 Nr. 9 der 39. BImSchV wird u. a. bestimmt, dass Luftreinhaltepläne „Angaben zu den geplanten oder langfristig angestrebten Maßnahmen oder Vorhaben" enthalten müssen. Dabei geht es jedoch nur um den Inhalt der Pläne, nicht um deren Durchsetzung. Diese wird im Bundes-Immissionsschutzgesetz selbst geregelt. Insoweit gibt es keine Überschneidungen zwischen § 45 BImSchG und der 39. BImSchV. 7

B. Verpflichtung der zuständigen Behörden

I. Bedeutung des Absatzes 1

§ 45 Abs. 1 begründet behördliche Pflichten. Die Vorschrift ist eine **Aufgabennorm,** aber keine **Befugnisnorm** (vgl. schon *Schillhorn/Fischer* NVwZ 2003, 325 (326); 8

BVerwG NVwZ 2007, 695 (698); *Weiner* in GK-BImSchG § 45 Rn. 5; BeckOK UmweltR/*Köck* BImSchG § 45 Rn. 1; *Jarass* Rn. 2; *Heitsch* in Kotulla BImSchG § 45 Rn. 9). Sie enthält keine Ermächtigung zu Eingriffen in die Rechte Dritter. Solche Eingriffe können zwar Maßnahmen im Sinne des § 45 sein (vgl. dazu → Rn. 13). Sie müssen aber auf andere Eingriffsnormen (z. B. §§ 17, 24 oder 25 BImSchG) gestützt werden (vgl. Absatz 4 der amtlichen Begründung, abgedruckt bei → Rn. 3; vgl. auch: *Jarass* Rn. 2; *Heitsch* in Kotulla BImSchG § 45 Rn. 12; *Weiner* in GK-BImSchG § 45 Rn. 5). Dass § 45 Abs. 1 Satz 1 selbst keine Eingriffsermächtigung ist, ergibt sich aus der allgemein gehaltenen Fassung der Vorschrift (so auch *Jarass* Rn. 2), aus dem systematischen Zusammenhang mit § 40 und § 47 Abs. 6 sowie aus der Entstehungsgeschichte. Wenn § 45 Abs. 1 die Ermächtigung enthalten würde, alle Arten von Maßnahmen gegenüber jedermann anzuordnen, gingen die besonderen Voraussetzungen für Verkehrsbeschränkungen in § 40 ins Leere. Im Übrigen wäre es unverständlich, dass die Aufstellung von Plänen nach § 47, deren Maßnahmenteil seit jeher auf Grund von Ermächtigungen außerhalb des 5. Teils des BImSchG durchgesetzt werden muss, als eine der möglichen Maßnahmen bezeichnet wird. Es wäre dann auch überflüssig, dass § 47 Abs. 6 auf „andere Rechtsvorschriften" (d. h. Vorschriften außerhalb des Bundes-Immissionsschutzgesetzes) verweist.

II. Handlungsspielraum der Behörden

9 Die behördlichen Pflichten nach Absatz 1 Satz 1 beziehen sich auf die erforderlichen Maßnahmen zur Einhaltung der Immissionswerte. Entscheidend ist, dass das Ziel „Einhaltung der Immissionswerte" erreicht wird. Soweit die Immissionswerte zu einem bestimmten **künftigen Zeitpunkt** eingehalten werden müssen, müssen die Maßnahmen so frühzeitig ergriffen werden, dass sie bis zu diesem Zeitpunkt greifen (so auch *Jarass* Rn. 6; *Heitsch* in Kotulla BImSchG § 45 Rn. 12). Unter dieser Voraussetzung besteht ein Spielraum für das zeitliche Tätigwerden der Behörden. Ein noch weiterer Spielraum besteht bei der Auswahl der in Betracht kommenden Maßnahmen (vgl. dazu → Rn. 13). Insoweit enthält auch das Unionsrecht keine näheren Vorgaben (vgl. auch die amtliche Begründung, abgedruckt bei → Rn. 3).

10 **Konkrete Handlungspflichten einzelner zuständiger Behörden** lassen sich aus § 45 Abs. 1 nur sehr eingeschränkt begründen. Wenn auch die in Rechtsverordnungen nach § 48a Abs. 1 festgelegten Immissionswerte in Umsetzung strikter unionsrechtlicher Vorgaben die Verpflichtung zur Durchführung des Unionsrechts aus Art. 4 Abs. 3 EUV in sich tragen (vgl. EuGH Urt. v. 5.4.2017 Rs. C-488/15 Rn. 69, wonach die Überschreitung der einzuhaltenden Grenzwerte zu einer Verletzung der maßgeblichen sekundärrechtlichen Grundlage in Art. 13 der Richtlinie 2008/50/EG führt), die für alle mitgliedstaatlichen Stellen und damit auch für die in § 45 Abs. 1 bezeichneten zuständigen Behörden gelten, so ist doch kaum ein Sachverhalt denkbar, bei dem nicht mehrere Handlungsalternativen existieren und somit ein Auswahlermessen besteht (vgl. dazu EuGH Urt. v. 3.2.2021 Rs. C-637/18, wonach die Überschreitung eines Grenzwerts nicht *automatisch* eine Vertragsverletzung sei; vgl. auch BVerwG Urt. 27.2.2018 – 7 C 26/16, NJW 2018, 2074 Rn. 30). Allein bei Handlungen, die auf Antrag vorgenommen werden (Zulassungen jeglicher Art) lässt sich eine Pflicht zum Vollzug auch des § 45 Abs. 1 annehmen, die aber bereits durch den Vorrang des Gesetzes begründet wird. Die Einhaltung der strikten Immissionswerte darf durch die Erteilung einer immissionsschutzrechtlichen Genehmigung ebenso wenig gefährdet werden wie durch eine Planfeststellung (vgl. zu planungsrechtlichen Entscheidungen: *Jarass* Rn. 14). Im Bereich antragsunabhängiger Maßnahmen begründet § 45 Abs. 1 Satz 1 vom Wortlaut her zwar eine Rechtspflicht zum Handeln. Auf Grund der Vielzahl zuständiger Behörden und der noch größeren Zahl möglicher Maßnahmen wird es aber kaum je zu der Pflicht kommen, eine bestimmte Maßnahme ergreifen zu müssen (vgl. auch: *Sparwasser* NVwZ 2006, 369 (372); siehe auch → Rn. 16 zum subjektiven Recht aus § 45 Abs. 1 Satz 1). Insbesondere die Pflicht zur Aufstellung eines Luftreinhalteplans oder eines Plans für kurzfristig zu ergreifende Maßnahmen ergibt sich nicht aus § 45 Abs. 1, sondern aus § 47 Abs. 1 S. 1 oder Abs. 2 S. 1 (vgl. dazu auch *Fonk* NVwZ 2009, 69 (72), der in § 47 Abs. 2 S. 1 eine Schranke des in § 45 Abs. 1 eingeräumten Ermessens sieht).

III. Zuständige Behörden

Da das Bundes-Immissionsschutzgesetz gemäß **Art. 83 GG** durch die **Länder** auszuführen ist, bestimmen diese die nach § 45 zuständigen Behörden (so auch *Weise* Behördliche Handlungspflichten im quellenunabhängigen Luftqualitätsrecht 2010, S. 89). In der Regel werden die Länder dieselben Behörden für zuständig erklären, denen auch die Aufstellung von Luftreinhalte- und Aktionsplänen nach § 47 Abs. 1 bis 3 obliegt. Das ist jedoch nicht zwingend. Es können auch mehrere Behörden für zuständig erklärt werden. Die Koordinierung unter diesen Behörden ist dann durch eine gemeinsame vorgesetzte Behörde oder durch eine besondere Koordinierungsstelle sicherzustellen (zustimmend *Weise* S. 92). **11**

Nach anderer Auffassung adressiert § 45 alle Behörden, zu deren Zuständigkeitsbereich die dort genannten Maßnahmen gehören (*Jarass* Rn. 7; *Heitsch* in Kotulla BImSchG § 45 Rn. 13). Das sollen ausdrücklich auch **Bundesbehörden** sowie **Gemeinden** sein. Da § 45 Abs. 1 eine Aufgaben- und keine Befugnisnorm ist (vgl. → Rn. 8), kommt es in der Tat vorrangig auf die Zuständigkeit für die durchzuführenden Maßnahmen an (vgl. auch *Zeissler* Quellenunabhängiges EU-Luftqualitätsrecht 2014, S. 230). Diese Zuständigkeit kann in Einzelfällen einer Bundesbehörde zugewiesen sein (wie z. B. in § 1 Abs. 1 der 14. BImSchV). Fehlt es jedoch an einer eigenständigen Rechtsgrundlage für eine geeignete Minderungsmaßnahme (wie z. B. für die Modernisierung des städtischen Fuhrparks), gibt es keinen Grund, die Kompetenzordnung des Grundgesetzes außer Kraft zu setzen (anders *Zeissler* Quellenunabhängiges EU-Luftqualitätsrecht 2014, S. 230, der in diesen Fällen eine Vollzugskompetenz kraft Natur der Sache annimmt). **12**

C. Maßnahmen zur Verbesserung der Luftqualität

I. Art der Maßnahmen

Als mögliche Maßnahmen zur Einhaltung der Immissionswerte bezeichnet § 45 Abs. 1 Satz 2 „insbesondere Pläne nach § 47“. Wie dem Wort „insbesondere“ zu entnehmen ist, sind auch andere Maßnahmen in die behördlichen Erwägungen einzubeziehen. Die amtliche Begründung (abgedruckt bei → Rn. 3) verweist in diesem Zusammenhang auf „Anforderungen bei der Genehmigung“ und auf „nachträgliche Anordnungen nach § 17 BImSchG“. Daneben kommen **eingreifende Maßnahmen** auf Grund anderer Rechtsgrundlagen (z. B. Widerruf einer Genehmigung auf Grund des § 21 Abs. 1 Nr. 3 oder 5 BImSchG, Anordnungen nach §§ 24 oder 25 BImSchG oder Auflagen zu einer Baugenehmigung zur Durchsetzung des § 22 BImSchG), aber auch der Erlass von Rechtsverordnungen (z. B. nach § 47 Abs. 7) oder die Aufstellung von Bebauungsplänen (z. B. nach § 9 Abs. 1 Nr. 23 BauGB) in Betracht (vgl. dazu auch: *Heitsch* in Kotulla BImSchG § 45 Rn. 20 ff.; *Jarass* Rn. 9 f.). Sofern es sich um Maßnahmen handelt, mit denen **nicht** **13**

in Rechte Dritter eingegriffen wird (z. B. Nassreinigung einer Straße, Baumbepflanzung), ist eine gesonderte gesetzliche Grundlage nicht erforderlich. § 45 Abs. 1 S. 1 ist dann alleinige Rechtsgrundlage (vgl. BVerwG Urt. v. 27.9.2007 – 7 C 36/07, NJW 2007, 3591 Rn. 38; OVG NRW Urt. v. 9.10.2012 – 8 A 652/09, NWVBl. 2013, 416 Rn. 48). Das Spektrum möglicher Maßnahmen reicht aber noch weiter. Auch die finanzielle Förderung umweltfreundlichen Verhaltens kann eine Maßnahme im Sinne des § 45 Abs. 1 sein (z. B. die steuerliche Begünstigung des nachträglichen Einbaus von Rußpartikelfiltern). Soweit die nach § 45 Abs. 1 zuständigen Behörden diese Maßnahmen nicht selbst anordnen oder durchführen können, können sie gegenüber den zuständigen Stellen nur eine entsprechende Anregung geben und – falls diese nicht aufgegriffen wird – die vorgesetzten Stellen unterrichten. Zusätzliche Kompetenzen gegenüber Dritten können aus § 45 Abs. 1 nicht hergeleitet werden (vgl. → Rn. 8).

14 Die Aufstellung eines Plans nach § 47 hat gegenüber anderen, planunabhängigen Maßnahmen keinen grundsätzlichen **Vorrang.** Aus dem Effektivitätsgebot heraus lässt sich im Gegenteil ableiten, dass planunabhängige Maßnahmen gerade dann geboten sind, wenn Luftreinhaltepläne keinen hinreichenden Schutz bieten. Wenn und soweit aber ein Plan besteht und in seinem Maßnahmenteil nicht offensichtlich unzureichend ist, kommt der Durchführung der dortigen Maßnahmen ein Vorrang vor planunabhängigen Maßnahmen zu. Der Plan entfaltet dann **Sperrwirkung** (vgl. SächsOVG Beschl. v. 19.7.2013 – 4 A 418/12 Rn. 15; *Jarass* Rn. 8).

II. Anforderungen an die Maßnahmen

15 **1. Eignung.** Unter den möglichen Maßnahmen zur Verbesserung der Luftqualität muss die zuständige Behörde solche auswählen, die zur Erreichung des Ziels der Einhaltung der Immissionswerte geeignet sind. Dabei reicht es aus, dass mit den Maßnahmen ein Teilschritt zur Zielerreichung getan wird (so auch *Jarass* Rn. 12). Die Maßnahmen dürfen dann aber nicht so gewählt werden, dass die Durchführung erforderlicher weitergehender Maßnahmen ausgeschlossen wird (z. B. Anordnung einer Bestandsschutz gewährenden Emissionsminderungsmaßnahme, wenn die Einhaltung der Immissionswerte nur durch einen Widerruf der Genehmigung erreicht werden kann). Geeignet sind im Übrigen auch solche Maßnahmen, durch die die Immissionswerte unterschritten werden. Soweit die Voraussetzungen der dazu in Anspruch genommenen Ermächtigungsgrundlage vorliegen, wird deren Rechtmäßigkeit durch die in § 45 genannte Erforderlichkeit nicht in Frage gestellt; § 45 ist keine selbstständige Eingriffsnorm (vgl. → Rn. 8).

16 **2. Integrierter Ansatz.** Die in Absatz 2 genannten Anforderungen an die Maßnahmen zur Verbesserung der Luftqualität entsprechen Art. 7 Abs. 2 der Luftqualitäts-Rahmenrichtlinie 96/62/EG. Dabei betrifft die erste Forderung den integrierten Ansatz des Maßnahmenkonzepts. Das bedeutet, dass die zuständigen Behörden bei der Auswahl der geeigneten Maßnahmen alle Auswirkungen auf die Umwelt im Auge haben müssen. Insbesondere dürfen keine Maßnahmen gewählt werden, durch die die nachteiligen Auswirkungen lediglich von einem Umweltmedium (der Luft) in ein anderes (z. B. das Wasser oder den Boden) verlagert werden. Der integrierte Ansatz verbietet allerdings nicht jede **Verlagerung von Nachteilen** (vgl. auch VG Düsseldorf Urt. v. 13.9.2016 – 3 K 7695/15, NVwZ 2017, 899 Rn. 59). Ziel ist stets der bestmögliche Schutz der Umwelt insgesamt. Um dieses Ziel zu erreichen, ist eine Abwägung der Vor- und Nachteile einer Maßnahme für alle betroffenen Umweltbereiche erforderlich (so auch *Jarass* Rn. 16; *Heitsch* in Kotulla BImSchG § 45 Rn. 16). Diese kann auch ergeben, dass wegen der erheblichen Vorteile für die Luftreinhaltung begrenzte Nachteile in anderen

Umweltbereichen hinzunehmen sind. Ausgeschlossen ist hingegen ein Abwägungsergebnis, nach dem ein Immissionsgrenzwert an anderer Stelle **noch weiter als bisher überschritten** wird (vgl. BVerwG Urt. 27.2.2018 – 7 C 26/16, NJW 2018, 2074 Rn. 65; VG Sigmaringen Urt. v. 22.10.2014 – 1 K 154/12, ZUR 2015, 111 Rn. 53; VG Düsseldorf Urt. v. 13.9.2016 – 3 K 7695/15, NVwZ 2017, 899 Rn. 61).

3. Berücksichtigung des Arbeitsschutzes. Absatz 2 Nr. 2 enthält eine Forderung, 17
die auch unabhängig von ihrer ausdrücklichen Erwähnung zu beachten ist. Maßnahmen, die nach Absatz 1 ergriffen werden, dürfen in keinem Fall gegen andere Rechtsvorschriften verstoßen. Die Bedeutung der Nr. 2 liegt nur in ihrem **Hinweischarakter** (so auch *Jarass* Rn. 16; *Heitsch* in Kotulla BImSchG § 45 Rn. 17).

4. Keine Beeinträchtigungen in anderen EU-Mitgliedstaaten. Die Einhaltung 18
der durch eine Rechtsverordnung nach § 48a festgelegten Immissionswerte kann u. U. auch durch eine Verbesserung der Ableitbedingungen für die Abgase (z. B. durch Erhöhung der Schornsteine) erreicht werden. Das kann dazu führen, dass die Immissionen anders verteilt werden und zu einer Belastungserhöhung in einem Nachbarstaat führen. Durch Absatz 2 Nr. 3 wird eine solche Belastungsverlagerung untersagt, wenn erhebliche Beeinträchtigungen der Umwelt in einem anderen EU-Mitgliedstaat verursacht werden. Dabei ist die **Erheblichkeit** nicht erst dann gegeben, wenn die durch einen Immissionswert gekennzeichnete Schädlichkeitsgrenze überschritten wird. Nach dem Sinn und Zweck der Vorschrift muss von einer erheblichen Beeinträchtigung schon dann ausgegangen werden, wenn im Vorfeld der Schädlichkeit (im Vorsorgebereich) ein signifikanter Anstieg der Immissionsbelastung eintritt (so auch *Jarass* Rn. 16; *Heitsch* in Kotulla BImSchG § 45 Rn. 18).

D. Rechtsschutz

Die Möglichkeiten, im Sinne des § 45 Abs. 1 Satz 1 erforderliche Maßnahmen ge- 19
richtlich zu erzwingen, stellen sich seit dem Urteil des EuGH vom 25. Juli 2008 (C-237/07, NVwZ 2008, 984) zur Frage eines **klagbaren Anspruchs auf Erstellung oder Änderung eines Luftreinhalteplans** sowie eines Plans für kurzfristig zu ergreifende Maßnahmen wie folgt dar: Im Falle der Gefahr einer Überschreitung verbindlicher Immissionswerte kann ein hiervon Betroffener selbst dann die Erstellung eines Plans verlangen, wenn ein klagbarer Anspruch auf planunabhängige Maßnahmen besteht (gegen einen Anspruch auf Planung noch das BVerwG in seinem Vorlagebeschluss an den EuGH vom 29. März 2007, 7 C 9/06, NVwZ 2007, 695; der VGH München hatte in der Vorinstanz den Anspruch bejaht, Urt. v. 18. Mai 2006, 22 BV 05.2462, NVwZ 2007, 233). Die Klagebefugnis begründete der EuGH dabei wie üblich mit dem zwingenden Charakter der unionsrechtlich vorgegebenen Grenzwerte und Alarmschwellen (EuGH, NVwZ 2008, 984 (985); vgl. dazu auch: *Ekardt/Beckmann* UPR 2008, 241 (245 f.)). Rechtsgrundlage für diesen Anspruch ist dabei nicht § 45 Abs. 1 Satz 1, sondern der unionsrechtskonform auszulegende § 47 Abs. 1 oder Abs. 2 (vgl. auch: *Scheidler* NVwZ 2008, 1083 (1085)). Inhalt des Anspruchs ist nach Ansicht des EuGH (NVwZ 2008, 984 (985)) ist jedoch nicht die sofortige und strikte Einhaltung der Grenzwerte, sondern die Minimierung der Gefahr der Überschreitung, um schrittweise zu einem Stand unterhalb der Grenzwerte zurückzukehren.

20 Ein **subjektives Recht auf planunabhängige Maßnahmen** zur Abwehr gesundheitlicher Beeinträchtigungen, die aus der Überschreitung eines Immissionsgrenzwertes resultiert, hat das BVerwG in seinem Urteil vom 27. September 2007 (7 C 36/07, NJW 2007, 3591; vgl. auch OVG Münster NWVBl. 2013, 416 ff.; OVG Hamburg Urt. v. 29.11.2019 – 1 E 23/18, Rn. 276) angenommen und ist damit der Auffassung des VGH München in der Vorinstanz (Urt. v. 18. Mai 2006, 22 BV 05.2461, NVwZ 2007, 230) entgegengetreten. Ein Anspruch auf eine ermessensfehlerfreie Entscheidung scheitert somit auch im Luftreinhalterecht nicht daran, dass ein Luftreinhalte- oder Kurzfristplan fehlt (so bereits: *Sparwasser,* NVwZ 2006, 369 (372 f.)). Ebenso wenig ist ein Anspruch auf Durchführung planunabhängiger Maßnahmen dadurch ausgeschlossen, dass ein Anspruch auf Aufstellung oder Ergänzung eines Luftreinhalteplans besteht (vgl. OVG NRW Urt. v. 9.10.2012 – 8 A 652/09, NWVBl. 2013, 416 Rn. 55 ff.; vgl. auch *Jarass* Rn. 17). Im Hinblick auf Maßnahmen, mit denen in Rechte Dritter eingegriffen wird, ergibt sich der Umfang der Rechtsmacht des Betroffenen aus der jedenfalls erforderlichen Ermächtigungsgrundlage (für das Immissionsschutzrecht können dies z. B. § 17 Abs. 1 Satz 2 oder § 24 Satz 1 sein, für den Straßenverkehr § 45 StVO). Die fehlerfrei zu treffende Ermessensentscheidung wird dabei von den Vorgaben des § 45 Abs. 1 beeinflusst (vgl. auch: *Jarass* Rn. 17). Soweit nicht in Rechte Dritter eingegriffen wird (z. B. Nassreinigung einer Straße), ergibt sich der Anspruch des Betroffenen unmittelbar aus § 45 Abs. 1 (BVerwG NJW 2007, 3591 (3593)).

21 Begrenzt ist sowohl der Anspruch auf Planung als auch auf planunabhängige Maßnahmen jedoch in jedem Fall durch den **Grundsatz der Verhältnismäßigkeit** (vgl. dazu ausführlich zu Fahrverboten für Dieselfahrzeuge: BVerwG Urt. 27.2.2018 – 7 C 26/16, NJW 2018, 2074 Rn. 35 ff.). Einerseits müssen die Maßnahmen geeignet sein, das erstrebte Ziel der Grenzwerteinhaltung erreichen zu können, andererseits besteht ein weites Auswahlermessen zwischen verschiedenen Maßnahmen. In analoger Anwendung des § 47 Abs. 4 Satz 1 kommt dem Verursacherprinzip dabei eine wichtige Rolle zu (so auch: *Jarass* VerwArch 2006, 429 (445); *Scheidler* LKV 2008, 55 (58)). Beschränkend wirkt ebenfalls eine Zuständigkeitsverteilung für in Betracht kommende Maßnahmen auf mehrere Behörden.

§ 46 Emissionskataster

Soweit es zur Erfüllung von bindenden Rechtsakten der Europäischen Gemeinschaften oder der Europäischen Union erforderlich ist, stellen die zuständigen Behörden Emissionskataster auf.

Schrifttum: Vgl. die Hinweise in der Vorbemerkung zu §§ 44 bis 47 sowie *Lindackers/May/Meinhardt/Zündorf,* Erhebung und katastermäßige Dokumentation der Emissionen luftfremder Stoffe in die Atmosphäre – Aufbau und Auswertung des Emissionskatasters, Köln 1971; *May/Plassmann,* Erhebung und katastermäßige Dokumentation der Emissionen luftfremder Stoffe in die Atmosphäre – Kraftfahrzeugemissionen in Großstädten und in industriellen Ballungsgebieten, Köln 1973.

Übersicht

A. Allgemeines

I. Begriff des Emissionskatasters

Unter einem Emissionskataster versteht man die räumlich und zeitlich differenzierte **Erfassung und Darstellung der Emissionen luftverunreinigender Stoffe** und ihrer Ableitbedingungen (vgl. *Jarass* Rn. 1; *Weiner* in GK-BImSchG § 46 Rn. 2; BeckOK UmweltR/*Köck* BImSchG § 46 Rn. 1; *Heitsch* in Kotulla BImSchG § 46 Rn. 8). Die Erfassung der Daten kann dabei nicht allein auf der Grundlage von Messungen, sondern auch von Berechnungen erfolgen. 1

Die **räumliche Differenzierung** kann in der Zuordnung zu bestimmten Einheitsflächen (z. B. quadratische Flächen mit einer Seitenlänge von 1 km unter Zugrundelegung des Gauß-Krüger-Koordinatensystems), in der Standortdefinition bestimmter Emissionsquellen oder – insbesondere bei Verkehrswegen – in der Zuordnung zu bestimmten Linien auf der Erdoberfläche bestehen. Die **zeitliche Differenzierung** kann sich auf die einzelnen Kalenderjahre oder auf bestimmte Jahresabschnitte (z. B. das jeweilige Winterhalbjahr) beziehen. 2

Die Darstellung geschieht in der Form von **Tabellen und Karten.** Dabei werden die Emissionen bestimmter Emittentengruppen (Industrie, Hausbrand und Kleingewerbe sowie Verkehr) in der Regel zusammengefasst; die Angaben können aber auch stärker differenziert werden. Emissionskataster können für einzelne Luftschadstoffe, aber auch für bestimmte Stoffgruppen (z. B. Kohlenwasserstoffe) aufgestellt werden. Die Ableitbedingungen (insbesondere Höhe des Emissionsauslasses über Flur, Temperatur und Geschwindigkeit der Abgase) werden zweckmäßigerweise angegeben, müssen es aber nicht (vgl. BeckOK UmweltR/*Köck* BImSchG § 46 Rn. 2). 3

II. Zweck des Emissionskatasters

4 Das Emissionskataster dient der **systematischen Erfassung und Zuordnung** der luftverunreinigenden Emissionen eines bestimmten Raumes (*Weiner* in GK-BImSchG § 46 Rn. 2; *Heitsch* in Kotulla BImSchG § 46 Rn. 10). Damit sollen Grundlagen für eine umfassende Luftreinhaltestrategie geschaffen werden. Das Emissionskataster erleichtert die Zuordnung festgestellter Immissionen zu den hierfür ursächlichen Emissionsquellen. Mit Hilfe der Ausbreitungsrechnung ermöglicht es auch Erkenntnisse über die Höhe der nicht an allen Orten messbaren Immissionsbelastung. Das Emissionskataster soll ferner Erkenntnisse für die Aufstellung von **Luftreinhalteplänen** und für die Stadt- und Regionalplanung vermitteln. Darüber hinaus kann es den Ermittlungsaufwand in Genehmigungsverfahren vermindern. Schließlich kann es auch Grundlagen für die behördliche Überwachung der Emittenten liefern.

III. Entstehungsgeschichte

5 Die derzeitige Fassung des § 46 beruht auf dem Siebten Gesetz zur Änderung des Bundes-Immissionsschutzgesetzes vom 11. September 2002 (BGBl. I S. 3622). Bis zum Inkrafttreten dieses Gesetzes am 18. September 2002 galt eine wesentlich umfassendere Regelung zum Emissionskataster. Durch § 46 a. F. wurden die Länder verpflichtet, für die in § 44 Abs. 1 a. F. genannten Gebiete, insbesondere für alle Untersuchungsgebiete, ein Emissionskataster aufzustellen, *„das Angaben enthält über Art, Menge, räumliche und zeitliche Verteilung und die Austrittsbedingungen von Luftverunreinigungen bestimmter Anlagen und Fahrzeuge"*. Nähere Einzelheiten waren in der Fünften Allgemeinen Verwaltungsvorschrift zum Bundes-Immissionsschutzgesetz (Emissionskataster in Untersuchungsgebieten – 5. BImSchVwV) vom 24.4.1992 (GMBl. S. 317) geregelt.

6 Bei der Gesetzesänderung im Jahre 2002 ist die Pflicht zur Aufstellung von Emissionskatastern nur noch an EG-rechtliche Vorgaben geknüpft worden. Von Einzelregelungen ist abgesehen worden. In der Begründung zu § 46 n. F. hat die Bundesregierung betont, dass die Vorschrift der Aufstellung weiterer Kataster durch die Länder nicht entgegensteht (BT-Drs. 14/8450, S. 13).

7 Lediglich redaktionelle Bedeutung hatte die Änderung durch das 9. Gesetz zur Änderung des Bundes-Immissionsschutzgesetzes vom 26. November 2010 (BGBl. I S. 1728). Nach dem Inkrafttreten des Lissabonner Vertrages am 1. Dezember 2009 wurde der Passus „Beschlüsse der Europäischen Gemeinschaften" durch die Formulierung „Rechtsakte der Europäischen Gemeinschaften oder der Europäischen Union" ersetzt.

B. Aufstellung von Emissionskatastern

I. Pflicht zur Aufstellung

8 § 46 begründet eine Pflicht zur Aufstellung von Emissionskatastern, *„soweit es zur Erfüllung von bindenden Rechtsakte der Europäischen Gemeinschaften oder der Europäischen Union erforderlich ist"*. Eine derart bindende Wirkung entfalten neben **Verordnungen** und **Richtlinien** auch **Beschlüsse** i. S. d. Art. 288 Abs. 1 AEUV (vgl. *Jarass* Rn. 2). Aus dem jeweiligen Rechtsakt muss sich nicht nur die Pflicht zur Aufstellung, sondern auch der Umfang der Pflicht ergeben.

9 Mit der Verordnung (EG) Nr. 166/2006 über die Schaffung eines **Europäischen Schadstofffreisetzungs- und -verbringungsregisters** vom 18. Januar 2006 liegt ein bindender Rechtsakt vor, der Grundlage für ein unionsweites Register (E-PRTR) und damit implizit auch für mitgliedstaatliche Register (PRTR) ist (vgl. *Weiner* in GK-BImSchG § 46 Rn. 7). Einzelheiten sowohl zum europäischen als auch zum nationalen Register normiert das PRTR-Gesetz (vgl. die Erläuterungen dazu in Band II Nr. 15, insb. → PRTR-Gesetz Vorb. Rn. 10 ff.).

10 Eine weitere Pflicht zur Aufstellung eines Emissionskatasters ergibt sich aus Art. 8 der Richtlinie (EU) 2016/2284 über die **Reduktion der nationalen Emissionen** bestimmter Luftschadstoffe vom 14. Dezember 2016 (NEC-Richtlinie). Das in der Richtlinie als Emissionsinventar bezeichnete Register erfüllt sämtliche Definitionsmerkmale eines Emissionskatasters (vgl. auch *Jarass* Rn. 2). Die Umsetzung der Pflicht zur Aufstellung dieses Registers erfolgt in § 7 der 43. BImSchV (vgl. dazu → 43. BImSchV Vorb. Rn. 21 ff.).

11 Anders ist dies in Bezug auf das **europäische Luftqualitätsrecht** zu bewerten. Aus Art. 23 Abs. 1 UAbs. 3 S. 1 i.V.m. Anhang XV Nr. 5 der Richtlinie 2008/50/EG über Luftqualität und saubere Luft für Europa vom 21. Mai 2008 ergibt sich, dass ein Luftreinhalteplan eine *„Liste der wichtigsten Emissionsquellen"* enthalten muss und dort die *„Gesamtmenge der Emissionen aus diesen Quellen"* anzugeben ist. Diese maßnahmenbezogene Verpflichtung setzt zwar die Existenz der relevanten Daten voraus, genügt aber nicht den Anforderungen an den Wortlaut des § 46 an ein Emissionskataster (vgl. *Weiner* in GK-BImSchG § 46 Rn. 5; a.A. BeckOK UmweltR/*Köck* BImSchG § 46 Rn. 3).

12 Die Pflicht zur Aufstellung eines Emissionskatasters kann sowohl Bundes- als auch Landesbehörden treffen. Die Führung des nationalen PRTR obliegt gemäß § 2 Abs. 1 des PRTR-Gesetzes dem Umweltbundesamt. Gleiches gilt für das nationale Emissionsinventar nach § 7 der 43. BImSchV. Die Behörden können sich sachkundiger Dritter bedienen, ohne dass dadurch die Verantwortung verschoben wird. Bei der Aufstellung der Emissionskataster im Sinne des § 46 sind die unionsrechtlichen Vorgaben zu beachten.

II. Freiwillige Aufstellung von Emissionskatastern

13 Die Aufstellung von Emissionskatastern in anderen als den in § 46 angesprochenen Fällen wird durch das Bundes-Immissionsschutzgesetz **nicht ausgeschlossen** (so auch die amtliche Begründung, BT-Drs. 14/8450, S. 13; vgl. auch *Jarass* Rn. 2; BeckOK UmweltR/*Köck* BImSchG § 46 Rn. 5; *Weiner* in GK-BImSchG § 46 Rn. 12; *Heitsch* in Kotulla BImSchG § 46 Rn. 18). Im Rahmen ihres Aufgabengebietes kann jede Behörde katastermäßige Darstellungen der luftverunreinigenden Emissionen in einem bestimmten Zeitraum und einem bestimmten Gebiet vornehmen. Durch eine generelle oder eine Einzelweisung können die vorgesetzten Behörden, insbesondere die Landesumweltministerien, die nachgeordneten Behörden auch zur Aufstellung von Emissionskatastern verpflichten. Das ist insbesondere dann angezeigt, wenn die Länder auf Grund des § 44 Abs. 2 Untersuchungsgebiete ausweisen (vgl. z.B. Art. 3 Abs. 2 BayImSchG). Dabei können auch Vorgaben zu Inhalt und Form der Kataster gemacht werden.

C. Zugänglichkeit und Rechtsschutz

I. Zugänglichkeit

14 Die Inhalte eines Emissionskatasters sind der Öffentlichkeit in der Regel nach den Vorschriften des unionsrechtlich determinierten **Umweltinformationsrechts** zugäng-

lich (vgl. *Jarass* Rn. 4). Für das nationale Emissionsinventar ergibt sich dies aus § 20 der 43. BImSchV, der Art. 14 Abs. 1 der Richtlinie 2016/2284 umsetzt (vgl. → Rn. 10). Eine aktive Verbreitung findet auch bezüglich des nationalen PRTR statt (vgl. dazu www.thru.de).

II. Rechtsschutz

15 Die Pflicht zur Aufstellung eines Emissionskatasters besteht allein **im öffentlichen Interesse** (vgl. *Jarass* Rn. 5; *Weiner* in GK-BImSchG § 46 Rn. 14; BeckOK UmweltR/*Köck* BImSchG § 46 Rn. 6). Ein subjektives Recht auf Aufstellung eines Katasters besteht daher nicht. Ebenso wenig vermag die Aufstellung in Rechte Einzelner einzugreifen. Soweit die öffentliche Zugänglichkeit schutzwürdige Interessen eines Emittenten berührt, bemisst sich der Schutz dieser Interessen nach den einschlägigen Vorschriften des Umweltinformationsrechts (vgl. → UIG Vorb. Rn. 57 ff.).

§ 46a Unterrichtung der Öffentlichkeit

Die Öffentlichkeit ist nach Maßgabe der Rechtsverordnungen nach § 48a Abs. 1 über die Luftqualität zu informieren. Überschreitungen von in Rechtsverordnungen nach § 48a Abs. 1 festgelegten Informations- oder Alarmschwellen sind der Öffentlichkeit von der zuständigen Behörde unverzüglich durch Rundfunk, Fernsehen, Presse oder auf andere Weise bekannt zu geben.

Schrifttum: Vgl. die Hinweise in der Vorbemerkung zu §§ 44 bis 47.

Übersicht

A. Allgemeines

I. Zweck der Regelung

Auf der Grundlage des § 46a werden Informationspflichten, die das europäische Luftqualitätsrecht vorsieht, erfüllt (*Jarass* Rn. 1). In der amtlichen Begründung hat die Bundesregierung die beim Inkrafttreten der Vorschrift einschlägigen Richtlinien aufgeführt (vgl. → Rn. 2). Ob zur Umsetzung dieser Sekundärrechtsakte das Bundes-Immissionsschutzgesetz ergänzt werden musste oder ob nicht auch eine Regelung in der auf § 48a gestützten 39. BImSchV (abgedruckt in Band IV unter Nr. 2.39) ausreichen würde, erscheint zweifelhaft (vgl. → Rn. 4). Die gesetzliche Regelung ist jedenfalls nicht schädlich (vgl. BeckOK UmweltR/*Köck* BImSchG § 46a Rn. 1). Gegenüber allgemeinen Regeln des Umweltinformationsrechts (§ 10 UIG sowie landesrechtliche Bestimmungen) ist § 46a innerhalb seines Anwendungsbereichs speziell (vgl. BeckOK UmweltR/*Köck* BImSchG § 46a Rn. 3; *Weise,* Behördliche Handlungspflichten im quellenunabhängigen Luftqualitätsrecht, 2010, S. 209). 1

II. Entstehungsgeschichte

§ 46a ist durch das 7. BImSchG-Änderungsgesetz mit Wirkung vom 18. September 2002 in das Bundes-Immissionsschutzgesetz eingefügt worden (vgl. → Vor §§ 44–47 Rn. 8 ff.). Vorher enthielt das BImSchG keine vergleichbare Vorschrift. Die Fassung des § 46a entspricht der Vorlage der Bundesregierung. Diese hat zu ihrer Begründung Folgendes ausgeführt (BT-Drs. 14/8450, S. 13): 2

Die in Satz 1 vorgesehene Öffentlichkeitsbeteiligung setzt Artikel 8 der 1. Tochterrichtlinie um – Richtlinie 1999/30/EG des Rates vom 22. April 1999 über Grenzwerte für Schwefel-dioxid, Stickstoffdioxid und Stickstoffoxide, Partikel und Blei in der Luft. Danach sind der Öffentlichkeit z. B. durch Rundfunk, Presse, Anzeigetafeln, oder Computernetzdienste routinemäßig aktuelle Informationen über die Konzentration von Schwefeldioxid, Stickstoffdioxid und Stickstoffoxiden, Partikeln und Blei in der Luft zur Verfügung zu stellen.

Satz 2 setzt Artikel 10 der Rahmenrichtlinie in deutsches Recht um. Hiernach haben die Mitgliedstaaten bei der Überschreitung von Alarmschwellen sicherzustellen, dass die zur Unterrichtung der Bevölkerung erforderlichen Maßnahmen (z. B. Bekanntgabe über Radio, Fernsehen und die Presse) ergriffen werden. Nach Artikel 2 Nr. 7 der Rahmenrichtlinie sind Alarmschwellen Werte, bei deren Überschreitung bei kurzfristiger Exposition eine Gefahr für die menschliche Gesundheit besteht und bei denen die Mitgliedstaaten umgehend Maßnahmen nach der Rahmenrichtlinie ergreifen müssen. Die Werte für die Alarmschwellen geben die Tochterrichtlinien zur Rahmenrichtlinie vor. Sie werden durch die Novellierung der 22. BImSchV umgesetzt.

3 Geändert wurde § 46a in Satz 2 durch das 8. Gesetz zur Änderung des Bundes-Immissionsschutzgesetzes vom 31. Juli 2010 (BGBl. I S. 1059), das am 6. August 2010 in Kraft trat. Seit diesem Zeitpunkt ist die Öffentlichkeit auch bei der **Überschreitung von Informationsschwellen** unverzüglich zu informieren. Damit wurden die Art. 19 und 26 der EG-Luftqualitätsrichtlinie 2008/50/EG (ABl. EU Nr. L 152, S. 1 ff.) umgesetzt.

III. Verhältnis zur 39. BImSchV

4 Die 39. BImSchV (abgedruckt in Band IV unter Nr. 2.39) enthält in § 30 eine ausführliche Regelung über die Unterrichtung der Öffentlichkeit. Diese Vorschrift ist auf § 48a Abs. 1 Satz 2 BImSchG gestützt. Danach kann in den Rechtsverordnungen auch geregelt werden, *wie* die Bevölkerung zu unterrichten ist. Sieht man in dieser Vorschrift nur eine Ermächtigung, die Modalitäten der anderweitig geforderten Unterrichtung zu regeln, ist § 46a als Grundpflicht und die 39. BImSchV als untergesetzliche Konkretisierung dieser Pflicht anzusehen. Legt man die Ermächtigung weiter aus und bezieht sie auch auf die Schaffung einer Unterrichtungspflicht (dafür spricht § 48a Abs. 1a Satz 2, zu dem es keine § 46a entsprechende Gesetzesbestimmung gibt), ist die grundsätzliche Unterrichtungspflicht gleichfalls aus dem höherrangigen Bundes-Immissionsschutzgesetz herzuleiten.

B. Information über die Luftqualität (Satz 1)

I. Gegenstand der Informationspflicht

5 § 46a enthält eine Pflicht zur Information der Öffentlichkeit. Welche Stellen konkret für die Information zuständig sind, haben die für die Gesetzesdurchführung zuständigen Länder (Art. 83 GG) zu bestimmen (vgl. auch § 30 Abs. 1, 2, 6 und 8 der 39. BImSchV: „Die zuständigen Behörden …"). Die Informationspflicht besteht gegenüber der Öffentlichkeit; d. h. **jedermann** muss die Möglichkeit haben, sich die Informationen zu beschaffen (vgl. *Jarass* Rn. 6; *Heitsch* in Kotulla BImSchG § 46a Rn. 7). In § 30 Abs. 1 der 39. BImSchV werden in Umsetzung von Art. 26 Abs. 1 der Richtlinie 2008/50/EG daneben bestimmte Organisationen (Umweltorganisationen, Verbraucherverbände, Interessenvertretungen empfindlicher Bevölkerungsgruppen, andere mit dem Gesundheitsschutz befasste relevante Stellen, betroffene Wirtschaftsverbände) als Teil der Öffentlichkeit konkret bezeichnet. Auf welche Luftschadstoffe sich die Informationspflicht bezieht, wird in der Rechtsverordnung nach § 48a Abs. 1 näher bestimmt; die Verordnung hat insoweit konstitutive Bedeutung. Nach § 30 Abs. 1 i.V.m. Anlage 14 Nr. 1 der 39. BImSchV ist derzeit über die Konzentration sämtlicher in der 39. BImSchV begrenzten Schadstoffe aktuell zu informieren. Nr. 2 der Anlage 14 schränkt dies jedoch auf Werte ein, die oberhalb der Luftqualitätsziele liegen (vgl. *Jarass* Rn. 2).

II. Zeitpunkt und Form der Information

Zu welchem **Zeitpunkt,** in welchen Abständen und in welcher Form die Öffentlichkeit über die Luftqualität zu informieren ist, wird ebenfalls in den Rechtsverordnungen nach § 48a Abs. 1 festgelegt (*Jarass* Rn. 3; *Heitsch* in Kotulla BImSchG § 46a Rn. 9). Zum Zeitpunkt und zur Aktualisierung der Informationen enthält § 30 i.V.m. Anlage 14 der 39. BImSchV nähere Festlegungen. Hinsichtlich der **Form** wird in § 30 Abs. 1 S. 2 der 39. BImSchV nur bestimmt, dass sie über leicht zugängliche Medien einschließlich des Internets oder jede andere geeignete Form der Telekommunikation zur Verfügung gestellt werden muss. Solange die Form also *geeignet* ist, besteht grundsätzlich ein weiter Spielraum (vgl. *Jarass* Rn. 7; BeckOK UmweltR/*Köck* BImSchG § 46a Rn. 4; *Heitsch* in Kotulla BImSchG § 46a Rn. 10). Als Informationsforum wird in erster Linie das Internet genutzt. 6

C. Unterrichtung bei Überschreitung von Informations- oder Alarmschwellen (Satz 2)

I. Anlass für die Unterrichtung

§ 46a Satz 2 begründet eine Unterrichtungspflicht der Öffentlichkeit für den Fall des Überschreitens einer Informations- oder Alarmschwelle im Sinne des Art. 2 Nr. 10 und 11 der EG-Luftqualitätsrichtlinie 2008/50/EG (ABl. EU Nr. L 152, S. 1ff.) Dabei wird vorausgesetzt, dass die Informations- oder Alarmschwelle durch Aufnahme in eine Rechtsverordnung nach § 48a Abs. 1 in innerstaatliches Recht umgesetzt ist (vgl. *Heitsch* in Kotulla BImSchG § 46a Rn. 11). Das ist in § 2 Abs. 3 der 39. BImSchV für **Schwefeldioxid,** in § 3 Abs. 3 der 39. BImSchV für **Stickstoffdioxid** und in § 9 Abs. 5 und 6 der 39. BImSchV für **bodennahes Ozon** geschehen. 7

II. Gegenstand der Unterrichtungspflicht

Die Unterrichtungspflicht nach Satz 2 bezieht sich auf alle Überschreitungen von Informations- oder Alarmschwellen. Die Erfüllung der Pflicht obliegt wie im Falle des Satzes 1 den nach Landesrecht zuständigen Stellen (vgl. → Rn. 5). Unter Öffentlichkeit sind im Falle des Satzes 2 die (potenziell) betroffenen Personen zu verstehen (a.A. *Heitsch* in Kotulla BImSchG § 46a Rn. 14). 8

III. Art und Weise der Unterrichtung

Die Überschreitung von Informations- oder Alarmschwellen ist der Öffentlichkeit **unverzüglich** (vgl. dazu → § 15 Rn. 66) nach deren Feststellung bekannt zu geben. Als Mittel der Bekanntgabe werden Rundfunk, Fernsehen, Presse oder eine andere geeignete 9

Weise (insbesondere andere Telekommunikationsmittel) genannt. Der Inhalt der notwendigen Information wird in § 30 Absatz 3 i. V. m. Anhang 14 der 39. BImSchV näher bestimmt.

D. Durchsetzung der Unterrichtungspflichten und Rechtsschutz

10 Kommt die nach Landesrecht zuständige Stelle ihren Unterrichtungspflichten nach § 46a i. V. m. einer Rechtsverordnung nach § 48a Abs. 1 nicht nach, kann und muss die vorgesetzte Behörde eingreifen und ggf. **Aufsichtsmaßnahmen** treffen (vgl. *Jarass* Rn. 8).

11 § 46a ist seinem Wortlaut nach keine Schutznorm, da allgemein *die* Öffentlichkeit zu informieren ist. Aus **unionsrechtlichen Gründen** jedoch dürfte sich der Einzelne sowohl auf die Erfüllung der Informationspflichten aus S. 1 als auch S. 2 berufen können, da die relevanten Immissionswerte sämtlich dem Schutz der menschlichen Gesundheit dienen (so auch BeckOK UmweltR/*Köck* BImSchG § 46a Rn. 6; vgl. auch *Weise,* Behördliche Handlungspflichten im quellenunabhängigen Luftqualitätsrecht, 2010, S. 209; einschränkend *Jarass* Rn. 8; a.A. *Weiner* GK-BImSchG § 46a Rn. 7). Nach der Rechtsprechung des EuGH besteht ein klagbarer Anspruch auf die richtlinienkonforme Einrichtung von Probennahmestellen (EuGH Urt. v. 26.6.2019 – Rs. C-723/17 – Craeynest, DVBl. 2019, 1056), da diese Informationen über die Verschmutzung der am stärksten belasteten Orte liefern. In der Konsequenz besteht dann auch ein Anspruch auf Mitteilung dieser Informationen.

§ 47 Luftreinhaltepläne, Pläne für kurzfristig zu ergreifende Maßnahmen, Landesverordnungen

(1) [1]Werden die durch eine Rechtsverordnung nach § 48a Abs. 1 festgelegten Immissionsgrenzwerte einschließlich festgelegter Toleranzmargen überschritten, hat die zuständige Behörde einen Luftreinhalteplan aufzustellen, welcher die erforderlichen Maßnahmen zur dauerhaften Verminderung von Luftverunreinigungen festlegt und den Anforderungen der Rechtsverordnung entspricht. [2]Satz 1 gilt entsprechend, soweit eine Rechtsverordnung nach § 48a Absatz 1 zur Einhaltung von Zielwerten die Aufstellung eines Luftreinhalteplans regelt. [3]Die Maßnahmen eines Luftreinhalteplans müssen geeignet sein, den Zeitraum einer Überschreitung von bereits einzuhaltenden Immissionsgrenzwerten so kurz wie möglich zu halten.

(2) [1]Besteht die Gefahr, dass die durch eine Rechtsverordnung nach § 48a Absatz 1 festgelegten Alarmschwellen überschritten werden, hat die zuständige Behörde einen Plan für kurzfristig zu ergreifende Maßnahmen aufzustellen, soweit die Rechtsverordnung dies vorsieht. [2]Besteht die Gefahr, dass durch eine Rechtsverordnung nach § 48a Absatz 1 festgelegte Immissionsgrenzwerte oder Zielwerte überschritten werden, kann die zuständige Behörde einen Plan für kurzfristig zu ergreifende Maßnahmen aufstellen, soweit die Rechtsverordnung dies vorsieht. [3]Die im Plan festgelegten Maßnahmen müssen geeignet sein, die Gefahr der Überschreitung der Werte zu verringern oder den Zeitraum, während dessen die Werte überschritten werden, zu verkürzen. [4]Ein Plan für kurzfristig zu ergreifende Maßnahmen kann Teil eines Luftreinhalteplans nach Absatz 1 sein.

(3) [1]Liegen Anhaltspunkte dafür vor, dass die durch eine Rechtsverordnung nach § 48a Abs. 1a festgelegten Immissionswerte nicht eingehalten werden, oder sind in einem Untersuchungsgebiet im Sinne des § 44 Abs. 2 sonstige schädliche Umwelteinwirkungen zu erwarten, kann die zuständige Behörde einen Luftreinhalteplan aufzustellen. [2]Bei der Aufstellung dieser Pläne sind die Ziele der Raumordnung zu beachten; die Grundsätze und sonstigen Erfordernisse der Raumordnung sind zu berücksichtigen.

(4) [1]Die Maßnahmen sind entsprechend des Verursacheranteils unter Beachtung des Grundsatzes der Verhältnismäßigkeit gegen alle Emittenten zu richten, die zum Überschreiten der Immissionswerte oder in einem Untersuchungsgebiet im Sinne des § 44 Abs. 2 zu sonstigen schädlichen Umwelteinwirkungen beitragen. [2]Werden in Plänen nach Absatz 1 oder 2 Maßnahmen im Straßenverkehr erforderlich, sind diese im Einvernehmen mit den zuständigen Straßenbau- und Straßenverkehrsbehörden festzulegen. [3]Werden Immissionswerte hinsichtlich mehrerer Schadstoffe überschritten, ist ein alle Schadstoffe erfassender Plan aufzustellen. [4]Werden Immissionswerte durch Emissionen überschritten, die außerhalb des Plangebiets verursacht werden, hat in den Fällen der Absätze 1 und 2 auch die dort zuständige Behörde einen Plan aufzustellen.

(4a) [1]Verbote des Kraftfahrzeugverkehrs für Kraftfahrzeuge mit Selbstzündungsmotor kommen wegen der Überschreitung des Immissionsgrenzwertes für Stickstoffdioxid in der Regel nur in Gebieten in Betracht, in denen der Wert von 50 Mikrogramm Stickstoffdioxid pro Kubikmeter Luft im Jahresmittel überschritten worden ist. [2]Folgende Kraftfahrzeuge sind von Verkehrsverboten ausgenommen:

1. Kraftfahrzeuge der Schadstoffklasse Euro 6,
2. Kraftfahrzeuge der Schadstoffklassen Euro 4 und Euro 5, sofern diese im praktischen Fahrbetrieb in entsprechender Anwendung des Artikels 2 Nummer 41 in Verbindung mit Anhang IIIa der Verordnung (EG) Nr. 692/2008 der Kommis-

sion vom 18. Juli 2008 zur Durchführung und Änderung der Verordnung (EG) Nr. 715/2007 des Europäischen Parlaments und des Rates über die Typgenehmigung von Kraftfahrzeugen hinsichtlich der Emissionen von leichten Personenkraftwagen und Nutzfahrzeugen (Euro 5 und Euro 6) und über den Zugang zu Reparatur- und Wartungsinformationen für Fahrzeuge (ABl. L 199 vom 28.7.2008, S. 1), die zuletzt durch die Verordnung (EU) 2017/1221 (ABl. L 174 vom 7.7.2017, S. 3) geändert worden ist, weniger als 270 Milligramm Stickstoffoxide pro Kilometer ausstoßen,

3. Kraftomnibusse mit einer Allgemeinen Betriebserlaubnis für ein Stickstoffoxid-Minderungssystem mit erhöhter Minderungsleistung, sofern die Nachrüstung finanziell aus einem öffentlichen Titel des Bundes gefördert worden ist, oder die die technischen Anforderungen erfüllen, die für diese Förderung erforderlich gewesen wären,
4. schwere Kommunalfahrzeuge mit einer Allgemeinen Betriebserlaubnis für ein Stickstoffoxid-Minderungssystem mit erhöhter Minderungsleistung, sofern die Nachrüstung finanziell aus einem öffentlichen Titel des Bundes gefördert worden ist, oder die die technischen Anforderungen erfüllen, die für diese Förderung erforderlich gewesen wären, sowie Fahrzeuge der privaten Entsorgungswirtschaft von mehr als 3,5 Tonnen mit einer Allgemeinen Betriebserlaubnis für ein Stickstoffoxid-Minderungssystem mit erhöhter Minderungsleistung, die die technischen Anforderungen erfüllen, die für diese Förderung erforderlich gewesen wären,
5. Handwerker- und Lieferfahrzeuge zwischen 2,8 und 7,5 Tonnen mit einer Allgemeinen Betriebserlaubnis für ein Stickstoffoxid-Minderungssystem mit erhöhter Minderungsleistung, sofern die Nachrüstung finanziell aus einem öffentlichen Titel des Bundes gefördert worden ist, oder die die technischen Anforderungen erfüllen, die für diese Förderung erforderlich gewesen wären,
6. Kraftfahrzeuge der Schadstoffklasse Euro VI und
7. Kraftfahrzeuge im Sinne von Anhang 3 Nummer 5, 6 und 7 der Verordnung zur Kennzeichnung der Kraftfahrzeuge mit geringem Beitrag zur Schadstoffbelastung vom 10. Oktober 2006 (BGBl. I S. 2218), die zuletzt durch Artikel 85 der Verordnung vom 31. August 2015 (BGBl. I S. 1474) geändert worden ist.

[3] Im Einzelfall kann der Luftreinhalteplan im Fall des Satzes 2 Nummer 6 auch für diese Kraftfahrzeuge ein Verbot des Kraftfahrzeugverkehrs vorsehen, wenn die schnellstmögliche Einhaltung des Immissionsgrenzwertes für Stickstoffdioxid anderenfalls nicht sichergestellt werden kann. [4] Weitere Ausnahmen von Verboten des Kraftfahrzeugverkehrs, insbesondere nach § 40 Absatz 1 Satz 2, können durch die zuständigen Behörden zugelassen werden. [5] Die Vorschriften zu ergänzenden technischen Regelungen, insbesondere zu Nachrüstmaßnahmen bei Kraftfahrzeugen, im Straßenverkehrsgesetz und in der Straßenverkehrs-Zulassungs-Ordnung bleiben unberührt.

(5) Die nach den Absätzen 1 bis 4 aufzustellenden Pläne müssen den Anforderungen des § 45 Abs. 2 entsprechen. Die Öffentlichkeit ist bei der Aufstellung von Plänen nach den Absätzen 1 und 3 zu beteiligen. Die Pläne müssen für die Öffentlichkeit zugänglich sein.

(5a) [1] Bei der Aufstellung oder Änderung von Luftreinhalteplänen nach Absatz 1 ist die Öffentlichkeit durch die zuständige Behörde zu beteiligen. [2] Die Aufstellung oder Änderung eines Luftreinhalteplanes sowie Informationen über das Beteiligungsverfahren sind in einem amtlichen Veröffentlichungsblatt und auf andere geeignete Weise bekannt zu machen. [3] Der Entwurf des neuen oder geänderten Luftreinhalteplanes ist einen Monat zur Einsicht auszulegen; bis zwei Wochen nach Ab-

lauf der Auslegungsfrist kann gegenüber der zuständigen Behörde schriftlich oder elektronisch Stellung genommen werden; der Zeitpunkt des Fristablaufs ist bei der Bekanntmachung nach Satz 2 mitzuteilen. [4] Fristgemäß eingegangene Stellungnahmen werden von der zuständigen Behörde bei der Entscheidung über die Annahme des Plans angemessen berücksichtigt. [5] Der aufgestellte Plan ist von der zuständigen Behörde in einem amtlichen Veröffentlichungsblatt und auf andere geeignete Weise öffentlich bekannt zu machen. [6] In der öffentlichen Bekanntmachung sind das überplante Gebiet und eine Übersicht über die wesentlichen Maßnahmen darzustellen. [7] Eine Ausfertigung des Plans, einschließlich einer Darstellung des Ablaufs des Beteiligungsverfahrens und der Gründe und Erwägungen, auf denen die getroffene Entscheidung beruht, wird zwei Wochen zur Einsicht ausgelegt. [8] Dieser Absatz findet keine Anwendung, wenn es sich bei dem Luftreinhalteplan nach Absatz 1 um einen Plan handelt, für den nach dem Gesetz über die Umweltverträglichkeitsprüfung eine Strategische Umweltprüfung durchzuführen ist.

(5b) **Werden nach Absatz 2 Pläne für kurzfristig zu ergreifende Maßnahmen aufgestellt, macht die zuständige Behörde der Öffentlichkeit sowohl die Ergebnisse ihrer Untersuchungen zur Durchführbarkeit und zum Inhalt solcher Pläne als auch Informationen über die Durchführung dieser Pläne zugänglich.**

(6) **[1] Die Maßnahmen, die Pläne nach den Absätzen 1 bis 4 festlegen, sind durch Anordnungen oder sonstige Entscheidungen der zuständigen Träger öffentlicher Verwaltung nach diesem Gesetz oder nach anderen Rechtsvorschriften durchzusetzen. [2] Sind in den Plänen planungsrechtliche Festlegungen vorgesehen, haben die zuständigen Planungsträger dies bei ihren Planungen zu berücksichtigen.**

(7) **[1] Die Landesregierungen oder die von ihnen bestimmten Stellen werden ermächtigt, bei der Gefahr, dass Immissionsgrenzwerte überschritten werden, die eine Rechtsverordnung nach § 48a Abs. 1 festlegt, durch Rechtsverordnung vorzuschreiben, dass in näher zu bestimmenden Gebieten bestimmte**

1. **ortsveränderliche Anlagen nicht betrieben werden dürfen,**
2. **ortsfeste Anlagen nicht errichtet werden dürfen,**
3. **ortsveränderliche oder ortsfeste Anlagen nur zu bestimmten Zeiten betrieben werden dürfen oder erhöhten betriebstechnischen Anforderungen genügen müssen,**
4. **Brennstoffe in Anlagen nicht oder nur beschränkt verwendet werden dürfen,**

soweit die Anlagen oder Brennstoffe geeignet sind, zur Überschreitung der Immissionswerte beizutragen. [2] Absatz 4 Satz 1 und § 49 Abs. 3 gelten entsprechend.

Schrifttum: Vgl. die Hinweise in der Vorbemerkung zu §§ 44 bis 47 sowie *Albrecht/Nentwich,* Die neuen Regelungen zur elektronischen Überwachung von umweltbedingten Verkehrsverboten, NZV 2019, 377; *Appel/Stark,* Zwischen Unionsrechtswidrigkeit und Irrelevanz, NVwZ 2019, 1552; *Balbach/Morfeld,* „Alternativlose" Umweltzonen?, NVwZ 2014, 1499; *Berkemann,* Dieselfahrverbote – Bemerkungen zum Grundsatz der Verhältnismäßigkeit und zur Unionsrechtswidrigkeit des § 47 Abs. 4a Satz 1 BImSchG 2019, ZUR 2019, 412; *Brandt,* Luftreinhalteplanung und ihre Umsetzung, NVwZ 2013, 945; *Burgi/Pöhlmann,* Diesel-Verkehrsverbote mit Einschränkungen und Ausnahmen für Handwerker, GewArch 2018, 361; *Callies,* Feinstaub im Rechtsschutz deutscher Verwaltungsgerichte, NVwZ 2006, 1; *Couzinet,* Die Schutznormtheorie in Zeiten des Feinstaubs, DVBl. 2008, 754; *Dolde,* Dieselverkehrsverbote in der Luftreinhalteplanung, EurUP 2020, 259; *Faßbender,* Der Dieselskandal und der Gesundheitsschutz, NJW 2017, 1995; *Frenz,* Dieselfahrverbote mit Fallstricken, UPR 2019, 361; *Giesberts,* „Diesel-Verkehrsverbote" ausnahmsweise möglich!, NVwZ 2018,1276; *Hofmann,* Luftreinhalteplanung und ihre Umsetzung, NVwZ 2018, 928; *Klinger,* Dieselfahrverbotsurteil, oder: Wie Demokratien leben, ZUR 2018, 257; *ders.,* Luftreinhalteplanung und Verwaltungsrechtsschutz: Rechtsanspruch, Vollstreckung, Dieselfahrverbote, ZUR 2018, 272; *ders.,* Unionsrechts- oder verfassungswidrige Novelle des BImSchG?, ZUR 2019, 131; *Kugler,* Sind die bundesdeutschen Aktionspläne nach § 47 II BImSchG mit dem Europarecht vereinbar?, NVwZ

2010, 279; *Laskowski,* Beschränkung von Fahrverboten unionsrechtskonform?, ZRP 2019, 44; *Lau,* Das Urteil des BVerwG vom 5.9.2013 oder der Versuch, den „slowakischen Braunbären" zu zähmen?, NVwZ 2014, 637; *Lenz,* Fahrverbote für Dieselfahrzeuge in Umweltzonen trotz grüner Plakette?, NVwZ 2017, 858; *Linnartz,* Das Urteil des VG Düsseldorf vom 19.9.2016, Az 3 K 7695/15 zum Luftreinhalteplan Düsseldorf – Analyse und kritische Auseinandersetzung, UPR 2017, 86; *Mainka,* Kompetenzen bei der Luftreinhalteplanung am Beispiel Diesel, UPR 2018, 291; *Rebler,* Die Rechtsprechung des BVerwG zu Verkehrsverboten für Diesel-Kfz – kritische Anmerkungen aus verkehrsrechtlicher Sicht, UPR 2019, 7; *Rebler/Scheidler,* Ausnahmen von Fahrverboten in einer Umweltzone, NVwZ 2010, 98; *Sandner,* (Rechts-)Schutz gegen Feinstaub, in: Festschrift für R. Schmidt, 2006, S. 879; *Schäfer,* Luftreinhalteplanung unter Berücksichtigung des Verhältnismäßigkeitsgebots – Rechtliche Zulässigkeit der notwendigen Maßnahmen, insb. Von Dieselfahrverboten, DVBl. 2019, 473; *Scheidler,* Gibt es einen Anspruch auf behördliche Maßnahmen gegen Belastungen durch Feinstaub?, BayVBl. 2006, 656; *ders.,* Das immissionsschutzrechtliche Instrumentarium zur gebietsbezogenen Luftreinhaltung, UPR 2006, 216; *ders.,* Rechtsgrundlagen und Voraussetzungen für Dieselfahrverbote in Deutschland – Anmerkung zu den Urteilen des BVerwG vom 27.2.2018 – 7 C 26.16 und 7 C 30.17, UPR 2018, 287; *ders.,* Einklagbarkeit von Dieselfahrverboten?, VR 2018, 289; *ders.,* Ausnahmen von Dieselfahrverboten nach dem neuen § 47 Abs. 4a Satz 2 BImSchG, VR 2019, 289; *ders.,* Ausnahmen von Dieselfahrverboten für Handwerker- und Lieferfahrzeuge im neuen § 47 Abs. 4a BImSchG, GewArch 2019, 334; *ders.,* Das 13. BImSchG-Änderungsgesetz – Ein (un)tauglicher Versuch, Dieselfahrverboten entgegenzuwirken?, NVwZ 2019, 751; *Schink,* Erläuterungen zu § 47 BImSchG, in: Feldhaus, Bundesimmissionsschutzrecht, Band 1 Teil II, Stand: Juni 2018; *ders.,* Die Verpflichtung zur Fortschreibung von Luftreinhalteplänen in der Verwaltungsvollstreckung, DVBl. 2016, 1557; *ders.,* Verhindert das 13. Gesetz zur Änderung des BImSchG Dieselfahrverbote?, I+E 2019, 58; *ders.,* Dieselfahrverbote und Klimaschutz, NuR 2020, 145; *Schink/Fellenberg,* Dieselfahrverbote zur Einhaltung der Grenzwerte für NO_2?, NJW 2018, 2016; *Schwarz,* Dieselfahrverbot als ultima ratio, GewArch 2018, 101; *Sparwasser/Engel,* Aktionspläne des Luftreinhalte- und Lärmschutzrechts im Spannungsfeld zwischen deutschem und europäischem Recht, NVwZ 2010, 1513; *Sparwasser/Stammann,* Neue Anforderungen an die Planung durch die Luftqualitätsvorgaben der EU?, ZUR 2006, 169; *Streppel,* Rechtsschutzmöglichkeiten des Einzelnen im Luftqualitätsrecht, EurUP 2006, 191; *Trute,* Das Planungsinstrumentarium des Bundes-Immissionsschutzgesetzes, in: *Koch/Lechelt,* (Hrsg.), Zwanzig Jahre Bundes-Immissionsschutzgesetz, 1994, S. 155; *ders.,* Vorsorgestrukturen und Luftreinhalteplanung im Bundes-Immissionsschutzgesetz, 1989; *Uechtritz/Couzinet,* Das Einvernehmenserfordernis bei der Aufstellung und Fortschreibung von Luftreinhalteplänen, NVwZ 2019,985; *Weise,* Verkehrsverbote für Dieselkraftfahrzeuge zur Einhaltung der Immissionsgrenzwerte für Stickstoffdioxid außerhalb von Umweltzonen, I+E 2016, 114; *Wiemers,* Der Dieselskandal vor den Schranken des Bundesverwaltungsgerichts, VR 2018, 294; *Wienhues,* Dieselfahrverbote in deutschen Städten sind europarechtlich geboten: Zur Entscheidung des Bundesverwaltungsgerichts vom 27. Februar 2018, NordÖR 2018, 142; *Will,* Die Rechtsgrundlagen für Verkehrsverbote zur Einhaltung von NO_2-Grenzwerten im Lichte der aktuellen Rechtsprechung des BVerwG, NZV 2018, 393; *ders.,* Das Frankfurt-Urteil des VG Wiesbaden und die Verhältnismäßigkeit zonaler Verkehrsverbote, NVwZ 2019, 263; *ders.,* Fortentwicklung der obergerichtlichen Rechtsprechung zu den sog. Diesel-Fahrverboten, NZV 2019, 496; *ders.,* Verschiebung politischer Gestaltungsverantwortung auf die Judikative, ZRP 2019, 181; *ders.,* Die Vollstreckung verwaltungsgerichtlicher Allgemeiner Leistungsurteile auf Aufstellung bzw. Fortschreibung von Luftreinhalteplänen, VerwArch 2019, 280; *Winkler,* Der europäisch initiierte Anspruch auf Erlass eines Aktionsplans, EurUP 2006, 198; *Winkler/Zeccola/Willing,* Die Folgen eines legislativen und exekutiven Vakuums am Beispiel der Fahrverbots-Rechtsprechung, DVBl. 2019, 79.

Übersicht

A. Allgemeines

I. Bedeutung der Vorschrift

1. Luftreinhaltepläne als Instrumente eines final ausgerichteten Luftreinhaltekonzepts. Die Normstruktur des Fünften (und des Sechsten) Teils des Bundes-Immissionsschutzgesetzes unterscheidet sich deutlich von der der übrigen Teile des Ge- 1 setzes. Entsprechend der Tradition des deutschen Umweltordnungsrechts sind die meisten immissionsschutzrechtlichen Vorschriften *konditional* aufgebaut: Wenn bestimmte Voraussetzungen gegeben sind, tritt eine bestimmte Rechtsfolge ein. Im Gegensatz dazu enthalten die §§ 45 und 47 *finales* Recht: Hier geht es um die Erreichung bestimmter Ziele, ohne dass die dazu einzusetzenden Mittel durch den Gesetzgeber im Einzelnen vorgegeben werden (a.A. *Jarass* Rn. 2, der dabei jedoch zugrunde legt, dass die hier vertretene Auffassung davon ausgeht, dass es bei der Aufstellung von Plänen um die Festlegung von Zielen geht). § 47 betrifft in diesem Zusammenhang das Problem, wie **Luftqualitätsziele durch planerische Maßnahmen** zu erreichen sind. Für die Umsetzung der Pläne ist dann konditionales Recht anzuwenden (vgl. § 47 Abs. 6). Daraus können sich Vollzugsschwierigkeiten ergeben (zum Gegensatz zwischen konditionaler und finaler Rechtsetzung und den sich daraus ergebenden Schwierigkeiten vgl. *Breuer* NVwZ 1997, 833 (835 ff.), und in: Ministerium für Umwelt und Naturschutz, Landwirtschaft und Verbraucherschutz NRW – Hrsg. –, Umweltschutz im Widerstreit differierender Konzepte, Tagungsband der Umweltrechtstage 2000).

2 **2. Umsetzung des Umweltqualitätskonzepts der EU.** In Art. 1 der Luftqualitäts-Rahmenrichtlinie 96/62/EG waren bereits die Grundsätze für eine gemeinschaftliche Luftreinhaltestrategie festgelegt. Als Ziele werden dort genannt:

- Definition und Festlegung von Luftqualitätszielen,
- Beurteilung der Luftqualität anhand einheitlicher Methoden und Kriterien,
- Verfügbarkeit von Informationen über die Luftqualität und Unterrichtung der Öffentlichkeit hierüber,
- Erhaltung der Luftqualität, sofern sie gut ist, und Verbesserung der Luftqualität, wenn dies nicht der Fall ist.

Diese Ziele (ergänzt um die Förderung der verstärkten Zusammenarbeit zwischen den Mitgliedstaaten bei der Verringerung der Luftverschmutzung) benennt auch Art. 1 der Richtlinie 2008/50/EG über Luftqualität, die die Luftqualitäts-Rahmenrichtlinie abgelöst hat. Welche Maßnahmen zur Umsetzung der Luftreinhaltestrategie zu ergreifen sind, wird den einzelnen Mitgliedstaaten überlassen. Insoweit ist das **Luftqualitätsrecht der EU als finales Recht** anzusehen. Gefordert wird lediglich die Aufstellung von Plänen und Programmen zur Erreichung der unionsrechtlich vorgegebenen Ziele (vgl. *Hansmann* NuR 1999, 10 ff.; *Jarass* NVwZ 2003, 257 (259 f.); *Staupe* in: Umweltschutz im Widerstreit differierender Konzepte, Umweltrechtstage 2000, S. 209 ff.; *Will* NZV 2018, 393 (394 ff.)). Zur Umsetzung dieser unionsrechtlichen Forderung dient u.a. die Vorschrift des § 47 (vgl. dazu im Einzelnen die Ausführungen in der amtlichen Begründung, abgedruckt bei → Rn. 6).

3 **3. Zweck der Luftreinhaltepläne und der Pläne für kurzfristig zu ergreifende Maßnahmen.** Luftreinhaltepläne und Pläne für kurzfristig zu ergreifende Maßnahmen, deren Aufstellung in § 47 geregelt wird, dienen – allgemein ausgedrückt – der **Verbesserung der Luftqualität.** Dabei soll mit den Luftreinhalteplänen die Einhaltung bestimmter Immissionswerte ab einem bestimmten Zeitpunkt dauerhaft erreicht werden. Pläne für kurzfristig zu ergreifende Maßnahmen greifen demgegenüber ein, um durch kurzfristig wirkende Maßnahmen die Überschreitung bestimmter Werte zu verhindern oder das Ausmaß der Überschreitung zu verringern (vgl. auch → Rn. 12).

4 Insbesondere durch Luftreinhaltepläne nach § 47 Abs. 3 wird eine Verbesserung der Luftqualität nicht nur aus Immissionsschutzgründen angestrebt. In Gebieten, die durch verschiedene Luftschadstoffe hoch belastet sind, kann die Ansiedlung neuer Industriebetriebe oder der Ausbau bestehender Betriebe erheblich erschwert sein. Hier sollen die

Luftreinhaltepläne durch Verminderung der vorhandenen Luftbelastung **den erforderlichen Freiraum schaffen** und so **eine angemessene wirtschaftliche Entwicklung ermöglichen** (vgl. *Dreyhaupt,* Handbuch zur Aufstellung von Luftreinhalteplänen, 1979, S. 21; vgl. auch *Jarass* Rn. 23). Sofern durch einen Luftreinhalteplan eine Verbesserung der Immissionsverhältnisse gesichert erscheint, kann das bei der Genehmigung neuer Industrieanlagen berücksichtigt werden (vgl. Nr. 4.2.3 Abs. 2 Buchst. b, Nr. 4.3.2 Buchst. c, Nr. 4.4.3 Buchst. c und Nr. 4.5.2 Buchst. c TA Luft; abgedruckt in Band IV unter Nr. 3.2).

II. Entstehungsgeschichte

Die Entstehungsgeschichte des § 47 ist von der Entwicklung des Fünften Teils des Gesetzes nicht zu trennen (vgl. dazu → Vor § 44 Rn. 5–13). Die Vorschrift wurde durch das **Siebte Gesetz zur Änderung des Bundes-Immissionsschutzgesetzes** vom 11. September 2002 (BGBl. I S. 3622) vollständig neu gefasst. Die Fassung beruht im Wesentlichen auf der Vorlage der Bundesregierung (BT-Drs. 14/8450). Im Gesetzgebungsverfahren wurden auf Grund der Stellungnahme des Bundesrates Satz 2 in Absatz 4 eingefügt und Absatz 7 um eine Subdelegationsermächtigung ergänzt (vgl. den Bericht des Bundestags-Umweltausschusses, BT-Drs. 14/8895). 5

In der Begründung zur Neufassung des § 47 hat die Bundesregierung Folgendes ausgeführt (BT-Drs. 14/8450, S. 13f.): 6

Die Neufassung des Absatzes 1 setzt Artikel 8 Abs. 3 der Rahmenrichtlinie um. Artikel 8 Abs. 3 i. V. m. Absatz 1 Unterabsatz 1 der Rahmenrichtlinie verlangt, dass in Gebieten, in denen der Schadstoffgehalt der Luft die Summe von Grenzwert und Toleranzmarge überschreitet, die eine Tochterrichtlinie für einen Schadstoff bestimmt, Pläne oder Programme mit Maßnahmen aufzustellen sind um die Grenzwerte innerhalb der durch die Tochterrichtlinie vorgeschriebenen Frist zu erreichen Nach Artikel 8 Abs. 1 Unterabs. 2 der Rahmenrichtlinie reicht die Überschreitung eines Grenzwertes aus, wenn eine Tochterrichtlinie keine Toleranzmarge festlegt. Solche Pläne entsprechen von ihrer Konzeption her den schon im bisherigen § 47 Abs. 1 vorgesehenen Luftreinhalteplänen, mit denen eine „Sanierung" des Gebiets erreicht werden soll. Daher wird auch zur Umsetzung von Artikel 8 Abs. 3 der Rahmenrichtlinie der im deutschen Recht übliche Begriff des Luftreinhalteplans verwandt.

Absatz 1 greift die Voraussetzungen auf, die Artikel 8 Abs. 3 i. V. m. Absatz 1 der Rahmenrichtlinie für die Aufstellung von Plänen verlangt, indem hinsichtlich der Immissionsgrenzwerte sowie der Toleranzmargen auf die Immissionswerte einer aufgrund von § 48a Abs. 1 erlassenen Rechtsverordnung verwiesen wird. Insoweit geht es um die novellierte 22. BImSchV, welche die Standards umsetzt, welche die Tochterrichtlinien zur Rahmenrichtlinie vorgeben. Auch hinsichtlich der inhaltlichen Anforderungen, denen Pläne nach § 47 Abs. 1 zur Umsetzung der Rahmenrichtlinie entsprechen müssen, verweist § 47 Abs. 1 auf die novellierte 22. BImSchV. Die 22. BImSchV setzt insbesondere den Anhang IV der Rahmenrichtlinie um, auf den Artikel 8 Abs. 3 der Rahmenrichtlinie Bezug nimmt.

Die in Luftreinhalteplänen nach § 47 Abs. 1 geregelten Maßnahmen müssen „dauerhaft" zur Verminderung der durch die 22. BImSchV erfassten Schadstoffe geeignet sein. Insoweit ist erforderlich, dass die Maßnahmen die Einhaltung der maßgebenden Immissionsgrenzwerte langfristig gewährleisten.

Die im Absatz 2 geregelten Aktionspläne setzten Artikel 7 Abs. 3 der Rahmenrichtlinie um. Besteht die Gefahr, dass Grenzwerte nach den in den Tochterrichtlinien festgelegten Stichtagen oder Alarmschwellen überschritten werden, sind nach Artikel 7 Abs. 3 der Rahmenrichtlinie Aktionspläne zu erstellen. In Aktionsplänen sind Maßnahmen festzulegen, mit denen die Gefahr der Überschreitung der Werte verringert oder die Dauer der Überschreitung der Werte verkürzt werden kann.

Absatz 2 greift die Vorgaben der Rahmenrichtlinie hinsichtlich der Voraussetzungen und des Inhalts von Aktionsplänen auf und verweist ergänzend auf die novellierte 22. BImSchV. Das zu Absatz 1 Ausgeführte gilt entsprechend. Inhaltlich kommen in Aktionsplänen als Maßnahmen die

Überwachung und die Beschränkung von Tätigkeiten in Betracht, die zu einer Überschreitung der Grenzwerte beitragen, einschließlich der Beschränkung des Kraftfahrzeugverkehrs.

Absatz 3 ermöglicht i.V.m. § 48a Abs. 1a Luftreinhaltepläne hinsichtlich der nicht vom EG-Recht erfassten Schadstoffe und entspricht im Wesentlichen der bisherigen Regelung in § 47 Abs. 1. Auch für von den Ländern festgelegte Untersuchungsgebiete im Sinne des § 44 Abs. 2, die bundesrechtlich nicht geregelte Schadstoffe betreffen, kann zur Abwehr schädlicher Umwelteinwirkungen – wie bisher bereits in § 47 Abs. 1 Satz 1 vorgesehen – ein Luftreinhalteplan erstellt werden. Durch Absatz 3 Satz 2 wird die Raumordnungsklausel an die am 1. Januar 1998 in Kraft getretene Neuregelung des Raumordnungsgesetzes angepasst.

Die Absätze 4 und 5 konkretisieren inhaltliche und verfahrensbezogene Anforderungen, die bei der Aufstellung von Plänen zu beachten sind:

Absatz 4 Satz 1 setzt teilweise Artikel 7 Abs. 3 Satz 2 der Rahmenrichtlinie um. Hiernach müssen sich die in Aktionsplänen vorgesehenen Maßnahmen gegen diejenigen Tätigkeiten richten, „die zu einer Überschreitung der Grenzwerte beitragen, einschließlich des Kraftfahrzeugverkehrs". Die Regelung verwirklicht das Verursacherprinzip und bezweckt das Heranziehen aller Emittenten (insbesondere der Betreiber genehmigungsbedürftiger und nicht genehmigungsbedürftiger Anlagen, Verkehr) entsprechend ihres Anteils an der Überschreitung von Immissionswerten unter Beachtung des Grundsatzes der Verhältnismäßigkeit.

Absatz 4 Satz 2 trägt Artikel 8 Abs. 4 der Rahmenrichtlinie Rechnung. Hiernach muss für Gebiete, in denen Grenzwerte durch mehrere Schadstoffe überschritten werden, ein integrierter Plan aufgestellt werden, der sich auf alle betreffenden Schadstoffe erstreckt.

Absatz 4 Satz 3 dient dazu, bei EG-rechtlich vorgegebenen Plänen die Überschreitung von Immissionswerten durch Maßnahmen im Verursachergebiet zu vermeiden.

Absatz 5 Satz 1 verweist hinsichtlich der Aufstellung von Plänen auf die in § 45 Abs. 2 genannten integrativen Vorgaben, die wiederum auf Artikel 7 Abs. 2 der Rahmenrichtlinie beruhen.

Die in Absatz 5 Satz 2 geregelte Beteiligung der Öffentlichkeit bei der Aufstellung von Plänen soll insbesondere den Betroffenen die Möglichkeit geben, die Behörde in einem frühen Stadium über Einwände gegen die vorgesehenen Maßnahmen zu informieren.

Absatz 5 Satz 3 setzt hinsichtlich der in § 47 Abs. 1 geregelten Pläne Artikel 8 Abs. 3 Satz 2 der Rahmenrichtlinie um, nach dem die Öffentlichkeit Zugang zu den von Artikel 8 Abs. 3 Satz 1 der Rahmenrichtlinie erfassten Plänen haben muss. Auch hinsichtlich der in § 47 Abs. 2 und 3 geregelten Pläne ist der Zugang der Öffentlichkeit zu ihnen im Interesse von Planungssicherheit für die Betroffenen geboten.

Absatz 6 entspricht dem bisherigen § 47 Abs. 3. Die Vorschrift wird auf die von der Rahmenrichtlinie vorgegebenen Luftreinhalte- und Aktionspläne erweitert. Satz 1 verpflichtet die zuständigen Träger öffentlicher Verwaltung zur Durchsetzung der in den Plänen vorgesehenen Maßnahmen. Die Pläne sind nicht für den Bürger verpflichtend, sondern binden nur verwaltungsintern. Wie bereits nach bisherigem Recht können die in den Plänen vorgesehenen Maßnahmen nur mit dem Eingriffsinstrumentarium des Bundes-Immissionsschutzgesetzes oder dem anderer Rechtsvorschriften durchgesetzt werden. Erforderlich sind entsprechende Befugnisnormen. Als solche kommen z. B. die §§ 6, 17, 24, 40 Abs. 1 BImSchG in Frage. Nach Absatz 6 Satz 1 können Pläne nicht allein mit Einzelmaßnahmen durchgesetzt werden. Vielmehr kommt auch eine Rechtsverordnung nach Absatz 7 in Betracht.

Nach Absatz 6 Satz 2 sind planungsrechtliche Festlegungen, die in Plänen nach Absatz 1 bis 3 vorgesehen sind, von den zuständigen Planungsträgern bei ihren Planungen (z. B. Bebauungspläne oder Planung und Linienbestimmung von Straßen) zu berücksichtigen. Ist z. B. für die Zulassung eines Vorhabens eine Abwägungsentscheidung aufgrund eines Planfeststellungsverfahrens erforderlich, sind die Festlegungen eines Luftreinhalteplans hinsichtlich der Maßnahmen zur Einhaltung von Grenzwerten als ein Abwägungsbelang mit den übrigen betroffenen öffentlichen und privaten Belangen abzuwägen. Daher können Planungsträger von Luftreinhalteplänen abweichen, soweit die Grenzwerte auch durch andere Maßnahmen erreicht werden können. Bei der
Aufstellung eines Luftreinhalteplans ist im Übrigen neben dem Immissionsschutzrecht das sonstige Bundesrecht zu beachten. So kann beispielsweise der Träger der Straßenbaulast nicht verpflichtet werden, aus Gründen der Luftreinhaltung eine Bundesfernstraße zu verlegen oder neu zu planen, da hierin ein Verstoß gegen § 16 Abs. 3 FStrG liegen würde. Unabhängig von der Planungszuständigkeit bleibt allerdings die Verpflichtung der zuständigen Behörden, zur Einhaltung der Grenzwerte die erforderlichen Maßnahmen, z. B. Verkehrsbeschränkungen, zu veranlassen.

Absatz 7 dient der Umsetzung von Artikel 7 Abs. 3 der Rahmenrichtlinie. Die Vorschrift verschafft den Ländern die Option, zur Durchsetzung der novellierten 22. BImSchV – welche die Immissionsgrenzwerte der Tochterrichtlinien umsetzt – anlagenbezogene Anforderungen durch Rechtsverordnung zu begründen.

Während Rechtsverordnungen nach § 49 Abs. 1 nur einzelne Gebiete betreffen, die eines besonderen Schutzes vor schädlichen Umwelteinwirkungen bedürfen (und zwar über die Einhaltung der allgemein geltenden Grenzwerte hinaus, wie z. B. Kur- und Erholungsgebiete, Gebiete für Krankenhäuser, vgl. *Jarass,* Kommentar zum Bundes-Immissionsschutzgesetzes, 4. Auflage 1999, § 49 Rn. 4), können mit Rechtsverordnungen nach Absatz 7 alle Gebiete erfasst werden, in denen Anlagen betrieben oder Brennstoffe verwendet werden, die zur Überschreitung der Immissionsgrenzwerte beitragen. Die Verordnungsermächtigung setzt voraus, dass die Gefahr besteht, dass die Immissionsgrenzwerte der 22. BImSchV überschritten werden. Insoweit sind konkrete Anhaltspunkte, insbesondere aufgrund von Messergebnissen, erforderlich.

Hinsichtlich des Inhalts einer Rechtsverordnung nach § 47 Abs. 7 folgt aus dem Verweis auf Absatz 4 Satz 1, dass Regelungen in Bezug auf die von der Rechtsverordnung erfassten Anlagen nur zulässig sind, soweit die Anlagen zur Überschreitung der Immissionsgrenzwerte beitragen und die Anforderungen verhältnismäßig sind. Unter Verhältnismäßigkeitsgesichtspunkten ist insbesondere bei Anforderungen an Brennstoffe, die in den Heizungsanlagen von Wohnhäusern verwendet werden sollen, zu berücksichtigen, dass etwa vor kurzem durchgeführte Heizkesselmodernisierungen, welche der 1. BImSchV oder der Energieeinsparverordnung entsprechen, nicht durch andersartige Anforderungen in Frage gestellt werden dürfen.

Im Übrigen entsprechen die Rechtsfolgen des Absatzes 7 denjenigen des vorhandenen § 49 Abs. 1. Eine Rechtsverordnung nach Absatz 7 wird insbesondere in Betracht kommen, wenn Maßnahmen gegen eine Vielzahl von nicht genehmigungsbedürftigen Anlagen notwendig sind. Die Anforderungen solcher Rechtsverordnungen ähneln quasi einer Allgemeinverfügung i. S. v. § 35 Satz 2 VwVfG.

Änderungen hat § 47 zunächst durch Art. 2 des **Gesetzes über die Öffentlichkeitsbeteiligung in Umweltangelegenheiten** nach der Richtlinie 2003/35/EG (Öffentlichkeitsbeteiligungsgesetz) vom 9. Dezember 2006 (BGBl. I S. 2819, 2822) erfahren. Im Zuge des Umsetzungsprozesses der Aarhus-Konvention wurde das Verfahren zur Aufstellung oder Änderung von Luftreinhalteplänen hinsichtlich der Öffentlichkeitsbeteiligung weitgehend einem förmlichen Genehmigungsverfahren nach § 10 gleichgestellt (vgl. → Rn. 29). Sowohl der neue Absatz 5a als auch Absatz 5 Satz 4 gehen auf diese legislatorische Änderung zurück (vgl. auch die Begründung des Regierungsentwurfs, BT-Drs. 16/2494, S. 27). 7

Eine weitere Änderung wurde in § 47 durch Art. 1 des **Achten Gesetzes zur Änderung des Bundes-Immissionsschutzgesetzes** vom 31. Juli 2010 (BGBl. I S. 1059), das am 6. August 2010 in Kraft trat, vorgenommen. Das 8. BImSchG-Änderungsgesetz sowie die 39. BImSchV (abgedruckt und erläutert in Band IV unter 2.39) dienen der Umsetzung der Luftqualitätsrichtlinie 2008/50/EG (ABl. EU Nr. L 152, S. 1 ff.). Auf die Änderung gehen der neue Absatz 5b sowie Ergänzungen und Streichungen in den Absätzen 1, 2 und 5 zurück. 8

Im Rahmen der Bemühungen des Bundesgesetzgebers um einen **Abbau von Schriftformerfordernissen** (Gesetz vom 29. März 2017, BGBl. I S. 626, vgl. auch → Vor § 44 Rn. 12) wurde neben anderen Vorschriften des Bundes-Immissionsschutzgesetzes auch § 47 geändert. Betroffen ist § 47 Abs. 5a S. 3, der die Möglichkeit der Stellungnahme im Rahmen der Öffentlichkeitsbeteiligung normiert (vgl. → Rn. 31). 9

Mit dem **Dreizehnten Gesetz zur Änderung des Bundes-Immissionsschutzgesetzes** vom 8. April 2019 (BGBl. I S. 432) wurde allein § 47 um einen Absatz 4a ergänzt (vgl. auch → Vor § 44 Rn. 13). In Reaktion auf die grundlegenden Entscheidungen des BVerwG und weiterer verwaltungsgerichtlicher Entscheidungen zu Fahrverboten für Fahrzeuge mit Dieselmotor hat der Gesetzgeber im neuen Absatz 4a die Verhältnismäßigkeit derartiger Fahrverbote normiert (vgl. dazu → Rn. 53). 10

III. Vergleichbare Pläne

Die Luftreinhaltepläne im Sinne des § 47 Abs. 1 und 3 sind als **Fachpläne** zur dauerhaften Lösung bestimmter öffentlicher Aufgaben anzusehen (vgl. → Vor § 44 Rn. 3; 11

Schink in Feldhaus BImSchR § 47 BImSchG Rn. 22). Eine ähnliche Funktion haben die **Lärmminderungspläne** nach §§ 47a bis f. Vergleichbare Fachpläne gibt es auch in anderen Bereichen des Umweltrechts wie z. B. im Abfallrecht (vgl. §§ 30-33 KrWG), im Bodenschutzrecht (vgl. § 14 BBodSchG) und im Naturschutzrecht (vgl. §§ 8 ff. BNatSchG).

B. Arten der Pläne zur Luftreinhaltung

I. Luftreinhaltepläne und Pläne für kurzfristig zu ergreifende Maßnahmen

12 § 47 nennt ausdrücklich zwei Arten von Plänen zur Luftreinhaltung: In Absatz 1 und 3 ist in Übernahme der seit 1974 bestehenden gesetzlichen Terminologie von **Luftreinhalteplänen** die Rede, während in Absatz 2 seit Inkrafttreten des 8. BImSchG-Änderungsgesetzes am 6. August 2010 nicht mehr von Aktionsplänen die Rede ist, sondern der Begriff der **Pläne für kurzfristig zu ergreifende Maßnahmen** verwandt wird (vgl. dazu auch *Schink* in Feldhaus BImSchR § 47 BImSchG Rn. 26ff.). Dabei ist der Begriff des Luftreinhalteplans auch in einem weiteren Sinne als **Oberbegriff** zu verstehen, da die Pläne für kurzfristig zu ergreifende Maßnahmen nach Absatz 2 Satz 4 auch Teil eines Luftreinhalteplanes sein können (vgl. *Jarass* Rn. 4; *Scheidler* UPR 2006, 216 (218)). Luftreinhaltepläne im Sinne der Absätze 1 und 3 (i. e. S.) sind Zielpläne, während die Pläne für kurzfristig zu ergreifende Maßnahmen als vorsorgliche Pläne für bestimmte kritische Situationen anzusehen sind (vgl. → Rn. 3; zum Unterschied von Luftreinhalteplänen i. e. S. und Plänen für kurzfristig zu ergreifende Maßnahmen vgl. auch *Jarass* NVwZ 2003, 257 (261 f.)). Allen Plänen zur Luftreinhaltung ist gemeinsam, dass sie alle relevanten Quellen von Luftverunreinigungen in die Betrachtung einbeziehen. Im Übrigen bestehen zwischen den **Plänen nach Absatz 1 und Absatz 3** jedoch deutliche Unterschiede. Pläne nach Absatz 1 sind immer aufzustellen, wenn das Unionsrecht Maßnahmenpläne verlangt. Maßgebend dafür ist die Überschreitung der Immissionsgrenzwerte und ggf. auch der Toleranzmargen, die in einer Rechtsverordnung nach § 48a Abs. 1 festgelegt sind. Unerheblich ist in diesem Zusammenhang, ob die Grenzwerte und Toleranzmargen bei verschiedenen Luftschadstoffen überschritten sind, ob die Überschreitung durch unterschiedliche Quellen verursacht wird und ob ein größeres Gebiet betroffen ist. Luftreinhaltepläne nach Absatz 3 setzen demgegenüber einen **Koordinierungsbedarf** voraus (vgl. *Jarass* Rn. 24). Ein solcher ist nicht gegeben, wenn schädliche Umwelteinwirkungen nur durch *eine* Art von Emissionsquellen (z. B. Industrieanlagen) hervorgerufen werden. Dann kann und muss die für diese Anlagenart zuständige Behörde auch ohne Luftreinhalteplan gegen den oder die Verursacher vorgehen. Insbesondere fehlt die **Erforderlichkeit** für einen Luftreinhalteplan nach Absatz 3, wenn es nur um kleinflächige Luftverunreinigungen geht.

II. Obligatorische und fakultative Pläne

13 Zwischen den Plänen nach Absatz 1 und Absatz 2 Satz 1 einerseits und den Plänen nach Absatz 2 Satz 2 und Absatz 3 andererseits besteht auch insoweit ein Unterschied, als die unionsrechtlich geforderten Pläne nach Absatz 1 und Absatz 2 Satz 1 aufgestellt werden *müssen*, während den zuständigen Behörden in Absatz 2 Satz 2 und Absatz 3 ein **Ermessensspielraum** eingeräumt ist (vgl. *Jarass* Rn. 25; *Schink* in Feldhaus BImSchR § 47 BImSchG Rn. 40). Die **Planungspflicht** betrifft dabei die Entscheidung, *ob* ein Plan aufgestellt wird (vgl. BVerwG NVwZ 2007, 1425; OVG Lüneburg NordÖR 2011, 456 (458); *Schink* in Feldhaus BImSchR § 47 BImSchG Rn. 119; *Zeissler,* Quellenunabhängiges EU-Luftqua-

litätsrecht, S. 299; *Weise,* Behördliche Handlungspflichten im quellenunabhängigen Luftqualitätsrecht, S. 163; *Eckardt/Beckmann* UPR 2008, 241 (242)). Das gilt in gleichem Maße für die Fortschreibung der Luftreinhaltepläne (vgl. OVG Münster Urt. v. 31.7.2019 – 8 A 2851/18, Rn. 101; OVG Schleswig NordÖR 483 (484), OVG Münster ZUR 2011, 199 (202); VG Stuttgart ZUR 2009, 557 (561); *Jarass* Rn. 12; *Schink* in Feldhaus BImSchR § 47 BImSchG Rn. 118; *Assmann/Koch/Vollmer* Immissionsschutz 2000, 84 (86); *Cancik* ZUR 2011, 283 (289f.); *Kugler* NVwZ 2010, 279 (283); *Zeissler,* Quellenunabhängiges EU-Luftqualitätsrecht, S. 300f.). Hinsichtlich der Inhalte besteht demgegenüber grundsätzlich ein Gestaltungsspielraum, der nur dann auf Null reduziert ist, wenn lediglich eine bestimmte Maßnahme zur Zielerreichung führen kann (vgl. BVerwG NVwZ 2014, 64 (69); *Köck/Lehmann* ZUR 2013, 67 (70f.); *Schink* in Feldhaus BImSchR § 47 BImSchG Rn. 121). Bestehende Spielräume können durch die vorgesetzten Landesbehörden, insbesondere durch die Umweltministerien, in Form von generellen oder von Einzelweisungen eingeschränkt werden (vgl. auch *Schink* in Feldhaus BImSchR § 47 BImSchG Rn. 28).

III. Sanierungs- und Vorsorgepläne

Seit der Neufassung des § 47 im Jahre 1990 bis zur weiteren Novellierung der Vorschrift im Jahre 2002 wurde bei den Luftreinhalteplänen zwischen Sanierungs- und Vorsorgeplänen unterschieden. Dabei wurden alle Pläne, die wegen auftretender oder zu erwartender **schädlicher Umwelteinwirkungen** aufgestellt wurden, als Sanierungspläne bezeichnet. Derartige Pläne konnten neben den Sanierungsmaßnahmen auch Vorsorgemaßnahmen zum Gegenstand haben. Daneben konnten (reine) Vorsorgepläne auch ohne die Gefahr schädlicher Umwelteinwirkungen aufgestellt werden. Sie dienten dazu, Beeinträchtigungen durch Luftverunreinigungen **unterhalb der Schädlichkeitsgrenze** zu vermindern und dadurch verbleibende Risiken zu minimieren oder bestimmte besonders empfindliche Nutzungen zu schützen oder zu ermöglichen. 14

Die Aufstellung derartiger Luftreinhaltepläne *ausschließlich* aus Vorsorgegründen ist in der geltenden Fassung des § 47 nicht (mehr) vorgesehen (a.A. zu Plänen nach § 47 Abs. 3 *Jarass* Rn. 23; *Schink* in Feldhaus BImSchR § 47 BImSchG Rn. 40). Das schließt zwar nicht aus, dass die Länder im Rahmen ihrer Verantwortung für die Luftqualität Vorsorgepläne aufstellen; eine ausdrückliche Rechtsgrundlage ist hierfür nicht erforderlich. Derartige Pläne haben jedoch nicht dieselbe Qualität wie die Pläne nach § 47. Insbesondere ist Absatz 6 auf sie nicht anwendbar. – Liegen die Voraussetzungen der Absätze 1 bis 3 vor und werden im Hinblick hierauf Luftreinhaltepläne aufgestellt, können diese auch Maßnahmen zur **deutlichen Unterschreitung der Schädlichkeitsgrenzen** enthalten. Das kann insbesondere erforderlich sein, um die Einhaltung der Immissionswerte auf Dauer, insbesondere bei zu erwartenden weiteren Emissionsquellen (vgl. → Rn. 38), sicherzustellen. Derartige Pläne enthalten dann auch einen Vorsorgeaspekt. Sie können deshalb aber nicht als Vorsorgepläne bezeichnet werden. 15

C. Aufstellung von Luftreinhalteplänen und Plänen für kurzfristig zu ergreifende Maßnahmen

I. Voraussetzungen

1. Luftreinhaltepläne nach Absatz 1. In den Absätzen 1 bis 3 sowie in Absatz 4 Satz 4 (vgl. dazu → Rn. 26) des § 47 wird die Aufstellung von Luftreinhalteplänen und Plänen für kurzfristig zu ergreifende Maßnahmen geregelt. Dabei geht es in Absatz 1 um 16 die Umsetzung von Artikel 23 Absatz 1 Unterabsätze 1 und 2 der Luftqualitätsrichtlinie 2008/50/EG (ABl. EU Nr. L 152, S. 1 ff.). Dort wird für bestimmte Gebiete und Ballungsräume die Ausarbeitung oder Durchführung eines Luftqualitätsplans verlangt, auf Grund dessen der vorgegebene **Grenz- oder Zielwert** binnen der festgelegten Frist erreicht wird. Entsprechend verpflichtet Absatz 1 Satz 1 die zuständige Behörde bei Überschreitung eines Immissionsgrenzwerts zur Aufstellung eines (obligatorischen) **Luftreinhalteplans** mit dauerhaft wirkenden Maßnahmen; nach Satz 2 gilt diese Pflicht entsprechend bei Überschreitung eines Zielwerts.

17 Begrifflich werden sowohl Immissionsgrenzwerte als auch Zielwerte vom in § 48a Abs. 1 verwendeten **Oberbegriff der Immissionswerte** erfasst (vgl. dazu → § 48 Rn. 30 ff.). Voraussetzung ist somit allein die **Überschreitung** eines oder mehrerer (vgl. Absatz 4 Satz 3) durch Rechtsverordnung nach § 48a Abs. 1 festgelegter **Immissionsgrenzwerte** (vgl. *Schink* in Feldhaus BImSchR § 47 BImSchG Rn. 32; *Heitsch* in Kotulla BImSchG § 47 Rn. 34) oder **Zielwerte** (vgl. *Jarass* Rn. 10). Maßgebend sind demnach die Regelungen in der auf § 48a Abs. 1 gestützten 39. BImSchV (abgedruckt in Band IV unter Nr. 2.39). Die dort in § 1 Nr. 15 und Nr. 37 definierten Begriffe des *Immissionsgrenzwerts* und des *Zielwerts* decken sich inhaltlich mit den in Absatz 1 Satz 1 und 2 verwendeten Begriffen. Weitere dort definierte und vorgegebene Immissionswerte („Alarmschwelle", § 1 Nr. 1; „Gesamtablagerung", § 1 Nr. 11; „Informationsschwelle", § 1 Nr. 16; „kritischer Wert", § 1 Nr. 17; „langfristiges Ziel", § 1 Nr. 19) werden hingegen nicht erfasst. Ebenso wenig werden Emissionsgrenzwerte erfasst (vgl. *Jarass* Rn. 8).

18 **Toleranzmargen,** die für einen Übergangszeitraum höhere Immissionswerte zuließen, sind stufenweise verringert worden. In der Zwischenzeit sind sämtliche Toleranzmargen ausgelaufen.

19 Auch die **Beurteilung der Überschreitung** erfolgt nach den Vorgaben der 39. BImSchV (vgl. BayVGH Beschl. v. 4.6.2018 – 22 ZB 17.2370, Rn. 14 f.; vgl. auch → Vor 39. BImSchV Rn. 21 ff.). Dabei müssen die Probenahmestellen jeweils so bestimmt werden, dass die Gefahr einer Grenzwertüberschreitung minimiert wird (vgl. EuGH Urt. v. 26.6.2019 – C-723/17, Rn. 50, 52). Unter mehreren möglichen Standorten sind daher diejenige zu wählen, an denen die höchsten Belastungen zu erwarten sind (OVG Hamburg Urt. v. 29.11.2019 – 1 E 23/18, Rn. 265; vgl. Jarass Rn. 9).

20 **2. Pläne für kurzfristig zu ergreifende Maßnahmen nach Absatz 2.** Absatz 2 enthält eine Pflicht zur Aufstellung eines Plans für kurzfristig zu ergreifende Maßnahmen. Dadurch wird Art. 24 Abs. 1 der Luftqualitätsrichtlinie 2008/50/EG umgesetzt. Auch diese Vorschrift knüpft an die Regelungen in der 39. BImSchV an. Dabei geht es zum einen in **Satz 1** um die in der Verordnung festgelegten und ohne zeitliche Verzögerung geltenden **Alarmschwellen.** Ein Plan für kurzfristig zu ergreifende Maßnahmen ist aufzustellen, sobald die Gefahr besteht, dass eine Alarmschwelle überschritten wird. Ein Ermessen ist der zuständigen Behörde dabei nicht eingeräumt (vgl. *Schink* in Feldhaus BImSchR § 47 BImSchG Rn. 33; *Jarass* Rn. 19). Zum anderen kommt die Aufstellung eines Plans für kurzfristig zu ergreifende Maßnahmen in Betracht, wenn die Gefahr besteht, dass die in der 39. BImSchV festgelegten **Immissionsgrenzwerte** oder **Zielwerte** (vgl. dazu → Rn. 17) überschritten werden (Satz 2). Dabei wird der planaufstellenden Behörde **Ermessen** eingeräumt.

21 Eine Gefahr ist schon anzunehmen, wenn die **überwiegende Wahrscheinlichkeit** dafürspricht, dass es zu einer Überschreitung eines maßgebenden Wertes kommen wird (vgl. *Jarass* Rn. 18; Scheidler UPR 2006, 216 (217); VGH München Urt. v. 18.5.2006 – 22 BV 05.2462; kritisch OVG Münster NVwZ 2007, 608). Ein Nachweis der Überschreitung wird nicht vorausgesetzt; **konkrete Anhaltspunkte** müssen aber für eine künftige Überschreitung sprechen (*Schink* in Feldhaus BImSchR § 47 BImSchG Rn. 35). Insoweit können Pläne für kurzfristig zu ergreifende Maßnahmen auch schon vor dem Zeitpunkt des Inkrafttretens eines Immissionsgrenzwertes oder Zielwertes aufzustellen sein, wenn nach diesem Zeitpunkt trotz eines Luftreinhalteplanes nach Absatz 1 mit einer (zeitweisen) Überschreitung gerechnet werden muss.

Aufgrund der Formulierung („soweit") in Satz 1 und 2 stehen die behördlichen Befugnisse unter dem Vorbehalt der Regelung durch eine Verordnung. Für die Gefahr der Überschreitung von **Alarmschwellen** ist dies in § 28 Abs. 1 S. 1 der 39. BImSchV für **Schwefeldioxid** (§ 2 Abs. 3) und für **Stickstoffdioxid** (§ 3 Abs. 3) erfolgt (vgl. BeckOK UmweltR/*Köck* BImSchG § 47 Rn. 6), nicht aber für die in § 9 Abs. 6 enthaltene Alarmschwelle für bodennahes Ozon (vgl. dazu → Vor 39. BImSchV Rn. 58). Für **Immissionsgrenzwerte** verweist § 28 Abs. 1 S. 2 der 39. BImSchV auf Anlage 11, die Werte für Schwefeldioxid, Stickstoffdioxid, Benzol, Kohlenstoffmonoxid, Blei und PM_{10} aufführt. Der einzige **Zielwert,** der über den Verweis in § 28 Abs. 1 S. 2 auf Anlage 12 erfasst wird, ist der Jahresmittelwert von 25 $\mu g/m^3$ für $PM_{2.5}$ (vgl. auch BeckOK UmweltR/*Köck* BImSchG § 47 Rn. 3). 22

3. Luftreinhaltepläne nach Absatz 3. Absatz 3 regelt in Anlehnung an die frühere Fassung des § 47 die Aufstellung von (fakultativen) Luftreinhalteplänen **ohne unionsrechtliche Vorgaben** (vgl. *Jarass* Rn. 22). Dabei kommen alternativ zwei Voraussetzungen in Betracht: 23

Ein Luftreinhalteplan nach Absatz 3 kann einmal aufgestellt werden, wenn Anhaltspunkte dafür vorliegen, dass die durch eine **Rechtsverordnung nach § 48a Abs. 1a** festgelegten Immissionswerte nicht eingehalten werden. Solche Anhaltspunkte können sich z. B. aus orientierenden Messungen oder aus Screening-Verfahren ergeben (vgl. *Schink* in Feldhaus BImSchR § 47 BImSchG Rn. 38). Z. Z. gibt es allerdings keine auf § 48a Abs. 1a gestützte Rechtsverordnung (vgl. auch → § 48a Rn. 32). Allenfalls *könnte* die aufgehobene Verordnung über Konzentrationswerte (23. BImSchV) als eine solche angesehen werden (vgl. → § 40 Rn. 21). Hier könnte § 40 Abs. 2 aber auch ohne vorherige Aufstellung eines Luftreinhalteplans unmittelbar angewandt werden. 24

Soweit für luftverunreinigende Stoffe keine Immissionswerte in einer Rechtsverordnung nach § 48a Abs. 1 oder 1a festgelegt sind, kann ein Luftreinhalteplan nach Absatz 3 auch für einen Bereich aufgestellt werden, der zu einem nach § 44 Abs. 2 ausgewiesenen **Untersuchungsgebiet** gehört und in dem „sonstige schädliche Umwelteinwirkungen zu erwarten sind". Für die Beantwortung der Frage, ob schädliche Umwelteinwirkungen zu erwarten sind, ist insbesondere auf die in dem Gebiet durchgeführten Untersuchungen zurückzugreifen (vgl. *Schink* in Feldhaus BImSchR § 47 BImSchG Rn. 39). Als Maßstab zur Beurteilung der Schädlichkeit der Immissionen können die Immissionswerte der TA Luft (abgedruckt in Band IV unter Nr. 3.2) oder andere Erkenntnisquellen herangezogen werden. Gegenstand der Beurteilung können jedoch allein Luftverunreinigungen (vgl. dazu → § 3 Rn. 73 ff.) sein, die weder durch eine Rechtsverordnung nach § 48 Abs. 1 noch nach § 48 Abs. 1a erfasst werden (vgl. *Jarass* Rn. 22). 25

II. Verfahren

1. Zuständige Behörden. Die Aufstellung von Luftreinhalteplänen und Plänen für kurzfristig zu ergreifende Maßnahmen obliegt der zuständigen Behörde. Da das Bundes-Immissionsschutzgesetz durch die Länder auszuführen ist (Art. 83 GG), haben sie festzulegen, welchen Behörden die Aufgaben nach § 47 übertragen werden. Dazu kann in Ab- 26 hängigkeit von dem jeweiligen Landesverfassungsrecht ein Gesetz, eine Rechtsverordnung oder ein interner Organisationsakt erforderlich sein. Die Festlegung der Zuständigkeit ist auch für die Wahrnehmung der Pflichten aus **Absatz 4 Satz 4** von Bedeutung. Danach sind ein Luftreinhalteplan nach Absatz 1 oder ein Plan für kurzfristig zu ergreifende Maßnahmen nach Absatz 2 (obligatorische Pläne) auch für Gebiete aufzustellen, in denen zwar keine Immissionsgrenzwerte (ggf. einschließlich Toleranzmargen) oder Alarmschwellen überschritten werden, in denen sich aber Emissionsquellen befinden, durch die Überschreitungen außerhalb des Gebietes verursacht werden. Notwendig ist dann eine Abstimmung zwischen den verschiedenen planenden Behörden, wobei dies auch länderübergreifend gilt (vgl. *Schink* in Feldhaus BImSchR § 47 BImSchG Rn. 42; *Jarass* Rn. 44). In Fällen erheblicher grenzüberschreitender Transporte von Schadstoffen ist darüber hinaus eine Zusammenarbeit nach § 29 der 39. BImSchV notwendig.

27 **2. Behördenbeteiligung.** Die Beteiligung anderer Behörden bei der Aufstellung von Luftreinhalteplänen und Plänen für kurzfristig zu ergreifende Maßnahmen wird in § 47 ausdrücklich nur in **Absatz 4 Satz 2** geregelt. Danach bedürfen Maßnahmen im Straßenverkehr (vgl. dazu *Uechtritz/Couzinet* NVwZ 2019, 985 (988f.)), die in Plänen nach Absatz 1 oder 2 (nicht: Pläne nach Absatz 3) festgelegt werden sollen, der **Zustimmung** (des Einvernehmens) sowohl der Straßenbau- als auch der Straßenverkehrsbehörden. Allein aus Gründen der **Sicherheit und Leichtigkeit des Straßenverkehrs** darf das Einvernehmen versagt werden (vgl. *Schink* in Feldhaus BImSchR § 47 BImSchG Rn. 46). Fehlt das Einvernehmen oder wird es verweigert, darf die Maßnahme nicht in den Plan aufgenommen werden; wird sie dennoch aufgenommen, ist der Plan rechtswidrig (vgl. *Uechtritz/Couzinet* NVwZ 2019, 985 (986, 991)). Steht ein verweigertes Einvernehmen der Einhaltung unionsrechtlich zwingend vorgegebener Immissionswerte entgegen, kann (und muss es, wenn es sich um die einzig taugliche Maßnahme handelt) es durch eine Maßnahme der Rechtsaufsicht ersetzt werden (*Uechtritz/Couzinet* NVwZ 2019, 985 (992); *Jarass* Rn. 45; BeckOK UmweltR/*Köck* BImSchG § 47 Rn. 17).

28 Aus der ausdrücklichen Vorgabe des Einvernehmenserfordernisses darf nicht geschlossen werden, dass eine **Beteiligung anderer Behörden** nicht erforderlich sei. Aus den allgemeinen Grundsätzen einer ordnungsgemäßen Verwaltung ergibt sich, dass bei der Aufstellung der Pläne alle Behörden beteiligt werden müssen, deren Aufgabenbereich durch das Vorhaben berührt wird. Das gilt insbesondere für die Behörden, die die in dem Plan vorgesehenen **Maßnahmen gemäß Absatz 6 umsetzen müssen** (so auch *Jarass* Rn. 45; *Schink* in Feldhaus BImSchR § 47 BImSchG Rn. 44; BeckOK UmweltR/*Köck* BImSchG § 47 Rn. 16; *Scheidler,* UPR 2006, 216 (218)). Zu beteiligen sind aber auch die Behörden, deren Handlungsmöglichkeiten durch den Plan eingeschränkt werden, wie die für die Bauleitplanung zuständigen Behörden oder die Behörden, die u. U. nach Absatz 4 Satz 4 einen eigenen, mit dem betroffenen Plan abgestimmten Luftreinhalteplan aufstellen müssen.

29 **3. Öffentlichkeitsbeteiligung.** Die Beteiligung der Öffentlichkeit wird durch Absatz 5 Satz 2 und 3 in allgemeiner und umfassender Weise vorgeschrieben. Die Öffentlichkeit ist danach zum einen im Verfahren der Aufstellung **zu beteiligen,** zum anderen müssen die aufgestellten (beschlossenen) Pläne der Öffentlichkeit **zugänglich** sein. Das gilt in dieser allgemeinen Art jedoch nur für Pläne nach Absatz 3, da die Öffentlichkeitsbeteiligung bei Plänen nach Absatz 1 und 2 einer besonderen Regelung in Absatz 5a und 5b zugeführt ist.

30 Bei der Aufstellung von **Plänen nach Absatz 3** gehört zur Beteiligung der Öffentlichkeit die Unterrichtung der Bevölkerung im Plangebiet (z.B. durch die Presse oder über

das Internet), die Gewährung der Einsichtnahme in die zur Urteilsbildung erforderlichen Planunterlagen und die Gewährung einer Äußerungsmöglichkeit. Nicht erforderlich ist die Durchführung eines Erörterungs- oder Anhörungstermins (vgl. auch *Jarass* Rn. 49; *Schink* in Feldhaus BImSchR § 47 BImSchG Rn. 57). Ein Zugänglichmachen im Sinne des Absatzes 5 Satz 3 und des Absatzes 5b setzt eine **öffentliche Bekanntmachung** voraus (vgl. auch *Heitsch* in Kotulla BImSchG § 47 Rn. 49; *Jarass* Rn. 53, der auch eine Veröffentlichung im Internet für ausreichend hält; vgl. allgemein zu den Möglichkeiten der Bekanntmachung: *U. Stelkens* in Stelkens/Bonk/Sachs VwVfG 9. Aufl. 2018, § 41 Rn. 156 ff.) und muss die Möglichkeit einer dauerhaften Einsichtnahme bieten. Das setzt voraus, dass die Öffentlichkeit im Plangebiet hiervon unterrichtet wird.

Bei der Aufstellung und Änderung von **Plänen nach Absatz 1** ist die Öffentlichkeitsbeteiligung nach der ausführlichen Regelung in Absatz 5a durchzuführen. Die einzelnen Schritte der Beteiligung der Öffentlichkeit lehnen sich an die Regelung in § 10 zum förmlichen Genehmigungsverfahren an und gehen auf die Anpassung des Bundes-Immissionsschutzgesetzes an die Anforderungen der Öffentlichkeitsbeteiligungsrichtlinie 2003/35/EG vom 26. Mai 2003 (ABl. EU Nr. L 156, S. 17) durch das Öffentlichkeitsbeteiligungsgesetz vom 9. Dezember 2006 (BGBl. I S. 2819, 2822) zurück. Zunächst ist die Absicht einen Plan aufzustellen oder zu ändern öffentlich bekannt zu machen. Die **Bekanntmachung** muss in einem amtlichen Veröffentlichungsblatt sowie auf wenigstens eine andere Art (das kann in einer Tageszeitung oder auch im Internet sein) erfolgen (vgl. *Jarass* Rn. 47; *Schink* in Feldhaus BImSchR § 47 BImSchG Rn. 50; *Heitsch* in Kotulla BImSchG § 47 Rn. 57). Neben der Planungsabsicht muss in der Bekanntmachung über den Umfang der Beteiligung der Öffentlichkeit informiert werden. Das betrifft sowohl die Möglichkeiten und Grenzen der Einsichtnahme als auch der Stellungnahme. **Einsicht** wird für die Dauer eines Monats in den Planentwurf gewährt; darüberhinausgehende Unterlagen sind nicht auszulegen. Berechtigt zur Stellungnahme sind jede natürliche und juristische Person sowie sonstige Vereinigungen. Die **Stellungnahme** kann schriftlich oder elektronisch (vgl. → Vor § 44 Rn. 12) erfolgen und spätestens zwei Wochen nach Beendigung der Auslegung bei der zuständigen Behörde eingegangen sein. Frist- und formgerecht eingegangene Stellungnahmen sind gemäß Absatz 5a Satz 4 von der zuständigen Behörde zu **berücksichtigen.** Im Rahmen ihrer Amtsermittlungspflicht darf die zuständige Behörde aber auch Stellungnahmen, die verspätet oder nicht schriftlich erfolgen, nicht ohne weiteres unberücksichtigt lassen. Sollte der Plan im laufenden Verfahren wesentlich geändert werde, kann eine erneute Beteiligung der Öffentlichkeit erforderlich sein. Die Regelungen des § 10 zum förmlichen Genehmigungsverfahren können dabei herangezogen werden (vgl. *Jarass* Rn. 47; *Schink* in Feldhaus BImSchR § 47 BImSchG Rn. 53; *Heitsch* in Kotulla BImSchG § 47 Rn. 58). Der **beschlossene Plan** ist gemäß Absatz 5a Satz 5 auf dieselbe Art öffentlich bekannt zu machen wie die Planaufstellungsabsicht (vgl. *Jarass* Rn. 54; *Schink* in Feldhaus BImSchR § 47 BImSchG Rn. 66). Neben den zwingenden Inhalten des Satzes 6 muss die Bekanntmachung auch auf den Inhalt des Satzes 7 hinweisen, damit die Öffentlichkeit von ihren Möglichkeiten Kenntnis nehmen kann. In der Praxis stellen die zuständigen Behörden die beschlossenen Pläne in der Regel dauerhaft auf ihrer Homepage zur Verfügung. Damit erfüllt die zuständige Behörde zugleich ihre Pflicht zur Unterrichtung der Öffentlichkeit aus § 30 Abs. 1 der 39. BImSchV. 31

Auf Grund der Übergangsvorschrift in § 67 Abs. 10 gilt die Regelung des Absatz 5a für alle Verfahren, die nach dem 25. Juni 2005 eingeleitet wurden (vgl. → § 67 Rn. 50). Sollte gemäß § 35 Abs. 1 Nr. 2 UVPG i.V.m. Anlage 5 Nr. 2.2 im Rahmen der Planaufstellung eine **Strategische Umweltprüfung** durchzuführen sein (vgl. dazu *Schink* in Schink/Reidt/Mitschang UVPG § 35 Rn. 15; *Scheidler*, ZUR 2006, 239 (242 f.); *Heitsch* 32 in Kotulla BImSchG § 47 Rn. 24 f.), so ist die Öffentlichkeitsbeteiligung bei Plänen nach Absatz 1 nicht nach Absatz 5a, sondern nach den Vorschriften des UVPG durchzuführen, vgl. Absatz 5a Satz 8 (vgl. auch *Jarass* Rn. 51; *Schink* in Feldhaus BImSchR § 47 BImSchG Rn. 62 f.).

33 Nach Inkrafttreten des 8. BImSchG-Änderungsgesetzes (BGBl. I S. 1059) am 6. August 2010 ist eine Öffentlichkeitsbeteiligung bei der **Aufstellung von Plänen nach Absatz 2** nicht mehr vorgeschrieben. Gemäß Absatz 5b i. V. m. § 30 Absatz 5 der 39. BImSchV (abgedruckt in Band IV unter 2.39) sind der Öffentlichkeit nach der Aufstellung eines Plans durch die zuständige Behörde die Ergebnisse ihrer Untersuchungen zur Durchführbarkeit und der Inhalt der Pläne sowie Informationen über die Durchführung zugänglich zu machen (zum Begriff des Zugänglichmachens vgl. oben → Rn. 30). Damit wird Artikel 24 Absatz 3 der Luftqualitätsrichtlinie 2008/50/EG (ABl. EU Nr. L 152, S. 1 ff.) umgesetzt. Diese Anforderung ist in gleichem Maße an Pläne nach den Absätzen 1 und 3 zu stellen (vgl. *Schink* in Feldhaus BImSchR § 47 BImSchG Rn. 58 ff.; *Jarass* Rn. 50).

34 **4. Dokumentation.** Die Form, in der die Pläne zu dokumentieren sind, wird in § 47 nicht geregelt. Der Vorschrift ist nur eindeutig zu entnehmen, dass es irgendeine Form der Dokumentation geben muss; anderenfalls könnten sie weder der Öffentlichkeit zugänglich gemacht (Abs. 5 Satz 3) noch von anderen Behörden als Grundlage für Anordnungen oder sonstige Entscheidungen (Abs. 6) genommen werden. Aus Nachweisgründen, aber auch im Hinblick auf eine umfassende Öffentlichkeitsbeteiligung dürfte derzeit nur eine schriftliche Dokumentation den gesetzlichen Anforderungen genügen (vgl. *Schink* in Feldhaus BImSchR § 47 BImSchG Rn. 64; *Jarass* Rn. 52); eine Dokumentation auf elektronischen Datenträgern ist danach nicht ausreichend. Für Pläne nach Absatz 1 ergibt sich dies bereits aus der Auslegungspflicht in Absatz 5a Satz 7.

D. Inhalt der Pläne

35 Anders als § 47 Abs. 2 in der bis zum Jahre 2002 geltenden Fassung enthält das Gesetz keine Regelung über den notwendigen Inhalt eines Luftreinhalteplans oder eines Plans für kurzfristig zu ergreifende Maßnahmen. Eindeutig ist nur, dass die Pläne nach Abs. 1 und 2 *Maßnahmen* enthalten müssen. Im Übrigen haben die zuständigen Behörden einen Spielraum. Dieser muss so genutzt werden, dass der Zweck der Pläne erreicht wird. Dabei kann auf die bisher gewonnenen Erfahrungen zurückgegriffen werden. Diese haben gezeigt, dass es zweckmäßig ist, in die Luftreinhaltepläne einen beschreibenden Teil, eine Ursachenanalyse, eine Prognose über die weitere Entwicklung und – als Kernstück – einen Maßnahmenplan aufzunehmen (vgl. *Assmann/Koch/Vollmer* Immissionsschutz 2000, 84 ff.; *Heitsch* in Kotulla BImSchG § 47 Rn. 42). Den – auch unionsrechtlich – notwendigen Inhalt eines Luftreinhalteplans gibt außerdem Anlage 13 der 39. BImSchV vor.

I. Beschreibender Teil

36 Da der Luftreinhalteplan ebenso wie der Plan für kurzfristig zu ergreifende Maßnahmen gebietsbezogen zu erstellen ist, beginnt der beschreibende Teil zweckmäßigerweise mit Ausführungen über das **Plangebiet** (vgl. zur Bestimmung des Plangebiets → Vor 39. BImSchV Rn. 22; vgl. zum Folgenden auch *Zeissler,* Quellenunabhängiges EU-Luftqualitätsrecht, S. 308 f.; *Heitsch* in Kotulla BImSchG § 47 Rn. 43 ff.; *Schink* in Feldhaus BImSchR § 47 BImSchG Rn. 90 ff.). Dazu gehören Angaben zur Abgrenzung des Gebiets, zu den betroffenen Gemeinden, zur Bevölkerungsdichte, zur Verkehrs-, Industrie- und Gewerbestruktur und darüber hinaus zur Orografie, zum Klima und zur Meteorologie. Danach ist die **Emissionssituation** räumlich, zeitlich und nach Quellenarten differenziert zu beschreiben. Besonders wichtig ist sodann die Darstellung der **Immissionssituation.** Damit ist insbesondere deutlich zu machen, wo und in welchem Ausmaß die mit dem Plan zu erreichenden Ziele (noch) verfehlt werden. Eine Beschreibung der gesamten Immissionssituation auch im Umkreis des Plangebietes dürfte als Grundlage für die weiteren Darstellungen zweckmäßig sein.

II. Ursachenanalyse

Ohne eine gründliche Analyse, welche Emissionsquellen in welchem Ausmaß zur Überschreitung von Immissionswerten beitragen oder sonst schädliche Umwelteinwirkungen verursachen, kann keine sachgerechte Auswahl der durchzuführenden Maßnahmen getroffen werden (vgl. dazu → Rn. 47). Die Beziehung zwischen Immissionen und Emissionen kann in den meisten Fällen – zumindest näherungsweise – mit Hilfe der **Ausbreitungsrechnung** (vgl. Anhang 3 zur TA Luft; abgedruckt in Band IV unter Nr. 3.2) ermittelt werden. Außerdem kommen Analogieschlussverfahren und Plausibilitätsbetrachtungen in Frage (zurückhaltend *Heitsch* in Kotulla BImSchG § 47 Rn. 46). Beim **Analogieschlussverfahren** wird die einmal ermittelte Beziehung zwischen Emissionen und Immissionen auf einen Fall mit vergleichbaren Voraussetzungen und Randbedingungen übertragen. **Plausibilitätsbetrachtungen** können nur in einfachen Fällen herangezogen werden. Bei Stoffen, die aus zahlreichen Quellen emittiert werden, ist es stets schwierig, gesicherte Erkenntnisse über die Ursachen der Immissionen zu gewinnen. Hier müssen genauere Methoden wie die Ausbreitungsrechnung angewandt werden. 37

III. Prognose über die weitere Entwicklung

Luftreinhaltepläne werden in der Regel für einen in der Zukunft liegenden Zeitpunkt aufgestellt. Bis zu diesem Zeitpunkt können sich die Emissions- und Immissionsverhältnisse auf Grund absehbarer Ereignisse verändern. § 47 Abs. 2 Nr. 4 a. F. verlangte deshalb im Luftreinhalteplan eine Abschätzung der zu erwartenden künftigen Veränderungen. Das setzt voraus, dass möglichst aktuelle Daten verwendet werden und darauf gestützt die weiteren Entwicklungen abgeschätzt werden (vgl. OVG Münster Urt. v. 31.7.2019 – 8 A 2851/18, Rn. 176; OVG Schleswig NordÖR 2020, 483 (485). Eine solche Prognose ist auch nach geltendem Recht sinnvoll. Zwar ist die künftige Entwicklung der Immissionsbelastung im Plangebiet schon wegen der nicht voraussehbaren Schwankungen der meteorologischen Verhältnisse schwierig. Aufgrund einer Emissionsprognose lassen sich jedoch zumindest gewisse Trendaussagen über die Immissionsentwicklung treffen (so auch *Heitsch* in Kotulla BImSchG § 47 Rn. 47). 38

IV. Maßnahmenplan

1. Mögliche Maßnahmen. a) Luftreinhalteplan. Der Maßnahmenplan ist das Kernstück jedes Luftreinhalteplanes. Die Situationsbeschreibung, die Ursachenanalyse und die Prognose über die weitere Entwicklung dienen nur als Grundlagen für die Aufstellung eines zielführenden, ausgewogenen und mit allen Betroffenen koordinierten Maßnahmenplans. 39

Zur Erstellung des Maßnahmenplans muss die zuständige Behörde **unter Beteiligung aller anderen betroffenen Behörden** (vgl. → Rn. 27) alle nach dem Bundes-Immissionsschutzgesetz, anderen Gesetzen und im gesetzesfreien Raum gegebenen Möglichkeiten zur Verbesserung der Luftqualität prüfen und sodann ein möglichst effektives **Handlungskonzept** entwerfen (vgl. *Schink* in Feldhaus BImSchR § 47 BImSchG Rn. 142; *Jarass* Rn. 14; *Heitsch* in Kotulla BImSchG § 47 Rn. 49; *Weiner* in GK-BImSchG § 47 Rn. 28 ff.). Dieses Konzept kann rechtsetzende (z. B. Rechtsverordnungen nach Absatz 7), planerische (z. B. Bebauungspläne), allgemein verfügende (z. B. Verkehrsbeschränkungen nach § 40 Abs. 1), den Einzelfall regelnde (z. B. Anordnungen nach § 17 Abs. 1) und schlicht-hoheitliche Maßnahmen (z. B. Umstellung der Beheizung öffentlicher Gebäude) enthalten. Dabei müssen die Maßnahmen in einem Luftreinhalteplan nach Absatz 1 oder 3 auf eine dauerhafte Verminderung der Luftverunreinigungen ausgerichtet sein und eine dauerhafte Einhaltung der Immissionsgrenzwerte in der Rechtsverordnung nach § 48a garantieren (vgl. *Berkemann* ZUR 2019, 412 (417); *Appel/Stark* NVwZ 2019, 1552 (1554); *Zeissler,* Quellenunabhängiges EU-Luftqualitätsrecht, S. 310 ff.; *Weise,* Behördliche Handlungspflichten im quellenunabhängigen Luftqualitätsrecht, S. 168 ff.).

40 Nach dem Wortlaut von Absatz 1 Satz 3 müssen die Maßnahmen geeignet sein, den Zeitraum einer Überschreitung *„so kurz wie möglich zu halten."* Die möglichen Maßnahmen sind daher nicht nur auf ihre generelle Eignung zur Minimierung der Immissionsbelastung zu bewerten, sondern auch und gerade auf ihre **Eignung zur zeitnahen Einhaltung** wirksamer Immissionsgrenzwerte (vgl. BVerwG NVwZ 2014, 64 (69); BeckOK UmweltR/*Köck* BImSchG § 47 Rn. 3b; *Jarass* Rn. 15). Der Spielraum verengt sich dadurch zwar, verpflichtet jedoch nicht zu einer unverzüglichen Einhaltung (vgl. BVerwG NVwZ 2018, 883 (888): *„auf einen Schlag"*). Im Einklang mit der Rechtsprechung des EuGH (Urt. v. 22.2.2018 – C-336/16, Rn. 93 ff.) ist eine stufenweise Reduzierung im Sinne eines Ausgleichs zwischen Verschmutzungsgefahr und anderen öffentlichen und privaten Interessen mit Art. 23 Abs. 1 UAbs. 2 der Luftqualitäts-Richtlinie 2008/50/EG vereinbar (vgl. auch BVerwG NVwZ 2018, 883 (886)). Die Pflicht, alle geeigneten und verhältnismäßigen Maßnahmen zu bewerten, und zwar gerade im Hinblick auf die zeitnahe Erreichung des Ziels, wird jedoch auch dann verletzt, wenn die Überschreitung eines Grenzwerts schon lange andauert (vgl. EuGH Urt. v. 5.4.2017 – C-488/15, Rn. 115; dazu BVerwG NVwZ 2018, 883 (886); *Appel/Stark* NVwZ 2019, 1552 (1554)).

41 **b) Plan für kurzfristig zu ergreifende Maßnahmen.** Der Maßnahmenkatalog in einem Plan für kurzfristig zu ergreifende Maßnahmen nach Absatz 2 unterscheidet sich insoweit von dem eines Luftreinhalteplans, als es sich um **kurzfristig wirkende Maßnahmen** handeln muss (vgl. *Jarass* Rn. 20; *Heitsch* in Kotulla BImSchG § 47 Rn. 67; *Jarass* NVwZ 2003, 257 (262)). Die Maßnahmen dienen nämlich dazu, Überschreitungen von Immissionsgrenzwerten, Zielwerten oder Alarmschwellen, die in der Regel bereits eingetreten sind, in der Höhe oder in der zeitlichen Ausdehnung zu verringern. Als derartige kurzfristig wirkende Maßnahmen kommen z. B. befristete Verkehrsbeschränkungen (vergleichbar den früher vorgesehenen Verkehrsbeschränkungen bei Smog-Alarm), ein zeitlich begrenztes Verbot zur Verwendung bestimmter Brennstoffe oder Betriebsbeschränkungen in Bezug auf Industrieanlagen in Betracht. Die in § 28 Abs. 2 S. 2 der 39. BImSchV aufgeführten Maßnahmen sind hier beispielhaft, nicht aber abschließend zu verstehen. Ebenso wie bei Luftreinhalteplänen können die Maßnahmen aus allen Rechtsbereichen stammen und in allen Rechtsformen umzusetzen sein.

42 Maßnahmen in einem Plan nach Absatz 2 muss nach Absatz 2 Satz 3 die Eignung zukommen, die Gefahr der Überschreitung von Alarmschwellen, Immissionsgrenz- oder

Zielwerten *zu verringern* oder einen Überschreitungszeitraum *zu verkürzen*. Die bei Plänen nach Absatz 1 zentrale Zeitkomponente (vgl. → Rn. 40) spielt somit nur bei der zweiten Variante eine Rolle. Wenngleich der Wortlaut dabei einen größeren Spielraum nahelegt, dürfte dies den Spielraum der planenden Behörde kaum erweitern. Das liegt nicht zuletzt daran, dass Pläne nach Absatz 2 regelmäßig Teil eines Plans nach Absatz 1 sind (vgl. Absatz 2 Satz 4).

2. Inhaltliche Anforderungen. Luftreinhaltepläne oder Pläne für kurzfristig zu ergreifende Maßnahmen müssen gemäß Absatz 5 Satz 1 den Anforderungen des § 45 Abs. 2 entsprechen. Das bedeutet insbesondere, dass sie inhaltlich einem **integrierten Ansatz** zum Schutz von Luft, Wasser und Boden Rechnung tragen müssen. Maßnahmen, die zu einer Verlagerung der Immissionen führen, sind daher jedenfalls unzulässig, wenn dadurch ein Grenzwert an einer anderen Stelle überschritten wird (vgl. BVerwG NVwZ 2018, 883 (890); BVerwG NVwZ 2007, 695 (698f.); *Jarass* Rn. 34; *Schink* in Feldhaus BImSchR § 47 BImSchG Rn. 96; *Weiner* in GK-BImSchG § 47 Rn. 57). Der Umkehrschluss, dass Verlagerungen bis zum Erreichen der Grenzwerte mit dem unionsrechtlich gebotenen integrierten Ansatz vereinbar sind, verkennt jedoch die dem EU-Luftqualitätsrecht immanente Verpflichtung zur Erhaltung guter Luftqualität (vgl. auch *Hofmann* NVwZ 2018, 928 (933f.)). Darüber hinaus müssen sie die arbeitsschutzrechtlichen Anforderungen berücksichtigen und dürfen keine erheblichen Umweltbeeinträchtigungen in anderen EU-Mitgliedstaaten verursachen. Wegen der Einzelheiten wird auf die Erläuterungen zu § 45 (→ Rn. 16–18) verwiesen. 43

Über diese spezielle Anforderung hinaus müssen die Maßnahmen **insgesamt selbst rechtmäßig** sein. Soweit der Vorbehalt des Gesetzes reicht, muss eine gesetzliche Ermächtigung existieren (vgl. → Rn. 59). Nationales Recht, das der Umsetzung einer Maßnahme entgegensteht, führt dann nicht zur Rechtswidrigkeit, wenn es aus Gründen des unionsrechtlichen Effektivitätsgebots unangewendet bleiben muss (vgl. BVerwG NVwZ 2018, 883 (889); *Jarass* Rn. 28). Der **Grundsatz der Verhältnismäßigkeit** ist bei der Wahl der Maßnahmen sowohl für jede einzelne Maßnahme als auch für die Auswahl unter mehreren Verursachern (vgl. dazu → Rn. 47) zu beachten (BVerwG NVwZ 2018, 883 (886f.); OVG Münster Urt. v. 31.7.2019 – 8 A 2851/18, Rn. 225; *Jarass* Rn. 30; *Schink* in Feldhaus BImSchR § 47 BImSchG Rn. 77ff.; *Weiner* in GK-BImSchG § 47 Rn. 61ff.; *Heitsch* in Kotulla BImSchG § 47 Rn. 50ff.; *Hofmann* NVwZ 2018, 928 (933ff.)). Die begrenzende Wirkung des Grundsatzes der Verhältnismäßigkeit steht dabei unter dem Vorbehalt eines **Prognosespielraums** der planenden Behörde. Insbesondere die *Eignung* einer Maßnahme zur Minderung der Immissionsbelastung unterliegt einem Einschätzungsspielraum der planenden Behörde (vgl. *Schink* in Feldhaus BImSchR § 47 BImSchG Rn. 81). Dieser Spielraum verengt sich mit zunehmender Erfahrung. Nicht geeignet sind Maßnahmen, deren Realisierung einen unangemessen langen Zeitraum in Anspruch nehmen (*Schink* in Feldhaus BImSchR § 47 BImSchG Rn. 80), da Überschreitungszeiträume so kurz wie möglich zu halten sind (vgl. → Rn. 40). Ebensowenig geeignet sind Maßnahmen, die nicht gemäß Absatz 6 durchgesetzt werden können (vgl. dazu → Rn. 29a f.; vgl. auch BVerwG NVwZ 2018, 883 (884); OVG Münster Urt. v. 31.7.2019 – 8 A 2851/18, Rn. 237). 44

Aber auch dann, wenn eine Maßnahme sowohl geeignet als auch erforderlich zur kurzfristigen Einhaltung eines Grenzwerts ist, kann die Rechtmäßigkeit noch aus Gründen einer fehlenden **Angemessenheit** scheitern. Die Risiken für die menschliche Gesundheit, deren Schutz die Einhaltung der Grenzwerte dient, sind dabei mit sämtlichen öffentlichen und privaten Belangen abzuwägen (vgl. BVerwG NVwZ 2018, 883 (887f.); OVG Münster Urt. v. 31.7.2019 – 8 A 2851/18, Rn. 263ff.; *Appel/Stark* NVwZ 2019, 45

1552 (1555)). Dabei kann die Dauer einer Grenzwertüberschreitung ein gewichtiges Argument für die Angemessenheit sein. Übergangs- und Ausnahmeregelungen können die belastende Wirkung auf ein zumutbares Maß absenken (zu Verkehrsverboten vgl. → Rn. 51 f.). Das steht auch im Einklang mit der unionsrechtlichen Verpflichtung zur effektiven Umsetzung der Luftqualitätsrichtlinie 2008/50/EG, da der Grundsatz der Verhältnismäßigkeit als allgemeiner Rechtsgrundsatz des Unionsrechts nichts anderes verlangt (vgl. dazu OVG Münster Urt. v. 31.7.2019 – 8 A 2851/18, Rn. 242 ff., das in seiner Entscheidung auf einschlägige Entscheidungen des EuGH verweist: Urt. v. 21.12.2011 – C-28/09, Rn. 111 ff., 125 ff., 138 ff.; Urt. v. 19.12.2012 – C-68/11, Rn. 59, 65; Urt. v. 5.4.2017 – C-488/15, Rn. 30, 66 ff., 78, 96 ff.; Urt. v. 22.2.2018 – C-336/16, Rn. 102 ff.; vgl. auch *Berkemann* ZUR 2019, 412 (414)).

46 Der **prognostische Charakter des Maßnahmenplans** entbindet nicht von der Pflicht, die Prognose auf einer umfassenden und möglichst aktuellen Datenbasis zu erstellen (vgl. OVG Münster Urt. v. 31.7.2019 – 8 A 2851/18, Rn. 176). Zeigen sich Zweifel an der Richtigkeit der Prognose, muss der Plan fortgeschrieben werden. Die planende Behörde ist daher verpflichtet, die Richtigkeit der Prognose regelmäßig zu überprüfen (vgl. BVerwG NVwZ 2020, 1191 (1196)). Zu weit geht die Forderung, dass der Plan bereits Maßnahmen vorsehen muss, die für den Fall zu ergreifen sind, dass die erwartete Einhaltung der Grenzwerte nicht erreicht wird (so aber OVG Münster Urt. v. 31.7.2019 – 8 A 2851/18, Rn. 320; Urt. v. 12.9.2019 – 8 A 4775/18, Rn. 322; OVG Hamburg Urt. v. 29.11.2019 – 1 E 23/18, Rn. 287; vgl. dazu *Will* NZV 2019, 496 (500): *„Stufenkonzept"*). Fehler der Behörde führen zu einer Verpflichtung, den Luftreinhaltplan fortzuschreiben (vgl. OVG Münster Urt. v. 12.9.2019 – 8 A 4775/18, Rn. 445; vgl. auch *Jarass* Rn. 29).

47 **3. Inanspruchnahme mehrerer Verursacher.** Absatz 4 Satz 1 regelt den Fall, dass die Überschreitung der Immissionswerte oder das Entstehen schädlicher Umwelteinwirkungen durch mehrere Emittenten verursacht wird. Dann sind alle Verursacher in die Betrachtung einzubeziehen, die zur Überschreitung der Immissionswerte beitragen (vgl. *Jarass* Rn. 32; *ders.* VerwArch 2006, 429 (438); *Schink* in Feldhaus BImSchR § 47 BImSchG Rn. 72). Darüber hinaus sind die Emittenten **ihrem Verursacheranteil entsprechend** in Anspruch zu nehmen. Gemeint ist damit der immissionsseitige Beitrag der einzelnen Emittenten (vgl. *Heitsch* in Kotulla BImSchG § 47 Rn. 51; *Assmann/Koch/Vollmer* Immissionsschutz 2000, 84 (90)). Die Ursachenanalyse (vgl. dazu → Rn. 37) muss sich daher auch auf den **Verursacheranteil der Emittenten** erstrecken (vgl. BVerwG NVwZ 2007, 695 (698); *Schink* in Feldhaus BImSchR § 47 BImSchG Rn. 73; *Cancik* ZUR 2011, 283 (288)). Da Ausgangspunkt der Analyse die Überschreitung von Immissionswerten ist, sind dabei auch Verursacher einzubeziehen, die **außerhalb des Plangebiets** oder sogar **außerhalb des Zuständigkeitsbereichs** der planenden Behörde liegen (vgl. *Jarass* Rn. 32; *Schink* in Feldhaus BImSchR § 47 BImSchG Rn. 75; *Zeissler,* Quellenunabhängiges EU-Luftqualitätsrecht, S. 237 f.; *Weise,* Behördliche Handlungspflichten im quellenunabhängigen Luftqualitätsrecht, S. 171). Denn auch diese können einen Anteil an der Überschreitung haben. Um den Verursacheranteil der Emittenten hinreichend beurteilen zu können, muss auch die (lokale sowie regionale) **Hintergrundbelastung** ermittelt werden (vgl. *Zeissler,* Quellenunabhängiges EU-Luftqualitätsrecht, S. 239 ff.; *Schink* in Feldhaus BImSchR § 47 BImSchG Rn. 76; *Jarass* Rn. 32). Sie entzieht sich zwar dem Zugriff der planenden Behörde, indiziert aber den Reduzierungsspielraum für Maßnahmen gegenüber denjenigen Verursachern, die als Emittenten identifizierbar sind. Das wiederum wirkt sich auf die Beurteilung der Verhältnismäßigkeit der Maßnahmen aus.

Bei der Ausübung des (Auswahl-)Ermessens, gegen welche Emittenten Maßnahmen zu richten sind, muss der **Grundsatz der Verhältnismäßigkeit** beachtet werden. Dabei geht es nicht nur um die Verhältnismäßigkeit zwischen dem Aufwand für die Durchführung der einzelnen Maßnahme und der damit zu erreichenden Immissionsverringerung (vgl. dazu → Rn. 44), sondern auch darum, bei welchem Emittenten derselbe Erfolg mit geringerem Aufwand im Verhältnis zu den anderen Emittenten erreicht werden kann (vgl. *Jarass* Rn. 33; *Schink* in Feldhaus BImSchR § 47 BImSchG Rn. 77; *Heitsch* in Kotulla BImSchG § 47 Rn. 52; OVG Münster ZUR 2011, 199 (201)). Das kann auch zu einer stärkeren Belastung einzelner Verursacher führen, wenn Maßnahmen gegenüber anderen Verursachern nicht geeignet oder nicht durchsetzbar sind (vgl. *Schink* in Feldhaus BImSchR § 47 BImSchG Rn. 85; *Zeissler,* Quellenunabhängiges EU-Luftqualitätsrecht, S. 248 ff.). Ausgehend vom unionsrechtlich vorgegebenen Ziel der dauerhaften Einhaltung der Immissionswerte (vgl. dazu auch *Hofmann* NVwZ 2018, 928 (933); *Jarass* NVwZ 2003, 257 (262)) kann es auch zu einer verstärkten Inanspruchnahme kommen, wenn die Hintergrundbelastung ungewöhnlich hoch ist. Andererseits muss auch berücksichtigt werden, ob ein Verursacher in der jüngeren Vergangenheit erhebliche Anstrengungen zur Emissionsreduzierung unternommen hat (vgl. OVG Münster ZUR 2011, 199 (201); *Jarass* Rn. 33; *Schink* in Feldhaus BImSchR § 47 BImSchG Rn. 87). Soweit es sich um genehmigungsbedürftige Anlagen handelt, ist zu beachten, dass der Stand der Technik auch unabhängig von den Planzielen eines Luftreinhalteplanes eingehalten werden muss (§ 5 Abs. 1 Nr. 2) und dass die Festlegung des Standes der Technik bereits eine generelle Verhältnismäßigkeitsprüfung voraussetzt (Anhang zu § 3 Abs. 6). Dem Stand der Technik entsprechende Maßnahmen widersprechen deshalb allenfalls in Ausnahmefällen dem Verhältnismäßigkeitsgebot im Sinne des Absatzes 4 Satz 1. 48

4. Verkehrsverbote für Dieselfahrzeuge (Absatz 4a). a) Verkehrsverbote für Dieselfahrzeuge. Verkehrsverbote als Maßnahme zur Minderung der Immissionsbelastung waren in der ersten Phase der Umsetzung des europäischen Luftreinhaltrechts schnell als effektives Instrumentarium erkannt worden und sind mit der 35. BImSchV auch normativ flankiert worden. Die Überschreitung der PM_{10}-Grenzwerte konnte nicht zuletzt durch die Festsetzung von **Umweltzonen** flächendeckend und dauerhaft beendet werden (vgl. *Schink* in Feldhaus BImSchR § 47 BImSchG Rn. 159 ff.). Untergesetzliche Rechtsgrundlagen für entsprechende Verkehrsverbote zur Reduzierung der Belastungen mit Stickstoffdioxid enthält jedoch weder das Immissionsschutzrecht noch das Straßenverkehrsrecht, obwohl Fahrzeuge mit Selbstzündungsmotor (Dieselfahrzeuge) den mit Abstand größten Anteil an den Belastungen haben (vgl. *Faßbender* NJW 2017, 1995; *Brandt* NVwZ 2018, 945 (947 ff.); *Hofmann* NVwZ 2018, 928 (935); *Will* NZV 2018, 393 (397); kritisch zu legislativen und exekutiven Defiziten: *Winkler/Zeccola/Willing* DVBl. 2019, 79 ff.; *Will* ZRP 2019, 181 ff.). Verkehrsverbote allein für Dieselfahrzeuge können daher nach dem bestehenden Regelwerk nicht festgesetzt werden. 49

Verkehrsverbote für Dieselfahrzeuge als Teil des Maßnahmenplans in einem Luftreinhalteplan können dennoch rechtlich zulässig resp. geboten sein. Weder der **abschließende Charakter** der 35. BImSchV noch das **Fehlen entsprechender Zusatzzeichen** im Sinne des § 45 Abs. 1f StVO vermögen die Aufnahme in den Plan zu verhindern. Das hat das BVerwG in zwei grundlegenden Urteilen vom 27. Februar 2018 (7 C 26/16 zum Luftreinhalteplan Düsseldorf = NVwZ 2018, 890 ff und 7 C 30/17 zur Umweltzone Stuttgart = NVwZ 2018, 883 ff.) entschieden (vgl. dazu *Burgi/Pöhlmann* GewArch 2018, 361 ff.; *Will* NZV 2018, 393 ff.; *Rebler* UPR 2019, 7 ff; *Giesberts* NVwZ 2018, 1276 ff.; *Schink/Fellenberg* NJW 2018, 2016 ff; *Wiemers* VR 2018, 294 ff.; *Schäfer* DVBl. 2019, 50

473 ff.). Aus Gründen des **Vorrangs des Unionsrechts** und der damit verbundenen Verpflichtung, den Zeitraum der Überschreitung der Immissionsgrenzwerte zu kurz wie möglich zu halten, kann sich die Pflicht zur Aufnahme von Verkehrsverboten für Dieselfahrzeuge in den Maßnahmenplan ergeben, wenn es sich dabei um das **einzig geeignete Mittel** zur kurzfristigen Einhaltung der Grenzwerte für NO_2 handelt (BVerwG NVwZ 2018, 883 (886)). Das entgegenstehende mitgliedstaatliche Recht muss insoweit unangewendet bleiben (BVerwG NVwZ 2018, 883 (888 f.)). Wenngleich § 40 Abs. 1 S. 1 die Existenz straßenverkehrsrechtlicher Vorschriften voraussetzt, dient diese Vorschrift dann dennoch als **Ermächtigungsgrundlage** für die Verkehrsbeschränkungen (vgl. → § 40 Rn. 14 f.; *Burgi/Pöhlmann* GewArch 2018, 361; *Schink/Fellenberg* NJW 2018, 2016 (2017); *Will* NZV 2018, 393 (397 f.); *Schink* in Feldhaus BImSchR § 47 BImSchG Rn. 168 ff.).

51 Verkehrsverbote für Dieselfahrzeuge sind aber auch dann nur rechtmäßig, wenn die allgemeinen Anforderungen erfüllt sind insbesondere der **Grundsatz der Verhältnismäßigkeit** (vgl. dazu → Rn. 44; BVerwG NVwZ 2018, 883 (886 ff.); *Will* NVwZ 2019, 263 (266 ff.); *Hofmann* NVwZ 2018, 928 (933 ff.); OVG Münster Urt. v. 31.7.2019 – 8 A 2851/18, Rn. 221; vgl. dazu *Will* NZV 2019, 496 ff.). Dabei sind **streckenbezogene Verbote** *(einzelne Straßen oder Straßenabschnitte)* als milderes Mittel gegenüber **zonalen Verboten** *(ein zusammenhängendes Verkehrsnetz aus einer Vielzahl von Haupt- und Nebenstraßen)* grundsätzlich vorrangig, da diese in ihrer Intensität nicht über sonstige straßenverkehrsrechtlich begründete Durchfahrts- und Halteverbote hinausgehen (vgl. BVerwG NVwZ 2018, 883 (887). Lassen sich nach der Prognose (vgl. → Rn. 38) die Grenzwerte kurzfristig allein durch ein zonales Verbot einhalten, ist die Intensität des Eingriffs gegebenenfalls abzumildern. Das kann zunächst mit einer **zeitlich gestaffelten** Einführung des Verbots erfolgen, bei der zuerst ältere Fahrzeuge erfasst werden (BVerwG NVwZ 2018, 883 (887). Das Maß des **Vertrauensschutzes** sinkt mit dem Alter sowie in Abhängigkeit von der erfüllten Abgasnorm (Euro 3 bis Euro 6) (vgl. *Schink/Fellenberg* NJW 2018, 2016 (2018); *Will* NVwZ 2019, 263 (268)). Sollten die Grenzwerte bereits zeitnah eingehalten sein, muss auf Verbote für Fahrzeuge jüngerer Schadstoffklassen verzichtet werden. Darüber hinaus sind im Einzelfall **Ausnahmen für einzelne Personengruppen** zu gewähren (insbesondere Anwohner und Handwerker), damit unverhältnismäßige Belastungen vermieden werden (vgl. BVerwG NVwZ 2018, 883 (887 f.); Burgi/Pöhlmann GewArch 2018, 361 (362 ff.).

52 Selbst wenn ein Verkehrsverbot das einzig geeignete Mittel zur kurzfristigen Einhaltung der Grenzwerte ist, kann es aus Gründen der Verhältnismäßigkeit **im Einzelfall** dennoch geboten sein, auf das Verbot zu **verzichten** (vgl. BVerwG NVwZ 2020, 1191 (1194); OVG Münster Urt. v. 31.7.2019 – 8 A 2851/18, Rn. 221 ff.; VGH Kassel ZUR 2020, 376 (380); a.A. VGH Mannheim NVwZ 2019, 813 (817); vgl. dazu *Will* NZV 2019, 496 (497)). Es dürfte sich dabei um Fälle handeln, die als atypisch zu bezeichnen sind, so z.B. eine nur noch ganz geringfügige Überschreitung eines Grenzwerts und die – valide – Prognose, dass der Grenzwert auch ohne Verkehrsverbot spätestens im übernächsten Jahr eingehalten wird. Auch eine besondere Bedeutung für die Infrastruktur im Plangebiet kann entgegenstehen (vgl. BVerwG NVwZ 2020, 1191 (1197); OVG Münster Urt. v. 12.9.2019 – 8 A 4775/18, Rn. 266 f.). Ein rückläufiger Trend der Immissionsbelastung allein genügt jedenfalls nicht (vgl. VG Berlin Urt. v. 9.10.2018 – 10 K 207.16, Rn. 76; VG Mainz Urt. v. 24.10.2018 – 3 K 988/16.MZ, Rn. 27; vgl. auch EuGH Urt. v. 3.6.2021 – C-635/18, Rn. 83; Urt. v. 10.11.2020 – C-644/18, Rn. 77; Urt. v. 22.2.2018 C-336/16, Rn. 65).

53 **b) Das 13. BImSchG-Änderungsgesetz.** Mit dem am 12. April 2019 in Kraft getretenen 13. BImSchG-Änderungsgesetz (BGBl. I S. 432) wurde § 47 um Absatz 4a er-

gänzt (vgl. dazu allgemein *Scheidler* NVwZ 2019, 751 ff.; *Klinger* ZUR 2019, 131 ff.; *Berkemann* ZUR 2019, 412 ff.; *Schink* I+E 2019, 58 ff.; *Appel/Stark* NVwZ 2019, 1552 ff.; *Laskowski* ZRP 2019, 44 ff.; *Albrecht/Nentwich* NZV 2019, 377 ff.; *Dolde* EurUP 2020, 259 ff.). Der neue Absatz enthält normative Vorgaben für Fahrverbote als Teil eines Maßnahmenplans. Dabei werden von **Satz 1** ausschließlich Kraftfahrzeuge mit Selbstzündungsmotor (Dieselfahrzeuge, vgl. dazu *Klinger* ZUR 2019, 131 (132)) erfasst, während **Satz 2** eine solche Beschränkung nicht enthält (a.A. *Jarass* Rn. 38; *Scheidler* NVwZ 2019, 751 (753); *ders.*, VR 2019, 289 (290)). Allenfalls kann im Wege des Erst-recht-Schlusses angenommen werden, dass Verkehrsverbote für Fahrzeuge mit Fremdzündungsmotor jedenfalls unverhältnismäßig sein, wenn es solche für Dieselfahrzeuge sind, da deren Stickoxidemissionen in der Regel niedriger sind. Der Anwendungsbereich ist auch nicht auf *zonale* Fahrverbote beschränkt (so aber *Jarass* Rn. 38), sondern kommt seinem Wortlaut nach auch bei *streckenbezogenen* Verboten zur Geltung (vgl. Laskowski ZRP 2019, 44 (46)). Soweit in Satz 1 der Begriff „Gebiet" verwendet wird, dürfte damit das Plangebiet (zur Bestimmung des Plangebiets → Vor 39. BImSchV Rn. 22) gemeint sein, nicht aber eine Fahrverbotszone.

Fahrverbote für Dieselfahrzeuge unterliegen dem **Anwendungsbereich des Absatz 4a Satz 1,** wenn in einem Untersuchungsgebiet der nach den Vorschriften der 39. BImSchV ermittelte Jahresmittelwert für NO_2 zwischen dem Grenzwert von 40 $\mu g/m^3$ (§ 3 Abs. 2 der 39. BImSchV) und 50 $\mu g/m^3$ liegt (vgl. *Jarass* Rn. 39). Eine lediglich prognostizierte Überschreitung des Grenzwertes um höchstens 10 $\mu g/m^3$ reicht demgegenüber nicht für die Anwendung des Satzes 1 aus (vgl. BVerwG NVwZ 2020, 1191 (1197)). Dem Wortlaut nach kommen Fahrverbote **in der Regel** nur dann in Betracht, wenn der Jahresmittelwert bei mehr als 50 $\mu g/m^3$ liegt. Die Absicht des Gesetzgebers lag darin, mit der gewählten Formulierung eine *Klarstellung* vorzunehmen (vgl. die Begründung des Regierungsentwurfs, BT-Drs. 19/6335, S. 7). Dem lag die Annahme zu Grunde, dass der Stickoxidgrenzwert in der Regel ohne Fahrverbote für Dieselfahrzeuge kurzfristig eingehalten werden kann, wenn die Überschreitung nicht mehr als 10 $\mu g/m^3$ beträgt. Regelmäßig könne der Grenzwert bereits durch Umsetzung des „Konzepts für saubere Luft und die Sicherung der individuellen Mobilität in unseren Städten" (abrufbar unter: https://www.bmu.de/fileadmin/Daten_BMU/Download_PDF/Luft/konzept_diesel_bf.pdf) eingehalten werden (BT-Drs. 19/6335, S. 9). Es handelt sich um eine Konkretisierung der im Rahmen der Maßnahmenplanung vorzunehmenden Verhältnismäßigkeitsprüfung (*Jarass* Rn. 38; vgl. → Rn. 51). 54

Eine über die bereits zuvor durch die Rechtsprechung (vgl. dazu → Rn. 51 f.) herausgearbeitete Grenze der Zulässigkeit von Fahrverboten hinausgehende Einschränkung dieser Maßnahme kommt jedoch nicht in Betracht, da diese Grenze aus unionsrechtlichen Gründen nicht überschritten werden darf. Danach ist der Zeitraum einer Grenzwertüberschreitung so **kurz wie möglich** zu halten (vgl. zuletzt EuGH Urt. v. 3.6.2021 – C-635/18, Rn. 142; Urt. v. 10.11.2020 – C-644/18, Rn. 136). Damit lässt sich ein Normverständnis, nach dem Fahrverbote für Dieselfahrzeuge bis zum Erreichen der 50 $\mu g/m^3$-Marke nur in atypischen Einzelfällen möglich sein sollen, nicht vereinbaren. Dieses Verständnis ist **unionsrechtswidrig** (vgl. BVerwG NVwZ 2020, 1191 (1197); OVG Münster Urt. v. 31.7.2019 – 8 A 2851/18, Rn. 301; OVG Hamburg NVwZ 2019, 1774 (1778); VGH Mannheim NVwZ 2019, 813 (818); VGH Kassel ZUR 2020, 376 (379); VG Berlin Urt. v. 9.10.2018 – 10 K 207/16, Rn. 74; VG Köln Urt. v. 8.11.2018 – 13 K 6684/15, Rn. 34; VG Gelsenkirchen Urt. v. 15.11.2018 – 8 K 5068/15, Rn. 120; *Will* NZV 2019, 17 (24); *ders.*, NZV 2019, 496 (500); *Laskowski* ZRP 2019, 44 (48); *Scheidler* NVwZ 2019, 751 (754 f.); *Klinger* ZUR 2019, 131 (133 f.); *Berkemann* ZUR 2019, 412 (419 f.)). Bereits nach der vorherigen Rechtslage kamen Verkehrsverbote nur dann in 55

Betracht, wenn keine anderen (milderen) Maßnahmen zur Verfügung stehen. In unionsrechtskonformer Auslegung schränkt Absatz 4a Satz 1 daher die Möglichkeit einer Festlegung von Verkehrsverboten in einem Maßnahmenplan nicht ein (vgl. *Will* NZV 2019, 17 (24); *Dolde* EurUP 2020, 259 (268)).

56 Unabhängig vom Ausmaß der Überschreitung des Immissionsgrenzwerts von 40 µg/m^3 für Stickstoffdioxid nimmt **Absatz 4a Satz 2** bestimmte Fahrzeuge generell von Verkehrsverboten aus (vgl. OVG Münster Urt. v. 31.7.2019 8 A 2851/18, Rn. 309; *Berkemann* ZUR 2019, 412 (417)). Diese Ausnahmen werden nicht erst durch die Übernahme in einen Luftreinhalteplan wirksam (vgl. *Albrecht/Nentwich* NZV 2019, 377 (380); a.A. *Scheidler* VR 2019, 289 (290)), sondern hindern eine planende Behörde daran, Verkehrsverbote in dem in Satz 2 bezeichneten Umfang in einen Maßnahmenplan aufzunehmen. **Absatz 4a Satz 4** ermöglicht die Zulassung weiterer Ausnahmen im Einzelfall (vgl. *Jarass* Rn. 41; *Scheidler* NVwZ 2019, 751 (754).

57 Voraussetzungslos ausgenommen von Verkehrsverboten sind nach **Nr. 1 und 6** Fahrzeuge der Schadstoffklasse Euro 6/VI sowie nach **Nr. 7** Kraftfahrzeuge, die unter Nr. 5 bis 7 des Anhangs 3 zur 35. BImSchV fallen. Für LKW und Busse, die die Schadstoffklasse Euro VI erfüllen, ermöglicht **Absatz 4a Satz 3** jedoch die Aufnahme von Verkehrsverboten in einen Maßnahmenplan, wenn die schnellstmögliche Einhaltung des Stickoxidgrenzwerts nur so sichergestellt werden kann. Damit können vor allem lokale Besonderheiten berücksichtigt werden (vgl. *Jarass* Rn. 42; *Scheidler* NVwZ 2019, 751 (754); *Albrecht/Nentwich* NZV 2019, 377 (379)). Die ausnahmslose Freistellung aller PKW der Schadstoffklasse Euro 6 dürfte wiederum mit dem unionsrechtlichen Gebot, Überschreitungszeiträume so kurz wie möglich zu halten, kollidieren, da erst ab der Norm Euro 6d temp niedrige Stickoxidemissionen im Realbetrieb sichergestellt sind (vgl. *Laskowski* ZRP 2019, 44 (47); *Klinger* ZUR 2019, 131 (135)). **Nr. 2** nimmt Kraftfahrzeuge der Schadstoffklassen Euro 4 und Euro 5 von Verkehrsverboten aus, wenn diese im praktischen Fahrbetrieb weniger als 270 mg/km Stickstoffoxide ausstoßen. Das trifft vorrangig auf Fahrzeuge zu, die gemäß **Absatz 4a Satz 5** in Übereinstimmung mit Anlage XXII zur Straßenverkehrs-Zulassungs-Ordnung nachgerüstet wurden (vgl. *Scheidler* NVwZ 2019, 751 (753); *ders.*, VR 2019, 289 (291); *Albrecht/Nentwich* NZV 2019, 377 (379)). Da mit dieser Ausnahme an das tatsächliche Emissionsverhalten angeknüpft wird, dürfte sie unionsrechtskonform sein (vgl. OVG Münster Urt. v. 31.7.2019 -8 A 2851/18, Rn. 312; kritisch *Laskowski* ZRP 2019, 44 (47)). Nach **Nr. 3 bis Nr. 5** sind darüber hinaus weitere Fahrzeuge von Verkehrsverboten ausgenommen, wenn sie mit einem Stickstoffoxid-Minderungssystem mit erhöhter Minderungsleistung ausgestattet sind und näher bezeichnete Fördervoraussetzungen erfüllen (vgl. dazu *Albrecht/Nentwich* NZV 2019, 377 (379f.); *Scheidler* NVwZ 2019, 751 (753f.); *ders.*, GewArch 2019, 334 (335f.)).

E. Bindungswirkung, Rechtsnatur und Rechtsschutz

I. Bindungswirkung

58 Der Maßnahmenkatalog eines Luftreinhalteplans oder eines Plans für kurzfristig zu ergreifende Maßnahmen ist in erster Linie ein **Handlungsplan** der ihn aufstellenden Behörde (vgl. *Jarass* Rn. 56; *Schink* in Feldhaus BImSchR § 47 BImSchG Rn. 97; *Weiner* in GK-BImSchG § 47 Rn. 75; *Zeissler,* Quellenunabhängiges EU-Luftqualitätsrecht, S. 322ff.; *Weise,* Behördliche Handlungspflichten im quellenunabhängigen Luftqualitätsrecht, S. 176ff.; *Malchin,* Durchführung und Durchsetzung von Immissionsgrenzwerten im Luftqualitätsrecht, S. 150 ff.). Als interner Plan gibt er ihr keine zusätzlichen Zuständigkeiten zur Durchführung der Maßnahmen. Soweit in ihm hoheitliche Maßnahmen, insbesondere die Anordnung von Verbesserungsmaßnahmen oder inhaltliche Beschränkungen von Genehmigungen vorgesehen sind, hat der Plan für die insoweit zuständigen Behörden aber nicht nur die Qualität einer Empfehlung. Vielmehr haben alle Behörden (also nicht nur die gegenüber der aufstellenden Behörde weisungsabhängigen Stellen) die Maßnahmen des Luftreinhalteplans oder des Plans für kurzfristig zu ergreifende Maßnahmen mit den Ihnen zu Gebote stehenden Mitteln durchzusetzen (vgl. *Heitsch* in Kotulla BImSchG § 47 Rn. 74). Diese Bindungswirkung betrifft Behörden des Bundes, der Länder, der kommunalen Gebietskörperschaften sowie andere juristische Personen des öffentlichen Rechts (*Schink* in Feldhaus BImSchR § 47 BImSchG Rn. 98; *Jarass* Rn. 59; *Weiner* in GK-BImSchG § 47 Rn. 75; OVG Hamburg Urt. v. 29.11.2019 – 1 E 23/18, Rn. 277) und ist damit eine **rechtliche,** nicht nur eine tatsächliche **Bindung.** Normativ verankert ist die bindende Wirkung der Luftreinhalte- und Aktionspläne in § 47 Abs. 6. Für außerhalb der öffentlichen Verwaltung Stehende ergeben sich aus den Plänen keine unmittelbaren Pflichten. Diese können sich erst aus rechtlich verbindlichen Maßnahmen ergeben, die auf Grund der Festlegungen in einem Plan erlassen wurden. § 47 Abs. 6 ist ebenso wenig wie der Plan selbst eine taugliche Grundlage für Eingriffe in Rechte Dritter.

Die **Reichweite der Bindungswirkung** bestimmt § 47 Abs. 6 in Abhängigkeit von **59** den Inhalten eines Plans. Für Beschränkungen des Straßenverkehrs kommt § 40 Abs. 1 zur Anwendung (vgl. OVG Hamburg Urt. v. 29.11.2019 – 1 E 23/18, Rn. 277; *Jarass* Rn. 59; *Schink* in Feldhaus BImSchR § 47 BImSchG Rn. 105; *Scheidler* UPR 2006, 216 (219)). Bei Anordnungen und sonstigen Entscheidungen sind die zur Durchführung der Maßnahmen zuständigen Behörden gemäß Absatz 6 Satz 1 grundsätzlich verpflichtet, auf fachgesetzlicher Grundlage zu handeln. Die Notwendigkeit einer ausdrücklichen gesetzlichen **Ermächtigungsgrundlage** für den Durchführungsakt besteht dabei nur, soweit in individuelle Rechte eingegriffen wird (vgl. BVerwG NVwZ 2018, 883 (884); NVwZ 2007, 695 (698); NVwZ 2012, 1175 (1176); *Jarass* Rn. 57; *Heitsch* in Kotulla BImSchG § 47 Rn.73; *Schink* in Feldhaus BImSchR § 47 BImSchG Rn. 97). Insbesondere im Bereich der fiskalischen Tätigkeit der Kommunen ist dies regelmäßig nicht der Fall; dort gibt es zahlreiche Maßnahmen, deren einzige rechtliche Grundlage der Luftreinhalteplan ist (z. B. Intensivierung der Straßenbegrünung oder Pflanzung Staub filternder Vegetation). Ist der fachlich zuständigen Behörde im Bereich der Eingriffsverwaltung **Ermessen** eingeräumt, ist dieses durch § 47 Abs. 6 Satz 1 i. V. m. dem Maßnahmenteil des jeweiligen Plans eingeschränkt. Eine *regelmäßige* Reduzierung bis auf eine grundsätzlich bestehende Handlungspflicht kann jedoch – auch durch eine unionsrechtliche Überlagerung im Bereich der Pläne nach Absatz 1 und 2 – nicht angenommen werden (so auch *Jarass* Rn. 60; *Schink* in Feldhaus BImSchR § 47 BImSchG Rn. 106; *Rehbinder* NuR 2005, 493 (496); *Zeissler,* Quellenunabhängiges EU-Luftqualitätsrecht, S. 329 ff.; anders *Heitsch* in Kotulla BImSchG § 47 Rn. 75). Eine einzelfallbezogene **Verhältnismäßigkeitsprüfung** ist grundsätzlich geboten, wenn und soweit die dabei zu berücksichtigenden Belange auf der Ebene der Planung noch nicht beleuchtet wurden. Im Einzelfall kann das Ermessen aus unionsrechtlichen Gründen so weit eingeschränkt sein, dass eine **Pflicht zum Vollzug einer bestimmten Maßnahme** besteht. Dies ist insbesondere dann der Fall, wenn es sich bei der Maßnahme um die einzig geeignete handelt, um eine kurzfristige Einhaltung eines Grenzwerts zu garantieren (vgl. → Rn. 49 ff. zu Fahrverboten für Dieselfahrzeuge; vgl. auch *Schink* in Feldhaus BImSchR § 47 BImSchG Rn. 107).

§ 47 Abs. 6 Satz 2 reduziert die grundsätzliche Durchsetzungspflicht auf eine Berück- **60** sichtigungspflicht, sofern in einem Luftreinhalteplan oder einem Plan für kurzfristig zu ergreifende Maßnahmen **planungsrechtliche Festlegungen** vorgesehen sind (vgl. *Jarass* Rn. 61; *Schink* in Feldhaus BImSchR § 47 BImSchG Rn. 108). Für den wichtigen Bereich der Bauleitplanung enthält § 1 Abs. 6 Nr. 7 lit. g) BauGB ein inhaltsgleiches Berücksichtigungsgebot bei der Aufstellung der Bauleitpläne. Neben diesen und anderen Planungen ohne Bezug auf ein einzelnes Vorhaben können planungsrechtliche Festlegungen auch vorhabenbezogene Planungsentscheidungen erfassen, insbesondere **Planfeststellungen** (so auch BVerwG NVwZ 2004, 1237 (1238); *Weiner* in GK-BImSchG § 47 Rn. 50; *Schink* in Feldhaus BImSchR § 47 BImSchG Rn. 108; *Jarass* Rn. 61), aber auch Recht setzende Entscheidungen kommunaler Gebietskörperschaften, da diese abwägenden Charakter haben (vgl. auch *Schulze-Fielitz*, UPR 1992, 41 (44f.)), einschließlich planfeststellungsersetzender Bebauungspläne (vgl. BVerwG NVwZ 2005, 442).

61 Dem Berücksichtigungsgebot ist keine grundsätzliche Bindung der Behörde, die einen Luftreinhaltplan umsetzt, zu entnehmen. Im Abwägungsprozess müssen die eingebracht werden und mit anderen öffentlichen und privaten Belangen in Ausgleich gebracht werden (BT-Drs. 14/8450, S. 14; Jarass Rn. 62; *Schink* in Feldhaus BImSchR § 47 BImSchG Rn. 110; *Weiner* in GK-BImSchG § 47 Rn. 74). Auf Grund des unionsrechtlich verbindlich vorgegebenen Ziels, die Immissionswerte einzuhalten, gilt für Pläne nach Absatz 1 und 2 jedoch eine weitgehende Einschränkung der Abwägbarkeit. Durch eine Planungsentscheidung darf die Einhaltung der Werte nicht erschwert oder unmöglich gemacht werden (vgl. auch *Schink* in Feldhaus BImSchR § 47 BImSchG Rn. 110; *Heitsch* in Kotulla BImSchG § 47 Rn. 76f.; *Jarass* Rn. 62).

II. Rechtsnatur

62 Die in Literatur und Rechtsprechung vorgenommene Charakterisierung der Rechtsnatur von Luftreinhalteplänen oder Plänen für kurzfristig zu ergreifende Maßnahmen reicht von *Handlungsplan, der einer Verwaltungsvorschrift ähnlich ist* (BVerwG NVwZ 2014, 64 (64f.); NVwZ 2007, 695 (698)), über *verwaltungsinterner Plan mit Ähnlichkeit zur Verwaltungsvorschrift* (*Jarass* Rn. 63; *Schink* in Feldhaus BImSchR § 47 BImSchG Rn. 99), *Akt sui generis* (*Scheidler* UPR 2006, 216 (219)), *Fachplan eigener Art* (*Sparwasser* NVwZ 2006, 369 (375)), *Normähnlichkeit* (*Köck/Lehmann* ZUR 2013, 67 (70)), bis hin zu *Rechtsnorm eigener Art* (*Heitsch* in Kotulla BImSchG § 47 Rn. 78). Einigkeit besteht lediglich insoweit, als die Pläne weder Rechtsverordnungen noch Satzungen sind. Der in Zweifel gezogene **Rechtsnormcharakter** dürfte im Ergebnis zu bejahen sein, weil durch einen Luftreinhalte- oder Aktionsplan unmittelbar Rechte und Pflichten begründet werden. Pflichten werden zwar nicht bei außerhalb der Verwaltung Stehenden, aber doch bei Behörden anderer Rechtsträger begründet. Das betrifft in erster Linie kommunale Gebietskörperschaften (vgl. *Köck/Lehmann* ZUR 2013, 67 (70)). Rechte, die sich unmittelbar aus dem Plan ergeben, können bei von einer Immissionswertüberschreitung betroffenen Nachbarn entstehen. Das bezieht sich auf Maßnahmen, deren einzige rechtliche Grundlage der Plan selbst ist und die nicht in Vollzug anderer Ermächtigungsgrundlagen getroffen werden. Im letzteren Fall wird der Nachbar aus der – drittschützenden – Norm berechtigt (z. B. § 17 Abs. 1 Satz 2 BImSchG).

III. Rechtsschutz

63 **1. Recht auf Planerlass.** Die Fragen zu Rechtsschutzmöglichkeiten von natürlichen Personen, die von Immissionsgrenzwertüberschreitungen unmittelbar betroffen sind, wurden durch die Vorabentscheidung des EuGH vom 25. Juli 2008 (C-237/07, NVwZ 2008, 984) grundsätzlich beantwortet. Aus Gründen des Schutzes der menschlichen Ge-

sundheit besteht danach ein klagbarer **Anspruch auf Erlass eines Plans für kurzfristig zu ergreifende Maßnahmen** für unmittelbar betroffene Einzelne im Fall der Gefahr einer Überschreitung der Grenzwerte oder der Alarmschwellen (vgl. → § 45 Rn. 19; VGH München NVwZ 2007, 233 (236); a.A. BVerwG NVwZ 2007, 695 (697)). Dies ist auf den Erlass eines **Luftreinhalteplans** nach Absatz 1 übertragbar sein (vgl. BVerwG NVwZ 2014, 64 (67); *Jarass* Rn. 66; *Schink* in Feldhaus BImSchR § 47 BImSchG Rn. 218; *Köck/Lehmann* ZUR 2013, 67 (72)), nicht aber auf einen Plan nach Absatz 3. Soweit der Planerlass im Ermessen der Behörde steht (Absatz 2 Satz 2 und Absatz 3), richtet sich der klagbare Anspruch auf eine fehlerfreie Ermessensentscheidung. In gleichem Maße kann die **Änderung** oder **Fortschreibung** eines Plans verlangt werden (BVerwG NVwZ 2014, 64 (69); VGH Kassel ZUR 2016, 432 (434); *Jarass* Rn. 66).

Der Anspruch auf Planerlass oder -änderung kann mit der **allgemeinen Leistungsklage** verfolgt werden (BVerwG NVwZ 2014, 64 (65) *Jarass* Rn. 66; *Schink* in Feldhaus BImSchR § 47 BImSchG Rn. 218). Er muss grundsätzlich nicht auf bestimmte Maßnahmen gerichtet werden, sondern orientiert sich an der Einhaltung der Immissionswerte der 39. BImSchV (vgl. *Schink* in Feldhaus BImSchR § 47 BImSchG Rn. 219; zur Bestimmtheit des Klageantrags: BVerwG NVwZ 2014, 64 (68)). Unberührt von diesem Planerlassanspruch bleibt der Anspruch auf eine fehlerfreie Entscheidung über **planunabhängige Maßnahmen** (vgl. dazu → § 45 Rn. 20). Weiterhin hat ein betroffener Dritter einen Anspruch auf Durchsetzung von Maßnahmen, die in einem Plan festgelegt sind (so auch *Jarass* VerwArch 2006, 429 (449); *Scheidler* NVwZ 2007, 144 (148); *ders.* VR 2018, 289 (290); *Sparwasser* NVwZ 2006, 369 (373); *Streppel* EurUP 2006, 191 (194)). 64

Nach § 3 UmwRG **anerkannte Umweltverbände** haben ein Klagerecht nach § 2 i.V.m. § 1 Abs. 1 S. 1 Nr. 4 UmwRG, soweit für die Aufstellung oder Fortschreibung eines Luftreinhalteplans oder eines Plans für kurzfristig zu ergreifende Maßnahmen eine **Strategische Umweltprüfung** oder eine **Vorprüfung** durchzuführen ist (vgl. → § 1 UmwRG Rn. 72ff.; BVerwG NVwZ 2019, 1191 (1192); VGH Kassel NVwZ 2019, 329 (331)). Für die Klage ist gemäß § 7 Abs. 2 S. 1 UmwRG das **Oberverwaltungsgericht** im ersten Rechtszug zuständig (vgl. → § 7 UmwRG Rn. 53ff.; OVG Münster NWVBl. 2019, 211). Darüber hinaus kann eine subjektive klagbare **(prokuratorische)** Rechtsposition für juristische Personen bestehen, wenn und soweit sich dies aus dem Unionsrecht ergibt (grundlegend dazu: BVerwG NVwZ 2014, 64 (67f.) „Luftreinhalteplan Darmstadt"; im Anschluss an: EuGH NVwZ 2011, 673ff. „Slowakischer Braunbär" und EuGH NVwZ 2008, 984ff. „Janecek"; vgl. dazu *Klinger* EurUP 2014, 177ff.; *Schlacke* NVwZ 2014, 11ff.; *Lau* NVwZ 2014, 637ff.; *Bulbach/Morfeld* NVwZ 2014, 1499; *Scheidler* UPR 2019, 1ff.). Das trifft nicht nur auf nach § 3 UmwRG anerkannte **Umweltverbände,** sondern auch auf **Unternehmen** in einem Überschreitungsgebiet zu, die im Interesse der Gesundheit der Mitarbeiter handeln (vgl. *Jarass* Rn. 67). Während der Rechtsschutz der Unternehmen auf gesundheitsschützende Normen beschränkt werden muss, kann die Prokura eines Umweltverbandes grundsätzlich auch über diese Grenze hinausgehen (so auch *Schink* in Feldhaus BImSchR § 47 BImSchG Rn. 221; a.A. *Jarass* Rn. 67). Maßgeblich dürfte der auf den Schutz der Umwelt gerichtete Zweck der potenziell verletzten Vorschrift sein. 65

2. Rechtsbehelfe gegen die Planung. Die Rechtsschutzmöglichkeiten **gegen einen vorhandenen Plan** und darin enthaltene Maßnahmen hängen von der Beurteilung der Rechtsnatur der Pläne ab. Nach der hier vertretenen Auffassung ist ein Luftreinhalteplan oder ein Plan für kurzfristig zu ergreifende Maßnahmen der Überprüfung in einem **Normenkontrollverfahren** nach § 47 Abs. 1 Nr. 2 VwGO zugänglich (so auch *Heitsch* in Kotulla BImSchG § 47 Rn. 79; vgl. auch *Köck/Lehmann* ZUR 2013, 67 (70); 66

für die Statthaftigkeit einer **Feststellungsklage:** *Jarass* Rn. 64; *Schink* in Feldhaus BImSchR § 47 BImSchG Rn. 214; *Scheidler,* UPR 2006, 216, 221). Klagebefugt sind dabei von dem Plan in eigenen Rechten betroffene juristische Personen des öffentlichen Rechts (so auch *Sparwasser,* NVwZ 2006, 369 (376); *Schink* in Feldhaus BImSchR § 47 BImSchG Rn. 213; *Jarass* Rn. 64; vgl. auch OVG Münster Urt. 31.7.2019 – 8 A 2851/18, Rn. 66).

67 Im Gegensatz dazu sind außerhalb der Verwaltung Stehende in der Regel nicht unmittelbar zur Klage gegen einen Plan befugt. Die Rechtsverletzung ergibt sich für diesen Personenkreis erst aus der auf der Grundlage des Plans erlassenen Maßnahme, für die es eine eigene Rechtsgrundlage geben muss (vgl. → Rn. 58; *Schink* in Feldhaus BImSchR § 47 BImSchG Rn. 215; *Jarass* Rn. 65). Die Rechtmäßigkeit des Plans wird dann inzident überprüft (vgl. BVerwG NVwZ 2012, 1175 (1176); VGH Kassel UPR 2019, 531 (532); OVG Lüneburg Urt. v. 12.5.2011 – 12 LC 143/09, Rn. 30; *Röckinghausen* I+E 2012, 188 (190)). Dabei muss auf den Zeitpunkt der Aufstellung des Plans abgestellt werden. Aufgrund des planerischen Spielraums ist die gerichtliche Kontrolle auf Prognose- und Ermessensfehler beschränkt. Eine vorbeugende Unterlassungsklage kommt nur ausnahmsweise in Betracht, sofern es im Einzelfall unzumutbar ist, den Erlass der Maßnahme abzuwarten (vgl. VG Weimar Urt. v. 10.3.2016 – 7 K 439/14 We, Rn. 45; *Jarass* Rn. 65; *Schink* in Feldhaus BImSchR § 47 BImSchG Rn. 217).

68 **3. Vollstreckung.** Die mit der allgemeinen Leistungsklage erwirkten Urteile, die zur Aufstellung oder Fortschreibung eines Luftreinhalteplans verpflichten, unterliegen der Vollsteckung nach **§ 172 VwGO** (vgl. *Schink* in Feldhaus BImSchR § 47 BImSchG Rn. 223; VGH Kassel ZUR 2016, 431 ff.; VGH München NVwZ 2017, 894 ff.; VGH Mannheim NVwZ-RR 2019, 214 ff.; OVG Hamburg Beschl. v. 14.2.2017 – 1 So 63/17, Rn. 24; *Klinger* ZUR 2018, 272 (274); a.A. *Schink* DVBl. 2016, 1557 (1560)). Ist das dort vorgesehene Beugemittel von höchstens 10 000 € **Zwangsgeld** nicht geeignet, die planende Behörde zur Umsetzung des Urteils zu bewegen, kommen hingegen die allgemeinen Vollstreckungsregeln zur Anwendung (vgl. VG Stuttgart Beschl. v. 21.1.2020 – 17 K 5255/19, Rn. 27 ff.; VGH Mannheim UPR 2020, 310 (314); *Klinger* ZUR 2020, 367; *Kaerges* ZUR 2020, 245). Über § 167 Abs. 1 S. 1 VwGO ist damit auch § 888 Abs. 1 ZPO anwendbar, der ein Zwangsgeld in Höhe von 25 000 € sowie die **Zwangshaft** ermöglicht. Nach der Entscheidung des EuGH in seiner Vorlageentscheidung vom 19. Dezember 2019 (NJW 2020, 977 ff.; vgl. dazu *Will* NJW 2020, 963 ff.) gilt die Ergebnisverpflichtung des Art. 13 der Luftqualitätsrichtlinie 2008/50/EG auch auf der Vollstreckungsebene, so dass auch auf dieser Ebene effektiver und wirksamer Rechtsschutz gewährleistet sein muss. Aus der hohen Eingriffsintensität der Zwangshaft ergibt sich jedoch die Pflicht, nach milderen – gleichwohl geeigneten – Mitteln zu suchen. Solche milderen Mittel können Zwangsgelder nach § 888 Abs. 1 ZPO sein, die auch wiederholt und in kurzen Zeitabständen verhängt werden können. Der Erlös sollte nicht in einen staatlichen Haushalt fließen (EuGH NJW 2020, 977 (978 f.). Die Zwangshaft als letztes Mittel kommt erst dann in Betracht, wenn eindeutig feststeht, dass die planende Behörde dem Urteil nicht nachkommen wird (vgl. *Will* NJW 2020, 963 (965)).

69 Der Vollsteckung aus einem Bescheidungsurteil steht eine Tenorierung nicht entgegen, die auf das Setzen einer Frist, innerhalb derer ein Plan beschlossen oder fortgeschrieben werden muss, verzichtet (vgl. OVG Hamburg Beschl. v. 14.2.2017 – 1 So 63/16, Rn. 42; *Schink* in Feldhaus BImSchR § 47 BImSchG Rn. 223). Es reicht dann aus, dass der Luftreinhalteplan nach Eintritt der Rechtskraft des Bescheidungsurteils nicht beschlossen oder fortgeschrieben wurde, obwohl dies **möglich und zumutbar** war (vgl. OVG Hamburg Rn. 43). Geschuldet und damit vollstreckbar ist allein die Aufstellung oder Fortschreibung des Plans, nicht aber die Umsetzung der Maßnahmen selbst. Für die Vollstreckbarkeit kommt es nicht darauf an, dass konkrete Maßnahmen für die Aufnahme in einen Plan im Tenor oder den Entscheidungsgründen des Bescheidungsurteils benannt sind (vgl. VGH München Beschl. v. 27.2.2017 – 22 C 16.1427, Rn. 80; *Klinger* ZUR 2018, 272 (274); a. A. VGH Kassel ZUR 2016, 431 (432); *Schink* in Feldhaus BImSchR § 47 BImSchG Rn. 223). Wenn und soweit dies hingegen erfolgt ist, erstreckt sich die Bindungswirkung des Urteils auch auf diese konkreten Maßnahmen (vgl. BVerwG NVwZ 2014, 64 (68)). Hinsichtlich dieser Maßnahmen kann das Vollstreckungsgericht eine Zwangsgeldandrohung mit einer konkretisierenden Fortschreibung des Geschuldeten verbinden (vgl. VGH München NVwZ 2017, 894; *Klinger* ZUR 2018, 272 (274)). Im Vollstreckungsverfahren kann allein die Erfüllung (sowie die Erledigung, vgl. VGH München ZUR 2020, 689 (691)) der mit dem Bescheidungsurteil auferlegten Verpflichtung eingewendet werden. Dabei muss die Erfüllung mit den begrenzten Erkenntnismöglichkeiten im Vollstreckungsverfahren zur Überzeugung des Gerichts feststehen. Die Beweislast trägt der Vollstreckungsschuldner. Hauptindiaktor ist die Einhaltung der relevannten Immissionswerte. Änderungen der Sach- oder Rechtslage sind einer Vollstreckungsabwehrklage nach § 167 Abs. 1 S. 1 VwGO i.V.m. § 767 ZPO vorbehalten (vgl. VGH Mannheim UPR 2020, 310 (311)).

F. Rechtsverordnungen nach Absatz 7

I. Verhältnis zu § 49 Abs. 1

Durch Absatz 7 wird das Instrumentarium zur Erreichung der Ziele des § 45 Abs. 1 (einschließlich der Ziele eines Luftreinhalteplanes nach § 47 Abs. 1 und – bei der Gefahr einer Immissionsgrenzwertüberschreitung – auch eines Plans für kurzfristig zu ergreifende Maßnahmen nach § 47 Abs. 2 S. 2) erweitert. Die Vorschrift ist der Verordnungsermächtigung des § 49 Abs. 1 nachgebildet. Bei § 49 Abs. 1 steht der Gebietsschutz im Vordergrund, während es in § 47 Abs. 7 unabhängig von der Schutzbedürftigkeit der gebietsbezogenen Nutzungen um die Einhaltung der unionsrechtlich vorgegebenen Immissionsgrenzwerte geht. Im Übrigen ist der Unterschied gering. Wenn in der amtlichen Begründung zur Neufassung des § 47 (vgl. → Rn. 6) ausgeführt wird, Rechtsverordnungen nach § 49 Abs. 1 beträfen nur Gebiete, die *„über die Einhaltung der allgemein geltenden Grenzwerte hinaus"* eines besonderen Schutzes vor schädlichen Umwelteinwirkungen bedürfen, so ist das unzutreffend. Wie sich aus der Entstehungsgeschichte des § 49 (§ 41 des Regierungsentwurfs, BT-Drs. 7/179, S. 45) ergibt und im Schrifttum allgemein anerkannt ist (vgl. die Nachweise bei → § 49 Rn. 13; auch *Jarass,* der in der Begründung zu § 47 Abs. 7 zitiert wird, vertritt in den Erläuterungen zu § 49 – Rn. 5 – keine abweichende Auffassung), gilt § 49 Abs. 1 auch für Gebiete, die wegen der vorhandenen hohen Immissionsbelastung, insbesondere wegen der Überschreitung von Immissionswerten, eines besonderen Schutzes bedürfen. Insoweit überschneiden sich die Verordnungsermächtigungen. Dabei kann § 47 Abs. 7 nicht als vorrangige Bestimmung angesehen werden. Liegen sowohl die Voraussetzungen des § 47 Abs. 7 als auch die des § 49 Abs. 1 vor, steht es dem Verordnungsgeber frei, auf welche Grundlage er seine Regelung stützt (vgl. *Jarass* Rn. 71; *Schink* in Feldhaus BImSchR § 47 BImSchG Rn. 211; *Heitsch* in Kotulla BImSchG § 47 Rn. 92). Er kann auch beide Ermächtigungen heranziehen, was insbesondere dann zweckmäßig sein dürfte, wenn es um die Einhaltung von Immissionswerten sowohl nach § 48a Abs. 1 als auch nach § 48a Abs. 1a geht oder wenn der Verordnungsgeber einen strafrechtlichen Schutz sicherstellen will (vgl. → Rn. 76). Gemäß 70 dem Verweis in Absatz 7 Satz 2 auf § 49 Abs. 3 bleiben landesrechtliche Ermächtigungen zum Erlass ortsrechtlicher Vorschriften unberührt (vgl. dazu → § 49 Rn. 42ff.).

II. Voraussetzungen für den Erlass einer Rechtsverordnung

71 Als Voraussetzung für den Erlass einer Rechtsverordnung nennt Absatz 7 die „Gefahr, dass Immissionsgrenzwerte überschritten werden, die eine Rechtsverordnung nach § 48a Abs. 1 festlegt". Diese Formulierung gleicht der in Absatz 2 Satz 2 (vgl. dazu → Rn. 21). Daraus darf jedoch nicht geschlossen werden, dass eine Verordnung nur erlassen werden dürfe, wenn ein Plan für kurzfristig zu ergreifende Maßnahmen wegen der Überschreitung von Immissionsgrenzwerten aufzustellen ist (vgl. *Schink* in Feldhaus BImSchR § 47 BImSchG Rn. 202). Absatz 7 knüpft nicht an Luftreinhaltepläne oder Pläne für kurzfristig zu ergreifende Maßnahmen nach Abs. 1 oder 2 an. Der Erlass einer Rechtsverordnung kann auch eine sonstige Maßnahme im Sinne des § 45 Abs. 1 sein (vgl. → § 45 Rn. 7 und Rn. 13). Absatz 7 verlangt ferner nicht, dass die Überschreitung von Immissionsgrenzwerten bereits eingetreten ist oder unmittelbar bevorsteht. Eine Verordnung kann auch zur Erreichung der erst später einzuhaltenden Ziele eines Luftreinhalteplanes nach Absatz 1 erlassen werden, wenn die Gefahr einer (künftigen) Grenzwertüberschreitung besteht. – Zur Umsetzung eines Luftreinhalteplanes nach Absatz 3 kommt eine Rechtsverordnung nach Absatz 7 nicht in Betracht, da es dort nicht um Immissionsgrenzwerte nach § 48a Abs. 1 geht (vgl. *Jarass* Rn. 72; *Schink* in Feldhaus BImSchR § 47 BImSchG Rn. 201). Dann kann jedoch u. U. eine Regelung nach § 49 Abs. 1 getroffen werden.

III. Inhalt der Verordnung

72 **1. Mögliche Regelungen.** Inhaltlich können in einer Rechtsverordnung nach Absatz 7 gleichartige **Errichtungs-, Betriebs- und Verwendungsverbote** wie in einer Rechtsverordnung nach § 49 Abs. 1 ausgesprochen werden. Insoweit wird auf die Erläuterungen zu § 49 (Rn. 18–28) verwiesen (vgl. auch *Schink* in Feldhaus BImSchR § 47 BImSchG Rn. 204ff.; *Heitsch* in Kotulla BImSchG § 47 Rn. 98ff.). Im Hinblick auf die Einhaltung von Immissionsgrenzwerten bei einer unmittelbar drohenden Gefahr ihrer Überschreitung ist besonders wichtig, dass in der Verordnung auch zeitliche Betriebsbeschränkungen (z. B. bei einer erhöhten Immissionsbelastung auf Grund besonderer meteorologischer Verhältnisse) festgesetzt werden können.

73 **2. Anforderungen an den Inhalt.** Errichtungs-, Betriebs- und Verwendungsbeschränkungen dürfen in einer Rechtsverordnung nach Absatz 7 nur festgelegt werden, „soweit die Anlagen oder Brennstoffe geeignet sind, zur Überschreitung der Immissionswerte beizutragen". Dieser Anforderung wird durch die Beachtung des **Grundsatzes der Verhältnismäßigkeit** Rechnung getragen (vgl. *Jarass* Rn. 74; *Heitsch* in Kotulla BImSchG § 47 Rn. 107; *Schink* in Feldhaus BImSchR § 47 BImSchG Rn. 208). In Absatz 7 Satz 2 wird außerdem die entsprechende Anwendung des Absatzes 4 Satz 1 und damit die Beachtung des Verhältnismäßigkeitsgrundsatzes auch im Hinblick auf **andere Emittenten** bestimmt (vgl. → Rn. 47f.). In der amtlichen Begründung (abgedruckt bei → Rn. 6) werden einige Beispiele genannt, wann es an der Verhältnismäßigkeit fehlen könnte. Diese Ausführungen sind jedoch für den Verordnungsgeber nicht bindend.

IV. Ermächtigte Stellen

Die Verordnungsermächtigung des Absatzes 7 ist an „die Landesregierungen oder die von ihnen bestimmten Stellen" gerichtet. Die Bundesregierung hatte in ihrem Gesetzentwurf nur eine Ermächtigung für die Landesregierungen vorgesehen. Die Subdelegationsermächtigung an die von ihnen bestimmten Stellen geht auf die Gesetzesberatungen im Bundesrat und im Bundestag zurück (vgl. → Rn. 5). Gegen die Ergänzung bestehen dieselben verfassungsrechtlichen Bedenken wie gegen die entsprechende Regelung in § 44 Abs. 2 (vgl. → § 44 Rn. 11). Auch hier kann eine Subdelegation allenfalls dann als wirksam angesehen werden, wenn das im Landesverfassungsrecht vorgesehen ist. 74

V. Verstöße gegen Rechtsverordnungen nach Absatz 7

1. Behördliche Maßnahmen. Rechtsverordnungen nach Absatz 7 können unmittelbar verbindliche Errichtungs-, Betriebs- oder Verwendungsverbote (ggf. mit Ausnahmemöglichkeiten) oder Ermächtigungen zum Erlass behördlicher Anordnungen enthalten. Werden die unmittelbar verbindlichen Verbote nicht befolgt, kann die Überwachungsbehörde zu ihrer Beachtung entsprechende (unselbständige) **Verfügungen** (vgl. → § 52 Rn. 20) erlassen und diese – ebenso wie selbstständige Anordnungen auf Grund der Rechtsverordnung – mit den Mitteln des Verwaltungszwanges durchsetzen (vgl. *Heitsch* in Kotulla BImSchG § 47 Rn. 111). Derartige Verwaltungsakte können die Betroffenen im Wege des Widerspruchs und der verwaltungsgerichtlichen Klage anfechten. 75

2. Verfolgung als Straftat oder Ordnungswidrigkeit. Nach § 329 StGB wird mit Freiheitsstrafe bis zu drei Jahren oder mit Geldstrafe bestraft, wer entgegen einer nach dem Bundes-Immissionsschutzgesetz erlassenen Rechtsverordnung über ein Gebiet, das eines besonderen Schutzes vor schädlichen Umwelteinwirkungen durch Luftverunreinigungen u. a. bedarf, oder entgegen einer vollziehbaren Anordnung Anlagen innerhalb des Gebietes betreibt. Diese Regelung ist auf Rechtsverordnungen nach § 49 abgestellt, ohne jedoch ausdrücklich auf diese Bestimmung zu verweisen. Sie kann deshalb auch auf andere Rechtsverordnungen nach dem Bundes-Immissionsschutzgesetz angewandt werden, sofern diese die in § 329 StGB genannten Vorgaben erfüllen (a.A. *Heitsch* in Kotulla BImSchG § 47 Rn. 112). Das ist bei den Rechtsverordnungen nach § 47 Abs. 7 der Fall. Auch sie können Betriebsverbote für Anlagen in Gebieten enthalten, die wegen der Gefahr des Überschreitens von Immissionsgrenzwerten eines besonderen Schutzes vor schädlichen Umwelteinwirkungen bedürfen. Auf jeden Fall wird ein strafrechtlicher Schutz erreicht, wenn eine Rechtsverordnung neben § 47 Abs. 7 auch auf § 49 Abs. 1 gestützt wird (vgl. dazu → Rn. 70). Soweit es um die Errichtung von Anlagen entgegen einer Rechtsverordnung nach § 47 Abs. 7 geht, kommt eine Ordnungswidrigkeit nach § 62 Abs. 1 Nr. 8 BImSchG nur in Betracht, wenn die Verordnung auch auf § 49 Abs. 1 gestützt ist; auf § 47 Abs. 7 wird in § 62 nicht Bezug genommen. – Verstöße gegen vollziehbare Anordnungen auf Grund einer Rechtsverordnung nach § 47 Abs. 7 können als Ordnungswidrigkeiten nach § 62 Abs. 1 Nr. 5 verfolgt und mit einer Geldbuße bis zu 50 000 € geahndet werden. 76

§ 51a Kommission für Anlagensicherheit

(1) **Beim Bundesministerium für Umwelt, Naturschutz und nukleare Sicherheit wird zur Beratung der Bundesregierung oder des zuständigen Bundesministeriums eine Kommission für Anlagensicherheit gebildet.**

(2) **Die Kommission für Anlagensicherheit soll gutachtlich in regelmäßigen Zeitabständen sowie aus besonderem Anlass Möglichkeiten zur Verbesserung der Anlagensicherheit aufzeigen. Sie schlägt darüber hinaus dem Stand der Sicherheitstechnik entsprechende Regeln (sicherheitstechnische Regeln) unter Berücksichtigung der für andere Schutzziele vorhandenen Regeln vor. Nach Anhörung der für die Anlagensicherheit zuständigen obersten Landesbehörden kann das Bundesministerium für Umwelt, Naturschutz und nukleare Sicherheit diese Regeln im Bundesanzeiger veröffentlichen. Die Kommission für Anlagensicherheit überprüft innerhalb angemessener Zeitabstände, spätestens nach jeweils fünf Jahren, ob die veröffentlichten sicherheitstechnischen Regeln weiterhin dem Stand der Sicherheitstechnik entsprechen.**

(3) **In die Kommission für Anlagensicherheit sind im Einvernehmen mit dem Bundesministerium für Arbeit und Soziales neben Vertreterinnen oder Vertretern der beteiligten Bundesbehörden sowie der für den Immissions- und Arbeitsschutz zuständigen Landesbehörden insbesondere Vertreterinnen oder Vertreter der Wissenschaft, der Umweltverbände, der Gewerkschaften, der Sachverständigen nach § 29a und der zugelassenen Überwachungsstellen nach § 2 Nummer 4 des Gesetzes über überwachungsbedürftige Anlagen, der Berufsgenossenschaften, der beteiligten Wirtschaft sowie Vertreterinnen oder Vertreter der nach § 24 der Betriebssicherheitsverordnung und § 21 der Gefahrstoffverordnung eingesetzten Ausschüsse zu berufen.**

(4) **Die Kommission für Anlagensicherheit wählt aus ihrer Mitte eine Vorsitzende oder einen Vorsitzenden und gibt sich eine Geschäftsordnung. Die Wahl der oder des Vorsitzenden und die Geschäftsordnung bedürfen der im Einvernehmen mit dem Bundesministerium für Arbeit und Soziales zu erteilenden Zustimmung des Bundesministeriums für Umwelt, Naturschutz und nukleare Sicherheit.**

Übersicht*

* Die Änderung durch Art. 10 des Gesetzes zur Anpassung des Produktsicherheitsgesetzes und zur Neuordnung des Rechts der überwachungsbedürftigen Anlagen vom 27. Juli 2021 (BGBl. I S. 3146) sind in der Kommentierung noch nicht berücksichtigt. Eine Anpassung erfolgt mit einer der nächsten Ergänzungslieferungen.

A. Allgemeines

I. Bedeutung der Vorschrift

1 § 51a ordnet in Absatz 1 die Einrichtung einer **Kommission für Anlagensicherheit (KAS)** beim Bundesministerium für Umwelt, Naturschutz, Bau und Reaktorsicherheit gesetzlich an („wird … gebildet"). Die Kommission soll externen Sachverstand hinsichtlich der Anlagensicherheit (in einem weiten Verständnis, → Rn. 10 f.) bündeln und für die Regierungstätigkeit fruchtbar machen (*Böhm* in GK BImSchG Rn. 2). Sie hat **beratende Funktionen** gegenüber der Bundesregierung bzw. dem zuständigen Bundesministerium. Die weiteren Absätze der Vorschrift enthalten detaillierte Vorgaben bezüglich der Aufgaben der Kommission (Absatz 2), ihrer Zusammensetzung (Absatz 3) und ihrer Binnenorganisation (Absatz 4).

II. Entstehungsgeschichte

2 Durch Art. 1 Nr. 6 des Gesetzes zur Umsetzung der Richtlinie 2003/105/EG des Europäischen Parlaments und des Rates vom 16. Dezember 2003 zur Änderung der Richtlinie 96/82/EG des Rates zur Beherrschung der Gefahren bei schweren Unfällen mit gefährlichen Stoffen vom 25. Juni 2005 (BGBl. I S. 1865) wurde § 51a mit Wirkung zum 1. Juli 2005 in die aktuell geltende Fassung gebracht. Die Bestimmung hat die Vorschriften in § 31a und § 51 aF über den Technischen Ausschuss für Anlagensicherheit und die Störfall-Kommission aufgehoben und die Ersetzung dieser Gremien durch die Kommission für Anlagensicherheit vorgesehen. Gesetzgeberisches Ziel waren die Beibehaltung eines entsprechenden Beratungsgremiums, zugleich aber die Zusammenlegung der bestehenden Kommissionen und damit die „Bündelung" der Aufgaben sowie entsprechende Kosteneinsparungen (vgl. *Mast* in BeckOK UmweltR Rn. 1). Zur Begründung des Gesetzentwurfs hat die Bundesregierung ausgeführt (BT-Drs. 15/5220, S. 8, zu Nr. 6; s. zur Entstehungsgeschichte eingehend *Laubinger* in Ule/Laubinger Rn. A 1 ff.; *Feldhaus* in Feldhaus BImSchR S. 1 f.):

„Im Laufe der letzten Jahre haben sich die in TAA und SFK behandelten Themen stark angeglichen. Die Arbeitsabläufe sind gleich und die Strukturen ähnlich. Die jeweiligen Vorsitzenden sind gemäß Bundes-Immissionsschutzgesetz Mitglied beider Gremien. Auch andere Mitglieder sind zum Teil für beide Gremien bzw. deren Unterausschüsse und Arbeitskreise oder -gruppen tätig. Deshalb soll die Effizienz der Beratungstätigkeit durch Vermeidung von Doppelarbeit und Verringerung des Zeitaufwands für die ehrenamtlichen Mitglieder erhöht werden. Diesem Ziel dient die Zusammenlegung von TAA und SFK zu einer Kommission für Anlagensicherheit. Das zum Geschäftsbereich des Bundesrechnungshofs gehörende Prüfungsamt des Bundes Berlin (PAB Berlin) sieht eine Zusammenlegung vor allem aus wirtschaftlichen Gründen angezeigt.

Der geänderte § 51a enthält die Bestimmungen für die durch Zusammenlegung von TAA und SFK neu zu bildende Kommission für Anlagensicherheit (KAS). Die Aufgaben der KAS sind in Absatz 2 festgelegt. Sie umfassen die bisherigen Aufgaben von TAA und SFK, ergänzt um die Aufgabe, veröffentlichte sicherheitstechnische Regeln innerhalb angemessener Zeitabstände darauf zu überprüfen, ob sie weiterhin dem Stand der Sicherheitstechnik entsprechen. Damit soll die Aktualität dieser sicherheits-

(Fortsetzung nächstes Blatt)

§ 52b Mitteilungspflichten zur Betriebsorganisation

(1) **Besteht bei Kapitalgesellschaften das vertretungsberechtigte Organ aus mehreren Mitgliedern oder sind bei rechtsfähigen Personengesellschaften mehrere vertretungsberechtigte Gesellschafter vorhanden, so ist der zuständigen Behörde anzuzeigen, wer von ihnen nach den Bestimmungen über die Geschäftsführungsbefugnis für die Gesellschaft die Pflichten des Betreibers der genehmigungsbedürftigen Anlage wahrnimmt, die ihm nach diesem Gesetz und nach den auf Grund dieses Gesetzes erlassenen Rechtsverordnungen und allgemeinen Verwaltungsvorschriften obliegen. Die Gesamtverantwortung aller Organmitglieder oder Gesellschafter bleibt hiervon unberührt.**

(2) **Der Betreiber der genehmigungsbedürftigen Anlage oder im Rahmen ihrer Geschäftsführungsbefugnis die nach Absatz 1 Satz 1 anzuzeigende Person hat der zuständigen Behörde mitzuteilen, auf welche Weise sichergestellt ist, dass die dem Schutz vor schädlichen Umwelteinwirkungen und vor sonstigen Gefahren, erheblichen Nachteilen und erheblichen Belästigungen dienenden Vorschriften und Anordnungen beim Betrieb beachtet werden.**

Schrifttum: *Boisserée/Oels/Hansmann/Denkhaus,* Immissionsschutzrecht, 3. Auflage; *Feldhaus,* Umweltschutzsichernde Betriebsorganisation, NVwZ 1991, 927 ff.; *Fluck/Laubinger,* in: Ule/Laubinger/Repkewitz, Bundes-Immissionsschutzgesetz; *Huffmann,* Der Einfluss des § 52a BImSchG auf die Verantwortlichkeit im Unternehmen, 1999; *Jarass,* Bundes-Immissionsschutzgesetz, 10. Auflage 2013; *Knopp/Striegl,* Umweltschutzorientierte Betriebsorganisation zur Risikominimierung, BB 1992, 2009 ff.; *Kotulla,* in: Kotulla, Bundes-Immissionsschutzgesetz; *Lechelt,* in: Koch/Scheuing/Pache, GK-BImSchG; *Manssen,* Die Betreiberverantwortung nach § 52a BImSchG, GewArch 1993, 280 ff.; *Müller,* Mitteilungspflichten nach § 52a BImSchG im Lichte der Öko-Audit-Verordnung, VR 1998, 149 ff.; *Rehbinder,* Umweltschutzsichernde Unternehmensorganisation, ZHR 165 (2001), 1 ff.; *ders.,* Umweltschutz und technische Sicherheit als Aufgabe der Unternehmensleitung – aus juristischer Sicht, in: Breuer/Kloepfer/Marburger/Schröder, Umweltschutz und technische Sicherheit im Unternehmen, 1994, S. 29 ff.; *Spindler,* in: Feldhaus, Bundesimmissionsschutzrecht, Band 1 Teil II.

Übersicht

A. Allgemeines

I. Bedeutung der Vorschrift

1 § 52b enthält die einzige Vorschrift des Bundes-Immissionsschutzgesetzes, die sich mit der Betriebsorganisation bei genehmigungsbedürftigen Anlagen befasst. Für die Einhaltung der immissionsschutzrechtlichen Pflichten ist die Betriebsorganisation oft von entscheidender Bedeutung. Bis zum Inkrafttreten des Gesetzes zur Umsetzung der Richtlinie über Industrieemissionen (BGBl. I S. 734) am 2.5.2013 handelte es sich um die Vorschrift des § 52a. Mit Einfügung des neuen § 52a wurde die unveränderte Norm mit § 52b bezeichnet. In der Begründung zu seinem Vorschlag für einen § 52b hat der Bundesrat darauf hingewiesen (vgl. BT-Drs. 11/4909, S. 37, Nr. 36), dass Pflichtenverstöße im Bereich des Bundes-Immissionsschutzgesetzes in der Regel nicht auf Vorsatz beruhten, sondern auf menschlichen Unzulänglichkeiten; ihnen müsse durch innerorganisatorische Maßnahmen, insbesondere durch die klare Zuordnung der Verantwortung auf der Ebene der Unternehmensleitung und den nachgeordneten Ebenen, begegnet werden. Angesichts der potenziell weit reichenden Auswirkungen von Störungen des bestimmungsgemäßen Betriebs auf die Schutzgüter des Bundes-Immissionsschutzgesetzes, kommt den Pflichten des § 52b eine wichtige Rolle im Rahmen des Überwachungssystems des Bundes-Immissionsschutzgesetzes zu. Die **Funktion des § 52b** besteht daher im Wesentlichen darin, den Betreiber in die Lage zu versetzen, seine immissionsschutzrechtlichen Pflichten effektiv zu erfüllen. Durch die Mitteilungspflichten nach § 52b wird die Überwachungsbehörde darüber hinaus in die Lage versetzt, die Betriebsorganisation zu prüfen und behördliche Maßnahmen zum Immissionsschutz und zur Anlagensicherheit „besser auf die konkreten betrieblicherseits ergriffenen oder vorgesehenen Maßnahmen zur Verhinderung und Beseitigung der von der Anlage ausgehenden Gefahren ausrichten zu können" (vgl. den Bericht des Bundestagsausschusses für Umwelt, Naturschutz und Reaktorsicherheit, BT-Drs. 11/6633, S. 48, zu § 52a).

2 Auch wird durch die Benennung natürlicher Personen in Erfüllung der Verpflichtung aus § 52b Abs. 1 Satz 1 die straf- und ordnungswidrigkeitenrechtliche Ahndung von Verstößen gegen immissionsschutzrechtliche Pflichten erleichtert (vgl. dazu *Knopp/Striegl,* BB 1992, 2011). Die Benennung selbst führt dabei nicht zur Begründung neuer Pflichten; das Bestehen dieser Pflichten wird von § 52b Abs. 1 ebenso vorausgesetzt wie die Pflicht zur gesellschaftsinternen Organisation und Zuweisung konkreter Aufgaben. Schließlich werden auch für die benannte Person selbst keine genuin immissionsschutzrechtlichen Pflichten begründet. Zur Erfüllung der Betreiberpflichten bleibt die Gesellschaft verpflichtet (*Spindler,* in: Feldhaus, Bundes-Immissionsschutzrecht, § 52b Rdnr. 22).

3 Die Mitteilungspflicht des § 52b Abs. 2 zwingt den Betreiber zu einer **Umwelt schützenden Betriebsorganisation** (*Feldhaus,* NVwZ 1991, 927 ff.; *Rehbinder,* ZHR 165 (2001), 1 (24)). Der Gesetzgeber hat dadurch der eigenen Verantwortung des Betreibers ein größeres Gewicht verliehen und zugleich der zuständigen Behörde die notwendige Kenntnis vermittelt, um durch eigene Anordnungen Defizite der unternehmensinternen

Organisation auszugleichen (vgl.: *Huffmann,* Der Einfluss des § 52a BImSchG auf die Verantwortlichkeit im Unternehmen, 1999, S. 29 ff.). Die Mitteilungspflicht des Absatz 2 ist damit Teil eines umweltrechtlichen Konzepts, nach dem die unmittelbare behördliche Überwachung sich mehr und mehr aus den Betrieben zurückzieht und darauf beschränkt wird, die Wirksamkeit der Umwelt schützenden Betriebsorganisation zu überprüfen (*Feldhaus,* NVwZ 1991, 927 (933), *Rehbinder,* ZHR 165 (2001), 1 (24)).

II. Entstehungsgeschichte

1. Der Vorschlag des Bundesrates. Die Mitteilungspflichten zur Betriebsorganisation nach § 52b sind durch das Dritte Gesetz zur Änderung des Bundes-Immissionsschutzgesetzes vom 11. Mai 1990 (BGBl. I S. 870) mit Wirkung vom 1. September 1990 eingeführt worden. Der Entwurf der Bundesregierung für dieses Gesetz enthielt noch keine entsprechende Vorschrift. Der Bundesrat hatte eine Bestimmung vorgeschlagen (vgl. BT-Drs. 11/4909, S. 37, Nr. 36), die für alle Betreiber einer genehmigungsbedürftigen Anlage die Bestellung eines Umweltbevollmächtigten innerhalb der Unternehmensleitung verlangte und diesem die Aufgabe übertrug, für die Einhaltung der immissionsschutzrechtlichen Pflichten zu sorgen und die Aufgabenwahrnehmung durch den Immissionsschutzbeauftragten und den Störfallbeauftragten zu überwachen; hierzu sollte er insbesondere organisatorische Maßnahmen treffen, die eine wirksame innerbetriebliche Überwachung, die unverzügliche Meldung von Betriebsstörungen und die Durchführung von Sofortmaßnahmen zum Schutz vor schädlichen Umwelteinwirkungen und sonstigen Gefahren gewährleisten. 4

2. Die Beratungen im Bundestag. Die Bundesregierung führte in ihrer Gegenäußerung (BT-Drs. 11/4909, S. 45 f., zu Nr. 36) aus, dass auch sie Regelungen zur Verantwortung der Unternehmensleitung und zur Betriebsorganisation für sinnvoll halte. Hinsichtlich der konkreten Ausgestaltung der Vorschrift stimmte sie dem Bundesrat jedoch nicht zu. Vielmehr schlug sie eine Regelung vor, die der Fassung des § 52b Abs. 1 Satz 1 entspricht. Aufgrund der Beratungen im Bundestagsausschuss für Umwelt, Naturschutz und Reaktorsicherheit wurde dem Vorschlag der Bundesregierung aus Gründen der Klarstellung ein weiterer Satz angefügt (vgl. BT-Drs. 11/6633, S. 21 und 47 f.). Darüber hinaus hielt der Ausschuss es für angezeigt, dass die zuständige Behörde darüber unterrichtet ist, dass die dem Schutz vor schädlichen Umwelteinwirkungen und vor sonstigen Gefahren, erheblichen Nachteilen und erheblichen Belästigungen dienenden Vorschriften und Anordnungen beim Betrieb beachtet werden. Deshalb wurde die Bestimmung um den zweiten Absatz erweitert. 5

III. Verhältnis zu anderen die Betriebsorganisation betreffenden Vorschriften

§ 52b Abs. 1 Satz 1 hatte in der Vorschrift des § 29 Abs. 1 Satz 2 der Strahlenschutzverordnung i. d. F. vom 30.6.1989 (BGBl. I S. 943) eine Vorläuferregelung mit weitgehend identischem Wortlaut. Angesichts der unterschiedlichen Anwendungsbereiche ergeben sich jedoch keine Abgrenzungsschwierigkeiten. Etwas anderes gilt für die dem § 52b nachempfundene Vorschrift des **§ 58 KrWG.** Diese Norm wendet sich zum einen an die Besitzer von Abfällen, zum anderen aber auch an die Betreiber immissionsschutzrechtlich genehmigungsbedürftiger Anlagen. In Bezug auf die Anzeigepflicht nach Absatz 1 Satz 1 ergeben sich dennoch keine echten Überschneidungen, denn § 58 Abs. 1 6

Satz 1 KrWG nimmt ausschließlich die Pflichten des Kreislaufwirtschaftsgesetzes in den Blick, während § 52b Abs. 1 Satz 1 die Erfüllung der Pflichten des Bundes-Immissionsschutzgesetzes und des entsprechenden untergesetzlichen Regelwerks betrifft. Da innerhalb der Struktur eines Unternehmens eine derartige Unterscheidung kaum getroffen werden dürfte, ist im Ergebnis in der Regel dieselbe Person sowohl der zuständigen Immissionsschutzbehörde als auch der zuständigen Abfallbehörde anzuzeigen (vgl. *Kotulla,* in: Kotulla, Bundes-Immissionsschutzgesetz, § 52b Rdnr. 80). Größere Probleme wirft demgegenüber die Abgrenzung der Mitteilungspflicht des Absatzes 2 zu derjenigen des § 58 Abs. 2 KrWG auf. Die organisatorische Sicherstellung der Erfüllung umweltrechtlicher Anforderungen wird in einem Unternehmen sinnvoll nicht nach den Rechtsgebieten Immissionsschutzrecht und Abfallrecht differenziert, sondern querschnittsartig nach Gesichtspunkten der Effektivität. Eine saubere Trennung für die Mitteilung nach § 52b Abs. 2 und nach § 58 Abs. 2 KrWG ist demgemäß kaum möglich und kann auch nicht verlangt werden. Ebenso praxistauglich wie rechtmäßig ist daher der Vorschlag von *Kotulla* (Bundes-Immissionsschutzgesetz, § 52b Rdnr. 81), den zuständigen Behörden gleich lautende Mitteilungen zukommen zu lassen.

7 Die Mitteilungspflicht des Absatzes 2 findet darüber hinaus im Bundes-Immissionsschutzgesetz selbst konkurrierende Vorschriften. Soweit der Betreiber einer genehmigungsbedürftigen Anlage einen **Immissionsschutz- oder Störfallbeauftragten** zu bestellen hat, verlangen § 55 Abs. 1 Satz 2 und § 58c Abs. 1 Halbs. 1 die Anzeige der Bestellung sowie die Bezeichnung der Aufgaben. Da es sich bei diesen Pflichten um eine Teilmenge der in § 52b Abs. 2 bezeichneten Vorschriften handelt, erfolgt deren Erfüllung nach den spezielleren Normen der §§ 55 Abs. 1 Satz 2, 58c Abs. 1 Halbs. 1 (*Jarass,* BImSchG, § 52b Rdnr. 6; *Kotulla,* in: Kotulla, Bundes-Immissionsschutzgesetz, § 52b Rdnr. 82). Für die organisationsbezogenen Pflichten der 12. BImSchV gilt dasselbe; auch diese sind ausschließlich nach den insoweit einschlägigen Vorschriften der Verordnung zu erfüllen.

B. Anzeige des Verantwortlichen (Absatz 1)

I. Adressat der Verpflichtung

8 Nach § 52b Abs. 1 Satz 1 muss der zuständigen Behörde unter bestimmten Voraussetzungen angezeigt werden, wer unternehmensintern für die Erfüllung der immissionsschutzrechtlichen Pflichten verantwortlich ist. Ein Adressat der Anzeigepflicht nach Absatz 1 wird in der Vorschrift nicht ausdrücklich genannt. Aus ihrem Inhalt lässt sich jedoch entnehmen, dass die Pflicht nur bei genehmigungsbedürftigen Anlagen besteht, die von Kapitalgesellschaften (Aktiengesellschaft, Gesellschaft mit beschränkter Haftung und Kommanditgesellschaft auf Aktien) oder von Personengesellschaften (Offene Handelsgesellschaft, Kommanditgesellschaft, Partnerschaftsgesellschaft, Gesellschaft des Bürgerlichen Rechts, stille Gesellschaft, Gesellschaft mit beschränkter Haftung & Co. KG und Aktiengesellschaft & Co. KG) betrieben werden, sofern das vertretungsberechtigte Organ aus mehreren Mitgliedern besteht oder mehrere Gesellschafter vertretungsberechtigt sind. Mit Inkrafttreten des Gesetzes zur Modernisierung des Personengesellschaftsrechts vom 10. August 2021 (BGBl. I S. 3436) sind ausdrücklich rechtsfähige Personengesellschaften erfasst, was Gesellschaften des bürgerlichen Rechts, die nach der neuen Rechtslage nicht rechtsfähig sind, vom Anwendungsbereich ausschließt (vgl. BT-Drs. 19/27635, 196). In den Fällen der GmbH & Co. KG und der AG & Co. KG, bei denen der einzige vertretungsberechtigte Komplementär eine Kapitalgesellschaft – und damit

eine juristische statt einer natürlichen Person – ist, kommt es darauf an, ob diese Kapitalgesellschaft mehrere vertretungsberechtigte Organmitglieder oder Gesellschafter hat (ebenso: *Jarass,* BImSchG, § 52a Rdnr. 3; *Spindler,* in: Feldhaus, Bundesimmissionsschutzrecht, § 52b Rdnr. 31; *Fluck/Laubinger,* in: Ule/Laubinger/Repkewitz, Bundes-Immissionsschutzgesetz, § 52b Rdnrn. C 16; a. A.

(Fortsetzung nächstes Blatt)

Gleiches gilt für Abfälle, die der Verpflichtete im Rahmen der Tätigkeiten einer Organisation oder eines Standorts, die oder der nach den Artikeln 13 bis 15 in Verbindung mit Artikel 2 Nummer 22 der Verordnung (EG) Nr. 1221/2009 registriert ist, nach § 27 des Kreislaufwirtschaftsgesetzes in Besitz genommen hat. Die Behörde kann im Einzelfall die Vorlage weitergehender Unterlagen verlangen.

§ 3 Betriebsbeauftragte

(1) Auf die Anordnung der Bestellung eines oder mehrerer Betriebsbeauftragten nach § 53 Abs. 2 des Bundes-Immissionsschutzgesetzes oder § 59 Absatz 2 des Kreislaufwirtschaftsgesetzes soll bei einer EMAS-Anlage oder bei einem Entsorgungsfachbetrieb im Sinne des § 56 Absatz 2 des Kreislaufwirtschaftsgesetzes verzichtet werden. Satz 1 gilt entsprechend für eine Anordnung nach § 58a Abs. 2 des Bundes-Immissionsschutzgesetzes. Im Rahmen der Entscheidung über eine Befreiung nach § 6 der Verordnung über Immissionsschutz- und Störfallbeauftragte vom 30. Juli 1993 (BGBl. I S. 1433), die zuletzt durch Artikel 2 des Gesetzes vom 9. September 2001 (BGBl. I S. 2331) geändert worden ist, in der jeweils geltenden Fassung, oder nach § 7 der Verordnung über Betriebsbeauftragte für Abfall vom 2. Dezember 2016, in der jeweils geltenden Fassung, hat die zuständige Behörde zu berücksichtigen, dass es sich um eine EMAS-Anlage handelt.

(2) Jährliche Berichte nach § 54 Abs. 2, § 58b Abs. 2 Satz 1 des Bundesimmissionsschutzgesetzes und nach § 60 Absatz 2 des Kreislaufwirtschaftsgesetzes sind nicht erforderlich, sofern sich gleichwertige Angaben aus dem Bericht über die Umweltbetriebsprüfung ergeben und der Betriebsbeauftragte für Immissionsschutz oder für Abfall oder der Störfallbeauftragte den Bericht mitgezeichnet hat und mit dem Verzicht auf die Erstellung eines gesonderten jährlichen Berichts einverstanden ist.

(3) Die Pflichten zur Anzeige nach § 55 Abs. 1 Satz 2, § 58c Abs. 1 des Bundes-Immissionsschutzgesetzes und § 60 Absatz 3 des Kreislaufwirtschaftsgesetzes in Verbindung mit § 55 Abs. 1 Satz 2 des Bundes-Immissionsschutzgesetzes werden seitens des Betreibers einer EMAS-Anlage auch dadurch erfüllt, dass er der zuständigen Behörde im Rahmen des Umwelt-Audits erarbeitete Unterlagen zugeleitet hat, die gleichwertige Angaben enthalten.

§ 4 Ermittlungen von Emissionen

Die zuständige Behörde soll bei EMAS-Anlagen Messungen nach § 28 Satz 1 Nr. 2 des Bundes Immissionsschutzgesetzes erst nach Ablauf eines längeren Zeitraums als drei Jahren anordnen. Darüber hinaus soll die zuständige Behörde dem Betreiber einer EMAS-Anlage gestatten, Messungen nach § 28 Satz 1 Nr. 2 des Bundes-Immissionsschutzgesetzes mit eigenem Personal durchzuführen, wenn der Betreiber, Immissionsschutzbeauftragte oder ein sonstiger geeigneter Betriebsangehöriger die hierfür erforderliche Fachkunde und Zuverlässigkeit besitzt und sichergestellt ist, dass geeignete Geräte und Einrichtungen eingesetzt werden.

§ 5 Wiederkehrende Messungen, Funktionsprüfungen

(1) Die zuständige Behörde soll dem Betreiber einer EMAS-Anlage auf Antrag gestatten, für diese Anlage wiederkehrende

1. *Messungen nach § 12 Absatz 3 der Verordnung zur Emissionsbegrenzung von leichtflüchtigen halogenierten organischen Verbindungen vom 10. Dezember 1990 (BGBl. I S. 2694), die zuletzt durch Artikel 1 der Verordnung vom 2. Mai 2013 (BGBl. I S. 1021) geändert worden ist, in der jeweils geltenden Fassung,*
2. *Wiederholungsmessungen nach § 20 Absatz 2 der Verordnung über Großfeuerungs-, Gasturbinen- und Verbrennungsmotoranlagen,*
3. *Wiederholungsmessungen nach § 18 Absatz 3 der Verordnung über die Verbrennung und die Mitverbrennung von Abfällen,*

4. *Messungen nach § 8 Absatz 3 der Verordnung zur Begrenzung der Emissionen flüchtiger organischer Verbindungen beim Umfüllen oder Lagern von Ottokraftstoffen, Kraftstoffgemischen oder Rohbenzin vom 27. Mai 1998 (BGBl. I S. 1174), die zuletzt durch Artikel 7 der Verordnung vom 2. Mai 2013 (BGBl. I S. 1021) geändert worden ist, in der jeweils geltenden Fassung mit eigenem Personal durchzuführen, wenn der Betreiber, Immissionsschutzbeauftragte oder ein sonstiger geeigneter Betriebsangehöriger die hierfür erforderliche Fachkunde und Zuverlässigkeit besitzt und sichergestellt ist, dass geeignete Geräte und Einrichtungen eingesetzt werden.*

(2) Unter den gleichen Voraussetzungen soll die zuständige Behörde dem Betreiber einer EMAS-Anlage auf Antrag gestatten, für diese Anlage Funktionsprüfungen nach

1. *§ 12 Absatz 7 Satz 2 der Verordnung zur Emissionsbegrenzung von leichtflüchtigen halogenierten organischen Verbindungen,*
2. *§ 16 Absatz 4 Nummer 2 der Verordnung über Großfeuerungs-, Gasturbinen- und Verbrennungsmotoranlagen,*
3. *§ 15 Absatz 4 Nummer 2 der Verordnung über Verbrennung und die Mitverbrennung von Abfällen,*
4. *§ 7 Absatz 3 der Verordnung über Anlagen zur Feuerbestattung vom 19. März 1997 (BGBl. I S. 545), die durch Artikel 11 des Gesetzes vom 3. Mai 2000 (BGBl. I S. 632) geändert worden ist, in der jeweils geltenden Fassung mit eigenem Personal durchzuführen. Satz 1 gilt nicht für die erstmalige Funktionsprüfung.*

§ 6 Sicherheitstechnische Prüfungen

Die zuständige Behörde soll dem Betreiber einer EMAS-Anlage auf Antrag gestatten, sicherheitstechnische Prüfungen nach § 29a Abs. 2 Nr. 1 bis 4 des Bundesimmissionsschutzgesetzes mit eigenem Personal durchzuführen, wenn die Belange der Anlagensicherheit Gegenstand des Audits und der Prüfung durch einen dafür fachkundigen Umweltgutachter gewesen sind und sichergestellt ist, dass der Betreiber, Störfallbeauftragte oder ein sonstiger geeigneter Betriebsangehöriger die hierfür erforderliche Fachkunde und Zuverlässigkeit besitzt und geeignete Geräte und Einrichtungen eingesetzt werden. Die Ergebnisse der Prüfungen sind der Behörde auf deren Verlangen vorzulegen.

§ 7 Berichte

(1) Betreiber von EMAS-Anlagen können der zuständigen Behörde anstelle einer Emissionserklärung gemäß der Verordnung über Emissionserklärungen eine vom Umweltgutachter validierte Umwelterklärung vorlegen, die den Anforderungen des § 27 Abs. 1 des Bundes-Immissionsschutzgesetzes sowie der Verordnung über Emissionserklärungen genügt. In der Umwelterklärung ist zu erklären, dass die Voraussetzungen nach Satz 1 eingehalten sind.

(2) Der Betreiber einer EMAS-Anlage hat

1. *eine Durchschrift des Berichts nach § 12 Abs. 6 der Verordnung zur Emissionsbegrenzung von leichtflüchtigen halogenierten organischen Verbindungen in der jeweils geltenden Fassung,*
2. *eine Durchschrift des Berichts nach § 8 Abs. 5 Satz 3 der Verordnung zur Begrenzung der Emissionen flüchtiger organischer Verbindungen beim Umfüllen oder Lagern von Ottokraftstoffen, Kraftstoffgemischen oder Rohbenzin in der jeweils geltenden Fassung,*
3. *eine Durchschrift des Berichts nach § 5 Absatz 5 Satz 3 der Verordnung zur Begrenzung der Kohlenwasserstoffemissionen bei der Betankung von Kraftfahrzeugen vom 7. Oktober 1992 (BGBl. I S. 1730) in der jeweils geltenden Fassung,*
4. *die Bescheinigung und die Berichte nach § 7 Abs. 3 Satz 3, § 8 Abs. 2, § 10 Abs. 1 der Verordnung über Anlagen zur Feuerbestattung in der jeweils geltenden Fassung der zuständigen Behörde nur auf deren Verlangen vorzulegen; sind nach den Berichten die zu erfüllenden Anfor-*

LANDMANN/ROHMER

UMWELTRECHT

BAND IV

KOMMENTAR

Herausgegeben von

Prof. Dr. Martin Beckmann
Rechtsanwalt und Fachanwalt für Verwaltungsrecht, Honorarprofessor der Universität Münster

Prof. Dr. Dr. Wolfgang Durner LL. M.
Rheinische Friedrich-Wilhelms-Universität Bonn und Direktor des Instituts für das Recht der Wasser- und Entsorgungswirtschaft

Prof. Dr. Thomas Mann
Direktor des Instituts für Öffentliches Recht, Lehrstuhl für Verwaltungsrecht der Georg-August-Universität Göttingen

Prof. Dr. Marc Röckinghausen
Hochschule für Polizei und öffentliche Verwaltung NRW, Abteilung Gelsenkirchen, Fachbereich Allgemeine Verwaltung/ Rentenversicherung

Stand: 1. September 2021
(96. Ergänzungslieferung)

(Zum Bearbeitungsstand im Einzelnen siehe die Datumszeile am unteren Ende jeder Seite)

C.H.BECK

Dieses Titelblatt entstammt der 96. Ergänzungslieferung September 2021

(Anschluss an die 95. Ergänzungslieferung Mai 2021)

ISBN 978 3 406 77984 8

Der Kommentar wurde von der 1. bis zur 50. Ergänzungslieferung
von Prof. Dr. Klaus Hansmann und von der 51. bis zur 58. Ergänzungslieferung von
Prof. Dr. Martin Beckmann herausgegeben.

Zitiervorschläge:

Beckmann in Landmann/Rohmer UmweltR KrWG § 17 Rn. 1
Landmann/Rohmer UmweltR/*Beckmann* KrWG § 17 Rn. 1

www.beck.de

Grundwerk ISBN 978 3 406 34327 8 ergänzt bis ISBN 978 3 406 77984 8

Wilhelmstraße 9, 80801 München
Satz und Druck: Druckerei C. H. Beck Nördlingen
(Adresse wie Verlag)

CO2 neutral
chbeck.de/nachhaltig

Gedruckt auf säurefreiem, alterungsbeständigem Papier
(hergestellt aus chlorfrei gebleichtem Zellstoff)

Inhaltsverzeichnis (Band IV)

D. Umweltrecht Besonderer Teil

2. Verordnungen zum Bundes-Immissionsschutzgesetz (BImSchV)

Kommentierungen

Bearbeiterverzeichnis (Band I–IV)

Prof. Dr. Martin Beckmann Rechtsanwalt in Münster	Vorb. Abfallrecht, §§ 1–57, 62–68, 70–72 KrWG § 15 UVPG, Umweltschadensgesetz (mit Wittmann)
Dr. Christian-Dietrich Bracher Rechtsanwalt in Bonn	§§ 41 bis 43 BImSchG, 16. und 24. BImSchV
Prof. Dr. Peter Bruckmann Landesamt für Natur, Umwelt und Verbraucherschutz Nordrhein-Westfalen, Essen	39. BImSchV (mit Strecker und Vogt), 43. BImSchV (mit van Endern und Vogt)
Prof. Dr. Pascale Cancik O. Professorin an der Universität Osnabrück	Vorb. §§ 47a ff. BImSchG, §§ 47a–47f BImSchG (§§ 47a–47c, 47e und 47f mit Hansmann)
Prof. Dr. Johannes Dietlein O. Professor an der Universität Düsseldorf	§§ 1, 2, Vorb. §§ 4–21, 4 bis 8, 9 bis 11, 16a, 19, 23a–23c und 25a BImSchG, 9. BImSchV
Dr. Robert Dix Syndikusrechtsanwalt der EWE AG, Oldenburg	§§ 29–32 UVPG
Prof. Dr. Matthias Dombert Rechtsanwalt in Potsdam	§§ 4–6, 8, 13, 14, 20, 24, 25 BBodSchG
Rolf-Dieter Dörr Ministerialrat a. D.	OberflächengewässerV (mit Walter)
Prof. Dr. Dr. Wolfgang Durner LL. M. O. Professor an der Universität Bonn	Umweltvölkerrecht, Vorb. §§ 27 ff. WHG, §§ 27–31, 34, 35, 82–85 WHG
Benedikt van Endern Ministerium für Umwelt, Landwirtschaft, Natur- und Verbraucherschutz des Landes Nordrhein-Westfalen	43. BImSchV (mit Bruckmann und Vogt)
Prof. Dr. Astrid Epiney LL. M. O. Professorin an der Université de Fribourg	Art. 191–193 AEUV
Prof. Dr. Wolfgang Ewer Rechtsanwalt in Kiel	Vorb. BBodSchG, §§ 9, 15, 16 BBodSchG
Prof. Dr. Kurt Faßbender O. Professor an der Universität Leipzig	§§ 1–5, 33, 36–38 WHG
Dr. Frank Fellenberg LL. M. Rechtsanwalt in Berlin	Fluglärmgesetz (mit Reidt und Schiller), Umweltrechtsbehelfsgesetz (mit Schiller)
Dr. Henrik Flatter Bundesamt für Naturschutz, Bonn	§§ 69–74 BNatSchG

Bearbeiter

Dr. Matthias Ganske Rechtsanwalt in Bonn	§§ 25, 26, 54–61 WHG
Prof. Dr. Klaus Ferdinand Gärditz O. Professor an der Universität Bonn	Art. 20a GG
Prof. Dr. Martin Gellermann Rechtsanwalt, apl. Professor an der Universität Osnabrück	§§ 4, 7–51, §§ 52–56, §§ 57–68 BNatSchG (§§ 41–43 mit Sanden)
Nela Gies Richterin am Verwaltungsgericht Gelsenkirchen	§§ 41, 42 WHG
Prof. Dr. Christoph Görisch Hochschule für Polizei und öffentliche Verwaltung NRW, Abteilung Münster	§§ 4–14 UAG
Dipl.-Met. Arno Graff Umweltbundesamt, Dessau	Nr. 5.5 TA Luft (mit Hansmann), Vorb. zu Anhang 3 der TA Luft
Moritz Grunow Rechtsanwalt in Düsseldorf	Vorb. AwSV, § 1 AwSV
Prof. Dr. Günter Hager † O. Professor an der Universität Freiburg	§§ 6, 7 UmweltHG (mit Rehbinder)
Prof. Dr. Klaus Hansmann Leitender Ministerialrat a. D.	§§ 17, 18, 20, 21, 26–37, 38–40, 47a–47c, 47e, 47f, 52, 52b–58d, 59, 60, 62–72, 74 BImSchG (§§ 17, 18 mit Ohms, Vor § 26, §§ 26–31 mit Pabst, Vor § 38, §§ 38–40 mit Hofmann, §§ 20, 21, Vor 32, §§ 32–37, 52, 52b, 62, 66 und 67 mit Röckinghausen, §§ 47a–47c, 47e und 47f mit Cancik), Vor § 53, §§ 53–58d mit Maciejewski, 14., 32. und 34. BImSchV, TA Lärm, TA Luft (ohne Vorb. zu Anhang 3), 4., 11., 20., 21., 25., 27., 28., 30., 34. und 35. BImSchV (mit Röckinghausen), 2. BImSchV (mit Mahrwald und Röckinghausen), 5. BImSchV mit Maciejewski, 12. BImSchV (mit König), BzBlG, 1. DVO BzBlG
Dr. Felix Hardach Bundesministerium für Umwelt, Naturschutz und nukleare Sicherheit	§§ 1, 8, 11–13, 17, 20, 22, 23, 26 31, 32, 35 TEHG
Prof. Dr. Torsten Heilshorn Rechtsanwalt in Freiburg	Vor § 22 BImSchG, §§ 22–25 BImSchG (mit Sparwasser)
Dr. Franziska Heß Rechtsanwältin in Leipzig	§§ 1–3 BNatSchG (mit Wulff)

Michael Heugel Bundesministerium für Umwelt, Naturschutz und nukleare Sicherheit	§§ 5, 6 BNatSchG
Prof. Dr. Ekkehard Hofmann O. Professor an der Universität Trier	Vorb. § 38, §§ 38–40 BImSchG, §§ 16–23 UVPG
Dr. Frank Hofmann Bundesministerium für Umwelt, Naturschutz und nukleare Sicherheit	§ 23 WHG
Dr. Georg Hünnekens Rechtsanwalt in Münster	§§ 50–53 WHG, Vorb. §§ 64–66, §§ 64–66 WHG, Vorb. §§ 72–81 WHG, §§ 72–81 WHG
Georg Kahl † Ministerialrat a. D.	7. BImSchV
Lutz Keppner Bundesministerium für Umwelt, Naturschutz und nukleare Sicherheit	Grundwasserverordnung
Dr. Andreas Kersting Rechtsanwalt in Münster	§§ 58–61 KrWG
Dr. Heike Kieserling Deutsche Bahn AG	§§ 13, 14, 25–38 AwSV
Dr. Jens Martin König Hessisches Ministerium für Umwelt, Klimaschutz, Landwirtschaft und Verbraucherschutz	12. BImSchV (mit Hansmann)
Dr. Olaf Konzak Rechtsanwalt in Köln	§§ 2, 3 und 7 VerpackG (mit Körner)
Dr. Michael Körner, LL.M. Rechtsanwalt in Köln	§§ 2, 3 und 7 VerpackG (mit Konzak)
Dr. Philip Kubitza Richter auf Probe, Rheinland-Pfalz	§§ 100–102 WHG
Prof. Dr. Silke Ruth Laskowski O. Professorin an der Universität Kassel	§ 24 WHG, § 58e BImSchG mit der EMASPrivilegV
Prof. Dr. Joachim Lege O. Professor an der Universität Greifswald	§§ 96–99 WHG
Dr. Rasso Ludwig LL. M. Richter am Verwaltungsgericht München	§§ 19, 21–23, 26 BBodSchG
Prof. Dr. Karim Maciejewski Hochschule des Bundes für öffentliche Verwaltung	Vor § 53 BImSchG, §§ 53–58d BImSchG (mit Hansmann), 5. BImSchV (mit Hansmann)
Birgit Mahrwald Bundesministerium für Umwelt, Naturschutz und nukleare Sicherheit	2. BImSchV (mit Hansmann und Röckinghausen)

Bearbeiter

Prof. Dr. Thomas Mann O. Professor an der Universität Göttingen	§§ 8a, 12 BImSchG, Vorb. ElektroG, §§ 1, 2 ElektroG, §§ 1–14, 24–28, 30–46, 48–74 UVPG
Dr. Cedric Christian Meyer Rechtsanwalt in Köln	§§ 46–49, 62–63 WHG
Dr. Uwe Neuser Bundesministerium für Umwelt, Naturschutz und nukleare Sicherheit	§§ 2, 27, 33, 34 TEHG
Volkmar Nies Landwirtschaftsdirektor bei der Landwirtschaftskammer Rheinland	§§ 1, 2, 7, 17, 18 BBodSchG
Dr. Martin Ohms Rechtsanwalt in Berlin	§§ 17, 18 BImSchG (mit Hansmann), 13. BImSchV, 17. BImSchV (z. T. mit Sahm)
Prof. Dr. Heinz-Joachim Pabst Hochschule des Bundes für öffentliche Verwaltung	Vor § 26, §§ 26–31 BImSchG (mit Hansmann), § 61 BImSchG, 41. BImSchV
Dr. Kay Artur Pape Rechtsanwalt in Bonn	Vorb. WHG, §§ 6–22 WHG
Dr. Malte Petersen LL. M. Ministerium für Umwelt, Landwirtschaft, Natur- und Verbraucherschutz des Landes Nordrhein-Westfalen	§§ 89–95 WHG
Prof. Dr. Alexander Proelß O. Professor an der Universität Trier	§§ 43–45l WHG
Prof. Dr. Eckard Rehbinder Em. Professor an der Universität Frankfurt/Main	§ 14 BImSchG UmweltHG (§§ 6, 7 mit Hager)
Prof. Dr. Olaf Reidt Rechtsanwalt in Berlin	§ 16 BImSchG (mit Schiller), 18. BImSchV (mit Schiller), Fluglärmgesetz (mit Fellenberg und Schiller), Umweltinformationsgesetz (mit Schiller)
Dr. Christoph Riese Rechtsanwalt in Berlin	§§ 67–71, 86 WHG
Prof. Dr. Marc Röckinghausen Hochschule für Polizei und öffentliche Verwaltung NRW, Abteilung Gelsenkirchen	§§ 20, 21, Vor § 32, §§ 32–37, §§ 52, 52b, 62, 66, 67 BImSchG (mit Hansmann), §§ 37a bis 37f, Vor §§ 44–47, 52a, 73 BImSchG, 1., 10., 26., 36., 37., 38., 42. BImSchV, 4., 11., 20., 21., 25., 27., 28., 30., 34. und 35. BImSchV (mit Hansmann), 2. BImSchV (mit Hansmann und Mahrwald), Schadstofffreisetzungs- und Verbringungsregistergesetz
Christoph Sahm LL. M. E.ON Kernkraft GmbH	§§ 23–25, 27 der 17. BImSchV (mit Ohms)

Dreizehnte Verordnung zur Durchführung des Bundes-Immissionsschutzgesetzes* (Verordnung über Großfeuerungs-, Gasturbinen- und Verbrennungsmotoranlagen – 13. BImSchV)[1]

Vom 2. Mai 2013

(BGBl. I S. 1021, berichtigt am 7.10.2013, BGBl. I S. 3754, geändert durch Art. 6 d. VO v. 28.4.2015, BGBl. I S. 670, durch Art. 80 d. VO v. 31.8.2015 BGBl. I S. 1474, durch Art. 1 d. VO v. 19.12.2017, BGBl. I S. 4007, und durch Art. 108 d. 11. ZuständigkeitsanpassungsV v. 19.6.2020, BGBl. I S. 1328)

Schrifttum: *Begemann/Lustermann,* Verfeuerung von Destillations- und Konversionsrückständen – 13 oder 17 BImSchV?, Immissionsschutz 2005, 116; *Calliess,* Integrierte Vorhabengenehmigung und Rechtsschutz im aktuellen Entwurf des UGB I, ZUR 2008, 343; *Danner/Theobald* (Hrsg.), Energierecht, Loseblatt Kommentar 2016 (Erläuterungen zu *Jacobshagen/Kachel* § 5 KWKG 85. EL Juni 2015); *Dieckmann,* Das neue CCS-Gesetz – Überblick und Ausblick, NVwZ 2012, 989; *Ewer,* Ausgewählte Rechtsanwendungsfragen des Entwurfs für ein Umwelt-Rechtsbehelfsgesetz, NVwZ 2007, 267; *Feldhaus* (Hrsg.), Bundesimmissionsschutzrecht, Kommentar (Erläuterungen zu *Scheidler* § 7 BImSchG 176. Akt. September 2013; *Czajka* § 16 BImSchG 155 Akt. Januar 2010); *Fest/Leifer:* Verzicht auf und Duldung von Kraftwerksbetrieb NVwZ 2011, 1046; *Gruber,* Zur methodischen Auswahl von Emissionsminderungsmaßnahmen, 1991; *Halmschlag,* Zukünftige Überwachung von Industrieanlagen nach der Industrie-Emissionsrichtlinie (IE-RL), I+E 2011, 16 ff.; *Hansmann,* Änderungen von genehmigungsbedürftigen Anlagen im Sinne des Immissionsschutzrechts, DVBl 1997, 1421; *Hansmann,* Vorsorgepflichten bei nicht genehmigungsbedürftigen Anlagen, NVwZ 1991, 829; *Hellriegel,* Der neue Gesetzesentwurf zu Carbon Capture and Storage, NVwZ 2010, 1530; *Hummel,* Die neue Bundeseinheitliche Praxis bei der Überwachung der Emissionen, Immissionsschutz 2006, 78; *Jarass,* Bundesimmissionsschutzgesetz, 11. Aufl. 2015; *Jarass,* Das neue Recht der Industrieanlagen, NVwZ 2013, 169; *Jäde,* Die Bindungswirkung der Nachbarzustimmung – eine unendliche Geschichte?, UPR 2005, 161; *Kachel,* Das Kraft-Wärme-Kopplungsgesetz 2016, EnWZ 2016, 51; *Kluth,* Rechtsfragen der verwaltungsrechtlichen Willenserklärung Auslegung, Bindung, Widerruf, Anfechtung, NVwZ 1990, 608; *Koch/Braun,* Aktuelle Entwicklungen des Immissionsschutzrechts, NVwZ 2010, 1271; *Kohls/Kahle,* Klimafreundliche Kohlekraft dank CCS?, ZUR 2009, 122; *Kotulla* (Hrsg.), Bundes-Immissionsschutzgesetz, Stand: Januar 2014 (Erläuterungen zu *Frenz* § 16 BImSchG Stand Juli 2004); *Landmann/Rohmer* (Hrsg.), Umweltrecht, Loseblatt Kommentar 77. EL 2015 (Erläuterungen zu *Thiel* § 3 BImSchG 71. EL Januar 2014; *Dietlein* §§ 4–6 BImSchG 73. EL August 2014; *Dietlein* §§ 7, 10 BImSchG 76. EL Mai 2015; *Schiller* § 15 BImSchG 65. EL April 2012; *Reidt/Schiller* § 16 BImSchG 61. EL April 2011; *Hansmann/Ohms* § 17 BImSchG 72. EL April 2014; *Hansmann/Ohms* § 18 BImSchG 48. EL April 2006; *Hansmann/Pabst* § 31 BImSchG 70. EL August 2013; *Hansmann/Röckinghausen* § 52 BImSchG 71. EL Januar 2014; *Hansmann* § 62 BImSchG 75. EL Januar 2015); *Ohms,* Die neue TA Luft 2002, DVBl 2002, 1365; *Ohms,* Praxishandbuch Immissionsschutzrecht, 2003; *Posser/Wolff* (Hrsg.), Beck-OK VwGO (Erläuterungen zu *Schmidt-Kötters* § 42 VwGO 35. Edition Stand: 1.4.2015); *Scheidler,* Die wichtigsten Änderungen im Immissionsschutzrecht nach Umsetzung der Industrieemissions-Richtlinie, UPR 2013, 121; *Schlacke,* Das neue Umwelt-Rechtsbehelfsgesetz, NuR 2007, 8; *Sellner/Reidt/Ohms,* Immissionsschutzrecht und Industrieanlagen, 3. Aufl. 2006, 1. Teil Rn. 185, 205; *Stevens,* Das CO2-emissionsarme Kohlekraftwerk, UPR 2007, 281; *v. Danwitz,* Aarhus-Konvention: Umweltinformation; Öffentlichkeitsbeteiligung, Zugang zu den Gerichten, NVwZ 2004, 272; *Wasielewski,* Das Gesetz zur Umsetzung der Richtlinie über Industrieemissionen Auswirkungen auf den Vollzug der Länder, I+E 2013, 17; *Wolff,* Das Kohlendioxid-Speicherungsgesetz: Eine erste Bewegung, UPR 2013, 298; *Ziekow,* Das Umwelt-Rechtsbehelfsgesetz im System des deutschen Rechtsschutzes, NVwZ 2007, 259.

---

* Die Neufassung der 13. BImSchV durch Verordnung vom 6. Juli 2021 (BGBl. I S. 2514) ist in den Vorschriftentexten und Kommentierungen noch nicht berücksichtigt. Eine Anpassung erfolgt mit den nächsten Ergänzungslieferungen.

[1] Die Verordnung dient der Umsetzung der Richtlinie 2010/75/EU des Europäischen Parlaments und des Rates vom 24.11.2010 über Industrieemissionen (integrierte Vermeidung und Verminderung der Umweltverschmutzung) (Neufassung) (ABl. EG Nr. L 334, 17), der Richtlinie 2001/81/EG des Europäischen Parlaments und des Rates vom 23.10.2001 über nationale Emissionshöchstmengen für bestimmte Luftschadstoffe (ABl. EG Nr. L 309, 22) sowie der Richtlinie 2008/50/EG des Europäischen Parlaments und des Rates vom 21.5.2008 über Luftqualität und saubere Luft für Europa (ABl. EG Nr. L 152, 1).

Vorbemerkung

Übersicht

A. Entstehungsgeschichte

I. Die Verordnung über Großfeuerungsanlagen v. 22.6.1983

1 Die Verordnung über Großfeuerungsanlagen (13. BImSchV) v. 22.6.1983 (BGBl. I 719) ist am 1.7.1983 in Kraft getreten. Die einzige Änderung der 13. BImSchV durch das zweite Zuständigkeitslockerungsgesetz v. 3.5.2000 (BGBl. I 632) betraf lediglich die Zuständigkeit für die Bekanntgabe von Stellen nach § 26 Abs. 5 und § 28 Abs. 1 13. BImSchV 1983.

2.17 Siebzehnte Verordnung zur Durchführung des Bundes-Immissionsschutzgesetzes (Verordnung über die Verbrennung und die Mitverbrennung von Abfällen – 17. BImSchV)*

Vom 2.5.2013

(BGBl. I S. 1021; zuletzt geändert durch Art. 2 d. VO v. 6.7.2021, BGBl. I S. 2514)

Vorbemerkung

Schrifttum: *Feldhaus,* 17. BImSchV B.17; *Führ,* Verordnung über Verbrennungsanlagen für Abfälle und ähnliche brennbare Stoffe, NWVBl. 92, 121 ff.; *ders.*, in GK-BImSchG, § 7 Rn. 207 ff.; *Gleis,* Stand der Novelle der 17. BImSchV im Rahmen der nationalen Umsetzung der Europäischen Industrieemissionsrichtlinie I + E 12, 65; *Jarass,* BImSchG § 7 Rn. 42 ff.; *Lübbe-Wolff,* Abfallmitverbrennung in Industrieanlagen, DVBl. 99, 1091 ff.; *ders.,* Sind die Grenzwerte der 17. BImSchV für krebserzeugende Stoffe drittschützend?, NuR 00, 19 ff.; → TEHG § 2 Rn. 30 ff.; *Schulze-Rickmann,* Die Vorschriften der neuen 17. BImSchV, Abfallwirtschafts-Journal 90, 807 ff.; *Ule/Laubinger/Repkewitz,* Bundes-Immissionsschutzgesetz, A 17.0.

Übersicht[1]

* Die Verordnung dient der Umsetzung der Richtlinie 2010/75/EU des Europäischen Parlaments und des Rates vom 24. November 2010 über Industrieemissionen (integrierte Vermeidung und Verminderung der Umweltverschmutzung) (Neufassung) (ABl. EG Nr. L 334 S. 17), der Richtlinie 2001/81/EG des Europäischen Parlaments und des Rates vom 23. Oktober 2001 über nationale Emissionshöchstmengen für bestimmte Luftschadstoffe (ABl. Nr. L 309 S. 22) sowie der Richtlinie 2008/50/EG des Europäischen Parlaments und des Rates vom 21. Mai 2008 über Luftqualität und saubere Luft für Europa (ABl. EG Nr. L 152 S. 1).

[1] Die Änderung durch Art. 2 der Verordnung zur Neufassung der Verordnung über Großfeuerungs-, Gasturbinen- und Verbrennungsmotoranlagen vom 6. Juli 2021 (BGBl. I S. 2514) sind in der Kommentierung noch nicht berücksichtigt. Eine Anpassung erfolgt mit einer der nächsten Ergänzungslieferungen.

A. Allgemeines

1 Die 17. BImSchV nimmt im Kanon der anlagenbezogenen Anforderungen zur **Vorsorge** gegen Luftverunreinigungen der 1. BImSchV (kleine und mittlere Feuerungsanlagen mit einer Feuerungswärmeleistung kleiner als 100 Kilowatt, vgl. § 1 Abs. 1 1. BImSchV iVm Nr. 1.2.4 des Anhangs 1 zur 4. BImSchV), der Nr. 5 TA Luft (Feuerungsanlagen mit 100 Kilowatt bis weniger als 50 Megawatt Feuerungswärmeleistung und Produktionsanlagen) und der 13. BImSchV (Großfeuerungs-, Gasturbinen- und Verbrennungsmotoranlagen ab 50 MW Feuerungswärmeleistung) insofern eine besondere Rolle ein, als sie alle Abfallverbrennungs- und Abfallmitverbrennungsanlagen unabhängig von ihrer Feuerungswärmeleistung und der Menge des eingesetzten Abfalls erfasst. Eine Ausnahme bilden lediglich Anlagen, die ausschließlich Altholz der Altholzkategorie A I und A II nach der Altholzverordnung verbrennen, die erst ab einer Feuerungswärmeleistung von 1 Megawatt (vgl. § 1 Abs. 1 17. BImSchV iVm 8.1.1.5 Anhang 14. BImSchV) vom Geltungsbereich der Verordnung erfasst sind.

2 Dies hat seinen Grund in der besonderen Bedeutung von Abfallverbrennungsanlagen für die Umwelt mit ihren Emissionen an gasförmigen anorganischen Chlor- und Fluorwasserstoff-Verbindungen sowie Inhaltsstoffen des Gesamtstaubes. Bei den Staubinhaltsstoffen sind vor allem die Schwermetalle und die polyhalogenierten aromatischen Verbindungen bedeutsam (BR-Drs. 303/90, 37).

3 Vor allem für folgende **Anlagen** ist die Verordnung relevant: In Deutschland existieren 68 Siedlungsabfallverbrennungsanlagen (MVA) mit einer Jahreskapazität von knapp 20 Millionen Tonnen. Ferner erfolgt eine (Mit-)Verbrennung von Abfällen in zahlreichen Industrieanlagen (zB Kohlekraftwerken, Zementwerken). Neben der Mitverbrennung von Abfällen in bestehenden Industriefeuerungsanlagen sind in Deutschland etwa 30 sogenannte Ersatzbrennstoff-Kraftwerke in Betrieb. Ihre Jahreskapazität beträgt insgesamt circa 4,7 Millionen Tonnen. Die Ersatzbrennstoff-Kraftwerke befinden sich mit anderen Industrieanlagen am selben Standort und sind mit ihnen gekoppelt. Ferner hat die Verordnung Bedeutung für etwa 30 Sonderabfallverbrennungsanlagen (thermische Behandlung gefährlicher Abfälle). Die meisten Anlagen befinden sich an Standorten der chemischen Industrie und entsorgen hauptsächlich die Abfälle der benachbarten Industrieanlagen. Die jährlich nutzbare Verbrennungskapazität der Sonderabfallverbrennungsanlagen liegt bei circa 1,5 Millionen Tonnen. Tatsächlich werden aber deutlich weniger Sonderabfälle verbrannt (vgl. www.Umweltbundesamt.de; Stand 2016).

B. Entstehungsgeschichte

I. Die Verordnung über Verbrennungsanlagen für Abfälle und ähnliche brennbare Stoffe vom 23.11.1990

4 **Ziel** der Verordnung über Verbrennungsanlagen für Abfälle und ähnliche brennbare Stoffe vom 23.11.1990 (BGBl. I 2545, ber. 2832; BGBl. I 1999 (186); BGBl. 2000 I 632; BGBl. 2001 I 1950) war, die Emissionsfrachten der typischerweise mit der Verbrennung von Abfällen verbundenen luftverunreinigenden Stoffe durch bauliche und betriebliche Anforderungen sowie durch Festlegung niedriger Emissionsgrenzwerte gegenüber der damals geltenden Technischen Anleitung zur Reinhaltung der Luft 1986 (TA Luft 1986) noch weiter abzusenken. Hierzu sollen die neuesten Erkenntnisse aus dem Betrieb von

2011 – 9 A 30.10 –, juris Rn. 19ff., Urt. v. 22.12.2016 – 4 B 13.16 –, juris Rn. 19, und nunmehr auch OVG NW Urt. v. 11.12.2017 – 8 A 926/16 –, juris Rn. 45ff.). Solche materiell-rechtlichen Positionen des Einzelnen vermittelt die Verordnung wegen ihres Vorsorgezwecks allerdings nur in den vorstehend genannten Ausnahmefällen (→ Rn. 30f.).

Abschnitt 1. Allgemeine Vorschriften

§ 1 Anwendungsbereich

(1) Diese Verordnung gilt für die Errichtung, die Beschaffenheit und den Betrieb von Abfallverbrennungs- und Abfallmitverbrennungsanlagen, die nach § 4 des Bundes-Immissionsschutzgesetzes in Verbindung mit der in Nummer 2 genannten Verordnung genehmigungsbedürftig sind und in denen folgende Abfälle und Stoffe eingesetzt werden:

1. feste, flüssige oder in Behältern gefasste gasförmige Abfälle oder

2. ähnliche feste oder flüssige brennbare Stoffe, die nicht in den Nummern 1.2.1, 1.2.2 oder Nummer 1.2.3 des Anhangs 1 der Verordnung über genehmigungsbedürftige Anlagen vom 2. Mai 2013 (BGBl. I S. 973) aufgeführt sind, ausgenommen ähnliche flüssige brennbare Stoffe, soweit bei ihrer Verbrennung keine anderen oder keine höheren Emissionen als bei der Verbrennung von leichtem Heizöl auftreten können, oder

3. feste, flüssige oder gasförmige Stoffe, die bei der Pyrolyse oder Vergasung von Abfällen entstehen.

(2) Diese Verordnung gilt weder für Abfallverbrennungs- oder -mitverbrennungsanlagen noch für einzelne Abfallverbrennungs- oder -mitverbrennungslinien, die, abgesehen vom Einsatz der in den Nummern 1.2.1, 1.2.2 und 1.2.3 des Anhangs 1 der Verordnung über genehmigungsbedürftige Anlagen aufgeführten Stoffe, ausschließlich bestimmt sind für den Einsatz von

1. Biobrennstoffen gemäß § 2 Absatz 4 Nummer 2 der Verordnung über Großfeuerungs-, Gasturbinen- und Verbrennungsmotoranlagen vom 6. Juli 2021 (BGBl. I S. 2514) in der jeweils geltenden Fassung,

2. Tierkörpern im Sinne der Verordnung (EG) Nr. 1069/2009 des Europäischen Parlaments und des Rates vom 21. Oktober 2009 mit Hygienevorschriften für nicht für den menschlichen Verzehr bestimmte tierische Nebenprodukte und zur Aufhebung der Verordnung (EG) Nr. 1774/2002 (Verordnung über tierische Nebenprodukte) (ABl. Nr. L 300 vom 14.11.2009, S. 1), die durch die Richtlinie 2010/63/EU (ABl. Nr. L 276 vom 20.10.2010, S. 33) geändert worden ist, oder

3. Abfällen, die beim Aufsuchen von Erdöl- und Erdgasvorkommen und deren Förderung auf Bohrinseln entstehen und dort verbrannt werden.

(3) Die Verordnung ist nicht anzuwenden auf

1. Abfallverbrennungs- oder -mitverbrennungslinien, die für Forschungs-, Entwicklungs- und Prüfzwecke zur Verbesserung des Verbrennungsprozesses weniger als 50 Megagramm Abfälle im Jahr behandeln, und

2. gasförmige Stoffe nach Absatz 1 Nummer 3, die in Abfallmitverbrennungsanlagen eingesetzt werden, wenn ihre Verbrennung auf Grund ihrer Zusammensetzung keine anderen oder höheren Emissionen verursacht als die Verbrennung von Erdgas.

(4) Diese Verordnung enthält Anforderungen an Abfallverbrennungs- und Abfallmitverbrennungsanlagen,

1. die nach § 5 Absatz 1 Nummer 1 bis 4 des Bundes-Immissionsschutzgesetzes zu erfüllen sind bei der Errichtung und beim Betrieb der Anlagen zur
a) Bekämpfung von Brandgefahren,
b) Vorsorge gegen schädliche Umwelteinwirkungen,
c) Behandlung von Abfällen und
d) Nutzung der entstehenden Wärme sowie

2. zur Erfüllung von Luftqualitätsanforderungen der Europäischen Gemeinschaften oder Europäischen Union nach § 48a Absatz 1 und 3 des Bundes-Immissionsschutzgesetzes.

Übersicht

A. Bedeutung der Vorschrift

1 § 1 bestimmt den sachlichen **Anwendungsbereich** der Verordnung und wird im Zuge der 17. BImSchV 2013 ohne inhaltliche Änderung redaktionell an die geänderte 4. BImSchV und 13. BImSchV angepasst (BR-Drs. 676/12, 181). Das heißt, bestimmt werden die vom Anwendungsbereich erfassten (Abs. 1) bzw. explizit vom Anwendungsbereich ausgeschlossenen (Abs. 2 und 3) Anlagen und die an die einbezogenen Anlagen gestellten Anforderungen (Abs. 4). Die Regelungen zur anteiligen Verbrennung von Abfällen in § 1 Abs. 2 der bis zum 1.5.2013 geltenden Fassung der Verordnung werden systematisch konsequent in den neuen § 9 eingegliedert (BR-Drs. 676/12, 181). § 1 umfasst somit eine Teilmenge der vom BImSchG erfassten Anlagen, Einrichtungen und Stoffe (→ BImSchG § 1 Rn. 1 ff.).

B. Anwendungsbereich der Verordnung

2 Nach der Verordnungsbegründung entspricht der Anwendungsbereich der aktuell geltenden Verordnung demjenigen in ihrer bis zum 1.5.2013 geltenden Fassung (BT-

§ 2 Begriffsbestimmungen

(1) **„Abfall" im Sinne dieser Verordnung sind Stoffe oder Gegenstände, die gemäß den Bestimmungen des Kreislaufwirtschaftsgesetzes vom 24. Februar 2012 (BGBl. I S. 212) in der jeweils geltenden Fassung Abfälle sind.**

(2) **„Abfallmitverbrennende Feuerungsanlage" im Sinne dieser Verordnung ist eine Abfallmitverbrennungsanlage mit einer Feuerungswärmeleistung unter 50 Megawatt (MW), die bei Betrieb ohne Abfallmitverbrennung im Anwendungsbereich der Verordnung über mittelgroße Feuerungs-, Gasturbinen- und Verbrennungsmotoranlagen vom 13. Juni 2019 (BGBl. I S. 804) liegt.**

(3) **„Abfallmitverbrennende Großfeuerungsanlage" im Sinne dieser Verordnung ist eine Abfallmitverbrennungsanlage mit einer Feuerungswärmeleistung von 50 MW oder mehr, die bei Betrieb ohne Abfallmitverbrennung im Anwendungsbereich der Verordnung über Großfeuerungs-, Gasturbinen- und Verbrennungsmotoranlagen vom 6. Juli 2021 liegt.**

(4) **„Abfallmitverbrennungsanlage" im Sinne dieser Verordnung ist eine Feuerungsanlage, deren Hauptzweck in der Energiebereitstellung oder der Produktion stofflicher Erzeugnisse besteht und in der Abfälle oder Stoffe nach § 1 Absatz 1, bei gemischten Siedlungsabfällen nur soweit es sich um aufbereitete gemischte Siedlungsabfälle handelt,**

als regelmäßige oder zusätzliche Brennstoffe verwendet werden oder

mit dem Ziel der Beseitigung thermisch behandelt werden.

Die Anlage in diesem Sinne erstreckt sich auf die gesamte Abfallmitverbrennungsanlage, dazu gehören alle Abfallmitverbrennungslinien, die Annahme und Lagerung der Abfälle und Stoffe nach § 1 Absatz 1, die auf dem Gelände befindlichen Vorbehandlungsanlagen, das Zufuhrsystem für Abfälle und Stoffe nach § 1 Absatz 1, für Brennstoffe und Luft, der Kessel, die Abgasbehandlungsanlagen, die auf dem Gelände befindlichen Anlagen zur Behandlung und Lagerung von Abfällen und Abwässern, die bei der Abfallmitverbrennung entstehen, der Schornstein, die Vorrichtungen und Systeme zur Kontrolle der Verbrennungsvorgänge, zur Aufzeichnung und zur Überwachung der Verbrennungsbedingungen. Falls die Abfallmitverbrennung in solch einer Weise erfolgt, dass der Hauptzweck der Anlage nicht in der Energiebereitstellung oder der Produktion stofflicher Erzeugnisse, sondern in der thermischen Behandlung von Abfällen besteht, gilt die Anlage als Abfallverbrennungsanlage im Sinne des Absatzes 4.

(5) **„Abfallverbrennungsanlage" im Sinne dieser Verordnung ist eine Feuerungsanlage, deren Hauptzweck darin besteht, thermische Verfahren zur Behandlung von Abfällen oder Stoffen nach § 1 Absatz 1 zu verwenden. Diese Verfahren umfassen die Verbrennung durch Oxidation der oben genannten Stoffe und andere vergleichbare thermische Verfahren wie Pyrolyse, Vergasung oder Plasmaverfahren, soweit die bei den vorgenannten thermischen Verfahren aus Abfällen entstehenden festen, flüssigen oder gasförmigen Stoffe verbrannt werden. Die Anlage in diesem Sinne erstreckt sich auf die gesamte Abfallverbrennungsanlage, dazu gehören alle Abfallverbrennungslinien, die Annahme und Lagerung der Abfälle und Stoffe nach § 1 Absatz 1, die auf dem Gelände befindlichen Vorbehandlungsanlagen, das Zufuhrsystem für Abfälle und Stoffe nach § 1 Absatz 1, für Brennstoffe und Luft, der Kessel, die Abgasbehandlungsanlagen, die auf dem Gelände befindlichen Anlagen zur Behandlung und Lagerung von Abfällen und Abwässern, die bei der Abfallverbrennung entstehen, der Schornstein, die Vorrichtungen und Systeme zur Kontrolle der Verbrennungsvorgänge, zur Aufzeichnung und zur Überwachung der Verbrennungsbedingungen.**

(6) **„Abfallverbrennungs- oder -mitverbrennungslinie" im Sinne dieser Verordnung ist die jeweilige technische Einrichtung der Abfallverbrennungs- oder -mitverbrennungsanlage; dazu gehören ein Brennraum, gegebenenfalls ein Brenner, und die dazugehörige Steuerungseinheit, eine Abgasreinigungseinrichtung sowie sonstige Nebeneinrichtungen entsprechend § 1 Absatz 2 Nummer 2 der Verordnung über genehmigungsbedürftige Anlagen.**

(7) **„Abgas" im Sinne dieser Verordnung ist das Trägergas mit den festen, flüssigen oder gasförmigen Emissionen, angegeben als Volumenstrom in der Einheit Kubikmeter je Stunde (m^3/h) und bezogen auf das Abgasvolumen im Normzustand (Temperatur 273,15 Kelvin (K), Druck 101,3 Kilopascal (kPa)) nach Abzug des Feuchtegehalts an Wasserdampf.**

(8) **„Aufbereitete gemischte Siedlungsabfälle" im Sinne dieser Verordnung sind gemischte Siedlungsabfälle, für die zum Zwecke der Mitverbrennung Maßnahmen ergriffen wurden, die eine Belastung mit anorganischen Schadstoffen, insbesondere Schwermetallen, deutlich reduzieren; Trocknen, Pressen oder Mischen zählen in der Regel nicht zu diesen Maßnahmen.**

(9) **„Bestehende abfallmitverbrennende Feuerungsanlage" im Sinne dieser Verordnung ist eine abfallmitverbrennende Feuerungsanlage, die vor dem 20. Dezember 2018 in Betrieb genommen wurde.**

(10) **„Bestehende abfallmitverbrennende Großfeuerungsanlage" im Sinne dieser Verordnung ist eine abfallmitverbrennende Großfeuerungsanlage,**

1. **die nach § 67 Absatz 2 oder § 67a Absatz 1 des Bundes-Immissionsschutzgesetzes oder vor Inkrafttreten des Bundes-Immissionsschutzgesetzes nach § 16 Absatz 4 der Gewerbeordnung anzuzeigen war oder**
2. **für die die erste Genehmigung zur Errichtung und zum Betrieb nach § 4 oder § 16 des Bundes-Immissionsschutzgesetzes vor dem 18. August 2017 erteilt worden ist und die vor dem 18. August 2021 in Betrieb gegangen ist.**

(11) **„Bestehende Abfallverbrennungs- oder -mitverbrennungsanlage" im Sinne dieser Verordnung ist eine Abfallverbrennungs- oder -mitverbrennungsanlage, ausgenommen abfallmitverbrennende Feuerungs- und Großfeuerungsanlagen, die vor dem 2. Mai 2013 genehmigt oder errichtet wurde.**

(12) **„Bezugssauerstoffgehalt" im Sinne dieser Verordnung ist der jeweils vorgegebene oder zu berechnende Volumengehalt an Sauerstoff im Abgas, auf den der jeweilige Emissionsgrenzwert unter Berücksichtigung von Anlage 5 zu beziehen ist.**

(13) **„Biobrennstoffe" im Sinne dieser Verordnung sind Biobrennstoffe gemäß § 2 Absatz 4 der Verordnung über Großfeuerungs-, Gasturbinen- und Verbrennungsmotoranlagen.**

(14) **„Emissionen" im Sinne dieser Verordnung sind die von einer Anlage ausgehenden Luftverunreinigungen; angegeben als Massenkonzentration in der Einheit Milligramm je Kubikmeter Abgas (mg/m3) oder Nanogramm je Kubikmeter Abgas (ng/m^3) oder als Massenstrom in der Einheit Megagramm pro Jahr (Mg/a).**

(15) **„Emissionsgrenzwert" im Sinne dieser Verordnung ist die Emission einer Anlage, die zulässigerweise in die Luft abgeleitet werden darf, angegeben als Massenkonzentration und bezogen auf den jeweiligen Bezugssauerstoffgehalt.**

(16) **„Entschwefelungsgrad der Rauchgasentschwefelungseinrichtung" im Sinne dieser Verordnung ist das Verhältnis der von der Rauchgasentschwefelungseinrichtung abgeschiedenen Menge an Schwefeloxiden zu der der Rauchgasentschwefelungseinrichtung mit dem Abgas zugeführten Menge an Schwefeloxiden.**

(17) „Erdgas" im Sinne dieser Verordnung sind

1. natürlich vorkommendes Methangas mit nicht mehr als 20 Volumenprozent an Inertgasen und sonstigen Bestandteilen, das den Anforderungen des DVGW-Arbeitsblattes G 260 vom März 2013 für Gase der 2. Gasfamilie entspricht, sowie

2. Klär-, Bio- und Grubengase nach DVGW-Arbeitsblatt G 262 vom September 2011, die die Bedingungen des DVGW-Arbeitsblattes G 260 als Austauschgas oder als Zusatzgas zur Konditionierung erfüllen und insoweit die Grundgase der 2. Gasfamilie in der öffentlichen Gasversorgung ersetzen oder ergänzen.

(18) „Feuerungsanlage" im Sinne dieser Verordnung ist jede Anlage, in der Brennstoff zur Nutzung der erzeugten Wärme oxidiert wird.

(19) „Feuerungswärmeleistung" im Sinne dieser Verordnung ist der auf den unteren Heizwert bezogene Wärmeinhalt der Brenn- oder Einsatzstoffe, der einer Anlage im Dauerbetrieb je Zeiteinheit zugeführt wird, angegeben in Megawatt.

(20) „Gemischte Siedlungsabfälle" im Sinne dieser Verordnung sind Abfälle aus Haushaltungen sowie gewerbliche, industrielle Abfälle und Abfälle aus Einrichtungen, die auf Grund ihrer Beschaffenheit oder Zusammensetzung den Abfällen aus Haushaltungen ähnlich sind. Zu den gemischten Siedlungsabfällen im Sinne dieser Verordnung gehören weder die unter der Abfallgruppe 20 01 der Abfallverzeichnis-Verordnung genannten Abfallfraktionen, die am Entstehungsort getrennt eingesammelt werden, noch die unter der Abfallgruppe 20 02 derselben Verordnung genannten Abfälle.

(21) „Gefährliche Abfälle" im Sinne dieser Verordnung sind gefährliche Abfälle gemäß der Abfallverzeichnis-Verordnung.

(22) „Leichtes Heizöl" im Sinne dieser Verordnung ist Heizöl EL nach DIN 51603-1, Ausgabe März 2017, oder Heizöl nach DIN SPEC 51603 Teil 6, Ausgabe März 2017.

(23) „Rauchgasentschwefelungseinrichtung" ist eine aus einer Abgasreinigungseinrichtung oder einer Kombination von Abgasreinigungseinrichtungen bestehende Einrichtung zur Senkung der Schwefeloxid-Emissionen einer Feuerungsanlage.

(24) „Schwefelabscheidegrad" im Sinne dieser Verordnung ist das Verhältnis der Schwefelmenge, die von einer Feuerungsanlage in einem bestimmten Zeitraum nicht in die Luft abgeleitet wird, zu der Schwefelmenge des Brennstoffs, der im gleichen Zeitraum in die Feuerungsanlage eingebracht und verbraucht wird, angegeben als Prozentsatz.

Übersicht

A. Zweck der Regelung

1 Die Begriffsbestimmungen dienen der Klarstellung und der einheitlichen Anwendung der Vorschriften im Vollzug (BR-Drs. 303/90, 43) und damit der Rechtssicherheit.

B. Gegenstand der Vorschrift

I. Anlagen

2 **1. Abfallmitverbrennungsanlage (Abs. 3), Abfallverbrennungsanlage (Abs. 4), Abfallverbrennungs- und Abfallmitverbrennungslinien (Abs. 5).** Die Absätze 3 bis 5 entsprechen § 2 Nummer 7, 6, 8 der bisherigen Verordnung (BT-Drs. 17/10605, 85). Die Kommentierung zu § 1 enthält bereits Erläuterungen zu den Begriffen „Abfallmitverbrennungsanlage" (Abs. 3), „Abfallverbrennungsanlage" (Abs. 4, → § 1 Rn. 8 ff.), „Abfallverbrennungs- und Abfallmitverbrennungslinien" (Abs. 5, → § 1 Rn. 16). Im Kontext der Ausführungen zu § 1 ist auch die Bedeutung der Begriffe für die Anwendung der Verordnung ersichtlich.

3 **2. Feuerungsanlage (Abs. 15), abfallmitverbrennende Großfeuerunganlage (Abs. 2), Feuerungswärmeleistung (Abs. 16).** Die Definition der **Feuerungsanlage** in Abs. 15 entspricht der Definition in § 2 Abs. 13 13. BImSchV (→ 13. BImSchV § 2, so auch BT-Drs. 17/10605, 85). In Anbetracht der Defintion der Abfallverbrennungsanlage in Abs. 4 und der Tatsache, dass dort neben der Oxidation auch Anlagen mit anderen vergleichbaren thermischen Prozessen als Feuerungsanlage bezeichnet werden, ist dies nicht ganz konsequent. Allerdings ist davon auszugehen, dass die besonderen Anforderungen an Feuerungsanlagen in Nr. 3 der Anlage 3 nur bei Oxidation des Brennstoffs und nicht bei den in Abs. 4 Satz 2 genannten anderen vergleichbaren Verfahren gelten.

4 Die **abfallmitverbrennende Großfeuerunganlage** nach Abs. 2 (nach der Verordnungsbegrünung eine Teilmenge der abfallmitverbrennenden Anlagen, vgl. BT-Drs. 17/10605, 85) definiert sich wie in der 13. BImSchV anhand der Feuerungswärmeleistung (Abs. 16), die 50 MW oder mehr (vgl. § 1 13. BImSchV, zur Berechnung der Feuerungswärmeleistung → 13. BImSchV § 1 Rn. 10 ff.) beträgt. Soweit Emissionsgrenzwerte nach Anlage 3 Nr. 3 von der Feuerungswärmeleistung abhängig sind, gelten bei der Bestimmung der maßgeblichen Feuerungswärmeleistung die Aggregationsregeln nach § 3 13. BImSchV (§ 9 Abs. 4 Satz 2), wonach die Feuerungswärmeleistung einzelner Feuerungsanlagen, die in einem technischen Zusammenhang stehen, zu addieren ist.

5 Für abfallmitverbrennende Großfeuerungsanlagen besteht die Verpflichtung zur Anfertigung jährlicher Emissionsberichte (§ 22). Sonderregelungen hinsichlich der Emissions-

werte bestehen für abfallmitverbrennende Großfeuerungsanlagen nach Nr. 3.1.2 Satz 2 (Steinkohle, Braunkohle und Wirbelschicht), Nr. 3.1.3 (Schwefeldioxid bei festen fossilen Brennstoffen), Nr. 3.1.4 (Stickstoffdioxid bei festen fossilen Brennstoffen), Nr. 3.2.1 (Schwefeldioxid bei Biobrennstoffen), Nr. 3.2.2 (Stickstoffdioxid bei Biobrennstoffen), Nr. 3.3.3 (Schwefeldioxid bei flüssigen Brennstoffen), Nr. 3.3.4 (Stickstoffdioxid bei flüssigen Brennstoffen), Nr. 3.5.2 (TMW für Fluorwasserstoff), Nr. 3.6 Satz 2 (HMW für Fluorwasserstoff). Andersherum gelten für Abfallverbrennungsanlagen mit einer Feuerungswärmeleistung von weniger als 50 MW teilweise großzügigere Grenzwerte (§ 8 Abs. 2: TMW für Gesamtstaub und Stickstoffdioxid; § 10 Abs. 3 und für die Mitverbrennung von Abfällen, vgl. Anlage 3 Nr. 3).

3. Bestehende Abfallverbrennung- und Mitverbrennungsanlage (Abs. 9) und 6
bestehende abfallmitverbrennende Großfeuerungsanlage (Abs. 8). Die Begriffe Großfeuerungsalage (→ 13. BImSchV § 1 Rn. 2 ff.), Abfallverbrennungsanlage und Abfallmitverbrennungsanlage (→ § 1 Rn. 8 ff.) sind an anderer Stelle erläutert.

Definiert werden die bestehende Abfallverbrennung- und Mitverbrennungsanlage (Abs. 9) und bestehende abfallmitverbrennende Großfeuerungsanlage" (Abs. 8). Nicht definiert ist die **„bestehende Anlage".** Spricht die Verordnung von „bestehender Anlage" (vgl. § 28) ist davon auszugehen, dass alle Anlagen angesprochen sind, die entweder Abs. 8 oder Abs. 9 unterfallen.

Die **bestehende Abfallverbrennungs- und Mitverbrennungsanlage** muss vor 7
dem 2.5.2013 genehmigt und errichtet sein. Eine Inbetriebnahme ist nicht erforderlich. Eine etwas großzügigere Übergangsbestimmung enthält Abs. 8 für die **abfallmitverbrennende Großfeuerungsanlage.** Die Regelungen für bestehende Anlagen gelten bei abfallmitverbrennenden Großfeuerungsanlagen nicht nur, wenn die Anlage vor dem 7.1.2013 genehmigt war oder nach § 67 Abs. 2 oder § 67a Abs. 1 BImSchG als genehmigt

(Fortsetzung nächstes Blatt)

Zementen sowie Anlagen zum Brennen von Kalk unter Mitverbrennung von Abfällen unter Nr. 2 der Anlage 3 nicht nur feste Emissionsgrenzwerte festgelegt, sondern es ist auch ein fester Bezugssauertoffgehalt von 10% festgelegt. Wenn jenseits der Mitverbrennungsstoffe nach § 9 Abs. 1 Satz 2 in der Mitverbrennungsanlage feste fossile Brennstoffe oder Biobrennstoffe verwendet werden, gilt ein fester Bezugssauerstoffgehalt von 6 Prozent. Bei der Verwendung von flüssigen oder gasförmigen Brennstoffen (zu den Aggregatzuständen → § 1 Rn. 1 ff.) sind die Emissionen zur Überprüfung, ob die Emissionsgrenzwerte eingehalten werden, auf einen festen Bezugssauerstoffgehalt von 3 Prozent zu beziehen. Für Emissionswerte nach Anlage 3 Nr. 3.1, 3.2 und 3.3 ist der Bezugssauerstoffgehalt nach Anlage 3 Nr. 1 zu berechnen. Die Berechnung des maßgeblichen Bezugssauerstoffgehalts erfolgt wie die Berechnung des maßgeblichen Emissionsgrenzwertes.

Gem. § 17 Abs. 1 Satz 2 darf bei **kontinuierlichen Messungen** für die Stoffe, deren Emissionen durch Abgasreinigungseinrichtungen gemindert und begrenzt werden, die Umrechnung der Messwerte nur für die Zeiten erfolgen, in denen der gemessene Sauerstoffgehalt über dem Bezugssauerstoffgehalt liegt. Liegt der gemessene Sauerstoffgehalt also unter dem Bezugssauerstoffgehalt, kommt dies praktisch einer Verschärfung des Emissionsgrenzwertes gleich. **16**

2. Abgas (Abs. 6), Emissionen (Abs. 12). „Abgas“ nach Abs. 6 ist definiert wie in § 2 Abs. 1 13. BImSchV (→ 13. BImSchV § 2 Rn. 24). Die Begriffsbestimmung von Emissionen (Abs. 12) entspricht der Definition in § 2 Abs. 10 Hs. 1 13. BImSchV (→ 13. BImSchV § 2 Rn. 26 ff.). **17**

Abschnitt 2. Anforderungen an die Errichtung, die Beschaffenheit und den Betrieb

Vorbemerkung zu Abschnitt 2

Abschnitt 2 (§§ 3 bis 13) ist der **zentrale Regelungsteil** der Verordnung mit Anforderungen, die an die Abfallverbrennung und Abfallmitverbrennung gestellt werden. § 3 enthält die Pflichten des Betreibers einer Abfallverbrennungs- und -mitverbrennungsanlage im Hinblick auf die zu verwendenden Abfälle. Im Gegensatz dazu enthält § 4 die anlagenbezogenen Betreiberpflichten und § 5 bis 7 die Anforderungen an den Betrieb und die Verbrennung. Die Anforderungen an die Emissionen regeln die §§ 8 bis 11 iVm den Anlagen 1, 2, 3 und 5. Hinzu treten die Rückstandbehandlung (§ 12) und die Wärmenutzung (§ 13).

§ 3 Anforderungen an die Anlieferung, die Annahme und die Zwischenlagerung der Einsatzstoffe

(1) **Der Betreiber einer Abfallverbrennungs- oder -mitverbrennungsanlage hat alle erforderlichen Vorsichtsmaßnahmen hinsichtlich der Anlieferung und Annahme der Abfälle zu ergreifen, um die Verschmutzung der Luft, des Bodens, des Oberflächenwassers und des Grundwassers, andere Belastungen der Umwelt, Geruchs- und Lärmbelästigungen sowie direkte Gefahren für die menschliche Gesundheit zu vermeiden oder, so weit wie möglich zu begrenzen.**

(2) **Der Betreiber trägt vor Annahme gefährlicher Abfälle in der Abfallverbrennungs- oder -mitverbrennungsanlage die verfügbaren Angaben über die Abfälle**

zusammen, damit festgestellt werden kann, ob die Genehmigungsbedingungen erfüllt sind. Diese Angaben müssen Folgendes umfassen:

1. **alle verwaltungsmäßigen Angaben über den Entstehungsprozess der Abfälle, die in den in Absatz 3 Satz 1 Nummer 1 genannten Dokumenten enthalten sind,**
2. **die physikalische und soweit praktikabel die chemische Zusammensetzung der Abfälle,**
3. **alle sonstigen erforderlichen Angaben zur Beurteilung der Eignung der Abfälle für den vorgesehenen Verbrennungsprozess,**
4. **Gefahrenmerkmale der Abfälle, Stoffe, mit denen sie nicht vermischt werden dürfen, und Vorsichtsmaßnahmen beim Umgang mit diesen Abfällen.**

(3) **Der Betreiber muss vor Annahme gefährlicher Abfälle in der Abfallverbrennungs- oder -mitverbrennungsanlage mindestens folgende Maßnahmen durchführen:**

1. **Prüfung der Dokumente, die in der Richtlinie 2008/98/EG des Europäischen Parlaments und des Rates vom 19. November 2008 über Abfälle und zur Aufhebung bestimmter Richtlinien (ABl. Nr. L 312 vom 22.11.2008, S. 3, L 127 vom 26.5.2009, S. 24) (Abfallrahmenrichtlinie) und gegebenenfalls in der Verordnung (EG) Nr. 1013/2006 des Europäischen Parlaments und des Rates vom 14. Juni 2006 über die Verbringung von Abfällen (ABl. Nr. L 190 vom 12.7.2006, S. 1, L 318 vom 28.11.2008, S. 15), die zuletzt durch die Verordnung (EU) Nr. 135/2012 (ABl. Nr. L 46 vom 17.2.2012, S. 30) geändert worden ist, sowie den Rechtsvorschriften für Gefahrguttransporte vorgeschrieben sind, sowie**
2. **Entnahme von repräsentativen Proben und Kontrolle der entnommenen Proben, um zu überprüfen, ob die Abfälle den Angaben nach Absatz 2 entsprechen und den zuständigen Behörden die Feststellung der Art der behandelten Abfälle zu ermöglichen; die Proben sind vor dem Abladen zu entnehmen, sofern dies nicht mit unverhältnismäßigem Aufwand verbunden ist. Die Proben gemäß Satz 1 Nummer 2 sind nach der Verbrennung oder Mitverbrennung des betreffenden Abfalls mindestens einen Monat lang aufzubewahren.**

(4) **Der Betreiber der Anlage hat vor der Annahme des Abfalls in der Abfallverbrennungs- oder -mitverbrennungsanlage die Masse einer jeden Abfallart gemäß der Abfallverzeichnis-Verordnung zu bestimmen.**

(5) **Die zuständige Behörde kann auf Antrag des Betreibers für Abfallverbrennungs- oder -mitverbrennungsanlagen Ausnahmen von den Absätzen 2 bis 4 zulassen, wenn diese Anlagen**

1. **Teil einer in Anhang 1 der Verordnung über genehmigungsbedürftige Anlagen in Spalte d mit dem Buchstaben E gekennzeichneten Anlage sind und**
2. **nur Abfälle verbrennen oder mitverbrennen, die innerhalb der Anlage entstanden sind.**

(6) **Flüssige Abfälle oder Stoffe nach § 1 Absatz 1 sind in geschlossenen, gegen Überdruck gesicherten Behältern zu lagern. Bei der Befüllung der Behälter ist das Gaspendelverfahren anzuwenden oder die Verdrängungsluft zu erfassen. Der Betreiber hat vor Inbetriebnahme einer Abfallverbrennungs- oder -mitverbrennungsanlage offene Übergabestellen mit einer Luftabsaugung auszurüsten. Die Verdrängungsluft aus den Behältern sowie die abgesaugte Luft sind der Feuerung zuzuführen. Bei Stillstand der Feuerung ist eine Annahme an offenen Übergabestellen oder ein Füllen von Lagertanks nur zulässig, wenn emissionsmindernde Maßnahmen, insbesondere die Gaspendelung oder eine Abgasreinigung, angewandt werden.**

Die Angaben nach Abs. 2 und die zu prüfenden Dokumente nach Abs. 3 Satz 1 Nr. 1 sind der Abfallrahmenrichtlinie (AR-RL, 2008/98/EG), ggf. der Abfallverbringungsverordnung ((EG) Nr. 1013/2006) sowie den Rechtsvorschriften für Gefahrguttransporte zu entnehmen. Hierbei geht es in erster Linie um das Identifikationsdokument nach Art. 19 Abs. 2 AR-RL, das die Daten nach Anhang IB der (an sich nur für die grenzüberschreitende geltende) Abfallverbringungsverordnung enhält. **11**

Abs. 5 gestattet Ausnahmen für in IED-Anlagen entstandene und dort auch zu verbrennende Abfälle. **12**

III. Lagerung flüssiger Abfälle

Flüssige Abfälle können Emissionsquellen für leichtflüchtige Stoffe und Gerüche sein und müssen daher in geschlossenen Behältern gelagert werden (BR-Drs. 303/90, 44). Als „flüssig" sind Abfälle anzusehen, wenn sie weder fest noch gasförmig sind (zu den Aggregatzuständen → 13. BImSchV § 2 Rn. 5); schlammige oder andere zähflüssige Stoffe können nur dann dazu gerechnet werden, wenn sie hinreichend fließ- oder pumpfähig sind (SZDK/Zöllner WHG § 55 Rn. 48, dort auch zur Abgrenzung zu Abwasser). **13**

Die Anforderungen nach Abs. 6 dienen einerseits dem **Explosionsschutz,** andererseits aber vor allem auch dem **Immissionsschutz,** in dem flüssige Abfälle in geschlossenen Systemen gelagert werden müssen und die Verdrängungsluft bei der Befüllung mit Hilfe einer zweiten Leitung innerhalb des Befüllventiles aufzufangen (gependelt) und in den Speichertank zurückzuführen oder sonst aufzufangen ist. Als geschlossen gelten auch Behälter, die aus Sicherheitsgründen mit einem Überdruckventil ausgerüstet sind. Beim offenen Umfüllen der Flüssigkeiten werden durch Luftabsaugung in diesem Bereich Emissionen weitgehend vermieden (BR-Drs. 303/90, 44). **14**

§ 4 Errichtung und Beschaffenheit der Anlagen

(1) **Abfallverbrennungs- oder -mitverbrennungsanlagen sind so auszulegen, zu errichten und zu betreiben, dass ein unerlaubtes und unbeabsichtigtes Freisetzen von Schadstoffen in den Boden, in das Oberflächenwasser oder das Grundwasser vermieden wird. Außerdem muss für das auf dem Gelände der Abfallverbrennungs- oder -mitverbrennungsanlage anfallende verunreinigte Regenwasser und für verunreinigtes Wasser, das bei Störungen oder bei der Brandbekämpfung anfällt, eine ausreichende Speicherkapazität vorgesehen werden. Sie ist ausreichend, wenn das anfallende Wasser geprüft und erforderlichenfalls vor der Ableitung behandelt werden kann.**

(2) **Der Betreiber hat eine Abfallverbrennungsanlage für feste Abfälle oder Stoffe nach § 1 Absatz 1 vor Inbetriebnahme mit einem Bunker auszurüsten, der mit einer Absaugung zu versehen ist und dessen abgesaugte Luft der Feuerung zuzuführen ist. Für den Fall, dass die Feuerung nicht in Betrieb ist, sind Maßnahmen zur Reinigung und Ableitung der abgesaugten Luft vorzusehen.**

(3) **Der Betreiber hat eine Abfallmitverbrennungsanlage für feste Abfälle oder Stoffe nach § 1 Absatz 1 vor Inbetriebnahme mit geschlossenen Lagereinrichtungen für diese Stoffe auszurüsten. Die bei der Lagerung entstehende Abluft ist zu fassen.**

(4) **Die Absätze 2 und 3 gelten nicht für Abfallverbrennungs- oder -mitverbrennungsanlagen, soweit die Abfälle oder Stoffe nach § 1 Absatz 1 der Abfallverbrennung oder Abfallmitverbrennung ausschließlich in geschlossenen Einwegbehältnissen oder aus Mehrwegbehältnissen zugeführt werden.**

(5) **Für Abfallverbrennungs- oder -mitverbrennungsanlagen sind Maßnahmen und Einrichtungen zur Erkennung und Bekämpfung von Bränden vorzusehen. Die**

Brandschutzeinrichtungen und -maßnahmen sind so auszulegen, dass im Abfallbunker entstehende oder eingetragene Brände erkannt und bekämpft werden können.

(6) **Sind auf Grund der Zusammensetzung der Abfälle oder Stoffe nach § 1 Absatz 1 Explosionen im Lagerbereich nicht auszuschließen, sind abweichend von Absatz 4 andere geeignete Maßnahmen durchzuführen. Die Maßnahmen werden von der zuständigen Behörde näher bestimmt.**

(7) **Der Betreiber hat vor der Inbetriebnahme jede Abfallverbrennungs- oder -mitverbrennungslinie einer Abfallverbrennungs- oder -mitverbrennungsanlage mit einem oder mehreren Brennern auszurüsten. Satz 1 ist nicht anzuwenden, sofern die Voraussetzungen des § 9 Absatz 1 Satz 1 Nummer 1 erfüllt sind.**

(8) **Der Betreiber hat eine Abfallverbrennungs- oder -mitverbrennungsanlage vor der Inbetriebnahme mit automatischen Vorrichtungen auszurüsten, durch die sichergestellt wird, dass**

1. **eine Beschickung der Anlagen mit Abfällen oder Stoffen nach § 1 Absatz 1 erst möglich ist, wenn beim Anfahren die Mindesttemperatur erreicht ist,**
2. **eine Beschickung der Anlagen mit Abfällen oder Stoffen nach § 1 Absatz 1 nur so lange erfolgen kann, wie die Mindesttemperatur aufrechterhalten wird,**
3. **eine Beschickung der Anlagen mit Abfällen oder Stoffen nach § 1 Absatz 1 unterbrochen wird, wenn infolge eines Ausfalls oder einer Störung von Abgasreinigungseinrichtungen eine Überschreitung eines kontinuierlich überwachten Emissionsgrenzwertes eintreten kann; dabei sind sicherheitstechnische Belange des Brand- und Explosionsschutzes zu beachten.**

(9) **Die Abfallverbrennungs- oder -mitverbrennungsanlagen sind mit Registriereinrichtungen auszurüsten, durch die Verriegelungen oder Abschaltungen durch die automatischen Vorrichtungen nach Absatz 8 registriert werden.**

(10) **Sonstige Anforderungen, die sich aus der Verordnung über Großfeuerungs-, Gasturbinen- und Verbrennungsmotoranlagen oder aus § 5 Absatz 1 Nummer 2 des Bundes-Immissionsschutzgesetzes unter Beachtung der Ersten Allgemeinen Verwaltungsvorschrift zum Bundes-Immissionsschutzgesetz (Technische Anleitung zur Reinhaltung der Luft – TA Luft) vom 24. Juli 2002 (GMBl. S. 511) in der jeweils geltenden Fassung ergeben, bleiben unberührt.**

Übersicht

A. Allgemeines

1 § 4 enthält die **anlagenbezogenen Pflichten** von Betreibern von Abfallverbrennungs- und Abfallmitverbrennungsanlagen bzw. stellt Anforderungen hinsichtlich der technischen Ausrüstung (BT-Drs. 17/10605). Die Anforderungen waren in den §§ 3, 4 und 11 der bisherigen Verordnung verteilt und werden nunmehr in § 4 zusammengefasst.

(2) **Soweit es zur Erfüllung der Anforderungen nach Absatz 1 erforderlich ist, sind die Abfälle oder Stoffe nach § 1 Absatz 1 vorzubehandeln. Die Vorbehandlung erfolgt in der Regel durch Zerkleinern oder Mischen oder durch das Öffnen von Einwegbehältnissen.**

(3) **Entgegen den Anforderungen nach Absatz 2 sollen infektiöse krankenhausspezifische Abfälle in die Feuerung gebracht werden, ohne vorher mit anderen Abfallarten vermischt oder anderweitig vorbehandelt worden zu sein.**

(4) **Die Abfallmitverbrennungsanlagen sind so zu betreiben, dass eine möglichst vollständige Verbrennung von Abfällen und Stoffen nach § 1 Absatz 1 erreicht wird.**

(5) **Flugascheablagerungen sind möglichst gering zu halten, insbesondere durch geeignete Abgasführung sowie häufige Reinigung von Kesseln, Heizflächen, Kesselspeisewasser-Vorwärmern und Abgaszügen.**

Übersicht

A. Allgemeines

1 § 5 enthält Anforderungen an den **Betrieb** von Abfallverbrennungs- und Abfallmitverbrennungsanlagen. Die Regelungen dienen einer Reduzierung der Menge und der Schädlichkeit nach der Verbrennung verbleibender Rückstände. Von 1000 kg Abfall verbleiben nach der Verbrennung durchschnittlich rund 240 kg Aschen und Schlacken sowie 15 kg Filterstaub und Reaktionsprodukte wie Rückstände der Rauchgasreinigung. Die Rückstände sind ein Gemenge mit schwankender Zusammensetzung: etwa 45 % der Masse sind feinkörnige Aschen, 40 % gesinterte, grobkörnigere Schlacken, 10 % inerte Abfallstoffe wie Scherben aus Glas, Keramik und Porzellan sowie Steine, 5 % Metall und bis zu 2 % Unverbranntes (Bayerisches Landesamt für Umwelt, UmweltWissen – Produkte und Abfall, 2012, 17 f.).

B. Gegenstand der Vorschrift

2 Abs. 1 (vormals § 4 Abs. 1 Satz 1) verlangt einen **weitgehenden Ausbrand** der Einsatzstoffe, das heißt die chemische Energie des Brennstoffs soll möglichst verlustarm in Wärme umgesetzt werden. Dies kann durch bauliche und betriebliche Maßnahmen geschehen (BR-Drs. 303/90, 45) vor allem durch Maßnahmen zur Optimierung der Parameter Verweilzeit, Verbrennungstemperatur, Temperaturverteilung, Turbulenz und Sauerstoffüberschuss. Ein hoher Ausbrandgrad kann etwa durch einen langen Rauchgasweg erzielt werden. Ein langer Rauchgasweg führt zu einer langen Verweilzeit des Rauchgases in der heißen Zone der Feuerung. Das Rauchgas kann so seine Wärme an die Wände des Feuerraumes und die Heizflächen abgeben.

3 Weitere Maßnahmen zur Erzielung eines hohen Ausbrandgrades und zur Reduzierung des Kohlenstoffgehalts in der Schlacke bzw. Rostasche ist die Vorbehandlung der Einsatzstoffe, zB von sperrigen oder hinsichtlich der Inhaltsstoffe und des Heizwertes sehr unterschiedlich zusammengesetzten Abfällen (BR-Drs. 303/90, 45). Abs. 2 (vormals § 4 Abs. 1 Satz 2) nennt hierfür beispielhaft die in Frage kommenden Maßnahmen. Eine Vorbe-

handlung wird allerdings nach Abs. 3 (vormals § 4 Abs. 1 Satz 3) für infektiöse krankenhausspezifische Abfälle (vgl. hierzu die Vollzugshilfe zur Entsorgung von Abfällen aus Einrichtungen des Gesundheitsdienstes, LAGA M18) ausgeschlossen.

4 Über einen möglichst optimalen Ausbrand nach Abs. 1 hinaus verlangt Abs. 4 (vormals § 4 Abs. 6 Satz 7) eine **möglichst vollständige Verbrennung** von Abfällen und somit eine möglichst weitgehende Volumenreduzierung.

5 Gem. Abs. 5 (vormals § 4 Abs. 9) sollen im Hinblick auf eine mögliche **Dioxinbildung** die Flugascheablagerungen möglichst geringgehalten werden (BR-Drs. 303/90, 45). Einige der hierfür in Betracht kommenden Maßnahmen werden in der Vorschrift ausdrücklich angegeben. Schadstofffreie Flugasche wird in der Baustoffindustrie gemäß DIN EN 450 als Zusatzstoff in Zement und Beton eingesetzt. Des Weiteren kann die Flugasche zur Herstellung von Mauersteinen aus Kalksandstein oder Porenbeton dienen.

§ 6 Verbrennungsbedingungen für Abfallverbrennungsanlagen

(1) **Abfallverbrennungsanlagen sind so zu errichten und zu betreiben, dass für die Verbrennungsgase, die bei der Verbrennung von Abfällen oder Stoffen nach § 1 Absatz 1 entstehen, nach der letzten Verbrennungsluftzuführung eine Mindesttemperatur von 850 Grad Celsius eingehalten wird.**

(2) **Bei der Verbrennung von gefährlichen Abfällen mit einem Halogengehalt aus halogenorganischen Stoffen von mehr als 1 Prozent des Gewichts, berechnet als Chlor, hat der Betreiber dafür zu sorgen, dass abweichend von Absatz 1 eine Mindesttemperatur von 1 100 Grad Celsius eingehalten wird.**

(3) **Die Mindesttemperatur muss auch unter ungünstigsten Bedingungen bei gleichmäßiger Durchmischung der Verbrennungsgase mit der Verbrennungsluft für eine Verweilzeit von mindestens zwei Sekunden eingehalten werden.**

(4) **Die Messung der Mindesttemperatur hat in der Nähe der Innenwand des Brennraums zu erfolgen. Die zuständige Behörde kann genehmigen, dass die Messung an einer anderen repräsentativen Stelle des Brennraums oder Nachverbrennungsraums erfolgen kann. Die Überprüfung und gegebenenfalls Anpassung der repräsentativen Stelle erfolgt mit Zustimmung der zuständigen Behörde im Rahmen der Inbetriebnahme der Anlage.**

(5) **Die Einhaltung der Mindesttemperatur und der Mindestverweilzeit ist zumindest einmal bei Inbetriebnahme der Anlage durch Messungen oder durch ein von der zuständigen Behörde anerkanntes Gutachten nachzuweisen.**

(6) **Abweichend von den Absätzen 1 bis 3 können die zuständigen Behörden andere Mindesttemperaturen oder Mindestverweilzeiten (Verbrennungsbedingungen) zulassen, sofern**

1. **die sonstigen Anforderungen dieser Verordnung eingehalten werden und**
2. **nachgewiesen wird, dass durch die Änderung der Verbrennungsbedingungen keine größeren Abfallmengen und keine Abfälle mit einem höheren Gehalt an organischen Schadstoffen, insbesondere an polyzyklischen aromatischen Kohlenwasserstoffen, polyhalogenierten Dibenzodioxinen, polyhalogenierten Dibenzofuranen oder polyhalogenierten Biphenylen, entstehen, als unter den in den Absätzen 1 bis 3 festgelegten Bedingungen zu erwarten wären.**

Der Nachweis nach Satz 1 Nummer 2 ist zumindest einmal bei der Inbetriebnahme der Abfallverbrennungsanlage unter den geänderten Verbrennungsbedingungen durch Messungen oder durch ein von der zuständigen Behörde anerkanntes Gutachten zu erbringen. Die zuständigen Behörden haben Ausnahmegenehmigungen nach Satz 1 den zuständigen obersten Immissionsschutzbehörden der Länder zur Weiterleitung an die Europäische Kommission vorzulegen.

(7) **Für bestehende Anlagen gilt der Nachweis für ausreichende Verbrennungsbedingungen auch als erbracht, sofern zumindest einmal nach der Inbetriebnahme der Anlage durch Messungen nachgewiesen wird, dass keine höheren Emissionen, insbesondere an polyzyklischen aromatischen Kohlenwasserstoffen, polyhalogenierten Dibenzodioxinen, polyhalogenierten Dibenzofuranen oder polyhalogenierten Biphenylen, entstehen als bei den jeweils nach den Absätzen 1 bis 3 festgelegten Verbrennungsbedingungen.**

(8) **Während des Anfahrens und bei drohender Unterschreitung der Mindesttemperatur müssen die Brenner mit Erdgas, Flüssiggas, Wasserstoff, gasförmigen Brennstoffen nach Nummer 1.2.2 des Anhangs 1 der Verordnung über genehmigungsbedürftige Anlagen, leichtem Heizöl oder sonstigen flüssigen Stoffen nach § 1 Absatz 1, soweit auf Grund ihrer Zusammensetzung keine anderen oder höheren Emissionen als bei der Verbrennung von leichtem Heizöl auftreten können, betrieben werden.**

(9) **Beim Abfahren von Abfallverbrennungsanlagen oder einzelnen Abfallverbrennungslinien müssen die Brenner zur Aufrechterhaltung der Verbrennungsbedingungen so lange betrieben werden, bis sich keine Abfälle oder Stoffe nach § 1 Absatz 1 mehr im Feuerraum befinden. Die Brenner sind ausschließlich mit den in Absatz 8 genannten Brennstoffen zu betreiben. Satz 1 ist nicht auf die sonstigen flüssigen Stoffe nach § 1 Absatz 1 anzuwenden, soweit auf Grund ihrer Zusammensetzung keine anderen oder keine höheren Emissionen als bei der Verbrennung von leichtem Heizöl auftreten können und sie zur Aufrechterhaltung der Verbrennungsbedingungen eingesetzt werden.**

Zur Kommentierung → § 7 Rn. 1 ff.

§ 7 Verbrennungsbedingungen für Abfallmitverbrennungsanlagen Berichtigung

(1) **Abfallmitverbrennungsanlagen sind so zu errichten und zu betreiben, dass für die Verbrennungsgase, die bei der Abfallmitverbrennung entstehen, eine Mindesttemperatur von 850 Grad Celsius eingehalten wird.**

(2) **Bei der Verbrennung von gefährlichen Abfällen mit einem Halogengehalt aus halogenorganischen Stoffen von mehr als 1 Prozent des Gewichts, berechnet als Chlor, hat der Betreiber dafür zu sorgen, dass abweichend von Absatz 1 eine Mindesttemperatur von 1 100 Grad Celsius eingehalten wird.**

(3) **Die Mindesttemperatur muss auch unter ungünstigsten Bedingungen für eine Verweilzeit von mindestens zwei Sekunden eingehalten werden.**

(4) **Die Messung der Mindesttemperatur hat an einer durch die zuständige Behörde in der Genehmigung festgelegten repräsentativen Stelle des Brennraums oder Nachverbrennungsraums zu erfolgen. Die Überprüfung und gegebenenfalls Anpassung der repräsentativen Stelle erfolgt mit Zustimmung der zuständigen Behörde im Rahmen der Inbetriebnahme der Anlage.**

(5) **Die Einhaltung der Mindesttemperatur und der Mindestverweilzeit ist zumindest einmal bei Inbetriebnahme der Anlage durch Messungen oder durch ein von der zuständigen Behörde anerkanntes Gutachten nachzuweisen.**

(6) **Abweichend von den Absätzen 1 bis 3 kann die zuständige Behörde andere Verbrennungsbedingungen zulassen, sofern**

1. **die sonstigen Anforderungen dieser Verordnung eingehalten werden und**
2. **die Emissionsgrenzwerte nach § 8 Absatz 1 für organische Stoffe, angegeben als Gesamtkohlenstoff, und für Kohlenmonoxid eingehalten werden.**

Die zuständigen Behörden haben Ausnahmegenehmigungen nach Satz 1 den zuständigen obersten Immissionsschutzbehörden der Länder zur Weiterleitung an die Europäische Kommission vorzulegen.

Übersicht

A. Allgemeines zu §§ 6 und 7

1 Die §§ 6 und 7 enthalten besondere Anforderungen an den Betrieb von Abfallverbrennungs- und Abfallmitverbrennungsanlagen und zwar speziell an die Verbrennung und die hierbei einzuhaltenden **Mindesttemperaturen.** Hierdurch soll sichergestellt werden, dass auch bei schwankenden Heizwerten oder anderen für die Verbrennung ungünstigen Eigenschaften ein sauberer Ausbrand der Stoffe und der entstehenden Schwelprodukte, vor allem auch von organischen Schadstoffen (vgl. Abs. 6 Satz 1 Nr. 2 der §§ 6 und 7) erreicht wird (BR-Drs. 303/90, 45). In der bis zum 1.5.2013 geltenden Fassung waren die Anforderungen an Abfallverbrennungsanlagen in § 4 Abs. 2, Abs. 3, Abs. 4 Satz 2 und § 4 Abs. 8 und die Anforderungen an Abfallmitverbrennungsanlagen in § 4 Abs. 6 und 7 verortet.

B. Gegenstand der §§ 6 und 7

I. Anforderungen an die Mindesttemperatur und die Verweilzeit (Absätze 1 bis 5)

2 Grundsätzlich gilt eine Mindesttemperatur der entstehenden Verbrennungsgase von 850 Grad Celsius (§ 6 Abs. 1 und § 7 Abs. 1). Für Abfallverbrennungsanlagen gilt dies nach der letzten Verbrennungsluftzuführung. Bei der Verbrennung von **gefährlichen Abfällen** (vgl. → § 2 Rn. 12) mit einem Halogengehalt aus halogenorganischen Stoffen von mehr als 1 Prozent des Gewichts, berechnet als Chlor, beträgt die Mindesttemperatur 1100 Grad Celsius (§ 6 Abs. 2 und § 7 Abs. 2).

3 Die Mindesttemperatur muss auch unter ungünstigsten Bedingungen für eine **Verweilzeit** von mindestens zwei Sekunden eingehalten werden (§ 6 Abs. 3 und § 7 Abs. 3).

4 Bei Abfallverbrennungsanlagen hat die **Messung der Mindesttemperatur** grundsätzlich in der Nähe der Innenwand des Brennraums zu erfolgen (§ 6 Abs. 4 Satz 1). Bei Abfallmitverbrennungsanlagen und – sofern die zuständige Behörde dies gestattet – auch bei Abfallverbrennungsanlagen erfolgt die Messung an einer durch die zuständige Behörde in der Genehmigung festgelegten repräsentativen Stelle des Brennraums oder Nachverbrennungsraums (§ 7 Abs. 4 Satz 1, § 6 Abs. 4 Satz 2). Die Überprüfung und gegebenenfalls Anpassung der repräsentativen Stelle erfolgt mit Zustimmung der zuständigen Behörde im Rahmen der Inbetriebnahme der Anlage (§ 6 Abs. 4 Satz 3, § 7 Abs. 4 Satz 2). Nach dem Fragen- und Antwortkatalog des Länderausschusses für Immissionsschutz soll die Einhaltung dieser Anforderungen durch Messungen mit einer Mittelungszeit von 10 Minuten überprüft werden.

5 Die Einhaltung der Mindesttemperatur und der Mindestverweilzeit ist zumindest einmal bei **Inbetriebnahme** der Anlage durch Messungen oder durch ein von der zustän-

digen Behörde anerkanntes Gutachten nachzuweisen (§ 6 Abs. 5 und § 7 Abs. 5). Die Verbrennungsbedingungen nach § 6 Abs. 1 bis 3 und nach § 7 Abs. 1 bis 3 sind gem. § 18 Abs. 1 nach Errichtung oder wesentlicher Änderung bei der Inbetriebnahme durch Messungen einer nach § 29b Abs. 2 iVm § 26 BImSchG bekannt gegebenen Stelle überprüfen zu lassen.

II. Abweichungen (Abs. 6)

Wenn der Zweck der Mindesttemperatur und der Verweilszeit auch anders erzielt wird, kann von den Verbrennungsbedingungen der § 6 Abs. 6 und § 7 Abs. 6 **dispensiert** werden, indem geringere Mindesttemperaturen und/oder kürzere Verweilszeiten zugelassen werden. **Voraussetzung** hierfür ist (natürlich), dass die sonstigen Anforderungen der Verordnung erfüllt werden, es vor allem dadurch nicht zu Überschreitungen von Emissionsgrenzwerten kommt (Abs. 6 Satz 1 Nr. 1). 6

Hinsichtlich der weiteren Voraussetzungen unterscheiden sich die Regelungen in § 6 Abs. 6 Satz 1 Nr. 2 von denen in der entsprechenden Nr. des § 7. Bei Abfallverbrennungsanlagen darf sich die Abfallmenge gem. § 6 Abs. 6 Satz 1 Nr. 2 gegenüber der Menge bei Einhaltung der Verbrennungsbedingungen nicht vergrößern und keine Abfälle (Rückstände) mit höheren Gehalten organischen Schadstoffen entstehen. Dafür ist ein Vergleich zwischen den Eigenschaften von Rückständen unter Einhaltung der Verbrennungsbedingungen und den Eigenschaften von Rückständen vorzunehmen, die bei einem Dispens von den Verbrennungsbedingungen entstehen. Dies ist durch Messungen oder Gutachten (Abs. 6 Satz 2) nachzuweisen. Voraussetzung des Dispenses der Verbrennungsbedingungen bei Abfallmitverbrennungsanlagen ist nach § 7 Abs. 6 Satz 1 Nr. 2, dass die Emissionsgrenzwerte für Abfallverbrennungsanlagen nach § 8 Abs. 1 für organische Stoffe und für Kohlenmonoxid eingehalten werden. 7

III. Weitere Regelungen zu den Verbrennungsbedingungen von Abfallverbrennungsanlagen (§ 6 Abs. 7 bis 9)

Bestehende Abfallverbrennungsanlagen werden gem. § 6 Abs. 7 privilegiert, indem sie – statt die Verbrennungsbedingungen der Abs. 1 bis 4 einzuhalten – zumindest einmal nach Inbetriebnahme durch Messung nachweisen, dass keine höheren Emissionen, insbesondere von organischen Schadstoffen entstehen, als bei Einhaltung der in den Abs. 1 bis 3 festgelegten Verbrennungsbedingungen. Der Nachweis als Voraussetzung für die Zulassung einer abgesenkten Mindesttemperatur für die Nachverbrennung kann an der Anlage im Betrieb in 2 Schritten durchgeführt werden: 8

1. Verbrennungsversuche mit geeigneten Testsubstanzen mit hohen Anteilen an thermostabilen Stoffen. Zum einen bei einer Nachverbrennungstemperatur von mindestens 850 (Abs. 1) bzw. 1 100 (Abs. 2) Grad Celsius und zum anderen bei abgesenkter Nachverbrennungstemperatur unter gleichzeitiger Ermittlung der jeweiligen Emissionen und Darstellung der Ergebnisse in einem Emissionsvergleich. Wenn keine erhöhten Emissionen entstehen, kann Schritt 2 folgen. 2. Verbrennungsversuche mit Abfällen, für die die Anlage zugelassen ist und die hohe Anteile an thermostabilen Stoffen enthalten. Zum einen bei einer Nachverbrennungstemperatur von 850 (Abs. 1) und 1 100 (Abs. 2) Grad Celsius und zum anderen bei abgesenkter Nachverbrennungstemperatur unter gleichzeitiger Ermittlung der jeweiligen Emissionen und Darstellung der Ergebnisse in einem Emissionsvergleich (BR-Drs. 303/90, 46). 9

10 Beim **An- und Abfahren** sind gem. § 6 Abs. 8 und 9 die Verbrennungsbedingungen unter Einsatz von Regelbrennstoffen oder sonstiger flüssiger Stoffe, die dem Emissionsverhalten von leichtem Heizöl entsprechen aufrecht zu erhalten. § 6 Abs. 9 Satz 2 dient der Umsetzung von Artikel 50 Absatz 3 zweiter Unterabsatz unter Bezugnahme auf die 10. BImSchV, wonach beim Abfahren der Anlage dieselben Brennstoffe eingesetzt werden dürfen wie beim Anfahren (BT-Drs. 17/10605, 86).

§ 8 Emissionsgrenzwerte für Abfallverbrennungsanlagen

(1) Abfallverbrennungsanlagen sind so zu errichten und zu betreiben, dass

1. kein Tagesmittelwert die folgenden Emissionsgrenzwerte überschreitet:
a) Gesamtstaub 5 mg/m³,
b) organische Stoffe, angegeben als Gesamtkohlenstoff, 10 mg/m³,
c) gasförmige anorganische Chlorverbindungen, angegeben als Chlorwasserstoff, 10 mg/m³,
d) gasförmige anorganische Fluorverbindungen, angegeben als Fluorwasserstoff, 1 mg/m³,
e) Schwefeldioxid und Schwefeltrioxid, angegeben als Schwefeldioxid, 50 mg/m³,
f) Stickstoffmonoxid und Stickstoffdioxid, angegeben als Stickstoffdioxid, 150 mg/m³,
g) Quecksilber und seine Verbindungen, angegeben als Quecksilber, 0,03 mg/m³,
h) Kohlenmonoxid 50 mg/m³,
i) Ammoniak, sofern zur Minderung der Emissionen von Stickstoffoxiden ein Verfahren zur selektiven katalytischen oder nichtkatalytischen Reduktion eingesetzt wird 10 mg/m³;

2. kein Halbstundenmittelwert die folgenden Emissionsgrenzwerte überschreitet:
a) Gesamtstaub 20 mg/m³,
b) organische Stoffe, angegeben als Gesamtkohlenstoff, 20 mg/m³,
c) gasförmige anorganische Chlorverbindungen, angegeben als Chlorwasserstoff, 60 mg/m³,
d) gasförmige anorganische Fluorverbindungen, angegeben als Fluorwasserstoff, 4 mg/m³,
e) Schwefeldioxid und Schwefeltrioxid, angegeben als Schwefeldioxid, 200 mg/m³,
f) Stickstoffmonoxid und Stickstoffdioxid, angegeben als Stickstoffdioxid, 400 mg/m³,
g) Quecksilber und seine Verbindungen, angegeben als Quecksilber, 0,05 mg/m³,
h) Kohlenmonoxid 100 mg/m³,
i) Ammoniak, sofern zur Minderung der Emissionen von Stickstoffoxiden ein Verfahren zur selektiven katalytischen oder nichtkatalytischen Reduktion eingesetzt wird 15 mg/m³;

3. kein Mittelwert, der über die jeweilige Probenahmezeit gebildet ist, die Emissionsgrenzwerte nach Anlage 1 überschreitet.

(2) Für Abfallverbrennungsanlagen mit einer Feuerungswärmeleistung von weniger als 50 MW gilt

1. abweichend von Absatz 1 Nummer 1 Buchstabe a ein Emissionsgrenzwert für Gesamtstaub von 10 mg/m³ für den Tagesmittelwert und

2. abweichend von Absatz 1 Nummer 1 Buchstabe f ein Emissionsgrenzwert für Stickstoffmonoxid und Stickstoffdioxid, angegeben als Stickstoffdioxid, von 200 mg/m³ für den Tagesmittelwert.

(3) **Die Emissionsgrenzwerte nach Absatz 1 beziehen sich auf einen Bezugssauerstoffgehalt von 11 Prozent. Soweit ausschließlich gasförmige Stoffe, die bei der Pyrolyse oder Vergasung von Abfällen entstehen, oder Altöle im Sinne von § 1a Absatz 1 der Altölverordnung in der Fassung der Bekanntmachung vom 16. April 2002 (BGBl. I S. 1368), die zuletzt durch Artikel 5 Absatz 14 des Gesetzes vom 24. Februar 2012 (BGBl. I S. 212) geändert worden ist, eingesetzt werden, beträgt der Bezugssauerstoffgehalt 3 Prozent.** 1

§ 8 ist mit seinen Emissionsgrenzwerten für Abfallverbrennungsanlagen (→ § 1 Rn. 8 ff.) das Kernstück der Verordnung. Sie gelten auch für Abfallmitverbrennungsanlagen, in denen mehr als 25% der jeweils gefahrenen Feuerungswärmeleistung einer Abfallmitverbrennungslinie (→ § 1 Rn. 16) aus Mitverbrennungsstoffen iSv § 9 Abs. 1 Satz 2 erzeugt wird oder nicht aufbereitete gemischte Siedlungsabfälle iSv Nr. 200301 AVV eingesetzt werden (§ 9 Abs. 1 Satz 1 Nr. 2).

Nach dem Muster der 13. BImSchV sind hier **feste Emissionsgrenzwerte** (→ § 2 Rn. 14) und ein fester Bezugssauerstoffgehalt (→ § 2 Rn. 15) von 11 Prozent und in bestimmten Ausnahmefällen von 3 Prozent festgelegt (Abs. 3, entspricht § 5 Abs. 2 der bis zum 1.5.2013 geltenden Fassung der Verordnung). Das heißt eine besondere Berechnung nach dem Anteil der Brennstoffe an der Feuerungswärmeleistung ist nicht erforderlich. Für kleine Abfallverbrennungsanlagen mit einer Feuerungswärmeleistung kleiner 50 MW enthält Abs. 2 etwas großzügigere Emissionsgrenzwerte für die Tagesmittelwerte von Gesamtstaub und Stickstoffdioxid. 2

Die Gruppen zu überwachender **krebserzeugender Stoffe** mit ihren jeweiligen Emissionsbegrenzungen wurden im Zuge der 17. BImSchV 2013 in Anlage 1 ausgegliedert (BT-Drs. 17/10605, 86). Anlage 1 enthält Summenparameter (Emissionsgrenzwerte) für zu Gruppen zusammengefasste krebserzeugende Stoffe. 3

Zum **Vergleich** mit diesen Emissionsgrenzwerten sind die tatsächlichen Emissionen der Anlage durch **Einzelmessungen** nach § 18 Abs. 2 zu ermitteln. Dabei sind für den nach Anlage 1 zu bildenden Summenwert für polychlorierte Dibenzodioxine, Dibenzofurane und di-PCB die im Abgas ermittelten Konzentrationen der in der Anlage 2 genannten Dioxine, Furane und di-PCB mit den in Anlage 2 angegebenen Äquivalenzfaktoren zu multiplizieren und zu summieren. Je größer der angegebene Äquivalenzfaktor, desto stärker fällt ein einzelner Schadstoff bei dem Vergleich mit dem Emissionsgrenzwert ins Gewicht. 4

Die für den **Tagesmittelwert** (TMW) angegebenen Emissionsgrenzwerte sind mit dem Wert zu vergleichen, der nach § 17 Abs. 1 Satz 3 ermittelt wird. Die für den Halbstundenmittelwert angegebenen Emissionsgrenzwerte sind mit dem nach § 17 Abs. 1 Satz 1 und 2 ermittelten Wert zu vergleichen. Liegen die ermittelten Werte nicht über den festgelegten Emissionsgrenzwerten, werden die Anforderungen der Verordnung erfüllt. 5

Die festen Emissionsgrenzwerte sind hinreichend bestimmt und gelten daher unmittelbar (→ Vorb. Rn. 24). 6

§ 9 Emissionsgrenzwerte für Abfallmitverbrennungsanlagen

(1) **Abfallmitverbrennungsanlagen sind so zu errichten und zu betreiben, dass folgende Emissionsgrenzwerte in den Abgasen eingehalten werden:**

1. die Emissionsgrenzwerte nach Anlage 3, sofern
   a) die Anlage nicht mehr als 25 Prozent der jeweils gefahrenen Feuerungswärmeleistung einer Abfallmitverbrennungslinie aus Mitverbrennungsstoffen erzeugt, und
   b) bei Einsatz gemischter Siedlungsabfälle nur aufbereitete gemischte Siedlungsabfälle eingesetzt werden, sowie

2. die Emissionsgrenzwerte nach § 8 Absatz 1 und § 10 Absatz 1, sofern

a) die Anlage mehr als 25 Prozent der jeweils gefahrenen Feuerungswärmeleistung einer Abfallmitverbrennungslinie aus Mitverbrennungsstoffen erzeugt oder

b) bei Einsatz gemischter Siedlungsabfälle keine aufbereiteten gemischten Siedlungsabfälle eingesetzt werden.

Mitverbrennungsstoffe sind dabei die eingesetzten Abfälle und Stoffe nach § 1 Absatz 1 sowie die für ihre Mitverbrennung zusätzlich benötigten Brennstoffe.

(2) Für Anlagen zur Herstellung von Zementklinker oder Zementen oder für Anlagen zum Brennen von Kalkstein gemäß Nummer 2.3 oder 2.4 des Anhangs 1 der Verordnung über genehmigungsbedürftige Anlagen gelten die Regelungen in der Anlage 3 Nummer 2 auch dann, wenn abweichend von Absatz 1 Satz 1 Nummer 1 Buchstabe a der Anteil der Mitverbrennungsstoffe an der jeweils gefahrenen Feuerungswärmeleistung 25 Prozent übersteigt.

(3) Werden in Anlagen nach Absatz 2 mehr als 40 Prozent der jeweils gefahrenen Feuerungswärmeleistung aus gefährlichen Abfällen einschließlich des für deren Verbrennung zusätzlich benötigten Brennstoffs erzeugt, gelten abweichend von Absatz 2 die Grenzwerte nach § 8 Absatz 1 und § 10 Absatz 1. Für die Ermittlung des prozentualen Anteils nach Satz 1 unberücksichtigt bleiben flüssige brennbare Abfälle und Stoffe nach § 1 Absatz 1, wenn

1. deren Massengehalt an polychlorierten aromatischen Kohlenwasserstoffen, wie zum Beispiel polychlorierte Biphenyle oder Pentachlorphenol, weniger als 10 Milligramm je Kilogramm und deren unterer Heizwert mindestens 30 Megajoule je Kilogramm beträgt oder

2. auf Grund ihrer Zusammensetzung keine anderen oder keine höheren Emissionen als bei der Verbrennung von leichtem Heizöl auftreten können.

(4) Die Emissionsgrenzwerte beziehen sich auf einen Volumengehalt an Sauerstoff im Abgas, wie er in Anlage 3 festgelegt oder nach dem in Anlage 3 vorgegebenen Verfahren ermittelt wurde. Soweit in Anlage 3 nicht anders festgelegt ist, dürfen die Halbstundenmittelwerte das Zweifache der jeweils festgelegten Tagesmittelwerte nicht überschreiten. Soweit Emissionsgrenzwerte nach Anlage 3 Nummer 3 von der Feuerungswärmeleistung abhängig sind, ist für abfallmitverbrennende Großfeuerungsanlagen die Feuerungswärmeleistung gemäß § 3 der Verordnung über Großfeuerungs-, Gasturbinen- und Verbrennungsmotoranlagen und für abfallmitverbrennende Feuerungsanlagen die Feuerungswärmeleistung gemäß § 4 der Verordnung über mittelgroße Feuerungs-, Gasturbinen-, und Verbrennungsmotoranlagen maßgeblich.

(5) Die zuständige Behörde hat die jeweiligen Emissionsgrenzwerte, insbesondere soweit sie nach Anlage 3 rechnerisch zu ermitteln sind oder abweichend festgelegt werden können, im Genehmigungsbescheid oder in einer nachträglichen Anordnung festzusetzen.

Übersicht

A. Abfallmitverbrennungsanlagen (ohne Zementindustrie)

1 Die Emissionsgrenzwerte, die nach § 9 Abs. 1 iVm der Anlage 3 festgelegt bzw. zu bilden sind, gelten für Mitverbrennungsanlagen, in denen keine Mitverbrennungslinie

mehr als 25 Prozent der jeweils gefahrenen Feuerungswärmeleistung aus Mitverbrennungsstoffen iSv Abs. 1 Satz 2 erzeugt. Abs. 1 entspricht somit § 5a Abs. 1 Satz 2 und 3 der bis zum 1.5.2013 geltenden Fassung der Verordnung. Das heißt, es gilt nicht der Anteil der Mitverbrennungsstoffe an der Feuerungswäremleistung der gesamten Anlage, sondern der höchste Anteil an Mitverbrennungsstoffen bezogen auf die Feuerungswärmeleistung der Mitverbrennungslinie. Bei Einsatz **gemischter Siedlungsabfälle** iSv Nr. 200301 AVV (→ § 2 Rn. 11), die nicht aufbereitet sind, ist eine Anwendung von § 9 ausgeschlossen. Stattdessen gelten die §§ 8 Abs. 1 und 10 Abs. 1.

(Fortsetzung nächstes Blatt)

(2) **Abfallmitverbrennungsanlagen sind so zu errichten und zu betreiben, dass kein Jahresmittelwert die Emissionsgrenzwerte gemäß Anlage 3 Nummer 2.3, 3.1, 3.4, 3.5 oder 4.3 überschreitet.**

(3) **Die Absätze 1 und 2 sind für bestehende Anlagen mit einer Feuerungswärmeleistung von 50 MW oder weniger nicht anzuwenden.**

§ 10 fasst die Anforderungen zur Absicherung von **Luftqualitätsanforderungen** der 39. BImSchV im Hinblick auf die Schadstoffe Stickstoffoxide und Quecksilber systematisch zusammen. Angesichts zunehmenden ubiquitären Vorhandenseins von Quecksilber bedarf es der Minderung der in die Umwelt eingetragenen Schadstofffracht. Dem wird durch § 10 Rechnung getragen (BT-Drs. 17/10605). Zu den Begriffen Abfallverbrennungsanlagen und Abfallmitverbrennungsanlagen (→ § 1 Rn. 8 ff.), Emissionsgrenzwert (→ § 2 Rn. 14 f.), Feuerungswärmeleistung (→ 13. BImSchV § 1 Rn. 10) wird auf die Erläuterungen an anderer Stelle verwiesen. **1**

§ 11 Ableitungsbedingungen für Abgase

Die Abgase sind in kontrollierter Weise so abzuleiten, dass ein ungestörter Abtransport mit der freien Luftströmung ermöglicht wird. Zur Ermittlung der Ableitungshöhen sind die Anforderungen der Technischen Anleitung zur Reinhaltung der Luft zu berücksichtigen. Die näheren Bestimmungen sind in der Genehmigung festzulegen.

§ 11 entspricht § 16 der 13. BImSchV (→ 13. BImSchV § 16 Rn. 1 ff.).

§ 12 Behandlung der bei der Abfallverbrennung und Abfallmitverbrennung entstehenden Rückstände

(1) **Rückstände, wie Schlacken, Rostaschen, Filter- und Kesselstäube sowie Reaktionsprodukte und sonstige Abfälle der Abgasbehandlung, sind nach § 5 Absatz 1 Nummer 3 des Bundes-Immissionsschutzgesetzes zu vermeiden, zu verwerten oder zu beseitigen. Soweit die Verwertung der Rückstände technisch nicht möglich oder unzumutbar ist, sind sie ohne Beeinträchtigung des Wohls der Allgemeinheit zu beseitigen.**

(2) **Der Betreiber hat dafür zu sorgen, dass Filter- und Kesselstäube, die bei der Abgasentstaubung sowie bei der Reinigung von Kesseln, Heizflächen und Abgaszügen anfallen, getrennt von anderen festen Abfällen erfasst werden. Satz 1 gilt nicht für Anlagen mit einer Wirbelschichtfeuerung.**

(3) **Soweit es zur Erfüllung der Pflichten nach Absatz 1 erforderlich ist, sind die Bestandteile an organischen und löslichen Stoffen in den Abfällen und sonstigen Stoffen zu vermindern.**

(4) **Die Förder- und Lagersysteme für schadstoffhaltige, staubförmige Rückstände sind so auszulegen und zu betreiben, dass hiervon keine relevanten diffusen Emissionen ausgehen können. Dies gilt besonders hinsichtlich notwendiger Wartungs- und Reparaturarbeiten an verschleißanfälligen Anlagenteilen. Der Betreiber hat dafür zu sorgen, dass trockene Filter- und Kesselstäube, Reaktionsprodukte der Abgasbehandlung und trocken abgezogene Schlacken in geschlossenen Behältnissen befördert oder zwischengelagert werden.**

(5) **Vor der Festlegung der Verfahren für die Verwertung oder Beseitigung der bei der Abfallverbrennung oder -mitverbrennung entstehenden Abfälle, insbesondere der Schlacken, Rostaschen und der Filter- und Kesselstäube, ist ihr Schadstoffpotenzial, insbesondere deren physikalische und chemische Eigenschaften sowie deren**

Gehalt an schädlichen Verunreinigungen, durch geeignete Analysen zu ermitteln. Die Analysen sind für die gesamte lösliche Fraktion und die Schwermetalle im löslichen und unlöslichen Teil durchzuführen.

Übersicht

A. Zweck der Regelung

1 § 12 (§ 7 der bis zum 1.5.2013 geltenden Fassung der Verordnung) stellt Anforderungen hinsichtlich der sogenannten **Sekundärabfälle** (Asche/Schlacke, Jesselasche, Flugstaub, Reaktionsprodukte). Diejenigen Abfälle, die bei der Behandlung von Sekundärabfällen entstehen, werden **Tertiärabfälle** (Schlamm, Metallschmelze, Glasschmelze) genannt. Die Anforderungen der Absätze 1 bis 3 dienen entsprechend der Abfallhierarchie in § 6 KrWG in erster Linie der Gewinnung unvermeidbarer verwertbarer Reststoffe und – wenn dies nicht möglich ist – der besseren Ablagerfähigkeit der Reststoffe als Abfälle zur Beseitigung. Ferner soll eine Verminderung des Risikopotentials besonders wirkungsrelevanter Stoffe durch Einbindung in die Schlacke (Rückführung von Stäuben in die Feuerung ggf. nach einer Aufbereitung), thermische Behandlung und Abtrennen von löslichen Stoffen (BR-Drs. 303/90, 50) erreicht werden.

B. Inhalt der Regelung

I. Arten von Reststoffen

2 **Schlacke (und Aschen)** sind die bei der Verbrennung zurückbleibenden festen Rückstände, die nicht über den Schornstein ausgetragen werden; Schlacke und Asche fallen bei Rostöfen als Rostabwurf (Rostasche) am Rostende an und werden in den Nassentschlacker abgeworfen; bei Wirbelschichtöfen wird die Asche zum größten Teil trocken im Zyklon ausgetragen. Wirbelschichtöfen zeichnen sich dadurch aus, dass der Brennstoff nicht von einem Rost getragen wird, sondern in eine heiße durch Luftdüsen von unten aufgewirbelte Sandströmung gegeben wird, in der er verbrennt. Aus Drehrohröfen fließt die Schlacke vom Ende des Drehrohrs durch die Nachbrennkammer schmelzflüssig in den Nassentschlacker, in dem sie granuliert.

3 **Filterstaub oder Filterasche** ist der bei der Entstaubung der Rohgase anfallende feste Rückstand; er fällt in die Trichter unter den Elektro- oder Gewebefiltern. Kesselasche setzt sich aus den Stäuben zusammen, die beim Passieren des Dampferzeugers durch Schwerkraft in die Austragstrichter fallen, und aus an den Heizflächen der Dampferzeuger angelagertem Material, das bei der Reinigung der Dampferzeugerflächen in die Trichter unter den Dampferzeugerzügen fällt und von dort durch Schleusen ausgetragen

A. Allgemeines

§ 13 (§ 8 der bisherigen Verordnung) enthält eine mit § 12 13. BImSchV vergleichbare Regelung, wobei in der 13. BImSchV explizit von Kraft-Wärme-Kopplung die Rede ist. Die Verwendung von Wärme dient in erster Linie der Reduzierung von **Kohlendioxid-Emissionen** und somit dem **Klimaschutz.** Insofern hat § 13 eine für Anlagen mit einer Feuerungswärmeleistung von 20 MW und mehr eine Schnittstelle mit den Pflichten nach TEHG, soweit dessen Anwendungsbereich nach § 2 Abs. 5 Nr. 3 für Anlagen oder Verbrennungseinheiten nach Nr. 8.1 und 8.2 4. BImSchV zur Verbrennung von gefährlichen Abfällen oder Siedlungsabfällen nicht ausgeschlossen ist. Im Übrigen hat § 13 bei der Erzeugung von elektrischem Strom Schnittstellen mit den Vorschriften des EEG, sofern ausschließlich Biomasse iSd BiomasseV verwendet wird, und dem KWKG. 1

Neben der Stromerzeugung nach Satz 3 kommen als innerbetriebliche Nutzungsmöglichkeiten der Wärme in Betracht: Trocknung des Verbrennungsgutes, Erzeugung von Warmwasser, Heißwasser und Dampf für den betrieblichen Bedarf (BR-Drs. 303/90, 51). 2

B. Inhalt der Regelung

In ihrem Ausgangspunkt geht die Regelung davon aus, dass Wärme entweder an Dritte abgegeben oder in der Abfallverbrennungsanlage bzw. der Abfallmitverbrennungsanlage zu nutzen ist, soweit dies technisch möglich und zumutbar ist. Die **Zumutbarkeit** bestimmt sich danach, inwieweit der Anlagenzweck im Falle einer Wärmenutzung noch erreicht wird und welche zusätzlichen Kosten mit der Wärmenutzung verbunden sind. Reduzieren diese den mit der Anlage zu erzielenden Gewinn erheblich (> 10%), so ist von einer Unzumutbarkeit auszugehen. 3

Bei der Kostenbetrachtung ist einzubeziehen, dass die entstehende Wärme auch unabhängig von einer Wirtschaftlichkeit in elektrische Energie umzuwandeln ist, wenn eine elektrische Klemmenleistung von mehr als einem halben Megawatt erzeugbar ist. 4

Abschnitt 3. Messung und Überwachung

§ 14 Messplätze

Der Betreiber hat vor Inbetriebnahme einer Anlage für die Messungen zur Feststellung der Emissionen oder der Verbrennungsbedingungen sowie zur Ermittlung der Bezugs- oder Betriebsgrößen Messplätze einzurichten. Die Messplätze nach Satz 1 sollen ausreichend groß, leicht begehbar und so beschaffen sein sowie so ausgewählt werden, dass repräsentative und einwandfreie Messungen gewährleistet sind. Näheres bestimmt die zuständige Behörde.

Zweck der Regelung ist, dass bereits bei der Errichtung einer Anlage die zur Durchführung der Emissionsüberwachung notwendigen **baulichen Maßnahmen** getroffen und Messplätze eingerichtet werden (BR-Drs. 303/90, 51). § 14 entspricht § 18 der 13. BImSchV (→ 13. BImSchV § 18 Rn. 1 ff.). 1

§ 15 Messverfahren und Messeinrichtungen

(1) **Der Betreiber hat sicherzustellen, dass für Messungen die dem Stand der Messtechnik entsprechenden Messverfahren angewendet und geeignete Messeinrich-**

tungen, die den Anforderungen der Anlage 4 Nummer 1 bis 4 entsprechen, verwendet werden. Näheres bestimmt die zuständige Behörde.

(2) Der Betreiber hat sicherzustellen, dass die Probenahme und Analyse aller Schadstoffe sowie die Qualitätssicherung von automatischen Messsystemen und die Referenzmessverfahren zur Kalibrierung automatischer Messsysteme nach CEN-Normen des Europäischen Komitees für Normung durchgeführt werden. Sind keine CEN-Normen verfügbar, so werden ISO-Normen, nationale Normen oder sonstige internationale Normen angewandt, die sicherstellen, dass Daten von gleichwertiger wissenschaftlicher Qualität ermittelt werden.

(3) Der Betreiber hat den ordnungsgemäßen Einbau von Mess- und Auswerteeinrichtungen zur kontinuierlichen Überwachung vor der Inbetriebnahme der Abfallverbrennungs- oder -mitverbrennungsanlage der zuständigen Behörde durch die Bescheinigung einer Stelle für Kalibrierungen nachzuweisen, die von der zuständigen Landesbehörde oder der nach Landesrecht bestimmten Behörde nach § 29b Absatz 2 des Bundes-Immissionsschutzgesetzes bekannt gegeben wurde.

(4) Der Betreiber hat Messeinrichtungen, die zur kontinuierlichen Feststellung der Emissionen oder der Verbrennungsbedingungen sowie zur Ermittlung der Bezugs- oder Betriebsgrößen eingesetzt werden, durch eine Stelle, die von einer nach Landesrecht zuständigen Behörde nach § 29b Absatz 2 des Bundes-Immissionsschutzgesetzes bekannt gegebenen wurde, gemäß Absatz 5 kalibrieren zu lassen und auf Funktionsfähigkeit prüfen zu lassen.

(5) Die Funktionsfähigkeit ist jährlich prüfen zu lassen. Dabei ist sie mit Ausnahme der Mindesttemperaturmessung durch Vergleichsmessung mit der Referenzmethode zu prüfen. Die Kalibrierung ist jeweils nach der Errichtung und jeder wesentlichen Änderung durchführen zu lassen. Die Kalibrierung ist mindestens alle drei Jahre, bei der Mindesttemperaturmessung mindestens alle sechs Jahre zu wiederholen.

(6) Der Betreiber hat die Berichte über das Ergebnis der Kalibrierung und der Prüfung der Funktionsfähigkeit der zuständigen Behörde innerhalb von zwölf Wochen nach Kalibrierung und Prüfung vorzulegen.

§ 15 entspricht § 19 der 13. BImSchV (→ 13. BImSchV § 19 Rn. 1 ff.).

§ 16 Kontinuierliche Messungen

(1) Der Betreiber hat unter Berücksichtigung der Anforderungen gemäß Anlage 4 folgende Parameter kontinuierlich zu ermitteln, zu registrieren und auszuwerten:

1. **die Massenkonzentration der Emissionen nach § 8 Absatz 1 Nummer 1 und 2 sowie der Nummern 2.1, 2.2, 2.3, 3.1, 3.2, 3.4, 3.5, 3.6 sowie 4.1 und 4.2 gemäß Anlage 3,**
2. **den Volumengehalt an Sauerstoff im Abgas,**
3. **die Temperaturen nach § 6 Absatz 1 oder 2 sowie § 7 Absatz 1 oder Absatz 2 und**
4. **die zur Beurteilung des ordnungsgemäßen Betriebs erforderlichen Betriebsgrößen, insbesondere die Abgastemperatur, das Abgasvolumen, den Feuchtegehalt und den Druck.**

Der Betreiber hat hierzu die Abfallverbrennungs- oder -mitverbrennungsanlagen vor Inbetriebnahme mit geeigneten Messeinrichtungen und Messwertrechnern auszurüsten. Satz 1 Nummer 1 in Verbindung mit Satz 2 gilt nicht, soweit Emissionen einzelner Stoffe nach § 8 Absatz 1 Nummer 1 oder nach Nummer 2.1, 2.3, 3.1,

3.2, 3.4, 3.5, 3.6 sowie 4.1 der Anlage 3 nachweislich auszuschließen oder allenfalls in geringen Konzentrationen zu erwarten sind und soweit die zuständige Behörde eine entsprechende Ausnahme erteilt hat. Hiervon ausgenommen sind die Emissionsmessungen für Kohlenmonoxid und organische Stoffe, angegeben als Gesamtkohlenstoff.

(2) **Messeinrichtungen für den Feuchtegehalt sind nicht notwendig, wenn das Abgas vor der Ermittlung der Massenkonzentration der Emissionen getrocknet wird.**

(3) **Ergibt sich auf Grund der eingesetzten Abfälle oder Stoffe nach § 1 Absatz 1, der Bauart, der Betriebsweise oder von periodischen Messungen, dass der Anteil des Stickstoffdioxids an den Stickstoffoxidemissionen unter 10 Prozent liegt, soll die zuständige Behörde auf die kontinuierliche Messung des Stickstoffdioxids verzichten und die Bestimmung des Anteils durch Berechnung zulassen. In diesem Fall hat der Betreiber Nachweise über den Anteil des Stickstoffdioxids bei der Kalibrierung zu führen und der zuständigen Behörde auf Verlangen vorzulegen. Der Betreiber hat die Nachweise jeweils fünf Jahre nach der Kalibrierung aufzubewahren.**

(4) **Absatz 1 Satz 1 Nummer 1 ist auf gasförmige anorganische Fluorverbindungen nicht anzuwenden, wenn Reinigungsstufen für gasförmige anorganische Chlorverbindungen betrieben werden, die sicherstellen, dass die Emissionsgrenzwerte nach § 8 Absatz 1 Nummer 1 Buchstabe c und Nummer 2 Buchstabe c oder nach Nummer 2.1, 2.2, 3.5, 3.6, 4.1 und 4.2 gemäß Anlage 3 nicht überschritten werden.**

(5) **Der Betreiber hat auf Verlangen der zuständigen Behörde Massenkonzentrationen der Emissionen nach § 8 Absatz 1 Nummer 3 kontinuierlich zu messen, wenn geeignete Messeinrichtungen verfügbar sind.**

(6) **Abweichend von Absatz 1 Satz 1 Nummer 1 können die zuständigen Behörden auf Antrag des Betreibers periodische Messungen für Chlorwasserstoff, Fluorwasserstoff, Schwefeltrioxid und Schwefeldioxid zulassen, wenn durch den Betreiber sichergestellt ist, dass die Emissionen dieser Schadstoffe nicht höher sind als die dafür festgelegten Emissionsgrenzwerte.**

(7) **Der Betreiber hat zur Feststellung des Schwefelabscheidegrades neben der Messung der Emissionen an Schwefeldioxid und Schwefeltrioxid im Abgas den Schwefelgehalt im eingesetzten Brennstoff regelmäßig zu ermitteln. Dabei bestimmt die zuständige Behörde näher, wie nachgewiesen wird, dass die Schwefelabscheidegrade als Tagesmittelwert eingehalten werden.**

(8) **Für Quecksilber und seine Verbindungen, angegeben als Quecksilber, soll die zuständige Behörde auf Antrag auf die kontinuierliche Messung verzichten, wenn zuverlässig nachgewiesen ist, dass die Emissionsgrenzwerte nach § 8 Absatz 1 Nummer 1 Buchstabe g und Nummer 2 Buchstabe g oder nach Anlage 3 Nummer 2.1, 2.2, 3.5, 3.6, 4.1 und 4.2 nur zu weniger als 20 vom Hundert in Anspruch genommen werden.**

Die **kontinuierliche Überwachung** der mengenmäßig bedeutsamen Schadstoff-Emissionen ist aus Vorsorgegründen geboten und hat die für einen ordnungsgemäßen Betrieb besonders kennzeichnenden **Betriebsgrößen,** die für die Auswertung und Beurteilung der kontinuierlichen Emissionsmessungen benötigt werden, einzubeziehen (BR-Drs. 303/90, 53). Abs. 1 entspricht im Wesentlichen § 20 der 13. BImSchV (→ 13. BImSchV § 20 Rn. 1 ff.). Mit der Anforderung in Absatz 1 Satz 2, dass Messverfahren und -einrichtungen nur eingesetzt werden dürfen, wenn sie besonderen Anforderungen entsprechen, soll eine einheitliche, gesicherte Durchführung von Messungen erreicht werden (BR-Drs. 303/90, 52). 1

2 Zusätzlich zu den in § 20 Abs. 1 13. BImSchV zu überwachenden Parametern sind nach Abs. 1 Nr. 3 die Temperaturen der Verbrennungsgase nach § 6 Abs. 1 oder 2 und § 7 Abs. 1 oder 2 zur Sicherstellung der Verbrennungsbedingungen zu überwachen. Ergänzend gilt gegenüber der 13. BImSchV die Erleichterung nach Abs. 1 Satz 3, wonach auf die Messung der Massenkonzentration der Emissionen verzichtet wird, wenn Überschreitungen von Emissionsgrenzwerten nachweislich auszuschließen sind. Eine weitere Erleichterung gegenüber der 13. BImSchV enthält Abs. 3 in Bezug auf die kontinuierliche Messung von Stickoxiden.

3 Abs. 2 entspricht § 20 Abs. 2 Satz 1 13. BImSchV.

4 Ansonsten enthält § 16 zahlreiche Unterschiede zu den Regelungen in § 20 13. BImSchV, die einerseits den Besonderheiten der Brennstoffe, aber auch dem Umstand geschuldet sind, dass auch kleinere Anlagen mit einer Feuerungswärmeleistung von weniger als 50 MW in den Geltungsbereich der Verordnung einbezogen sind und dementsprechend zusätzliche Ausnahmemöglichkeiten dem Verhältnismäßigkeitsgrundsatz Rechnung tragen.

§ 17 Auswertung und Beurteilung von kontinuierlichen Messungen Berichtigung

(1) **Während des Betriebs der Abfallverbrennungs- oder -mitverbrennungsanlagen ist aus den nach § 16 ermittelten Messwerten für jede aufeinander folgende halbe Stunde jeweils der Halbstunden mittelwert zu bilden und nach Anlage 5 auf den Bezugssauerstoffgehalt umzurechnen. Für die Stoffe, deren Emissionen durch Abgasreinigungseinrichtungen gemindert und begrenzt werden, darf die Umrechnung der Messwerte nur für die Zeiten erfolgen, in denen der gemessene Sauerstoffgehalt über dem Bezugssauerstoffgehalt liegt. Aus den Halbstunden mittelwerten ist für jeden Tag der Tagesmittelwert, bezogen auf die tägliche Betriebszeit einschließlich der An- oder Abfahrvorgänge, zu bilden.**

(2) **Über die Ergebnisse der kontinuierlichen Messungen hat der Betreiber für jedes Kalenderjahr einen Messbericht zu erstellen und der zuständigen Behörde bis zum 31. März des Folgejahres vorzulegen. Der Betreiber hat den Bericht nach Satz 1 sowie die zugehörigen Aufzeichnungen der Messgeräte fünf Jahre nach Ende des Berichtszeitraums nach Satz 1 aufzubewahren. Soweit die Messergebnisse der zuständigen Behörde durch geeignete telemetrische Übermittlung vorliegen, entfällt die Pflicht nach Satz 1, ihr den Messbericht vorzulegen.**

(3) **Der Betreiber hat in den Messbericht nach Absatz 2 Folgendes aufzunehmen:**

die Häufigkeit und die Dauer einer Nichteinhaltung der Anforderungen nach § 6 Absatz 1 bis 3 oder nach § 7 Absatz 1 bis 3 und

die Aufzeichnungen der Registriereinrichtungen nach § 4 Absatz 9.

(4) **Der Betreiber hat die Jahresmittelwerte gemäß § 10 auf der Grundlage der nach Anlage 4 validierten Tagesmittelwerte zu berechnen; hierzu sind die Tagesmittelwerte eines Kalenderjahres zusammenzuzählen und durch die Anzahl der Tagesmittelwerte zu teilen. Der Betreiber hat für jedes Kalenderjahr einen Nachweis über die Jahresmittelwerte zu führen und der zuständigen Behörde bis zum 31. März des Folgejahres auf Verlangen vorzulegen. Die Nachweise sind fünf Jahre nach Ende des Nachweiszeitraums aufzubewahren.**

(5) **Abweichend von Absatz 4 Satz 1 hat der Betreiber einer abfallmitverbrennenden Großfeuerungsanlage die im Jahresmittel einzuhaltenden Grenzwerte der Anlage 3 Nummer 3.1, 3.4 und 3.5 auf der Grundlage der nach Anlage 4 validierten Halbstundenmittelwerte, jedoch ohne Anwendung von Absatz 1 Satz 2 zu berechnen; hierzu sind die validierten Halbstundenmittelwerte eines Kalenderjahres ohne**

Anwendung von Absatz 1 Satz 2 zusammenzuzählen und durch die Anzahl der validierten Halbstundenmittelwerte zu teilen. Jahresmittelwerte nach Satz 1 zweiter Halbsatz sind auch dann zu berechnen, wenn kein im Jahresmittel einzuhaltender Emissionsgrenzwert, aber ein im Tagesmittel einzuhaltender Grenzwert vorgeschrieben ist.

(6) **Die Emissionsgrenzwerte sind eingehalten, wenn**

1. **kein Ergebnis eines nach Anlage 4 validierten Tagesmittelwertes den jeweils maßgebenden Emissionsgrenzwert nach § 8 Absatz 1 Nummer 1 und Anlage 3 Nummer 2.1, 2.3, 3.1, 3.2, 3.4, 3.5, 3.6 sowie 4.1 überschreitet,**
2. **kein Ergebnis eines nach Anlage 4 validierten Halbstundemittelwertes den jeweils maßgeblichen Emissionsgrenzwert nach § 8 Absatz 1 Nummer 2, § 9 Absatz 4 Satz 2 oder eines von § 9 Absatz 4 Satz 2 abweichenden Emissionsgrenzwertes in Anlage 3 Nummer 2.2 sowie 4.2 überschreitet,**
3. **kein Ergebnis den jeweils maßgeblichen Schwefelabscheidegrad und Entschwefelungsgrad der Rauchgasreinigungseinrichtung nach Anlage 3 Nummer 3.3 unterschreitet und**
4. **kein nach Absatz 4 ermittelter Jahresmittelwert den jeweils maßgeblichen Emissionsgrenzwert nach § 10, Anlage 3 Nummer 2.3 sowie 4.3 überschreitet und kein nach Absatz 5 ermittelter Jahresmittelwert den jeweils maßgeblichen Emissionsgrenzwert nach Anlage 3 Nummer 3.1, 3.4 und 3.5 überschreitet.**

1 Abs. 1 entspricht § 22 Abs. 1 Satz 1 bis 3 13. BImSchV (→ 13. BImSchV § 22 Rn. 1 ff.). Abs. 2 entspricht § 22 Abs. 2 13. BImSchV. Gem. § 17 Abs. 2 Satz 2 entfällt die Pflicht nach Satz 1, ihr den Messbericht vorzulegen, soweit die Messergebnisse der zuständigen Behörde durch geeignete telemetrische Übermittlung vorliegen. Rechtgrundlage im BImSchG für die Anordnung der sogenannten **Elektronischen Fernüberwachung** (EFÜ) ist § 31 Abs. 5 Satz 2 BImSchG, wonach die zuständige Behörde die Art der Übermittlung der Messergebnisse vorschreiben kann. Zur Schnittstellendefinition der EFÜ existieren Leitlinien des LAI (überarbeitete Fassung des Beschlusses des LAI vom 28.9.2005) mit Stand von April 2017 (www.lai-immissionsschutz.de).

2 Abs. 3 hat kein Vorbild in der 13. BImSchV. Er resultiert aus den von der 17. BImSchV in den §§ 6 und 7 verlangten **Verbrennungsbedingungen.** Wird eine Nichteinhaltung regististriert, ist dies gem. Abs. 3 in den **Messbericht** nach Abs. 2 aufzunehmen.

3 Abs. 4 entspricht § 22 Abs. 4 13. BImSchV. Abs. 5 Nr. 1 und 2 ist zusammengefasst in § 22 Abs. 3 Nr. 1 13. BImSchV. Abs. 5 Nr. 3 entspricht § 22 Abs. 3 Nr. 2 13. BImSchV Abs. 5 Nr. 4 entspricht § 22 Abs. 5 13. BImSchV.

§ 18 Einzelmessungen

(1) **Der Betreiber hat nach Errichtung oder wesentlicher Änderung einer Abfallverbrennungs- oder -mitverbrennungsanlage bei der Inbetriebnahme durch Messungen einer nach § 29b Absatz 2 in Verbindung mit § 26 des Bundes-Immissionsschutzgesetzes bekannt gegebenen Stelle überprüfen zu lassen, ob die Verbrennungsbedingungen nach § 6 Absatz 1 bis 3 oder nach § 7 Absatz 1 bis 3 erfüllt werden.**

(2) **Der Betreiber hat nach Errichtung oder wesentlicher Änderung einer Abfallverbrennungs- oder -mitverbrennungsanlage Messungen einer nach § 29b Absatz 2 in Verbindung mit § 26 des Bundes-Immissionsschutzgesetzes bekannt gegebenen Stelle zur Feststellung, ob die Anforderungen nach § 8 Absatz 1 Nummer 3 oder, bei Vorliegen der Voraussetzungen nach § 16 Absatz 6, nach § 8 Absatz 1 Nummer 1**

und 2 oder Anlage 3 Nummer 2.1, 2.2, 3.1, 3.2, 3.4, 3.5, 3.6 sowie 4.1 und 4.2 festgelegten Anforderungen erfüllt werden, nach Absatz 3 und 4 durchführen zu lassen.

(3) **Die Messungen sind im Zeitraum von zwölf Monaten nach Inbetriebnahme alle zwei Monate mindestens an einem Tag und anschließend wiederkehrend halbjährlich an mindestens drei Tagen durchführen zu lassen. Abweichend von Satz 1 führen abfallmitverbrennende Großfeuerungsanlagen mit Feuerungswärmeleistungen von 300 MW und mehr ihre Wiederholungsmessungen der Emissionen von Anlage 1 Buchstabe a, b und c einmal vierteljährlich durch. Messungen und Wiederholungsmessungen nach den Sätzen 1 und 2 umfassen mindestens sechs einzelne Messungen über jeweils 30 Minuten. Abweichend von Satz 3 sind im Falle der Überwachung von Emissionen nach Anlage 1 mindestens drei einzelne Messungen vorgeschrieben. Für den Fall, dass der Maximalwert der periodischen Messungen nach den Sätzen 1 und 2 mit einem Vertrauensniveau von 50 Prozent nach der Richtlinie VDI 2448 Blatt 2, Ausgabe Juli 1997, den jeweiligen Emissionsgrenzwert nicht überschreitet, hat der Betreiber die Wiederholungsmessungen abweichend von den Sätzen 1 und 2 einmal jährlich durchführen zu lassen.**

(4) **Die Messungen sind vorzunehmen, wenn die Anlage mit der höchsten Leistung betrieben wird, für die sie bei den während der Messung verwendeten Abfällen oder Stoffen nach § 1 Absatz 1 für den Dauerbetrieb zugelassen ist.**

(5) **Zur Überwachung der Anforderungen nach § 8 Absatz 1 Nummer 3 ist die Probenahmedauer in Abhängigkeit des Probenahmeverfahrens und des Probenahmegeräts festzulegen. Dabei ist die Dauer der Probenahme mindestens auf einen Wert festzusetzen, der garantiert, dass die jeweils maßgebliche Nachweisgrenze überschritten wird. Für die in Anlage 1 Buchstabe d oder Anlage 2 genannten Stoffe soll die Nachweisgrenze des eingesetzten Analyseverfahrens nicht über 0,003 ng/m^3 Abgas liegen.**

1 Der Zweck von Einzelmessungen besteht im **Funktions- und Leistungsnachweis** der Anlage hinsichtlich der Verbrennungsbedingungen und der Einrichtungen zur Emissionsbegrenzung (BR-Drs. 303/90, 54). Abs. 1 entspricht § 23 Abs. 1 13. BImSchV. Abs. 4 entspricht § 23 Abs. 3 13. BImSchV. Abs. 5 entspricht § 23 Abs. 4 13. BImSchV. Ansonsten sieht die 17. BImSchV in Abs. 2 und 3 häufigere Einzelmessungen vor als die Parallelvorschrift der 13. BImSchV in § 23 Abs. 2.

§ 19 Berichte und Beurteilung von Einzelmessungen

(1) **Der Betreiber hat über die Ergebnisse der periodischen Messungen nach § 18 einen Messbericht zu erstellen und diesen der zuständigen Behörde spätestens acht Wochen nach den Messungen vorzulegen. Der Messbericht muss Folgendes enthalten:**

1. Angaben über die Messplanung,

2. das Ergebnis jeder periodischen Messung,

3. das verwendete Messverfahren und

4. die Betriebsbedingungen, die für die Beurteilung der Messergebnisse von Bedeutung sind.

(2) **Die Emissionsgrenzwerte gelten als eingehalten, wenn kein Ergebnis einer periodischen Messung einen Mittelwert nach § 8 Absatz 1 oder gemäß Anlage 3 überschreitet.**

§ 19 entspricht § 24 13. BImSchV (→ 13. BImSchV § 24 Rn. 1 ff.).

§ 20 Besondere Überwachung der Emissionen an Schwermetallen

(1) **Soweit auf Grund der Zusammensetzung der Abfälle oder Stoffe nach § 1 Absatz 1 oder anderer Erkenntnisse, insbesondere auf Grund der Beurteilung von periodischen Messungen, Emissionskonzentrationen an Stoffen nach Anlage 1 Buchstabe a und b zu erwarten sind, die 60 Prozent der Emissionsgrenzwerte überschreiten können, hat der Betreiber die Massenkonzentrationen dieser Stoffe einmal wöchentlich zu ermitteln und zu dokumentieren. § 18 Absatz 5 gilt entsprechend.**

(2) **Auf die Ermittlung der Massenkonzentrationen nach Absatz 1 kann verzichtet werden, wenn durch andere Prüfungen, zum Beispiel durch Funktionskontrollen der Abgasreinigungseinrichtungen, mit ausreichender Sicherheit festgestellt werden kann, dass die Emissionsbegrenzungen nicht überschritten werden.**

Eine gegenüber der 13. BImSchV zusätzliche Reglung enthält § 20 (§ 15 der bisherigen **1**
Verordnung). Wegen der hohen **Umweltrelevanz der Schwermetalle** genügt es nicht, die Messung der Emissionen nur nach § 18 Abs. 1 bis 3 bei der Inbetriebnahme, im Zeitraum von zwölf Monaten nach Inbetriebnahme alle zwei Monate mindestens an einem Tag und anschließend wiederkehrend spätestens alle zwölf Monate mindestens an drei Tagen durchführen zu lassen. Aus Gründen der Vorsorge ist es erforderlich, die Überwachungsintervalle bei Schwermetallen gem. Abs. 1 auf einmal in der Woche zu verdichten (vgl. BR-Drs. 303/90, 55). Hiervon kann (per Bescheid) abgesehen werden, wenn mit ausreichender Sicherheit festgestellt werden kann, dass die Emissionsbegrenzungen nicht überschritten werden. Eine solche Sicherheit wird regelmäßig aufgrund entsprechender Betriebserfahrungen und durch eine entsprechende gutachterliche Feststellung zu erreichen sein.

§ 21 Störungen des Betriebs

(1) **Ergibt sich aus Messungen, dass Anforderungen an den Betrieb einer Abfallverbrennungs- oder -mitverbrennungsanlage oder zur Begrenzung von Emissionen nicht erfüllt werden, hat der Betreiber dies der zuständigen Behörde unverzüglich mitzuteilen. Er hat unverzüglich die erforderlichen Maßnahmen für einen ordnungsgemäßen Betrieb zu treffen; § 4 Absatz 8 Nummer 2 und 3 bleiben unberührt.**

(2) **Die zuständige Behörde trägt durch entsprechende Überwachungsmaßnahmen dafür Sorge, dass der Betreiber**

1. **seinen rechtlichen Verpflichtungen zu einem ordnungsgemäßen Betrieb nachkommt oder**
2. **die Anlage außer Betrieb nimmt.**

(3) **Bei Abfallverbrennungs- oder -mitverbrennungsanlagen, die aus einer oder mehreren Abfallverbrennungslinien mit gemeinsamen Abgaseinrichtungen bestehen, soll die Behörde für technisch unvermeidbare Ausfälle der Abgasreinigungseinrichtungen in der Anlagengenehmigung den Zeitraum festlegen, währenddessen von den Emissionsgrenzwerten nach § 8 und Anlage 3 unter bestimmten Voraussetzungen abgewichen werden darf. Nicht abgewichen werden darf von den Emissionsgrenzwerten für organische Stoffe, angegeben als Gesamtkohlenstoff, und für Kohlenmonoxid nach**

1. **§ 8 Absatz 1 Nummer 1 Buchstabe b und h,**
2. **§ 8 Absatz 1 Nummer 2 Buchstabe b und h und**
3. **Anlage 3 Nummer 2.1, 3.1, 3.2, 3.4, 3.5, 3.6 und 4.1.**

(4) **Die Anlage darf in Fällen des Absatzes 3 nicht länger weiterbetrieben werden als,**

1. vier aufeinander folgende Stunden und

2. innerhalb eines Kalenderjahres 60 Stunden.

Die Emissionsbegrenzung für den Gesamtstaub darf eine Massenkonzentration von 150 mg/m³ Abgas, gemessen als Halbstunden mittelwert, nicht überschreiten. § 4 Absatz 8 und 9, § 8 Absatz 3 sowie § 9 Absatz 4 gelten entsprechend.

Übersicht

A. Allgemeines

1 Eine weitere gegenüber der 13. BImSchV zusätzliche Reglung enthält § 21 (§ 16 der bisherigen Verordnung). Aus Gründen **erhöhter Vorsorge** wird dem Betreiber wegen der bei Abfallverbrennungs- und -mitverbrennungsanlagen möglichen Emissionen von Schadstoffen mit **besonderem Gefährdungspotential** bei Betriebsstörungen nicht nur auferlegt, eine Beschickung der Anlagen zu unterbrechen (§ 4 Abs. 8 Nr. 2 und 3), sondern auch weitere Maßnahmen zu treffen, einen ordnungsgemäßen Betrieb wiederherzustellen. Dass sich die Störung nach dem Wortlaut in Abs. 1 aus Messungen ergibt, ist zwar naheliegend, muss aber nach dem Zweck der Regelung nicht zwingend der Fall sein, damit die Verpflichtungen greifen.

2 Die zuständigen Behörden sind unverzüglich zu unterrichten, um ggf. nach Abs. 2 weitere Maßnahmen bis hin zur Stilllegung der Anlage zu treffen. Die Voraussetzungen hierfür nach § 17 bzw. 20 Abs. 1 BImSchG sind dabei zu beachten.

B. Technisch unvermeidbare Ausfälle der Abgasreinigungseinrichtungen

3 Ein **Weiterbetrieb** der Anlage, der die Emissions- und/oder Betriebsanforderungen der Verordnung bzw. des den Betrieb gestattenden Genehmigungsbescheides nicht einhält, ist nur gestattet, wenn dieser ausdrücklich per Bescheid zugelassen ist. Ansonsten droht ua eine Sanktionierung durch § 326 Abs. 1 und § 327 Abs. 2 Nr. 1 StGB. Tritt der **Störungsfall** überraschend ein, wird es in der Praxis als sachgerecht angesehen, zunächst auch nur eine Duldung auszusprechen, was sich – wie etwa ein willentlicher Fortbetrieb aus Sicherheitsgründen – ebenfalls strafbarkeitsausschließend auswirkt (vgl. Fest/Leifer NVwZ 2011, 1046; Fluck NuR 1990, 197).

4 Die Voraussetzungen und die Anforderungen an den Weiterbetrieb bei Störungen des Betriebs bestimmen Abs. 3 und 4. Dabei ist von zentraler Bedeutung, inwieweit die Störung technisch unvermeidbar war. Technisch unvermeidbar ist die Störung, wenn die Anlage genehmigungskonform betrieben und bedient wurde und alle erforderlichen Vorsorgemaßnahmen getroffen wurden, die Störungen oder eine Fehlbedienung der Anlage auszuschließen. Technisch unvermeidbar im Kontext von Abs. 3 bedeutet auch, dass es technisch nicht möglich ist, einen ordnungsgemäßen Betrieb sofort wieder herzustellen.

§ 22 Jährliche Berichte über Emissionen

(1) **Der Betreiber einer abfallmitverbrennenden Großfeuerungsanlage hat der zuständigen Behörde jährlich jeweils bis zum Ablauf des 30. April des Folgejahres für jede einzelne Anlage unter Beachtung von § 9 Absatz 4 Satz 3 Folgendes zu berichten:**

1. **die installierte Feuerungswärmeleistung der Feuerungsanlage, in Megawatt,**
2. **die Art der Feuerungsanlage: Kesselfeuerung, Gasturbine, Gasmotor, Dieselmotor, andere Feuerungsanlage mit genauer Angabe der Art der Feuerungsanlage,**
3. **die Angabe, ob die Feuerungsanlage Teil einer Raffinerie ist,**
4. **das Datum der Betriebsaufnahme und der letzten wesentlichen Änderung der Feuerungsanlage, einschließlich der Benennung der wesentlichen Änderung,**
5. **die Jahresgesamtemissionen, in Megagramm pro Jahr, an Schwefeloxiden, angegeben als Schwefeldioxid, Stickstoffoxiden, angegeben als Stickstoffdioxid, und Staub, angegeben als Schwebstoffe insgesamt; hierbei sind die normierten Messwerte zur Berechnung heranzuziehen,**
6. **die jährlichen Betriebsstunden der Feuerungsanlage,**
7. **den jährlichen Gesamtenergieeinsatz, in Terajoule pro Jahr, bezogen auf den unteren Heizwert, aufgeschlüsselt in die folgenden Brennstoffkategorien:**
   a) **Steinkohle,**
   b) **Braunkohle,**
   c) **Biobrennstoffe,**
   d) **Torf,**
   e) **andere feste Brennstoffe mit genauer Angabe der Bezeichnung des festen Brennstoffs,**
   f) **flüssige Brennstoffe,**
   g) **Erdgas,**
   h) **sonstige Gase mit genauer Angabe der Bezeichnung des Gases,**
   i) **die jeweils mitverbrannten Abfälle mit genauer Angabe der Bezeichnung jeder mitverbrannten Abfallart,**
8. **den Schwefelgehalt von Brennstoffen bei Feuerungsanlagen, die schwefelreiche einheimische feste Brennstoffe einsetzen, und den erzielten Schwefelabscheidegrad, gemittelt über jeden Monat; zusätzlich den erzielten Jahresmittelwert des Entschwefelungsgrades der Rauchgasentschwefelungseinrichtung bei Feuerungsanlagen, auf die Nummer 3.3 der Anlage 3 auch im Hinblick auf den Entschwefelungsgrad der Rauchgasentschwefelungseinrichtung anzuwenden ist, und im ersten Jahr der Anwendung von Nummer 3.3 der Anlage 3 auch die technische Begründung dafür, warum die Einhaltung der sich aus Nummer 3.1 der Anlage 3 ergebenden Regelemissionsgrenzwerte nicht durchführbar ist,**
9. **für Feuerungsanlagen, die im gleitenden Durchschnitt über einen Zeitraum von fünf Jahren nicht mehr als 1500 Stunden pro Jahr in Betrieb sind, die Zahl der Betriebsstunden pro Jahr für das Berichtsjahr und die vorangegangenen vier Kalenderjahre.**

(2) **Die nach Landesrecht zuständigen obersten Landesbehörden oder die von ihnen bestimmten Behörden prüfen den Bericht nach Absatz 1 auf Plausibilität und leiten diesen dem Umweltbundesamt bis zum 31. Oktober des auf das Berichtsjahr folgenden Jahres auf elektronischem Weg zur Weiterleitung an die Europäische Kommission zu. Das Umweltbundesamt hat die Berichte zu Aufstellungen für je-**

des einzelne Berichtsjahr und Dreijahreszeiträume zusammenzustellen, wobei die Angaben zu Feuerungsanlagen in Raffinerien gesondert aufzuführen sind.

§ 22 entspricht § 25 der 13. BImSchV (→ 13. BImSchV § 25 Rn. 1 ff.).

Abschnitt 4. Gemeinsame Vorschriften

§ 23 Veröffentlichungspflichten

Der Betreiber einer Abfallverbrennungs- oder -mitverbrennungsanlage hat nach erstmaliger Kalibrierung der Messeinrichtungen und danach einmal jährlich Folgendes zu veröffentlichen:

1. die Ergebnisse der Emissionsmessungen,
2. einen Vergleich der Ergebnisse der Emissionsmessungen mit den Emissionsgrenzwerten und
3. eine Beurteilung der Verbrennungsbedingungen.

Satz 1 gilt nicht für solche Angaben, aus denen Rückschlüsse auf Betriebs- oder Geschäftsgeheimnisse gezogen werden können. Die zuständige Behörde legt Art und Form der Veröffentlichung fest.

Übersicht

A. Allgemeines, Entstehungsgeschichte

1 § 23 (vormals § 18) enthält näher bezeichnete **Veröffentlichungspflichten,** die dem Anlagenbetreiber obliegen. Ermächtigungsgrundlage für § 23 ist § 7 Abs. 4 BImSchG, da die Vorschrift der Erfüllung bindender Beschlüsse der Europäischen Gemeinschaften dient, und zwar zunächst Art. 9 der Richtlinie 89/369/EWG sowie Art. 8 der Richtlinie 89/429/EWG. Die genannten Richtlinien wurden durch die Richtlinie 2000/76/EG zum 28.12.2005 aufgehoben. Eine entsprechende Regelung findet sich in deren Art. 12 Abs. 2. Die IED hat die Veröffentlichungspflicht nun in ihrem Art. 55 Abs. 2 und 15 Abs. 4 UAbs. 2 aufgegriffen. Demnach werden in der Öffentlichkeit für Abfallverbrennungsanlagen oder Abfallmitverbrennungsanlagen mit einer Nennkapazität von zwei Tonnen pro Stunde oder mehr in dem Bericht gemäß Artikel 72 Informationen über das Funktionieren und die Überwachung der Anlage geliefert und es wird Rechenschaft über die Durchführung des Verbrennungs- oder Mitverbrennungsprozesses und über die Emissionen in die Luft und ins Wasser im Vergleich zu den Emissionsgrenzwerten abgelegt.

2 Die Bestimmung enthält eine mit § 18 der 17. BImSchV aus dem Jahre 1990/2003 etwas im Wortlaut abweichende, aber inhaltlich vergleichbare Fassung. Die Änderungen 2003 dienten ausweislich der Begründung des Verordnungsentwurfs der Bundesregierung lediglich der redaktionellen Anpassung an die in der Verordnung mit Bezug auf den Anwendungsbereich einheitlich zu verwendenden Begriffe (vgl. BT-Drs. 15/14, 29). Vor

diesem Hintergrund ist zur Auslegung des § 23 nach wie vor die Begründung des Verordnungsentwurfs in der Fassung des Jahres 1990 hilfreich (BR-Drs. 303/90, 57).

Danach stehen im Wesentlichen zwei Aspekte im Vordergrund: Zum einen dient die Vorschrift dem **vorbeugenden Gefahrenschutz** und ist insoweit als Konkretisierung der Betreiberpflicht zur vorbeugenden Abwehr schädlicher Umwelteinwirkungen anzusehen. Die betroffene Nachbarschaft soll in die Lage versetzt werden, mittels der Kenntnis der vom Betrieb der Anlage ausgehenden Emissionen, die sie möglicherweise treffenden Risiken durch eigenes vorbeugendes Handeln zu minimieren, etwa dadurch, dass sie den Betreiber und/oder die Überwachungsbehörde informiert. Zum anderen dient die Regelung nach der Verordnungsbegründung dazu, „die **Transparenz** zu verbessern und damit die **Akzeptanz** für diese Anlagen in der Öffentlichkeit zu erhöhen". Ähnliche Begründungsansätze finden sich in Erwägungsgrund Nr. 31 der Richtlinie 2000/76/EG. **3**

§ 23 tritt neben die zunehmend an Bedeutung gewinnenden Informationsansprüche aus den **Umweltinformationsgesetzen** des Bundes und der Länder. Soweit der Anwendungsbereich der **12. BImSchV** gegeben ist, sind gemäß § 8a, § 11 der 12. BImSchV der Öffentlichkeit des Weiteren die in Anhang V der 12. BImSchV bezeichneten Informationen zugänglich zu machen. **4**

B. Inhalt der Vorschrift

I. Voraussetzungen der Veröffentlichungspflicht

§ 23 Satz 1 verpflichtet den Betreiber einer Verbrennungs- oder Mitverbrennungsanlage dazu, die (Nr. 1) Ergebnisse der Emissionsmessungen, einen Vergleich der Ergebnisse der Emissionsmessungen mit den Emissionsgrenzwerten (Nr. 2) und (Nr. 3) eine Beurteilung der Verbrennungsbedingungen zu veröffentlichen, und zwar einmal jährlich nach erstmaliger Kalibrierung der Messeinrichtung zur kontinuierlichen Feststellung der Emissionen nach § 15 Abs. 4 und 5 und erstmaligen Einzelmessungen nach § 18. Die Unterrichtung hat in der von der zuständigen Behörde festgelegten Weise und Form zu erfolgen (Satz 3). **5**

Weitere Voraussetzung ist dem Wortlaut nach eine Festlegung der Behörde, in welcher Weise und Form zu unterrichten ist. Bei dieser **Festlegung** handelt es sich um einen gesetzeskonkretisierenden Verwaltungsakt im Sinne des § 35 Satz 1 VwVfG, da § 23 Satz 3 der Behörde hinsichtlich der Weise und Form der Unterrichtung einen nach pflichtgemäßem Ermessen auszuübenden Regelungsspielraum zuweist. Denkbar ist neben der separaten Festlegung auch eine solche schon innerhalb des Genehmigungsbescheides als Auflage gemäß § 12 Abs. 1 Satz 1 BImSchG. **6**

Hinsichtlich des geforderten **Zeitpunktes** der durchzuführenden Unterrichtung enthält § 23 Satz 1 lediglich die Aussage, dass „nach" der erstmaligen Kalibrierung sowie Durchführung der Einzelmessungen in der festgelegten Weise und Form zu verfahren ist. Da die Ergebnisse der ersten Kalibrierung gemäß § 15 Abs. 5 Satz 2 frühestens drei Monate und spätestens sechs Monate nach der Inbetriebnahme und diejenigen der erstmaligen Einzelmessungen gemäß § 18 Abs. 3 im Zeitraum von 12 Monaten nach Inbetriebnahme der zuständigen Behörde vorzulegen sind, kann hieraus der gesetzlich gewollte Zeitablauf ersehen werden. Wann der Betreiber erstmals zu unterrichten hat, ergibt sich im Einzelnen aus der Festlegung der Behörde. In der Folge schreibt § 23 Satz 1 einen **jährlichen Unterrichtungsturnus** vor. **7**

II. Inhalt der Veröffentlichungspflicht

8 **Veröffentlichungsgegenstand** sind die Ergebnisse der Emissionsmessungen (nach §§ 14 ff.), ein Vergleich der Ergebnisse der Emissionsmessungen mit den Emissionsgrenzwerten (→ § 2 Rn. 14, §§ 8 bis 10) und eine Beurteilung der Verbrennungsbedingungen (§§ 6 und 7). Im Unterschied zur bisherigen Regelung in § 18 17. BImSchV 2003, nach der auch nur eine Beurteilung von Messungen von Emissionen verlangt war, müssen nunmehr konkrete Messergebnisse, also Zahlen veröffentlicht und dargestellt werden, inweitweit die Messergebnisse die Emissionsgrenzwerte unter- bzw. überschreiten. Bezüglich der Verbrennungsbedingungen ist nach wie vor eine Beurteilung vorgeschrieben. Genaue Angaben, wie oft und inwieweit Verbrennungsbedingungen erfüllt werden, müssen nicht veröffentlicht werden.

9 Eine qualitative Grenze hinsichtlich der zu veröffentlichenden Informationen enthält **§ 23 Satz 2**. Danach besteht keine Pflicht zur Unterrichtung, soweit aus den betreffenden Angaben Rückschlüsse auf **Betriebs- oder Geschäftsgeheimnisse** (vgl. → BImSchG § 10 Rn. 60 ff.) gezogen werden können. Nicht veröffentlicht werden müssen demnach nicht nur Betriebs- oder Geschäftsgeheimnisse als solche, sondern auch Informationen, aus denen auf solche geschlossen werden könnte. Der Verordnungsgeber wollte hier offenbar einen weitreichenden Schutz für den Anlagenbetreiber gewähren. § 18 Satz 2 ist demzufolge weit auszulegen.

10 In welcher **Form** die Veröffentlichung zu erfolgen hat, stellt § 23 Satz 3 in das pflichtgemäße Ermessen der Behörde. Angemessen und in der Praxis verbreitet ist die Veröffentlichung der Angaben in **örtlichen Tageszeitungen**, die im Bereich des Standortes der Anlage verbreitet sind. Aufgrund der zunehmenden Bedeutung des **Internets** kann stattdessen eine dortige Veröffentlichung in Betracht gezogen werden.

11 In der **Praxis** hat es sich vielfach als sinnvoll erwiesen, dass der Betreiber ein Veröffentlichungskonzept entwickelt und dieses der Behörde zu Prüfung übermittelt. In der Einverständniserklärung ggf. nach näher bezeichneten Maßgaben ist dann die Festlegung im Sinne des § 18 Satz 1 zu sehen.

12 Hinzuweisen ist schließlich auf § 9 EMASPrivilegVO (vgl. → EMASPrivilegV § 9 Rn. 1 f.), der es sog. **EMAS-Anlagen** ermöglicht, die jährliche Unterrichtung nach Anzeige gegenüber der Behörde mittels der jeweils aktualisierten Umwelterklärung vorzunehmen, sofern diese die erforderlichen Angaben enthält. Der letzte Halbsatz verlangt äquivalente Angaben und dokumentiert somit, dass eine Erleichterung für den Betreiber durch diese Vorschrift letztlich nicht erreicht wird.

§ 24 Zulassung von Ausnahmen

(1) **Die zuständige Behörde kann auf Antrag des Betreibers Ausnahmen von Vorschriften dieser Verordnung zulassen, soweit unter Berücksichtigung der besonderen Umstände des Einzelfalls**

1. **einzelne Anforderungen der Verordnung nicht oder nur mit unverhältnismäßigem Aufwand erfüllbar sind,**
2. **im Übrigen die dem Stand der Technik entsprechenden Maßnahmen zur Emissionsbegrenzung angewandt werden,**
3. **die Ableitungshöhe nach der Technischen Anleitung zur Reinhaltung der Luft auch für den als Ausnahme zugelassenen Emissionsgrenzwert ausgelegt ist, es sei denn, auch insoweit liegen die Voraussetzungen der Nummer 1 vor, und**

4. die Anforderungen folgender Richtlinien eingehalten werden:
a) Richtlinie 2008/98/EG des Europäischen Parlaments und des Rates vom 19. November 2008 über Abfälle und zur Aufhebung bestimmter Richtlinien (ABl. Nr. L 312 vom 22.11.2008, S. 3, L 127 vom 26.5.2009, S. 24) (Abfallrahmenrichtlinie),
b) Richtlinie 96/59/EG des Rates vom 16. September 1996 über die Beseitigung polychlorierter Biphenyle und polychlorierter Terphenyle (PCB/PCT) (ABl. Nr. L 243 vom 24.9.1996, S. 31), die durch die Verordnung (EG) Nr. 596/2009 (ABl. Nr. L 188 vom 18.7.2009, S. 14) geändert worden ist, und
c) Richtlinie 2010/75/EU des Europäischen Parlaments und des Rates vom 24. November 2010 über Industrieemissionen (integrierte Vermeidung und Verminderung der Umweltverschmutzung) (Neufassung) (ABl. Nr. L 334 vom 17.12.2010, S. 17).

(2) **Abweichend von § 4 Absatz 2 kann die zuständige Behörde Abfallverbrennungsanlagen ohne Abfallbunker oder eine zum Teil offene Bunkerbauweise in Verbindung mit einer gezielten Luftabsaugung zulassen, wenn durch bauliche oder betriebliche Maßnahmen oder auf Grund der Beschaffenheit der Abfälle oder Stoffe nach § 1 Absatz 1 die Entstehung von Staub- und Geruchsemissionen so gering wie möglich gehalten wird.**

(3) **Die zuständige Behörde dokumentiert die Gründe für die Zulassung von Ausnahmen im Anhang des Genehmigungsbescheids, einschließlich der Begründung der festgelegten Auflagen. Diese Informationen sind der Öffentlichkeit zugänglich zu machen.**

Übersicht

A. Allgemeines, Entstehungsgeschichte

§ 24 eröffnet die Möglichkeit, Ausnahmen von den Vorschriften der 17. BImSchV zu gewähren. § 24 entspricht § 19 der bisherigen Verordnung, ergänzt um Informationspflichten für die Öffentlichkeit. Eine Parallelvorschrift enthält § 26 der 13. BImSchV. Die Möglichkeit von Ausnahmen ist der Tatsache geschuldet, dass nicht um jeden Preis Vorsorge gemäß § 5 Abs. 1 Nr. 2 BImSchG zu betreiben ist. Vielmehr sind nach dem Grundsatz der Verhältnismäßigkeit lediglich adäquate Maßnahmen erforderlich; Aufwand und Ertrag für die Ziele des Vorsorgeprinzips müssen in einem angemessenen Verhältnis stehen (*Jarass* BImSchG § 5 Rn. 60). Die Vorschrift enthält keine Eingrenzung hinsichtlich der Frage, wovon im Einzelnen abgewichen werden kann, so dass eine Ausnahmemöglichkeit grundsätzlich hinsichtlich jeder Vorschrift besteht. In dem Entwurf der Bun- 1

(Fortsetzung nächstes Blatt)

die Vorgaben in Nr. 2 der Einleitung des Abfallverzeichnisses einzuhalten. In der Einleitung zum Abfallverzeichnis in der Anlage der AVV wird unter 1.1 „gefährlicher Stoff" definiert als ein Stoff, der als gefährlich eingestuft ist, da er die Kriterien gemäß Anhang I Teil 2 bis 5 der CLP-Verordnung (1272/2008) erfüllt. Nr. 2.2 der Einleitung zum Abfallverzeichnis enthält für die Einstufung von Abfällen als gefährliche oder nicht gefährliche Abfallarten wiederum direkte Verweise auf die Abfallrichtlinie bzw. die CLP-Verordnung, aus denen eine von der bisherigen Einstufung abweichende Einstufung resultieren kann.

Da eine Änderung iSv § 16 BImSchG stets eine Differenz zwischen Genehmigungslage und tatsächlichem Bestand und Betrieb der Anlage voraussetzt (→ BImSchG § 15 Rn. 36 unter Hinweis auf VGH München Urt. v. 23.11.2006 – 22 BV 06.2223, NVwZ-RR 2007, 382; Urt. v. 13.5.2005 – 22 A 96.40 091, NVwZ-RR 2006, 458; VGH Mannheim Urt. v. 20.6.2002 – 3 S 1915/01, NVwZ-RR 2003, 191; → BImSchG § 16 Rn. 62 ff.), kommt es entscheidend darauf an, ob die im Genehmigungsbescheid bzw. einer früheren Anzeige bestimmten Abfallarten nach wie vor eingesetzt werden. Ist dies der Fall, fehlt es an dem Kriterium der Änderung. Unabhängig davon greifen allerdings die materiellen Anforderungen der Verordnung. 14

IV. Absatz 4

Gemäß Abs. 4 kann die zuständige Behörde den Betrieb einer Verbrennungs- oder Mitverbrennungsanlage untersagen, wenn nicht sichergestellt ist, dass die mit der Leitung der Anlage betraute Person zur Leitung der Anlage geeignet ist und die Gewähr für den ordnungsgemäßen Betrieb der Anlage bietet. Die Vorschrift enthält **keine eigenständige Ermächtigungsgrundlage** für eine Untersagungsverfügung. Der Verweis „nach Maßgabe von § 20 Abs. 3 des Bundes-Immissionsschutzgesetzes" macht vielmehr deutlich, dass eine entsprechende Verfügung auf § 20 Abs. 3 BImSchG zu stützen ist (zu § 20 Abs. 3 → BImSchG § 20 Rn. 55 ff.). 15

Etwas anderes folgt auch nicht aus dem von § 20 Abs. 3 Satz 1 BImSchG abweichenden Wortlaut des § 20a. In Anlehnung an den Wortlaut des Art. 6 Abs. 8 der Richtlinie 2000/76/EG, der nicht den Betreiber, sondern die Leitung der Anlage in Gestalt einer natürlichen Person in Bezug nimmt und für diese eine „zur Leitung der Anlage erforderliche Kompetenz" einfordert, knüpft § 20a ebenfalls an die mit der Leitung der Anlage betraute Person an und nimmt deren Eignung zur Leitung der Anlage sowie deren Gewährleistung eines ordnungsgemäßen Betriebs der Anlage in den Blick. § 20a behandelt demnach einen Teilaspekt aus dem Anwendungsbereich des § 20 Abs. 3 BImSchG, da letzterer zusätzlich auch die Unzuverlässigkeit des Betreibers (vgl. zu dem Begriff des Betreibers → BImSchG § 5 Rn. 28 ff.) zum Inhalt hat. Damit könnte § 20a von vorneherein allenfalls in Bezug auf das Unzuverlässigkeitsurteil des Betriebsleiters (hierzu *Jarass* BImSchG, § 20 Rn. 50) eine inhaltlich über § 20 Abs. 3 Satz 1 BImSchG hinausreichende Bedeutung haben. Indes ist nicht ersichtlich, inwieweit die dort enthaltene Formulierung („zur Leitung der Anlage geeignet ist und (…) Gewähr für den ordnungsgemäßen Betrieb der Anlage bietet") einen § 20 Abs. 3 Satz 1 BImSchG konkretisierenden oder erweiternden Gehalt haben soll. Zwar lässt der Wortlaut des § 20a es zum einen ausreichen, wenn die Eignung „nicht sichergestellt" ist; demgegenüber fordert § 20 Abs. 3 Satz 1 positiv das Vorliegen von Tatsachen im Hinblick auf die Unzuverlässigkeit. Des Weiteren knüpft § 20a an den „ordnungsgemäßen Betrieb" an, während § 20 Abs. 3 Satz 1 BImSchG lediglich die Unzuverlässigkeit im Hinblick auf die Einhaltung von „Rechtsvorschriften zum Schutz vor schädlichen Umwelteinwirkungen" in Bezug 16 nimmt und zusätzlich noch fordert, dass die Untersagung zum Wohl der Allgemeinheit geboten ist. Aus diesen divergierenden Formulierungen eine Erweiterung der behördlichen Kompetenzen zu folgern, verstieße indes zum einen gegen das Prinzip des Gesetzvorrangs; ein erweiterter Regelungsgehalt verstößt gegen § 20 Abs. 3 BImSchG. Zudem widerspricht eine solche Auslegung auch der Intention des Verordnungsgebers, der ausweislich der unter Rn. 2 skizzierten Begründung von einem **lediglich deklaratorischen Charakter** des Abs. 4 ausgegangen ist.

17 Aus dem rein deklaratorischen Charakter folgt unter anderem, dass der durch eine auf die **Unzuverlässigkeit des Betriebsleiters** gestützte Untersagungsverfügung betroffene Betreiber die Möglichkeit hat, den Betrieb bei Einstellung eines anderen zuverlässigen Betriebsleiters wieder aufzunehmen. Die Untersagungsverfügung verliert dann ihre Wirkung, ohne dass die Behörde zustimmen muss (vgl. → BImSchG § 20 Rn. 73, *Peschau* in Feldhaus Bundesinmissionsschutzrecht Band 1 Teil 1 B BImSchG § 20 Rn. 73, *Jarras* BImSchG § 20 Rn. 55). Da nämlich, wie ausgeführt, Ermächtigungsgrundlage einer solchen Verfügung allein § 20 Abs. 3 BImSchG ist, gelten insoweit die dazu entwickelten Grundsätze.

Abschnitt 5. Schlussvorschriften

§ 26 Zugänglichkeit und Gleichwertigkeit von Normen und Arbeitsblättern

(1) **Die in § 2 Absatz 22 genannten DIN-Normen sind bei der Beuth Verlag GmbH, Berlin, zu beziehen. Die in § 2 Absatz 17 genannten DVGW-Arbeitsblätter sind bei der Wirtschafts- und Verlagsgesellschaft Gas und Wasser mbH, Bonn, zu beziehen. Die genannten DIN-Normen sind in der Deutschen Nationalbibliothek, die genannten Arbeitsblätter sind beim Deutschen Patent- und Markenamt in München archivmäßig gesichert niedergelegt.**

(2) **Den in § 2 genannten DIN-Normen und DVGW-Arbeitsblättern stehen diesen entsprechende einschlägige CEN-Normen und soweit keine solchen CEN-Normen verfügbar sind, ISO-Normen oder sonstige internationale Normen, die den nationalen Normen nachgewiesenermaßen gleichwertige Anforderungen stellen, gleich.**

§ 27 Ordnungswidrigkeiten

(1) **Ordnungswidrig im Sinne des § 62 Absatz 1 Nummer 2 des Bundes-Immissionsschutzgesetzes handelt, wer vorsätzlich oder fahrlässig**

1. **entgegen § 3 Absatz 6 Satz 3, § 4 Absatz 2 Satz 1, § 4 Absatz 3 Satz 1, § 4 Absatz 7 Satz 1, § 4 Absatz 8 oder § 16 Absatz 1 Satz 2 eine dort genannte Übergabestelle oder eine dort genannte Anlage nicht, nicht richtig oder nicht rechtzeitig ausrüstet,**
2. **entgegen § 4 Absatz 1 Satz 1, § 5 Absatz 1, § 5 Absatz 4, § 6 Absatz 1, 2, 3, 8 oder Absatz 9 Satz 1, § 7 Absatz 1, 2 oder Absatz 3, § 8 Absatz 1, § 9 Absatz 1 Satz 1, § 13 Satz 1 oder Satz 2, § 24 Absatz 4 Satz 1 oder Satz 2 oder § 28 Absatz 2 eine Abfallverbrennungs- oder -mitverbrennungsanlage nicht richtig errichtet oder nicht richtig betreibt,**
3. **entgegen § 12 Absatz 2 Satz 1 nicht dafür sorgt, dass dort genannte Abfälle nicht getrennt erfasst werden,**
4. **entgegen § 12 Absatz 4 Satz 3 nicht dafür sorgt, dass dort genannter Abfall in geschlossenen Behältnissen befördert oder zwischengelagert wird,**

5. entgegen § 13 Satz 2 aus der dort genannten Wärme Strom nicht erzeugt,

6. entgegen § 14 einen Messplatz nicht oder nicht richtig einrichtet,

7. entgegen § 15 Absatz 1 Satz 1 nicht sicherstellt, dass ein dort genanntes Messverfahren angewendet oder eine dort genannte Messeinrichtung verwendet wird,

8. entgegen § 15 Absatz 2 Satz 1 nicht sicherstellt, dass eine Probenahme oder Analyse oder die Qualitätssicherung nach den dort genannten Normen durchgeführt werden,

9. entgegen § 15 Absatz 3 einen dort genannten Nachweis nicht oder nicht rechtzeitig vorlegt,

10. entgegen § 15 Absatz 4 eine Messeinrichtung nicht oder nicht rechtzeitig kalibrieren lässt oder nicht oder nicht rechtzeitig auf Funktionsfähigkeit prüfen lässt,

11. entgegen § 15 Absatz 6, § 17 Absatz 2 Satz 1, § 19 Absatz 1 Satz 1 oder § 22 Absatz 1 einen Bericht nicht, nicht richtig, nicht vollständig oder nicht rechtzeitig vorlegt,

12. entgegen § 16 Absatz 1 Satz 1, § 16 Absatz 5 oder § 20 Absatz 1 Satz 1 eine dort genannte Massenkonzentration der Emissionen, den dort genannten Volumengehalt an Sauerstoff, eine dort genannte Temperatur oder eine dort genannte Betriebsgröße nicht, nicht richtig oder nicht rechtzeitig ermittelt, nicht, nicht richtig oder nicht rechtzeitig registriert, nicht, nicht richtig oder nicht rechtzeitig auswertet, oder nicht, nicht richtig oder nicht rechtzeitig dokumentiert,

13. entgegen § 16 Absatz 3 Satz 2 oder Satz 3 einen Nachweis nicht, nicht richtig oder nicht vollständig führt, nicht oder nicht rechtzeitig vorlegt oder nicht oder nicht mindestens fünf Jahre aufbewahrt,

14. einer vollziehbaren Anordnung nach § 16 Absatz 7 Satz 2 zuwiderhandelt,

15. entgegen § 17 Absatz 1 Satz 2 einen Messwert für andere als die dort genannten Zeiten umrechnet,

16. entgegen § 17 Absatz 2 Satz 2 einen Bericht oder eine dort genannte Aufzeichnung nicht oder nicht mindestens fünf Jahre aufbewahrt,

17. entgegen § 18 Absatz 1 eine dort genannte Verbrennungsbedingung nicht oder nicht rechtzeitig überprüfen lässt,

18. entgegen § 18 Absatz 2 eine dort genannte Messung nicht, nicht in der vorgeschriebenen Weise oder nicht rechtzeitig durchführen lässt,

19. entgegen § 21 Absatz 1 Satz 1 eine Mitteilung nicht, nicht richtig oder nicht rechtzeitig macht,

20. entgegen § 23 Satz 1 eine Veröffentlichung nicht, nicht richtig, nicht vollständig oder nicht rechtzeitig macht.

(2) **Ordnungswidrig im Sinne des § 62 Absatz 1 Nummer 7 des Bundes-Immissionsschutzgesetzes handelt, wer vorsätzlich oder fahrlässig**

1. entgegen § 10 Absatz 1 oder Absatz 2 eine Anlage nicht richtig errichtet oder nicht richtig betreibt, oder

2. entgegen § 17 Absatz 4 Satz 2 oder Satz 3 einen Nachweis nicht, nicht richtig oder nicht vollständig führt, nicht, nicht richtig, nicht vollständig oder nicht rechtzeitig vorlegt oder nicht oder nicht mindestens fünf Jahre aufbewahrt.

§ 27 enthält anknüpfend an Zuwiderhandlungen gegen im Einzelnen aufgezählte Bestimmungen der 17. BImSchV Ordnungswidrigkeitentatbestände, für deren Verwirklichung gemäß § 62 Abs. 3 BImSchG eine **Geldbuße** von bis zu 50 000,00 Euro ange- **1** droht ist. In der bisherigen Verordnung waren die Ordnungswidrigkeitentatbestände in § 21 geregelt. Die Vorschrift korrespondiert mit § 62 Abs. 1 Nr. 2 BImSchG, nach dem ordnungswidrig handelt, wer vorsätzlich oder fahrlässig einer aufgrund des § 7 erlassenen Rechtsverordnung oder aufgrund einer solchen Rechtsverordnung erlassenen vollziehbaren Anordnung zuwiderhandelt, soweit die Rechtsverordnung für einen bestimmten Tatbestand auf diese Bußgeldvorschrift verweist (zu § 62 Abs. 1 Nr. 2 BImSchG vgl. → BImSchG § 62 Rn. 12).

2 Der Begründung der Bundesregierung (BR-Drs. 303/90, 59) ist zu entnehmen, dass die Ordnungswidrigkeitentatbestände (neben den Straftatbeständen in § 326 Abs. 1 und § 327 Abs. 2 Nr. 1 StGB) die **nachhaltigere Durchsetzung** bestimmter Anforderungen der 17. BImSchV bezweckt. Im Zuge der Neufassung der Verordnung im Jahre 2003 wurden diverse Änderungen vorgenommen, welche ausweislich der Begründung (BT-Drs. 15/14, 29) zum einen Folgeänderungen der Neufassung darstellen zum anderen der Klarstellung dienen sollen.

3 § 27 setzt eine vorsätzliche oder fahrlässige Handlung des **Betreibers** (→ BImSchG § 5 Rn. 28ff.) im Sinne der Nrn. 1–10 der Regelung voraus. Diese Normadressierung darf aber nicht dahingehend verstanden werden, dass ausschließlich eine Handlung des Betreibers zur Verwirklichung eines der in § 21 enthaltenen Ordnungswidrigkeitentatbestände führen könnte. Die Betreibereigenschaft stellt ein sog. besonderes persönliches Merkmal im Sinne des § 9 OWiG dar. Somit kann auch beispielsweise der Beauftrage im Sinne des § 9 Abs. 2 OWiG Täter einer Ordnungswidrigkeit sein, obgleich bei ihm die Betreibereigenschaft nicht vorhanden ist (vgl. hierzu *Scheidler* in Feldhaus Band 1 Teil 2 B BImSchG § 62 Satz 10ff.).

§ 28 Übergangsregelungen

(1) **Für bestehende abfallmitverbrennende Großfeuerungsanlagen gelten die Anforderungen dieser Verordnung ab dem 18. August 2021. Bis dahin gelten die Anforderungen der Verordnung über die Verbrennung und Mitverbrennung von Abfällen in der Fassung vom 2. Mai 2013. Abweichend von Satz 1 ist für Anlagen in Verbindung mit § 17 Absatz 5 die Einhaltung von jahresbezogenen Emissionsgrenzwerten erstmalig ab dem Kalenderjahr nachzuweisen, das auf den in Satz 1 festgelegten Stichtag folgt.**

(2) **Für bestehende abfallmitverbrennende Feuerungsanlagen gelten die Anforderungen dieser Verordnung ab dem 1. Januar 2025. Bis dahin gelten die Anforderungen der Verordnung über die Verbrennung und Mitverbrennung von Abfällen vom 2. Mai 2013.**

(3) **Bei bestehenden Anlagen, bei denen die in § 6 Absatz 3 festgelegte Verweilzeit wegen besonderer technischer Schwierigkeiten nicht erreicht werden kann, ist diese Anforderung spätestens bei einer Neuerrichtung der Verbrennungslinie oder des Abhitzekessels zu erfüllen.**

(4) **Wird eine Abfallverbrennungs- oder -mitverbrennungsanlage durch Zubau einer oder mehrerer Abfallverbrennungs- oder -mitverbrennungslinien in der Weise erweitert, dass die vorhandenen und die neu zu errichtenden Linien eine gemeinsame Anlage bilden, so bestimmen sich die Anforderungen für die neu zu errichtenden Linien nach den Vorschriften des Zweiten und Dritten Abschnitts, für die vorhandenen Linien richten sich die Anforderungen nach dieser Vorschrift.**

(5) **Abweichend von Absatz 1 müssen bestehende Abfallverbrennungsanlagen die Anforderungen nach § 8 Absatz 1 Nummer 1 Buchstabe f sowie § 8 Absatz 1**

Nummer 2 Buchstabe f für Stickstoffmonoxid und Stickstoffdioxid, angegeben als Stickstoffdioxid, erst ab dem 1. Januar 2019 erfüllen.

(6) **Abweichend von Absatz 1 müssen bestehende Anlagen zur Herstellung von Zementklinker und Zementen sowie Anlagen zum Brennen von Kalk die Anforderungen nach Anlage 3 Nummer 2.1 Buchstabe d spätestens ab dem 1. Januar 2019 erfüllen; bis zu diesem Datum sind die Anforderungen der Verordnung über die Verbrennung und die Mitverbrennung von Abfällen in der Fassung der Bekanntmachung vom 14. August 2003 (BGBl. I S. 1633), die durch Artikel 2 der Verordnung vom 27. Januar 2009 (BGBl. I S. 129) geändert worden ist in ihrer bis zum 2. Mai 2013 geltenden Fassung anzuwenden.**

(7) **Abweichend von Absatz 1 Nummer 2 sind auf bestehende Abfallverbrennungsanlagen die Anforderungen nach § 10 Absatz 1 Nummer 1 nicht anzuwenden.**

(8) **Soweit eine am 14. Juli 2021 bestehende Genehmigung strengere Anforderungen enthält, gehen die Anforderungen der Genehmigung vor.**

Übersicht

A. Zweck der Regelung

1 Zweck der Regelung ist die Wahrung des **Verhältnismäßigkeitsgrundsatzes.** Besonders deutlich wird dies bei neuen abfallmitverbrennenden Großfeuerungsanlagen, deren Realisierung eine längere Planungs- und Genehmigungsphase vorausgeht, und deren Auslegung zu ändern wäre, wenn nach Antragstellung sich neue Anforderungen ergeben würden.

2 Der durch den Verordnungsgeber eingeräumte **Bestandsschutz** ist allerdings nicht bereits aus verfassungrechtlichen Gründen geboten. Die Auffassung des BVerwG, im Immissionsschutzrecht gebe es keinen Grundsatz, dass dem Anlagenbetreiber eingeräumte Rechtspositionen trotz Rechtsänderungen zu belassen seien und nur gegen Entschädigung entzogen werden dürften (vgl. BVerwG Urt. v. 30.4.2009 – 7 C 14/08 –, NVwZ 2009, 1441 (1442); Rn. 22), wurde vom BVerfG (Beschl. v. 14.1.2010 – 1 BvR 1627/09 –, NVwZ 2010, 771; Rn. 35 ff.) als ist mit Art. 14 Abs. 1 GG vereinbar bestätigt. Es ist **verfassungsrechtlich** nicht zu beanstanden, dass sich die Feststellungswirkung der immissionsschutzrechtlichen Genehmigung nicht auf nachträgliche Rechtsänderungen erstreckt. Auch steht es mit Art. 14 Abs. 1 GG in Einklang, dass die Anpassungspflicht an nachträgliche Rechtsänderungen schon aus der **dynamischen Natur der Betreiberpflichten** iSv § 5 BImSchG folgt, zu deren Umsetzung §§ 7, 17, 20 und 21 BImSchG dienten (BVerwG Urt. v. 30.4.2009 – 7 C 14/08 –, NVwZ 2009, 1441 (1442); Rn. 24).

B. Bestehende Anlage versus Neuanlage

3 Grundsätzlich gelten die Anforderungen der novellierten 17. BImSchV sowohl für neue Abfallverbrennungs- und Abfallmitverbrennungsanlagen (§ 2 Abs. 3 und 4) als auch für bestehende Anlagen. Während neue Anlagen aus dem Anwendungsbereich der 17. BImSchV die neuen Anforderungen unmittelbar nach Inkrafttreten der Verordnung zu erfüllen haben, gelten für Bestandsanlagen **Übergangsfristen.** Teilweise gelten auch **großzügigere Anforderungen** für bestehende Anlagen. Für die Frage, ab wann die Anforderungen der novellierten 17. BImSchV gelten, ist entscheidend, ob es sich um eine bestehende Abfallverbrennungs- oder Mitverbrennungsanlage oder um eine neue Abfallverbrennungs- oder Mitverbrennungsanlage handelt.

4 Was unter einer bestehenden Abfallverbrennungs- oder Mitverbrennungsanlage zu verstehen ist, definiert § 2 Abs. 9 (→ § 2 Rn. 6 ff.). Demnach richtet sich die Abgrenzung zwischen bestehender Anlage und neuer Anlage nach dem Datum der Genehmigung oder der Errichtung. Anlagen, die vor dem Inkrafttreten der Verordnung, also dem 2.5.2013, genehmigt oder errichtet wurden, sind bestehende Anlagen. Die Erteilung eines Vorbescheides oder eine Teilgenehmigung, die die Anlagenteile, auf die sich die Anforderungen der Verordnung beziehen, nicht umfasst, ist nicht ausreichend. Im Umkehrschluss handelt es sich bei Anlagen, die nach dem Inkrafttreten der 17. BImSchV genehmigt wurden, um Neuanlagen. Ein bestimmtes Datum für die Errichtung einer bestehenden Anlage ist nicht vorgesehen. Allerdings ist die Geltungsdauer von Genehmigungen nach BImSchG regelmäßig auf einen Zeitraum von 2 bis 3 Jahren begrenzt, so dass mit der Errichtung bestehender Anlagen – sofern keine Rechtsbehelfsverfahren Dritter den Beginn der Frist für die Geltungsdauer der Genehmigung gehemmt haben – bis zum Jahr 2016 begonnen sein müsste.

5 Eine abweichende Definition gilt für abfallmitverbrennende Großfeuerungsanlagen, also Abfallmitverbrennungsanlagen mit einer Feuerungswärmeleistung von mehr als 50 MW (§ 2 Abs. 8). Diese gelten bereits dann als bestehende Anlagen, wenn vor dem 7.1.2013 ein vollständiger Genehmigungsantrag gestellt war und die Anlage vor dem 7.1.2014 in Betrieb gegangen ist.

C. Übergangsregelungen

I. Allgemeine Übergangsregelungen (Abs. 1 und Abs. 5)

6 Die neuen Anforderungen dieser Verordnung gelten für bestehende Anlagen ab dem 1.1.2016. Die Anforderungen nach § 10, also die dort bzw. in Anlage 3 Nummer 2.3, 3.7 oder 4.3 angegebenen Jahresmittelwerte für Stickoxide und Quecksilber gelten für bestehende kleine Abfallmitverbrennungsanlagen ab dem 1.1.2019. Für bestehende Abfallverbrennungsanlagen und bestehende abfallmitverbrennende Großfeuerungsanlagen gilt dies nur für Quecksilber. Ein aktualisierter Jahresmittelwert für Stickoxide gilt weder für Abfallverbrennungsanlagen (Abs. 6) noch für bestehende abfallmitverbrennende Großfeuerungsanlagen (Abs. 7). Für Abfallverbrennungs- bzw. mitverbrennungsanlagen mit einer Feuerungswärmeleistung von mehr als 50 MW gelten der Jahresmittelwert für Stickoxide nach § 5 Abs. 1 Nr. 5 bzw. Anhang 2 Nr. II. 1.2a und II.3.3 der bis zum 1.5.2013 geltenden Fassung der Verordnung insoweit fort.

7 Bei Abfallverbrennungsanlagen gelten außerdem die aktualisierten TMW und HMW für Stickoxide nach § 8 Abs. 1 Nr. 1 Buchst. f sowie § 8 Abs. 1 Nr. 2 Buchst. f nach

Abs. 4 erst ab dem 1.1.2019. Ferner gilt bei Anlagen der Zementindustrie der aktualisierte TMW für Stickoxide nach Anlage 3 Nr. 2.1 Buchst. d nach Abs. 5 erst ab dem 1.1.2019.

II. Verweilzeit (Abs. 2)

Die Möglichkeit eines Dispenses nach Abs. 2 (vormals § 17 Abs. 2) für bestehende Anlagen von den aktualisierten Anforderungen an die Verweilzeit nach § 6 Abs. 3 setzt **besondere technische Schwierigkeiten** voraus. Vor dem Hintergrund, dass auch diese Übergangsregelung dem Verhältnismäßigkeitsgrundsatz Rechnung tragen will, ist hierbei in erster Linie der technische (und nicht der wirtschaftliche) Aufwand zu prüfen, der erforderlich wäre, die Anforderungen an die Verweilzeit zu erfüllen. Aus der Rechtsfolge ist zu schließen, dass ein technischer Aufwand, der einer Neuerrichtung der Verbrennungslinie oder des Abhitzekessels oder einer vergleichbar wesentlichen Einrichtung gleichkäme, behördlicherseits nicht verlangt werden kann. Ein derart weitgehender technischer Aufwand kann nur dann verlangt werden, wenn vom Betreiber eine Erneuerung der Verbrennungslinie oder des Abhitzekessels geplant ist. **8**

Unklar ist, welche Rechtsfolge es hat, dass diese Anforderungen **„spätestens“** zu erfüllen sind. Naheliegend ist, dass zur Nichterfüllung der Anforderungen des § 6 Abs. 3 weitere besondere Umstände hinzutreten müssen, wie etwa ein merklich ungünstiger Ausbrand, dass auch bei besonderen technischen Schwierigkeiten die Erfüllung der Anforderungen des § 6 Abs. 3 verlangt werden können. **9**

III. Anlagenerweiterung (Abs. 3)

Abs. 3 stellt klar, welche Anforderungen gelten, wenn eine bestehende Anlage derart **erweitert** wird, dass bestehender und neuer Teil eine gemeinsame Anlage iSv § 1 Abs. 3 bilden und daher an sich als eine der 17. BImSchV unterliegende Anlage zu behandeln wäre. Hier gilt bestehender Anlagenteil als bestehende Anlage und neuer Anlagenteil als Neuanlage. **10**

Anlage 1
(zu § 8 Absatz 1, § 18 Absatz 5 und § 20 Absatz 1)

Emissionsgrenzwerte für Schwermetalle und krebserzeugende Stoffe

Für die in den Buchstaben a bis d genannten Schwermetalle und krebserzeugenden Stoffe gelten folgende Emissionsgrenzwerte:

a) Cadmium und seine Verbindungen, angegeben als Cadmium, Thallium und seine Verbindungen, angegeben als Thallium,
   aa) in kohlegefeuerten abfallmitverbrennenden Großfeuerungsanlagen mit einer Feuerungswärmeleistung von
      aaa) 50 MW bis weniger als 300 MW: insgesamt 0,012 mg/m³,
      bbb) 300 MW oder mehr: insgesamt 0,006 mg/m³,
   bb) in mit Biobrennstoffen gefeuerten abfallmitverbrennenden Großfeuerungsanlagen: insgesamt 0,005 mg/m³,
   cc) in allen anderen Verbrennungs- und Mitverbrennungsanlagen: insgesamt 0,05 mg/m³,

b) Antimon und seine Verbindungen, angegeben als Antimon,
Arsen und seine Verbindungen, angegeben als Arsen,
Blei und seine Verbindungen, angegeben als Blei,
Chrom und seine Verbindungen, angegeben als Chrom,

Cobalt und seine Verbindungen, angegeben als Cobalt,
Kupfer und seine Verbindungen, angegeben als Kupfer,
Mangan und seine Verbindungen, angegeben als Mangan,
Nickel und seine Verbindungen, angegeben als Nickel,
Vanadium und seine Verbindungen, angegeben als Vanadium,
Zinn und seine Verbindungen, angegeben als Zinn,

aa) in kohlegefeuerten abfallmitverbrennenden Großfeuerungsanlagen mit einer Feuerungswärmeleistung von 300 MW oder mehr: insgesamt 0,2 mg/m^3,

bb) in mit Biobrennstoffen gefeuerten abfallmitverbrennenden Großfeuerungsanlagen: insgesamt 0,3 mg/m^3,

cc) in allen anderen Verbrennungs- und Mitverbrennungsanlagen: insgesamt 0,5 mg/m^3,

c) Arsen und seine Verbindungen (außer Arsenwasserstoff), angegeben als Arsen,
Benzo(a)pyren,
Cadmium und seine Verbindungen, angegeben als Cadmium,
wasserlösliche Cobaltverbindungen, angegeben als Cobalt,
Chrom(VI)verbindungen (außer Bariumchromat und Bleichromat),angegeben als Chrom insgesamt 0,05 mg/m^3

oder

Arsen und seine Verbindungen, angegeben als Arsen,
Benzo(a)pyren,
Cadmium und seine Verbindungen, angegeben als Cadmium,
Cobalt und seine Verbindungen, angegeben als Cobalt,
Chrom und seine Verbindungen, angegeben als Chrom, insgesamt 0,05 mg/m^3 und

d) Dioxine und Furane und polychlorierte Biphenyle gemäß Anlage 2

aa) in abfallmitverbrennenden Großfeuerungsanlagen: insgesamt 0,03 ng/m^3,

bb) in allen anderen Verbrennungs- und Mitverbrennungsanlagen: insgesamt 0,1 ng/m^3.

Anlage 2

(zu Anlage 1 Buchstabe d)

Äquivalenzfaktoren

Für den nach Anlage 1 zu bildenden Summenwert für polychlorierte Dibenzodioxine, Dibenzofurane und di-PCB sind die im Abgas ermittelten Konzentrationen der nachstehend genannten Dioxine, Furane und di-PCB mit den angegebenen Äquivalenzfaktoren zu multiplizieren und zu summieren.

Stoff	Äquivalenzfaktor
Polychlorierte Dibenzodioxine (PCDD)	**WHO-TEF 2005**
2,3,7,8 – Tetrachlordibenzodioxin (TCDD)	1
1,2,3,7,8 – Pentachlordibenzodioxin (PeCDD)	1
1,2,3,4,7,8 – Hexachlordibenzodioxin (HxCDD)	0,1
1,2,3,7,8,9 – Hexachlordibenzodioxin (HxCDD)	0,1
1,2,3,6,7,8 – Hexachlordibenzodioxin (HxCDD)	0,1
1,2,3,4,6,7,8 – Heptachlordibenzodioxin (HpCDD)	0,01
Octachlordibenzodioxin (OCDD)	0,0003
Polychlorierte Dibenzofurane (PCDF)	**WHO-TEF 2005**
2,3,7,8 – Tetrachlordibenzofuran (TCDF)	0,1
2,3,4,7,8 – Pentachlordibenzofuran (PeCDF)	0,3
1,2,3,7,8 – Pentachlordibenzofuran (PeCDF)	0,03
1,2,3,4,7,8 – Hexachlordibenzofuran (HxCDF)	0,1
1,2,3,7,8,9 – Hexachlordibenzofuran (HxCDF)	0,1
1,2,3,6,7,8 – Hexachlordibenzofuran (HxCDF)	0,1

Stoff	Äquivalenzfaktor
2,3,4,6,7,8 – Hexachlordibenzofuran (HxCDF)	0,1
1,2,3,4,6,7,8 – Heptachlordibenzofuran (HpCDF)	0,01
1,2,3,4,7,8,9 – Heptachlordibenzofuran (HpCDF)	0,01
Octachlordibenzofuran (OCDF)	0,0003
Polychlorierte Biphenyle	**WHO-TEF 2005**
Non ortho PCB	
PCB 77	0,0001
PCB 81	0,0003
PCB 126	0,1
PCB 169	0,03
Mono ortho PCB	
PCB 105	0,00003
PCB 114	0,00003
PCB 118	0,00003
PCB 123	0,00003
PCB 156	0,00003
PCB 157	0,00003
PCB 167	0,00003
PCB 189	0,00003

Anlage 3

(zu § 9, § 10 Absatz 2, § 16 Absatz 1 und 4, § 17 Absatz 1 und 5, § 18 Absatz 2, § 19 Absatz 2, § 21 Absatz 3, § 22 Absatz 1 und § 28 Absatz 5 und 6)

Emissionsgrenzwerte für die Mitverbrennung von Abfällen

Die Anlage 3 dient der Festlegung von Emissionsgrenzwerten für Abfallmitverbrennungsanlagen. Wenn in dieser Anlage für bestimmte Emissionsparameter ein fester Emissionsgrenzwert oder ein fester Bezugssauerstoffgehalt bereits vorgegeben wird, ersetzt dieser Emissionsgrenzwert oder Bezugssauerstoffgehalt die rechnerische Ermittlung des Emissionsgrenzwerts oder des Bezugssauerstoffgehalts für diesen Emissionsparameter. Die in dieser Anlage vorgegebenen festen Emissionsgrenzwerte gelten für die jeweiligen Abfallmitverbrennungsanlagen unter Berücksichtigung der dort genannten Ausnahmen.

1. Rechnerische Festlegung der Emissionsgrenzwerte für die Mitverbrennung von Abfällen

Soweit in dieser Anlage keine festen Emissionsgrenzwerte oder feste Bezugssauerstoffgehalte vorgegeben sind, ist die folgende Formel (Mischungsregel) anzuwenden. Die Mischungsregel ist zur Berechnung der Emissionsgrenzwerte für jeden unter § 8 Absatz 1 geregelten Emissionsparameter sowie zur Berechnung des Bezugssauerstoffgehalts anzuwenden. Emissionsparameter im Sinne dieser Anlage sind die in § 8 Absatz 1 aufgeführten Schadstoffe, für die Jahresmittelwerte, Tagesmittelwerte, Halbstundenmittelwerte oder Mittelwerte über die jeweilige Probenahmezeit festgelegt sind.

$$\frac{V_{Abfall} \times C_{Abfall} + V_{Verfahren} \times C_{Verfahren}}{V_{Abfall} + V_{Verfahren}} = C$$

V_{Abfall}: Abgasstrom, der bei der Verbrennung des höchstzulässigen Anteils der Abfälle oder Stoffe nach § 1 Absatz 1 einschließlich des für die Verbrennung dieser Stoffe zusätzlich benötigten Brennstoffs entsteht. Beträgt der zulässige Anteil der Abfälle oder Stoffe nach § 1 Absatz 1 weniger als 10 Prozent an der unverändert zugrunde gelegten Gesamtfeuerungswärmeleistung einer Mitverbrennungsanlage, so ist der zugehörige Abgasstrom anhand einer angenommenen Menge von 10 Prozent dieser Abfälle oder Stoffe nach § 1 Absatz 1 zu berechnen.

$V_{Verfahren}$: Verbleibender Teil des normierten Abgasstroms.

C_{Abfall}: Emissionsgrenzwert für die in § 8 Absatz 1 aufgeführten Emissionsparameter oder Bezugssauerstoffgehalt für die in § 8 Absatz 3 festgelegten Bezugssauerstoffgehalte.

$C_{Verfahren}$: Emissionswert und Bezugssauerstoffgehalt gemäß den Tabellen in diesem Anhang. Für alle anderen Emissionsparameter, für die in diesem Anhang keine festen Emissionsgrenzwerte oder festen Bezugssauerstoffgehalte vorgegeben werden, gelten die nach den einschlägigen Vorschriften – wie 13. BImSchV oder TA Luft – bei der Verbrennung der üblicherweise zugelassenen Brennstoffe festgelegten Emissionswerte bzw. Bezugssauerstoffgehalte. Bestehen solche Vorgaben nicht, so sind die in der Genehmigung festgelegten Emissionsbegrenzungen bzw. Bezugssauerstoffgehalte zu verwenden. Fehlen derartige Festlegungen, sind die tatsächlichen Emissionen oder Sauerstoffgehalte beim Betrieb der Anlage ohne Einsatz von Abfällen oder Stoffen nach § 1 Absatz 1 zugrunde zu legen.

C: Berechneter Emissionsgrenzwert oder berechneter Bezugssauerstoffgehalt für Mitverbrennungsanlagen, der sich aus der Anwendung der oben aufgeführten Formel ergibt.

2. Anlagen zur Herstellung von Zementklinker oder Zementen sowie Anlagen zum Brennen von Kalk, in denen Abfälle oder Stoffe nach § 1 Absatz 1 mitverbrannt werden

Die Emissionen sind zur Überprüfung, ob die Emissionsgrenzwerte eingehalten werden, auf einen festen Bezugssauerstoffgehalt von 10 Prozent zu beziehen. Die in § 8 Absatz 1 Nummer 3 festgelegten Emissionsgrenzwerte für die zu Gruppen zusammengefassten Schadstoffe (Schwermetalle, Benzo(a)pyren, polychlorierte Dibenzodioxine und Dibenzofurane) gelten unter Berücksichtigung des in Satz 1 festgelegten Bezugssauerstoffgehalts.

2.1 Feste Emissionsgrenzwerte (Tagesmittelwerte in mg/m³)

Emissionsparameter			C
a)	Gesamtstaub		10
b)	gasförmige anorganische Chlorverbindungen, angegeben als Chlorwasserstoff		10
c)	gasförmige anorganische Fluorverbindungen, angegeben als Fluorwasserstoff		1
d)	Stickstoffmonoxid und Stickstoffdioxid, angegeben als Stickstoffdioxid in		
	aa)	Anlagen zur Herstellung von Zementklinkern und Zement	200
	bb)	Anlagen zum Brennen von Kalk	350
e)	Schwefeldioxid und Schwefeltrioxid, angegeben als Schwefeldioxid		50
f)	organische Stoffe, angegeben als Gesamtkohlenstoff		10
g)	Quecksilber und seine Verbindungen, angegeben als Quecksilber		0,03
h)	Ammoniak, sofern zur Minderung der Emissionen von Stickstoffoxiden ein Verfahren zur selektiven katalytischen oder nichtkatalytischen Reduktion eingesetzt wird		30

2.1.1 Bei wesentlichen Änderungen dieser Anlagen bis zum 31. Dezember 2018 ist zu prüfen, ob die Anforderungen zur Begrenzung von Stickstoffmonoxid und Stickstoffdioxid für Neuanlagen unter verhältnismäßigem Aufwand eingehalten werden können. Die Möglichkeiten, die Emissionen an Stickstoffmonoxid und Stickstoffdioxid aus dem Abgas in Anlagen durch feuerungstechnische oder andere dem Stand der Technik entsprechende Maßnahmen weiter zu vermindern, sind auszuschöpfen.

2.1.2 Die zuständige Behörde kann auf Antrag des Betreibers Ausnahmen für Schwefeldioxid und Gesamtkohlenstoff genehmigen, sofern diese Ausnahmen auf Grund der Zusammensetzung der natürlichen Rohstoffe erforderlich sind und ausgeschlossen werden kann, dass durch den Einsatz von Abfällen oder Stoffen nach § 1 Absatz 1 zusätzliche Emissionen an Gesamtkohlenstoff und Schwefeldioxid entstehen.

2.1.3 Die zuständige Behörde kann auf Antrag des Betreibers Ausnahmen für Quecksilber und seine Verbindungen genehmigen, sofern diese Ausnahmen auf Grund der Zusammensetzung der natürlichen Rohstoffe erforderlich sind und ausgeschlossen werden kann, dass durch den Einsatz von Abfällen und Stoffen nach § 1 Absatz 1 zusätzliche Emissionen an Quecksilber entstehen und ein Tagesmittelwert von bis zu 0,05 mg/m^3 nicht überschritten wird. Die Möglichkeiten, die Emissionen an Quecksilber und seinen Verbindungen, angegeben als Quecksilber, aus dem Abgas durch feuerungstechnische oder andere dem Stand der Technik entsprechende Maßnahmen weiter zu vermindern, sind auszuschöpfen.

2.1.4 Die zuständige Behörde kann auf Antrag des Betreibers Ausnahmen für Ammoniak genehmigen, sofern diese Ausnahmen auf Grund der Zusammensetzung der natürlichen Rohstoffe erforderlich sind und ausgeschlossen werden kann, dass durch den Einsatz von Abfällen oder Stoffen nach § 1 Absatz 1 zusätzliche Emissionen an Ammoniak entstehen. In diesem Fall sind dem Ammoniakgrenzwert die durch Vergleichsmessungen zu ermittelnden rohstoffbedingten Ammoniakemissionen hinzuzurechnen; die aus Abfällen resultierenden Emissionen bleiben dabei unberücksichtigt.

2.2 Feste Emissionsgrenzwerte (Halbstundenmittelwerte in mg/m^3)

Emissionsparameter		C
a)	Gesamtstaub	30
b)	gasförmige anorganische Chlorverbindungen, angegeben als Chlorwasserstoff	60
c)	gasförmige anorganische Fluorverbindungen, angegeben als Fluorwasserstoff	4
d)	Schwefeldioxid und Schwefeltrioxid, angegeben als Schwefeldioxid	200
e)	Quecksilber und seine Verbindungen, angegeben als Quecksilber	0,05

2.2.1 Die zuständige Behörde kann auf Antrag des Betreibers Ausnahmen für Schwefeldioxid und Gesamtkohlenstoff genehmigen, sofern diese Ausnahmen auf Grund der Zusammensetzung der natürlichen Rohstoffe erforderlich sind und ausgeschlossen werden kann, dass durch die Verbrennung von Abfällen oder Stoffen nach § 1 Absatz 1 zusätzliche Emissionen an Gesamtkohlenstoff und Schwefeldioxid entstehen.

2.2.2 Die zuständige Behörde kann auf Antrag des Betreibers Ausnahmen für Quecksilber und seine Verbindungen genehmigen, sofern diese Ausnahmen auf Grund der Zusammensetzung der natürlichen Rohstoffe erforderlich sind und ausgeschlossen werden kann, dass durch den Einsatz von Abfällen und Stoffen nach § 1 Absatz 1 zusätzliche Emissionen an Quecksilber entstehen und ein Halbstundenmittelwert von bis zu 0,1 mg/m^3 nicht überschritten wird. Die Möglichkeiten, die Emissionen an Quecksilber und seinen Verbindungen, angegeben als Quecksilber, aus dem Abgas durch feuerungstechnische oder andere dem Stand der Technik entsprechende Maßnahmen weiter zu vermindern, sind auszuschöpfen.

2.3 Feste Emissionsgrenzwerte (Jahresmittelwerte in mg/m^3)

Emissionsparameter	C
Stickstoffmonoxid und Stickstoffdioxid, angegeben als Stickstoffdioxid	200

Abweichend von dem Emissionsgrenzwert für Stickstoffmonoxid und Stickstoffdioxid, angegeben als Stickstoffdioxid, gilt für Anlagen zum Brennen von Kalk in Drehrohröfen mit Rostvorwärmer ein Emissionsgrenzwert von 350 mg/m^3.

2.4 Emissionsgrenzwert für Kohlenmonoxid

2.4.1 Die zuständige Behörde hat einen Emissionsgrenzwert für Kohlenmonoxid unter Berücksichtigung der Anforderungen nach § 8 Absatz 1 festzulegen.

2.4.2 Die zuständige Behörde kann auf Antrag des Betreibers von dem in § 8 Absatz 1 für Kohlenmonoxid festgelegten Emissionsgrenzwert abweichen, sofern diese Ausnahmen auf Grund der Zusammensetzung der natürlichen Rohstoffe erforderlich sind und ausgeschlossen werden kann, dass durch den Einsatz von Abfällen oder sonstigen Stoffen nach § 1 Absatz 1 zusätzliche Emissionen an Kohlenmonoxid entstehen.

3. Feuerungsanlagen, in denen Abfälle oder Stoffe gemäß § 1 Absatz 1 mitverbrannt werden

Die Emissionen sind zur Überprüfung, ob die Emissionsgrenzwerte eingehalten werden, auf folgende Bezugssauerstoffgehalte zu beziehen:

a) bei der Verwendung von festen fossilen Brennstoffen oder Biobrennstoffen auf einen festen Bezugssauerstoffgehalt von 6 Prozent

b) bei der Verwendung von flüssigen oder gasförmigen Brennstoffen auf einen festen Bezugssauerstoffgehalt von 3 Prozent oder

c) für Emissionswerte nach Anlage 3 Nummer 3.1 und 3.2 auf den nach Anlage 3 Nummer 1 zu berechnenden Bezugssauerstoffgehalt.

Die in § 8 Absatz 1 Nummer 3 festgelegten Emissionsgrenzwerte für die zu Gruppen zusammengefassten Schadstoffe (Schwermetalle, Benzo(a)pyren, polychlorierte Dibenzodioxine und Dibenzofurane) gelten unter Berücksichtigung der in Satz 1 für die jeweiligen Brennstoffe festgelegten Bezugssauerstoffgehalte.

3.1 Emissionsgrenzwerte für Schwefeldioxid und Schwefeltrioxid, angegeben als Schwefeldioxid, Stickstoffmonoxid und Stickstoffdioxid, angegeben als Stickstoffdioxid, und Kohlenmonoxid bei Einsatz von festen fossilen Brennstoffen, Biobrennstoffen oder flüssigen Brennstoffen in abfallmitverbrennenden Großfeuerungsanlagen

Es sind im Tagesmittel einzuhaltende Emissionsgrenzwerte gemäß Nummer 1 zu bestimmen. Als Emissionswerte ($C_{Verfahren}$) sind die nach der Verordnung über Großfeuerungs-, Gasturbinen- und Verbrennungsmotoranlagen vorgeschriebenen und im Tagesmittel einzuhaltenden Emissionsgrenzwerte einzusetzen. Soweit die Verordnung über Großfeuerungs-, Gasturbinen- und Verbrennungsmotoranlagen zusätzlich im Jahresmittel einzuhaltende Emissionsgrenzwerte vorschreibt, sind zusätzlich im Jahresmittel einzuhaltende Emissionsgrenzwerte gemäß Nummer 1 zu bestimmen. Als Emissionswerte ($C_{Verfahren}$) sind die nach der Verordnung über Großfeuerungs-, Gasturbinen- und Verbrennungsmotoranlagen vorgeschriebenen und im Jahresmittel einzuhaltenden Emissionsgrenzwerte einzusetzen. Soweit in dieser Verordnung im Jahresmittel einzuhaltende Emissionsgrenzwerte nicht vorgeschrieben sind, sind als Emissionswerte C_{Abfall} die im Tagesmittel einzuhaltenden Emissionsgrenzwerte einzusetzen.

3.2 Emissionsgrenzwerte für Schwefeldioxid und Schwefeltrioxid, angegeben als Schwefeldioxid, Stickstoffmonoxid und Stickstoffdioxid, angegeben als Stickstoffdioxid, und Kohlenmonoxid bei Einsatz von festen fossilen Brennstoffen, Biobrennstoffen oder flüssigen Brennstoffen in abfallmitverbrennenden Feuerungsanlagen

Es sind im Tagesmittel einzuhaltende Emissionsgrenzwerte gemäß Nummer 1 zu bestimmen. Als Emissionswerte ($C_{Verfahren}$) sind die nach der Verordnung über mittelgroße Feuerungs-, Gasturbinen- und Verbrennungsmotoranlagen vorgeschriebenen Emissionsgrenzwerte einzusetzen.

3.3 Abfallmitverbrennende Großfeuerungsanlagen, die feste Brennstoffe, ausgenommen Biobrennstoffe, oder flüssige Brennstoffe einsetzen, unterliegen für den diesen Brennstoffen zugeordneten Teilstrom des Abgasvolumens den jeweiligen Anforderungen der Verordnung Großfeuerungs-, Gasturbinen- und Verbrennungsmotoranlagen an den Schwefelabscheidegrad und an den Entschwefelungsgrad der Rauchgasentschwefelungseinrichtung.

3.4 Feuerungsanlagen für gasförmige Brennstoffe

Beim Einsatz von gasförmigen Stoffen aus der Pyrolyse oder Vergasung von festen oder flüssigen Abfällen in Feuerungsanlagen für gasförmige Brennstoffe hat die zuständige Behörde einen kontinuierlich zu überwachenden Emissionsgrenzwert (Jahresmittelwert, Tagesmittelwert und Halbstundenmittelwert) für SO_2 und SO_3 sowie für NO_X unter Berücksichtigung der spezifischen Brennstoffe gemäß der Verordnung über Großfeuerungs-, Gasturbinen- und Verbrennungsmotoranlagen sowie einen entsprechenden Bezugssauerstoffgehalt in der Genehmigung festzusetzen. Für alle weiteren Emissionsparameter kommen die Nummer 3.5 sowie als $C_{Verfahren}$ ein Emissionswert für Kohlenmonoxid als Tagesmittelwert von 80 mg/m³ oder bei Einsatz von Erdgas von 50 mg/m³ jeweils bei einem Bezugssauerstoffgehalt von 3 Prozent zur Anwendung.

3.5 Feste Emissionsgrenzwerte für Ammoniak, Staub, gasförmige anorganische Chlorverbindungen, angegeben als Chlorwasserstoff, gasförmige anorganische Fluorverbindungen, angegeben als Fluorwasserstoff, Gesamtkohlenstoff und Quecksilber und seine Verbindungen, angegeben als Quecksilber, alle Brennstoffe (Jahresmittelwerte, Tagesmittelwerte) in abfallmitverbrennenden Großfeuerungsanlagen

Als im Tagesmittel einzuhaltende Emissionsgrenzwerte gelten jeweils die nach der Verordnung über Großfeuerungs-, Gasturbinen- und Verbrennungsmotoranlagen vorgeschriebenen im Tagesmittel einzuhaltenden Emissionsgrenzwerte. Soweit die Verordnung über Großfeuerungs-, Gasturbinen- und Verbrennungsmotoranlagen nach Satz 1 keine kontinuierliche Emissionsüberwachung vorschreibt, gelten die in ihr als Mittelwert über die jeweilige Probenahmezeit festgelegten Emissionsgrenzwerte als Emissionsgrenzwerte, die im Tagesmittel einzuhalten sind. Soweit die Verordnung über Großfeuerungs-, Gasturbinen- und Verbrennungsmotoranlagen zusätzlich im Jahresmittel einzuhaltende Emissionsgrenzwerte vorschreibt, gilt für diese Satz 1 entsprechend. Die Emissionsgrenzwerte für organische Stoffe, angegeben als Gesamtkohlenstoff, werden unabhängig von der Verordnung nach Satz 1 fest vorgeschrieben und betragen 5 mg/m³ für den Jahresmittelwert und 10 mg/m³ für den Tagesmittelwert.

3.6 Feste Emissionsgrenzwerte für Ammoniak, Staub, gasförmige anorganische Chlorverbindungen, angegeben als Chlorwasserstoff, gasförmige anorganische Fluorverbindungen, angegeben als Fluorwasserstoff, Gesamtkohlenstoff und Quecksilber und seine Verbindungen, angegeben als Quecksilber, alle Brennstoffe (Tagesmittelwerte) in abfallmitverbrennenden Feuerungsanlagen

Als im Tagesmittel einzuhaltende Emissionsgrenzwerte gelten die nach der Verordnung über mittelgroße Feuerungs-, Gasturbinen- und Verbrennungsmotoranlagen vorgeschriebenen Emissionsgrenzwerte. Soweit die Verordnung nach Satz 1 keine kontinuierliche Emissionsüberwachung vorschreibt, gelten die in der Verordnung als Mittelwert über die jeweilige Probenahmezeit festgelegten Emissionsgrenzwerte als Emissionsgrenzwerte, die im Tagesmittel einzuhalten sind. Der Emissionsgrenzwert für organische Stoffe, angegeben als Gesamtkohlenstoff, wird unabhängig von der Verordnung nach Satz 1 fest vorgeschrieben und beträgt 10 mg/m³ für den Tagesmittelwert.

4. Sonstige Anlagen, d. h. Anlagen, die nicht in Nummer 2 oder 3 aufgeführt sind und in denen Abfälle oder Stoffe nach § 1 Absatz 1 mitverbrannt werden

Die Emissionen sind zur Überprüfung, ob die Emissionsgrenzwerte eingehalten werden, auf einen für das jeweilige Verfahren relevanten Bezugssauerstoffgehalt, der jedoch höchstens 11 Prozent betragen darf, zu beziehen. Bei Anlagen, die mit einem überwiegenden Anteil an betriebsbedingter Nebenluft sowie im Fall der Verbrennung mit reinem Sauerstoff oder signifikant mit Sauerstoff angereicherter Luft betrieben werden, soll die Behörde auf Antrag des Betreibers die Emissionsgrenzwerte auf einen an die Verfahrensbedingungen der Anlage angepassten Bezugssauerstoffgehalt beziehen oder auf die Festlegung eines Bezugssauerstoffgehalts verzichten. Die in § 8 Absatz 1 Nummer 3 festgelegten Emissionsgrenzwerte für die zu Gruppen zusammengefassten Schadstoffe (Schwermetalle, Benzo(a)pyren, polychlorierte Dibenzodioxine und Dibenzofurane) gelten unter Berücksichtigung des nach Satz 1 oder Satz 2 festgelegten Bezugssauerstoffgehalts.

4.1 Feste Emissionsgrenzwerte (Tagesmittelwert in mg/m³)

Emissionsparameter		C
a)	Gesamtstaub	10
b)	gasförmige anorganische Chlorverbindungen, angegeben als Chlorwasserstoff	10

Emissionsparameter		C
c)	organische Stoffe, angegeben als Gesamtkohlenstoff	10
d)	Quecksilber und seine Verbindungen, angegeben als Quecksilber	0,03

4.2 Feste Emissionsgrenzwerte (Halbstundenmittelwerte in mg/m³)

Emissionsparameter		C
a)	gasförmige anorganische Chlorverbindungen, angegeben als Chlorwasserstoff	60
b)	Quecksilber und seine Verbindungen, angegeben als Quecksilber	0,05

4.3 Feste Emissionsgrenzwerte für feste (ausgenommen bei ausschließlichem Einsatz von Biobrennstoffen) und flüssige Brennstoffe für Anlagen mit einer Feuerungswärmeleistung von mehr als 50 MW (Jahresmittelwerte in mg/m³)

Emissionsparameter		C
Stickstoffmonoxid und Stickstoffdioxid, angegeben als Stickstoffdioxid, bei einer Feuerungswärmeleistung von		
a)	50 MW bis 100 MW	250
b)	mehr als 100 MW	100

Anlage 4

(zu § 15 Absatz 1, § 16 Absatz 1 und § 17 Absatz 5)

Anforderungen an die kontinuierlichen Messeinrichtungen und die Validierung der Messergebnisse

1. Der Wert des Konfidenzintervalls von 95 Prozent eines einzelnen Messergebnisses darf an der für den Jahresmittelwert festgelegten Emissionsbegrenzung die folgenden Prozentsätze dieser Emissionsbegrenzung nicht überschreiten:

   a) Kohlenmonoxid 10 Prozent,
   b) Schwefeldioxid 20 Prozent,
   c) Stickstoffoxid 20 Prozent,
   d) Gesamtstaub 30 Prozent,
   e) Organisch gebundener Gesamtkohlenstoff 30 Prozent,
   f) Chlorwasserstoff 40 Prozent,
   g) Fluorwasserstoff 40 Prozent,
   h) Quecksilber 40 Prozent,
   i) Ammoniak 40 Prozent.

   Für Quecksilber bezieht sich abweichend von Satz 1 Buchstabe h der genannte Prozentsatz auf die für den Tagesmittelwert festgelegte Emissionsbegrenzung und soweit für den kontinuierlich zu überwachenden Luftschadstoff keine für den Jahresmittelwert festgelegte Emissionsbegrenzung vorgegeben ist, bezieht sich Satz 1 insoweit auf die für den Tagesmittelwert festgelegte Emissionsbegrenzung.
2. Abweichend von Nummer 1 bezieht sich der in Buchstabe d festgelegte Prozentsatz für Gesamtstaub auf die für den Halbstundenmittelwert festgelegte Emissionsbegrenzung, sofern die Emissionsbegrenzung einen Tagesmittelwert von 10 mg/m3 unterschreitet.
3. Die validierten Halbstunden- und Tagesmittelwerte werden auf Grund der gemessenen Halbstundenmittelwerte und nach Abzug des in der Kalibrierung bestimmten Konfidenzintervalls bestimmt.

4. Die Halbstundenmittelwerte vor Abzug der in der Kalibrierung ermittelten Messunsicherheit (normierte Werte) müssen für die Zwecke der nach § 22 zu ermittelnden Jahresemissionsfrachten verfügbar sein.

Anlage 5
(zu § 2 Absatz 12)

Umrechnungsformel

Soweit Emissionsgrenzwerte auf Bezugssauerstoffgehalte im Abgas bezogen sind, sind die im Abgas gemessenen Massenkonzentrationen nach folgender Gleichung umzurechnen:

$$E_B = \frac{21 - O_B}{21 - O_M} \times E_M$$

E_B = Massenkonzentration, bezogen auf den Bezugssauerstoffgehalt
E_M = gemessene Massenkonzentration
O_B = Bezugssauerstoffgehalt
O_M = gemessener Sauerstoffgehalt

Zu den Anlagen vgl. die Erläuterungen bei § 9.

2.20 Zwanzigste Verordnung zur Durchführung des Bundes-Immissionsschutzgesetzes (Verordnung zur Begrenzung der Emissionen flüchtiger organischer Verbindungen beim Umfüllen oder Lagern von Ottokraftstoffen, Kraftstoffgemischen oder Rohbenzin – 20. BImSchV)

In der Fassung der Bekanntmachung vom 18. August 2014

(BGBl. I S. 1447, geändert durch Art. 2 d. VO v. 24.3.2017, BGBl. I S. 656, und durch Art. 11 d. G. v. 27.7.2021, BGBl. I S. 3146)

Vorbemerkung

Schrifttum: *Jarass,* Bundes-Immissionsschutzgesetz, 9. Aufl. 2012, § 23 Rn. 44f.; *Porger,* in: Kotulla, Bundes-Immissionsschutzgesetz, § 23 Rn. 56; *Roßnagel,* in: Koch/Scheuing/Pache, Gemeinschaftskommentar zum Bundes-Immissionsschutzgesetz (GK-BImSchG), § 23 Rn. 155ff.

Übersicht

A. Allgemeines

I. Bedeutung der Verordnung

Die 20. BImSchV soll ebenso wie die 21. BImSchV (abgedruckt unter Nr. 2.21) zur Begrenzung der durch den Kraftfahrzeugverkehr verursachten Emissionen beitragen. Während die 21. BImSchV die Betankung der einzelnen Kraftfahrzeuge an den Tankstellen betrifft, regelt die 20. BImSchV die Lagerung von Ottokraftstoffen, Kraftstoffgemischen oder Rohbenzin in Tanklagern und an Tankstellen sowie das Umfüllen aus derartigen Tanklagern oder aus Tankfahrzeugen und die Umfüllvorgänge bei der Belieferung von Tankstellen. 1

Durch die Anforderungen der Verordnung sollen die Emissionen, die bei der Versorgung des Verkehrs mit Kraftstoffen sowie beim Umgang mit Rohbenzin freigesetzt werden, deutlich vermindert werden (vgl. dazu die Vorbemerkung zur 21. BImSchV Rn. 1). Das ist aus Vorsorgegründen geboten, weil zu den verkehrsbedingten Emissionen u. a. das krebserzeugende Benzol gehört (vgl. dazu den Bericht „Krebsrisiko durch Luftverunreinigungen" des Länderausschusses für Immissionsschutz, herausgeben vom Ministerium für Umwelt, Raumordnung und Landwirtschaft des Landes Nordrhein-Westfalen, 1992, 2

S. 80ff. des Arbeitsgruppenberichts) und weil flüchtige organische Verbindungen darüber hinaus an Umwandlungsprozessen in der Atmosphäre beteiligt sind, die zur Bildung von schädlichem Ozon führen können (vgl. dazu den 2. Erwägungsgrund der Richtlinie 94/63/EG, abgedruckt bei Rn. 10).

3 Die Neufassung der 20. BImSchV vom 27. Mai 1998 beruht nicht allein auf Erwägungen der Bundesregierung. Die Verordnung dient nämlich der Umsetzung von Gemeinschaftsrecht, das durch die EG vorgegeben worden ist (vgl. Rn. 10). Zum Titel der Verordnung ist deshalb folgende Fußnote in den Veröffentlichungstext aufgenommen worden:

„Mit dieser Verordnung wird die Richtlinie 94/63/EG des Europäischen Parlaments und des Rates vom 20. Dezember 1994 zur Begrenzung der Emissionen flüchtiger organischer Verbindungen (VOC-Emissionen) bei der Lagerung von Ottokraftstoff und seiner Verteilung von den Auslieferungslagern bis zu den Tankstellen (ABl. EG Nr. L 365 S. 24) in deutsches Recht umgesetzt."

II. Entstehungsgeschichte

4 Die 20. BImSchV vom 27. Mai 1998 ist an die Stelle der Verordnung zur Begrenzung der Kohlenwasserstoffemissionen beim Umfüllen und Lagern von Ottokraftstoffen (20. BImSchV) vom 7. Oktober 1992 (BGBl. I S. 1727) getreten (vgl. § 14). Grund für die Novellierung war, dass die früher geltende 20. BImSchV nicht in allen Punkten der Richtlinie 94/63/EG (vgl. Rn. 10) entsprach. Insbesondere erfasste die alte 20. BImSchV nicht die genehmigungsbedürftigen Anlagen. Auf sie war nur die TA Luft anwendbar. Da es sich hier um eine Verwaltungsvorschrift handelt, war zweifelhaft, ob das zur Umsetzung der EG-Anforderungen ausreichte.

5 Eine neu gefasste 20. BImSchV hat die Bundesregierung am 16.10.1997 dem Bundesrat zugeleitet (BR-Drs. 803/97). Dieser Verordnung hat der Bundesrat am 19.12.1997 nur nach Maßgabe von insgesamt 13 Änderungsbegehren zugestimmt (BR-Drs. 803/97 – Beschluss). Da die Bundesregierung sich nicht in der Lage sah, allen Änderungsbegehren zu entsprechen, hat sie dem Bundesrat am 27.3.1998 eine modifizierte Fassung der Verordnung zugeleitet (BR-Drs. 287/98). Dabei waren gegenüber dem ursprünglichen Begehren des Bundesrates einem Anliegen nicht und zwei weitere Anliegen nur in modifizierter Form entsprochen worden. Gleichwohl hat der Bundesrat der geänderten Fassung ohne Maßgaben zugestimmt (BR-Drs. 287/98 – Beschluss).

5a Durch die Verordnung vom 21.8.2001 (BGBl. I S. 2180/2213), die in erster Linie der Umsetzung der VOC-Richtlinie 1999/13/EG diente, sind die Sätze 2 bis 4 an § 11 Abs. 1 angefügt worden. Gleichzeitig wurde die frühere Regelung in § 5 Abs. 2 Satz 2 über die Zulassung der Ventilierung in § 11 Abs. 1 übernommen. Durch Art. 3 der Verordnung vom 24.6.2002 (BGBl. I S. 2247/2249) wurde § 11 Abs. 2 an die EMAS-Verordnung vom 19.3.2001 angepasst. Die Verordnung vom 4. Mai 2009 (BGBl. I S. 1043) hat die zum 31. Dezember 2005 ausgelaufene Ausnahme für das Ventilieren von Binnentankschiffen in § 11 Abs. 1 Satz 2 partiell wieder eingeführt (vgl. dazu § 11 Rn. 1b).

5b Umfangreichere Änderungen hat die 20. BImSchV durch die *Verordnung zur Änderung der immissionsschutzrechtlichen Verordnungen zur Begrenzung von Kohlenwasserstoffemissionen bei der Betankung von Kraftfahrzeugen (21. BImSchV) und zur Begrenzung der Emissionen flüchtiger organischer Verbindungen beim Umfüllen und Lagern von Ottokraftstoffen (20. BImSchV)* vom 24. April 2012 (BGBl. I S. 661) erfahren. Hauptanlass für den Erlass der Änderungsverordnung war die Pflicht zur Umsetzung der Richtlinie 2009/126/EG vom 21. Oktober 2009 über Phase II der Benzindampf-Rückgewinnung beim Betanken von Kraftfahrzeugen an Tankstellen (ABl. EU Nr. L 285, S. 36ff.) bis zum 1. Januar 2012. Die Umsetzungsanforderungen betrafen dabei die 21. BImSchV (vgl. dazu die Vorbemerkung zur

21. BImSchV Rn. 6a). Die zugleich geänderte 20. BImSchV wurde in ihrer Anwendbarkeit auf das Umfüllen und Lagern von Biokraftstoffen und Rohbenzin (Naphta) ausgedehnt. Außerdem wurde die Verordnung an den Stand der Technik zur Verminderung diffuser Emissionen bei der Lagerung angepasst (vgl. die Begründung der Bundesregierung, BT-Drs. 17/8321, S. 13).

Weitere Änderungen erfuhr die 20. BImSchV durch Art. 4 der *Verordnung zur Umsetzung der Richtlinie über Industrieemissionen, zur Änderung der Verordnung zur Begrenzung der Emissionen flüchtiger organischer Verbindungen beim Umfüllen oder Lagern von Ottokraftstoffen, Kraftstoffgemischen oder Rohbenzin sowie zur Änderung der Verordnung zur Begrenzung der Kohlenwasserstoffemissionen bei der Betankung von Kraftfahrzeugen* vom 2. Mai 2013 (BGBl. I S. 1021). Dabei wurden in erster Linie redaktionelle Änderungen vorgenommen. Zugleich beseitigte die Bundesregierung Fehler der vorherigen Änderungsverordnung (vgl. die Begründung in BR-Drs. 676/12, S. 189 f.). Mit Datum vom 18. August 2014 wurde die 20. BImSchV unter Berücksichtigung der erfolgten Änderungen neu bekanntgemacht (BGBl. I S. 1447). **5c**

Aus Anlass der Umsetzung der Richtlinie 2014/99/EU (ABl. L 304, S. 89), die ihrerseits die Richtlinie 2009/126/EG geändert hat (vgl. dazu → Rn. 5b), wurde die neu bekanntgemachte 20. BImSchV durch Art. 2 der Verordnung zur Umsetzung der Richtlinie 2014/99/EU und zur Änderung und Anpassung weiterer immissionsschutzrechtlicher Verordnungen vom 24.3.2017 (BGBl. I S. 656) erneut geändert. Dabei ging es zum einen um eine Anpassung in §§ 1 und 2 an die aktuellen Rechtsgrundlagen im Unionsrecht sowie im deutschen Recht. Zum anderen musste § 4 Abs. 4 geändert werden, um einen Rechtszustand wiederherzustellen, der bis zur Neubekanntmachung bereits geherrscht hatte (vgl. → § 4 Rn. 4). **5d**

Eine weitere Änderung erfuhr die Verordnung im Rahmen der Neuordnung des Produktsicherheitsrechts durch das *Gesetz zur Anpassung des Produktsicherheitsgesetzes und zur Neuordnung des Rechts der überwachungsbedürftigen Anlagen* vom 27. Juli 2021 (BGBl. I S. 3146). Anforderungen, die nicht die Produktsicherheit selbst, sondern die Sicherheit von Anlagen betreffen, wurden in das neue Gesetz über überwachungs-bedürftige Anlagen (ÜAnlG) aufgenommen. In der 20. BImSchV wurde dabei die Definition der zugelassenen Überwachungsstelle in § 2 Nummer 22 geändert (vgl. → § 2 Rn. 6). **5e**

B. Inhalt der Verordnung

I. Neuanlagen

Die 20. BImSchV bezieht sich nicht – wie ihre Vorgängerverordnung – nur auf nicht genehmigungsbedürftige Anlagen. Vielmehr werden auch alle genehmigungsbedürftigen Anlagen erfasst. Dabei handelt es sich um Anlagen, die der Lagerung von 5000 t und mehr Ottokraftstoffen, Kraftstoffgemischen oder Rohbenzin (brennbare Flüssigkeiten, die einen Flammpunkt unter 294,15 Kelvin haben und deren Siedepunkt bei Normaldruck über 293,15 Kelvin liegt) in Behältern dienen (vgl. Nr. 9.2 Spalte 2 Buchst. a des Anhangs zur 4. BImSchV; abgedruckt unter Nr. 2.4). Für derartige Anlagen schreibt bereits die TA Luft (abgedruckt unter Nr. 3.2) die Gaspendelung oder die Absaugung und Zuführung des Abgases zu einer Abgasreinigungseinrichtung vor. **6**

In Anlehnung an diese Forderung der TA Luft verlangt auch die 20. BImSchV alternativ die Gaspendelung oder eine Abgasreinigung für die verdrängten Dämpfe. Um einen Anreiz zum Gaspendeln zu geben, wird demjenigen Betreiber einer genehmigungsbedürftigen Anlage ein höherer Emissionskonzentrationswert bei der Errichtung und dem Betrieb von Abgasreinigungsanlagen zugestanden, der möglichst wenig organische Stoffe einer Abgasreinigungsanlage zuleitet. Der Schwellenwert des Dämpfemas- **7** senstromes liegt hierfür bei weniger als 0,5 Kilogramm je Stunde. In diesem Fall beträgt der Emissionsgrenzwert 1,7 Gramm Dämpfe je Kubikmeter Abgas (§ 4 Abs. 3 Nr. 2b). Wird der Schwellenwert von 0,5 kg/h überschritten, liegt der Emissionsgrenzwert bei 50 mg/m³ (§ 4 Abs. 3 Nr. 2a). Um diesen Wert einzuhalten, sind in der Regel mehrstufige Dämpferückgewinnungsanlagen erforderlich.

7a Der Grenzwert von 50 mg/m³ gilt erst seit Inkrafttreten der Änderungsverordnung vom 24. April 2012 (BGBl. I S. 661). Bei der Bestimmung dieses Wertes hat sich der Verordnungsgeber im Wesentlichen von der Absicht einer Angleichung an Nummer 5.2.5. TA Luft leiten lassen (vgl. die Begründung, BT-Drs. 17/8321, S. 20, auch abgedruckt unten bei → § 4 Rn. 3). Damit wird aber nicht die Frage nach der Anwendbarkeit der TA Luft neben der 20. BImSchV geklärt. Dazu hat das BVerwG mit Beschl. v. 18. Juni 2012 (7 B 62/11 – juris) in Bestätigung des Hessischen VGH (Urt. v. 11. August 2011, 9 A 1658/10, ZUR 2011, 598 ff.; vgl. dazu: *Müggenborg,* NVwZ 2012, 973) entschieden, dass Anforderungen der TA Luft (Nr. 5.1 bis 5.4) aufgrund der Spezialität der 20. BImSchV im Anwendungsbereich der Verordnung nicht zum Tragen kämen. Das erfasse auch die Grenzwerte der Nummer 5.2.7.1.1 TA Luft für krebserzeugende Stoffe, soweit es sich dabei um organische Stoffe handelt, da deren Begrenzung abschließend von der 20. BImSchV geregelt sei. Auch die in § 10 enthaltene Befugnis zur Formulierung weitergehender Anforderungen helfe dabei nicht. Damit bestätigt das BVerwG seine Rechtsprechung zur 17. BImSchV (Urt. v. 26.4.2007, 7 C 15/06, NVwZ 2007, 1086, vgl. dazu die Erläuterungen zu § 20 der 17. BImSchV unter 2.17, Rn. 3 ff.), die im Übrigen auch mit § 17 Abs. 3 BImSchG übereinstimmt (vgl. dazu § 17 BImSchG, Rn. 108 ff.). Die Begrenzung der Freisetzung organischer Stoffe im Anwendungsbereich der 20. BImSchV ist abschließend in der Verordnung geregelt.

II. Bestehende Anlagen

8 Eine Übergangsregelung mit unterschiedlichen Fristen enthielt die 20. BImSchV in § 13 bis zum Inkrafttreten der Änderungsverordnung vom 24. April 2012 (BGBl. I S. 661) am 28. April 2012. Zu diesem Zeitpunkt waren die Übergangsfristen bereits seit längerem abgelaufen. In dem neu formulierten § 14 ist nunmehr eine Übergangsregelung nur noch für die Tankabdichtung in Tanklagern vorgesehen. Die Anforderungen des § 3 Absatz 2 und 3 sind erst ab dem 30. Juni 2015 einzuhalten. Für Schwimmdachtanks bedeutet dies die Ausstattung mit einer Randabdichtung mit einem Rückhaltegrad von 97%. Diesen um zwei Prozent erhöhten Rückhaltegrad müssen nach § 3 Abs. 3 auch Festdachtanks erreichen. Das gilt nach Aufhebung von § 3 Abs. 3 Satz 3 auch für Tanklager mit einem Durchsatz von weniger als 25 000 Tonnen. Übergangsregelungen für die in § 4 erfolgte Verschärfung der Grenzwerte bei Umfüllvorgängen sieht die Verordnung nicht vor, da diese Anforderungen nach Erhebungen des Verordnungsgebers bereits von allen erfassten Anlagen erfüllt werden (vgl. BT-Drs. 17/8321, S. 15).

C. Rechtsgrundlagen

I. Ermächtigungsgrundlagen

9 Die Verordnung vom 27. Mai 1998 ist auf § 7 Abs. 1 bis 4 und § 23 Abs. 1 BImSchG sowie auf § 11 Abs. 1 des Gerätesicherheitsgesetzes gestützt worden. Ihre Präambel hat folgenden Wortlaut:

„Auf Grund
- des § 7 Abs. 1 bis 4 des Bundes-Immissionsschutzgesetzes in der Fassung der Bekanntmachung vom 14. Mai 1990 (BGBl. I S. 880), § 7 Abs. 1 zuletzt geändert durch Artikel 1 Nr. 3 des Gesetzes vom 9. Oktober 1996 (BGBl. I S. 1498),
- des § 23 Abs. 1 des Bundes-Immissionsschutzgesetzes in der Fassung der Bekanntmachung vom 14. Mai 1990 (BGBl. I S. 880), zuletzt geändert durch Artikel 1 Nr. 13 des Gesetzes vom 9. Oktober 1996 (BGBl. I S. 1498), sowie
- des § 11 Abs. 1 des Gerätesicherheitsgesetzes in der Fassung der Bekanntmachung vom 23. Oktober 1992 (BGBl. I S. 1793)

verordnet die Bundesregierung nach Anhörung der jeweils beteiligten Kreise:“

(Fortsetzung nächstes Blatt)

13. Lagertank: ein ortsfester Tank oder ortsfester Behälter für die Lagerung von Ottokraftstoff, Kraftstoffgemischen oder Rohbenzin in einem Tanklager oder an einer Tankstelle;

14. Massenstrom der organischen Stoffe: die während einer Stunde emittierte Masse an organischen Stoffen, angegeben als Gesamtkohlenstoff abzüglich Methan; der Massenstrom ist die während einer Betriebsstunde bei bestimmungsgemäßem Betrieb einer Anlage unter den für die Luftreinhaltung ungünstigsten Betriebsbedingungen auftretende Emission der gesamten Anlage;

15. nicht genehmigungsbedürftige Anlage: Anlage, die keiner Genehmigung nach dem Bundes-Immissionsschutzgesetz bedarf;

16. öffentlich bestellter und vereidigter Sachverständiger: ein nach § 36 der Gewerbeordnung vom 22. Februar 1999 (BGBl. I S. 202), die zuletzt durch Artikel 10 des Gesetzes vom 15. April 2015 (BGBl. I S. 583) geändert worden ist, öffentlich bestellter und vereidigter Sachverständiger;

17. Ottokraftstoffe: Erdölderivate mit einem Anteil von bis zu 10 Volumenprozent Bioethanol, die der UN-Nummer 1203 der jeweiligen Tabelle A in Teil 3 Kapitel 3.2.1 der Anlagen A und B zum ADR, in Teil 3 Kapitel 3.2 der RID oder in Teil 3 Kapitel 3.2.1 der Anlage zum ADN entsprechen und die zur Verwendung als Kraftstoff für Ottomotoren bestimmt sind;

18. Reinigungsgrad: das Verhältnis der Differenz zwischen der einer Abgasreinigungseinrichtung zugeführten und in ihrem Abgas emittierten Masse an organischen Stoffen zu der zugeführten Masse an organischen Stoffen, angegeben in Prozent;

19. Rohbenzin: aus der Raffination von Erdöl oder Erdgas gewonnenes unbehandeltes Erdöldestillat, das der UN-Nummer 1268 in der jeweiligen Tabelle A in Teil 3 Kapitel 3.2.1 der Anlagen A und B zum ADR, in Teil 3 Kapitel 3.2 der RID oder in Teil 3 Kapitel 3.2.1 der Anlage zum ADN entspricht;

20. Tanklager: eine Einrichtung mit Anlagen für die Lagerung und Umfüllung von Ottokraftstoff, Kraftstoffgemischen oder von Rohbenzin in oder aus Eisenbahnkesselwagen, in Binnenschiffe oder aus Binnenschiffen oder in Straßentankfahrzeuge einschließlich aller Lagertanks am Ort der Einrichtung;

21. Tankstelle: eine Einrichtung zur Abgabe von Ottokraftstoff und Kraftstoffgemischen aus Lagertanks an Kraftstofftanks von Kraftfahrzeugen;

22. zugelassene Überwachungsstelle: eine Stelle gemäß § 2 Nummer 4 des Gesetzes über überwachungsbedürftige Anlagen.

23. Zwischenlagerung von Dämpfen: die Zwischenlagerung von Dämpfen in einem Festdachtank eines Tanklagers mit dem Ziel, die Dämpfe später zur Rückgewinnung oder energetischen Verwertung in ein anderes Tanklager zu verbringen. Hierzu zählt auch die Dämpfezwischenlagerung im Gasraum eines mit Ottokraftstoff, Kraftstoffgemischen oder mit Rohbenzin teilweise gefüllten Festdachtanks mit dem gleichen Ziel. Die Beförderung von Dämpfen zwischen Lagertanks innerhalb eines Tanklagers gilt nicht als Zwischenlagerung von Dämpfen.

Zu Nr. 1 wird in der Begründung der Bundesregierung (BR-Drs. 287/98, S. 23) ausgeführt: 1

„In Nummer 1 werden für die Abgasreinigung neben der Dämpferückgewinnung auch Einrichtungen zur energetischen Nutzung von Dämpfen zugelassen. Die Kommission der EG hat erklärt, dass solche Einrichtungen als gleichwertig zu Dämpferückgewinnungsanlagen zu betrachten sind."

2 Hinsichtlich der Erfassung von Binnenschiffen enthält die Begründung der Bundesregierung (BR-Drs. 287/98, S. 23) folgende Erläuterungen:

„Die vorliegende Verordnung erfasst – wie die Richtlinie 94/63/EG – zwar Binnenschiffe, nicht jedoch Seeschiffe. Aus Gründen der internationalen Normung und der Sicherheit während der Befüllung von Schiffen werden auf der Ebene der International Maritime Organisation (IMO) Normen für Dampfrückhalte- und -rückgewinnungssysteme festgelegt, die sowohl für Fülleinrichtungen als auch für Seeschiffe gelten. Die Gemeinschaft hat sich bei der Verabschiedung der Richtlinie 94/63/EG dafür ausgesprochen, in Absprache mit ihren wichtigsten Handelspartnern nach Abschluss der Beratungen der IMO zur Änderung des MARPOL-Übereinkommens geeignete Maßnahmen für Schiffs- und Hafenanlagen zur Betankung von Seeschiffen vorzuschlagen."

3 Der Begriff des Reinigungsgrades in Nr. 18 entspricht dem Wirkungsgrad der Abgasreinigungseinrichtung. Der Reinigungsgrad ist der reziproke Begriff zum Begriff des Emissionsgrades, der in Nr. 2.6 TA Luft (abgedr. unter Nr. 3.2) definiert wird.

4 Die Änderungsverordnung vom 24. April 2012 (BGBl. I S. 661) hat in den Begriffsbestimmungen nicht nur die Ausdehnung des Anwendungsbereichs auf Kraftstoffgemische und Rohbenzin nachvollzogen (in den Nummern 1, 2, 5, 6, 9, 13, 20, 21, 23) und die betreffenden Begriffe selbst definiert (Nr. 12 und 19). Die Definition des Binnenschiffs (Nr. 3) wird an die aktuelle Rechtslage angepasst; die Definition der Tankstelle (Nr. 21) entspricht Art. 2 der Richtlinie 2009/126/EG (vgl. dazu oben die Vorbemerkung, Rn. 5b); der Begriff Ottokraftstoff (Nr. 17) umfasst nun Kraftstoffe mit einer Beimischung von bis zu 10% Bioethanol; neu eingeführt wird in Nr. 22 der Begriff „zugelassene Überwachungsstelle" entsprechend der Betriebssicherheitsverordnung, der den Begriff „Fachbetrieb" nach der Verordnung über brennbare Flüssigkeiten ersetzt. Die Beibehaltung des Begriffs in Nr. 8 unter Anlehnung an die Definition in § 3 Absatz 2 der VAwS dient der Schließung einer Lücke bei Arbeiten an Anlagen für brennbare Flüssigkeiten sowie bezüglich erforderlicher Kenntnisse des Brand- und Explosionsschutzes (vgl. auch die Begründung in BT-Drs. 17/8321, S. 19). Neu eingeführt wurde darüber hinaus die Definition des öffentlich bestellten und vereidigten Sachverständigen in Nr. 16, der alternativ zur zugelassenen Überwachungsstelle die Überprüfungen nach § 8 Absatz 2 vornehmen kann.

5 Die Verordnung vom 2. Mai 2013 (BGBl. I S. 1021) hat der Nummer 7 den zweiten Satzteil hinzugefügt sowie die Nummern 14 bis 19 neu gefasst. Neben redaktionellen Klar- und Richtigstellungen erfolgte dabei die Anpassung der Definition des Massenstroms in Nr. 14 an die Definition in Nr. 2.5 Buchstabe b der TA Luft.

6 Durch Art. 2 der Verordnung zur Umsetzung der Richtlinie 2014/99/EU und zur Änderung und Anpassung weiterer immissionsschutzrechtlicher Verordnungen vom 24.3.2017 (BGBl. I S. 656) werden die Definitionen in den Nummern 3, 16 und 22 wieder geändert, um Aktualisierungen in den dort zitierten Rechtsnormen vorzunehmen. Nummer 22 wurde erneut geändert im Rahmen der Neuordnung des Produktsicherheitsrechts. Mit dem rückwirkenden Inkrafttreten des Gesetzes zur Anpassung des Produktsicherheitsgesetzes und zur Neuordnung des Rechts der überwachungsbedürftigen Anlagen vom 27. Juli 2021 (BGBl. I S. 3146) zum 16. Juli 2021 ändert sich der Bezug in der Definition der zugelassenen Überwachungsstelle. Da Anforderungen an die Sicherheit von Anlagen nunmehr im Gesetz über überwachungsbedürftige Anlagen (ÜAnlG) enthalten sind, verweist die 20. BImSchV jetzt auf die Begriffsbestimmung in § 2 Nummer 4 des ÜAnlG.

(Fortsetzung nächste Seite)

2.21 Einundzwanzigste Verordnung zur Durchführung des Bundes-Immissionsschutzgesetzes (Verordnung zur Begrenzung der Kohlenwasserstoffemissionen bei der Betankung von Kraftfahrzeugen – 21. BImSchV)

In der Fassung der Bekanntmachung vom 18. August 2014

(BGBl. I S. 1453, geändert durch Art. 7 der Verordnung vom 28. April 2015, BGBl. I S. 670, durch Art. 3 der Verordnung vom 24. März 2017, BGBl. I S. 656, durch Art. 59 des Gesetzes vom 29. März 2017, BGBl. I S. 626, und durch Art. 12 d. G v. 27.7.2021, BGBl. I S. 3146)

Vorbemerkung

Schrifttum: *Jarass,* Bundes-Immissionsschutzgesetz, 11. Aufl. 2015, § 23 Rn. 30 f.; *Porger,* in: Kotulla, Bundes-Immissionsschutzgesetz, § 23 Rn. 57; *Roßnagel,* in: Koch/Scheuing/Pache, Gemeinschaftskommentar zum Bundes-Immissionsschutzgesetz (GK-BImSchG), § 23 Rn. 173 ff.; *Waldeyer* u. a., Vergleichende Untersuchung von tankstellen- und fahrzeugseitigen Techniken zur Verminderung der Emissionen bei der Betankung von Fahrzeugen mit Ottokraftstoff, Abschlußbericht zum Forschungsvorhaben Nr. 10408504 im Auftrag des Umweltbundesamtes, Mai 1990.

Übersicht

A. Allgemeines

I. Bedeutung der Verordnung

Verkehrsbedingte Emissionen sind nach wie vor eine bedeutende Quelle von Luftverunreinigungen. Zu den im Verkehrsbereich emittierten luftverunreinigenden Stoffen gehören neben den Stickstoffoxiden insbesondere flüchtige organische Verbindungen, einschließlich des krebserzeugenden Benzols (vgl. dazu Vorb. zur 20. BImSchV Rn. 2), wobei das in diese Kategorie gehörende Methan gesondert erfasst wird (NMVOC). Neben unvollständigen Verbrennungen im Motor liegen weitere Ursachen für die Emissionen in der Tankatmung sowie bei der Kraftstoffverteilung in Tanklagern und Tankstellen. Während der Anteil des Straßenverkehrs (ca. 1,4 Mio. Tonnen) an den Gesamtemissionen (ca. 3,7 Mio. Tonnen) 1990 noch 38% betrug, haben Maßnahmen in sämtlichen relevanten Bereichen dazu geführt, dass 2009 nur noch 115000 Tonnen auf den Verkehrsbereich zurückzuführen waren, was einer Reduktion von etwa 92% entspricht und bei Gesamtemissionen von ca. 1,3 Mio. Tonnen zu einem Anteil des Verkehrs von 9,6% führt (vgl.: *www.umweltbundesamt-daten-zur-umwelt.de/umweltdaten/public/theme.do?nodeIdent= 3575*). 1

2 Die Begrenzung der NMVOC-Emissionen erfolgt aus verschiedenen Gründen. Neben lokal wirkenden Geruchsbelästigungen und der krebserzeugenden Wirkung von Benzol ist es vor allem die Eigenschaft als Vorläuferstoff für die Bildung bodennahen Ozons. Der Bekämpfung dieses Effektes dient die Begrenzung der Gesamtemissionen an NMVOC auf 995 000 Tonnen pro Jahr in § 33 der 39. BImSchV, mit dem eine Verpflichtung aus der NEC-Richtlinie (2001/81/EG) erfüllt wird (vgl. dazu die Vorb. zur 39. BImSchV Rn. 59 ff.). Das Ziel der Reduzierung der NMVOC-Emissionen des Verkehrssektors verfolgen unter anderem die 20. und die 21. BImSchV. Während die 20. BImSchV die Emissionen bei der Lagerung und Verteilung von Kraftstoffen in Tanklagern und an Tankstellen begrenzt, dient die 21. BImSchV der Begrenzung der Emissionen bei der Betankung der Kraftfahrzeuge an Tankstellen. Hier schreibt die Verordnung die Installation eines Gasrückführsystems (sog. „Saugrüssel") vor. Dadurch soll ein Rückführwirkungsgrad in der Größenordnung von 85% erreicht werden (vgl. § 3 Abs. 2 sowie *Waldeyer* u. a., Vergleichende Untersuchung von tankstellen- und fahrzeugseitigen Techniken zur Verminderung der Emissionen bei der Betankung von Fahrzeugen mit Ottokraftstoff, Forschungsvorhaben Nr. 10408504 im Auftrag des Umweltbundesamtes, 1990). Das setzt jedoch eine effektive Überwachung des eingesetzten Gasrückführungssystems voraus (vgl. dazu Teil A I der Begründung zur Änderungsverordnung vom 6. Mai 2002, BR-Drs. 989/01, S. 13). Insbesondere die Ausstattung der Tankstellen mit Gaspendel- und Gasrückführungssystemen hat dazu geführt, dass die Emissionen an NMVOC von 130 000 Tonnen im Jahr 1990 auf weniger als 16 000 Tonnen im Jahr 2009 zurückgeführt werden konnten, so dass der Anteil der Verteilungsverluste an den Gesamtemissionen der NMVOC in Deutschland auf 1,2% reduziert wurde.

II. Entstehungsgeschichte

3 Der Erlass der 21. BImSchV war lange Zeit umstritten. Grund dafür war die Tatsache, dass es zur Verminderung der Kohlenwasserstoffemissionen bei der Betankung der Kraftfahrzeuge auch eine andere technische Lösung als ein tankstellenseitiges Gasrückführsystem gab. Durch den Einbau eines sog. großen Kohlefilters in die Kraftfahrzeuge könnten nämlich sowohl die Betankungsemissionen als auch die Stillstands- und Fahrverluste (running losses) weitgehend vermieden werden. Allerdings war diese technische Lösung noch nicht bis zur Serienreife entwickelt. Außerdem hätte sie sehr viel langsamer als die Umrüstung der Tankstellen gegriffen, weil eine Fahrzeugflotte nur innerhalb von 10 bis 15 Jahren durch Neufahrzeuge mit einem sog. großen Kohlefilter ersetzt werden kann. In der Zwischenzeit ist die Verwendung eines Gasrückführungssystems aufgrund der Verpflichtung aus der Richtlinie 2009/126/EG über Phase II der Benzindampf-Rückgewinnung beim Betanken von Kraftfahrzeugen an Tankstellen vom 21.10.2009 (ABl. L 285, S. 36) alternativlos.

4 Die Bundesregierung hatte sich aufgrund der Schwierigkeiten entschlossen, zunächst die schneller durchzusetzende tankstellenseitige Lösung vorzuschreiben. Hierauf wurde insbesondere von den neuen Bundesländern gedrängt, in denen zahlreiche Neuerrichtungen von Tankstellen anstanden. Am 14.8.1991 hat das Bundeskabinett deshalb eine Verordnung zur Begrenzung der Kohlenwasserstoffemissionen bei der Betankung von Kraftfahrzeugen beschlossen und dem Bundesrat zugeleitet (BR-Drs. 495/91). Dieser Verordnung hat der Bundesrat am 27.9.1991 nach Maßgabe von insgesamt 21 Änderungen zugestimmt (BR-Drs 495/91-Beschluss). Wegen des Zusammenhangs mit der 20. BImSchV und der Pflicht zur Notifizierung gegenüber der EG-Kommission (vgl.

Vorb. zur 20. BImSchV Rn. 4) ruhte danach das Verfahren zum Erlass der Verordnung. Am 22.7.1992 beschloss die Bundesregierung eine geänderte Verordnung. Dabei wurden den meisten Maßgaben des Bundesrates aus dem Jahre 1991 entsprochen. Die Bundesregierung ist dem Bundesrat jedoch nicht gefolgt

– hinsichtlich des Ausschlusses von Sachverständigen nach § 36 Abs. 1 der Gewerbeordnung (vgl. dazu auch Vorb. zur 20. BImSchV Rdnr. 5),
– hinsichtlich des Zeitpunktes der ersten Sachverständigenprüfung (vor oder nach der Inbetriebnahme) und
– hinsichtlich der Verkürzung der Umstellfristen.

Trotz gegenteiliger Voten des Umweltausschusses (wegen der Umstellfristen) und des Ausschusses für Arbeit und Sozialpolitik (wegen der Sachverständigen nach § 36 Abs. 1 GewO und wegen des Zeitpunktes der ersten Sachverständigenprüfung) hat der Bundesrat der Verordnung am 25.9.1992 ohne Einschränkungen zugestimmt. Gleichzeitig hat er folgende Entschließung gefasst (BR-Drs. 522/92-Beschluss): **5**

„Der Bundesrat bittet die Bundesregierung, die Verordnung bis Ende 1993 mit dem Ziel zu überprüfen, insbesondere Tankstellen mit einer jährlichen Abgabemenge an Ottokraftstoffen von 500 bis 1000 m^3 in die Umrüstverpflichtung einzubeziehen und, je nach den praktischen Erfahrungen mit der Verordnung, weitere Verbesserungen vor allem im Bereich der Überwachung vorzunehmen."

Die Bundesregierung hat die Verordnung am 7.10.1992 ausgefertigt. Am 13.10.1992 wurde sie im Bundesgesetzblatt (Teil I S. 1730) veröffentlicht. Gemäß § 10 ist die Verordnung am 1.1.1993 in Kraft getreten.

Durch Verordnung vom 6. Mai 2002 (BGBl. I S. 1566) ist die 21. BImSchV mit Wirkung vom 18. Mai 2002 in wesentlichen Teilen geändert worden. Grund für die Änderung war die Feststellung mehrerer Länder, dass bis zu einem Drittel der überprüften Gasrückführungssysteme vollständig ausgefallen waren. Deshalb wurde vorgeschrieben, dass die Tankstellen mit besonderen Überwachungseinrichtungen ausgerüstet werden müssen, die Störungen der Funktionsfähigkeit der installierten Gasrückführungssysteme automatisch erkennen und diese Störungen dem Tankstellenpersonal signalisieren. Der Vorlage der Bundesregierung (BR-Drs. 989/01) hat der Bundesrat am 1. März 2002 mit verschiedenen (von der Bundesregierung übernommenen) Maßgaben zugestimmt. **6**

Ein weiteres Mal wurde die 21. BImSchV geändert durch Artikel 2 der *Verordnung zur Änderung der immissionsschutzrechtlichen Verordnungen zur Begrenzung von Kohlenwasserstoffemissionen bei der Betankung von Kraftfahrzeugen (21. BImSchV) und zur Begrenzung der Emissionen flüchtiger organischer Verbindungen beim Umfüllen und Lagern von Ottokraftstoffen (20. BImSchV)* vom 24. April 2012 (BGBl. I S. 661), die am 28. April 2012 in Kraft trat. Anlass für den Erlass der Änderungsverordnung war die Pflicht zur Umsetzung der Richtlinie 2009/126/EG vom 21. Oktober 2009 über Phase II der Benzindampf-Rückgewinnung beim Betanken von Kraftfahrzeugen an Tankstellen (ABl. L 285, S. 36). Wesentlicher Inhalt der Richtlinie, die bis zum 1. Januar 2012 umzusetzen war, ist die Einführung eines Gasrückführungssystems an Tankstellen. Da die 21. BImSchV diese Pflicht bereits enthielt, waren die Änderungen eher geringfügig. Sie betreffen zum einen die Ausdehnung des Anwendungsbereichs auf bestehende Kleintankstellen ab einem Jahresumsatz von 100 Kubikmetern Kraftstoff (vgl. § 3 Abs. 7). Darüber hinaus wird in § 6 die Pflicht zur Kennzeichnung installierter Gasrückführungssysteme eingeführt. Weiterhin findet die 21. BImSchV nunmehr auch Anwendung, soweit Kraftstoffe mit einem höheren Bioethanolanteil als 10% (Kraftstoffgemische nach § 2 Nr. 13) an einer Tankstelle abgegeben werden (vgl. § 3 Abs. 1). **6a**

6b Weitere Änderungen erfuhr die 21. BImSchV durch Art. 5 der *Verordnung zur Umsetzung der Richtlinie über Industrieemissionen, zur Änderung der Verordnung zur Begrenzung der Emissionen flüchtiger organischer Verbindungen beim Umfüllen oder Lagern von Ottokraftstoffen, Kraftstoffgemischen oder Rohbenzin sowie zur Änderung der Verordnung zur Begrenzung der Kohlenwasserstoffemissionen bei der Betankung von Kraftfahrzeugen* vom 2. Mai 2013 (BGBl. I S. 1021). Dabei wurden Klarstellungen in § 2 Nr. 7 und § 3 Absatz 7 Nrn. 1 und 2 vorgenommen sowie das Prüfintervall in § 5 Absatz 6 Satz 1 Nr. 1 von zwei auf zweieinhalb Jahre verlängert und die Ausnahmeregelung in § 10 für Kraftstoffgemische auf Tankstellen, die nach dem 1. Januar 1993 in Betrieb genommen wurden, ausgedehnt. Mit Datum vom 18. August 2014 wurde die 21. BImSchV unter Berücksichtigung der erfolgten Änderungen neu bekanntgemacht (BGBl. I S. 1453). Durch Art. 7 der *Verordnung zur Umsetzung von Artikel 14 der Richtlinie zur Energieeffizienz und zur Änderung weiterer umweltrechtlicher Vorschriften* vom 28. April 2015 (BGBl. I S. 670) wurde der Verweis in § 5 Absatz 3 und 4 auf die Bekanntgabevorschrift des § 29b BImSchG aktualisiert. Anlass für eine weitere Änderung der 21. BImSchV lieferte sodann die Richtlinie 2014/99/EU der Kommission vom 21.10.2014 (ABl. L 304, S. 89), mit der die Richtlinie 2009/126/EG über Phase II der Benzindampf-Rückgewinnung beim Betanken von Kraftfahrzeugen an Tankstellen geändert wurde. Danach ist ein europaweit einheitliches Prüfverfahren für Gasrückführungssysteme vorgeschrieben. Daher müssen die Verweise auf die VDI-Richtlinien durch entsprechende Verweise auf europäische Normen ersetzt werden.

6c Eine weitere Änderung erfuhr die Verordnung im Rahmen der Neuordnung des Produktsicherheitsrechts durch das Gesetz zur Anpassung des Produktsicherheitsgesetzes und zur Neuordnung des Rechts der überwachungsbedürftigen Anlagen vom 27. Juli 2021 (BGBl. I S. 3146). Anforderungen, die nicht die Produktsicherheit selbst, sondern die Sicherheit von Anlagen betreffen, wurden in das neue Gesetz über überwachungsbedürftige Anlagen (ÜAnlG) aufgenommen. In der 21. BImSchV wurde dabei die Definition der zugelassenen Überwachungsstelle in § 2 Nummer 19 geändert (vgl. → § 2 Rn. 3).

B. Inhalt der Verordnung

I. Neuanlagen

7 Kernstück der 21. BImSchV ist deren § 3. Mit dieser Bestimmung wird verlangt, dass Tankstellen so zu errichten und zu betreiben sind, dass die beim Betanken von Fahrzeugen mit Ottokraftstoff oder Kraftstoffgemischen im Fahrzeugtank verdrängten Kraftstoffdämpfe mittels eines Gasrückführungssystems erfasst und dem Lagertank der Tankstelle zugeführt werden. An die Qualität und die Überwachung des Gasrückführungssystems werden strenge Anforderungen gestellt.

8 Die Vorschrift gilt für alle nicht genehmigungsbedürftigen Tankstellen. Für Tankstellen, die beispielsweise als Nebeneinrichtung zu einer anderen genehmigungsbedürftigen Anlage (vgl. § 1 Abs. 2 Nr. 2 der 4. BImSchV – abgedruckt in diesem Band unter Nr. 2.4) genehmigungsbedürftig sind, gelten § 5 Abs. 1 BImSchG und die hierzu ergangenen konkretisierenden Regelungen (insbesondere die TA Luft, abgedruckt in diesem Band unter Nr. 3.2). Insoweit kann die 21. BImSchV nur als Erkenntnisquelle für den Stand der Technik herangezogen werden. Für Neuanlagen kennt die Verordnung – anders als für bestehende Anlagen – keine Bagatellgrenze: Auch (neue) Tankstellen mit einer jährlichen Abgabemenge von weniger als 100 resp. 500 m^3 Kraftstoff müssen den Anforderungen des § 3 genügen (vgl. § 3 Abs. 7 Nr. 1 und 2). Der Umbau bestehender kleiner Tankstellen ist dann als Neuerrichtung anzusehen, wenn der Kern der Anlage (z. B. Lagertank und mehr als die Hälfte der Zapfsäulen) erneuert wird.

II. Bestehende Anlagen

Auch nach Inkrafttreten der Änderungsverordnung vom 24. April 2012 (BGBl. I S. 661) bleiben bestehende Kleinstanlagen von der Pflicht zur Installation eines Gasrück- 9

(Fortsetzung nächstes Blatt)

4. **bestehende Tankstelle:**
   eine Tankstelle, die vor dem 1. Januar 1993 errichtet wurde;

5. **Bioethanol:**
   Ethanol von 100 Volumenprozent, das aus Biomasse oder dem biologisch abbaubaren Teil von Abfällen hergestellt wird und für die Verwendung in Kraftstoffgemischen bestimmt ist;

6. **Durchsatz:**
   die jährliche Gesamtmenge an Ottokraftstoff und Kraftstoffgemischen, die von einem Lagertank einer Tankstelle in bewegliche Behältnisse umgefüllt worden ist;

7. **Emissionen:**
   die von einer Anlage ausgehenden Luftverunreinigungen an Kraftstoffdämpfen; Konzentrationsangaben beziehen sich auf das unverdünnte Abgasvolumen im Normzustand (273 Kelvin, 1013 Hektopascal) nach Abzug des Feuchtegehaltes an Wasserdampf;

8. **Fachbetrieb:**
   ein Betrieb im Sinne des § 3 Absatz 2 der Verordnung über Anlagen zum Umgang mit wassergefährdenden Stoffen vom 31. März 2010 (BGBl. I S. 377), welcher zusätzlich über Geräte und Ausrüstungsteile zum Brand- und Explosionsschutz sowie über sachkundige Personen mit den erforderlichen Kenntnissen des Brand- und Explosionsschutzes verfügt;

9. **Gasrückführungssystem:**
   eine Ausrüstung, die den Kraftstoffdampf, der beim Betanken eines Kraftfahrzeugs an einer Tankstelle aus dem Fahrzeugtank entweicht, in einen Lagertank auf dem Tankstellengelände oder in die Zapfanlage zurückleitet;

10. **Kraftstoffdampf-Luft-Gemisch:**
    das Verhältnis zwischen dem Volumen des Kraftstoffdampfes, der das Gasrückführungssystem passiert, und dem Volumen des gezapften Ottokraftstoffes oder des Kraftstoffgemisches bei atmosphärischem Druck;

11. **Korrekturfaktor:**
    Faktor zur Berücksichtigung der unterschiedlichen Dichte von Luft und Kraftstoffdampf-Luft-Gemisch;

12. **Kraftstoffdämpfe:**
    gasförmige Verbindungen, die aus Ottokraftstoff oder Kraftstoffgemischen verdunsten;

13. **Kraftstoffgemische:**
    Erdölderivate mit einem Anteil von mehr als 10 und weniger als 90 Volumenprozent Bioethanol, die der UN-Nummer 3475 der Tabelle A in Teil 3 Kapitel 3.2.1 der Anlagen A und B zum Europäischen Übereinkommen vom 30. September 1957 über die internationale Beförderung gefährlicher Güter auf der Straße (ADR) in der Fassung der Bekanntmachung der Neufassung der Anlagen A und B vom 17. April 2015 (BGBl. 2015 II S. 504), die zuletzt nach Maßgabe der 25. ADR-Änderungsverordnung vom 25. Oktober 2016 (BGBl. 2016 II S. 1203)

14. **Lagertank:**
    ein ortsfester Tank oder ortsfester Behälter für die Lagerung von Ottokraftstoff oder Kraftstoffgemischen an einer Tankstelle;

15. öffentlich bestellter und vereidigter Sachverständiger:
ein nach § 36 der Gewerbeordnung vom 22. Februar 1999 (BGBl. I S. 202), die zuletzt durch Artikel 16 des Gesetzes vom 11. November 2016 (BGBl. I S. 2500) geändert worden ist, öffentlich bestellter und vereidigter Sachverständiger;

16. Ottokraftstoffe:
Erdölderivate mit einem Anteil von bis zu 10 Volumenprozent Bioethanol, die der UN-Nummer 1203 der Tabelle A in Teil 3 Kapitel 3.2.1 der Anlagen A und B zum ADR entsprechen und die zur Verwendung als Kraftstoff für Ottomotore bestimmt sind;

17. Tankstelle:
eine Einrichtung zur Abgabe von Ottokraftstoff und Kraftstoffgemischen aus Lagertanks an Kraftstofftanks von Kraftfahrzeugen;

18. Wirkungsgrad:
die Menge des über das Gasrückführungssystem aufgefangenen Kraftstoffdampfes, die am Prüfstand mit dem Messverfahren nach Nummer 5.2 der DIN EN 16321-1, Ausgabe Dezember 2013, und den drei Prüftanks nach Anhang A der DIN EN 16321-1 ermittelt wird, ausgedrückt als Prozentsatz der Menge Kraftstoffdampf, der in die Atmosphäre entweichen würde, wenn es die Ausrüstung nicht gäbe;

19. zugelassene Überwachungsstelle:
eine Stelle gemäß § 2 Nummer 4 des Gesetzes über überwachungsbedürftige Anlagen.

1 Die Begriffsbestimmungen der 21. BImSchV wurden durch die Änderungsverordnung vom 24. April 2012 (BGBl. I S. 661) wesentlich ausgeweitet. Während zuvor die Begriffe Fachbetrieb, Sachverständige und Wirkungsgrad eines Gasrückführungssystems definiert worden waren, enthält § 2 nunmehr zahlreiche weitere Begriffsbestimmungen. Im Einzelnen werden die Änderungen wie folgt begründet (BT-Drs. 17/8321, S. 21 f.):

„Zu Nummer 3 (§ 2)

Mit der Umsetzung der Anforderungen der Richtlinie 2009/126/EG in nationales Recht ist es notwendig, bestehende Begriffe anzupassen und neue relevante Definitionen hinzuzufügen. Die in § 2 angefügten Begriffsbestimmungen dienen der Klarstellung und der einheitlichen Anwendung der Vorschriften im Vollzug.

Die Begriffe „Abgasreinigungseinrichtung" (Nummer 1), „Emissionen" (Nummer 7) und „Lagertank" (Nummer 14) werden in Anlehnung an die Begriffsbestimmung der 20. BImSchV übernommen. Nummer 1 wird gemäß der Erweiterung des Anwendungsbereichs um Kraftstoffgemische sowie Rohbenzin ergänzt, der Wortlaut der Nummern 6 und 7 wird im Zuge der Änderung der Verordnung redaktionell angepasst.

Die Nummer 5 („Bioethanol") und Nummer 13 („Kraftstoffgemische") werden in Anlehnung an die Erweiterung des Anwendungsbereichs in die Änderungsverordnung eingefügt.

Der Begriff „Ottokraftstoffe" (Nummer 16) wird in Anpassung an die 10. BImSchV neu gefasst und beinhaltet die Erhöhung der Beimischungsgrenze für Bioethanol von bisher 5 Volumenprozent auf 10 Volumenprozent. Ottokraftstoff mit einem Ethanol-

Höchstgehalt von 5 Volumenprozent bleibt weiterhin zugelassen (Bestandsschutz). Des Weiteren wird auf die dazugehörige UN-Nummer nach den verkehrsrechtlichen Vorschriften über die Beförderung gefährlicher Güter verwiesen. Weitere Begriffsbestimmungen werden – entsprechend den in Artikel 2 (Begriffsbestimmungen) der Richtlinie 2009/126/EG (der sogenannten Stage-II-Richtlinie) festgelegten Begriffen – in die Änderungsverordnung eingeführt. Folgende Begriffe der europäischen Richtlinie werden an die Systematik der deutschen Änderungsverordnung an-gepasst, da dies zur Wahrung der Einheitlichkeit des immissionsschutzrechtlichen Regelwerks bzw. zur Klarstellung des Immissionsschutzziels angebracht ist:

- Nummer 2: „automatische Überwachungseinrichtung" entspricht dem Begriff „automatisches Überwachungssystem" nach Artikel 5 Absatz 2 der Richtlinie 2009/126/EG;
- Nummer 4: „bestehende Tankstelle" entspricht nicht dem Begriff „bestehende Tankstelle" nach Artikel 2 Nummer 4 der Richtlinie 2009/126/EG, sondern wird auf die Tankstellen bezogen, die vor 1993 errichtet wurden. Das betrifft in Deutschland ausschließlich Alt-Tankstellen, mit einem jährlichen Umsatz unter 1000 Kubikmeter Ottokraftstoff und Kraftstoffgemischen, die die Anforderungen der Richtlinie ab dem 1. Januar 2019 erfüllen und mit einem Gasrückführungssystem ausgestattet werden müssen;
- Nummer 9: „Gasrückführungssystem" entspricht dem Begriff „System zur Benzindampf-Rückgewinnung – Phase II" nach Artikel 2 Nummer 6 der Richtlinie 2009/126/EG;
- Nummer 10: „Kraftstoffdampf-Luft-Gemisch" entspricht dem Begriff „Dampf/Benzinverhältnis" nach Artikel 2 Nummer 8 der Richtlinie 2009/126/EG;
- Nummer 12: „Kraftstoffdämpfe" entspricht dem Begriff „Benzindampf" nach Artikel 2 Nummer 2 der Richtlinie 2009/126/EG;
- Nummer 17: „Tankstelle" entspricht dem Begriff „Tankstelle" nach Artikel 2 Nummer 3 der Richtlinie 2009/126/EG;
- Nummer 18: „Wirkungsgrad" entspricht dem Begriff „Benzindampfabscheidungseffizienz" nach Artikel 2 Nummer 7 der Richtlinie 2009/126/EG.

Der Begriff „Durchsatz" (Nummer 6) bezieht sich, entgegen der in Artikel 2 der Richtlinie 2009/126/EG aufgeführten Definition, welche auf den Einkauf des Kraftstoffes ausgerichtet ist, auf die jährliche Abgabemenge, die von einem Lagertank einer Tankstelle in bewegliche Behältnisse umgefüllt worden ist. In der Änderungsverordnung wird der Begriff „Abgabemenge" zwar durch den Begriff „Durchsatz" ersetzt, dieser ist jedoch an die Abgabe an den Verbraucher gekoppelt.

Der Begriff „Korrekturfaktor" (Nummer 11) wird in der Anlage 1 neu eingeführt. Er ist für die Einstellung, Eigenkontrolle und Überwachung des Gasrückführungssystems notwendig.

Der Begriff „befähigte Person" (Nummer 3) wird gemäß der BetrSichV und der Begriff „zugelassene Überwachungsstelle" (Nummer 19) wird gemäß der BetrSichV und dem ProdSG eingefügt. Sie ersetzen die Begriffe „Fachbetrieb" und „Sachverständiger".

Zugelassene Überwachungsstellen (ZÜS) wurden im Rahmen der europäischen Liberalisierung des Prüfwesens in Deutschland eingeführt und führen seit dem 1. Januar 2006 die Prüfungen durch, die bisher von den amtlich anerkannten Sachverständigen der Überwachungsorganisationen (z. B. TÜV und DEKRA) durchgeführt wurden. Damit wurde ein Wechsel vom personengebundenen Prüfwesen (Sachverständigen) zum organisationsbezogenen Prüfwesen (zugelassene Überwachungsstellen) vollzogen. Die ZÜS werden bei der Durchführung der Prüfungen durch befähigte Personen (Fachbetriebe) unterstützt.

Nach der Definition der befähigten Person (früher Definition des Fachbetriebs) darf nur die Person die Einhaltung der Anforderungen prüfen, die „über die erforderlichen Fachkenntnisse zur Prüfung" verfügt.

Dagegen hat der Fachbetrieb die Aufgabe, einen vorschriftswidrigen Zustand zu beseitigen (eine Anlage instand zu setzen). Der Begriff „Fachbetrieb" wird daher in Nummer 8 beibehalten und in Anlehnung an die Begriffsbestimmung in § 3 Absatz 2 WasgefStAnlV vom 31. März 2010 definiert. Die zusätzliche Ergänzung schließt die Regelungslücke in Bezug auf Arbeiten an Anlagen für brennbare Flüssigkeiten und in Bezug auf die erforderlichen Kenntnisse des Brand- und Explosionsschutzes.

In der bisherigen Definition der Sachverständigeneigenschaft waren Sachverständige zum einen die in § 16 Absatz 1 der Verordnung über brennbare Flüssigkeiten (VbF) aufgeführten Sachverständigen. § 16 VbF ist am 1. Januar 2003 auf Grund der BetrSichV außer Kraft getreten. Gleiches gilt für die Definition des Fachbetriebs, die sich auf die VbF stützt. In der bestehenden 21. BImSchV war in § 2 Absatz 2 unter dem Begriff „Sachverständiger" zusätzlich der öffentlich bestellte und vereidigte Sachverständige nach § 36 der Gewerbeordnung (GewO) in der Fassung der Bekanntmachung vom 22. Februar 1999 (BGBl. I S. 202), die zuletzt durch Gesetz vom 23. November 2011 (BGBl. I S. 2298) geändert worden ist, enthalten. Diese Bezeichnung ist nach § 132a des Strafgesetzbuchs in der Fassung der Bekanntmachung vom 13. November 1998 (BGBl. I S. 3322), das zuletzt durch Artikel 1 des Gesetzes vom 1. November 2011 (BGBl. I S. 2130) geändert worden ist, gesetzlich geschützt. Der öffentlich bestellte und vereidigte Sachverständige bleibt weiterhin als spezieller Sachverständiger erhalten und wird in § 2 Nummer 15 neu definiert. Er wird jetzt außerdem im Verordnungstext in § 3 Absatz 2 und § 5 Absatz 2, 4 und 6 direkt aufgeführt."

2 Durch Art. 3 der Verordnung zur Umsetzung der Richtlinie 2014/99/EU und zur Änderung und Anpassung weiterer immissionsschutzrechtlicher Verordnungen vom 24.3.2017 (BGBl. I S. 656) wurden die Definitionen in den Nummern 3, 13, 15 und 19 an die aktuellen Rechtsnormen angepasst. Darüber hinaus wurde in Nummer 18 zur Klarstellung ein Halbsatz aufgenommen, wonach die Ermittlung des Wirkungsgrades am Prüfstand sowie an den drei Prüftanks vorgenommen wird.

3 Nummer 19 wurde erneut geändert im Rahmen der Neuordnung des Produktsicherheitsrechts. Mit dem rückwirkenden Inkrafttreten des *Gesetzes zur Anpassung des Produktsicherheitsgesetzes und zur Neuordnung des Rechts der überwachungsbedürftigen Anlagen* vom 27. Juli 2021 (BGBl. I S. 3146) zum 16. Juli 2021 ändert sich der Bezug in der Definition der zugelassenen Überwachungsstelle. Da Anforderungen an die Sicherheit von Anlagen nunmehr im Gesetz über überwachungsbedürftige Anlagen (ÜAnlG) enthalten sind, verweist die 21. BImSchV jetzt auf die Begriffsbestimmung in § 2 Nummer 4 des ÜAnlG.

§ 3 Errichtung und Betrieb von Tankstellen

(1) **Tankstellen sind so zu errichten und zu betreiben, dass die beim Betanken von Fahrzeugen mit Ottokraftstoff oder einem Kraftstoffgemisch im Fahrzeugtank verdrängten Kraftstoffdämpfe nach dem Stand der Technik mittels eines Gasrückführungssystems erfasst und dem Lagertank der Tankstelle zugeführt werden.**

(2) **Tankstellen, dürfen nur betrieben werden, wenn für das eingesetzte Gasrückführungssystem durch eine Bescheinigung des Herstellers belegt worden ist, dass**

sein von einer zugelassenen Überwachungsstelle oder einem öffentlich bestellten und vereidigten Sachverständigen unter Prüfbedingungen nach dem Verfahren gemäß Nummer 5.2 der DIN EN 16321-1, Ausgabe Dezember 2013, ermittelter Wirkungsgrad 85 vom Hundert nicht unterschreitet. Die Bescheinigung ist am Betriebsort aufzubewahren und der zuständigen Behörde auf Verlangen vorzulegen.

(3) **Gasrückführungssysteme ohne Unterdruckunterstützung sind so zu errichten und zu betreiben, dass**

1. **nur solche Zapfventile eingesetzt werden, bei denen ein dichter Übergang zum Fahrzeugtank der Fahrzeuge hergestellt werden kann, deren Tankeinfüllstutzen für die Gasrückführung geeignet ist,**

(Fortsetzung nächstes Blatt)

2.28 Achtundzwanzigste Verordnung zur Durchführung des Bundes-Immissionsschutzgesetzes (Verordnung über Emissionsgrenzwerte für Verbrennungsmotoren – 28. BImSchV)*

Vom 20. April 2004

(BGBl. I S. 6141[1)], berichtigt S. 1423, geändert durch Art. 1 d. 1. ÄndV v. 18. Mai 2005, BGBl. I S. 1404[2)], durch Art. 1 d. 2. ÄndV v. 8. April 2011, BGBl. I S. 605[3)], durch Art. 1 d. VO v. 14. August 2012, BGBl. I S. 1712[4)], und durch Art. 81 d. 10. ZuständigkeitsanpassungsV v. 31.8.2015, BGBl. I S. 1474)

Vorbemerkung

I. Anlass für die Novelle 2004

Die Verordnung über Emissionsgrenzwerte für Verbrennungsmotoren (28. BImSchV) 1 vom 20. April 2004 ist mit Wirkung vom 29. April 2004 an die Stelle der gleichnamigen Verordnung vom 11. November 1998 (BGBl. I S. 3411) getreten. Die 28. BImSchV aus dem Jahre 1998 diente der Umsetzung der Richtlinie 97/68/EG vom 16. Dezember 1997 zur Angleichung der Rechtsvorschriften der Mitgliedstaaten über Maßnahmen zur Bekämpfung der Emission von gasförmigen Schadstoffen und luftverunreinigenden Partikeln aus Verbrennungsmotoren für mobile Maschinen und Geräte (ABl. der EG Nr. L 59 S. 1). Durch die Richtlinie 2001/63/EG ist die Richtlinie 97/68/EG an den technischen Fortschritt angepasst worden. Mit einer weiteren Richtlinie (2002/88/EG) ist der Anwendungsbereich der Richtlinie 97/68/EG auf Fremdzündungsmotoren mit einer Leistung von unter 18 kW als Teile von Rasenmähern, Motorkettensägen, Zerkleinerern, Generatoren u. a. ausgedehnt und ein zweistufiger Ansatz für die Einführung der Emissionsgrenzwerte festgelegt worden. Zur Umsetzung dieser Änderungen hat die

* Die Achtundzwanzigste Verordnung zur Durchführung des Bundes-Immissionsschutzgesetzes vom 21. Juli 2021 (BGBl. I S. 3125) ist in den Vorschriftentexten und Kommentierungen noch nicht berücksichtigt. Die Anpassung erfolgt mit der nächsten Ergänzungslieferung.

1) **Amtl. Anm.:** Diese Verordnung dient der Umsetzung der Richtlinien 2001/63/EG der Kommission vom 17. August 2001 zur Anpassung der Richtlinie 97/68/EG des Europäischen Parlaments und des Rates zur Angleichung der Rechtsvorschriften der Mitgliedstaaten über Maßnahmen zur Bekämpfung der Emission von gasförmigen Schadstoffen und luftverunreinigenden Partikeln aus Verbrennungsmotoren für mobile Maschinen und Geräte an den technischen Fortschritt (ABl. EG Nr. L 227 S. 41) und 2002/88/EG des Europäischen Parlaments und des Rates vom 9. Dezember 2002 zur Änderung der Richtlinie 97/68/EG zur Angleichung der Rechtsvorschriften der Mitgliedstaaten über Maßnahmen zur Bekämpfung der Emission von gasförmigen Schadstoffen und luftverunreinigenden Partikeln aus Verbrennungsmotoren für mobile Maschinen und Geräte (ABl. EU 2003 Nr. L 35 S. 28).

2) **Amtl. Anm.:** Diese Verordnung dient der Umsetzung der Richtlinie 2004/26/EG des Europäischen Parlaments und des Rates vom 21. April 2004 zur Änderung der Richtlinie 97/68/EG zur Angleichung der Rechtsvorschriften der Mitgliedstaaten über Maßnahmen zur Bekämpfung der Emission von gasförmigen Schadstoffen und luftverunreinigenden Partikeln aus Verbrennungsmotoren für mobile Maschinen und Geräte (ABl. EU Nr. L 146 S. 1, Nr. L 225 S. 3).

3) **Amtl. Anm.:** Diese Verordnung dient der Umsetzung der Richtlinie 2010/26/EU der Kommission vom 31. März 2010 zur Änderung der Richtlinie 97/68/EG des Europäischen Parlaments und des Rates zur Angleichung der Rechtsvorschriften der Mitgliedstaaten über Maßnahmen zur Bekämpfung der Emission von gasförmigen Schadstoffen und luftverunreinigenden Partikeln aus Verbrennungsmotoren für mobile Maschinen und Geräte (ABl. L 86 vom 1.4.2010, S. 29).

4) **Amtl. Anm.:** Artikel 1 dieser Verordnung dient der Umsetzung der Richtlinie 2011/88/EU des Europäischen Parlaments und des Rates vom 16. November 2011 zur Änderung der Richtlinie 97/68/EG hinsichtlich der Vorschriften für gemäß dem Flexibilisierungssystem in Verkehr gebrachte Motoren (ABl. L 305 vom 23.11.2011, S. 1).

Bundesregierung im Jahre 2004 die neue 28. BImSchV erlassen. Dabei hat sie die Struktur der Verordnung aus dem Jahre 1998 beibehalten.

II. Bedeutung

2 Aus den von der 28. BImSchV erfassten Verbrennungsmotoren werden insbesondere Stickstoffoxide und Partikel, aber auch Kohlenwasserstoffe und Kohlenmonoxid emittiert. Besonders gesundheitsgefährdend sind die Emissionen feinster Staubpartikel (PM-10); Stickstoffoxide und Kohlenwasserstoffe sind an der Entstehung bodennahen Ozons beteiligt. Der Anteil der Emissionen aus Verbrennungsmotoren für mobile Maschinen und Geräte an der gesamten Emission hat in der Vergangenheit zugenommen, weil einerseits der Einsatz dieser Maschinen angestiegen ist und andererseits die Emissionen in anderen Bereichen immer stärker beschränkt worden sind. Nach Untersuchungen der EG gingen im Jahre 1996 etwa ein Drittel der gesamten Partikelemissionen auf mobile Maschinen zurück (vgl. BR-DrS. 613/98, S. 12).

III. Ermächtigungsgrundlagen

3 Die 28. BImSchV vom 20. April 2004, die Erste Änderungsverordnung vom 18. Mai 2005 und die Zweite Änderungsverordnung vom 8. April 2011 sind auf § 33 Abs. 1 Nr. 1, § 37 und § 48a Abs. 3 des Bundes-Immissionsschutzgesetzes gestützt worden. Vor Erlass der Vorgängerverordnung aus dem Jahre 1998 ist § 37 BImSchG um einen Satz 2 ergänzt worden, um damit die Möglichkeit zu schaffen, einer Bundesbehörde (hier dem Kraftfahrt-Bundesamt; vgl. § 10) die Aufgaben der Genehmigungsbehörde zu übertragen.

IV. Entstehungsgeschichte

4 Die Bundesregierung hat die 28. BImSchV aus dem Jahre 2004 am 28. Januar 2004 beschlossen und dem Bundesrat zugeleitet (BR-DrS. 86/04). Der Bundesrat hat der Verordnung am 12. März 2004 ohne Änderungsbegehren zugestimmt. Die Verordnung ist daraufhin am 20. April 2004 ausgefertigt worden, am 28. April 2004 veröffentlicht worden (BGBl. I S. 614) und am 29. April 2004 in Kraft getreten.

5 Durch die Richtlinie 2004/26/EG ist die Richtlinie 97/68/EG erneut an den technischen Fortschritt angepasst und ihr Anwendungsbereich weiter ausgedehnt worden. Seitdem gelten die EG-rechtlichen Anforderungen auch für Motoren von Lokomotiven und Triebwagen des Eisenbahnverkehrs sowie für Motoren zum Antrieb von Binnenschiffen.

6 Zur Umsetzung der Richtlinie 2004/26/EG hat die Bundesregierung am 16. Februar 2005 die Erste Verordnung zur Änderung der Verordnung über Emissionsgrenzwerte für Verbrennungsmotoren beschlossen (BR-DrS. 109/05). Diese Verordnung ist nach Zustimmung des Bundesrates unter dem 18. Mai 2005 ausgefertigt, am 27. Mai 2005 im Bundesgesetzblatt (Teil I S. 1404) veröffentlicht worden und am 28. Mai 2005 in Kraft getreten.

7 Auch nach ihrer Änderung enthält die 28. BImSchV keine Regelungen für die Motoren von Binnenschiffen (vgl. § 1 Satz 2); diese werden in einer eigenen Verordnung über die Begrenzung von Abgasemissionen aus Dieselmotoren in der Binnenschifffahrt getroffen.

2.31 Einunddreißigste Verordnung zur Durchführung des Bundes-Immissionsschutzgesetzes (Verordnung zur Begrenzung der Emissionen flüchtiger organischer Verbindungen bei der Verwendung organischer Lösemittel in bestimmten Anlagen – 31. BImSchV)

Vom 21. August 2001

(BGBl. I S. 2180*, geändert durch Art. 4 d. VO z. Anp. d. GefStoffVO vom 23. Dezember 2004, BGBl. I S. 3758/3807, durch Art. 5d. VO z. Neuf. d. GefStoffVO v. 26. November 2010, BGBl. I S. 1643/1691, durch Art. 2d. VO v. 20. Dezember 2010, BGBl. I S. 2194/2195, durch Art. 7d. VO v. 2. Mai 2013, BGBl. I S. 1021/1070, berichtigt am 7. Oktober 2013, BGBl. I S. 3754, durch Art. 8 d. VO v. 28. April 2015, BGBl. I S. 670/676, durch Art. 82 d. 10. ZuständigkeitsanpassungsV v. 31.8.2015 BGBl. I S. 1474, durch Art. 5 d. VO v. 24. März 2017, BGBl. I S. 656, durch Art. 109 d. 11. ZuständigkeitsanpassungsV v. 19.6.2020, BGBl. I S. 1328, und durch Art. 13 d. G. v. 27.7.2021, BGBl. I S. 3146)

Inhaltsübersicht

Erster Teil. Anwendungsbereich, Begriffsbestimmungen

§ 1 Anwendungsbereich

(1) Diese Verordnung gilt für die Errichtung und den Betrieb der in Anhang I genannten Anlagen, in denen unter Verwendung organischer Lösemittel Tätigkeiten nach Anhang II ausgeführt werden, soweit der Lösemittelverbrauch bei den jeweiligen Tätigkeiten die in Anhang I genannten Schwellenwerte überschreitet. Bei Anlagen, in denen eine bestimmte Tätigkeit in mehreren Teilanlagen, Verfahrensschritten oder Nebeneinrichtun-

* Die Verordnung dient der Umsetzung der Richtlinie 1999/13/EG des Rates vom 11. März 1999 über die Begrenzung von Emissionen flüchtiger organischer Verbindungen, die bei bestimmten Tätigkeiten und in bestimmten Anlagen bei der Verwendung organischer Lösungsmittel entstehen (ABl. EG Nr. L 85 S. 1), in deutsches Recht.
Die Verordnung ist am 25. August 2001 in Kraft getreten.

gen ausgeführt wird, ist für den Lösemittelverbrauch nach Satz 1 die Summe der jeweiligen Teillösemittelverbräuche maßgebend. Das Vorhandensein gemeinsamer, verbindender Betriebseinrichtungen zwischen den Teilanlagen ist nicht erforderlich.

(2) Diese Verordnung gilt nicht für Anlagen nach der Zweiten Verordnung zur Durchführung des Bundes-Immissionsschutzgesetzes, in denen organische Lösemittel, die flüchtige halogenierte organische Verbindungen mit einem Siedepunkt bei 1013 Hektopascal bis zu 423 Kelvin [150 Grad Celsius] (leichtflüchtige halogenierte organische Verbindungen) enthalten, verwendet werden.

§ 2 Begriffsbestimmungen

Im Sinne dieser Verordnung bedeuten die Begriffe

1. Abgase: die Trägergase mit den Emissionen;
2. Abgasreinigungseinrichtung: eine Einrichtung zur Entfernung von flüchtigen organischen Verbindungen aus den Abgasen einer Anlage;
3. Altanlage:
   a) eine genehmigungsbedürftige Anlage, für die am 25. August 2001
      aa) eine Genehmigung zur Errichtung und zum Betrieb nach § 6 oder § 16 des Bundes-Immissionsschutzgesetzes oder eine Zulassung vorzeitigen Beginns nach § 8a des Bundes-Immissionsschutzgesetzes erteilt ist und in dieser Zulassung Anforderungen nach § 5 Abs. 1 Nr. 2 des Bundes-Immissionsschutzgesetzes festgelegt sind,
      bb) eine Teilgenehmigung nach § 8 des Bundes-Immissionsschutzgesetzes oder ein Vorbescheid nach § 9 des Bundes-Immissionsschutzgesetzes erteilt ist, soweit darin Anforderungen nach § 5 Abs. 1 Nr. 2 des Bundes-Immissionsschutzgesetzes festgelegt sind, oder
      cc) ein vollständiger Genehmigungsantrag zur Errichtung und zum Betrieb nach § 6 oder § 16 des Bundes-Immissionsschutzgesetzes gestellt ist und die spätestens bis zum 31. März 2002 in Betrieb genommen wird,
   b) eine Anlage, die nach § 67 Abs. 2 des Bundes-Immissionsschutzgesetzes anzuzeigen ist oder die entweder nach § 67a Abs. 1 des Bundes-Immissionsschutzgesetzes oder vor Inkrafttreten des Bundes-Immissionsschutzgesetzes nach § 16 Abs. 4 der Gewerbeordnung anzuzeigen war oder
   c) eine nicht genehmigungsbedürftige Anlage, deren Errichtung und Betrieb vor dem 25. August 2001 nach sonstigen Vorschriften des öffentlichen Rechts zugelassen worden ist, oder – soweit eine solche Zulassung nicht erforderlich war – mit der Errichtung begonnen worden ist;
4. An- und Abfahren: Vorgänge, mit denen der Betriebs- oder Bereitschaftszustand einer Anlage oder eines Anlagenteils hergestellt oder beendet wird. Regelmäßig wiederkehrende Phasen der in der Anlage durchgeführten Tätigkeiten gelten nicht als An- oder Abfahren;
5. Beschichtungsstoff: flüssiges, pasten- oder pulverförmiges Gemisch, einschließlich aller enthaltenen oder für seine Gebrauchstauglichkeit zugesetzten organischen Lösemittel, das dazu verwendet wird, auf einer Oberfläche eine dekorative, schützende oder auf sonstige Art und Weise funktionale Wirkung zu erzielen;
6. diffuse Emissionen: alle nicht in gefassten Abgasen einer Anlage enthaltenen Emissionen flüchtiger organischer Verbindungen einschließlich der Emissionen, die durch Fenster, Türen, Entlüftungsschächte und ähnliche Öffnungen in die Umwelt gelang-

der Emissionen flüchtiger organischer Verbindungen um mehr als 10 vom Hundert führt;

30. Wiederverwendung organischer Lösemittel: die stoffliche Verwendung von organischen Lösemitteln, die für technische oder kommerzielle Zwecke zurückgewonnen worden sind, oder deren betriebsinterne energetische Nutzung als Brennstoff;
31. Gemische: aus zwei oder mehreren Stoffen bestehende Gemenge, Gemische oder Lösungen;
32. zugelassene Überwachungsstelle: eine Stelle gemäß § 2 Nummer 4 des Gesetzes über überwachungsbedürftige Anlagen.

Zweiter Teil. Begrenzung der Emissionen

§ 3 Allgemeine Anforderungen

(1) Anlagen sind so zu errichten und zu betreiben, dass die Anforderungen nach

1. Absatz 2 bis 4 und
2. Absatz 5 und 6

eingehalten werden, soweit durch § 4 in Verbindung mit Anhang III nichts anderes bestimmt ist.

(2) Der Betreiber einer Anlage hat schädliche Stoffe oder Gemische, denen aufgrund ihres Gehaltes an nach der Verordnung (EG) Nr. 1272/2008 des Europäischen Parlaments und des Rates vom 16. Dezember 2008 über die Einstufung, Kennzeichnung und Verpackung von Stoffen und Gemischen, zur Änderung und Aufhebung der Richtlinien 67/548/EWG und 1999/45/EG und zur Änderung der Verordnung (EG) Nr. 1907/2006 (ABl. L 353 vom 31.12.2008, S. 1), die zuletzt durch die Verordnung (EU) 2016/918 (ABl. L 156 vom 14.6.2016, S. 1) geändert worden ist, als karzinogen, keimzellmutagen oder reproduktionstoxisch eingestuften flüchtigen organischen Verbindungen die Gefahrenhinweise H340, H350, H350i, H360D oder H360F zugeordnet sind oder die mit diesen Sätzen zu kennzeichnen sind, durch weniger schädliche zu ersetzen. Diese Stoffe oder Gemische sind in kürzestmöglicher Frist so weit wie möglich zu ersetzen, wobei die Gebrauchstauglichkeit, die Verwendung und die Verhältnismäßigkeit zwischen Aufwand und Nutzen zu berücksichtigen sind. Die Emissionen an flüchtigen organischen Verbindungen, die als karzinogen, keimzellmutagen oder reproduktionstoxisch eingestuft sind, dürfen, auch beim Vorhandensein mehrerer dieser Verbindungen, einen Massenstrom von 2,5 Gramm je Stunde oder im gefassten Abgas eine Massenkonzentration von 1 Milligramm je Kubikmeter nicht überschreiten. Abweichend von Satz 3 dürfen die Emissionen an Formaldehyd einen Massenstrom von 10 Gramm je Stunde oder im gefassten Abgas eine Massenkonzentration von 2 Milligramm je Kubikmeter nicht überschreiten.

(3) Die Emissionen flüchtiger organischer Verbindungen dürfen aus einer Anlage, denen die Gefahrenhinweise H341 oder H351 zugeordnet sind, auch wenn mehrere dieser Verbindungen vorhanden sind, folgende Werte nicht überschreiten:

1. einen Massenstrom von 100 Gramm je Stunde oder
2. in gefassten Abgasen eine Massenkonzentration von 20 Milligramm je Kubikmeter.

Satz 1 ist auch bei anderen als den dort genannten Stoffen einzuhalten, soweit diese Stoffe den organischen Stoffen der Klasse I der Ersten Allgemeinen Verwaltungsvorschrift zum Bundes-Immissionsschutzgesetz (Technische Anleitung zur Reinhaltung der Luft – TA Luft) vom 24. Juli 2002 (GMBl. S. 511) in der jeweils geltenden Fassung zuzuordnen sind. Anlagen der Nummer 18 des Anhangs I, in denen n-Hexan als Extraktionsmittel eingesetzt wird, haben die Anforderungen des Satzes 1 spätestens ab dem 1. Januar 2019 zu erfüllen.

(4) Bei Anlagen, bei denen zwei oder mehr Tätigkeiten jeweils die Schwellenwerte nach Anhang I überschreiten, gilt Folgendes:

1. Bei den in Absatz 2 oder 3 genannten Stoffen sind die dort festgelegten Anforderungen für die jeweilige Tätigkeit einzeln einzuhalten.
2. Bei allen anderen Stoffen
   a) sind entweder die Anforderungen nach Anhang III für jede Tätigkeit einzeln einzuhalten oder
   b) es dürfen die Gesamtemissionen nicht die Werte überschreiten, die bei Anwendung von Buchstabe a erreicht worden wären.

(5) Der Betreiber einer Anlage hat alle geeigneten Maßnahmen zu treffen, um die Emissionen während des An-und Abfahrens so gering wie möglich zu halten.

(6) Beim Umfüllen von organischen Lösemitteln mit einem Siedepunkt bei 1013 Hektopascal bis zu 423 Kelvin (150 Grad Celsius) sind besondere technische Maßnahmen zur Emissionsminderung zu treffen, wenn davon jährlich 100 Tonnen oder mehr umgefüllt werden. Auf genehmigungsbedürftige Anlagen finden darüber hinaus die Anforderungen der Technischen Anleitung zur Reinhaltung der Luft zum Verarbeiten, Fördern, Umfüllen oder Lagern von flüssigen organischen Stoffen Anwendung.

(7) Auf genehmigungsbedürftige Anlangen wird stets der Stand der Technik nach § 5 Absatz 1 Nummer 2 des Bundes-Immissionsschutzgesetzes angewendet. Hieraus können sich über die Absätze 2 bis 4 hinausgehende Anforderungen ergeben.

§ 4 Spezielle Anforderungen

Der Betreiber hat eine Anlage so zu errichten und zu betreiben, dass

1. die im Anhang III für die Anlage festgelegten
   a) Emissionsgrenzwerte für gefasste Abgase,
   b) Grenzwerte für diffuse Emissionen und
   c) Grenzwerte für die Gesamtemissionen und
2. die im Anhang III für die Anlage festgelegten besonderen Anforderungen

eingehalten werden. An Stelle der Einhaltung der Anforderungen nach Satz 1 Nr. 1 kann ein Reduzierungsplan nach Anhang IV eingesetzt werden, mit dem sich der Betreiber verpflichtet, eine Emissionsminderung in mindestens der gleichen Höhe wie bei Einhaltung der in Satz 1 Nr. 1 festgelegten Anforderungen sicherzustellen. Dieser Plan muss

(Fortsetzung nächste Seite)

32. Verordnung zur Durchführung des Bundes-Immissionsschutzgesetzes (Geräte- und Maschinenlärmschutzverordnung – 32. BImSchV)

Vom 29. August 2002

(BGBl. I S. 3478), geändert durch Gesetz vom 6. Januar 2004 (BGBl. I S. 2/19), durch 1. ÄndVO vom 27. Dezember 2005 (BGBl. I S. 3725), die durch VO vom 16. Juni 2006 (BGBl. I S. 1312) geändert worden ist, durch Art. 6 Abs. 5 d. VO vom 6. März 2007 (BGBl. I S. 261/277), durch Art. 9 d. G über die Neuordnung des Geräte- und Produktsicherheitsrechts vom 8. November 2011 (BGBl. I S. 2178/2199), durch Art. 83 d. 10. ZuständigkeitsanpassungsV v. 31.8.2015 (BGBl. I S. 1474), durch Art. 110 d. 11. ZuständigkeitsanpassungsV v. 19.6.2020 (BGBl. I S. 1328), und durch Art. 14 d. G. v. 27.7.2021 (BGBl. I S. 3146)

Vorbemerkung

1 Die Geräte- und Maschinenlärmschutzverordnung (32. BImSchV) ist als Artikel 1 der Verordnung zur Einführung der Geräte- und Maschinenlärmschutzverordnung vom 29. August 2002 am 5. September 2002 im Bundesgesetzblatt (Teil I S. 3478) veröffentlicht worden und am 6. September 2002 in Kraft getreten. Gleichzeitig sind die Rasenmäherlärm-Verordnung (8. BImSchV) und die Baumaschinenlärm-Verordnung (15. BImSchV) aufgehoben worden. In einer amtlichen Fußnote wird darauf hingewiesen, dass die Verordnung der Umsetzung der Richtlinie 2000/14/EG zur Angleichung der Rechtsvorschriften der Mitgliedstaaten über umweltbelastende Geräuschemissionen von zur Verwendung im Freien vorgesehenen Geräten und Maschinen vom 8. Mai 2000 (ABl. der EG Nr. L 162/1, Nr. L 311/50, hier abgedruckt in Band IV Teil III unter Nr. 4.2.1) dient. Zur Umsetzung der Richtlinie 2005/88/EG, durch die die Richtlinie 2000/14/EG geändert worden ist, wurde durch die 1. Änderungsverordnung vom 27. Dezember 2005 (BGBl. I S. 3725) das Zitat in § 1 Abs. 1 entsprechend ergänzt. Die zunächst vorgesehene Begrenzung der Geltungsdauer dieser Ergänzung bis zum Ablauf des 2. Juli 2006 ist durch die Verordnung vom 16. Juni 2006 (BGBl. I S. 1312) wieder aufgehoben worden.

2 Die Einführungsverordnung enthält folgende Präambel:

Es verordnet:

1. auf Grund der § 23 Abs. 1, §§ 32 und 37 des Bundes-Imissionsschutzgesetzes in der Fassung der Bekanntmachung vom 14. Mai 1990 (BGBl. I S. 880), von denen § 23 durch Artikel 1 Nr. 3 Buchstabe a des Gesetzes vom 19. Oktober 1998 (BGBl. I S. 3178) und § 37 durch Artikel 1 Nr. 5 des Gesetzes vom 19. Oktober 1998 (BGBl. I S. 3178) zuletzt geändert worden sind, die Bundesregierung nach Anhörung der beteiligten Kreise,
2. auf Grund des § 4 Abs. 1 des Gerätesicherheitsgesetzes in der Fassung der Bekanntmachung vom 11. Mai 2001 (BGBl. I S. 866) die Bundesregierung nach Anhörung des Ausschusses für technische Arbeitsmittel:

3 Im allgemeinen Teil der Begründung zur Verordnung wird Folgendes ausgeführt (BR-Drs. 422/02):

I. Zielsetzung und Konzeption des Verordnungsentwurfs

Die Verordnung dient in erster Linie der Umsetzung der Richtlinie 2001/14/EG des Europäischen Parlaments und des Rates vom 8. Mai 2000 zur Angleichung der Rechtvorschriften der Mitgliedstaaten über umweltbelastende Geräuschemissionen von zur Verwendung im Freien vorgesehenen Geräten und Maschinen (ABl. EG Nr. L 162 S. 1, L 311 S. 50) in deutsches Recht. Daneben dient die Verordnung der Einführung einer nationalen Betriebsregelung für Geräte und Maschinen, die darauf abzielt, zum Schutz der Bevölkerung den Betrieb in Wohngebieten und anderen empfindlichen Gebieten einzuschränken.

Die Verordnung enthält alle Vorschriften, die für eine möglichst einfache Umsetzung der Richtlinie 2000/14/EG notwendig sind. Da die auf

- Artikel 95 EG-Vertrag,
- die Grundprinzipien und Ansätze der Entschließung des Rates vom 7. Mai 1985 über eine neue Konzeption auf dem Gebiet der technischen Harmonisierung und der Normung (ABl. EG Nr. C 136 S. 1) und
- den Beschluss 93/465/EWG des Rates vom 22. Juli 1993 über die in den technischen Harmonisierungsrichtlinien zu verwendenden Module für die verschiedenen Phasen der Konformitätsbewertungsverfahren und die Regeln für die Anbringung und Verwendung der CEKonformitätskennzeichnung (ABl. EG Nr. L 220 S. 23)

gestützte Richtlinie hinreichend konkret und unbedingt gefasst ist, bedarf es zu ihrer Umsetzung lediglich einiger Vorschriften, mit denen unmittelbar die für den Vollzug erforderlichen Rechte und Pflichten normiert werden. Im Übrigen kann die Verordnung weitgehend auf bestimmte Regelungen der Richtlinie verweisen.

So sind zentral für die Umsetzung der Richtlinie Vorschriften für das Inverkehrbringen und die Inbetriebnahme von Geräten und Maschinen; diese Vorschriften ermöglichen der zuständigen Behörde bei Verstößen ein entsprechendes Eingreifen. Dagegen können hinsichtlich der Anforderungen, die an das Inverkehrbringen und die Inbetriebnahme zu stellen sind, klare Verweise verwandt werden, durch die sehr detaillierte Regelungen der Richtlinie in Bezug genommen und damit mittelbar zum Regelungsgehalt der Verordnung gemacht werden. Eine textliche Übernahme dieser Regelungen in die Verordnung würde lediglich zu einer unnötigen Ausweitung des Vorschriftentextes führen. Dies gilt für bestimmte Begriffsbestimmungen nach Artikel 3, für die EG-Konformitätserklärung nach Artikel 8, für die CE-Kennzeichnung nach Artikel 11, für die Zulässigkeit von Schallleistungspegeln nach Artikel 12, für die Konformitätsbewertung nach Artikel 14 und für Benannte Stellen nach Artikel 15 der Richtlinie. Dies gilt grundsätzlich auch für den Anwendungsbereich nach Artikel 2 der Richtlinie sowie für die Auflistung und Definitionen in ihrem Anhang I; hier wird allerdings nicht nur auf Artikel 2 sowie auf den Anhang I verwiesen, sondern im Anhang 1 der Verordnung auch eine gleichlautende Auflistung gegeben, um dem Anwender eine schnelle Orientierung zu ermöglichen.

Diese weitgehendst auf Verweisungen abstellende Konzeption der Verordnung kommt der Neuen Konzeption auf dem Gebiet der technischen Harmonisierung und der Normung entgegen, da die Richtlinie für die Regelung nationaler Besonderheiten nur noch in Randpunkten Spielraum lässt und es auch für ausländische Hersteller, die Geräte und Maschinen auch in Deutschland auf den Markt bringen wollen, einfacher ist, sich an die Richtlinie 2000/14/EG zu halten.

II. Umsetzung der Richtlinie 2000/14/EG

1. Zielsetzung und wesentlicher Inhalt der Richtlinie 2000/14/EG

Das Europäische Parlament und der Rat haben am 8. Mai 2000 die Richtlinie 2000/14/EG zur Angleichung der Rechtvorschriften der Mitgliedstaaten über umweltbelastende Geräuschemissionen von zur Verwendung im Freien vorgesehenen Geräten und Maschinen erlassen. Mit Veröffentlichung im Amtblatt der Europäischen Gemeinschaften (ABl. EG Nr. L 162 S. 1) am 3.7.2000 ist die Richtlinie gemäß ihrem Artikel 23 am gleichen Tag in Kraft getreten.

Die Richtlinie 2000/14/EG ist gemäß ihrem Artikel 22 Abs. 1 spätestens am 3. Juli 2001 in nationales Recht umzusetzen. Gemäß Absatz 2 dieses Artikels sind die nationalen Vorschriften ab dem 3. Januar 2002 von den Mitgliedstaaten anzuwenden, wobei jedoch dem Hersteller oder seinem in der Gemeinschaft ansässigen Bevollmächtigten zu gestatten ist, von den Bestimmungen der Richtlinie ab dem 3. Juli 2001 Gebrauch zu machen (siehe Berichtigung der Richtlinie 2000/14/EG, ABl. EG Nr. L 311 S. 50).

Mit der Richtlinie wird gemäß ihrem Artikel 1 das Ziel verfolgt, die Rechtsvorschriften der Mitgliedstaaten über Geräuschemissionsnormen, Konformitätsbewertungsverfahren, Kennzeichnung, technische Unterlagen sowie über die Sammlung von Daten über umweltbelastende Geräuschemissionen von zur Verwendung im Freien vorgesehenen Geräten und Maschinen zu harmonisieren. Dadurch soll die Richtlinie zum reibungslosen Funktionieren des Binnenmarktes beitragen und gleichzeitig für den Schutz der menschlichen Gesundheit und des Wohlbefindens sorgen.

Die Richtlinie ist in Erwägung verschiedener Gründe, die sich auf den Binnenmarkt wie auch auf den Schutz von Mensch und Umwelt beziehen, erlassen worden. Zum letzteren geht es vor allem um

- die Festlegung (Stufe I ab 2002) und die weitere Senkung (Stufe II ab 2006) des zulässigen Schallleistungspegels von bestimmten Geräten und Maschinen,

Gebrauch gemacht, eine Ausstellung in der nationalen Amtssprache verlangen zu können. Im Übrigen ist auch hier der Verweis auf Artikel 8 der Richtlinie, der hinreichend konkret und unbedingt gefasst ist, für dessen Umsetzung in deutsches Recht ausreichend.

Nummer 3 von § 3 Abs. 1 Satz 1 betrifft als dritte Anforderung an die Zulässigkeit des Inverkehrbringens und der Inbetriebnahme von Geräten und Maschinen die Übermittlung einer Kopie der EG-Konformitätserklärung an die Europäische Kommission. Mit dieser Regelung wird Artikel 16 Abs. 1 der Richtlinie insoweit umgesetzt, wie die Verpflichtung zur Übermittlung an dem Tatbestand des Inverkehrbringens und der Inbetriebnahme ansetzt. Im Übrigen erfolgt die weitere Umsetzung durch die Vorschrift des § 4.

Nummer 4 von § 3 Abs. 1 Satz 1 betrifft als vierte Anforderung an die Zulässigkeit des Inverkehrbringens und der Inbetriebnahme von Geräten und Maschinen die Konformitätsbewertung, die nach Artikel 14 der Richtlinie für jeden Typ eines Gerätes oder einer Maschine durchzuführen ist. Die Regelung unterscheidet entsprechend Artikel 14 der Richtlinie zwischen Geräten und Maschinen, für die nach Artikel 12 der Richtlinie Geräuschemissionsgrenzwerte, d. h. zulässige Schallleistungspegel, gelten (Geräte und Maschinen nach Anhang 1 Spalte 1 der Verordnung) oder die nach Artikel 13 der Richtlinie nur der Kennzeichnungspflicht unterliegen (Geräte und Maschinen nach Anhang 1 Spalte 2 der Verordnung). Für erstere stehen verschiedene Verfahren der Konformitätsbewertung mit Einschaltung einer Benannten Stelle nach Artikel 15 der Richtlinie bzw. nach § 8 der Verordnung zur Verfügung, von denen eines nach Wahl des Herstellers durchzuführen ist. Für letztere ist lediglich ein internes Konformitätsbewertungsverfahren (interne Fertigungskontrolle) durchzuführen. Auch für die interne Fertigungskontrolle gelten nach der Richtlinie allerdings Pflichten betreffend die Aufbewahrung und Übermittlung von Informationen aus der Konformitätsbewertung, die wegen ihrer Bedeutung für den Vollzug unmittelbar in deutsches Recht umgesetzt werden (siehe § 5). Auch hier ist im Übrigen der Verweis auf Artikel 14 der Richtlinie, der hinreichend konkret und unbedingt gefasst ist, für dessen Umsetzung in deutsches Recht ausreichend.

Nummer 5 von § 3 Abs. 1 Satz 1 regelt als fünfte Anforderung an die Zulässigkeit des Inverkehrbringens und der Inbetriebnahme von Geräten und Maschinen die Einhaltung des zulässigen Schallleistungspegels nach Artikel 12 der Richtlinie durch den garantierten Schallleistungspegel, soweit es sich um Geräte und Maschinen nach Artikel 12 der Richtlinie bzw. nach Anhang 1 Spalte 1 der Verordnung handelt. Auch hier ist im Übrigen der Verweis auf Artikel 12 der Richtlinie, der hinreichend konkret und unbedingt gefasst ist, für dessen Umsetzung in deutsches Recht ausreichend.

Absatz 2 des § 3 regelt die Frage, wem die Anforderungen des Absatzes 1 obliegen, wenn weder der Hersteller noch sein Bevollmächtigter in der Europäischen Gemeinschaft ansässig sind. In diesem Fall ist es ausreichend, wenn jede sonstige Person, die die Geräte oder Maschinen in Verkehr bringt oder in Betrieb nimmt, die Erfüllung der Anforderung sicher gestellt hat. Die Vorschrift setzt Artikel 4 Abs. 2 der Richtlinie in deutsches Recht um.

§ 4 Übermittlung der Konformitätserklärung

Der in Deutschland ansässige Hersteller oder andernfalls sein in Deutschland ansässiger Bevollmächtigter hat der nach Landesrecht zuständigen Behörde des Landes, in dem er seinen Sitz hat, und der Europäischen Kommission eine Kopie der EG-Konformitätserklärung für jeden Typ eines Gerätes und einer Maschine nach dem Anhang zu übermitteln, wenn Geräte und Maschinen dieses Typs in der Europäischen Gemeinschaft in Verkehr gebracht oder in Betrieb genommen werden.

Die amtliche Begründung zu § 4 hat folgenden Wortlaut (BR-Drs. 422/02, S. 18):

§ 4 regelt die Übermittlung der EG-Konformitätserklärung an die zuständige deutsche Behörde und die Europäische Kommission. Die Vorschrift dient der Umsetzung von Artikel 16 Abs. 1 der Richtlinie 2000/14/EG in deutsches Recht. Sie ist neben der zentralen Vorschrift des § 3 für die Umsetzung der Richtlinie erforderlich, um unmittelbar Rechte und Pflichten zu begründen. Da allerdings Artikel 16 Abs. 1 eine Ergänzung des Artikels 8 der Richtlinie darstellt und dieser insbesondere im Regelungszusammenhang mit Artikel 4 steht, der das Inverkehrbringen lediglich auf dem Gemeinschaftsmarkt und das Inbetriebnehmen lediglich im Gebiet der Europäischen Gemeinschaft betrifft, ergibt sich nach Sinn und Zweck der Regelung, dass Artikel 16 Abs. 3 keine Geltung beanspruchen kann für Geräte und Maschinen, die in einem Mitgliedstaat für den Export in ein

Drittland hergestellt werden (vgl. Leitfaden, aaO., Seite 19). Demzufolge ist die Regelung des § 4 entsprechend eingeschränkt.

§ 5 Aufbewahrung und Übermittlung von Informationen aus der Konformitätsbewertung

Der in Deutschland ansässige Hersteller oder andernfalls sein in Deutschland ansässiger Bevollmächtigter hat nach Herstellung des letzten Gerätes oder der letzten Maschine eines Typs zehn Jahre lang alle Informationen, die im Laufe des Konformitätsbewertungsverfahrens für den Geräte- oder Maschinentyp verwendet wurden, insbesondere die in Artikel 14 Abs. 3 der Richtlinie 2000/14/EG angegebenen technischen Unterlagen, sowie ein Exemplar der EG-Konformitätserklärung aufzubewahren. Auf Verlangen hat er der nach Landesrecht zuständigen Behörde Einsicht in die Informationen zu geben und ihr Kopien der Informationen zur Verfügung zu stellen.

In der amtlichen Begründung zu § 5 wird Folgendes ausgeführt (BR-DrS. 422/02, S. 18):

§ 5 regelt die Verpflichtung des Herstellers von Geräten und Maschinen zur Aufbewahrung von Informationen aus der Konformitätsbewertung und zur Übermittlung von Informationen an die zuständige Behörde. Die Vorschrift dient der Umsetzung von Artikel 8 Abs. 3 und Artikel 14 Abs. 3 der Richtlinie 2000/14/EG in deutsches Recht. Sie ist neben der zentralen Vorschrift des § 3 für die Umsetzung der Richtlinie erforderlich, um unmittelbar Rechte und Pflichten zu begründen. Dadurch, dass der Hersteller verpflichtet wird, der zuständigen deutschen Behörde die in Artikel 14 Abs. 3 angesprochenen Informationen zur Verfügung zu stellen ist sicher gestellt, dass auch die Europäische Kommission diese Informationen erhalten kann. Im Übrigen ist auch hier der Verweis auf Artikel 14 Abs. 3 der Richtlinie, der hinreichend konkret und unbedingt gefasst ist, für dessen Umsetzung in deutsches Recht ausreichend.

§ 6 Mitteilungspflichten

(1) **Die zuständige Landesbehörde teilt Marktüberwachungsmaßnahmen nach § 8 des Marktüberwachungsgesetzes dem Bundesministerium für Umwelt, Naturschutz und nukleare Sicherheit im Hinblick auf die nach Artikel 9 Abs. 2 der Richtlinie 2000/14/EG erforderliche Unterrichtung der anderen Mitgliedstaaten der Europäischen Gemeinschaft und der Europäischen Kommission unverzüglich mit.**

(2) **Die zuständige Landesbehörde nach § 9 Absatz 1 des Produktsicherheitsgesetzes teilt dem Bundesministerium für Umwelt, Naturschutz und nukleare Sicherheit im Hinblick auf die nach Artikel 15 Abs. 3 der Richtlinie 2000/14/EG erforderliche Meldung an die Mitgliedstaaten der Europäischen Gemeinschaft und an die Europäische Kommission mit, welche Stellen sie benannt hat. In der Mitteilung ist anzugeben, für welche Geräte und Maschinen sowie Konformitätsbewertungsverfahren die Benennung gilt. Satz 1 gilt entsprechend für einen Widerruf sowie eine Rücknahme, einen Ablauf oder ein Erlöschen der Benennung im Hinblick auf Artikel 15 Abs. 5 der Richtlinie 2000/14/EG.**

Die Fassung des § 6 geht auf den Bundesrat zurück (BR-Drs. 422/02 – Beschluss, S. 2 Buchst. b).

Absatz 3 regelt die Möglichkeit, Ausnahmen von den Betriebseinschränkungen nach Absatz 1 zuzulassen. Nach Satz 1 kann die zuständige Behörde im Einzelfall eine solche Ausnahme auf Antrag zulassen, wenn schädliche Umwelteinwirkungen durch Geräusche, insbesondere Störungen der Sonn- und Feiertagsruhe sowie der Nachtruhe, nicht zu besorgen sind. Diese auf § 23 des Bundes-Immissionsschutzgesetzes gestützte Zulassungsvoraussetzung geht über die Anforderungen des § 22 des Bundes-Immissionsschutzgesetzes hinaus und ist insoweit abschließend. Die Darlegungslast für die Einhaltung der Zulassungsvoraussetzungen trägt der Antragsteller; er muss wegen der hohen Schallleistungspegel von Geräten und Maschinen nach Anhang 1 dartun, dass z. B. aufgrund des Abstandes zum Immissionsort oder aufgrund besonderer Abschirmung Störungen für die Nachbarschaft oder die Allgemeinheit nicht hervor gerufen werden können. Die Behörde hat für die dahingehende Beurteilung die Technische Anleitung zum Schutz gegen Lärm (TA Lärm) vom 26. August 1998 (GMBl. S. 503) heranzuziehen.

Satz 2 des Absatzes 3 betrifft Gefahren für Mensch, Umwelt oder Sachgüter, zu deren Abwendung der Betrieb von Geräten und Maschinen nach Anhang 1 erforderlich ist. Derartige Gefahren sind vielfach bei Unwetter oder Schneefall anzunehmen; der Hinweis auf diese besonderen Gefahrensituationen hat daher klarstellende Funktion. Im Einzelfall ist dann eine Ausnahme, die zum Betrieb von Geräten und Maschinen in den an sich gesperrten Zeiten berechtigt, bei ihrer Verwendung zur Gefahrenabwehr gegeben, ohne dass es noch einer Zulassung bedürfte.

Mit dieser situationsbezogenen Ausnahmeregelung wird der Betrieb von Geräten und Maschinen ohne bürokratischen Aufwand ermöglicht. Nach Satz 3 ist dann allerdings die Behörde im nachhinein auf Verlangen zu unterrichten. Aufgrund von Beschwerden oder auch aufgrund eigener Informationen erhält sie dadurch die Möglichkeit, Vorgängen nachzugehen, ggf. auch ungerechtfertigte Inanspruchnahmen der Ausnahmeregelung mit Bußgeldern zu verfolgen und ihnen präventiv entgegen zu wirken.

Nach Satz 4 kann die Behörde im Einzelfall von Amts wegen bei einer Gefahr für die Allgemeinheit Ausnahmen zulassen. Mit diesem Instrument einer Allgemeinverfügung ist die Behörde in der Lage, auf besondere Situationen angemessen und zeitnah reagieren zu können.

Die Fassung des Absatzes 3 geht auf den Bundesrat zurück. Zur Begründung hat er Folgendes ausgeführt (BR-Drs. 422/02 – Beschluss, Nr. 8, S. 7): 2

Die Ergänzung ist erforderlich, um die vielerorts bestehenden Regelungen über den Schutz der Mittags- und Feierabendruhe zu erhalten. Denn anderenfalls würde die Verordnung als bundesrechtliche Vollregelung derartige Bestimmungen außer Kraft setzen.

§ 8 Betrieb in empfindlichen Gebieten

Die Länder können

1. **unter Beachtung des Artikels 17 der Richtlinie 2000/14/EG weitergehende Regelungen für Einschränkungen des Betriebs von Geräten und Maschinen nach dem Anhang in von ihnen als empfindlich eingestuften Gebieten treffen,**
2. **unter Beachtung der allgemeinen Vorschriften des Lärmschutzes Regelungen zu weitergehenden Ausnahmen von Einschränkungen des Betriebs von Geräten und Maschinen nach dem Anhang treffen, soweit**
   a) **lärmarme Geräte und Maschinen eingesetzt werden, deren Betrieb nicht erheblich stört oder unter Abwägung öffentlicher und privater Belange sowie unter Berücksichtigung anderweitiger Lösungsmöglichkeiten Vorrang hat, oder**
   b) **der Betrieb im öffentlichen Interesse erforderlich ist.**

§ 8 beruht auf dem Beschluss des Bundesrates (BR-Drs. 422/02 – Beschluss, Nr. 9). Zur Begründung hat der Bundesrat Folgendes ausgeführt:

Die Beschränkung der Betriebsstunden in den unzweifelhaft lärmsensiblen Gebieten, die in § 9 Abs. 1 *(jetzt: § 7 Abs. 1)* der Verordnung genannt werden, sichert in diesen Gebieten ein hohes Niveau des Schutzes vor Geräuschimmissionen durch im Freien zu betreibende Geräte und Maschinen. Auch wenn die Fläche, auf der die entsprechenden Nutzungen durch Bebauungspläne festgesetzt sind, nur einen Bruchteil der für Wohnzwecke genutzten Bauflächen darstellt, können gleichwohl Situationen auftreten, die dort den Betrieb der unter die Verordnung fallenden Geräte und Maschinen erforderlich machen, beispielsweise durch technologische Abläufe bei Baumaßnahmen, die trotz optimaler Ausnutzung der Zeit von 7.00 Uhr bis 20.00 Uhr auf die Zeit danach ausgedehnt werden müssen.

Durch die Einführung des § 9a *(jetzt: § 8)* wird dies unter der allgemeinen Voraussetzung ermöglicht, dass solche Geräte und Maschinen eingesetzt werden, die dem Stand der Lärmminderungstechnik entsprechen. In diesem Rahmen können die Länder entsprechend ihren Belangen weiter gehende Regelungen treffen. Die mit der Artikelverordnung außer Kraft zu setzenden Allgemeinen Verwaltungsvorschriften zum Schutz gegen Baulärm – Emissionsrichtwerte für bestimmte Baumaschinen – enthielten vergleichbare Definitionen, die sich in der Praxis bewährt haben. Die ebenfalls außer Kraft zu setzende Rasenmäherlärm-Verordnung (8. BImSchV) enthielt eine Regelung, die den Betrieb von Rasenmähern in der Zeit von 19.00 Uhr bis 7.00 Uhr sowie sonn- und feiertags untersagte und eine Öffnungsklausel für den Einsatz lärmarmer Rasenmäher bis 22.00 Uhr enthielt. Ebenso wie in der vorliegenden Verordnung blieben weiter gehende Regelungen zum Schutz der Ruhe unter der Beachtung des vorgegebenen zeitlichen Rahmens unberührt. Der zu ergänzende § 9a lehnt sich inhaltlich an den Regelungsgehalt der Nr. 5.2.2 der Allgemeinen Verwaltungsvorschrift zum Schutz gegen Baulärm – Immissionen – vom 19. August 1970 (BAnz. Nr. 160 vom 1. September 1970) an.

Die Einführung des § 9a *(jetzt: § 8)* gibt den Ländern die erforderliche Flexibilität, um sowohl generelle Ausnahmen von den Betriebsbeschränkungen nach § 9 Abs. 1 *(jetzt: § 7 Abs. 1)* zuzulassen als auch, um Einzelfallentscheidungen durch die zuständigen Behörden zu gestatten. Zugleich können die Länder aber auch in den von ihnen als lärmsensibel betrachteten Bereichen weiter gehende Regelungen treffen.

Entscheidend für den Vollzug ist die Begriffsbestimmung der lärmarmen Geräte und Maschinen. Es wird auf das europäische Umweltzeichen Bezug genommen, um derartige Maschinen zu charakterisieren. Das soll ein Signal in Richtung der Kommission sein, um die Vergabe des europäischen Umweltzeichens zu forcieren. Der Rückgriff auf Geräte und Maschinen, die die Anforderungen der Stufe II der Richtlinie 2000/14/EG erfüllen, stellt eine Auffangregelung für den Zeitraum dar, in dem noch keine Geräte und Maschinen mit dem europäischen Umweltzeichen auf dem Markt sind. Auf dem deutschen Markt werden weit über 200 Geräte und Maschinen mit dem Umweltzeichen „Umweltfreundlich – weil lärmarm" angeboten. Diese Geräte erfüllen schon heute wesentlich schärfere Anforderungen bei der Geräuschemission, als sie in Stufe II der Richtlinie 2000/14/EG gefordert werden. Das zeigt, dass die vorgeschlagene Begriffsbestimmung für lärmarme Geräte und Maschinen weder an die Hersteller noch an den Markt eine überzogene Forderung stellt.

Abschnitt 4. Schlussvorschriften

§ 9 Ordnungswidrigkeiten

(1) **Ordnungswidrig im Sinne des § 28 Absatz 1 Nummer 7 Buchstabe a des Produktsicherheitsgesetzes handelt, wer vorsätzlich oder fahrlässig**

1. entgegen § 3 Abs. 1 Satz 1, auch in Verbindung mit Abs. 2, ein Gerät oder eine Maschine in Verkehr bringt oder in Betrieb nimmt,

1a. entgegen § 3 Absatz 1 Satz 4 ein Zeichen oder eine Aufschrift anbringt oder

2. entgegen § 4 eine Kopie nicht oder nicht rechtzeitig übermittelt.

(1a) **Ordnungswidrig im Sinne des § 28 Absatz 1 Nummer 7 Buchstabe b des Produktsicherheitsgesetzes handelt, wer vorsätzlich oder fahrlässig entgegen § 5 Satz 1 eine Information oder ein Exemplar nicht oder nicht mindestens zehn Jahre aufbewahrt.**

(2) **Ordnungswidrig im Sinne des § 62 Abs. 1 Nr. 7 des Bundes-Immissionsschutzgesetzes handelt, wer vorsätzlich oder fahrlässig**

1. entgegen § 7 Abs. 1 Satz 1 ein Gerät oder eine Maschine betreibt oder

2. entgegen § 7 Abs. 2 Satz 3 die zuständige Behörde nicht, nicht richtig, nicht vollständig oder nicht rechtzeitig unterrichtet.

2.34 Vierunddreißigste Verordnung zur Durchführung des Bundes-Immissionsschutzgesetzes (Verordnung über die Lärmkartierung – 34. BImSchV)

Vom 6. März 2006

(BGBl. I S. 516, geändert durch Art. 84 d. 10. ZuständigkeitsanpassungsV v. 31.8.2015, BGBl. I S. 1474, durch Art. 111 d. 11. ZuständigkeitsanpassungsV v. 19.6.2020, BGBl. I S. 1328, und durch Art. 1 d. 1. VO zur Änderung der VO über die Lärmkartierung v. 28.5.2021, BGB. I S. 251)

Vorbemerkung

1. Ermächtigungsgrundlage

Die Verordnung über die Lärmkartierung ist auf § 47f BImSchG gestützt worden (zur Verfassungsmäßigkeit des § 47f BImSchG vgl. Band I, § 47f Rn. 3). Sie enthält folgende Präambel: 1

Auf Grund des § 47f des Bundes-Immissionsschutzgesetzes, der durch Artikel 1 des Gesetzes zur Umsetzung der EG-Richtlinie über die Bewertung und Bekämpfung von Umgebungslärm vom 24. Juni 2005 (BGBl. I S. 1794) eingefügt worden ist, verordnet die Bundesregierung nach Anhörung der beteiligten Kreise:

2. Zweck und Inhalt der Verordnung

Die 34. BImSchV dient der Konkretisierung der in § 47c BImSchG festgelegten Anforderungen an Lärmkarten (vgl. → § 47c Rn. 3). Damit dient sie – wie auch in der amtlichen Fußnote zur Verordnung angegeben wird – zugleich der Umsetzung der Richtlinie 2002/49/EG über die Bewertung und Bekämpfung von Umgebungslärm (Umgebungslärm-Richtlinie). Die Umgebungslärm-Richtlinie enthält in Anhang IV „Mindestanforderungen für die Ausarbeitung strategischer Lärmkarten nach Artikel 7". § 47c Abs. 2 BImSchG verlangt, dass die Lärmkarten diesen Mindestanforderungen zu entsprechen haben (vgl. dazu → § 47c Rn. 8–12). In der Lärmkartierungsverordnung werden diese Mindestanforderungen näher festgelegt (vgl. insbesondere § 4). Darüber hinaus werden in § 2 der 34 BImSchV die Lärmindizes aus Anhang I der Umgebungslärm-Richtlinie in das deutsche Recht übernommen. § 5 enthält Vorgaben für die Berechnung der Lärmindizes. Schließlich konkretisieren die §§ 6 und 7 der Verordnung die Pflicht zur Übermittlung der Informationen aus den Lärmkarten (§ 47c Abs. 6; vgl. dazu → § 47c Rn. 18) und zur Information der Öffentlichkeit entsprechend Art. 4 Abs. 2 und Art. 9 der Umgebungslärm-Richtlinie (§ 47f Abs. 1 Satz 1 Nr. 3 BImSchG). 2

3. Entstehungsgeschichte

Die Verordnung über die Lärmkartierung entspricht nach Inhalt und Wortlaut dem Beschluss des Bundesrates vom 21. Dezember 2005 (BR-Drs. 710/05 – Beschluss). Die Bundesregierung hatte zuvor zweimal Verordnungen über die Lärmkartierung beschlossen und dem Bundesrat zugeleitet (BR-Drs. 95/05 und BR-Drs. 710/05; vgl. dazu auch → § 47c Rn. 3). Zu der ersten Vorlage hatte der Bundesrat seine Zustimmung mit der Begründung verweigert, der Sechste Teil des Bundes-Immissionsschutzgesetzes, zu dessen Konkretisierung die Verordnung diene, sei nach dem Beschluss der Bundesregierung im Vermittlungsverfahren wesentlich geändert worden. Der daraufhin von der Bundesregie- 3 rung überarbeiteten Verordnung stimmte der Bundesrat nur mit der Maßgabe zu, dass sie entsprechend seinen Vorstellungen neu gefasst wird. Zur Begründung führte der Bundesrat aus (BR-Drs. 710/05 – Beschluss, S. 7):

Bereits die Vorlage des ersten Entwurfs der Kartierungsverordnung (BR-Drs. 95/05) stieß auf fachliche Einwände der Länder. Trotz Überarbeitung nach Verabschiedung des Umsetzungsgesetzes im Juni 2005 blieben die meisten Einwendungen der Länder unberücksichtigt. Die hier vorliegende Fassung berücksichtigt dagegen die Einwendungen weitgehend. Das betrifft den Verzicht auf Wiederholung von an anderer Stelle verankerten Regelungen, die strikte 1 : 1-Umsetzung von Vorgaben der Richtlinie mit dem Verzicht auf die Einführung sonstiger Hauptlärmquellen und die klare Zuweisung der Festlegung von Auslöseschwellen und -kriterien für die Maßnahmeplanung in die noch zu erlassende Verordnung zur Lärmaktionsplanung. Dabei wird davon ausgegangen, dass die Verordnung zur Lärmaktionsplanung als Änderungsverordnung zur Verordnung über die Lärmkartierung konzipiert wird.

4 Die Bundesregierung ist der Maßgabe des Bundesrates gefolgt und hat die Verordnung über die Lärmkartierung (34. BImSchV) am 6. März 2006 ausgefertigt. Die Verordnung ist am 15. März 2006 im Bundesgesetzblatt (Teil I S. 516) veröffentlicht worden. Sie ist am 16. März 2006 in Kraft getreten (§ 8).

5 Eine erste substanzielle Änderung erfuhr die 34. BImSchV durch die Verordnung zur Änderung der Verordnung über die Lärmkartierung vom 28. Mai 2021 (BGBl. I S. 1251). Hintergrund war die Festlegung von Methoden für die Bewertung gesundheitsschädlicher Auswirkungen von Umgebungslärm in Anhang III der Umgebungslärmrichtlinie, der diese Methoden nach der Änderung durch die Richtlinie (EU) 2020/367 der Kommission vom 4. März 2020 (ABl. L 67 vom 5.3.2020, S. 132) enthält. Betroffen ist u. a. § 4 Abs. 4, der um eine Nr. 9 ergänzt wurde sowie ein neuer § 4 Abs. 7. § 5 wurde um die Absätze 3a und 3b ergänzt, um die Methoden zur Ermittlung der neuen Angaben über gesundheitsschädliche Auswirkungen zu konkretisieren. Die neuen Vorschriften sind zum 1. Juli 2021 in Kraft getreten, so dass sie für die Lärmkartierung 2022 zur Anwendung kommen.

§ 1 Anwendungsbereich

Diese Verordnung gilt für die Kartierung von Umgebungslärm. Sie konkretisiert Anforderungen an Lärmkarten nach § 47c des Bundes-Immissionsschutzgesetzes.

§ 2 Lärmindizes

(1) **Die Lärmindizes L_{Day}, $L_{Evening}$ und L_{Night} sind die A-bewerteten äquivalenten Dauerschallpegel in Dezibel gemäß ISO 1996-2: 1987, wobei der Beurteilungszeitraum ein Jahr beträgt und die Bestimmungen an allen Tagen in folgenden Zeiträumen erfolgen:**

1. L_{Day}: 12 Stunden, beginnend um 6.00 Uhr,

2. $L_{Evening}$: 4 Stunden, beginnend um 18.00 Uhr,

3. L_{Night}: 8 Stunden, beginnend um 22.00 Uhr.

Ein Jahr ist das für die Schallemission ausschlaggebende und ein hinsichtlich der Witterungsbedingungen durchschnittliches Kalenderjahr.

(2) **Der Lärmindex L_{DEN} in Dezibel ist wie folgt definiert:**

$$L_{DEN} = 10 \cdot \lg \frac{1}{24}\left(12 \cdot 10^{\frac{L_{Day}}{10}} + 4 \cdot 10^{\frac{L_{Evening}+5}{10}} + 8 \cdot 10^{\frac{L_{Night}+10}{10}}\right)$$

Die Definitionen der Lärmindizes in § 2 und die Anforderungen an ihre Ermittlung entsprechen dem Anhang I der Umgebungslärm-Richtlinie.

§ 3 Datenerhebung und Datenübermittlung

(1) **Soweit die für die Ausarbeitung der Lärmkarten zuständigen Behörden nicht auf Bestände zurückgreifen können, können sie anordnen, dass ihnen vorhandene, nach den §§ 4 und 5 für die Erarbeitung von Lärmkarten erforderliche Daten sowie vorhandene Ergebnisdaten für Lärmkarten unentgeltlich zur Verfügung gestellt werden von**

1. **Eisenbahninfrastrukturunternehmen für den durch Eisenbahnen hervorgerufenen Umgebungslärm,**
2. **Verkehrsunternehmen für den durch Straßenbahnen im Sinne des § 4 des Personenbeförderungsgesetzes hervorgerufenen Umgebungslärm,**
3. **Betreibern von Verkehrsflughäfen für den durch Flugzeuge in der Umgebung von Verkehrsflughäfen hervorgerufenen Umgebungslärm,**
4. **Anlagenbetreibern und Betreibern von Häfen für den durch Anlagen und Häfen nach § 4 Absatz 1 Nummer 5 hervorgerufenen Umgebungslärm,**
5. **Trägern der Straßenbaulast für den durch Straßenverkehr hervorgerufenen Umgebungslärm.**

Sofern für die Ausarbeitung der Lärmkarten die Erhebung von Daten erforderlich ist, sind die Betreiber und Unternehmen nach Satz 1 zur Mitwirkung verpflichtet, insbesondere dazu, während der üblichen Geschäftzeiten das Betreten von Betriebsgrundstücken und -räumen zu dulden, Anlagen und Einrichtungen zugänglich zu machen oder vorhandene Unterlagen zur Verfügung zu stellen. § 52 Absatz 5 und 7 des Bundes-Immissionsschutzgesetzes gilt entsprechend.

(2) **Die Gemeinden haben die für die Lärmkarten erforderlichen Daten über die vom Umgebungslärm betroffene Wohnbevölkerung, soweit vorhanden, den für die Ausarbeitung der Lärmkarten zuständigen Behörden unentgeltlich zur Verfügung zu stellen.**

(3) **Andere Behörden haben den für die Ausarbeitung der Lärmkarten zuständigen Behörden die dort vorhandenen und für die Lärmkarten erforderlichen Daten unentgeltlich zur Verfügung zu stellen.**

§ 3 entspricht in wesentlichen Teilen § 4 der von der Bundesregierung vorgelegten zweiten Fassung der Verordnung (BR-DrS. 710/05; vgl. Vorb. Rdnr. 3). Auf Veranlassung des Bundesrates wurden jedoch in Absatz 1 Satz 1 die Einleitungsworte geändert (nicht nur Rückgriff auf „amtlich vorhandene Bestände“ und Zur-Verfügung-Stellung auch von „vorhandenen Ergebnisdaten“, und Nr. 5 angefügt. Zur Begründung des § 4 (jetzt § 3) hat die Bundesregierung Folgendes ausgeführt (BR-DrS. 710/05, S. 16f.):

Die vorgesehene Regelung des § 4 zur Datenerhebung und zur Datenübermittlung stellt keine direkte Umsetzung der Umgebungslärmrichtlinie dar, sie ist aber auf die Richtlinie zurückzuführen, da nur durch die Gewährleistung der erforderlichen Datenerhebung und der erforderlichen Datenübermittlung die Ausarbeitung von Lärmkarten ermöglicht wird. Die Ermächtigungsgrundlage findet sich insofern in § 47 f Abs. 2 Nr. 2 BImSchG.

Absatz 1 regelt die Datenübermittlungs- und Mitwirkungspflichten der Eisenbahninfrastrukturunternehmen, Verkehrsunternehmen, Betreiber von Verkehrsflughäfen und der Anlagenbetreiber. Die Kartierung ist eine Aufgabe der zuständigen Behörden. Soweit die zuständigen Behörden nicht auf amtliche Bestände zurückgreifen können und bei den Verursachern von Umgebungslärm Daten vorhanden sind, die zur Ausarbeitung der Lärmkarten erforderlich sind, dient es der Arbeitserleichterung der zuständigen Behörden und der Kostenreduzierung, wenn die Behörden nach Absatz 1 Satz 1 verlangen können, dass ihnen diese Daten unentgeltlich zur Verfügung gestellt werden. „Erforderliche" Daten sind dabei solche, die als Eingangsdaten bei der Ausarbeitung der Lärmkarten benötigt werden. Es handelt sich beispielsweise um die Anzahl, Art, Länge und die Taktfrequenz von Zügen auf einer Eisenbahnstrecke oder Lagedaten von Lärmschutzwänden. Solche Daten sind häufig bei Unternehmen bereits vorhanden; sie ergeben sich z. B. bereits aus Fahrplänen oder liegen aus früheren Verfahren vor, so dass die Bereitstellung dieser Daten keinen zusätzlichen Aufwand erfordert. Eine Pflicht zur Erhebung nicht vorhandener Daten besteht ausdrücklich nicht. Soweit Daten erhoben werden müssen, weil sie nicht vorliegen oder beispielsweise wegen ihrer Art oder ihres Alters nicht verwendet werden können, müssen die zuständigen Behörden die Daten erheben. Soweit ihnen daraus keine unverhältnismäßigen Belastungen entstehen, sind die Unternehmen und Betreiber nach Satz 2 dabei zur Mitwirkung verpflichtet. „Mitwirkung" bedeutet dabei, dass der zuständigen Behörde die Erhebung der Daten ermöglicht wird, etwa dadurch, dass der Zugang zu Grundstücken ermöglicht wird oder vorhandene Unterlagen zur Verfügung gestellt werden. Satz 3 des Absatzes 1 verweist auf das Auskunftsverweigerungsrecht und das Weitergabeverbot nach § 52 Abs. 5 und 7 BImSchG, deren entsprechende Anwendung auch im vorliegenden Zusammenhang angezeigt ist.

Absatz 2 betrifft die Erhebung und die Bereitstellung von Daten über die vom Umgebungslärm betroffene Wohnbevölkerung und insoweit auch über die über Wohnbebauung durch die Gemeinden, da diese in erster Linie über die Ausgangsdaten verfügen.

Absatz 3 betrifft die Datenbereitstellung durch andere Behörden, soweit diese über weitere Daten verfügen, die – wie beispielsweise Daten zur Topographie – zur Erstellung der Lärmkarten erforderlich sind.

§ 4 Ausarbeitung von Lärmkarten

(1) **Lärmkarten für Ballungsräume erstrecken sich auf sämtliche darin gelegenen Hauptlärmquellen, sowie ferner auf**

1. sonstige Straßen,

2. sonstige Schienenwege von Eisenbahnen nach dem Allgemeinen Eisenbahngesetz,

3. Schienenwege von Straßenbahnen im Sinne des § 4 des Personenbeförderungsgesetzes,

4. sonstige Flugplätze für den zivilen Luftverkehr,

5. Industrie- oder Gewerbegelände, auf denen sich eine oder mehrere Anlagen gemäß Anhang I der Richtlinie 2010/75/EU des Europäischen Parlaments und des Rates vom 24. November 2010 über Industrieemissionen (integrierte Vermeidung und Verminderung der Umweltverschmutzung) (ABl. L 334 vom 17.12.2010, S. 17; L 158 vom 19.6.2012, S. 25) in der jeweils geltenden Fassung befinden, einschließlich Häfen für die Binnen- oder Seeschifffahrt mit einer Gesamtumschlagsleistung von mehr als 1,5 Millionen Tonnen pro Jahr,

soweit diese sonstigen Lärmquellen erheblichen Umgebungslärm hervorrufen.

(2) **Die Ausarbeitung von Lärmkarten hat getrennt für jede Lärmart (Straßenlärm, Schienenlärm, Fluglärm, Industrie- und Gewerbelärm einschließlich Hafenlärm) auf der Grundlage der Lärmindizes L_{DEN} und L_{Night} zu erfolgen.**

(3) **Lärmkarten müssen georeferenziert sein. Alle Daten sind in einer Form vorzuhalten, die ihre digitale Weiterverarbeitung ermöglicht. Lärmkarten sind in elektronischer Form zu erstellen; sie müssen in körperlicher Form herstellbar sein.**

(4) **Lärmkarten bestehen aus:**

1. einer graphischen Darstellung der Lärmsituation mit den Isophonen-Bändern für

a) den L_{DEN} ab 55 dB(A) bis 59 dB(A), ab 60 dB(A) bis 64 dB(A), ab 65 dB(A) bis 69 dB(A), ab 70 dB(A) bis 74 dB(A) sowie ab 75 dB(A) und

b) den L_{Night} ab 50 dB(A) bis 54 dB(A), ab 55 dB(A) bis 59 dB(A), ab 60 dB(A) bis 64 dB(A), ab 65 dB(A) bis 69 dB(A) sowie ab 70 dB(A) und optional ab 45 dB(A) bis 49 dB(A)

mit den Farben nach DIN 45682, Ausgabe April 2020, wobei auf ganze Zahlen auf- oder abzurunden ist,

2. einer geographischen Darstellung der Überschreitung eines Wertes, bei dessen Überschreitung Lärmschutzmaßnahmen in Erwägung gezogen oder eingeführt werden,

3. tabellarischen Angaben über die geschätzte Zahl der Menschen, die in Gebieten wohnen, die innerhalb der Isophonen-Bänder nach Nummer 1 liegen, wobei die Abschätzung nach Absatz 5 zu erfolgen hat,

4. einer allgemeinen Beschreibung der Hauptlärmquellen nach Lage, Größe und Verkehrsaufkommen,

5. einer Beschreibung der Umgebung: Ballungsräume (Lage, Größe, Einwohnerzahl), Städte, Dörfer, ländliche Gegend oder nicht ländliche Gegend, Flächennutzung, andere Hauptlärmquellen,

6. Angaben über durchgeführte und laufende Lärmaktionspläne und Lärmschutzprogramme,

7. einer tabellarischen Angabe über lärmbelasteten Flächen sowie über die geschätzte Zahl der Wohnungen, Schulen und Krankenhäuser in diesen Gebieten, nach Maßgabe des Absatzes 6,

8. Angaben über die zuständigen Behörden für die Lärmkartierung,

9. tabellarischen Angaben über

a) die geschätzte Zahl der Fälle ischämischer Herzkrankheiten,

b) die geschätzte Zahl der Fälle starker Belästigung und

c) die geschätzte Zahl der Fälle starker Schlafstörung

in Gebieten, die innerhalb der Isophonen-Bänder nach Nummer 1 liegen.

In den Lärmkarten können zusätzliche Texterläuterungen und Informationen verwendet werden.

(5) **Die Zahl der in ihren Wohnungen durch Umgebungslärm belasteten Menschen (Absatz 4 Satz 1 Nummer 3) ist separat für jede Lärmart anzugeben. Die Zahlenangaben sind auf die nächste Hunderterstelle auf- oder abzurunden.**

(6) **Die Gesamtfläche der lärmbelasteten Gebiete (Absatz 4 Satz 1 Nummer 7) ist anzugeben. Die Angabe hat in Quadratkilometern zu erfolgen und ist aufzugliedern nach L_{DEN}-Werten über 55 dB(A), über 65 dB(A) und über 75 dB(A). Entsprechendes gilt für die Zahl der Wohnungen, Schulen und Krankenhäuser. Bei der Zahlenangabe für Wohnungen ist auf 100 Wohnungen zu runden.**

(7) **Die Zahl der Fälle gesundheitsschädlicher Auswirkungen und Belästigungen nach Absatz 4 Satz 1 Nummer 9 ist separat für jede Lärmart anzugeben. Die Angabe zu ischämischen Herzkrankheiten hat für Straßenlärm für den L_{DEN} zu erfolgen. Die Angabe zu starken Belästigungen hat jeweils für die Lärmarten Straßenlärm, Schienenlärm und Fluglärm für den L_{DEN} zu erfolgen. Die Angabe zu starken Schlafstörungen hat jeweils für die Lärmarten Straßenlärm, Schienenlärm und Fluglärm für den L_{Night} zu erfolgen. Die Angaben sind auf ganze Zahlen zu runden.**

1 § 4 entspricht in Teilen § 5 der von der Bundesregierung vorgelegten zweiten Fassung der Verordnung (BR-Drs. 710/05; vgl. Vorb. Rn. 3). § 4 Abs. 1 ist neu formuliert. Die Absätze 2 und 3 entsprechen § 5 Abs. 4 und 6 der von der Bundesregierung vorgelegten Fassung. In § 4 Abs. 4 sind die in § 5 Abs. 7 bis 9 der Bundesratsvorlage vorgesehenen Regelungen vereinfacht und mit Änderungen zusammengefasst. Die Absätze 5 und 6 des § 4 entsprechen teilweise den Regelungen in § 5 Abs. 10 und 11 in der Bundesrats-Drucksache 710/05. Aus der Begründung der Bundesregierung sind die folgenden Ausführungen zu den Absätzen 4 und 6 (jetzt: Absätze 2 und 3) von besonderem Interesse (BR-Drs. 710/05, S. 17f.):

2 Absatz 4 dient der Umsetzung von Anhang IV Nr. 8 und Anhang VI Nr. 1.5, 1.6, 2.5 und 2.6 der Umgebungslärmrichtlinie. Nach Anhang IV Nr. 8 müssen Lärmkarten in Ballungsräumen jeweils für den Straßenverkehrslärm, Eisenbahnlärm, Fluglärm und Industrie- und Gewerbelärm getrennt erstellt werden. Auch nach Anhang VI Nr. 1.5 und 1.6 wird für Ballungsräume gefordert, dass die Angaben zur geschätzten Anzahl von Menschen, die bestimmten Lärmpegelbereichen ausgesetzt sind, für Straßenverkehrslärm, Eisenbahnlärm, Fluglärm und Industrie- und Gewerbelärm getrennt aufzuführen sind. Nach Artikel 5 Abs. 1 der Umgebungslärmrichtlinie sind die Lärmindizes L_{DEN} und L_{Night} bei der Ausarbeitung der Lärmkarten zu verwenden.

...

Absatz 6 Satz 1 stellt sicher, dass Lärmkarten und die dazugehörigen Eingangsdaten georeferenziert sind, d. h. dass die Lage der einzelnen Punktinformationen in einem amtlichen Raumbezugssystem bekannt ist und ein Koordinatenbezug mit Angabe der x-, y- und z-Koordinaten gegeben ist. Sollten bei der Erstellung von Lärmkarten Eingangsdaten noch nicht in digitaler Form vorliegen, z. B. auf der Grundlage „alter", nur in Papierfassung vorhandener Karten, müssen diese daher digital aufbereitet werden. Für die Weiterverarbeitung der Daten ist eine Georeferenzierung unbabdingbar. Absatz 6 Satz 2 dient der Vereinfachung und Vereinheitlichung bei der Ausarbeitung von Lärmkarten. Da die Ermittlung der Lärmbelastung wegen der großen Datenmengen nur rechnergestützt erfolgen kann, müssen die Eingangsdaten in entsprechend aufgearbeiteter – digital weiter verarbeitbarer – Form zugeliefert werden. Artikel 9 der Umgebungslärmrichtlinie verpflichtet die Mitgliedstaaten dazu, die erarbeiteten Lärmkarten der Öffentlichkeit – auch durch Einsatz der verfügbaren Informationstechnologien – zugänglich zu machen; hierfür ist die Bereitstellung der Lärmkarten in elektronischer Form notwendig. Nur für denjenigen Teil der Öffentlichkeit, der keinen Zugang zur Informationstechnologie hat, müssen die Lärmkarten auch in körperlicher Form (Papierausdrucke) herstellbar sein.

3 § 4 wurde durch die Erste Verordnung zur Änderung der Verordnung über die Lärmkartierung vom 28. Mai 2021 (BGBl. I S. 1251) geändert. Anlass war die Aufnahme von Methoden für die Bewertung gesundheitsschädlicher Auswirkungen von Umgebungslärm. Nachdem diese Methoden durch eine Änderung der Umgebungslärmrichtlinie (vgl. → Vorb. Rn. 5) unionsrechtlich vorgegeben waren, sind Lärmkarten nunmehr um entsprechende Angaben zu erweitern. Die Bundesregierung hat die Änderungen wie folgt begründet (BR-Drs. 191/21, S. 9f.):

4 Anhang VI der Richtlinie 2002/49/EG nennt Isophonen-Bänder, für die Lärmkarten auszuarbeiten und der Europäischen Kommission zu übermitteln sind. Bei der Umsetzung der Richtlinie 2002/49/EG in der 34. BImSchV wurden die Grenzen der Isophonen-Bänder in § 4 den falschen

Isophonen-Bändern zugeordnet. Dieser redaktionelle Fehler wird korrigiert, indem die Isophonen-Bänder in § 4 Absatz 1 Satz 1 Nummer 1 den Vorgaben von Anhang VI der Richtlinie 2002/49/EG angeglichen werden. Dabei ist auf ganze Zahlen auf-oder abzurunden. Halbe Dezibel sind aufzurunden. Zum Beispiel ist das Isophonen-Band ab 55 dB(A) bis 59 dB(A) in Dezimalschreibweise als ab 54,5 dB(A) bis 59,4 dB(A) zu verstehen. Diese Interpretation ist kompatibel mit Anhang III, der für das Isophonen-Band ab 55 dB(A) bis 59 dB(A) den Mittelwert 57 dB(A) benennt.

Nach § 4 Absatz 4 Satz 1 sind Lärmkarten bisher mit den Farben nach DIN 18005 Teil 2, Ausgabe September 1991, darzustellen. DIE DIN 18005 Teil 2 wurde inzwischen zurückgezogen. Künftig sollen Lärmkarten mit den Farben nach der DIN 45682 „Akustik – Thematische Karten im Bereich des Schallimmissionsschutzes", Ausgabe April 2020, dargestellt werden. Die DIN 45682 berücksichtigt die elektronische graphische Darstellung von Lärmkarten und eine bessere Barrierefreiheit. Computerprogramme zur Berechnung von Schallimmissionen berücksichtigen bereits die DIN 45682.

...

§ 4 Absatz 4 der 34. BImSchV zählt die Bestandteile von Lärmkarten auf. Die Aufzählung soll in einer neuen Nummer 9 um die Angeben ergänzt werden, die nach den Vorgaben der Richtlinie (EU) 2020/367 berechnet werden. Das betrifft die Zahl der Fälle von ischämischen Herzkrankheiten, starken Belästigungen und starken Schlafstörungen. Die Angabe gibt dabei nicht die Anzahl tatsächlich eingetretener Krankheits- beziehungsweise Belästigungsfälle wieder, sondern modellhaft berechnete Werte, in die mehrere Schätzungen eingehen.

Diese Angaben sollen als Summenwert über alle Isophonen-Bänder nach § 4 Absatz 1 Nummer 1 erfolgen. Eine feinere Unterteilung der Isophonen-Bänder ist nicht sinnvoll, da hierdurch keine Erhöhung der Genauigkeit erreicht würde. Details zur Ermittlung der Angaben werden in einem neuen § 4 Absatz 7 geregelt.

Der neue Absatz 7 konkretisiert Absatz 4 Nummer 9. Er gibt an, für welche Lärmarten die Angaben nach Absatz 4 Nummer 9 jeweils erfolgen sollen und mit welchem Lärmindex. Es werden die Angaben gefordert, für die die Richtlinie (EU) 2020/367 Bewertungsmethoden enthält. Die Zahlenangaben sind zudem auf ganze Zahlen zu runden.

§ 5 Berechnungsverfahren

(1) **Die Lärmindizes werden nach Verfahren berechnet, die den allgemein anerkannten Regeln der Technik entsprechen. Die Berechnungsverfahren werden**

1. **für die Lärmarten nach § 4 Absatz 1 Nummer 1 bis 3 vom Bundesministerium für Verkehr und digitale Infrastruktur,**
2. **für Fluglärm (§ 4 Absatz 1 Nummer 4) vom Bundesministerium für Umwelt, Naturschutz und nukleare Sicherheit im Einvernehmen mit dem Bundesministerium für Verkehr und digitale Infrastruktur,**
3. **für Industrie- und Gewerbelärm (§ 4 Absatz 1 Nummer 5) vom Bundesministerium für Umwelt, Naturschutz und nukleare Sicherheit**

durch Veröffentlichung im Bundesanzeiger konkretisiert.

(2) **Die Berechnungspunkte zur Ermittlung von L_{DEN} und L_{Night} für die Lärmbelastung in der Nähe von Gebäuden liegen in einer Höhe von vier Meter über dem Boden.**

(3) **Für die Ermittlung der Belastetenzahlen nach § 4 Absatz 5 liegen die Berechnungspunkte auf der Gebäudefassade. Für diesen Fall wird die letzte Reflexion an der Gebäudefassade, auf der der Berechnungspunkt liegt, nicht berücksichtigt. Für die flächenmäßige Darstellung der Lärmbelastung nach § 4 Absatz 4 ist ein Raster von 50 Meter mal 50 Meter oder weniger zu Grunde zu legen.**

(3a) **Die geschätzte Zahl der gesundheitsschädlichen Auswirkungen und Belästigungen nach § 4 Absatz 7 wird berechnet nach den Methoden zur Bewertung der gesundheitsschädlichen Auswirkungen, die in Anhang III der Richtlinie 2002/49/EG**

des Europäischen Parlaments und des Rates vom 25. Juni 2002 über die Bewertung und Bekämpfung von Umgebungslärm (ABl. L 189 vom 18.7.2002, S. 12), die zuletzt durch die Richtlinie (EU) 2020/367 (ABl. L 67 vom 5.3.2020, S. 132) geändert worden ist, in der jeweils geltenden Fassung aufgeführt sind.

(3b) **Für die Ermittlung der Zahlen nach § 4 Absatz 4 Satz 1 Nummer 9 sind als mittlere Werte jedes Isophonen-Bandes anzusetzen:**

1. für den L_{DEN} 57 dB(A), 62 dB(A), 67 dB(A), 72 dB(A) sowie 77 dB(A) und

2. für den L_{Night} 52 dB(A), 57 dB(A), 62 dB(A), 67 dB(A) sowie 72 dB(A) und optional 47 dB(A).

Die Inzidenzrate von ischämischen Herzkrankheiten in Deutschland, die als Eingangsgröße für die Ermittlung der Zahl der Fälle ischämischer Herzkrankheiten für Straßenverkehrslärm nach § 4 Absatz 4 Satz 1 Nummer 9 Buchstabe a dient, wird aus den aktuellen Gesundheitsstatistiken ermittelt. Das Bundesministerium für Umwelt, Naturschutz und nukleare Sicherheit gibt die aktuelle Inzidenzrate im Einvernehmen mit dem Bundesministerium für Gesundheit im Bundesanzeiger bekannt.

(4) **Das Bundesamt für Kartographie und Geodäsie stellt den für die Ausarbeitung von Lärmkarten zuständigen Behörden zentral das Digitale Geländemodell für Deutschland (DGM-D) zur Verfügung. Liegen in den Ländern detailliertere geographische Daten vor, können diese ergänzend zu dem DGM-D verwendet werden.**

(5) **Für die Berechnung sind für jede Lärmart dieselben Gebäude- und Einwohnerdaten zu verwenden. Gleiches gilt für sonstige Bauwerke auf dem Ausbreitungsweg.**

1 Die Bundesratsvorlage 710/05 sah in § 6 Regelungen zum Berechnungsverfahren vor. Diese sind auf Veranlassung des Bundesrates (vgl. Vorb. Rn. 3) stringenter gefasst worden. Inhaltlich ist in § 5 Abs. 3 geändert worden, dass für die flächenmäßige Darstellung der Lärmbelastung ein Raster von 50m mal 50m oder weniger (statt: 10m mal 10m oder weniger) zugrunde zu legen ist. Da die Begründung der Bundesregierung zu § 6 der Bundesratsvorlage auch für die Auslegung des § 5 der Verordnungsfassung von Interesse ist, wird sie nachstehend wiedergegeben (BR-Drs. 710/05, S. 20 ff.):

2 Die vorgesehene Regelung des § 6 dient der Umsetzung von Artikel 6 der Umgebungslärmrichtlinie, der Vorgaben für die zur Ausarbeitung der Lärmkarten zu verwendenden Berechnungsverfahren enthält.

Bis gemeinsame Bewertungsmethoden für Lärmindizes geschaffen und ihre Anwendung verbindlich im Verfahren nach dem Beschluss 1999/468/EG vorgeschrieben wird, eröffnet die Richtlinie in Artikel 6 i. V. m. Anhang I und II den Mitgliedstaaten entweder die Möglichkeit, die bestehenden nationalen Bewertungsmethoden anzuwenden oder die Interimsverfahren nach Anhang II zu verwenden. In Hinblick auf die Entscheidung, welche Verfahren für die Kartierung verwendet werden sollen, bis die harmonisierten Verfahren vorliegen, wird die Möglichkeit der Richtlinie genutzt, die nationalen Verfahren weiterzuverwenden, da die Verwendung der Interimsverfahren als Zwischenlösung in Hinblick auf die bereits existierenden Verfahren nur einen weiteren Umstellungsschritt bedeuten würde. Bei der Verwendung der nationalen Verfahren muss nach der Richtlinie zum einen eine Anpassung nach Anhang I der Richtlinie erfolgen. Zum anderen muss der Nachweis der Gleichwertigkeit mit den empfohlenen vorläufigen Berechnungsmethoden nach Nummer 2.2 des Anhangs II erzielt werden. Die nationalen Verfahren werden z. Zt. im unbedingt notwendigen Umfang angepasst. Bei den bestehenden nationalen Verfahren handelt es sich um die AzB für den Bereich des Fluglärms, die TA Lärm für den Bereich des Industrie- und Gewerbelärms, die RLS-90 für den Bereich des Straßenlärms und die Schall 03 für den Bereich des Schienenlärms. In Anhang I der Richtlinie werden als mögliche zu verwendende vorläufige Berechnungsmethoden (sog. Interimsverfahren) das Verfahren der „ISO 9613-2" für Industrie- und Gewerbelärm, das Verfahren

„ECAC.DOC 29" für Fluglärm, das Verfahren der „NMBP-ROUTES" für Straßenlärm und das Verfahren der „Reken- en Meetvoorschrift Railverkeerslawaai" für Schienenlärm genannt.

Absatz 1 Satz 1 bestimmt zunächst, dass die Lärmbelastung durch Berechnung ermittelt wird. Eine Messung des Lärms ist in der Praxis nicht geeignet eine zuverlässige und belastbare Darstellung der Lärmbelastung zu erreichen. Messergebnisse stellen die Wiedergabe von Momentansituationen dar und hängen stark von den jeweiligen Randbedingungen wie der aktuellen Verkehrsstärke, den Witterungsbedingungen etc. ab. Daher wird bei der Umsetzung in deutsches Recht die Berechnung vorgegeben.

Absatz 1 Satz 2 sieht vor, dass die zur Berechnung der Lärmindizes L_{DEN} und LNight zu verwendenden Berechnungsverfahren den allgemein anerkannten Regeln der Technik zu entsprechen haben und durch Veröffentlichung im Bundesanzeiger konkretisiert werden können. Weiterhin kann die Bundesregierung nach Anhörung der beteiligten Kreise allgemeine Verwaltungsvorschriften erlassen.

Absatz 2 mit der Bestimmung der Höhe der Berechnungspunkte dient der Umsetzung der Vorgaben von Anhang I Nr. 1 Anstrich 8 der Umgebungslärmrichtlinie. Indem in Absatz 2 eine Höhe von 4 Meter über dem Boden vorgegeben wird, handelt es sich um eine Genauigkeitsanforderung, die praktischen Anforderungen entspricht.

Absatz 3 dient zunächst der Umsetzung von Anhang I Nr. 1 Anstrich 7 und 8 der Umgebungslärmrichtlinie. Ferner wird eine ergänzende Vorgabe für die Verwendung eines einheitlichen Rasters geregelt. Satz 1 legt die Lage des Berechnungspunktes fest, indem die Gebäudefassade als Immissionsort für die Ermittlung der Belastetenzahlen nach Anhang VI für die Berechnung maßgeblich ist. Satz 2 schließt die Berücksichtigung der letzten Reflexion an der betrachteten Gebäudefassade aus. Das entspricht auch schon der in den existierenden nationalen Verfahren festgelegten Vorgehensweise bei der Berechnung der Lärmbelastung. Satz 3 gibt ein Raster zur flächenhaften Berechnung der Lärmbelastung mit einem Abstand von 10 Meter × Meter oder weniger *(jetzt: 50 m × 50 m oder weniger)* vor. Der Rasterabstand entspricht einer in der Praxis für Darstellungszwecke üblichen Rasterweite. Liegen die zugrunde zu legenden geographischen Daten nicht in dieser Rasterweite vor, so kann das 10 Meter × 10 Meter-Raster aus diesen Daten interpoliert werden.

Absatz 4 Satz 1 regelt die Verwendung eines deutschlandweiten digitalen Geländemodells. Ein solches Geländemodell wird zur Zeit vom Bundesamt für Kartographie und Geodäsie zentral zur Verfügung gestellt. Da die einheitliche Geländeinformation eine Voraussetzung für die konsistente Berechnung und Darstellung der Lärmbelastung verschiedener Lärmquellen ist, ist die Verpflichtung zur Verwendung dieses Modells notwendig. Auch in Hinblick auf die Lärmaktionsplanung, in der die Dringlichkeit der Maßnahmen auch unter Berücksichtigung mehrerer Lärmquellen möglich sein muss, ist die Verwendung eines einheitlichen Modells zweckmäßig. Das beim Bundesamt für Kartographie und Geodäsie verfügbare bundesweite digitale Geländemodell hat eine Rasterweite von 25 Meter × 25 Meter und bietet somit eine gute Grundlage für die Erstellung der Lärmkarten. Satz 2 ermöglicht es den Ländern, weitergehende geographische Daten zu verwenden, um eine Verbesserung der Datengrundlage und somit eine bessere Qualität der Geländeinformationen zu erreichen.

......

Absatz 5 regelt die einheitliche Verwendung von Eingangsdaten für die Berechnung. Satz 1 sieht die Verwendung derselben Gebäude- und Einwohnerdaten für die Berechnung unterschiedlicher Lärmarten in ein- und demselben Gebiet vor. Dies soll gewährleisten, dass durch die zuständigen Behörden auf einheitliche Daten zurückgegriffen wird, um die Kompatibilität der für die einzelnen Lärmarten aufgestellten Lärmkarten zu gewährleisten. Durch die Ausweitung der in Satz 1 genannten Regelung auf eine Verwendung einheitlicher Daten auch für den Bereich sonstiger Bauwerke (z. B. Brücken, Dämme und Einschnitte) auf dem Ausbreitungsweg wird in Satz 2 ein weiterer wesentlicher Bereich der in die Berechnung eingehenden Daten mit erfasst und insoweit die Lärmkartierung ebenfalls vereinheitlicht.

§ 5 wurde durch die Erste Verordnung zur Änderung der Verordnung über die Lärmkartierung vom 28. Mai 2021 (BGBl. I S. 1251) geändert. Anlass war die Aufnahme von Methoden für die Bewertung gesundheitsschädlicher Auswirkungen von Umgebungslärm. Nachdem diese Methoden durch eine Änderung der Umgebungslärmrichtlinie (vgl. Vorb. Rn. 5) unionsrechtlich vorgegeben waren, übernimmt § 5 in den neuen Absätzen 3a und 3b diese Methoden und konkretisiert die Kartierungsvorschrift des § 4. Im Einzelnen hat die Bundesregierung die Änderungen wie folgt begründet (BR-Drs. 191/21, S. 10): 3

In § 5 Berechnungsverfahren werden zwei neue Absätze eingefügt, die die Methoden zur Ermittlung der Angaben nach § 4 Absatz 4 Nummer 9 und § 4 Absatz 7 konkretisieren.

Absatz 3a gibt vor, dass die geschätzten Zahlen nach den Methoden zur Bewertung der gesundheitsschädlichen Auswirkungen in Anhang III der Richtlinie 2002/49/EG in der jeweils geltenden Fassung bewertet werden.

Absatz 3b Satz 1 benennt die mittleren Werte der betrachteten Isophonen-Bänder. Die mittleren Werte sind für die Anwendung der Formeln 10 und 12 des Anhangs III erforderlich.

Absatz 3b Satz 2 und 3 treffen Regelungen zur Bekanntmachung der Inzidenzrate Iy ischämischer Herzkrankheiten, die in Formel 11 des Anhangs III als Eingangsgröße einzusetzen ist. Die Inzidenzrate gibt an, wie viele neue Fälle an ischämischen Herzkrankheiten im Bezugsjahr in dem betrachteten Gebiet aufgetreten sind.

Nach der (einzigen insoweit zur Verfügung stehenden) wissenschaftlichen Studie „Global Burden of Disease Study" des „Institute for Health Metrics and Evaluation (IHME)" der University of Washington schwankt diese Inzidenzrate in Deutschland jährlich. Es ist daher erforderlich, dass das Bundesministerium für Umwelt, Naturschutz und nukleare Sicherheit ermächtigt wird, die jeweils aktuelle Inzidenzrate nach der Studie des IHME im Einvernehmen mit dem Bundesministerium für Gesundheit im Bundesanzeiger bekanntzugeben. Nur so kann gewährleistet werden, dass die zuständigen Behörden stets die korrekten, aktuellen Inzidenzraten ihrer Lärmaktionsplanung zugrunde legen. Es handelt sich um eine fachwissenschaftliche Größe. Der Abruf der in der Datenbank angegebenen Inzidenzrate für IHD vom 2. Juni 2020 ergab für das aktuellste verfügbare Bezugsjahr 2016 einen Wert von 0,00409. Die Inzidenzrate findet sodann Eingang in die Berechnung von IHD im Falle von Straßenverkehrslärm nach Anhang III der EU-Umgebungslärmrichtlinie in der geltenden Fassung, Nummer 3.2.3, siehe Absatz 3a (neu).

§ 6 Übermittlung von Daten für den digitalen Informationsaustausch

(1) **Die nach § 47e Absatz 2 und 3 des Bundes-Immissionsschutzgesetzes zuständigen Behörden übermitteln binnen vier Monaten nach den in § 47c Absatz 1 des Bundes-Immissionsschutzgesetzes aufgeführten Fristen dem Bundesministerium für Umwelt, Naturschutz und nukleare Sicherheit oder einer von ihm benannten Stelle diejenigen Daten zu Lärmkarten, die in Anhang VI der Richtlinie 2002/49/EG in ihrer jeweils geltenden Fassung bezeichnet sind.**

(2) **Die nach § 47e Absatz 1 des Bundes-Immissionsschutzgesetzes zuständigen Behörden übermitteln zu den in § 47c Absatz 1 des Bundes-Immissionsschutzgesetzes aufgeführten Fristen den obersten Landesbehörden oder den von ihnen benannten Stellen die vollständigen Lärmkarten.**

1 § 6 Abs. 1 entsprach § 7 der Bundesratsvorlage der Bundesregeierung (BR-Drs. 710/05). Absatz 2 geht auf den Beschluss des Bundesrates zurück (vgl. → Vorb. Rn. 3). Zur Begründung ihrer Vorlage hat die Bundesregierung u. a. ausgeführt (BR-Drs. 710/05, S. 22):

2 Die Übermittlung hat zu den in § 47c BImSchG genannten Ausarbeitungsfristen zu erfolgen, um die rechtzeitige Weiterleitung an die Kommission der Europäischen Gemeinschaften zu gewährleisten. Aus Gründen der Verwaltungsvereinfachung wird davon abgesehen, die Übermittlung nur bestimmter Angaben nach Anhang VI der Umgebungslärmrichtlinie zu verlangen. Es ist dem Mitgliedstaat unbenommen, die Lärmkarten vollständig an die Kommission der Europäischen Gemeinschaften zu übermitteln.

3 Eine Änderung hat § 6 durch die Erste Verordnung zur Änderung der Verordnung über die Lärmkartierung vom 28. Mai 2021 (BGBl. I S. 1251) sowohl in der Überschrift als auch in Absatz 1 erfahren. Unionsweit wurde durch die Verordnung (EU) 2019/1010 ein verpflichtender Mechanismus zum digitalen Informationsaustausch eingeführt, der auch den Anwendungsbereich der Umgebungslärmrichtlinie umfasst. Mit der neu formulierten Überschrift soll verdeutlicht werden, dass auch die Informationsübermittlung im Bereich der Lärmkartierung diesen Anforderungen genügt. Außerdem wurde in Absatz 1 ein ausdrücklicher und dynamischer Verweis auf Anhang VI der Umgebungslärm

richtlinie aufgenommen, da es diesbezüglich keinen Umsetzungsspielraum gibt (vgl. BR-Drs. 191/21, S. 10 f.).

§ 7 Information der Öffentlichkeit über Lärmkarten

Geeignete Ausfertigungen der Lärmkarten, die der Unterrichtung der Öffentlichkeit dienen, werden von den zuständigen Behörden nach § 47e Absatz 1 und 3 des Bundes-Immissionsschutzgesetzes verbreitet. Die Verbreitung der Lärmkarten hat in für die Öffentlichkeit verständlicher Darstellung und leicht zugänglichen Formaten zu erfolgen. Erforderlichenfalls ist eine Zusammenfassung mit den wichtigsten Punkten der Öffentlichkeit zur Verfügung zu stellen. Für die Verbreitung sollen, soweit vorhanden elektronische Kommunikationsmittel verwendet werden. Die Anforderungen an die Unterrichtung der Öffentlichkeit können auch dadurch erfüllt werden, dass Verknüpfungen zu Internet-Seiten eingerichtet werden, auf denen die zu verbreitenden Lärmkarten zu finden sind.

Die Fassung des § 7 entspricht § 8 der Bundesratsvorlage. Zur Begründung dieser Bestimmung hat die Bundesregierung Folgendes ausgeführt (BR-DrS. 710/05, S. 22):

§ 8 dient der Umsetzung von Artikel 9 Abs. 1 und Abs. 2 der Umgebungslärmrichtlinie, in dem die Verbreitung geeigneter Ausfertigungen der Lärmkarten durch die zuständigen Behörden geregelt wird. Bei der Verbreitung ist zu gewährleisten, dass die Lärmkarten dem Bürger eine optimale Information bieten. Dazu ist es erforderlich, dass die Darstellung verständlich ist und in leicht zugänglichen Formaten vorliegt. Hierzu ist beispielsweise für die graphische Darstellung der Lärmkarten ein der jeweiligen Situation entsprechender Maßstab zu wählen, der dem Zweck der Information der Öffentlichkeit gerecht wird. Im Rahmen der Verbreitung von Informationen über Lärmkarten ist der Öffentlichkeit erforderlichenfalls eine Zusammenfassung mit den wichtigsten Punkten gemäß Artikel 9 Abs. 2 der Umgebungslärmrichtlinie zur Verfügung zu stellen. Eine Zusammenfassung ist insbesondere dann erforderlich, wenn der Umfang der Lärmkarte dies erfordert. Soweit möglich und vorhanden soll die Verbreitung der Lärmkarten durch elektronische Kommunikationsmittel erfolgen. Deshalb eröffnet Satz 4 die Möglichkeit der Nutzung des Internets. Dies entspricht ausdrücklich dem Artikel 9 Abs. 1 der Umgebungslärmrichtlinie und trägt diesem sich auch zukünftig schnell und immer weiter verbreitenden Kommunikationsmedium Rechnung. Damit wird die Möglichkeit eines einfachen und komfortablen Zugriffs auf diese Informationen eröffnet und einer zunehmenden Anzahl von Bürgerwünschen nach dieser Form der Information entsprochen.

§ 7a Zugänglichkeit der Normen

DIN- und ISO-Normen, auf die in dieser Verordnung verwiesen wird, sind bei der Beuth Verlag GmbH, Berlin, zu beziehen. Die DIN- und ISO-Normen sind bei dem Deutschen Patent- und Markenamt, München, archivmäßig gesichert niedergelegt.

§ 8 Inkrafttreten

Diese Verordnung tritt am 16. März 2006 in Kraft.

2.37 Siebenunddreißigste Verordnung zur Durchführung des Bundes-Immissionsschutzgesetzes (Verordnung zur Anrechnung von strombasierten Kraftstoffen und mitverarbeiteten biogenen Ölen auf die Treibhausgasquote – 37. BImSchV)

Vom 15. Mai 2017

(BGBl. I S. 1195, geändert durch Art. 20 d. G. zur Änderung des EEG vom 21. Dezember 2020, BGBl. I S. 3138)

Vorbemerkung

Übersicht

A. Allgemeines

I. Zweck und Bedeutung der Verordnung

Die 37. BImSchV gestaltet das Recht der Biokraftstoffe in §§ 37a ff. BImSchG weiter aus. Diesem Zweck dienen auch die 36. BImSchV (vgl. → 36. BImSchV Vorbemerkung Rn. 1) sowie die 38. BImSchV (vgl. → 38. BImSchV Vorbemerkung Rn. 1). Nachdem seit dem Verpflichtungsjahr 2015 die Biokraftstoffquotenpflicht auf das Potenzial zur **Minderung der Treibhausgasemissionen** bezogen ist (vgl. → BImSchG § 37a Rn. 10a ff.), besteht die Notwendigkeit zu ergänzenden Regelungen, vorrangig aus **Nachhaltigkeitsgründen.** So ergibt sich bereits aus der gesetzlichen Regelung in § 37a Abs. 4 S. 6 BImSchG, dass die Berechnung der Treibhausgasemissionen von Biokraftstoffen auf der Grundlage der Nachweise nach § 14 der Biokraftstoff-Nachhaltigkeitsverordnung erfolgt (vgl. → BImSchG § 37a Rn. 10c). 1

Mit der 37. BImSchV werden Anreize zur **Nutzung klimaschonenderer Biokraftstoffe** gesetzt. Biokraftstoffe, die eine günstigere Klimabilanz haben, sollen höher angerechnet werden als Biokraftstoffe mit einer ungünstigeren Bilanz (vgl. auch die Begrün- 2 dung der Bundesregierung, BT-Drs. 18/11283, 14). Diesem Ziel verpflichtet, erweitert die 37. BImSchV die **Optionen zur Erfüllung der Treibhausgasquote**. Zum einen sind jetzt Methan und Wasserstoff als strombasierte Kraftstoffe (*Power-to-Gas*) anrechenbar (§§ 3 ff.); zum anderen wird der Begriff der Biokraftstoffe auf gemeinsam mit mineralölstämmigen Ölen hydrierte biogene Öle ausgeweitet sowie dessen Anrechenbarkeit – jedenfalls zeitweilig – bestimmt (§§ 10 f.). Vergleichbare Regelungen enthalten auch die **38. BImSchV** vom 8.12.2017 (BGBl. I S. 3892) und die **Upstream-Emissionsminderungs-Verordnung** vom 22.1.2018 (BGBl. I S. 169). Über die 38. BImSchV wird die Palette der Biokraftstoffe ausgedehnt (vgl. → 38. BImSchV § 4 Rn. 1) sowie das Inverkehrbringen von biogenem Flüssiggas (vgl. → 38. BImSchV § 12 Rn. 1) und die Anrechnung von elektrischem Strom (vgl. → 38. BImSchV § 5 Rn. 1) ermöglicht. Gemäß § 3 der Upstream-Emissionsminderungs-Verordnung können ab 2020 Emissionen angerechnet werden, die verhindert werden, bevor der Raffinerierohstoff in eine Raffinerie oder Verarbeitungsanlage gelangt.

3 Die Verpflichtung auf eine nachhaltige Reduzierung der Treibhausgasemissionen beim Einsatz von Kraftstoffen ist nicht zuletzt auch eine unionsrechtliche (vgl. zu den unionsrechtlichen Grundlagen → Rn. 7). Die Verpflichtung zu einer **jährlichen Reduzierung der Treibhausgasemissionen** enthält Art. 7a Abs. 2 der Richtlinie 98/70/EG über die Qualität von Otto- und Dieselkraftstoffen, seit diese Vorschrift durch die Richtlinie 2009/30/EG (ABl. L 140 vom 5.6.2009, S. 88 ff.) eingefügt wurde.

II. Entstehungsgeschichte

4 Die von der Bundesregierung beschlossene Verordnung wurde am 22.2.2017 dem Bundestag zugeleitet, um die nach § 37d Abs. 2 S. 2 und 3 BImSchG *(jetzt: Satz 3 und 4)* notwendige Zustimmung einzuholen (BT-Drs. 18/11283, 3). Federführend war das Bundesumweltministerium, das unter dem 19.8.2016 auch den Referentenentwurf verfasst hatte. Gegenüber dem Referentenentwurf hatten sich dabei im Laufe der Verbändeanhörung und der Anhörung der beteiligten Kreise nach § 51 BImSchG einige Änderungen ergeben, die sich sowohl mit den Begriffsbestimmungen in § 2 als auch mit den Anrechnungsvorschriften für strombasierte Kraftstoffe und mitverarbeitete biogene Öle befassen. Nach der Überweisung an die Ausschüsse in der Bundestagssitzung vom 10.3.2017 (BT-Drs. 18/11472, 2) hat sich vorrangig der federführende Ausschuss für Umwelt, Naturschutz, Bau und Reaktorsicherheit zu der Verordnung geäußert (BT-Drs. 18/12152). Ebenso wie die mitberatenden Ausschüsse empfahl der Umweltausschuss, der Verordnung zuzustimmen. Diese Zustimmung erfolgte in der Bundestagssitzung am 27.4.2017, so dass in der Folge am 15.5.2017 die Ausfertigung und am 19.5.2017 die Verkündung der 37. BImSchV erfolgte (BGBl. I S. 1195). Das Inkrafttreten legt § 13 auf den 1.1.2018 fest.

4a Mit Wirkung zum 1. Januar 2021 wurde die Verordnung erstmals geändert. Diese Änderung war Teil der Novellierung des Erneuerbare-Energien-Gesetzes vom 21. Dezember 2020 (BGBl. I S. 3138). Aufgrund der Streichung von § 44b Absatz 3 EEG 2017 sowie der Aufhebung des Netzausbaugebiets nach § 36c EEG 2017 waren in § 3 und § 6 redaktionelle Folgeänderungen vorzunehmen (vgl. BT-Drs. 19/23482, S. 152).

III. Ermächtigungsgrundlage

5 Die Verordnung zur Anrechnung von strombasierten Kraftstoffen und mitverarbeiteten biogenen Ölen auf die Treibhausgasquote ist auf § 37d BImSchG gestützt worden. Sie enthält folgende Präambel:

Auf Grund des § 37d Absatz 1 Satz 2, Absatz 2 Satz 1 Nummer 1 Buchstabe a und c, Nummer 13 und 15 Buchstabe d und Absatz 3 in Verbindung mit Absatz 2 Satz 2 und 3 des Bundes-Immissionsschutzgesetzes, der zuletzt durch Artikel 1 Nummer 7 des Gesetzes vom 20. November 2014 (BGBl. I S. 1740) geändert worden ist, verordnet die Bundesregierung nach Anhörung der beteiligen Kreise und nach Zustimmung des Deutschen Bundestages:

Dabei sind die Inhalte der 37. BImSchV, die sich mit der **Anrechenbarkeit strombasierter Kraftstoffe** befassen, von § 37d Abs. 2 Satz 1 Nr. 13 und Abs. 3 BImSchG gedeckt. Über die in § 37a Abs. 5 S. 1 BImSchG bestimmten Möglichkeiten zur Erfüllung der Verpflichtung hinaus erlaubt § 3 Abs. 1 der 37. BImSchV ein Inverkehrbringen strombasierter Kraftstoffe. Die Vorschriften zum Berechnungsverfahren für die Treibhausgasemissionen in § 3 stützen sich auf § 37d Abs. 2 S. 1 Nr. 13 lit. a) BImSchG, während die Regelungen zu Nachweisverfahren und Überwachung von § 37d Abs. 2 S. 1 Nr. 13 lit b) und Abs. 3 BImSchG gedeckt sind. Die Ausweitung des Biokraftstoffbegriffs auf **mitverarbeitete biogene Öle** nach § 10 Abs. 1 der 37. BImSchV wird ermöglicht durch die Ermächtigung des § 37d Abs. 2 S. 1 Nr. 1 lit. a) BImSchG. Die in § 10 Abs. 2 enthaltene Anrechenbarkeit stützt sich auf § 37d Abs. 2 S. 1 Nr. 1 lit. c) BImSchG; das dazugehörende Nachweisverfahren, welches in § 11 normiert ist, wird von § 37d Abs. 2 S. 1 Nr. 15 lit. d) BImSchG getragen. 6

IV. Unionsrechtliche Grundlagen

Ausweislich der amtlichen Fußnote dient die Verordnung zur Anrechnung von strombasierten Kraftstoffen und mitverarbeiteten biogenen Ölen auf die Treibhausgasquote der Umsetzung der Richtlinie (EU) 2015/652 zur Festlegung von Berechnungsverfahren und Berichterstattungspflichten gemäß der Richtlinie 98/70/EG über die Qualität von Otto- und Dieselkraftstoffen (ABl. L 107 vom 25.4.2015, S. 26 ff.). Neben der Bestimmung der Berichtspflichten ist wesentlicher Regelungsgegenstand der Richtlinie (EU) 2015/652 die generelle Festlegung, wie **Lebenszyklustreibhausgasemissionen** berechnet werden. Nach Art. 3 Abs. 1 der Richtlinie müssen die Anbieter von Kraftstoffen für die Erfüllung der in Art. 7a Abs. 2 der Richtlinie 98/70/EG enthaltenen Verpflichtungen zur jährlichen Reduzierung der Treibhausgasemissionen die **Treibhausgasintensität für gelieferte Kraftstoffe** nach dem in Anhang I beschriebenen Verfahren bestimmen. Die in Teil 1 dieses Anhangs aufgestellte Berechnungsformel beinhaltet die Treibhausgasintensität des betreffenden Kraftstoffs als einen mehrerer Faktoren. Eine Tabelle in Teil 2 Nr. 5 des Anhangs I listet die relevanten durchschnittlichen **Standardwerte für Kraftstoffe nicht biogenen Ursprungs** auf. Die dort für Methan und Wasserstoff als strombasierte Kraftstoffe enthaltenen Werte entsprechen den Inhalten der Anlage 1 zur 37. BImSchV. Auch die Anpassungsfaktoren für die Antriebseffizienz, die in Anlage 2 zur 37. BImSchV enthalten sind, finden ihre Grundlage in Anhang I Teil 1 zur Richtlinie (EU) 2015/652. Gleiches gilt für die Regeln über die Anrechnung von mitverarbeiteten biogenen Ölen in § 10 der 37. BImSchV. 7

B. Anrechenbarkeit strombasierter Kraftstoffe

I. Anrechenbare Kraftstoffe

§ 37a Abs. 5 S. 1 BImSchG legte bis zum Inkrafttreten der 37. BImSchV abschließend fest, auf welche Weise die **Minderungsverpflichtung** aus § 37a Abs. 1 S. 1, 2 und 8

Abs. 4 BImSchG erfüllt werden kann (vgl. dazu → BImSchG § 37a Rn. 11). Die Öffnung in § 37a Abs. 5 S. 3 BImSchG nutzt die 37. BImSchV nun aus und ermöglicht eine Anrechnung bestimmter strombasierter Kraftstoffe. Mit dem Inverkehrbringen der in Anlage 1 genannten Kraftstoffe kann daher ein Verpflichteter seine ordnungsrechtlichen Pflichten aus § 37a Abs. 1 S. 1, 2, Abs. 4 BImSchG erfüllen. Auf welche Kraftstoffe sich diese Möglichkeit erstreckt, lässt sich nur unter Beachtung der Spalte „Rohstoffquelle und Verfahren" der Anlage 1 genau bestimmen. Denn **komprimiertes synthetisches Methan** ist nur dann anrechenbar, wenn es im Sabatier-Prozess mit Wasserstoff aus der durch nicht-biogene erneuerbare Energien gespeisten Elektrolyse gewonnen wurde. **Komprimierter Wasserstoff in einer Brennstoffzelle** ist dann anrechenbar, wenn eines der drei genannten Verfahren zur Anwendung kam. Soweit der Strom nicht aus erneuerbaren Energien gewonnen wurde, ist bislang allein Kohle als Primärenergiequelle erfasst. Damit ist der Anwendungsbereich stark eingeschränkt. Eine Ausweitung soll erfolgen, sobald die Kommission auf der Grundlage des Art. 7a Abs. 6 der Richtlinie 98/70/EG über die Qualität von Otto- und Dieselkraftstoffen zusätzliche Standardwerte für Treibhausgasemissionen festgelegt hat (vgl. BT-Drs. 18/11283, 20).

9 Die für die Anrechnung bedeutsame **Berechnung der Treibhausgasemissionen** ist in § 3 Abs. 2 S. 1 grundlegend für alle vier erfassten Kraftstoffe geregelt. Neben den spezifischen Treibhausgasemissionen ist dabei auch der Anpassungsfaktor für die Antriebseffizienz aus Anlage 2 von Bedeutung, sofern Wasserstoff in einer Brennstoffzelle zum Einsatz kommt. Auf Grund der höheren Effizienz von Elektromotoren im Vergleich zu Verbrennungsmotoren erfolgt eine Korrektur mit dem Faktor 0,4. Eine Privilegierung der **erneuerbaren Kraftstoffe nicht-biogenen Ursprungs** (vgl. § 2 Abs. 3) durch die Berücksichtigung des niedrigen Wertes für die spezifischen Treibhausgasemissionen setzt nach § 3 Abs. 2 S. 2 voraus, dass ausschließlich **Strom aus erneuerbaren Energien nicht-biogenen Ursprungs** für die Herstellung dieser Kraftstoffe eingesetzt wurde. Was darunter zu verstehen ist, ergibt sich nach der Definition in § 2 Abs. 2 aus § 3 Nr. 21 EEG 2017: Wasserkraft, Windenergie, solare Strahlungsenergie und Geothermie. Energie aus Biomasse hingegen wird durch § 2 Abs. 2 S. 2 folgerichtig ausgeschlossen, da Biomethan ohnehin unter den Voraussetzungen des § 37b Abs. 6 BImSchG Biokraftstoff ist.

10 Die Privilegierung setzt weiterhin voraus, dass der Strom in einer der in § 3 Abs. 2 S. 3 genannten Anlagen erzeugt wurde. Nur erneuerbarer Strom nicht-biogenen Ursprungs aus **netzentkoppelten Anlagen** (Nr. 1) und aus bestimmten Anlagen im Sinne des § 13 Absatz 6 **Energiewirtschaftsgesetz** (Nr. 2) erfüllt grundsätzlich alle Anforderungen für die Inanspruchnahme der niedrigen Werte in Anlage 1 und führt damit auch überhaupt nur zu einer Anrechnung. Damit soll vermieden werden, dass es durch die Herstellung der Kraftstoffe zu höheren Emissionen kommt, weil eine größere Nachfrage nach konventionellem Strom ausgelöst wird (vgl. BT-Drs. 18/11283, 16). Für einen Übergangszeitraum bis Ende 2020 erfolgte eine Anrechnung nach der **Bestandsschutzregelung** in § 3 Abs. 3 auch dann, wenn die Voraussetzungen des § 3 Abs. 2 S. 2 und 3 nicht erfüllt waren, sofern in den betreffenden Anlagen erneuerbare Kraftstoffe nicht-biogenen Ursprungs erstmals vor dem 25.4.2015 produziert wurden.

II. Zusätzliche Nachweise

11 **1. Nachweise durch den Verpflichteten.** Um die Erfüllung der sich aus § 37a BImSchG ergebenden Pflichten behördlich überwachen zu können, statuiert § 37c Abs. 1 BImSchG **Mitteilungspflichten gegenüber der zuständigen Stelle** (vgl. → BImSchG § 37c Rn. 3f.). Diese Pflichten obliegen dem Verpflichteten im Sinne des

§ 37a Abs. 2 (vgl. → BImSchG § 37a Rn. 7f.). Werden strombasierte Kraftstoffe nach Anlage 1 der 37. BImSchV zur Erfüllung der Quotenpflicht in den Verkehr gebracht, begründen §§ 4 bis 7 für diese Mengen gegenüber § 37c Abs. 1 BImSchG **abweichende Nachweispflichten**, wobei § 4 ebenfalls den Verpflichteten adressiert, §§ 5 bis 7 hingegen den Hersteller (vgl. dazu die Definition in § 2 Abs. 1).

Die vom Verpflichteten zu erbringenden Nachweise sind gemäß § 4 Abs. 1 gemeinsam mit der Mitteilung nach § 37c Abs. 1 BImSchG (jeweils bis zum 15.4. des auf das Verpflichtungsjahr folgenden Jahres) der **Biokraftstoffquotenstelle** vorzulegen. Gemäß § 2 Abs. 4 ist dies das Hauptzollamt Frankfurt (Oder) als die nach § 8 der 36. BImSchV bestimmte zuständige Stelle (vgl. 36. BImSchV § 8). Gemeinsam mit der Mitteilung nach § 37c Abs. 1 BImSchG sind die Kaufverträge über die genaue energetische Menge der Kraftstoffe sowie eine Herstellererklärung einschließlich Ort und Zeit der Herstellung vorzulegen (§ 4 Abs. 1 S. 2). Ebenso wie den Verpflichteten nach § 2 Abs. 1 der 36. BImSchV Aufzeichnungspflichten für sämtliche in Verkehr gebrachte Kraftstoffe im laufenden Verpflichtungsjahr treffen (vgl. dazu 36. BImSchV § 2), erlegt § 4 Abs. 2 identische **Aufzeichnungspflichten für die strombasierten Kraftstoffe** auf. Insbesondere Art, Menge und Treibhausgasemissionen der in Verkehr gebrachten strombasierten Kraftstoffe sind zu erfassen. In diesem Zusammenhang trifft den Verpflichteten die **Beweislast** für die Erfüllung seiner Quotenpflicht. 12

2. Nachweise für netzentkoppelte Anlagen. Sofern **strombasierte Kraftstoffe aus netzentkoppelten Anlagen** nach § 3 Abs. 2 S. 3 Nr. 1 angerechnet werden sollen, muss der Betreiber der Anlage zur Herstellung dieser Kraftstoffe (**Hersteller** nach § 2 Abs. 1) Nachweise über die Erfüllung der Anrechnungsvoraussetzungen vorlegen. Gemäß § 5 Abs. 1 sind dem **Umweltbundesamt** einmalig Unterlagen vorzulegen, aus denen sich ergibt, welche Anlage zur Herstellung der Kraftstoffe betroffen und wie hoch die jährliche Produktionskapazität ist, aus welchen Stromerzeugungsanlagen (vgl. § 3 Nr. 43b EEG) der eingesetzte Strom stammt und wie sichergestellt wird, dass der Strom nicht einem Netz (vgl. § 3 Nr. 35 EEG) entnommen wird. Das Ergebnis der Prüfung teilt das Umweltbundesamt sowohl dem Hersteller als auch der Biokraftstoffquotenstelle mit (§ 5 Abs. 2 S. 1). In dieser Mitteilung muss – für jede Erzeugungsanlage gesondert – das Herstellungsdatum der Kraftstoffe, ab dem die Anrechnung erfolgen kann, angegeben werden. Dieses Datum kann auch in der Vergangenheit liegen, sofern die Voraussetzungen der § 5 Abs. 1 S. 2 und § 3 Abs. 4 erfüllt sind. Die Kraftstoffe dürfen daher nicht vor der Mitteilung des Umweltbundesamtes in Verkehr gebracht worden sein. Ebenso wie eine bestätigende Mitteilung ein für den Hersteller begünstigender Verwaltungsakt ist, ist eine ablehnende Mitteilung ein **belastender Verwaltungsakt,** den der Hersteller anfechten kann. Für den Verpflichteten entfällt hingegen eine ihn betreffende Regelungswirkung, da die Mitteilung in keinem Fall bereits in Verkehr gebrachte Kraftstoffe betreffen kann. 13

Anders zu bewerten ist die in § 5 Abs. 4 S. 2 vorgesehene Information der Biokraftstoffquotenstelle und des Herstellers über das Ergebnis der Prüfung der Unterlagen nach § 5 Abs. 3. Danach muss der Hersteller **jährlich** – spätestens bis zum 31. Januar des Folgejahres – dem Umweltbundesamt Aufzeichnungen über die hergestellte energetische Menge der strombasierten Kraftstoffe vorlegen. Das Umweltbundesamt muss auf der Basis dieser Unterlagen prüfen, ob die Anrechnungsvoraussetzungen (§ 3 Abs. 2 S. 3 Nr. 1) erfüllt sind. Folgerichtig ist Gegenstand der Information nach § 5 Abs. 4 S. 2 auch, welche Kraftstoffe die Anforderungen des § 3 Abs. 2 S. 3 erfüllen. Für den Verpflichteten kann ein negatives Prüfungsergebnis mittelbare Auswirkungen haben, wenn er davon betroffene strombasierte Kraftstoffe bereits in Verkehr gebracht hat. Denn diese 14

Mengen werden im Rahmen seiner Nachweisführung nach § 4 von der Biokraftstoffquotenstelle nicht anerkannt werden. Dennoch ist dem Verpflichteten ein Rechtsbehelf gegen die Information nach § 5 Abs. 4 S. 2 zu verwehren, da diese Information für die Anrechenbarkeit keine rechtliche Bindungswirkung für die Biokraftstoffquotenstelle entfaltet. Die Voraussetzung für die Anrechenbarkeit ergibt sich unwiderlegbar aus § 3 Abs. 2 S. 3.

15 **3. Nachweise für netzgebundene Anlagen.** Strombasierte Kraftstoffe, die in netzgebundenen Anlagen hergestellt werden, können nach § 3 Abs. 2 S. 3 Nr. 2 nur dann auf die Quotenpflicht angerechnet werden, wenn für die Herstellung der Kraftstoffe ausschließlich Strom in Erfüllung einer vertraglichen Verpflichtung nach § 13 Abs. 6 EnWG verwendet wird. Die Überwachung der Einhaltung dieser Voraussetzung durch den Hersteller obliegt gemäß § 6 der Bundesnetzagentur. Zu diesem Zweck hat der Hersteller einmalig die Unterlagen nach Absatz 1 und jährlich die Unterlagen nach Absatz 2 vorzulegen.

16 Mit der **einmaligen Mitteilung** informiert der Hersteller die Bundesnetzagentur über die betroffene Anlage sowie die jährliche Produktionskapazität. Weiterhin muss der Hersteller auch die vertragliche Vereinbarung nach § 13 Abs. 6 EnWG mit dem Übertragungsnetzbetreiber, über dessen Netz er den Strom aus erneuerbaren Energien nicht-biogenen Ursprungs bezieht, vorlegen. Denn nur die Kraftstoffe, die mit auf diesem Wege abgenommenen Stromüberschüssen hergestellt werden, können auf die Quotenpflicht angerechnet werden.

17 Um eine diesbezügliche Überprüfung durch die Bundesnetzagentur zu ermöglichen, muss der Hersteller der strombasierten Kraftstoffe mit seiner **jährlichen Mitteilung** nicht nur die energetischen Mengen der hergestellten Kraftstoffe, sondern auch den **zeitlichen Verlauf der Produktion** sowie eine Bescheinigung des Übertragungsnetzbetreibers über die gelieferten Strommengen vorlegen (§ 6 Abs. 2). Über das Ergebnis der Prüfung informiert die Bundesnetzagentur spätestens sechs Wochen nach Vorlage der Unterlagen sowohl die Biokraftstoffquotenstelle als auch den Hersteller der Kraftstoffe (§ 6 Abs. 3).

18 **4. Nachweise für Bestandsanlagen.** Soweit bis längstens zum Verpflichtungsjahr 2020 die Anrechnungsvorschrift des § 3 Abs. 3 für Bestandsanlagen zur Anwendung kommt, erlegt § 7 dem Betreiber der Anlage zur Herstellung von erneuerbaren Kraftstoffen nicht-biogenen Ursprungs (§ 2 Abs. 3) Mitteilungs- und Nachweispflichten auf. Von maßgeblicher Bedeutung in der Erstmitteilung nach § 7 Abs. 1 ist dabei der **Zeitpunkt des Produktionsbeginns** (Nr. 4), der vor dem 25.4.2015 liegen muss. Der Inhalt der jährlichen Mitteilung nach § 7 Abs. 2 gleicht der für netzgebundene Anlagen nach § 6 Abs. 2, wobei es auf den zeitlichen Verlauf der Produktion nicht ankommt, da nicht nur Stromüberschüsse verwendet werden dürfen.

(Fortsetzung nächste Seite)

satz 1 Satz 1 und 2 des Bundes-Immissionsschutzgesetzes, soweit diese Kraftstoffe keine Energieerzeugnisse nach § 1 Absatz 2 und 3 des Energiesteuergesetzes vom 15. Juli 2006 (BGBl. I S. 1534; 2008 I S. 660, 1007), das zuletzt durch Artikel 10 des Gesetzes vom 3. Dezember 2015 (BGBl. I S. 2178) geändert worden ist, in der jeweils geltenden Fassung sind. In diesem Fall ist Verpflichteter oder Dritter im Sinne des § 37a Absatz 6 des Bundes-Immissionsschutzgesetzes die Person, in deren Namen und auf deren Rechnung die Abgabe an den Letztverbraucher erfolgt.

(2) **Die Treibhausgasemissionen der Kraftstoffe nach Anlage 1 berechnen sich durch Multiplikation der vom Verpflichteten in Verkehr gebrachten energetischen Menge des jeweiligen Kraftstoffs mit dem Wert für dessen spezifische Treibhausgasemissionen nach Anlage 1 und dem jeweils geltenden Anpassungsfaktor für die Antriebseffizienz nach Anlage 2. Für die spezifischen Treibhausgasemissionen von erneuerbaren Kraftstoffen nicht-biogenen Ursprungs ist der in Anlage 1 festgelegte Wert nur dann zugrunde zu legen, sofern ausschließlich Strom aus erneuerbaren Energien nicht-biogenen Ursprungs für die Herstellung dieser Kraftstoffe eingesetzt wurde. Diese Voraussetzung ist erfüllt, wenn der Strom aus erneuerbaren Energien nicht-biogenen Ursprungs**

1. **nicht aus dem Netz nach § 3 Nummer 35 des Erneuerbare-Energien-Gesetzes entnommen wurde, sondern direkt von einer Stromerzeugungsanlage nach § 61a Nummer 2 des Erneuerbare-Energien-Gesetzes bezogen wird oder**
2. **aus aus einem Netz nach § 3 Nummer 35 des Erneuerbare-Energien-Gesetzes entnommen worden ist und die Anlage zur Herstellung der Kraftstoffe ausschließlich auf Grundlage eines Vertrages nach § 13 Absatz 6 des Energiewirtschaftsgesetzes vom 7. Juli 2005 (BGBl. I S. 1970, 3621), das zuletzt durch Artikel 2 des Gesetzes vom 3. Dezember 2020 (BGBl. I S. 2682) geändert worden ist, betrieben wird.**

Aus dem Netz nach § 3 Nummer 35 des Erneuerbare-Energien-Gesetzes entnommener Strom, der ausschließlich dazu verwendet wird, die Anlage im Notfall herunterzufahren, steht einer Berücksichtigung des Wertes nach Satz 2 nicht entgegen, auch wenn für diesen Strom die Voraussetzungen nach Satz 3 nicht erfüllt sind.

(3) **Der Wert für die spezifischen Treibhausgasemissionen nach Anlage 1 wird für erneuerbare Kraftstoffe nicht-biogenen Ursprungs, die vor dem 1. Januar 2021 in Verkehr gebracht werden und in Anlagen hergestellt wurden, die diese Kraftstoffe erstmals vor dem 25. April 2015 produziert haben, abweichend von Absatz 2 auch dann herangezogen, wenn der Strom aus dem Netz nach § 3 Nummer 35 des Erneuerbare-Energien-Gesetzes entnommen wurde.**

(4) **Erneuerbare Kraftstoffe nicht-biogenen Ursprungs sind unter den Voraussetzungen der Absätze 1 bis 3 auch dann anrechenbar, wenn sie vor der Mitteilung nach § 5 Absatz 2 Satz 2 und § 7 Absatz 1 Satz 4 hergestellt worden sind, aber erst danach in Verkehr gebracht wurden.**

(5) **Für die Anrechnung nach Absatz 1 ist § 37a Absatz 4 Satz 3 bis 5, 9 und 10, Absatz 6 bis 8 des Bundes-Immissionsschutzgesetzes entsprechend anzuwenden, soweit diese Verordnung keine anderen Bestimmungen trifft. § 44b Absatz 4 des Erneuerbare-Energien-Gesetzes ist entsprechend anzuwenden.**

Die amtliche Begründung zu § 3 lautet (BT-Drs. 18/11283, 16 f.):

„**Zu § 3 (Anrechnungsvoraussetzungen)**

Zu Absatz 1

Gemäß Absatz 1 können die in Anlage 1 genannten strombasierten Kraftstoffe künftig auf die Treibhausgasquote angerechnet werden. Für den Fall, dass es sich bei dem Kraftstoff nicht um ein Energieerzeugnis im Sinne des Energiesteuergesetzes handelt, gilt ersatzweise die Abgabe des Kraftstoffs an den Letztverbraucher als Inverkehrbringen im Sinne des § 37a Absatz 1 Satz 1 und 2 BImSchG.

Zu Absatz 2

Gemäß Absatz 2 erfolgt die Berechnung der Treibhausgasemissionen der erneuerbare Kraftstoffe nicht-biogenen Ursprungs durch Multiplikation der in Anlage 1 genannten Werte mit der vom Verpflichteten in Verkehr gebrachten energetischen Menge der erneuerbaren Kraftstoffe nicht-biogenen Ursprungs.

Im Fall der Herstellung von erneuerbaren Kraftstoffen nicht-biogenen Ursprungs ist gemäß Satz 2 Anrechnungsvoraussetzung, dass ausschließlich Strom aus erneuerbaren Energien nicht-biogenen Ursprungs für die Herstellung der Kraftstoffe eingesetzt wurde. Die Bedingung gilt in den in Satz 3 näher umschriebenen Fällen als erfüllt:

Nummer 1 gilt für Fälle, in denen der Strom für die Herstellung der Kraftstoffe nicht aus dem Netz entnommen, sondern direkt von nicht netzgekoppelten Anlagen, die den Strom aus erneuerbaren Energien nicht-biogenen Ursprungs erzeugen, bezogen wurde.

Nummer 2 gilt für Fälle, in denen sich die Anlage zur Herstellung der Kraftstoffe im Netzausbaugebiet befindet, ihr Betrieb vom Übertragungsnetzbetreiber veranlasst wird und durch die Entnahme des Stroms Abregelungen von Anlagen zur Erzeugung erneuerbaren Stroms nicht-biogenen Ursprungs vermieden werden können.

Durch die Beschränkung auf diese beiden Fälle wird sichergestellt, dass höhere Emissionen durch den Einsatz von Anlagen zur Herstellung dieser Kraftstoffe vermieden werden. Höhere Emissionen könnten insbesondere dann entstehen, falls die durch die Hersteller strombasierter Kraftstoffe ausgelöste höhere Nachfrage nach Strom mit Strom aus fossilen Energieträgern wie Kohle oder Erdgas bedient wird. Ua wäre gemäß der Einschätzung des Umweltbundesamtes daher zu erwarten, dass in Deutschland „eine zu frühe und zu intensive Integration von PtG/PtL-Anlagen – über das Maß von Demonstrations- und Pilotanalgen hinaus – zu einer stärkeren Auslastung fossiler (und bis 2022 auch aus nuklearer) Stromerzeugung und erhöhtem Ausstoß von Treibhausgasemissionen führen" würde. Ferner kommt das Papier zu folgenden Schlüssen: „Damit wäre das in PtG-Anlagen erzeugte Gas faktisch ein ‚Coal-to-Gas/Liquid' oder ‚Gas-to-Gas/Liquid' mit einem Wirkungsgrad weit unter 50 Prozent und würde eine mehrfach höhere CO_2-Emissionen als die direkte Nutzung von fossilem Erdgas verursachen. Derzeit planen Anlagenbetreiber meist Börsenstrom zu nutzen und diesen mit dem Kauf von EE-Zertifikaten zu ‚veredeln'. Auf die Stromproduktion aus fossilen Kraftwerken hat dies allerdings keinen Effekt." Eine Beschränkung der Förderung auf Anlagen, die nicht netzgekoppelt sind oder auf Fälle, in denen die Übertragungsnetzbetreiber den Betrieb der Anlage veranlassen, um mit dem dadurch ausgelösten Verbrauch Engpässe zu beheben, die zu einer Abregelung von EE-Anlagen geführt hätten, lässt sich eine Erzeugung zusätzlichen fossilen Stroms vermeiden. Nähere Hintergründe sind dem Papier „Integration von Power to Gas/Power to Liquid in den laufenden Transformationsprozess" des Umweltbundesamtes zu entnehmen.

Zu Absatz 3

Anlagen zur Herstellung strombasierter Kraftstoffe, die bereits vor dem 25. April 2015 die Produktion der Kraftstoffe aufgenommen haben, können bis Ende 2020 die der Strom stammt, wie sichergestellt wird, dass der Strom nicht aus dem Stromnetz entnommen wurde, und wie hoch die maximale jährliche Produktionskapazität (differenziert nach den vom Hersteller betriebenen Anlagen zur Herstellung von Kraftstoffen sowie nach den in Anlage 1 genannten Kraftstoffen) ist. Diese Unterlagen sind nur einmalig zu übermitteln, sofern keine weiteren Veränderungen erfolgen. Im Fall von Veränderungen ist das Umweltbundesamt unverzüglich zu informieren.

Die Nachweispflicht betrifft (wie auch in den §§ 6 und 7) nur Hersteller, die quotenanrechnungsfähige Kraftstoffe produzieren wollen.

Zu Absatz 2

Auf Basis der vorgelegten Unterlagen und soweit erforderlich vor Ort prüft das Umweltbundesamt gemäß Absatz 2, ob in den vom Hersteller angegebenen Anlagen Strom aus erneuerbaren Energien nicht-biogenen Ursprungs bezogen wird, der nicht aus dem Stromnetz entnommen wurde. Das Ergebnis der Prüfung teilt das Umweltbundesamt der Biokraftstoffquotenstelle und dem Hersteller mit.

Zu Absatz 3

Absatz 3 regelt jährliche Informationspflichten des Herstellers im Fall von netzentkoppelten Anlagen.

Hersteller können die Unterlagen auch für Zeiträume vorlegen, die kürzer als ein Kalenderjahr sind. Damit soll ermöglicht werden, dass auch innerhalb des Quotenjahres ein Prüfergebnis der zuständigen Behörde vorliegt.

Zu Absatz 4

Das Umweltbundesamt prüft, ob die Angaben zutreffend und die Anrechnungsvoraussetzungen erfüllt sind, und informiert die Biokraftstoffquotenstelle über das Ergebnis der Prüfungen.“

§ 6 Spezifische Nachweise bei Vermeidung der Reduzierung der Einspeiseleistung von Anlagen zur Erzeugung von erneuerbarem Strom

(1) **Der Hersteller legt der Bundesnetzagentur zum Nachweis der Anrechnungsvoraussetzungen nach § 3 Absatz 2 Satz 3 Nummer 2 Unterlagen vor, aus denen hervorgeht:**

1. für welche Anlage die Regelung nach § 3 Absatz 2 Satz 3 Nummer 2 in Anspruch genommen werden soll,

2. der Standort der Anlage,

3. wie hoch die jährliche Produktionskapazität der Anlage ist und

4. die vertragliche Vereinbarung nach § 3 Absatz 2 Satz 3 Nummer 2 Buchstabe b.

Änderungen zu den vorgelegten Unterlagen hat der Hersteller der Bundesnetzagentur unverzüglich mitzuteilen.

(2) **Der Hersteller legt der Bundesnetzagentur jährlich spätestens bis zum 31. Januar vor:**

1. Aufzeichnungen über die im vorangegangenen Kalenderjahr hergestellte energetische Menge der Kraftstoffe nach Anlage 1 im Zeitverlauf und

2. eine Bescheinigung des Netzbetreibers, an den die Anlage zur Herstellung der erneuerbaren Kraftstoffe nicht-biogenen Ursprungs angeschlossen ist, über die im vorangegangenen Kalenderjahr von der Anlage bezogene Strommenge.

Abweichend von Satz 1 kann der Hersteller die Unterlagen auch für kürzere Zeiträume vorlegen.

(3) **Die Bundesnetzagentur überwacht die Einhaltung der Anrechnungsvoraussetzungen im Rahmen der Überwachung der Vorgaben des § 13 Absatz 6 des Energiewirtschaftsgesetzes. Die Bundesnetzagentur informiert spätestens sechs Wochen nach Vorlage der Unterlagen sowohl die Biokraftstoffquotenstelle als auch den Hersteller über das Ergebnis der Prüfung und teilt mit, welche Kraftstoffe die Anforderungen von § 3 Absatz 2 Satz 3 Nummer 2 erfüllen.**

Die amtliche Begründung zu § 6 lautet (BT-Drs. 18/11283, 18):

„Zu § 6 (Spezifische Nachweise bei Vermeidung der Reduzierung der Einspeiseleistung von Anlagen zur Erzeugung von erneuerbarem Strom)

Zu Absatz 1

Der Hersteller übermittelt im Fall des § 3 Absatz 2 Satz 3 Nummer 2 der Bundesnetzagentur einmalig (sowie im Fall von Änderungen) Nachweise über die Einhaltung der Anrechnungsvoraussetzungen, u. a. den Standort der Anlage im Netzausbaugebiet sowie die vertragliche Vereinbarung nach § 13 Absatz 6 EnWG.

Darüber hinaus ist gemäß den Regelungen des EnWG vom Übertragungsnetzbetreiber der Entwurf des Vertrags mindestens vier Wochen vor Abschluss der Bundesnetzagentur vorzulegen. Die Kontrolle durch die Bundesnetzagentur stellt Diskriminierungsfreiheit, Angemessenheit und tatsächliche Wirkung auf den Engpass sicher.

Ferner ist der Vertrag gemäß EnWG vom Übertragungsnetzbetreiber spätestens vier Wochen nach Abschluss den anderen Übertragungsnetzbetreibern zu übermitteln. Die Information der anderen Übertragungsnetzbetreiber ist erforderlich, weil das Engpassmanagement eine gemeinsame Aufgabe aller vier Übertragungsnetzbetreiber ist. Die für diese Aufgabe verfügbaren Anlagen müssen allen Übertragungsnetzbetreibern bekannt sein.

Da derzeit noch keine vertraglichen Vereinbarungen nach § 13 Absatz 6 EnWG bestehen, ist eine Regelung zur rückwirkenden Anrechnung von Kraftstoffen in diesem Fall nicht erforderlich.

Zu Absatz 2

Absatz 2 regelt die regelmäßigen Berichtspflichten des Herstellers im Fall des § 3 Absatz 2 Satz 4. Insbesondere sind der Bundesnetzagentur Aufzeichnungen über die Menge der in der Anlage hergestellten Kraftstoffe im Zeitverlauf sowie eine Bescheinigung über die insgesamt bezogene Strommenge vorzulegen. Aus den Aufzeichnungen nach Satz 1 Nummer 1 ist zu ersehen, ob zum Zeitpunkt der Kraftstoffproduktion ein Netzengpass bestand.

Hersteller können die Unterlagen auch für Zeiträume vorlegen, die kürzer als ein Kalenderjahr sind. Damit soll ermöglicht werden, dass auch innerhalb des Quotenjahres ein Prüfergebnis der zuständigen Behörde vorliegt.

Zu Absatz 3

Die Bundesnetzagentur überwacht die Einhaltung der Anrechnungsvoraussetzungen im Rahmen der Überwachung nach § 13 Absatz 6 Energiewirtschaftsgesetz und informiert die Biokraftstoffquotenstelle darüber, welche Kraftstoffe auf die Treibhausgasquote angerechnet werden können."

2.41 Einundvierzigste Verordnung zur Durchführung des Bundes-Immissionsschutzgesetzes (Bekanntgabeverordnung – 41. BImSchV)

Vom 2. Mai 2013

(BGBl. I S. 973/1001/3756, geändert durch Art. 9 d. VO v. 28.4.2015, BGBl. I S. 670, durch Art. 88 d. VO v. 31.8.2015, BGBl. I S. 1474, durch Art. 60 d. G v. 29.3.2017, BGBl. I S. 626, durch Art. 113 d. 11. ZuständigkeitsanpassungsV v. 19.6.2020, BGBl. I S. 1328, und durch Art. 15 d. MoPeG v. 10.8.2021, BGBl. I 3436)

Übersicht

Vorbemerkung

A. Allgemeines

I. Entstehungsgeschichte

1 Die 41. BImSchV beruht vornehmlich auf der Verordnungsermächtigung nach § 29b Abs. 3, zugleich auf § 7 Abs. 1 S. 1 Nr. 3, 4 und § 23 Abs. 1 S. 1. Der Entwurf der Verordnung ist dem Bundesrat am 25.5.2012 zugeleitet worden (BR-Drs. 319/12), zusammen mit dem Entwurf einer Verordnung zur Umsetzung der Richtlinie über Industrieemissionen und zur Änderung der Verordnung über Immissionsschutz- und Störfallbeauftragte.

2 Der Bundesrat hat der Verordnung auf der 904. Sitzung am 14.12.2012 nach Maßgabe der Ausschussempfehlung (BR-Drs. 319/1/12) zugestimmt (Plenarprotokoll 904 vom 14.12.2012, S. 574). Die Notwendigkeit der Beteiligung des Bundesrates bei Erlass der Rechtsverordnung nach § 29b Abs. 3 ergibt sich daraus, dass das BImSchG durch die Länder als eigene Angelegenheit ausgeführt wird, woraus die generelle Zustimmungsbedürftigkeit nach Art. 80 Abs. 2 GG erwächst (*Maunz* in *Maunz/Dürig* GG, 67. EL 2013, Art. 80 Rn. 59). Gegenstand der Ausschussempfehlung war neben redaktionellen Änderungen, Klarstellungen und Anpassungen an die bisherige Praxis insbesondere die Absenkung der nachzuweisenden Mindestversicherungssumme der Haftpflichtversicherung nach § 11 Abs. 4 von 20 Millionen auf 2,5 Millionen pro Schadensfall.

II. Sinn und Zweck der 41. BImSchV

3 Die allgemeine amtliche Begründung zum Entwurf der 41. BImschV (BR-Drs. 319/12, S. 98) lautet:

„**d) Erlass der Bekanntgabeverordnung**

Ermittlungen und Prüfungen durch Messstellen und Sachverständige sind notwendig, um festzustellen, ob die Betreiberpflichten, die sich aus dem Betrieb von Anlagen nach dem Bundes-Immissionsschutzgesetz ergeben, erfüllt sind. Hierzu wird im Bundes-Immissionsschutzgesetz und in Rechtsverordnungen und Verwaltungsvorschriften zur Durchführung des Gesetzes gefordert, dass diese Tätigkeiten von hierfür besonders qualifizierten, bekannt zu gebenden Stellen und Sachverständigen durchgeführt werden. Dies ist notwendig, da zum einen fehlerhafte Beurteilungen große Auswirkungen auf den Mensch und die Umwelt nach sich ziehen können, zum anderen die Ergebnisse der Ermittlungen und Prüfungen als Grundlage für Verwaltungsakte herangezogen werden können.

Die Bekanntgabeverordnung regelt das Bekanntgabeverfahren und stellt Anforderungen an Stellen und Sachverständige. Sie konkretisiert die im neu erlassenen § 29b des Bundes-Immissionsschutzgesetzes getroffenen Vorgaben.

Die Bekanntgabeverordnung ersetzt die bisher durch die Bund-Länder-Arbeitsgemeinschaft für Immissionsschutz (LAI) beschlossenen Vorgaben (Richtlinie für die Bekanntgabe von sachverständi-

4. Standort
derjenige geografische Ort, von dem aus eine bekannt gegebene Stelle tätig wird, um Dienstleistungen zur Erfüllung der Ermittlungsaufgaben zu erbringen;

5. Prüfungsbereich
die von der zuständigen Behörde in der Bekanntgabe von Sachverständigen bezeichnete Kombination aus Anlagenarten und Fachgebieten nach Anlage 2;

6. Sachverständige oder Sachverständiger
eine natürliche Person.

Erläuterung

I. Amtliche Begründung

Die amtliche Begründung zu § 2 der 41. BImSchV lautet (BR-Drs. 319/12, S. 150f.): 11

„§ 2 enthält die erforderlichen Begriffsbestimmungen.

Die Definition der Prüfbereiche von Stellen in Absatz 2 folgt der bisherigen Bekanntgabepraxis Die Aufgabenbereiche der Stellen werden aus einer Kombination von Tätigkeitsbereichen und Stoffbereichen nach Anlage 1 gebildet.

Die Definition des Begriffs Ermittlungen in Absatz 3 fasst diejenigen Tätigkeiten, die durch Stellen im Sinne des § 29b BImSchG durchgeführt werden, zusammen; diese reichen von Emissionsmessungen über die Kalibrierung von Messeinrichtungen, die an Anlagen eingesetzt werden, die hohe Schadstoffmassen emittieren, bis hin zu Prüfungen von Messeinrichtungen, die seitens der Schornsteinfeger für Messungen genutzt werden.

Die Definition der fachlich verantwortlichen Personen in Absatz 4 beschreibt deren wichtige Rolle in der Stelle. Dieser Personenkreis ist für eine ordnungsgemäße Durchführung der Tätigkeiten der Stelle letztverantwortlich.

Absatz 5 enthält eine Definition des Begriffs Standort im Hinblick auf die Tätigkeit von Stellen. Diese Definition ist notwendig, um bei Stellen mit mehreren Standorten an allen Standorten die notwendige Fachkunde und Qualität sicher zu stellen (§ 4 Absatz 2).

Die Definition der Prüfungsbereiche für Sachverständige in Absatz 6 stellt auf die bewährte Kombination von Anlagenarten und Fachgebieten ab."

II. Haltung des Bundesrates

Die Zustimmung des Bundesrates erfolgte unter Berücksichtigung folgender Änderungsempfehlung des Umweltausschusses (BR-Drs. 319/1/12, S. 45): 12

„In Artikel 4 ist § 2 nach der Überschrift wie folgt zu fassen:

„Im Sinne dieser Verordnung sind:

1. Prüfbereich
die von der zuständigen Behörde in der Bekanntgabe einer Stelle bezeichnete Kombination von Tätigkeitsbereichen und Stoffbereichen nach Anlage 1;

2. Ermittlungen
Messungen, Kalibrierungen, Prüfungen und Berechnungen, die für die Beurteilung der Emissionen oder Immissionen von Anlagen notwendig sind und von bekannt gegebenen Stellen durchgeführt werden;

3. Fachlich verantwortliche Personen und deren Stellvertreter
die für die Durchführung von Ermittlungen verantwortlichen natürlichen Personen einer bekannt gegebenen Stelle;

4. Standort
derjenige geografische Ort, von dem aus eine bekannt gegebene Stelle tätig wird, um Dienstleistungen zur Erfüllung der Ermittlungsaufgaben zu erbringen;

5. Prüfungsbereich
die von der zuständigen Behörde in der Bekanntgabe von Sachverständigen bezeichnete Kombination aus Anlagenarten und Fachgebieten nach Anlage 2."

Begründung:
Die vorgeschlagene Änderung ist redaktionell. Sie ist der Sache eher angemessen. Sie folgt im Übrigen der Nomenklatur der Mehrzahl der Verordnungen des BImSchG."

13 Daneben wurde die Norm auf Empfehlung des Umweltausschusses wie folgt ergänzt (BR-Drs. 319/1/12, S. 46):

„In Artikel 4 ist in § 2 nach Absatz 5 folgender Absatz 5a einzufügen:
‚(5a) ‚Sachverständige oder Sachverständiger' ist eine natürliche Person.'

Begründung:
Die Definition ist aus Gründen der Klarstellung erforderlich."

III. Anmerkung

14 Die Bestimmung füllt die Verordnungsermächtigung nach § 29b Abs. 3 Nr. 2, 4, 5 und 6 BImSchG aus.

15 In der Letztfassung wurde die unübliche Aufteilung in Absätze zugunsten einer Aufzählung abgeändert. Der vom Bundesrat eingebrachte Absatz 5a wurde in der Letztfassung zu Nr. 6 der Aufzählung. In der Sache handelt es sich bei Nr. 6 um eine Begriffserläuterung, die auch Regelungsgegenstand des § 3 in einem zweiten Absatz hätte werden können, wo in der jetzigen Fassung für *„bekannt zu gebende Stellen"* festgelegt wird, dass diese juristische Personen oder Personengesellschaften sein müssen.

Abschnitt 2. Bekanntgabevoraussetzungen

Unterabschnitt 1. Stellen im Sinne von § 29b Absatz 1 des Bundes-Immissionsschutzgesetzes

§ 3 Organisationsform von Stellen

Bekannt zu gebende Stellen im Sinne von § 29b Absatz 1 des Bundes-Immissionsschutzgesetzes müssen in einem Mitgliedstaat der Europäischen Union oder einem anderen Vertragsstaat des Abkommens über den Europäischen Wirtschaftsraum niedergelassene juristische Personen oder rechtsfähige Personengesellschaften sein.

Erläuterung

I. Amtliche Begründung

16 Die amtliche Begründung zu § 3 der 41. BImSchV lautet (BR-Drs. 319/12, S. 151):

„§ 3 regelt die erforderliche Organisationsform von bekannt zu gebenden Stellen im Sinne des § 29b Absatz 1 BImSchG. Es muss sich immer um juristische Personen oder Personengesellschaften handeln; natürliche Personen können keine Stelle im Sinne des § 29b Absatz 1 BImSchG sein. Dies ist aus Gründen des Umweltschutzes gerechtfertigt, da nur juristische Personen und Personengesellschaften die erforderlichen Voraussetzungen für eine ordnungsgemäße Ermittlung besitzen."

2.44 Vierundvierzigste Verordnung zur Durchführung des Bundes-Immissionsschutzgesetzes (Verordnung über mittelgroße Feuerungs-, Gasturbinen- und Verbrennungsmotoranlagen – 44. BImSchV)*

Vom 13. Juni 2019

(BGBl. I S. 804, geändert durch Art. 3 d. VO v. 6. Juli 2021, BGBl. I S. 2514)

(Vorbemerkung folgt)

* Diese Verordnung dient der Umsetzung der Richtlinie (EU) 2015/2193 des Europäischen Parlaments und des Rates vom 25. November 2015 zur Begrenzung der Emissionen bestimmter Schadstoffe aus mittelgroßen Feuerungsanlagen in die Luft (ABl. L 313 vom 28.11.2015, S. 1).

2.44 44. BImSchV

Abschnitt 1. Allgemeine Vorschriften

§ 1 Anwendungsbereich

(1) Diese Verordnung gilt für die Errichtung, die Beschaffenheit und den Betrieb von

1. genehmigungsbedürftigen und nicht genehmigungsbedürftigen Feuerungsanlagen (mittelgroße Feuerungsanlagen, Gasturbinen- und Verbrennungsmotoranlagen) mit einer Feuerungswärmeleistung von mindestens 1 Megawatt und weniger als 50 Megawatt, unabhängig davon, welche Brennstoffe oder welche Arten von Brennstoffen eingesetzt werden;
2. genehmigungsbedürftigen Feuerungsanlagen (mittelgroße Feuerungsanlagen, Gasturbinen- und Verbrennungsmotoranlagen) mit einer Feuerungswärmeleistung von weniger als 1 Megawatt, unabhängig davon, welche Brennstoffe oder welche Arten von Brennstoffen eingesetzt werden; und
3. gemeinsamen Feuerungsanlagen gemäß § 4 mit einer Feuerungswärmeleistung von mindestens 1 Megawatt, unabhängig davon, welche Brennstoffe oder welche Arten von Brennstoffen eingesetzt werden, es sei denn, diese Kombination bildet eine Feuerungsanlage mit einer Feuerungswärmeleistung von 50 Megawatt oder mehr, die unter den Anwendungsbereich der Verordnung über Großfeuerungs-, Gasturbinen- und Verbrennungsmotoranlagen fällt.

(2) Diese Verordnung gilt nicht für

1. Feuerungsanlagen, die dem Anwendungsbereich der Verordnung über Großfeuerungs-, Gasturbinen- und Verbrennungsmotoranlagen unterliegen;
2. Feuerungsanlagen, die dem Anwendungsbereich der Verordnung (EU) 2016/1628 des Europäischen Parlaments und des Rates vom 14. September 2016 über die Anforderungen in Bezug auf die Emissionsgrenzwerte für gasförmige Schadstoffe und luftverunreinigende Partikel und die Typgenehmigung für Verbrennungsmotoren für nicht für den Straßenverkehr bestimmte mobile Maschinen und Geräte, zur Änderung der Verordnungen (EU) Nr. 1024/2012 und (EU) Nr. 167/2013 und zur Änderung und Aufhebung der Richtlinie 97/68/EG (ABl. L 252 vom 16.9.2016, S. 53) unterliegen;
3. Feuerungsanlagen in landwirtschaftlichen Betrieben mit einer Gesamtfeuerungswärmeleistung von höchstens 5 Megawatt, die als Brennstoff ausschließlich unverarbeitete Geflügelgülle gemäß Artikel 9 Buchstabe a der Verordnung (EG) Nr. 1069/2009 des Europäischen Parlaments und des Rates vom 21. Oktober 2009 mit Hygienevorschriften für nicht für den menschlichen Verzehr bestimmte tierische Nebenprodukte und zur Aufhebung der Verordnung (EG) Nr. 1774/2002 (Verordnung über tierische Nebenprodukte) (ABl. L 300 vom 14.11.2009, S. 1) verwenden;
4. Feuerungsanlagen, in denen die Verbrennungsprodukte unmittelbar zum Erwärmen, zum Trocknen oder zu einer anderweitigen Behandlung von Gegenständen oder Materialien genutzt werden, zum Beispiel Schmelzöfen und -wannen, Wärme- und Wärmebehandlungsöfen und Hochöfen;
5. Nachverbrennungsanlagen, die dafür ausgelegt sind, die Abgase aus industriellen Prozessen durch Verbrennung zu reinigen, und die nicht als unabhängige Feuerungsanlagen betrieben werden;
6. technische Geräte, die zum Antrieb von Fahrzeugen, Schiffen oder Flugzeugen in diesen eingesetzt werden;

7. Einrichtungen zum Regenerieren von Katalysatoren für katalytisches Kracken;

8. Einrichtungen für die Umwandlung von Schwefelwasserstoff in Schwefel nach dem Claus-Prozess;

9. Reaktoren, die in der chemischen Industrie verwendet werden;

10. Koksöfen;

11. Winderhitzer;

12. Krematorien;

13. Feuerungsanlagen, die Raffineriebrennstoffe allein oder zusammen mit anderen Brennstoffen zur Energieerzeugung in Mineralöl- und Gasraffinerien verfeuern;

14. Ablaugekessel in Anlagen für die Zellstofferzeugung;

15. Feuerungsanlagen, die der Forschung, Entwicklung oder Erprobung neuer Einsatzstoffe, Brennstoffe, Erzeugnisse oder Verfahren im Labor- oder Technikumsmaßstab dienen, sowie Prüfstände für oder mit Verbrennungsmotoren und Prüfstände für oder mit Gasturbinen oder Triebwerke von Luftfahrzeugen;

16. Anlagen, die als Brennstoff andere feste oder flüssige Abfälle als die in § 1 Absatz 2 der Verordnung über die Verbrennung und die Mitverbrennung von Abfällen genannten Stoffe verwenden.

Die Begründung der Bundesregierung zu § 1 lautet (BR-Drs. 181/19 (neu), S. 56 ff.):

Die Verordnung adressiert alle Feuerungsanlagen des Anwendungsbereichs der EU-Richtlinie 2015/2193 sowie einige genehmigungsbedürftige Anlagen mit einer Feuerungswärmeleistung von weniger als 1 Megawatt, die bislang in der Technischen Anleitung zur Reinhaltung der Luft zusammen mit den Anlagen aus dem Anwendungsbereich der EU-Richtlinie 2015/2193 geregelt wurden. Ein Verbleib dieser wenigen Anlagen im Geltungsbereich der Technischen Anleitung zur Reinhaltung der Luft ist aus Gründen einer einheitlichen Regelungssystematik nicht sinnvoll. Nicht genehmigungsbedürftige Feuerungsanlagen mit einer Feuerungswärmeleistung von weniger als 1 Megawatt verbleiben im Regelungsbereich der Verordnung über kleine und mittlere Feuerungsanlagen. Im Sinne einer übersichtlichen Rechtsetzung sollen Feuerungsanlagen zukünftig in drei Verordnungen über Großfeuerungsanlagen (Verordnung über Großfeuerungs-, Gasturbinen- und Verbrennungsmotoranlagen vom 2. Mai 2013 (BGBl. I S. 1021, 1023, 3754), die zuletzt durch Artikel 1 der Verordnung vom 19. Dezember 2017 (BGBl. I S. 4007) geändert worden ist – 13. BImSchV), mittelgroße Feuerungsanlagen und Kleinfeuerungsanlagen (Verordnung über kleine und mittlere Feuerungsanlagen vom 26. Januar 2010 (BGBl. I S. 38), die zuletzt durch Artikel 16 Absatz 4 des Gesetzes vom 10. März 2017 (BGBl. I S. 420) geändert worden ist – 1. BImSchV) geregelt werden.

Zu Absatz 1

Zu Nummer 1

Die Regelung dient der Umsetzung des Artikels 2 Absatz 1 der EU-Richtlinie 2015/2193.

Zu Nummer 2

Die Regelung dient der Vereinheitlichung und Vereinfachung der Regelungsstruktur: Genehmigungsbedürftige Anlagen mit einer Feuerungswärmeleistung von weniger als

5. Handel mit Emissionsberechtigungen

5.1 Gesetz über den Handel mit Berechtigungen zur Emission von Treibhausgasen (Treibhausgas-Emissionshandelsgesetz – TEHG)

Vom 21. Juli 2011

(BGBl. I S. 1475, geändert durch Art. 25d. Gesetzes vom 6.12.2011, BGBl. I S. 2481, durch Art. 2d. Gesetzes v. 22.12.2011, BGBl. I S. 3044, durch das 1. Gesetz zur Änderung des TEHG v. 15.7.2013, BGBl. I S. 2431, durch Art. 2 Abs. 45 und Art. 4 Abs. 28 d. Gesetzes v. 7.8.2013, BGBl. I S. 3154, durch die 10. ZuständigkeitsanpassungsV v. 31.8.2015, BGBl. I S. 1474, durch Art. 4 d. Gesetzes v. 18.7.2016, BGBl. I S. 1666, durch Art. 17 d. Gesetzes v. 23.6.2017, BGBl. I S. 1693, durch Art. 1 d. Gesetzes v. 13.7.2017, BGBl. I S. 2354, durch Art. 11 d. Gesetzes v. 18.7.2017, BGBl. I S. 2745, durch Art. 1 d. Gesetzes v. 18.1.2019, BGBl. I S. 37, durch Art. 135 d. 11. ZuständigkeitsanpassungsV v. 19.6.2020, BGBl. I S. 1328, durch Art. 2 d. Kohleausstiegsgesetzes v. 8.8.2020, BGBl. I 1818, und durch Art. 18 d. MoPeG v. 10.8.2021, BGBl. I S. 3436)

Vorbemerkung

Schrifttum: *Adolf/Berg,* Die Umsetzung der EU-Emissionshandels-Richtlinie aus der Perspektive eines globalen Energiekonzerns, EurUP 2004, 2–29; *Altvater/Brunnengräber,* Ablasshandel gegen Klimawandel?, Hamburg 2008; *Bail/Marr/Oberthür,* Klimaschutz und Recht, in: *Rengeling* (Hrsg.), Handbuch zum europäischen und deutschen Umweltrecht, 2003, 254 ff.; *Bartlik,* Die Einbeziehung des Luftverkehrs in das EU-Emissionshandelssystem, EuR 2011, 196–225; *Beckmann/Fisahn,* Probleme des Handels mit Verschmutzungsrechten, ZUR 2009, 299–307; *Begemann/Lustermann,* Emissionshandel: Problem des Anwendungsbereiches und Auslegungsfragen zu Härtefallregelungen des ZuG 2007, NVwZ 2004, 1292 ff.; *Bilitewski/Wünsch,* Energieeffizienzsteigerung und CO_2-Vermeidungspotenziale bei der Müllverbrennnung, EdDE-Dokumentation 13, 2010; *BMU,* Nationaler Allokationsplan für die Bundesrepublik Deutschland, Berlin 31. März 2004; *Bratting,* Handel mit Treibhausgas-Emissionszertifikaten in der EG, Band 16, Hamburg 2004; *Burgi,* Grundprobleme des deutschen Emissionshandelssystems: Zuteilungskonzept und Rechtsschutz, NVwZ 2004, 1162 ff.; *Burgi,* Emissionszertifikate als Eigentum im Sinne des Art. 14 Grundgesetz, RdE 2004, 29 ff.; *Burgi/Müller,* Das Emissionshandelssystem in Deutschland, ZUR 2004, 419–426; *Calliess/Ruffert,* EUV/AEUV, 4. Auflage, München 2011; *Cames/Deuber,* Emissionshandel im internationalen zivilen Luftverkehr, Berlin 2004; *Corbach,* Die deutsche Stromwirtschaft und der Emissionshandel, Band 5, Stuttgart 2007; *Dauses,* EU-Wirtschaftsrecht, München, Loseblatt; *Department of the Environment, Food and Rural Affairs,* Consultation Paper on the Implementation of the EU Emissions Trading Scheme, London August 2003; *DEHSt,* Informationen der Deutschen Emissionshandelstelle zum Anwendungsbereich des Treibhausemissionshandelsgesetzes – TEHG, Berlin 13. September 2004; *DEHSt,* Hinweispapier zum Anwendungsbereich des Treibhausgas-Emissionshandelsgesetzes (TEHG) für die Handelsperiode 2013–2020, 2011; *Desens,* Finanzierung des Emissionshandels, DVBL 2010, 228–237; *Diehr,* Rechtschutz im Emissionszertifikate-Handelssystem, Schriften zum Umweltrecht Band 147, Berlin 2006; *Döring/Ewringmann,* Europäischer CO_2-Emissionshandel, nationale Gestaltungsspielräume bei der Vergabe von Emissionsberechtigungen und EU-Beihilfenkontrolle, ZfU 2004, 27–45; *Dröge,* „Klimazölle“ und die Glaubwürdigkeit der EU- Klimastrategie, SWP-Aktuell 2008, 1–8; *Ebsen,* Emissionshandel in Deutschland, Köln 2004; *Ellinghaus/Ebsen,* Das Treibhausgas-Emissionshandelsgesetz, Energiewirtschaftliche Tagesfragen 2004, 277–280; *Ellinghaus/Ebsen/Schloemann,* The EU Emissions Trading Scheme (EU ETS): a Status Report, Journal for European Environmental and Planning Law, 2004, 3 ff.; *Elsässer,* Emissionshandel und Wettbewerb, Vortrag: Kongress „Energiewandel und Klimaschutz“, Berlin 2004; *Ekardt,* Wie weiter im globalen Klimaschutz, ZRP 7/2010, 230–232; *Endres,* Emissionszertifikate und Umweltrecht: 19. Trierer Kolloquium zum Umwelt- und Technikrecht vom 28. bis 30. September 2003, Umwelt- und Technikrecht Band 74, Berlin 2004; *Epiney,* Zur Entwicklung des Emissionshandels in der EU, ZUR 5/2010, 236–244; *Erling,* Emissionshandel- Rechtsgrundlagen und Einführung, Berlin 2008; *Erling,* Der EU-Emissionshandel im Luftverkehr, Zeitschrift für Luft- und Weltraumrecht 2009, 337–355; *Erling,* Carbon Compliance – Vermögens- und Investitionsschutz in Zeiten des Klimawandels, CCZ 5/2010, 188–192; *EU-Kommission,* Vorschlag für eine Richtlinie des Europäischen Parlaments und des Rates über ein System für den Handel mit Treibhausgasemissionsberechtigungen in der Gemeinschaft und zur Änderung der Richtlinie 96/61/EG des Rates, KOM(2001) 581 endgültig vom 23.10.2001; *EU-Kommission,* The EU Emissions Trading Scheme: How to develop a National Allocation Plan, Non-Paper, April 2003; *EU-Kommission,* Non-Paper on the installation coverage of the EU emissions trading scheme and the interpretation of Annex I, September 2003; *EU-Kommission* DG Climate Action „Guidance on Interpretation of Annex I of the EU ETS Directive" 18.3.2010; *Fichtner,* Emissionsrechte, Energie und Produktion, Band 61, Berlin 2005; *Frenz,* Das Ökosteuer-Urteil und seine Folgen für den Emissionshandel, Natur + Recht 2004, 429–434; *Frenz,* Aktuelles Immissionsschutzrecht und Emissionshandel, GDMB 106, Clausthal-Zellerfeld 2006; *Frenz,* Genehmigungsbedürftige Anlagen nach dem Bundesimmissionsschutzgesetz und Emissionshandel, NVwZ 2006, 1095; *Frenz,* Gleichheitssatz und Wettbewerbsrelevanz bei BVerfG und EuGH – Das Beispiel Emissionshandel, DVBl 2010, 223–227; *Frenz,* Staatliche Veräußerung von Emissionshandelszertifikaten und Finanzverfassung, DVBl 2007, 1385–1392; *Frenz,* Die Zuteilungsregeln für die zweite Emissionshandelsperiode – Teil 1: Industrie- vs. Energieanlagen, Natur und Recht 2007, 513–520; *Frenz,* Die Zuteilungsregeln für die zweite Emissionshandelsperiode – Teil 2: Benchmark-System und Standardauslastungsfaktor für alle Anlagen ab 2003 sowie Zertifikatveräußerung, Natur und Recht 2007, 587–594; *Frenz,* Emissionshandel und Grundgesetz nach drei Entscheidungen des BVerfG, UPR 2008, 8–12; *Frenz,* Emissionshandelsrecht – Kommentar zum TEHG und ZuG, 2. Auflage, Berlin 2008; *Friedl,* Auswirkungen des Treibhausgas-Emissionshandelsgesetzes für den Unternehmenskauf, RdE 2006, 150–157; *Frondel/Hillebrand,* Reform der ökologischen Steuerreform: Harmonisierung mit dem Emissionshandel, Energiewirtschaftliche Tagesfragen 2004, 330–332; *FutureCamp GmbH,* Emissionshandel, Kissing 2005; *FutureCamp GmbH,* Emissionshandel und Emissionsminderungsprojekte, Kissing 2006; *FutureCamp GmbH,* Emissionshandel und Klimastrategien, Kissing 2007; *Gesellschaft für Umweltrecht,* Rechtsprobleme des CO2-Emissionshandels, Band 34, Berlin 2004; *Giesberts/Hilf,* Handel mit Emissionszertifikaten: Regelungsrahmen für einen künftigen Markt, Band 1, Köln 2002; *Goodarzi,* Ausschreibungspflichtigkeit des Erwerbs von Emissionszertifikaten durch Stadtwerke und andere öffentliche Anlagenbetreiber, NVwZ 2004, 949–953; *Greb,* Der Emissionshandel ab 2013 – Die Versteigerung der Emissionszertifikate auf europäischer Ebene, Baden-Baden 2011; *Greinacher/Ehrmann,* Die Übertragungsregelung im Emissionshandel, RdE 2006, 329–334; *Groteloh,* Internationaler Emissionsrechtehandel und nationale Förderungsmaßnahmen, Band 102, Hamburg 2007; *Grünwald,* Treibhausgas – ab in die Versenkung?, Band 25, Berlin 2008; *Hadroušek,* Trading in Green House Gas Emission Allowances: The Czech Approach, Journal for European Environmental and Planning Law, 2004, 32 ff.; *Häder,* Energiepolitik in Deutschland, Band 1, Bochum 2010; *Hansmann,* Bundes-Immissions-Schutzgesetz – Textsammlung mit Einführung und Erläuterungen, Baden-Baden 23. Aufl. 2005; *Heye,* Rechtliche Instrumente zur Reduktion der Treibhausgasemission, Frankfurt a. M. 2002; *Hildebrandt,* CO_2-Emissionshandel – Strategien und Unternehmensimage, Saarbrücken 2007; *Himmer,* Energiezertifikate in den Mitgliedstaaten der Europäischen Union, Band 14, Baden-Baden 2005; *Hobe/Boewe/Geisler,* Luftverkehr und Klimawandel, Band 1, Münster 2009; *Hobley,* Transposition of the Emissions Trading Scheme Directive into UK Law and Associated Issues, Journal for European Environmental and Planning Law, 2004, 10 ff.; *Hohmuth,* Emissionshandel und deutsches Anlagenrecht Band 101, Berlin/Köln/München 2006; *Holtwisch,* Das Nichteinhaltungsverfahren des Kyoto-Protokolls, Band 167, Berlin 2006; *Kerth,* Emissionshandel im Gemeinschaftsrecht: die EG-Emissionshandelsrichtlinie als neues Instrument europäischer Klimaschutzpolitik, Band 29, Baden-Baden 2004; *Kerr,* Legal aspects of storing CO2, Paris 2007; *Kirchhof/Kemmler,* Einstimmigkeitserfordernis im Rat bei der Beschlussfassung über eine europäische Richtlinie zum Handel mit Treibhausgasemissionsberechtigungen, EWS 2003, 217–223; *Klemmer/Hillebrand/Bleuel,* Klimaschutz und Emissionshandel, RWI-Papiere 82, Essen 2002; *Kloepfer,* der Handel mit Emissionszertifikaten im System des Umweltrechts, in: Jahrbuch Umwelt- und Technikrecht, 71 ff.; *Knopp/Hoffmann,* EU-Emissionsrechtehandel und deutsches Treibhausgas-Emissionshandelsgesetz, EWS 2004, 201–207; *Kobes,* Grundzüge des Emissionshandels in Deutschland, NVwZ 2004, 513 ff.; *Kobes,* Das Zuteilungsgesetz 2007, NVwZ 2004, 1153 ff.; *Kobes,* Emissionshandel 2008–2012, NVwZ 2007, 857; *Kobes/Engel,* Der Emissionshandel im Lichte der Rechtsprechung (Teil 1), NVwZ 2011, 207–212; *Kobes/Engel,* Der Emissionshandel im Lichte der Rechtsprechung (Teil 2), NVwZ 2011, 268–275; *Konzak,* Emissionshandel in der Praxis, 1. Aufl., Heidelberg 2006; *Körner/Vierhaus,* Treibhausgasemissionshandelsgesetz. Kommentar zum TEHG und ZuG 2007, München 2005; *Krisp,* Die deutsche Stromwirtschaft, 1. Aufl., Frankfurt am Main 2008; *Lassen,* Einbeziehung des Schiffsverkehrs in das Emissionshandelssystem, ZUR 12/2010, 570–579; *Lafeld,* Emissionshandel im Zeitalter der Global Governance, Saarbrücken 2007; *Levin,* Emissionshandel – Grundlagen, Praxis, Perspektiven, Berlin 2005; *Luhmann,* CCS: ein Beitrag zur Bekämpfung des Klimawandels – oder zu dessen Steigerung?, ZfU 2008, 141–154; *Mager,* Das europäische System für den Handel mit Treib-

§ 3 Begriffsbestimmungen

Für dieses Gesetz gelten die folgenden Begriffsbestimmungen:

1. Anlage
   eine Betriebsstätte oder sonstige ortsfeste Einrichtung;
2. Anlagenbetreiber
   eine natürliche oder juristische Person oder rechtsfähige Personengesellschaft, die die unmittelbare Entscheidungsgewalt über eine Anlage innehat, in der eine Tätigkeit nach Anhang 1 Teil 2 Nummer 1 bis 32 durchgeführt wird, und die dabei die wirtschaftlichen Risiken trägt; wer im Sinne des Bundes-Immissionsschutzgesetzes eine genehmigungsbedürftige Anlage betreibt, in der eine Tätigkeit nach Anhang 1 Teil 2 Nummer 1 bis 30 durchgeführt wird, ist Anlagenbetreiber nach Halbsatz 1;
3. Berechtigung
   die Befugnis zur Emission von einer Tonne Kohlendioxidäquivalent in einem bestimmten Zeitraum; eine Tonne Kohlendioxidäquivalent ist eine Tonne Kohlendioxid oder die Menge eines anderen Treibhausgases, die in ihrem Potenzial zur Erwärmung der Atmosphäre einer Tonne Kohlendioxid entspricht;
4. Betreiber ein Anlagenbetreiber oder Luftfahrzeugbetreiber;
5. Emission
   die Freisetzung von Treibhausgasen durch eine Tätigkeit nach Anhang 1 Teil 2; die Weiterleitung von Treibhausgasen steht nach Maßgabe der Monitoring-Verordnung der Freisetzung gleich;
6. *(weggefallen)*
7. Luftfahrzeugbetreiber
   eine natürliche oder juristische Person oder rechtsfähige Personengesellschaft, die die unmittelbare Entscheidungsgewalt über ein Luftfahrzeug zu dem Zeitpunkt innehat, zu dem mit diesem eine Luftverkehrstätigkeit durchgeführt wird, und die dabei die wirtschaftlichen Risiken der Luftverkehrstätigkeit trägt, oder, wenn die Identität dieser Person nicht bekannt ist oder vom Luftfahrzeugeigentümer nicht angegeben wird, der Eigentümer des Luftfahrzeugs;
8. Luftverkehrsberechtigung
   eine Berechtigung, die für Emissionen des Luftverkehrs vergeben wird;
9. Luftverkehrstätigkeit
   eine Tätigkeit nach Anhang 1 Teil 2 Nummer 33;
10. Monitoring-Verordnung
    die Verordnung (EU) Nr. 601/2012 der Kommission vom 21. Juni 2012 über die Überwachung von und die Berichterstattung über Treibhausgasemissionen gemäß der Richtlinie 2003/87/EG des Europäischen Parlaments und des Rates (ABl. L 181 vom 12.7.2012, S. 30) in der jeweils geltenden Fassung;
11. MRV-Seeverkehrsverordnung
    die Verordnung (EU) 2015/757 des Europäischen Parlaments und des Rates vom 29. April 2015 über die Überwachung von Kohlendioxidemissionen aus dem Seeverkehr, die Berichterstattung darüber und die Prüfung dieser Emissionen und zur Änderung der Richtlinie 2009/16/EG (ABl. L 123 vom 19.5.2015, S. 55);
12. *(weggefallen)*
13. Produktionsleistung
    die tatsächlich und rechtlich maximal mögliche Produktionsmenge pro Jahr;

14. Tätigkeit
eine in Anhang 1 Teil 2 genannte Tätigkeit;

15. Transportleistung
das Produkt aus Flugstrecke und Nutzlast;

16. Treibhausgase
Kohlendioxid (CO_2), Methan (CH_4), Distickstoffoxid (N_2O), teilfluorierte Kohlenwasserstoffe (HFKW), perfluorierte Kohlenwasserstoffe (PFC) und Schwefelhexafluorid (SF_6);

17. Überwachungsplan
eine Darstellung der Methode, die ein Betreiber anwendet, um seine Emissionen zu ermitteln und darüber Bericht zu erstatten;

18. *(weggefallen)*

(Kommentierung folgt)